Thorsten Poddig/ Hubert Dichtl/ Kerstin Petersmeier

STATISTIK, ÖKONOMETRIE, OPTIMIERUNG

Methoden und ihre praktischen Anwendungen in Finanzanalyse und Portfoliomanagement

3. erweiterte Auflage

• **UHLENBRUCH Verlag**, Bad Soden/Ts.

Bibliografische Information Der Deutsche Bibliothek
Die Deutsche Bibliothek verzeichnet diese Publikation in der Deutschen Nationalbibliografie, detaillierte Daten sind im Internet unter http://dnb.ddb.de abrufbar.

Das Autorenteam

Prof. Dr. Thorsten Poddig ist Inhaber des Lehrstuhls für Allgemeine Betriebswirtschaftslehre, insbesondere Finanzwirtschaft, an der Universität Bremen und Autor des Standardwerkes „Handbuch Kursprognose". Er studierte Wirtschaftswissenschaften und Informatik an den Universitäten Hamburg und Bremen, promovierte an der Universität Bamberg und habilitierte an der Universität Freiburg. Seine Forschungsschwerpunkte liegen im Einsatz innovativer Verfahren in der Finanzanalyse. Dabei beschäftigt er sich schwerpunktmäßig mit der Modellierung und Prognose von Finanzmärkten sowie mit Fragen des Asset- und Risikomanagements. Neben seiner Arbeit als Wissenschaftler entwickelte er quantitativ gestützte Prognosemodelle im Rahmen von Praxisprojekten für Banken.

Dr. Hubert Dichtl ist Partner bei alpha portfolio advisors GmbH, einem Beratungsunternehmen für institutionelle Anleger mit Sitz in Bad Soden/Ts. Die Schwerpunkte seiner Tätigkeit liegen in den Bereichen Strategische Asset Allocation, softwaregestützte Entwicklung innovativer Investmentprodukte sowie Analyse und Optimierung von Investmentprozessen. Nach den Studienabschlüssen als Diplom-Kaufmann und Diplom-Informatiker war er von 1997–2000 Wissenschaftlicher Mitarbeiter am Lehrstuhl von Prof. Poddig. Herr Dr. Dichtl ist Mitherausgeber des Standardwerkes „Handbuch Asset Allocation" (2003) und Autor des Buches „Ganzheitliche Gestaltung von Investmentprozessen" (2001).

Dr. Kerstin Petersmeier ist Consultant bei alpha portfolio advisors GmbH in Bad Soden/Ts. Ihre Beratungsschwerpunkte sind die Strategische Asset Allocation und die Spezialfondsanalyse. Nach einem Studium der Mathematik arbeitete sie als Wissenschaftliche Mitarbeiterin am Lehrstuhl für Allgemeine Betriebswirtschaftslehre, insbesondere Finanzwirtschaft, an der Universität Bremen bei Prof. Dr. Thorsten Poddig. Ihre Dissertation ist unter dem Titel „Kerndichte- und Kernregressionsschätzungen im Asset Management" als Buch erschienen.

Das Autorenteam

Vorwort zur dritten Auflage

Die ermutigende positive Resonanz aus der Leserschaft zu den beiden vorhergehenden Auflagen veranlasste uns, das vorliegende Buch in der Konzeption der 2. Auflage beizubehalten. Dennoch wurde die 3. Auflage um einige wichtige Methoden und Verfahren ergänzt. Im Buchteil A (Statistik) wird mit Kap. 3.5. das Verfahren der Monte-Carlo-Simulation neu eingeführt und anhand einer Fallstudie zur Schätzung des Value-at-Risk praktisch veranschaulicht. Der Buchteil B (Ökonometrie) wurde mit dem neuen Kap. 7.5. um die bekannten Hypothesentests von CHOW (Test auf Strukturbruch) und RAMSEY (Test auf Fehlspezifikation, RESET-Test) erweitert. Beide Hypothesentests kommen in einer Fallstudie in Kap. 7.6. zum Einsatz. Ferner wurde der Anhang A.4. neu in die 3. Auflage aufgenommen. Dort wird beschrieben, wie sich Regressionsanalysen auch mit dem weit verbreiteten Softwarepaket Microsoft Excel durchführen lassen.

Bremen und Bad Soden/Ts., März 2003

Thorsten Poddig
Hubert Dichtl
Kerstin Petersmeier

Vorwort zur zweiten Auflage

Die erfreulich gute und schnelle Aufnahme der ersten Auflage dieses Buches legte es nahe, die Grundkonzeption im Wesentlichen unverändert zu belassen. Der Buchtteil C (Optimierung) wurde allerdings neu organisiert und grundlegend überarbeitet, um das Verfahren der *linearen Optimierung* zu ergänzen. Sie nimmt bei betriebswirtschaftlichen Planungsproblemen eine herausragende Stellung ein. Auch im Bereich der Finanzanalyse und des Portfoliomanagements gibt es für sie einige interessante Anwendungsmöglichkeiten, wie es die Fallstudien des neuen Kap. 10. zeigen. In den Buchteilen A und B wurden die Literaturverweise aktualisiert sowie kleinere Korrekturen vorgenommen.

Bremen, Juli 2001

Thorsten Poddig
Hubert Dichtl
Kerstin Petersmeier

Vorwort zur ersten Auflage

In Anbetracht der Fülle an Lehrbüchern zur Statistik, der Ökonometrie oder der Optimierung mag sich der Leser berechtigter Weise fragen, warum nun ein weiteres Buch zu diesen Themen erschienen ist. Die Grundidee für dieses Buch entstand bei Lehrveranstaltungen des Lehrstuhls für Finanzwirtschaft der Universität Bremen und Seminarreihen des Uhlenbruch Verlags, in denen es um Fragen der modernen Finanzanalyse und des Portfoliomanagements ging. Insbesondere Praktiker aus den Seminarreihen beurteilten die vermittelten Methoden als äußerst relevant, vermissten jedoch (ebenso wie die Studenten) ein anschauliches und methodenübergreifendes Lehrbuch. Aus diesem Grund versucht dieses Buch die wichtigsten Verfahren, welche u.a. für die Finanzanalyse und das Portfoliomanagement von Bedeutung sind, in kompakter Weise zu behandeln. Durch die Behandlung der Bereiche Statistik, Ökonometrie und Optimierung werden alle grundlegenden Methoden der Finanzanalyse und des Portfoliomanagements zusammenhängend in einem Buch dargestellt. Da der Schwerpunkt jedoch auf der Methodenseite liegt, ist dieses Buch genauso anwendbar für Studenten anderer Studienbereiche, wie z.B. der Volkswirtschaftslehre.

Die Konzeption des Buches ergibt sich unmittelbar aus der damit verbundenen Zielsetzung. Diese besteht darin, ein *effizientes Arbeitsbuch* für wichtige finanzwirtschaftliche Aufgaben und Problemstellungen bereitzustellen. Insofern werden in diesem Buch bewusst ausschließlich jene Methoden, Verfahren und Konzepte behandelt, welche über ein breites Anwendungsspektrum verfügen. Das Ziel besteht also explizit darin, möglichst wenige Methoden zu vermitteln, mit denen sich jedoch möglichst viele typische finanzwirtschaftliche Probleme und Aufgaben lösen lassen. Im Unterschied zu vielen traditionellen Büchern zur Statistik, Ökonometrie und Optimierung sind hier also *kein* vollständiger Methodenüberblick oder tief gehende Detailbetrachtungen beabsichtigt. Alle hier behandelten Methoden werden einerseits theoretisch fundiert dargestellt, andererseits aber auch anhand einfacher Beispiele veranschaulicht. Somit ist ein spezielles Vorwissen nicht erforderlich. Während die Auswahl der Inhalte unter der Zielsetzung „effizientes Arbeitsbuch" erfolgte, handelt es sich bei dem Buch auf Grund der lehrbuchmäßigen Darstellung gleichzeitig auch um ein *Lehrbuch.* Gegenüber herkömmlichen Methodenlehrbüchern endet dieses Buch nicht bei der formalen Darstellung der Verfahren, sondern zeigt ihre Anwendung anhand praxisrelevanter Fallstudien auf. Dabei steht der integrierte Einsatz bzw. die kombinierte Anwendung der zahlreichen Einzelmethoden im Vordergrund. So wird beispielsweise die Entwicklung und die Anwendung eines Renditeprognosemodells von der Datenaufbereitung bis hin zur abschließenden Überprüfung der Prognosegüte behandelt. Die Fallstudien zeigen also, wie mit den dargestellten Verfahren praktisch relevante und konkrete Aufgaben der Finanzanalyse und des Portfoliomanagements methodisch fundiert gelöst werden können. Die Übertragung auf andere Bereiche der Betriebswirtschaftslehre, aber auch auf die Volkswirtschaftslehre, sollte wegen der ausführlichen Darstellung nicht schwer fallen.

Auf Grund der Inhalte und der Form der Darstellungen ist das vorliegende Buch für Studenten, Akademiker und Praktiker (wie z.B. Finanzanalysten, Portfoliomanager, aber auch Analysten in volkswirtschaftlichen Abteilungen) gleichermaßen geeignet. Zu Beginn jedes Kapitels und Unterkapitels befinden sich prägnante Arbeitshinweise, die angeben, welche Lesergruppe (z.B. Studenten oder Praktiker) welche Teile des Buches wie lesen sollte bzw. was problemlos übersprungen werden kann. Dies ermöglicht ein zielgerichtetes Durcharbeiten des Buches mit einem geringen Zeitaufwand.

Aus Platzgründen war es nicht immer möglich, sämtliches mit diesem Buch in Zusammenhang stehende Begleitmaterial im Text oder Anhang umfassend darzustellen. Dies betrifft z.B. insbesondere die vollständigen Visual Basic Programme des Buchteils C, zumal jene nicht alle Lesergruppen gleichermaßen interessieren. Daher wurde das nicht zwingend notwendige, aber für manche Lesergruppen möglicherweise interessante oder hilfreiche Begleitmaterial vom vorliegenden Buch abgetrennt und separat auf der Homepage der Verfasser zum Abruf bereitgestellt. Die Internet-Adresse lautet:

http://www.fiwi.uni-bremen.de

Selbstverständlich ist es ebenso möglich (und erwünscht), über diese Internet-Verbindung Anregungen oder Kritik zu äußern.

Im Zuge der Realisierung dieses Buchprojektes gebührt zahlreichen Personen Dank für ihre tatkräftige Unterstützung. Zu nennen sind hier insbesondere die Mitarbeiter unseres Lehrstuhls, Herr Dipl.-Kfm. Erward Arz, Herr Dipl.-Vw. Claus Huber, Herr Dipl.-Phys. Ingo Möller sowie Frau Petra Sebbes. Sie alle hatten sich „erbarmt“, das umfassende Manuskript kritisch durchzusehen und uns auf Fehler, Ungenauigkeiten sowie didaktische Verbesserungsmöglichkeiten hingewiesen. Alle gegebenenfalls noch verbliebenen Fehler gehen jedoch zu Lasten der Autoren. Abschließend sei auch dem Uhlenbruch Verlag für seine zügige Veröffentlichung und die spontane Bereitschaft gedankt, die Konzeption dieses Buches mit zu tragen.

Bremen, Dezember 1999

Thorsten Poddig
Hubert Dichtl
Kerstin Petersmeier

Inhaltsverzeichnis

1. Einleitung

Das zentrale Ziel dieses Buches liegt darin, die wesentlichen Methoden der *Statistik*, *Ökonometrie* und *Optimierung* kompakt und anschaulich zu vermitteln, welche insbesondere für die *Finanzanalyse* und das *Portfoliomanagement* von Bedeutung sind. Jedoch lassen sich nahezu alle hier behandelten Verfahren auch in anderen Teilbereichen der Betriebswirtschaftslehre, aber insbesondere auch der Volkswirtschaftslehre einsetzen. Die Demonstration der Methoden anhand der Finanzanalyse und des Portfoliomanagements versteht sich insofern als exemplarisch. Unter didaktischen Gesichtspunkten stellen diese Bereiche jedoch ein ausgezeichnetes Feld für praktische Anwendungen dar.

Die zentrale Aufgabe der Finanzanalyse kann darin gesehen werden, sowohl einzelne Finanztitel, als auch komplette Märkte und Branchen hinsichtlich ihrer relativen Attraktivität zu analysieren. In diesem Zusammenhang wird nachfolgend an Stelle von „Märkten" oder „Finanztiteln" auch ganz allgemein von „Assets" gesprochen. Typischerweise werden im Rahmen der Finanzanalyse Aktien und Anleihen (Bonds) einzelner Unternehmen betrachtet. Soll sich die Untersuchung auf ganze Märkte oder auch einzelne Branchen erstrecken, so bietet sich hierzu die Analyse von Aktien- und Bondindices an. Auch die Betrachtung von Währungs- und Rohstoffmärkten kann als Bestandteil der Finanzanalyse gesehen werden. Zur Beurteilung der relativen Attraktivität von Assets sind zwei Komponenten von zentraler Bedeutung: Die zukünftige Rendite und das zukünftige Risiko. Da es sich hierbei um „zukünftige" Größen handelt, sind „entsprechende Methoden bzw. Instrumente" erforderlich, um diese adäquat zu schätzen bzw. zu prognostizieren. Dabei gilt es zunächst zu klären, was als „Risiko" aufzufassen ist bzw. wie es quantifiziert werden kann. Auch hinsichtlich der Rendite existieren verschiedene Definitionen und Berechnungsweisen, sodass auch hier ein entsprechender Klärungsbedarf besteht. Die Ergebnisse der Finanzanalyse können dazu genutzt werden, um konkrete Käufe und Verkäufe einzelner Assets zu tätigen. So könnte der gesamte Anlagebetrag in jenes Asset investiert werden, für welches das beste Rendite-/Risikoverhältnis prognostiziert wird. Es lässt sich jedoch zeigen, dass sich durch eine geschickte Kombination verschiedener Assets das Rendite-/Risikoverhältnis (gegenüber den einzelnen Anlagen) nachhaltig verbessern lässt. Dies ist die Kernaussage der sog. *Modernen Portfolio Theorie*. Die konkrete Aufteilung eines vorgegebenen Anlagebetrages auf einzelne Assets ist die Aufgabe des Portfoliomanagements. Auch hier ist der Einsatz entsprechender Methoden erforderlich, damit die Aufteilung unter Rendite-/Risikogesichtspunkten optimal erfolgt. Am Ende der Anlagedauer besteht die Aufgabe darin, den erzielten Anlageerfolg möglichst objektiv und genau zu messen. Die Quantifizierung des Anlageerfolgs ist Aufgabe der sog. *Performancemessung*, für deren Durchführung ebenfalls entsprechende Instrumente zur Verfügung stehen.

Im Rahmen der Durchführung der Finanzanalyse, des Portfoliomanagements und der Performancemessung wurde bisher bewusst vom Einsatz „entsprechender Instrumente bzw. Verfahren" gesprochen. Aus methodischer Sicht handelt es sich dabei um allgemeine Verfahren der Statistik, der Ökonometrie und der Optimierung. So hat sich dieses Buch auch zur Aufgabe gesetzt, genau die Methoden aus diesen drei Bereichen darzustellen, welche für die Finanzanalyse und das Portfoliomanagement (inklusive der Performancemessung) von Bedeutung sind. Tatsächlich handelt es sich dabei aber gleichzeitig um jene Verfahren, die größtenteils auch in anderen Teilbereichen der Betriebswirtschaftslehre, aber insbesondere auch in der Volkswirtschaftslehre, anzutreffen sind. Neben der anschaulichen Vermittlung der methodischen Grundlagen steht dabei insbesondere der integrierte Einsatz bzw. die kombinierte Anwendung der Vielzahl an einzelnen Methoden im Vordergrund, wie dies auch der praktischen Anwendung entspricht. Dies geschieht anhand von zahlreichen praktischen Fallstudien, womit sich das hier vermittelte Wissen unmittelbar im Rahmen der eigenen Arbeit anwenden lässt. Gemäß den behandelten Methoden unterteilt sich dieses Buch auch in drei große Bereiche: *„Teil A: Statistik"*, *„Teil B: Ökonometrie"* und *„Teil C: Optimierung"*. Die wesentlichen Inhalte der einzelnen Teile werden nachfolgend kurz erläutert.

Im Teil A werden zunächst die statistischen Grundlagen behandelt (2. Kapitel). Von zentraler Bedeutung ist dabei der Begriff *„Wahrscheinlichkeit"*, für den verschiedene Definitionen existieren. Die Quantifizierung von Wahrscheinlichkeiten erfolgt mittels sog. *Wahrscheinlichkeitsverteilungen*, die entweder diskret oder stetig sein können. Durch die Bildung entsprechender Kennzahlen (z.B. Erwartungswert, Varianz, Standardabweichung, Kovarianz, Korrelation usw.) lässt sich der Informationsgehalt der Wahrscheinlichkeitsverteilungen zielgerichtet verdichten. Weiterhin werden in diesem Kapitel jene Wahrscheinlichkeitsverteilungen ausführlicher behandelt, welche für die Ökonometrie (also für den Teil B dieses Buches) von Bedeutung sind. Konkret gehören hierzu die Normalverteilung, die Chi-Quadrat-Verteilung (χ^2-Verteilung) sowie die t- und die F-Verteilung. Auch das Gesetz der großen Zahlen und der zentrale Grenzwertsatz werden in diesem Kapitel behandelt. Das 3. Kapitel beschäftigt sich anschließend mit finanzmathematischen Grundlagen und der Anwendung von statistischen Konzepten in der Finanzwirtschaft. So werden zunächst Kurse und Renditen von Assets als Beispiele für Zufallsvariablen angeführt, womit die Bausteine der Wahrscheinlichkeitstheorie zu Analysezwecken herangezogen werden können. Die Behandlung verschiedener Renditearten und ihre spezifische Berechnung ist ein weiterer Bestandteil dieses Kapitels. Ferner wird dort auch gezeigt, welche statistischen Kennzahlen sich als finanzwirtschaftliche Risikomaße einsetzen lassen. Konkret werden hier die Volatilität, die Semivarianz, die Ausfallwahrscheinlichkeit, der Value-at-Risik, die Schiefe und Wölbung einer Verteilung, der Korrelationskoeffizient sowie der Tracking Error diskutiert. Einen besonders wichtigen Teil des 3. Kapitels stellt die einführende Darstellung des Portfolio Selection-Modells von MARKOWITZ dar, für welches die erwartenden Renditen, die geschätzten Varianzen und Kovarianzen der Asset-Renditen als Input-Parameter dienen.

Dieses Modell wird in Teil C (Optimierung) nochmals aufgegriffen und detaillierter behandelt. Eine Erläuterung der grundlegenden Vorgehensweise bei der Monte-Carlo-Simulation und ihres Einsatzes bei der Schätzung des Value-at-Risk bildet den Schlussteil des 3. Kapitels. Mit dem 4. Kapitel, welches sich mit Punkt- und Intervallschätzungen beschäftigt, endet schließlich der gesamte Teil A (Statistik) dieses Buches.

Der Buchteil B widmet sich der Ökonometrie. Hierunter lassen sich all jene mathematischen und statistischen Verfahren zusammenfassen, die zur Lösung von Problemen der empirischen Wirtschaftsforschung eingesetzt werden können. Zu diesen Problemen gehört einerseits die Analyse wirtschaftlicher Zusammenhänge (z.B. welche Einflussfaktoren bestimmen die Entwicklung eines bestimmten Marktes), aber auch die Prognose zukünftiger Wirtschaftsgrößen (z.B. Prognose einer zukünftigen Marktentwicklung). In dem Buchteil B wird schwerpunktmäßig die *lineare Regressionsanalyse* behandelt. Hierbei handelt es sich um ein äußerst flexibles und universell einsetzbares Instrument, mit dem sich ein linearer Zusammenhang zwischen einer zu erklärenden Größe und einem bzw. mehreren Einflussfaktor(en) modellieren lässt. Bei einem Einflussfaktor wird dabei von einem *einfachen linearen Regressionsmodell* gesprochen, bei mehreren dementsprechend von einem *multiplen.* Die Behandlung des einfachen und des multiplen linearen Regressionsmodells ist Gegenstand des Kapitels 5. Eine zentrale Bedeutung nimmt dabei die Schätzung der Parameter des linearen Regressionsmodells ein, wozu das sog. „Kleinste-Quadrate"-Verfahren (Ordinary Least Squares, OLS) eingesetzt wird. Dieses Verfahren weist bestimmte positive Güteeigenschaften auf, womit sich dessen Einsatz theoretisch fundiert begründen lässt. Diese Güteeigenschaften werden ebenfalls in diesem Kapitel behandelt. Zur Beurteilung der Güte eines linearen Regressionsmodells lässt sich das Bestimmtheitsmaß heranziehen, welches eng mit dem Korrelationskoeffizienten verwandt ist. Nachdem diese Konzepte erläutert wurden, wird die lineare Regressionsanalyse im Rahmen einer praktischen Fallstudie zur Schätzung des *Beta-Faktors* eingesetzt. Dieses Risikomaß wird durch das *Capital Asset Pricing Model* (*CAPM*) und das *Marktmodell* theoretisch fundiert, weshalb diese beiden Modelle der Kapitalmarkttheorie ebenfalls in diesem Abschnitt behandelt werden. Im Anschluss daran werden in einer weiteren Fallstudie die Grundlagen der Performancemessung erläutert. Der Schwerpunkt liegt dabei auf den Verfahren der zweidimensionalen Performancemessung, bei denen die realisierte Rendite und das Risiko berücksichtigt werden. In dem 6. Kapitel steht die Analyse eines linearen Regressionsmodells mittels geeigneter Hypothesentests im Vordergrund. Hierzu werden zunächst die erforderlichen Grundlagen vermittelt und allgemein gezeigt, wie ein statistischer Hypothesentest durchgeführt wird. Zum einen lassen sich diese Tests dazu einsetzen, um das Regressionsmodell auf Signifikanz zu testen. Zum anderen stellen die entsprechenden Hypothesentests jenes Instrumentarium dar, mit denen die Annahmen des linearen Regressionsmodells überprüft werden können. Nachdem die einzelnen Hypothesentests methodisch vorgestellt wurden, wird ihre Anwendung anhand einer praktischen Fallstudie veranschaulicht. Konkret wird das Marktmodell zur Schätzung des Beta-Faktors (welches bereits im Kap. 5. eingeführt wurde) hinsichtlich der Annahmen und der statistischen Signifikanz überprüft. Die nachfolgende Fallstudie behandelt die *Performanceattribution*, welche sich mit der Analyse der einzelnen Erfolgsquellen beschäftigt, die für das Zustandekommen der Performance eines Portfolios verantwortlich sind. Das hierzu eingesetzte Instrumentarium besteht ebenfalls aus der linearen Regression und entsprechenden Hypothesentests. Der Gegenstand des nachfolgenden 7. Kapitels ist die Behandlung von weiter gehenden Problemen bei der Regressionsanalyse. Zum einen wird hier der Umgang mit trendbehafteten Zeitreihen erläutert. Zum anderen wird das Problem der Multikollinearität aufgegriffen und Ansätze zu deren Beseitigung vorgestellt. In beiden Fällen erfolgt eine Veranschaulichung der Vorgehensweise im Rahmen einer praktischen Fallstudie. Des Weiteren werden in dem 7. Kapitel die Probleme des Strukturbruchs und der Fehlspezifikation bei einem linearen Regressionsmodell behandelt, wobei sich auch hier eine Veranschaulichung im Rahmen von Fallstudien anschließt. Das 8. Kapitel bildet den Abschluss des Teils B (Ökonometrie). Hier wird in einer praxisnahen Fallstudie ein lineares Regressionsmodell zur Renditeprognose entwickelt. Die zentrale Aufgabe dieser umfassenden Fallstudie besteht darin, den integrierten Einsatz bzw. die kombinierte Anwendung der zahlreichen Einzelmethoden zu veranschaulichen, die in den vorangegangenen Kapiteln 5. bis 7. vorgestellt wurden.

Den letzten großen Methodenblock bildet der Teil C, welcher sich mit der linearen und nichtlinearen Optimierung beschäftigt. In Kap. 9. werden zunächst verschiedene Optimierungsverfahren (lineare, quadratische und nichtlineare) im Überblick dargestellt sowie exemplarische Anwendungsfälle in der Finanzwirtschaft kurz charakterisiert. In den beiden folgenden Kapiteln werden die methodischen Grundlagen der Optimierung aufgearbeitet und verschiedene Methoden der linearen und nichtlinearen Optimierung konkret behandelt. Zur linearen Optimierung wird in Kap. 10. das *Simplex-Verfahren* erläutert und eine beispielhafte Implementation dieses Verfahrens präsentiert. Zwei Fallstudien zeigen seinen Einsatz bei finanzwirtschaftlichen Problemstellungen. In Kap. 11. werden Methoden der nichtlinearen Optimierung beschrieben. Als zwei der bekanntesten und verbreitetsten Verfahrensklassen sind hier Verfahren des *Gradientenabstiegs* und das *Newton-Verfahren* zu nennen. Dabei wird auch gezeigt, wie sich Nebenbedingungen im Rahmen der Optimierung berücksichtigen lassen. Sämtliche Methoden wurden mit *Visual Basic for Applications* für Excel 97 beispielhaft umgesetzt, sodass sich die verschiedenen Verfahren unmittelbar zur Lösung eigener Problemstellungen einsetzen lassen. Bei dem nachfolgenden Kap. 12. steht die Anwendung der Methoden zur nichtlinearen Optimierung im Vordergrund. Die einzelnen Fallstudien beschäftigen sich speziell mit der nichtlinearen Kleinste-Quadrate Schätzung, der Berechnung von impliziten Volatilitäten, der Bestimmung von optimalen Portfolios und der Nachbildung von Marktindices („Index Tracking"). Dabei wird auch gezeigt, wie sich sämtliche Probleme mit Hilfe der Optimierungsfunktion der Tabellenkalkulation Excel lösen lassen. Dies dürfte sowohl für Studenten als auch für Praktiker von großem

Interesse sein, da nämlich in diesem Falle die vergleichsweise aufwändige Implementierung der nichtlinearen Optimierungsverfahren entfällt.

Die Buchteile A, B und C werden durch einen Anhang ergänzt. Im Anhang A.1. werden Grundlagen der Matrizenrechnung erläutert. Je nach Wissensstand, können diese zur Bearbeitung des Buchteils B herangezogen werden. Alle benötigten Wahrscheinlichkeitsverteilungen sind im Anhang A.2. tabellarisch enthalten. Im Anhang A.3. finden sich grundlegende Erläuterungen zur Programmiersprache Visual Basic, welche im Buchteil C zum Einsatz kommt. Schließlich wird mit Anhang A.4. gezeigt, wie sich die lineare Regressionsanalyse mit Hilfe der Tabellenkalkulation Excel durchführen lässt.

Wie die kurze Inhaltsangabe gezeigt hat, lassen sich mit den in den Teilen A, B und C behandelten Methoden bereits eine Vielzahl an typischen Aufgaben der Finanzanalyse und des Portfoliomanagements lösen. Das vorliegende Buch wurde bewusst so konzipiert, dass es für Studenten der entsprechenden Fachrichtung und für Praktiker (z.B. Finanzanalysten und Portfoliomanager) gleichermaßen geeignet ist. Auf Grund der ausführlichen Behandlung der Methoden sollte auch die Übertragung auf andere Anwendungsgebiete (z.B. der Volkswirtschaftslehre) nicht schwer fallen. Um ein effektives und effizientes Durcharbeiten des Buches zu erleichtern, sind zu Beginn jedes Kapitels spezifische Arbeitshinweise angeführt, die mittels eines Doppelstriches am Seitenrand gekennzeichnet sind. Die Arbeitshinweise erläutern, welche Teile des jeweiligen Kapitels von welcher Lesergruppe bearbeitet werden sollten, bzw. welche ohne Probleme für das weitere Verständnis übersprungen werden können. Insofern ist das Lesen dieser Arbeitshinweise auf alle Fälle zu empfehlen.

Teil A: Statistik

Im Buchteil A werden statistische und finanzmathematische Grundlagen, sowie deren Anwendungen in den finanzwirtschaftlichen Bereichen Finanzanalyse, Portfolio- und Risikomanagement dargestellt. Die Notwendigkeit, sich in der Finanzwirtschaft mit Statistik zu beschäftigen, resultiert aus dem Sachverhalt, dass sich viele finanzwirtschaftliche Fragestellungen nicht auf eine eindeutige „Ursache-Wirkungs"-Beziehung zurückführen lassen. Die Zusammenhänge zwischen Ursache und Wirkung sind eher stochastischer Natur: Die Wirkung ist nicht eindeutig vorherbestimmt, sondern besitzt einen mehr oder minder starken Zufallscharakter. Als anschauliches Beispiel lässt sich der Zusammenhang zwischen Aktienkursen und Zinsniveau anführen. So ist ein Zusammenhang zwischen der Entwicklung von Aktienkursen und Zinsen in der Ökonomie unbestritten. Da sich der Wert einer Aktie theoretisch aus den mit ihr verbundenen, zukünftigen und auf den heutigen Zeitpunkt diskontierten Erträgen ergibt, wird zwischen Aktien und Zinsen ein inverser Zusammenhang angenommen. Verändert die Bundesbank die Leitzinsen („Ursache"), so kann sicherlich von einer Beeinflussung der Aktienkurse ausgegangen werden („Wirkung"). Jedoch ist es unmöglich, das exakte Ausmaß der Aktienkursveränderung auf Grund der Leitzinsanpassung vorherzusagen. Um diesem Sachverhalt Rechnung zu tragen, sind viele finanzwirtschaftliche Modelle als sog. „stochastische" Modelle konzipiert, in denen die Unsicherheit explizit berücksichtigt wird. Für deren Verständnis sind allerdings solide Grundkenntnisse in Stochastik und Statistik unbedingt notwendig und sollen in diesem Buchteil vermittelt werden. Dabei werden zunächst in Kap. 2. die stochastischen Grundlagen und Begriffe (z.B. Zufallsvariable, Verteilung, Erwartungswert und Varianz) beschrieben. Finanzwirtschaftliche Anwendungen dieser stochastischen Methoden (Renditeberechnungsverfahren, Risikomaße usw.) werden in Kap. 3. dargestellt. Der Buchteil A endet mit Verfahren der Schätzung bestimmter statistischer Kennzahlen und der Berechnung von Konfidenzintervallen.

Der Aufbau dieses Buchteils unterscheidet sich von üblichen Büchern zur Statistik oder Finanzmathematik. In reinen Statistik-Büchern [vgl. hierzu beispielsweise HARTUNG (1998)] wird in der Regel mit der deskriptiven Statistik begonnen, mit der Stochastik fortgeführt und der induktiven Statistik geendet. Die Anwendungsbeispiele werden durch die Methoden bestimmt. In Büchern der Finanzmathematik [vgl. z.B. KÖHLER (1992)] werden ausschließlich Themen wie die Zinseszins-, Renten- und Tilgungsrechnung behandelt. Der stochastische oder statistische Aspekt wird dabei in der Regel vernachlässigt.

Die Zielsetzung dieses Buches ist eine vollkommen andere als in den oben genannten Büchern. Nicht die vollständige Beschreibung aller existierenden Methoden steht im Vordergrund. Das Ziel dieses Arbeitsbuches besteht dagegen darin, genau diejenigen Grundlagen, Methoden und Modelle zu präsentieren, die für finanzwirtschaftliche Problemstellungen, insbesondere diejenigen der Finanzanalyse und des Portfoliomanagements, von Bedeutung sind. Insofern wird die Auswahl der behandelten Themengebiete durch die Art der Anwendungsprobleme bestimmt. Dieser Sachverhalt wird im Laufe dieses Buches immer stärker an Bedeutung gewinnen. Da in diesem Buchteil vorrangig Grundlagen vermittelt werden, die insbesondere in den beiden anderen Buchteilen benötigt werden, besitzt dieser Teil eher einen Lehrbuchcharakter. Dies zeigt sich besonders in Kap. 2., in dem es um die stochastischen Grundlagen geht, die vollständig bezüglich gängiger Methoden beschrieben werden.

In den beiden darauf folgenden Kapiteln (Kap. 3. und Kap. 4.) wird das Gesamtkonzept des Buches jedoch deutlicher: Im finanzmathematischen Teil werden Methoden der deskriptiven, also beschreibenden Statistik mit Methoden der Stochastik verbunden und im Kontext finanzwirtschaftlicher Anwendungen dargestellt. Auf finanzmathematische Problemstellungen, die nichts mit stochastischen oder statistischen Methoden zu tun haben, (z.B. Rentenrechnung) wurde dabei bewusst verzichtet. Diese werden im Verlauf dieses Buches auch keine weitere Beachtung finden. In Kap. 3. werden genau diejenigen Begriffe und Methoden behandelt, die in der Praxis der Finanzanalyse und des Portfoliomanagements und insbesondere in den folgenden Buchteilen von Bedeutung sind.

Im Kap. 4. schließlich werden Verfahren der induktiven (schließenden) Statistik vermittelt. Allerdings wird nur ein bestimmtes Schätzverfahren für die Kennzahlen Erwartungswert und Varianz dargestellt und bzgl. seiner Eigenschaften untersucht. Weitere Schätzverfahren, wie z.B. die Maximum-Likelihood-Methode, werden nur am Rande erwähnt. Die eigentlich zur induktiven Statistik gehörenden Hypothesentests werden an dieser Stelle vollständig vernachlässigt. Hypothesentests werden erst in Buchteil B vorgestellt, da sie dort eine sehr große Bedeutung besitzen und auch vielfältig angewendet werden. Ihre Darstellung wird also an die Buchstellen verlagert, wo sie weitere Verwendung und praktische Anwendung findet. Ein effizientes, anwendungsbezogenes Bearbeiten der einzelnen Buchteile ist somit möglich.

Die Zielsetzungen dieses Buchteils lassen sich wie folgt zusammenfassen:

- Es sollen diejenigen stochastischen und statistischen Grundlagen vermittelt werden, die für das Verständnis der folgenden Buchteile und Problemstellungen in Finanzanalyse und Portfoliomanagement von Bedeutung sind.

- Finanzmathematische Begriffe aus den Bereichen Finanzanalyse, Portfoliotheorie, Performancemessung und Risikomanagement werden erläutert und in ihrem statistischen Kontext dargestellt. Dabei soll deutlich werden, warum Stochastik und Statistik in diesen Bereichen so wichtig sind.

- Anhand einfacher Beispiele werden die gängigen Methoden so dargestellt, dass selbst ohne Vorwissen ein Verständnis möglich ist. Die Beispiele sind bewusst lehrbuchhaft gestaltet, damit sie schnell und ohne großen Aufwand nachrechenbar sind und somit die Methoden zu verstehen helfen.

- Es wird nicht nur Wert darauf gelegt, die Verfahren in einem konkreten praktischen Einsatz zu zeigen. Zusätzlich werden die Methoden theoretisch fundiert und teilweise auch mit Beweisen dargestellt. Der Grund hierfür liegt darin, methodische Probleme lokalisieren zu können und in der Praxis zu vermeiden. Die theoretischen Teile können jedoch, je nach Ziel des Lesers, auch übersprungen werden. Informationen über die weitere Relevanz der Themen finden sich in den Arbeitshinweisen, die den Kapiteln vorangehen.

Am Ende des Buchteils A sollte der Leser in der Lage sein, diejenigen stochastischen und statistischen Grundlagen zu verstehen, die für ökonomische Probleme und Modellierungen von Bedeutung sind. Weiterhin sollte er ihren praktischen Einsatz insbesondere bei (bestimmten) finanzwirtschaftlichen Fragestellungen beherrschen und dort methodisch korrekt vorgehen können. Mit diesen Vorkenntnissen sind die folgenden Buchteile problemlos zu bearbeiten, ohne sie wird ein Verständnis wesentlich erschwert.

2. Statistische Grundlagen

2.1. Grundlagen der Wahrscheinlichkeitsrechnung

Arbeitshinweise: Das vorliegende Kap. 2.1. liefert die für dieses Buch notwendigen Grundlagen der Wahrscheinlichkeitsrechnung. Unter Grundlagen sind dabei sowohl Begriffe, die im Folgenden immer wieder Verwendung finden, als auch deren theoretische Bedeutung zu verstehen. Dieses Kapitel sollte deswegen von jedem Leser bearbeitet werden, wobei jedoch einzelne Abschnitte übersprungen werden können. In Kap. 2.1.1. werden elementare Begriffe wie *Zufallsexperiment*, *Ergebnis* und *Ereignis* definiert. Auch wenn viele dieser Definitionen eher theoretisch beschrieben werden, so sollten sie doch durch einfache Beispiele auch für eher praktisch orientierte Leser verständlich sein. Aus diesem Grund ist dieser Abschnitt allen Lesern zu empfehlen. Das Kap. 2.1.2. diskutiert verschiedene Definitionen des Begriffs *Wahrscheinlichkeit*, die unter bestimmten Voraussetzungen und Betrachtungsweisen verwendet werden können. Da der Begriff der Wahrscheinlichkeit aus dem heutigen Sprachgebrauch jedoch nicht wegzudenken und somit intuitiv bekannt ist, ist es für den theoretisch weniger interessierten Leser möglich, diesen Abschnitt zu „überfliegen" oder sogar ganz zu überspringen. Das Kap. 2.1.3. sollte dagegen auf keinen Fall übergangen werden. Die dort beschriebenen Rechenregeln sind elementar und werden an vielen Stellen dieses Buches Verwendung finden. Außerdem liefert ein umfangreiches Beispiel am Ende dieses Abschnitts eine praktische Einführung in den Umgang mit Wahrscheinlichkeiten. Kap. 2.1.4. ist eher für einen ökonomisch oder ökonometrisch, aber auf jeden Fall theoretisch interessierten Leser konzipiert. Verschiedene Ansätze zur Ermittlung von Wahrscheinlichkeiten werden auf rein theoretischer Ebene beschrieben. Diese Ansätze finden zwar im weiteren Verlauf des Buches Verwendung, das Studium der Theorie ist jedoch für das Verständnis im Weiteren nicht unbedingt notwendig.

2.1.1. Begriffe und Definitionen

Die Wahrscheinlichkeitsrechnung bildet die Basis für die Methoden der mathematischen Statistik. Aus didaktischen Gründen werden nachfolgend die wahrscheinlichkeitstheoretischen Grundlagen meist anhand elementarer Glücksspiele wie Münzwurf oder „Werfen eines Würfels" erläutert, da es sich hier um wesentlich einfachere Sachverhalte als bei finanzwirtschaftlichen Problemstellungen handelt. Die Bedeutung der in diesem Kapitel erläuterten Grundlagen für die Lösung finanzwirtschaftlicher Aufgaben wird jedoch in den nachfolgenden Kapiteln deutlich werden.

Den Ausgangspunkt für die Wahrscheinlichkeitstheorie bildet das *Zufallsexperiment*. Hierbei handelt es sich um einen Vorgang oder ein Experiment, dessen Ergebnis im Voraus nicht bestimmbar ist. Bekannt ist jedoch schon vor der Beobachtung des Vorgangs, welche möglichen Ergebnisse in Betracht kommen. Die Menge aller möglichen Ergebnisse eines Zufallsexperiments wird entsprechend als *Ergebnismenge* bezeichnet und durch das Symbol Ω dargestellt. Ein einzelnes Ergebnis (das ein Element von Ω ist) wird mit dem Symbol ω dargestellt.

Beispiel 1: Werfen einer Münze

Die Ergebnismenge ist $\Omega = \{\text{Kopf, Zahl}\}$. Einzelne Ergebnisse sind $\omega = \{\text{Kopf}\}$ und $\omega = \{\text{Zahl}\}$.

Im Rahmen von Zufallsexperimenten werden häufig nicht Ergebnisse, sondern (*Zufalls-*) *Ereignisse* betrachtet, die als Teilmengen der Ergebnismenge Ω definiert sind. Ein Ereignis A tritt demnach dann ein, wenn aus dem Zufallsexperiment ein Ergebnis ω resultiert, welches zu A gehört.

Beispiel 2: Werfen eines Würfels

In diesem Fall ist $\Omega = \{1, 2, 3, 4, 5, 6\}$. Die einzelnen Ergebnisse ω entsprechen den einzelnen Zahlen von Eins bis Sechs. A sei das Ereignis, bei dem eine Zahl zwischen eins und drei gewürfelt wird:

$$A = \{1, 2, 3\}$$

Die einzelnen Ergebnisse ω lassen sich ebenfalls als Ereignisse auffassen. Es handelt sich um einelementige Teilmengen $\{\omega\}$ der Ergebnismenge Ω; man bezeichnet sie als *Ele-*

mentarereignisse. Da die Ergebnismenge Ω selbst eine Teilmenge von Ω ist, stellt sie ebenfalls ein Ereignis dar. Dieses besitzt jedoch die Eigenschaft, bei jedem Ergebnis des Zufallsexperiments einzutreten. Man bezeichnet es deshalb als das *sichere Ereignis*. Die leere Menge $\varnothing$, die ebenfalls eine Teilmenge von Ω darstellt, wird als *unmögliches Ereignis* bezeichnet.

Beispiel 3: Werfen eines Würfels

Die Ergebnismenge ist $\Omega = \{1, 2, 3, 4, 5, 6\}$. Betrachtet man Ω als ein Ereignis, so handelt es sich um ein *sicheres Ereignis*, da bei jedem Wurf eine Zahl zwischen „1" und „6" eintreten muss. Aus diesem Sachverhalt folgt auch, dass die leere Menge $\varnothing$ nicht auftreten kann. Bei der leeren Menge $\varnothing$ handelt sich deshalb um ein *unmögliches Ereignis*.

Mit Hilfe von sog. mengentheoretischen Operationen lassen sich aus Ereignissen neue Ereignisse erzeugen:

$A \cap B$ (Durchschnitt): Das Ereignis „*A* und *B*" tritt genau dann ein, wenn sich ein ω ergibt, das zu *A* und zu *B* gehört.

$A \cup B$ (Vereinigung): Das Ereignis „*A* oder *B*" tritt genau dann ein, wenn sich ein ω ergibt, das zu *A* oder zu *B* (oder zu *A* und *B*) gehört.

$\overline{A}$ (Komplementärereignis): Das Ereignis „nicht *A*" tritt genau dann ein, wenn sich ein ω ergibt, das nicht zu *A* gehört.

$A \setminus B$: Das Ereignis „*A* aber nicht *B*" tritt genau dann ein, wenn sich ein ω ergibt, das zu *A* aber nicht zu *B* gehört.

Man bezeichnet zwei Ereignisse *A* und *B* als *disjunkt* (*unvereinbar*), wenn sie nicht gemeinsam eintreten können. Für den Durchschnitt dieser beiden Ereignisse gilt: $A \cap B = \varnothing$; d.h. es gibt kein ω, das gleichzeitig zu *A* und *B* gehört.

Beispiel 4: Zweimaliges Werfen eines Würfels.

Betrachtet werden folgende Ereignisse:

A: „Bei dem ersten und dem zweiten Wurf werden gleiche Zahlen gewürfelt"

B: „Die Summe der beiden Augenzahlen ist kleiner als 5"

C: „Die Summe der beiden Augenzahlen ist kleiner oder gleich 10"

Die Ereignisse *A* und *B* lassen sich als folgende Mengen schreiben:

$A = \{(1,1);(2,2);(3,3);(4,4);(5,5);(6,6)\}$

$B = \{(1,1);(1,2);(1,3);(2,1);(2,2);(3,1)\}$

Mit den mengentheoretischen Operationen lassen sich die folgenden neuen Mengen (Ereignisse) erzeugen:

$A \cap B = \{(1,1);(2,2)\}$

$A \cup B = \{(1,1);(2,2);(3,3);(4,4);(5,5);(6,6);(1,2);(1,3);(2,1);(3,1)\}$

$\overline{C} = \{(5,6);(6,5);(6,6)\}$

$A \setminus C = \{(6,6)\}$

2.1.2. Verschiedene Definitionen des Begriffs „Wahrscheinlichkeit“

BLEYMÜLLER/GEHLERT/GÜLICHER [(1998), S. 27] folgend lässt sich unter dem Begriff „Wahrscheinlichkeit“ ganz allgemein ein Maß zur Quantifizierung der Sicherheit bzw. Unsicherheit des Eintretens eines bestimmten Ereignisses bei der Durchführung eines Zufallsexperiments verstehen. Auf Grund unterschiedlicher philosophischer und wissenschaftstheoretischer Strömungen existieren jedoch verschiedene Auffassungen und somit unterschiedliche verbale und formale Definitionen des Begriffs „Wahrscheinlichkeit“. Obwohl die verschiedenen Wahrscheinlichkeitsdefinitionen grundsätzlich auf einer unterschiedlichen Ausgangssituation basieren, sind sie teilweise dennoch zueinander kompatibel und ergänzen sich größtenteils. Im Folgenden werden drei verschiedene Wahrscheinlichkeitsdefinitionen vorgestellt, die für das weitere Verständnis dieses Buches von Bedeutung sind. Zum einen gibt es statistische Gesetze, die entweder auf der einen oder der anderen Wahrscheinlichkeitsdefinition basieren, zum anderen lässt sich der Zufallscharakter einer konkreten finanzwirtschaftlichen Situation häufig durch eine bestimmte Wahrscheinlichkeitsdefinition anschaulicher als mit den anderen darstellen.

2.1.2.1. Die Wahrscheinlichkeitsdefinition nach LAPLACE[1]

Ausgangspunkt für die LAPLACESCHE Wahrscheinlichkeitsdefinition ist das sog. *Laplace-Experiment*. Dabei handelt es sich um ein Zufallsexperiment mit einer *endlichen Ergebnismenge* Ω, bei dem jedes Ergebnis *gleichwahrscheinlich* ist.

Besteht die Ergebnismenge Ω aus N Elementarereignissen ω, so gilt für die Wahrscheinlichkeit eines Elementarereignisses $P(\{\omega\})$[2] bei einem Laplace-Experiment:

---

1 Diese Definition der Wahrscheinlichkeit geht auf den französischen Mathematiker *Pierre Simone de Laplace* (1749-1827) zurück.

(1) $P(\{\omega\}) = \frac{1}{N}$ mit N = Anzahl der Elemente von Ω

Begibt man sich von der Ergebnis- auf die Ereignisebene, so ist in einem Laplace-Experiment die Wahrscheinlichkeit $P(A)$ für ein Ereignis A definiert als:

(2) $$P(A) = \frac{\text{Anzahl der Fälle, bei denen } A \text{ eintritt}}{\text{Anzahl aller möglichen Fälle}} = \frac{\text{Anzahl der Elemente von } A}{\text{Anzahl der Elemente von } \Omega}$$

Beispiel: Werfen eines symmetrischen (nicht manipulierten) Würfels

Hier ist jedes der (N = 6) Ergebnisse ω (Ω = {1,2,3,4,5,6}) gleichwahrscheinlich. Die Wahrscheinlichkeit beträgt demnach für jedes einzelne Ergebnis $P(\{\omega\}) = 1/6$. Bei diesem Zufallsexperiment handelt es sich auf Grund der endlichen Ergebnismenge (N = 6) und der Gleichwahrscheinlichkeit um ein Laplace-Experiment.

Ausgehend von den einzelnen Ergebnissen lässt sich anschließend zu Ereignissen übergehen, z.B. zum Ereignis A : „Die Augenzahl ist kleiner oder gleich 3".

Es gilt A = {1,2,3} und Ω = {1,2,3,4,5,6}. Die Wahrscheinlichkeit $P(A)$ für das Ereignis A berechnet sich somit nach:

$$P(A) = \frac{\text{Anzahl der Elemente von } A}{\text{Anzahl der Elemente von } \Omega} = \frac{3}{6} = 0.5$$

Wie das Beispiel zeigt, liegt ein bedeutender Vorteil dieser Definition in ihrer Einfachheit und intuitiven Nachvollziehbarkeit. Der größte Nachteil dieser Wahrscheinlichkeitsdefinition dürfte in ihrer eingeschränkten Anwendbarkeit liegen, die sich auf Grund der Voraussetzung der Gleichwahrscheinlichkeit für jedes Ergebnis ergibt. Diese Wahrscheinlichkeitsdefinition kann also nur in Zusammenhang mit den oben definierten Laplace-Experimenten und nicht mit beliebigen Zufallsexperimenten eingesetzt werden.

2.1.2.2. Die Wahrscheinlichkeitsdefinition nach von Mises[3]

Im Unterschied zur Laplaceschen ist die von Misessche Wahrscheinlichkeitsdefinition empirisch orientiert. Sie basiert auf der *relativen Häufigkeit* von langen Versuchsreihen, wobei sich die einzelnen Versuchswiederholungen gegenseitig nicht beeinflussen. Die formale Definition der Wahrscheinlichkeit nach von Mises lautet:

2 Das Symbol P steht dabei für „*Probability*" (= englische Bezeichnung für Wahrscheinlichkeit).

3 Diese Wahrscheinlichkeitsdefinition stammt von dem österreichischen Mathematiker *Richard von Mises* (1883-1953).

(1) $P(A)=\lim_{n\to\infty} f_n(A)=\lim_{n\to\infty}\frac{n_A}{n}$

mit n: Anzahl unabhängiger Wiederholungen eines Zufallsexperiments
n_A: Häufigkeit, mit der ein Ereignis A bei n unabhängigen Versuchswiederholungen eintritt (absolute Häufigkeit)
$f_n(A)=n_A/n$: Relative Häufigkeit, mit der ein Ereignis A bei n unabhängigen Versuchswiederholungen eintritt

Die relative Häufigkeit ist der Quotient aus der Häufigkeit, mit der ein Ereignis A eintritt, und der Gesamtanzahl der unabhängigen Wiederholungen des Zufallsexperiments. Nach Definition (1) entspricht die Wahrscheinlichkeit $P(A)$ eines Ereignisses A dem Grenzwert (lim) der relativen Häufigkeit ($f_n(A)$) des Auftretens von A bei der unendlichen Wiederholung ($n\to\infty$) eines entsprechenden Zufallsexperiments. Die einzelnen Wiederholungen müssen dabei voneinander unabhängig sein.

Bei dieser Definition sind zwei Punkte anzumerken: Zum einen muss sichergestellt sein, dass die relative Häufigkeit $f_n(A)$ bei $n\to\infty$ auch tatsächlich gegen eine feste Zahl (z.B. p)[4] konvergiert. Zum anderen darf das Eintreten bzw. Nichteintreten des Ereignisses A keinem festen/deterministischen Bildungsgesetz folgen. Das Ereignis A muss rein zufällig auftreten.

Beispiel: Werfen einer Münze

Der Grundgedanke der Wahrscheinlichkeitsdefinition nach VON MISES lässt sich sehr anschaulich anhand der häufigen (und unabhängigen) Wiederholung des Zufallsexperiments „Werfen einer symmetrischen (nicht manipulierten) Münze" darstellen. Dabei lassen sich auf dem Ergebnisraum Ω = {Kopf, Zahl} die beiden Ereignisse A = {Kopf} und $\overline{A}$={Zahl} definieren. Mit einer zunehmenden Anzahl von Münzwürfen (Idealfall: $n\to\infty$) wird die relative Häufigkeit $f_n(A)$, mit der das Ereignis A = {Kopf} eintritt, gegen die Zahl $p=0.5$ konvergieren. Gemäß der Wahrscheinlichkeitsdefinition nach VON MISES würde man somit dem Ereignis A die Wahrscheinlichkeit $P(A)=0.5$ zuordnen. Analog würde sich auch für das Ereignis $\overline{A}$ die Wahrscheinlichkeit $P(\overline{A})=0.5$ ergeben.

Einwände gegen diese Form der Wahrscheinlichkeitsdefinition ergeben sich insbesondere aus der Forderung nach einer *unendlichen Anzahl* an Versuchswiederholungen, die sich praktisch nie erfüllen, sondern höchstens nur durch eine *sehr große Anzahl* an Wiederholungen approximieren lässt. Außerdem gibt die Wahrscheinlichkeitsdefinition keinen Hinweis darauf, wie häufig die Versuchswiederholung (n) stattfinden muss, damit $P(A)$ mit

4 p ist ein fester Wert, der zwischen null und eins liegt.

einer vorgegebenen Genauigkeit aus der relativen Häufigkeit $f_n(A)$ bestimmt werden kann.

Für das vorliegende Buch ist der Wahrscheinlichkeitsbegriff nach VON MISES insoweit von Bedeutung, da er eine Verständnisgrundlage für weitere Inhalte (z.B. die empirische Bestimmung von Wahrscheinlichkeiten) bildet.

2.1.2.3. Die Wahrscheinlichkeitsdefinition nach KOLMOGOROFF[5]

Im Unterschied zur LAPLACESCHEN und VON MISESSCHEN Wahrscheinlichkeitsdefinition werden bei KOLMOGOROFF die grundlegenden Begriffe nicht explizit definiert, sondern ihre Eigenschaften und Beziehungen durch Axiome festgelegt. Unter einem Axiom versteht man einen allgemeinen Grundsatz, der ohne weiteren Beweis vorausgesetzt wird. Die einzelnen Axiome von KOLMOGOROFF stehen nicht mit den Wahrscheinlichkeitsbeschreibungen nach LAPLACE und VON MISES im Widerspruch, sondern ergänzen diese um eine logisch korrekte Definition. Die Axiome der Wahrscheinlichkeitsrechnung lauten dabei wie folgt:

Axiom 1: Jedem Ereignis A ist eine nicht negative reelle Zahl $P(A)$ zugeordnet. Diese Zahl $P(A)$ wird als Wahrscheinlichkeit von A bezeichnet.

Axiom 2: Die Wahrscheinlichkeit für das sichere Ereignis beträgt 1 ($P(\Omega) = 1$).

Axiom 3a: Für zwei sich gegenseitig ausschließende (disjunkte) Ereignisse A und B gilt immer: $P(A \cup B) = P(A) + P(B)$. Man bezeichnet diese Eigenschaft als *Additivität*.

Axiom 3b: Für abzählbar unendlich viele, sich paarweise gegenseitig ausschließende Ereignisse $A_1, A_2, A_3, \ldots$ gilt immer: $P(A_1 \cup A_2 \cup A_3 \cup \ldots) = P(A_1) + P(A_2) + P(A_3) + \ldots$ Man spricht hier von der *vollständigen Additivität*.

Als Einwand gegen diese Form der Bestimmung des Wahrscheinlichkeitsbegriffes könnte man anführen, dass es sich ausschließlich um eine formale, aber um keine inhaltliche Definition handelt. Auf der anderen Seite kann man diese Eigenschaft aber auch als Vorteil sehen, da sie zu einer großen Allgemeingültigkeit und somit zu einem breiten Anwendungsspektrum führt. Als Vergleich sei an dieser Stelle nochmals auf die Bindung der LAPLACESCHEN Definition an ein Laplace-Experiment (Gleichwahrscheinlichkeit der Ereignisse) und der Voraussetzung der unendlichen Wiederholbarkeit eines Zufallsexperiments bei der Definition nach VON MISES erinnert. Die große Allgemeingültigkeit ist u.a. auch dafür verantwortlich, dass die Kolmogoroff-Axiome nicht als Widerspruch, sondern als defi-

5 Diese Definition des Wahrscheinlichkeitsbegriffes geht zurück auf den russischen Mathematiker *Andrej Nikolajewitsch Kolmogoroff* (geb. 1903).

nitorische Ergänzung zum LAPLACESCHEN und VON MISESSCHEN Wahrscheinlichkeitsbegriff zu sehen sind.

2.1.3. Elementare Rechenregeln

Da der „klassischen“ Wahrscheinlichkeitsrechnung für die im Weiteren behandelten finanzwirtschaftlichen Problemstellungen keine tiefer gehende Bedeutung zukommt, ist die folgende Darstellung von Rechenregeln und Sätzen auch nicht vollständig. Es werden ausschließlich jene Regeln und Sätze erläutert, die sich einerseits unmittelbar aus den Kolmogoroff-Axiomen (siehe Kap. 2.1.2.3.) ableiten lassen, andererseits für das Verständnis der nachfolgenden Kapitel erforderlich sind. Dementsprechend wird teilweise auf formale Herleitungen und Beweise verzichtet.

Die folgenden drei elementaren Rechenregeln, die für das weitere Verständnis des gesamten Buches von zentraler Bedeutung sind, lassen sich unmittelbar aus den Kolmogoroff-Axiomen ableiten:

(1) $P(A) \leq 1$, womit sich Axiom 1 ergänzen lässt zu $0 \leq P(A) \leq 1$.

Für die Wahrscheinlichkeit eines jeden Ereignisses $P(A)$ muss gelten, dass sie größer gleich null und gleichzeitig kleiner gleich eins ist.

(2) $P(\varnothing) = 0$

Die Wahrscheinlichkeit für das unmögliche Ereignis ist nach Regel (2) gleich null.

(3) $P(\overline{A}) = 1 - P(A)$

Die Regel (3) besagt, dass bei Kenntnis der Wahrscheinlichkeit $P(A)$ die Wahrscheinlichkeit des Komplementärereignisses $P(\overline{A})$ durch Subtraktion von dem Wert eins ermittelt werden kann.

Da die drei Rechenregeln weitgehend intuitiv einleuchtend sind, wird an dieser Stelle auf einzelne Beispiele verzichtet. Stattdessen wird, um die große Bedeutung der Kolmogoroff-Axiome nochmals zu verdeutlichen, die Herleitung der drei Regeln aus diesen Axiomen dargestellt:

Beweis (1)-(3):

Da A und $\overline{A}$ disjunkt sind, folgt aus Axiom 3a: $P(A \cup \overline{A}) = P(A) + P(\overline{A})$
Da $A \cup \overline{A} = \Omega$ ist, folgt aus Axiom 2: $P(A \cup \overline{A}) = 1$

Es ergibt sich somit der folgende Zusammenhang:

(4) $P(A) + P(\overline{A}) = 1$

Nach Axiom 1 gilt $P(\overline{A}) \geq 0$. Es folgt aus Gleichung (4), dass $P(A) \leq 1$ (siehe Regel (1)) sein muss. Regel (2) lässt sich herleiten, indem $A = \Omega$ und $\overline{A} = \varnothing$ in (4) einsetzt und Axiom 2 angewendet wird. Regel (3) folgt unmittelbar aus Gleichung (4).

Eine weitere grundlegende Rechenregel ist der *Additionssatz*, nach dem für zwei beliebige (nicht nur disjunkte) Ereignisse gilt:

(5) $P(A \cup B) = P(A) + P(B) - P(A \cap B)$

Da für zwei disjunkte Ereignisse A und B gilt, dass $A \cap B = \varnothing$ und $P(\varnothing) = 0$ (Regel (2)) ist, lässt sich die Regel (5) als eine Verallgemeinerung des Axioms 3a betrachten.

Unter einer *bedingten Wahrscheinlichkeit* $P(B|A)$ versteht man die Wahrscheinlichkeit eines Ereignisses B unter der Voraussetzung, dass das Ereignis A eintritt (die bedingte Wahrscheinlichkeit von B unter der Bedingung A). Für $P(A) \neq 0$ wird sie wie folgt berechnet:

(6) $P(B \mid A) = \dfrac{P(A \cap B)}{P(A)}$

Durch einfaches Umstellen lässt sich aus (6) unmittelbar der *Multiplikationssatz* ableiten, der für zwei beliebige Ereignisse gilt:

(7) $P(A \cap B) = P(A) \cdot P(B \mid A)$

Satz (7) lässt sich auf einfache Weise für n Ereignisse $A_1, ..., A_n$ zum sog. *allgemeinen Multiplikationssatz* erweitern:

(8) $P(A_1 \cap \ldots \cap A_n) = P(A_1) \cdot P(A_2 \mid A_1) \cdot \ldots \cdot P(A_n \mid A_1 \cap \ldots \cap A_{n-1})$

Beispiel 1: Bedingte Wahrscheinlichkeit

Ein Würfel besitze neben den Zahlen von „1“ bis „6“ die folgenden farbigen Markierungen auf den sechs Würfelseiten: Die Seiten mit den Zahlen „1“, „2“ und „3“ sind blau markiert, die übrigen drei Seiten, also diejenigen mit den Zahlen „4“, „5“ und „6“, rot. Es interessiert nun die Frage, wie groß die Wahrscheinlichkeit für eine gerade Würfelzahl ist, falls eine blaue Seite gewürfelt wird. Es handelt sich hierbei also um eine bedingte Wahrscheinlichkeit, nämlich um die Wahrscheinlichkeit des Ereignisses „gerade Zahl“ unter der Voraussetzung, dass das Ereignis „blaue Seite“ eintritt. Sie lässt sich nach (6) wie folgt berechnen:

$$P(\text{gerade Zahl} \mid \text{blaue Seite}) = \frac{P(\text{blaue Seite} \cap \text{gerade Zahl})}{P(\text{blaue Seite})}$$

Unter der Voraussetzung, dass es sich bei diesem Experiment um ein Laplace-Experiment handelt, ist jede der sechs Würfelseiten gleichwahrscheinlich. Die Wahrscheinlichkeiten auf der rechten Seite dieser Gleichung lassen sich dann leicht berechnen: Da drei der sechs Seiten blau sind, beträgt die Wahrscheinlichkeit für eine blaue Seite $P(\text{blaue Seite}) = 3/6 = 1/2$. Das Ereignis, dass eine Würfelseite blau ist und gleichzeitig eine gerade Zahl hat, tritt nur bei einer einzigen der sechs Seiten auf, nämlich bei derjenigen mit der Zahl „2“. Somit ist die Wahrscheinlichkeit für dieses Ereignis gerade $P(\text{blaue Seite} \cap \text{gerade Zahl}) = 1/6$. Zusammengesetzt ergibt sich für die gesuchte bedingte Wahrscheinlichkeit

$$P(\text{gerade Zahl} \mid \text{blaue Seite}) = \frac{1/6}{1/2} = 1/3$$

Die Eigenschaft der *Unabhängigkeit* von Ereignissen ist sowohl für die „traditionelle“ Wahrscheinlichkeitsrechnung ganz allgemein, als auch für das weitere Verständnis dieses Buches von zentraler Bedeutung. Sind zwei Ereignisse A und B unabhängig, so hat das Eintreten von Ereignis A keinen Einfluss auf das Eintreten von Ereignis B (und umgekehrt). Die Wahrscheinlichkeit für das Eintreten von B ist also genauso groß wie die Wahrscheinlichkeit von Ereignis B unter der Voraussetzung, dass das Ereignis A eintritt. Bei Unabhängigkeit der Ereignisse A und B muss gelten: $P(B) = P(B|A)$. Da die Unabhängigkeit symmetrisch ist, gilt analog $P(A) = P(A|B)$.

Demnach lassen sich aus (6) bzw. (7) folgend zwei Ereignisse genau dann als *unabhängig* ansehen, wenn für sie die Regel (9) zutrifft:

(9) $P(A \cap B) = P(A) \cdot P(B)$

Diese *Multiplikationsregel für unabhängige Ereignisse* lässt sich auf n Ereignisse $A_1, ..., A_n$ verallgemeinern, wenn für *jede beliebige* Auswahl aus diesen n Ereignissen, bestehend aus m Ereignissen (mit $1 \leq m \leq n$), erfüllt ist:

(10) $$P(A_{i_1} \cap \ldots \cap A_{i_m}) = P(A_{i_1}) \cdot \ldots \cdot P(A_{i_m})$$

Da es dabei nicht auf die Reihenfolge der einzelnen Ereignisse $A_1, ..., A_n$ ankommen soll, wird hier der Index i verwendet. Damit kommt zum Ausdruck, dass eine beliebige Umsortierung der Ereignisse stattfinden kann. Der Index darf jedoch nicht doppelt auftreten, da in diesem Fall ein Ereignis gleich zwei Mal mit einbezogen wird. Für n *unabhängige* Ereignisse $A_1, ..., A_n$ gilt insbesondere:

(11) $$P(A_1 \cap \ldots \cap A_n) = P(A_1) \cdot \ldots \cdot P(A_n)$$

Analog gilt Satz (11) also für jede beliebige (m Elemente umfassende) Auswahl aus diesen Ereignissen $A_1, ..., A_n$.

Ist die Unabhängigkeit von Ereignissen nicht erfüllt, so ist mit den Multiplikationssätzen (7) und (8) zu arbeiten.

In diesem Abschnitt wurden nur jene Rechenregeln und Sätze kurz erläutert, die für das Verständnis der nachfolgenden Kapitel unbedingt erforderlich sind. Da eine umfassende Wahrscheinlichkeitsrechnung für die hier behandelten finanzwirtschaftlichen Themengebiete nicht notwendig erscheint, wurde weitgehend auf eine Veranschaulichung anhand von Beispielen verzichtet. Um dennoch eine Vorstellung davon zu bekommen, was mit den hier erläuterten Sätzen und Rechenregeln im Rahmen der „klassischen" Wahrscheinlichkeitsrechnung möglich ist, soll das folgende Beispiel 2 abschließend betrachtet werden.

Beispiel 2: Werfen eines Würfels

Ein Würfel wird n mal nacheinander geworfen, wobei sich die einzelnen Würfe nicht gegenseitig beeinflussen. Es soll folgende Frage beantwortet werden: „Wie oft muss der Würfel mindestens geworfen werden, damit die Wahrscheinlichkeit, dass sich mindestens eine Sechs unter den n Würfen befindet größer oder gleich 0.95 (also größer oder gleich 95%) ist?"

1. Schritt: Definition von geeigneten Ereignissen

Ereignis A_i: „Beim i-ten Wurf wird eine Sechs erzielt"

Komplementärereignis $\overline{A}_i$: „Beim i-ten Wurf wird keine Sechs erzielt"

Ereignis B_n: „Unter den n Würfen ist mindestens eine Sechs"

Komplementärereignis $\overline{B}_n$: „Unter den n Würfen ist keine Sechs"

2. Schritt: Zuordnung von Wahrscheinlichkeiten zu den Ereignissen

Die Wahrscheinlichkeit, mit einem Würfel bei einem Wurf eine Sechs zu erzielen, beträgt $1/6$, die Wahrscheinlichkeit, keine Sechs zu erzielen, $5/6$:

$$P(A_i) = \frac{1}{6} \text{ und } P(\overline{A}_i) = \frac{5}{6}$$

Die Wahrscheinlichkeit für das Ereignis B_n, die für die Beantwortung der Frage eigentlich relevant wäre, lässt sich auf Grund der Formulierung „mindestens eine Sechs" nicht unmittelbar angeben. Die Wahrscheinlichkeit für das Komplementärereignis $\overline{B}_n$ kann jedoch durch einfache Überlegung berechnet werden. Das Ereignis „unter den n Würfen ist keine Sechs" besagt nämlich, dass weder beim ersten Wurf, noch beim zweiten usw. eine Sechs auftritt. Dieser Sachverhalt lässt sich in der mengentheoretischen Schreibweise wie folgt darstellen:

$$\overline{B}_n = \overline{A}_1 \cap \overline{A}_2 \cap ... \cap \overline{A}_n$$

Da sich die einzelnen Würfe nicht beeinflussen (also unabhängig voneinander sind), lässt sich die Wahrscheinlichkeit für $P(\overline{B}_n)$ mittels des Multiplikationssatzes (siehe Regel (11)) wie folgt berechnen:

$$P(\overline{B}_n) = P(\overline{A}_1) \cdot P(\overline{A}_2) \cdot ... \cdot P(\overline{A}_n) = \frac{5}{6} \cdot \frac{5}{6} \cdot ... \cdot \frac{5}{6} = \left(\frac{5}{6}\right)^n$$

Die Wahrscheinlichkeit $P(B_n)$ für das eigentlich relevante Ereignis B_n lässt sich nun unmittelbar mit Hilfe von Regel (3) aus $P(\overline{B}_n)$ gewinnen:

$$P(B_n) = 1 - P(\overline{B}_n) = 1 - \left(\frac{5}{6}\right)^n$$

3. Schritt: Lösung der eigentlichen Fragestellung

Wie oft muss nun ein Würfel mindestens geworfen werden, damit mit einer Wahrscheinlichkeit von größer oder gleich 95% mindestens eine Sechs gewürfelt wird? Dafür muss offensichtlich die folgende Bedingung erfüllt sein:

$$P(B_n) \geq 0.95 \qquad \Rightarrow \qquad 1 - \left(\frac{5}{6}\right)^n \geq 0.95 \qquad \Rightarrow \qquad \left(\frac{5}{6}\right)^n \leq 0.05$$

Die Anzahl der notwendigen Würfe n lässt sich hieraus mittels der Logarithmusfunktion auf einfache Weise wie folgt berechnen:

$$n \cdot \log\left(\frac{5}{6}\right) \leq \log(0.05) \quad \Rightarrow \quad n \geq \frac{\log(0.05)}{\log\left(\frac{5}{6}\right)} = 16.43$$

Das Ungleichheitszeichen hat sich wegen der Division durch eine negative Zahl ($\log(5/6) \approx -0.18$) umdreht. Es sind also mindestens 17 Würfe erforderlich.

2.1.4. Verschiedene Ansätze zur Ermittlung von Wahrscheinlichkeiten

In den vorhergehenden Abschnitten wurden zum einen verschiedene Definitionen des Begriffs „Wahrscheinlichkeit" vorgestellt (siehe Kap. 2.1.2.), zum anderen wurde gezeigt, wie mit der Wahrscheinlichkeit im Rahmen einer „Wahrscheinlichkeitsrechnung" (siehe Kap. 2.1.3.) umgegangen werden kann. Bisher wurde jedoch (insbesondere in Kap. 2.1.3.) die Wahrscheinlichkeit von bestimmten Ereignissen stets als gegeben angesehen, ohne auf die Frage nach ihrer Bestimmung näher einzugehen. Im Folgenden werden verschiedene Arten der numerischen Ermittlung von Wahrscheinlichkeiten vorgestellt, die für theoretische, empirische und praktische finanzwirtschaftliche Fragestellungen und somit auch für die nachfolgenden Kapitel von Bedeutung sind.

Eine Möglichkeit, die unbekannte Wahrscheinlichkeit $P(A)$ eines Ereignisses A zu bestimmen, besteht darin, ein adäquates Zufallsexperiment n mal unabhängig voneinander durchzuführen und die relative Häufigkeit n_A/n, mit der das Ereignis A bei den n Versuchsdurchführungen eingetreten ist, als Approximation für $P(A)$ einzusetzen. Es handelt sich also um jenes Konzept, mit dem VON MISES den Begriff Wahrscheinlichkeit definierte. Da eine so bestimmte Wahrscheinlichkeit unabhängig von der *subjektiven* Einschätzung eines bestimmten Beobachters ist bzw. für viele verschiedene Beobachter gleich sein muss, spricht man in diesem Zusammenhang von einer *objektiven* Wahrscheinlichkeit. Das Vorgehen lässt sich als *empirisch induktiv* charakterisieren, da man von einzelnen Beobachtungen (der relativen Häufigkeit n_A/n) auf das dahinter stehende Gesetz (die tatsächliche, unbekannte Wahrscheinlichkeit $P(A)$) schließt. Voraussetzung für eine solche Wahrscheinlichkeitsbestimmung ist, dass ein Zufallsexperiment beliebig oft und unabhängig voneinander wiederholt werden kann. Diese Art der Ermittlung von Wahrscheinlichkeiten besitzt insbesondere bei praktischen Anwendungen eine große Rolle und wird in den nachfolgenden Kapiteln mehrmals aufgegriffen.

Die Bestimmung *subjektiver* Wahrscheinlichkeiten stellt als zweite Möglichkeit der Ermittlung von Wahrscheinlichkeiten das Pendant zur obigen Methode dar. Im Rahmen wirtschaftlicher (z.B. finanzwirtschaftlicher) Problemstellungen handelt es sich hier um die individuelle, subjektive Einschätzung von Wahrscheinlichkeiten durch einzelne Wirtschaftssubjekte. Wahrscheinlichkeiten, die auf diese Weise ermittelt werden, können von Betrachter zu Betrachter unterschiedlich sein. Diese Methode der Wahrscheinlichkeitsbestimmung ist auch bei einmaligen Situationen anwendbar und nicht an eine unendliche Wiederholbarkeit des Zufallsexperiments gebunden. Die Bestimmung subjektiver Wahrscheinlichkeiten ist insbesondere in der „normativen Entscheidungstheorie", die oftmals für die Behandlung finanzwirtschaftlicher Entscheidungssituationen herangezogen wird, von zentraler Bedeutung. Im Rahmen der „normativen Entscheidungstheorie" ist eine Entscheidungssituation durch verschiedene zukünftig mögliche Umweltzustände und durch eine Menge von möglichen Aktionen des Entscheiders gekennzeichnet. Die Menge Z der zukünftig möglichen Umweltzustände $z_1, ..., z_K$ muss vollständig (also alle möglichen Umweltzustände umfassend) und überschneidungsfrei sein. Die „Überschneidungsfreiheit" bedeutet hier, dass ein eingetretener Zustand eindeutig einem der Umweltzustände zugeordnet werden kann. Das Eintreten eines bestimmten Umweltzustandes z_j kann durch den Entscheider nicht beeinflusst werden, ist also zufällig. An die möglichen Aktionen des Entscheiders $a_1, ..., a_N$ ist ebenfalls die Forderung der Vollständigkeit und der Überschneidungsfreiheit zu stellen. Die Durchführung einer Handlungsalternative a_i und das Eintreten eines zukünftigen Umweltzustandes z_j führt dabei zu dem eindeutigen Ergebnis e_{ij}. Man spricht bei einer solchen Entscheidungssituation ganz allgemein von „Unsicherheit". Ist es dem Entscheider nun möglich, den einzelnen Umweltzuständen *subjektive* Wahrscheinlichkeiten für ihr Eintreten zuzuordnen, so bezeichnet man dieses Entscheidungsumfeld als *Risikosituation*. Ist die Angabe von subjektiven Wahrscheinlichkeiten nicht möglich, so spricht man von einer *Ungewissheitssituation*. Die möglichen Handlungsalternativen $a_1, ..., a_N$, die einzelnen Umweltzustände $z_1, ..., z_K$ mit ihren Wahrscheinlichkeiten $P(z_1), ..., P(z_K)$ (es handelt sich hier also um eine Risikosituation) sowie die daraus resultierenden Ergebnisse e_{ij} ($i = 1, ..., N$ und $j = 1, ..., K$) lassen sich wie folgt in einer Ergebnismatrix darstellen:[6]

6 Eine „Ungewissheitssituation" lässt sich ebenfalls mittels einer Ergebnismatrix darstellen, mit dem einzigen Unterschied, dass eben keine Wahrscheinlichkeiten $P(z_1), ..., P(z_K)$ den K Umweltzuständen zugeordnet sind.

	z_1 $P(z_1)$	z_2 $P(z_2)$	...	z_j $P(z_j)$	...	z_K $P(z_K)$
a_1	e_{11}	e_{12}	...	e_{1j}	...	e_{1K}
a_2	e_{21}	e_{22}	...	e_{2j}	...	e_{2K}
:	:	:		:		:
a_i	e_{i1}	e_{i2}	...	e_{ij}	...	e_{iK}
:	:	:		:		:
a_N	e_{N1}	e_{N2}	...	e_{Nj}	...	e_{NK}

Abb. 2.1.4.-1.: Ergebnismatrix

Ohne die normative Entscheidungstheorie näher zu vertiefen, besteht die Aufgabe nun darin, die für den Entscheider „optimale" Handlungsalternative mittels eines rational begründbaren Entscheidungsverfahrens zu bestimmen. Je nachdem, ob es sich um eine Ungewissheits- oder um eine Risikosituation handelt, stehen dabei unterschiedliche Verfahren zur Verfügung. Sie unterscheiden sich im Wesentlichen dadurch, dass die Instrumente für Risikosituationen die Zusatzinformation „Wahrscheinlichkeit" im Entscheidungskalkül berücksichtigen.

Da die hier vorgestellte Entscheidungssituation (innerhalb der normativen Entscheidungstheorie) lediglich als Beispiel für die Verwendung *subjektiver* Wahrscheinlichkeiten dient, sollen an dieser Stelle Wahrscheinlichkeiten noch einmal näher betrachtet werden. Dabei ist es zum einen wichtig, den Bezug zu den Kolmogoroff-Axiomen und den daraus abgeleiteten elementaren Rechenregeln zu verdeutlichen. Die Verbindung zu den Kolmogoroff-Axiomen lässt sich herstellen, indem man das Eintreten eines bestimmten Umweltzustandes als „Ereignis" betrachtet. So lässt sich beispielsweise das Ereignis A_j als „Eintreten des Umweltzustandes z_j" (für alle $j = 1, ..., K$ analog) definieren. Damit man den Ereignissen A_j („Eintreten des Zustandes z_j") Wahrscheinlichkeiten zuordnen kann, müssen gemäß der „Wahrscheinlichkeitsdefinition" nach KOLMOGOROFF bestimmte Eigenschaften, nämlich die Erfüllung der Kolmogoroff-Axiome, garantiert sein. So muss nach Axiom 1 (siehe Kap. 2.1.2.3.) und der elementaren Regel (1) in Kap. 2.1.3. für jedes der $j = 1, ..., K$ Ereignisse A_j gelten: $0 \leq P(A_j) \leq 1$. Da die Beschreibung der zukünftigen Umwelt alle möglichen Umweltzustände umfassen muss (Vollständigkeit), entspricht der Ergebnisraum[7] Ω allen möglichen Umweltzuständen ($\Omega = \{A_1, A_2, ..., A_K\} = \{z_1, z_2, ..., z_K\}$). Die „Vollständigkeit" stellt somit sicher, dass einer der möglichen Umweltzustände definitiv eintreten muss, womit auch das Axiom 2, $P(\Omega) = 1$, erfüllt wird. Die einzelnen Umweltzustände dürfen sich außerdem nicht überschneiden. Somit sind die Ereignisse „Eintreten bestimmter Umwelt-

7 Der Begriff „Ergebnisraum" an dieser Stelle ist nicht zu verwechseln mit den einzelnen Ergebnissen e_{ij} des Entscheidungsfeldes.

zustände" als disjunkte Ereignisse anzusehen. Nach dem Kolmogoroff-Axiom 3a bzw. 3b muss die Wahrscheinlichkeit, dass entweder Umweltzustand z_i (Ereignis A_i) oder Zustand z_j (Ereignis A_j) eintritt, gleich $P(A_i) + P(A_j)$ sein, was auch intuitiv nachvollziehbar ist. Das Eintreten eines nicht möglichen Umweltzustandes entspricht einem „unmöglichen Ereignis". Die elementare Regel (2) $P(\varnothing) = 0$ in Kap. 2.1.3. ist also stets erfüllt. Die Wahrscheinlichkeiten der einzelnen Umweltzustände z_j ($j = 1, ..., K$) müssen sich zu eins addieren (formal: $\sum_{j=1}^{K} P(z_j) = 1$). Dies folgt aus der Kombination des Axioms 2 mit Axiom 3b. Das Arbeiten mit *subjektiven* Wahrscheinlichkeiten im Rahmen einer Entscheidungssituation der normativen Entscheidungstheorie ist also legitim und konsistent, da die Kolmogoroff-Axiome eingehalten werden.

Es sei aber auf den *subjektiven* Charakter der Wahrscheinlichkeiten für das Eintreten der zukünftigen Umweltzustände im Rahmen eines normativen Entscheidungsmodells hingewiesen. Selbst wenn man zur Abschätzung der zukünftigen Wahrscheinlichkeiten irgendwelche, geeignet gewählte „Hilfsgrößen" zu Grunde legt, handelt es sich dennoch um subjektive Wahrscheinlichkeiten. Der jeweilige Entscheider geht hier *individuell* und *subjektiv* davon aus, dass z.B. die beobachtete relative Häufigkeit (anhand vergangener Ereignisse) einen guten Schätzer für die Zukunft darstellt.

Neben der objektiven und der subjektiven Bestimmung von Wahrscheinlichkeiten, lässt sich noch eine dritte Methode anführen, nämlich die Bestimmung von Wahrscheinlichkeiten nach LAPLACE. Wie bereits in Kap. 2.1.2.1. erläutert wurde, geht LAPLACE von einem Laplace-Experiment aus, bei dem jedes Ergebnis gleichwahrscheinlich ist. Ausgehend von diesen gleichwahrscheinlichen Ergebnissen werden in einem nächsten Schritt gemäß der interessierenden Fragestellung adäquate Ereignisse definiert. Für ein Ereignis A berechnet sich dann die Wahrscheinlichkeit $P(A)$ wie folgt:

$$P(A) = \frac{\text{Anzahl der Elemente von } A}{\text{Anzahl der Elemente von } \Omega}$$

Man bezeichnet $P(A)$ auch als *a priori* Wahrscheinlichkeit, da $P(A)$ bereits vor Durchführung eines Zufallsexperiments auf Grund von sachlogischen Überlegungen feststeht. Im Gegensatz hierzu ist beispielsweise die empirisch induktive Bestimmung von Wahrscheinlichkeiten auf Grund relativer Häufigkeiten zu sehen. Da sich hier die Wahrscheinlichkeit erst nach der Durchführung von Zufallsexperimenten ergibt, bezeichnet man diese auch als *a posteriori* Wahrscheinlichkeit.

Die Annahme der „Gleichwahrscheinlichkeit", die für die Ermittlungsmethode nach LAPLACE von zentraler Bedeutung ist, lässt sich durch das *Prinzip vom unzureichenden Grund* rechtfertigen: Existiert kein triftiger Grund, warum bestimmte Ergebnisse häufiger auftreten sollten als andere, so liegt es nahe, jedes mögliche Ergebnis als gleichwahrscheinlich anzusehen. Dieses Vorgehen kann dabei sowohl einen subjektiven als auch einen objektiven Charakter aufweisen. Besteht das Zufallsexperiment beispielsweise aus dem Werfen eines symmetrischen (nicht manipulierten) Würfels, so ergibt sich bereits auf Grund des Versuchsdesigns die Gleichwahrscheinlichkeit der einzelnen Ergebnisse (Augenzahlen von eins bis sechs) auf eine *objektive* Art und Weise. Die Annahme der Gleichwahrscheinlichkeit kann jedoch auch im Rahmen der *subjektiven* Wahrscheinlichkeitsbestimmung durch ein Wirtschaftssubjekt auf Grund seiner individuellen Einschätzung vorgenommen werden. So kann ein Entscheider in einer normativen Entscheidungssituation motiviert durch das „Prinzip vom unzureichenden Grund" von der Gleichwahrscheinlichkeit der zukünftig möglichen Umweltzustände ausgehen. Existieren beispielsweise fünf potenziell mögliche Zustände $z_1, ..., z_5$, so würde er jedem Zustand die Wahrscheinlichkeit $P(z_j) = 1/5 = 0.20$ zuordnen. Auf diese Weise ist es eigentlich immer möglich, von einer „Ungewissheitssituation" (ohne Zustandswahrscheinlichkeiten) in eine „Risikosituation" mit gleichwahrscheinlichen Umweltzuständen zu wechseln. Im Rahmen einer rationalen Entscheidungsfindung ist nun der Einsatz von Auswahlregeln für Risikosituationen möglich, die in ihrem Kalkül auch die Wahrscheinlichkeiten der zukünftigen Umweltzustände mit berücksichtigen.

Wie im weiteren Verlauf des Buches ersichtlich wird, ist je nach finanzwirtschaftlicher Fragestellung entweder die eine oder die andere Art der hier beschriebenen Methoden zur Bestimmung von Wahrscheinlichkeiten von Bedeutung. Jedoch besitzen die in Kap. 2.1.3. erläuterten Rechenregeln und Sätze für alle Wahrscheinlichkeiten unabhängig von ihrer Bestimmungsart Gültigkeit.

2.2. Zufallsvariablen und ihre Verteilungen

Arbeitshinweise: In Kap. 2.2. werden weitere grundlegende Begriffe der Stochastik erklärt und teilweise anhand finanzwirtschaftlicher Beispiele verdeutlicht. Im Gegensatz zu Kap. 2.1. steht hier jedoch nicht die mengentheoretische Sichtweise im Vordergrund. Der neu einzuführende Begriff der *Zufallsvariablen* – Kurse und Renditen von Wertpapieren können beispielsweise als solche interpretiert werden – führt zu weiteren wichtigen Definitionen: der *Wahrscheinlichkeitsfunktion*, der *Dichtefunktion* und der *Wahrscheinlichkeitsverteilung*. Diese werden jeweils für *stetige* und *diskrete* Zufallsvariablen eingeführt. In Kap. 2.2.1. wird zunächst erläutert, welche Bedeutung diese beiden Begriffe besitzen, danach werden Eigenschaften und Rechenregeln von Wahrscheinlichkeiten in Bezug auf Zufallsvariablen beschrieben. Diese Rechenregeln sollten auf jeden Fall bearbeitet werden. Da sie aber zu den in Kap. 2.1.3. beschriebenen Regeln identisch und nur in einer anderen Schreibweise dargestellt sind, reicht für einen Praktiker das „Querlesen" dieser Passagen aus. Die dann folgenden Definitionen, die sowohl für diskrete als auch für stetige Zufallsvariablen angegeben werden, sind für einen theoretisch interessierten Leser unabdingbar.

Da in der Finanzwirtschaft, also auch in diesem Buch, fast ausschließlich stetige Zufallsvariablen Verwendung finden, reicht es aber für die übrigen Leser, sich nur die Begriffe bezüglich dieser Variablen einzuprägen. Andererseits sind diskrete Zufallsvariablen und Verteilungen (Kap. 2.2.2.) in der Regel leichter zu verstehen, weshalb es ratsam ist, diese vor der Betrachtung stetiger Verteilungen (Kap. 2.2.3.) zu bearbeiten. Das Kap. 2.2.4. kann für einen eher praktisch interessierten Leser als der wichtigste Teil des Kap. 2.2. angesehen werden. Die aus der Praxis nicht wegzudenkende *empirische Verteilungsfunktion* wird erst theoretisch, dann anhand eines Beispiels vorgestellt. Mittels dieser Funktion werden die vorher schon erklärten Zusammenhänge nochmals verdeutlicht und in einem Beispiel die Rechenregeln angewendet.

2.2.1. Zufallsvariablen, Realisationen und Wahrscheinlichkeitsverteilungen

Die meisten realen Vorgänge sind zu komplex und umfangreich, um sie durch ein Zufallsexperiment *vollständig* beschreiben zu können. Da sich die jeweiligen Fragestellungen jedoch nur auf bestimmte, durch Zahlen messbare Teilaspekte beziehen, beschränkt man sich allein auf deren Betrachtung. Dieser messbare Aspekt eines Ergebnisses wird als *Zufallsvariable* bezeichnet.

Wie bereits in Kap. 2.1.1. beschrieben wurde, ist das Ergebnis eines Zufallsexperiments nicht exakt vorhersehbar. Als bekannt kann man jedoch die Ergebnismenge ansehen, die als die Menge aller möglichen Ergebnisse definiert ist. In vielen Fällen enthält diese Menge *Zahlenwerte*, wie etwa die „Augenzahlen beim Würfeln"; sie kann aber auch aus möglichen Ausprägungen *qualitativer Merkmale* bestehen, die nicht durch Messen oder Zählen festgestellt werden können. Ein Beispiel hierfür ist das Werfen einer Münze, wobei „Kopf" oder „Zahl" als mögliche Ergebnisse in Frage kommen. In solchen Fällen lassen sich den Ergebnissen häufig sinnvolle Zahlenwerte zuordnen: dem Ergebnis „Kopf" etwa der Wert null und dem Ergebnis „Zahl" der Wert eins. Eine derartige reelle Variable, wie hier die „Augenzahl beim Würfeln" oder „Wert beim Münzwurf", die je nach Ausgang eines Zufallsexperiments verschiedene Werte annehmen kann, wird als *Zufallsvariable* bezeichnet. Man benutzt für sie üblicherweise große Buchstaben wie X oder Y. Der Wert, der sich tatsächlich bei der Durchführung eines Experiments ergibt, heißt *Realisation* der Zufallsvariablen X und wird durch den kleinen Buchstaben x gekennzeichnet.

Bei den bis jetzt behandelten Zufallsexperimenten bestanden die zugehörigen Ergebnismengen lediglich aus endlich vielen möglichen Ausprägungen. Eine solche Zufallsvariable, die nur abzählbar viele Werte annehmen kann, bezeichnet man als *diskrete Zufallsvariable.* Die Anzahl der Ausprägungen darf auch unendlich sein, falls sich jedem einzelnen Element eine natürliche Zahl zuordnen lässt. Man bezeichnet sie dann als „abzählbar unendlich". Im Gegensatz dazu kann eine *stetige Zufallsvariable* in einem bestimmten Zahlenintervall jeden beliebigen Zahlenwert annehmen. Beispiele für diese beiden Arten von Zufallsvariablen findet man auch bei finanzwirtschaftlichen Problemstellungen.

Beispiel 1: Diskrete Zufallsvariable

Untersucht man den Kursverlauf einer Aktie und beschränkt sich dabei auf die Betrachtung eines „Anstiegs" oder „Rückgangs", so ist der „Kursverlauf" eine diskrete Zufallsvariable, die nur zwei mögliche Ausprägungen besitzt. Bei einem Anstieg könnte die Zufallsvariable den Wert eins, bei einem Rückgang den Wert null aufweisen. Bekannte frühere Kursverläufe, also zurückliegende Anstiege oder Rückgänge, sind Realisationen dieser Zufallsvariablen.

Beispiel 2: Stetige Zufallsvariable

Ein „Aktienindexwert" wird oftmals als Zahl mit lediglich zwei Nachkommastellen (oder gar keinen) angegeben, besitzt also abzählbar viele mögliche Ausprägungen. Trotzdem betrachtet man ihn aus Vereinfachungsgründen als stetige Zufallsvariable, da die Werte sehr eng beieinander liegen und sehr zahlreich sind. Ebenso wird die „zukünftige Rendite" einer Finanzanlage in die Gruppe der stetigen Zufallsvariablen eingeordnet. Bekannte Werte des Aktienindexes oder Renditen aus der Vergangenheit sind Realisationen.

In diesem Zusammenhang soll davor gewarnt werden, die Begriffe „stetige und diskrete Zufallsvariablen" mit „stetigen und diskreten Renditen" zu verwechseln. Bei Analysen von Assets[8] auf Finanzmärkten werden zwei verschiedene Arten von Renditen betrachtet, die sich in ihrer Berechnung und ihren Eigenschaften voneinander unterscheiden. Sie sind aber beide als stetige Zufallsvariablen zu betrachten. Während sich die *diskrete Rendite* R_t^d zum Zeitpunkt t (vereinfachend ohne Berücksichtigung zwischenperiodisch anfallender Erträge) wie folgt berechnen lässt

(1) $$R_t^d = \frac{K_t - K_{t-1}}{K_{t-1}} \quad \text{mit } K_t = \text{Kurs zum Zeitpunkt } t,$$

ergibt sich die *stetige Rendite* R_t^s als natürlicher Logarithmus aus der diskreten Rendite:

(2) $$R_t^s = \ln\left(1 + R_t^d\right) = \ln(K_t) - \ln(K_{t-1})$$

mit ln: natürlicher Logarithmus

Der Einsatz und die unterschiedlichen Eigenschaften dieser beiden Arten von Renditen wird später in diesem Buch in einem eigenständigen Kapitel (vgl. Kap. 3.1.4.) aufgezeigt.

8 Unter dem Begriff Asset ist hier ganz allgemein ein Anlageobjekt zu verstehen.

Realisationen stetiger Zufallsvariablen können in der Praxis nicht exakt beobachtet werden. Ein Grund besteht darin, dass die Messgenauigkeit für viele Daten nicht beliebig erhöht werden kann. Außerdem ist eine sehr hohe Genauigkeit, z.B. bei einem Aktienindex, nicht von Interesse, sodass diese Daten ohnehin gerundet werden. Realisationen von Zufallsvariablen werden also nur diskret beobachtet.

Die in Kap. 2.1.3. erläuterten Eigenschaften und Rechenregeln von Wahrscheinlichkeiten sollen nun in Bezug auf Zufallsvariablen beschrieben werden. Von Interesse ist die Wahrscheinlichkeit, mit der eine Zufallsvariable eine spezielle Ausprägung annimmt. Diese Ausprägung, also das betrachtete Ereignis für die Zufallsvariable X, wird durch eine Zahlenmenge A angegeben, man schreibt $\{X \in A\}$. Die Wahrscheinlichkeit, dass X einen Wert in A annimmt, wird durch $P\{X \in A\}$ beschrieben. Falls A ein Intervall ist, z.B. die Menge aller Realisationen x, für die gilt $a \leq x \leq b$, also

(3) $$A = [a,b] = \{x \mid a \leq x \leq b\},$$

so schreibt man die Wahrscheinlichkeit, dass die Zufallsvariable X Realisationen in dieser Menge annimmt, auch als

(4) $$P\{X \in A\} = P\{X \in [a,b]\} = P\{a \leq X \leq b\}$$

Beispiel: Wahrscheinlichkeiten bezogen auf die Zufallsvariable „DAX-Kurs"

Interessiert man sich für die Wahrscheinlichkeit, dass der Deutsche Aktienindex DAX einen Wert zwischen 4500 und 5000 annimmt, so lässt sich diese Wahrscheinlichkeit schreiben als

$$P\{X \in [4500{,}5000]\} = P\{4500 \leq X \leq 5000\}$$

X steht hier für die Zufallsvariable „DAX-Kurs".

Die elementaren Rechenregeln der Wahrscheinlichkeiten bezogen auf Zufallsvariablen unterscheiden sich nur in der Formulierung von den bereits in Kap. 2.1.3. beschriebenen Regeln, sollen aber trotzdem kurz zusammengefasst an dieser Stelle aufgelistet werden:

(5) Wahrscheinlichkeiten liegen zwischen null und eins:

$$0 \leq P\{X \in A\} \leq 1$$

(6) Das *sichere Ereignis* ist die Menge aller reellen Zahlen. Die Wahrscheinlichkeit, dass X eine reelle Zahl ist, beträgt eins:

$$P\{X \in \Re\} = 1$$

(7) Das *unmögliche Ereignis* $\varnothing$ (leere Menge) tritt nie ein. Seine Wahrscheinlichkeit ist also null:

$$P\{X \in \varnothing\} = 0$$

(8) Die Wahrscheinlichkeit, dass X im Komplement von A liegt, ist:

$$P\{X \notin A\} = 1 - P\{X \in A\}$$

(9) Die Wahrscheinlichkeit, dass X in der *Vereinigung zweier Ereignisse* liegt, ist die *Summe* der Wahrscheinlichkeiten der beiden Ereignisse *abzüglich* der Wahrscheinlichkeit des Durchschnitts beider Ereignisse:

$$P\{X \in A \text{ oder } X \in B\} = P\{X \in A\} + P\{X \in B\} - P\{X \in A \text{ und } X \in B\}$$

(10) Für sich *gegenseitig ausschließende* Ereignisse $A_1, A_2, A_3,...$ ist die Wahrscheinlichkeit ihrer Vereinigung gleich der Summe der Wahrscheinlichkeiten dieser Ereignisse:

$$P\{X \in A_1 \cup A_2 \cup A_3 \cup \ldots\}$$
$$= P\{X \in A_1\} + P\{X \in A_2\} + P\{X \in A_3\} + \ldots = \sum_i P\{X \in A_i\}$$

(11) Sind X_1 und X_2 Zufallsvariablen bei zwei voneinander unabhängigen stochastischen Vorgängen, so heißen sie *stochastisch unabhängig* und es gilt:

$$P\{X_1 \in A_1 \text{ und } X_2 \in A_2\} = P\{X_1 \in A_1\} \cdot P\{X_2 \in A_2\}$$

Die Regel (11) lässt sich analog zu Regel (10) in Kap. 2.1.3. auf mehrere voneinander stochastisch unabhängige Zufallsvariablen erweitern. Man definiert die Unabhängigkeit zweier Zufallsvariablen also dadurch, dass die Bedingung (11) für *alle* Ereignisse A_1 und A_2 gilt.

Weiterhin ist von Interesse, wie die Wahrscheinlichkeiten auf der Menge der möglichen Ereignisse verteilt sind, d.h. welchem Ereignis welche Wahrscheinlichkeit zugeordnet wird. Man spricht dabei von der *Wahrscheinlichkeitsverteilung* oder auch *Verteilung von X*, die definiert ist als Zuordnung der Wahrscheinlichkeiten $P\{X \in A\}$ zu jeder Zahlenmenge A.

Zur Festlegung einer solchen Verteilung genügt es, die Wahrscheinlichkeiten $P\{X \in A\}$ für eine geeignete Auswahl von Ereignissen A anzugeben, woraus sich dann wieder Wahrscheinlichkeiten für andere Ereignisse berechnen lassen. Als Grundlage könnte die Wahrscheinlichkeit für die Ereignisse $\{X \le x\}$ dienen, wobei x irgendeine reelle Zahl ist. Man erhält damit die Funktion

(12) $F(x) = P\{X \le x\}$,

die als *Verteilungsfunktion der Zufallsvariablen X* bezeichnet wird. Der Wert einer Verteilungsfunktion an der Stelle x ist also gleich der Wahrscheinlichkeit dafür, dass die Zufallsvariable X einen Wert annimmt, der kleiner oder gleich x ist. Mit dieser Funktion ist die Verteilung von X vollständig bestimmt, es gilt nämlich für $a < b$:

(13) $P\{a < X \le b\} = F(b) - F(a)$

Beweis:
(13) lässt sich mit Hilfe der Rechenregeln (8) und (9) und der Definition (12) leicht herleiten:

$$\begin{aligned} P\{a < X \le b\} &\underset{(8)}{=} 1 - P\{X \le a \text{ oder } X > b\} \\ &\underset{(9)}{=} 1 - (P\{X \le a\} + P\{X > b\}), \text{ da } P\{X \le a \text{ und } X>b\} = 0 \\ &\underset{(8)}{=} 1 - (P\{X \le a\} + 1 - P\{X \le b\}) \\ &= P\{X \le b\} - P\{X \le a\} \underset{(12)}{=} F(b) - F(a) \end{aligned}$$

Bei Kenntnis der Verteilungsfunktion kann man nun mit (13) auf einfache Weise die Wahrscheinlichkeit berechnen, dass Werte in einem bestimmten Intervall angenommen werden.

Aus der Definition der Verteilungsfunktion einer Zufallsvariablen ergeben sich folgende charakteristische Eigenschaften:

(i) $F(x)$ ist monoton nicht fallend, d.h. für alle $x_1 < x_2$ gilt $F(x_1) \le F(x_2)$

(ii) $\lim\limits_{x \to -\infty} F(x) = 0$, $\lim\limits_{x \to +\infty} F(x) = 1$

Die Verteilungsfunktion nimmt nach (ii) für sehr kleine x-Werte den Wert null, für sehr große x-Werte den Wert eins an. Gemeinsam mit der ersten Eigenschaft ergibt sich somit, dass alle Werte, welche die Verteilungsfunktion annimmt, zwischen null und eins liegen.

In den folgenden beiden Abschnitten sollen zwei Typen von Wahrscheinlichkeitsverteilungen, nämlich die für diskrete und stetige Zufallsvariablen, vorgestellt werden. Außerdem werden dort spezielle Beispiele für Verteilungsfunktionen behandelt, an denen die allgemeinen Eigenschaften von Verteilungsfunktionen verdeutlicht werden.

2.2.2. Diskrete Wahrscheinlichkeitsverteilungen

Im Folgenden soll eine diskrete Zufallsvariable X betrachtet werden, die also nur endlich oder abzählbar unendlich viele verschiedene Werte annehmen kann. Die Menge der möglichen Werte besitzt dann die Form $E=\{x_1,x_2,x_3,\ldots\}$[9]. Die Verteilung einer solchen Zufallsvariablen bezeichnet man nach der Eigenschaft der Zufallsvariablen als *diskrete Wahrscheinlichkeitsverteilung*.

Für jedes Ergebnis $x \in E$ ist $P\{X = x\}$ die Wahrscheinlichkeit für das Ergebnis x und heißt Elementarwahrscheinlichkeit. Eine Funktion f, die jedem x seine Elementarwahrscheinlichkeit zuordnet, nennt man die *Wahrscheinlichkeitsfunktion* der Zufallsvariablen X:

(1) $f(x)=P\{X = x\}$

Jede Wahrscheinlichkeitsfunktion besitzt die beiden Eigenschaften:

(2a) $f(x)\geq 0$ für alle $x \in E$

(2b) $\sum_{x\in E} f(x)=1$

Die Funktion f ist also immer größer oder gleich null und die Werte der Wahrscheinlichkeitsfunktion summieren sich zu eins. Aus (2a) und (2b) ergibt sich als weitere Eigenschaft einer Wahrscheinlichkeitsfunktion, dass sie an jeder Stelle kleiner oder gleich eins ist. Durch diese Funktion ist die Verteilung von X bereits vollständig festlegt. Die Wahrscheinlichkeit für ein beliebiges Ereignis $A=\{x_1,x_2,x_3,\ldots\}$ ergibt sich nämlich aus der Summe der zugehörigen Elementarwahrscheinlichkeiten:

(3) $$\begin{aligned} P\{X \in A\} &= \sum_{x\in \mathrm{A}} P\{X = x\} \\ &= P\{X = x_1\}+P\{X = x_2\}+P\{X = x_3\}+\ldots \end{aligned}$$

Die Verteilungsfunktion einer diskreten Verteilung ist also von der Form

(4) $F(x)=P\{X \leq x\}=\sum_{s\leq x} f(s)$

mit s aus der Menge der möglichen Ergebnisse E. In dieser Summe wird über alle Elementarwahrscheinlichkeiten $f(s)=P\{X = s\}$ summiert, wobei s kleiner oder gleich der vorgegebenen Zahl x ($s \leq x$) ist und in der Ergebnismenge liegt ($s \in E$).

---

9 Da es sich hier um eine spezielle Ergebnismenge, nämlich um eine mit abzählbar vielen Elementen handelt, wird sie abweichend zu den vorangegangenen Kapiteln nicht mit Ω, sondern mit E bezeichnet.

Das folgende Beispiel soll den Zusammenhang zwischen Wahrscheinlichkeitsfunktion und Verteilung einer diskreten Verteilung anhand eines einfachen Zufallsexperiments verdeutlichen.

Beispiel: Werfen zweier Würfel

Bei dem Zufallsexperiment „Werfen zweier Würfel" ist die Zufallsvariable X = „Summe der Augenzahlen" von Interesse. Die Zufallsvariable kann genau elf mögliche Werte annehmen, ist also diskret mit der Ergebnismenge $E = \{2, 3, ..., 12\}$. Für das Elementarereignis $x = 2$ müssen beide Würfel die „1" anzeigen. Für $x = 3$ gibt es zwei mögliche Würfe: die „1" mit dem ersten und die „2" mit dem zweiten Würfel oder andersherum. Die übrigen Augenzahlen-Kombinationen, die zu den einzelnen Elementarereignissen führen, lassen sich ebenso leicht herleiten. Als Voraussetzung sei angenommen, dass es sich bei dem Zufallsexperiment um ein Laplace-Experiment handelt: Die Würfel sind unabhängig voneinander und jede einzelne Augenzahl besitzt die gleiche Wahrscheinlichkeit in Höhe von 1/6. Die Wahrscheinlichkeiten für die einzelnen Ereignisse lassen sich dann mittels der in Kap. 2.1.4. beschriebenen Methode von LAPLACE berechnen, sodass sich die folgende Tab. 2.2.2.-1. der möglichen Ereignisse x und ihrer Elementarwahrscheinlichkeiten ergibt:

x	2	3	4	5	6	7	8	9	10	11	12
$P\{X = x\}$	$\frac{1}{36}$	$\frac{2}{36}$	$\frac{3}{36}$	$\frac{4}{36}$	$\frac{5}{36}$	$\frac{6}{36}$	$\frac{5}{36}$	$\frac{4}{36}$	$\frac{3}{36}$	$\frac{2}{36}$	$\frac{1}{36}$

Tab. 2.2.2.-1.: Wertetabelle der Wahrscheinlichkeitsfunktion der Zufallsvariablen „Summe der Augenzahlen"

Diese Wertetabelle beinhaltet alle möglichen Werte, welche die Wahrscheinlichkeitsfunktion $f(x) = P\{X = x\}$ annehmen kann. Die Verteilung lässt sich grafisch darstellen, indem die Elementarwahrscheinlichkeiten als Balkendiagramm oder Stabdiagramm aufgetragen werden:

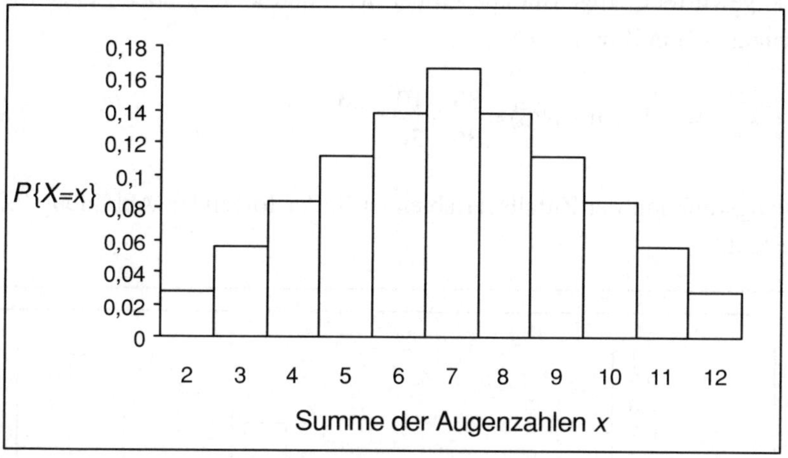

Abb. 2.2.2.-1.: Balkendiagramm der Wahrscheinlichkeiten der Zufallsvariablen „Summe der Augenzahlen“

Für die Berechnung von interessierenden Wahrscheinlichkeiten bezüglich des Merkmals „Summe der Augenzahlen“ reichen die Elementarwahrscheinlichkeiten aus der obigen Tabelle völlig aus; es ist keine konkrete Darstellung der Wahrscheinlichkeitsfunktion der Zufallsvariablen nötig. So ist z.B. die Wahrscheinlichkeit, dass eine Augensumme gewürfelt wird, die größer oder gleich 4 ist:

$$\begin{aligned} P\{X \geq 4\} &= 1 - P\{X < 4\} = 1 - P\{X \leq 3\} \\ &= 1 - (P\{X = 3\} + P\{X = 2\}) = 1 - \left(\frac{2}{36} + \frac{1}{36}\right) = \frac{33}{36} \end{aligned}$$

Die Werte $F(x) = P\{X \leq x\}$, welche die Verteilungsfunktion annehmen kann, ergeben sich direkt aus der Summe der Elementarwahrscheinlichkeiten und sind in der folgenden Tab. 2.2.2.-2. dargestellt:

x	2	3	4	5	6	7	8	9	10	11	12
$P\{X \leq x\}$	$\frac{1}{36}$	$\frac{3}{36}$	$\frac{6}{36}$	$\frac{10}{36}$	$\frac{15}{36}$	$\frac{21}{36}$	$\frac{26}{36}$	$\frac{30}{36}$	$\frac{33}{36}$	$\frac{35}{36}$	$\frac{36}{36}$

Tab. 2.2.2.-2.: Wertetabelle der Verteilungsfunktion der Zufallsvariablen „Summe der Augenzahlen“

Mit diesen Werten der Verteilungsfunktion kann angegeben werden, wie groß die Wahrscheinlichkeit ist, dass die Zufallsvariable einen Wert in einem bestimmten Intervall annimmt. So lässt sich beispielsweise die Frage beantworten, wie hoch die Wahrscheinlichkeit für eine gewürfelte Augensumme größer als 5 und kleiner oder gleich 10 ist. Es gilt nach Gleichung (13) in Kap. 2.2.1.:

$$P\{5 < X \leq 10\} = F(10) - F(5) = \frac{33}{36} - \frac{10}{36} = \frac{23}{36}$$

Die Verteilungsfunktion der Zufallsvariablen ist in der folgenden Abbildung 2.2.2.-2. grafisch dargestellt:

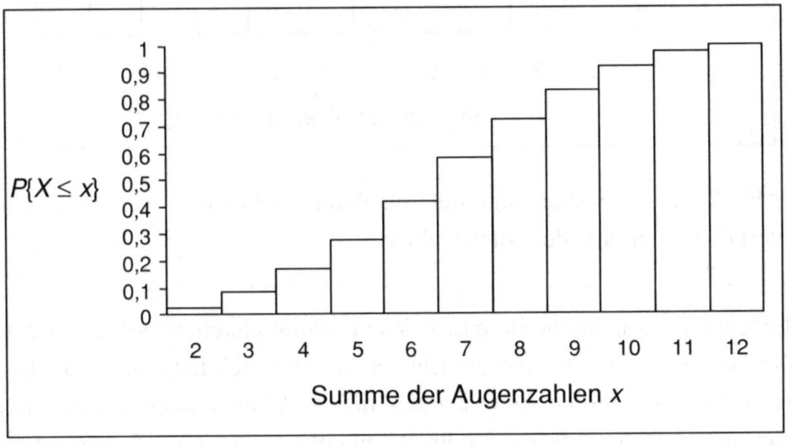

Abb. 2.2.2.-2.: Verteilungsfunktion der Zufallsvariablen „Summe der Augenzahlen"

Das Bild dieser Funktion ist typisch für diskrete Verteilungen. Es zeigt eine Treppenfunktion, die bei jedem der möglichen Ergebnisse E um den Betrag $f(x) = P\{X = x\}$ nach oben springt und zwischen den einzelnen Ausprägungen konstant verläuft.

In der mathematischen Statistik werden häufig spezielle diskrete Verteilungen betrachtet, die hier jedoch nicht behandelt werden sollen, da sie bei finanzwirtschaftlichen Fragestellungen eine eher untergeordnete Rolle spielen. Zu diesen Verteilungen zählen z.B. die Binomialverteilung, die Hypergeometrische Verteilung und die Poissonverteilung[10].

2.2.3. Stetige Wahrscheinlichkeitsverteilungen

Den zweiten Typ von Zufallsvariablen bilden die stetigen Zufallsvariablen, die in einem bestimmten Intervall jeden beliebigen Wert annehmen können. Die Verteilung einer solchen Variablen nennt man *stetige Verteilung*. Sie wird meist durch ihre *Dichtefunktion f* angege-

---

10 Diese Verteilungen werden beispielsweise bei BLEYMÜLLER/GEHLERT/GÜLICHER [(1998), S. 52ff.] und RÜGER [(1996), S. 62ff.] ausführlich beschrieben.

ben, die auch kurz als *Dichte* bezeichnet wird. Die Dichte einer Zufallsvariablen ist definiert als integrierbare, nicht negative Funktion f mit der Eigenschaft

(1) $$P\{a < X \leq b\} = \int_a^b f(x)dx$$

für jedes Intervall von a bis b. Die Wahrscheinlichkeit, dass X einen Wert in diesem Intervall annimmt, entspricht also der Fläche zwischen der x-Achse und der Dichtefunktion f über diesem Intervall. Die folgende Abb. 2.2.3.-1. soll beispielhaft das Aussehen einer Dichtefunktion wiedergeben. Der Inhalt der schraffierten Flächen ist die angegebene Wahrscheinlichkeit.

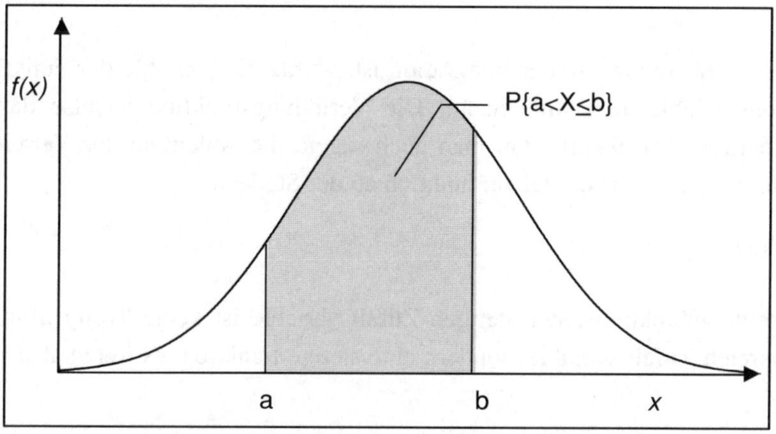

Abb. 2.2.3.-1.: Dichtefunktion einer stetigen Zufallsvariablen

Wegen Regel (6) aus Kap. 2.2.1. ist die Wahrscheinlichkeit für die Zufallsvariable X, einen Wert zwischen $-\infty$ und ∞ anzunehmen, gerade eins. Die Gesamtfläche zwischen der x-Achse und der Dichtefunktion nimmt also den Wert eins an:

(2) $$P\{-\infty < X \leq \infty\} = \int_{-\infty}^{\infty} f(x)dx = 1$$

Die Wahrscheinlichkeit für X, einen festen Wert a anzunehmen, ist dagegen immer null[11]:

(3) $P\{X = a\} = 0$ für jedes a

11 Der Grund hierfür liegt in der Eigenschaft einer stetigen Zufallsvariablen, jeden Wert in einem bestimmten Intervall annehmen zu können. Da in einem beliebig klein gewählten Intervall allerdings immer noch unendlich viele Werte liegen, ist die Wahrscheinlichkeit, dass die Zufallsvariable aus dem Intervall einen ganz bestimmten Wert annimmt, gleich null.

Wegen der Eigenschaft (3) können bei Wahrscheinlichkeiten stetiger Zufallsvariablen X die Beziehungen „echt kleiner" und „kleiner oder gleich" vertauscht werden. Für die Berechnung der Wahrscheinlichkeit ist also nicht von Bedeutung, ob die Grenzen a und b zu dem Intervall gehören. Es gilt somit:

(4) $P\{a < X \leq b\} = P\{a \leq X \leq b\} = P\{a \leq X < b\} = P\{a < X < b\}$

Die *Verteilungsfunktion* einer stetigen Zufallsvariablen X mit Dichtefunktion $f(x)$ besitzt wegen der Definition (12) aus Kap. 2.2.1. und der Gleichheit $P\{X \leq x\} = P\{-\infty < X \leq x\}$ die Darstellung

(5) $F(x) = P\{X \leq x\} = \int_{-\infty}^{x} f(s)ds$

Da x hier die obere Grenze der Integration ist, wurde die Variable der Funktion f, also die Integrationsvariable, in s umbenannt. Die Verteilungsfunktion ist also das Integral der Dichtefunktion. Umgekehrt kann man auch sagen, die Ableitung der Verteilungsfunktion an der Stelle x ist gerade die Dichtefunktion an der Stelle x:

(6) $F'(x) = f(x)$

Die Verteilungsfunktion einer stetigen Zufallsvariable ist keine Treppenfunktion wie die einer diskreten Zufallsvariable, sondern eine stetige Funktion, es treten also keine Sprünge auf.

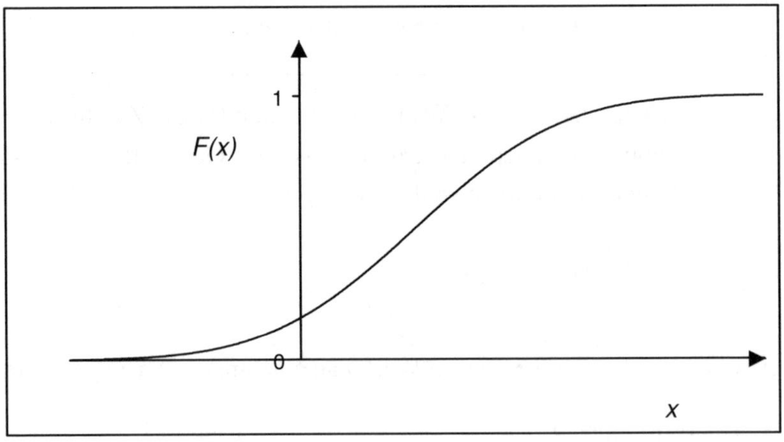

Abb. 2.2.3.-2.: Stetige Verteilungsfunktion

Beispiel: Stetige Gleichverteilung

Die einfachste stetige Verteilung ist die Gleichverteilung, bei der die Realisationen der so verteilten Zufallsvariable in jeden gleich großen Bereich eines bestimmten Intervalls $[a;b]$ mit der gleichen Wahrscheinlichkeit hineinfallen. Ein Beispiel hierfür ist die Wartezeit auf einen Bus, der in einem 10-Minuten-Takt fährt, dessen letzte Abfahrtszeit jedoch nicht bekannt ist. In diesem Fall ist die Wahrscheinlichkeit, dass die Wartezeit höchstens zwei Minuten beträgt, mit $2/10$ genau doppelt so groß wie diejenige, dass sie höchstens eine Minute beträgt. Analog ist die Wahrscheinlichkeit für eine Wartezeit zwischen null und drei Minuten gerade $3/10$. Die Wahrscheinlichkeit, dass die Wartezeit im negativen Bereich liegt, ist null, dass sie zwischen null und einer größeren Zahl als zehn liegt, beträgt eins. Die Verteilungsfunktion ist also

$$F(x) = \int_{-\infty}^{x} f(s)ds = \begin{cases} 0 & \text{für } x \leq 0 \\ \frac{1}{10}x & \text{für } 0 \leq x \leq 10 \\ 1 & \text{sonst} \end{cases}$$

Sie ist in der folgenden Abb. 2.2.3.-3. dargestellt.

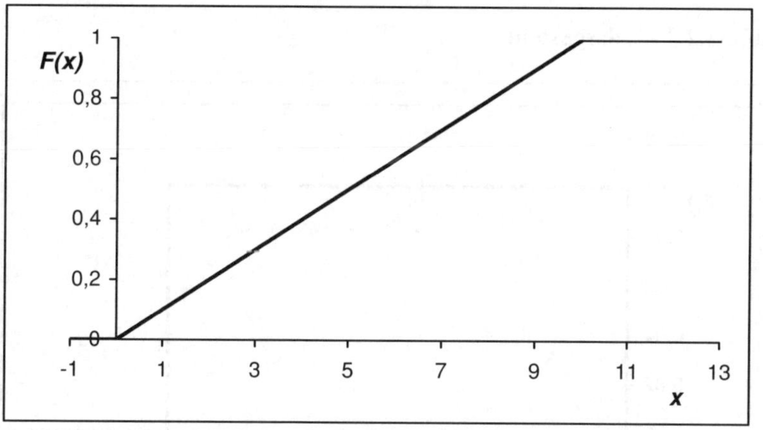

Abb. 2.2.3.-3.: Verteilungsfunktion der stetigen Gleichverteilung auf $[0;10]$

Mit Hilfe dieser Funktionen lässt sich berechnen, wie groß die Wahrscheinlichkeit ist, dass der Bus beispielsweise spätestens nach 4 Minuten die Haltestelle erreicht:

$$P\{X \leq 4\} = F(4) = \frac{1}{10} \cdot 4 = 0.4$$

Die Wahrscheinlichkeit für die Zufallsvariable in unterschiedlichen, aber gleich großen Intervallen zu liegen, ist immer dieselbe. So gilt z.B. für die Wahrscheinlichkeit, dass der Bus frühestens nach 2 und spätestens nach 6 Minuten eintrifft:

$$P\{2 \leq X \leq 6\} = F(6) - F(2) = \frac{1}{10} \cdot 6 - \frac{1}{10} \cdot 2 = 0.4$$

Bei der stetigen Gleichverteilung hängt die Wahrscheinlichkeit für die Zufallsvariable, einen Wert in einem bestimmten Intervall anzunehmen, nur von der Länge dieses Intervalls ab, nicht jedoch von den Grenzen selbst.

Die Dichte der Zufallsvariablen „Wartezeit" lässt sich nach (6) leicht herleiten: Als Ableitung der Verteilungsfunktion verläuft sie innerhalb von $[0;10]$ konstant, die Fläche unter ihr besitzt nach (2) den Wert eins. Sie lautet also

$$f(x) = \begin{cases} \frac{1}{10} & \text{für } 0 \leq x \leq 10 \\ 0 & \text{sonst} \end{cases}$$

und ist in Abb. 2.2.3.-4. dargestellt.

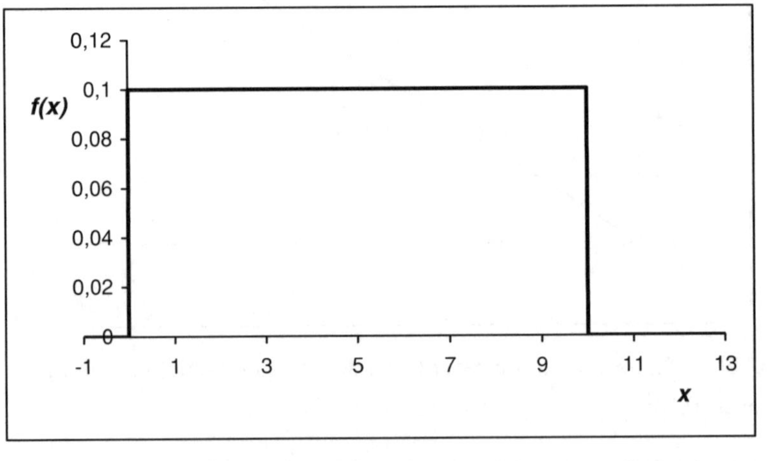

Abb. 2.2.3.-4.: Dichte der stetigen Gleichverteilung auf $[0;10]$

Die Vorstellung dieser einfachsten stetigen Verteilung erfolgte hauptsächlich aus didaktischen Gründen. Zu den wichtigsten stetigen Verteilungen zählen die Normalverteilung und die sich aus ihr ergebenden χ^2-, t- und F-Verteilungen, die gerade bei finanzwirtschaftlichen Problemstellungen und damit vor allem in diesem Buch von großer Bedeutung sind. Diese Verteilungen sollen deshalb in einem späteren Abschnitt gesondert betrachtet werden.

2.2.4. Empirische Verteilungen

In den Beispielen der letzten beiden Abschnitte traten jeweils Zufallsvariablen auf, deren Wahrscheinlichkeitsverteilungen durch bestimmte Modellannahmen leicht hergeleitet werden konnten. In der Praxis lässt sich jedoch das Zufallsgesetz, nach dem die Realisationen erzeugt werden, häufig nicht derart bestimmen. Hier ist die Suche nach der passenden Verteilung einer Zufallsvariablen von großer Bedeutung. Leider kann die Frage nach der „wahren" Verteilung in der Regel nicht befriedigend beantwortet werden, da z.B. ein ökonomischer Prozess, der dem Zufall unterliegt, nicht exakt beschrieben werden kann. Es gibt nun aber verschiedene Methoden, um Aussagen über Verteilungen von Zufallsvariablen abzuleiten. Zum einen könnte auf den eigenen Erfahrungsschatz zurückgegriffen werden, um zu sinnvollen Verteilungsannahmen zu kommen. Zum anderen können diese aus theoretischen Überlegungen und Eigenschaften bekannter Verteilungen gewonnen werden, womit dann theoretische Verteilungen zum Einsatz kommen. In jedem Fall konkurrieren zwei zu erreichende Ziele miteinander: Die Verteilung sollte möglichst genau das Verhalten der Zufallsvariablen beschreiben, aber auch ein möglichst anwendungsfreundliches Instrumentarium zur Ermittlung von Wahrscheinlichkeiten darstellen.

Eine weitere Möglichkeit, Informationen über ein Zufallsgesetz zu erlangen, stellt die Berechnung der *empirischen Verteilungsfunktion* dar, bei der aus einer gegebenen Menge von Realisationen Rückschlüsse auf die Verteilung gezogen werden sollen[12]. Grundlage dieser Methode ist eine *Messreihe* aus n voneinander unabhängigen Beobachtungen $x_1, x_2, ..., x_n$, die Realisationen einer Zufallsvariablen X sind. Besitzt diese Zufallsvariable K verschiedene Ausprägungen, so interessiert man sich für die Häufigkeiten dieser Ausprägungen, d.h. man zählt, wie viele der Beobachtungen den einzelnen Ausprägungen entsprechen. Diese Anzahlen $n_1, n_2, ..., n_K$ summieren sich dann zur Gesamtanzahl n der Beobachtungen. Sie werden als *absolute Häufigkeiten* bezeichnet.

Im Falle einer stetigen Zufallsvariablen oder einer diskreten mit unendlich vielen möglichen Ausprägungen gibt es zu viele verschiedene Ausprägungen, um diese alle berücksichtigen zu können. Darum zerlegt man die Menge der möglichen Ausprägungen in K verschiedene Klassen, die bei den stetigen Zufallsvariablen Teilintervalle des Intervalls sind, in dem alle Beobachtungen liegen. Dabei sollte jedoch darauf geachtet werden, dass die An-

12 Diese Methode ergibt sich aus der in Kap. 2.1.2.2. behandelten VON MISESSCHEN Wahrscheinlichkeitsdefinition, nach der die relative Häufigkeit bei einer unendlich großen Anzahl von Beobachtungen gerade der Wahrscheinlichkeit für das betrachtete Ereignis entspricht.

zahl K der Klassen nicht zu groß im Verhältnis zur Anzahl n der Beobachtungen gewählt wird. Eine grobe Faustregel hierfür ist: $K \leq n/5$. Die absoluten Häufigkeiten für diese Klassen ergeben sich nun analog zu denen für diskrete Zufallsvariablen. Man bestimmt die Anzahl der Beobachtungen, deren Werte in die einzelnen Klassen fallen.

Teilt man die absoluten Häufigkeiten n_i durch die Gesamtzahl der Beobachtungen n, so resultieren die *relativen Häufigkeiten* f_i für die Klassen:

$$f_i = \frac{n_i}{n} \qquad \text{für } i = 1, \ldots, K$$

Die Darstellung dieser Häufigkeiten erfolgt meistens tabellarisch oder in einem Histogramm und wird als *Häufigkeitsverteilung* bezeichnet. Aus dieser lässt sich unmittelbar die *empirische Verteilungsfunktion* gewinnen, indem die relativen Häufigkeiten wie folgt summiert werden:

$$F(x) = f_1 + f_2 + \cdots + f_i = \sum_{j=1}^{i} f_j \text{, falls } x \text{ in der } i\text{-ten Klasse liegt.}$$

Die empirische Verteilungsfunktion an der Stelle x ist also die Summe der relativen Häufigkeiten für diejenigen Klassen, die unterhalb der Klasse liegen, welche x enthält. Offensichtlich besitzt diese Funktion die Eigenschaften einer Verteilungsfunktion wie sie in Kap. 2.2.1. beschrieben wurden, da die relativen Häufigkeiten größer oder gleich null sind und aufsummiert den Wert 1 ergeben. Das Bild der empirischen Verteilungsfunktion ist das einer Treppenfunktion (siehe folgendes Beispiel), die bei der i-ten Klasse um den Wert f_i (= relative Häufigkeit dieser Klasse) zunimmt und innerhalb der Klassen konstant verläuft. Die empirische Verteilung besitzt also die Eigenschaften einer diskreten Verteilung. Mit ihrer Hilfe lassen sich auch Wahrscheinlichkeiten dafür berechnen, dass die betrachtete Zufallsvariable Werte in bestimmten Intervallen annimmt.

Beispiel: Empirische Verteilung stetiger DAX-Tagesrenditen

Die Grundlage für dieses Beispiel liefern 517 Werte, die der Deutsche Aktienindex DAX im Zeitraum vom 02.01.95 bis zum 30.12.96 angenommen hat. Mittels Formel (2) aus Kap. 2.2.1. lassen sich aus diesen Werten, die börsentäglich gesammelt worden sind, die stetigen Tagesrenditen berechnen. Man erhält so 516 Realisationen dieser Zufallsvariablen. Die Renditen werden im Folgenden als unabhängig voneinander angenommen. Die Verteilung der stetigen Tagesrenditen wird damit als stabil über die Zeit angesehen. Von Interesse ist nun die empirische Verteilung der Rendite bzw. die Berechnung der Wahrscheinlichkeit, dass die Rendite in einem bestimmten Intervall liegt. Da es sich hier um eine stetige Zufallsvariable handelt, ist es notwendig, die möglichen Ausprägungen zunächst in Klassen zu unterteilen. Dabei ist zu überlegen, welche Anzahl von Klassen zu Grunde gelegt werden soll, um dann damit die Breite der Klassen zu berechnen. In diesem Beispiel sollen 15 verschiedene Rendite-Klassen betrachtet werden. Indem das Maximum und das Minimum der Renditen aus den 516 Realisationen herausgesucht und die Differenz dieser beiden Werte durch die Anzahl der Klassen geteilt wird, lässt sich die Breite der einzelnen Klassen wie folgt berechnen:

$$\text{Minimum} = -0.0413, \ \text{Maximum} = 0.0236$$

$$\text{Klassenbreite} = \frac{\text{Maximum - Minimum}}{\text{Anzahl der Klassen}} = \frac{0.0236-(-0.0413)}{15} = 0.0043$$

Zur Berechnung werden hier auf vier Stellen nach dem Komma gerundete Werte verwendet. In einem nächsten Schritt werden die 15 Klassen gebildet, indem (ausgehend vom Minimum) aneinander grenzende Intervalle mit der oben berechneten Breite konstruiert werden bis das Maximum erreicht ist (siehe Tab. 2.2.4.-1.). Danach wird gezählt, wie viele der realisierten Renditen in die einzelnen Klassen fallen. Aus diesen absoluten Häufigkeiten n_i können die relativen Häufigkeiten f_i berechnet werden, indem die n_i-Werte durch die Gesamtzahl der Realisationen, also durch 516, geteilt werden.

Klassen-Nr.	Rendite-Klassen		absolute Häufigkeiten	relative Häufigkeiten
I	von	bis	n_i	f_i
1	-0.0413	-0.0371	1	0.0019
2	-0.0370	-0.0328	1	0.0019
3	-0.0327	-0.0284	2	0.0039
4	-0.0283	-0.0241	1	0.0019
5	-0.0240	-0.0198	1	0.0019
6	-0.0197	-0.0154	9	0.0174
7	-0.0153	-0.0111	18	0.0349
8	-0.0110	-0.0068	40	0.0775
9	-0.0067	-0.0024	96	0.1860
10	-0.0023	0.0019	124	0.2403
11	0.0020	0.0062	102	0.1977
12	0.0063	0.0105	67	0.1298
13	0.0106	0.0149	38	0.0736
14	0.0150	0.0192	13	0.0252
15	0.0193	0.0236	3	0.0058
Summe			516	~1

Tab. 2.2.4.-1.: Absolute und relative Häufigkeiten von DAX-Tagesrenditen

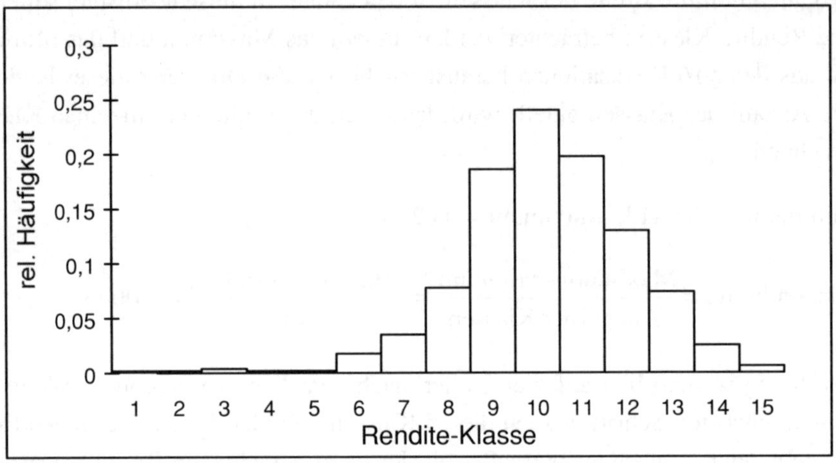

Abb. 2.2.4.-1.: Histogramm der relativen Häufigkeiten von DAX-Tagesrenditen

x befindet sich in Klasse	Empirische Verteilungsfunktion $F(x)$
1	0.0019
2	0.0039
3	0.0078
4	0.0097
5	0.0116
6	0.0291
7	0.0640
8	0.1415
9	0.3275
10	0.5678
11	0.7655
12	0.8953
13	0.9690
14	0.9942
15	1.0000

Tab. 2.2.4.-2.: Wertetabelle der empirischen Verteilungsfunktion

In Tab. 2.2.4.-1. sind die ausgezählten und berechneten Werte für die Häufigkeiten der einzelnen Klassen aufgelistet. Dabei ergeben sich auf Grund der Rundungen Ungenauigkeiten bei den Längen der Intervalle und den relativen Häufigkeiten, weshalb deren Summe nur ungefähr eins ergibt. Die Klassen wurden mit den Nummern von 1 bis 15 versehen, um die folgenden Abbildungen übersichtlicher zu gestalten. In dem Histogramm der Abb. 2.2.4.-1. werden die relativen Häufigkeiten grafisch abgebildet. Sehr viele Beobachtungen liegen um null und die Häufigkeiten nehmen mit wachsender Entfernung von null ab.

Aus den relativen Häufigkeiten lässt sich nun durch Kumulation die empirische Verteilungsfunktion $F(x)$ herleiten. Die Verteilungsfunktion an der Stelle x ist die Summe der relativen Häufigkeiten $f_1, ..., f_i$, falls sich x in der i-ten Klasse befindet. Alle Werte, die angenommen werden können, sind in der Tab. 2.2.4.-2. dargestellt. Aus der sich anschließenden Abb. 2.2.4.-2. ist der Verlauf des Graphen dieser Funktion ersichtlich.

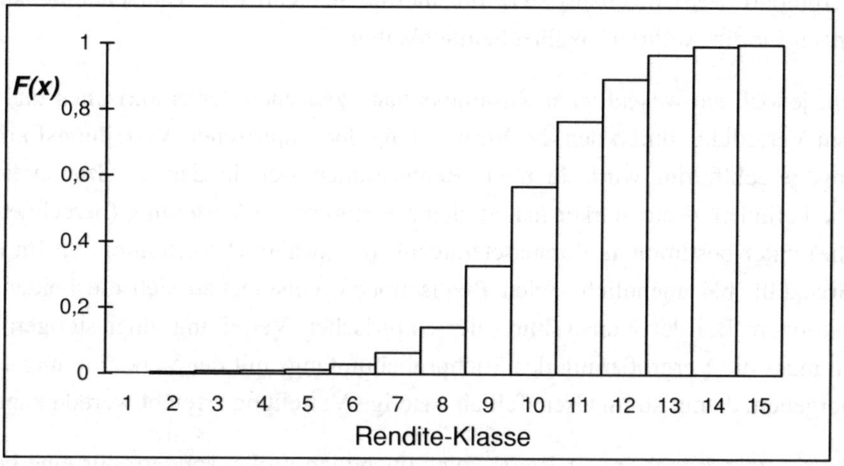

Abb. 2.2.4.-2.: Empirische Verteilungsfunktion

Mittels dieser Verteilungsfunktion lässt sich nun die Wahrscheinlichkeit dafür angeben, dass die Rendite einen Wert in einem bestimmten Intervall annimmt. Aus Gründen, welche die hier vorgestellte Konstruktion der empirischen Verteilungsfunktion betreffen, darf jedoch nicht jedes beliebige Intervall ausgewählt werden. Die Intervallgrenzen sollten nicht so gewählt werden, dass sie in eine der gebildeten Klassen fallen, sondern so, dass sie an den Rändern der Klassen liegen. Weiß man jedoch im Vorhinein, welche Gebiete von Interesse sind, so sollten die Klassen im Vorfeld adäquat konstruiert werden. Die Breite der einzelnen Klassen muss nicht wie in diesem Beispiel konstant gewählt werden.

Im Folgenden soll die Wahrscheinlichkeit dafür bestimmt werden, dass die Rendite größer oder gleich 0.002 ist. Mit elementaren Umformungen und der Definition $F(x) = P\{X \le x\}$ für eine Verteilungsfunktion ergibt sich:

$$\begin{aligned} P\{\text{Rendite} \ge 0.002\} &= P\{\text{Rendite liegt in Klasse } 11, 12, 13, 14 \text{ oder } 15\} \\ &= 1 - P\{\text{Rendite liegt in Klasse } 1, 2, 3, \ldots 9 \text{ oder } 10\} \\ &= 1 - P\{\text{Rendite} \le 0.0019\} \\ &= 1 - F(0.0019) = 1 - 0.5678 = 0.4322 \end{aligned}$$

Die empirische Verteilung entspricht in den meisten Fällen leider nicht der tatsächlichen Verteilung einer Zufallsvariablen, da zur Berechnung der empirischen Verteilung nur eine Stichprobe (also eine endliche zufällige Messreihe) zur Verfügung steht. Hiermit sollen jedoch Aussagen über alle Ausprägungen, also über die (unbekannte) Grundgesamtheit abgegeben werden. Die empirische Verteilung kann als eine Schätzung für die „wahre“ Verteilung interpretiert werden, ebenso wie die hiermit berechneten Wahrscheinlichkeiten als Schätzungen für die „wahren" Wahrscheinlichkeiten.

Es besteht jedoch ein wesentlicher Zusammenhang zwischen der empirischen und der tatsächlichen Verteilung, durch den die Verwendung der empirischen Verteilungsfunktion als Schätzung gerechtfertigt wird. Je mehr Realisationen sich in der zu Grunde liegenden Messreihe befinden, desto stärker nähert sich die empirische Verteilung (berechnet aus der Messreihe) unter bestimmten Voraussetzungen[13] der „wahren" Verteilung an. Im theoretischen Grenzfall, bei unendlich vielen Realisationen, entsprechen sich die beiden Verteilungsfunktionen. Bei der Konstruktion der empirischen Verteilung einer stetigen Zufallsvariablen muss die Vergrößerung des Stichprobenumfangs mit der Verkleinerung der Klassen einhergehen, da nur so im Grenzfall eine stetige Verteilung erreicht werden kann.

In der Praxis steht jedoch in der Regel keine unendlich große, sondern nur eine begrenzte Menge von Realisationen zur Verfügung. Die empirische Verteilung kann dann auch eine Hilfe sein, Aussagen über die ungefähre Form der tatsächlichen Verteilung zu treffen. Vergleicht man ihren Verlauf mit dem bekannter theoretischer Verteilungen und ergeben sich hier starke Übereinstimmungen, so scheint die Annahme berechtigt, dass die „wahre" Verteilung der Zufallsvariablen dieser theoretischen Verteilung entspricht. Für weitere Betrachtungen und Analysen kann dann diese Annahme zu Grunde gelegt werden.

2.3. Kennzahlen von Wahrscheinlichkeitsverteilungen und ihre Rechenregeln

Arbeitshinweise: In Kap. 2.3. werden elementare Maßzahlen von Zufallsvariablen bzw. von Verteilungen der Zufallsvariablen definiert, die in der Finanzwirtschaft von zentraler Bedeutung sind und in diesem Buch immer wieder Verwendung finden. Dazu gehören insbesondere der *Erwartungswert*, die *Varianz*, die *Standardabweichung*, die *Kovarianz* und der *Korrelationskoeffizient*. Ihr Studium ist also unerlässlich. Die Maßzahlen werden in diesem Kapitel jedoch aus verschiedenen Blickwinkeln betrachtet: In den Kapiteln 2.3.1., 2.3.2. und 2.3.4. dominiert die theoretische Sichtweise der Maßzahlen. Ihre theoretischen Definitionen werden eingeführt und geltende Rechenregeln erläutert. In diesen Abschnitten auftretende Beweise können ohne weitere Verständnisprobleme übersprungen werden, dienen aber auch als beispielhafte Anwendungen der vorher vorgestellten Rechenregeln. In Kap. 2.3.3. wird die *Tschebyscheff-Ungleichung* vorgestellt, die zwar in diesem Buch nicht mehr verwendet wird, aber auch im praktischen Gebrauch von Nutzen sein kann. Das Kap. 2.3.5. ist sowohl für das weitere Verständnis dieses Buches als auch für die Praxis absolut elementar. Zu den vorher theoretisch betrachteten Maßzahlen werden dort die analogen empirischen Maßzahlen behandelt, die in der Praxis große Bedeutung besitzen. In diesem insge-

---

13 Eine exakte Beschreibung dieses Zusammenhangs und die benötigten Voraussetzungen finden sich beispielsweise in HARTUNG [(1998), S. 121].

samt sehr wichtigen Kap. 2.3. nimmt das Unterkapitel 2.3.5. also eine besondere Stellung ein.

In diesem Kapitel 2.3. wird die Verteilung einer Zufallsvariablen aus einem anderen Blickwinkel betrachtet: Eine Verteilung soll durch Maßzahlen (Parameter) charakterisiert werden, die ihre Eigenschaften bezüglich Lage und Streuung der Zufallsvariablen wiedergeben. Es wird zwischen den Lage- und Streuungsparametern einer Verteilung unterschieden: Während die Lageparameter das Zentrum oder den Schwerpunkt einer Verteilung kennzeichnen, geben Streuungsparameter Auskunft über die Abweichungen der Zufallsvariablen von einem Zentrum. Zu den Maßzahlen, welche die Lage einer Zufallsvariablen beschreiben, gehören insbesondere der *Modus*, der *Median* und der *Erwartungswert*. Im Weiteren sollen dem Modus und dem Median jedoch keine Beachtung geschenkt werden, da sie in den folgenden Teilen dieses Buches keine Bedeutung besitzen. Zu den wichtigsten Streuungsparametern (aus finanzwirtschaftlicher Sicht) zählen die *Varianz* und die *Standardabweichung*, die hier auch ausführlich behandelt werden sollen. Weiterhin werden die Rechenregeln für den Umgang mit den wichtigsten Maßzahlen einer Zufallsvariablen präsentiert.

2.3.1. Der Erwartungswert

Die wichtigste zu den Lageparametern gehörende Maßzahl ist der *Erwartungswert* einer Zufallsvariablen X, der meistens mit $E(X)$, EX oder kurz mit dem griechischen Buchstaben μ bezeichnet wird. Man nennt ihn auch den *theoretischen* Mittelwert von X und grenzt ihn dadurch von dem *empirischen* Mittelwert ab, dessen Betrachtung erst später erfolgen soll.

Die Formel für die Berechnung des Erwartungswertes hängt von der Art der zu betrachtenden Zufallsvariablen bzw. ihrer Verteilung ab. So ist der Erwartungswert für eine diskrete Zufallsvariable mit der Menge aller möglichen Ergebnisse E definiert als

$$(1) \qquad E(X) = \sum_{x \in E} x \cdot P\{X = x\}$$

Für den Erwartungswert einer stetigen Zufallsvariablen mit Dichtefunktion $f(x)$ gilt dagegen:

$$(2) \qquad E(X) = \int_{-\infty}^{\infty} x \cdot f(x)dx$$

Der Erwartungswert in den Formeln (1) und (2) entspricht einem „gewichteten Durchschnittswert“ der Werte, welche die Zufallsvariable annehmen kann. Geometrisch ausgedrückt ist das der Gleichgewichts- oder Schwerpunkt der Masse der Wahrscheinlichkeitsverteilung. Bei einer diskreten Verteilung gibt er also den Schwerpunkt des Histogramms, bei einer stetigen den der Dichte an.

Beispiel 1: Werfen zweier Würfel

An dieser Stelle soll das Beispiel aus Kap. 2.2.2. aufgegriffen und in dem Kontext dieses Abschnitts behandelt werden. Die Zufallsvariable „Summe der Augenzahlen zweier Würfel", die bei dem Zufallsexperiment „Werfen zweier Würfel" betrachtet wird, soll auf ihren Erwartungswert mittels obiger Definitionen hin untersucht werden. Laut Definition (1) lässt sich der Erwartungswert dieser diskreten Zufallsvariablen X mit Hilfe der Wertetabelle der Wahrscheinlichkeitsfunktion, die im Beispiel in Kap. 2.2.2. dargestellt ist, unmittelbar berechnen. Die einzelnen Ausprägungen werden mit ihrer Wahrscheinlichkeit multipliziert und dann aufsummiert:

$$\begin{aligned} E(X) &= \sum_{x=2}^{12} x \cdot P(X=x) \\ &= 2 \cdot \frac{1}{36} + 3 \cdot \frac{2}{36} + 4 \cdot \frac{3}{36} + 5 \cdot \frac{4}{36} + 6 \cdot \frac{5}{36} + 7 \cdot \frac{6}{36} \\ &+ 8 \cdot \frac{5}{36} + 9 \cdot \frac{4}{36} + 10 \cdot \frac{3}{36} + 11 \cdot \frac{2}{36} + 12 \cdot \frac{1}{36} = 7 \end{aligned}$$

Die Zufallsvariable „Summe der Augenzahlen zweier Würfel" besitzt also einen Erwartungswert von 7.

Die Berechnung des Erwartungswertes einer Zufallsvariablen vereinfacht sich häufig gravierend, wenn die folgenden Rechenregeln benutzt werden. Diese sollen hier nicht bewiesen werden; die meisten sind aber leicht mit Hilfe der Eigenschaften des Integrals $\int$ und der Summe $\sum$ zu zeigen.

Der Erwartungswert einer konstanten Größe c ist gleich dieser Konstanten c:

(3) $E(c) = c$

Der Erwartungswert einer linear transformierten Zufallsvariablen mit festen Werten a und b ist:

(4) $E(a \cdot X + b) = a \cdot E(X) + b$

Die Werte a und b können also aus dem Erwartungswert herausgezogen werden. Für den Erwartungswert der Summe zweier *beliebiger* Zufallsvariablen X und Y gilt

(5) $E(X + Y) = E(X) + E(Y)$

Der Erwartungswert der Summe ist also gerade die Summe der Erwartungswerte der beiden Zufallsvariablen. Die folgende Multiplikationsregel ist nur für zwei voneinander *unabhängige* Zufallsvariablen X und Y gültig:

(6) $E(X \cdot Y) = E(X) \cdot E(Y)$

Die letzten beiden Rechenregeln lassen sich problemlos auf mehr als zwei Zufallsvariablen, nämlich auf $X_1, ..., X_n$ verallgemeinern, wobei jedoch darauf geachtet werden muss, dass Regel (8) nur bei voneinander unabhängigen Zufallsvariablen angewendet werden darf:

(7) $E(X_1 + X_2 + \ldots + X_n) = E(X_1) + E(X_2) + \ldots + E(X_n)$

(8) $E(X_1 \cdot X_2 \cdot \ldots \cdot X_n) = E(X_1) \cdot E(X_2) \cdot \ldots \cdot E(X_n)$

Beispiel 2: Werfen zweier Würfel

Wird die „Summe der Augenzahlen“ aus Beispiel 1 nicht als eigene Zufallsvariable X betrachtet, sondern zwischen den Augenzahlen der beiden Würfel unterschieden und diese als einzelne Zufallsvariablen X_1 und X_2 angesehen, so gilt:

$X = X_1 + X_2$, wobei X_1= „Augenzahl des 1. Würfels“ und
X_2= „Augenzahl des 2. Würfels“

Es soll nun überprüft werden, ob entsprechend der Formel (5) der Erwartungswert der Summe der Zufallsvariablen X_1 und X_2, der ja bereits oben berechnet worden ist, mit der Summe der Erwartungswerte $E(X_1)$ und $E(X_2)$ übereinstimmt. Hierzu muss zunächst überlegt werden, welche Werte die Zufallsvariablen X_1 und X_2 mit welcher Wahrscheinlichkeit annehmen können. Eine grundlegende Annahme, die auch schon bei der Betrachtung der „Summe der Augenzahlen“ zweier Würfel angewendet wurde, soll auch hier vorausgesetzt werden. Jede Zahl von eins bis sechs wird danach mit der gleichen Wahrscheinlichkeit 1/6 gewürfelt, und zwar sowohl mit dem 1. als auch mit dem 2. Würfel. Der Erwartungswert der Augenzahl des 1. Würfels ist somit:

$$E(X_1) = E(X_2) = 1 \cdot \frac{1}{6} + 2 \cdot \frac{1}{6} + 3 \cdot \frac{1}{6} + 4 \cdot \frac{1}{6} + 5 \cdot \frac{1}{6} + 6 \cdot \frac{1}{6} = 3.5$$

Der Erwartungswert einer diskreten Zufallsvariablen muss also nicht unbedingt einem tatsächlich möglichen Ergebnis entsprechen, sondern kann auch einen Wert annehmen, der zwischen den möglichen Realisationen der Zufallsvariablen liegt. Der Erwartungswert der Augenzahl des zweiten Würfels ist wegen der gleichen Eigenschaften der beiden Würfel identisch mit $E(X_1)$. Für die Summe der beiden Erwartungswerte ergibt sich somit:

$$E(X_1)+E(X_2)=3.5+3.5=7=E(X)$$

Dies entspricht dem bereits berechneten Erwartungswert der Summe der beiden Zufallsvariablen.

2.3.2. Varianz und Standardabweichung

Die *Varianz* und die *Standardabweichung* einer Zufallsvariablen gehören zu den bedeutendsten Streuungsparametern einer Verteilung. Man schreibt für die Varianz von *X* auch kurz *Var*(*X*) oder σ^2. Der Grund für diese quadratische Schreibweise wird sich im Weiteren zeigen. Die Varianz einer Zufallsvariablen ist wie folgt definiert:

(1) $$Var(X)=E(X-E(X))^2$$

Die Varianz ist interpretierbar als die (erwartete) mittlere quadratische Abweichung der Zufallsvariablen von ihrem Erwartungswert und stellt somit ein intuitiv nachvollziehbares Maß für die Streuung dar. Die genaue Berechnung der Varianz nach obiger Definition hängt wie beim Erwartungswert von der Art der interessierenden Zufallsvariablen bzw. ihrer Verteilung ab. So ergibt sich nach Formel (1) für die Varianz einer diskreten Zufallsvariablen mit der Menge aller möglichen Ergebnisse *E*:

(2) $$Var(X)=\sum_{x\in E}(x-\mu)^2\cdot P\{X=x\},$$

wobei μ der Erwartungswert von *X* ist. Die Varianz einer stetigen Zufallsvariablen mit Dichtefunktion *f*(*x*) berechnet sich durch

(3) $$Var(X)=\int_{-\infty}^{\infty}(x-\mu)^2 f(x)dx$$

Beispiel 1: Werfen eines Würfels

Mittels Formel (2) soll die Varianz einer diskreten Zufallsvariablen, und zwar die der „Augenzahl eines Würfels“ beim einmaligen Wurf, berechnet werden. Die möglichen Ausprägungen sind die Zahlen von „1“ bis „6“. Unter der Annahme eines Laplace-Experiments treten sie jeweils mit der Wahrscheinlichkeit 1/6 auf. Der Erwartungswert dieser Zufallsvariablen *X* wurde bereits in Beispiel 2 des vorhergehenden Kap. 2.3.1. berechnet. Die bekannten Größen, die zur Anwendung der Formel (2) benötigt werden, sind also:

$$E(X)=\mu=3.5 \text{ und } P\{X=x_i\}=\frac{1}{6} \text{ für alle } i$$

Die Varianz lässt sich nun durch Einsetzen dieser Werte in (2) berechnen. Hilfreich für diese Berechnung ist es, die folgende Tab. 2.3.2.-1. aufzustellen. Die erste Spalte beinhaltet die möglichen Ausprägungen, die zweite Spalte die quadratischen Abweichungen dieser Ausprägungen von dem Erwartungswert der Zufallsvariablen. In der dritten Spalte befinden sich die quadratischen Abweichungen multipliziert mit der Wahrscheinlichkeit des Auftretens der Ergebnisse.

x_i	$(x_i-\mu)^2$	$(x_i-\mu)^2 \cdot P\{X=x_i\}$
1	6.25	1.0417
2	2.25	0.3750
3	0.25	0.0417
4	0.25	0.0417
5	2.25	0.3750
6	6.25	1.0417
		$\Sigma = 2.9168$

Tab.: 2.3.2.-1.: Beipielhafte Varianzberechnung

Schließlich sind die Einträge der letzten Spalte nur noch zu summieren. Die Varianz der Zufallsvariablen „Augenzahl beim einmaligen Würfelwurf" beträgt somit etwa 2.917.

Da bei der Varianzberechnung die quadrierten Werte $(x-\mu)^2$ mit der stets nicht negativen Wahrscheinlichkeits- bzw. Dichtefunktion multipliziert werden, folgt als wesentliche Eigenschaft dieses Streuungsmaßes, dass es nicht negativ sein kann, d.h. $Var(X) \geq 0$. Die Varianz nimmt genau dann den Wert null an, wenn die möglichen Werte der betrachteten Zufallsvariablen keine Streuung besitzen, also alle Werte identisch sind. Man spricht bei der Verteilung einer solchen Zufallsvariablen von einer *Einpunktverteilung,* da nur ein einziger Wert angenommen werden kann. Er ist dann sicher, tritt also mit der Wahrscheinlichkeit eins ein. Diese Zufallsvariable besitzt keinen zufälligen Charakter, insofern wäre dann die Bezeichnung „Zufallsvariable" irreführend.

Die Varianz besitzt den gewichtigen Nachteil, dass ihre Dimension durch das Quadrieren in der zu berechnenden Formel (2) bzw. (3) nicht mit der Dimension der möglichen Werte und des Erwartungswertes übereinstimmt. Aus diesem Grunde wird häufig nicht die Varianz selbst, sondern die positive Wurzel aus der Varianz betrachtet. Diese wird *Standardabweichung* oder kurz σ genannt :

$$(4) \quad \sigma = \sqrt{Var(X)}$$

Die Standardabweichung, welche die gleiche Dimension wie die Zufallsvariable X besitzt, ist (wie die Varianz) per Definition nicht negativ.

Die Berechnung einer Varianz erleichtert sich durch Rechenregeln, die mit den bereits vorgestellten Formeln bezüglich des Erwartungswertes bewiesen werden können. Die erste Regel, auch *Verschiebungssatz* genannt, wird häufig an Stelle der Formel (1) benutzt:

(5) $Var(X) = E(X^2) - (E(X))^2$

Beweis : Nach (1) ist die Varianz definiert als

$$Var(X) = E(X - E(X))^2 = E(X^2 - 2 \cdot X \cdot E(X) + (E(X))^2)$$

Da $E(X)$ eine feste Zahl ist, kann dieser Ausdruck nach Formel (4) aus Kap. 2.3.1. folgendermaßen umgeformt werden:

$$Var(X) = E(X^2) - 2 \cdot E(X) \cdot E(X) + (E(X))^2 = E(X^2) - (E(X))^2$$

Die zweite Rechenregel bezieht sich auf die Varianz einer linear transformierten Zufallsvariablen mit festen Werten *a* und *b:*

(6) $Var(a \cdot X + b) = a^2 \cdot Var(X)$

Der auf die Zufallsvariable addierte Wert *b* beeinflusst die Varianz nicht, kann also ignoriert werden. Der Faktor vor der Zufallsvariablen wird quadratisch vor die Varianz gezogen.

Beweis von (6): Nach (1) ist durch Substitution von *X* durch $a{\cdot}X{+}b$ die Varianz der linear transformierten Zufallsvariablen folgendermaßen erklärt:

$$Var(a \cdot X + b) = E(a \cdot X + b - E(a \cdot X + b))^2$$

Dieser Ausdruck kann nach Formel (4) aus Kap. 2.3.1. folgendermaßen umgeformt werden:

$$Var(a \cdot X + b) = E(a \cdot X + b - a \cdot E(X) - b)^2 = E(a \cdot (X - E(X))^2$$

$$= a^2 \cdot E(X - E(X))^2$$

und es folgt mit der Definition (1) die zu beweisende Regel (6).

Die dritte und letzte wichtige Rechenregel bezieht sich auf die Varianz der Summe zweier Zufallsvariablen *X* und *Y*. Sie lässt sich jedoch nur anwenden, wenn diese beiden Zufallsvariablen *X* und *Y* *unabhängig* voneinander sind:

(7) $Var(X + Y) = Var(X) + Var(Y)$, falls *X* und *Y* unabhängig sind

Sind zwei Zufallsvariablen also voneinander unabhängig, so ist die Varianz der Summe gerade die Summe der Varianzen der beiden einzelnen Zufallsvariablen.

Eine allgemein gültige Regel für voneinander abhängige Zufallsvariablen und die Herleitung dieser Formel (7) werden erst im übernächsten Abschnitt, bei der Betrachtung der *Kovarianz*, behandelt. Bei der zu (7) analogen Formel (5) aus Kap. 2.3.1., die sich mit dem Erwartungswert der Summe zweier Zufallsvariablen befasst, ist keine Unabhängigkeit nötig. Während für den Erwartungswert des Produktes von unabhängigen Zufallsvariablen eine Formel existiert, gibt es für die Varianz keine analoge Regel.

Formel (7) ist problemlos erweiterbar auf mehr als zwei Zufallsvariablen, nämlich auf $X_1, ..., X_n$, die jedoch alle voneinander unabhängig sein müssen:

(8) $$Var(X_1 + X_2 + \ldots + X_n) = Var(X_1) + Var(X_2) + \ldots + Var(X_n)$$

Beispiel 2: Werfen zweier Würfel

Das Beispiel 1 aus Kap. 2.3.1. („Werfen zweier Würfel") wird an dieser Stelle fortgeführt, wobei nun die Varianz der dort betrachteten Zufallsvariablen von Interesse ist. Die Zufallsvariable X sei also erneut die „Summe der Augenzahlen zweier Würfel". Da der Erwartungswert von X in Beispiel 1 aus Kap. 2.3.1. bereits berechnet worden ist, kann der Verschiebungssatz (5) angewendet werden. Dazu ist der Erwartungswert der quadrierten Zufallsvariablen zu berechnen, um dann die einzelnen Glieder in die Formel einsetzen zu können. Der Erwartungswert der quadrierten Zufallsvariablen lässt sich leicht ausrechnen:

$$E(X^2) = \sum_{x=2}^{12} x^2 \cdot P(X = x)$$

$$= 2^2 \cdot \frac{1}{36} + 3^2 \cdot \frac{2}{36} + 4^2 \cdot \frac{3}{36} + \ldots + 11^2 \cdot \frac{2}{36} + 12^2 \cdot \frac{1}{36} = 54.83$$

Mit dem bereits berechneten Erwartungswert von X, der den Wert 7 annimmt, ergibt sich nach Formel (5):

$$Var(X) = E(X^2) - (E(X))^2$$

$$= 54.83 - 7^2 = 54.83 - 49 = 5.83$$

Die Varianz der betrachteten Zufallsvariablen ist also 5.83, die Standardabweichung, also die Wurzel aus der Varianz, ist 2.42.

2.3.3. Die Ungleichung von Tschebyscheff

Mittels der in den letzten beiden Abschnitten beschriebenen Parameter ist es möglich, Abschätzungen für Intervalle durchzuführen, in denen eine bestimmte Zufallsvariable mit einer gegebenen Wahrscheinlichkeit Werte annimmt. Die Grundlage für diese Berechnung ist die *Ungleichung von Tschebyscheff*, die folgendermaßen lautet:

$$(1)\quad P\{|X - E(X)| \geq c\} \leq \frac{Var(X)}{c^2},$$

wobei c eine beliebige positive Zahl ist. Diese Formel ist nach Gleichung (8) aus Kap. 2.2.1. äquivalent zu

$$(2)\quad P\{|X - E(X)| < c\} \geq 1 - \frac{Var(X)}{c^2}$$

Der Ausdruck $|X - E(X)| < c$ kann in $X \in \left]E(X) - c, E(X) + c\right[$ umgeformt werden. Bei Formel (2) handelt es sich also um die Betrachtung der Wahrscheinlichkeit eines Intervalls. Wählt man für den Wert c ein Vielfaches der Standardabweichung σ, allgemein also $m \cdot \sigma$, so vereinfacht sich die Ungleichung (1) zu

$$(3)\quad P\{|X - E(X)| \geq m \cdot \sigma\} \leq \frac{\sigma^2}{(m \cdot \sigma)^2} = \frac{1}{m^2}$$

Der Ausdruck (3) kann folgendermaßen interpretiert werden: Die Wahrscheinlichkeit, dass die Zufallsvariable X Werte annimmt, die weiter als $m \cdot \sigma$ von ihrem Erwartungswert abweichen, ist kleiner oder gleich $1/m^2$. Je größer der Wert m gewählt wird, desto größer wird auch das untersuchte Intervall und desto kleiner die betrachtete Wahrscheinlichkeit, dass X nicht in dieses Intervall fällt. Umgekehrt kann man bei einer gegebenen Wahrscheinlichkeit ein Intervall berechnen, in dem die Werte der Zufallsvariablen mit mindestens dieser Wahrscheinlichkeit liegen.

Die Bedeutung der Ungleichung von Tschebyscheff liegt darin, dass lediglich zwei Parameter einer Verteilung, nämlich der Erwartungswert μ und die Varianz σ^2 bekannt sein müssen, um Wahrscheinlichkeiten für Intervalle abschätzen zu können. Die Kenntnis der vollständigen Form der Verteilung oder Werte der Verteilungsfunktion ist nicht nötig. Andererseits ist die Ungleichung für die meisten praktischen Zwecke nicht zu empfehlen, da sie nur sehr grobe Abschätzungen liefert.

Beispiel: Anwendung der Ungleichung von Tschebyscheff

Betrachtet werde eine Zufallsvariable *X*, deren Verteilung nicht bekannt ist, deren Erwartungswert und Varianz jedoch gegeben sind:

$$E(X) = 25 \text{ und } Var(X) = 5$$

Es soll ein Intervall abgeschätzt werden, in das die Werte der Zufallsvariablen mit einer Mindestwahrscheinlichkeit von 90 % hineinfallen. Die Ungleichung von Tschebyscheff liefert nach (2):

$$P\{|X - 25| < c\} \geq 0.9 = 1 - \frac{5}{c^2},$$

woraus c sofort berechnet werden kann. Es ergibt sich für c der Wert 7.07, das gesuchte Intervall ist somit:

$$X \in \,]25 - 7.07; 25 + 7.07[\, = \,]17.93; 32.07[$$

2.3.4. Kovarianz und Korrelationskoeffizient

Die Maßzahlen, die in diesem Abschnitt vorgestellt werden, beziehen sich nicht wie die vorher behandelten Maßzahlen auf einzelne Zufallsvariablen, sondern liefern die Information über einen bestimmten Zusammenhang zwischen zwei Zufallsvariablen. Diese Information kann beispielsweise dann von Interesse sein, wenn man die Realisation einer Zufallsvariable (z.B. einer Rendite) prognostizieren möchte und die Realisation einer zweiten Zufallsvariable bekannt ist. Ist der Zusammenhang zwischen den beiden Zufallsvariablen sehr groß, so lässt sich aus dem Verhalten der einen Zufallsvariablen das Verhalten der anderen ungefähr ableiten. Von welcher Form der hier betrachtete Zusammenhang ist, wird im Folgenden erläutert.

Die Formel für eine Maßzahl bzgl. eines Zusammenhangs ergibt sich aus der Berechnung der Varianz der Summe zweier beliebiger Zufallsvariablen *X* und *Y*. Die nun folgenden Rechenschritte lassen sich mit den in den Kap. 2.3.1. und 2.3.2. vorgestellten Rechenregeln und der ersten Binomischen Formel[14] nachvollziehen:

$$\begin{aligned} Var(X+Y) &= E\big((X+Y) - E(X+Y)\big)^2 \\ &= E\big(((X - E(X)) + (Y - E(Y))\big)^2 \\ &= E(X - E(X))^2 + E\big(2 \cdot (X - E(X)) \cdot (Y - E(Y))\big) + E(Y - E(Y))^2 \\ &= Var(X) + 2 \cdot E\big((X - E(X)) \cdot (Y - E(Y))\big) + Var(Y) \end{aligned}$$

14 Diese besagt, dass gilt: $(a+b)^2 = a^2 + 2ab + b^2$.

Vergleicht man diesen Ausdruck mit der in Kap. 2.3.2. Gleichung (7) angegebenen Formel für zwei voneinander unabhängige Zufallsvariablen, so ist also in der Regel die Varianz einer Summe von Zufallsvariablen nicht gleich der Summe der Varianzen beider Variablen. Der in der Mitte stehende „Korrekturterm" ist eine wichtige Maßzahl für den Zusammenhang zwischen den Variablen X und Y. Man definiert hiermit die *Kovarianz* zweier Zufallsvariablen:

(1) $Cov(X,Y) = E\big((X - E(X)) \cdot (Y - E(Y))\big) = E(X \cdot Y) - E(X) \cdot E(Y)$

Die Varianz der Summe zweier Zufallsvariablen lässt sich also bei Kenntnis der Kovarianz zwischen den beiden folgendermaßen berechnen:

(2) $Var(X+Y) = Var(X) + 2 \cdot Cov(X,Y) + Var(Y)$

Sind X und Y jedoch zwei voneinander unabhängige Zufallsvariablen, so gilt nach Gleichung (6) aus Kap. 2.3.1.: $E(X \cdot Y) = E(X) \cdot E(Y)$. Nach Formel (1) folgt daraus für die Kovarianz zwischen X und Y der Wert null. Aus Formel (2) ergibt sich in dem Fall der Unabhängigkeit dann die Rechenregel (7) aus Kap. 2.3.2.

Im Gegensatz zur Varianz, die immer größer oder gleich null ist, kann die Kovarianz auch negative Werte annehmen. Sie liegt stets zwischen $-\infty$ und $+\infty$. Die Kovarianz besitzt die im Folgenden dargestellten Eigenschaften, die aus den Rechenregeln für den Erwartungswert folgen und die Berechnung der Kovarianz erleichtern.

Die Kovarianz einer Zufallsvariablen X und einer beliebigen festen Zahl a ist null:

(3) $Cov(X,a) = 0$

Sie ist symmetrisch bezüglich X und Y, d.h.:

(4) $Cov(X,Y) = Cov(Y,X)$

Bei linear transformierten Zufallsvariablen mit beliebigen, aber festen Werten a, b, c und d lässt sich die Kovarianz folgendermaßen berechnen:

(5) $Cov(a \cdot X + b, c \cdot Y + d) = a \cdot c \cdot Cov(X,Y)$

Die auf die Zufallsvariablen addierten festen Werte b und d können also ignoriert werden. Sind X, X_1 und X_2 sowie Y, Y_1 und Y_2 beliebige Zufallsvariablen, dann gelten folgende Regeln:

(6) $Cov(X_1 + X_2, Y) = Cov(X_1, Y) + Cov(X_2, Y)$

(7) $Cov(X,Y_1+Y_2)=Cov(X,Y_1)+Cov(X,Y_2)$

Die Varianz einer Zufallsvariablen *X* kann als ein Spezialfall der Kovarianz aufgefasst werden. Wird nämlich die Kovarianz von *X* mit sich selbst, also $Cov(X,X)$, betrachtet, so ergibt Formel (1):

(8) $Cov(X,X)=E\big((X-E(X))\cdot(X-E(X))\big)=E(X-E(X))^2=Var(X)$

Der *Korrelationskoeffizient* ist ein weiteres wichtiges Maß für den Zusammenhang zwischen zwei Zufallsvariablen und eng an die Kovarianz gekoppelt. Er wird mit dem griechischen Buchstaben $\rho(X,Y)$ dargestellt und ergibt sich in folgender Form aus der Kovarianz und den einzelnen Varianzen der Zufallsvariablen *X* und *Y*:

(9) $$\rho(X,Y)=\frac{Cov(X,Y)}{\sqrt{Var(X)\cdot Var(Y)}}$$

Die Varianzen von *X* und *Y* dürfen nicht den Wert null annehmen, da $\rho(X,Y)$ sonst nicht definiert ist und somit auch nicht existiert. Der Korrelationskoeffizient kann als normierte Kovarianz aufgefasst werden, da er für beliebige Zufallsvariablen *X* und *Y* stets zwischen den Werten −1 und +1 liegt. Außerdem ist er wie die Kovarianz symmetrisch in *X* und *Y*.

(10) $-1\le\rho(X,Y)\le 1$

(11) $\rho(X,Y)=\rho(Y,X)$

Der Korrelationskoeffizient ist ebenso wie die Kovarianz durch seine Definition ein Maß für den linearen Zusammenhang zwischen zwei Zufallsvariablen. Hierbei sei aber zur Vorsicht geraten: Nichtlineare Zusammenhänge können mit diesen Maßzahlen nicht aufgespürt werden! Es besteht zwischen *X* und *Y* genau dann eine perfekte lineare Abhängigkeit, wenn $\rho(X,Y)$ den Wert −1 oder 1 besitzt. D.h. also

(12) Es gibt reelle Zahlen *a* und *b* mit
$Y=a\cdot X+b \Leftrightarrow \rho(X,Y)=-1$ oder $\rho(X,Y)=1$

Beweis: Um die Rechenregeln für Varianzen und Kovarianzen anzuwenden und zu demonstrieren, soll Satz (12) zum Teil bewiesen werden. Es wird gezeigt, dass der Korrelationskoeffizient entweder 1 oder –1 ist, falls sich *Y* als eine lineare Funktion in *X* darstellen lässt. Es wird also vorausgesetzt:

$$Y = a \cdot X + b$$

Y wird somit im Folgenden durch $a \cdot X + b$ ersetzt. Der Korrelationskoeffizient ergibt sich nach (9):

$$\rho(X,Y) = \rho(X, a \cdot X + b) = \frac{Cov(X, a \cdot X + b)}{\sqrt{Var(X) \cdot Var(a \cdot X + b)}}$$

$$= \frac{a \cdot Cov(X,X)}{\sqrt{Var(X) \cdot a^2 \cdot Var(X)}} \quad \text{wegen (5) und Gleichung (6) aus Kap. 2.3.2.}$$

$$= \frac{a \cdot Var(X)}{\sqrt{a^2} \cdot Var(X)} \quad \text{nach (8)}$$

$$= \frac{a}{\sqrt{a^2}} = \begin{cases} 1, \text{falls } a > 0, \text{also positiv ist} \\ -1, \text{falls } a < 0, \text{also negativ ist} \end{cases}$$

Ob der Korrelationskoeffizient –1 oder +1 ist, hängt also, wie in obigem Beweis gezeigt wurde, von der Zahl *a* ab: Ist diese positiv, so ist dies auch der Korrelationskoeffizient und umgekehrt. $\rho(X,Y)$ und *a* besitzen somit stets das gleiche Vorzeichen. Man spricht in diesen Fällen von *positiver* bzw. *negativer vollständiger Korrelation*. Je näher $\rho(X,Y)$ bei 1 oder –1 liegt, desto besser lässt sich ihr Zusammenhang durch eine Gerade beschreiben. Ist er jedoch nahe bei null, so besteht fast gar keine lineare Abhängigkeit. So bezeichnet man zwei Zufallsvariablen als *unkorreliert*, falls $\rho(X,Y) = 0$ ist. In diesem Fall besteht überhaupt kein linearer Zusammenhang, d.h. es existiert keine Gerade, die eine Abhängigkeit beschreiben könnte. Die Unkorreliertheit zweier Zufallsvariablen folgt direkt aus der Unabhängigkeit, da der Zähler in Formel (9) in diesem Fall null ist. Umgekehrt kann man jedoch nicht von Unkorreliertheit auf Unabhängigkeit schließen. So kann zwischen unkorrelierten (d.h. nicht linear voneinander abhängigen) Zufallsvariablen auch ein nichtlinearer Zusammenhang bestehen. Die Unabhängigkeit ist also eine stärkere Eigenschaft als die Unkorreliertheit.

Häufig wird auch der quadrierte Korrelationskoeffizient, das sogenannte *Bestimmtheitsmaß* $\rho^2(X,Y)$, als Maß für einen linearen Zusammenhang verwendet. Dieses liegt wegen der Quadratur zwischen null und eins, kann aber trotzdem ähnlich wie der Korrelationskoeffizient interpretiert werden. Eine Information über positive oder negative Korrelation liefert das Bestimmtheitsmaß jedoch nicht.

2.3.5. Empirische Kennzahlen

Für die Berechnung der theoretischen Kennzahlen, die in den letzten Abschnitten dargestellt worden sind, ist die Kenntnis der Verteilung der betrachteten Zufallsvariablen unabdingbar. Wie jedoch bereits in Kap. 2.2.4. bei der Behandlung der empirischen Verteilungsfunktion bemerkt worden ist, ist die „wahre" Verteilung einer Zufallsvariablen häufig unbekannt. Informationen hierüber können jedoch aus einer Messreihe aus n Beobachtungen $x_1, x_2, ..., x_n$, welche Realisationen der Zufallsvariablen X sind, gewonnen werden. Diese Messreihe soll in diesem Abschnitt im Vordergrund stehen.

Im Gegensatz zu den theoretischen Kennzahlen werden die empirischen Kennzahlen aus tatsächlich eingetretenen Realisationen einer Zufallsvariablen, also aus einer Messreihe, berechnet. Sie besitzen zwei wesentliche Bedeutungen: Ist man lediglich an der Messreihe und nicht an dem zu Grunde liegenden Zufallsprozess interessiert, so dienen die empirischen Kennzahlen einer kurzen Beschreibung dieser Messreihe. Häufiger wird die Reihe von Realisationen jedoch dafür benutzt, um Aussagen über das Zufallsexperiment bzw. die betrachtete Zufallsvariable abzugeben. In diesem Fall können die beobachteten Realisationen Auskünfte über die theoretischen Kennzahlen liefern. In diesem Zusammenhang spricht man bei den empirischen Kennzahlen von Schätzern für die tatsächlichen Kennzahlen. Auf diesen Aspekt soll jedoch erst in Kap. 4. „Punkt- und Intervallschätzungen" genauer eingegangen werden. Im Vordergrund steht nun die kurze Beschreibung einer Messreihe durch statistische Maßzahlen.

2.3.5.1. Lagemaße

Analog zu den in Kap. 2.3.1. beschriebenen Lageparametern der Verteilung einer Zufallsvariablen geben die *Lagemaße* einer Messreihe darüber Auskunft, wo die Mitte bzw. das Zentrum der beobachteten Werte liegt. Im Folgenden werden nur die in der finanzwirtschaftlichen Statistik wichtigen Lagemaße betrachtet, nämlich das *arithmetische* und das *geometrische Mittel*.

Ist $x_1, x_2, ..., x_n$ eine Messreihe mit n Realisationen, so berechnet sich das *arithmetische Mittel* $\bar{x}$, das häufig auch als *empirischer Mittelwert* bezeichnet wird, wie folgt:

(1) $$\bar{x} = \frac{1}{n}(x_1 + x_2 + \ldots + x_n) = \frac{1}{n}\sum_{i=1}^{n} x_i$$

Der Mittelwert $\overline{x}$ ist die Summe aller Beobachtungen, geteilt durch die Anzahl dieser Realisationen. Geometrisch interpretiert entspricht dieser Mittelwert dem Schwerpunkt der Realisationen, also dem der x-Werte. Die Summe aller Abweichungen der x_i vom Mittelwert ist also gerade null:

(2) $\sum_{i=1}^{n}(x_i - \overline{x}) = 0$

Beispiel: Arithmetisches Mittel stetiger DAX-Tagesrenditen

Die zu Grunde liegenden Daten für dieses Beispiel wurden dem Beispiel in Kap. 2.2.4. entnommen. Erneut werden hier die stetigen DAX-Tagesrenditen betrachtet, diesmal allerdings nur in dem sehr eingeschränkten Zeitraum vom 13.11.95 bis 17.11.95. Die fünf Realisationen, also die beobachteten Tagesrenditen, sind in folgender Tabelle aufgelistet:

Nummer i	Rendite x_i
1	0.00143077
2	0.01006739
3	–0.00507367
4	0.00663347
5	0.00025443
$\sum x_i =$	0.01331239

Tab. 2.3.5.1.-1.: Beispielhafte Mittelwertberechnung

Aus diesen Daten soll die mittlere Tagesrendite für die interessierende Woche berechnet werden. Mit Formel (1) ergibt sich bei den $n = 5$ Beobachtungen aus obiger Tabelle:

$$\overline{x} = \frac{1}{5}(x_1 + x_2 + \ldots + x_5) = \frac{1}{5} \cdot 0.01331239 = 0.00266248$$

Die mittlere DAX-Tagesrendite lag in dieser Woche also bei etwa 0.0027.

Die Daten einer Messreihe werden häufig nicht alle als gleich wichtig angesehen. In solchen Fällen ordnet man den Realisationen bestimmte Gewichte zu, die ausdrücken, welche Bedeutung die jeweilige Beobachtung besitzt. Diese Gewichte $w_1, w_2, ..., w_n$, die jeweils zwischen null und eins liegen und aufsummiert den Wert eins ergeben, besitzen also die Eigenschaften

(3) $0 \leq w_i \leq 1$ und $\sum_{i=1}^{n} w_i = 1$

Sie werden zur Bildung des *gewichteten (gewogenen) arithmetischen Mittels* benutzt:

(4) $\bar{x}_w = w_1 x_1 + w_2 x_2 + \ldots + w_n x_n = \sum_{i=1}^{n} w_i x_i$

Für Realisationen, die eine stärkere Bedeutung haben, gibt man entsprechend größere Gewichte vor. Somit gehen die wichtigeren Beobachtungen stärker in die Berechnung des gewichteten arithmetischen Mittels ein. Sind alle Gewichte $w_1, w_2, ..., w_n$ identisch gewählt, also $w_1 = w_2 = \ldots = w_n = 1/n$, so ergibt sich das normale arithmetische Mittel $\bar{x}$.

Bei der Renditeberechnung wird häufig ein anderes Maß für die Durchschnittsberechnung verwendet, nämlich das *geometrische Mittel*. Dieses wird (mit kleinen sinnvollen Modifikationen) bei der Bestimmung von mittleren realisierten Renditen benutzt. In diesem Zusammenhang wird es in Kap. 3.2.1. vom arithmetischen Mittel abgegrenzt und genauer betrachtet.

Allgemein verwendet man das geometrische Mittel, wenn es sich bei den beobachteten Realisationen in der Messreihe um relative Änderungen handelt. In diesen Fällen ist die Verwendung des arithmetischen Mittels nicht sinnvoll, da die Gesamtänderung nicht aus einer Summe, sondern aus einem Produkt besteht.

Für n Realisationen $x_1, x_2, ..., x_n$ mit $x_i \geq 0$ für $i = 1, \ldots, n$ ist das *geometrische Mittel* $\bar{x}_g$ als

(5) $\bar{x}_g = \sqrt[n]{x_1 \cdot x_2 \cdot \ldots \cdot x_n}$

definiert. Es ergibt sich also aus der n-ten Wurzel des Produktes der einzelnen Realisationen. Ein Beispiel für die Berechnung eines solchen geometrischen Mittels folgt in Kap. 3.2.1.

Analog zum gewichteten arithmetischen Mittel wird auch das *gewichtete geometrische Mittel* verwendet:

(6) $\bar{x}_{w,g} = x_1^{\,w_1} \cdot x_2^{\,w_2} \cdot \ldots \cdot x_n^{\,w_n}$

Die Gewichte $w_1, w_2, ..., w_n$ mit den Eigenschaften nach (3) müssen fest vorgegeben werden. Sind alle Gewichte identisch gewählt, also $w_1 = w_2 = \ldots = w_n = 1/n$, so ergibt sich wieder das normale geometrische Mittel $\bar{x}_g$.

2.3.5.2. Streuungsmaße

Die im letzten Abschnitt behandelten Lagemaße beschreiben eine Messreihe nur partiell. Sie geben lediglich Auskunft über das Zentrum der beobachteten Werte. Hiermit lässt sich jedoch keine Aussage darüber abgeben, in welcher Entfernung die Realisationen um dieses

Zentrum herum streuen. Kennt man z.B. die mittlere Rendite eines Wertpapiers aus einer Messreihe, so ist diese Kenntnis allein in der Regel nicht ausschlaggebend für eine Anlageentscheidung. Vielmehr ist von Interesse, wie stark die Schwankungen um diese mittlere Rendite in einem betrachteten Zeitraum waren. Hieraus können Informationen über ein mögliches Risiko gewonnen werden.

In Kap. 2.3.2. wurden die Streuungsparameter einer Verteilung beschrieben. Analog dazu werden nun die *Streuungsmaße* einer Messreihe behandelt, welche Maße für die Abweichung der Realisationen vom Zentrum der Messreihe sind. Die drei wichtigsten hierzu gehörenden Maßzahlen sollen beschrieben und erläutert werden: die *Spannweite* (*Range*), die *empirische Varianz* und die *Standardabweichung*.

Die *Spannweite SW* einer Messreihe lässt sich leicht interpretieren und auch schnell berechnen: Sie ist die Breite des Bereichs, in dem alle Realisationen liegen. Zur Berechnung sucht man sich also den größten (x_{gr}) und den kleinsten (x_{kl}) der beobachteten Werte heraus und subtrahiert diese voneinander:

(1) $$SW = x_{gr} - x_{kl}$$

Hiermit lässt sich also die Größe des Bereichs um das Zentrum angeben.

Beispiel 1: Spannweite stetiger DAX-Tagesrenditen

Die bereits beschriebenen Daten in Tab. 2.3.5.1.-1. werden bezüglich ihrer Spannweite untersucht. Die größte beobachtete DAX-Rendite lag am zweiten Tag der betrachteten Woche bei $x_2 = 0.01006739$, während der kleinste Wert mit $x_3 = -0.00507367$ am dritten Tag auftrat. Die Differenz dieser beiden Werte ergibt die Spannweite:

$$SW = 0.01006739 - (-0.00507367) = 0.01514106$$

Die Vorteile dieser Maßzahl liegen offensichtlich in ihrer leichten Berechen- und Interpretierbarkeit. Andererseits stecken nur sehr wenig Informationen, nämlich nur zwei Beobachtungen, in der Spannweite. Damit verhält sie sich den Daten gegenüber sehr sensibel: Liegt eine Realisation sehr weit von den anderen entfernt, so bezeichnet man diese als *Ausreißer*. Dieser Wert, der vielleicht sogar aus Versehen bzw. durch einen Fehler in die Messreihe aufgenommen wurde, beeinflusst die Spannweite in einem sehr großen Ausmaß. Die Information über die restlichen Daten geht verloren. Es ist also sinnvoller, eine Maßzahl für die Abweichung von einem Zentrum zu verwenden, welche *alle* Realisationen einbezieht. Ein solches Streuungsmaß ist die *empirische Varianz* s_x^2 einer Messreihe mit n Realisationen $x_1, x_2, ..., x_n$, die als

(2) $$s_x^2 = \frac{1}{n-1}\sum_{i=1}^{n}(x_i - \overline{x})^2$$

definiert ist. Der Wert $\overline{x}$ ist dabei das aus Kap. 2.3.5.1. bekannte arithmetische Mittel. Die Abweichungen (Differenzen) der Realisationen vom Mittelwert werden quadriert, aufsummiert und durch n–1, also der Anzahl der Beobachtungen weniger eins, geteilt[15]. Die empirische Varianz repräsentiert die mittlere quadratische Abweichung vom arithmetischen Mittel $\overline{x}$. Der Grund für das Quadrieren liegt darin, dass die Abweichungen vom Mittelwert sowohl nach oben als auch nach unten *positiv* in die Summe eingehen sollen. Andernfalls können sich die Differenzen durch verschiedene Vorzeichen gegenseitig aufheben. Das in (2) auftretende Quadrat $(x_i - \overline{x})^2$ könnte auch durch den Betrag $|x_i - \overline{x}|$ ersetzt werden, was ebenfalls den Effekt hätte, die einzelnen Abweichungen als positive Zahlen einfließen zu lassen. Dieser Ansatz besitzt jedoch einen großen Nachteil: Der Umgang mit der Betragsfunktion ist für weitere analytische Zwecke, insbesondere für solche, die Ableitungen verwenden, sehr umständlich.

Die Formel (2) für die empirische Varianz kann durch Umformungen in die Form (3) überführt werden, in der sie leichter zu berechnen ist. Die Gleichheit von (2) und (3) lässt sich mit Hilfe der binomischen Formel und der Definition für das arithmetische Mittel in Gleichung (1) des Kap. 2.3.5.1. beweisen:

(3) $$s_x^2 = \frac{1}{n-1}\left(\sum_{i=1}^{n}x_i^2 - n\cdot\overline{x}^2\right)$$

15 Ob hier durch n–1 oder durch n geteilt wird, ist bei einer großen Anzahl von Beobachtungen aus praktischer Sicht nicht relevant. Darum könnte das Maß der empirischen Varianz in (2) auch dahingehend modifiziert werden, dass der Bruch 1/(n–1) durch 1/n ersetzt wird. Der Grund für die Definition nach (2) liegt jedoch in den Eigenschaften dieser Formel, falls die empirische Varianz als Schätzer für die tatsächliche Varianz interpretiert wird.

Beweis:

$$s_x^2 = \frac{1}{n-1}\sum_{i=1}^{n}(x_i-\overline{x})^2 = \frac{1}{n-1}\sum_{i=1}^{n}\left(x_i^2 - 2\cdot x_i\cdot\overline{x}+\overline{x}^2\right)$$

$$= \frac{1}{n-1}\left(\sum_{i=1}^{n}x_i^2 - 2\cdot\overline{x}\cdot\sum_{i=1}^{n}x_i + \sum_{i=1}^{n}\overline{x}^2\right)$$

$$= \frac{1}{n-1}\left(\sum_{i=1}^{n}x_i^2 - 2\cdot\overline{x}\cdot n\cdot\frac{1}{n}\sum_{i=1}^{n}x_i + n\cdot\overline{x}^2\right)$$

$$= \frac{1}{n-1}\left(\sum_{i=1}^{n}x_i^2 - 2\cdot n\cdot\overline{x}^2 + n\cdot\overline{x}^2\right) = \frac{1}{n-1}\left(\sum_{i=1}^{n}x_i^2 - n\cdot\overline{x}^2\right)$$

Die empirische Varianz kann folgendermaßen interpretiert werden: Je größer s_x^2 ist, desto stärker streuen die beobachteten Werte. Ist s_x^2 sehr klein, so sammeln sich die Realisationen konzentriert um das Zentrum. Für eine empirische Varianz von null sind alle Beobachtungen gleich, es existiert dann keine Streuung.

Als Streuungsmaß kann auch die *Standardabweichung* s_x verwendet werden, die als Wurzel aus der empirischen Varianz definiert ist:

(4) $$s_x = \sqrt{\frac{1}{n-1}\sum_{i=1}^{n}(x_i-\overline{x})^2} = \sqrt{s_x^2}$$

Diese Maßzahl hat den Vorteil, dass sie dieselbe Dimension wie die beobachteten Werte in der Messreihe, also auch wie $\overline{x}$, besitzt. So lassen sich mit ihrer Hilfe Bereiche angeben, in denen ein bestimmter Anteil der beobachteten Werte liegt: Im Bereich $[\overline{x}+2\cdot s_x, \overline{x}-2\cdot s_x]$ liegen mindestens 75% aller Realisationen, häufig jedoch noch mehr[16].

Beispiel 2: Varianz und Standardabweichung stetiger DAX-Tagesrenditen

Erneut soll auf die in Tab. 2.3.5.1.-1. dargestellten und dort auch bereits beschriebenen Daten zurückgegriffen werden. Es stehen nun aber die Varianz und die Standardabweichung dieser Messreihe (bestehend aus stetigen DAX-Tagesrenditen einer Woche) im Vordergrund. Zur Berechnung wird die Variante (3) der Varianzformel verwendet, für die es hilfreich ist, zunächst die folgende Tabelle zu erstellen:

16 Diese Eigenschaft lässt sich mit der in Kap. 2.3.3. beschriebenen Tschebyscheff-Ungleichung begründen. Dazu muss jedoch angenommen werden, dass der Mittelwert den Erwartungswert und die empirische Standardabweichung die theoretische gut approximiert.

i	x_i	x_i^2
1	0.00143077	0.00000205
2	0.01006739	0.00010135
3	−0.00507367	0.00002574
4	0.00663347	0.00004400
5	0.00025443	0.00000006
	$\sum x_i = 0.01331239$	$\sum x_i^2 = 0.0001732$

Tab. 2.3.5.2.-1.: Beispielhafte Varianzberechnung

Neben der Spalte mit den originären DAX-Tagesrenditen wurde eine weitere mit den quadrierten Werten angefügt. Die unterste Zeile gibt die Summen der einzelnen Spalten wieder. An dieser Stelle wird deutlich, warum auf sehr viele Nachkommastellen Wert gelegt worden ist: Da es sich hier um sehr kleine Zahlen zwischen null und eins handelt, nähern sich diese durch das Quadrieren noch stärker dem Wert null an. Es ist darum sinnvoll, mindestens 8 Stellen nach dem Komma aufzunehmen (siehe z.B. bei x_5^2). Durch Einsetzen der in obiger Tabelle berechneten Summen und dem in Beispiel 2.3.5.1. berechneten arithmetischen Mittel $\bar{x}$ in Formel (3) ergibt sich:

$$s_x^2 = \frac{1}{5-1}\left(\sum_{i=1}^{5} x_i^2 - 5 \cdot \bar{x}^2\right) = \frac{1}{4}\left(0.0001732 - 5 \cdot (0.00266248)^2\right)$$

$$= 0.00003444$$

Die Standardabweichung ist somit:

$$s_x = \sqrt{s_x^2} = \sqrt{0.00003444} = 0.00586856$$

2.3.5.3. Empirische Kovarianz und Korrelationskoeffizient

In Kap. 2.3.4. wurden die Kovarianz und der Korrelationskoeffizient für Zufallsvariablen erklärt. An dieser Stelle sollen analoge Betrachtungen für die zwei Messreihen $x_1, x_2, ..., x_n$ und $y_1, y_2, ..., y_n$ durchgeführt werden. Die erste Messreihe besteht aus Realisationen einer Zufallsvariablen X, die zweite aus denen einer Zufallsvariablen Y. Die Anzahl der Beobachtungen ist bei den beiden Messreihen identisch, und zwar gerade n.

Von Interesse ist nun die Frage, ob ein linearer Zusammenhang zwischen diesen beiden Reihen besteht, bzw. wie groß dieser Zusammenhang ist. Manchmal kann bereits auf Grund theoretischer Überlegungen herausgefunden werden, ob sich die Beobachtungen in einem Abhängigkeitsverhältnis befinden. Doch auch dann ist es sinnvoll, mittels statistischer Verfahren einen Nachweis hierfür zu erbringen.

Einen ersten Eindruck erhält man, indem man die Wertepaare (x_1, y_1), (x_2, y_2), ..., (x_n, y_n) in ein Koordinatensystem einträgt, sodass eine *Punktewolke* zu sehen ist. Hiermit lässt sich eine erste Vorstellung über die Lage und die Streuung der Punkte erzielen. Liegt ein linearer Zusammenhang vor, so kann er mit den im Folgenden beschriebenen Maßzahlen aufgezeigt werden.

Als Maßzahl für den Zusammenhang der beiden Messreihen dient zunächst die empirische Kovarianz s_{xy}:

$$(1) \qquad s_{xy} = \frac{1}{n-1}\sum_{i=1}^{n}(x_i - \overline{x})(y_i - \overline{y})$$

Die Abstände der Werte der Messreihen von ihren arithmetischen Mitteln $\overline{x}$ und $\overline{y}$ werden miteinander multipliziert, für alle i aufsummiert und dann durch n–1 geteilt. Werden zwei identische Messreihen, d.h. $x_i = y_i$ für alle möglichen i, betrachtet, so vereinfacht sich (1) zu der in Kap. 2.3.5.2. behandelten Formel (2) für die empirische Varianz einer Messreihe. Diese kann also als Sonderfall der empirischen Kovarianz interpretiert werden.

Die Gleichung (1) lässt sich durch Umformungen in die folgende, leichter zu berechnende Form überführen. Der Beweis hierfür basiert im Wesentlichen auf den Regeln für den Umgang mit einer Summe und der Definition für das arithmetische Mittel $\overline{x}$ bzw. $\overline{y}$.

$$(2) \qquad s_{xy} = \frac{1}{n-1}\left(\sum_{i=1}^{n} x_i y_i - n \cdot \overline{x} \cdot \overline{y}\right)$$

Beweis:

$$s_{xy} = \frac{1}{n-1}\sum_{i=1}^{n}(x_i - \overline{x})(y_i - \overline{y}) = \frac{1}{n-1}\sum_{i=1}^{n}\left(x_i y_i - x_i \cdot \overline{y} - \overline{x} \cdot y_i + \overline{x} \cdot \overline{y}\right)$$

$$= \frac{1}{n-1}\left(\sum_{i=1}^{n} x_i y_i - \overline{y} \cdot \sum_{i=1}^{n} x_i - \overline{x} \cdot \sum_{i=1}^{n} y_i + \sum_{i=1}^{n} \overline{x} \cdot \overline{y}\right)$$

$$= \frac{1}{n-1}\left(\sum_{i=1}^{n} x_i y_i - \overline{y} \cdot n \cdot \frac{1}{n}\sum_{i=1}^{n} x_i - \overline{x} \cdot n \cdot \frac{1}{n}\sum_{i=1}^{n} y_i + n \cdot \overline{x} \cdot \overline{y}\right)$$

$$= \frac{1}{n-1}\left(\sum_{i=1}^{n} x_i y_i - n \cdot \overline{y} \cdot \overline{x} - n \cdot \overline{x} \cdot \overline{y} + n \cdot \overline{x} \cdot \overline{y}\right)$$

$$= \frac{1}{n-1}\left(\sum_{i=1}^{n} x_i y_i - n \cdot \overline{x} \cdot \overline{y}\right)$$

Die häufiger verwendete Maßzahl für den linearen Zusammenhang zwischen zwei Messreihen ist der *empirische Korrelationskoeffizient* r_{xy}, der wesentlich leichter zu interpretieren ist. Dieser berechnet sich aus der eben dargestellten empirischen Kovarianz s_{xy}, die durch die Standardabweichungen s_x und s_y der beiden Reihen geteilt wird:

$$(3) \quad r_{xy} = \frac{s_{xy}}{s_x \cdot s_y} = \frac{\sum_{i=1}^{n} x_i y_i - n \cdot \overline{x} \cdot \overline{y}}{\sqrt{\sum_{i=1}^{n} x_i^2 - n \cdot \overline{x}^2} \cdot \sqrt{\sum_{i=1}^{n} y_i^2 - n \cdot \overline{y}^2}}$$

Da der Faktor $1/(n-1)$ sowohl im Nenner als auch im Zähler des Bruchs beim Einsetzen der Formeln für s_{xy}, s_x und s_y auftritt, lässt er sich herauskürzen. Aus diesem Grund ist er in (3) nicht mehr dargestellt.

Der Korrelationskoeffizient, der sich symmetrisch in x und y verhält, ist eine normierte Maßzahl, da er nur Werte zwischen −1 und +1 annehmen kann. Er besitzt also die beiden wichtigen Eigenschaften:

$$(4) \quad r_{xy} = r_{yx}$$

$$(5) \quad -1 \leq r_{xy} \leq +1$$

Mit (5) lässt er sich auch leicht interpretieren: Ist der Korrelationskoeffizient von zwei Messreihen genau +1 oder –1, so besteht ein perfekter linearer Zusammenhang zwischen ihnen. Alle Punkte liegen genau auf einer Geraden $y = a \cdot x + b$ (vgl. auch Kap. 2.3.4.). Eine solche perfekte Korrelation tritt in der Realität jedoch nur sehr selten auf. Besteht aber ein starker linearer Zusammenhang zwischen zwei Messreihen, so lässt sich dieser durch einen Korrelationskoeffizienten, der nahe bei +1 oder –1 liegt, aufspüren. Je dichter $|r_{xy}|$ bei 1 liegt, desto enger liegen die Punkte der Messreihen an einer Geraden. Je kleiner $|r_{xy}|$ ist, desto stärker streuen die Punkte um eine Gerade. Der lineare Zusammenhang ist weniger stark. Bei einem Korrelationskoeffizienten von null besteht gar kein linearer Zusammenhang.

Das Vorzeichen des Korrelationskoeffizienten gibt an, ob die Gerade, die sich durch die Punkte legen lässt, steigt oder fällt. Ist er positiv, so steigt die Gerade an ($a > 0$) und man spricht von positiver Korrelation. Bei einem negativen Korrelationskoeffizienten (negative Korrelation) handelt es sich bei der die Punkte beschreibenden Geraden um eine fallende Gerade ($a < 0$). Wie man die Parameter a und b einer solchen Geraden ermittelt, wird in Kap. 5.3. ausführlich behandelt.

An dieser Stelle soll auf zwei gefährliche Fallstricke im Umgang mit dem Korrelationskoeffizienten hingewiesen werden: Zum einen können mit dieser Maßzahl lediglich *lineare* Zusammenhänge untersucht werden. Ein Korrelationskoeffizient von null bedeutet also nicht, dass gar kein Zusammenhang vorhanden ist. Dieser kann nämlich auch nichtlinear sein. Nichtlineare Abhängigkeiten können hiermit also nicht aufgedeckt werden. Zum anderen besteht die Gefahr der *Scheinkorrelation*. Diese liegt genau dann vor, wenn zwei Messreihen hoch korreliert sind, es aber tatsächlich *keine* Abhängigkeit zwischen ihnen gibt. Die hohe Korrelation ist dann darauf zurückzuführen, dass die Werte der Messreihen auf Grund anderer Ursachen ähnlich verlaufen. Ein Beispiel aus der Finanzwirtschaft sind Trends in Kursreihen: Ergibt sich auf Grund der Inflation eine „nominale Aufblähung" der Kurswerte von verschiedenen Wertpapieren, so können diese rein rechnerisch eine hohe Korrelation besitzen, auch wenn sonst keine Abhängigkeit besteht.

Um ein Gefühl für den Umgang mit dem Korrelationskoeffizienten zu vermitteln, werden die fünf unterschiedlichen, in Tab. 2.3.5.3.-1. dargestellten Messreihen untersucht. Die Reihe der x-Werte bildet dabei stets den Ausgangspunkt. Es wird nun der Grad des linearen Zusammenhangs dieser Reihe mit jeder der übrigen vier y-Messreihen bestimmt. Die Korrelationskoeffizienten sind mit Formel (3) berechnet worden. Sie sind jeweils in der letzten Zeile abgetragen.

i	x_i	y_{1i}	y_{2i}	y_{3i}	y_{4i}
1	2	4	22	17	3
2	3	6	20	10	4
3	4	8	18	5	7
4	5	10	16	2	8
5	6	12	14	1	6
6	7	14	12	2	5
7	8	16	10	5	10
8	9	18	8	10	8
9	10	20	6	17	7
		$r_{xy} = 1$	$r_{xy} = -1$	$r_{xy} = 0$	$r_{xy} = 0.65$

Tab. 2.3.5.3.-1.: Messreihen und daraus berechnete Korrelationskoeffizienten

Während die Werte der ersten y-Reihe gerade die verdoppelten x-Werte sind, sind die y_2-Werte aus der Funktion $y_2 = 26 - 2 \cdot x$ generiert. Die y_3–Reihe stammt aus der Zuordnungsvorschrift $y_3 = (x-6)^2 + 1$. Zwischen x und y_4 besteht kein perfekter funktionaler Zusammenhang. Die grafische Darstellung der obigen Messreihen zeigt noch einmal, in welcher Weise der Korrelationskoeffizient zu interpretieren ist.

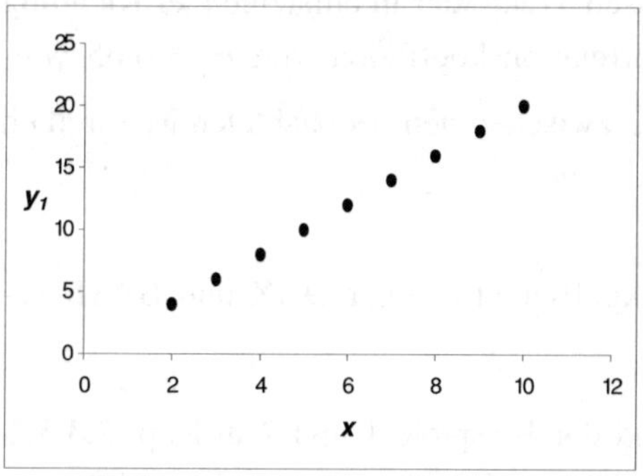

Abb. 2.3.5.3.-1.: x und y_1: $r_{xy} = 1$

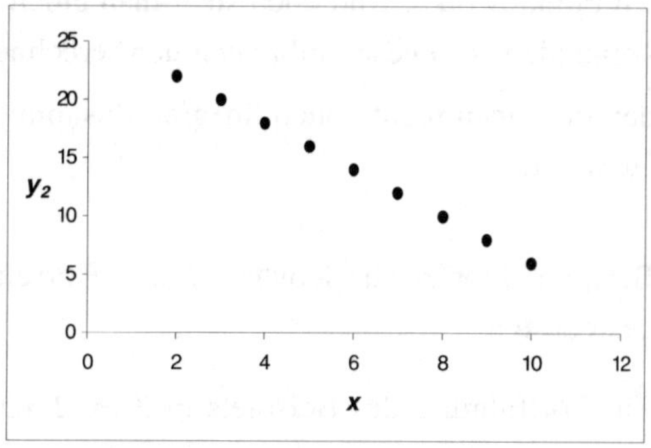

Abb. 2.3.5.3.-2.: x und y_2: $r_{xy} = -1$

Zwischen den beiden Messreihen x und y_1 besteht ein perfekter positiver linearer Zusammenhang, sie sind positiv korreliert. Alle Punkte in Abb. 2.3.5.3.-1. liegen genau auf einer *ansteigenden* Geraden. Zwischen den beiden Messreihen x und y_2 besteht dagegen ein perfekter negativer linearer Zusammenhang, sie sind negativ korreliert. Alle Punkte in Abb. 2.3.5.3.-2. liegen genau auf einer *fallenden* Geraden.

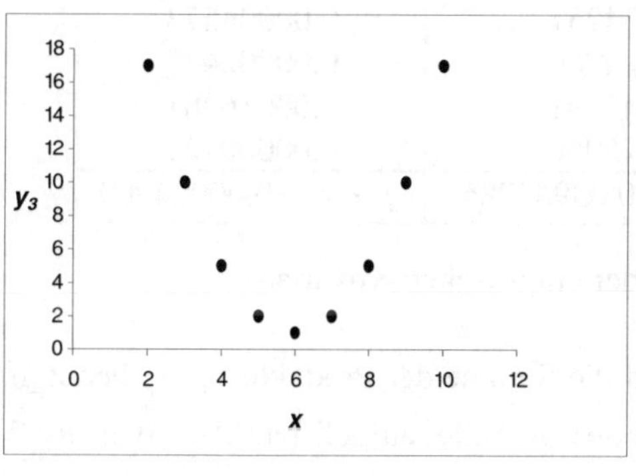

Abb. 2.3.5.3.-3.: x und y_3: $r_{xy} = 0$

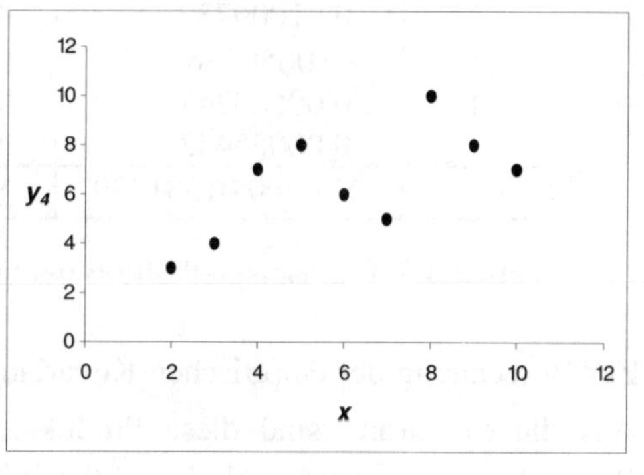

Abb. 2.3.5.3.-4.: x und y_4: $r_{xy} = 0.65$

Zwischen den Messreihen x und y_3 besteht kein linearer Zusammenhang, sie sind unkorreliert. Wie man jedoch bereits mit bloßem Auge erkennen kann, besteht eine quadratische Beziehung zwischen ihnen. Die Punkte sind in einer Parabel-Form angeordnet. Dieses Beispiel verdeutlicht, wie ein bestehender quadratischer (also nichtlinearer) Zusammenhang durch den Korrelationskoeffizienten nicht aufgedeckt wird.

Im Gegensatz zu den bewusst konstruierten Beispielen, die extreme Situationen darstellen, spiegeln die Messreihen x und y_4 die Realität schon eher wieder. Die Punkte sind in keinem perfekten funktionalen Zusammenhang erkennbar, sondern streuen in Form einer sogenannten Punktewolke. Und doch sieht man einen gewissen Trend, der in aufsteigender Richtung vorhanden ist. Diesen gibt auch der berechnete Korrelationskoeffizient von $r_{xy} = 0.65$ wieder, der einen recht hohen linearen Zusammenhang zwischen den beobachteten Messreihen ausweist.

Beispiel: Empirische Kovarianz und Korrelationskoeffizient stetiger DAX und BASF-Tagesrenditen

Zur Fortführung des Beispiels in Kap. 2.3.5.1. und der Beispiele 1 und 2 in Kap. 2.3.5.2. sollen nun die empirische Kovarianz und der Korrelationskoeffizient der Messreihen von stetigen DAX- und BASF-Tagesrenditen berechnet werden. Erneut entstammen die fünf beobachteten Werte dem Zeitraum 13.11.95 – 17.11.95, umfassen also genau eine Woche. Die Reihe der x-Werte beinhaltet die bereits untersuchten DAX-Tagesrenditen, während die Tagesrenditen der BASF-Aktie in der y-Reihe gesammelt sind. Von Interesse ist, ob zwischen diesen beiden Messreihen eine lineare Abhängigkeit besteht. Die folgende Tab. 2.3.5.3.-2. zeigt die Ausgangsdaten für die Werte x_i und y_i:

i	x_i	y_i	$x_i y_i$
1	0.00143077	0.01078971	0.00001544
2	0.01006739	0.00454251	0.00004573
3	–0.00507367	–0.00486777	0.00002470
4	0.00663347	0.02442281	0.00016201
5	0.00025443	0.00475060	0.00000121
	$\sum x_i = 0.01331239$	$\sum y_i = 0.03963786$	$\sum x_i y_i = 0.00024909$

Tab. 2.3.5.3.-2: Beispielhafte Berechnung der empirischen Kovarianz

Zur Berechnung der empirischen Kovarianz wird die Summe der Produkte $x_i \cdot y_i$ benötigt. Aus diesem Grund sind diese Produkte in obiger Tabelle aufgelistet. Aus den $n = 5$ Beobachtungen ergeben sich die mittleren Tagesrenditen:

$$\bar{x} = 0.00266248 \text{ und } \bar{y} = 0.00792757$$

Die berechneten Werte führen eingesetzt in die Formel (2) zur gesuchten empirischen Kovarianz s_{xy}:

$$s_{xy} = \frac{1}{5-1}\left(\sum_{i=1}^{5} x_i y_i - 5 \cdot \bar{x} \cdot \bar{y}\right)$$

$$= \frac{1}{4}(0.00024909 - 5 \cdot 0.00266248 \cdot 0.00792757) = 0.00003589$$

Dieser Wert ist nicht ohne weiteres interpretierbar. Aus diesem Grund ist es sinnvoller, ein normiertes Maß, nämlich den Korrelationskoeffizienten, zu betrachten. Zu seiner Bestimmung benötigt man allerdings die Standardabweichungen der beiden einzelnen Messreihen. Die empirische Varianz und die daraus abgeleitete Standardabweichung der DAX-Reihe ist in Beispiel 2 in Kap. 2.3.5.2. bereits berechnet worden, die der BASF-Renditen soll hier ohne weitere Rechnung angegeben werden (natürlich kann auch diese leicht mit den vorgegebenen Daten überprüft werden):

$$s_x = 0.00586856 \text{ und } s_y = 0.01078839$$

Die Renditen der DAX-Reihe streuen bei diesen Daten offensichtlich wesentlich stärker als die BASF-Renditen. Der Korrelationskoeffizient ergibt sich nun nach (3) durch:

$$r_{xy} = \frac{s_{xy}}{s_x \cdot s_y} = \frac{0.00003589}{0.00586856 \cdot 0.01078839} \approx 0.567$$

Dieser Korrelationskoeffizient von ungefähr 0.567 drückt einen positiven linearen Zusammenhang zwischen den beiden Messreihen aus.

Es sei jedoch zur Vorsicht geraten: Mit diesen Berechnungen kann keine sinnvolle Aussage über den allgemeinen Zusammenhang zwischen DAX- und BASF-Renditen abgegeben werden. Die Messreihen sollen zwar einen Einblick in komplexere Vorgänge vermitteln, hierfür reichen jedoch auf keinen Fall Reihen mit lediglich fünf Beobachtungen aus. Um aus Messreihen auf den Allgemeinfall schließen zu können, müssen bestimmte Bedingungen erfüllt werden. Von diesen Bedingungen wird später das Kap. 4. handeln.

2.4. Wichtige Verteilungen in der Ökonometrie

Arbeitshinweise: In diesem Kap. 2.4. werden stetige Verteilungen vorgestellt, die in diesem Buch und generell in der Ökonometrie große Bedeutung besitzen. In Kap. 2.4.1. wird zunächst eine der wichtigsten Verteilungen, die *Normalverteilung*, dargestellt, welche auch zur Beschreibung der übrigen, der χ^2-, t- und F *-Verteilungen*, benötigt wird. Wegen der großen Bedeutung dieser Verteilung sollte das Kap. 2.4.1. sowohl von praktisch als auch von theoretisch interessierten Lesern studiert werden. Ferner wird ein Spezialfall der Normalverteilung, nämlich die Standardnormalverteilung, vorgestellt. Diese kann mittels der sog. *Z-Transformation* zur Berechnung von allen Wahrscheinlichkeiten bezüglich normalverteilter Zufallsvariablen verwendet werden und ist deshalb aus der Praxis nicht wegzudenken. Die in diesem Abschnitt vorgestellten Rechenregeln, die sich auf normalverteilte Zufallsvariablen beziehen, werden nur für theoretische Zwecke verwendet. Ihnen kann also weniger Beachtung geschenkt werden. In den Kap. 2.4.2. bis 2.4.4. werden die χ^2-, t- und F *-Verteilung* und ihre Ableitung aus normalverteilten Zufallsvariablen dargestellt. Diese drei Verteilungen werden auch als Prüfverteilungen bezeichnet, da Zufallsvariablen, die beim Testen von Hypothesen verwendet werden (Kap. 6.), häufig eine dieser Verteilung besitzen. Leser, die sich nicht für die Herleitung dieser Verteilungen interessieren, müssen diese Abschnitte nicht notwendigerweise durcharbeiten.

2.4.1. Die Normalverteilung

Eine stetige Zufallsvariable, deren Dichte eine glockenförmige, symmetrische Gestalt besitzt, ist häufig *normalverteilt* (vgl. Abb. 2.4.1.-1.). Die Dichte dieser Normalverteilung ist durch die beiden zentralen Parameter der Zufallsvariablen X gekennzeichnet, die in den Kap. 2.3.1. und 2.3.2. eine wichtige Rolle spielten, nämlich durch den Lageparameter (Erwartungswert μ von X) und den Streuungsparameter (Varianz σ^2 von X). Für die Normalverteilung wird deswegen auch kurz $N(\mu,\sigma^2)$-Verteilung geschrieben. Die Dichte dieser Verteilung hat die funktionale Gestalt

$$(1) \qquad f(x) = \frac{1}{\sqrt{2\pi}\,\sigma}\exp\left(-\frac{(x-\mu)^2}{2\sigma^2}\right)$$

und ist durch μ und σ eindeutig bestimmt. Mit den in den Kap. 2.3.1. und 2.3.2. vorgestellten Definitionen und Rechenregeln kann durch umfangreichere Berechnung gezeigt werden, dass diese beiden Parameter tatsächlich gleich dem Erwartungswert und der Varianz der betrachteten Zufallsvariablen X sind.[17]

Die Dichtefunktion ist um den Erwartungswert μ der Zufallsvariablen X symmetrisch, nimmt also für $x = \mu - c$ und $x = \mu + c$ denselben Wert an. Außerdem besitzt sie in $x = \mu$ ihr Maximum, was durch Bildung der ersten Ableitung und Berechnung der Nullstellen dieser Ableitung gezeigt werden kann. Setzt man in die Dichtefunktion unterschiedliche Erwartungswerte ein, so äußert sich ihre Veränderung in der grafischen Darstellung nur durch die Verschiebung entlang der x-Achse (Abzisse). Weiter befinden sich an den Stellen $x = \mu - \sigma$ und $x = \mu + \sigma$ Wendepunkte der Dichtefunktion. Die Abb. 2.4.1.-1. zeigt ihre Gestalt.

17 Die Beweise hierzu finden sich beispielsweise in LEHN/WEGMANN [(2000), S. 53 und S. 58].

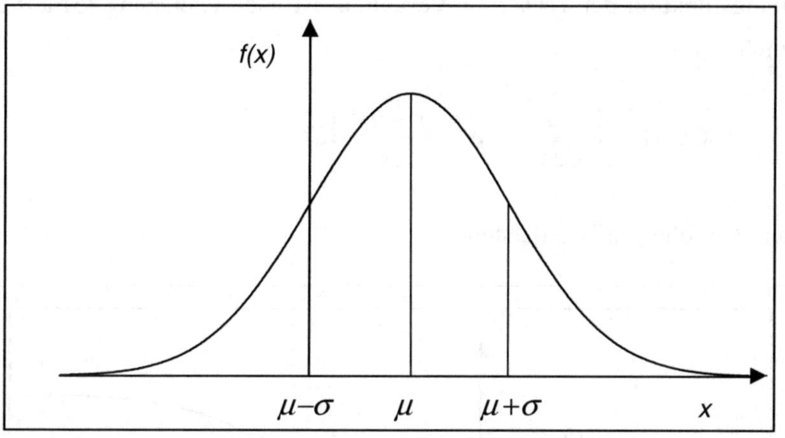

Abb. 2.4.1.-1.: Dichtefunktion der $N(\mu,\sigma^2)$-Verteilung

Variiert man die Werte σ, also die der Standardabweichung der Zufallsvariablen, so fällt die folgende Eigenschaft ins Auge: Je größer die Standardabweichung ist, desto flacher verläuft die Dichtefunktion. Die Abb. 2.4.1.-2. zeigt die Gestalt der Dichte von drei Normalverteilungen, die denselben Erwartungswert, aber unterschiedliche Varianzen (Quadrate der Standardabweichungen) besitzen.

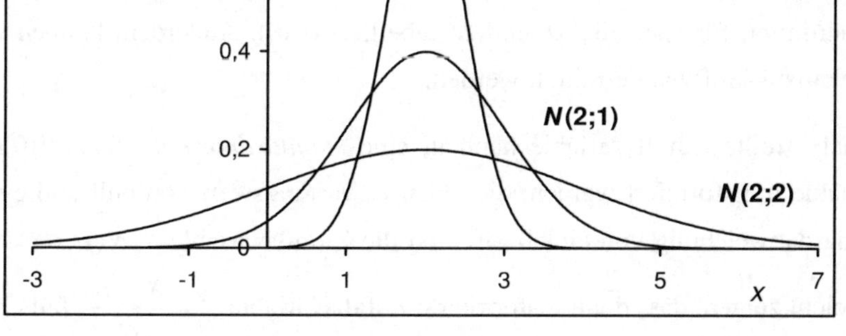

Abb. 2.4.1.-2.: Dichtefunktionen der $N(2;0.5)$-, $N(2;1)$- und $N(2;2)$-Verteilung

Die Verteilungsfunktion der $N(\mu,\sigma^2)$-Verteilung ist nach Gleichung (5) aus Kap. 2.2.3. gegeben durch

$$(2) \quad F(x) = P\{X \leq x\} = \int_{-\infty}^{x} \frac{1}{\sqrt{2\pi}\sigma} \exp\left(-\frac{(s-\mu)^2}{2\sigma^2} \right) ds$$

Sie lässt sich wie folgt grafisch darstellen:

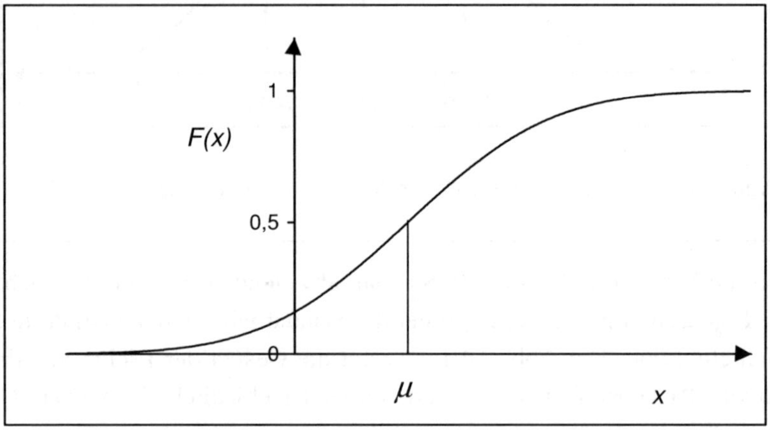

Abb. 2.4.1.-3.: Verteilungsfunktion der $N(\mu,\sigma^2)$-Verteilung

Da das Integral in (2) nicht explizit berechnet werden kann, wird die Verteilungsfunktion immer in dieser Form dargestellt. Bestimmte interessierende Wahrscheinlichkeiten können somit nicht unmittelbar ausgerechnet werden. Aus diesem Grund sind die Werte, die diese Funktion annimmt, für spezielle μ und σ tabelliert (s.u.). Außerdem können sie mit der Hilfe von Statistik-Software ermittelt werden.

Jede normalverteilte Zufallsvariable kann in eine *standardnormal-*, d.h. $N(0,1)$-verteilte Zufallsvariable transformiert werden, die einen Erwartungswert von null und eine Varianz bzw. Standardabweichung von eins besitzt. Ist die Zufallsvariable X $N(\mu,\sigma^2)$-verteilt, so lässt sich leicht zeigen, dass die transformierte Zufallsvariable $Z = \frac{X-\mu}{\sigma}$, falls σ ungleich null ist, $N(0,1)$-verteilt ist. Man spricht hier von der *Z-Transformation* und bezeichnet Z als *standardisiert*. Die Dichtefunktion und die Verteilungsfunktion, die mit dem kleinen und dem großen griechischen Buchstaben φ und Φ dargestellt werden, vereinfachen sich bei der Standardnormalverteilung zu

(3) $$\varphi(z)=\frac{1}{\sqrt{2\pi}}\exp\left(-\frac{z^2}{2}\right)$$

(4) $$\Phi(z)=\int_{-\infty}^{z}\frac{1}{\sqrt{2\pi}}\exp\left(-\frac{s^2}{2}\right)ds$$

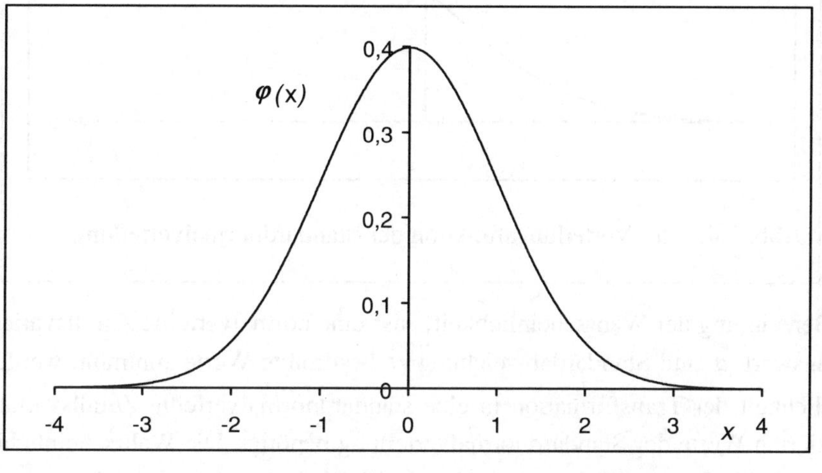

Abb. 2.4.1.-4.: Dichtefunktion der Standardnormalverteilung

Da die Dichte φ symmetrisch zur Ordinate (y-Achse) ist, ergeben sich für die Verteilungsfunktion Φ die beiden folgenden Regeln, die auch aus Abb. 2.4.1.-5.: ersichtlich sind

(5) $$\Phi(0)=\frac{1}{2}$$

(6) $$\Phi(-z)=1-\Phi(z)$$

Die Verteilungsfunktion an der Stelle null ist $1/2$, da die Fläche unter der Dichte gerade bei null halbiert wird. Aus der Symmetrie der Dichte um die Ordinate folgt die Punktsymmetrie der Verteilung um den Punkt $(0;1/2)$, die sich mit (6) formal und in Abb. 2.4.1.-5. grafisch darstellen lässt.

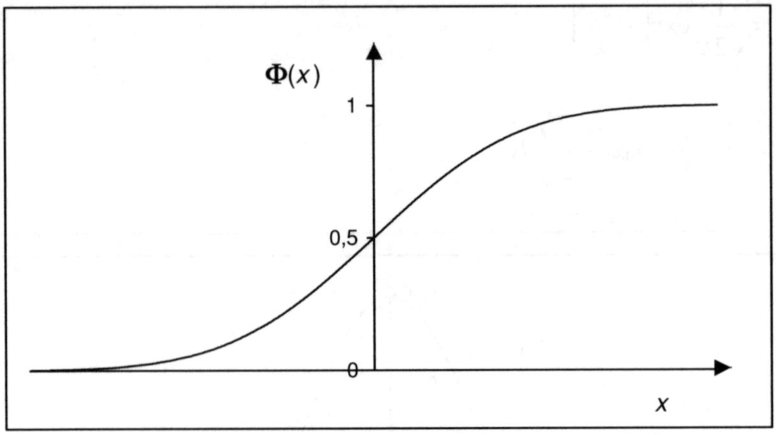

Abb. 2.4.1.-5.: Verteilungsfunktion der Standardnormalverteilung

Bei der Berechnung der Wahrscheinlichkeit, dass eine normalverteilte Zufallsvariable X mit Erwartungswert μ und Standardabweichung σ bestimmte Werte annimmt, werden wegen der Möglichkeit der Transformation in eine standardnormalverteilte Zufallsvariable Z nur die tabellierten Werte der Standardnormalverteilung benötigt. Die Wahrscheinlichkeit, dass $X \leq x$ ist, wird in Formel (7) berechnet. Die Ungleichung $X \leq x$ wird dabei so umgeformt, dass auf beiden Seiten der Erwartungswert μ abgezogen und dann durch die Standardabweichung σ (mit $\sigma > 0$) geteilt wird.

$$(7) \qquad P\{X \leq x\} = P\left\{\frac{X-\mu}{\sigma} \leq \frac{x-\mu}{\sigma}\right\} = P\left\{Z \leq \frac{x-\mu}{\sigma}\right\} = \Phi\left(\frac{x-\mu}{\sigma}\right)$$

Die Verteilungsfunktion der Standardnormalverteilung muss also an der Stelle $(x-\mu)/\sigma$ ausgewertet werden. Eine Tabelle dieser Werte befindet sich im Anhang 2. dieses Buches (Tab. A.2.-1.). Ebenso lässt sich die Wahrscheinlichkeit für $X > x$ mit den bekannten Rechenregeln und (6) herleiten:

$$(8) \qquad P\{X > x\} = P\left\{Z > \frac{x-\mu}{\sigma}\right\} = 1 - P\left\{Z \leq \frac{x-\mu}{\sigma}\right\}$$

$$= 1 - \Phi\left(\frac{x-\mu}{\sigma}\right) = \Phi\left(-\frac{x-\mu}{\sigma}\right)$$

Die Wahrscheinlichkeit, dass X in einem bestimmten Intervall liegt, lässt sich analog zu (7) und (8) berechnen. Die Formel hierfür ist:

(9) $$P\{x_1 \le X \le x_2\} = \Phi\left(\frac{x_2-\mu}{\sigma}\right) - \Phi\left(\frac{x_1-\mu}{\sigma}\right)$$

Beispiel: *Z*-Transformation

In diesem Beispiel wird eine Zufallsvariable *X* betrachtet, die normalverteilt ist und den Erwartungswert 1 und die Standardabweichung 2 besitzt. Von Interesse ist die Wahrscheinlichkeit, dass *X* einen Wert zwischen –1 und 5 annimmt. Mit den eben dargestellten Formeln (6) und (9) lässt sich durch Einsetzen der gegebenen Größen diese Wahrscheinlichkeit folgendermaßen berechnen:

$$\begin{aligned} P\{-1 \le X \le 5\} &= \Phi\left(\frac{5-1}{2}\right) - \Phi\left(\frac{-1-1}{2}\right) \\ &= \Phi(2) - \Phi(-1) = \Phi(2) - (1-\Phi(1)) \end{aligned}$$

Aus Tab. A.2.-1. lässt sich ablesen: $\Phi(2) = 0.9772, \Phi(1) = 0.8413$. Damit folgt:

$$P\{-1 \le X \le 5\} = 0.9772 - (1-0.8413) = 0.8185$$

Bestimmte Bereiche um den Erwartungswert einer normalverteilten Zufallsvariablen, nämlich die sogenannten 1σ-, 2σ- und 3σ-Bereiche, geben genauere Informationen über das Verhalten dieser Zufallsvariablen. Unter diesen Bereichen versteht man die Intervalle $[\mu-\sigma, \mu+\sigma]$, $[\mu-2\sigma, \mu+2\sigma]$ und $[\mu-3\sigma, \mu+3\sigma]$. Dabei ist die Wahrscheinlichkeit von Interesse, dass *X* Werte in diesen Bereichen annimmt. Mit (6) und (9) lässt sich für das erste Intervall die folgende Wahrscheinlichkeit berechnen:

$$\begin{aligned} P\{\mu-\sigma \le X \le \mu+\sigma\} &= \Phi\left(\frac{\mu+\sigma-\mu}{\sigma}\right) - \Phi\left(\frac{\mu-\sigma-\mu}{\sigma}\right) \\ &= \Phi(1) - \Phi(-1) = \Phi(1) - (1-\Phi(1)) = 2\cdot\Phi(1) - 1 = 0.6826 \end{aligned}$$

Für die 2σ- und 3σ-Bereiche lässt sich die Berechnung analog durchführen. Als Ergebnisse erhält man dabei:

$$P\{\mu-2\sigma \le X \le \mu+2\sigma\} = 2\cdot\Phi(2) - 1 = 0.9544$$

$$P\{\mu-3\sigma \le X \le \mu+3\sigma\} = 2\cdot\Phi(3) - 1 = 0.9974$$

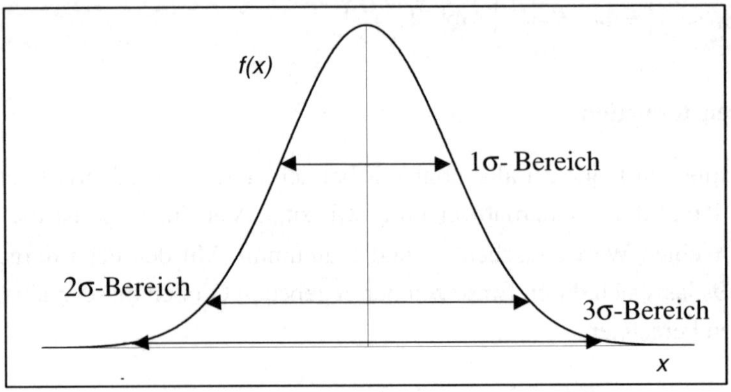

Abb. 2.4.1.-6.: 1σ-, 2σ - und 3σ - Bereiche der Normalverteilung

Diese Wahrscheinlichkeiten geben darüber Auskunft, wie stark die Werte einer Normalverteilung um den Erwartungswert herum konzentriert sind. Wie man an den Zahlen sieht, fallen mit 68.26%-iger Wahrscheinlichkeit die Werte in den 1σ-Bereich, während außerhalb des 3σ-Bereichs nur noch sehr wenig Werte angenommen werden. Fast alle Werte, die X annimmt, liegen also in diesem 3σ-Bereich.

Es sollen drei weitere wichtige Eigenschaften der Normalverteilung erwähnt werden, die sich auf mehrere normalverteilte Zufallsvariablen bzw. Funktionen von normalverteilten Zufallsvariablen beziehen. Y sei eine lineare Funktion einer normalverteilten Zufallsvariablen X mit Erwartungswert μ und Standardabweichung σ. Es existieren also Werte $a \neq 0$ und b, sodass $Y = a \cdot X + b$. Y ist dann ebenfalls normalverteilt, jedoch mit dem Erwartungswert $a \cdot \mu + b$ und der Standardabweichung $a \cdot \sigma$:

(10) $Y = a \cdot X + b$ ist $N\left(a \cdot \mu + b, a^2 \cdot \sigma^2\right)$-verteilt

Für die zweite Eigenschaft, die auch als *Additionssatz der Normalverteilung* bezeichnet wird, werden zwei voneinander unabhängige Zufallsvariablen X_1 und X_2 benötigt mit den folgenden Eigenschaften:

X_1 ist $N(\mu_1, \sigma_1^2)$-verteilt, X_2 ist $N(\mu_2, \sigma_2^2)$-verteilt.

Die Summe der beiden Zufallsvariablen ist dann ebenfalls normalverteilt mit Erwartungswert und Varianz wie folgt:

(11) $X_1 + X_2$ ist $N\left(\mu_1 + \mu_2, \sigma_1^2 + \sigma_2^2\right)$-verteilt.

Für die Differenz dieser beiden Zufallsvariablen X_1 und X_2 gilt analog:

(12) $X_1 - X_2$ ist $N\left(\mu_1 - \mu_2, \sigma_1^{\ 2} + \sigma_2^{\ 2}\right)$-verteilt.

Die Bedeutung der Normalverteilung wird durch den Zentralen Grenzwertsatz weiter unterstrichen, der in Kap. 2.5. ausführlich behandelt wird. Kurz zusammengefasst besagt dieser, dass eine Zufallsvariable, die aus der Summe vieler unabhängiger und identisch verteilter Einzelwirkungen gebildet wird, annähernd normalverteilt ist. Somit können viele Zufallsvariablen, die als Bestandteile ökonometrischer Modelle Verwendung finden, als normalverteilt angenommen werden, wenn sie aus vielen einzelnen, unabhängigen und zufälligen Einflüssen bestehen.

Eine weitere wichtige Bedeutung der Normalverteilung liegt darin, dass mit dieser Verteilung ein leicht handhabbares Werkzeug für theoretische Zwecke zur Verfügung steht. Wird die Normalverteilung ökonomischer Größen (z.B. Renditen) akzeptiert, dann findet sich in der Finanzwirtschaft ein ausgefeiltes Instrumentarium zur Lösung unterschiedlichster Probleme (z.B. die Portfolio- oder die Optionspreistheorie).

2.4.2. Die Chi-Quadrat-Verteilung

Die χ^2-*Verteilung*[18] (*Chi-Quadrat-Verteilung*) steht in einem engen Zusammenhang zu der oben vorgestellten Normalverteilung. Ausgangsbasis ist hier jedoch nicht eine einzelne Zufallsvariable, sondern die Summe von mehreren. Die χ^2-Verteilung ist folgendermaßen definiert:

Sind $X_1, X_2, \ldots, X_n$ voneinander unabhängige Zufallsvariablen, die alle standardnormalverteilt sind, so ist die Summe X aller n quadrierten Zufallsvariablen χ^2-verteilt mit n Freiheitsgraden. Man schreibt kurz in Symbolen

(1) $X = \sum_{i=1}^{n} X_i^2 \sim \chi_n^2$

---

18 Diese Verteilung ist an zwei Stellen dieses Buches von großer Bedeutung. In Kap. 4.2.3. werden Konfidenzintervalle für die Varianz bei einer normalverteilten Stichprobe hergeleitet. Als Schätzer für die Varianz werden die quadrierten und aufsummierten Abweichungen vom Mittelwert, die noch durch einen Faktor geteilt werden, verwendet. Da diese Abweichungen bei einer normalverteilten Stichprobe ebenfalls normalverteilt sind, gilt nach Formel (1) (Kap. 2.4.2.), dass der Varianzschätzer chi-quadrat-verteilt ist. Weiter wird eine ähnliche Schätzung in Kap. 5.5.1. für die Varianz der Residuen im linearen Regressionsmodell durchgeführt und stellt dort die Grundlage für Hypothesentests bezüglich der Regressionskoeffizienten und des Gesamtmodells dar.

Das Symbol ~ steht hier für „hat die Verteilung ...“ und soll im Weiteren in diesem Zusammenhang benutzt werden.[19] Die Anzahl n der unabhängigen Zufallsvariablen wird als *der Parameter* oder auch als *die Anzahl der Freiheitsgrade* dieser Verteilung bezeichnet. Für die Berechnung der Werte der Verteilung ist dieser Parameter eine wichtige Komponente. Bei der Angabe der Verteilung wird er meistens als Index an den griechischen Buchstaben χ gehängt. Die Dichte dieser Verteilung besitzt die sehr komplexe Gestalt:

$$(2) \qquad f_n(x) = \begin{cases} \dfrac{1}{2^{n/2} \cdot \Gamma(n/2)} \cdot x^{n/2-1} \cdot \mathrm{e}^{-x/2}, & \text{falls } x > 0 \\ 0 & \text{sonst} \end{cases}$$

Die Funktion $\Gamma(.)$ ist die noch zu betrachtende *Gammafunktion*. Der obere Term dieser Dichte ist allgemein nur für positive x-Werte definiert, da aus einer negativen Zahl keine Wurzel gezogen werden darf. Für $n = 3$ beispielsweise tritt nämlich der Term $x^{3/2-1} = x^{1/2} = \sqrt{x}$ auf. Die Dichte ist für Werte $x \leq 0$ deswegen als null definiert.

Wegen der Abhängigkeit der Dichte vom Parameter n erscheint dieser auch als Index der Funktion f. Die Verteilungsfunktion der χ^2-Verteilung ergibt sich mit (2):

$$(3) \qquad F_n(x) = \frac{1}{2^{n/2} \cdot \Gamma(n/2)} \int_0^x s^{n/2-1} \cdot \mathrm{e}^{-s/2} ds \qquad \text{für } x > 0$$

Der in diesen Ausdrücken enthaltene griechische Buchstabe Γ stellt die im Folgenden beschriebene *Gammafunktion* dar:

$$(4) \qquad \Gamma(x) = \int_0^\infty \mathrm{e}^{-s} \cdot s^{x-1} ds$$

Sie besitzt die besondere Eigenschaft $\Gamma(x+1) = x \cdot \Gamma(x)$. Diese Funktion soll hier jedoch nicht weiter von Interesse sein, da bei der komplexen Form der Dichte der χ^2-Verteilung Berechnungen mittels dieser Formeln in der Praxis zu aufwändig wären. Werte der χ^2-Verteilung liegen deshalb in tabellierter Form vor (siehe Tab. A.2.-3. im Anhang A.2.).

Die Abb. 2.4.2.-1. zeigt die Dichtefunktionen von χ^2-Verteilungen mit unterschiedlichen Freiheitsgraden, also mit unterschiedlich vielen zu Grunde liegenden standardnormalverteilten Zufallsvariablen.

19 Das Symbol ~ kann generell für jede Art von Verteilung angewendet werden, also auch bei der vorher behandelten Normalverteilung.

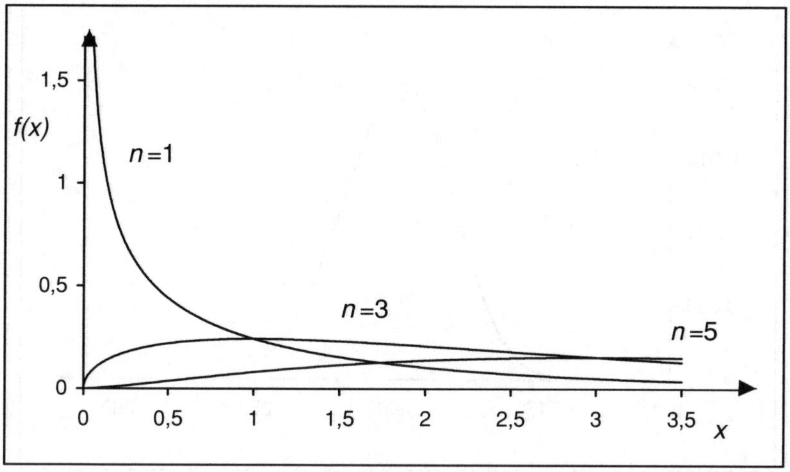

Abb. 2.4.2.-1.: Dichtefunktionen der χ_1^2-, χ_3^2- und χ_5^2-Verteilung

Diese Dichtefunktion ist nicht symmetrisch wie die der Normalverteilung, sondern kann in Abhängigkeit des Parameters sehr unterschiedliche Gestalt annehmen. Der Erwartungswert und die Varianz einer χ^2-verteilten Zufallsvariablen X können deswegen nicht grafisch interpretiert werden. Mittels komplexer Berechnungen kann man jedoch nachweisen, dass für die Kennzahlen einer χ^2-verteilten Zufallsvariablen X gilt:

(5) $E(X) = n$

(6) $Var(X) = 2n$

Der Parameter n ist gerade gleich dem Erwartungswert und in der verdoppelten Form gleich der Varianz der Zufallsvariablen. Es zeigt sich damit die essenzielle Bedeutung des Freiheitsgrades dieser Verteilung.

Wie aus der Abb. 2.4.2.-2. ersichtlich ist, ist die χ^2-Verteilung bei großem Freiheitsgrad der Normalverteilung sehr ähnlich. Mit wachsendem Freiheitsgrad nähert sich die χ^2-Verteilung der Normalverteilung mit Erwartungswert n und Varianz $2n$ an. Man kann also für „großes n" die χ^2-Verteilung durch die Normalverteilung approximieren.

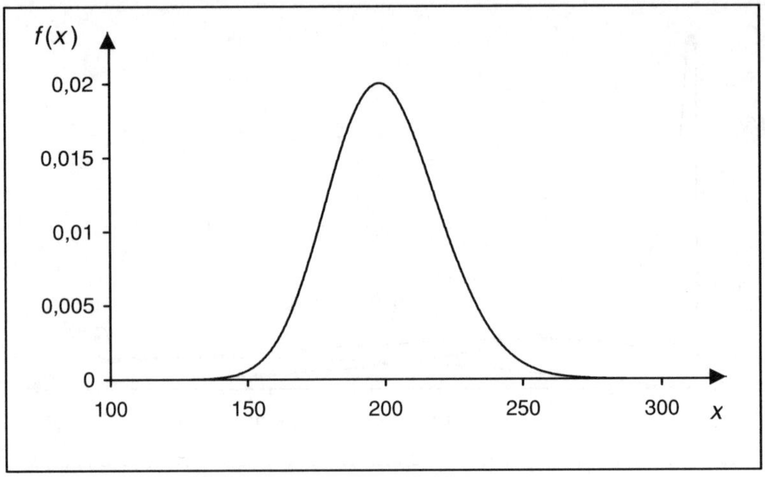

Abb. 2.4.2.-2.: Dichtefunktion der χ^2_{200}-Verteilung

2.4.3. Die *t*-Verteilung

Die auf den englischen Statistiker W. S. GOSSET (1876 - 1937) zurückgehende *t-Verteilung* spielt unter anderem bei einem Hypothesentest[20], der in Kap. 6.3.1. dargestellt wird, eine elementare Rolle. Da der Wissenschaftler unter dem Pseudonym „Student" mehrere Arbeiten, darunter auch einen Artikel über diese Verteilung, veröffentlichte, ist für die *t*-Verteilung auch die Bezeichnung „*Studentsche t-Verteilung*" sehr geläufig.

Es seien zwei voneinander unabhängige Zufallsvariablen Y und Z betrachtet, für die gilt:

$$Y \sim N(0,1) \text{ und } Z \sim \chi^2_n,$$

d.h. Y ist standardnormal- und Z χ^2_n- verteilt mit n Freiheitsgraden. Z ist also die Summe von n unabhängigen quadrierten standardnormalverteilten Zufallsvariablen Z_i: $Z = \sum_{i=1}^n Z_i^2$ mit $Z_i \sim N(0,1)$ für alle i. Für die sich in folgender Form zusammensetzende Zufallsvariable X gilt dann:

$$(1) \quad X = \frac{Y}{\sqrt{\frac{1}{n} \cdot Z}} = \frac{Y}{\sqrt{\frac{1}{n} \cdot \sum_{i=1}^{n} Z_i^2}} \sim t_n$$

20 Bei diesem Hypothesentest handelt es sich um den *t*-Test auf Signifikanz einzelner Regressoren im linearen Regressionsmodell. Als wichtige Größe wird dabei der Quotient aus dem geschätzten Regressionskoeffizienten und seiner geschätzten Standardabweichung ermittelt. Unter bestimmten Voraussetzungen ist der geschätzte Regressionskoeffizient normalverteilt und die geschätzte Varianz chi-quadrat-verteilt (vgl. Kap. 2.4.2.). Aus Formel (1) folgt somit, dass der Quotient *t*-verteilt ist.

Diese Zufallsvariable heißt *t*-verteilt mit Freiheitsgrad *n*, der gleich dem Freiheitsgrad der χ^2- verteilten Zufallsvariable Z ist. Die Dichte dieser stetigen Verteilung ist definiert als

$$(2) \quad f_n(x) = \frac{\Gamma\left(\frac{n+1}{2}\right)}{\Gamma\left(\frac{n}{2}\right)\sqrt{\pi \cdot n}} \cdot \left(1 + \frac{x^2}{n}\right)^{-\frac{n+1}{2}}$$

Die Verteilungsfunktion der *t*-Verteilung ist somit

$$(3) \quad F_n(x) = \frac{\Gamma\left(\frac{n+1}{2}\right)}{\Gamma\left(\frac{n}{2}\right)\sqrt{\pi \cdot n}} \cdot \int_{-\infty}^{x} \left(1 + \frac{s^2}{n}\right)^{-\frac{n+1}{2}} ds$$

Wie bei der χ^2-Verteilung tritt in der Dichte der *t*-Verteilung die Gammafunktion auf, die bereits im vorhergehenden Kap. 2.4.2. beschrieben worden ist. Auch hier ist der Parameter *n* von entscheidender Bedeutung für Auswertungen der Dichte- bzw. Verteilungsfunktion. Wegen der Komplexität der Ausdrücke sind die Werte dieser Funktion in tabellierter Form nachzuschlagen (siehe Tab. A.2.-4. im Anhang A.2.). In der folgenden Abb. 2.4.2.-1. sind die Dichtefunktionen von zwei *t*-Verteilungen mit unterschiedlichen Freiheitsgraden dargestellt. Wie deutlich zu sehen ist, besteht eine starke Ähnlichkeit mit der Dichte der Standardnormalverteilung. Die Dichte der *t*-Verteilung ist ebenfalls symmetrisch zur *y*-Achse (Ordinate) und besitzt auch eine glockenförmige Gestalt. Um null herum, im zentralen Bereich also, liegt sie allerdings unterhalb der Dichte der Standardnormalverteilung. In den Ausläufen liegt sie dafür über der Dichte der $N(0,1)$-Verteilung und besitzt damit auch eine größere Varianz als diese.

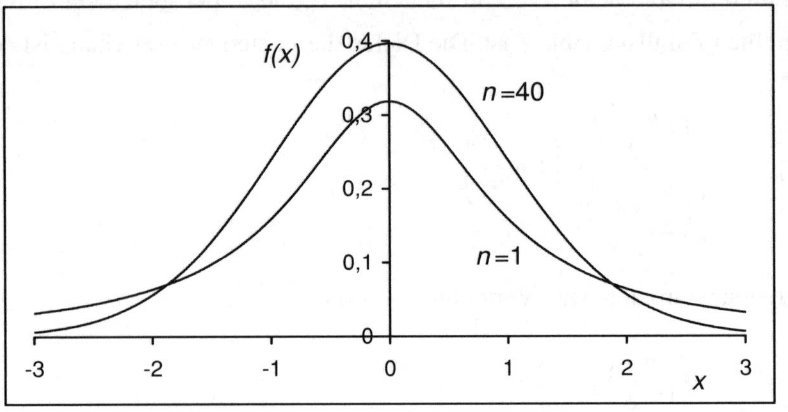

Abb. 2.4.3.-1.: Dichtefunktionen der t_1- und t_{40}-Verteilung

Der Erwartungswert und die Varianz einer t-verteilten Zufallsvariablen X existieren nicht für alle möglichen Freiheitsgrade n. So lässt sich der Erwartungswert nur für $n \geq 2$ berechnen, während die Varianz sogar nur für $n \geq 3$ existiert. Die Kennzahlen einer t-verteilten Zufallsvariable X sind in diesen Fällen:

(4) $E(X) = 0$

(5) $Var(X) = \dfrac{n}{n-2}$

Je größer der Freiheitsgrad einer t-Verteilung ist, desto stärker ist die Ähnlichkeit mit der $N(0,1)$-Verteilung. Die Dichte der t-Verteilung konvergiert also mit wachsendem n gegen die Dichte der Standardnormalverteilung. Eine gängige Faustregel ist, dass für $n \geq 30$ die Werte dieser Dichte hinreichend genau durch die Standardnormalverteilung approximiert werden. Aus diesem Grund sind die Werte der t-Verteilung häufig nur für die Freiheitsgrade von eins bis 29 tabelliert.

2.4.4. Die *F*-Verteilung

Wie die t-Verteilung besitzt auch die F-Verteilung bei einem Hypothesentest[21] eine große Bedeutung, die aber erst in Kap. 6.3.2. genauer spezifiziert wird. Im Folgenden seien zwei voneinander unabhängige χ^2-verteilte Zufallsvariablen Y und Z betrachtet, für die gilt:

21 Hierbei handelt sich um den F-Test auf Signifikanz des Gesamtmodells beim linearen Regressionsmodell. Als interessierende Größe wird dabei der Quotient aus zwei aufsummierten und quadrierten Abweichungen ermittelt. Unter den in Kap. 6.3.2. getroffenen Annahmen sind sowohl der Zähler als auch der Nenner dieses Quotienten chi-quadrat-verteilt, womit nach (1) der gesamte Quotient F-verteilt ist.

$$Y \sim \chi_m^2 \text{ und } Z \sim \chi_n^2$$

D.h. Y sei χ_m^2-verteilt mit m Freiheitsgraden und Z χ_n^2-verteilt mit n Freiheitsgraden. Y und Z sind also die Summen unabhängiger quadrierter standardnormalverteilter Zufallsvariablen Y_i bzw. Z_i:

$$Y = \sum_{i=1}^{m} Y_i^2 \text{ mit } Y_i \sim N(0{,}1) \text{ und}$$

$$Z = \sum_{i=1}^{n} Z_i^2 \text{ mit } Z_i \sim N(0{,}1) \text{ für alle } i$$

Für den folgenden Quotienten der beiden χ^2-verteilten Zufallsvariablen Y und Z, die sich nur durch ihren Freiheitsgrad unterscheiden, gilt:

$$(1) \qquad X = \frac{\frac{1}{m} \cdot Y}{\frac{1}{n} \cdot Z} = \frac{\frac{1}{m} \cdot \sum_{i=1}^{m} Y_i^2}{\frac{1}{n} \cdot \sum_{i=1}^{n} Z_i^2} \sim F_{m,n}$$

Diese Zufallsvariable X, die sich gerade als Quotient einer χ_m^2- und einer χ_n^2-verteilten Zufallsvariablen, multipliziert mit n/m, ergibt, heißt F-verteilt mit den Freiheitsgraden m und n. Die Dichte dieser stetigen Verteilung ist definiert als:

$$(2) \qquad f_{m,n}(x) = \begin{cases} \dfrac{\Gamma\left(\frac{m+n}{2}\right)}{\Gamma\left(\frac{m}{2}\right) \cdot \Gamma\left(\frac{n}{2}\right)} \cdot \left(\dfrac{m}{n}\right)^{m/2} \cdot x^{m/2-1} \cdot \left(1 + \dfrac{m}{n} x\right)^{-\frac{m+n}{2}} & \text{, falls } x > 0 \\ 0 & \text{sonst} \end{cases}$$

Die Verteilungsfunktion der F-Verteilung ist somit

$$(3) \qquad F_{m,n}(x) = \frac{\Gamma\left(\frac{m+n}{2}\right)}{\Gamma\left(\frac{m}{2}\right) \cdot \Gamma\left(\frac{n}{2}\right)} \cdot \left(\frac{m}{n}\right)^{m/2} \cdot \int_0^x s^{m/2-1} \cdot \left(1 + \frac{m}{n} s\right)^{-\frac{m+n}{2}} ds$$

Wie bei den Verteilungen, die in den letzten beiden Abschnitten vorgestellt worden sind, tritt in der Dichtefunktion der F-Verteilung die Gammafunktion auf. Diese wurde in Kap. 2.4.2. (4) bereits näher beschrieben. Auch hier sind die Werte der Verteilungsfunktion wegen der Komplexität der Ausdrücke in einer Tabelle festgehalten (siehe Tab. A.2.-5. im Anhang A.2.). Man kann beim Nachschlagen jedoch auch die Eigenschaft ausnutzen, dass die Werte der $F_{1,n}$-Verteilung gleich den quadrierten Werten der t_n-Verteilung sind. Betrachtet man also eine F-verteilte Zufallsvariable, deren Freiheitsgrad m gerade eins ist, so können mit Hilfe der tabellierten t-Werte die interessierenden Wahrscheinlichkeiten berechnet werden.

Die Abb. 2.4.4.-1. zeigt die Gestalt der Dichtefunktion einer F-verteilten Zufallsvariablen. Diese ist nicht symmetrisch und nur im positiven Bereich definiert.

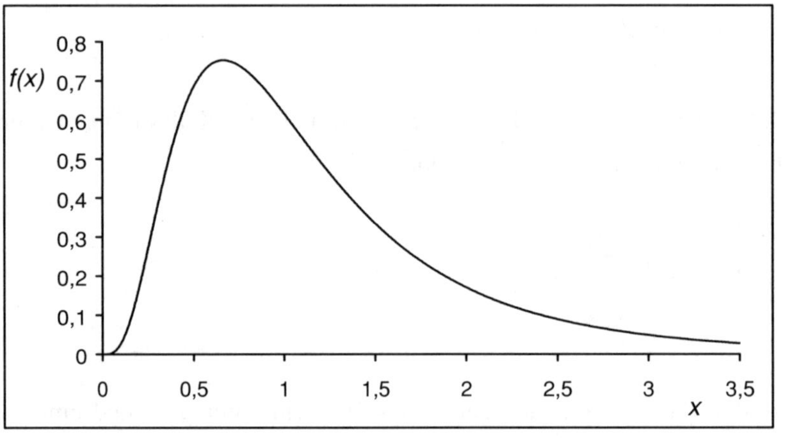

Abb. 2.4.4.-1.: Dichtefunktion der $F_{10,10}$-Verteilung

Der Erwartungswert und die Varianz einer F-verteilten Zufallsvariable existieren nur für spezielle Werte des Parameters n. Dessen Existenz hängt jedoch nicht von dem zweiten Parameter m der Verteilung ab. So lässt sich der Erwartungswert nur für $n \geq 3$ berechnen, während die Varianz sogar nur für $n \geq 5$ existiert. Die Kennzahlen einer F-verteilten Zufallsvariable X sind in diesen Fällen:

(4) $$E(X) = \frac{n}{n-2}$$

(5) $$Var(X) = \frac{2n^2(m+n-2)}{m(n-2)^2(n-4)}$$

Abschließend sei eine asymptotische Eigenschaft der F-Verteilung bzw. einer F-verteilten Zufallsvariable X erwähnt: Mit wachsendem n nähert sich die Verteilung von $m \cdot X$ der χ^2_m-Verteilung. Damit lässt sich die χ^2-Verteilung als ein Grenzfall der F-Verteilung verstehen.

2.5. Grenzwertsätze

Arbeitshinweise: In dem vorliegenden Kap. 2.5. werden zwei theoretische, aber sehr elementare Sätze der Statistik behandelt. Sie beruhen beide auf einem Grenzübergang, nämlich auf der Betrachtung von unendlich vielen Wiederholungen eines Zufallsexperiments, also unendlich vielen Realisationen. Kurz zusammengefasst besagt das in Kap. 2.5.1. beschriebene *Gesetz der großen Zahlen*, dass ein empirisch berechneter Mittelwert unter bestimmten Voraussetzungen umso besser den Erwartungswert einer Zufallsvariablen approximiert, je größer die der Berechnung zu Grunde liegende Anzahl an Beobachtungen ist. Der *zentrale Grenzwertsatz* in Kap. 2.5.2. zeigt noch einmal die große Bedeutung der Normalverteilung in der Statistik und auch der Ökonomie auf: Wird eine Zufallsvariable betrachtet, die aus der Summe vieler kleiner unabhängiger Effekte besteht, so ist diese Zufallsvariable ungefähr (approximativ) normalverteilt. Insbesondere diesem zweiten Satz, dem zentralen Grenzwertsatz, kommt in weiteren Teilen dieses Buches eine größere Bedeutung zu. Da er allerdings ebenso wie das Gesetz der großen Zahlen lediglich für theoretische Herleitungen verwendet wird, ist es für einen Praktiker nicht zwingend notwendig, dieses Kapitel zu studieren. Die in diesen Arbeitshinweisen festgehaltenen Bemerkungen sind für das weitere Verständnis vollkommen ausreichend.

2.5.1. Gesetz der großen Zahlen

In dem Kap. 2.3. wurden zwei verschiedene Arten von Mittelwerten in unterschiedlichem Kontext dargestellt. Der theoretische Mittelwert, also der tatsächliche Erwartungswert einer Zufallsvariablen, beschreibt die Lage der theoretischen Verteilung der betrachteten Zufallsvariablen. Der empirische Mittelwert hingegen gibt lediglich Auskunft über das Verhalten einer Messreihe, die aus Realisationen einer solchen Zufallsvariablen besteht. Es soll nun ein Zusammenhang zwischen diesen beiden Mittelwerten in Form eines wahrscheinlichkeitstheoretischen Satzes erläutert werden, dem bestimmte Voraussetzungen zu Grunde liegen.

Der folgende Versuchsaufbau stellt für alle weiteren Betrachtungen die Grundlage dar: Es soll ein Zufallsexperiment untersucht werden, welches n-mal unabhängig voneinander durchgeführt wird. Die Zufallsvariable X dieses Experiments möge den Erwartungswert μ und die Varianz σ^2 besitzen. Durch die Wiederholungen des Zufallsexperiments ergibt sich für jeden Versuch eine weitere Zufallsvariable, nämlich X_i, die das zukünftige Ergebnis der Variablen X beim i-ten Versuch widerspiegelt. Das Symbol x_i ist der tatsächlich beobachtete Wert, also die Realisation von X_i. Diese n Beobachtungen können zu der bereits bekannten Messreihe $x_1, x_2, ..., x_n$ zusammengefasst werden. Durch diese Versuchsanordnung sind die folgenden Eigenschaften der Zufallsvariablen $X_1, X_2, ..., X_n$ garantiert:

(1) $X_1, X_2, ..., X_n$ sind voneinander unabhängig.

(2) Jedes X_i besitzt dieselbe Verteilung wie X, d.h. es gilt für alle i:

$$E(X_i) = \mu \text{ und } Var(X_i) = \sigma^2 .$$

Man bezeichnet Zufallsvariablen mit diesen Eigenschaften nach (1) und (2) häufig kurz als *iid* (independent and identically distributed = unabhängig und identisch verteilt).

Welche Verteilung X genau besitzt, ist hier nicht von Interesse. Der Mittelwert $\overline{X}_n$ dieser n unabhängigen Zufallsvariablen $X_1, X_2, ..., X_n$, also

$$\text{(3)} \qquad \overline{X}_n = \frac{1}{n}(X_1 + X_2 + \ldots + X_n) = \frac{1}{n}\sum_{i=1}^{n} X_i$$

ist ebenfalls eine Zufallsvariable und gibt den durchschnittlichen beobachteten Wert bei n Versuchen an. Nach diesen Vorbereitungen lässt sich nun der folgende Satz formulieren:

Gesetz der großen Zahlen: Unter dem oben geschilderten Versuchsaufbau gilt für jedes, also auch beliebig kleines, positives c:

$$\text{(4)} \qquad \lim_{n\to\infty} P\left\{\left|\overline{X}_n - \mu\right| < c\right\} = 1$$

Man sagt häufig auch kurz: $\overline{X}_n$ *konvergiert nach Wahrscheinlichkeit*[22] *(stochastisch) gegen* μ.

Beweis: Um das Gesetz der großen Zahlen zu beweisen, muss zunächst eine gewisse Vorarbeit geleistet werden: Der Erwartungswert und die Varianz des arithmetischen Mittels $\overline{X}_n$ sind zu berechnen.

$$\text{(5)} \qquad E(\overline{X}_n) = E\left(\frac{1}{n}(X_1 + X_2 + \ldots + X_n)\right) = \frac{1}{n}(E(X_1) + E(X_2) + \ldots + E(X_n))$$

$$= \frac{1}{n}(\mu + \mu + \ldots + \mu) = \frac{1}{n} \cdot n \cdot \mu = \mu .$$

22 In diesem Zusammenhang kann man nicht von einer Konvergenz im üblichen Sinne reden. Bei den hier behandelten Gesetzen können Konvergenzaussagen nur in Kombination mit Wahrscheinlichkeiten abgegeben werden. Der Grund dafür ist, dass es sich bei den konvergierenden Variablen um Zufallsvariablen handelt, die in der Regel nicht nur eine Realisation, sondern im stetigen Fall sogar unendlich viele Realisationen besitzen. Konvergenzaussagen bezüglich solcher Zufallsvariablen können also nicht sicher, sondern nur mit einer bestimmten Wahrscheinlichkeit getroffen werden. Verkürzt, aber eben mathematisch nicht völlig korrekt, besagt (4), dass mit wachsendem n der Mittelwert gegen μ konvergiert.

Die Rechenschritte in (5) ergeben sich aus den Linearitätseigenschaften des Erwartungswertes, die in den Gleichungen (4) und (7) des Kap. 2.3.1. dargestellt sind. Weiter wurde berücksichtigt, dass alle Zufallsvariablen X_i denselben Erwartungswert μ besitzen.

$$(6)\quad Var(\overline{X}_n) = Var\left(\frac{1}{n}(X_1 + X_2 + \ldots + X_n)\right)$$
$$= \frac{1}{n^2}(Var(X_1)+Var(X_2)+\ldots+Var(X_n))$$
$$= \frac{1}{n^2}\left(\sigma^2 + \sigma^2 + \ldots + \sigma^2\right) = \frac{1}{n^2}\cdot n \cdot \sigma^2 = \frac{\sigma^2}{n}$$

Der konstante Faktor $1/n$ innerhalb der Varianz lässt sich in quadratischer Form herausziehen. Die Aufsplittung der Varianz auf die einzelnen Zufallsvariablen (ohne Berücksichtigung von Kovarianzen) ist hier erlaubt, weil die Variablen X_1, X_2, ..., X_n voneinander unabhängig sind. Auch hier spielt die Gleichheit der Verteilungen der Zufallsvariablen eine entscheidende Rolle: Jede besitzt die gleiche Varianz σ^2.

Der wesentliche Schritt zum Beweis des Gesetzes der großen Zahlen basiert auf der Anwendung der Tschebyscheff-Ungleichung (Gleichung (2) in Kap. 2.3.3.) auf $\overline{X}_n$:

$$(7)\quad P\left\{\left|\overline{X}_n - E(\overline{X}_n)\right| < c\right\} \geq 1 - \frac{Var(\overline{X}_n)}{c^2}$$

Durch Einsetzen der oben berechneten Varianz und Erwartungswert vereinfacht sie sich zu:

$$(8)\quad P\left\{\left|\overline{X}_n - \mu\right| < c\right\} \geq 1 - \frac{\sigma^2/n}{c^2} = 1 - \frac{\sigma^2}{n\cdot c^2}$$

Je größer die Anzahl der Beobachtungen n ist, desto kleiner wird der Ausdruck $\sigma^2/(n\cdot c^2)$ und konvergiert letztlich gegen null. Für $n \to \infty$ gilt somit:

$$\lim_{n\to\infty}\left(1 - \frac{\sigma^2}{n\cdot c^2}\right) = 1$$

Somit folgt:

$$\lim_{n\to\infty} P\left\{\left|\overline{X}_n - \mu\right| < c\right\} = 1$$

Das Gesetz der großen Zahlen ist folgendermaßen zu interpretieren: Die Wahrscheinlichkeit, dass der empirische Mittelwert $\overline{X}_n$ in ein beliebig kleines Intervall $]\mu - c, \mu + c[$ um den tatsächlichen Erwartungswert μ herum fällt, wird mit wachsender Anzahl der beobachteten Realisationen n immer größer und konvergiert schließlich gegen eins. Für eine sehr große Anzahl von Beobachtungen liegt $\overline{X}_n$ also mit einer hohen Wahrscheinlichkeit nahe bei μ. Interessanterweise gilt dies für Zufallsvariablen mit *beliebigen* Verteilungen.

Die praktische Implikation lautet folgendermaßen: Es ist vorteilhaft, so viele Beobachtungen wie möglich zu sammeln, um aus ihnen den tatsächlichen Erwartungswert μ der betrachteten Zufallsvariablen zu „schätzen". Je größer die Beobachtungszahl ist, desto vertrauenswürdiger ist unter den genannten Voraussetzungen die Schätzung.

2.5.2. Der zentrale Grenzwertsatz

Auch in diesem Abschnitt steht die Betrachtung des arithmetischen Mittels im Vordergrund. Nachdem im letzten Abschnitt sein Zusammenhang zum Erwartungswert dargestellt und bewiesen worden ist, soll nun die Form seiner Verteilung präsentiert werden. Dies geschieht anhand eines sehr wichtigen Satzes der Wahrscheinlichkeitsrechnung: dem zentralen Grenzwertsatz.

Der Versuchsaufbau möge hier derselbe wie im letzten Abschnitt sein: Ein Zufallsexperiment werde n-mal unabhängig voneinander wiederholt, die dabei betrachtete Zufallsvariable X besitze den Erwartungswert μ und die Varianz σ^2. Die voneinander unabhängigen Zufallsvariablen $X_1, X_2, ..., X_n$ haben somit dieselbe Verteilung wie X, d.h. es gilt für alle i: $E(X_i) = \mu$ und $Var(X_i) = \sigma^2$. Die Zufallsvariablen sind also iid.

Der Erwartungswert und die Varianz des arithmetischen Mittels $\overline{X}_n$, welches in Gleichung (3) des vorhergehenden Kap. 2.5.1. definiert wurde, lassen sich hiermit leicht berechnen. Dies ist im Beweis des letzten Abschnitts bereits getan worden und nach den Gleichungen (5) und (6) aus Kap. 2.5.1. gilt:

$$(1) \qquad E(\overline{X}_n) = \mu \text{ und } Var(\overline{X}_n) = \frac{\sigma^2}{n}$$

Im Folgenden wird die standardisierte Form der Zufallsvariablen $\overline{X}_n$ betrachtet, indem erst ihr Erwartungswert abgezogen und sie dann durch ihre Standardabweichung geteilt wird. Diese Z-Transformation liefert:

$$(2) \qquad Z_n = \sqrt{n}\,\frac{\overline{X}_n - \mu}{\sigma}$$

Die so generierte Zufallsvariable Z_n besitzt den Erwartungswert null und die Varianz eins. Über die Verteilung dieser Variablen gibt der folgende Satz Auskunft:

<u>*Zentraler Grenzwertsatz:*</u> Unter den oben beschriebenen Voraussetzungen konvergiert die Verteilungsfunktion von Z_n gegen die Standardnormalverteilung, d.h.

(3) $\lim_{n\to\infty} P\{Z_n \leq z\} = \Phi(z)$ für jedes z

$\Phi(z)$ ist die in Kap. 2.4.1. vorgestellte Verteilungsfunktion der Standardnormalverteilung an der Stelle z, während $P(Z_n \leq z)$ die Verteilungsfunktion der Zufallsvariablen Z_n darstellt. Kurz zusammengefasst sagt man:

(4) Z_n ist approximativ $N(0,1)$-verteilt.

Für große n ist Z_n also annähernd $N(0,1)$-verteilt. Hieraus lässt sich mit Hilfe der Formel (10) aus Kap. 2.4.1. und der Umformung $\overline{X}_n = \sigma/\sqrt{n} \cdot Z_n + \mu$ direkt auf eine annähernde Verteilung des arithmetischen Mittels $\overline{X}_n$ schließen. Der Erwartungswert und die Varianz dieser Zufallsvariablen sind in (1) bereits dargestellt worden.

(5) Für große n ist $\overline{X}_n$ annähernd $N\left(\mu, \frac{\sigma^2}{n}\right)$-verteilt.

Multipliziert man diesen Mittelwert mit der Anzahl n der Beobachtungen, so erhält man die Summe der einzelnen Zufallsvariablen X_i, deren asymptotische Verteilung sich mit (5) leicht herleiten lässt. Nach Gleichung (10) aus Kap. 2.4.1. ist $n \cdot \overline{X}_n$ nämlich ebenfalls annähernd normalverteilt, allerdings mit verändertem Erwartungswert und Varianz:

$$E(n \cdot \overline{X}_n) = n \cdot E(\overline{X}_n) = n \cdot \mu \quad \text{und}$$

$$Var(n \cdot \overline{X}_n) = n^2 \cdot Var(\overline{X}_n) = n^2 \cdot \frac{\sigma^2}{n} = n \cdot \sigma^2$$

Es folgt damit:

(6) Für große n ist $n \cdot \overline{X}_n = \sum_{i=1}^{n} X_i$ annähernd $N(n \cdot \mu, n \cdot \sigma^2)$-verteilt.

Die Bedeutung des zentralen Grenzwertsatzes liegt in zwei Aspekten: Zum einen ist das arithmetische Mittel bei einer großen Anzahl von Beobachtungen annähernd um den Erwartungswert normalverteilt und somit können interessierende Wahrscheinlichkeiten bezüglich des Mittelwerts unter Zuhilfenahme der tabellierten Standardnormalverteilung abgeschätzt werden. Dabei wird keine vollständige Kenntnis über die Verteilung der zu Grunde liegenden Zufallsvariablen benötigt, lediglich Erwartungswert und Varianz werden als bekannt vorausgesetzt.

Als Faustregel sollte man sich merken, dass die Normalverteilung in diesem Zusammenhang nur zu verwenden ist, wenn die Anzahl der Beobachtungen größer als 30 ist. Die n betrachteten Zufallsvariablen $X_1, X_2, ..., X_n$ müssen allerdings unabhängig voneinander sein und eine identische Verteilung besitzen. Es gibt eine Verallgemeinerung des zentralen Grenzwertsatzes, die auch nicht identisch verteilte Zufallsvariablen zulässt. Dort werden jedoch andere Bedingungen[23] gefordert, die auf Grund ihrer Komplexität den Rahmen dieses Buches sprengen würden.

Die zweite wichtige Bedeutung des zentralen Grenzwertsatz wird deutlich, wenn die besondere Stellung der Normalverteilung in der Wahrscheinlichkeitstheorie und auch bei angewandten Problemen in der Ökonomie betrachtet wird. Häufig werden Zufallsvariablen analysiert, die aus der Summe vieler kleiner unabhängiger Effekte bestehen. Unter Berücksichtigung des zentralen Grenzwertsatzes kann angenommen werden, dass solche Zufallsvariablen approximativ normalverteilt sind.

Beispiel: Werfen eines Würfels

Ein Würfel soll 500-mal nacheinander geworfen werden. Die interessierende Zufallsgröße ist das arithmetische Mittel $\overline{X}_{500}$ der zukünftigen Ergebnisse dieser Wurfreihe, welches sich aus den Ergebnissen X_i des i-ten Wurfs ($i = 1, ..., 500$) folgendermaßen ergibt:

$$\overline{X}_{500} = \frac{1}{500}(X_1 + X_2 + \ldots + X_{500})$$

Die Erwartungswerte und die Varianzen der einzelnen 500 Würfe sind identisch und nach Beispiel 2 in Kap. 2.3.1. und Beispiel 1 in Kap. 2.3.2. gilt:

$$\mu = 3.5 \text{ und } \sigma^2 = 2.917$$

Von Interesse ist nun, mit welcher Wahrscheinlichkeit das arithmetische Mittel $\overline{X}_{500}$ dieser Wurfreihe in Zukunft kleiner oder gleich 3.4 sein wird. Diese Frage lässt sich mit Hilfe des zentralen Grenzwertsatzes näherungsweise beantworten. Zur Anwendung der Formel (3) muss jedoch in einem ersten Schritt die Z-Transformation mit dem oben angegebenen Erwartungswert und der Varianz durchgeführt werden:

$$\begin{aligned} P\{\overline{X}_{500} \le 3.4\} &= P\left\{\sqrt{500}\frac{\overline{X}_{500} - 3.5}{\sqrt{2.917}} \le \sqrt{500}\frac{3.4 - 3.5}{\sqrt{2.917}}\right\} \\ &= P\{Z_{500} \le -1.31\} \end{aligned}$$

23 Eine schwächere Bedingung ist die sog. *Ljapunoff-Bedingung*, die beispielsweise in LEHN/WEGMANN [(2000), S. 91] beschrieben wird.

Z_{500} ist nach (4) annähernd $N(0,1)$-verteilt, d.h. diese Wahrscheinlichkeit lässt sich ungefähr mit der Standardnormalverteilung berechnen. Der Wert dieser Verteilung ist in Tab. A.2.-1. nachzuschlagen:

$$P\{Z_{500} \leq -1.31\} \approx \Phi(-1.31) = 1 - \Phi(1.31)$$

$$= 1 - 0.9049 = 0.0951$$

Die Wahrscheinlichkeit, dass das arithmetische Mittel der Würfelergebnisse bei $n = 500$ Beobachtungen kleiner oder gleich 3.4 sein wird, beträgt ungefähr 9.5%.

3. Finanzmathematische Grundlagen und Anwendung statistischer Konzepte

3.1. Kurse und Renditen als Zufallsvariablen

Arbeitshinweise: In diesem ersten Teil des Kap. 3. werden Kurse und daraus berechnete Renditen im statistischen Kontext, also als Zufallsvariablen bzw. als deren Realisationen betrachtet. Dabei werden unter Zuhilfenahme der oben bereits dargestellten stochastischen Grundlagen die Problemstellungen bei der Analyse von Wertpapierkursverläufen beschrieben und diskutiert. Im Wesentlichen handelt es sich hier also um Anwendungen der bereits behandelten Grundlagen, wobei aber gerade in den Unterkapiteln 3.1.2. und 3.1.3. einige Theoriebestandteile ergänzt werden. In Kap. 3.1.1. wird der elementare Begriff der *Zeitreihe* in Bezug auf Kursverläufe eingeführt, und es wird erläutert, weshalb eine solche Reihe generell von Interesse ist. Außerdem werden einfache Darstellungsweisen einer Zeitreihe beschrieben. In Kap. 3.1.2. werden wünschenswerte Eigenschaften von Zeitreihen aufgezählt, die zwingend für die Anwendung der meisten statistischen Methoden sind. Diese Eigenschaften sind wie die in Kap. 3.1.3. einzuführenden Begriffe *Autokovarianz* und *Autokorrelation* neu, beruhen aber auf vertrauten Konzepten, die bereits ausführlich behandelt wurden. Die Abschnitte 3.1.2. und 3.1.3. sollten von jedem Leser bearbeitet werden, da sie in folgenden Teilen dieses Buches immer wieder von Bedeutung sind. Der Abschnitt 3.1.4. wird die zwei unterschiedlichen Renditearten (*stetige* und *diskrete*) und ihre verschiedenen Eigenschaften zum Thema haben. Nach einem Studium dieses auch praktisch relevanten Abschnitts wird deutlich, weshalb beim Einsatz statistischer Methoden eher stetige anstatt der leichter zu interpretierenden diskreten Renditen verwendet werden sollten. In Kap. 3.1.5. sind einfache Ansätze zur *Renditeprognose* beschrieben, die eine erste Idee für ein mögliches weiteres Vorgehen liefern. Diese Methoden beruhen auf in diesem Buch schon vorgestellten Verfahren. Abschließend wird in Abschnitt 3.1.6. mit der *Random-Walk-Hypothese* die Möglichkeit der Renditeprognose in Frage gestellt. Diese eher ökonomisch ausgerichtete Thematik wird in einer späteren Fallstudie zur Prognose noch einmal aufgegriffen. Weiter ist der in diesem Zusammenhang erwähnte Begriff des *Random-Walk-Prozesses* von Bedeutung, der bei der Erklärung des Dickey-Fuller-Tests zur Überprüfung bestimmter statistischer Eigenschaften einer Zeitreihe (Kap. 7.1.4.) Verwendung findet.

3.1.1. Kursverläufe als Zeitreihen

Realisationen einer Zufallsvariablen können aus zwei unterschiedlichen Arten von Zufallsexperimenten gewonnen werden. Zum einen gibt es die sog. *Querschnittsdaten*, die einer Reihe von Realisationen entspricht, die alle zum gleichen Zeitpunkt beobachtet wurden.

Die Kurse verschiedener Aktien zum heutigen Zeitpunkt gehören beispielsweise zu den Querschnittsdaten.

Die in der Finanzwirtschaft häufiger verwendeten *Längsschnittsdaten* hingegen sind Realisationen einer Zufallsvariablen, die zu unterschiedlichen Zeitpunkten betrachtet wurden. Ein Beispiel hierzu ist der Kursverlauf einer speziellen Aktie über die Zeit hinweg. Eine solche Messreihe, die von der Zeit abhängt, wird als *Zeitreihe* bezeichnet. Für statistische Zwecke ist es sinnvoll, dass zwischen den einzelnen Beobachtungen einer Zeitreihe jeweils derselbe zeitliche Zwischenraum (äquidistanter Abstand) liegt. Zwischen Tages- und Monatsdaten zu pendeln, ist offensichtlich nicht sinnvoll.

Das Interesse an der Analyse einer Zeitreihe kann durch drei unterschiedliche Aspekte begründet werden: Zu einem kann die *Beschreibung* des zeitlichen Verlaufs im Vordergrund stehen, um z.B. bestimmte ökonomische Zusammenhänge auf den Kapitalmärkten verstehen und erklären zu können. Zum anderen dient die Beobachtung über die Zeit hinweg häufig der *Überwachung*. Vor allem negative Veränderungen sollen schnell erkannt werden, damit rechtzeitig Vorbereitungen getroffen werden können, um Verluste zu vermeiden. Der dritte und gerade bei Kursverläufen interessanteste Punkt bei der Zeitreihenanalyse ist aber wohl die *Prognose* zukünftiger Kurse. Dieser Aspekt wird in diesem Buch den größten Stellenwert besitzen, da er für die beispielhafte Anwendung der vorzustellenden Methoden besonders geeignet ist.

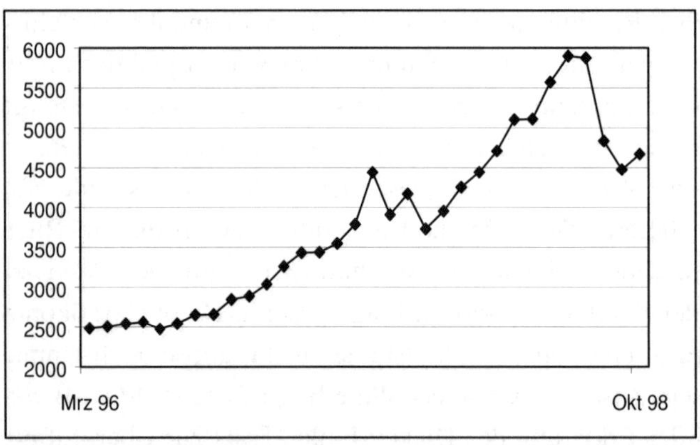

Abb. 3.1.1.-1.: DAX-Monatskurse März 96 bis Okt. 98

Der einfachste Weg, sich einen ersten Eindruck über eine Zeitreihe zu verschaffen, ist die Betrachtung des sogenannten *Zeit-Plots*: In ein Koordinatensystem werden auf der x-Achse (Abzisse) die betrachtete Zeit und auf der y-Achse (Ordinate) die beobachteten Werte der Zeitreihe (hier: Kurse) abgetragen. Die sich so ergebenden Punkte werden meistens durch Linien miteinander verbunden. Häufig (insbesondere bei Kursverläufen) beginnen die Einheiten der y-Achse nicht mit dem Wert null, sondern erst in einem höheren Bereich. Dies hat den Zweck, die Veränderungen während der interessierenden Zeitpunkte stärker herauszustellen. Außerdem wird bei der y-Achse manchmal eine logarithmierte Skala verwendet, die einen exponentiellen Anstieg und Niveau-Effekte von vornherein herausfiltern soll.

Gerade in der technischen Analyse von Wertpapieren wird häufig eine *geglättete* Version der ursprünglichen Zeitreihe verwendet. Diese entsteht dadurch, dass zu jedem Zeitpunkt nicht der beobachtete Wert selbst betrachtet, sondern ein neuer Wert berechnet wird. Er ergibt sich aus der gewichteten Summe vorangegangener und folgender Beobachtungen. Ein Beispiel hierfür ist die folgende Glättungsformel:

(1a) $$s_t = \frac{1}{3}\left(y_{t-1} + y_t + y_{t+1}\right)$$

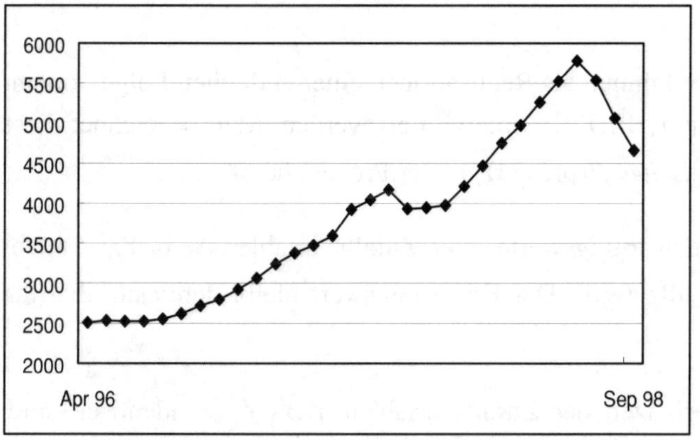

Abb. 3.1.1.-2.: Geglätteter Kursverlauf des DAX

In (1a) ist y_t der originäre Wert des Kurses und s_t der geglättete Wert, der auch als arithmetisches Mittel aus drei Beobachtungen betrachtet werden kann. Die Problematik dieser Glättungsformel in Bezug auf die technische Analyse von Wertpapierkursen liegt jedoch darin, dass zum heutigen Zeitpunkt t der Wert der Zeitreihe zum Zeitpunkt t+1 noch nicht bekannt ist. Dieser Sachverhalt wird bei einem Vergleich der Abb. 3.1.1.-1. und 3.1.1.-2. deutlich. Während die originäre Kursreihe bis zum Oktober 98 läuft, ist die mit (1a) geglättete Kursreihe lediglich bis September desselben Jahres verfügbar. Um dieses Problem zu umgehen, wird in der technischen Wertpapieranalyse anstatt von (1a) die modifizierte Formel (1b) verwendet:

(1b) $$s_t = \frac{1}{3}\left(y_t + y_{t-1} + y_{t-2}\right)$$

Der geglättete Wert ergibt sich nun aus dem Mittelwert der drei letzten Werte der Kursreihe. Hierbei handelt es sich streng genommen um keine korrekte Glättung. Nicht die um einen Datenpunkt zeitlich herumliegenden Werte werden verwendet, sondern nur zeitlich zurückliegende.

Bei ausgefeilteren Methoden werden die Beobachtungen weiter zurückliegender Zeitpunkte nicht wie in (1a) oder (1b) gleich, sondern weniger stark gewichtet als diejenigen der jüngeren Vergangenheit. Der Sinn der Glättung liegt darin, die kleinen Schwankungen und Ausreißer herauszufiltern, um den generellen Kurstrend klarer identifizieren zu können. Ob solche Methoden (wie sie in der technischen Wertpapieranalyse angewendet werden) für Prognosezwecke tauglich sind, ist fragwürdig. Zur Beschreibung eines Kursverlaufs sind sie aber durchaus sinnvoll.

3.1.2. Stationaritätseigenschaften einer Zeitreihe

Um statistische Methoden auf Zeitreihen anwenden zu können und bestimmte Güteeigenschaften zu garantieren, werden verschiedene Bedingungen an diese Reihen gestellt. In diesem Abschnitt sollen die wichtigsten dieser Bedingungen aufgezeigt und ihre Probleme bei Kursverläufen dargestellt werden. Hierfür ist eine Zeitreihe jedoch zunächst theoretisch zu beschreiben.

Die Beobachtungen einer Zeitreihe können als Realisationen einer endlichen Folge voneinander *abhängiger* Zufallsvariablen $Y_1, Y_2, Y_3, \ldots$ interpretiert werden. Man bezeichnet diese Folge auch kurz als einen *stochastischen Prozess* (Y_t). Der Prozess heißt

- *mittelwertstationär*, falls die Erwartungswerte aller Zufallsvariablen $Y_1, Y_2, Y_3, \ldots$ identisch sind, also $E(Y_t) = \mu$ für alle t gilt. Der Erwartungswert bleibt demnach über die Zeit hinweg konstant;
- *varianzstationär*, falls die Varianzen der Zufallsvariablen $Y_1, Y_2, Y_3, \ldots$ identisch sind, d.h. $Var(Y_t) = \sigma^2$ für alle t. Die Varianz bleibt also über die Zeit hinweg konstant;
- *kovarianzstationär*, falls die Kovarianzen zwischen den einzelnen Zufallsvariablen $Y_1, Y_2, Y_3, \ldots$ nur von deren zeitlichen Entfernungen abhängen. Es gilt $Cov(Y_t, Y_{t-k}) = \sigma_k$ für alle t und k.

Soll eine Zeitreihe mittels der in diesem Buch vorgestellten und noch vorzustellenden statistischen Methoden untersucht werden, muss sie mindestens diese drei Eigenschaften besitzen. Sie wird dann als *schwach stationäre*[24] Zeitreihe bezeichnet. Bei derartigen Zeitreihen sind Erwartungswerte und Varianzen ihrer Elemente sowie Kovarianzen zwischen ihnen, kurz zusammengefasst, unabhängig vom Zeitindex t.

Ein Problem, das sich bei der Betrachtung von Kursverläufen ergibt, ist in diesem Zusammenhang offensichtlich: Kurse unterliegen meistens einem Trend. Ihr Erwartungswert ist also durchaus nicht über die Zeit konstant, womit gegen die Bedingung der Mittelwertstationarität verstoßen wird. Hierfür bietet jedoch in der Regel die *Differenzenmethode* einen Ausweg:

Besitzt eine beobachtete Zeitreihe $y_1, y_2, \ldots, y_n$ einen einfachen linearen Trend, so kann dieser durch Bildung der Differenz zeitlich aufeinander folgender Beobachtungen

24 Eine empirische Betrachtung der Stationaritätseigenschaft befindet sich in Kap. 7.1.

(1) $y'_t = y_t - y_{t-1}$

beseitigt werden. Für nichtlineare Trends ist diese Differenzenbildung mehrmals vorzunehmen:

(2) $$y''_t = y'_t - y'_{t-1}$$
$$= (y_t - y_{t-1}) - (y_{t-1} - y_{t-2}) = y_t - 2y_{t-1} + y_{t-2}$$

(3) $$y'''_t = y''_t - y''_{t-1}$$
$$= (y_t - 2y_{t-1} + y_{t-2}) - (y_{t-1} - 2y_{t-2} + y_{t-3}) = y_t - 3y_{t-1} + 3y_{t-2} - y_{t-3}$$

usw.

Die Zeitreihe $y_1, y_2, \ldots, y_n$ wird als *integriert vom Grade d* (kurz $I(d)$) bezeichnet, wenn d die Anzahl der nötigen Differenzenbildungen ist, um den Trend zu beseitigen. Bei den meisten finanzwirtschaftlichen Zeitreihen ist hierfür allerdings schon die Bildung der ersten Differenzen ausreichend. Sie sind also zumeist integriert vom Grade $d = 1$, geschrieben als $I(1)$. Aus diesem Grund sollte bei den meisten statistischen Untersuchungen nicht der Kurs selbst, sondern die daraus abgeleitete Rendite (siehe Kap. 3.1.4.) verwendet werden.

Verfahren zur Überprüfung der Stationaritätseigenschaften einer empirischen Zeitreihe bzw. zur Ermittlung des Integrationsgrads d, sind der sogenannte *Dickey-Fuller-* und der *Augmented-Dickey-Fuller-Test* (siehe Kap. 7.1.4.).

3.1.3. Autokovarianz und Autokorrelation

Die beobachteten Werte einer Zeitreihe hängen in der Regel voneinander ab. War die Rendite einer Aktie gestern sehr hoch, so kann dies ein Indiz dafür sein, dass die Rendite heute tendenziell ebenfalls hoch sein wird. Die Rendite vom Vortag kann die heutige also stark beeinflussen. Lineare Abhängigkeiten, die hier auftreten können, und Maße dafür wurden in diesem Buch bereits an zwei Stellen ausführlich behandelt: die theoretische Kovarianz und Korrelation (Kap. 2.3.4.) und die empirische Kovarianz und der Korrelationskoeffizient (Kap. 2.3.5.3.). Der Unterschied zu den Betrachtungen dort ist jedoch offensichtlich. Nicht die Abhängigkeit zwischen zwei völlig unterschiedlichen Zufallsvariablen X und Y ist bei einer Zeitreihe von Interesse, sondern diejenige zwischen zwei Zufallsvariablen Y_t und Y_{t-k}, die sich nur zeitlich voneinander unterscheiden, ansonsten aber den gleichen Vorgang repräsentieren. Aus diesem Grund heißen die Maße für Abhängigkeiten bei Zeitreihen *Autokovarianz* und *Autokorrelation*.

Betrachtet wird nun der stochastische Prozess (Y_t), also die endliche Folge voneinander abhängiger Zufallsvariablen $Y_1, Y_2, Y_3, \ldots$. Die beiden wichtigsten Maße für die lineare Abhängigkeit zwischen zwei Zufallsvariablen dieses stochastischen Prozesses sind die *theoretische Autokovarianz* $\gamma_{t,k}$

(1) $$\gamma_{t,k} = Cov(Y_t, Y_{t-k})$$

und die *theoretische Autokorrelation* $\rho_{t,k}$

(2) $$\rho_{t,k} = \rho(Y_t, Y_{t-k}) = \frac{Cov(Y_t, Y_{t-k})}{\sqrt{Var(Y_t) \cdot Var(Y_{t-k})}}$$

Der Index $k = 0, 1, 2, \ldots$ gibt an, welchen zeitlichen Abstand die gerade betrachteten Zufallsvariablen zueinander besitzen. Er wird deshalb auch als *Lag* (Zeitverschiebung) bezeichnet. Eine Autokorrelation zum Lag 1 ist beispielsweise die Kennzahl für den linearen Zusammenhang zwischen den Zufallsvariablen Y_t und Y_{t-1}, während eine Autokorrelation zum Lag 2 Auskunft über den Zusammenhang zwischen den Zufallsvariablen Y_t und Y_{t-2} gibt. Ist die zu Grunde liegende Zeitreihe schwach stationär, so sind sowohl die Autokovarianz als auch die Autokorrelation unabhängig vom Zeitindex t und somit für beliebiges t konstant:

(3) $$\gamma_k = Cov(Y_t, Y_{t-k}) \text{ für alle } t$$

Da die Varianzen der einzelnen Elemente Y_t einer schwach stationären Zeitreihe gleich sind ($Var(Y_t) = Var(Y_{t-k})$), vereinfacht sich die theoretische Autokorrelation dann zu

(4) $$\rho_k = \frac{Cov(Y_t, Y_{t-k})}{\sqrt{Var(Y_t) \cdot Var(Y_t)}} = \frac{Cov(Y_t, Y_{t-k})}{Var(Y_t)} \text{ für alle } t$$

Diese beiden theoretischen Kennzahlen sind insbesondere für theoretische Betrachtungen relevant. Für den Praktiker ist dagegen lediglich die *beobachtete* Zeitreihe von Interesse. Dabei ergibt sich jedoch das Problem, dass jede sich in der Zeitreihe befindende Zufallsvariable Y_t lediglich eine Beobachtung y_t besitzt. Aus dieser allein lassen sich keine statistischen Aussagen herleiten. Wird nun aber die Annahme vorausgesetzt, dass es sich bei der betrachteten Zeitreihe um eine schwach stationäre handelt, so besitzen die einzelnen Elemente statistische Eigenschaften, die unabhängig vom Zeitindex t sind. Unter dieser Voraussetzung kann die *empirische Autokovarianz* und *Autokorrelation* sinnvoll definiert werden. Im Folgenden wird also die schwache Stationarität einer Zeitreihe vorausgesetzt. Die Maße empirische Autokovarianz und Autokorrelation beurteilen den linearen Zusammenhang zwischen den beobachteten Daten, die einen gewissen zeitlichen Abstand zueinander besitzen. Auch hier bezeichnet man den gerade betrachteten zeitlichen Abstand als *Lag*.

Die *empirische Autokovarianz* zum Lag k mit $k = 0, 1, 2, ..., n-1$ ist definiert als[25]

$$(5) \quad c_k = \frac{1}{n-k} \sum_{t=k+1}^{n} (y_t - \bar{y})(y_{t-k} - \bar{y}),$$

wobei $\bar{y}$ gerade das arithmetische Mittel ist

$$(6) \quad \bar{y} = \frac{1}{n} \sum_{t=1}^{n} y_t$$

Formel (5) ist ein Sonderfall der in Kap. 2.3.5.3. Gleichung (1) dargestellten empirischen Kovarianz.[26] Durch das Auftreten der Zeitverschiebung (Lag k) können in die Berechnung der empirischen Autokovarianz nicht alle n, sondern nur $n-k$ Datenpunkte eingehen. Darum wird bei (5) erst bei $k+1$ mit der Summation begonnen und nur durch $n-k$ geteilt. Das arithmetische Mittel $\bar{y}$ wird jedoch aus allen n zur Verfügung stehenden Beobachtungen gewonnen. Am weiter unten beschriebenen Beispiel sollen diese Zusammenhänge verdeutlicht werden.

Analog zu den vorhergehenden Betrachtungen des Korrelationskoeffizienten in den Kapiteln 2.3.4. und 2.3.5. berechnet sich die empirische Autokorrelation r_k zum Lag k durch eine Normierung der Autokovarianz. Die empirische Autokovarianz wird durch die empirische Varianz der Zeitreihe (siehe Kap. 2.3.5.2. Gleichung (2)) geteilt:

$$(7a) \quad r_k = \frac{\frac{1}{n-k} \sum_{t=k+1}^{n} (y_t - \bar{y})(y_{t-k} - \bar{y})}{\frac{1}{n-1} \sum_{t=1}^{n} (y_t - \bar{y})^2}$$

Die unterschiedlichen Faktoren vor den Summen im Zähler und im Nenner werden zur Vereinfachung dieser Formel häufig als gleich angenommen, sodass sie herauszukürzen sind. Für eine große Anzahl n von Beobachtungen kann dieser Fehler vernachlässigt werden. Die meisten Statistikprogrammpakete arbeiten dann mit der vereinfachten Formel (7b) für die empirische Autokorrelation:

25 In HARTUNG [(1998), S. 75] findet sich eine alternative Definition für die empirische Autokovarianz, in welcher der Faktor $1/(n-k)$ durch $1/n$ ersetzt ist.

26 Die hier vorgestellte empirische Autokovarianz unterscheidet sich von der empirischen Kovarianz durch den vorangestellten Faktor, der hier analog zu dem der empirischen Kovarianz $1/(n-k-1)$ betragen müsste. Die Zahl eins im Nenner dieses Bruches wird nur zur Gewährleistung der statistischen Güteeigenschaften abgezogen. Da diese Güteeigenschaften in diesem Zusammenhang nicht von Interesse sind, wird die Subtraktion der eins vernachlässigt. Außerdem ist die Anzahl der Beobachtungen in der Praxis meistens so groß, dass dieser Unterschied nicht relevant ist.

(7b) $$r_k = \frac{\sum_{t=k+1}^{n}(y_t - \bar{y})(y_{t-k} - \bar{y})}{\sum_{t=1}^{n}(y_t - \bar{y})^2}$$

Beispiel: Empirische Autokovarianz und Autokorrelation einer Kursreihe

Untersucht wird eine Renditereihe, die zu 6 aufeinander folgenden Zeitpunkten beobachtet worden ist. Zum Zeitpunkt $t = 1$ liegt die Rendite bei –1%, bei $t = 6$ befindet sie sich bei 2%. Die dazwischen liegenden Renditen sind in der zweiten Spalte der Tab. 3.1.3.-1. aufgeführt. Die Kennzeichnung als %-Größe sei aus Vereinfachungsgründen vernachlässigt. In diesem Beispiel sollen die empirische Autokovarianz und Autokorrelation dieser Zeitreihe zum Lag eins berechnet werden.

Zur Berechnung ist die folgende Tab. 3.1.3.-1. aufgestellt worden: In der ersten Spalte sind die jeweiligen Zeitpunkte eingetragen, in der zweiten die dazugehörigen Renditen. Die Zeitpunkte t sind dabei absteigend sortiert, weil $t = 6$ den aktuellen Zeitpunkt darstellt und von diesem aktuellen Zeitpunkt aus mit kleiner werdendem t immer weiter in die Vergangenheit geschaut wird. Die dritte Spalte ist eine um eine Zeile nach oben verschobene Kopie der zweiten Spalte. In jeder Zeile ist somit die Rendite zu einem Zeitpunkt t und zum vorherigen Zeitpunkt t–1 dargestellt. In der vierten und fünften Spalte stehen die Differenzen der einzelnen Werte von ihrem arithmetischen Mittel. In Spalte 6 wurden diese Differenzen der zwei aufeinander folgenden Zeitpunkte miteinander multipliziert.

t	y_t	y_{t-1}	$y_t - \bar{y}$	$y_{t-1} - \bar{y}$	$(y_t - \bar{y})(y_{t-1} - \bar{y})$
6	2	1	1.5	0.5	0.75
5	1	–2	0.5	–2.5	–1.25
4	–2	3	–2.5	2.5	–6.25
3	3	0	2.5	–0.5	–1.25
2	0	–1	–0.5	–1.5	0.75
1	–1		–1.5		
	$\Sigma = 3$				$\Sigma = -7.25$

Tab. 3.1.3.-1.: Beispielhafte Berechnung der empirischen Autokovarianz und Autokorrelation

Da die Summe der y-Werte genau 3 ist, ergibt sich das arithmetische Mittel $\bar{y}$:

$$\bar{y} = \frac{1}{6}\sum_{t=1}^{6} y_t = \frac{1}{6} \cdot 3 = 0.5$$

Die unterste Zeile von Tab. 3.1.3.-1. ist nicht vollständig besetzt. Darum können zur Berechnung der empirischen Autokovarianz lediglich die ersten fünf Einträge der Zeitreihe, also $y_2,\ldots,y_6$ verwendet werden. Die Vorarbeit zu dieser Berechnung wurde bereits in der 6. Spalte geleistet; in dem untersten Feld ist die benötigte Summe der Produkte angegeben. Die empirische Autokovarianz c_1 zum Lag eins ist somit nach Formel (5):

$$c_1 = \frac{1}{6-1}\sum_{t=1+1}^{6}(y_t-\bar{y})(y_{t-1}-\bar{y}) = \frac{1}{5}\cdot(-7.25) = -1.45$$

Zur Berechnung der empirischen Autokorrelation muss zunächst die Summe der quadrierten Abweichungen aller y_t vom arithmetischen Mittel gebildet werden. Hierzu quadriert man zunächst die 6 Einträge der vierten Spalte der obigen Tabelle und summiert diese quadrierten Werte dann auf:

$$\sum_{t=1}^{6}(y_t-\bar{y})^2 = 1.5^2+0.5^2+(-2.5)^2+2.5^2+(-0.5)^2+(-1.5)^2 = 17.5$$

Eingesetzt in die im Regelfall verwendete Formel (7b) ergibt sich die empirische Autokorrelation r_1:

$$r_1 = \frac{\sum_{t=1+1}^{6}(y_t-\bar{y})(y_{t-1}-\bar{y})}{\sum_{t=1}^{6}(y_t-\bar{y})^2} = \frac{-7.25}{17.5} = -0.41$$

Hiernach existiert in den Daten ein nicht sehr ausgeprägter negativer linearer Zusammenhang zwischen zeitlich direkt aufeinander folgenden Werten. Da allerdings nur 6 Datenpunkte zur Berechnung der empirischen Autokorrelation verwendet wurden, ist der Wert $r_1 = -0.41$ nicht sehr aussagekräftig. Zur Veranschaulichung ist dieses Beispiel jedoch ausreichend.

Häufig interessiert man sich nicht nur für eine Autokorrelation zu einem bestimmten Lag, sondern für alle linearen Abhängigkeiten innerhalb einer Zeitreihe, also für die Autokorrelationen zu möglichst vielen Lags. Ließe sich herausfinden, dass frühere Renditen in einem sehr starken Maße die heutigen Renditen beeinflussen, so könnte aus diesen historischen Werten eine Prognose gewonnen werden. Das sogenannte *Korrelogramm* gibt einen allgemeinen Einblick in die linearen Zusammenhänge: Es ist ein Funktionengraf, in dem die Autokorrelationen r_k gegen das Lag k für $k = 1, 2, \ldots$ geplottet sind.

Date: 11/12/98 Time: 14:35
Sample: 1/02/1995 12/30/1996
Included observations: 516

Autocorrelation | Partial Correlation

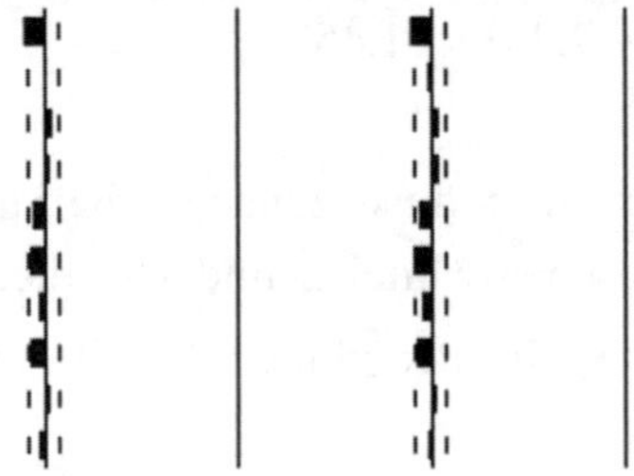

	AC	PAC	Q-Stat	Prob
1	-0.098	-0.098	4.9917	0.025
2	0.004	-0.006	4.9998	0.082
3	0.033	0.033	5.5619	0.135
4	0.032	0.039	6.0932	0.192
5	-0.056	-0.049	7.7133	0.173
6	-0.070	-0.083	10.263	0.114
7	-0.021	-0.039	10.503	0.162
8	-0.067	-0.071	12.870	0.116
9	0.025	0.021	13.213	0.153
10	-0.023	-0.014	13.493	0.197

Abb. 3.1.3.-1.: Korrelogramm stetiger DAX-Tagesrenditen

Die Abb. 3.1.3.-1. wurde mit der Ökonometriesoftware EViews erstellt. In der ersten Spalte sind die Autokorrelationen zu den Lags von eins bis 10 grafisch dargestellt. In der vierten Spalte, unter der Bezeichnung „AC", sind die tatsächlichen Werte der Autokorrelationen aufgelistet. Die übrigen Spalten sollen hier nicht weiter von Interesse sein. Diese Abbildung zeigt deutlich, dass die Autokorrelation bei den beispielhaft betrachteten stetigen DAX-Tagesrenditen bei einem Lag von eins zwar betragsmäßig am größten sind. Aber selbst diese Autokorrelation ist mit einem Wert von etwa –0.1 eher unbedeutend.

Bei einigen statistischen Methoden, wie z.B. der linearen Regression (siehe Kap. 5.), wird nicht nur die Bedingung der schwachen Stationarität an die zu untersuchende Zeitreihe gestellt, sondern zusätzlich die Unkorreliertheit zwischen den einzelnen Größen[27]. Bei solchen Analysen muss zunächst getestet werden, ob auch tatsächlich keine Autokorrelation besteht, ansonsten dürfen die Methoden nur in einer modifizierten Form verwendet werden.

3.1.4. Statistische Eigenschaften diskreter und stetiger Renditen

Damit finanzwirtschaftliche Daten statistisch analysiert werden können, sollten diese die Eigenschaft der schwachen Stationarität besitzen. Originäre Kursreihen weisen diese Eigenschaft im Allgemeinen jedoch nicht auf, da sie trendbehaftet sind. Wie aber in Kap. 3.1.2. schon gezeigt wurde, liegt ein Ausweg in der Differenzenbildung von zeitlich aufeinander folgenden Kurswerten, die dann in der Regel eine schwach stationäre Zeitreihe bilden. Da dieser Vorgang mit der Renditeberechnung konform geht, sollten bei statistischen Analysen die Reihen der Renditen verwendet werden. Wie sich später zeigen wird, bedeutet dies keinen praktischen Nachteil, da Kurse und Renditen problemlos ineinander umgerechnet werden können.

27 Speziell bei der Regressionsanalyse (Kap. 5.) muss die Reihe der Residuen diese Eigenschaften besitzen.

Die beiden gebräuchlichsten Renditeberechnungsarten, die bereits in Kap. 2.2.1. aufgezeigt worden sind, gehen von zwei völlig unterschiedlichen Verzinsungstypen aus:

Die *diskrete Rendite* R_t^d beruht auf der einfachen Zinsrechnung, wonach das Kapital K_{t-1} zum Zeitpunkt $t-1$, also der letzten Periode, einmal verzinst wird und die Zinsen zu dem Kapital addiert werden. Der Zinssatz R_t^d bezieht sich also nur auf eine betrachtete Periode:[28]

$$(1) \qquad K_t = K_{t-1} + R_t^d \cdot K_{t-1} = \left(1 + R_t^d\right) \cdot K_{t-1}$$

Durch einfaches Umstellen dieser Gleichung (1) ergibt sich unmittelbar die Berechnungsformel für die diskrete Rendite:

$$(2) \qquad R_t^d = \frac{K_t - K_{t-1}}{K_{t-1}}$$

R_t^d ist also die relative (gedanklich) einmalig erfolgende Wertänderung des eingesetzten Kapitals von Periode $t-1$ zu Periode t. Im Gegensatz zu der diskreten Rendite tritt die *stetige Rendite* R_t^s bei der stetigen Verzinsung auf. Bei diesem Verzinsungsvorgang wird das Kapital während der betrachteten Periode laufend oder kontinuierlich („stetig") verzinst. Eine einmalige, diskontinuierliche Verzinsung liegt also nicht vor. Die Verzinsungszeiträume bei kontinuierlicher Verzinsung werden innerhalb der betrachteten Periode beliebig klein, während gleichzeitig die Anzahl dieser Zeiträume beliebig groß (im Grenzfall unendlich) wird.

Das heutige Kapital ergibt sich somit aus dem der letzten Periode durch stetige Verzinsung mit der stetigen Rendite R_t^s:

$$(3) \qquad K_t = e^{R_t^s} \cdot K_{t-1}$$

Der Wert e ist hierbei die Eulersche Zahl 2.71828... Auf die Herleitung[29] dieser Formel (3) soll in diesem Buch verzichtet werden. Die Berechnungsvorschrift für die stetige Rendite ergibt sich nun aus (3) durch Division mit dem Kapital der letzten Periode K_{t-1} und der darauf folgenden Logarithmierung dieser Gleichung:

---

28 Es wird angenommen, dass alle Wertzuwächse des eingesetzten Kapitals im Zinssatz bzw. im Wert des Kapitals K_t zum Zeitpunkt t enthalten sind. Andere zwischenzeitliche Erträge werden bei dieser und der folgenden Berechnungsart vernachlässigt.

29 Eine ausführliche Herleitung findet sich in KÖHLER [(1992), S. 57f.].

(4) $R_t^s = \ln\left(\frac{K_t}{K_{t-1}}\right) = \ln(K_t) - \ln(K_{t-1})$

Die diskrete Rendite R_t^d und die stetige Rendite R_t^s sind, wie in (5) und (6) gezeigt wird, einfach ineinander zu überführen:

(5) $R_t^d = e^{R_t^s} - 1$

(6) $R_t^s = \ln\left(1 + R_t^d\right)$

Ein wesentlicher Vorteil der stetigen Renditen besteht in der rechentechnisch einfacheren Vorgehensweise bei der Umrechnung von Ein- in Mehrperiodenrenditen. So lässt sich beispielsweise die stetige Jahresrendite einer Anlage durch Kumulation der stetigen Monatsrenditen berechnen. Analoge Umrechnungen mit diskreten Renditen sind dagegen aufwändiger. Die diskrete *k*-Perioden-Rendite ergibt sich aus den diskreten Renditen der einzelnen Perioden in folgender Weise:

(7) $R_t^d(k) = \left(1 + R_t^d\right) \cdot \left(1 + R_{t-1}^d\right) \cdot \ldots \cdot \left(1 + R_{t-k+1}^d\right) - 1 = \prod_{i=0}^{k-1}\left(1 + R_{t-i}^d\right) - 1$

mit $R_t^d(k)$: diskrete *k*-Perioden-Rendite

Die Berechnungsvorschrift für die stetige *k*-Perioden-Rendite lässt sich unter Zuhilfenahme von Formel (6) angewandt auf diskrete und stetige Mehrperiodenrenditen herleiten:

$$\begin{aligned} R_t^s(k) &= \ln\left(1 + R_t^d(k)\right) \\ &= \ln\left(1 + \prod_{i=0}^{k-1}\left(1 + R_{t-i}^d\right) - 1\right) = \ln\left(\prod_{i=0}^{k-1}\left(1 + R_{t-i}^d\right)\right) \\ &= \sum_{i=0}^{k-1} \ln\left(1 + R_{t-i}^d\right) = \sum_{i=0}^{k-1} R_{t-i}^s \end{aligned}$$

mit $R_t^s(k)$: stetige *k*-Perioden-Rendite

Zur Berechnung einer stetigen *k*-Perioden-Rendite sind also die stetigen Renditen der einzelnen Perioden aufzusummieren:

(8) $R_t^s(k) = R_t^s + R_{t-1}^s + \ldots + R_{t-k+1}^s = \sum_{i=0}^{k-1} R_{t-i}^s$

Wird nun mit der Analyse oder Prognose von Anlageobjekten begonnen, so muss zunächst entschieden werden, welche der beiden Renditearten für die Untersuchungen benutzt werden soll. Die Verwendung beider Berechnungsarten gemeinsam in einer Untersuchung ist nicht sinnvoll. Die Umrechnungsmethodik von den originären Kursen in die Renditen ist bei beiden Modellen sehr einfach und kann mit Standardsoftware in kürzester Zeit durchgeführt werden.

Bei einer Analyse mit statistischen Methoden ist es jedoch ratsam, die etwas schwerer zu interpretierenden stetigen Renditen zu verwenden. Diese besitzen nämlich Eigenschaften, die Voraussetzungen für die Anwendung vieler statistischer Verfahren und Modelle sind. So ist die Dichte diskreter Renditen häufig nicht symmetrisch, sondern eher rechtsschief (vgl. auch Kap. 3.3.4.). Stetige Renditen dagegen sind eher symmetrisch um ein Zentrum verteilt. Weiter wird bei vielen Modellen, wie z.B. dem $\mu-\sigma$-Prinzip in der Portfoliotheorie (vgl. Kap. 3.4. oder Kap. 12.3.) oder dem Black-Scholes-Modell (vgl. Kap. 12.2.) in der Optionspreistheorie, eine Normalverteilung der Renditen vorausgesetzt. Da diskrete Renditen asymmetrisch verteilt sind, können sie diese Voraussetzung nicht erfüllen. Allgemein scheint die Annahme, dass Renditen normalverteilt sind, jedoch nicht unrealistisch zu sein. Nach dem in Kap. 2.5.2. beschriebenen zentralen Grenzwertsatz ist eine Zufallsvariable, die aus der Summe vieler kleiner unabhängiger Effekte besteht, annähernd normalverteilt. Als eine Zufallsvariable mit diesen Eigenschaften kann auch die Rendite von Anlageobjekten (z.B. die Kursrendite von Aktien) angesehen werden.

Empirische Untersuchungen legen die Vermutung nahe, dass für stetige Renditen die Normalverteilungsannahme nicht abgelehnt werden kann. Allerdings wurde auch beobachtet, dass sich die Renditen stärker um den Mittelwert herum häufen als es die Normalverteilung zulassen würde. Ferner liegt ihre Dichte an den Rändern über jener einer Normalverteilung. Sie weisen die sogenannten *heavy tails* (schwere Ränder) auf [vgl. PETERS (1994), S. 18ff.]. Andere Untersuchungen [vgl. KERLING (1998), S. 30ff.] ergaben jedoch, dass monatliche Renditen eher normalverteilt sind als wöchentliche oder tägliche. All diese Phänomene sollten bei statistischen Analysen berücksichtigt werden.

Statistisch bessere Eigenschaften lassen sich durch die Verwendung von *Renditedifferenzen* statt der tatsächlichen Renditen erzielen. Deren Verteilung ähnelt noch stärker der Normalverteilung. Hier sei jedoch zur Vorsicht geraten. Die Renditedifferenzen sind sehr kleine Werte, sodass es zu Problemen bei der Rechengenauigkeit kommen kann. Außerdem geht durch die doppelte Differenzenbildung die Möglichkeit der unmittelbaren Interpretation verloren. Gerade aus dem Grund der Interpretationsmöglichkeit bevorzugen viele Praktiker die Anwendung von diskreten Renditen. Wie oben erwähnt sollten bei statistischen Analysen aber trotzdem die stetigen Renditen verwendet werden. Sie können jederzeit zu Interpretationszwecken mit Formel (5) wieder in die diskreten überführt werden.

Nach einer abgeschlossenen Analyse oder Prognose eines Assets, bei der mit diskreten oder stetigen Renditen gearbeitet wurde, können diese wieder in den tatsächlichen Kurs des Anlageobjekts zurückgerechnet werden. Dies gilt vor allem für berechnete Prognosewerte. Die Umrechnung kann ohne großen Aufwand durch die Formeln (1) bzw. (3) erfolgen.

3.1.5. Historisch basierte Renditeprognose

Einen Anleger interessiert einerseits, wie viel Rendite eine bestimmte Anlage *in der Vergangenheit* gebracht hat, um den Anlageerfolg beurteilen zu können. Diesem Interesse widmet sich die Performancemessung, die unter diesem Aspekt in Kap. 3.2. betrachtet wird. Eine weit wichtigere Rolle aus der Sicht des Investors spielt jedoch die Rendite, die eine Anlage *in der Zukunft* erzielen wird. Hierauf aufbauend soll eine Anlageentscheidung getroffen bzw. ein Portfolio umgeschichtet werden.

Die zukünftige Rendite einer risikobehafteten Anlage kann im Regelfall zum heutigen Zeitpunkt nicht genau vorhergesagt werden, da die renditebeeinflussenden Faktoren in ihrer Gesamtheit nicht bekannt sind. Gerade aus diesem Grund wird eine Rendite als Zufallsvariable behandelt. So findet die Meinung, dass Prognosen sogar absolut sinnlos sind, da Kursverläufe angeblich zufällig verlaufen (Random-Walk-Hypothese, siehe Kap. 3.1.6.) viele Vertreter. Andererseits wird sowohl in der Wissenschaft als auch in der Praxis viel Zeit darauf verwendet, Prognosemodelle zu erstellen. Als Prognose der zukünftigen Rendite wird häufig das statistische Maß des Erwartungswertes der Rendite verwendet. Bei sehr vielen Wiederholungen, d.h. Beobachtungen bzgl. der Investition unter unveränderten Rahmenbedingungen, würde sich im Mittel diese erwartete Rendite ergeben. Der Erwartungswert kann auf unterschiedliche Arten modelliert bzw. berechnet werden.

Im Folgenden sei angenommen, dass zum zukünftigen Zeitpunkt lediglich K unterschiedliche Umweltzustände z_j existieren. Die Renditen unter diesen Zuständen seien bekannt. Unbekannt ist somit nur, welcher der Umweltzustände tatsächlich eintritt. Wegen der endlich vielen Umweltzustände handelt es sich bei der hier betrachteten Rendite um eine diskrete Zufallsvariable. Der theoretische Erwartungswert μ der Anlagerendite berechnet sich dann als Summe der mit den Wahrscheinlichkeiten für das Eintreten der Umweltzustände gewichteten Renditen, die bei genau diesem Zustand erzielt werden. Die Formel hierfür entspricht derjenigen für den Erwartungswert einer diskreten Zufallsvariablen in Kap. 2.3.1. Gleichung (1):

$$(1) \qquad \mu = \sum_{j=1}^{K} r_j \cdot P\{Z = z_j\}$$

mit μ: erwartete Rendite
z_j: j-ter Umweltzustand
r_j: Rendite, die beim Umweltzustand z_j erzielt wird
K: Anzahl der Umweltzustände

Beispiel 1: Erwartete Rendite der Aktie eines Regenschirmproduzenten

Ein Anleger überlegt, ob er sein Geld in Aktien eines Regenschirmproduzenten anlegt. Er möchte jedoch vorher wissen, welche Rendite bei dieser Anlage zu erwarten ist. Die Rendite dieser Aktie hängt nun davon ab, wie sich das Wetter in nächster Zeit entwickelt und so seien zur Vereinfachung lediglich die beiden Umweltzustände „sonnig" und „regnerisch" angenommen. Die Wahrscheinlichkeiten für diese Zustände und die an sie gekoppelten Renditen sind in Tab. 3.1.5.-1. dargestellt:

	Umweltzustände mit ihren Wahrscheinlichkeiten	
	Sonnig 30%	regnerisch 70%
Rendite der Aktie	2%	8%

Tab. 3.1.5.-1.: Beispielhafte Umweltzustände und zugehörige Renditen

Die erwartete Rendite berechnet sich aus den Zahlen dieser Tabelle, die in (1) eingesetzt werden. Aus technischen Gründen ist es sinnvoll, für die Berechnung nicht die Prozentzahlen bei den Umweltzuständen, sondern die tatsächlichen Wahrscheinlichkeiten für ihr Eintreten zu verwenden. Diese liegen bekanntlich zwischen null und eins:

$$\mu = \sum_{j=1}^{2} r_j \cdot P\{Z = z_j\} = 2\% \cdot 0.3 + 8\% \cdot 0.7 = 6.2\%$$

Die erwartete Rendite dieser Anlage beträgt also 6.2%.

Wie das Beispiel zeigt, liegt das Problem dieses Ansatzes darin, adäquate Umweltzustände, ihre Wahrscheinlichkeiten und die bei den einzelnen Zuständen eintretenden Renditen zu bestimmen. In der Regel sind weder die Wahrscheinlichkeit für das Eintreten eines Umweltzustandes noch die in diesem Fall erzielte Rendite bekannt. Man besitzt also meistens keine Kenntnis über die Wahrscheinlichkeitsverteilung einer Rendite.

Aus diesem Grund wird häufig die leicht zu berechnende Durchschnittsrendite historischer Daten an Stelle der tatsächlich erwarteten Rendite, wie sie in (1) formuliert ist, benutzt. Diese *historisch basierte Renditeprognose* ist gerade der empirische Mittelwert, der in Kap. 2.3.5.1. Gleichung (1) vorgestellt wurde:

(2) $\hat{\mu} = \bar{r} = \frac{1}{n}\sum_{t=1}^{n} r_t$

mit $\hat{\mu}$: historisch basierte Renditeprognose
$\bar{r}$: historische Durchschnittsrendite
n: Anzahl der betrachteten Perioden
r_t: Rendite der Periode t

Beispiel 2: Historisch basierte Renditeprognose einer Anlage

Eine Anlage erzielte in den letzten fünf Jahren die folgenden Renditen. Aus diesen soll mittels (2) eine historisch basierte Renditeprognose für das nächste Jahr berechnet werden.

	1993	1994	1995	1996	1997
Rendite der Anlage	4%	6%	6%	7%	2%

Tab. 3.1.5.-2.: Historische Renditen des Beispiels

Mit den historischen Renditen dieser fünf betrachteten Perioden ergibt sich die folgende Renditeprognose:

$$\hat{\mu} = \frac{1}{5}\sum_{t=1}^{5} r_t = \frac{1}{5}(4\% + 6\% + 6\% + 7\% + 2\%) = 5\%$$

Wesentliche Fragen, die sich bei der Benutzung dieser Art von Prognose ergeben, sind u.a.:

a) Wie gut ist die Prognose?

b) Ist die Anwendung dieser Methode zur Prognose aus statistischer Sicht überhaupt sinnvoll?

Die zweite dieser beiden Fragen soll erst im vierten Kapitel ausführlicher behandelt werden. Es kann hier jedoch schon vorweg genommen werden, dass der Erwartungswert nur unter sehr speziellen Bedingungen durch das arithmetische Mittel ersetzt werden kann. Diese Bedingungen treffen für Zeitreihen von Renditen allerdings nicht immer zu.

Die erste Frage kann leider ebenfalls nicht ermutigend beantwortet werden. Auch wenn diese Art der Renditeprognose in vielen Programmpaketen zur Portfoliooptimierung verwendet wird, so ist sie doch unzureichend und liefert besonders bei Einzelentscheidungen keine guten Ergebnisse. Es ist also nötig, verfeinerte Prognosemethoden zu verwenden, die zum Teil an anderen Stellen dieses Buches behandelt werden.

3.1.6. Random-Walk-Hypothese

Die Kritiker der modernen Wertpapieranalyse finden sich unter den Anhängern der sogenannten *Random-Walk-Hypothese*, welche die Möglichkeit der gewinnbringenden Prognose von Wertpapierkursen negiert. Bei dieser Hypothese wird davon ausgegangen, dass die Kurse lediglich zufällig um einen inneren „wahren" Wert schwanken, der fundamental begründet ist.

Die Idee der Random-Walk-Hypothese, die bis zur Zeit der Jahrhundertwende zurückverfolgt werden kann, lässt sich auch aus der *Theorie informationseffizienter Kapitalmärkte* [vgl. FAMA (1970) und (1991)], wonach Preise sich sofort und vollständig an alle neuen Informationen anpassen, herleiten. Lediglich zukünftige und damit unbekannte Informationen können den inneren Wert einer Aktie beeinflussen. Da diese jedoch zum heutigen Zeitpunkt noch nicht bekannt sind, ergibt eine Kursprognose unter diesen Voraussetzungen keinen Sinn. Wären nämlich die Abweichungen zwischen zwei Kursen auf einem informationseffizienten Markt nicht *zufällig*, sondern temporär *systematisch*, so würden alle Marktteilnehmer sofort versuchen, diese Differenz zu ihrem Vorteil auszunutzen, wodurch der systematische Einfluss wieder eliminiert werden würde. Die Kursschwankungen um den inneren Wert wären somit wieder rein zufällig.

Statistisch ausgedrückt bedeutet die *Random-Walk-Hypothese* die stochastische Unabhängigkeit zeitlich aufeinander folgender Wertpapierkursveränderungen. Die Korrelation zwischen ihnen ist somit null. Die *orthodoxe Form* der Random-Walk-Hypothese lautet:

(1) $K_{t+1} = K_t + \varepsilon_{t+1}$,

wobei K_t gerade den Kurs zum Zeitpunkt t darstellt und die folgenden drei Bedingungen für alle t gelten:

1. Der Erwartungswert der Kursveränderungen ist null, d.h. $E(\varepsilon_{t+1}) = 0$.

2. Die Kursveränderungen sind stochastisch unabhängig voneinander.

3. Die Kursveränderung ε_{t+1} ist eine normalverteilte Zufallsvariable. Ihre Verteilung ist über die Zeit stabil.

Nach Gleichung (1) unterscheidet sich der Kurs eines Wertpapiers zum Zeitpunkt $t+1$ von dem letzten Kurs zum Zeitpunkt t lediglich durch eine um null schwankende, zufällige Veränderung ε_{t+1}. Die Anwendungen der Rechenregeln für den Erwartungswert liefern somit die Folgerung, dass der Erwartungswert des unbekannten morgigen Kurses gerade der bekannte heutige Kurs ist:

(2) $E(K_{t+1}) = E(K_t + \varepsilon_{t+1}) = E(K_t) + E(\varepsilon_{t+1}) = K_t$

Der Erwartungswert des heutigen Kurses K_t ist dieser Kurs selbst, da er als bekannter Wert keine Zufallsvariable ist. Der Erwartungswert der Kursveränderung ist nach der ersten Bedingung gerade null. Nach (2) kann man für den morgigen Kurs den gleichen wie heute erwarten. Aus wiederholter Anwendung der obigen Berechnung ergibt sich sogar, dass die beste Prognose für *jeden* zukünftigen Kurs der heutige ist.

Die Überprüfung der Random-Walk-Hypothese mit den drei oben aufgezählten Bedingungen erweist sich als problematisch. Mit statistischen Methoden kann nämlich nicht nachgewiesen werden, dass überhaupt keine Abhängigkeit zwischen den Zufallsvariablen ε_t und ε_{t+1} besteht (zweite Bedingung). Dieser Aspekt führte zu einer abgeschwächten Form der Random-Walk-Hypothese, dem sogenannten *Martingale-Modell*, das sich durch einen Verzicht auf die Normalverteilungsannahme und den Übergang von der stochastischen Unabhängigkeit auf die Unkorreliertheit auszeichnet. Für die Gleichung (1) gelten somit bei dem Martingale-Modell lediglich die folgenden Bedingungen:

1. Der Erwartungswert der Kursveränderungen ist null, d.h. $E(\varepsilon_{t+1}) = 0$.

2. Die Kursveränderungen sind unkorreliert, d.h. $Cov(\varepsilon_t, \varepsilon_{t+1}) = 0$.

Die im Vergleich zur orthodoxen Form abgeschwächte 2. Bedingung verlangt also nur, dass die Kovarianz zweier zeitlich aufeinander folgender Kursveränderungen null ist. Diese Voraussetzung ist wesentlich leichter zu überprüfen.

Die beiden oben dargestellten Versionen der Random-Walk-Hypothese besitzen eine zentrale Schwäche. Wegen der 1. Annahme wird eingesetztes Kapital langfristig nicht verzinst und erwirtschaftet somit eine Rendite von null. Diese Annahme scheint jedoch wenig realistisch zu sein. Aus diesem Grund erfolgte eine Erweiterung vom *Martingale-Modell* zum *Submartingale-Modell* [vgl. STEINER/BRUNS (2000), S. 42], bei dem von einer risikoadäquaten Verzinsung des eingesetzten Kapitals ausgegangen wird:

(3) $K_{t+1} = K_t + E(K_{t+1} - K_t) + \varepsilon_{t+1}$

Die Bedingungen an die zufällige Größe ε_{t+1} sind dieselben wie bei dem einfacheren Martingale-Modell, das als Spezialfall dieses allgemeineren Modells interpretiert werden kann. Der zukünftige Wertpapierkurs ergibt sich nach diesem Modell nun aus dem aktuellen Kurs, einer zufälligen Größe und einer erwarteten Kursveränderung. Somit wird ein positiver Erwartungswert des Zuwachses berücksichtigt, der mit einer Gleichgewichtsrendite übereinstimmt. Eine Verwerfung der Random-Walk-Hypothese in dieser Version ist durch die sehr allgemeine Formulierung schwierig.

Bezüglich der orthodoxen Modelle lässt sich sagen, dass lediglich eine sehr schwache Formulierung der traditionellen Random-Walk-Hypothese Gültigkeit besitzt: Der Erwartungswert der Kursveränderungen über *kurze* Zeiträume ist null, obwohl natürlich unklar bleibt, was unter „kurz" zu verstehen ist.

Für die späteren Betrachtungen und wegen der zentralen Bedeutung der Random-Walk-Hypothese in der Finanzwirtschaft soll abschließend nochmals der statistische Hintergrund zusammengefasst werden. Ein stochastischer Prozess (Y_t), der durch die Rekursion:

(4) $$Y_{t+1} = Y_t + \varepsilon_{t+1}$$

erklärt ist, heißt *Random-Walk-Prozess* falls der Prozess (ε_t) sogenanntes *weißes Rauschen* (white noise) darstellt. Dieser besteht aus einer Folge von unabhängigen Zufallsvariablen, für die gilt:

(5) $$E(\varepsilon_t) = 0$$

(6) $$Var(\varepsilon_t) = \sigma^2$$

(7) $$Cov(\varepsilon_t, \varepsilon_{t-k}) = 0$$

Der white noise-Prozess ist insbesondere schwach stationär. Der Random-Walk-Prozess ist dagegen ein sehr gutes Beispiel für einen Prozess, der nicht stationär und integriert vom Grad eins ist. Es gilt ja gerade:

(8) $$Y_{t+1} - Y_t = \varepsilon_{t+1}$$

Durch die einmalige Differenzenbildung wird aus einem Random-Walk-Prozess ein white noise-Prozess.

Die Abbildungen 3.1.6.-1. und 3.1.6.-2. veranschaulichen diese beiden Arten von Prozessen. Beide wurden mit Hilfe von Zufallszahlengeneratoren erzeugt.

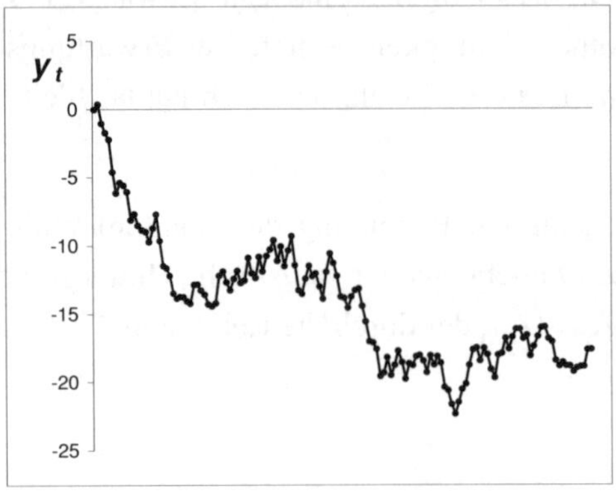

Abb. 3.1.6.-1.: Random-Walk-Prozess

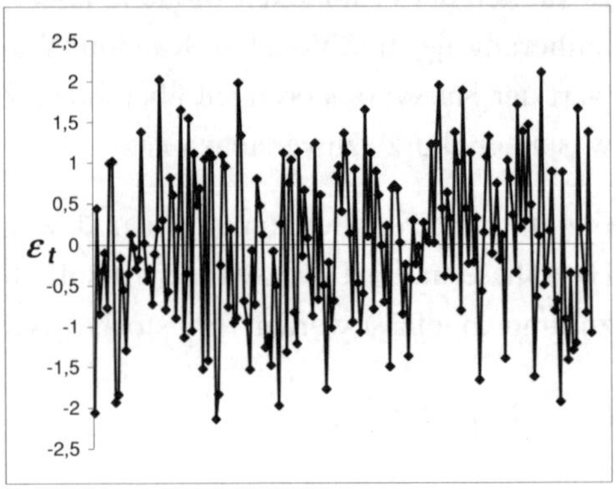

Abb. 3.1.6.-2.: Weißes Rauschen

3.2. Renditearten bei der Performancemessung

Arbeitshinweise: Ein wichtiger Bestandteil des Portfoliomanagements ist die *Performancemessung*, welche sich mit der quantitativen Analyse der Anlageergebnisse in der Vergangenheit befasst.[30] Da gerade in diesem Kontext die meisten Methoden auf statistischen Verfahren basieren, sollen hier grundlegende Begriffe geklärt und gegebenenfalls in den statistischen Zusammenhang gebracht werden. Für einen rein mathematisch-statistisch interessierten Leser wird dieses Kapitel daher keine neuen Erkenntnisse liefern. Es ist eher für einen ökonomisch interessierten Leser gedacht, der sich mit der methodischen Seite auseinander setzen möchte. Praxisbezogene Beispiele verdeutlichen die vorgestellten Methoden.

Als zentrale Komponente der Performancemessung ist die *Rendite* anzusehen, deren Maximierung häufig das primäre Ziel des Anlegers und somit auch eines Portfoliomanagers darstellt. In diesem Zusammenhang versteht man unter einer Rendite das prozentuale Verhältnis eines Kapitalendwertes zu einem Anfangswert unter Berücksichtigung von Einlagen und Entnahmen. Im Gegensatz zu den in Kap. 3.1.4. betrachteten Renditen, die sich hauptsächlich auf einzelne Perioden beziehen, werden nun also Renditen im Mehrperiodenkontext betrachtet.

Da die historischen Daten zur Berechnung der Rendite von Anlagen vollständig bekannt sind, scheint die Ermittlung der Rendite problemlos zu sein. Die Daten sind als eine Messreihe zu sehen, die empirisch zu analysieren ist. Schon in Kap. 2.3.5. wurden unterschied-

30 Es gibt auch eine „ex ante"-Performancemessung, welche die Performancewirkung zukünftig vorzunehmender Anlagen untersucht [vgl. hierzu SCHMIDT-VON RHEIN (1996), S. 36]. Diese wird im Folgenden jedoch nicht betrachtet.

liche statistische Maße mit unterschiedlichen Eigenschaften vorgestellt. Und so existieren auch viele unterschiedliche Methoden für die Ermittlung von Renditen, deren sachgerechte Anwendung von den jeweiligen Rahmenbedingungen abhängt.

Die wichtigsten dieser Methoden werden in diesem Kapitel dargestellt. Einige von ihnen sind lediglich Anwendungen der in Kap. 2.3.5.1. beschriebenen empirischen Lagemaße. Da es sich bei allen im Folgenden zu betrachtenden Renditen um bekannte Größen (also Realisationen) handelt, werden sie mit dem kleinen Buchstaben r und einem zusätzlichen Index gekennzeichnet, der die Berechnungsmethode erkennen lässt.

3.2.1. Arithmetische und geometrische Renditeberechnungen

In diesem Abschnitt werden zwei gebräuchliche Renditeberechnungsarten beschrieben, die auf einer Durchschnittsbetrachtung von Renditen mehrerer Perioden basieren. Es ist hier somit nicht die tatsächlich erzielte Rendite von Interesse, sondern die durchschnittliche Rendite pro Periode. Die zwei unterschiedlichen Formen sollen zunächst kommentarlos beschrieben werden. In dem darauf folgenden Beispiel werden jedoch sofort die Probleme deutlich, die bei den Berechnungsformen auftreten.

Die diskrete *arithmetische Durchschnittsrendite* r_a^d ist das arithmetische Mittel der diskreten Renditen r_t^d über einen Zeitraum von n Perioden (siehe dazu Kap. 2.3.5.1. Gleichung (1)).

$$(1) \qquad r_a^d = \frac{1}{n}\sum_{t=1}^{n} r_t^d$$

Auch wenn diese Formel exakt dieselbe wie jene in Kap. 3.1.5. Gleichung (2) ist, so besteht doch ein gravierender Unterschied in der Interpretation. In Kap. 3.1.5. wurde diese Durchschnittsrendite (berechnet aus historischen Daten) als Prognose für die zukünftige Rendite verwendet. Hier soll diese mittlere Rendite dagegen eine Maßzahl für vergangene Anlageergebnisse darstellen.

Die diskrete *geometrische Durchschnittsrendite*[31] r_g^d, die analog zum geometrischen Mittel in Kap. 2.3.5.1. Gleichung (5) gebildet wird, ergibt sich über denselben Zeitraum von n Perioden aus:

$$(2) \qquad r_g^d = \sqrt[n]{\prod_{t=1}^{n}\left(1 + r_t^d\right)} - 1$$

31 Eine genaue Herleitung dieser Formel findet sich in HIELSCHER [(1999), S. 35ff.].

Beispiel: Arithmetische versus geometrische Durchschnittsbildung bei diskreten Renditen

In Tab. 3.2.1.-1. sind die Kurse eines Anlageobjekts zu drei verschiedenen Zeitpunkten dargestellt. Die Wertentwicklung wird also über zwei Perioden betrachtet. Zu Beginn der betrachteten Zeit (am Ende der Periode $t=0$) liegt der Kurs bei 100, ebenso am Ende ($t=2$). Dazwischen verdoppelt er sich von 100 auf 200 und halbiert sich dann wieder. Die berechneten diskreten Renditen sind in Prozent-Schreibweise in der dritten Spalte eingetragen:

Zeit t	Kurs	Rendite
$t=0$	100	
$t=1$	200	100%
$t=2$	100	–50%

Tab. 3.2.1.-1.: Wertentwicklung eines Anlageobjekts im Beispiel

Die diskrete arithmetische Durchschnittsrendite r_a^d ergibt sich mit (1) ohne Verwendung der Prozent-Schreibweise:

$$r_a^d = \frac{1}{2}(1+(-0.5)) = 0.25$$

Die diskrete geometrische Durchschnittsrendite r_g^d berechnet sich nach (2):

$$r_g^d = \sqrt[2]{\prod_{t=1}^{2}\left(1+r_t^d\right)} - 1 = \sqrt{(1+1)\cdot(1+(-0.5))} - 1 = 1 - 1 = 0$$

Die arithmetische Berechnung ergibt somit eine durchschnittliche Rendite von 25%, die geometrische dagegen eine Rendite von null. Offensichtlich ist die Verwendung der arithmetischen Methode in dieser Situation nicht angebracht, da der Endkurs von 100 identisch mit dem Anfangskurs von 100 ist.

Die Abweichungen zwischen den berechneten Durchschnittsrenditen im Beispiel kommen dadurch zu Stande, dass den beiden benutzten Methoden völlig unterschiedliche Annahmen zu Grunde liegen: Die arithmetische Berechnungsweise basiert auf der Annahme, dass jede Periode mit dem gleichen Kapitaleinsatz startet. Der Anleger entnimmt also in jeder Periode die positiven Renditen bzw. gleicht die negativen Renditen durch Einzahlung wieder aus, sodass der Kapitaleinsatz konstant bleibt. Die diskrete arithmetische Durchschnittsrendite kann somit als *durchschnittlich entnommene bzw. eingezahlte Rendite* interpretiert werden. Die Voraussetzung für die arithmetische Berechnung ist im Beispiel nicht erfüllt, da der Kapitaleinsatz einmal 100 (in $t = 0$) und einmal 200 (in $t = 1$) beträgt. Die geometrische Berechnungsweise hingegen unterliegt der Wiederanlageprämisse. Danach wird der komplette Betrag inklusive positiver oder negativer Rendite sofort wieder angelegt, also reinvestiert. Die diskrete geometrische Durchschnittsrendite entspricht somit der durchschnittlichen Vermögenswachstumsrate bzw. Periodenverzinsung. Im Beispiel lässt sich diese Berechnungsart damit ohne weiteres anwenden. Vor der Berechnung der durchschnittlichen Rendite muss man sich also im Klaren sein, wie der Anlageprozess abläuft und wie der Zahlungsstrom aussieht. In Abhängigkeit davon ist dann die adäquate Berechnungsweise auszuwählen.

Bei den oben beschriebenen Durchschnittsbildungen wurden jeweils diskrete Renditen zu Grunde gelegt und aus diesen die diskreten Durchschnittsrenditen berechnet. Die dabei angewendeten Formeln lassen sich nicht ohne weiteres auf stetige Renditen übertragen. Wie in Kap. 3.1.4. gezeigt, entspricht die geometrische Durchschnittsbildung bei diskreten Renditen der arithmetischen Durchschnittsbildung bei stetigen Renditen. Die zu Grunde liegenden Annahmen bei der Verwendung der diskreten geometrischen Durchschnittsrendite gelten damit analog für den arithmetischen Mittelwert der stetigen Renditen.

3.2.2. Wertgewichtete und zeitgewichtete Renditen

Für Anlagen, bei denen während des Anlagezeitraums Ein- oder Auszahlungen zu verzeichnen sind, stehen zwei unterschiedliche Renditeberechnungsarten zur Verfügung. Welche dieser beiden benutzt wird, hängt davon ab, ob der zeitliche Aspekt der Geldzu- oder -abflüsse in die Rendite eingehen soll. Bei der Beurteilung eines Portfoliomanagers ist also erst festzustellen, ob er eine Entscheidungsfreiheit über den Zeitpunkt der Ein- oder Auszahlungen besitzt. Das folgende Beispiel zeigt, dass die Art der zeitlichen Berücksichtigung von Ein- und Auszahlungen bei der Performancemessung eine sehr wichtige Rolle spielt.

Beispiel 1: Problematik zwischenzeitlicher Ein- und Auszahlungen

Die beiden Manager A und B verwalten beide einen anfänglichen Betrag in Höhe von 100 Geldeinheiten und haben in das gleiche Anlageobjekt investiert. Über die drei betrachteten Perioden erzielen sie somit in den einzelnen Perioden dieselben Renditen. Ihr Anlageverhalten unterscheidet sich lediglich darin, dass sie zu unterschiedlichen Zeitpunkten Ein- und Auszahlungen vornehmen, deren Summe jedoch wieder bei beiden identisch, nämlich gerade null ist. In Tab. 3.2.2.-1. sind die Zahlungsströme der Anlagen der beiden Manager dargestellt.

Periode	1	2	3
Diskrete Rendite	0%	10%	20%
Manager A:			
Wert vor Einlage/Entnahme	100	100	220
Einlage/Entnahme	0	**100**	**–100**
Summe der Beträge	100	200	120
Endwert	100	220	**144**
Manager B:			
Wert vor Einlage/Entnahme	100	200	110
Einlage/Entnahme	**100**	**–100**	0
Summe der Beträge	200	100	110
Endwert	200	110	**132**

Tab. 3.2.2.-1.: Zahlungsströme einer Anlage im Beispiel

Manager A hat bedingt durch den zeitlich anderen Verlauf der Ein- und Auszahlungen am Ende der dritten Periode einen höheren Betrag (144) als der Manager B (132) erzielt. Fraglich ist jedoch, ob ihm dies tatsächlich durch sein aktives Handeln oder durch kundenbedingte Ein- und Auszahlungen zufällig gelungen ist. Falls der Manager also keine Entscheidungsfreiheit über den Zeitpunkt der Ein- oder Auszahlungen besitzt, sollte die Gesamtrendite den zeitlichen Aspekt vernachlässigen. In diesem Fall wäre Manager A nicht besser als B.

Die Berechnung der sogenannten *zeitgewichteten Rendite,* die ihre Verwendung findet, wenn der Portfoliomanager keinen Einfluss auf Zu- und Abflüsse aus dem Anlagekapital besitzt, beruht auf der Methode der geometrischen Renditeberechnung. Die Wirkung der zwischenzeitlichen Kapitalbewegungen wird eliminiert, indem der interessierende Zeitraum in Teilperioden zerlegt wird, deren jeweilige Länge und Anzahl von den beobachteten Ein- und Auszahlungen abhängen. Mit jeder Kapitalveränderung beginnt somit eine neue Teilperiode. Die folgende Formel für die durchschnittliche zeitgewichtete Rendite r_z über den betrachteten Anlagezeitraum basiert jedoch auf der Annahme, dass alle Teilperioden dieselbe Länge besitzen:

(1) $$r_z = \sqrt[n]{\prod_{i=1}^{n^*} \left(1 + r_i^d\right)} - 1$$

mit r_i^d: diskrete Rendite in der Teilperiode i

n^*: Anzahl der Teilperioden, also der Zahlungsbewegungen

n: Anzahl der festen Perioden des Anlagezeitraums

Der Unterschied dieser durchschnittlichen zeitgewichteten Rendite zur geometrischen Rendite besteht darin, dass die Anzahl der betrachteten Perioden n (z.B. $n = 3$ bei drei betrachteten Monaten) nicht mit der Anzahl der Teilperioden n^* (z.B. $n^* = 90$ bei täglichen Ein- und Auszahlungen während der drei Monate) übereinstimmen muss. Die hier betrachtete Rendite stellt somit eine allgemeinere Form als die im letzten Abschnitt beschriebene geometrische Rendite dar. Da die zeitgewichtete Rendite nicht von den zwischenzeitlichen Kapitalbewegungen abhängt, ist sie also genau dann anzuwenden, wenn der Portfoliomanager zwischenzeitliche Zu- oder Abflüsse *nicht* selbst steuern kann.

Beispiel 2: Zeitgewichtete Renditen

Zurückgehend auf die in Tab. 3.2.2.-1. aufgeführten Zahlungsströme der Anlagen zweier Manager sollen nun anhand dieser Daten die zeitgewichteten Renditen für die beiden Manager berechnet werden. Da der Zeitpunkt der Ein- und Auszahlungen bei der zeitgewichteten Rendite keine Rolle spielt, ist diese bei beiden Managern identisch. In diesem vereinfachtem Beispiel ist die Anzahl der Teilperioden, in denen jeweils eine Kapitalbewegung stattfand (n^*), gerade gleich der Anzahl der festen Perioden des Anlagezeitraums (n), nämlich drei. Unter Verwendung der bekannten diskreten Renditen (0%, 10% und 20%) der einzelnen Teilperioden ergibt sich die zeitgewichtete Rendite für beide Manager mit der Formel (1):

$$r_z = \sqrt[3]{\prod_{i=1}^{3}\left(1+r_i^d\right)} - 1 = \sqrt[3]{(1+0)\cdot(1+0.1)\cdot(1+0.2)} - 1 = 0.09696 \approx 9.7\%$$

Beide Manager besitzen also eine zeitgewichtete Rendite von etwa 9.7%.

Ist ein Portfoliomanager jedoch auch daran zu messen, welchen Gewinn er erzielt hat, indem er zu bestimmten Zeitpunkten Kapitalbewegungen veranlasst hat, so ist es sinnvoll, die sogenannte *wertgewichtete Renditeberechnung* an Stelle der zeitgewichteten zu verwenden. Diese entspricht der internen Zinsatzmethode in der Investitionsrechnung. Es wird also der interne Zinsfuß berechnet, der dann als durchschnittliche Rendite interpretiert wird.

Für die Berechnung der wertgewichteten Rendite r_w ist zunächst die folgende Gleichung aufzustellen:

$$(2) \qquad K_n = K_0\left(1+r_w\right)^n + \sum_{t=1}^{n} Z_t\left(1+r_w\right)^{n-t}$$

mit K_n: Portfolioendwert nach n Perioden

K_0: Anfangswert des Portfolios

Z_t: zwischenzeitliche Zahlungen am Ende der Periode t, Ein- und Auszahlungen werden durch ihr Vorzeichen unterschieden

Der Endwert des Portfolios nach n Perioden ergibt sich aus der Summe des aufgezinsten Anfangswerts K_0 und allen weiteren zwischenzeitlichen Ein- oder Auszahlungen Z_t, die ebenfalls bis zum Endzeitpunkt aufgezinst werden. Der für die Aufzinsung benutzte Zinsfuß ist gerade die gesuchte wertgewichtete Rendite. Die Berechnung dieser Rendite bringt jedoch einige Schwierigkeiten mit sich. Wie an (2) sofort zu sehen ist, kann diese Formel im Allgemeinen nicht nach r_w aufgelöst werden. Daher kann keine algebraische Lösungsformel angegeben werden. Üblich ist deshalb die Berechnung dieser Rendite mit Hilfe der linearen Interpolation, die jedoch nur ungenaue Werte liefert. Präzise Ergebnisse erzielt man hier mit numerischen Methoden, wie z.B. dem Newton-Verfahren [vgl. SCHWARZ (1997), S. 248ff.]. Es können jedoch auch die Optimierungsverfahren aus dem Teil C dieses Buches für die Berechnung der wertgewichteten Rendite herangezogen werden.

Beispiel 3: Wertgewichtete Renditen

Das obige Beispiel 2 fortführend sollen nun die wertgewichteten Renditen der zwei Manager berechnet werden. Beide Manager erzielen zwar die gleiche zeitgewichtete Rendite von etwa 9.7%, ihre wertgewichteten Renditen unterscheiden sich dagegen gravierend. Während Manager A einen Kapitalendwert von 144 erzielt, beträgt der Endwert bei Manager B nach den drei Perioden lediglich 132. Die gleichen Ein- und Auszahlungen finden lediglich zu unterschiedlichen Zeitpunkten statt. Da die Zahlungen in Tab. 3.2.2.-1. nicht zum Ende sondern zu Beginn der jeweiligen Perioden anfallen, ist die Formel (2) nicht ohne weiteres anwendbar. Die einzelnen Zahlungen müssen dem Ende der jeweils vorangegangenen Periode zugeordnet werden. Während dem Manager A somit zu Beginn ein Betrag von 100 Geldeinheiten zur Verfügung steht, hat Manager B wegen der sofortigen Einlage von 100 gleich 200 Geldeinheiten zu verwalten. Am Ende der dritten Periode finden bei beiden Managern keine Ein- oder Auszahlungen statt. Für die wertgewichteten Rendite r_w lassen sich mit diesen Daten, eingesetzt in die Formel (2) die beiden Gleichungen aufstellen:

Manager A:

$$\begin{aligned} 144 &= 100 \cdot (1+r_w)^3 + \sum_{t=1}^{3} Z_t (1+r_w)^{3-t} \\ &= 100 \cdot (1+r_w)^3 + 100 \cdot (1+r_w)^2 + (-100) \cdot (1+r_w)^1 + 0 \cdot (1+r_w)^0 \\ &= 100 \cdot (1+r_w)^3 + 100 \cdot (1+r_w)^2 - 100 \cdot r_w - 100 \end{aligned}$$

$$\Rightarrow \quad (1+r_w)^3 + (1+r_w)^2 - r_w - 2.44 = 0$$

Manager B:

$$
\begin{aligned}
132 &= 200 \cdot (1 + r_w)^3 + \sum_{t=1}^{3} Z_t (1 + r_w)^{3-t} \\
&= 200 \cdot (1 + r_w)^3 + (-100) \cdot (1 + r_w)^2 + 0 \cdot (1 + r_w)^1 + 0 \cdot (1 + r_w)^0 \\
&= 200 \cdot (1 + r_w)^3 - 100 \cdot (1 + r_w)^2
\end{aligned}
$$

$$\Rightarrow \quad (1 + r_w)^3 - 0.5 \cdot (1 + r_w)^2 - 0.66 = 0$$

Mittels numerischer Verfahren lassen sich nun die Lösungen dieser beiden Gleichungen berechnen. Dabei ergibt sich für den Manager A eine wertgewichtete Rendite von etwa 10%, für den Manager B dagegen eine wertgewichtete Rendite von nur etwa 7.3%.

Die beiden in diesem Abschnitt betrachteten Renditearten führen zu zwei völlig unterschiedlichen Ergebnissen. Es ist deswegen für die Performancemessung äußerst wichtig, dass bereits vor Beginn der Verwaltung eines Portfolios abgesprochen wird, welche Ziele zu verfolgen sind und welche Möglichkeiten der Manager besitzt. Nur so kann ein eindeutiges Renditemaß ausgewählt und berechnet werden.

3.2.3. Weitere Renditearten

Bei den oben beschriebenen Renditearten und ihrer Berechnung wurden insbesondere drei Aspekte, die bei der Verwaltung eines Portfolios eine wichtige Rolle spielen, vernachlässigt. Das Anfallen von Transaktionskosten und Steuern sowie die Inflation sollen in diesem Abschnitt in Bezug auf die Renditeberechnungen kurz gestreift werden.

Transaktionskosten fallen in der Regel beim Kauf oder Verkauf von Anlageobjekten und bei Ausschüttungen von Kapitalerträgen an. Tritt mindestens eines dieser Ereignisse während der Verwaltung eines Portfolios auf, so sind bei der Berechnung der erzielten Renditen die anfallenden Transaktionskosten einzubeziehen. Ohne auf die genaue Berechnungsweise der transaktionkostenbereinigten Rendite einzugehen, soll doch darauf hingewiesen werden, dass die Kosten für Transaktionen unterschiedlicher Art sein können. Eine einheitliche Renditeberechnung wird daher erschwert. Häufig verhalten sich die anfallenden Kosten proportional zum Wert des umgesetzten Kapitals, d.h. es findet eine gleichmäßige Erhöhung der Transaktionskosten bei vergrößertem Kapitalumschlag statt. Bei vielen Aktionen an der Börse wird jedoch eine Mindestpauschale veranschlagt, die zu entrichten ist, solange ein bestimmtes Transaktionsvolumen unterschritten wird. Erst beim Überschreiten dieses Volumens sind die Kosten proportional zum Kapital.

Die Einbeziehung der *Kapitalertragssteuern* [vgl. SCHMIDT-VON RHEIN (1996), S. 128f.] in die Renditeberechnung gestaltet sich wegen der Komplexität der steuerbezogenen Gesetze äußerst schwierig. So ist zur Performanceberechnung zunächst zu klären, welchen Steuersatz der betreffende Investor überhaupt zu entrichten hat. Dieser variiert zudem bei den unterschiedlichen Anlageinstrumenten und bezüglich des Zeitraums zwischen Kauf und Verkauf eines Wertpapiers. So sind z.B. Kursgewinne, die nach Ablauf einer gewissen Zeitspanne nach dem Kauf des Wertpapiers realisiert werden, für private Anleger steuerfrei. Es ist also nicht verwunderlich, dass eine allgemein gültige Formel für die Berechnung der Rendite von Assets nach Abzug der Steuern nicht angegeben werden kann. Dies ist lediglich für Spezialfälle möglich, wie z.B. bei einem steuerpflichtigen deutschen Investor, der sein Geld in Wertpapiere deutscher Emittenten anlegt [vgl. SCHMIDT-VON RHEIN (1996), S. 130f.].

Transaktionskosten und Steuern sind zwei Einflussgrößen, deren Einbeziehung zu einer Verringerung der Rendite führt. So bezeichnet man Renditen, die unter der Berücksichtigung dieser Faktoren berechnet wurden, als *Nettorenditen* bzw. *Nachsteuer-Renditen*. *Bruttorenditen* dagegen werden ohne diese renditemindernden Größen ermittelt.

Ein weiterer wichtiger Aspekt bei der Beurteilung des Portfoliomanagements in einem bestimmten Zeitraum ist die *Inflationsrate* während dieser Zeit. Fand beispielsweise ein Anstieg des allgemeinen Preisniveaus um 10% statt, während eine Nettorendite von nominal 9% erzielt wurde, so ist diese Performance nicht befriedigend. Die Kaufkraft des Investors hat sich in diesem Fall nämlich so stark vermindert, dass sich die 9%-ige nominale Rendite nicht mehr als Gewinn interpretieren lässt. Es ist also unbedingt nötig, eine inflationsbereinigte Rendite zu berechnen. Diese wird als *Realrendite*, eine unbereinigte als *Nominalrendite* bezeichnet. Eine einfache Berechnungsweise der Realrendite r_{real} ergibt sich unter der Annahme, dass sie von der erwarteten Inflationsrate unabhängig ist [vgl. hierzu UHLIR/STEINER (1994), S. 65f.]. In diesem Fall ist die reale Verzinsung nämlich gerade die Differenz aus der nominellen Verzinsung und der erwarteten Inflationsrate ex ante bzw. der Verzinsung und eingetretenen Inflationsrate ex post. Die als Fisher-These bezeichnete (ex ante) Beziehung besagt, dass erwartete Preissteigerungen keinen Einfluss auf die Produktivität des eingesetzten Kapitals ausüben. Somit ergibt sich der Nominalzins als geforderter Realzins plus einem erwarteten Inflationsaufschlag:

(1) $$r_{nom} = r_{real} + i^{erwartet}$$

mit r_{nom}: Nominalrendite
$i^{erwartet}$: erwartete Inflationsrate

Da die erwartete Inflationsrate nicht beobachtet werden kann, wird an ihrer Stelle die tatsächlich beobachtete Inflationsrate eingesetzt. Dies führt zu der folgenden Berechnungsformel für die Realrendite:

(2) $r_{real} = r_{nom} - i$

mit i: Inflationsrate

Diese Formel bezieht lediglich den Kaufkraftverlust des ursprünglichen Kapitals, nicht jedoch den des Gewinns ein. Darum ist eigentlich eine erweiterte Formel zu bevorzugen, die sowohl das Kapital als auch den Gewinn berücksichtigt:

(3) $1 + r_{nom} = (1 + r_{real})(1 + i)$

Eine Umstellung dieser Gleichung ergibt die nun leicht zu berechnende Realrendite:

(4) $r_{real} = \frac{r_{nom} - i}{1 + i}$

Zusammenfassend kann man also nicht von einer einzigen Rendite sprechen, die immer richtig ist und bei jeder Gelegenheit angewendet werden kann. Abhängig von den Voraussetzungen, Bedürfnissen und bestimmten Annahmen muss in jeder Situation erneut überprüft werden, welche Renditeart in diesem Fall sinnvoll bzw. von Interesse ist.

Wird von einer Anlagegesellschaft ein bestimmtes Anlageergebnis in Form einer Rendite ausgewiesen, so sollte das dazugehörige Berechnungsverfahren in Erfahrung gebracht werden. Häufig werden Renditen nämlich ohne Berücksichtigung von Transaktionskosten, Steuern und Inflation angegeben, sodass sich trotz positiver Rendite nach Berücksichtigung der oben genannten Aspekte ein Kapitalverlust ergeben kann. Es sei ferner zur Vorsicht beim Vergleich der Ergebnisse verschiedener Anlagegesellschaften geraten.

3.3. Statistische Kennzahlen als finanzwirtschaftliche Risikomaße

Arbeitshinweise: In dem vorliegenden Kap. 3.3. werden die gebräuchlichsten finanzwirtschaftlichen Risikomaße, die sich aus statistischen Kennzahlen bzw. mit statistischen Methoden berechnen lassen, vorgestellt. Dabei ist es schwierig, den Begriff „Risiko" eindeutig zu definieren und so wird in der folgenden Einleitung auch schon deutlich, dass der Risikobegriff von der speziellen Zielsetzung des Anlegers abhängt. Aus diesem Grund werden in diesem Kapitel die unterschiedlichsten Risikomaße behandelt: Begonnen wird mit dem am häufigsten verwendeten Risikomaß, der *Volatilität* (Kap. 3.3.1.), die der bereits behandelten Standardabweichung entspricht. Weiter werden die in letzter Zeit sehr modern gewordenen *Downside-Risikomaße* in Kap. 3.3.2. und Kap. 3.3.3. vorgestellt. Diese beruhen auf der Idee, dass das Risiko lediglich als *negative* Abweichung von einem Zielwert und nicht als Gesamtabweichung (also als positive *und* negative Abweichung) angesehen wird. In den dann folgenden Kapiteln 3.3.4., 3.3.5. und 3.3.6. werden *Schiefe* und *Wölbung* einer Renditeverteilung, der *Korrelationskoeffizient* und der *Tracking Error* in ihrer Bedeutung als finanzwirtschaftliche Risikomaße erklärt. Analog zum vorangegangenen Abschnitt wird auch dieses Kapitel für einen rein mathematisch-statistisch interessierten Leser keine neuen Erkenntnisse liefern. Für einen ökonomisch interessierten Leser kann es jedoch wegen der immer größer werdenden Bedeutung der Risikoquantifizierung und –kontrolle wichtige Grundlagen liefern.

Eine Anlageentscheidung basiert in der Regel nicht nur auf der erwarteten Rendite einer Investition. Einen wesentlichen Aspekt bei der Entscheidung spielt das mit der Anlage verbundene Risiko. Dabei stellt sich natürlich sofort die Frage, was unter dem Begriff *Risiko* zu verstehen ist, und insofern kann vorerst auch keine allgemein gültige Definition in Form einer Formel angegeben werden.

Darum soll zunächst eine sehr weite Begriffsbestimmung gewählt und diese dann für bestimmte Sonderfälle näher erklärt werden. Risiko kann allgemein als *die Gefahr des Misslingens*, also der Nichterfüllung eines Ziels definiert werden.[32] Der Risikobegriff hängt somit von der speziellen Zielsetzung des Anlegers ab. So mag ein Investor das Risiko mit der Gefahr des Verlustes von Kapital verbinden, ein anderer mit der Verfehlung einer Mindestrendite und ein dritter mit der Renditeschwankung im Zeitablauf. Die zuletzt genannte Auffassung, also das Gleichsetzen des Risikos mit der Renditeschwankung, wird in der Finanzwirtschaft am häufigsten verwendet.

Eine höhere Rendite kann in der Regel nur dann erwartet werden, wenn ein größeres (wie auch immer exakt definiertes) Risiko eingegangen wird. In diesem Zusammenhang ist die individuelle Risikopräferenz eines Anlegers von Bedeutung: Ist er bereit, ein hohes Risiko einzugehen, so kann er (langfristig) auch einen höheren Gewinn erwarten. Ist er jedoch eher risikoscheu, ist entsprechend eine geringere Rendite zu erwarten. In diesem Fall schätzt er die Sicherheit höher ein als eine gewisse (zusätzliche) Rendite. Risiko besitzt somit für jeden Anleger eine eigene Bedeutung.

Wie anhand von kapitalmarkttheoretischen Modellen später noch gezeigt wird, lässt sich das Risiko einer Anlage in zwei Komponenten, nämlich in *unsystematisches* und *systematisches Risiko*[33], unterteilen. Aufsummiert ergeben diese beiden das Gesamtrisiko einer Anlage:

(1) Gesamtrisiko = systematisches Risiko + unsystematisches Risiko.

Unter dem *unsystematischen Risiko* versteht man dasjenige Risiko, welches ausschließlich einem einzelnen Anlageobjekt anhaftet. Beispiele für die Ursache dieses Risikos sind bei Aktien Vorkommnisse, die sich lediglich auf die betreffende Aktiengesellschaft selbst be-

---

32 Dieser Ansatz stammt von WOSSIDLO [(1970), S. 39], der dem Risiko die Chance gegenüberstellt, die er als Möglichkeit des Gelingens definiert.

33 Die Quantifizierung des systematischen und unsystematischen Risikos wird in Fallstudie 5.7. genauer erläutert.

ziehen, wie negative Presseberichte, fehlerhafte Produkte oder unfähiger Vorstand. Diese Art von Risiko ist sehr schwer zu prognostizieren. Andererseits kann das unsystematische Risiko durch Diversifikation bei einer Portfoliobildung, also der Aufteilung des Kapitals auf verschiedene Anlageobjekte, eliminiert werden. Näheres hierzu findet sich in dem späteren Kap. 3.4.

Das *systematische Risiko* hingegen bezieht sich auf einen ganzen Markt, d.h. alle Anlageobjekte des betreffenden Marktes werden von diesem Risiko betroffen. Dies bringt als Konsequenz die Unmöglichkeit mit sich, das systematische Risiko durch Diversifikation innerhalb dieses Marktes zu beseitigen. Lediglich durch Diversifikation der Anlagen über verschiedene Märkte hinweg lässt sich das systematische Risiko weiter senken.[34] Da die Ursachen für dieses Risiko meist leichter als diejenigen für das unsystematische Risiko zu identifizieren sind (weil sie sich eher auf einer fundamentalen makroökonomischen Ebene befinden), besteht hier eine bessere Prognosemöglichkeit. Aktien werden beispielsweise in einem sehr hohen Maße vom Marktrisiko beeinflusst. Verändert sich der Gesamtmarkt aller Aktien durch politische oder wirtschaftliche Ereignisse, so sind hiervon fast alle einzelnen Aktien betroffen. Sie besitzen in der Regel eine ähnliche Entwicklung.

Im Folgenden werden unterschiedliche Risikomaße vorgestellt, die sich auf verschiedene Anlageobjekte und die verschiedenen Risikoarten (systematisches und unsystematisches Risiko) beziehen. Weiterhin sind sie in Abhängigkeit von der Zielsetzung des Anlegers sachgerecht auszuwählen und anzuwenden.

3.3.1. Volatilität

Die *Volatilität* ist ein Risikomaß, das sich für alle Anlageobjekte [vgl. STEINER/BRUNS (2000), S. 56] verwenden lässt. Sie wird in der Regel als Kennzahl für das Gesamtrisiko eines Assets benutzt und setzt sich somit aus dem systematischen und unsystematischen Risiko zusammen. Das Gesamtrisiko ist so zu verstehen, dass es sowohl die positive als auch die negative Abweichung von einer erwarteten Rendite berücksichtigt und somit ein Maß für die Schwankung der Rendite darstellt. Je höher die Volatilität ist, desto größer ist also die Gefahr, einen Verlust zu erleiden. Gleichzeitig vergrößert sich aber auch die Chance, einen hohen Gewinn zu erzielen.

Eine solches Maß für die Schwankung einer Zufallsvariablen wurde in diesem Buch bereits als Streuungsmaß (Kap. 2.3.2.) vorgestellt. Die Standardabweichung der Zufallsvariablen Rendite wird als Volatilität bezeichnet und ist wie folgt definiert:

---

34 Eine alternative Methode der Eliminierung des systematischen Risikos ist der Einsatz von Derivaten. Dieser soll hier jedoch nicht betrachtet werden.

(1) $\sigma = \sqrt{Var(R)} = \sqrt{E(R-\mu)^2}$

mit σ: Volatilität
R: Rendite einer Anlage (als Zufallsvariable)
μ: Erwartungswert der Rendite der Anlage

Die Volatilität ist die Wurzel aus der mittleren quadratischen Abweichung der zukünftig möglichen Renditen einer Anlage von dem Erwartungswert der Rendite. Dabei ist hier sinnvollerweise die Standardabweichung (also die Wurzel aus der Varianz) zu verwenden, da dieses Maß einfacher interpretiert werden kann als die Varianz. Eine genauere Erklärung hierfür und Rechenregeln für den Umgang mit der Standardabweichung bzw. der Varianz finden sich in Kap. 2.3.2.

Zur Berechnung dieser Formel (1) wird die exakte Verteilung der Zufallsvariablen Rendite und ihr Erwartungswert benötigt. Da diese in der Regel nicht genau bekannt sind, ersetzt man die tatsächliche Standardabweichung der zukünftig erwarteten Rendite einer Anlage durch eine „geschätzte", die sich folgendermaßen aus den historischen Renditen der letzten n Zeitpunkte berechnen lässt:

(2) $\hat{\sigma} = s_r = \sqrt{\frac{1}{n-1}\sum_{t=1}^{n}(r_t - \bar{r})^2}$

mit s_r: geschätzte Volatilität
r_t: Rendite zum Zeitpunkt t
$\bar{r}$: mittlere Rendite der letzten n Zeitpunkte
n: Anzahl der betrachteten Zeitpunkte

Hier wird zunächst der Erwartungswert der zukünftig möglichen Renditen einer Anlage durch die mittlere Rendite der letzten n Zeitpunkte geschätzt. Anschließend werden die quadratischen Abweichungen der beobachteten Renditen von ihrem Mittelwert aufsummiert und durch $n-1$ geteilt. Die arithmetische Durchschnittsrendite ergibt sich nach der in Kap. 3.2.1. dargestellten Formel (1). Da im Allgemeinen immer mit der geschätzten Volatilität gearbeitet wird, soll im Folgenden das Dach über dem Sigma ($\hat{\sigma}$) weggelassen und für die Volatilität einfach der griechische Buchstabe σ verwendet werden.

Diese Berechnungsformel für die geschätzte Volatilität ist bereits mit leicht veränderter Notation in Kap. 2.3.5.2. Gleichung (4) bei Betrachtung der Streuung in einer Messreihe behandelt worden. Tatsächlich gibt die Volatilität, wenn sie mit (2) berechnet wird, nur einen Einblick in die Schwankungen der Renditen zu vergangenen Zeitpunkten. Und doch wird sie häufig in dieser Form als Schätzer für die Streuung der zukünftig möglichen Renditen einer Anlage um ihren Erwartungswert angesehen. Diesem Ansatz liegt die folgende Annahme zu Grunde: Eine Rendite, die in letzter Zeit stark schwankte, wird dies in nächster Zeit (vermutlich) ebenfalls tun. Diese unterstellte Eigenschaft soll zu einem späteren Zeitpunkt in diesem Buch noch einmal aufgegriffen werden. Die Bedingungen für eine „gute" Schätzung der theoretischen Standardabweichung (1) durch die empirische (2) werden in Kap. 4. behandelt.

Unter der Annahme, dass die Renditen normalverteilt sind, ergibt sich eine besondere Bedeutung der Volatilität (Standardabweichung). Da die Normalverteilung bereits durch die beiden Parameter μ und σ (Erwartungswert und Varianz) vollständig bestimmt ist, führt die Normalverteilungsannahme zu entscheidenden Vereinfachungen. Es muss dann nämlich nicht die ganze Verteilung geschätzt werden, sondern nur der Erwartungswert und die Varianz. Aus diesem Grund werden zur Berechnung der Volatilität die stetigen Renditen verwendet, da sie eher der Normalverteilungsannahme genügen. Die Volatilität entspricht dann dem in der Abb. 3.3.1.-1. gekennzeichneten Abstand.

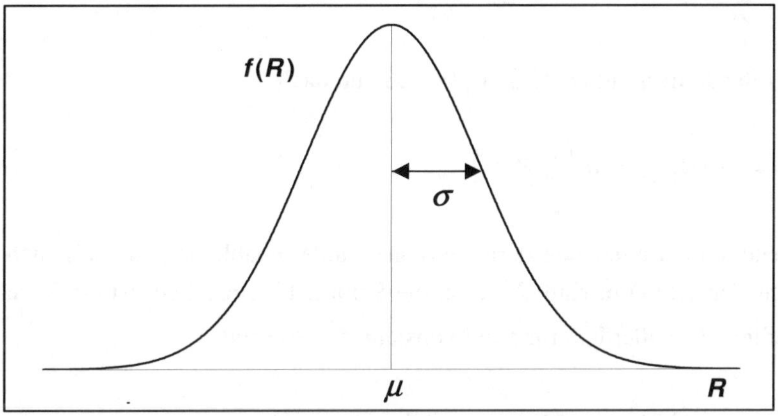

Abb. 3.3.1.-1.: Volatilität und Normalverteilung

Die Deutsche Börse AG veröffentlicht regelmäßig in der Wirtschafts- und Finanzzeitung „Handelsblatt" verschiedene Risikomaße für den Deutschen Aktienindex DAX und die darin enthaltenen Aktien, darunter auch die mit Formel (2) berechneten Volatilitäten der einzelnen Aktien. Für jeden dieser Titel wird die empirische Standardabweichung, also die durchschnittliche Schwankung der Tagesrendite basierend auf den letzten 30 und 250 Börsentagen berechnet. Man spricht dabei von der 30-Tage- bzw. 250-Tage-Volatilität. Für einen direkten Vergleich dieser beiden Kennzahlen werden die Volatilitäten auf ein Jahr bezogen. Die Berechnungsweise für diese Annualisierung soll später erklärt werden. Während die 30-Tage-Volatilität die Schwankung für einen kurzen Zeitraum (ungefähr sechs Wochen) wiedergibt, zeigt die 250-Tage-Volatilität diejenige für einen längeren Zeitraum (ungefähr ein Jahr) auf. Durch einen Vergleich dieser beiden Volatilitäten kann somit ein

Eindruck über die Entwicklung der Schwankungen der Renditen in der letzten Zeit gewonnen werden.

Zur Vergleichbarkeit von Volatilitäten bedient man sich der Annualisierung. Die annualisierte Volatilität (also die auf ein Jahr bezogene Volatilität) ergibt sich unter bestimmten Bedingungen aus der berechneten Volatilität multipliziert mit der Wurzel aus der Anzahl der Berechnungszeiträume T während eines Jahres. Die Herleitung dieses Zusammenhangs ist einfach: r_i ist die Realisation der Zufallsvariablen R_i, die je nach den verwendeten Daten für eine Tages-, Wochen-, Monats- oder Quartalsrendite steht. Die Anzahl dieser Zufallsvariablen ergibt sich in Abhängigkeit von der Datenstruktur T. Die (stetige) Jahresrendite r_{ann} bzw. R_{ann} lässt sich durch Kumulation der (stetigen) Einzelrenditen während des Jahres berechnen:

$$r_{ann} = \sum_{i=1}^{T} r_i \text{ (ex post) bzw. } R_{ann} = \sum_{i=1}^{T} R_i \text{ (ex ante)}$$

Die Varianz der Jahresrendite σ_{ann}^2 ergibt sich nun nach

$$\sigma_{ann}^2 = Var(R_{ann}) = Var\left(\sum_{i=1}^{T} R_i\right)$$

Sind die Renditen der einzelnen Perioden voneinander unabhängig, so lässt sich die Jahresvarianz nach Formel (7) in Kap. 2.3.2. in die Summe hineinziehen. Ist die Varianz der einzelnen Renditen R_i außerdem für alle i konstant σ^2, so folgt

$$\sigma_{ann}^2 = Var\left(\sum_{i=1}^{T} R_i\right) = Var(R_1) + Var(R_2) + \ldots + Var(R_T)$$

$$= \underbrace{\sigma^2 + \sigma^2 + \ldots + \sigma^2}_{T-\text{mal}} = T \cdot \sigma^2$$

Die annualisierte Volatilität (Standardabweichung) der Rendite ist somit unter den oben genannten Voraussetzungen

(3) $\sigma_{ann} = \sqrt{T} \cdot \sigma$

Ist die Standardabweichung beispielsweise auf der Ebene von Tagesdaten berechnet worden, so muss sie zur Annualisierung mit der Wurzel aus 365 multipliziert werden. Da jedoch empirisch festgestellt wurde [vgl. HILL (1990), S. 156f.], dass der einer Rendite zu Grunde liegende Prozess eher den Handels- als den Kalendertagen folgt, werden die Berechnungszeiträume daraufhin ausgelegt. Daher wird die Standardabweichung von Tagesdaten mit der Wurzel aus 250 (= Börsenhandelstage im Jahr) multipliziert. Bei unterschiedlichen Zeiträumen, für welche die Renditen und Volatilitäten berechnet wurden, gilt:

(4) $\sigma_{ann} = \sqrt{4} \cdot \sigma$ mit σ = Volatilität der Quartalsrenditen

(5) $\sigma_{ann} = \sqrt{12} \cdot \sigma$ mit σ = Volatilität der Monatsrenditen

(6) $\sigma_{ann} = \sqrt{52} \cdot \sigma$ mit σ = Volatilität der Wochenrenditen

(7) $\sigma_{ann} = \sqrt{250} \cdot \sigma$ mit σ = Volatilität der Tagesrenditen

Beispiel: Volatilitäten zweier Anlagealternativen

Die zwei Anlagemöglichkeiten A und B sollen bezüglich ihrer Volatilität miteinander verglichen werden. Die zu Grunde liegenden Daten für die Berechnung der Volatilität sind die Jahresrenditen der letzten fünf Jahre dieser beiden Anlagen. Diese sind in der folgenden Tabelle dargestellt:

	1993	1994	1995	1996	1997
Rendite der Anlage A	8%	2%	7%	3%	10%
Rendite der Anlage B	6%	5%	8%	6%	5%

Tab. 3.3.1.-1.: Historische Renditen zweier Anlagen im Beispiel

Einen ersten Eindruck über den Verlauf (und damit auch über die Schwankungen dieser Renditen über die Zeit) erhält man durch eine grafische Darstellung. Trägt man in einem Koordinatensystem auf der x-Achse (Abzisse) die Zeit und auf der y-Achse (Ordinate) die Rendite der Anlage ab, so lässt sich die obige Tabelle visuell darstellen. Indem die einzelnen Punkte miteinander verbunden werden, wird die Entwicklung über die Zeit aufgezeigt.

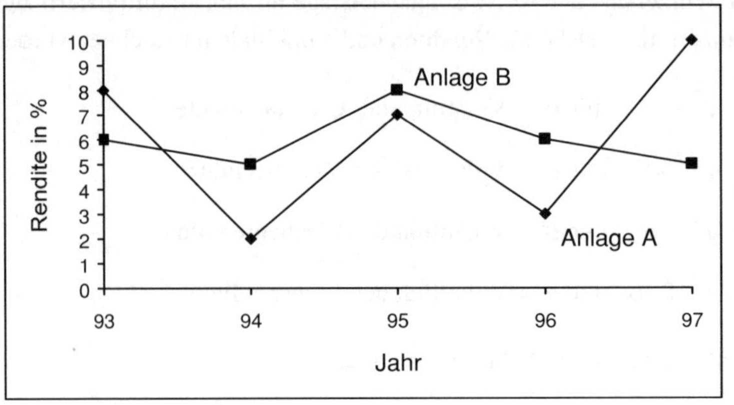

Abb. 3.3.1.-2.: Renditeverläufe der Anlagen A und B im Beispiel

Wie anhand der Abb. 3.3.1.-2. zu sehen ist, sind die Schwankungen bei Anlage A deutlich größer als die der Anlage B. A ist also „riskanter". Dieser bereits mit bloßem Auge erkennbare Sachverhalt soll nun durch die Berechnung der Volatilität mittels Formel (2) nachgeprüft werden. Beide Anlagen weisen über den betrachteten Zeitraum von 1993 bis 1997 eine mittlere (arithmetische) Rendite $\bar{r}$ von 6% auf. Die Volatiltitäten σ_A und σ_B der Anlagen A und B ergeben sich somit über die fünf Zeitpunkte mit:

$$\sigma_A = \sqrt{\frac{1}{5-1}\sum_{t=1}^{5}(r_{At} - \bar{r}_A)^2} = \sqrt{\frac{1}{4}\left((0.08-0.06)^2 + \ldots + (0.1-0.06)^2\right)}$$

$$= \sqrt{\frac{1}{4} \cdot 0.0046} = 0.0339 = 3.39\%$$

$$\sigma_B = \sqrt{\frac{1}{5-1}\sum_{t=1}^{5}(r_{Bt} - \bar{r}_B)^2} = \sqrt{\frac{1}{4}\left((0.06-0.06)^2 + \ldots + (0.05-0.06)^2\right)}$$

$$= \sqrt{\frac{1}{4} \cdot 0.0006} = 0.0122 = 1.22\%$$

Eine Annualisierung der berechneten Volatilitäten ist in diesem Beispiel nicht notwendig. Da die zu Grunde liegenden Renditen als Jahresdaten vorliegen, sind die Volatilitäten bereits annualisiert. Die Volatilität der Anlage A liegt mit 3.39% wesentlich höher als diejenige der Anlage B mit 1.22%. Bei der Entscheidung, welche dieser beiden Anlagealternativen zu bevorzugen ist, würde ein risikoscheuer Anleger die Anlage B wählen, da bei beiden Assets dieselbe Rendite (6%) zu erwarten ist.

Der Vorteil bei der Volatilitätsberechnung mit Formel (2) liegt in seiner Verständlichkeit und einfachen Anwendbarkeit. Es existieren jedoch noch weitere Methoden, die eine wesentlich höhere Komplexität aufweisen. Hiervon sollen zwei sehr unterschiedliche Ansätze erwähnt und in ihrer Grundidee erklärt werden.

Die erste Methode beruht auf dem *Black-Scholes Modell* [vgl. BLACK/SCHOLES (1973), S. 637ff.] zur Bewertung von Optionspreisen.[35] In der dabei anzuwendenden Formel tritt als wichtiges Element die Volatilität auf. Nun wird angenommen, dass der Markt (also alle Anleger) die Optionen richtig gemäß diesem Modell bewerten. Dann lässt sich durch Einsetzen des beobachteten Marktpreises der Option in die Optionspreisformel die unterstellte Volatilität der zu Grunde liegenden Aktie berechnen. Da die Formel nicht explizit nach der Volatilität aufgelöst werden kann, muss diese numerisch bestimmt werden (vgl. Kap. 12.2.). Die so geschätzte Volatilität bezeichnet man auch als *implizite Volatilität*. Sie wird vom Marktpreis impliziert unter der Voraussetzung, dass

1) der Markt das Bewertungsmodell auch tatsächlich angewendet und

2) die Marktpreise im Sinne des Modells „richtig" sind.

Diese Art von Volatilität drückt die von den Anlegern erwartete (und bezahlte) Schwankung der Renditen einer Anlage aus. Ein Nachteil dieser Methode liegt allerdings darin, dass sie nur für wenige Assets angewendet werden kann, nämlich nur für solche, deren Optionen auf einem hoch liquiden und damit aussagekräftigen Markt gehandelt werden. Der hauptsächliche Vorbehalt richtet sich jedoch gegen die Unterstellung, dass alle Marktteilnehmer Optionen auch „richtig" bewerten. Dieser Ansatz zur Bestimmung der (impliziten) Volatilität wird ausführlich in Kap. 12.2. behandelt.

Eine zweite Methode zur Berechnung der Volatilität basiert auf einer empirischen Beobachtung, dem sogenannten *Volatility Clustering*. Oft findet man bei den Verläufen von Wertpapierrenditen Phasen, in denen sehr starke Schwankungen gehäuft auftreten. In anderen Perioden dagegen dominieren eher sehr kleine Ausschläge. Es besteht also die Tendenz, dass starken Schwankungen auch starke und geringen Schwankungen auch geringe folgen. Man könnte nun versuchen, eine Berechnungsformel für die Volatilität zu entwickeln, die diese zeitlichen Muster explizit berücksichtigt. Einen solchen Ansatz versprechen die *ARCH-* und *GARCH-Modelle* [vgl. ENGLE (1982), S. 987ff. und BOLLERSLEV (1986), S. 307ff.], deren Namen aus den englischen Begriffen AutoRegressive Conditional Heteroscedasticity bzw. Generalized AutoRegressive Conditional Heteroscedasticity zusammengesetzt sind. Die grundlegende Idee dieser Modelle, die in den unterschiedlichsten Varianten existieren, liegt darin, die Volatilitäten zu verschiedenen Zeitpunkten nicht als unabhängig

35 Eine einfache Herleitung und Darstellung dieses Modells findet sich beispielsweise in UHLIR/STEINER [(1994), S. 223ff.].

voneinander zu betrachten. Stattdessen wird eine konkrete Abhängigkeit zwischen ihnen modelliert.

Neben der Einbeziehung des Volatility Clusterings besitzen die ARCH- und GARCH-Modelle den Vorteil, dass sie eher die tatsächlichen Eigenschaften von Renditeverteilungen berücksichtigen. Renditen wird zwar häufig unterstellt, dass sie normalverteilt sind, da diese Annahme eine Voraussetzung für viele statistische Verfahren darstellt. Tatsächlich liegt die Verteilung von Renditen an den Rändern jedoch meistens über der einer Normalverteilung. Man bezeichnet diese Eigenschaft auch als *Leptokurtosis*. Sie besitzt für den Anleger die folgende wichtige Konsequenz: Extreme Kursbewegungen sind wahrscheinlicher als man unter der Normalverteilungsannahme berechnen würde. Es besteht also eine größere Chance, hohe Gewinne zu erzielen, bzw. ein höheres Risiko einen großen Verlust zu erleiden als nach der Normalverteilung zu erwarten wäre. Mit ARCH- und GARCH-Modellen können diese Phänomene berücksichtigt werden.

3.3.2. Semivarianz und Ausfallwahrscheinlichkeit

Das Konzept der Volatilität, wie es im letzten Abschnitt beschrieben worden ist, findet nicht überall positive Resonanz. Gegner dieser Methode bringen als Argument hervor, dass das Risiko von den Anlegern doch lediglich als *negative* Abweichung von einem Zielwert und nicht als Gesamtabweichung, also als positive *und* negative Abweichung angesehen wird. Aus diesem Grund sind Risikomaße entwickelt worden, die dieser Idee gerecht werden und auch in der Portfoliooptimierung eine immer größere Anwendung finden. Solche Kennzahlen, die lediglich die negative Abweichung von einem Zielwert berücksichtigen, werden als *Downside Risikomaße* bezeichnet. Zu den Downside Risikomaßen, die in diesem Abschnitt behandelt werden, gehören die *Semivarianz* und die *Ausfallwahrscheinlichkeit*. Weiter ist das Downside Risikomaß *Value-at-Risk* gerade in der Praxis von großer Bedeutung. Aus diesem Grund wird dieses Maß im nächsten Abschnitt 3.3.3. gesondert betrachtet.

Die *Semivarianz* unterscheidet sich von der Varianz, die zur Berechnung der Volatilität genutzt wurde, nur geringfügig. Bei der empirischen Semivarianz, dem Schätzer für die theoretische Semivarianz, werden nur die negativen Abweichungen vom arithmetischen Mittel der Renditen in die Rechnung einbezogen. Renditewerte, die größer als der Mittelwert sind (also bei einer positiven Abweichung) werden außer Acht gelassen. Während die Summe in der empirischen Semivarianz also nicht über alle, sondern nur über $\tilde{n}$ Daten geht, werden für das arithmetische Mittel selbst alle n zur Verfügung stehenden Daten verwendet. Die Summe der quadrierten Abstände wird durch die Gesamtanzahl n aller Renditen geteilt. Da an die empirische Semivarianz keine Ansprüche bzgl. der statistischen Eigenschaften gestellt werden und auch nicht gestellt werden können, wird bei ihrem Faktor $1/n$ im Gegensatz zur empirischen Varianz vernachlässigt, vom Nenner n den Wert eins abzuziehen.[36] Die empirische Semivarianz σ_{SV}^2 berechnet sich danach durch:

$$(1) \qquad \sigma_{SV}^2 = \frac{1}{n}\sum_{i=1}^{\tilde{n}}\left(r_i^- - \bar{r}\right)^2$$

mit r_i^-: Rendite, die kleiner als die mittlere Rendite ist[37]

$\bar{r}$: $\bar{r} = \frac{1}{n}\sum_{t=1}^{n} r_t$ mittlere Rendite über alle n Perioden

$\tilde{n}$: Anzahl der Renditen, die kleiner als die mittlere Rendite sind

Ebenso wie bei der Volatilität benutzt man diesen quadratischen Ausdruck häufig nicht direkt, sondern seine positive Wurzel. Mit denselben Notationen wie oben ergibt sich die empirische *Semivolatilität* σ_{SV} damit aus der Semivarianz wie folgt:

$$(2) \qquad \sigma_{SV} = \sqrt{\frac{1}{n}\sum_{i=1}^{\tilde{n}}\left(r_i^- - \bar{r}\right)^2}$$

Zur Vergleichbarkeit der Risiken bei verschiedenen Anlagen sind wie in Kap. 3.3.1. Gleichung (3) die annualisierten Semivolatilitäten $\sigma_{SV,ann}$ zu verwenden. Diese ergeben sich aus der Semivolatilität (2) multipliziert mit der Wurzel aus der Anzahl der Perioden, die ausgehend von den verwendeten Daten einem Jahr entsprechen. Es gelten dieselben Rechenvorschriften wie in Kap. 3.3.1. Gleichungen (4) – (7).

$$(3) \qquad \sigma_{SV,ann} = \sqrt{\frac{1}{n}\sum_{i=1}^{\tilde{n}}\left(r_i^- - \bar{r}\right)^2} \cdot \sqrt{\text{Anzahl der Berechnungsperioden pro Jahr}}$$

Allerdings sind auch bei dieser Umrechnungsmethode die Voraussetzungen wie bei der Berechnung der annualisierten Volatilität zu beachten: Die Renditen der einzelnen Perioden müssen voneinander unabhängig sein und dieselbe Semivarianz besitzen. Das folgende, sehr vereinfachte und wenig realistische Beispiel 1 demonstriert die Berechnung der empirischen Semivarianz, Semivolatilität und der annualisierten Semivolatilität.

---

36 Sicherlich könnte die Semivarianz auch analog zur empirischen Varianz definiert werden, indem die Summe nicht durch n, sondern durch n-1geteilt wird. Eine solche Definition ist in Theorie und Praxis jedoch nicht üblich [vgl. FRANCIS/ARCHER (1979), S. 346].

37 Hier wird nicht wie üblich der Zeitindex t verwendet. Stattdessen wird i als Index bei den Renditen, die kleiner als die mittlere Rendite sind, benutzt. Der Grund dafür liegt darin, dass bei der Semivarianzberechnung nach (1) nicht alle beobachteten Renditen Verwendung finden. Dadurch wird eine Sortierung nach der Zeit sinnlos.

Beispiel 1: Semivarianz bei Monatsrenditen

Eine Anlage hat in den acht Monaten von Januar bis August die in der Tab. 3.3.2.-1. eingetragenen Renditen erzielt.

Monat	Jan.	Febr.	März	April	Mai	Juni	Juli	Aug.
Rendite	8%	3%	7%	4%	6%	7%	5%	4%

Tab. 3.3.2.-1.: Beispielhafte Monatsrenditen

Die mittlere Rendite über diesen Zeitraum ergibt sich einfach durch Summation der einzelnen Renditen für jeden Monat geteilt durch die Anzahl aller Monate (8). Der Mittelwert beträgt somit 5.5%. Es gibt genau vier Monate, bei denen eine Rendite erzielt wurde, die kleiner ist als der Mittelwert: Februar, April, Juli und August. Nur die Renditen dieser vier Monate gehen in die Berechnung der Semivarianz ein; $\tilde{n}$ ist in diesem Fall also gerade 4. Formel (1) liefert:

$$\sigma_{\mathrm{SV}}^2 = \frac{1}{8}\sum_{i=1}^{4}\left(r_i^- - \bar{r}\right)^2$$

$$= \frac{1}{8}\cdot\left((0.03-0.055)^2+(0.04-0.055)^2+(0.05-0.055)^2+(0.04-0.055)^2\right)$$

$$= \frac{1}{8}\cdot 0.0011 = 0.0001375$$

Die Semivolatilität berechnet sich wie folgt:

$$\sigma_{\mathrm{SV}} = \sqrt{\sigma_{\mathrm{SV}}^2} = \sqrt{0.0001375} = 0.0117 = 1.17\%$$

Durch die Annualisierung mittels Formel (5) in Kap. 3.1.1. ergibt sich:

$$\sigma_{\mathrm{SV},ann} = \sigma_{\mathrm{SV}}\cdot\sqrt{12} = 0.0406 = 4.06\%$$

Das Konzept der Semivarianz und Semivolatilität als alternative Risikoquantifizierung ist nur bei bestimmten Renditeverteilungen sinnvoll. Sind Renditen symmetrisch verteilt (z.B. normalverteilt), so bietet diese Methode keine Vorteile. Ist die Verteilung einer Rendite nämlich symmetrisch, so ist die theoretische Semivarianz gerade halb so groß wie die Varianz, d.h. $2\cdot\sigma_{\mathrm{SV}}^2 = \sigma^2$. Die Semivolatilität mit dem Faktor $\sqrt{2}$ multipliziert entspricht in diesem Fall also der üblichen Volatilität. Durch die Verwendung der Semivolatilität würden sich keine neuen Erkenntnisse ergeben, die Volatilität wäre als Risikomaß vollkommen ausreichend. In der Anwendung bedeutet die Symmetrie gerade, dass negative Abweichungen vom Renditeerwartungswert dieselbe Wahrscheinlichkeit besitzen wie positive Abweichungen. Für nichtsymmetrische Renditeverteilungen ist die Berechnung der Semivarianz und –volatilität jedoch durchaus sinnvoll und auch angebracht. Abb. 3.3.2.-1. verdeutlicht den Zusammenhang der beiden Maße bei einer symmetrischen Verteilung.

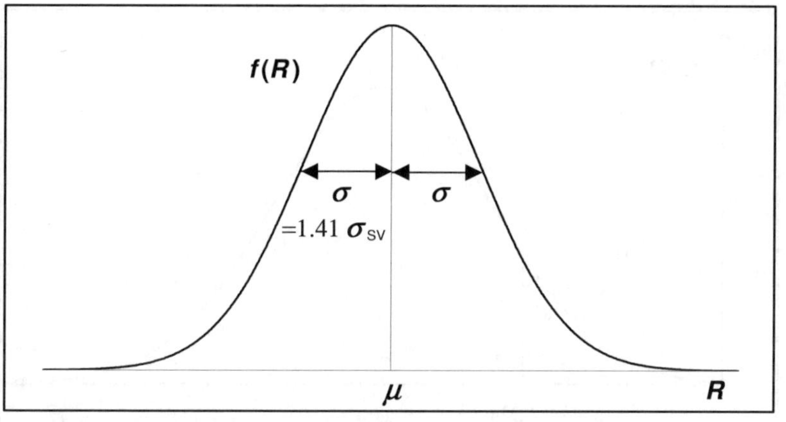

Abb. 3.3.2.-1.: Volatilität und Semivolatilität bei einer symmetrischen Renditeverteilung

Als zweites wichtiges Downside Risikomaß ist die sogenannte *Ausfallwahrscheinlichkeit* zu nennen. Bei dieser Kennzahl ist als wesentliche Frage von Interesse, mit welcher Wahrscheinlichkeit eine bestimmte Mindestrendite *nicht* erreicht wird. Die Problematik dieses Ansatzes liegt darin, dass zur Berechnung der Wahrscheinlichkeit die Verteilung der Rendite bekannt sein muss. Dazu kann auf die in Kap. 2.2.4. beschriebene empirische Verteilungsfunktion der Renditen zurückgegriffen werden, häufiger bedient man sich jedoch der Annahme, dass Renditen normalverteilt, also $N(\mu,\sigma^2)$-verteilt sind.

Die Wahrscheinlichkeit, eine Rendite unterhalb der geforderten Mindestrendite zu erzielen, lässt sich unter der Normalverteilungs- und einigen anderen Annahmen leicht berechnen. In Kap. 2.4.1. Gleichung (7) wurde bereits eine Berechnungsformel für diese Fragestellung hergeleitet. Demnach gilt für die gesuchte *Ausfallwahrscheinlichkeit* P_{AF}:

$$(4) \qquad P_{AF} = P\{\text{Rendite} < r_{Min}\} = \Phi\left(\frac{r_{Min} - \mu}{\sigma}\right)$$

mit r_{Min}: Mindestrendite
$\Phi(\cdot)$: Wert der Standardnormalverteilung an der gegebenen Stelle
μ,σ: Erwartungswert und Standardabweichung der Renditeverteilung einer Anlage

Die Ausfallwahrscheinlichkeit ist also der Wert, den die Standardnormalverteilung an der Stelle $(r_{\text{Min}} - \mu)/\sigma$ annimmt. Die folgende Abbildung zeigt, dass dies gerade die Fläche unter der Dichte der Rendite von $-\infty$ bis zur interessierenden Mindestrendite ist.

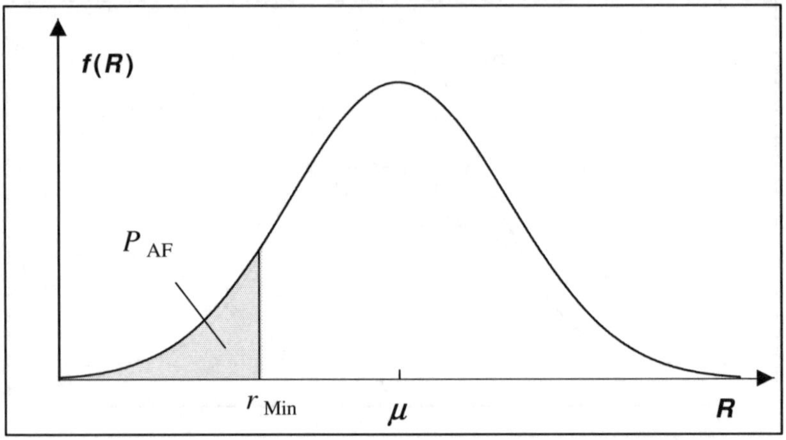

Abb. 3.3.2.-2.: Dichte der Rendite und Ausfallwahrscheinlichkeit

Da der tatsächliche Erwartungswert und die tatsächliche Standardabweichung nicht bekannt sind, wird für sie in der Regel das arithmetische Mittel und die geschätzte Volatilität (beide berechnet aus historischen Daten) eingesetzt. Erneut wird also unterstellt, dass die Werte der Vergangenheit für die Zukunft aussagekräftig sind, sich also keine strukturellen Veränderungen ergeben. Zur tatsächlichen Berechnung der Ausfallwahrscheinlichkeit wird demnach die leicht veränderte Formel (5) benutzt:

$$(5) \quad P_{\text{AF}} = P\{\text{Rendite} < r_{\text{Min}}\} = \Phi\left(\frac{r_{\text{Min}} - \bar{r}}{s_r}\right)$$

mit $\bar{r}$: mittlere Rendite über einen betrachteten Zeitraum
s_r: geschätzte Volatilität, empirische Standardabweichung

Beispiel 2: Ausfallwahrscheinlichkeit bei Monatsrenditen

In diesem Beispiel 2 wird erneut die Anlage des Beispiels 1 betrachtet, die in den acht Monaten von Januar bis August die in Tab. 3.3.2.-1. eingetragenen Monatsrenditen erzielt hat. Auf Grundlage dieser Daten soll geschätzt werden, wie groß die Wahrscheinlichkeit ist, im nächsten Monat eine Mindestrendite von 5% *nicht* zu erreichen.

Die mittlere Rendite liegt in dem betrachteten Zeitraum bei 5.5%. Dies wurde bereits in Beispiel 1 erläutert. Die historische Volatilität ist dort allerdings noch nicht berechnet worden; mit Formel (2) aus Kap. 3.3.1. ergibt sich eine Volatilität von 1.77%. Die Ausfallwahrscheinlichkeit berechnet sich nun mit diesen Werten:

$$P_{AF} = P\{\text{Rendite} < 0.05\} = \Phi\left(\frac{0.05 - \bar{r}}{\sigma}\right)$$

$$= \Phi\left(\frac{0.05 - 0.055}{0.0177}\right) = \Phi(-0.28) \underset{*}{=} 1 - \Phi(0.28) = 1 - 0.6103 = 0.3897$$

Der Stern (*) bedeutet, dass an dieser Stelle die Formel $\Phi(-z) = 1 - \Phi(z)$ aus Kap. 2.4.1 Gleichung (6) Verwendung findet. Der Wert der Standardnormalverteilung an der Stelle 0.28 ist der Tab. A.2.-1. im Anhang zu entnehmen.

Auf Grund der Daten der letzten acht Monate ist in diesem Beispiel damit zu rechnen, dass mit einer Wahrscheinlichkeit von 38.97% die Mindestrendite von 5% nicht erreicht wird. Diese Wahrscheinlichkeit bezieht sich eigentlich nur auf die Vergangenheit und kann nur unter bestimmten Annahmen auch auf die Zukunft übertragen werden.

Das Konzept bzw. die Berechnung der Ausfallwahrscheinlichkeit besitzt den wesentlichen Nachteil, eine Normalverteilung der Renditen voraussetzen zu müssen. Bei dem Ansatz, der im Folgenden erklärt werden soll, kann diese Voraussetzung aufgegeben werden. Es handelt sich dabei um die sogenannten *Lower Partial Moments*, die auch kurz als *LPM-Maße* bezeichnet werden. Auch hier werden lediglich die negativen Abweichungen von einer Ziel- bzw. Mindestrendite erfasst, zur empirischen Berechnung wird jedoch keine spezielle Verteilung der Renditen vorausgesetzt.

Ist die Verteilung der Renditen diskret (gibt es also abzählbar viele Realisationen), so lautet ein LPM-Maß der Ordnung m in allgemeiner Form ex ante:

$$\text{(6)} \quad \text{LPM}_m = \sum_{j=1}^{K} p_j \cdot \left(r_{\text{Min}} - r_j^-\right)^m$$

mit r_{Min}: geforderte Mindestrendite (Zielwert)

r_j^-: Renditerealisation, die kleiner als die Mindestrendite ist

p_j: Wahrscheinlichkeit für das Eintreten der Realisation r_j^-

K: Anzahl der möglichen Renditerealisationen, die kleiner als die Mindestrendite sind

Die Ordnung m muss nicht unbedingt ganzzahlig sein. Bei der empirischen Berechnung (der ex post Schätzung) von LPM-Maßen werden die möglichen Renditerealisationen durch die beobachteten Realisationen ersetzt. Jeder Realisation wird dann dieselbe Eintrittswahrscheinlichkeit zugewiesen. Diese ergibt sich als eins geteilt durch die Anzahl aller beobachteten Perioden n. Das empirische LPM-Maß ist in der modifizierten Formel (7) dargestellt. Da sich die Anzahl der beobachteten (also ex post) Renditen von der Anzahl der möglichen Realisationen (ex ante) in der Regel unterscheidet, wird bei dem empirischen LPM-Maß nicht wie beim theoretischen bis K, sondern bis $\tilde{n}$ aufsummiert.

(7) $$\mathrm{LPM}_m = \sum_{i=1}^{\tilde{n}} \frac{1}{n} \cdot \left(r_{\mathrm{Min}} - r_i^-\right)^m$$

mit $\tilde{n}$: Anzahl der Renditen, die kleiner als die Mindestrendite sind

Für die Ordnungen $m = 0, 1, 2$ besitzt das LPM-Maß (7) die folgenden Darstellungen:

(8) $$\mathrm{LPM}_0 = \sum_{i=1}^{\tilde{n}} \frac{1}{n} \cdot \left(r_{\mathrm{Min}} - r_i^-\right)^0 = \sum_{i=1}^{\tilde{n}} \frac{1}{n} = \frac{\tilde{n}}{n}$$

(9) $$\mathrm{LPM}_1 = \sum_{i=1}^{\tilde{n}} \frac{1}{n} \cdot \left(r_{\mathrm{Min}} - r_i^-\right)$$

(10) $$\mathrm{LPM}_2 = \sum_{i=1}^{\tilde{n}} \frac{1}{n} \cdot \left(r_{\mathrm{Min}} - r_i^-\right)^2$$

Durch die Wahl der Ordnung m wird festgelegt, ob und wie die Höhe der Abweichung von der Mindestrendite bewertet werden soll. Das LPM-Maß der Ordnung null, also LPM_0, kann als Ausfallwahrscheinlichkeit interpretiert werden. Die Anzahl der beobachteten Renditen, die kleiner als die Mindestrendite sind, wird durch die Anzahl aller Beobachtungen geteilt. Die Größe der Abweichungen wird hier jedoch außer Acht gelassen. Die beiden Größen LPM_1 und LPM_2 dagegen beurteilen auch, *wie weit* die Renditen unterhalb der Mindestrendite lagen. Bei LPM_2 geht diese Abweichung sogar quadratisch ein, was bedeutet, dass große Abweichungen stärker (d.h. überproportional) gewichtet werden als kleine. Diese beiden Maße sind direkt als Risikomaße interpretierbar und können alternativ zur Semivarianz verwendet werden. Mit $r_{\mathrm{Min}} = \bar{r}$ stellt die Semivarianz sogar nur einen Spezialfall des LPM_2-Maßes dar. Je höher die Risikoaversion eines Anlegers ist, desto größer sollte die Ordnung des LPMs gewählt werden.

Beispiel 3: Lower Partial Moments bei Monatsrenditen

Erneut werden die acht Monatsrenditen der Anlage in Beispiel 1 betrachtet. Wie im letzten Beispiel 2 verlangt der Anleger eine Mindestrendite von 5%. Unter den gegebenen Daten gibt es lediglich drei Monate, in denen dieser Prozentsatz nicht erreicht wurde: Februar (3%), April (4%) und August (4%). In den übrigen fünf Monaten wurde die Mindestrendite erreicht oder sogar weit überschritten. Diese Daten finden in der Berechnung der LPM-Maße keine weitere Beachtung.

Die Ausfallwahrscheinlichkeit LPM_0 ist der Anteil der Beobachtungen, die unter der Mindestrendite liegen:

$$LPM_0 = \frac{\tilde{n}}{n} = \frac{3}{8} = 0.375$$

Mit einer Wahrscheinlichkeit von 37.5% liegt die Rendite unter der zu erzielenden Mindestrendite. Dieser Wert kommt dem in Beispiel 2 berechneten (38.97%) sehr nahe. Die beiden übrigen Maße berechnen sich in folgender Weise:

$$\begin{aligned} LPM_1 &= \sum_{i=1}^{\tilde{n}} \frac{1}{8} \cdot \left(0.05 - r_i^-\right) \\ &= \frac{1}{8}((0.05-0.03)+(0.05-0.04)+(0.05-0.04)) = 0.005 \\ LPM_2 &= \sum_{i=1}^{\tilde{n}} \frac{1}{8} \cdot \left(0.05 - r_i^-\right)^2 \\ &= \frac{1}{8}\left((0.05-0.03)^2+(0.05-0.04)^2+(0.05-0.04)^2\right) = 0.000075 \end{aligned}$$

Der Vorteil der empirischen LPM-Maße liegt offensichtlich darin, keine Annahmen bezüglich der exakten Verteilung der Rendite voraussetzen zu müssen. Sie können bei beliebigen, auch asymmetrischen Verteilungen angewandt werden. Allerdings sollte man sich bei allen in diesem Abschnitt vorgestellten Maßen bewusst sein, dass sie anhand historischer Daten ermittelt wurden. Eine Übertragung der Aussage in die Zukunft bleibt problematisch.

3.3.3. Value-at-Risk

Obwohl der *Value-at-Risk* (VaR) wie die Semivarianz und die Ausfallwahrscheinlichkeit zu den Downside Risikomaßen gehört, soll er wegen seiner großen Bedeutung in der Praxis an dieser Stelle gesondert behandelt werden. Der VaR ist definiert als maximal möglicher Verlust einer Anlage, der in einem bestimmten Zeitraum mit einer gegebenen Wahrscheinlichkeit *nicht* überstiegen wird. Der VaR ist also nicht als absoluter maximal möglicher Verlust zu verstehen, sondern kann in Abhängigkeit von der vorzugebenden Wahrscheinlichkeit (im Folgenden mit $1-\alpha$ bezeichnet) und einem gegebenen Zeitraum sehr unterschiedliche Werte annehmen. So bedeutet ein VaR von € 10.000,- bei einer vorgegebenen Wahrscheinlichkeit von 99%, dass eben mit dieser Wahrscheinlichkeit innerhalb einer definierten Zeitspanne der maximal denkbare Verlust € 10.000,- beträgt. Da der VaR eine Maßzahl ist, die in Geldeinheiten angegeben wird, ist er sehr leicht zu interpretieren. Aus diesem Grund wird er in der Praxis häufig den übrigen Risikomaßen vorgezogen. Weiter ist es mit Hilfe des VaR möglich, festzustellen, wie hoch das Risikokapital sein sollte, mit dem eine Risikoposition zu unterlegen ist. Unter Risikokapital ist dabei derjenige Betrag zu verstehen, der mindestens notwendig ist, um sich gegen einen Verlust des Nettovermögens (Wert der Vermögensgegenstände abzüglich Wert der bestehenden Verbindlichkeiten) abzusichern.

Allgemein kann der VaR in impliziter Form nach (1) dargestellt werden. Wie später noch gezeigt wird, lässt er sich unter bestimmten Voraussetzungen aber auch explizit berechnen.

(1) $P(V_{t+1} \leq \text{VaR}) = 1 - \alpha$

mit V_{t+1}: zukünftiger Verlust

Der zukünftige Verlust ist dabei als Wertänderung des Assets in dem betrachteten Zeitraum zu verstehen.

(2) $V_{t+1} = w_t - W_{t+1}$

mit W_{t+1}: zukünftiger Wert der Anlage
w_t: heutiger Wert der Anlage

Da der zukünftige Wert W_{t+1} der Anlage noch nicht bekannt ist, wird er als Zufallsvariable betrachtet. Der heutige Wert w_t ist fest und damit eine Realisation. Die Zufallsvariable V_{t+1} ist gerade so definiert, dass positive Werte einen Verlust und negative Werte einen Gewinn anzeigen. Ist die Verteilung dieser Zufallsvariablen bekannt, so lässt sich der VaR leicht berechnen. Wie die folgende Abb. 3.3.3.-1. anhand der Dichtefunktion zeigt, ist er gerade die Stelle der Verteilungsfunktion, an der diese den Wert $1 - \alpha$ annimmt.

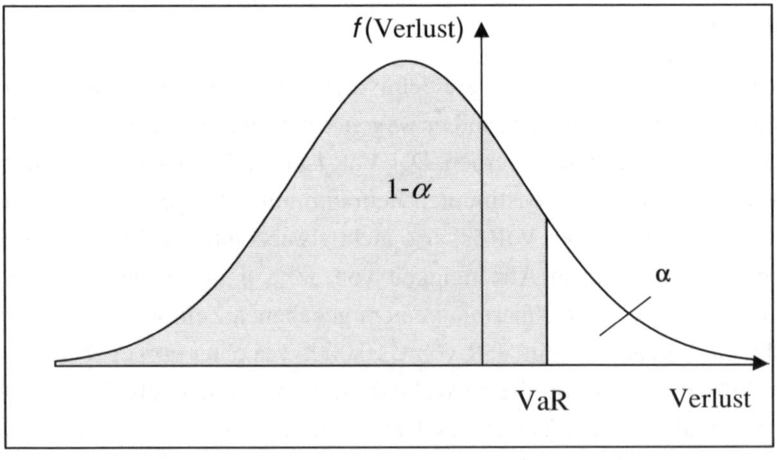

Abb. 3.3.3.-1.: Dichtefunktion des Verlustes und der Value-at-Risk

Da die Verteilungsfunktion des Verlustes häufig nicht weiter von Interesse und auch schwierig zu ermitteln ist, ist es sinnvoll, statt mit dem Verlust V_{t+1} einer Anlage mit der äquivalenten diskreten Rendite R_{t+1} zu arbeiten. Außerdem wird die Renditeverteilung oft zusätzlich in anderen Zusammenhängen benötigt. Ihre Ermittlung ist unter bestimmten Annahmen also ohne Schwierigkeiten möglich.

Mit $R_{t+1} = \frac{W_{t+1} - w_t}{w_t}$ ist

(3) $V_{t+1} = -R_{t+1} \cdot w_t$

Die Wahrscheinlichkeit für einen Verlust, der kleiner oder gleich dem VaR einer Anlage ist, lässt sich mit (3) schreiben als:

$$P(V_{t+1} \leq \text{VaR}) = 1 - \alpha \quad \Leftrightarrow \quad P(-R_{t+1} \cdot w_t \leq \text{VaR}) = 1 - \alpha$$

Teilt man die in der Wahrscheinlichkeit stehende Ungleichung durch $-w_t$, so bleibt auf der linken Seite der Ungleichung lediglich die Zufallsvariable Rendite stehen. Das Ungleichheitszeichen dreht sich wegen der Division durch eine negative Zahl um:

$$P\left(R_{t+1} \geq -\frac{\text{VaR}}{w_t}\right) = 1 - \alpha$$

Für die Wahrscheinlichkeit, dass die Rendite der Anlage kleiner oder gleich dem negativen VaR geteilt durch den heutigen Wert der Anlage ist, gilt nach den bekannten Rechenregeln:

(4) $$P\left(R_{t+1} \leq -\frac{\text{VaR}}{w_t}\right) = 1 - (1 - \alpha) = \alpha$$

Im Folgenden wird angenommen, dass die Renditen normalverteilt sind mit Erwartungswert μ und Standardabweichung σ. Sind diese Kennzahlen der Renditeverteilung nicht bekannt, so lassen sie sich mit den in Kap. 2.3.5. beschriebenen Methoden schätzen. Alle weiteren Schritte können dann mit diesen geschätzten Werten durchgeführt werden. Zur Berechnung des VaR aus (4) ist nun die in Kap. 2.4.1. dargestellte Z-Transformation nötig, bei der auf beiden Seiten der Ungleichung der Erwartungswert abgezogen und durch die Standardabweichung geteilt wird:

(5) $$P\left(\frac{R_{t+1} - \mu}{\sigma} \leq -\frac{\text{VaR}/w_t + \mu}{\sigma}\right) = \alpha$$

Diese standardisierte Zufallsvariable ist nach Kap. 2.4.1. standardnormalverteilt, besitzt also den Erwartungswert null und die Varianz eins. Die Standardnormalverteilung an der angegebenen Stelle ist gerade α:

$$(6) \qquad \Phi\left(-\frac{\text{VaR}/w_t + \mu}{\sigma}\right) = \alpha$$

Umgekehrt ist $-(\text{VaR}/w_t + \mu)/\sigma$ gerade die Stelle, an der die Standardnormalverteilung den Wert α annimmt. Diese Stelle ist in der Tab. A.2.-2. im Anhang bei vorgegebenem α nachzusehen, sie wird im Folgenden mit z_α bezeichnet. Also

$$(7) \qquad -\frac{\text{VaR}/w_t + \mu}{\sigma} = z_\alpha$$

Elementare Umformungen ergeben aus (7) nun die explizite Berechnungsformel für den VaR unter der Annahme, dass die Rendite der Anlage normalverteilt ist:

$$(8) \qquad \text{VaR} = -(z_\alpha \cdot \sigma + \mu) \cdot w_t .$$

Geht man von der Renditebetrachtung der Anlage wieder zurück zur Wertbetrachtung, so lässt sich der Erwartungswert der Rendite durch den folgenden Ausdruck ersetzen

$$(9) \qquad \mu = \text{E}(R_{t+1}) = \text{E}\left(\frac{W_{t+1} - w_t}{w_t}\right) = \frac{\text{E}(W_{t+1}) - w_t}{w_t}$$

und der VaR berechnet sich damit aus der Formel

$$(10) \qquad \text{VaR} = -z_\alpha \cdot \sigma \cdot w_t - E(W_{t+1}) + w_t$$

Beispiel: Value-at-Risk

Ein Anleger interessiert sich für den Betrag, den er mit 99%-iger Wahrscheinlichkeit innerhalb des nächsten Monats höchstens als Verlust zu verzeichnen hat. Durch vorherige Analysen hat dieser Anleger herausgefunden, dass die Monatsrendite der interessierenden Anlage normalverteilt ist. Weiter beträgt der Erwartungswert der Monatsrendite 0.7%, die Standardabweichung liegt bei 0.4%. Der Wert der Anlage beträgt zum heutigen Zeitpunkt € 50.000,-. Die interessierenden Größen zur Berechnung des VaR nach (8) sind also

$$1 - \alpha = 0.99 \Rightarrow \alpha = 0.01,\ \mu = 0.007,\ \sigma = 0.004,\ w_t = 50.000,\text{-}$$

In Tab. A.2.-2. lässt sich die Standardnormalverteilung an der Stelle 0.01 nachsehen und es ergibt sich mit diesen Daten eingesetzt in Formel (8):

$$\text{VaR} = -(z_\alpha \cdot \sigma + \mu) \cdot w_t = -(-2.3263 \cdot 0.004 + 0.007) \cdot 50.000,\text{-} = 115.26$$

Es verbleibt also eine Wahrscheinlichkeit von 1%, dass innerhalb dieses Monats ein Verlust auftritt, der größer als € 115.26 ist.

3.3.4. Schiefe und Wölbung einer Renditeverteilung

Sind Renditen nicht normalverteilt, so reichen der Erwartungswert und die Varianz nicht aus, um das Verhalten der Renditen (insbesondere ihr Risiko) zu bestimmen. Aus diesem Grund werden hier weitere Eigenschaften der Renditeverteilung betrachtet, die zusätzliche Informationen liefern können. Diese Eigenschaften werden als *Schiefe* und *Wölbung* der Verteilung bezeichnet und können allgemein bei Verteilungen betrachtet werden. Hier werden sie jedoch am Beispiel von Renditen erläutert.

Die Schiefe gibt an, wie groß der Grad der Asymmetrie einer Verteilung ist. Da die Dichten von Normalverteilungen symmetrisch sind, besitzen sie einen Schiefe-Wert von null. Je weniger symmetrisch eine Dichte ist, desto weniger ähnelt sie der Dichte einer Normalverteilung und desto größer ist dem Absolutbetrag nach der Wert, den die folgende Formel für die Schiefe S liefert:

$$(1a)\quad S = \frac{E\left((R-\mu)^3\right)}{\sigma^3}$$

Die Parameter μ und σ sind die bereits mehrmals vorgestellten theoretischen Kennzahlen der Verteilung: Erwartungswert und Standardabweichung. In der Praxis werden sie durch den arithmetischen Mittelwert $\bar{r}$ und die Volatiliät $\hat{\sigma}$ ersetzt, die aus bekannten historischen Daten berechnet werden. Die empirische Schiefe berechnet sich damit nach

$$(1b)\quad S = \frac{\frac{1}{n}\sum_{t=1}^{n}(r_t-\bar{r})^3}{\hat{\sigma}^3}$$

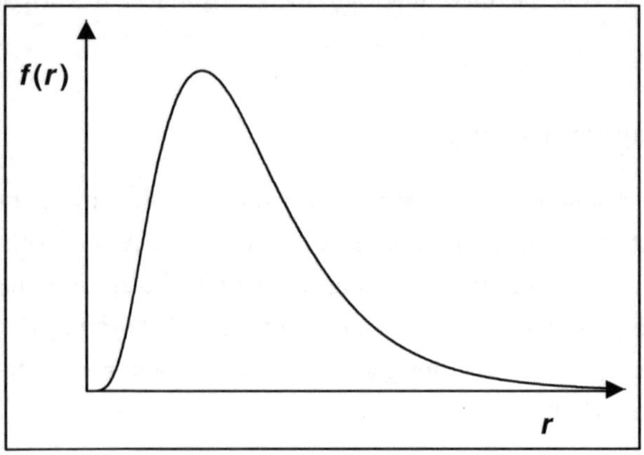

Abb. 3.3.4.-1.: Linkssteile Renditedichte

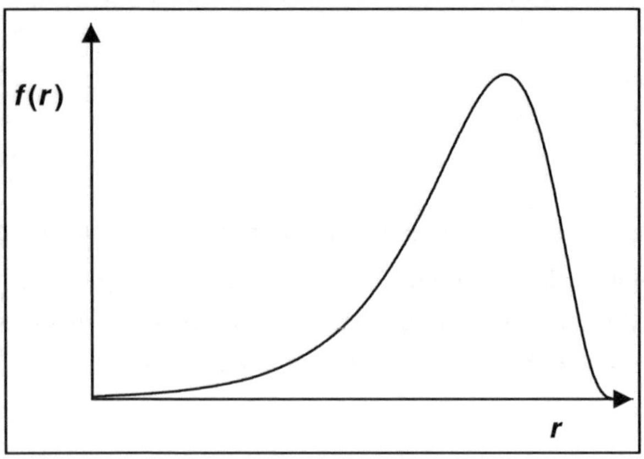

Abb. 3.3.4.-2.: Rechtssteile Renditedichte

Ergibt die Formel (1) einen positiven Wert für die Schiefe, so ist die Verteilungsdichte der Renditen rechtsschief (linkssteil). Negative Werte weisen dagegen auf eine linksschiefe (rechtssteile) Verteilungsdichte hin. Die Abb. 3.3.4.-1. und Abb. 3.3.4.-2. verdeutlichen das Aussehen dieser beiden Arten von schiefen Dichten. Der Wert, den die Schiefe bei beobachteten Renditen annimmt, kann als Risikoparameter interpretiert werden. Renditen, die eine rechtsschiefe Verteilungsdichte besitzen, weisen (bei gleichem Erwartungswert) ein geringeres Verlust-Risiko auf. Bei linksschiefen Verteilungsdichten sind dagegen negative Extremwerte wahrscheinlicher als bei rechtsschiefen; dort sind positive Extremwerte wahrscheinlicher. Ein risikoscheuer Investor würde also eine rechtsschiefe Renditedichte bevorzugen.

Wie in Kap. 3.1.4. bereits erwähnt wurde, haben empirische Untersuchungen nicht nur gezeigt, dass die Verteilungsdichten der (diskreten) Renditen häufig schief sind. Auch unterscheiden sie sich hinsichtlich ihrer Wölbung (Kurtosis) von der Dichte der Normalverteilung. Diese unterschiedliche Wölbung kommt durch eine größere Konzentration der Renditen um den Erwartungswert und an den Rändern zum Ausdruck. Das Eintreten von Extremwerten ist also wahrscheinlicher als man unter der Annahme der Normalverteilung vermuten und berechnen würde.

Die Wölbung, also Kurtosis einer Verteilung kann durch den Wert, den die folgende Formel ergibt, beurteilt werden:

$$\text{(2a)} \quad W = \frac{E\left((R-\mu)^4\right)}{\sigma^4}$$

Wie bei der Schiefe werden auch hier bei der praktischen Berechnung der Formel (2a) für den Erwartungswert μ der Rendite das arithmetische Mittel $\bar{r}$ und für die Standardabweichung σ die historische Volatilität $\hat{\sigma}$ eingesetzt. Die empirische Wölbung berechnet sich damit nach

$$(2b) \quad W = \frac{\frac{1}{n}\sum_{t=1}^{n}(r_t - \bar{r})^4}{\hat{\sigma}^4}$$

Indem große Abweichungen der Renditen von ihrem Erwartungswert durch das Potenzieren mit dem Wert 4 stärker gewichtet werden als kleine Abweichungen, kann durch die Formel für die Wölbung herausgefunden werden, wie stark die Konzentration um den Mittelwert ist. Die Wölbung der Normalverteilung besitzt gerade den Wert 3. Bei einem Wert über drei weist die betrachtete Dichte eine höhere Renditekonzentration um den Erwartungswert als die Dichte der Normalverteilung auf. Bei gleicher Varianz ist das Maximum der Dichte also größer als bei der Normalverteilung. Die folgende Abb. 3.3.4.-3. zeigt den Fall einer Kurtosis größer als drei (Renditeverteilung), gleich drei (Normalverteilung) und kleiner als drei.

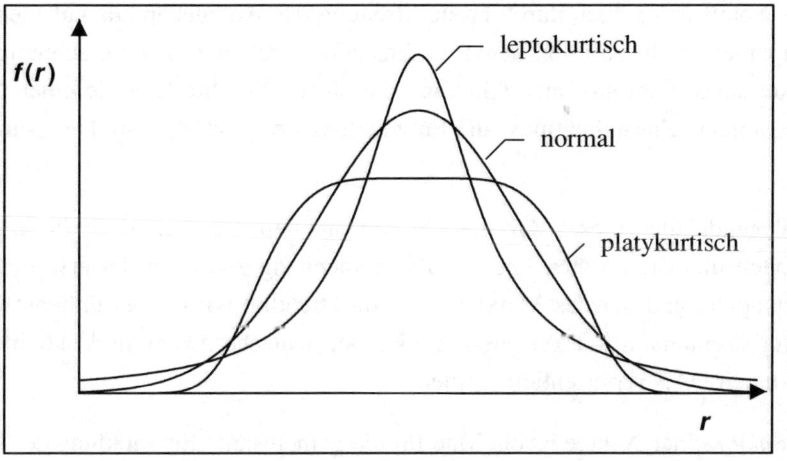

Abb. 3.3.4.-3: Vergleich der Wölbungen einer Renditedichte (leptokurtisch), der Dichte einer Normalverteilung und einer platykurtischen Verteilung

Bei einer Kurtosis größer als drei spricht man auch von einer *leptokurtischen* Verteilung. Analog befindet sich bei einer Verteilung mit einer Wölbung kleiner als drei das absolute Maximum der Dichte unter dem der entsprechenden Normalverteilung mit gleicher Varianz. Diese flachen Verteilungen werden auch als *platykurtisch* bezeichnet.

Die in diesem Abschnitt behandelten Risikomaße Schiefe und Wölbung sind insbesondere bei einem Hypothesentest[38] von großer Bedeutung. Bei diesem Test wird untersucht, ob betrachtete Zufallsvariablen normalverteilt sind. Da dieser Test in einem folgenden Kapitel noch intensiv behandelt wird, finden dort auch die Maße Schiefe und Wölbung eine konkrete Anwendung.

Weiter sind gerade bei der Entwicklung von Optionsstrategien die Schiefe und Wölbung sehr bedeutsam. Im Gegensatz zu der Renditeverteilung von Aktien kann bei der von Optionen im Vorhinein ausgeschlossen werden, dass diese der Normalverteilung entspricht.

3.3.5. Korrelationskoeffizient

Alle Risikomaße, die in den letzten Abschnitten behandelt worden sind, basieren auf den historischen, schwankenden Renditen eines einzelnen Wertpapiers. Sie repräsentieren somit das Gesamtrisiko dieser Anlage. Dieses setzt sich, wie in Kap. 3.3. Gleichung (1) bereits erwähnt, aus dem systematischen und dem unsystematischen Risiko zusammen. Das in diesem Abschnitt vorgestellte Maß beurteilt dagegen lediglich das systematische Risiko, welches durch die Investition in eine Anlage übernommen wird. Dieses Marktrisiko einer Anlage entsteht durch globale Veränderungen, die sich nicht nur auf ein einzelnes Wertpapier auswirken. Somit ist es auch durch breite Streuung des Anlagekapitals auf viele verschiedene Wertpapiere nicht zu eliminieren. Offensichtlich reicht es zur Berechnung eines solchen Risikomaßes nicht aus, ausschließlich die eigene Rendite-Historie einer Anlage isoliert zu verwenden. Zusätzlich muss die Entwicklung des gesamten Marktes betrachtet werden.

Die grundlegende Idee dieses Ansatzes basiert auf dem *Capital Asset Pricing Modell*[39]. Dieses Modell unterstellt einen linearen Zusammenhang zwischen der erwarteten Rendite eines Wertpapiers und der des Marktes. Die Marktrendite wird dabei üblicherweise durch die eines repräsentativen Indexes ausgedrückt. Der deutsche Aktienmarkt könnte beispielsweise durch den DAX repräsentiert werden.

Der *Beta-Faktor* einer Anlage ist ein Maß für die gemeinsame Entwicklung der Rendite des betrachteten Assets und der Marktrendite. Obwohl er ein wichtiges und häufig benutztes Risikomaß darstellt, soll er an dieser Stelle nur am Rande behandelt werden. Wesentliche Grundlagen für seine Herleitung folgen in Kap. 5.7.

Der Beta-Faktor gibt darüber Auskunft, wie der lineare Zusammenhang (wenn er denn besteht) zwischen diesen beiden Renditen aussieht. Er sagt jedoch nichts darüber aus, ob überhaupt ein linearer Zusammenhang besteht, bzw. wie groß dieser ist. Hierfür wird der schon

38 Hierbei handelt es sich um den sog. Jarque-Bera-Test in Kap. 6.4.4.

39 Vgl. die Fallstudie in Kap. 5.7.

häufiger in diesem Buch[40] erwähnte *Korrelationskoeffizient* verwendet. Dieser berechnet sich in diesem Kontext, also als Maß für den linearen Zusammenhang zwischen der Rendite des Marktes und der einer Anlage, nach Kap. 2.3.5.3. Gleichung (3) durch:

$$(1) \qquad r_{r_A r_M} = \frac{\sum_{t=1}^{n} r_{A,t} \cdot r_{M,t} - n \cdot \bar{r}_A \cdot \bar{r}_M}{\sqrt{\sum_{t=1}^{n} r_{A,t}^2 - n \cdot \bar{r}_A^2} \cdot \sqrt{\sum_{t=1}^{n} r_{M,t}^2 - n \cdot \bar{r}_M^2}}$$

mit $r_{A,t}$: Rendite einer Anlage
$\bar{r}_A$: mittlere Rendite der Anlage
$r_{M,t}$: Marktrendite
$\bar{r}_M$: mittlere Marktrendite
n: Anzahl der betrachteten Zeitpunkte

Die Deutsche Börse AG berechnet diese Kennzahlen für den linearen Zusammenhang zwischen dem DAX und allen im DAX enthaltenen Aktien börsentäglich. Die Ergebnisse werden beispielsweise im „Handelsblatt" veröffentlicht. Als zu Grunde liegende Daten werden wie bei der Volatilität sowohl die letzten 30 als auch die letzten 250 Tagesrenditen verwandt. So kann ein Vergleich der Korrelation eines relativ kurzen Zeitraums (sechs Wochen) mit der eines recht langen (ein Jahr) durchgeführt werden.

Eigentlich sollte zur Bewertung des Risikos einer Anlage der Korrelationskoeffizient nicht gesondert neben dem oben erwähnten Beta-Faktor betrachtet werden. Vielmehr sind beide gemeinsam zu berechnen und zu interpretieren. Bei bloßer Kenntnis des Korrelationskoeffizienten kann lediglich festgestellt werden, ob und in welchem Maße die Rendite einer Anlage durch die des Marktes linear Weise beeinflusst wird. Je größer er ist, je näher er also bei plus eins[41] liegt, desto stärker folgt die Rendite des Assets der des Gesamtmarktes. Gleichzeitig ist der Einfluss anderer und damit unsystematischer Faktoren auf die Rendite geringer. Es ist also in einem größeren Umfang das systematische (das Marktrisiko) zu tragen. Liegt der Korrelationskoeffizient dagegen in der Nähe von null, so stammt das zu tragende Risiko aus unsystematischen Faktoren, die lediglich die betrachtete Anlage betreffen. Ein negativer Korrelationskoeffizient ist in diesem Zusammenhang eher unwahrscheinlich (und auch empirisch höchst selten zu beobachten).

In den folgenden zwei Abbildungen sind die Tagesrenditen von zwei Aktientiteln und des DAX gegeneinander geplottet. In dem betrachteten Zeitraum (1.10.98 bis 11.11.98) besteht

40 Der theoretische Korrelationskoeffizient wurde in Kap. 2.3.4. bereits ausführlich beschrieben. Der empirische Korrelationskoeffizient wurde in Kap. 2.3.5.3. vorgestellt. Dort sind auch seine Eigenschaften, die hier von Bedeutung sind, dargestellt. Ferner wurde in einem Beispiel der lineare Zusammenhang zwischen DAX- und BASF-Renditen berechnet.

41 Der Korrelationskoeffizient liegt nach Kap 2.3.5.3. Gleichung (5) immer zwischen –1 und +1.

ein wesentlicher Unterschied zwischen den beiden Assets: Die VW-Rendite besitzt einen viel stärkeren linearen Zusammenhang mit dem DAX. Dementsprechend ist der Korrelationskoeffizient mit 0.89 auch sehr hoch. Die RWE-Rendite in der zweiten Abbildung steht dagegen in keinem sichtbaren Zusammenhang zu der Rendite des DAX. Der Korrelationskoeffizient zwischen den beiden liegt bei 0.02, also nahe bei null. Bei dieser Anlage ist ein sehr starkes unsystematisches Risiko zu tragen.

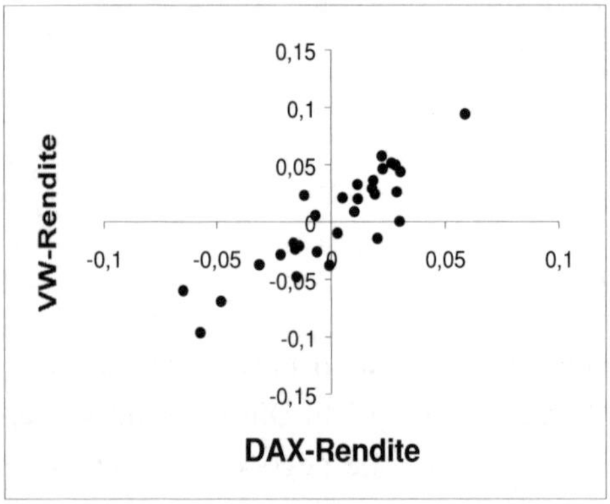

Abb. 3.3.5.-1.: DAX-/VW-Rendite

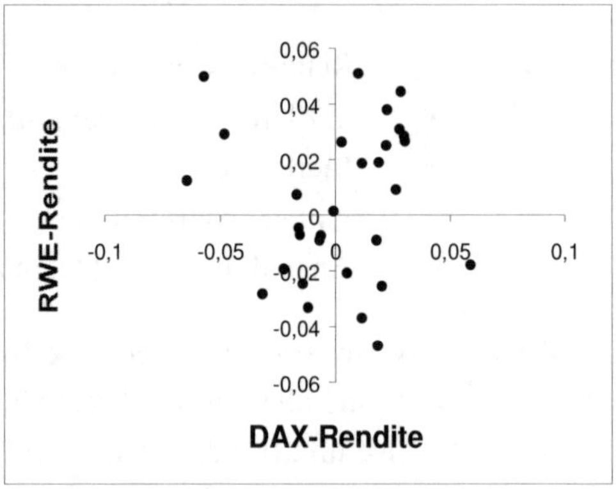

Abb. 3.3.5.-2.: DAX-/RWE-Rendite

Dem Korrelationskoeffizienten kommt bei der Nachbildung eines Marktindexes eine besondere Bedeutung zu: Möchte ein Investor ein Portfolio zusammenstellen, dessen Wertentwicklung nach Möglichkeit der des DAX entspricht, so wird er Aktien kaufen, die eine hohe positive Korrelation zum DAX besitzen. Da sie sich in diesem Fall mehr oder weniger ähnlich zum DAX verhalten, würden sie also auch eine ähnliche Rendite erbringen. Man sollte aber auch hier nicht vergessen, dass der Korrelationskoeffizient lediglich aus historischen Renditen berechnet wird. Es besteht somit keine Garantie, dass sich die interessierenden Renditen in Zukunft so verhalten wie es der Korrelationskoeffizient für die Vergangenheit aufgezeigt hat.

3.3.6. Tracking Error

Bei einem *passiven* Portfoliomanagement verfolgt der Portfoliomanager das Ziel, eine feste, vorgegebene Benchmark[42] bezüglich ihrer Rendite- und Risikoeigenschaften nachzubilden (vgl. auch die Fallstudien in Kap. 10.5. und 12.4.). Wird beispielsweise der DAX-Index als Benchmark gewählt, so sollte die Rendite des zu bildenden Portfolios sehr stark mit der des DAX korreliert sein und außerdem einen Beta-Faktor von eins besitzen.

42 Näheres zu den wünschenswerten Eigenschaften einer Benchmark ist in Kap. 5.8.2. nachzulesen.

Ein Maß für die Güte der Nachbildung einer Benchmark ist der sogenannte *Tracking Error*, der das Risiko der Abweichung zwischen der Rendite der Benchmark und der tatsächlich erzielten Portfoliorendite misst. Seine Berechnung basiert auf der Risikodefinition in Kap. 3.3.1., bei der das Risiko durch die geschätzte Standardabweichung (die geschätzte Volatilität) der Renditen ermittelt wird. Hier wird jedoch nicht die Standardabweichung einer Rendite, sondern die der Renditedifferenz betrachtet. Der historische Tracking Error *TE* lässt sich also mit Hilfe der folgenden Formel berechnen:

$$(1) \quad TE = \sigma(r_{PF} - r_{BM}) = \sqrt{\frac{1}{n-1}\sum_{t=1}^{n}\left((r_{PF,t} - r_{BM,t}) - (\bar{r}_{PF} - \bar{r}_{BM})\right)^2}$$

$$= \sqrt{\frac{1}{n-1}\sum_{t=1}^{n}\left((r_{PF,t} - \bar{r}_{PF}) - (r_{BM,t} - \bar{r}_{BM})\right)^2}$$

mit $r_{PF,t}$: realisierte Portfoliorendite zum Zeitpunkt t

$\bar{r}_{PF}$: mittlere Rendite des Portfolios

$r_{BM,t}$: Rendite der Benchmark zum Zeitpunkt t

$\bar{r}_{BM}$: mittlere Benchmarkrendite

n: Anzahl der betrachteten Perioden

Die Differenz zwischen der Rendite des Portfolios und jener der Benchmark, also $r_{PF} - r_{BM}$, wird als aktive Rendite r_{akt} bezeichnet. Mit diesem Ausdruck vereinfacht sich die Formel (1) für den Tracking Error zu:

$$(2) \quad TE = \sqrt{\frac{1}{n-1}\sum_{t=1}^{n}(r_{akt,t} - \bar{r}_{akt})^2}$$

Damit der Tracking Error einen Wert von null annimmt, muss die Benchmarkrendite bezüglich ihrer Schwankungen vollstandig nachgebildet werden. Dies bedeutet, dass die aktive Rendite zu jedem betrachteten Zeitpunkt gleich hoch, also konstant sein muss, was durch eine exakte Nachbildung erreicht werden kann. Gerade bei der Verwendung eines Indexes als Benchmark kann dieses Ziel jedoch aus zwei verschiedenen Gründen nicht vollständig erreicht werden. Zum einen sind die Gewichte der einzelnen Assets in den Indices nicht ganzzahlig. Die Anlagen können also nicht in der Höhe, in der sie im Index auftreten, erworben werden. Zum anderen fallen beim Kauf von Wertpapieren Transaktionskosten an. Die realisierte Rendite muss also um diese Kosten bereinigt werden, während die Rendite des Indexes davon befreit bleibt. Aus diesem Grund ist es nicht sinnvoll, einen Index durch alle darin enthaltenen Assets nachzubilden. Stattdessen sollten lediglich die wichtigsten verwendet werden, deren Renditen eine hohe Korrelation zu der Indexrendite besitzen. Nähere Betrachtungen hierzu finden sich in Kap. 12.4.

Bei der Verwendung des Tracking Errors mit der obigen Definition sei zur Vorsicht geraten: Ein minimaler Tracking Error (ggf. einer mit dem Wert null) impliziert nicht, dass die Benchmark perfekt nachgebildet worden ist. Ist die aktive Rendite nämlich konstant, also gerade gleich der mittleren aktiven Rendite, so ist der Tracking Error zwar null, die aktive Rendite kann aber durchaus negativ sein. Dies würde bedeuten, dass die Rendite des Portfolios perfekt, also systematisch unter jener der Benchmark liegt. Abb. 3.3.6.-1. und das folgende Beispiel 1 verdeutlichen dieses Problem.

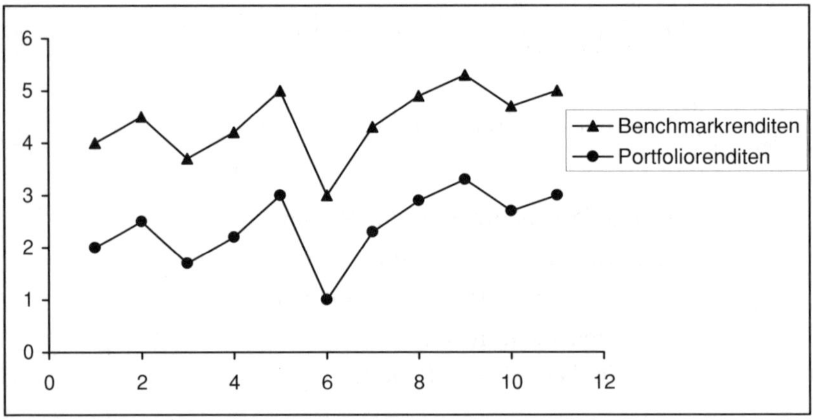

Abb. 3.3.6.-1.: Portfolio mit einem Tracking Error von null

Ein Tracking Error mit dem Wert null garantiert also lediglich, dass die Risikostruktur der Benchmark perfekt nachgebildet wird. Aus diesem Grund ist es wichtig, dass beim Index Tracking neben dem Tracking Error auch die durchschnittliche aktive Rendite berücksichtigt wird. Unterscheidet sich diese nämlich signifikant von null, so liegt die Rendite des Tracking Portfolios systematisch unter bzw. über der Rendite der Benchmark, unabhängig davon, welchen Wert der Tracking Error annimmt.[43] Da diese Berücksichtigung in der Praxis immer stattfindet, wird der Fall eines Tracking Portfolios, wie in Abb. 3.3.6.-1. dargestellt, nicht auftreten.Weiterhin sollte der Tracking Error keinesfalls mit dem Korrelationskoeffizienten verwechselt werden. Beide besitzen eine völlig unterschiedliche Bedeutung und so können sie sogar (wie das folgende Beispiel zeigt) zu einer unterschiedlichen Vorteilhaftigkeitsaussage hinsichtlich der Benchmarknachbildung führen.

Beispiel: Tracking Error zweier Portfolios

In der folgenden Tab. 3.3.6.-1. sind die realisierten Renditen (in Prozent) einer Benchmark und zweier Portfolios zu fünf unterschiedlichen Zeitpunkten dargestellt. In der dritten und

43 Bei einem Tracking Error von null und einer positiven durchschnittlichen aktiven Rendite liegt die Rendite des Tracking Portfolios systematisch oberhalb der Benchmarkrendite, bei einer negativen durchschnittlichen Rendite systematisch unterhalb der Benchmarkrendite.

fünften Spalte sind die Renditen der Portfolios A und B eingetragen. In der vierten und sechsten Spalte befinden sich die aktiven Renditen dieser Portfolios, die sich für jeden Zeitpunkt durch die Subtraktion der Benchmarkrenditen von den Renditen der Portfolios berechnen lassen.

t	$r_{BM,t}$	$r_{PFA,t}$	$r_{aktA,t}$	$r_{PFB,t}$	$r_{aktB,t}$
1	3	9	6	2.5	−0.5
2	2	6	4	1	−1
3	4	12	8	3.5	−0.5
4	3	9	6	2	−1
5	3	9	6	2.5	−0.5
			$\bar{r}_{aktA} = 6$		$\bar{r}_{aktB} = -0.7$

Tab. 3.3.6.-1.: Beispielhafte Benchmark- und Portfoliorenditen

Die beiden folgenden Abbildungen zeigen den Zusammenhang zwischen den Renditen der Portfolios A und B und der Benchmarkrendite:

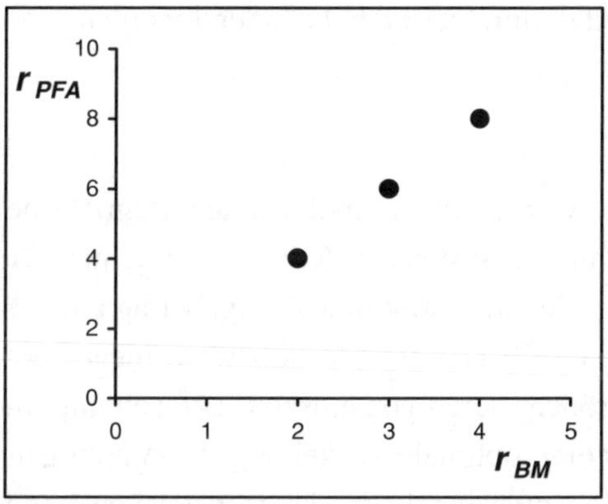

Abb. 3.3.6.-2.: Portfolio A gegen Benchmark im Beispiel

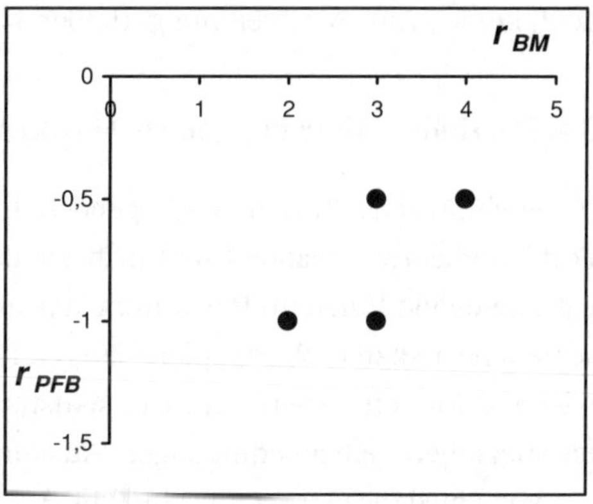

Abb. 3.3.6.-3.: Portfolio B gegen Benchmark im Beispiel

Der Korrelationskoeffizient in der ersten Abbildung ist genau eins. Die Punkte liegen exakt auf einer Geraden. In der zweiten Abbildung ist zwar auch ein linearer Zusammenhang erkennbar. Die Punkte streuen jedoch stärker, sodass der Korrelationskoeffizient kleiner als eins ist. Eine genaue Berechnung liefert einen Wert von etwa 0.97. Der Tracking Error ergibt sich nach (2) und unter Zuhilfenahme der in der Tabelle dargestellten mittleren aktiven Renditen:

$$TE_A = \sqrt{\frac{1}{5-1}\sum_{t=1}^{5}\left(r_{aktA,t} - 6\right)^2} = 1.414$$

$$TE_B = \sqrt{\frac{1}{5-1}\sum_{t=1}^{5}\left(r_{aktB,t} - (-0{,}7)\right)^2} = 0.274$$

Das zweite Portfolio erzielt eine durchweg niedrigere Rendite als die Benchmark, im Mittel nämlich nur eine aktive Rendite von –0.7, und hat auch einen geringeren Korrelationskoeffizienten als das erste Portfolio. Trotzdem besitzt es einen viel geringeren Tracking Error als das Portfolio A. Nach diesem Risikomaß scheint das zweite Portfolio zur Nachbildung der Benchmark also geeigneter zu sein als das erste.

Durch dieses beispielhafte Ergebnis kommt sofort die Frage auf, ob der Tracking Error in seiner Definition nach (2) überhaupt dazu geeignet ist, Auskunft über die Güte der Nachbildung einer Benchmark zu geben. Offensichtlich sollte er zumindest nicht als einziges Gütemaß, sondern zumindest im Zusammenhang mit der mittleren aktiven Rendite und dem Korrelationskoeffizienten betrachtet werden. Weiter wurden in den letzten Jahren andere Tracking Error-Maße [s. RUDOLF (1994), S. 130ff.] definiert, die in der Praxis jedoch noch keine große Verbreitung gefunden haben und darum hier nicht behandelt werden.

3.4. Portfoliooptimierung nach MARKOWITZ

Arbeitshinweise: In dem vorliegenden Kap. 3.4. werden die grundlegenden Begriffe der Portfoliotheorie behandelt und insbesondere in ihrem statistischen Kontext betrachtet. Die entscheidende Frage im Portfoliomanagement ist, wie ein bestimmter Anlagebetrag auf verschiedene riskante Wertpapiere aufgeteilt werden soll. Das von MARKOWITZ hierzu entwickelte Modell basiert auf zwei statistischen Größen, deren gemeinsame Betrachtung unter speziellen Nebenbedingungen Auskunft über eine optimale Aufteilung des Vermögens auf verschiedene Assets gibt. In Kap. 3.4.1. werden zunächst die beiden statistischen Kennzahlen eines Portfolios dargestellt, die zur Optimierung der Portfoliostruktur verwendet werden. Hierauf aufbauend werden in Kap. 3.4.2. das eigentliche Modell und seine Voraussetzungen beschrieben. In Kap. 3.4.3. findet eine kritische Würdigung dieses Modells statt. Alle statistischen Begriffe, Konzepte und Rechenregeln, die in diesem Kapitel benutzt werden, wurden in Kap. 2. bereits ausführlich behandelt. Aus diesem Grund ist dieses Kapitel für einen rein statistisch interessierten Leser nicht von Bedeutung. Es ist eher für solche Leser gedacht, die an der ökonomischen Theorie interessiert sind und gleichzeitig die statistischen Hintergründe verstehen möchten. Weiterhin liefert Kap. 3.4. eine wichtige Grundlage für Kap. 12.3.

3.4.1. Statistische Kennzahlen eines Portfolios

Das Ziel einer Portfoliobildung liegt darin, durch die Investition eines zur Verfügung stehenden Geldbetrags in verschiedene risikobehaftete Anlagen das Risiko bei gleich bleibender Rendite zu verringern. Es wird also nicht nur die Rendite des Portfolios betrachtet. Würde nämlich ausschließlich die Renditekomponente berücksichtigt werden, so wäre es am sinnvollsten, den gesamten Geldbetrag in das Asset mit der höchsten Renditeerwartung zu investieren.

Die Bestimmung der Portfoliostruktur sollte nach MARKOWITZ (1952) sowohl anhand der erwarteten Rendite als auch des Risikos eines Portfolios vorgenommen werden. Für diese beiden Größen werden die zwei statistischen Maßzahlen Erwartungswert und Standardabweichung der Portfoliorendite verwendet. Sie lassen sich einfach aus den Kennzahlen der einzelnen Asset-Renditen berechnen. Hierzu muss jedoch zunächst gezeigt werden, wie sich die Rendite des Portfolios aus den Renditen der in ihr enthaltenen Anlagen ergibt.

Wird im Folgenden von der Rendite gesprochen, so ist damit nun die *diskrete Rendite* gemeint. Nur bei ihrer Verwendung gilt der folgende Zusammenhang *exakt*:

(1) $$R_P^d = \sum_{i=1}^{N} w_i R_i^d$$

mit R_P^d: diskrete Rendite des Portfolios

w_i: Anteil der Anlage i im Portfolio mit $\sum_{i=1}^{N} w_i = 1$

R_i^d: diskrete Rendite der Anlage i

N: Anzahl der Anlagen im Portfolio

Die Renditen der Anlagen werden also mit ihrem Anteil am Portfolio gewichtet und aufsummiert. Die Summe der einzelnen Gewichte w_i ist gerade eins.

Soll im Portfoliokontext die *stetige Rendite* verwendet werden, so muss im strengen Sinne die weit komplizierter erscheinende Formel (2) für die Berechnung der Portfoliorendite benutzt werden:

(2) $$R_P^s = \ln\left(\sum_{i=1}^{N} w_i e^{R_i^s}\right)$$

mit R_P^s: stetige Rendite des Portfolios

R_i^s: stetige Rendite der Anlage i

Die Gleichung (2) ergibt sich direkt aus der Berechnungsformel für die diskrete Portfoliorendite (1), wenn die in Kap. 3.1.4. Gleichung (5) dargestellte Umrechnung einer stetigen in eine diskrete Rendite dort eingesetzt wird. Formel (1) lässt sich dann nämlich schreiben als

$$e^{R_P^s} - 1 = \sum_{i=1}^{N} w_i \left(e^{R_i^s} - 1 \right) = \sum_{i=1}^{N} w_i e^{R_i^s} - 1$$

Wird dieser Ausdruck nach der stetigen Rendite aufgelöst, so folgt

$$R_P^s = \ln\left(\sum_{i=1}^{N} w_i e^{R_i^s} - 1 + 1 \right) = \ln\left(\sum_{i=1}^{N} w_i e^{R_i^s} \right)$$

Bei der Betrachtung von Portfolios ist es offensichtlich sinnvoller, die leichter zu berechnende diskrete Rendite zu verwenden. Hat man bei der Benutzung statistischer Methoden auf die stetigen Renditen zurückgegriffen, so sollten diese nun durch die bereits mehrmals in diesem Buch vorgestellten Umrechnungsformeln[44] in diskrete Renditen umgewandelt werden. Verschiedentlich wird die stetige Rendite eines Portfolios wegen der leichteren Berechnungsart auch *näherungsweise* durch die einfache gewichtete Summe der stetigen Renditen der Anlagen (wie in (1)) bestimmt:

$$(3) \qquad R_P^s \cong \sum_{i=1}^{N} w_i R_i^s$$

Hierdurch entsteht jedoch ein Fehler, der aber umso kleiner ist, je näher die Renditen der einzelnen Anlagen bei null liegen. So ist z.B. beim Arbeiten mit Eintagesrenditen die dadurch entstehende Ungenauigkeit vernachlässigbar, während sie aber bei Jahresrenditen schon erkennbar wird.

Werden die Renditen des Portfolios und der Anlagen als Zufallsvariablen betrachtet, so lassen sich nun der Erwartungswert und die Standardabweichung der Portfoliorendite unter Verwendung bekannter Formeln berechnen. Es wird dabei vorausgesetzt, dass die Erwartungswerte und Standardabweichungen der Renditen der Assets bekannt sind. Der Erwartungswert μ_P der Portfoliorendite ist somit:

$$(4) \qquad \mu_P = E(R_P) = E\left(\sum_{i=1}^{N} w_i R_i \right) = E(w_1 R_1 + w_2 R_2 + \ldots + w_N R_N)$$

Nach der in Kap. 2.3.1. dargestellten Formel (7) ist der Erwartungswert dieser Summe gerade die Summe der Erwartungswerte der einzelnen Komponenten. Weiter lassen sich nach Kap. 2.3.1. Gleichung (4) die Gewichte der einzelnen Anlagerenditen vor den Erwartungswert ziehen. Es ergibt sich damit

44 Siehe Kap. 3.1.4. Gleichung (5).

$$(5)\quad \mu_P = E(w_1R_1) + E(w_2R_2) + \ldots + E(w_NR_N)$$
$$= w_1E(R_1) + w_2E(R_2) + \ldots + w_NE(R_N)$$
$$= \sum_{i=1}^{N} w_iE(R_i) = \sum_{i=1}^{N} w_i\mu_i,$$

wobei μ_i die erwartete Rendite der i-ten Anlage ist. Die erwartete Rendite des Portfolios ergibt sich also aus der gewichteten Summe der einzelnen erwarteten Renditen.

Die Standardabweichung der Portfoliorendite ist komplizierter zu berechnen als die erwartete Rendite und stimmt in der Regel nicht mit der gewichteten Summe der einzelnen Standardabweichungen überein. Zusätzlich ist hier die lineare Abhängigkeit der verschiedenen Wertpapierrenditen untereinander zu beachten, die sich bekanntlich durch die Kovarianz (bzw. Korrelation) messen lässt. Die Berechnung soll deswegen zunächst an einem Spezialfall, in dem das Portfolio lediglich aus *zwei Anlagen* besteht, aufgezeigt werden. Die Varianz ergibt sich in diesem Fall durch:

$$(6)\quad \sigma_P^2 = Var(R_P) = Var(w_1R_1 + w_2R_2)$$
$$= Var(w_1R_1) + 2 \cdot Cov(w_1R_1, w_2R_2) + Var(w_2R_2),$$

wobei hier die in Kap. 2.3.4. beschriebene und hergeleitete Formel (2) auf die Zufallsvariablen w_1R_1 und w_2R_2 an Stelle von X und Y angewendet wird. Da die Gewichte w_1 und w_2 feste, also nicht zufällige Größen sind, lassen sie sich nach Kap. 2.3.2. Gleichung (6) und Kap. 2.3.4. Gleichung (5) aus den Varianzen und der Kovarianz in (6) herausziehen. Es folgt somit für die Varianz der Portfoliorendite:

$$(7)\quad \sigma_P^2 = w_1{}^2 \cdot Var(R_1) + 2w_1w_2Cov(R_1, R_2) + w_2{}^2 \cdot Var(R_2)$$

Um diesen Ausdruck überschaubarer zu gestalten, verwendet man in der Regel die folgenden Notationen für die Varianzen und die Kovarianzen der Renditen:

$$(8)\quad \sigma_i^2 = Var(R_i) \text{ für alle } i = 1,\ldots,N$$

$$(9)\quad \sigma_{ij} = Cov(R_i, R_j) \text{ für alle } i \neq j$$

Die Formel für die Varianz der Portfoliorendite im Zwei-Anlagen-Fall vereinfacht sich mit (8) und (9) zu:

$$(10)\quad \sigma_P^2 = w_1{}^2\sigma_1^2 + 2w_1w_2\sigma_{12} + w_2{}^2\sigma_2^2$$

Die Varianz der Portfoliorendite setzt sich in diesem Fall also aus den beiden gewichteten Varianzen der Renditen der einzelnen Anlagen und der gewichteten Kovarianz *zwischen* den Anlagerenditen zusammen. Die Gewichte lassen sich aus den Anteilen w_1 und w_2 leicht berechnen. In einem weiteren Schritt soll nun die Varianz der Portfoliorendite im *Drei-Anlagen-Fall* hergeleitet werden. Aus ihrer Formel ist sofort ersichtlich, wie die Varianz aussieht, wenn das Portfolio allgemein aus *n* verschiedenen Anlagen besteht. Erneut wird hierzu die in Kap. 2.3.4. beschriebene Formel (2) verwendet, die nun jedoch zwei Mal angewendet werden muss, um die drei Summenglieder in der Varianz der Portfoliorendite zu eliminieren:

$$(11)\quad \begin{aligned}\sigma_P^2 &= Var(R_P) = Var(w_1R_1 + w_2R_2 + w_3R_3)\\ &= Var(w_1R_1) + 2\cdot Cov(w_1R_1, w_2R_2 + w_3R_3) + Var(w_2R_2 + w_3R_3)\\ &= Var(w_1R_1) + 2\cdot[Cov(w_1R_1, w_2R_2) + Cov(w_1R_1, w_3R_3)]\\ &\quad + Var(w_2R_2) + 2\cdot Cov(w_2R_2, w_3R_3) + Var(w_3R_3)\end{aligned}$$

Mit den oben bereits verwendeten Rechenregeln für die Varianzen und Kovarianzen von Zufallsvariablen, lässt sich Ausdruck (11) analog zu (7) vereinfachen. Weiter führt der Gebrauch der Notationen (8) und (9) zu der Formel

$$(12)\quad \sigma_P^2 = {w_1}^2\sigma_1^2 + {w_2}^2\sigma_2^2 + {w_3}^2\sigma_3^2 + 2\cdot(w_1w_2\sigma_{12} + w_1w_3\sigma_{13} + w_2w_3\sigma_{23}),$$

die sich in übersichtlicherer Form mit Hilfe des Summenzeichen darstellen lässt:

$$(13)\quad \sigma_P^2 = \sum_{i=1}^{3} {w_i}^2\sigma_i^2 + \sum_{j=1}^{3}\sum_{\substack{k=1\\ j\neq k}}^{3} w_j w_k \sigma_{jk}$$

Die erste Summe stellt die gewichteten einzelnen Varianzen der Anlagen dar. Die Doppelsumme beinhaltet die Kovarianzen. An diesem Ausdruck mag auffallen, dass der Faktor 2 vor den Kovarianzelementen verschwunden ist. Dieser ist jedoch implizit durch die doppelte Summe noch vorhanden: Mit $j = 2$ und $k = 3$ ergibt sich derselbe Term wie mit $j = 3$ und $k = 2$, da $\sigma_{jk} = \sigma_{kj}$ symmetrisch in *j* und *k* ist. Damit tritt also jeder Term zwei Mal auf. Das Symbol $j \neq k$ bedeutet, dass *j* nicht denselben Wert annehmen darf wie *k* (und umgekehrt). Insgesamt bedeutet die Doppelsumme, dass alle möglichen gewichteten Kovarianzen zwischen jeweils zwei Anlagerenditen aufsummiert werden. Die Formel (13) lässt sich auf *N* verschiedene Anlagen erweitern:

$$(14)\quad \sigma_P^2 = \sum_{i=1}^{N} {w_i}^2\sigma_i^2 + \sum_{j=1}^{N}\sum_{\substack{k=1\\ j\neq k}}^{N} w_j w_k \sigma_{jk}$$

Da die Varianz einer Wertpapierrendite σ_i^2 auch als Kovarianz σ_{ii} mit sich selbst aufgefasst werden kann (vgl. Kap. 2.3.4. Gleichung (8)), kann (14) auch durch die kompaktere Formel (15) ersetzt werden.

(15) $$\sigma_P^2 = \sum_{j=1}^{N} \sum_{k=1}^{N} w_j w_k \sigma_{jk}$$

Der erste Summenterm in (14) wird also in den zweiten integriert, wobei dadurch die Bedingung $j \neq k$ im zweiten Summenausdruck eliminiert wird.

Beispiel: Erwartete Rendite und Varianz eines Portfolios bestehend aus drei Assets

Ein Investor hat sich für ein Portfolio entschieden, das lediglich aus drei Assets besteht, die in dem Verhältnis 1:2:1 in dem Portfolio vertreten sind. Die in der folgenden Tabelle dargestellten Angaben sind dem Investor bekannt. Auf welche Art und Weise er diese Informationen erhalten hat, soll an dieser Stelle nicht von Interesse sein. Die Werte der Renditen in der Tabelle sind in Prozentzahlen angegeben, könnten aber genauso in absoluten Zahlen dargestellt werden. Auf die folgenden Berechnungen hat dies keinen Einfluss.

	Anlage 1	Anlage 2	Anlage 3
Erwartete Rendite	6%	8%	12%
Standardabweichung	1%	1.414%	2%

Tab. 3.4.1.-1.: Erwartete Renditen und Varianzen von drei Anlagen

Die Angaben in der Tab. 3.4.1.-1. sind für die Berechnung der erwarteten Portfoliorendite ausreichend. Für die Varianz fehlen jedoch noch die Kovarianzen, welche das Ausmaß der linearen Zusammenhänge zwischen den drei Anlagerenditen ausdrücken. Auch diese seien in diesem vereinfachten Beispiel als bekannt angenommen. Die Kovarianzen zwischen je zwei Anlagerenditen seien:

$$\sigma_{12} = 1,\ \sigma_{13} = -1,\ \sigma_{23} = 0$$

Durch die Angabe des Verhältnisses der Anlagen im Portfolio sind auch die Gewichte w_1, w_2 und w_3 bereits gegeben:

$$w_1 = \frac{1}{4},\ w_2 = \frac{1}{2},\ w_3 = \frac{1}{4}$$

Mit den oben hergeleiteten Formeln lassen sich nun die erwartete Portfoliorendite und Portfoliovarianz aus den erwarteten Renditen und Varianzen der Einzelanlagen, ihren Kovarianzen und den Gewichten vollständig berechnen:

$$\mu_P = w_1\mu_1 + w_2\mu_2 + w_3\mu_3 = \frac{1}{4}\cdot 6\% + \frac{1}{2}\cdot 8\% + \frac{1}{4}\cdot 12\% = 8.5\%$$

und

$$\begin{aligned}\sigma_P^2 &= w_1{}^2\sigma_1^2 + w_2{}^2\sigma_2^2 + w_3{}^2\sigma_3^2 + 2\cdot(w_1w_2\sigma_{12} + w_1w_3\sigma_{13} + w_2w_3\sigma_{23})\\ &= \left(\frac{1}{4}\right)^2\cdot 1 + \left(\frac{1}{2}\right)^2\cdot 2 + \left(\frac{1}{4}\right)^2\cdot 4 + 2\cdot\left(\frac{1}{4}\cdot\frac{1}{2}\cdot 1 + \frac{1}{4}\cdot\frac{1}{4}\cdot(-1) + \frac{1}{2}\cdot\frac{1}{4}\cdot 0\right)\\ &= 0.9375\end{aligned}$$

Das durch die Standardabweichung quantifizierte Risiko beträgt somit etwa 0.968%. Offensichtlich ist durch die Kombination dieser drei Anlagen ein Portfolio entstanden, dass eine höhere Rendite als die Anlage 2 erwarten lässt und gleichzeitig eine wesentlich geringere Varianz und damit auch Standardabweichung besitzt. In der Tab. 3.4.1.-2. sind die erwarteten Portfoliorenditen und -standardabweichungen für unterschiedliche Mischungsverhältnisse, also unterschiedliche Gewichte w_1, w_2 und w_3, angegeben.

w_1	w_2	w_3	μ_P	σ_P
1	0	0	6	1
0	1	0	8	1.41
0	0	1	12	2
0.5	0.5	0	7	1.12
0	0.5	0.5	10	1.22
0.33	0.33	0.33	8.67	0.88
0.5	0.25	0.25	8	0.79
0.5	0	0.5	9	0.87

Tab. 3.4.1.-2.: Gewichte, erwartete Portfoliorenditen und -standardabweichungen

Zum Vergleich und zur Beurteilung der unterschiedlichen Portfolios ist es hilfreich, diese in einem sog. *Rendite-Risiko-Diagramm* (vgl. Abb. 3.4.1.-1.) darzustellen.

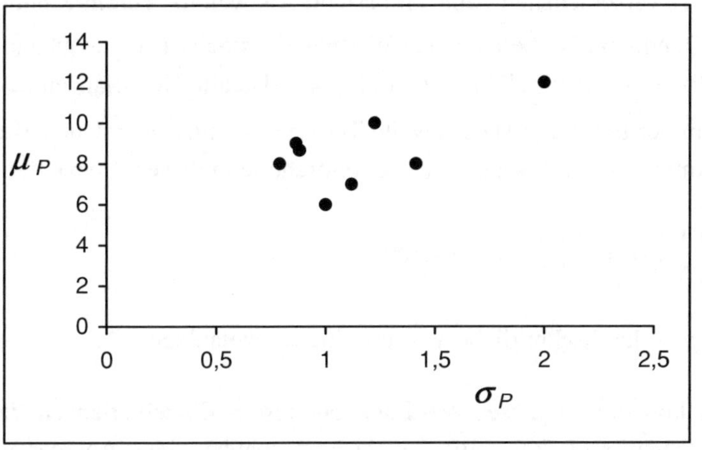

Abb. 3.4.1.-1.: Rendite-Risiko-Diagramm

Betrachtet man nun alle möglichen Mischungsverhältnisse der Anlagen in einem Portfolio und berechnet deren Renditen und Risiken, so kristallisiert sich im Rendite-Risiko-Diagramm eine die Punkte begrenzende Kurve heraus, die eine Gestalt wie die in der Abb. 3.4.1.-2. besitzt. Näheres hierzu folgt im nächsten Abschnitt.

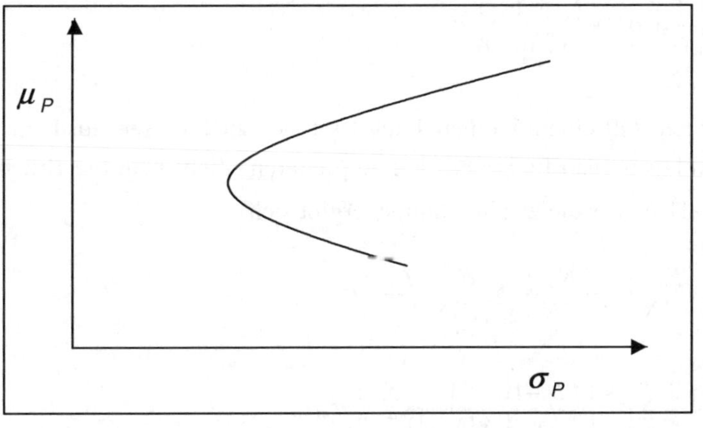

Abb. 3.4.1.-2.: Begrenzende Kurve aller möglichen Portfolios im Rendite-Risiko-Diagramm

Nachdem nun der Erwartungswert und die Varianz bzw. Standardabweichung der Portfoliorendite berechnet werden können, lässt sich an einem Spezialfall leicht zeigen, welche Auswirkungen die Diversifikation auf das Portfoliorisiko besitzt. Hierzu sei zunächst das einfachste aller Portfolios betrachtet, nämlich das *naive Portfolio*, welches aus gleichen Anteilen $1/N$ der N verschiedenen Anlagen besteht. Als weitere Vereinfachung sei angenommen, dass die Renditen aller betrachteten Wertpapiere stochastisch unabhängig voneinander sind. Es gilt also $\sigma_{jk} = 0$ für alle j und k mit $j \neq k$. Da alle Kovarianzen den Wert null annehmen, fällt in der Formel (14) der zweite Term vollständig weg. Unter Berücksichtigung der gleichen Anteile ist die Varianz der Portfoliorendite in diesem Spezialfall nun

$$\sigma_P^2 = \sum_{i=1}^{N} \left(\frac{1}{N}\right)^2 \sigma_i^2 = \frac{1}{N}\left(\frac{1}{N}\sum_{i=1}^{N}\sigma_i^2\right) = \frac{1}{N}\overline{\sigma}_{Var}^2$$

mit $\overline{\sigma}_{Var}^2$: durchschnittliche Varianz einer Einzelanlage

Offensichtlich konvergiert dieser Ausdruck bei festen Einzelvarianzen der Anlagen für wachsendes N gegen null. Bei völlig voneinander unabhängigen Anlagen wird das Risiko also umso geringer und kann sogar beliebig klein werden, je mehr Anlagen in das Portfolio aufgenommen werden. Bemerkenswerterweise gilt dies sogar bei dieser einfachen Anlagestrategie, bei der jede Anlage mit demselben Gewicht im Portfolio gehalten wird.

Um nun zu einer realeren Betrachtungsweise überzugehen, soll jetzt die Bedingung der völligen Unkorreliertheit aufgehoben werden. Allerdings wird weiterhin ein naives Portfolio realisiert. Seine Varianz kann somit aus

$$\sigma_P^2 = \sum_{i=1}^{N} \left(\frac{1}{N}\right)^2 \sigma_i^2 + \sum_{j=1}^{N} \sum_{\substack{k=1 \\ j \neq k}}^{N} \frac{1}{N} \cdot \frac{1}{N} \sigma_{jk}$$

berechnet werden. Mit einem kleinen Trick lässt sich auch dieser Ausdruck für eine große Anzahl von Anlagen, also für großes N interpretieren. Zieht man die Brüche $1/N$ vor die erste und $(N-1)/N$ vor die zweite Summe, ergibt sich

$$\begin{aligned}\sigma_P^2 &= \frac{1}{N} \cdot \sum_{i=1}^{N} \frac{1}{N}\sigma_i^2 + \frac{N-1}{N} \cdot \sum_{j=1}^{N} \sum_{\substack{k=1 \\ j \neq k}}^{N} \frac{1}{N(N-1)}\sigma_{jk} \\ &= \frac{1}{N}\left(\frac{1}{N}\sum_{i=1}^{N}\sigma_i^2\right) + \frac{N-1}{N}\left(\frac{1}{N(N-1)}\sum_{j=1}^{N} \sum_{\substack{k=1 \\ j \neq k}}^{N} \sigma_{jk}\right)\end{aligned}$$

Die beiden verbleibenden Summenausdrücke sind Mittelwerte der Varianzen bzw. Kovarianzen: Die Summe der Varianzen wird durch die Anzahl aller Varianzen N (Faktor $1/N$ im ersten Term) und die Summe der Kovarianzen durch die Anzahl aller Kovarianzen $N \cdot (N-1)$ (Faktor $1/N(N-1)$ im zweiten Term) dividiert. Mit der üblichen Mittelwertschreibweise lässt sich die Varianz eines Portfolios somit darstellen als

$$\sigma_P^2 = \frac{1}{N} \cdot \overline{\sigma}_{Var}^2 + \frac{N-1}{N} \cdot \overline{\sigma}_{Cov}$$

mit $\overline{\sigma}_{Var}^2$: durchschnittliche Varianz einer Einzelanlage

$\overline{\sigma}_{Cov}$: durchschnittliche Kovarianz der Anlagen

Man betrachte nun wieder eine sehr große Anzahl von Anlagemöglichkeiten, also ein sehr großes N: Der Varianzausdruck $\overline{\sigma}_{Var}^2$ in der obigen Formel besitzt dann eine sehr geringe Bedeutung, die umso kleiner wird, je mehr Anlagen in das Portfolio aufgenommen werden. Dem Kovarianzmittelwert $\overline{\sigma}_{Cov}$ kommt dagegen eine immer stabilere Bedeutung zu, sodass letztendlich für sehr großes N gilt:

$\sigma_P^2 \approx \overline{\sigma}_{Cov}$, falls N sehr groß ist.

Im Gegensatz zum eher unrealistischen Beispiel der völlig unkorrelierten Anlagerenditen sieht man hier also deutlich, dass die Varianz der Portfoliorendite durch die Portfoliobildung üblicherweise nicht völlig eliminiert werden kann. Es gibt eine untere Schranke, welche die Varianz nicht unterschreiten kann, egal in wie viele Anlagen auch investiert wurde. Wie groß diese Schranke ist, hängt von dem Grad der linearen Abhängigkeiten (also den Kovarianzen) der Anlagerenditen ab. Abb. 3.4.1.-3. illustriert beispielhaft diesen Diversifikationseffekt.

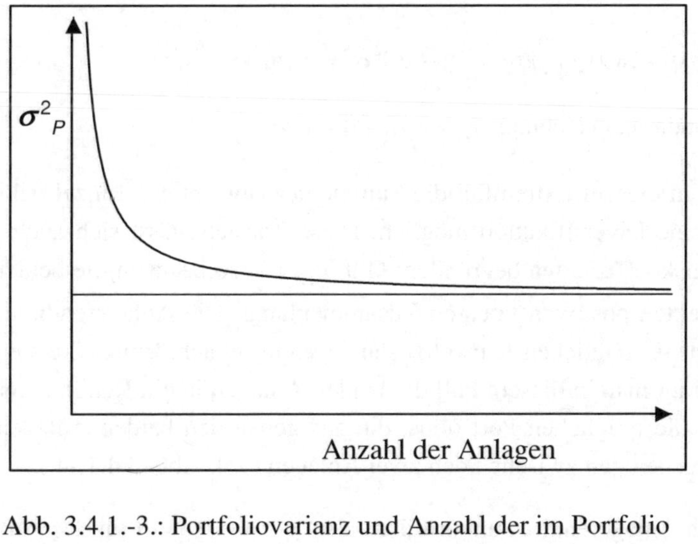

Abb. 3.4.1.-3.: Portfoliovarianz und Anzahl der im Portfolio enthaltenen Anlagen

Um die Bedeutung des linearen Zusammenhangs von Anlagerenditen bei einem beliebigen, nicht nur dem oben betrachteten naiven Portfolio zu verdeutlichen, sei nun ein Portfolio bestehend aus zwei Anlagen betrachtet. Für eine leichtere Interpretation der folgenden Darstellungen wird im weiteren der Korrelationskoeffizient nach (16) an Stelle der Kovarianz der Anlagerenditen verwendet.

(16) $$\rho_{12} = \frac{\sigma_{12}}{\sigma_1 \sigma_2}$$

Unter Verwendung dieser Maßzahl lässt sich das Gesamtrisiko eines Portfolios im Zwei-Anlagen-Fall nun berechnen aus:

(17) $$\sigma_P^2 = w_1{}^2 \sigma_1^2 + 2 w_1 w_2 \sigma_1 \sigma_2 \rho_{12} + w_2{}^2 \sigma_2^2$$

Da die Summe der beiden Gewichte w_1 und w_2 gerade eins ergeben muss, kann w_2 durch $(1 - w_1)$ ersetzt werden:

(18) $$\sigma_P^2 = w_1{}^2 \sigma_1^2 + 2 w_1 (1 - w_1) \sigma_1 \sigma_2 \rho_{12} + (1 - w_1)^2 \sigma_2^2$$

Da der Korrelationskoeffizient lediglich Werte zwischen –1 und 1 annehmen kann, sollen diese beiden Extremfälle und zusätzlich ein Korrelationskoeffizient von null in ihrer Wirkung auf das Portfoliorisiko untersucht werden. Für $\rho_{12} = 1$ ergibt sich für die Portfoliovarianz

$$\sigma_P^2 = w_1{}^2 \sigma_1^2 + 2 w_1 (1 - w_1) \sigma_1 \sigma_2 + (1 - w_1)^2 \sigma_2^2 = (w_1 \sigma_1 + (1 - w_1) \sigma_2)^2$$

und für die Standardabweichung $\sigma_P = w_1 \sigma_1 + (1 - w_1) \sigma_2$.

Das Risiko ist in diesem Extremfall die Summe der gewichteten Einzelrisiken. Offensichtlich ist hier keine Diversifikation möglich. Diese Tatsache lässt sich auch durch die Idee des Korrelationskoeffizienten begründen: Gilt $\rho_{12} = 1$, so besitzen die beiden Anlagerenditen einen perfekten positiven linearen Zusammenhang. Die Anlagerenditen verhalten sich über die zukünftig möglichen Umweltzustände völlig gleichförmig: Sie steigen und fallen gemeinsam. Trägt man in diesem Fall die beiden Anlagen in ein Rendite-Risiko-Diagramm ein, so liegen alle möglichen Portfolios, die aus genau den beiden Anlagen bestehen, auf der Verbindungsgeraden zwischen den zwei Anlagen (vgl. Abb. 3.4.1.-4.).

Sind die beiden Anlagerenditen unkorreliert, also $\rho_{12} = 0$, so gilt für das Portfoliorisiko

$$\sigma_P = \sqrt{w_1^2 \sigma_1^2 + (1 - w_1)^2 \sigma_2^2}$$

Hier lässt sich durch Mischung der Anlagen ein Portfolio generieren, welches eine geringere Standardabweichung als jede der beiden einzeln betrachteten Anlagen besitzt. Der Diversifikationseffekt tritt also auf (vgl. Abb. 3.4.1.-4.).

Der dritte Spezialfall $\rho_{12} = -1$, also eine perfekte negative Korrelation, besitzt eine wichtige theoretische Bedeutung in der Portfoliotheorie. Die Portfoliovarianz ist hier

$$\sigma_P^2 = w_1{}^2\sigma_1^2 - 2w_1(1-w_1)\sigma_1\sigma_2 + (1-w_1)^2\sigma_2^2 = (w_1\sigma_1 - (1-w_1)\sigma_2)^2$$

und für die Standardabweichung gilt somit

$$\sigma_P = |w_1\sigma_1 - (1-w_1)\sigma_2|$$

Bei diesem (ohne Betrachtung von Finanzderivaten) eher theoretischen Spezialfall kann durch die Mischung der beiden Anlagen eine Portfoliorendite erwartet werden, dessen Risiko weit unter dem der einzelnen Anlagen liegt. Es existiert sogar ein Mischungsverhältnis, bei dem das Risiko vollständig eliminiert wird. Wie in dem Rendite-Risiko-Diagramm (Abb. 3.4.1.-4.) zu sehen ist, liegen alle möglichen Portfolios auf einer der beiden Geraden, die jeweils bei einer der Einzelanlagen beginnen und sich in einem Punkt auf der Rendite-Achse treffen. Dort befindet sich das risikolose Portfolio.

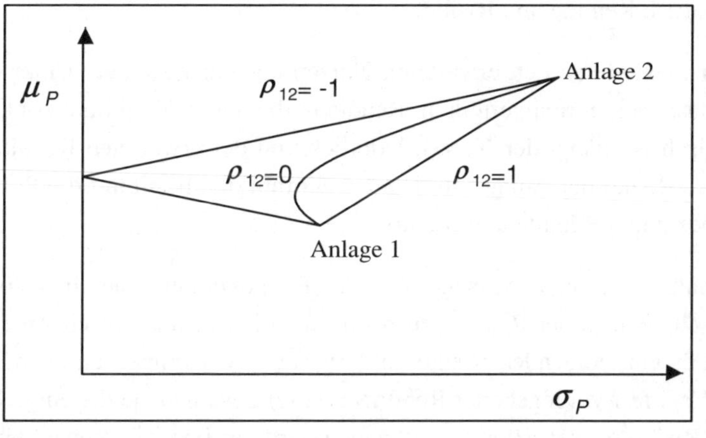

Abb. 3.4.1.-4.: Mögliche Rendite-Risiko-Profile bei unterschiedlichen Korrelationskoeffizienten

Auch wenn sich die letzten Darstellungen nur auf den Zwei-Anlagen-Fall bezogen haben, so lassen sich doch die wichtigsten Aussagen auf Portfolios mit mehr als zwei Anlagen verallgemeinern: Es ist sinnvoll, Anlagen in ein Portfolio aufzunehmen, die entweder nicht oder, besser noch, negativ miteinander korreliert sind. Bei starker positiver Korrelation lässt sich kaum ein Diversifikationseffekt erzielen.

3.4.2. Modelldarstellung

Die beiden im letzten Kapitel dargestellten Maße (erwartete Rendite und Standardabweichung eines Portfolios) stellen wichtige Informationen zur Vergleichbarkeit von Portfolios dar. Um jedoch entscheiden zu können, zu welchen optimalen Anteilen die Einzelanlagen im Portfolio enthalten sein sollten, ist die Kenntnis dieser beiden Maße nicht ausreichend. Nachfolgend wird das Portfolio-Selection-Modell von MARKOWITZ erläutert, mit dem sich das optimale Portfolio ermitteln lässt. Die konkrete, „verfahrenstechnische" Bestimmung des optimalen Portfolios wird ausführlich im Buchteil C, dort insbesondere in der Fallstudie des Kap. 12.3. behandelt. Dem Modell liegen die folgenden Annahmen zu Grunde:

(1) Anleger verhalten sich risikoscheu.

(2) Die Investitionsobjekte sind beliebig teilbar.

(3) Transaktionskosten und Steuern werden nicht berücksichtigt.

(4) Der Planungszeitraum beträgt eine Periode, d.h. zum jetzigen Zeitpunkt erfolgt der Kauf und zum nächsten bereits der Verkauf der Wertpapiere. Verzinsungs- und Wiederanlageprobleme entfallen somit.

(5) Für einen Anleger sind die entscheidenden Kriterien für die Auswahl von Assets dessen erwartete Rendite und Risiko.

(6) Anleger maximieren den erwarteten Nutzen aus einer Anlage. Unter der Voraussetzung, dass bei normalverteilten Renditen die Nutzenfunktion konkav oder sonst quadratisch ist, hängt der Nutzen lediglich von der erwarteten Rendite und dem zukünftigen Risiko der Anlage ab. Die Nutzenfunktion bestimmt die Präferenz des Anlegers bezüglich Rendite und Risiko.

Die erste Annahme, die eine Aussage über das Risikoverhalten des Investors darstellt, ist unproblematisch. Wie in der Realität zu beobachten ist, verhalten sich Anleger tatsächlich risikoscheu: Für ein steigendes Risiko fordern sie eine Kompensation in Form erhöhter Renditen, und bei fest vorgegebener Renditeerwartung wählen sie diejenige Investition, die das geringste Risiko besitzt. Hierauf aufbauend wird ein Portfolio genau dann *effizient* genannt, wenn kein anderes Portfolio existiert, das

- bei gleicher erwarteter Rendite ein geringeres Risiko oder
- bei gleichem Risiko eine höhere erwartete Rendite oder
- bei höherer erwarteter Rendite gleichzeitig ein geringeres Risiko

besitzt. In der Portfoliotheorie sind für einen Anleger somit nur effiziente Portfolios von Bedeutung, d.h. echte Entscheidungsalternativen. Alle übrigen können für die Bestimmung des „optimalen" Portfolios vernachlässigt werden.

Die Menge aller effizienten Portfolios kann im Rendite-Risiko-Diagramm durch die *Effizienzkurve* (auch effizienter Rand oder Rand aller effizienten Portfolios genannt) dargestellt werden. Diese Kurve (vgl. Abb. 3.4.2.-1.) begrenzt zugleich den Bereich, in dem alle möglichen Portfolios liegen (rechts unterhalb der Kurve). Jede Tangente, die an diese Kurve angelegt wird, besitzt eine positive Steigung. Bei perfekt negativ korrelierten Renditen der Anlagen existiert weiterhin ein risikoloses Portfolio. In diesem Fall berührt die Effizienzkurve die Rendite-Achse.

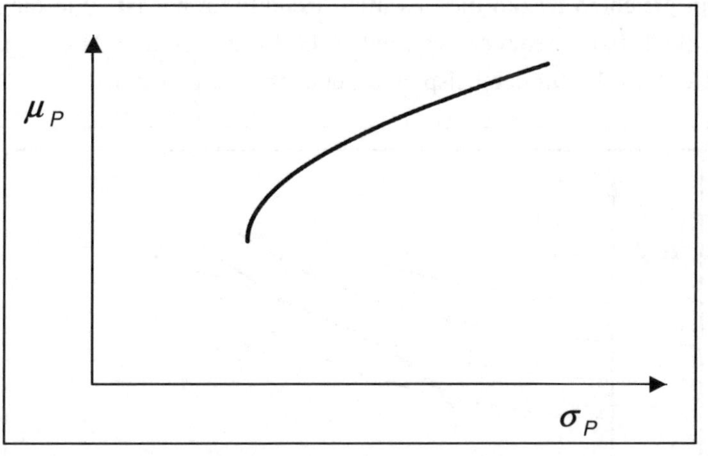

Abb. 3.4.2.-1.: Effizienzkurve

Zur Ermittlung der Gewichte der in einem effizienten Portfolio (bei vorgegebener Renditeerwartung) enthaltenen Anlagen ist die Lösung eines quadratischen Optimierungsproblems notwendig[45], welches jedoch mit modernen Softwarepaketen leicht bewältigt werden kann. Die zu minimierende Zielfunktion ist hierbei die Varianz der Portfoliorendite

$$\sigma_P^2 = \sum_{j=1}^{N} \sum_{k=1}^{N} w_j w_k \sigma_{jk} \rightarrow \text{Min!}$$

unter den Nebenbedingungen

$$\mu_P^* = \sum_{i=1}^{N} w_i \mu_i , \ \sum_{i=1}^{N} w_i = 1 \text{ und } w_i \geq 0 \text{ für alle } i = 1,...,N ,$$

45 Vgl. Buchteil C, insbes. Kap. 9.4. und Kap. 12.3.

falls Leerverkäufe[46] nicht zulässig sind. Für eine beliebige, fest vorgegebene Portfoliorendite μ_P^* werden die Gewichte derart bestimmt, dass das Risiko der Portfoliorendite minimal wird. Durch sukzessives Vorgeben aller möglichen Portfoliorenditen μ_P^* können somit (punktweise) alle effizienten Portfolios ermittelt werden.

Welches dieser effizienten Portfolios ein Investor nun tatsächlich wählt, hängt von seiner persönlichen Risikoneigung ab. Diese wird durch die Risiko-Nutzenfunktion bzw. in grafischer Form durch *Isonutzenkurven* angegeben. Isonutzenkurven charakterisieren alle Rendite-Risiko-Kombinationen, die für den Investor den gleichen Nutzen besitzen. Verschiedene Isonutzenfunktionen haben dagegen unterschiedliche Bedeutungen: Je weiter sie vom Ursprung im Rendite-Risiko-Diagramm entfernt liegen, desto höher ist der Nutzen für den Anleger, da bei gleichem Risiko die erwartete Rendite größer ist. Wie die Abb. 3.4.2.-2. zeigt, tangiert die 2. Isonutzenkurve von unten die Effizienzkurve. Hierbei handelt es sich um das optimale Portfolio für den beispielhaft betrachteten Investor.

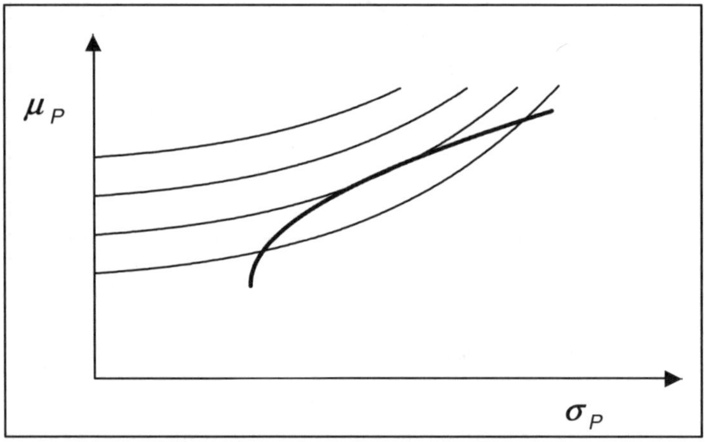

Abb. 3.4.2.-2.: Grafische Bestimmung des optimalen Portfolios

3.4.3. Kritische Würdigung des Modells

Bei dem in Kap. 3.4.2. dargestellten Modell von MARKOWITZ handelt es sich um einen Ansatz, der auf die erwarteten Renditen und das zukünftige Risiko des Portfolios abstellt. Danach ist nicht nur die Menge der im Portfolio enthaltenen Anlagen für ein optimales Portfolio ausschlaggebend, sondern vor allem die linearen Abhängigkeiten zwischen den einzelnen Anlagerenditen, gemessen durch deren Kovarianzen bzw. Korrelationen.

46 Vgl. näher Kap. 12.3.

Obwohl Anleger (wie sich empirisch gezeigt hat) tatsächlich Portfolios bilden, um ihr Risiko zu verringern, stellt sich doch die Frage, ob gerade dieser Ansatz von MARKOWITZ zur Kapitalanlageplanung herangezogen werden sollte. Denn auch ihm haften Probleme an, von denen sich die meisten offensichtlich aus den in Kap. 3.4.2. formulierten Modellannahmen ableiten lassen: Gerade steuerrechtliche Gesichtspunkte und Transaktionskosten können bestimmte Rahmenbedingungen schaffen, die in diesem Modell keine Beachtung finden. Zudem ist es möglich, dass durch rechtliche Einschränkungen, wie es häufig bei Investmentfonds der Fall ist, kein Portfolio auf der Effizienzlinie (die sich ohne Beschränkungen ergeben würde) tatsächlich realisiert werden kann. Weiter wird in dem hier betrachteten Modell die Frage des Timings völlig vernachlässigt. Da der Planungszeitraum genau eine Periode beträgt, die zudem fest ist, wird lediglich betrachtet, welche Anlagen zu welchen Anteilen zu Beginn dieses Zeitraums erworben und am Ende wieder verkauft werden sollten. Es wird nicht betrachtet, wann der ideale Zeitpunkt eines Kaufs oder Verkaufs ist. Hierzu existieren dynamische Portfoliomodelle, deren Behandlung aber den thematischen Rahmen dieses Buches sprengen würden.

Ein zentraler Kritikpunkt an dem Modell von MARKOWITZ ist die Verwendung der erwarteten Renditen und zukünftigen Varianzen und Kovarianzen. Es wird nicht weiter spezifiziert, wie man zu diesen Kennzahlen der Anlagen gelangt. Implizit wird jedoch angenommen, dass diese Daten „irgendwie“ gegeben sind. In der Standardsoftware zur Portfoliooptimierung werden die Erwartungswerte, die Varianzen und die Kovarianzen der Renditen häufig lediglich aus vergangenen Daten historisch geschätzt. Diese Schätzer wurden bereits in Kap. 3.1.5. Gleichung (2), Kap. 3.3.1. Gleichung (2) und Kap. 2.3.5.3. Gleichung (1) dargestellt:

(1) $$\hat{\mu}_i = \bar{r}_i = \frac{1}{n}\sum_{t=1}^{n} r_{it}$$

(2) $$\hat{\sigma}_i = \sqrt{\frac{1}{n-1}\sum_{t=1}^{n}(r_{it} - \bar{r}_i)^2}$$

(3) $$\hat{\sigma}_{ij} = \frac{1}{n-1}\sum_{t=1}^{n}(r_{it} - \bar{r}_i)(r_{jt} - \bar{r}_j)$$

mit
$\hat{\mu}_i$: historisch basierte Renditeprognose der i-ten Anlage
$\hat{\sigma}_i$: historisch basierte Standardabweichung der i-ten Anlage
$\hat{\sigma}_{ij}$: historisch basierte Kovarianz der i-ten und j-ten Anlage
r_{it}: Rendite der i-ten Anlage zum t-ten Zeitpunkt
$\bar{r}_i$: historische Durchschnittsrendite der i-ten Anlage
n: Anzahl der betrachteten historischen Zeitpunkte

Die Darstellung der Renditen in Kleinbuchstaben ergibt sich hier aus der ex-post-Betrachtung dieser Renditen. Die Schätzer (1), (2) und (3) besitzen nur unter bestimmten Voraussetzungen, die im nächsten Kapitel erläutert werden, gute Eigenschaften. Im Allgemeinen, und gerade bei den hier betrachteten Renditereihen, sind sie jedoch nur Notlösungen. Da aber die Rendite-, Varianz- und Kovarianzschätzer sehr wichtig für die Berechnung der optimalen Anteile der Anlagen im Portfolio sind, ist es sinnvoll, „bessere" Methoden bzw. Schätzverfahren zu verwenden. So könnten beispielsweise die in Kap. 3.3.1. erwähnten GARCH-Modelle bessere Varianzschätzer liefern, oder die später noch vorzustellenden Regressionsmodelle bessere Renditeschätzer. In diesem Zusammenhang ist zu erwähnen, dass die Güte der Renditeschätzer bei weitem wichtiger als die der Varianz- und Kovarianzschätzer ist [vgl. CHOPRA/ZIEMBA (1993)]. Aus diesem Grund sollte also auf die Renditeschätzer die meiste Mühe verwandt werden. Für die Kovarianzschätzer reichen die hier dargestellten Methoden (s.o.) aus.

Darüber hinaus sei zur Vorsicht geraten, den Aufwand der zu schätzenden Größen nicht zu unterschätzen. Die Zahl der zu schätzenden Kennzahlen wächst etwa quadratisch mit der Anzahl der sich im Portfolio befindenden Anlagen an. Das folgende Beispiel möge diesen Sachverhalt verdeutlichen:

Im Zwei-Anlagen-Fall sind zu schätzen

$\mu_1, \mu_2, \sigma_1, \sigma_2, \sigma_{12}$, also 5 Parameter.

Im Drei-Anlagen-Fall erhöht sich die Anzahl auf 9 Parameter:

$\mu_1, \mu_2, \mu_3, \sigma_1, \sigma_2, \sigma_3, \sigma_{12}, \sigma_{13}, \sigma_{23}$

Für den allgemeinen Fall, bei dem sich N Anlagen im Portfolio befinden, sind N Erwartungswerte, N Varianzen und $N(N-1)/2$ Kovarianzen, also insgesamt $N(N+3)/2$ Parameter zu schätzen. Bei 50 Anlagetiteln sind das bereits 1325 erforderliche Schätzungen. Es ist also nicht verwunderlich, dass Modelle zur Lösung dieses Datenproblems entwickelt wurden. Zu den wohl bekanntesten zählt das Indexmodell von SHARPE, bei dem durch Koppelung aller Renditen an einen Index die Anzahl erforderlicher Schätzungen drastisch verringert wird. Dieses Modell führt somit zu erheblichen Zeitersparnissen, besitzt jedoch ebenfalls sehr starke Voraussetzungen, deren Gültigkeit nicht offensichtlich ist.

Das MARKOWITZ-Modell besitzt insgesamt, trotz seiner praktischen Probleme, sowohl in der Theorie als auch in der Praxis einen sehr hohen Stellenwert. So dient es in vielen Softwarelösungen zum Portfoliomanagement als Optimierungsmodell. Es besteht jedoch gerade an den statistischen Aspekten des Modells noch großer Verbesserungsbedarf, so vor allem bei den Prognosen der erwarteten Renditen.

3.5. Monte-Carlo-Simulation

Arbeitshinweise: Das Kap. 3.5. führt in die wesentlichen Grundlagen der Monte-Carlo-Simulation ein, wobei der Schwerpunkt auf die Anwendung in finanzwirtschaftlichen Bereichen gelegt wird. Zunächst wird in Kap. 3.5.1. das Prinzip der Monte-Carlo-Simulation verdeutlicht, welches stets auf der Generierung von Zufallszahlen basiert. Die Funktionsweise wird anhand eines einfachen Beispiels, der prinzipiellen Vorgehensweise bei der Bestimmung des Value-at-Risk, erläutert. Da die Zufallszahlengenerierung mittlerweile von zahlreichen Statistik-Softwarepaketen und Tabellenkalkulationen zur Verfügung gestellt wird, wird in diesem Kapitel *nicht* dargestellt, wie die Algorithmen zur Zufallszahlengenerierung konkret aussehen. Vielmehr wird die Generierung künstlicher Renditen und Kursentwicklungen aus vorliegenden standardnormalverteilten Zufallszahlen (Kap. 3.5.2.) in den Mittelpunkt gestellt, wobei auch die Einbeziehung von Korrelationen zwischen Renditen (Kap. 3.5.3.) Berücksichtigung findet. Aus diesem Grund ist das gesamte Kap. 3.5. für solche Leser von Interesse, die mit der Monte-Carlo-Simulation im finanzwirtschaftlichen Bereich arbeiten möchten und dafür insbesondere künstliche Renditereihen generieren wollen. Insofern beendet der Abschnitt 3.5.4. dieses Kapitel auch mit einer kurzen Fallstudie, in welcher der Value-at-Risk für ein einfaches Portfolio mit Hilfe der Monte-Carlo-Simulation konkret bestimmt wird.

3.5.1. Grundlagen und Prinzip der Monte-Carlo-Simulation

Die Monte-Carlo-Simulation hat in den letzten Jahren zunehmend als quantitatives Werkzeug zur Beantwortung finanzwirtschaftlicher Fragestellungen an Bedeutung gewonnen. Sie wird im Portfoliomanagement, insbesondere aber auch im Risikomanagement eingesetzt, wo sie bei der Schätzung bestimmter Risikomaße (z.B. dem Value-at-Risk) verwendet werden kann. Warum dieses Instrumentarium ausgerechnet in diesem Bereich eine große Bedeutung besitzt, soll im Folgenden verdeutlicht werden.

Beobachtungen bzw. Realisationen von Zufallszahlen lassen sich bekanntermaßen dazu verwenden, Schlüsse auf Zusammenhänge oder auf das Eintreten bestimmter Ereignisse in verschiedenen Umweltsituationen zu ziehen. Dies ist umso bedeutender, je komplexer die Zusammenhänge sind, bzw. sogar zwingend nötig, wenn sich auf analytischem Wege keine Lösungen für interessierende Fragestellungen finden lassen. Die Idee der Monte-Carlo-Simulation basiert nun auf der Feststellung, dass die Schlüsse umso sicherer sind, je mehr Beobachtungen zur Verfügung stehen. Bei finanzwirtschaftlichen Fragestellungen befindet man sich jedoch leider häufig in der Situation, dass für bestimmte Ereignisse nur sehr wenige Beobachtungen vorliegen. Dies ist beispielsweise dann der Fall, wenn nur kurze Beobachtungszeiträume Verwendung finden sollen bzw. können oder wenn Beobachtungen für eher seltene Ereignisse benötigt werden. Zu den besonders seltenen Ereignissen zählen in der Regel auch besonders „schlimme" und „unangenehme" Situationen. So treten z.B. sehr niedrige Renditen auf den Finanzmärkten, die zu einem hohen Verlust im Portfolio führen können, oder Kreditausfälle eher selten auf. Gerade solche Situationen möchte man im Rahmen eines Risikomanagements jedoch gerne modellieren, prognostizieren oder zumindest in gewisser Weise kontrollieren können. Bei sehr wenigen oder sogar keinen Beobachtungen ist dies mit statistischen Methoden nicht oder nur in unzureichender Weise möglich.

Bei der Monte-Carlo-Simulation werden nun Zufallszahlen, also nicht tatsächliche Beobachtungen von Ereignissen, sondern künstliche, unter kontrollierten Bedingungen erzeugte Beobachtungen verwendet, um diese Situationen modellieren bzw. analysieren zu können. Somit ist man nicht mehr auf das Eintreten bestimmter Gegebenheiten in der Realität angewiesen. Ihren Namen erhielt diese Methode nach der Stadt Monte Carlo, die wegen ihrer großen Anzahl von Spielbanken stets mit dem Glücksspiel (also dem „Zufall") in Verbindung gebracht wird. Allerdings ist es heutzutage nicht mehr nötig, Zufallszahlen „manuell", also mit Hilfe von Glücksspielen wie dem Würfelwurf oder dem Werfen von Münzen zu erzeugen. Mit dem Einsatz von Computern ist die Generierung von (Pseudo-) Zufallszahlen sehr einfach geworden. Zufällige Ereignisse lassen sich kostengünstig und insbesondere zahlreich erzeugen.

Unabhängig davon, ob Zufallszahlen manuell oder mit dem Computer erzeugt werden, ist bei ihrer Generierung jedoch Folgendes zu beachten: Die Zufallszahlen (z.B. künstlich erzeugte Renditen) sollten sich ähnlich verhalten wie die tatsächlichen Beobachtungen (z.B. beobachtete Renditen). Dies wird bei der Monte-Carlo-Simulation dadurch gewährleistet, dass die Zufallszahlen aus einer Verteilung (z.B. Normalverteilung) gezogen werden, von der angenommen wird, dass diese Verteilung repräsentativ für die Realität ist.

Die Einsatzmöglichkeiten der Monte-Carlo-Simulation im Portfolio- und Risikomanagement sind zahlreich. Die Grundlage stellt dabei in der Regel die Simulation von Marktbeobachtungen, wie z.B. die Generierung künstlicher Renditen und Kurse dar. Daraus lassen sich mögliche Entwicklungspfade von Portfoliorenditen ableiten, die wiederum bei der Entwicklung und Überprüfung von Anlagestrategien (z.B. Wertsicherungsstrategien) Verwendung finden können.[47] Es lassen sich also kontrollierte Szenario-Analysen durchführen, die auch über seltene bzw. nicht aufgetretene Ereignisse und Situationen Aufschluss geben können. Dies stellt vor allem bei der Analyse und Quantifizierung von Risiken eine bedeutende Vorgehensweise dar. Im Rahmen des Portfoliomanagements kann die Monte-Carlo-Simulation zudem zur Berücksichtigung von Schätzunsicherheiten bei Anlageentscheidungen verwendet werden, indem Entscheidungen auf Basis der einzelnen simulierten Beobachtungen getroffen werden [vgl. beispielsweise MICHAUD (1998), S. 41ff.].

---

47 Vgl. beispielsweise DICHTL/SCHLENGER (2002), S. 577ff., die die Monte-Carlo-Simulation einsetzen, um das Erfolgspotenzial der regelgebundenen „Best of Two"-Strategie zu analysieren.

Bei der Generierung von Zufallszahlen ist eine bestimmte Verteilung mit konkreten Parametern – bei der Normalverteilung etwa der Erwartungswert und die Standardabweichung der Zufallsvariablen – zu Grunde zu legen. Es ist allerdings zu beachten, dass es sich dabei meistens lediglich um eine *Verteilungsannahme* handelt, da die reale Verteilung (z.B. eines Aktienindexes) in der Regel unbekannt ist. Ohne diese Annahme, die zumeist aus beobachteten Daten oder eigener Erfahrung abgeleitet wird, ist die Monte-Carlo-Simulation jedoch nicht durchführbar. Man sollte sich deswegen stets dessen bewusst sein, dass die Monte-Carlo-Simulation bei nicht korrekter Verteilungsannahme zu verzerrten oder sogar zu nutzlosen Ergebnissen führen kann. Die Ergebnisse der Monte-Carlo-Simulation können also nie besser sein als die getroffenen Annahmen. Aus diesem Grund sollte die Verteilungsannahme vor der Durchführung der Monte-Carlo-Simulation gründlich überdacht, geprüft und abgesichert werden.

Die sog. Normalverteilungsannahme ist die am häufigsten getroffene Verteilungsannahme bei finanzwirtschaftlichen Fragestellungen. Normalverteilte Zufallszahlen lassen sich mittlerweile mit fast jeder bekannten Statistik-Software und auch mit der Tabellenkalkulation Excel sehr schnell und in großer Anzahl erzeugen.[48] Da gleichverteilte Zufallszahlen (z.B. gleichverteilt auf dem Intervall von 0 bis 1) am einfachsten zu generieren sind, gibt es jedoch auch Software, die nur diese Möglichkeit der Zufallszahlengenerierung anbietet. Eine Umwandlung von einer gleichverteilten in eine normalverteilte Zufallszahl ist jedoch mit einem kleinen Trick möglich. Dazu muss lediglich die inverse Verteilungsfunktion der Standardnormalverteilung auf die gleichverteilte Zufallszahl angewendet werden.[49] Dies wiederum lässt sich mit den gängigen Statistik-Softwarepaketen durchführen.

Unabhängig davon, welche Verteilung der Zufallszahlengenerierung zu Grunde liegt, handelt es sich bei den mit dem Computer erzeugten Zufallszahlen eigentlich nicht um „echte" Zufallszahlen. Die künstlich generierten Zufallszahlen sind nicht wirklich zufällig, sondern basieren auf einem deterministischen Generierungsalgorithmus [vgl. beispielsweise PRESS ET AL. (1992), S. 274ff.]. In diesem Zusammenhang wird deswegen häufig der Begriff der *Pseudozufallszahlen* verwendet. Der Generierungsalgorithmus ist in der Regel jedoch so komplex, dass er selbst mit den ausgefeiltesten Methoden nur sehr schwer aufgedeckt werden kann. Aus diesem Grunde kann man guten Gewissens die mit Hilfe des Computers erzeugten Zufallszahlen verwenden. Der Begriff der Pseudozufallszahl wird deswegen in diesem Kapitel auch nicht weiter verwendet.

Das Prinzip der Monte-Carlo-Simulation lässt sich am besten anhand eines einfachen Beispiels darstellen. Im Folgenden wird deshalb die allgemeine Vorgehensweise bei der Be-

48 In Excel ist dies über die Analyse-Funktionen möglich, zu denen auch eine Funktion zur Zufallszahlengenerierung gehört.

49 Mit der Tabellenkalkulation Excel lassen sich gleichverteilte Zufallszahlen mit der Funktion „=ZUFALLSZAHL()" erzeugen. Standardnormalverteilte Zufallszahlen erhält man über den Befehl „=STANDNORMINV(ZUFALLSZAHL())".

stimmung des Value-at-Risk mit Hilfe der Monte-Carlo-Simulation erläutert. Eine Fallstudie anhand eines konkreten Datenmaterials folgt jedoch erst in Kap. 3.5.4.

In Kap. 3.3.3. wurde die Bedeutung und die prinzipielle Berechnungsweise des Value-at-Risk für eine einzelne Anlage dargestellt. Bei dem Value-at-Risk handelt es sich um denjenigen zukünftigen Wertverlust einer Handelsposition, der mit einer vorgegebenen Wahrscheinlichkeit 1-α innerhalb eines bestimmten Zeitraums nicht überschritten wird. Er lässt sich aus der Verteilungsfunktion des Verlustes der Anlage berechnen, da er gerade derjenigen Stelle der Verteilungsfunktion entspricht, an der diese den Wert 1-α annimmt. Bei der Darstellung der Berechnungsweise des Value-at-Risk wurde in Kap. 3.3.3. vorausgesetzt, dass die Rendite dieser Anlage normalverteilt ist. Für die Rendite bestimmter Anlagen mag dies eine durchaus vernünftige Annahme sein. Bei einer Portfoliorendite, die sich aus den Renditen mehrerer Anlagen zusammensetzt, erscheint die Normalverteilungsannahme jedoch nicht grundsätzlich gerechtfertigt. Dies gilt insbesondere dann, wenn innerhalb eines Portfolios derivative Finanzinstrumente (wie z.B. Optionen) zu berücksichtigen sind. Da sich der Value-at-Risk bekanntlich aus der Verteilung der Portfoliorendite ableiten lässt, sind Kenntnisse über die Verteilung der Portfoliorendite nötig. Mit Hilfe des Monte-Carlo-Verfahrens lassen sich nun über die Simulation verschiedenster Renditeszenarien bestimmte Kennzahlen der Verteilung der Portfoliorendite (wie z.B. der Value-at-Risk) auf empirischem Wege bestimmen. Die Kenntnis der theoretischen Verteilung der Portfoliorendite ist hierbei nicht erforderlich.

Die Vorgehensweise der Monte-Carlo-Simulation zur Bestimmung des Value-at-Risk besteht aus fünf wesentlichen Schritten, die nacheinander abzuarbeiten sind. Diese Schritte sind aber prinzipiell bei allen Monte-Carlo-Simulationen durchzuführen und werden daher hier nur beispielhaft für die Bestimmung des Value-at-Risk aufgezeigt.

(i) Erzeugen der für die Monte-Carlo-Simulation benötigten Zufallszahlen: Ein Portfolio bestehe beispielsweise aus drei verschiedenen Assets bzw. Assetklassen, deren Renditen alle einen Beitrag zur Portfoliorendite leisten. Zur Bestimmung des Value-at-Risk ist für jede dieser einzelnen Renditen eine Zufallszahl zu generieren. Bei einer großen Anzahl von Assets im Portfolio ist es üblich, die Assets in Gruppen zusammenfassen, die dann als Risikofaktoren (Komponenten, die für die Wertentwicklung des Portfolios verantwortlich sind) bezeichnet werden. In diesem Fall sind lediglich für die Renditen der Risikofaktoren Zufallszahlen zu generieren.

(ii) Transformation der Zufallszahlen, so dass sie die benötigte Verteilung aufweisen: Die Zufallszahlen aus Schritt (i) sind so zu transformieren, dass sie dieselben Eigenschaften, d.h. dieselbe Verteilung wie die tatsächlich beobachteten Renditen der Assets (bzw. Assetklassen oder Risikofaktoren) besitzen. Dies betrifft zum einen die Verteilungsart (z.B. Normalverteilung), zum anderen aber auch die Verteilungskennzahlen (insbesondere den Erwartungswert und die Standardabweichung). Wie diese Transformation konkret bei der Simulation von Renditen durchzuführen ist, wird in den Kap. 3.5.2. und 3.5.3. erläutert.

(iii) Messung der interessierenden Größe: Aus den künstlichen Renditen der Assets (bzw. Assetklassen oder Risikofaktoren) lässt sich die Rendite des Portfolios und daraus die Portfoliowertänderung (der Verlust bzw. Gewinn als negativer Verlust) berechnen. Es handelt sich dabei um eine künstlich erzeugte, aber mögliche Portfoliowertänderung.

(iv) Wiederholung der Schritte (i) bis (iii): Die Schritte (i) bis (iii) sind so lange zu wiederholen, bis eine große Anzahl von künstlichen Portfoliowertänderungen (Verluste bzw. Gewinne) simuliert wurde. Bei 1000-maliger Wiederholung resultieren beispielsweise 1000 mögliche Wertänderungen. Die Anzahl der Wiederholungen sollte vor der Durchführung der Monte-Carlo-Simulation festgelegt werden. Theoretisch gilt zwar, dass die Monte-Carlo-Simulation mit steigender Anzahl an Wiederholungen an Güte gewinnt, praktisch wird die Anzahl der Wiederholungen jedoch durch lange Rechenzeiten und begrenzte Softwarekapazitäten nach oben beschränkt. Üblicherweise liegt die Wiederholungsanzahl bei Monte-Carlo-Simulationen zwischen 1000 und 10.000.

(v) Auswertung: Nach der Simulation einer bestimmten Anzahl möglicher Portfoliowertänderungen kann eine Auswertung und damit eine Bestimmung des Value-at-Risk vorgenommen werden. Über die empirische Verteilungsfunktion (vgl. Kap. 2.2.4.) lässt sich die Verlustverteilung des Portfolios schätzen. Aus dieser kann der Value-at-Risk definitionsgemäß entnommen werden, indem die „1-α-Stelle" der Verlustverteilung bestimmt wird.

3.5.2. Simulation von Renditen und Kursentwicklungen

Bei der Generierung künstlicher Renditen lässt sich das Treffen einer Annahme bezüglich der Renditeverteilung nicht umgehen. Wie in Kap. 3.1.4. und 3.3.4. erläutert wurde, ist das Bestimmen einer Renditeverteilung kein triviales Problem. Renditen mögen zwar auf den ersten Blick einer Normalverteilung entstammen; zahlreiche empirische Untersuchungen haben jedoch gezeigt, dass sich insbesondere diskrete Renditen eher linksschief und leptokurtisch verhalten. Falls man die Spezifikation der Renditeverteilung umgehen möchte, muss man sich mit der Schätzung der gesamten Verteilungsfunktion beschäftigen. Hierfür existieren zahlreiche Verfahren, von denen eins in diesem Buch umfangreich erläutert wurde, und zwar die Bestimmung der empirischen Verteilungsfunktion. Auf andere, wesentlich komplexere Verfahren, wie z.B. die Kerndichteschätzung, sei an dieser Stelle nur verwiesen [vgl. hierzu beispielsweise PETERSMEIER (2003), Kap. 3.]. Auch solche, geschätzte Verteilungsfunktionen können bei der Generierung von Zufallszahlen zu Grunde gelegt werden. Eine in der Praxis weit verbreitete Vorgehensweise besteht jedoch in der Verwendung der Normalverteilung. Um von dieser Verteilungsannahme nicht abrücken zu müssen, sollte man bei Monte-Carlo-Simulationen mit der stetigen Rendite arbeiten, da die Verteilung der stetigen Rendite der Normalverteilung deutlich ähnlicher ist als die Verteilung der diskreten Rendite. Bei den folgenden Darstellungen wird deswegen mit der stetigen Renditen R_t gearbeitet. Es wird angenommen, dass sie normalverteilt ist, d.h. die Dichte

$$(1) \qquad f(r_t) = \frac{1}{\sqrt{2\pi}\sigma} \exp\left(-\frac{(r_t - \mu)^2}{2\sigma^2} \right)$$

besitzt. Vor der Generierung künstlicher Renditen sind zunächst die zwei Parameter μ und σ der Normalverteilung zu bestimmen. Der Parameter μ ist der Erwartungswert (in diesem Zusammenhang häufig auch als Drift bezeichnet) und σ die Standardabweichung (Volatilität). Diese Größen können entweder anhand beobachteter Daten empirisch bestimmt werden (z.B. indem man den Mittelwert und die empirische Standardabweichung beobachteter Renditen berechnet) oder aus expliziten Annahmen (z.B. aus dem Erfahrungsschatz) abgeleitet werden. Unabhängig davon, wie man nun konkret zu den Werten für den Erwartungswert und die Standardabweichung kommt, handelt es sich auch hier um angenommene Werte. Sind diese Annahmen falsch, d.h. weichen der Erwartungswert und die Standardabweichung stark von den wahren Kennzahlen der Renditeverteilung ab, so liefert auch die Monte-Carlo-Simulation verzerrte Ergebnisse.

Bei der Simulation von Renditen gibt es zwei mögliche Untersuchungsziele. Zum einen mag das Ziel in der Generierung von künstlichen Renditeausprägungen zu *einem Zeitpunkt* liegen, wie es beispielsweise bei der Berechnung des Value-at-Risk der Fall ist. Für die Analyse von Anlagestrategien ist es hingegen wichtig, Renditen *im Zeitablauf* zu simulieren, um daraus mögliche Kursentwicklungen ableiten zu können. Beide Simulationsziele lassen sich jedoch mit demselben Simulationsansatz erreichen: Zunächst ist eine standardnormalverteilte Zufallszahl Z_t zu ziehen, also eine Zahl, die aus einer Normalverteilung mit dem Erwartungswert null und der Standardabweichung eins entstammt. Aus dieser standardnormalverteilten Zufallszahl kann nun mit Hilfe einer einfachen Transformation eine künstliche Rendite R_t erzeugt werden, die normalverteilt ist mit Erwartungswert μ und Standardabweichung σ. Dazu ist die Zufallszahl Z_t lediglich mit der Standardabweichung σ zu multiplizieren und zum Erwartungswert μ zu addieren:

$$(2) \qquad R_t = \sigma \cdot Z_t + \mu$$

Aus der Formel (10) in Kap. 2.4.1. folgt, dass R_t ebenfalls normalverteilt ist und den Erwartungswert μ und die Standardabweichung σ besitzt.

Sollen nun beispielsweise 1000 Renditen R_t zu einem Zeitpunkt t generiert werden, so sind zunächst 1000 standardnormalverteilte Zufallszahlen Z_t zu erzeugen. Jede dieser Zufallszahlen ist nun mit Hilfe der Transformation (2) in eine normalverteilte Zufallszahl mit Erwartungswert μ und Standardabweichung σ zu überführen. Diese transformierten Zufallszahlen sind dann als mögliche Renditeausprägungen zu einem Zeitpunkt t zu interpretieren. Möchte man hingegen Kursentwicklungen simulieren, d.h. beispielsweise eine Kursentwicklung über 1000 aufeinander folgende Zeitpunkte (man spricht auch von der Entwicklung eines Pfades), so ist die Vorgehensweise zunächst identisch. Allerdings werden die 1000 simulierten Renditen nicht als mögliche Renditen zu einem Zeitpunkt, sondern als zeitlich aufeinander folgende Renditen ($R_1, R_2, ..., R_{1000}$) interpretiert. Beginnend mit einem Anfangskurs K_0 lässt sich der Kurs K_t zu einem Zeitpunkt t iterativ aus dem Kurs K_{t-1} des vorangegangenen Zeitpunktes t-1 berechnen, indem eine Verzinsung mit der stetigen Rendite R_t (analog zu Formel (3) in Kap. 3.1.4.) vorgenommen wird:

$$(3) \qquad K_t = e^{R_t} \cdot K_{t-1}$$

Beispiel: Simulation von Kursentwicklungen

Für einen europäischen Renten- und einen ebenfalls europäischen Aktienindex sollen mögliche Kursentwicklungen für einen Zeitraum von vier Jahren auf Tagesbasis simuliert werden. Die stetigen Renten- und Aktienindexrenditen seien normalverteilt mit den folgenden Erwartungswerten und Standardabweichungen (jeweils auf Jahresbasis):

$$\mu_{\text{Renten}} = 5\% \text{ p.a.} \quad \text{und} \quad \sigma_{\text{Renten}} = 4\% \text{ p.a.}$$

$$\mu_{\text{Aktien}} = 7.5\% \text{ p.a.} \quad \text{und} \quad \sigma_{\text{Aktien}} = 18\% \text{ p.a.}$$

Die erwartete Risikoprämie für eine Investition in Aktien beträgt 2.5%. Die Volatilität des Aktienindexes liegt mit 18% p.a. 4.5-mal so hoch wie die Volatilität des Rentenindexes. Da die künstlichen Kursentwicklungen auf Tagesbasis simuliert werden sollen, sind die Parameter zunächst geeignet umzurechnen. Unter der Annahme, dass es im Schnitt ca. 250 Börsenhandelstage im Jahr gibt, lautet die Umrechnung der Renditeverteilungsparameter des Aktienindexes wie folgt:

$$\mu_{\text{Aktien}} = 0.075/250 = 0.0003, \quad \text{also } 0.03\% \text{ auf Tagesbasis}$$

$$\sigma_{\text{Aktien}} = 0.18/\sqrt{250} \approx 0.01138, \quad \text{also } 1.138\% \text{ auf Tagesbasis}$$

Analog ergibt sich für den Rentenindex eine erwartete Rendite von 0.02% und eine Standardabweichung von 0.253% auf Tagesbasis. Zunächst werden 1000 standardnormalverteilte Zufallszahlen Z_t generiert. Aus diesen werden mit Hilfe der Transformationen

$$R_{\text{Renten},t} = 0.00253 \cdot Z_t + 0.0002 \quad \text{und} \quad R_{\text{Aktien},t} = 0.01138 \cdot Z_t + 0.0003$$

jeweils 1000 künstliche Renditen für den Renten- und den Aktienindex gebildet. Bei 250 Börsenhandelstagen pro Jahr entspricht dies einem Zeitraum von vier Jahren. Für $t = 1$ bis $t = 4$, $t = 999$ und $t = 1000$ sind die gezogenen Zufallszahlen sowie die bereits transformierten künstlichen Renditen des Aktienindexes in der zweiten und dritten Spalte der Tab. 3.5.2.-1. dargestellt.

	standardnormalverteilte Zufallszahl Z_t	künstlich generierte Rendite $R_{\text{Aktien},t}$	Kurs $K_{\text{Aktien},t}$
$t = 0$			100
$t = 1$	-1.03265	-0.01145	98.86
$t = 2$	-0.07676	-0.00057	98.80
$t = 3$	2.24007	0.02580	101.39
$t = 4$	0.42472	0.00514	101.91
⋮	⋮	⋮	⋮
$t = 999$	-0.87058	-0.00961	141.70
$t = 1000$	0.10042	0.00144	141.90

Tab. 3.5.2.-1.: Simulierte Renditen und Kurse des Aktienindexes

Die aus den Renditen resultierenden Kurse des Aktienindexes ergeben die vierte Spalte dieser Tabelle. Dabei wird der Anfangskurs $K_0 = 100$ unterstellt. Die konkrete Berechnung der Kurse lautet beispielhaft für $t = 1$:

$$K_{\text{Aktien},1} = e^{R_{\text{Aktien},1}} \cdot K_{\text{Aktien},0} = e^{-0.01145} \cdot 100 \approx 98.86$$

In der Abbildung 3.5.2.-1. sind die simulierten Kursentwicklungen des Renten- und des Aktienindexes grafisch dargestellt. In der Simulation liegt der Kurs des Aktienindexes nach vier Jahren mit fast 20 Punkten klar über dem Kurs des Rentenindexes. Während des Simulationszeitraums hat der Aktienindex jedoch unter deutlich mehr Rückschlägen als der eher stabil verlaufende Rentenindexkurs gelitten. Dieses Verhalten der jeweiligen Indices lässt sich auch in der Realität beobachten.

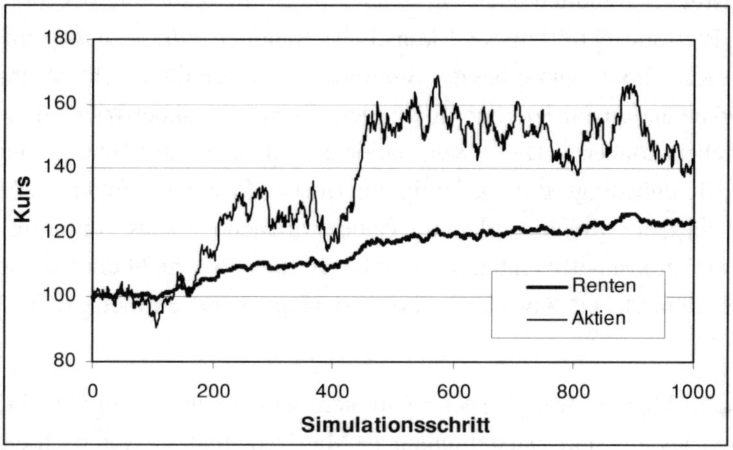

Abb. 3.5.2.-1.: Simulationen der Kursentwicklung eines Renten- und eines Aktienindexes

Abschließend soll auf zwei wichtige Punkte in diesem Beispiel hingewiesen werden. Zum einen handelt es sich bei den simulierten Kursverläufen lediglich um zwei mögliche Verläufe. Wiederholt man die Simulationen mit neu gezogenen Zufallszahlen, so wird man andere Pfade erhalten, die sich im Detail zwar sehr stark von den in diesem Beispiel generierten Kursen unterscheiden können, prinzipiell (insbesondere bezüglich der Schwankungen) aber einen ähnlich Verlauf aufweisen werden. Bei der Analyse von Anlagestrategien ist es deswegen sinnvoll, eine Vielzahl von Kursverläufen zu simulieren und die Anlageergebnisse bei diesen unterschiedlichen Kursverläufen auszuwerten und zu interpretieren.

Weiterhin ist eine Anmerkung zu den in diesem Beispiel verwendeten Zufallszahlen notwendig. Für die Simulation der Indexrenditen wurden bei beiden Indices dieselben Zufallszahlen verwendet, um verdeutlichen zu können, wie sich die unterschiedlichen Verteilungsparameter auf die Kursverläufe auswirken. Von dieser Vorgehensweise ist insbesondere bei Analysen hinsichtlich Portfoliorenditen, die wiederum aus simulierten Einzelrenditen bestehen, dringend abzuraten. Vielmehr sollten Zufallszahlen keinesfalls mehrfache Verwendung finden, sondern für jede zu simulierende Rendite neu generiert werden[50].

3.5.3. Simulation von korrelierten Renditen

Wie bereits in Kap. 3.5.1. anhand der Bestimmung des Value-at-Risk mit Monte-Carlo-Simulationen beispielhaft dargestellt wurde, besteht das Interesse häufig nicht nur in der Ge-

50 Würde man dieselben Zufallszahlen mehrfach verwenden, so wären unbeabsichtigterweise lineare Abhängigkeiten in den Renditen. Sollen solche Abhängigkeiten explizit erzeugt werden, zeigt Kap. 3.5.3. die korrekte Vorgehensweise.

nerierung künstlicher Renditen einer *einzelnen* Anlage. Insbesondere bei Simulationen, die ein gesamtes Portfolio betreffen, sind künstliche Renditen *aller* Anlagen im Portfolio zu generieren. In Kap. 3.5.2. wurde bei der Simulation von Renditen nicht beachtet, dass lineare Abhängigkeiten, quantifizierbar durch den Korrelationskoeffizienten, zwischen den Renditen bestehen können.[51] Diese Korrelationen sollten bei der Generierung künstlicher Renditen jedoch unbedingt Berücksichtigung finden. Wie dies konkret erreicht werden kann, wird in diesem Abschnitt erläutert. Dabei wird jedoch stets vorausgesetzt, dass die Größe des Korrelationskoeffizienten bekannt ist. Ist dies noch nicht der Fall, so lässt er sich mit Hilfe des empirischen Korrelationskoeffizienten (siehe Formel (3) in Kap. 2.3.5.3.) schätzen.

Um aufzeigen zu können, wie sich Korrelationen bei der Simulation künstlicher Renditen berücksichtigen lassen, sind Darstellungen in Matrizen- und Vektorenschreibweise sowie einfache Matrizenrechnungen nicht zu umgehen.[52] Alle folgenden Ausführungen werden zur Vereinfachung anhand von drei Anlagen erläutert, sie sind jedoch auf beliebig viele Anlagen verallgemeinerbar.

Zunächst ist es nötig, die Korrelationen zwischen jeweils zwei der insgesamt drei zu simulierenden Anlagenrenditen in einer sog. Korrelationsmatrix $\boldsymbol{\rho}$ zusammenzufassen. Diese Matrix enthält in der i-ten Zeile und j-ten Spalte den Korrelationskoeffizienten zwischen den Renditen der i-ten und der j-ten Anlage. Der Korrelationskoeffizient zwischen der ersten und der dritten Anlagerendite (also ρ_{13}) befindet sich beispielsweise in der ersten Zeile und der dritten Spalte der Matrix. Auf der Diagonalen der Matrix befinden sich die Korrelationen der Renditen mit sich selbst, die stets den Wert eins annehmen. Außerdem handelt es sich bei der Korrelationsmatrix um eine symmetrische Matrix, da der Korrelationskoeffizient zwischen zwei Renditen symmetrisch ist (vgl. Formel (11) in Kap. 2.3.4.). Die Korrelationsmatrix hat also die folgende Gestalt:

$$(1) \qquad \boldsymbol{\rho} = \begin{bmatrix} 1 & \rho_{12} & \rho_{13} \\ \rho_{12} & 1 & \rho_{23} \\ \rho_{13} & \rho_{23} & 1 \end{bmatrix}$$

Die sog. *Cholesky-Faktorisierung* der Korrelationsmatrix, ein Verfahren aus der linearen Algebra [vgl. hierzu beispielsweise ELLER/DEUTSCH (1998), S. 92f. und S. 231f.], stellt nun ein geeignetes Hilfsmittel zur Berücksichtigung dieser Korrelation bei der Simulation künstlicher Renditen dar. Unter der Cholesky-Faktorisierung versteht man in diesem Zusammenhang die Zerlegung der Korrelationsmatrix in eine untere Dreiecksmatrix **A** und eine obere Dreiecksmatrix **A**´ (also die transponierte Matrix **A**)

51 So wird man beispielsweise feststellen, dass künstlich erzeugte Renditen, bei denen keine Korrelation berücksichtigt wurde, stets einen Korrelationskoeffizienten von null aufweisen. Man würde also fälschlicherweise von einer Unkorreliertheit der Renditen ausgehen.

52 Zum Umgang mit Matrizen sei auf den Anhang A.1. in diesem Buch verwiesen.

(2) $$\mathbf{A}=\begin{bmatrix} a_{11} & 0 & 0 \\ a_{21} & a_{22} & 0 \\ a_{31} & a_{32} & a_{33} \end{bmatrix} \quad \text{und} \quad \mathbf{A}'=\begin{bmatrix} a_{11} & a_{21} & a_{31} \\ 0 & a_{22} & a_{32} \\ 0 & 0 & a_{33} \end{bmatrix},$$

deren Produkt gerade wieder die Korrelationsmatrix $\boldsymbol{\rho}$ ergibt:

(3) $$\mathbf{A}\cdot\mathbf{A}'=\boldsymbol{\rho}$$

Mit Hilfe dieses Verfahrens lassen sich nun folgendermaßen miteinander korrelierte künstliche Renditen (konkret: Realisationen von korrelierten Zufallsvariablen) generieren. In einem ersten Schritt sind für alle drei zu simulierenden Anlagerenditen standardnormalverteilte Zufallszahlen Z_{1t}, Z_{2t}, Z_{3t} zu ziehen, die in einem Zufallsvektor $\mathbf{Z}_t$ zusammenzufassen sind:

(4) $$\mathbf{Z}_t=\begin{bmatrix} Z_{1t} \\ Z_{2t} \\ Z_{3t} \end{bmatrix}$$

Um diese Zufallszahlen (konkret: Realisationen von unkorrelierten Zufallsvariablen) in Realisationen korrelierter Zufallszahlen zu transformieren, ist in einem zweiten Schritt die Matrix $\mathbf{A}$, die aus der Cholesky-Faktorisierung der Korrelationsmatrix resultiert, mit dem Zufallsvektor $\mathbf{Z}_t$ zu multiplizieren:

(5) $$\mathbf{A}\cdot\mathbf{Z}_t=\begin{bmatrix} a_{11} & 0 & 0 \\ a_{21} & a_{22} & 0 \\ a_{31} & a_{32} & a_{33} \end{bmatrix}\cdot\begin{bmatrix} Z_{1t} \\ Z_{2t} \\ Z_{3t} \end{bmatrix}=\begin{bmatrix} Y_{1t} \\ Y_{2t} \\ Y_{3t} \end{bmatrix}=\mathbf{Y}_t$$

Der Ergebnisvektor $\mathbf{Y}_t$ besteht aus drei neuen, künstlich erzeugten Zufallszahlen Y_{1t}, Y_{2t} und Y_{3t}, die Realisationen von Zufallsvariablen mit den gewünschten Korrelationen sind, aber immer noch der Standardnormalverteilung (Erwartungswert null und Standardabweichung eins) entstammen. In einem letzten Schritt sind die Zufallszahlen Y_{1t}, Y_{2t} und Y_{3t} nun noch in normalverteilte Zufallszahlen mit Erwartungswert μ und Standardabweichung σ zu transformieren. Dies ist mit der in Kap. 3.5.2. dargestellten Vorgehensweise durchzuführen. Als Ergebnis erhält man für jede der drei Anlagen eine künstlich erzeugte Rendite, die bezüglich der Verteilung, der Verteilungsparameter und der Korrelationen die gewünschten Eigenschaften aufweist. Um beispielsweise 1000 künstliche Renditen mit diesen Eigenschaften zu erhalten, ist das in diesem Abschnitt dargestellte Verfahren 1000-mal zu wiederholen.

3.5.4. Monte-Carlo-Simulation zur Schätzung des Value-at-Risk

In Kap. 3.5.1. wurde bereits die prinzipielle Vorgehensweise zur Bestimmung des Value-at-Risk mit Hilfe der Monte-Carlo-Simulation dargestellt. Weiterhin wurde erläutert, dass die Generierung künstlicher Renditen hierbei eine wichtige Rolle spielt. Nachdem in den letzten beiden Abschnitten detailliert aufgezeigt wurde, wie künstliche Renditen geeignet zu generieren sind, ist es nun möglich, die Vorgehensweise zur Bestimmung des Value-at-Risk in einem konkreten Beispiel umzusetzen.

Im Folgenden sei ein Rentenportfolio mit einem Volumen von € 100 Millionen betrachtet, welches aus Rentenpapieren des deutschen und amerikanischen Rentenmarktes besteht. Der Anteil deutscher Renten im Portfolio betrage 70%; der Anteil amerikanischer Renten ergibt sich somit zu 30%. Das Ziel bestehe nun in der Ermittlung des 95%-Value-at-Risk für dieses Portfolio auf Monatsbasis, also dem Betrag, der mit 95%-iger Wahrscheinlichkeit innerhalb eines Monats höchstens als Verlust zu verzeichnen sein wird.

Zur Vereinfachung werden die Simulationen nicht auf Titelebene, sondern auf Assetklassenebene durchgeführt, d.h. die deutschen Titel werden in der Gruppe deutsche Renten und die amerikanischen Titel in der Gruppe amerikanische Renten zusammengefasst. Diese beiden Gruppen stellen Risikofaktoren des Rentenportfolios dar. Da das Dollar-Währungsrisiko in diesem Portfolio nicht abgesichert wird, ist der Dollar-Kurs ebenfalls als Risikofaktor anzusehen. Das Portfolio besitzt insgesamt also drei Risikofaktoren, die für die Wertentwicklung des Portfolios verantwortlich sind.

In einem ersten Schritt sind zunächst standardnormalverteilte Zufallszahlen für die Renditen dieser drei Risikofaktoren zu ziehen, insgesamt also drei Zufallszahlen. Beispielhaft seien dies:

$$\mathbf{Z} = \begin{bmatrix} Z_1 \\ Z_2 \\ Z_3 \end{bmatrix} = \begin{bmatrix} -0.42 \\ 0.68 \\ 0.17 \end{bmatrix}$$

Da zur Berechnung des Value-at-Risk mit Hilfe der Monte-Carlo-Simulation verschiedene künstliche Renditeausprägungen zu *einem festen Zeitpunkt* generiert werden müssen, wird der Zeitindex t im Folgenden vernachlässigt. Die Zufallszahlen sind nun so zu transformieren, dass sie dasselbe Rendite- und Risikoprofil und dieselbe Korrelationsstruktur wie tatsächlich beobachtete Renditen der Risikofaktoren aufweisen. Dabei sind zunächst die Korrelationen einzurechnen. Als zu berücksichtigende Korrelationen werden in dieser Fallstudie empirisch ermittelte Korrelationen verwendet. Als Datenmaterial werden dabei Performanceindices amerikanischer und deutscher Renten sowie die Dollar-Wechselkursreihe des Zeitraums Januar 1990 bis Oktober 2002 auf Monatsbasis zu Grunde gelegt. Die sich daraus ergebenden Korrelationen zwischen den stetigen Renditen der drei Risikofaktoren werden in der folgenden Korrelationsmatrix zusammengefasst:

$$\boldsymbol{\rho} = \begin{bmatrix} 1 & \rho_{D,USA} & \rho_{D,\$} \\ \rho_{D,USA} & 1 & \rho_{USA,\$} \\ \rho_{D,\$} & \rho_{USA,\$} & 1 \end{bmatrix} = \begin{bmatrix} 1 & 0.55 & 0.06 \\ 0.55 & 1 & -0.22 \\ 0.06 & -0.22 & 1 \end{bmatrix}$$

Wie in Kap. 3.5.3. erläutert wurde, können aus den unkorrelierten Zufallszahlen mit Hilfe der Cholesky-Faktorisierung korrelierte Zufallszahlen erzeugt werden. Die Cholesky-Faktorisierung der Korrelationsmatrix ergibt die Matrix **A**:

$$\mathbf{A} = \begin{bmatrix} 1 & 0 & 0 \\ 0.55 & 0.84 & 0 \\ 0.06 & -0.30 & 0.95 \end{bmatrix}$$

Die Cholesky-Faktorisierung sollte sinnvollerweise mit Hilfe eines Statistik-Softwarepakets durchgeführt werden, da diese Funktion mittlerweile von fast jeder Statistik-Software zur Verfügung gestellt wird. Die Cholesky-Faktorisierung lässt sich aber auch mit der Tabellenkalkulation Excel unter Zuhilfenahme bestimmter Add-Ins für Excel durchführen.[53] Gemäß Formel (5) in Kap. 3.5.3. lassen sich mit der Matrix **A** aus den ursprünglichen Zufallszahlen folgendermaßen korrelierte Zufallszahlen generieren

$$\begin{bmatrix} Y_1 \\ Y_2 \\ Y_3 \end{bmatrix} = \begin{bmatrix} 1 & 0 & 0 \\ 0.55 & 0.84 & 0 \\ 0.06 & -0.30 & 0.95 \end{bmatrix} \cdot \begin{bmatrix} -0.42 \\ 0.68 \\ 0.17 \end{bmatrix} = \begin{bmatrix} -0.42 \\ 0.34 \\ -0.07 \end{bmatrix}$$

Diese korrelierten Zufallszahlen sind nun abschließend bezüglich ihres Rendite- und Risikoprofils so zu transformieren, wie es in Kap. 3.5.2. erläutert wurde. In Tab. 3.5.4.-1. sind die zu Grunde zu legenden Erwartungswerte und Volatilitäten der stetigen Renditen auf Jahres- und Monatsbasis dargestellt. R_D und R_{USA} bezeichnen dabei die Renditen deutscher und amerikanischer Renten, wobei die Rendite amerikanischer Renten in Dollar berücksichtigt wird. $R_\$$ steht für die Rendite, die aus dem Dollar-Wechselkurs resultiert.

53 Vgl. hierzu die in Anhang A.4. angegebene Web-Seite, auf der verschiedene kostenlose Statistik-Programme und Excel-Add-Ins aufgeführt sind.

	Erwartungswert p.a.	Standardabweichung p.a.	monatlicher Erwartungswert	monatliche Standardabweichung
R_D	6%	3.5%	0.500%	1.010%
R_{USA}	7%	4.5%	0.583%	1.299%
$R_\$$	5%	10%	0.417%	2.887%

Tab. 3.5.4.-1.: Inputparameter für die Monte-Carlo-Simulation

Beispielhaft sei die Transformation für die Generierung einer künstlichen Rendite der deutschen Renten demonstriert:

$$R_D = 0.0101 \cdot Z_1 + 0.005 = 0.0101 \cdot (-0.42) + 0.005 = 0.076\%$$

Analog ergeben sich für die Renditen der anderen beiden Risikofaktoren: $R_{USA} = 1.025\%$ und $R_\$ = 0.215\%$. Aus diesen künstlich generierten Renditen der Risikofaktoren ist nun die Portfoliorendite zu berechnen. Da es sich bei den künstlich erzeugten Renditen der Risikofaktoren um *stetige* Renditen handelt, entspricht die Portfoliorendite nicht exakt der gewichteten Summe der Renditen der einzelnen Assets im Portfolio. Zur Vereinfachung könnte zwar die in Kap. 3.4.1. angegebene Formel (3) zur Berechnung der Portfoliorendite Verwendung finden; diese gilt jedoch nur für diskrete Renditen exakt. Im Folgenden sollen jedoch die korrekten Formeln hergeleitet und verwendet werden, was hier allerdings insbesondere durch die separate Berücksichtigung des Wechselkurses etwas komplizierter erscheinen mag. Die Rendite amerikanischer Renten setzt sich nämlich aus der Rendite der amerikanischen Renten in Dollar und der Rendite des Dollar-Kurses zusammen. Der Wert W_t dieser Investition zum Zeitpunkt t beträgt in €

$$W_t = K_{USA,t} \cdot K_{\$,t},$$

wobei $K_{USA,t}$ dem Kurs der amerikanischen Renten in Dollar und $K_{\$,t}$ dem Dollar-Wechselkurs zum Zeitpunkt t entspricht. Die stetige Rendite $R_{USA/\$,t}$ dieser Investition berechnet sich nun folgendermaßen:

$$\begin{aligned} R_{USA/\$,t} &= \ln(W_t) - \ln(W_{t-1}) = \ln(K_{USA,t} \cdot K_{\$,t}) - \ln(K_{USA,t-1} \cdot K_{\$,t-1}) \\ &= \ln(K_{USA,t}) + \ln(K_{\$,t}) - (\ln(K_{USA,t-1}) + \ln(K_{\$,t-1})) \\ &= \underbrace{\ln(K_{USA,t}) - \ln(K_{USA,t-1})}_{R_{USA,t}} + \underbrace{\ln(K_{\$,t}) - \ln(K_{\$,t-1})}_{R_{\$,t}} \\ &= R_{USA,t} + R_{\$,t} \end{aligned}$$

Die stetige Rendite der Investition in amerikanische Renten setzt sich also additiv aus der stetigen Rendite der amerikanischen Renten in Dollar-Währung und der stetigen Rendite des Dollar-Wechselkurses zusammen. Nach Formel (2) in Kap. 3.4.1. ergibt sich die stetige Portfoliorendite in dieser Fallstudie wie folgt:

$$R_P = \ln(0.7 \cdot e^{R_D} + 0.3 \cdot e^{R_{USA}+R_\$})$$

Bei den gezogenen drei Zufallszahlen für die drei Risikofaktoren ergibt sich somit die folgende mögliche Portfoliorendite:

$$R_P = \ln(0.7 \cdot e^{0.00076} + 0.3 \cdot e^{0.01025+0.00215}) = 0.427\%$$

Abschließend ist nun die für die Schätzung des Value-at-Risk eigentlich interessierende Größe, nämlich die aus der Portfoliorendite folgende Portfoliowertänderung, also der Portfolioverlust bzw. -gewinn (interpretiert als negativer Verlust) zu berechnen. Bei einem Anlagevolumen von € 100 Millionen berechnet sich der Portfolioverlust V_P im Falle einer Portfoliorendite von $R_P = 0.427\%$ wie folgt:

$$\begin{aligned} V_P &= -\left(100 \text{ Mio Euro} \cdot e^{R_P} - 100 \text{ Mio Euro}\right) \\ &= -\left(100 \text{ Mio Euro} \cdot e^{0.00427} - 100 \text{ Mio Euro}\right) = -0.428 \text{ Mio Euro} \end{aligned}$$

Der Portfolioverlust ist in diesem Fall negativ und entspricht einem Gewinn in Höhe von € 0.428 Millionen. Es handelt sich hierbei um eine künstlich erzeugte, mögliche Portfoliowertänderung.

Die in diesem Abschnitt erläuterte Vorgehensweise, angefangen mit dem Erzeugen von Zufallszahlen für die drei Risikofaktoren bis hin zur Berechnung der Portfoliowertänderung, ist nun so lange zu wiederholen, bis eine ausreichend große Anzahl von künstlichen Portfoliowertänderungen (Verluste bzw. Gewinne) simuliert wurde. Der Prozess ist dabei stets identisch und wird nur mit neuen Zufallszahlen wiederholt. Die Anzahl der Wiederholungen betrage im Folgenden beispielhaft 1000. Nach der Durchführung dieser 1000 Wiederholungen resultieren schließlich 1000 mögliche Wertänderungen. Abschließend kann nun eine Auswertung dieser möglichen Portfoliowertänderungen und damit eine Bestimmung des Value-at-Risk vorgenommen werden. Wie bereits in den Kap. 3.3.3. und 3.5.1. erläutert wurde, handelt es sich beim Value-at-Risk um denjenigen zukünftigen Wertverlust des Portfolios, der mit einer vorgegebenen Wahrscheinlichkeit 1-α innerhalb eines bestimmten Zeitraums nicht überschritten wird. Er lässt sich aus der Verteilungsfunktion des Portfolioverlustes berechnen, da er gerade derjenigen Stelle der Verteilungsfunktion entspricht, an der diese den Wert 1-α annimmt. Bei einer Anzahl von 1000 möglichen Verlusten (bzw. Gewinnen) kann nun die Verlustverteilung des Portfolios über die empirische Verteilungsfunktion geschätzt werden (vgl. Kap. 2.2.4). Aus dieser lässt sich der Value-at-Risk definitionsgemäß berechnen, indem diejenige Stelle der Verlustverteilung bestimmt wird, an welcher der Wert 1-α angenommen wird. Dies sei grafisch anhand der Abb. 3.5.4.-1. veranschaulicht. Bei einem 95%-Value-at-Risk entspricht die Fläche unter der empirischen Wahrscheinlichkeitsfunktion bis zu eben diesem Value-at-Risk gerade 95% der Gesamtfläche.

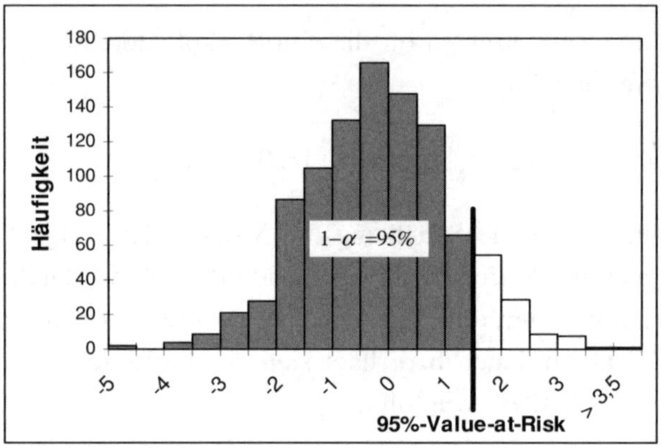

Abb. 3.5.4.-1.: Empirische Wahrscheinlichkeitsfunktion des Portfolioverlustes

Der Value-at-Risk kann bei Kenntnis der empirischen Verteilungsfunktion mit gängiger Statistik-Software problemlos berechnet werden, lässt sich aber auch mit der weit verbreiteten Tabellenkalkulation Excel ermitteln.[54] In diesem Beispiel wurde mit Hilfe der Monte-Carlo-Simulation bei 1000 Wiederholungen ein 95%-Value-at-Risk von € 1.488 Millionen ermittelt. Dies bedeutet, dass ein Verlust in Höhe von € 1.488 Millionen mit einer Wahrscheinlichkeit von $\alpha = 5\%$ innerhalb des nächsten Monats überschritten wird. Abschließend sei jedoch angemerkt, dass sich dieser Wert bei Verwendung anderer Zufallszahlen und bei einer größeren Anzahl von Ziehungen geringfügig verändern kann.

54 Hierfür lässt sich die Excel-Funktion „=Quantil(.;.)“ verwenden.

4. Punkt- und Intervallschätzungen

Arbeitshinweise: In diesem Kapitel werden statistische Methoden beschrieben, mit denen sich aus einer bestimmten Menge von Beobachtungen Rückschlüsse auf die Grundgesamtheit (z.B. die Kennzahlen der Grundgesamtheit) ziehen lassen. In Kap. 2. wurden empirische Maßzahlen, im Wesentlichen zur Beschreibung von Daten, vorgestellt. Deren Eigenschaften und Bedeutungen wurden bisher jedoch außer Acht gelassen. Diese Punkte werden nun in diesem Kapitel auf theoretischer Ebene Beachtung finden. Daher ist es für einen Praktiker nicht zwingend notwendig, alle Teile des Kapitels zu bearbeiten. Auf besonders relevante Aspekte wird in den Arbeitshinweisen der beiden Unterkapitel 4.1. und 4.2. gesondert hingewiesen.

Wie in den Kapiteln 2.3.1. und 2.3.2. beschrieben wurde, ist zur exakten Berechnung von Kennzahlen wie dem Erwartungswert oder der Varianz einer Zufallsvariablen die Kenntnis über alle möglichen Realisationen und deren Eintrittswahrscheinlichkeiten in Form der Verteilung der Zufallsvariablen unabdingbar. Ist jedoch die Gesamtheit aller Daten der interessierenden Größe, die auch als *Grundgesamtheit* bezeichnet wird, bekannt[55], so lassen sich aus diesen der Erwartungswert und die Varianz direkt berechnen. Jedes einzelne Element der Grundgesamtheit besitzt nämlich die gleiche Wahrscheinlichkeit, ausgewählt zu werden. Bei einer M-elementigen Grundgesamtheit mit den Elementen z_i lässt sich der Erwartungswert dann folgendermaßen berechnen[56]

$$(1) \qquad E(X) = \mu = \frac{1}{M}\sum_{i=1}^{M} z_i$$

Analog dazu wird die Varianz der Zufallsvariablen bei Kenntnis der Grundgesamtheit wie folgt ermittelt

$$(2) \qquad Var(X) = \sigma^2 = \frac{1}{M}\sum_{i=1}^{M}(z_i - \mu)^2$$

Diese beiden Formeln für den Erwartungswert und die Varianz sollten genau dann verwendet werden, wenn davon ausgegangen werden kann bzw. angenommen wird, dass die zu Grunde liegenden Daten eine Grundgesamtheit darstellen.[57] Steht jedoch nur ein gewisser Anteil der Grundgesamtheit in Form von Realisationen zur Verfügung, so ist Formel (2) (wie sich später noch zeigen wird) keine adäquate Berechnungsformel für die Varianz. Dieser Fall stellt bei ökonomischen Größen die Regel dar und findet deshalb in diesem Buch

55 Dies ist in der Regel nur dann der Fall, wenn die Grundgesamtheit aus endlich vielen Elementen besteht.

56 Vgl. hierzu Kap. 2.3. Formel (1). Da die Wahrscheinlichkeit für jedes einzelne Element gleich ist, wird hier $P\{X = x\}$ durch $1/M$ ersetzt.

57 Dies ist beispielsweise bei den Residuen im linearen Regressionsmodell (vgl. Kap. 5.) der Fall.

besondere Beachtung. Bei Finanzmarktdaten beispielsweise besteht die Grundgesamtheit aus allen vergangenen und zukünftigen Renditewerten einer Anlage. Damit wird sofort das Problem deutlich, welches nicht nur in der Finanzwirtschaft auftritt: Selten ist es möglich, alle Werte der Grundgesamtheit vollständig zu erfassen. Dies kann im Allgemeinen daran liegen, dass die Erfassung zu teuer oder zu aufwändig ist. Bei Finanzmarktdaten liegt das Problem jedoch darin, dass zukünftige Daten noch nicht bekannt sind und die Grundgesamtheit darum niemals vollständig realisiert ist.

Aus diesem Grund behilft man sich damit, lediglich eine Teilmenge der Grundgesamtheit, eine *Stichprobe*, zu betrachteten, aus der dann Schlüsse auf die Grundgesamtheit gezogen werden sollen. Die betrachtete Stichprobe soll die Grundgesamtheit repräsentieren und sollte somit ein möglichst gutes Abbild der Grundgesamtheit darstellen. Dies ist aber nur dann garantiert, wenn alle Werte der Stichprobe Realisationen von Zufallsvariablen sind, welche die gleiche Verteilung besitzen. Außerdem darf die Stichprobe nicht zu klein sein. Wie groß die benutzte Stichprobe tatsächlich sein muss, hängt von der betrachteten Fragestellung ab.

Da eine Stichprobe immer einen zufällig ausgewählten Teil der Grundgesamtheit darstellt, sind die mit ihr ermittelten Rückschlüsse mit Fehlern behaftet. Aus diesem Grund wird in diesem Kapitel auch die Behandlung der Fehler eine wichtige Rolle spielen. Dies geschieht durch die Betrachtung von Intervallen, in denen mit einer bestimmten Wahrscheinlichkeit der tatsächliche, interessierende Parameter der Grundgesamtheit liegt. Im Allgemeinen gilt jedoch die Regel: Je mehr Daten sich in der Stichprobe befinden, desto geringer ist der Fehler und desto näher liegen die geschätzten Kennzahlen an den tatsächlichen. Diese Regel lässt sich leider nicht auf alle Finanzmarktdaten übertragen. Gerade bei Zeitreihen können sich die Zusammenhänge im Zeitablauf ändern. So kann z.B. die Verteilung von Renditen über die Zeit hinweg variieren und weit zurückliegende Renditen besitzen keine Bedeutung mehr für heute interessierende Aspekte. Darum ist es häufig nicht sinnvoll, alle alten Daten für die Schätzung von Kennzahlen, Untersuchung von Zusammenhängen usw. zu verwenden. Insofern gilt die statistische Regel „je größer die Stichprobe, desto zuverlässiger die Schätzung“ nicht immer. Sie sollte bei den gerade betrachteten (Finanz-)Daten erst auf Gültigkeit hin untersucht werden.

4.1. Punktschätzungen

Arbeitshinweise: In dem vorliegenden Kap. 4.1. wird zunächst theoretisch erläutert, was unter den Begriffen Schätzer bzw. Schätzfunktion zu verstehen ist und welche Eigenschaften von einem guten Schätzer zu erwarten sind. Diese Ausführungen finden in Kap. 4.1.2. anhand der Schätzungen des Erwartungswerts und der Standardabweichung eine konkrete Anwendung. Hier wird gezeigt, warum die bereits in den Kapiteln 2.3.5.1. und 2.3.5.2. definierten empirischen Maße Mittelwert und Standardabweichung als Schätzer für die theoretischen Kennzahlen geeignet sind. Da in diesem Kapitel aus praktischer Sicht kein neuer Stoff vermittelt wird, kann es von einem theoretisch weniger interessierten Leser übersprungen werden. Für einen auf theoretischer Ebene stärker interessierten Leser kann jedoch gerade dieses Kapitel interessant sein, da es eine Rechtfertigung für die Anwendung zweier in der Praxis ständig benutzter Schätzfunktionen liefert.

Bei Punktschätzungen wird ein bestimmter Parameter der Grundgesamtheit gesucht, wie z.B. der Erwartungswert oder die Varianz. Dieser Parameter wird im Folgenden ganz allgemein mit dem griechischen Buchstaben θ bezeichnet. Er soll mit Hilfe einer beobachteten Stichprobe $x_1, x_2, \ldots, x_n$ geschätzt werden. Die Werte der Stichprobe werden als Realisationen der n Zufallsvariablen $X_1, X_2, \ldots, X_n$ betrachtet, die alle voneinander unabhängig sind und die gleiche Verteilung wie X besitzen.

Um aus den Realisationen nun den interessierenden Parameter zu schätzen, wird eine *Schätzfunktion* (*Schätzer*) $\hat{\theta}(\cdot)$ benutzt, die den Realisationen einen Zahlenwert zuordnet, der dem tatsächlichen Parameter θ möglichst nah sein sollte.

(1) $$(x_1, x_2, \ldots, x_n) \mapsto \hat{\theta}(x_1, x_2, \ldots, x_n)$$

Beispiele für diese Schätzfunktion werden in Kap. 4.1.2. angegeben. Wird eine spezielle Menge von Realisation $x_1, x_2, \ldots, x_n$ betrachtet, so können in (1) konkrete Zahlen eingesetzt werden. Man schreibt für den Wert der Schätzfunktion an der Stelle $x_1, x_2, \ldots, x_n$ auch kurz $\hat{\theta}$ und bezeichnet ihn als *Schätzwert*. Auch wenn dieser Wert eigentlich nur ein einziges Mal berechnet wird, so hätte der Schätzer bei einer anderen Datenbasis auch eine ganz andere Ausprägung annehmen können. $\hat{\theta}$ ist somit also eine Realisation und zwar diejenige der Variablen $\hat{\theta}(X_1, X_2, \ldots, X_n)$. Diese Variable $\hat{\theta}(X_1, X_2, \ldots, X_n)$ ist als Funktion der Zufallsvariablen $X_1, X_2, \ldots, X_n$ auch eine Zufallsvariable. Die statistischen Eigenschaften (z.B. Erwartungswert und Varianz) der Zufallsvariablen $\hat{\theta}(X_1, X_2, \ldots, X_n)$ werden durch die Verteilung der zu Grunde liegenden Variablen und/oder durch die Schätzfunktion bestimmt.

Im Folgenden sollen die Schätzer für die beiden Parameter Erwartungswert und Standardabweichung angegeben und deren Eigenschaften erläutert werden. Zunächst soll aber aufgezeigt werden, welche Eigenschaften überhaupt von Schätzern zu erwarten sind bzw. welche die Güte der Schätzfunktion bestimmen.

4.1.1. Eigenschaften guter Schätzer

Da die Schätzfunktion in Abhängigkeit von den Realisationen zufällige Schätzwerte annimmt, ist eine wünschenswerte Eigenschaft einer guten Schätzfunktion, dass diese wenigstens im Mittel mit einer hohen Wahrscheinlichkeit den richtigen, wahren Parameterwert θ liefert. Der Erwartungswert der Schätzfunktion sollte danach identisch mit dem zu schätzenden Parameter sein:

$$(1) \quad E\left(\hat{\theta}(X_1, X_2, \ldots, X_n)\right) = \theta$$

Eine Schätzfunktion mit dieser Eigenschaft (1) wird als *erwartungstreu*, *unverzerrt* oder auch *unbiased* bezeichnet. Nach dem in Kap. 2.5.1. beschriebenen Gesetz der großen Zahlen lässt sich (1) auch folgendermaßen interpretieren: Aus k voneinander unabhängigen, aus der gleichen Grundgesamtheit stammenden Stichproben werden mit einer erwartungstreuen Schätzfunktion k Schätzwerte $\hat{\theta}_1, \hat{\theta}_2, \ldots, \hat{\theta}_k$ berechnet. Für eine sehr große Anzahl k von Stichproben liegt dann der Mittelwert der Schätzwerte mit einer hohen Wahrscheinlichkeit nahe bei θ:

$$(2) \quad \frac{1}{k} \sum_{j=1}^{k} \hat{\theta}_j \approx \theta$$

Es tritt also keine systematische „Verzerrung" auf. Viele (vor allem komplexere) Schätzfunktionen in der Ökonometrie besitzen nicht die Eigenschaft der Erwartungstreue. Darum ist es gerade bei solchen Schätzungen sinnvoll, auf asymptotische Betrachtungsweisen überzugehen: Bisher wurde angenommen, dass die Anzahl der sich in der Stichprobe befindenden Beobachtungen konstant gleich n ist. Bei asymptotischer Betrachtungsweise wird die Schätzfunktion bezüglich einer wachsenden Größe der Stichprobe, also bei wachsendem n untersucht. Dazu wird die Schätzfunktion, der n Daten zu Grunde liegen, verkürzt mit $\hat{\theta}_n = \hat{\theta}(X_1, X_2, \ldots, X_n)$ geschrieben. Eine wichtige Anforderung an diese Schätzfunktion ist nun, dass sie bei wachsendem Stichprobenumfang immer bessere Ergebnisse liefert. Formal soll gelten:

$$(3) \quad \lim_{n \to \infty} P\left(\left|\hat{\theta}_n - \theta\right| < \varepsilon\right) = 1 \quad \text{für jedes } \varepsilon > 0$$

Je größer die Stichprobe ist, desto größer soll die Wahrscheinlichkeit sein, dass der absolute Wert der Abweichung zwischen dem Schätzwert und dem wahren Parameter kleiner ist als eine beliebig kleine positive Zahl ε. Diese Wahrscheinlichkeit soll für $n \to \infty$ sogar gegen eins konvergieren. Der Schätzwert $\hat{\theta}_n$ kommt dem tatsächlichen Parameter θ (nach Wahrscheinlichkeit) immer näher (vgl. Gleichung (3)) . Gilt (3), so heißt $\hat{\theta}_n$ *konsistenter* Schätzer für θ[58].

Die Abb. 4.1.1.-1. und Abb. 4.1.1.-2. veranschaulichen die beiden Eigenschaften Erwartungstreue und Konsistenz anhand unterschiedlicher symmetrischer Dichtefunktionen der Zufallsvariablen $\hat{\theta}(X_1, X_2, \ldots, X_n)$ und verdeutlichen die Unterschiede der beiden Eigenschaften.

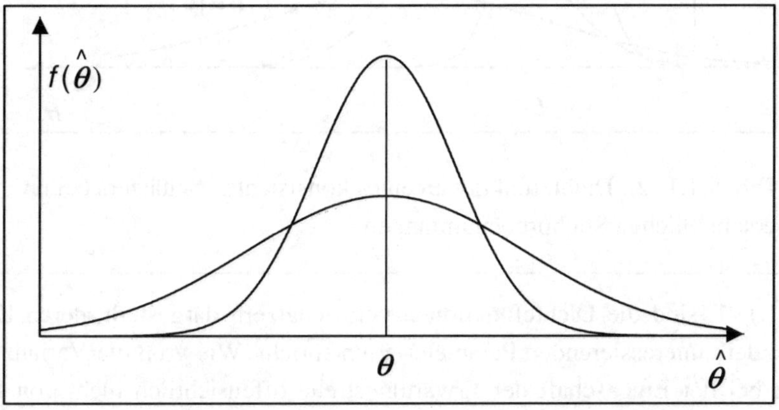

Abb. 4.1.1.-1.: Dichtefunktionen erwartungstreuer Schätzer $\hat{\theta}(X_1, X_2, \ldots, X_n)$

58 Einfacher, intuitiv verständlicher ausgedrückt, aber mathematisch nicht ganz korrekt, ist ein Schätzer konsistent, wenn er bei gegen unendlich konvergierendem Stichprobenumfang mit dem wahren Wert übereinstimmt.

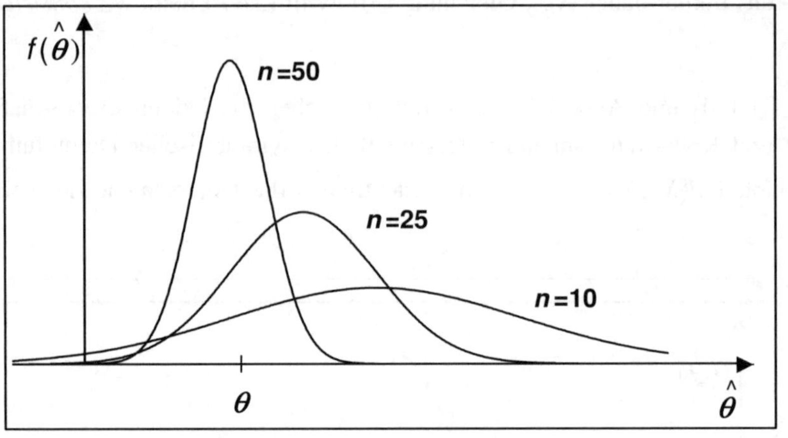

Abb. 4.1.1.-2.: Dichtefunktionen eines konsistenten Schätzers bei unterschiedlichen Stichprobenumfängen

In Abb. 4.1.1.-1. sind die Dichtefunktionen von Schätzern dargestellt, deren Erwartungswert gerade dem interessierenden Parameter θ entspricht. Wie groß die Varianz des Schätzers ist, ist bei der Eigenschaft der Erwartungstreue offensichtlich nicht von Bedeutung. Anders ist es dagegen bei der Abb. 4.1.1.-2., die einen konsistenten Schätzer illustriert: Dort sind die Dichtefunktionen von Schätzern eingezeichnet, die sich nur dadurch unterscheiden, dass ihnen unterschiedliche Stichprobengrößen zu Grunde liegen. Hier kommen die Erwartungswerte der unterschiedlichen Dichten bei wachsender Stichprobengröße dem Parameter θ immer näher und die Varianz, also die Streuung um den Erwartungswert, wird geringer. Für kleine Stichprobenumfänge ($n = 10$, $n = 25$) ist hier der Schätzer nicht erwartungstreu. Die Konsistenz eines Schätzers kann durch die beiden folgenden Eigenschaften hinreichend charakterisiert werden:

(4) *asymptotische Erwartungstreue*: $\lim\limits_{n \to \infty} E(\hat{\theta}_n) = \theta$ und

(5) *asymptotisch verschwindende Varianz*: $\lim\limits_{n \to \infty} Var(\hat{\theta}_n) = 0$.

Nicht als Eigenschaft (wie die Erwartungstreue oder Konsistenz), die eine Schätzfunktion entweder besitzt oder nicht, sondern als *Maß* für die Güte einer Schätzfunktion wird der im Folgenden zu betrachtende *Mean Square Error* (*MSE*) verwendet. Der *MSE* ist die erwartete quadratische Abweichung des Schätzers $\hat{\theta}$ von dem zu schätzenden Parameter θ und wird auch vereinfacht als *mittlerer quadratischer Fehler* bezeichnet. Seine formale Darstellung ist

(6) $MSE(\hat{\theta},\theta)=E\left((\hat{\theta}-\theta)^2\right)$

Im Folgenden wird wie in (6) für die Schätzfunktion $\hat{\theta}(X_1,X_2,\ldots,X_n)$ zur Vereinfachung der Schreibweise nur $\hat{\theta}$ geschrieben, obwohl es sich hierbei nicht um die Realisation, sondern um die Zufallsvariable handelt.

Umformungen des *MSE*, die sich auf die Linearitätseigenschaft des Erwartungswerts und die Subtraktion und sofortige Addition des Terms $\left(E(\hat{\theta})\right)^2$ stützen, ergeben:

$$\begin{aligned} E\left((\hat{\theta}-\theta)^2\right) &= E\left(\hat{\theta}^2-2\hat{\theta}\theta+\theta^2\right)=E\left(\hat{\theta}^2\right)-2\theta\cdot E\left(\hat{\theta}\right)+\theta^2 \\ &= E\left(\hat{\theta}^2\right)-\left(E\left(\hat{\theta}\right)\right)^2+\left(E\left(\hat{\theta}\right)\right)^2-2\theta\cdot E\left(\hat{\theta}\right)+\theta^2 \\ &= Var\left(\hat{\theta}\right)+\left(E\left(\hat{\theta}\right)-\theta\right)^2 \end{aligned}$$

$\hat{\theta}$ stellt eine Zufallsvariable dar, während θ ein zwar unbekannter, aber fester Parameter ist. Der Erwartungswert von θ ist also θ selbst. Mit der Definition des *Bias* (*Verzerrung*)

(7) $Bias=E\left(\hat{\theta}\right)-\theta$

lässt sich der Mean Square Error schreiben als

(8) $MSE(\hat{\theta},\theta)=Var\left(\hat{\theta}\right)+Bias^2$

Der *Bias* misst den Abstand zwischen dem erwarteten Schätzer und dem Parameter θ und gibt somit an, wie weit die Schätzfunktion *systematisch* abweicht. Er wird daher auch *systematischer Fehler* genannt. Der andere Teil des *MSE*, die Varianz der Schätzfunktion, ist dagegen zufälliger Natur. Es handelt sich um den *zufälligen Fehler* von $\hat{\theta}$, der auf Grund der endlichen Stichprobengröße auftritt. Der *MSE* setzt sich also additiv aus einer zufälligen und einer systematischen Komponente zusammen.

Handelt es sich bei $\hat{\theta}$ um einen erwartungstreuen Schätzer (d.h. $E(\hat{\theta})=\theta$) nimmt der *Bias* den Wert null an. In diesem Fall verschwindet der systematische Fehlerterm in (8) und der mittlere quadratische Fehler *MSE* entspricht der Varianz des Schätzers:

(9) $E\left(\hat{\theta}\right)=\theta \;\Rightarrow\; MSE(\hat{\theta},\theta)=\mathrm{Var}\left(\hat{\theta}\right)$

Ist $\hat{\theta}$ kein erwartungstreuer, aber ein konsistenter Schätzer, so folgt aus der asymptotischen Erwartungstreue nach (4), dass Formel (9) asymptotisch gilt. Da die Konsistenz jedoch auch eine asymptotisch verschwindende Varianz (vgl. Gleichung (5)) mit sich bringt, folgt für den *MSE* in diesem Fall sogar

(10) $\hat{\theta}$ konsistenter Schätzer $\Rightarrow \lim_{n\to\infty} MSE(\hat{\theta},\theta) = 0$

Bei einem erwartungstreuen Schätzer sollte möglichst auch deren Varianz, die nach (9) dem mittleren quadratischen Fehler entspricht, gering sein. In diesem Zusammenhang lässt sich eine weitere wünschenswerte Eigenschaft formulieren, die sich jedoch nur auf erwartungstreue Schätzer bezieht: Ein erwartungstreuer Schätzer $\hat{\theta}_1$ heißt *effizienter* (*wirksamer*) als ein ebenfalls erwartungstreuer Schätzer $\hat{\theta}_2$, falls die Varianz der ersten Schätzfunktion geringer als die der zweiten ist:

(11) $E(\hat{\theta}_1) = \theta$ und $E(\hat{\theta}_2) = \theta$:

$\hat{\theta}_1$ ist effizienter als $\hat{\theta}_2$, falls $Var(\hat{\theta}_1) < Var(\hat{\theta}_2)$

Es geht hier also darum, wie stark eine Schätzfunktion um den wahren Parameter θ streut. Ein Schätzer wird *effizient* genannt, wenn er unter allen möglichen erwartungstreuen Schätzfunktionen die kleinste Varianz besitzt. Es existiert demnach kein anderer erwartungstreuer Schätzer, der eine geringere Varianz hat:

(12) $E(\hat{\theta}) = \theta$. $\hat{\theta}$ ist effizienter Schätzer, wenn für alle $\hat{\theta}^*$ mit $E(\hat{\theta}^*) = \theta$ gilt:

$Var(\hat{\theta}) < Var(\hat{\theta}^*)$

Ein Schätzer, der diese Eigenschaft (12) besitzt, wird auch einfach *bester* Schätzer genannt. Von diesem Ausdruck sollte man sich jedoch nicht in die Irre führen lassen. Es kann andere Schätzfunktionen geben, die zwar leicht verzerrt sind, aber dafür eine enorm kleine Varianz aufweisen. Diese können somit ggf. einen geringeren *MSE* besitzen.

Die letzte hier zu erwähnende, wünschenswerte Eigenschaft einer Schätzfunktion ist lediglich eine Kombination aus verschiedenen, bereits beschriebenen Eigenschaften. Sie wird in Kap. 5.5. erneut aufgegriffen und Beachtung finden. Hierbei handelt es sich um Schätzfunktionen, die linear in beobachteten Variablen sind und zudem die Eigenschaften der Erwartungstreue und Effizienz aufweisen. Sie werden als *BLUE* bezeichnet, wobei sich dieses Wort aus den Anfangsbuchstaben der folgenden englischen Begriffe zusammensetzt:

B: best (mit kleinster Varianz)

L: linear

U: unbiased (erwartungstreu, unverzerrt)

E: estimator (Schätzer)

Dieser Art von Schätzern kommt durch das Aufeinandertreffen verschiedener „guter" Eigenschaften eine besondere Bedeutung zu. Die *BLUE*-Eigenschaft nimmt beispielsweise in der Regressionsanalyse (Kap. 5.) eine wichtige Stellung ein.

Mit den in diesem Kapitel beschriebenen Gütekriterien können schon im Vorfeld aus einer großen Menge von Schätzfunktion diejenigen mit den besten Eigenschaften ausgewählt werden. Im nächsten Kap. 4.1.2. werden verschiedene konkrete Schätzfunktionen vorgestellt und bezüglich ihrer Eigenschaften untersucht.

4.1.2. Schätzung des Erwartungswerts und der Standardabweichung

In diesem Kapitel sollen für eine beliebige Zufallsvariable X, deren Verteilung nicht bekannt ist, aus einer beobachteten Stichprobe der Erwartungswert $E(X) = \mu$ und die Varianz $Var(X) = \sigma^2$ (bzw. die Standardabweichung σ) geschätzt werden. Die Stichprobe besitzt den Umfang n, besteht also aus den Realisationen $x_1, x_2, \ldots, x_n$. Annahmegemäß sind diese Werte der Stichprobe Realisationen der n Zufallsvariablen $X_1, X_2, \ldots, X_n$. Diese Zufallsvariablen sind voneinander unabhängig und besitzen die gleiche Verteilung wie X.

In Analogie zu den in Kap. 4.1. allgemein dargestellten Begriffen ist der interessierende Parameter θ hier nun der Erwartungswert μ, der mit Hilfe einer Schätzfunktion $\hat{\mu}(.)$ bei gegebenen Realisationen geschätzt werden soll. Als Schätzwert des Erwartungswerts der Zufallsvariablen X kann der folgende, in Kap. 2.3.5.1. Gleichung (1) dargestellte empirische Mittelwert verwendet werden:

$$(1) \qquad \hat{\mu} = \bar{x} = \frac{1}{n}(x_1 + x_2 + \ldots + x_n) = \frac{1}{n}\sum_{i=1}^{n} x_i$$

Dieser Schätzwert entspricht nicht dem tatsächlichen Erwartungswert, sondern ist lediglich die Realisation der Schätzfunktion

$$(2) \qquad \hat{\mu}(X_1, X_2, \ldots, X_n) = \bar{X} = \frac{1}{n}(X_1 + X_2 + \ldots + X_n) = \frac{1}{n}\sum_{i=1}^{n} X_i$$

Warum gerade dieser Schätzer unter den gegebenen Voraussetzungen einen „guten" Schätzwert für den Erwartungswert liefert, wird bei der Betrachtung seiner statistischen Eigenschaften deutlich. Dazu wird zunächst der Erwartungswert der Schätzfunktion (für den Erwartungswert) bestimmt. Mit den in Kap. 2.3.1. vorgestellten Rechenregeln (4) und (7) für den Erwartungswert ergibt sich:

$$E(\hat{\mu}) = E(\overline{X}) = E\left(\frac{1}{n}(X_1 + X_2 + \ldots + X_n)\right) = \frac{1}{n}E(X_1 + X_2 + \ldots + X_n)$$

$$= \frac{1}{n}(E(X_1) + E(X_2) + \ldots + E(X_n))$$

Da alle n Zufallsvariablen $X_1, X_2, \ldots, X_n$ dieselbe Verteilung besitzen, haben sie insbesondere auch denselben Erwartungswert μ. Damit vereinfacht sich der Erwartungswert des Schätzers zu

$$E(\overline{X}) = \frac{1}{n}\left(\underbrace{\mu + \mu + \ldots + \mu}_{n\text{-mal}}\right) = \frac{1}{n} \cdot n \cdot \mu = \mu$$

Bei der Schätzung des Erwartungswerts durch den empirischen Mittelwert handelt es sich also um eine erwartungstreue Schätzung. Sie besitzt die sehr wichtige Eigenschaft, keinen systematischen Fehler aufzuweisen. In einem zweiten Schritt ist nun die Varianz der Schätzfunktion, die in dem Fall der erwartungstreuen Schätzung ja gerade dem MSE entspricht, zu berechnen und gegebenenfalls bezüglich ihrer asymptotischen Merkmale zu untersuchen. Mit der Rechenregel (6) aus Kap. 2.3.2. gilt für die Varianz

$$Var(\hat{\mu}) = Var(\overline{X}) = Var\left(\frac{1}{n}(X_1 + X_2 + \ldots + X_n)\right)$$

$$= \frac{1}{n^2}Var(X_1 + X_2 + \ldots + X_n)$$

Da die Zufallsvariablen $X_1, X_2, \ldots, X_n$ voneinander unabhängig sind, lässt sich die Varianz des empirischen Mittelwerts nach Kap. 2.3.2. Gleichung (8) folgendermaßen in die Einzelvarianzen aufsplitten:

$$Var(\overline{X}) = \frac{1}{n^2}(Var(X_1) + Var(X_2) + \ldots + Var(X_n))$$

Auf Grund der gleichen Verteilung der Zufallsvariablen haben sie auch die gleiche Varianz σ^2. Daraus folgt:

$$Var(\overline{X}) = \frac{1}{n^2}\left(\underbrace{\sigma^2 + \sigma^2 + \ldots + \sigma^2}_{n\text{-mal}}\right) = \frac{1}{n^2} \cdot n \cdot \sigma^2 = \frac{\sigma^2}{n}$$

Die Varianz der Schätzfunktion ist also geringer als die der Zufallsvariablen X und strebt für wachsenden Stichprobenumfang n sogar gegen null:

$$\lim_{n\to\infty} Var(\overline{X}) = \lim_{n\to\infty} \frac{\sigma^2}{n} = 0$$

Der Schätzer besitzt somit offensichtlich die beiden Eigenschaften (4) und (5) des letzten Abschnitts 4.1.1.: zum einen die asymptotische Erwartungstreue, die hier nicht nur asymptotisch, sondern sogar exakt gilt, zum anderen die asymptotisch verschwindende Varianz. Diese beiden Eigenschaften führen dazu, dass die Schätzung des Erwartungswertes durch den empirischen Mittelwert konsistent ist. Mit wachsendem Stichprobenumfang konvergiert der Schätzwert nach Wahrscheinlichkeit gegen den tatsächlichen Erwartungswert μ.
Die Eigenschaft der Konsistenz kann jedoch auch aus einer anderen Richtung gezeigt werden, nämlich durch das Gesetz der großen Zahlen (vgl. Kap. 2.5.1.). Diesem Satz liegen die gleichen Voraussetzungen hinsichtlich der Zufallsvariablen $X_1, X_2, \ldots, X_n$ zu Grunde, wie sie in diesem Kontext benutzt werden (gleiche Verteilung, iid-Stichprobe). Das Gesetz der großen Zahlen lässt sich hier also anwenden. Es besagt nach Kap. 2.5.1. Gleichung (4): Für jedes, also auch beliebig kleines, positives c gilt:

$$\lim_{n\to\infty} P\left(\left|\overline{X}_n - \mu\right| < c\right) = 1$$

Vergleicht man diese Aussage mit der Definition für die Konsistenz, so muss lediglich die Bezeichnung c durch ε ersetzt werden und die beiden Ausdrücke sind identisch. Aus dem Gesetz der großen Zahlen folgt unmittelbar, dass der empirische Mittelwert ein konsistenter Schätzer für den Erwartungswert ist.

Abschließend sollen die wichtigsten Eigenschaften des Erwartungswertschätzers $\overline{X}$ noch einmal zusammengefasst dargestellt werden.

(3) $E(\overline{X}) = \mu$, d.h. $\overline{X}$ ist erwartungstreu.

(4) $Var(\overline{X}) = \dfrac{\sigma^2}{n}$, d.h. die Varianz von $\overline{X}$ sinkt mit wachsendem n.

(5) $\overline{X}$ ist konsistent.

Als interessierender Parameter θ sei nun die Varianz $Var(X) = \sigma^2$ einer Zufallsvariablen X betrachtet. Diese Kennzahl kann durch die empirische Varianz, die bereits in Kap. 2.3.5.2. beschrieben wurde, geschätzt werden:

(6) $$\hat{\sigma}^2 = s_x^2 = \frac{1}{n-1} \sum_{i=1}^{n} (x_i - \overline{x})^2$$

Der Schätzwert ist wieder lediglich die Realisation einer Zufallsvariablen, und zwar der folgenden Schätzfunktion

(7) $\hat{\sigma}^2(X_1, X_2, \ldots, X_n) = S_X^2 = \frac{1}{n-1}\sum_{i=1}^{n}(X_i - \overline{X})^2$

Auch hier sollen nun die Eigenschaften dieses Schätzers betrachtet werden. Bei der folgenden Untersuchung wird deutlich werden, warum die Summe in der Schätzfunktion (7) durch $n-1$ geteilt wird, wo eine Division durch n vielleicht plausibler wäre. Zunächst wird der Erwartungswert der Schätzfunktion, der Aufschluss über den Grad der Verzerrung der Schätzung gibt, analysiert. Da diese Berechnung aber eher aufwändig und für manchen Leser nicht weiter von Interesse ist, soll erst das Ergebnis präsentiert und dann der Beweis gezeigt werden:

(8) $E(S_X^2) = \sigma^2$, d.h. der Schätzer ist erwartungstreu.

Beweis:

Die Anwendung der Linearitätseigenschaft des Erwartungswerts ergibt

$$(9)\qquad E\left(S_X^2\right)=E\left(\frac{1}{n-1}\sum_{i=1}^{n}\left(X_i-\overline{X}\right)^2\right)=\frac{1}{n-1}\sum_{i=1}^{n}E\left(\left(X_i-\overline{X}\right)^2\right)$$

Zunächst wird nur der Ausdruck in der Summe betrachtet, der durch den Verschiebungssatz (5) in Kap. 2.3.2.: $Var(X)=E(X^2)-(E(X))^2 \Leftrightarrow E(X^2)=Var(X)+(E(X))^2$ folgendermaßen umgeformt werden kann:

$$\begin{aligned}
E\left(\left(X_i-\overline{X}\right)^2\right) &= Var\left(X_i-\overline{X}\right)+\underbrace{\left(E\left(X_i-\overline{X}\right)\right)^2}_{=0,\text{ da } E(X_i)=E(\overline{X})=\mu}\\
&= Var\left(X_i-\overline{X}\right)\\
&= Var\left(X_i\right)+2\cdot Cov\left(X_i,-\overline{X}\right)+Var\left(-\overline{X}\right) \text{ nach Kap. 2.3.4. Gleichung (2)}\\
&= \sigma^2-2\cdot Cov\left(X_i,\overline{X}\right)+Var\left(\overline{X}\right)
\end{aligned}$$

Nach (4) ist die Varianz des Erwartungswertschätzers $Var\left(\overline{X}\right)$ gerade σ^2/n. Die Kovarianz zwischen X_i und dem Erwartungswertschätzer $\overline{X}$ lässt sich mit den in Kap. 2.3.4. beschriebenen Rechenregeln (5) und (7) für die Kovarianz berechnen: $Cov\left(X_i,\frac{1}{n}\sum_{j=1}^{n}X_j\right)=\frac{1}{n}\sum_{j=1}^{n}Cov\left(X_i,X_j\right)=\frac{1}{n}\sigma^2$. Da die Zufallsvariablen $X_1,X_2,\ldots,X_n$ voneinander unabhängig sind, gilt $Cov\left(X_i,X_j\right)=0$ für $i\neq j$. Für $i=j$ ist die Kovarianz $Cov\left(X_i,X_i\right)=\sigma^2$ gerade die Varianz. Diese Zwischenergebnisse führen nun eingesetzt in (9) zu

$$\begin{aligned}
E\left(S_X^2\right) &= \frac{1}{n-1}\sum_{i=1}^{n}\left(\sigma^2-2\cdot\frac{1}{n}\sigma^2+\frac{1}{n}\sigma^2\right)\\
&= \frac{1}{n-1}\left(n\cdot\sigma^2-2\cdot\sigma^2+\sigma^2\right)=\frac{n-1}{n-1}\cdot\sigma^2=\sigma^2
\end{aligned}$$

In der letzten Zeile des Beweises tritt der Grund zu Tage, weshalb in der Schätzfunktion durch $n-1$ geteilt wird: Würde lediglich durch n geteilt werden, wäre der Schätzer nicht erwartungstreu, sondern hätte den Erwartungswert $(n-1)/n\cdot\sigma^2$. In diesem Falle würde der wahre Parameter σ^2 systematisch unterschätzt werden. Im Durchschnitt wäre die Schätzung also kleiner als die wahre Varianz.

Zur Überprüfung der Konsistenzeigenschaft muss in einem nächsten Schritt die Varianz der Schätzfunktion berechnet werden. Diese Berechnung ist jedoch sehr aufwändig und soll aus diesem Grund vernachlässigt werden. Als Resultat lässt sich jedoch festhalten, dass die Varianz des Schätzers für die Varianz σ^2 mit wachsender Größe der Stichprobe (also mit wachsendem n) gegen null strebt. Je größer die Stichprobe ist, desto weniger streut der Schätzwert S_X^2 um den tatsächlichen Wert σ^2. Der hier betrachtete Schätzer für die Varianz ist somit auch konsistent.

Die Standardabweichung ist als Wurzel aus der Varianz definiert. Ein Schätzwert für die Standardabweichung kann also aus der Wurzel des Schätzwerts für die Varianz gewonnen werden:

$$(10) \quad \hat{\sigma} = s_x = \sqrt{\frac{1}{n-1}\sum_{i=1}^{n}(x_i - \bar{x})^2}$$

Gleichung (10) stellt die Realisation der Schätzfunktion (11) dar:

$$(11) \quad \hat{\sigma}(X_1, X_2, \ldots, X_n) = S_X = \sqrt{\frac{1}{n-1}\sum_{i=1}^{n}(X_i - \overline{X})^2}$$

Diese besitzt dieselben Eigenschaften wie die Schätzfunktion der Varianz: Erwartungstreue und Konsistenz.

Die in diesem Kapitel dargestellten Schätzfunktionen sind so konzipiert, dass sie insbesondere die Eigenschaft der Erwartungstreue besitzen. Dies ist auf Grund der Eigenschaften der zu schätzenden Parameter nicht sonderlich schwierig. Häufig sind jedoch andere Maßzahlen von Zufallsvariablen oder Parameter ihrer Verteilung von Interesse, bei denen eine „gute" Schätzfunktion nicht so offensichtlich ist. Für diese Fälle existieren unterschiedliche Methoden, die abhängig von der Art des Problems angewendet werden und dann auch valide Schätzfunktionen liefern können. Beispielhaft sollen hier drei dieser Methoden aufgezählt, aber nicht vertieft beschrieben werden:

- Momentenmethode[59]
- Maximum-Likelihood-Methode[60]
- Methode der Kleinsten-Quadrate

Während die Momentenmethode sehr einfache, dafür aber in der Regel nur wenige „gute" Schätzer liefert, ist die Maximum-Likelihood-Methode bei weitem komplexer. Hinter ihr

---

59 Eine knappe Darstellung der Momentenmethode findet sich beispielsweise bei HARTUNG [(1998), S. 127].

60 In BLEYMÜLLER/GEHLERT/GÜLICHER [(1998), S. 98f.] wird die grundsätzliche Vorgehensweise bei Maximum-Likelihood-Schätzungen anhand eines einfachen Beispiels demonstriert.

steht dafür aber auch eine ausgefeilte statistische Theorie. Ihr Konzept besteht darin, den gesuchten Parameter derart zu schätzen, dass bei diesem Schätzwert die beobachtete Stichprobe die größte Wahrscheinlichkeit der Realisation besitzt. Der größte Nachteil dieses Verfahrens besteht darin, dass die Verteilung der Zufallsvariablen bekannt sein oder zumindest angenommen werden muss. Falls die mit der Maximum-Likelihood-Methode gewonnenen Schätzer existieren, was nicht immer garantiert ist, besitzen sie beispielsweise die Eigenschaften der Konsistenz und asymptotischen Effizienz. Außerdem sind sie asymptotisch normalverteilt, eine Eigenschaft, die in Kap. 4.2. eine große Bedeutung besitzt. Die Methode der Kleinsten-Quadrate wird in Kap. 5. ausführlich erläutert.

4.2. Intervallschätzungen

Arbeitshinweise: Unter einem Konfidenzintervall versteht man ein aus Beobachtungen geschätztes Intervall, in dem ein gesuchter, tatsächlicher Parameter mit einer vorgegebenen Wahrscheinlichkeit liegen wird. Der nachfolgende Abschnitt 4.2. beschäftigt sich mit den Grundlagen und dem Konstruktionsprinzip von Konfidenzintervallen im Allgemeinen (Kap. 4.2.1.) sowie der Herleitung solcher Konfidenzintervalle für die Parameter Erwartungswert (Kap. 4.2.2.) und Varianz (Kap. 4.2.3.). Dabei wird größtenteils davon ausgegangen, dass die Beobachtungen Realisationen normalverteilter Zufallsvariablen sind. Weiter wird zwischen zweiseitigen und einseitigen Konfidenzintervallen unterschieden, wobei bei den letztgenannten lediglich eine Beschränkung des Intervalls nach oben oder nach unten von Interesse ist. Zur Konstruktion der Konfidenzintervalle sind die Herleitungen von Verteilungen nötig. Diese sind statistisch sehr anspruchsvoll und sollten dem theoretisch interessierten Leser vorbehalten bleiben. Sie sind deshalb an das Ende von Kap. 4.2.2.1. gestellt. In Kap. 4.2.2.1. Gleichung (7) wird die Formel für ein Konfidenzintervall für den Erwartungswert bei normalverteilter Stichprobe präsentiert und anschließend anhand eines Beispieldatensatzes angewendet. Ebenso wird bei den einseitigen Konfidenzintervallen verfahren, die formal in Kap. 4.2.2.2. Gleichungen (5) und (6) dargestellt sind. Die asymptotischen Konfidenzintervalle in Kap. 4.2.2.3. benötigen nicht die Normalverteilungsannahme der Stichprobe, sollten jedoch nur bei einer sehr großen Stichprobe Verwendung finden. Auch das Konfidenzintervall für die Varianz wird ausführlich hergeleitet und findet in Kap. 4.2.3. Gleichung (4) seine mathematische Darstellung. Die Anwendung wird ebenfalls anhand eines Beispiels verdeutlicht.

4.2.1. Grundlagen und Konstruktionsprinzip von Konfidenzintervallen

Auch wenn Schätzfunktionen die in Kap. 4.1. beschriebenen Eigenschaften wie Konsistenz oder Erwartungstreue besitzen, so weicht der geschätzte Parameter in der Regel doch von dem tatsächlichen ab, da die Stichprobe zufällig ausgewählt wird. Der Umgang mit diesen Abweichungen ist das Thema dieses Kapitels.

Ein Schätzwert $\hat{\theta}$ soll nun nicht mehr allein Auskunft über den wahren Parameter θ geben, sondern zusätzlich bestimmte Intervalle berechnet werden, in denen der Parameter liegen kann. Dabei können keine sinnvollen Intervalle angegeben werden, in denen der gesuchte Wert mit 100%-iger Wahrscheinlichkeit liegt. Es besteht aber die Möglichkeit, ein sogenanntes *Konfidenzintervall* zu errechnen. Hierzu wird eine Wahrscheinlichkeit angegeben, mit welcher der wahre Parameter in diesem Intervall liegen soll. Das Konfidenzintervall

(1) $I(x_1, x_2, \ldots, x_n) = [u(x_1, x_2, \ldots, x_n), o(x_1, x_2, \ldots, x_n)]$

mit $u(x_1, x_2, \ldots, x_n)$: untere Intervallgrenze

$o(x_1, x_2, \ldots, x_n)$: obere Intervallgrenze

ist das aus den Beobachtungen der Stichprobe berechnete Intervall, in dem sich mit einer vorgegebenen Wahrscheinlichkeit (z.B. 95%) der wahre Parameter θ befinden wird. Die Wahrscheinlichkeit, dass der tatsächliche Parameter außerhalb dieses Intervalls liegt, heißt *Irrtumswahrscheinlichkeit* oder *Niveau* des Intervalls I und wird mit dem griechischen Buchstaben α benannt:

(2) $\alpha = P(\theta \notin I(x_1, x_2, \ldots, x_n))$

Der Wert $1-\alpha$ ist dann die Wahrscheinlichkeit, mit der θ innerhalb des Intervalls liegt und wird als die *Konfidenzwahrscheinlichkeit* oder *Sicherheit* des Intervalls bezeichnet:

(3) $1-\alpha = P(\theta \in I(x_1, x_2, \ldots, x_n))$

Aufgabe ist es nun, die Grenzen des Intervalls zu berechnen. Wie dies im Einzelnen geschieht, hängt von mehreren Faktoren ab, nämlich zum einen von den Eigenschaften der Stichprobenwerte bezüglich Verteilung und Unabhängigkeit, zum anderen von der verwendeten Schätzfunktion. Die genaue Konstruktion von Konfidenzintervallen basiert auf den folgenden Arbeitsschritten, die nacheinander abgearbeitet werden müssen:

(i) In einem ersten Schritt muss bestimmt werden, für welchen Parameter θ ein Konfidenzintervall konstruiert werden soll. Im Folgenden werden als interessierende Parameter der Erwartungswert μ und die Varianz σ^2 einer Wahrscheinlichkeitsverteilung untersucht.

(ii) Anschließend wird die Schätzfunktion zur Schätzung des in (i) genannten Parameters festgelegt.

(iii) Der dritte Schritt besteht darin, die Konfidenzwahrscheinlichkeit $1-\alpha$ anzugeben. Für die Wahrscheinlichkeit, mit welcher der wahre Parameter in dem zu konstruierenden Intervall liegen soll, werden häufig die Werte 0.95 (95 Prozent) oder 0.9 (90 Prozent) verwendet.

(iv) Es folgt die Konstruktion einer Zufallsgröße aus der Schätzfunktion mit bestimmten Anforderungen: Die neue Zufallsgröße muss den interessierenden, unbekannten Parameter θ auf eine beliebige Art und Weise beinhalten. Ihre Wahrscheinlichkeitsverteilung sollte jedoch einer der bekannten Verteilungen entsprechen und muss zudem unabhängig von dem wahren Parameter θ sein. Sie hängt von der Verteilung der zu Grunde liegenden Daten und der verwendeten Schätzfunktion ab. Anhand der Wahrscheinlichkeitsverteilung lässt sich dann für jede beliebige vorgegebene Wahrscheinlichkeit ein Intervall angegeben, in dem die Zufallsgröße mit dieser Wahrscheinlichkeit Werte annimmt.

(v) Durch geschicktes Umformen des in (iv) konstruierten Intervalls der Zufallsgröße wird ein Konfidenzintervall für den interessierenden Parameter θ hergeleitet.

(vi) Der letzte Arbeitsschritt besteht darin, die beobachteten Werte in die formale Darstellung des Konfidenzintervalls aus (v) einzusetzen.

Im Folgenden sollen die hier vorgestellten sechs Arbeitsschritte anhand der Konstruktion von Konfidenzintervallen für den Erwartungswert demonstriert werden.

4.2.2. Konfidenzintervalle für den Erwartungswert

Zur Bestimmung von Konfidenzintervallen für Erwartungswerte muss zunächst festgelegt werden, welche Funktion zum Schätzen des Erwartungswertes verwendet werden soll. Im Folgenden wird die in Kap. 4.1.2. Gleichung (2) vorgestellte Schätzfunktion

$$(1) \qquad \hat{\mu}(X_1, X_2, \ldots, X_n) = \overline{X} = \frac{1}{n}(X_1 + X_2 + \ldots + X_n) = \frac{1}{n}\sum_{i=1}^{n} X_i$$

angewandt, deren Erwartungswert und Varianz in Kap. 4.1.2. bereits berechnet wurden. Die genaue Verteilung dieser Zufallsvariablen hängt von Voraussetzungen ab, die im Folgenden behandelt werden.

4.2.2.1. Zweiseitige Konfidenzintervalle bei normalverteilter Stichprobe

Per Voraussetzung sind die Werte einer beobachteten Stichprobe $x_1, x_2, \ldots, x_n$ bisher als Realisationen von n Zufallsvariablen $X_1, X_2, \ldots, X_n$ betrachtet worden, wobei diese Zufallsvariablen voneinander unabhängig sind und alle die gleiche Verteilung besitzen. Diese Annahme soll im Folgenden beibehalten werden. Zusätzlich wird die Verteilung jedoch noch genauer spezifiziert: Die Zufallsvariablen $X_1, X_2, \ldots, X_n$ seien jetzt alle normalverteilt mit Erwartungswert μ und Varianz σ^2, also $N(\mu, \sigma^2)$-verteilt. Wie sich im Weiteren zeigen wird, ist diese Modellannahme sehr wichtig für die Konstruktion von Konfidenzintervallen.

Die in Kap. 4.2.1. beschriebenen Arbeitsschritte zur Konstruktion von Konfidenzintervallen sollen nun systematisch abgearbeitet werden:

(i), (ii) Die ersten beiden durchzuführenden Schritte wurden zu Beginn dieses Abschnitts bereits behandelt: Der interessierende Parameter ist der Erwartungswert μ, die zu verwendende Schätzfunktion $\hat{\mu} = \overline{X} = 1/n \sum_{i=1}^{n} X_i$ wurde in Kap. 4.2.2. Gleichung (1) festgelegt.

(iii) Die Konfidenzwahrscheinlichkeit wird im Folgenden mit $1-\alpha = 0.95$ angesetzt.

(iv) Im vierten Arbeitsschritt folgt eigentlich die Konstruktion einer Zufallsgröße aus der Schätzfunktion mit den oben genannten Anforderungen. Die Konstruktion selber soll an dieser Stelle aber außer Acht gelassen und erst nach einem Beispiel nachgeholt werden. Hier soll nur das Ergebnis, nämlich die konstruierte Zufallsgröße T vorgestellt werden, welche die geforderten Voraussetzungen erfüllt:

(1) $$T = \sqrt{n}\frac{\overline{X}-\mu}{S_X} = \sqrt{n}\frac{\overline{X}-\mu}{\sqrt{\frac{1}{n-1}\sum_{i=1}^{n}(X_i - \overline{X})^2}}$$

T ist eine aus der Schätzfunktion $\overline{X}$ hergeleitete Zufallsvariable, die den interessierenden, unbekannten Parameter μ beinhaltet. Sie entsteht aus $\overline{X}$, indem der Erwartungswert von $\overline{X}$ abgezogen, dann durch die empirische Standardabweichung geteilt und schließlich mit $\sqrt{n}$ multipliziert wird. Die Herleitung der Verteilung dieser Zufallsvariablen ist sehr komplex, erklärt aber die formale Gestalt von T. Aus diesem Grund soll sie nicht unerwähnt bleiben, sondern später gesondert erläutert werden. Die Wahrscheinlichkeitsverteilung der Zufallsvariablen T ist unabhängig vom Parameter μ und wurde in Kap. 2.4.3. bereits ausführlich behandelt. Falls die zu Grunde liegende Stichprobe Realisationen normalverteilter Zufallsvariablen enthält, gilt:

(2) $$T = \sqrt{n}\frac{\overline{X}-\mu}{S_X} \sim t_{n-1}$$

Die betrachtete Zufallsvariable $\sqrt{n}(\overline{X}-\mu)/S_X$ ist t-verteilt mit n–1 Freiheitsgraden. Da diese Verteilung unabhängig von dem Parameter μ ist, können Wahrscheinlichkeiten ohne Kenntnis von μ berechnet werden. Wird nun die Wahrscheinlichkeit vorgegeben, mit der die Zufallsvariable T einen Wert t in einem Intervall annehmen soll, kann zu dieser vorgegebenen Wahrscheinlichkeit $(1-\alpha)$ das passende Intervall durch die Kenntnis der Verteilung der Zufallsvariablen problemlos hergeleitet werden. Die Abb. 4.2.2.1.-1. wird dies veranschaulichen:

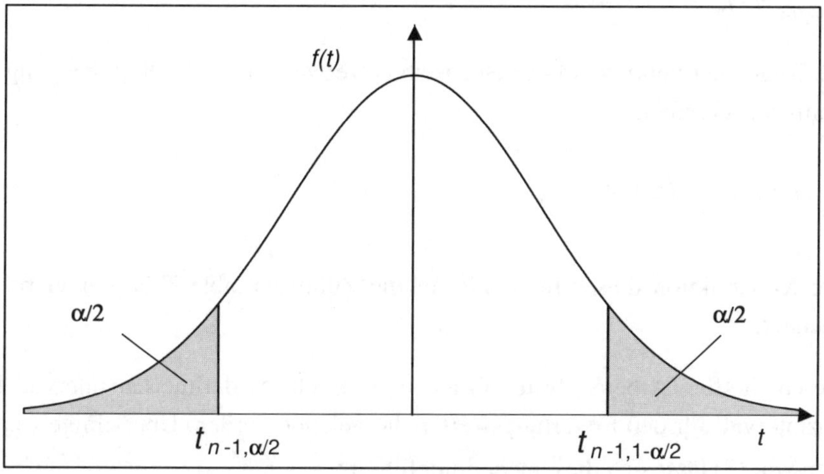

Abb. 4.2.2.1.-1.: Dichte der Zufallsvariablen *T*

Die Wahrscheinlichkeit, mit der Realisationen von $T=\sqrt{n}\left(\overline{X}-\mu\right)/S_X$ in dem gesuchten Intervall landen, ist mit $1-\alpha$ vorgegeben. Die Wahrscheinlichkeit, dass sie links oder rechts davon liegen, ist somit jeweils $\alpha/2$, da die Fläche unter der Dichte gerade eins ist: $1-\alpha+\alpha/2+\alpha/2=1$.

Ganz allgemein bezeichnet man diejenige Stelle t auf der Abzisse, an der die Verteilung einer interessierenden Zufallsvariablen T den Wert α annimmt, als α*-Quantil* dieser speziellen Verteilung. Die Fläche unter der Dichte wird an dieser Stelle in genau zwei Teile geteilt, wobei die untere den Flächeninhalt α hat. Für ein $(1-\alpha)$-Quantil wird auch häufig der Begriff α*-Fraktil* verwendet. Beim α*-Fraktil* wird die Fläche der Verteilung ebenfalls in genau zwei Teile geteilt, wobei jedoch die obere den Flächeninhalt α hat.

Das $\alpha/2$-Quantil der t_{n-1}-Verteilung, also die Stelle der t_{n-1}-Verteilung, an der die Verteilung den Wert $\alpha/2$ annimmt, wird hier mit $t_{n-1,\alpha/2}$ bezeichnet. Das $\alpha/2$-Fraktil wird analog $t_{n-1,1-\alpha/2}$, also die Stelle, an der die Verteilung den Wert $1-\alpha/2$ annimmt, genannt. Die Wahrscheinlichkeit, mit der Realisationen von T genau zwischen diese beiden Stellen fallen, ist somit gerade:

(3) $$\mathrm{P}\left(t_{n-1,\alpha/2}\leq\sqrt{n}\frac{\overline{X}-\mu}{S_X}\leq t_{n-1,1-\alpha/2}\right)=1-\frac{\alpha}{2}-\frac{\alpha}{2}=1-\alpha$$

Für jede beliebige vorgegebene Wahrscheinlichkeit $1-\alpha$ kann nun ein Intervall angegeben werden, in dem die Zufallsvariable T mit dieser Wahrscheinlichkeit Werte annimmt. Da die Dichte der t-Verteilung symmetrisch um die Ordinate ist (siehe Abb. 4.2.2.1.-1.), gilt weiter

$$(4) \qquad t_{n-1,\alpha/2} = -t_{n-1,1-\alpha/2} = -t\,,$$

wobei im Folgenden verkürzend der Buchstabe t verwendet wird. Die Gleichung (3) lässt sich vereinfacht schreiben als

$$(5) \qquad \mathrm{P}\left(-t \le \sqrt{n}\,\frac{\overline{X}-\mu}{S_X} \le t\right) = 1-\alpha$$

Durch die Konstruktion dieses Intervalls für die Zufallsvariable T ist der vierte Arbeitsschritt beendet.

(v) In diesem fünften Arbeitsschritt soll aus dem durch (5) definierten Intervall für T ein Konfidenzintervall für den Erwartungswert μ hergeleitet werden. Über einige wenige Umformungen von (5) lässt sich dies leicht durchführen:

$$\mathrm{P}\left(-t \le \sqrt{n}\,\frac{\overline{X}-\mu}{S_X} \le t\right) = \mathrm{P}\left(-t\cdot\frac{S_X}{\sqrt{n}} \le \overline{X}-\mu \le t\cdot\frac{S_X}{\sqrt{n}}\right)$$

$$= \mathrm{P}\left(\overline{X}-t\cdot\frac{S_X}{\sqrt{n}} \le \mu \le \overline{X}+t\cdot\frac{S_X}{\sqrt{n}}\right)$$

Letztendlich gilt also bei einer normalverteilten Stichprobe

$$(6) \qquad \mathrm{P}\left(\overline{X}-t\cdot\frac{S_X}{\sqrt{n}} \le \mu \le \overline{X}+t\cdot\frac{S_X}{\sqrt{n}}\right) = 1-\alpha$$

(vi) Der letzte Arbeitsschritt besteht darin, die beobachteten Werte in die formale Darstellung des Konfidenzintervalls aus (6) einzusetzen. Durch Einsetzen von Realisationen einer Stichprobe lassen sich $\overline{x}$ und $\hat{\sigma} = s_x$ berechnen. Man gelangt somit zu dem Konfidenzintervall:

$$(7) \qquad \left[\overline{x}-t\cdot\frac{\hat{\sigma}}{\sqrt{n}}\,;\,\overline{x}+t\cdot\frac{\hat{\sigma}}{\sqrt{n}}\right] \quad \text{mit} \quad t = t_{n-1,1-\alpha/2}$$

Der tatsächliche, wahre Erwartungswert μ liegt demnach mit einer Wahrscheinlichkeit von $1-\alpha$ in diesem Intervall, also zwischen den Werten $\overline{x}-t\cdot\hat{\sigma}/\sqrt{n}$ und $\overline{x}+t\cdot\hat{\sigma}/\sqrt{n}$.

Beispiel: Konfidenzintervall für den Erwartungswert stetiger DAX-Tagesrenditen

Aufbauend auf dem Beispiel, welches in den Kap. 2.3.5.1. und 2.3.5.2. begonnen wurde, soll nun das aus einer Stichprobe gewonnene 95%-Konfidenzintervall für den Erwartungswert stetiger DAX-Tagesrenditen berechnet werden. Dabei soll es in diesem Beispiel nicht darauf ankommen, exakte, vertrauenswürdige Zahlen zu liefern. Es soll lediglich beispielhaft anhand von wenigen Datenpunkten die Berechnungsweise von Konfidenzintervallen illustriert werden. Die zu Grunde liegenden Realisationen, eine Stichprobe bestehend aus fünf stetigen DAX-Tagesrenditen, sind im Beispiel 1 in Kap. 2.3.5.1. tabelliert. Dort wurde der empirische Mittelwert dieser Realisationen berechnet, der nun als Schätzer für den Erwartungswert der stetigen Renditen interpretiert wird:

$$\hat{\mu} = \bar{x} = 0.00266$$

In Kap. 2.3.5.2. wurde die empirische Standardabweichung ermittelt. Diese, nun als Schätzer für die wahre Standardabweichung herangezogen, ist bei den fünf stetigen DAX-Tagesrenditen

$$\hat{\sigma} = s_x = 0.00587$$

Der empirische Mittelwert und die Standardabweichung stellen in diesem Beispiel keine validen Schätzer für den Erwartungswert und die Standardabweichung dar, da die für sie zu Grunde liegende Stichprobe lediglich aus fünf Beobachtungen besteht. Sie kann folglich kaum als repräsentativ für die Grundgesamtheit angesehen werden. Aus didaktischen Gründen soll dieser Aspekt jedoch im Folgenden vernachlässigt werden. Als weitere Größe zur Berechnung des interessierenden Konfidenzintervalls ist der *t*-Wert von großer Bedeutung, der in Abhängigkeit von der Anzahl der Beobachtungen und der Konfidenzwahrscheinlichkeit in der Tab. A.2.-4. der *t*-Verteilung im Anhang nachzuschlagen ist. Die oben bereits genannte Konfidenzwahrscheinlichkeit von 95% lässt sich in den Wert α umrechnen mit:

$$0.95 = 1 - \alpha \iff \alpha = 0.05$$

Die sogenannte Irrtumswahrscheinlichkeit, also die Wahrscheinlichkeit, mit welcher der Erwartungswert nicht in das zu berechnende Intervall fällt, ist somit auf 5% begrenzt. Bei den $n = 5$ Beobachtungen ist nun der Wert

$$t = t_{n-1,1-\alpha/2} = t_{4;\,0.975}$$

gesucht, für den die Tabelle im Anhang den Wert $t = 2.776$ liefert. Eingesetzt in (7) ergibt sich das Konfidenzintervall

$$\left[0.00266 - 2.776 \cdot \frac{0.00587}{\sqrt{5}}; 0.00266 + 2.776 \cdot \frac{0.00587}{\sqrt{5}}\right] = [-0.00463; 0.00995]$$

Mit einer Wahrscheinlichkeit von 95% liegt der tatsächliche Erwartungswert stetiger DAX-Tagesrenditen im Beispiel zwischen –0.00463 und 0.00995.

Konstruktion der Zufallsvariablen T und Herleitung ihrer Verteilung:

Abschließend wird nun die Konstruktion der in (1) dargestellten Zufallsvariablen T erläutert und ihre Verteilung hergeleitet. Diese Zufallsgröße soll aus der Schätzfunktion abgeleitet sein und muss bestimmte Anforderungen erfüllen: Sie muss den interessierenden, unbekannten Parameter μ beinhalten. Ihre Wahrscheinlichkeitsverteilung sollte jedoch einer der bekannten Verteilungen entsprechen und muss zudem unabhängig von dem wahren Parameter μ sein.

Die Schätzfunktion $\overline{X} = 1/n \sum_{i=1}^{n} X_i$ besitzt nach Kap. 4.1.2. Gleichungen (3) und (4) den Erwartungswert μ und die Varianz σ^2/n. Aus dieser Schätzfunktion kann die standardisierte Zufallsvariable

$$(8) \qquad \frac{\overline{X} - E(\overline{X})}{\sqrt{Var(\overline{X})}} = \frac{\overline{X} - \mu}{\frac{\sigma}{\sqrt{n}}} = \sqrt{n}\,\frac{\overline{X} - \mu}{\sigma}$$

gebildet werden, die einen Erwartungswert von null und eine Varianz von eins besitzt. In dieser Zufallsvariable taucht zwar der unbekannte, aber interessierende Parameter μ auf. Zusätzlich spielt jedoch auch die unbekannte, in diesem Zusammenhang aber nicht primär interessierende Standardabweichung σ eine Rolle. Um diesen unbekannten Parameter zu eliminieren, kann man ihn durch die in Kap. 4.1.2. Gleichung (11) dargestellte Schätzfunktion der Standardabweichung ersetzen

$$\hat{\sigma}(X_1, X_2, \ldots, X_n) = S_X = \sqrt{\frac{1}{n-1}\sum_{i=1}^{n}(X_i - \overline{X})^2}$$

und gelangt somit zu einer neuen Zufallsvariablen

$$(9) \qquad \sqrt{n}\,\frac{\overline{X} - \mu}{S_X} = \sqrt{n}\,\frac{\overline{X} - \mu}{\sqrt{\frac{1}{n-1}\sum_{i=1}^{n}(X_i - \overline{X})^2}}$$

Diese Zufallsvariable hängt nur von den Variablen $X_1, X_2, \ldots, X_n$ und dem Parameter μ, der ja gerade von Interesse ist, ab. In einem nächsten Schritt sollen nun Wahrscheinlichkeitsaussagen bezüglich dieser Zufallsvariablen und dem Parameter abgegeben werden. Die entscheidende Frage ist, ob diese neu geschaffene Zufallsvariable eine Verteilung besitzt, die von diesem Parameter μ unabhängig ist. Dazu muss die Zufallsvariable in (9) näher betrachtet werden. Sie wird erneut umgeformt, indem Zähler und Nenner mit dem Kehrwert der (eigentlich nicht interessierenden) Standardabweichung σ erweitert werden:

$$(10)\quad \sqrt{n}\frac{\overline{X}-\mu}{S_X}=\sqrt{n}\frac{\overline{X}-\mu}{\sqrt{\frac{1}{n-1}\sum_{i=1}^{n}(X_i-\overline{X})^2}}=\frac{\sqrt{n}\frac{\overline{X}-\mu}{\sigma}}{\sqrt{\frac{1}{n-1}\sum_{i=1}^{n}\left(\frac{X_i-\overline{X}}{\sigma}\right)^2}}$$

Dieser Trick hilft, die Verteilung der Zufallsvariable zu identifizieren. Er stellt somit keinen Widerspruch zu der vorherigen Beseitigung des Parameters σ in (9) dar.

Zunächst soll der Zähler dieses Bruches betrachtet werden: Da jede der Zufallsvariablen $X_1, X_2, \ldots, X_n$ $N(\mu, \sigma^2)$-verteilt ist, ist $\overline{X}$ ebenfalls normalverteilt, allerdings mit Erwartungswert μ und Varianz σ^2/n. Zieht man nun wie bei der in Kap. 2.4.1. dargestellten Z-Transformation von dieser normalverteilten Zufallsvariable $\overline{X}$ deren Erwartungswert ab und teilt dann durch ihre Standardabweichung, so erhält man eine standardnormalverteilte Zufallsvariable *Y*, die im Zähler des Bruches (10) steht:

$$(11)\quad Y=\sqrt{n}\frac{\overline{X}-\mu}{\sigma}\sim N(0,1)$$

Der Nenner des Bruches (10) besitzt eine komplizierter zu ermittelnde Verteilung, deren Herleitung deswegen auch nicht vollständig beschrieben werden soll. Der unter der Wurzel stehende Ausdruck ist eine Summe aus $n-1$[61] unabhängigen, standardnormalverteilten, quadrierten Zufallsvariablen, im Folgenden kurz Z genannt. Nach Kap. 2.4.2. Formel (1) ist solch eine Summe χ^2-verteilt mit $n-1$ Freiheitsgraden, kurz :

$$(12)\quad Z=\sum_{i=1}^{n}\left(\frac{X_i-\overline{X}}{\sigma}\right)^2\sim\chi^2_{n-1}$$

Setzt man nun die beiden in (11) und (12) betrachteten Zufallsvariablen und deren Verteilungen zusammen, resultiert die Gesamtverteilung der Zufallsvariablen aus Formel (10): Nach der in Kap. 2.4.3. Gleichung (1) dargestellten Definition für eine *t*-verteilte Zufallsvariable gilt

$$(13)\quad T=\frac{Y}{\sqrt{\frac{1}{n-1}\cdot Z}}\sim t_{n-1},\ \text{da}\ Y\sim N(0,1)\ \text{und}\ Z\sim\chi^2_{n-1}$$

---

61 Eigentlich würde man auf den ersten Blick annehmen, dass es sich hier um eine Summe aus *n* und nicht *n*-1 unabhängigen, quadrierten Zufallsvariablen handelt. Dies ist jedoch ein Irrtum. Die in der Summe stehenden *n* Variablen sind nicht unabhängig voneinander, da $X_1 + \ldots + X_n = n\overline{X}$ => $X_n = n\overline{X} - (X_1 + \ldots + X_{n-1})$.

4.2.2.2. Einseitige Konfidenzintervalle bei normalverteilter Stichprobe

In dem letzten Abschnitt wurde eine bestimmte Art von Konfidenzintervallen betrachtet: Die berechneten Intervalle waren sowohl nach unten als auch nach oben beschränkt. Gerade in der Praxis interessiert man sich jedoch häufig nur dafür, ob ein Parameter, hier insbesondere der Erwartungswert einer Zufallsvariablen, mit einer gegebenen Wahrscheinlichkeit über oder sogar manchmal unter einer zu ermittelnden Grenze liegt. Die Betonung liegt hier auf dem Wort „oder": Nur in eine Richtung ist hier eine Begrenzung von Interesse.

Ein *einseitiges nach oben begrenztes Konfidenzintervall* für einen Parameter zur Sicherheit $1-\alpha$ ist definiert als

(1) $$I_o(x_1,x_2,\ldots,x_n)=\left]-\infty,o(x_1,x_2,\ldots,x_n)\right]$$

mit $o(x_1,x_2,\ldots,x_n)$: obere Intervallgrenze

Ein *einseitiges nach unten begrenztes Konfidenzintervall* für einen Parameter zur Sicherheit $1-\alpha$ ist definiert als

(2) $$I_u(x_1,x_2,\ldots,x_n)=\left[u(x_1,x_2,\ldots,x_n),+\infty\right[$$

mit $u(x_1,x_2,\ldots,x_n)$: untere Intervallgrenze

Die Symbole $-\infty$ bzw. $+\infty$ zeigen an, dass die Intervalle nach unten bzw. nach oben nicht beschränkt sind. Der interessierende Parameter kann also jeden beliebigen Wert unterhalb der oberen bzw. oberhalb der unteren Intervallgrenze annehmen.

Werden wieder die gleichen Annahmen wie in Kap. 4.2.2.1. bezüglich der Verteilung der Zufallsvariablen der Stichprobe gesetzt, so sind die oberen und unteren Intervallgrenzen der Konfidenzintervalle (1) und (2) für Erwartungswerte leicht zu berechnen. Unter der Normalverteilungsannahme ist, wie in Kap. 4.2.2.1. gezeigt wurde, die Zufallsvariable $T=\sqrt{n}\left(\overline{X}-\mu\right)/S_X$ t-verteilt mit $n-1$ Freiheitsgraden. Als einziger Unterschied zu den dort durchgeführten Betrachtungen wird jetzt die Dichte der t-verteilten Zufallsvariablen nur bezüglich einer Seite (oberhalb *oder* unterhalb des Erwartungswerts) untersucht.

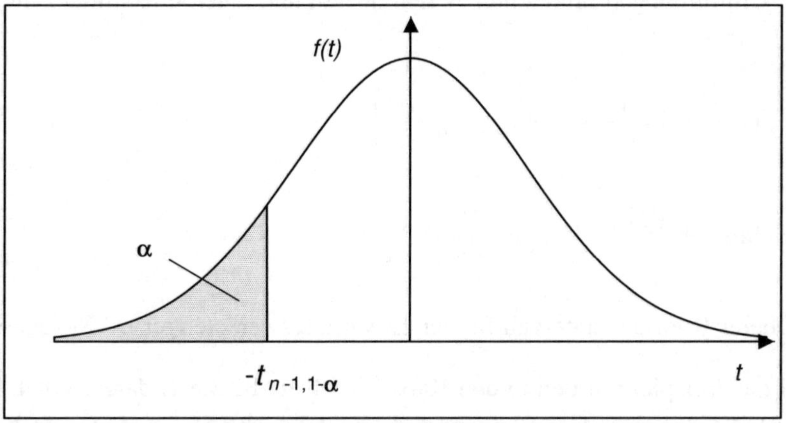

Abb. 4.2.2.2.-1.: α -Quantil einer *t*-verteilten Zufallsvariablen

Offensichtlich gilt nach Abb. 4.2.2.2.-1.:

$$(3) \qquad \mathrm{P}\left(-t_{n-1,1-\alpha} \le \sqrt{n}\,\frac{\overline{X}-\mu}{S_X}\right) = 1-\alpha$$

und nach Abb. 4.2.2.2.-2.:

$$(4) \qquad \mathrm{P}\left(\sqrt{n}\,\frac{\overline{X}-\mu}{S_X} \le t_{n-1,1-\alpha}\right) = 1-\alpha$$

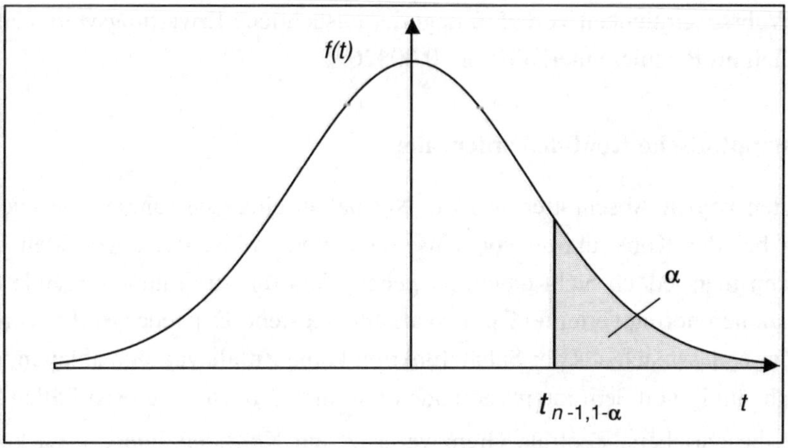

Abb. 4.2.2.2.-2.: α -Fraktil einer *t*-verteilten Zufallsvariablen

Elementare Umformungen führen nun zu den oberen und unteren Konfidenzintervallen zur Sicherheit $1-\alpha$

(5) $$I_o(x_1,x_2,\ldots,x_n)=\left]-\infty\,,\,\bar{x}+t_{n-1,1-\alpha}\cdot\frac{\hat{\sigma}}{\sqrt{n}}\right]$$

(6) $$I_u(x_1,x_2,\ldots,x_n)=\left[\bar{x}-t_{n-1,1-\alpha}\cdot\frac{\hat{\sigma}}{\sqrt{n}}\,,+\infty\right[$$

Beispiel: Oberes Konfidenzintervall für den Erwartungswert stetiger DAX-Tagesrenditen

Erneut soll das Beispiel mit den in den Kap. 2.3.5.1. und 2.3.5.2. dargestellten Realisationen stetiger DAX-Tagesrenditen verwendet, diesmal jedoch aus dieser Stichprobe das obere 95%-Konfidenzintervall für den Erwartungswert berechnet werden. Mit $\hat{\mu}=\bar{x}=0.00266$, $\hat{\sigma}=s_x=0.00587$, $\alpha=0.05$ und $n=5$ sind die zu Grunde liegenden Daten dieselben wie im letzten Beispiel; der einzige nun neu auftauchende, interessierende Wert ist die Stelle der t-Verteilung, an der die Verteilung gerade den Wert $1-\alpha$ (also nicht wie im letzten Beispiel $1-\alpha/2$) annimmt (das α-Fraktil). Tab. A.2.-4. im Anhang liefert:

$$t_{n-1,1-\alpha}=t_{4;\,0.95}=2.132$$

Eingesetzt in (5) ergibt sich das obere Konfidenzintervall

$$\left]-\infty\,;0.00266+2.132\cdot\frac{0.00587}{\sqrt{5}}\right]=\left]-\infty\,;0.00826\right]$$

Mit einer Wahrscheinlichkeit von 95% liegt der tatsächliche Erwartungswert stetiger DAX-Tagesrenditen im Beispiel unterhalb von 0.00826.

4.2.2.3. Asymptotische Konfidenzintervalle

In den letzten beiden Abschnitten war die Normalverteilungsannahme eine wichtige Voraussetzung bei der Konstruktion von einseitigen und zweiseitigen Konfidenzintervallen. Oftmals kann man jedoch nicht davon ausgehen, dass die zu Grunde liegende Stichprobe aus Realisationen normalverteilter Zufallsvariablen besteht. Entweder ist die Verteilung unbekannt oder es lässt sich aus der Schätzfunktion keine Zufallsvariable ableiten, deren Verteilung unabhängig von dem interessierenden Parameter μ ist. In diesen Fällen hilft der in Kap. 2.5.2. beschriebene Zentrale Grenzwertsatz, ein Konfidenzintervall zu konstruieren, das jedoch nur asymptotisch valide ist.

Nach dem Zentralen Grenzwertsatz ist die in Kap. 4.2.2.1. Gleichung (1) standardisierte, aus der Schätzfunktion hergeleitete Zufallsvariable $\sqrt{n}(\overline{X}-\mu)/\sigma$ für eine große Anzahl von Beobachtungen n standardnormalverteilt. Dies gilt unabhängig davon, wie die Verteilung der einzelnen Zufallsvariablen $X_1, X_2, \ldots, X_n$ aussieht:

$$(1) \quad \lim_{n\to\infty} \sqrt{n}\frac{\overline{X}-\mu}{\sigma} \sim N(0,1)$$

Die Voraussetzungen dieses Satzes sind mit den üblichen Voraussetzungen dieses Kapitels verträglich: Unabhängigkeit und identische Verteilungen der Zufallsvariablen $X_1, X_2, \ldots, X_n$.

Ist die wahre Standardabweichung σ nicht bekannt, wird in Formel (1) der Parameter σ, wie in Kap. 4.2.2.1. dargestellt, durch dessen Schätzfunktion S_X ersetzt. Da diese eine konsistente Schätzung für die Standardabweichung darstellt, gilt auch für die neue Zufallsvariable

$$(2) \quad \lim_{n\to\infty} \sqrt{n}\frac{\overline{X}-\mu}{S_X} \sim N(0,1)$$

Die Verteilung von $\sqrt{n}(\overline{X}-\mu)/S_X$ konvergiert also ebenfalls mit wachsendem n gegen die Standardnormalverteilung. Analog zu Kap. 4.2.2.1. Gleichung (5) gilt hier also für großes n

$$(3) \quad \mathrm{P}\left(-z_{1-\alpha/2} \le \sqrt{n}\frac{\overline{X}-\mu}{S_X} \le z_{1-\alpha/2}\right) \approx 1-\alpha,$$

wobei $z_{1-\alpha/2}$ die Stelle der Standardnormalverteilung ist, an der die Verteilung gerade den Wert $1-\alpha/2$ annimmt. Mit denselben Umformungen wie in Kap. 4.2.2.1 erhält man nun das asymptotische Konfidenzintervall zur Sicherheit $1-\alpha$. Durch Einsetzen von Realisationen lassen sich $\overline{x}$ und $\hat{\sigma}$ berechnen, die im zu ermittelnden Konfidenzintervall die Variablen $\overline{X}$ und S_X ersetzen:

$$(4) \quad \left[\overline{x} - z_{1-\alpha/2}\cdot\frac{\hat{\sigma}}{\sqrt{n}}; \overline{x} + z_{1-\alpha/2}\cdot\frac{\hat{\sigma}}{\sqrt{n}}\right]$$

Der tatsächliche, wahre Erwartungswert μ liegt für eine große Anzahl von Beobachtungen ungefähr mit einer Wahrscheinlichkeit von $1-\alpha$ in diesem Intervall, also zwischen den Werten $\overline{x} - z_{1-\alpha/2}\cdot\hat{\sigma}/\sqrt{n}$ und $\overline{x} + z_{1-\alpha/2}\cdot\hat{\sigma}/\sqrt{n}$.

Dieses Konfidenzintervall unterscheidet sich in drei elementaren Aspekten von dem in Kap. 4.2.2.1. Gleichung (7):

- Bei seiner Berechnung wird statt des Wertes der t-Verteilung der Wert der Standardnormalverteilung eingesetzt.
- Das Konfidenzintervall gilt nicht exakt, sondern nur asymptotisch. Es sollte also nur bei einer sehr großen Anzahl von Beobachtungen Verwendung finden und auch dann noch mit „Misstrauen" behandelt werden.
- Die Verteilung der zu Grunde liegende Stichprobe ist hier nicht von Bedeutung, muss also nicht bekannt sein.

4.2.3. Konfidenzintervalle für die Varianz bei normalverteilter Stichprobe

Wie bei dem Erwartungswert kann es auch bei der zweiten wichtigen Maßzahl einer Zufallsvariablen, der Varianz, interessant sein, neben einer direkten Punktschätzung ein Intervall zu konstruieren, in das die tatsächliche Varianz mit einer bestimmten Wahrscheinlichkeit $1-\alpha$ hineinfällt. Dabei werde zur Punktschätzung zunächst wieder die in Kap. 4.1.2. Gleichung (7) dargestellte Schätzfunktion

$$\hat{\sigma}^2(X_1, X_2, \ldots, X_n) = S_X^2 = \frac{1}{n-1}\sum_{i=1}^{n}\left(X_i - \overline{X}\right)^2$$

verwendet. Aus dieser muss nun eine Zufallsvariable konstruiert werden, die den wahren Parameter σ^2 enthält, deren Verteilung jedoch unabhängig von diesem Parameter ist. Um dies zu garantieren bzw. zu erleichtern, sei erneut angenommen, dass die sich in der zu Grunde liegenden Stichprobe befindenden Beobachtungen Realisationen unabhängiger und normalverteilter Zufallsvariablen sind.

Eine Zufallsvariable, welche die gesuchten Bedingungen erfüllt, wurde bereits bei der Herleitung des Konfidenzintervalls von Erwartungswerten in einem Zwischenschritt verwendet. Denn wie schon in Kap. 4.2.2.1. beschrieben, ist die dort in Gleichung (12) definierte Zufallsvariable χ^2-verteilt mit n–1 Freiheitsgraden, falls die X_i unabhängig und normalverteilt sind; kurz :

$$(1) \quad U = \frac{1}{\sigma^2}\sum_{i=1}^{n}\left(X_i - \overline{X}\right)^2 = \frac{(n-1)\cdot S_X^2}{\sigma^2} \sim \chi_{n-1}^2$$

Diese Verteilung ist unabhängig von dem Parameter σ^2, Wahrscheinlichkeiten können also ohne jegliche Kenntnis über σ^2 berechnet werden. Die Wahrscheinlichkeit, mit der die Zufallsvariable U einen Wert in einem Intervall annimmt, werde mit $1-\alpha$ vorgegeben; das passende Intervall ist dann durch die Kenntnis der Verteilung der Zufallsvariablen herzuleiten. Die Abb. 4.2.3.-1. kann dies veranschaulichen:

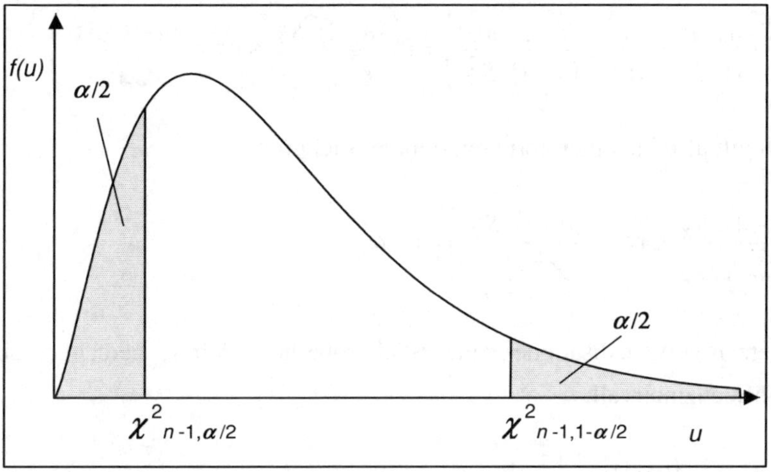

Abb. 4.2.3.-1.: Dichte der χ^2-Verteilung

Die Wahrscheinlichkeit, mit der Realisationen von $U = (n-1)S_X^2 / \sigma^2$ in dem gesuchten Intervall landen, ist mit $1-\alpha$ vorgegeben. Die Wahrscheinlichkeit, dass sie links oder rechts davon liegen, ist somit jeweils $\alpha/2$, da die Fläche unter der Dichte gerade eins ist.

Wie bei den Betrachtungen der t-Verteilung, wird hier das $\alpha/2$-Quantil der χ^2_{n-1}-Verteilung, also die Stelle der χ^2_{n-1}-Verteilung, an der die Verteilung den Wert $\alpha/2$ annimmt, mit $\chi^2_{n-1,\alpha/2}$ bezeichnet. Analog wird die Stelle, an der die Verteilung den Wert $1-\alpha/2$ annimmt, $\chi^2_{n-1,1-\alpha/2}$ genannt. Die Wahrscheinlichkeit, mit der Realisationen genau zwischen diese beiden Stellen fallen, ist somit gerade:

$$(2) \qquad P\left(\chi^2_{n-1,\alpha/2} \le \frac{1}{\sigma^2}\sum_{i=1}^{n}\left(X_i - \overline{X}\right)^2 \le \chi^2_{n-1,1-\alpha/2}\right) = 1 - \frac{\alpha}{2} - \frac{\alpha}{2} = 1 - \alpha$$

Für jede beliebige vorgegebene Wahrscheinlichkeit $1-\alpha$ kann nun ein Intervall angegeben werden, in das Werte der Zufallsvariablen U mit dieser Wahrscheinlichkeit hineinfallen. Wenige Umformungen von (2) ergeben:

$$P\left(\chi^2_{n-1,\alpha/2} \le \frac{1}{\sigma^2}\sum_{i=1}^{n}\left(X_i - \overline{X}\right)^2 \le \chi^2_{n-1,1-\alpha/2}\right) = P\left(\chi^2_{n-1,\alpha/2} \le \frac{(n-1)\cdot S_X^2}{\sigma^2} \le \chi^2_{n-1,1-\alpha/2}\right)$$

$$= P\left(\frac{\chi^2_{n-1,\alpha/2}}{(n-1)\cdot S_X^2} \le \frac{1}{\sigma^2} \le \frac{\chi^2_{n-1,1-\alpha/2}}{(n-1)\cdot S_X^2}\right) = P\left(\frac{(n-1)\cdot S_X^2}{\chi^2_{n-1,1-\alpha/2}} \le \sigma^2 \le \frac{(n-1)\cdot S_X^2}{\chi^2_{n-1,\alpha/2}}\right)$$

Letztendlich gilt also bei einer normalverteilten Stichprobe

(3) $$P\left(\frac{(n-1)\cdot S_X^2}{\chi^2_{n-1,1-\alpha/2}} \le \sigma^2 \le \frac{(n-1)\cdot S_X^2}{\chi^2_{n-1,\alpha/2}}\right) = 1-\alpha$$

Durch Einsetzen von Realisationen einer Stichprobe lässt sich s_x^2 berechnen und es ergibt sich das Konfidenzintervall:

(4) $$\left[\frac{(n-1)\cdot s_x^2}{\chi^2_{n-1,1-\alpha/2}}; \frac{(n-1)\cdot s_x^2}{\chi^2_{n-1,\alpha/2}}\right]$$

Die tatsächliche, wahre Varianz σ^2 liegt demnach mit einer Wahrscheinlichkeit von $1-\alpha$ in diesem Intervall, also zwischen den Werten $(n-1)\cdot s_x^2 / \chi^2_{n-1,1-\alpha/2}$ und $(n-1)\cdot s_x^2 / \chi^2_{n-1,\alpha/2}$.

Beispiel: Konfidenzintervall für die Varianz stetiger DAX-Tagesrenditen

Das Beispiel in Kap. 4.2.2.1. fortführend soll nun das aus einer Stichprobe gewonnene 95%-Konfidenzintervall für die Varianz stetiger DAX-Tagesrenditen berechnet werden. Die zu Grunde liegenden Realisationen, eine Stichprobe bestehend aus fünf stetigen DAX-Tagesrenditen, sind in Tab. 2.3.5.1.-1. aufgeführt.

In Kap. 2.3.5.2. wurde die empirische Varianz ermittelt. Diese, als Schätzer für die wahre Varianz interpretiert, ist bei den fünf stetigen DAX-Tagesrenditen

$$\hat{\sigma}^2 = s_x^2 = 0.00003444 = 3.444\times 10^{-5}$$

Als weitere Größen zur Berechnung des interessierenden Konfidenzintervalls sind die Werte der χ^2_{n-1}-Verteilung von Bedeutung, die in Abhängigkeit von der Anzahl der Beobachtungen und der Konfidenzwahrscheinlichkeit in Tab. A.2.-3. der χ^2_{n-1}-Verteilung im Anhang nachzuschlagen sind. Bei einer vorgegebenen Konfidenzwahrscheinlichkeit von 95% ist der Wert α gerade 0.05, die Anzahl der Beobachtungen ist $n = 5$. Mit diesen Daten liefert Tab. A.2.-3.:

$$\chi^2_{5-1;\,1-0.05/2} = \chi^2_{4;\,0.975} = 11.14$$

$$\chi^2_{5-1;\,0.05/2} = \chi^2_{4;\,0.025} = 0.484$$

Eingesetzt in (4) ergibt sich das folgende Konfidenzintervall für die Varianz

$$\left[\frac{(5-1)\cdot 3.444\times10^{-5}}{11.14};\frac{(5-1)\cdot 3.444\times10^{-5}}{0.484}\right] = \left[1.237\times10^{-5};\, 2.846\times10^{-4}\right]$$

Mit einer Wahrscheinlichkeit von 95% liegt die tatsächliche Varianz stetiger DAX-Tagesrenditen in diesem Beispiel zwischen 1.237×10^{-5} und 2.846×10^{-4}.

Teil B: Ökonometrie

Unter der Bezeichnung *„Ökonometrie"* lassen sich all jene mathematischen und statistischen Verfahren zusammenfassen, die sich zur Lösung von Problemen der empirischen Wirtschaftsforschung einsetzen lassen. Zu diesen Problemen gehört einerseits die Analyse wirtschaftlicher Zusammenhänge (z.B. welche Einflussfaktoren bestimmen die Entwicklung eines bestimmten Marktes), aber auch die Prognose zukünftiger Wirtschaftsgrößen (z.B. Prognose einer zukünftigen Marktentwicklung). Das Spektrum an eingesetzten Verfahren besteht insbesondere aus alternativen *Modelltypen*, verschiedenen *Schätzverfahren* (zur Schätzung der unbekannten Modellparameter) und einer Vielzahl an *Hypothesentests*.

Die Auswahl der in diesem Buchteil B behandelten Verfahren erfolgte auf Grund der Zielsetzung dieses Buches. Diese besteht darin, ein effizientes Arbeitsbuch für finanzwirtschaftliche Aufgaben und Problemstellungen bereitzustellen. Insofern werden hier ausschließlich solche Verfahren behandelt, mit denen sich eine Vielzahl an Fragestellungen (in jenem Anwendungsgebiet) untersuchen lassen. Ein vollständiger Methodenüberblick ist also keinesfalls beabsichtigt. Unter diesen Prämissen stellt das lineare Regressionsmodell den einzigen Modelltypen dar, der in diesem Buchteil B behandelt wird. Dennoch reicht das Anwendungsfeld dieses Verfahrens weit über z.B. die Modellierung von volkswirtschaftlichen Zusammenhängen oder die Prognose von Finanzmärkten hinaus. Wie in diesem Buchteil noch gezeigt wird, lässt sich die lineare Regression beispielsweise auch in der Performancemessung einsetzen. Hierbei geht es um die objektive Ermittlung des Erfolgs von Kapitalanlagen, also einem Gebiet, das nicht der klassischen Ökonometrie zuzuordnen ist. Auf alternative Modelltypen, die sich in traditionellen Ökonometrielehrbüchern finden, wurde hier bewusst verzichtet. Hierzu gehören u.a. sämtliche Verfahren der Zeitreihenanalyse, wie z.B. sog. ARIMA-Modelle oder die Familie der ARCH/GARCH-Modelle [vgl. hierzu beispielsweise ENDERS (1995) oder PINDYCK/RUBINFELD (1998), S. 285ff. und S. 463ff]. Bei diesen Verfahren werden zur Erklärung bzw. Prognose der zukünftigen Entwicklung einer Größe ausschließlich die historischen Werte dieser Größe selbst herangezogen, weshalb das mögliche Anwendungsgebiet auch entsprechend begrenzt ist. Aus dem gleichen Grund werden auch sog. Mehrgleichungsmodelle (z.B. Vektorautoregressive Modelle oder Seemingly Unrelated Regressions Equations) hier nicht behandelt [vgl. hierzu beispielsweise ECKEY/KOSFELD/DREGER (1995), S. 236ff. oder auch GREENE (1997), S.708ff.]. Diese Verfahren besitzen ihr Anwendungsgebiet insbesondere in der Modellierung kompletter Marktsysteme.

Mit dem sog. „Kleinste-Quadrate" Verfahren (ordinary least squares, OLS) wird in diesem Buchteil B ausschließlich ein lineares Schätzverfahren behandelt. Dieses Verfahren ist insbesondere zur Schätzung der unbekannten Parameter eines linearen Regressionsmodells geeignet. Während die „Nichtlineare Kleinste-Quadrate" Schätzung (nonlinear least squares,

NLS) Gegenstand des nachfolgenden Buchteils C ist (vgl. Kap. 12.1.), sei hinsichtlich weiterer Schätzverfahren, wie z.B. die Maximum Likelihood-Methode oder den Bayes-Ansätzen auf die Literatur verwiesen [vgl. beispielsweise PINDYCK/RUBINFELD (1998), S. 265ff. und auch GRIFFITHS/HILL/JUDGE (1993), S. 763ff].

Die Behandlung der Hypothesentests beschränkt sich ebenfalls ausschließlich auf jene, welche für die Durchführung einer Regressionsanalyse von Bedeutung sind. Zum einen handelt es sich hier um Hypothesentests, mit denen sich die Signifikanz des Gesamtmodells oder einzelner Einflussfaktoren überprüfen lässt. Zum anderen werden aber auch solche Tests betrachtet, mit denen sich Fehlspezifikationen in dem Modell aufdecken lassen. Insofern handelt es sich hier ausschließlich um solche Tests, denen eine zentrale Bedeutung zukommt, sofern man lineare Regressionsmodelle einsetzt. Das in der Literatur verfügbare Instrumentarium reicht auch hier wesentlich weiter.

Alle hier betrachteten Verfahren werden lehrbuchmäßig dargestellt, wobei kein besonderes Vorwissen vorausgesetzt wird. Auf Grund ihrer großen Bedeutung in der akademischen Ausbildung wurde bewusst auf eine theoretische Fundierung bzw. Herleitung geachtet. Sofern ausschließlich die Anwendung der Methoden im Vordergrund steht, können die theoretischen Herleitungen ohne weitere Verständnisprobleme übersprungen werden. Die Arbeitshinweise liefern hierzu die notwendigen Informationen zu jedem Kapitel. Der großen praktischen Bedeutung der hier behandelten Verfahren und Methoden wird durch zahlreiche praxisnahe Fallstudien (z.B. Schätzung von Beta-Faktoren, Performancemessung, Entwicklung eines Renditeprognosemodells) Rechnung getragen.

Mit dem Buchteil B werden zusammenfassend die folgenden wesentlichen Zielsetzungen verfolgt:

- Das lineare Regressionsmodell soll ausführlich und theoretisch fundiert dargestellt werden. Die Darstellungen sollen so erfolgen, dass sie den Anforderungen einer akademischen Ausbildung gerecht werden.

- Weiterhin werden die Grundlagen der Durchführung statistischer Hypothesentests erläutert. In diesem Zusammenhang werden all jene Hypothesentests behandelt, denen eine zentrale Bedeutung bei der Erstellung linearer Regressionsmodelle zukommt. Hierbei handelt es sich insbesondere um Hypothesentests, mit denen sich das Modell auf Signifikanz und Spezifikationsfehler überprüfen lässt.

- Die Ausführungen sollen nicht bei der isolierten Darstellung der einzelnen Methoden und Verfahren enden, sondern ihren integrierten Einsatz aufzeigen. Dies ist für die sachgemäße Durchführung von Regressionsanalysen von zentraler Bedeutung.

- Anhand der bewusst ausgewählten Fallstudien sollen dem Leser verschiedene finanzwirtschaftliche Grundlagen vermittelt werden. Hierzu gehört beispielsweise die Bedeutung, Aussage und Anwendungsmöglichkeiten des Beta-Faktors. Ferner sollte er in der Lage sein, die gängigsten Verfahren der zweidimensionalen Performancemessung sachgerecht anwenden zu können. Die eigenständige Entwicklung von Prognosemodellen auf Basis der linearen Regression stellt ebenfalls ein verfolgtes Ziel dar. Die hierbei veranschaulichten Probleme und prinzipiellen Vorgehensweisen sind auch bei Anwendung alternativer Prognosemethoden von Bedeutung.

Am Ende dieses Buchteils B sollte der Leser in der Lage sein, die lineare Regressionsanalyse „sachgerecht" zur Lösung unterschiedlichster Aufgabenstellungen einsetzen zu können. Unter „sachgerecht" wird dabei verstanden, keine methodischen Fehler zu begehen und somit falsche Schlüsse über Zusammenhänge zu ziehen bzw. mangelhafte Prognosen (auf Grund methodischer Fehler) zu erstellen.

5. Einfache und multiple lineare Regression

5.1. Das ökonometrische Grundmodell

Arbeitshinweise: Das vorliegende Kapitel 5.1. bildet die Grundlage für die gesamte Regressionsanalyse und sollte daher sehr sorgfältig sowohl vom theoretisch als auch vom praktisch interessierten Leser durchgearbeitet werden. Der Abschnitt zwischen Gleichung (16) und (22) kann ggf. vom praktisch interessierten Leser übersprungen werden. Dort wird lediglich gezeigt, dass sich die in Gleichung (5), (6) und (7) formulierten Annahmen auch mittels Matrizen darstellen lassen. Dieser Abschnitt ist jedoch dann sehr wichtig, wenn vom Leser das Studium alternativer Ökonometrielehrbücher beabsichtigt ist, da diese großteils ausschließlich mit der Matrizendarstellung arbeiten.

Bei einem linearen Regressionsmodell besteht das Ziel darin, eine *lineare* Beziehung zwischen einer zu erklärenden Variablen y (= Regressand) und einer oder mehreren erklärenden Variablen x_j (= Regressoren) zu modellieren. Bezogen auf einen konkreten Zeitpunkt t lautet die *multiple lineare Regressionsgleichung* wie folgt:

(1) $$y_t = \beta_0 + \beta_1 x_{1t} + \beta_2 x_{2t} + ... + \beta_k x_{kt} + \varepsilon_t, \qquad t = 1, ..., n$$

mit
- y_t: Wert der zu erklärenden Größe (Regressand) in t
- x_{jt}: Wert der j-ten erklärenden Größe (Regressor) in t
- β_0: Regressionskonstante
- β_j: Regressionskoeffizient der j-ten erklärenden Größe
- ε_t: Wert der Störvariablen (Restgröße, Residuum) in t

Die zu erklärende Größe y_t ergibt sich also im Zeitpunkt t als Linearkombination zwischen einer Regressionskonstanten β_0, den mit β_j gewichteten erklärenden Variablen x_{jt} ($j = 1, ..., k$) sowie einer Störgröße ε_t. Hinsichtlich einer finanzwirtschaftlichen Anwendung könnte die zu erklärende Größe y_t beispielsweise die Rendite einer Aktie (z.B. der BASF-Aktie) in t sein und die k erklärenden Größen x_{jt} diverse nationale oder auch internationale Kursbestimmungsfaktoren, wie das Bruttoinlandsprodukt, Zinsen, in- und ausländische Aktienindices usw., ebenfalls zum Zeitpunkt t. Die Störvariable ε_t entspricht in diesem Fall jenem Bestandteil der Aktienrendite, der nicht durch die k Kursbestimmungsfaktoren erklärt werden kann.

Beispiel 1: Ökonometrisches Grundmodell

Im folgenden Beispiel sollen die jährlichen DAX-Veränderungen (ΔDAX) mit Hilfe der jährlichen Veränderungsraten des Bruttoinlandsproduktes (ΔBIP) und der Exporte (ΔEXP) mittels eines linearen Regressionsmodells erklärt werden. Es sei angenommen, dass die folgenden Daten ex post am Markt beobachtet wurden:

$t = 1, ..., 4$	ΔDAX	ΔBIP	ΔEXP
1 (1993-1994)	5	2	–1
2 (1994-1995)	–2	–1	3
3 (1995-1996)	3	0	1
4 (1996-1997)	7	1	2

Tab. 5.1.-1.: Beispieldaten

Aus Gründen der Veranschaulichung wurden hier bewusst einfache Zahlenwerte zu Grunde gelegt, die nicht der Realität entsprechen. Mit diesen Daten lässt sich nun das ökonometrische Grundmodell aus Gleichung (1) zu den einzelnen Zeitpunkten ($t = 1, ..., 4$) wie folgt formulieren:

$$
\begin{aligned}
(2)\quad & t = 1: && 5 = \beta_0 + \beta_1 \cdot 2 + \beta_2 \cdot (-1) + \varepsilon_1 \\
& t = 2: && -2 = \beta_0 + \beta_1 \cdot (-1) + \beta_2 \cdot 3 + \varepsilon_2 \\
& t = 3: && 3 = \beta_0 + \beta_1 \cdot 0 + \beta_2 \cdot 1 + \varepsilon_3 \\
& t = 4: && 7 = \beta_0 + \beta_1 \cdot 1 + \beta_2 \cdot 2 + \varepsilon_4
\end{aligned}
$$

Besitzt das Modell nur eine erklärende Variable, so spricht man in Abgrenzung zur multiplen Regression von einer *einfachen Regression*. Die Regressionsgleichung lautet in diesem Falle:

(3) $y_t = \beta_0 + \beta_1 x_t + \varepsilon_t, \qquad t = 1, ..., n$

mit y_t: Wert der zu erklärenden Größe (Regressand) in t
x_t: Wert der erklärenden Größe (Regressor) in t
β_0: Regressionskonstante
β_1: Regressionskoeffizient
ε_t: Wert der Störvariablen (Restgröße, Residuum) in t

Ein bekanntes Beispiel einer einfachen linearen Regression stellt das in der finanzwirtschaftlichen Literatur häufig behandelte Single-Index-Modell oder das Marktmodell dar. Im Rahmen eines Single-Index-Modells wird die Rendite eines Wertpapiers (z.B. die der BASF-Aktie) zum Zeitpunkt t durch einen (nicht näher spezifizierten) Index als einzigen Regressor erklärt. Beim Marktmodell besteht die einzige erklärende Variable aus der Rendite des Marktes, die i.d.R. durch die Rendite eines Aktienindexes (z.B. des DAX) abgebildet wird. Das Marktmodell wird im Rahmen einer Fallstudie noch ausführlich behandelt (vgl. Kap. 5.7.).

Da es sich beim einfachen Regressionsmodell um eine Sonderform des multiplen Modells handelt, besitzen alle Aussagen und Veranschaulichungen, die im Folgenden in Zusammenhang mit dem multiplen Regressionsmodell dargestellt werden, selbstverständlich auch für das einfache Regressionsmodell Gültigkeit.

Bei den bisher beschriebenen Regressionsmodellen handelt es sich um sog. *Zeitreihenregressionen (time series regressions)*. Hier wird versucht, ein Untersuchungsmerkmal *eines Beobachtungsobjekts* (z.B. die Rendite des DAX) zu *verschiedenen Zeitpunkten* durch eine oder mehrere Variablen (z.B. durch die Veränderungen des Bruttoinlandsprodukts und der Exporte, ebenfalls zu den entsprechenden Zeitpunkten) zu erklären. Aus diesem Grunde besitzen alle erklärenden und zu erklärenden Variablen in Gleichung (1) und (3) einen Zeitindex t (mit $t = 1, ..., n$). Im Unterschied hierzu sind sog. *Querschnittsregressionen (cross sectional regressions)* zu sehen. Bei diesen Regressionen wird versucht, ein Untersuchungsmerkmal von *verschiedenen Beobachtungsobjekten* (z.B. die Gewinne der 30 DAX-Gesellschaften) zu *einem bestimmten Zeitpunkt* durch eine oder mehrere Variablen zu erklären. In diesem Fall würde man sinnvollerweise den Zeitindex t durch einen Index i ersetzen, der ausdrückt, dass es sich hierbei um ein Beobachtungsmerkmal des i-ten Untersuchungsobjekts handelt. Dementsprechend bedeutet „$i = 1, ..., n$“, dass insgesamt n Untersuchungsobjekte betrachtet werden. Bei Querschnittsregressionen lautet das zur Gleichung (1) äquivalente Grundmodell somit:

(4) $y_i = \beta_0 + \beta_1 x_{1i} + \beta_2 x_{2i} + ... + \beta_k x_{ki} + \varepsilon_i$, $i = 1, ..., n$

mit y_i: Wert der zu erklärenden Größe des Objekts i
x_{ji}: Wert der j-ten erklärenden Größe bezügl. des Objekts i
β_0: Regressionskonstante
β_j: Regressionskoeffizient der j-ten erklärenden Größe
ε_i: Wert der Störvariablen (Restgröße, Residuum) des Objekts i

Ein Anwendungsfall einer solchen Regression wäre beispielsweise der Versuch, die Gewinne der 30 DAX-Gesellschaften ($i = 1, ..., 30$) per 30.12.1997 durch ihr jeweiliges nominales Eigenkapital, ihren Umsatz etc., ebenfalls per 30.12.1997, zu erklären. Im weiteren Verlauf des Buches werden insbesondere Zeitreihenregressionen zur Veranschaulichung herangezogen. Jedoch sind der überwiegende Teil aller nachfolgend getroffenen Aussagen und behandelten Methoden für beide Regressionsarten gültig.

Ganz allgemein lässt sich in einem Regressionsmodell die Konstante β_0 und die mit β_j gewichteten erklärenden Variablen x_{jt} als *systematische* Komponente und die Restgröße ε_t als *unsystematische* Komponente bezeichnen. Damit der Störterm ε_t auch tatsächlich einen unsystematischen, strukturlosen Einfluss darstellt, muss er die sog. „*white noise*"-Annahmen erfüllen:[62]

(5) $E(\varepsilon_t) = 0$ für alle $t = 1, ..., n$

(6) $Var(\varepsilon_t) = E(\varepsilon_t^2) = \sigma^2$ für alle $t = 1, ..., n$

(7) $Cov(\varepsilon_t, \varepsilon_{t-j}) = E(\varepsilon_t \varepsilon_{t-j}) = 0$ für $j \neq 0$

Annahme (5) besagt, dass der Erwartungswert des Störterms in allen Perioden gleich null sein muss. Es dürfen also keine systematischen Einflüsse von dem Störterm auf die zu erklärende Variable y_t ausgehen. Oder anders ausgedrückt: Der gesamte systematische Einfluss soll durch die Regressionskonstante β_0 und die erklärenden Variablen x_{jt} (gewichtet mit den Regressionskoeffizienten β_j) modelliert werden können.

Nach Annahme (6) muss die Varianz des Störterms unabhängig von einem betrachteten Zeitpunkt t konstant gleich σ^2 (beliebiger, aber fester Wert) sein. Man bezeichnet diese Eigenschaft als *Homoskedastizität* und in Abgrenzung dazu, eine sich verändernde Varianz der Residuen als *Heteroskedastizität*. Auf Grund der Formel zur Varianzberechnung (siehe Formel (5) in Kap. 2.3.2.) und der Annahme, dass der Erwartungswert von ε_t für alle Perioden t gleich null sein muss (siehe Gleichung (5)), lässt sich die Varianz des Störterms wie in Annahme (6) auch als Erwartungswert des quadrierten Störterms ε_t darstellen:

62 Diese wurden bereits in Kap. 3.1.6. erläutert, werden hier aber der Vollständigkeit halber nochmals wiederholt.

(8) $$Var(\varepsilon_t) = E[\varepsilon_t - E(\varepsilon_t)]^2 = E(\varepsilon_t^2) - (E(\varepsilon_t))^2 = E(\varepsilon_t^2)$$

Nach Annahme (7) muss schließlich die Kovarianz zwischen zwei Residuen unterschiedlicher Zeitpunkte gleich null sein. Auf Grund der Berechnungsvorschrift für den Korrelationskoeffizienten (siehe Kap. 2.3.4., Formel (9)) folgt daraus, dass auch die Korrelation zwischen zwei Störtermen unterschiedlicher Zeitpunkte gleich null sein muss. Diese Annahme wird als fehlende *Autokorrelation* bezeichnet. Es darf also keine lineare Abhängigkeit zwischen zwei beliebigen Residuen unterschiedlicher Zeitpunkte bestehen. Analog zur Varianz lässt sich auch die Kovarianz (siehe Kap. 2.3.4.) auf Grund der Annahme (5) vereinfacht als ein gewöhnlicher Erwartungswert darstellen:

(9) $$Cov(\varepsilon_t, \varepsilon_{t-j}) = E\left[(\varepsilon_t - E(\varepsilon_t))(\varepsilon_{t-j} - E(\varepsilon_{t-j}))\right] = E(\varepsilon_t \varepsilon_{t-j})$$

Die Annahmen (5), (6) und (7), die an dieser Stelle nur kurz erläutert wurden, werden im weiteren Verlauf noch ausführlich behandelt. Ferner werden noch Verfahren aufgezeigt, mit denen sie sowohl mit einer grafischen Analyse als auch mit Hilfe statistischer Hypothesentests adäquat überprüft werden können. Diese drei Annahmen stellen sicher, dass die Störterme auch tatsächlich einen *unsystematischen, strukturlosen Einfluss* darstellen.

Betrachtet man die Regressionsgleichung (1) zu den einzelnen Zeitpunkten $t = 1, ..., n$, so ergibt sich das folgende lineare Gleichungssystem:

(10) $$\begin{aligned} y_1 &= \beta_0 + \beta_1 x_{11} + \beta_2 x_{21} + \ldots + \beta_k x_{k1} + \varepsilon_1 \\ y_2 &= \beta_0 + \beta_1 x_{12} + \beta_2 x_{22} + \ldots + \beta_k x_{k2} + \varepsilon_2 \\ &\vdots \\ y_n &= \beta_0 + \beta_1 x_{1n} + \beta_2 x_{2n} + \ldots + \beta_k x_{kn} + \varepsilon_n \end{aligned}$$

Aus Gründen der leichteren Handhabbarkeit ist es üblich, das vorliegende Gleichungssystem durch Matrizen und Vektoren darzustellen.[63] Hierzu werden die folgenden Matrizen und Vektoren eingeführt:

(11) $$\mathbf{y} = \begin{bmatrix} y_1 \\ y_2 \\ \vdots \\ y_n \end{bmatrix}, \mathbf{X} = \begin{bmatrix} 1 & x_{11} & \cdots & x_{k1} \\ 1 & x_{12} & \cdots & x_{k2} \\ \vdots & \vdots & \vdots & \vdots \\ 1 & x_{1n} & \cdots & x_{kn} \end{bmatrix}, \mathbf{b} = \begin{bmatrix} \beta_0 \\ \beta_1 \\ \vdots \\ \beta_k \end{bmatrix}, \mathbf{e} = \begin{bmatrix} \varepsilon_1 \\ \varepsilon_2 \\ \vdots \\ \varepsilon_n \end{bmatrix}$$

In die Datenmatrix **X** wurde (in der erste Spalte) die Scheinvariable x_{0t} aufgenommen, die über alle Perioden $t = 1, ..., n$ den Wert eins annimmt. Durch die Multiplikation der Regres-

63 Der Umgang mit Matrizen und Vektoren wird einführend erläutert in Anhang 1: Grundlagen der Matrizenrechnung.

sionskonstanten β_0 mit dieser Hilfsvariablen bleibt die Regressionskonstante unverändert erhalten. Auf diese Weise ist es möglich, das lineare Gleichungssystem in (10) mittels der Vektoren und Matrizen in (11) in kompakter Form wie folgt darzustellen:

$$(12) \quad \mathbf{y} = \mathbf{X}\mathbf{b} + \mathbf{e}$$

Häufig ist es notwendig, nicht mit der gesamten Datenmatrix **X** zu arbeiten, sondern mit den einzelnen erklärenden Variablen. Zu diesem Zweck ist es sinnvoll, die folgenden Vektoren zu definieren:

$$(13) \quad \mathbf{x_0} = \begin{bmatrix} 1 \\ 1 \\ \vdots \\ 1 \end{bmatrix}, \quad \mathbf{x_1} = \begin{bmatrix} x_{11} \\ x_{12} \\ \vdots \\ x_{1n} \end{bmatrix}, \mathbf{x_2} = \begin{bmatrix} x_{21} \\ x_{22} \\ \vdots \\ x_{2n} \end{bmatrix}, \ldots, \mathbf{x_k} = \begin{bmatrix} x_{k1} \\ x_{k2} \\ \vdots \\ x_{kn} \end{bmatrix}$$

Der Spaltenvektor $\mathbf{x_0}$ entspricht dabei der Hilfsvariablen, die zu jedem Zeitpunkt einen Wert von eins aufweist. Die k erklärenden Variablen werden durch die Spaltenvektoren $\mathbf{x_1}, \ldots, \mathbf{x_k}$ dargestellt, welche die beobachteten Werte der jeweiligen Variable zu den einzelnen Zeitpunkten $t = 1, \ldots, n$ enthalten.

Beispiel 2: Ökonometrisches Grundmodell in Matrizenschreibweise

Im Folgenden wird nochmals das ökonometrische Grundmodell aus Beispiel 1 aufgegriffen, bei dem versucht wird, die jährlichen DAX-Veränderungen (ΔDAX) durch die Veränderungsraten des Bruttoinlandsproduktes (ΔBIP) und der Exporte (ΔEXP) zu erklären:

Wird das Datenmaterial aus Tab. 5.1.-1. zu Grunde gelegt, so sehen die in (11) beschriebenen Matrizen und Vektoren wie folgt aus:

$$(14) \quad \mathbf{y} = \begin{bmatrix} 5 \\ -2 \\ 3 \\ 7 \end{bmatrix}, \mathbf{X} = \begin{bmatrix} 1 & 2 & -1 \\ 1 & -1 & 3 \\ 1 & 0 & 1 \\ 1 & 1 & 2 \end{bmatrix}, \mathbf{b} = \begin{bmatrix} \beta_0 \\ \beta_1 \\ \beta_2 \end{bmatrix}, \mathbf{e} = \begin{bmatrix} \varepsilon_1 \\ \varepsilon_2 \\ \varepsilon_3 \\ \varepsilon_4 \end{bmatrix}$$

Damit lässt sich das lineare Gleichungssystem aus Formel (12) folgendermaßen formulieren:

$$(15) \quad \begin{bmatrix} 5 \\ -2 \\ 3 \\ 7 \end{bmatrix} = \begin{bmatrix} 1 & 2 & -1 \\ 1 & -1 & 3 \\ 1 & 0 & 1 \\ 1 & 1 & 2 \end{bmatrix} \begin{bmatrix} \beta_0 \\ \beta_1 \\ \beta_2 \end{bmatrix} + \begin{bmatrix} \varepsilon_1 \\ \varepsilon_2 \\ \varepsilon_3 \\ \varepsilon_4 \end{bmatrix}$$

Die Hilfsvariable sowie die beiden erklärenden Variablen *ΔBIP* und *ΔEXP* können als Spaltenvektoren wie folgt dargestellt werden:

$$\text{(16)}\quad \mathbf{x_0} = \begin{bmatrix} 1 \\ 1 \\ 1 \\ 1 \end{bmatrix}, \qquad \mathbf{x_1} = \mathbf{\Delta BIP} = \begin{bmatrix} 2 \\ -1 \\ 0 \\ 1 \end{bmatrix}, \qquad \mathbf{x_2} = \mathbf{\Delta EXP} = \begin{bmatrix} -1 \\ 3 \\ 1 \\ 2 \end{bmatrix}$$

Auch die drei Annahmen über die Störgröße ε_t (siehe Formel (5), (6) und (7)) lassen sich für alle Perioden $t = 1, ..., n$ kompakt mittels Matrizen und Vektoren darstellen. Die Annahme (5), nach welcher der Erwartungswert der Störgröße für alle Perioden $t = 1, ..., n$ gleich null sein muss, lässt sich in Matrizenschreibweise wie folgt darstellen:

$$\text{(17)}\quad E(\mathbf{e}) = \mathbf{0}$$

Nach Gleichung (17) muss der Vektor der erwarteten Störterme dem Nullvektor entsprechen. Gemäß den Rechenregeln der Matrizenrechnung entspricht der Erwartungswert eines Vektors von Zufallsvariablen (hier: $\varepsilon_1, ..., \varepsilon_n$) gleich dem Vektor der einzelnen Erwartungswerte:[64]

$$\text{(18)}\quad E\begin{bmatrix} \varepsilon_1 \\ \varepsilon_2 \\ \vdots \\ \varepsilon_n \end{bmatrix} = \begin{bmatrix} E(\varepsilon_1) \\ E(\varepsilon_2) \\ \vdots \\ E(\varepsilon_n) \end{bmatrix} = \begin{bmatrix} 0 \\ 0 \\ \vdots \\ 0 \end{bmatrix} = \mathbf{0}$$

Die Annahme der Homoskedastizität (Annahme (6)) und die Annahme der fehlenden Autokorrelation (Annahme (7)) lassen sich gemeinsam mit Hilfe von Vektoren wie folgt darstellen:

$$\text{(19)}\quad E(\mathbf{ee}') = \sigma^2\mathbf{I}$$

Da diese Matrix sowohl sämtliche Varianzen der Residuen als auch die entsprechenden Kovarianzen enthält, wird sie auch als *Varianz-Kovarianz-Matrix* bezeichnet. In (19) repräsentiert σ^2 den Wert der konstanten Varianz und **I** die *nxn* Einheitsmatrix.[65] Wie Gleichung (20) zeigt, lässt sich mit Hilfe des Vektorproduktes **ee**´ die Varianz-Kovarianz-Matrix der Residuen in einer kompakten Weise darstellen:[66]

---

64 Siehe hierzu auch Anhang A.1.10.

65 Eine Einheitsmatrix ist eine Matrix, deren Diagonale ausschließlich Einsen enthält und alle anderen Werte außerhalb der Diagonalen einen Wert von null annehmen. Siehe hierzu auch den Anhang A.1.7.

66 Das Multiplizieren von Matrizen und Vektoren ist ebenfalls in Anhang 1 erläutert (vgl. Anhang A.1.2.).

(20) $$\mathbf{ee}' = \begin{bmatrix} \varepsilon_1 \\ \varepsilon_2 \\ \vdots \\ \varepsilon_n \end{bmatrix} [\varepsilon_1, \varepsilon_2, \ldots, \varepsilon_n] = \begin{bmatrix} \varepsilon_1^2 & \varepsilon_1\varepsilon_2 & \ldots & \varepsilon_1\varepsilon_n \\ \varepsilon_2\varepsilon_1 & \varepsilon_2^2 & \ldots & \varepsilon_2\varepsilon_n \\ \vdots & \vdots & \ldots & \vdots \\ \varepsilon_n\varepsilon_1 & \varepsilon_n\varepsilon_2 & \ldots & \varepsilon_n^2 \end{bmatrix}$$

Der Ausdruck **e**´ steht dabei für den transponierten Vektor **e**. Da beim Transponieren einer Matrix ihre Zeilen und Spalten vertauscht werden, wird beim Transponieren aus einem Spaltenvektor (hier: **e**) ein Zeilenvektor und umgekehrt.[67] Durch die Anwendung der Rechenregeln für Matrizenmultiplikationen ergibt sich die in (20) vorgestellte $n \times n$ Matrix der Residuen.

Durch die Bildung des Erwartungswertes ergibt sich schließlich (unter den gesetzten Annahmen (6), (7)) die folgende Varianz-Kovarianz-Matrix:

(21) $$E(\mathbf{ee}') = \begin{bmatrix} E(\varepsilon_1^2) & E(\varepsilon_1\varepsilon_2) & \ldots & E(\varepsilon_1\varepsilon_n) \\ E(\varepsilon_2\varepsilon_1) & E(\varepsilon_2^2) & \ldots & E(\varepsilon_2\varepsilon_n) \\ \vdots & \vdots & \ldots & \vdots \\ E(\varepsilon_n\varepsilon_1) & E(\varepsilon_n\varepsilon_2) & \ldots & E(\varepsilon_n^2) \end{bmatrix} = \begin{bmatrix} \sigma^2 & 0 & \ldots & 0 \\ 0 & \sigma^2 & & \\ \vdots & & \ddots & \\ 0 & & & \sigma^2 \end{bmatrix}$$

Nach Annahme (6) stehen auf der Diagonalen der Matrix konstante, d.h. vom Zeitindex t unabhängige, Werte der Varianzen. Auf Grund der Annahme der fehlenden Autokorrelation (siehe Gleichung (7)) kommen bei der Varianz-Kovarianz-Matrix außerhalb der Diagonalen nur die Werte 0 vor. Da es sich bei der Größe σ^2 um einen Skalar handelt, der vor die Matrix gezogen werden kann,[68] ergibt sich der in Gleichung (22) beschriebene Zusammenhang:

(22) $$E(\mathbf{ee}') = \sigma^2 \begin{bmatrix} 1 & 0 & \ldots & 0 \\ 0 & 1 & & \\ \vdots & & \ddots & \\ 0 & & & 1 \end{bmatrix} = \sigma^2 \mathbf{I}$$

Während es sich bei den Residuen (Vektor **e**) um Zufallsvariablen mit bestimmten Eigenschaften handelt, werden die erklärenden Variablen (Datenmatrix **X**) im Allgemeinen als feste, deterministische Größen betrachtet. Somit bestehen keinerlei Abhängigkeiten zwischen den erklärenden Variablen und den Residuen. Keinerlei Abhängigkeit beinhaltet natürlich auch, dass keine linearen Abhängigkeiten bestehen. Die Kovarianzen zwischen den

67 Zum Transponieren von Matrizen und Vektoren siehe Anhang A.1.4.
68 Siehe hierzu Anhang A.1.3.

erklärenden Variablen x_{jt} und den Residuen ε_t (zu den jeweiligen Zeitpunkten t) sind also null:

(23) $Cov(x_{jt}, \varepsilon_t) = E(x_{jt}\varepsilon_t) = x_{jt}E(\varepsilon_t) = 0$ für alle $j = 1, ..., k$ und $t = 1, ..., n$

Wie bereits in Kapitel 2.3.4. (Gleichung (3)) erläutert wurde, ist die Kovarianz zwischen einer festen Größe (hier x_{jt}) und einer Zufallsvariable (hier ε_t) zum Zeitpunkt t immer null. Die Anwendung der Kovarianzdefinition in Kap. 2.3.4. Formel (1) zeigt, dass sich die Kovarianz zwischen x_{jt} und ε_t auch als Erwartungswert des Produktes dieser beiden Größen darstellen lässt:

(24) $Cov(x_{jt}, \varepsilon_t) = E(x_{jt}\varepsilon_t) - E(x_{jt})E(\varepsilon_t) = E(x_{jt}\varepsilon_t) = 0 \quad j = 1, ..., k, \quad t = 1, ..., n$

Hierbei wurde Annahme (5) berücksichtigt, gemäß der der Erwartungswert des Residuums null ist. Wie in Gleichung (23) gezeigt wird, lässt sich x_{jt}, da es sich hier ja um eine feste Größe handelt, vor den Erwartungswertoperator ziehen.

Im Folgenden sind nochmals alle Annahmen des Regressionsmodells kompakt zusammengefasst:

(25)	Unterstellt wird ein lineares Modell der Form $\mathbf{y} = \mathbf{Xb} + \mathbf{e}$	
(26)	Die Elemente der Datenmatrix **X** sind feste, nicht stochastische Größen	
(27)	$E(\varepsilon_t) = 0$	für alle $t = 1, ..., n$
(28)	$Var(\varepsilon_t) = E(\varepsilon_t^2) = \sigma^2$	für alle $t = 1, ..., n$
(29)	$Cov(\varepsilon_t, \varepsilon_{t-j}) = E(\varepsilon_t \varepsilon_{t-j}) = 0$	für $j \neq 0$

Betrachtet man die bisher getroffenen Annahmen über die erklärenden Variablen (Vektoren $\mathbf{x_1}, ..., \mathbf{x_k}$) und die Residuen (Vektor **e**) abschließend im Kontext, so stellt sich die Frage, welche Konsequenzen sich hieraus für die zu erklärende Größe (Vektor **y**) ergeben. Wie Gleichung (12) bzw. (25) beschreibt, ergibt sich der Vektor der zu erklärenden Variablen **y** durch Addition der Vektoren **Xb** und **e**. Da es sich bei dem Vektor **e** um stochastische Größen handelt, folgt auf Grund des additiven Zusammenhangs unmittelbar, dass es sich auch bei dem Vektor der Regressanden **y** um Zufallsvariablen handelt. Unter Berücksichtigung einiger elementarer Regeln (siehe Kap. 2.3.1.) lässt sich der Erwartungswert des *stochastischen* Vektors **y** wie folgt bestimmen:

(30) $E(\mathbf{y}) = E(\mathbf{Xb} + \mathbf{e}) = E(\mathbf{Xb}) + E(\mathbf{e}) = \mathbf{Xb}$

Die zu erklärende Variable (**y**) wird nach Gleichung (30) „im Mittel" vollständig durch die systematische Komponente (**Xb**) erklärt. Es besteht also kein systematischer Einfluss der

Residuen **e** auf **y**. Wie noch gezeigt wird, ist die Eigenschaft in Gleichung (30) für zahlreiche finanzwirtschaftliche Anwendungen (z.B. für die Aktienkursprognose) von zentraler Bedeutung. Soll beispielsweise die Variable **y** mittels der Datenmatrix **X** erklärt bzw. prognostiziert werden, so können die Residuen vernachlässigt werden. Für eine Schätzung der **y**-Variable wird somit die folgende Formel zu Grunde gelegt:

$$(31)\quad \hat{\mathbf{y}} = \mathbf{Xb}$$

Das „^"-Symbol auf dem Vektor **y** zeigt an, dass es sich hierbei um Schätzungen handelt. Die geschätzten Werte der Variablen **y** unterscheiden sich von den tatsächlich beobachteten auf Grund der Residuen **e**. Dies zeigt ein Vergleich von Gleichung (12) bzw. (25) mit Gleichung (31).

Neben der Betrachtung des Erwartungswertes ist es auch sinnvoll, die Varianz-Kovarianz-Matrix der Zufallsvariablen **y** näher zu analysieren:

$$(32)\quad E\left[\left(\mathbf{y}-E(\mathbf{y})\right)\left(\mathbf{y}-E(\mathbf{y})\right)'\right] = E\left[\left(\mathbf{y}-\mathbf{Xb}\right)\left(\mathbf{y}-\mathbf{Xb}\right)'\right] = E(\mathbf{ee}') = \sigma^2\mathbf{I}$$

Ausgehend von der allgemeinen Formel für die Varianz-Kovarianz-Matrix wird zunächst in einem ersten Schritt das Ergebnis aus Gleichung (30) berücksichtigt. Ein Umformen von Gleichung (32) verdeutlicht, dass es sich hierbei um die Varianz-Kovarianz-Matrix der Residuen handelt, die sich auf Grund der Annahmen der Homoskedastizität und der fehlenden Autokorrelation als Produkt der konstanten Varianz σ^2 mit der Einheitsmatrix **I** ergibt. Damit also die Residuen die Annahmen der Homoskedastizität und der fehlenden Autokorrelation erfüllen können, muss auch die zu erklärende Variable (Vektor **y**) über diese beiden Eigenschaften verfügen.

5.2. Parameterschätzung mittels „ordinary least squares" (OLS)

Arbeitshinweise: In diesem Kapitel wird gezeigt, wie die unbekannten Regressionskoeffizienten (Vektor **b**) mittels des sog. „Kleinste-Quadrate" Verfahrens (ordinary least squares, OLS) geschätzt werden können. Da die mathematische Herleitung des OLS-Schätzers für den Praktiker und Anwender der Regressionsanalyse nicht von Bedeutung ist, kann der Abschnitt zwischen Gleichung (5) und (15) dieses Kapitels 5.2. problemlos übersprungen werden. Wird zur Durchführung der Regressionsanalyse Software eingesetzt, bei der das Regressionsverfahren bereits implementiert ist, so kann auch auf das Studium des nachfolgenden Beispiels (1) (Gleichung (16) bis (22)) verzichtet werden. Dieses Beispiel ist jedoch dann sehr anschaulich, wenn beispielsweise eine Regressionsschätzung selbst mit Hilfe einer Programmiersprache oder Mathematiksoftware (welche über keine OLS-Schätzung verfügt) implementiert werden soll. Der nach dem Beispiel (1) folgende Abschnitt (nach Gleichung (22)) ist jedoch wieder sowohl für den praktisch als auch den theoretisch orientierten Leser von zentraler Bedeutung. Dort werden die Voraussetzungen diskutiert, unter denen eine OLS-Schätzung überhaupt durchgeführt werden kann. Sind diese Voraussetzungen nicht erfüllt, liefern Standardprogramme zur Regressionsanalyse entweder eine entsprechende Fehlermeldung oder (noch schlimmer) invalide Schätzwerte. Aus diesem Grunde ist auch für den Praktiker das sorgfältige Studium dieses Abschnitts (nach Gleichung (22)) sehr wichtig.

Im vorherigen Kapitel wurde das ökonometrische Grundmodell vorgestellt, nach dem sich eine zu erklärende Variable (Vektor **y**) durch Addition einer systematischen Komponente **Xb** und einer unsystematischen Komponente **e** beschreiben lässt:

(1) $\mathbf{y} = \mathbf{Xb} + \mathbf{e}$

Dabei wurde unterstellt, dass es sich bei der zu erklärenden Variable **y** und den erklärenden Variablen **X** um ex post beobachtbare Daten handelt. Bei **y** könnte es sich beispielsweise um historische Renditen einer Aktie handeln und bei der Datenmatrix **X** um realisierte Werte von Kursbestimmungsfaktoren wie Zinsen, Bruttoinlandsprodukt, Geldmenge etc. Bisher wurden jedoch noch keine Aussagen über die Bestimmung der Regressionskoeffizienten (Vektor **b**) und der Residuen (Vektor **e**) getroffen. Da es sich bei den Vektoren **b** und **e** um nicht beobachtbare Größen handelt, müssen sie mittels geeigneter Verfahren geschätzt werden. Liegt eine geeignete Schätzung für **b** vor, so lassen sich auch die Residuen **e** durch einfaches Umstellen von Gleichung (1) ermitteln. Als Schätzmethode für den unbekannten Parametervektor **b** wird nachfolgend die *Methode der Kleinsten-Quadrate („Ordinary Least Squares" = OLS)* vorgestellt, deren Einsatz durch bestimmte positive Güteeigenschaften, die im nachfolgenden Kapitel 5.5. noch näher erläutert werden, gerechtfertigt wird. Bei der OLS-Schätzung handelt es sich jedoch nur um *ein* mögliches Schätzverfahren. Ein weiteres häufig eingesetztes Schätzverfahren stellt beispielsweise die Maximum-Likelihood-Methode dar [vgl. hierzu beispielsweise SCHNEEWEIß (1990), S. 53ff.].

Intuitiv betrachtet wird bei der OLS-Schätzung der Parametervektor **b** so bestimmt, dass die zu erklärende Variable **y** möglichst weitgehend durch die systematische Komponente **Xb** erklärt wird. Dazu wird die Summe der quadrierten Residuen minimiert. Dieser Sachverhalt lässt sich grafisch sehr anschaulich anhand einer Einfachregression verdeutlichen, wie das folgende Beispiel zeigt. Hierbei soll die Rendite einer Aktie (z.B. der BASF) zum Zeitpunkt t durch die Rendite des Deutschen Aktienindexes DAX (ebenfalls zum Zeitpunkt t) „erklärt" werden. Zur OLS-Schätzung der unbekannten Parameter β_0 und β_1 werden die historischen Tagesrenditen des DAX und der BASF-Aktie aus dem Jahre 1996 zu Grunde gelegt. Ein Kalenderjahr umfasst in etwa 250 Börsentage. Es liegen also jeweils 250 ex post Tagesrenditen der BASF-Aktie und des DAX vor. Das ökonometrische Grundmodell lässt sich somit wie folgt formulieren:

(2) $y_t = \beta_0 + \beta_1 x_t + \varepsilon_t\,,\qquad t = 1, ..., 250$

mit y_t: Rendite der BASF-Aktie (zu erklärende Größe) in t
x_t: Rendite des DAX (erklärende Größe) in t
β_0: Regressionskonstante
β_1: Regressionskoeffizient
ε_t: Störvariable (Restgröße, Residuum) in t

Wie die folgende Abb. 5.2.-1. zeigt, lässt sich die Parameterschätzung bei einer Einfachregression grafisch sehr anschaulich darstellen:

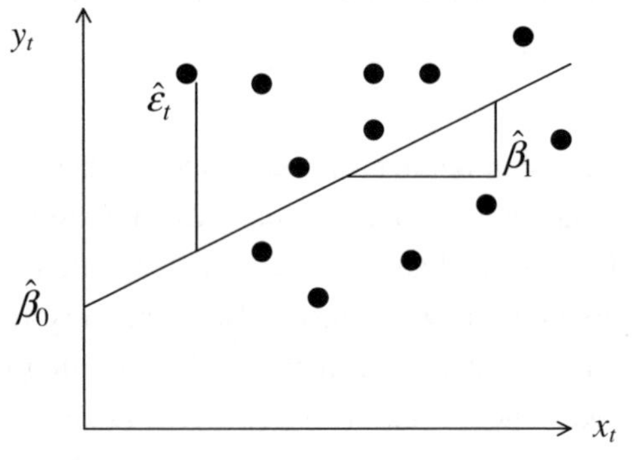

Abb. 5.2.-1.: Grafische Darstellung der Parameterschätzung

Hierzu werden die historisch beobachteten Datenpaare (x_t,y_t), im Beispiel also die DAX-Rendite zum Zeitpunkt t und die Rendite der BASF-Aktie zum Zeitpunkt t in einem Diagramm abgetragen. Auf diese Weise entsteht eine Punktewolke, die 250 einzelne Datenpunkte umfasst. Im Rahmen der „grafischen Parameterschätzung" wird dabei eine Gerade „optimal passend" durch diese Punktewolke gelegt. Konkret wird angestrebt, die Summe der vertikalen Abstände der einzelnen Datenpunkte zu dieser Geraden (= „geschätzte" Residuen $\hat{\varepsilon}_t$) möglichst klein werden zu lassen. Bei der OLS-Methode wird jedoch nicht die Summe der Abstände minimiert (die ja positiv und negativ sein können und sich somit bei einer Summenbildung teilweise aufheben würden), sondern die Summe der *quadrierten* Abstände. Wird nun eine Gerade so durch die Punktewolke gelegt, dass die Summe der quadrierten Abstände minimiert wird, dann lassen sich für die unbekannten Parameter (β_0, β_1) die OLS-Schätzer $(\hat{\beta}_0, \hat{\beta}_1)$ unmittelbar aus der Grafik ablesen. Der Schnittpunkt der Regressionsgeraden mit der y-Achse (Ordinate) stellt dabei den Schätzer für die Regressionskonstante β_0 dar und die Steigung der Geraden entspricht der Schätzung für den Regressionskoeffizienten β_1.

Da eine Parameterschätzung mittels der oben vorgestellten grafischen Methode zum einen nur im Rahmen einer linearen Einfachregression möglich ist und zum anderen aus Gründen der Genauigkeit als kaum praktikabel erscheint, dient die grafische OLS-Schätzung eigentlich nur zur Veranschaulichung. Im Folgenden wird die Parameterschätzung mittels der OLS-Methode mathematisch für den allgemeinen Fall der multiplen Regression dargestellt. Da die Mehrfachregression - wie bereits erläutert - die Einfachregression als Spezialfall beinhaltet, besitzen die folgenden Ausführungen für beide Regressionsverfahren Gültigkeit.

Die Parameterschätzung soll so erfolgen, dass die Summe der quadrierten Residuen (S) minimiert wird:

(3) $$S = \sum_{t=1}^{n} \varepsilon_t^2 = \mathbf{e}'\mathbf{e} \rightarrow \min_{\mathbf{b}} S$$

Diese Summe der quadrierten Residuen nimmt genau dann einen minimalen Wert an, wenn der unbekannte Parametervektor **b** durch folgende Schätzung $\hat{\mathbf{b}}$ ersetzt wird:

(4) $$\hat{\mathbf{b}} = \left(\mathbf{X}'\mathbf{X}\right)^{-1}\mathbf{X}'\mathbf{y}$$

Beweis: OLS-Schätzer minimiert die Summe der quadrierten Residuen

Indem man die Gleichung (1) nach **e** auflöst und das Resultat in Formel (3) einsetzt, lässt sich die Summe der quadrierten Residuen auch wie folgt darstellen:

(5) $$S = \mathbf{e}'\mathbf{e} = \left(\mathbf{y} - \mathbf{X}\mathbf{b}\right)'\left(\mathbf{y} - \mathbf{X}\mathbf{b}\right)$$

Wird eine Differenz von Vektoren transponiert (hier: $\left(\mathbf{y} - \mathbf{X}\mathbf{b}\right)'$), so entspricht dies der Differenz der einzeln transponierten Vektoren:

(6) $$S = \left[\mathbf{y}' - \left(\mathbf{X}\mathbf{b}\right)'\right]\left[\mathbf{y} - \mathbf{X}\mathbf{b}\right]$$

Berücksichtigt man die Beziehung $\left(\mathbf{X}\mathbf{b}\right)' = \mathbf{b}'\mathbf{X}'$ (siehe hierzu Anhang A.1.5.), so lässt sich Gleichung (6) wie folgt darstellen:

(7) $$S = \left[\mathbf{y}' - \mathbf{b}'\mathbf{X}'\right]\left[\mathbf{y} - \mathbf{X}\mathbf{b}\right]$$

Die einzelnen Elemente der beiden Klammerausdrücke in (7) können nun paarweise miteinander multipliziert werden:

(8) $$S = \left[\mathbf{y}'\mathbf{y} - \mathbf{y}'\mathbf{X}\mathbf{b} - \mathbf{b}'\mathbf{X}'\mathbf{y} + \mathbf{b}'\mathbf{X}'\mathbf{X}\mathbf{b}\right]$$

Da in Gleichung (8) alle einzelnen Glieder Skalare sind und Skalare sich durch das Transponieren nicht verändern, können (theoretisch) alle einzelnen Summanden in Gleichung (8) beliebig transponiert werden. Diese Eigenschaft wird ausgenutzt, um den Ausdruck in (8) weiter zu vereinfachen. Hierzu wird der dritte Summand in Gleichung (8) transponiert, woraus sich der folgende Ausdruck ergibt:

(9) $\mathbf{b}'\mathbf{X}'\mathbf{y} = (\mathbf{b}'\mathbf{X}'\mathbf{y})' = \mathbf{y}'\mathbf{X}\mathbf{b}$

Mit Hilfe der Umformung (9) können nun in Gleichung (8) der zweite und der dritte Summand wie folgt zusammengefasst werden:

(10) $S = \mathbf{y}'\mathbf{y} - 2\mathbf{y}'\mathbf{X}\mathbf{b} + \mathbf{b}'\mathbf{X}'\mathbf{X}\mathbf{b}$

Da der Vektor **b** so geschätzt werden soll, dass die Summe der Residuen (also Ausdruck (10)) minimiert wird, wird die Gleichung (10) zunächst nach **b** abgeleitet und in einem zweiten Schritt null gesetzt:

(11) $\frac{dS}{d\mathbf{b}} = -2(\mathbf{y}'\mathbf{X})' + 2(\mathbf{X}'\mathbf{X})\mathbf{b} \qquad \Rightarrow \qquad -2(\mathbf{y}'\mathbf{X})' + 2(\mathbf{X}'\mathbf{X})\hat{\mathbf{b}} \overset{!}{=} 0$

Der unbekannte Parametervektor **b** wird also durch jenen Vektor $\hat{\mathbf{b}}$ geschätzt, bei dem die erste Ableitung null wird. Die einzelnen Rechenschritte zur Bildung der ersten Ableitung werden nachfolgend kurz erläutert.

Der erste Summand (**y´y**) in Gleichung (10) wird null, da er nicht von **b** abhängt. Beim zweiten Summanden (–2**y´Xb**) wurde die folgende Rechenregel (R1) angewandt:[69]

(R1) $y = \mathbf{a}'\mathbf{x} \Rightarrow \frac{dy}{d\mathbf{x}} = \mathbf{a}$

mit y: Skalar
a: Spaltenvektor (**a´** ist somit ein Zeilenvektor)
x: Spaltenvektor

Hierbei entspricht der Vektor **x** aus Rechenregel (R1) dem Vektor **b** aus Gleichung (10) und der Zeilenvektor **a´** dem Ausdruck **y´X**. Der Ausdruck **y´X** wird nochmals transponiert, um das Pendant zum Vektor **a** (= Lösung der Rechenregel (R1)) zu erhalten. Der konstante Faktor (–2) des zweiten Summanden aus Gleichung (10) bleibt beim Differenzieren unverändert erhalten.

Für den dritten Summanden aus Gleichung (10) ist für das Ableiten die Anwendung der folgenden Rechenregel relevant:[70]

(R2) $y = \mathbf{x}'\mathbf{A}\mathbf{x} \Rightarrow \frac{dy}{d\mathbf{x}} = 2\mathbf{A}\mathbf{x}$

mit y: Skalar
$\mathbf{x}$: Spaltenvektor ($\mathbf{x}'$ ist somit ein Zeilenvektor)
$\mathbf{A}$: Symmetrische Matrix[71]

Hierbei entspricht der Vektor **x** aus Rechenregel (R2) dem Vektor **b** aus Gleichung (10) und die symmetrische Matrix **A** dem Ausdruck **X´X,** der eine symmetrische Matrix darstellt.

Der Ausdruck in Gleichung (11) lässt sich weiter vereinfachen, indem beim ersten Summanden jeder einzelne Multiplikator transponiert wird und man dabei die Reihenfolge der beiden Multiplikatoren vertauscht:

(12) $-2(\mathbf{y}'\mathbf{X})' + 2(\mathbf{X}'\mathbf{X})\hat{\mathbf{b}} = -2\mathbf{X}'\mathbf{y} + 2(\mathbf{X}'\mathbf{X})\hat{\mathbf{b}} \overset{!}{=} 0$

Nachdem man den ersten Summanden (–2**X´y**) auf die rechte Seite gebracht und beide Seiten durch 2 dividiert hat, ergibt sich die folgende Gleichung:

(13) $(\mathbf{X}'\mathbf{X})\hat{\mathbf{b}} = \mathbf{X}'\mathbf{y}$

Anschließend lässt sich die Gleichung (13) nach dem gesuchten Vektor $\hat{\mathbf{b}}$ auflösen, indem die Gleichung auf beiden Seiten von links mit der Inversen der symmetrischen Matrix **X´X** multipliziert wird:

(14) $(\mathbf{X}'\mathbf{X})^{-1}(\mathbf{X}'\mathbf{X})\hat{\mathbf{b}} = (\mathbf{X}'\mathbf{X})^{-1}\mathbf{X}'\mathbf{y}$

Da die Multiplikation einer Matrix mit ihrer Inversen die Einheitsmatrix ergibt und die Multiplikation mit der Einheitsmatrix den Vektor $\hat{\mathbf{b}}$ unverändert lässt, resultiert als OLS-Schätzer für den unbekannten Vektor **b** das folgende Ergebnis:

(15) $\hat{\mathbf{b}} = (\mathbf{X}'\mathbf{X})^{-1}\mathbf{X}'\mathbf{y}$

Bei der OLS-Schätzung wird also der unbekannte Parametervektor **b** durch $\hat{\mathbf{b}}$ so geschätzt, dass die Summe der quadrierten Residuen minimal wird. Da es sich hier um die Minimierung einer quadratischen Funktion handelt, ist sichergestellt, dass ein eindeutiges globales Fehlerminimum existiert und zwar genau an der Stelle, an der der unbekannte Parametervektor **b** durch $\hat{\mathbf{b}}$ geschätzt wird. Es handelt sich hier also um eine *analytische* Lösung, da

69 Diese Rechenregel ist ausführlich in Anhang A.1.9. (Grundlagen der Matrizenrechnung) erläutert.
70 Diese Rechenregel ist ausführlich in Anhang A.1.9. (Grundlagen der Matrizenrechnung) erläutert.

sich das Ergebnis durch einige Umformungen unmittelbar berechnen lässt. Soll eine OLS-Schätzung mit Hilfe von Mathematiksoftware oder einer Programmiersprache implementiert werden, so ist, unabhängig von den hier erläuterten einzelnen Zwischenschritten bei der Optimierung, ausschließlich Formel (4) bzw. Formel (15) softwaretechnisch umzusetzen.

Beispiel 1: OLS-Schätzung gemäß Formel (4) bzw. Formel (15)

Im Folgenden wird das Beispiel 1 bzw. 2 des vorangegangenen Kapitels nochmals aufgegriffen und gezeigt, wie hierfür eine OLS-Schätzung durchgeführt wird. In Beispiel 2 des Kapitels 5.1. wurde erläutert, wie sich das vorliegende Zahlenmaterial geeignet mittels Vektoren und Matrizen darstellen lässt:

$$(16)\quad \mathbf{y}=\begin{bmatrix}5\\-2\\3\\7\end{bmatrix},\ \mathbf{X}=\begin{bmatrix}1&2&-1\\1&-1&3\\1&0&1\\1&1&2\end{bmatrix},\ \mathbf{b}=\begin{bmatrix}\beta_0\\\beta_1\\\beta_2\end{bmatrix},\ \mathbf{e}=\begin{bmatrix}\varepsilon_1\\\varepsilon_2\\\varepsilon_3\\\varepsilon_4\end{bmatrix}$$

In einem ersten Schritt wird die Datenmatrix **X** transponiert, also die Zeilen und Spalten miteinander vertauscht:

$$(17)\quad \mathbf{X}'=\begin{bmatrix}1&1&1&1\\2&-1&0&1\\-1&3&1&2\end{bmatrix}$$

Im nächsten Schritt wird die transponierte Matrix **X**´ mit der originären Matrix **X** multipliziert:

$$(18)\quad \mathbf{X}'\mathbf{X}=\begin{bmatrix}1&1&1&1\\2&-1&0&1\\-1&3&1&2\end{bmatrix}\begin{bmatrix}1&2&-1\\1&-1&3\\1&0&1\\1&1&2\end{bmatrix}=\begin{bmatrix}4&2&5\\2&6&-3\\5&-3&15\end{bmatrix}$$

Das Resultat wird anschließend invertiert:

$$(19)\quad (\mathbf{X}'\mathbf{X})^{-1}=\begin{bmatrix}4&2&5\\2&6&-3\\5&-3&15\end{bmatrix}^{-1}=\begin{bmatrix}1.5000&-0.8333&-0.6667\\-0.8333&0.6481&0.4074\\-0.6667&0.4074&0.3704\end{bmatrix}$$

Durch eine Multiplikation mit der Transponierten **X**´ ergibt sich:

71 Zur Definition einer symmetrischen Matrix siehe Anhang A.1.6.

$$(20)\quad (\mathbf{X'X})^{-1}\mathbf{X'} = \begin{bmatrix} 1.5000 & -0.8333 & -0.6667 \\ -0.8333 & 0.6481 & 0.4074 \\ -0.6667 & 0.4074 & 0.3704 \end{bmatrix} \begin{bmatrix} 1 & 1 & 1 & 1 \\ 2 & -1 & 0 & 1 \\ -1 & 3 & 1 & 2 \end{bmatrix}$$

$$= \begin{bmatrix} 0.5000 & 0.3333 & 0.8333 & -0.6667 \\ 0.0556 & -0.2593 & -0.4259 & 0.6296 \\ -0.2222 & 0.0370 & -0.2963 & 0.4815 \end{bmatrix}$$

Als letzter Schritt wird das Ergebnis aus der Umformung (20) mit dem Vektor der zu erklärenden Variablen **y** multipliziert:[72]

$$(21)\quad \hat{\mathbf{b}} = (\mathbf{X'X})^{-1}\mathbf{X'y} =$$

$$\hat{\mathbf{b}} = \begin{bmatrix} 0.5000 & 0.3333 & 0.8333 & -0.6667 \\ 0.0556 & -0.2593 & -0.4259 & 0.6296 \\ -0.2222 & 0.0370 & -0.2963 & 0.4815 \end{bmatrix} \begin{bmatrix} 5 \\ -2 \\ 3 \\ 7 \end{bmatrix} = \begin{bmatrix} -0.3333 \\ 3.9259 \\ 1.2963 \end{bmatrix}$$

Der Vektor $\hat{\mathbf{b}}$ enthält somit die OLS-Schätzer für die drei unbekannten Regressionsparameter $\hat{\beta}_0$, $\hat{\beta}_1$ und $\hat{\beta}_2$:

$$(22)\quad \hat{\mathbf{b}} = \begin{bmatrix} \hat{\beta}_0 \\ \hat{\beta}_1 \\ \hat{\beta}_2 \end{bmatrix} = \begin{bmatrix} -0.3333 \\ 3.9259 \\ 1.2963 \end{bmatrix}$$

Gemäß der Formel (4) ist für die OLS-Schätzung Voraussetzung, dass die Inverse der Matrix **X´X** auch tatsächlich existiert. Dies ist genau dann der Fall, wenn die folgende Bedingung gilt:

$$(23)\quad \text{rang}(\mathbf{X'X}) = \text{rang}(\mathbf{X}) = k+1$$

Die symmetrische Matrix **X´X** muss also den *Rang* k+1 (= Anzahl der erklärenden Variablen inklusive der Regressionskonstanten) aufweisen, wobei die symmetrische Matrix **X´X** stets den gleichen Rang wie die Datenmatrix **X** besitzt. Wird die Bedingung (23) erfüllt, so spricht man auch davon, dass die Matrix **X** bzw. **X´X** einen „vollen Rang" besitzt. Zur näheren Erläuterung des Ranges einer Matrix wird nachfolgend die Datenmatrix **X** nochmals näher betrachtet:

---

72 Bei der manuellen Berechung von (21) können Rundungsfehler auftreten, woraus geringfügige Abweichungen resultieren können.

$$(24) \quad \mathbf{X} = \underset{n \times (k+1)}{\begin{bmatrix} 1 & x_{11} & \dots & x_{k1} \\ 1 & x_{12} & \dots & x_{k2} \\ \vdots & \vdots & \ddots & \vdots \\ 1 & x_{1n} & \dots & x_{kn} \end{bmatrix}}$$

Die Matrix **X** besitzt also n Zeilen und k+1 Spalten. Der Rang einer Matrix lässt sich ganz allgemein wie folgt bestimmen:

(25) rang = Anzahl linear unabhängiger Spaltenvektoren

Die Datenmatrix **X** bzw. **X´X** besitzt keinen vollen Rang, falls eine der folgenden Situationen vorliegt:

(26) Die k+1 Spaltenvektoren sind nicht alle voneinander linear unabhängig
(27) $n < k+1$

Der Fall (26) tritt dann ein, wenn *mindestens* zwei der k+1 Spaltenvektoren (= erklärende Variable) voneinander linear abhängig sind. Eine lineare Abhängigkeit liegt dann vor, wenn sich ein Spaltenvektor aus einer Linearkombination der anderen Spaltenvektoren erzeugen lässt. Dies wird in dem nachfolgenden Beispiel nochmals veranschaulicht. Bei der Situation (27) handelt es sich um einen Sonderfall von (26). Besitzt die Datenmatrix **X** weniger Zeilen als Spalten, so können zwangsläufig nicht alle Spaltenvektoren voneinander linear unabhängig sein. Sofern sämtliche Spaltenvektoren voneinander linear unabhängig sind, entspricht der Rang einer Matrix dem kleineren Wert der Größen n bzw. $k + 1$:

(28) rang (**X**) = rang(**X´X**) = min (n ; $k + 1$)

Beispiel 2: Überprüfung des Ranges einer Datenmatrix

Im Folgenden wird nochmals das obige Beispiel aufgegriffen, bei dem *die jährliche Veränderung des DAX* mit Hilfe *fundamentaler Variablen* erklärt werden soll. Da vermutlich auch die Zinsen und der GFK-Konsumklima-Index einen nachhaltigen Einfluss auf den DAX ausüben, werden diese Daten ebenfalls als erklärende Variablen herangezogen. Bis zum heutigen Zeitpunkt stehen somit im Beispiel die folgenden Daten (ex post) zur Verfügung:

$t = 1, ..., 4$	ΔDAX	ΔBIP	$\Delta Zins$	$\Delta Exporte$	ΔGFK
1 (1993-1994)	y_1	x_{11}	x_{21}	x_{31}	x_{41}
2 (1994-1995)	y_2	x_{12}	x_{22}	x_{32}	x_{42}
3 (1995-1996)	y_3	x_{13}	x_{23}	x_{33}	x_{43}
4 (1996-1997)	y_4	x_{14}	x_{24}	x_{34}	x_{44}

Tab. 5.2.-1.: Beispieldaten

Die DAX-Veränderungen sollen mit Hilfe der jährlichen Veränderungsraten des Bruttoinlandsproduktes, der Zinsen, der Exporte und des GFK-Konsumklima-Indexes erklärt werden. Die zweite Spalte der Tabelle entspricht dem Vektor der zu erklärenden Variablen $\mathbf{y}$ und die dritte bis sechste Spalte der Datenmatrix $\mathbf{X}$ (erklärende Variable $\mathbf{x_1},..,\mathbf{x_k}$), die jedoch noch um die Hilfsvariable $\mathbf{x_0}$ (= Vektor aus lauter Einsen) ergänzt wird. Wie bereits erläutert wurde, kann das vorliegende Regressionsmodell mit Hilfe der OLS-Methode dann geschätzt werden, wenn die Matrix $\mathbf{X'X}$ invertierbar ist. Nach (23) ist dies dann der Fall, wenn die Datenmatrix $\mathbf{X}$ (und somit $\mathbf{X'X}$) den Rang k+1 (hier: 4+1 = 5) besitzt. Da die Matrix $\mathbf{X}$ über 4 Zeilen und 5 Spalten verfügt, können maximal 4 Spaltenvektoren voneinander linear unabhängig sein. In diesem Fall lässt sich nämlich das folgende lineare Gleichungssystem aufstellen:

(29) $x_{41} = \gamma_0 x_{01} + \gamma_1 x_{11} + \gamma_2 x_{21} + \gamma_3 x_{31}$
(30) $x_{42} = \gamma_0 x_{02} + \gamma_1 x_{12} + \gamma_2 x_{22} + \gamma_3 x_{32}$
(31) $x_{43} = \gamma_0 x_{03} + \gamma_1 x_{13} + \gamma_2 x_{23} + \gamma_3 x_{33}$
(32) $x_{44} = \gamma_0 x_{04} + \gamma_1 x_{14} + \gamma_2 x_{24} + \gamma_3 x_{34}$

Da dieses System über vier Gleichungen und vier Unbekannte verfügt (γ_0, γ_1, γ_2, γ_3) ist es eindeutig lösbar. Damit lässt sich aber auch $\mathbf{x_4}$ als Linearkombination von $\mathbf{x_0}$, $\mathbf{x_1}$, $\mathbf{x_2}$ und $\mathbf{x_3}$ vollständig erklären, womit also nicht alle fünf Spaltenvektoren voneinander linear unabhängig sind. Die Matrix $\mathbf{X}$ (und somit auch $\mathbf{X'X}$) weist somit keinen vollen Rang auf. Unterstellt man, dass darüber hinaus keine weiteren linearen Abhängigkeiten bestehen, so bestimmt sich der Rang von $\mathbf{X}$ bzw. $\mathbf{X'X}$ nach Formel (33) wie folgt:

(33) $\text{rang}(\mathbf{X}) = \text{rang}(\mathbf{X'X}) = \min(k + 1 = 5; n = 4) = 4$

Da 4 < 5 ist, besitzt die Matrix $\mathbf{X}$ bzw. $\mathbf{X'X}$ nicht den vollen Rang, womit die Matrix $\mathbf{X'X}$ nicht invertierbar ist. Die OLS-Schätzung nach Formel (15) kann somit nicht durchgeführt werden.

Um dieses Problem zu vermeiden, wird die Anzahl der erklärenden Variablen im Beispiel reduziert, indem z.B. der GFK-Konsumklima-Index, von dem man den geringsten Einfluss vermutet, nicht mehr berücksichtigt wird. Außerdem sei davon ausgegangen, dass auch die

Zinsen keinen maßgeblichen Einfluss auf den DAX ausüben, weshalb sie durch einen Produktivitätsindex (PROD) ersetzt werden. Das neue Datenmaterial sieht wie folgt aus:

t=1,...,4	ΔDAX	ΔBIP	$\Delta Exporte$	$\Delta PROD$
1 (1993-1994)	5	2	−1	0
2 (1994-1995)	−2	−1	3	5
3 (1995-1996)	3	0	1	2
4 (1996-1997)	7	1	2	5

Tab. 5.2.-2.: Beispieldaten

Da nun die Bedingung $n < k$+1 nicht mehr gegeben ist, könnte die Datenmatrix **X** nun den vollen Rang besitzen. Eine tiefergehende Analyse des Datenmaterials zeigt jedoch, dass sich der Vektor **ΔPROD** durch eine Linearkombination der beiden Vektoren **ΔBIP** und **ΔExporte** wie folgt erzeugen lässt:

$$(34)\quad \begin{bmatrix} 2 \\ -1 \\ 0 \\ 1 \end{bmatrix} + 2\begin{bmatrix} -1 \\ 3 \\ 1 \\ 2 \end{bmatrix} = \begin{bmatrix} 2 \\ -1 \\ 0 \\ 1 \end{bmatrix} + \begin{bmatrix} -2 \\ 6 \\ 2 \\ 4 \end{bmatrix} = \begin{bmatrix} 0 \\ 5 \\ 2 \\ 5 \end{bmatrix} \Rightarrow \mathbf{\Delta BIP} + 2\mathbf{\Delta Exporte} = \mathbf{\Delta PROD}$$

Da sich eine Variable perfekt durch eine Linearkombination aus zwei anderen nachbilden lässt, spricht man in diesem Falle auch von einer *perfekten Multikollinearität*. Auf Grund dieser perfekten Multikollinearität sind von den drei erklärenden Variablen nur zwei voneinander linear unabhängig, weshalb sich der Rang der Matrix **X** nach Formel (28) wie folgt berechnen lässt:

$$(35)\quad \text{rang}\,(\mathbf{X}) = \text{rang}(\mathbf{X}'\mathbf{X}) = \min\,(2 + 1; 4) = 3$$

Da der „volle Rang" der Datenmatrix **X** 4 beträgt (hier: k+1 = 3+1), die Matrix jedoch tatsächlich nur einen Rang von 3 aufweist, ist die Matrix **X´X** nicht invertierbar und die Berechnung des OLS-Schätzers nach Formel (15) nicht möglich.

5.3. Vereinfachte Parameterschätzung bei der Einfachregression

Arbeitshinweise: Das folgende Kapitel 5.3. veranschaulicht, wie bei einer Einfachregression (Regressionsmodell mit nur einer erklärenden Variablen) die unbekannten Regressionsparameter (Regressionskonstante und -koeffizient) auf einfache Weise geschätzt werden können. Da hierzu keine Matrizenoperationen notwendig sind, kann die Berechnung ohne großen Aufwand mit einer Programmiersprache oder auch nahezu jeder beliebigen Tabellenkalkulation erfolgen. Daher erscheint es sowohl für Theoretiker als auch für Praktiker sinnvoll, das vorliegende Kapitel durchzuarbeiten. Das Beispiel 2 zeigt, dass das hier vorgestellte Verfahren zur Parameterschätzung bei einer Einfachregression zum gleichen Ergebnis führt wie die Anwendung des in Kapitel 5.2. erläuterten allgemeinen Schätzverfahrens (das sowohl bei einer einfachen als auch bei einer multiplen Regressionsanalyse angewandt werden kann). Insofern ist das Durcharbeiten von Beispiel (2) nicht zwangsläufig erforderlich, aber hilfreich.

Wie bereits erläutert, besitzt die Formel (4) bzw. (15) aus Kap. 5.2. sowohl für den Fall der multiplen als auch für den Fall der einfachen Regression Gültigkeit. Für den Fall der Einfachregression, die in Gleichung (1) nochmals dargestellt ist, lassen sich die beiden unbekannten Regressionsparameter (die Regressionskonstante β_0 und der Regressionskoeffizient β_1) zusätzlich auf einfachere Weise ermitteln.

(1) $y_t = \beta_0 + \beta_1 x_t + \varepsilon_t$ mit $t = 1, ..., n$

Der Schätzer für den Regressionskoeffizienten $\hat{\beta}_1$ entspricht nämlich dem Quotienten aus der empirischen Kovarianz (s_{xy}) der erklärenden Variablen x mit der zu erklärenden Variablen y und der empirischen Varianz der Variablen x (s_x^2):

(2) $$\hat{\beta}_1 = \frac{s_{xy}}{s_x^2}$$

mit $$s_{xy} = \frac{1}{n}\sum_{t=1}^{n}(x_t - \bar{x})(y_t - \bar{y}) \quad \text{bzw.} \quad s_{xy} = \frac{1}{n-1}\sum_{t=1}^{n}(x_t - \bar{x})(y_t - \bar{y})$$

$$s_x^2 = \frac{1}{n}\sum_{t=1}^{n}(x_t - \bar{x})^2 \quad \text{bzw.} \quad s_x^2 = \frac{1}{n-1}\sum_{t=1}^{n}(x_t - \bar{x})^2$$

Die Berechnung der empirischen Varianz (s^2_x) wurde in Kap. 2.3.5.2. und die Ermittlung der empirischen Kovarianz (s_{xy}) in Kap. 2.3.5.3. erläutert.

Die empirische Varianz bzw. Kovarianz findet sich in der Literatur teilweise mit und teilweise ohne Korrektur der Freiheitsgrade. Bei der Berechnung der Varianz und Kovarianz wird daher teilweise durch n und teilweise durch (n–1) dividiert. Die Berechungsart hat dabei jedoch keinen Einfluss auf den Schätzer, da sich der Faktor bei der Division (siehe Gleichung (2)) ohnehin herauskürzt.[73]

Für die Schätzung der unbekannten Regressionskonstanten β_0 wird auf eine besondere Eigenschaft der OLS-Schätzung zurückgegriffen. Danach befindet sich der Schwerpunkt der Punktewolke, also der Punkt $(\bar{x}; \bar{y})$, immer auf der Regressionsgeraden. Formal lässt sich dieser Sachverhalt wie folgt beschreiben:

(3) $\bar{y} = \hat{\beta}_0 + \hat{\beta}_1 \bar{x}$

Durch einfaches Umstellen von Gleichung (3) lässt sich nun die Schätzung für die unbekannte Regressionskonstante $\hat{\beta}_0$ ermitteln:

(4) $\hat{\beta}_0 = \bar{y} - \hat{\beta}_1 \bar{x}$

Somit sind die beiden unbekannten Regressionsparameter (β_0, β_1) bei der Einfachregression bestimmt.

Beispiel 1: Vereinfachte OLS-Schätzung bei einer Einfachregression

Im Folgenden wird das Beispiel 1 bzw. 2 des Kapitels 5.1. nochmals aufgegriffen und so modifiziert, dass als Aufgabenstellung die Lösung einer Einfachregression resultiert. Konkret soll versucht werden, die DAX-Veränderung (*ΔDAX*) mit nur einer Variablen, nämlich der Veränderungsrate des Bruttoinlandsprodukts (*ΔBIP*), zu erklären. Gemäß dem Beispiel 1 aus Kapitel 5.1. liegt somit folgendes Datenmaterial vor:

$t = 1, ..., 4$	*ΔDAX*	*ΔBIP*
1 (1993-1994)	5	2
2 (1994-1995)	–2	–1
3 (1995-1996)	3	0
4 (1996-1997)	7	1

Tab. 5.3.-1.: Beispieldaten

In der Spalte *ΔDAX* befinden sich die einzelnen Werte y_t (mit $t = 1, ..., 4$) und in der Spalte *ΔBIP* die Variablenwerte x_t (ebenfalls für $t = 1, ..., 4$). Wie bereits erläutert wurde, lässt sich der Schätzer für den Regressionskoeffizienten β_1 einfach berechnen, indem die Kovarianz zwischen der erklärenden Variablen x und der zu erklärenden Variablen y durch die Varianz der Variablen x dividiert wird:

(5) $\hat{\beta}_1 = \frac{s_{xy}}{s_x^2}$

Die Varianz der Variablen x kann dabei gemäß den folgenden beiden Formeln berechnet werden:

(6) $s_x^2 = \frac{1}{n}\sum_{t=1}^{n}(x_t - \bar{x})^2 = \frac{1}{n}\sum_{t=1}^{n} x_t^2 - \bar{x}^2$

73 Bei der Berechnung des Bestimmtheitsmaßes (bzw. des korrigierten Bestimmtheitsmaßes) in Kap. 5.6. werden beide Berechnungsweisen benötigt, weshalb sie hier aufgeführt sind.

Bei der rechten Seite von (6) handelt es sich um das Resultat des sog. Verschiebungssatzes. Dieser ermöglicht eine einfache und effiziente Berechnung der Varianz.

Die beiden entsprechenden Formeln zur Berechnung der Kovarianz zwischen den Variablen x und y sind in (7) angegeben:

$$(7) \quad s_{xy} = \frac{1}{n}\sum_{t=1}^{n}(x_t - \bar{x})\cdot(y_t - \bar{y}) = \frac{1}{n}\sum_{t=1}^{n}x_t y_t - \bar{x}\cdot\bar{y}$$

Da sowohl für die Berechnung der Varianz (Gleichung (6)) als auch für die Berechnung der Kovarianz (Gleichung (7)) die Mittelwerte der beiden Variablen x und y erforderlich sind, ist es nahe liegend, diese beiden Kennzahlen zunächst zu berechnen:

$$(8) \quad \bar{y} = \frac{1}{4}(5-2+3+7) = \frac{13}{4} = 3.25$$

$$(9) \quad \bar{x} = \frac{1}{4}(2-1+0+1) = \frac{2}{4} = 0.5$$

Damit lässt sich in einem ersten Schritt die Varianz der Variablen x mit Hilfe des Verschiebungssatzes wie folgt berechnen:

$$(10) \quad s_x^2 = \frac{1}{4}\left(2^2 + (-1)^2 + 0^2 + 1^2\right) - 0.5^2 = 1.25$$

Für die Kovarianz ergibt sich dementsprechend:

$$(11) \quad s_{xy} = \frac{1}{4}(5\cdot 2 + (-2)\cdot(-1) + 3\cdot 0 + 7\cdot 1) - 0.5\cdot 3.25 = 4.75 - 1.625 = 3.125$$

Mit Hilfe von Gleichung (10) und (11) lässt sich der Schätzer für den Regressionskoeffizienten β_1 wie folgt berechnen:

$$(12) \quad \hat{\beta}_1 = \frac{s_{xy}}{s_x^2} = \frac{3.125}{1.25} = 2.5$$

Mit Hilfe des Schätzwertes für den Regressionskoeffizienten β_1 kann anschließend ein Schätzwert für die Regressionskonstante β_0 bestimmt werden. Hierbei wird die Beziehung nach (3) bzw. (4) ausgenutzt. Aus diesem Sachverhalt ergibt sich die folgende Rechnung:

$$(13) \quad \hat{\beta}_0 = \bar{y} - \hat{\beta}_1\bar{x} = 3.25 - 2.5\cdot 0.5 = 2$$

Für den Vektor der unbekannten Regressionskoeffizienten **b** wurde für das vorliegende Beispiel somit die folgende Schätzung ermittelt:

(14) $\hat{\mathbf{b}} = \begin{bmatrix} \hat{\beta}_0 \\ \hat{\beta}_1 \end{bmatrix} = \begin{bmatrix} 2.0 \\ 2.5 \end{bmatrix}$

Mit Hilfe dieser relativ einfachen und problemlos durchzuführenden Berechnungsschritte lässt sich eine OLS-Schätzung für die unbekannten Regressionsparameter bei einer Einfachregression vornehmen.

Beispiel 2: Schätzung der unbekannten Regressionskoeffizienten mit Hilfe der allgemeinen Schätzformel

Das folgende Beispiel 2 soll zeigen, wie die in Kap. 5.2. hergeleitete OLS-Schätzformel auch bei einer Einfachregression angewandt werden kann. In diesem Fall resultiert das gleiche Ergebnis wie bei der hier in Kap. 5.3. vorgestellten einfachen Berechnungsweise. Unter Berücksichtigung der in Beispiel 1 zu Grunde gelegten Daten ist es zunächst sinnvoll, die zur Berechnung benötigten Vektoren und Matrizen zu definieren:

(15) $\mathbf{y} = \Delta\mathbf{DAX} = \begin{bmatrix} 5 \\ -2 \\ 3 \\ 7 \end{bmatrix}, \quad \mathbf{x_1} = \Delta\mathbf{BIP} = \begin{bmatrix} 2 \\ -1 \\ 0 \\ 1 \end{bmatrix}, \quad \mathbf{x_0} = \begin{bmatrix} 1 \\ 1 \\ 1 \\ 1 \end{bmatrix}, \quad \mathbf{b} = \begin{bmatrix} \beta_0 \\ \beta_1 \end{bmatrix}$

Die Hilfsvariable $\mathbf{x_0}$ und die einzige erklärende Variable $\mathbf{x_1}$ werden zur Datenmatrix **X** zusammengefasst:

(16) $\mathbf{X} = \begin{bmatrix} 1 & 2 \\ 1 & -1 \\ 1 & 0 \\ 1 & 1 \end{bmatrix}$

Wie in Kapitel 5.2. gezeigt wurde, ergibt sich der allgemeine OLS-Schätzer gemäß folgender Formel:

(17) $\hat{\mathbf{b}} = (\mathbf{X}'\mathbf{X})^{-1}\mathbf{X}'\mathbf{y}$

Für diese Berechnung wird zunächst die Datenmatrix **X** transponiert, d.h. es werden die Zeilen und Spalten vertauscht:

(18) $\mathbf{X}' = \begin{bmatrix} 1 & 1 & 1 & 1 \\ 2 & -1 & 0 & 1 \end{bmatrix}$

Die transponierte Datenmatrix **X**´ wird anschließend mit **X** multipliziert:

$$(19)\quad \mathbf{X'X} = \begin{bmatrix} 1 & 1 & 1 & 1 \\ 2 & -1 & 0 & 1 \end{bmatrix} \begin{bmatrix} 1 & 2 \\ 1 & -1 \\ 1 & 0 \\ 1 & 1 \end{bmatrix} = \begin{bmatrix} 4 & 2 \\ 2 & 6 \end{bmatrix}$$

Das Ergebnis wird in einem nächsten Schritt invertiert:

$$(20)\quad (\mathbf{X'X})^{-1} = \begin{bmatrix} 4 & 2 \\ 2 & 6 \end{bmatrix}^{-1} = \begin{bmatrix} 0.30 & -0.10 \\ -0.10 & 0.20 \end{bmatrix}$$

Wird dieser Ausdruck mit der transponierten Matrix $\mathbf{X}'$ multipliziert, so ergibt sich:

$$(21)\quad (\mathbf{X'X})^{-1}\mathbf{X}' = \begin{bmatrix} 0.30 & -0.10 \\ -0.10 & 0.20 \end{bmatrix} \begin{bmatrix} 1 & 1 & 1 & 1 \\ 2 & -1 & 0 & 1 \end{bmatrix} = \begin{bmatrix} 0.10 & 0.40 & 0.30 & 0.20 \\ 0.30 & -0.30 & -0.10 & 0.10 \end{bmatrix}$$

Um letztendlich den Vektor der geschätzten Regressionskoeffizienten zu erhalten, muss das Ergebnis aus Gleichung (21) mit dem Vektor $\mathbf{y}$ multipliziert werden:

$$(22)\quad \hat{\mathbf{b}} = (\mathbf{X'X})^{-1}\mathbf{X'y} = \begin{bmatrix} 0.10 & 0.40 & 0.30 & 0.20 \\ 0.30 & -0.30 & -0.10 & 0.10 \end{bmatrix} \begin{bmatrix} 5 \\ -2 \\ 3 \\ 7 \end{bmatrix} = \begin{bmatrix} 2.0 \\ 2.5 \end{bmatrix}$$

Die Anwendung der allgemeinen Formel zur OLS-Schätzung bei einer Einfachregression führt zu dem selben Ergebnis, wie die in diesem Kapitel vorgestellte einfache Berechnungsweise (vergleiche (22) mit (14)).

5.4. Bestimmung und Analyse der Residuen

Arbeitshinweise: In dem vorliegenden Kap. 5.4. wird gezeigt, wie für die nicht beobachtbaren Residuen des Grundmodells geeignete Schätzer gewonnen werden können. Zur Abgrenzung werden diese (geschätzten) Residuen im weiteren Verlauf der Arbeit als *OLS-Residuen* bezeichnet. Die Ermittlung der OLS-Residuen ist dabei nicht nur für den theoretisch interessierten Leser von Bedeutung, sondern auch für den praktisch orientierten Anwender der Regressionsanalyse. Nach einem Beispiel, welches die Ermittlung der OLS-Residuen veranschaulicht, werden die geschätzten OLS-Residuen einer (theoretischen) Analyse unterzogen. Dieser Abschnitt – der bis zum Ende des Kap. 5.4. andauert – kann vom praktisch orientierten Leser übersprungen werden. Der „Praktiker" sollte hier lediglich im Gedächtnis behalten, grundsätzlich immer eine Konstante (β_0) in die Regressionsgleichung aufzunehmen. Die Regressionskonstante stellt sicher, dass die Summe und somit der Mittelwert der (empirisch geschätzten) OLS-Residuen immer null ist. Dies ist kompatibel mit der

Annahme (5) des Grundmodells in Kap. 5.1., nach der die (nicht beobachtbaren) Residuen einen Erwartungswert von null aufweisen müssen. Beinhaltet die Regressionsgleichung also eine Regressionskonstante, so wird die erste Annahme des ökonomtrischen Grundmodells von den OLS-Residuen erfüllt. Insofern müssen die OLS-Residuen lediglich noch hinsichtlich der Annahmen (6) und (7) in Kap. 5.1. (Annahme der Homoskedastizität und der fehlenden Autokorrelation) explizit überprüft werden. Dies ist jedoch Gegenstand des 6. Kapitels.

In Kap. 5.1. wurde das ökonometrische Grundmodell vorgestellt, das sich in Matrizenschreibweise wie folgt darstellen lässt:

(1) $\mathbf{y} = \mathbf{Xb} + \mathbf{e}$

Per Voraussetzung handelt es sich bei der zu erklärenden Variable y (Vektor $\mathbf{y}$) und den erklärenden Variablen $x_1, ..., x_k$ (Vektoren $\mathbf{x_1}, ..., \mathbf{x_k}$) um ex post beobachtbare Daten. Diese Größen sind somit bestimmt. Der unbekannte Parametervektor $\mathbf{b}$ kann mit Hilfe des OLS-Verfahrens ganz allgemein sowohl für den Fall der einfachen als auch für den Fall der multiplen Regression geschätzt werden kann (Schätzung $\hat{\mathbf{b}}$, vgl. Kap. 5.2.). In Kap. 5.3. wurde ferner eine anschauliche und intuitiv nachvollziehbare Methode vorgestellt, mit der sich $\hat{\mathbf{b}}$ im Falle der Einfachregression ermitteln lässt. In diesem Kapitel wird nun erläutert, wie die letzte Komponente des ökonometrischen Grundmodells, der Residuenvektor $\mathbf{e}$, bestimmt werden kann. Da es sich hierbei ebenfalls um eine nicht beobachtbare Größe handelt, muss auch in diesem Fall auf eine Schätzung $\hat{\mathbf{e}}$ zurückgegriffen werden. Es ist nahe liegend, Formel (1) umzustellen und dabei die geschätzten Regressionsparameter $\hat{\mathbf{b}}$ zu berücksichtigen. Auf diese Weise erhält man die folgende Schätzformel für die unbekannten Residuen $\mathbf{e}$:

(2) $\hat{\mathbf{e}} = \mathbf{y} - \mathbf{X}\hat{\mathbf{b}} = \mathbf{y} - \hat{\mathbf{y}}$

Um die Eigenschaften der geschätzten Residuen, die nachfolgend auch als *OLS-Residuen* bezeichnet werden, näher analysieren zu können, wird Gleichung (2) auf beiden Seiten von links mit der Transponierten der Datenmatrix $\mathbf{X}$ multipliziert. Es ergibt sich somit die folgende Gleichung:

(3) $\mathbf{X}'\hat{\mathbf{e}} = \mathbf{X}'\mathbf{y} - \mathbf{X}'\mathbf{X}\hat{\mathbf{b}}$

Im Rahmen der OLS-Schätzung gilt die folgende Beziehung (vgl. Gleichung (13) in Kap. 5.2.):

(4) $(\mathbf{X}'\mathbf{X})\hat{\mathbf{b}} = \mathbf{X}'\mathbf{y}$

Danach muss die Gleichung (3) null sein:

(5) $\mathbf{X}'\hat{\mathbf{e}} = \mathbf{X}'\mathbf{y} - \mathbf{X}'\mathbf{X}\hat{\mathbf{b}} = \mathbf{0}$

Zur näheren Analyse wird Gleichung (5) detaillierter dargestellt. Die einzelnen Elemente der Vektoren und Matrizen werden damit separat sichtbar.

(6) $$\mathbf{X}'\hat{\mathbf{e}} = \underset{(k+1)\times n}{\begin{bmatrix} 1 & 1 & \dots & 1 \\ x_{11} & x_{12} & \dots & x_{1n} \\ \vdots & \vdots & & \vdots \\ x_{k1} & x_{k2} & \dots & x_{kn} \end{bmatrix}} \underset{n\times 1}{\begin{bmatrix} \hat{\varepsilon}_1 \\ \hat{\varepsilon}_2 \\ \vdots \\ \hat{\varepsilon}_n \end{bmatrix}} = \underset{(k+1)\times 1}{\begin{bmatrix} \sum_{t=1}^{n} \hat{\varepsilon}_t \\ \sum_{t=1}^{n} x_{1t}\hat{\varepsilon}_t \\ \vdots \\ \sum_{t=1}^{n} x_{kt}\hat{\varepsilon}_t \end{bmatrix}} = \underset{(k+1)\times 1}{\begin{bmatrix} 0 \\ 0 \\ \vdots \\ 0 \end{bmatrix}}$$

Nach Formel (6) gelten für die n OLS-Residuen insgesamt $(k+1)$ lineare Restriktionen. Auf Grund dieser Restriktionen können von den n Residuen nur mehr „$n-(k+1)$“ beliebige Werte annehmen. Man spricht bei diesem Sachverhalt davon, dass das System über „$n-(k+1)$“ Freiheitsgrade verfügt. Diese Tatsache wird noch im weiteren Verlauf des Buches von Bedeutung sein.

Nach der ersten linearen Restriktion in Formel (6) ergibt die Summe aller OLS-Residuen null. Folglich nimmt der Mittelwert der Residuen (Division der Residuensumme durch n) einen Wert von null an:

(7) $$\sum_{t=1}^{n} \hat{\varepsilon}_t = 0 \quad \rightarrow \quad \frac{1}{n}\sum_{t=1}^{n} \hat{\varepsilon}_t = \overline{\hat{\varepsilon}} = 0$$

Die erste lineare Restriktion der OLS-Residuen ist somit kompatibel mit der ersten Annahme des ökonometrischen Grundmodells. Danach müssen die Residuen zu jedem Zeitpunkt t einen Erwartungswert von null aufweisen:

(8) $E(\varepsilon_t) = 0$ für alle $t = 1, ..., n$

Wie aus Gleichung (6) ersichtlich ist, existiert diese erste lineare Restriktion und somit die Erfüllung der Annahme (8) nur dann, wenn die Regressionsgleichung über eine Regressionskonstante β_0 verfügt. Aus diesem Grunde ist es sinnvoll, generell immer eine Konstante (hier β_0) in die Regressionsgleichung aufzunehmen.

Bei den erklärenden Variablen (Datenmatrix **X**) handelt es sich annahmegemäß um feste, deterministische Größen, weshalb die Kovarianz zwischen den k erklärenden Variablen und den Residuen null sein muss:

(9) $Cov(x_{jt}, \varepsilon_t) = E(x_{jt}\varepsilon_t) - E(x_{jt})E(\varepsilon_t) = E(x_{jt}\varepsilon_t) = 0 \quad j = 1, ..., k, \quad t = 1, ..., n$

Aus Gleichung (6) ist ersichtlich, dass die OLS-Residuen insgesamt k lineare Gleichungen der folgenden Form erfüllen:

(10) $\sum_{t=1}^{n} x_{jt}\hat{\varepsilon}_t = 0$ für alle $j = 1, ..., k$

Nach Formel (10) verschwindet die empirische Kovarianz $\left(s_{x_j\hat{\varepsilon}}\right)$ zwischen der erklärenden Variablen x_j und den Residuen $\hat{\varepsilon}$. Um dies zu zeigen, wird zunächst die Kovarianz mittels des Verschiebungssatzes dargestellt und anschließend der Sachverhalt berücksichtigt, dass der Mittelwert der OLS-Residuen null ist (siehe Gleichung (7)):

(11) $s_{x_j\hat{\varepsilon}} = \frac{1}{n}\sum_{t=1}^{n}\left(x_{jt} - \bar{x}_j\right)\left(\hat{\varepsilon}_t - \bar{\hat{\varepsilon}}\right) = \frac{1}{n}\sum_{t=1}^{n} x_{jt}\hat{\varepsilon}_t - \bar{x}_j\bar{\hat{\varepsilon}} = \frac{1}{n}\sum_{t=1}^{n} x_{jt}\hat{\varepsilon}_t$

Auf Grund der k linearen Restriktionen (siehe Gleichung (6)) müssen nach Gleichung (11) auch die entsprechenden empirischen Kovarianzen null sein müssen:

(12) $\sum_{t=1}^{n} x_{jt}\hat{\varepsilon}_t = 0 \rightarrow \quad s_{x_j\hat{\varepsilon}} = \frac{1}{n}\sum_{t=1}^{n} x_{jt}\hat{\varepsilon}_t = 0$ für alle $j = 1, ..., k$

Insgesamt erfüllen also die geschätzten OLS-Residuen bereits zu wesentlichen Teilen die vorausgesetzten Annahmen und müssen nur mehr hinsichtlich der Freiheit von Autokorrelationen und der Homoskedastizitätsannahme explizit überprüft werden. Geeignete Verfahren und Instrumente hierzu werden in den nachfolgenden Kap. 6.4.2. und 6.4.3. noch vorgestellt.

Beispiel: Bestimmung der OLS-Residuen

Das folgende Beispiel soll die Bestimmung der OLS-Residuen veranschaulichen. Hierzu wird auf das Beispiel 1 des vorangegangenen Kap. 5.3. zurückgegriffen. Dort sollte die Veränderung des DAX (*ΔDAX*) mit Hilfe der Veränderung des Bruttoinlandsprodukts (*ΔBIP*) im Rahmen einer Einfachregression erklärt werden. Mittels der dort in Tab. 5.3.-1. angegebenen Beispieldaten und den dort in den Gleichungen (15) und (16) eingeführten Matrizen und Vektoren lässt sich das entsprechende Einfachregressionsmodell wie folgt darstellen:

(13) $\mathbf{y} = \mathbf{Xb} + \mathbf{e}$ bzw. $y_t = \beta_0 + \beta_1 x_{1t} + \varepsilon_t$ mit $t = 1, ..., 4$

Die unbekannten Regressionsparameter – die Regressionskonstante β_0 und der Regressionskoeffizient β_1 – wurden im vorangegangenen Kapitel 5.3. mit Hilfe der OLS-Schätzung bestimmt. Dabei ergaben sich die folgenden Werte:

(14) $\hat{\mathbf{b}} = \begin{bmatrix} \hat{\beta}_0 \\ \hat{\beta}_1 \end{bmatrix} = \begin{bmatrix} 2.0 \\ 2.5 \end{bmatrix}$

Mit diesen geschätzten Regressionskoeffizienten lassen sich die Werte der zu erklärenden Variablen **y** ebenfalls schätzen:

(15) $\hat{\mathbf{y}} = \mathbf{X}\hat{\mathbf{b}} = \begin{bmatrix} 1 & 2 \\ 1 & -1 \\ 1 & 0 \\ 1 & 1 \end{bmatrix} \begin{bmatrix} 2.0 \\ 2.5 \end{bmatrix} = \begin{bmatrix} 7 \\ -0.5 \\ 2 \\ 4.5 \end{bmatrix}$

Die (geschätzten) OLS-Residuen ergeben sich jetzt als Differenz zwischen den tatsächlich beobachteten Werten der zu erklärenden Variable und den in (15) ermittelten Schätzungen:

(16) $\hat{\mathbf{e}} = \mathbf{y} - \hat{\mathbf{y}} = \begin{bmatrix} 5 \\ -2 \\ 3 \\ 7 \end{bmatrix} - \begin{bmatrix} 7 \\ -0.5 \\ 2 \\ 4.5 \end{bmatrix} = \begin{bmatrix} -2 \\ -1.5 \\ 1 \\ 2.5 \end{bmatrix}$

Dieses Beispiel veranschaulicht, wie die OLS-Residuen ermittelt werden. Bei der praktischen Arbeit werden letztlich immer OLS-Residuen verwendet. Lässt man von einem Ökonometrieprogramm Residuen erzeugen oder auch analysieren, so handelt es sich hierbei immer um die OLS-Residuen. Diese Residuen dienen als Schätzer für die nicht beobachtbaren Residuen des Grundmodells. Auf Grund des geringen Rechenaufwandes wurde die Ermittlung der OLS-Residuen hier anhand einer Einfachregression gezeigt, obwohl die Berechnungsvorschriften in unveränderter Form auch bei einer multiplen Regression Gültigkeit besitzen.

5.5. Güteeigenschaften der OLS-Schätzung

Arbeitshinweise: Das vorliegende Kap. 5.5. (bestehend aus den Teilkapiteln 5.5.1. und 5.5.2.) veranschaulicht bestimmte Güteeigenschaften, welche die OLS-Schätzung aufweist. Diese Güteeigenschaften sind deshalb von zentraler Bedeutung, da sie den Einsatz der OLS-Schätzung im Rahmen der Regressionsanalyse rechtfertigen. Konkret geht es in diesem Kapitel um die sog. *BLUE-Eigenschaft* (best linear unbiased estimator),[74] die auch unter der Bezeichnung *Gauß-Markov-Theorem* diskutiert wird. Für die Anwendung der Regressionsanalyse im Rahmen der praktischen Arbeit ist die genaue Kenntnis dieser Eigenschaften jedoch nicht von Bedeutung. Die wenigen zentralen Inhalte, deren Kenntnis auch für den praktisch orientierten Leser wichtig sind, werden nachfolgend komprimiert in

[74] Diese wurden bereits in Kap. 4.1.1. eingeführt und werden hier im Zusammenhang mit der linearen Regression nochmals wiederholt.

diesen Arbeitshinweisen verbal erläutert. Daher können die Kapitel 5.5.1. und 5.5.2. vom praktisch orientierten Leser – ohne Konsequenzen für das Verständnis der nachfolgenden Kapitel – übersprungen werden.

Mit den Gleichungen (6) bis (28) wird die Formel für den Standardfehler der Regressionskoeffizienten hergeleitet, die im Regelfall in den Statistik- und Ökonometrieprogrammen implementiert ist. Dabei ist von zentraler Bedeutung, dass diese Formel von nicht autokorrelierten und von homoskedastischen Residuen ausgeht (siehe hierzu den Übergang von Formel (19) zu (21)). Liegen also autokorrelierte und/oder heteroskedastische Störterme vor, so sind die berechneten Standardfehler der Regressionskoeffizienten nicht valide. Da diese Standardfehler auch zur Berechnung der *t*-Statistiken herangezogen werden (dies wird im nachfolgenden Kapitel 6. noch behandelt), sind in diesem Fall auch jene nicht mehr korrekt. Darüber hinaus ist im Falle autokorrelierter und/oder heteroskedastischer Residuen die Effizienz-Eigenschaft („beste Schätzung") nicht mehr erfüllt. Verfahren zur Analyse der Residuen auf Autokorrelation und Heteroskedastizität werden im nachfolgenden Kapitel 6. erläutert.

Das Beispiel am Ende von Kap. 5.5.1. ist dann sehr hilfreich, wenn die Berechnung der Standardfehler manuell durchgeführt werden muss. Dies kann beispielsweise dann der Fall sein, wenn z.B. ein Statistik- bzw. Ökonometrieprogramm nicht zur Verfügung steht oder ggf. ein solches sogar implementiert werden soll.

5.5.1. Klassische Güteeigenschaften

Wie bereits erläutert, stellt die OLS-Schätzung nur ein mögliches Verfahren dar, um die unbekannten Parameter in einem linearen Regressionsmodell zu schätzen. Damit der Einsatz dieses Verfahren gerechtfertigt erscheint, sollte es bestimmte positive Güteeigenschaften aufweisen. Zur Operationalisierung des unbestimmten Begriffs der „Schätzgüte" wird dabei auf die in Kap. 4.1.1. beschriebenen Gütekriterien zurückgegriffen.

Der OLS-Schätzer $\hat{\mathbf{b}}$ für den unbekannten Parametervektor $\mathbf{b}$ besitzt unter allen *linearen unverzerrten* Schätzern die *kleinste Varianz (Effizienz-Eigenschaft)*, sofern die in Kapitel 5.1. getroffenen Annahmen bezüglich des ökonometrischen Grundmodells erfüllt sind. Diese Eigenschaft, die auch als *BLUE*-Eigenschaft (best linear unbiased estimator) bezeichnet wird, ist die Aussage des sog. *Gauß-Markov-Theorems*. „Linearer Schätzer" bedeutet dabei, dass die geschätzten Regressionsparameter in einer linearen Form von der Zufallsvariablen $\mathbf{y}$ abhängen. Ganz allgemein lässt sich ein *linearer* Schätzer wie folgt formal darstellen:

$$(1) \qquad \tilde{\mathbf{b}} = \mathbf{A}\mathbf{y} + \mathbf{c}$$

Dabei entspricht **y** einem Spaltenvektor ($n \times 1$) von Zufallsvariablen, **A** einer Matrix ($(k+1) \times n$) von Konstanten und **c** einem Spaltenvektor ($(k+1) \times 1$) mit konstanten Werten. Wie in Kapitel 5.2. gezeigt wurde, wird der OLS-Schätzer nach folgender Formel berechnet:

(2) $\hat{\mathbf{b}} = \left(\mathbf{X}'\mathbf{X}\right)^{-1}\mathbf{X}'\mathbf{y}$

Die OLS-Schätzung entspricht der Formel (1), wenn für die Matrix **A** und den Spaltenvektor **c** in (1) die beiden folgenden Ersetzungen vorgenommen werden:

(3) $\mathbf{A} = \left(\mathbf{X}'\mathbf{X}\right)^{-1}\mathbf{X}'$

(4) $\mathbf{c} = \mathbf{0}$

Der OLS-Schätzer stellt somit einen linearen Schätzer dar.

Damit der OLS-Schätzer dem Kriterium der *Unverzerrtheit* (= *Erwartungstreue*) genügt, muss die folgende Bedingung erfüllt sein:

(5) $E\left(\hat{\mathbf{b}}\right) = \mathbf{b} \quad \text{bzw.} \quad E\left(\hat{\mathbf{b}}\right) = E\begin{bmatrix} \hat{\beta}_0 \\ \hat{\beta}_1 \\ \vdots \\ \hat{\beta}_k \end{bmatrix} = \begin{bmatrix} E\left(\hat{\beta}_0\right) \\ E\left(\hat{\beta}_1\right) \\ \vdots \\ E\left(\hat{\beta}_k\right) \end{bmatrix} = \begin{bmatrix} \beta_0 \\ \beta_1 \\ \vdots \\ \beta_k \end{bmatrix}$

Der OLS-Schätzer verfügt über diese Eigenschaft [vgl. hierzu beispielsweise ECKEY/KOSFELD/DREGER (1995), S. 42-43].

Für die Erfüllung der Effizienz-Eigenschaft der OLS-Schätzer ist der Nachweis erforderlich, dass die geschätzten Regressionskoeffizienten im Vergleich zu alternativen erwartungstreuen Schatzern die kleinste Varianz aufweisen. Da die Varianzen bzw. Standardabweichungen (= Standardfehler) der OLS-Schätzer auch für die Durchführung von Hypothesentests und zur Ermittlung von Konfidenzintervallen erforderlich sind, wird ihre Berechnung nachfolgend erläutert. Hinsichtlich des formalen Beweises, nach dem die so ermittelte Varianz im Vergleich mit allen anderen *linearen unverzerrten* Schätzern minimal ist, sei jedoch auf die Literatur verwiesen [vgl. hierzu beispielsweise ECKEY/KOSFELD/DREGER (1995), S. 45-47].

Analog zu den Residuen lässt sich für die geschätzten Regressionskoeffizienten $\hat{\mathbf{b}}$ eine symmetrische Varianz-Kovarianz-Matrix ermitteln:

(6) $Cov\left(\hat{\mathbf{b}}\right) = E\left[\left(\hat{\mathbf{b}} - E\left(\hat{\mathbf{b}}\right)\right)\left(\hat{\mathbf{b}} - E\left(\hat{\mathbf{b}}\right)\right)'\right]$

Da die OLS-Schätzung die Eigenschaft der Erwartungstreue erfüllt, kann die Definition der Varianz-Kovarianz-Matrix unter Rückgriff auf Gleichung (5) wie in (7) dargestellt werden:

$$(7)\quad Cov(\hat{\mathbf{b}}) = E\left[(\hat{\mathbf{b}}-\mathbf{b})(\hat{\mathbf{b}}-\mathbf{b})'\right]$$

Wie die folgenden Umformungen zeigen, resultiert die Varianz-Kovarianz-Matrix aus der Multiplikation des Spaltenvektors $(\hat{\mathbf{b}}-\mathbf{b})$ mit dem entsprechenden Zeilenvektor:

$$(8)\quad Cov(\hat{\mathbf{b}}) = E\left[(\hat{\mathbf{b}}-\mathbf{b})(\hat{\mathbf{b}}-\mathbf{b})'\right] =$$

$$= E\left[\begin{pmatrix}\hat{\beta}_0-\beta_0\\ \hat{\beta}_1-\beta_1\\ \vdots\\ \hat{\beta}_k-\beta_k\end{pmatrix}\left(\hat{\beta}_0-\beta_0, \hat{\beta}_1-\beta_1, \ldots, \hat{\beta}_k-\beta_k\right)\right]$$

$$= \begin{bmatrix} E(\hat{\beta}_0-\beta_0)^2 & E[(\hat{\beta}_0-\beta_0)(\hat{\beta}_1-\beta_1)] & \ldots & E[(\hat{\beta}_0-\beta_0)(\hat{\beta}_k-\beta_k)] \\ E[(\hat{\beta}_1-\beta_1)(\hat{\beta}_0-\beta_0)] & E(\hat{\beta}_1-\beta_1)^2 & \ldots & E[(\hat{\beta}_1-\beta_1)(\hat{\beta}_k-\beta_k)] \\ \vdots & \vdots & \ddots & \vdots \\ E[(\hat{\beta}_k-\beta_k)(\hat{\beta}_0-\beta_0)] & \ldots & \ldots & E(\hat{\beta}_k-\beta_k)^2 \end{bmatrix}$$

Die Varianzen der geschätzten Koeffizienten befinden sich dabei auf der Diagonalen dieser Matrix. Die restlichen Werte der Matrix entsprechenden den jeweiligen Kovarianzen zwischen den geschätzten Regressionskoeffizienten.

Für die weiteren Umformungsschritte ist der Rückgriff auf die Formel der OLS-Schätzer (Formel (9)) und des ökonometrischen Grundmodells (Gleichung (10)) erforderlich:

$$(9)\quad \hat{\mathbf{b}} = (\mathbf{X}'\mathbf{X})^{-1}\mathbf{X}'\mathbf{y}$$
$$(10)\quad \mathbf{y} = \mathbf{Xb} + \mathbf{e}$$

Durch Einsetzen von (10) in (9) lässt sich der OLS-Schätzer wie folgt formal darstellen:

$$(11)\quad \hat{\mathbf{b}} = (\mathbf{X}'\mathbf{X})^{-1}\mathbf{X}'(\mathbf{Xb}+\mathbf{e})$$

Der Ausdruck kann durch einige elementare Umformungen weiter vereinfacht werden:

$$(12)\quad \hat{\mathbf{b}} = (\mathbf{X}'\mathbf{X})^{-1}\mathbf{X}'(\mathbf{Xb}+\mathbf{e}) = (\mathbf{X}'\mathbf{X})^{-1}\mathbf{X}'\mathbf{Xb} + (\mathbf{X}'\mathbf{X})^{-1}\mathbf{X}'\mathbf{e} = \mathbf{Ib} + (\mathbf{X}'\mathbf{X})^{-1}\mathbf{X}'\mathbf{e}$$

Da die Multiplikation der Einheitsmatrix **I** mit dem Regressionskoeffizientenvektor **b** den Vektor **b** selbst ergibt, gilt:

(13) $\hat{\mathbf{b}} = \mathbf{b} + (\mathbf{X}'\mathbf{X})^{-1}\mathbf{X}'\mathbf{e}$

Wie aus Gleichung (7) ersichtlich ist, basiert die Berechnung der Varianz-Kovarianz-Matrix auf dem Vektor $(\hat{\mathbf{b}} - \mathbf{b})$ bzw. $(\hat{\mathbf{b}} - \mathbf{b})'$. Unter Berücksichtigung von Ergebnis (13) lässt sich der Vektor wie folgt darstellen:

(14) $(\hat{\mathbf{b}} - \mathbf{b}) = \mathbf{b} + (\mathbf{X}'\mathbf{X})^{-1}\mathbf{X}'\mathbf{e} - \mathbf{b} = (\mathbf{X}'\mathbf{X})^{-1}\mathbf{X}'\mathbf{e}$

Die in Gleichung (7) definierte Varianz-Kovarianz-Matrix kann somit in der folgenden Weise formuliert werden:

(15) $Cov(\hat{\mathbf{b}}) = E\left[\left((\mathbf{X}'\mathbf{X})^{-1}\mathbf{X}'\mathbf{e}\right)\left((\mathbf{X}'\mathbf{X})^{-1}\mathbf{X}'\mathbf{e}\right)'\right]$

Anschließend wird der zweite Multiplikator in (15) transponiert:

(16) $Cov(\hat{\mathbf{b}}) = E\left[\left((\mathbf{X}'\mathbf{X})^{-1}\mathbf{X}'\mathbf{e}\right)\left((\mathbf{X}'\mathbf{e})'\left((\mathbf{X}'\mathbf{X})^{-1}\right)'\right)\right]$

Da die beiden Operationen Transponieren und Invertieren vertauscht werden können,[75] lässt sich (16) wie folgt darstellen:

(17) $Cov(\hat{\mathbf{b}}) = E\left[\left((\mathbf{X}'\mathbf{X})^{-1}\mathbf{X}'\mathbf{e}\right)\left((\mathbf{X}'\mathbf{e})'\left((\mathbf{X}'\mathbf{X})'\right)^{-1}\right)\right]$

Nach der Transposition des zweiten Multiplikators resultiert aus (17) der folgende Ausdruck:

(18) $Cov(\hat{\mathbf{b}}) = E\left[(\mathbf{X}'\mathbf{X})^{-1}\mathbf{X}'\mathbf{e}\mathbf{e}'\mathbf{X}(\mathbf{X}'\mathbf{X})^{-1}\right]$

Da es sich bei den Elementen der Datenmatrix **X** um feste, deterministische Größen handelt und nur der Residuenvektor **e** aus Zufallsvariablen besteht, kann – unter Berücksichtigung der entsprechenden Erwartungswert-Rechenregeln – Formel (18) wie folgt umgestellt werden:

(19) $Cov(\hat{\mathbf{b}}) = (\mathbf{X}'\mathbf{X})^{-1}\mathbf{X}'E(\mathbf{e}\mathbf{e}')\mathbf{X}(\mathbf{X}'\mathbf{X})^{-1}$

---

75 Siehe hierzu die Grundlagen der Matrizenrechnung in Anhang A.1.8.

Unter der Bedingung, dass die Residuen frei von Autokorrelationen sind und die Homoskedastizitätsannahme erfüllen, gilt die folgende Beziehung (vgl. Kap. 5.1.):

(20) $E(\mathbf{ee'}) = \sigma^2 \mathbf{I}$

Wird Gleichung (20) in Formel (19) eingesetzt, so resultiert der folgende Ausdruck:

(21) $Cov(\hat{\mathbf{b}}) = (\mathbf{X'X})^{-1}\mathbf{X'}\sigma^2\mathbf{IX}(\mathbf{X'X})^{-1}$

Durch ein Umsortieren der einzelnen Elemente lässt sich Ausdruck (22) weiter vereinfachen:

(22) $Cov(\hat{\mathbf{b}}) = \sigma^2\mathbf{I}(\mathbf{X'X})^{-1}\mathbf{X'X}(\mathbf{X'X})^{-1} = \sigma^2\mathbf{II}(\mathbf{X'X})^{-1}$

Wird berücksichtigt, dass die zweimalige Multiplikation des Ausdrucks $(\mathbf{X'X})^{-1}$ mit der Einheitsmatrix $\mathbf{I}$ den Ausdruck nicht verändert, so resultiert für die Varianz-Kovarianz-Matrix der geschätzten Regressionskoeffizienten das folgende Endergebnis:

(23) $Cov(\hat{\mathbf{b}}) = \sigma^2(\mathbf{X'X})^{-1}$

Die Formel für die Varianz-Kovarianz-Matrix der geschätzten Regressionskoeffizienten ist natürlich nur dann gültig, wenn die Residuen frei von Autokorrelation sind und die Annahme der Homoskedastizität erfüllen. Dies wurde beim Übergang von Formel (19) zu Formel (21) vorausgesetzt.

Bezeichnet man die einzelnen Elemente der Diagonalen der Matrix $(\mathbf{X'X})^{-1}$ mit x^{jj} ($j = 0, ..., k$), so lässt sich die Varianz des j-ten geschätzten Regressionskoeffizienten $\hat{\beta}_j$ wie folgt berechnen:

(24) $Var(\hat{\beta}_j) = \sigma^2 x^{jj}$

Eine unmittelbare Anwendung der beiden Formeln (23) und (24) ist jedoch nicht möglich, da es sich bei der Varianz der Residuen (σ^2) um eine nicht beobachtbare Größe handelt. Das Problem muss mit Hilfe einer Schätzung gelöst werden, wobei es nahe liegend ist, hierzu auf die geschätzten Residuen (OLS-Residuen) $\hat{\mathbf{e}}$ zurückzugreifen. Bei dem folgenden Ausdruck handelt es sich um eine *erwartungstreue* Schätzung für die unbekannte Varianz der Residuen σ^2 [zum Beweis vgl. ECKEY/KOSFELD/DREGER (1995), S. 61-64]:

$$(25)\quad \hat{\sigma}^2 = s^2 = \frac{1}{n-(k+1)}\sum_{t=1}^{n}\hat{\varepsilon}_t^2 = \frac{1}{n-(k+1)}\hat{\mathbf{e}}'\hat{\mathbf{e}}$$

Für die Herleitung von Formel (25), welche hier aus Platzgründen nicht dargestellt werden soll, wurde auf einige Ergebnisse aus Kap. 5.4. zurückgegriffen. So ist der Mittelwert der geschätzten Residuen $\bar{\hat{\varepsilon}}$ null (siehe Gleichung (7) in Kap. 5.4.) und es existieren für die n OLS-Residuen insgesamt $k + 1$ lineare Restriktionen. Für eine *unverzerrte* Schätzung ist es weiterhin erforderlich, die tatsächliche Anzahl der Freiheitsgrade $(n - (k + 1))$ zu Grunde zu legen.

Unter Berücksichtigung von Ergebnis (25) kann als unverzerrter Schätzer für die Varianz-Kovarianz-Matrix der geschätzten Regressionskoeffizienten (Formel (23)) der folgende Ausdruck angegeben werden:

$$(26)\quad \hat{Cov}(\hat{\mathbf{b}}) = \hat{\sigma}^2(\mathbf{X}'\mathbf{X})^{-1} = s^2(\mathbf{X}'\mathbf{X})^{-1}$$

Analog lautet der unverzerrte Schätzer für die Varianz eines einzelnen geschätzten Regressionskoeffizienten $\hat{\beta}_j$ (siehe Formel (24)):

$$(27)\quad \hat{Var}(\hat{\beta}_j) = \hat{\sigma}^2 x^{jj} = s^2 x^{jj}$$

Durch Berechnung der Quadratwurzel aus Formel (27) lässt sich die geschätzte Standardabweichung bzw. der geschätzte Standardfehler (standard error, SE) des geschätzten Regressionskoeffizienten $\hat{\beta}_j$ ermitteln:

$$(28)\quad \hat{SE}(\hat{\beta}_j) = \sqrt{\hat{Var}(\hat{\beta}_j)} = \sqrt{s^2 x^{jj}} = s\sqrt{x^{jj}}$$

Die Formel (28) ist erforderlich, falls für die unbekannten Parameter **b** Konfidenzintervalle konstruiert[76] oder Hypothesentests auf Signifikanz[77] durchgeführt werden sollen. Hinsichtlich des formalen Beweises, dass die hier ermittelte Varianz für die mittels OLS geschätzten Regressionskoeffizienten unter allen *linearen* und *unverzerrten* Schätzern minimal ist, wird nochmals auf die oben angegebene Literatur verwiesen.

Beispiel: Berechnung der Standardfehler der Regressionsparameter

Dieses Beispiel zeigt, wie sich die Standardfehler der Regressionsparameter berechnen lassen. Ausgangspunkt ist das Beispiel 1 zur Einfachregression in Kap. 5.3. Dort wurde ge-

76 In diesem Buch wird die Konstruktion von Konfidenzintervallen für Regressionskoeffizienten nicht behandelt. Siehe hierzu beispielsweise ECKEY/KOSFELD/DREGER (1995), S. 74ff.

77 Dies wird in Kapitel 6. gezeigt.

zeigt, wie die unbekannten Regressionsparameter mit Hilfe des OLS-Verfahrens geschätzt werden können. In dem Beispiel des nachfolgenden Kap. 5.4. wurde anschließend veranschaulicht, wie sich mit Hilfe der geschätzten Regressionsparameter die OLS-Residuen ermitteln lassen. Obwohl hier das Beispiel der Einfachregression fortgeführt wird, besitzen die nachfolgend gezeigten Rechenschritte in unveränderter Form auch Gültigkeit für eine multiple Regression. Für die Ausgangsdaten und die sich daraus ergebende formale Darstellung des Beispiels wird auf Kap. 5.3. und Kap. 5.4. verwiesen.

Die unbekannten Regressionsparameter – die Regressionskonstante β_0 und der Regressionskoeffizient β_1 – wurden im vorangegangenen Kap. 5.3. mit Hilfe der OLS-Schätzung bestimmt. Dabei ergaben sich die folgenden Werte:

$$(29)\quad \hat{\mathbf{b}} = \begin{bmatrix} \hat{\beta}_1 \\ \hat{\beta}_2 \end{bmatrix} = \begin{bmatrix} 2.0 \\ 2.5 \end{bmatrix}$$

Mit den in (29) angegebenen Regressionsparametern wurden in dem Beispiel des Kap. 5.4. die nachfolgend aufgeführten OLS-Residuen ermittelt:

$$(30)\quad \hat{\mathbf{e}} = \mathbf{y} - \hat{\mathbf{y}} = \begin{bmatrix} -2 \\ -1.5 \\ 1 \\ 2.5 \end{bmatrix}$$

Den Ausgangspunkt zur Bestimmung der Standardfehler der beiden Regressionsparameter β_0 und β_1 bildet die Formel (26) dieses Kapitels, die hier nochmals aufgeführt ist:

$$(31)\quad \hat{Cov}(\hat{\mathbf{b}}) = \hat{\sigma}^2 (\mathbf{X}'\mathbf{X})^{-1} = s^2 (\mathbf{X}'\mathbf{X})^{-1}$$

Das „Dach“ über „*Cov*“ signalisiert, dass es sich hierbei streng genommen um eine Schätzung für die tatsächliche Varianz-Kovarianz-Matrix der geschätzten Regressionsparameter handelt. Die eigentliche Varianz-Kovarianz-Matrix lässt sich nicht ermitteln, da die Varianz der Residuen (σ^2) auf Grund deren Nicht-Beobachtbarkeit nicht berechnet werden kann. Dieses Problem wird dadurch umgangen, indem man auf eine Schätzung für die Varianz der nicht beobachtbaren Residuen (s^2) zurückgreift. Dieser „erwartungstreue“ Schätzer basiert nicht auf den tatsächlichen Residuen, sondern auf den OLS-Residuen, weshalb dieser auch rechentechnisch problemlos ermittelt werden kann. Seine Formel lautet nach (25), welche nochmals kurz wiederholt wird:

$$(32)\quad \hat{\sigma}^2 = s^2 = \frac{1}{n-(k+1)} \sum_{t=1}^{n} \hat{\varepsilon}_t^2 = \frac{1}{n-(k+1)} \hat{\mathbf{e}}'\hat{\mathbf{e}}$$

Dieses Beispiel umfasst vier Beobachtungspunkte ($n = 4$) und eine erklärende Variable ($k = 1$). Unter Berücksichtigung der in (30) angegebenen OLS-Residuen berechnet sich damit der Schätzer für die Varianz der Residuen σ^2 wie folgt:

$$(33) \quad \hat{\sigma}^2 = s^2 = \frac{1}{4-(1+1)}\left[(-2)^2 + (-1.5)^2 + 1^2 + 2.5^2\right] = \frac{1}{2} \cdot 13.5 = 6.75$$

Zur Berechnung der geschätzten Varianz-Kovarianz-Matrix der geschätzten Regressionskoeffizienten nach (31) wird noch die Inverse der Matrix ($\mathbf{X'X}$) benötigt. Diese wurde bereits im Zuge der OLS-Schätzung der beiden Regressionsparameter in Kap. 5.3. ermittelt (siehe dort die Gleichung (20)):

$$(34) \quad (\mathbf{X'X})^{-1} = \begin{bmatrix} 0.30 & -0.10 \\ -0.10 & 0.20 \end{bmatrix}$$

Die geschätzte Varianz-Kovarianz-Matrix lautet somit:

$$(35) \quad \hat{Cov}(\hat{\mathbf{b}}) = 6.75 \begin{bmatrix} 0.30 & -0.10 \\ -0.10 & 0.20 \end{bmatrix} = \begin{bmatrix} 2.025 & -0.675 \\ -0.675 & 1.350 \end{bmatrix}$$

Im vorangegangenen Theorieteil wurden die Elemente auf der Diagonalen der Matrix $(\mathbf{X'X})^{-1}$ mit x^{jj} bezeichnet. Gemäß Gleichung (35) ergibt sich in diesem Beispiel ein x^{00} von 0.30 und ein x^{11} von 0.20. Damit lässt sich die Varianz der Regressionskonstanten $\hat{\beta}_0$ und des Regressionskoeffizienten $\hat{\beta}_1$ gemäß der Formel (27) wie folgt angeben:

$$(36) \quad \hat{Var}(\hat{\beta}_0) = s^2 x^{00} = 6.75 \cdot 0.30 = 2.025$$

$$(37) \quad \hat{Var}(\hat{\beta}_1) = s^2 x^{11} = 6.75 \cdot 0.20 = 1.35$$

Im Regelfall wird jedoch nicht mit den Varianzen der Regressionskoeffizienten gearbeitet, sondern mit den Standardabweichungen, die in diesem Fall auch als Standardfehler *SE* (standard error) bezeichnet werden. Der geschätzte Standardfehler ergibt sich aus der Quadratwurzel der geschätzten Varianz:

$$(38) \quad \hat{SE}(\hat{\beta}_0) = \sqrt{\hat{Var}(\hat{\beta}_0)} = \sqrt{2.025} = 1.423$$

$$(39) \quad \hat{SE}(\hat{\beta}_1) = \sqrt{\hat{Var}(\hat{\beta}_1)} = \sqrt{1.35} = 1.162$$

Die so ermittelten Standardfehler der geschätzten Regressionskoeffizienten besitzen eine zentrale Bedeutung bei der Berechnung von Konfidenzintervallen und bei der Durchführung von Hypothesentests. Mit der Gleichung (35) können auch die geschätzten Kovarianzen zwischen den geschätzten Regressionsparametern berechnet wurden. Sie ergeben sich, indem die geschätzte Varianz der Residuen (s^2) mit den Nicht-Diagonalelementen der Matrix $(\mathbf{X}'\mathbf{X})^{-1}$ multipliziert wird:

$$(40)\quad \hat{Cov}(\hat{\beta}_0,\hat{\beta}_1)=s^2x^{01}=\hat{Cov}(\hat{\beta}_1,\hat{\beta}_0)=s^2x^{10}=6.75\cdot(-0.10)=-0.675$$

Dies sei jedoch nur der Vollständigkeit halber erwähnt. Für den weiteren Verlauf dieses Buches sind die geschätzten Kovarianzen zwischen den geschätzten Regressionskoeffizienten nicht weiter von Bedeutung.

Damit die Durchführung von Hypothesentests und die Berechnung von Konfidenzintervallen für die geschätzten Regressionsparameter möglich ist, müssen die Annahmen bezüglich des Störterms in Kap. 5.1. (Erwartungswert von null, fehlende Autokorrelation und konstante Varianz) um die Forderung nach einer Normalverteilung der Residuen ergänzt werden:

$$(41)\quad \varepsilon_t \sim N(0;\sigma^2) \qquad \text{für } t=1,\ldots,n$$

Wird diese Annahme eingeführt, so lassen sich die Regressionsparameter anstatt mit dem OLS-Verfahren mittels der Maximum-Likelihood-Methode schätzen, wobei diese zum gleichen Ergebnis führt wie die OLS-Schätzung (siehe Gleichung (2)). In diesem Fall fällt jedoch die Linearitätsbeschränkung weg, d.h. der Schätzer weist dann die minimale Varianz unter *allen* unverzerrten Schätzern (und nicht nur unter den linearen) auf.

5.5.2. Asymptotische Güteeigenschaften

Während die in Kapitel 5.5.1. behandelten klassischen Gütekriterien von einem gegebenen Stichprobenumfang n ausgehen, beschäftigen sich die *asymptotischen* Gütekriterien mit der Frage, welche Güte eine Schätzung aufweist, wenn der Stichprobenumfang n gegen unendlich geht ($n\rightarrow\infty$). Dabei ist insbesondere das Kriterium der *Konsistenz (MSE-Konsistenz)* von Bedeutung. Danach konvergiert bei $n\rightarrow\infty$ der geschätzte Parameter bzw. Parametervektor nach Wahrscheinlichkeit gegen dessen tatsächlichen Wert. Dies ist äquivalent mit der Forderung, dass der mittlere quadratische Fehler (MSE, mean square error) bei $n\rightarrow\infty$ gegen null geht:

$$(1)\quad \lim_{n\rightarrow\infty} MSE(\hat{\mathbf{b}};\mathbf{b})=E[\hat{\mathbf{b}}-\mathbf{b}]^2=0$$

Wie bereits in Kap. 4.1.1. erläutert wurde, ist die Eigenschaft der Konsistenz dann erfüllt, wenn der Schätzer zum einen asymptotisch erwartungstreu ist, und zum anderen die Varianz des Schätzers asymptotisch (also bei n$\rightarrow\infty$) gegen null geht. Damit die geschätzten Regressionskoeffizienten das Kriterium der asymptotischen Erwartungstreue erfüllen, muss die folgende Beziehung gelten:

(2) $\lim_{n\to\infty} E(\hat{\mathbf{b}}) = \mathbf{b}$ bzw. $\lim_{n\to\infty} E(\hat{\mathbf{b}}) = \lim_{n\to\infty} E\begin{bmatrix}\hat{\beta}_0\\ \hat{\beta}_1\\ \vdots\\ \hat{\beta}_k\end{bmatrix} = \begin{bmatrix}\lim_{n\to\infty} E(\hat{\beta}_0)\\ \lim_{n\to\infty} E(\hat{\beta}_1)\\ \vdots\\ \lim_{n\to\infty} E(\hat{\beta}_k)\end{bmatrix} = \begin{bmatrix}\beta_0\\ \beta_1\\ \vdots\\ \beta_k\end{bmatrix}$

Der OLS-Schätzer erfüllt bereits bei einem beliebig vorgegeben Stichprobenumfang n das Kriterium der Erwartungstreue (vgl. Kap. 5.5.1.). Dies gilt natürlich auch dann, wenn der Fall $n\to\infty$ betrachtet wird. Aus der Erwartungstreue folgt somit auch immer die asymptotische Erwartungstreue, wobei die Umkehrung dieser Aussage nicht möglich ist. Die Güteeigenschaft der asymptotischen Erwartungstreue ist somit bei der Schätzung der Regressionskoeffizienten mittels des OLS-Verfahrens erfüllt.

Damit die OLS-Schätzung als konsistent bezeichnet werden kann, muss neben der asymptotischen Erwartungstreue als weitere Bedingung gelten, dass die Varianzen der geschätzten Regressionskoeffizienten bei $n\to\infty$ gegen null konvergieren:

(3) $\lim_{n\to\infty} Var(\hat{\beta}_j) = 0$ für alle $j = 0, ..., k$

Die OLS-Schätzung erfüllt diese Eigenschaft [zum formalen Beweis siehe beispielsweise ECKEY/KOSFELD/DREGER (1995), S. 48ff.]. Somit liefert das OLS-Verfahren eine *konsistente* Schätzung der Regressionsparameter.

5.6. Bestimmtheitsmaß und Korrelationskoeffizient

Arbeitshinweise: In diesem Kapitel wird das Bestimmtheitsmaß erläutert, dem eine große Bedeutung zur Beurteilung der Güte eines Regressionsmodells zukommt. Auf Grund dieser zentralen Stellung des Bestimmtheitsmaßes und seiner mathematisch einfachen, intuitiven Herleitung, sollte dieser Abschnitt sowohl vom praktisch als auch vom theoretisch interessierten Leser bearbeitet werden.

5.6.1. Grundidee und Definition des Bestimmtheitsmaßes

Während in Kap. 5.5. die Beurteilung der Güte der Schätzungen für die unbekannten Regressionskoeffizienten im Vordergrund stand, geht es im Folgenden um die Beurteilung der Güte des gesamten Regressionsmodells. Es soll also eine Antwort auf folgende Frage gefunden werden: Kann die endogene Variable y weitestgehend bzw. zufrieden stellend durch die k exogenen Variablen (x_1, ..., x_k) erklärt werden? Zur Beurteilung werden hierzu das *Bestimmtheitsmaß* und der *einfache bzw. multiple Korrelationskoeffizient* herangezogen.

Als Ausgangspunkt zur Herleitung des Bestimmtheitsmaßes dienen realisierte Werte der abhängigen Variablen (y_t) und mittels des Regressionsmodells geschätzte Werte ($\hat{y}_t$), die sich ausschließlich durch das Residuum ($\hat{\varepsilon}_t$) unterscheiden. Für die zwei Variablen gelten somit die beiden folgenden Regressionsgleichungen:

(1) $y_t = \hat{\beta}_0 + \hat{\beta}_1 x_{1t} + \ldots + \hat{\beta}_k x_{kt} + \hat{\varepsilon}_t$ für alle $t = 1, ..., n$

(2) $\hat{y}_t = \hat{\beta}_0 + \hat{\beta}_1 x_{1t} + \ldots + \hat{\beta}_k x_{kt}$ für alle $t = 1, ..., n$

Zur grafischen Veranschaulichung wird im Folgenden eine Einfachregression betrachtet, obwohl alle getroffenen Aussagen ausnahmslos auch für die multiple Regression Gültigkeit besitzen. Für die Einfachregression lauten die zu (1) und (2) analogen Regressionsgleichungen:

(3) $y_t = \hat{\beta}_0 + \hat{\beta}_1 x_t + \hat{\varepsilon}_t$ für alle $t = 1, ..., n$

(4) $\hat{y}_t = \hat{\beta}_0 + \hat{\beta}_1 x_t$ für alle $t = 1, ..., n$

Wie die folgende Grafik zeigt, handelt es sich bei den $\hat{y}_t$ um jene Werte, die sich auf der Regressionsgeraden befinden.

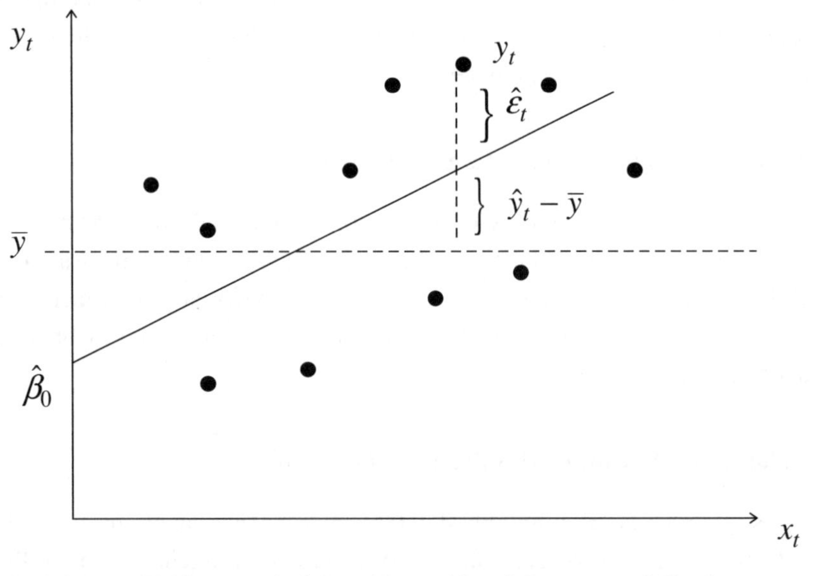

Abb. 5.6.1.-1.: Erklärte und nicht erklärte Abweichung vom Mittelwert

Für die beobachteten Werte y_t ($t = 1, ..., n$) lässt sich ein Mittelwert $\bar{y}$ ermitteln. Wie aus der obigen Grafik 5.6.1.-1. ersichtlich ist, lässt sich die Abweichung eines Punktes von diesem Mittelwert in zwei Abschnitte einteilen: In eine durch das Regressionsmodell erklärte

Abweichung und in eine nicht erklärte Abweichung, die dem Residuum $\hat{\varepsilon}_t$ entspricht. Dieser Sachverhalt lässt sich formal darstellen:

$$(5)\quad (y_t - \bar{y}) = (\hat{y}_t - \bar{y}) + (y_t - \hat{y}_t) \qquad t = 1, ..., n$$

gesamte Abweichung = erklärte + nicht erklärte Abweichung

Die Beziehung bleibt erhalten, wenn die Abweichungen zunächst quadriert und anschließend summiert werden [zur formalen Herleitung vgl. z.B. BLEYMÜLLER/GEHLERT/GÜLICHER (1998), S. 143-144]:

$$(6)\quad \sum_{t=1}^{n}(y_t - \bar{y})^2 = \sum_{t=1}^{n}(\hat{y}_t - \bar{y})^2 + \sum_{t=1}^{n}(y_t - \hat{y}_t)^2$$

$$\text{TSS} = \text{RSS} + \text{ESS}$$

Nach Ausdruck (6) lässt sich die Gesamtschwankung (Total Sum of Squares, TSS) in einen erklärten Anteil (Regression Sum of Squares, RSS) und eine Schwankung der Residuen (Error Sum of Squares, ESS) aufteilen. Die Beziehung (6) gilt jedoch nur dann, wenn das Regressionsmodell über eine Regressionskonstante verfügt. Dieser Sachverhalt wird bei der formalen Herleitung ersichtlich, auf die hier jedoch verzichtet wurde. Die Gleichheitsbeziehung in (6) bleibt erhalten, wenn alle Terme durch n dividiert werden:[78]

$$(7)\quad \frac{1}{n}\sum_{t=1}^{n}(y_t - \bar{y})^2 = \frac{1}{n}\sum_{t=1}^{n}(\hat{y}_t - \bar{y})^2 + \frac{1}{n}\sum_{t=1}^{n}(y_t - \hat{y}_t)^2$$

Auf der linken Seite des Gleichheitszeichens steht die empirische Varianz der Variablen y, die im Folgenden als s_y^2 bezeichnet wird. Außerdem sind die Mittelwerte der tatsächlichen und der geschätzten y-Werte identisch:

$$(8)\quad \bar{y} = \bar{\hat{y}},$$

Die Mittelwerte der tatsächlichen und der geschätzten y-Werte sind deshalb identisch, weil sich diese beiden Werte nur durch das Regressionsresiduum unterscheiden. Wie in Kap. 5.4. gezeigt wurde, weisen die Residuen jedoch einen Mittelwert von null auf. Insofern sind die Mittelwerte der tatsächlichen und der geschätzten y-Werte identisch. Der erste Summand in Gleichung (7) entspricht somit der Varianz der Regressionswerte. Sie wird im weiteren Verlauf mit $s_{\hat{y}}^2$ bezeichnet. Hinsichtlich der Analyse des zweiten Summanden in Gleichung (7) ist es zunächst sinnvoll, die folgende Beziehung zu betrachten:

78 Da hier durch n dividiert wird und keine Berücksichtigung der Freiheitsgrade erfolgt, handelt es sich um keine erwartungstreuen Schätzer. Diesem Sachverhalt trägt das sog. korrigierte Bestimmheitsmaß Rechnung, welches in Kap. 5.6.3. behandelt wird.

(9) $y_t - \hat{y}_t = \hat{\varepsilon}_t$ für alle $t = 1, ..., n$

Unter Berücksichtigung von (9) lässt sich der zweite Summand in Gleichung (7) wie folgt darstellen:

(10) $$\frac{1}{n}\sum_{t=1}^{n}(y_t - \hat{y}_t)^2 = \frac{1}{n}\sum_{t=1}^{n}\hat{\varepsilon}_t^2$$

Bei dem zweiten Summanden in Gleichung (7) handelt es sich um die Varianz der OLS-Residuen, da sie einen Mittelwert von null aufweisen $\left(\bar{\hat{\varepsilon}} = 0\right)$. Sie wird im weiteren Verlauf des Buches durch das Symbol $s_{\hat{\varepsilon}}^2$ repräsentiert. Mit Hilfe der neu eingeführten Symbole lässt sich die Beziehung in Gleichung (7) wie folgt ausdrücken:

(11) $$s_y^2 = s_{\hat{y}}^2 + s_{\hat{\varepsilon}}^2$$

Diese Eigenschaft der Varianz wird in der Literatur unter dem Begriff der *Varianz- bzw. Streuungszerlegung* diskutiert. Die Gesamtvarianz $\left(s_y^2\right)$ besteht demnach aus einer durch das Regressionsmodell erklärten Varianz $\left(s_{\hat{y}}^2\right)$ und einer nicht erklärten Varianz (Residualvarianz, $s_{\hat{\varepsilon}}^2$).

Die Größen in der Formel (11) lassen sich normieren, indem durch die Varianz s_y^2 dividiert wird, woraus die folgende Beziehung resultiert:

(12) $$1 = \frac{s_{\hat{y}}^2}{s_y^2} + \frac{s_{\hat{\varepsilon}}^2}{s_y^2}$$

Beim ersten Summanden in Gleichung (12) handelt es sich um jene Größe, die als *Bestimmtheitsmaß* R^2 bezeichnet wird:

(13) $$R^2 = \frac{s_{\hat{y}}^2}{s_y^2} \quad \text{wobei immer gilt: } 0 \leq R^2 \leq 1$$

Das Bestimmtheitsmaß R^2 kann sich ausschließlich zwischen null und eins bewegen. Es gibt jenen (prozentualen) Anteil der Gesamtschwankung an, der durch das Regressionsmodell erklärt wird. Ist z.B. $R^2 = 0.8$, so kann 80% der Gesamtschwankung der endogenen Variablen y durch das Regressionsmodell erklärt werden. Je höher das Bestimmtheitsmaß ist, desto besser ist die Güte des Regressionsmodells. Im Idealfall liegt R^2 nahe bei eins. Nimmt dagegen das R^2 Werte nahe bei null an, so weist das Modell nahezu keinen Erklärungsgehalt auf.

Der zweite Summand in Gleichung (12) wird als *Unbestimmtheitsmaß U* bezeichnet und lässt sich ebenfalls inhaltlich interpretieren:

(14) $U = \frac{s_{\hat{\varepsilon}}^2}{s_y^2}$ wobei immer gilt: $0 \leq U \leq 1$

Zwischen dem Bestimmtheitsmaß R^2 und dem Unbestimmtheitsmaß U besteht offensichtlich die folgende (inverse) Beziehung, welche sich durch Umformung von (12) ergibt:

(15) $U = \frac{s_{\hat{\varepsilon}}^2}{s_y^2} = 1 - \frac{s_{\hat{y}}^2}{s_y^2} = 1 - R^2$

Analog zum Bestimmtheitsmaß liegt auch das Unbestimmtheitsmaß zwischen null und eins. Im Unterschied zum Bestimmtheitsmaß R^2 gibt das Unbestimmtheitsmaß U jenen (prozentualen) Anteil der Gesamtschwankung an, der durch das Regressionsmodell gerade *nicht* erklärt werden kann. Wie an Formel (15) zu sehen ist, verhalten sich die beiden Maße invers zueinander: Je höher das eine Maß ist, desto kleiner ist das andere.

Beispiel: Berechnung des Bestimmtheits- und Unbestimmtheitsmaßes

Im Folgenden wird anhand eines Zahlenbeispiels gezeigt, wie sich das Bestimmtheits- und das Unbestimmtheitsmaß manuell berechnen lassen. Hierzu wird das in Kapitel 5.3. eingeführte Beispiel fortgeführt. In diesem Beispiel wurde der Versuch unternommen, die abhängige Variable *ΔDAX* mit Hilfe der unabhängigen Variablen *ΔBIP* im Rahmen einer Einfachregression zu erklären. Bezüglich der Ausgangsdaten des Beispiels wird auf Kap. 5.3. zurückverwiesen (vgl. dort Tab. 5.3.-1., Gleichungen (14) bis (22)).

Mit deren Hilfe wurden in einem nächsten Schritt die sog. OLS-Residuen ermittelt (vgl. Kap. 5.4., Gleichung (18)):

(16) $\hat{\mathbf{e}} = \mathbf{y} - \hat{\mathbf{y}} = \begin{bmatrix} 5 \\ -2 \\ 3 \\ 7 \end{bmatrix} - \begin{bmatrix} 7 \\ -0.5 \\ 2 \\ 4.5 \end{bmatrix} = \begin{bmatrix} -2 \\ -1.5 \\ 1 \\ 2.5 \end{bmatrix}$

Anhand dieses Datenmaterials lässt sich zunächst das Bestimmtheitsmaß R^2 bestimmen, welches nach (13) definiert ist. Es ergibt sich durch Division der Varianz der geschätzten durch die Varianz der tatsächlichen y-Werte. Diese beiden Varianzen lassen sich auf eine einfache und effiziente Weise mit Hilfe des sog. Verschiebungssatzes berechnen:

$$(17)\quad s_{\hat{y}}^2 = \frac{1}{n}\sum_{t=1}^{n}\left(\hat{y}_t - \bar{\hat{y}}\right)^2 = \frac{1}{n}\sum_{t=1}^{n}\hat{y}_t^2 - \bar{\hat{y}}^2$$

$$(18)\quad s_y^2 = \frac{1}{n}\sum_{t=1}^{n}\left(y_t - \bar{y}\right)^2 = \frac{1}{n}\sum_{t=1}^{n}y_t^2 - \bar{y}^2$$

Die für die Varianzberechnung notwendigen Mittelwerte bestimmen sich dabei wie folgt:

$$(19)\quad \bar{\hat{y}} = \frac{1}{4}\cdot\left(7 - 0.5 + 2 + 4.5\right) = \frac{13}{4} = 3.25$$

$$(20)\quad \bar{y} = \frac{1}{4}\cdot\left(5 - 2 + 3 + 7\right) = \frac{13}{4} = 3.25$$

Wie bereits erwähnt wurde (siehe Gleichung (8)), weisen beide Mittelwerte immer den gleichen Wert auf. Insofern ist streng genommen die Berechnung von (19) *oder* (20) ausreichend. Mit diesen Mittelwerten ergeben sich die beiden Werte für die Varianzen:

$$(21)\quad s_{\hat{y}}^2 = \frac{1}{4}\cdot\left(7^2 + (-0.5)^2 + 2^2 + 4.5^2\right) - 3.25^2 = \frac{73.5}{4} - 10.5625 = 7.8125$$

$$(22)\quad s_y^2 = \frac{1}{4}\cdot\left(5^2 + (-2)^2 + 3^2 + 7^2\right) - 3.25^2 = \frac{87}{4} - 10.5625 = 11.1875$$

Daraus ergibt sich das folgende Bestimmtheitsmaß:

$$(23)\quad R^2 = \frac{s_{\hat{y}}^2}{s_y^2} = \frac{7.8125}{11.1875} = 0.6983$$

Von der Gesamtschwankung der Werte der abhängigen Variablen y können im Beispiel ca. 70% durch das Regressionsmodell erklärt werden.

Zur Berechnung des Unbestimmtheitsmaßes wird im Folgenden die Varianz der OLS-Residuen bestimmt:

$$(24)\quad s_{\hat{\varepsilon}}^2 = \frac{1}{n}\sum_{t=1}^{n}\hat{\varepsilon}_t^2 = \frac{1}{4}\cdot\left[(-2)^2 + (-1.5)^2 + 1^2 + 2.5^2\right] = \frac{13.5}{4} = 3.375$$

Sofern das Regressionsmodell – wie es in diesem Beispiel der Fall ist – eine Regressionskonstante beinhaltet, weisen die OLS-Residuen immer einen Mittelwert von null auf. Dies wurde bei der Berechnung von (24) berücksichtigt. Mit dem Ergebnis nach (22) berechnet sich das Unbestimmtheitsmaß gemäß der Formel (25):

$$(25)\quad U = \frac{s_{\hat{\varepsilon}}^2}{s_y^2} = \frac{3.375}{11.1875} = 0.3017$$

Im Beispiel können ca. 30% der Gesamtschwankung der Werte der abhängigen Variablen y nicht durch das Regressionsmodell erklärt werden. Wurde jedoch das Bestimmtheitsmaß bereits ermittelt, so lässt sich das Unbestimmtheitsmaß auf eine einfachere Weise bestimmen, da sich das Bestimmtheitsmaß R^2 und das Unbestimmtheitsmaß U zu eins addieren. Aus dieser Beziehung lässt sich das Unbestimmtheitsmaß wie folgt berechnen:

(26) $U = 1 - R^2 = 1 - 0.6983 = 0.3017$

In diesem Beispiel wurde gezeigt, wie sich das Bestimmtheits- und Unbestimmtheitsmaß manuell berechnen lassen. Tatsächlich berechnen die gängigen Statistik- und Ökonometrie-Softwarepakete das R^2 standardmäßig und weisen es gesondert aus. Insofern dürfte der gewöhnliche Anwender eher seltener in die Lage kommen, das R^2 „per Hand" zu berechnen. Dieses Beispiel dient also eher der Illustration.

5.6.2. Zusammenhang zwischen Bestimmtheitsmaß und Korrelationskoeffizient

Arbeitshinweise: Das vorliegende Kapitel 5.6.2. zeigt, weshalb der Korrelationskoeffizient und das Bestimmtheitsmaß als alternative Gütemaße herangezogen werden können. Konkret wird in diesem Kapitel gezeigt, wie bei einer Einfachregression der Korrelationskoeffizient zwischen der abhängigen und der unabhängigen Variable durch eine Quadrierung in das Bestimmtheitsmaß übergeführt werden kann. Im Unterschied zum Korrelationskoeffizienten geht beim Bestimmtheitsmaß jedoch die Information über die Richtung des Zusammenhangs (positiver oder negativer) verloren. Wird im Rahmen eines multiplen Regressionsmodells (d.h. mehr als eine erklärende Variable) das Bestimmtheitsmaß berechnet und daraus die Wurzel gezogen, so erhält man den sog. *multiplen Korrelationskoeffizienten.* Dieser spiegelt die Korrelation zwischen y und den k erklärenden Variablen $x_1, ..., x_k$ in ihrer Gesamtheit wider. Auf Grund dieser Berechnungsweise gibt der so ermittelte multiple Korrelationskoeffizient aber keinen Aufschluss darüber, ob es sich um einen positiven oder negativen Zusammenhang handelt. Für einen anwendungsorientierten Leser sind diese verbalen Erläuterungen hinsichtlich dieses Unterkapitels 5.6.2. völlig ausreichend. Das Bearbeiten dieses Abschnitts ist somit für diese Lesergruppe nicht unbedingt erforderlich.

Bei einer Einfachregression entspricht das Bestimmtheitsmaß R^2 dem quadrierten Korrelationskoeffizienten r_{xy} zwischen der zu erklärenden Variablen y und der erklärenden Variablen x:

(1) $R^2 = r_{xy}^2$

Ausgangspunkt zur Begründung dieses Zusammenhangs ist das einfache Regressionsmodell der folgenden Form:

(2) $\hat{y}_t = \hat{\beta}_0 + \hat{\beta}_1 x_t$ mit $t = 1, ..., n$

Da die beiden geschätzten Regressionskoeffizienten $\hat{\beta}_0$ und $\hat{\beta}_1$ unabhängig vom Zeitindex t sind und nur die Variable x_t zu verschiedenen Zeitpunkten t unterschiedliche Werte annehmen kann, lässt sich durch eine Anwendung der entsprechenden Varianz-Rechenregeln (siehe Kap. 2.3.2) die folgende Beziehung herleiten:[79]

(3) $Var(\hat{y}) = Var\left(\hat{\beta}_0 + \hat{\beta}_1 x\right) = \hat{\beta}_1^2 Var(x) = \hat{\beta}_1^2 s_x^2$

Mit Hilfe des oben eingeführten Symbols für die Varianz der geschätzten Werte der Variablen y $\left(s_{\hat{y}}^2\right)$ lässt sich die Beziehung (3) wie folgt darstellen:

(4) $s_{\hat{y}}^2 = \hat{\beta}_1^2 s_x^2$

Mit Formel (4) lässt sich das im vorangegangenen Kapitel definierte Bestimmtheitsmaß R^2 alternativ formulieren:

(5) $R^2 = \frac{s_{\hat{y}}^2}{s_y^2} = \frac{\hat{\beta}_1^2 s_x^2}{s_y^2}$

Der Regressionskoeffizient $\hat{\beta}_1$ bei einer Einfachregression lässt sich mittels folgender Formel berechnen (vgl. Kap. 5.3.):

(6) $\hat{\beta}_1 = \frac{s_{xy}}{s_x^2}$

Hierbei entspricht s_{xy} der empirischen Kovarianz zwischen der erklärenden Variablen x und der zu erklärenden Variablen y und $s_x{}^2$ der empirischen Varianz von x. Setzt man diese Definition des Regressionskoeffizienten in die Formel (5) ein, so resultiert daraus die folgende Berechnungsvorschrift für das Bestimmtheitsmaß:

(7) $R^2 = \frac{\left(\frac{s_{xy}}{s_x^2}\right)^2 s_x^2}{s_y^2} = \frac{s_{xy}^2}{s_x^2 s_y^2}$

79 Nachfolgend wird die Beziehung zwischen den *Variablen* betrachtet, weshalb der Zeitindex t hier verschwindet.

Der empirische Korrelationskoeffizient r_{xy} zwischen den Variablen x und y ist gemäß folgender Formel definiert (siehe Kap. 2.3.5.3.):

$$(8) \qquad r_{xy} = \frac{s_{xy}}{s_x s_y},$$

Die rechte Seite in Gleichung (7) entspricht offensichtlich dem quadrierten Korrelationskoeffizienten:

$$(9) \qquad R^2 = \frac{s_{xy}^2}{s_x^2 s_y^2} = r_{xy}^2$$

Der quadrierte Korrelationskoeffizient und das Bestimmtheitsmaß sind bei einer Einfachregression also identisch.

Dementsprechend lässt sich der Korrelationskoeffizient betragsmäßig aus dem Bestimmtheitsmaß berechnen, indem die Wurzel daraus gezogen wird:

$$(10) \qquad |r_{xy}| = \sqrt{R^2}$$

Bei diesem Berechnungsverfahren geht allerdings die Information des Vorzeichens, welches angibt, ob der lineare Zusammenhang der beiden Variablen positiver oder negativer Natur ist, verloren.

Da das Bestimmtheitsmaß R^2 in der gleichen Weise auch für den Fall der multiplen Regression berechnet werden kann, lässt sich mittels Formel (10) auch für den Fall der multiplen linearen Regression ein Korrelationskoeffizient berechnen. Dieser wird als *multipler Korrelationskoeffizient* bezeichnet. Er spiegelt die Korrelation zwischen y und den k erklärenden Variablen $x_1, \ldots, x_k$ in ihrer Gesamtheit wieder, was der betragsmäßigen Korrelation zwischen y und $\hat{y}$ $\left(|r_{y\hat{y}}|\right)$ entspricht.

Aus den gezeigten Zusammenhängen zwischen Korrelationskoeffizient und Bestimmtheitsmaß ist intuitiv nachvollziehbar, dass die beiden Maßzahlen äquivalent als Gütekriterien zur globalen Beurteilung des Regressionsmodells herangezogen werden können.

Beispiel: Berechnung des Bestimmtheitsmaßes mit Hilfe des Korrelationskoeffizienten

Das folgende Beispiel veranschaulicht, wie sich das Bestimmtheitsmaß bei einer Einfachregression durch eine Quadrierung des einfachen Korrelationskoeffizienten zwischen der erklärenden und der zu erklärenden Variable berechnen lässt. Hierzu wird das Beispiel der vorangegangenen Kap. 5.6.1. fortgeführt, bei dem die Variable *ΔDAX* durch die Variable

ΔBIP im Rahmen einer Einfachregression erklärt wird. Dazu wurde das Ausgangsmaterial aus Kap. 5.3. verwendet. In dem vorangegangenen Abschnitt ergab sich ein Bestimmtheitsmaß von R^2=0.6983.

Der gewöhnliche einfache Korrelationskoeffizient zwischen der erklärenden Variablen x und der zu erklärenden y berechnet sich dabei nach folgender Formel:

$$(11) \quad r_{xy} = \frac{s_{xy}}{s_x s_y}$$

Die Kovarianz zwischen den Variablen x und y wird also durch die Standardabweichung dieser beiden Variablen dividiert. Diese statistischen Kennzahlen werden dabei wie folgt berechnet:

$$(12) \quad s_{xy} = \frac{1}{n}\sum_{t=1}^{n} x_t y_t - \bar{x} \cdot \bar{y} = \frac{1}{4} \cdot (5 \cdot 2 + (-2) \cdot (-1) + 3 \cdot 0 + 7 \cdot 1) - 0.5 \cdot 3.25 = 3.125$$

$$(13) \quad s_x^2 = \frac{1}{n}\sum_{t=1}^{n} x_t^2 - \bar{x}^2 = \frac{1}{4} \cdot \left(2^2 + (-1)^2 + 0^2 + 1^2\right) - 0.5^2 = 1.25$$

$$s_x = \sqrt{1.25} = 1.118$$

$$(14) \quad s_y^2 = \frac{1}{n}\sum_{t=1}^{n} y_t^2 - \bar{y}^2 = \frac{1}{4} \cdot \left(5^2 + \left(-2^2\right) + 3^2 + 7^2\right) - 3.25^2 = 11.1875$$

$$s_y = \sqrt{11.1875} = 3.345$$

Daraus ergibt sich dann der folgende Korrelationskoeffizient:

$$(15) \quad r_{xy} = \frac{s_{xy}}{s_x s_y} = \frac{3.125}{\sqrt{1.25} \cdot \sqrt{11.18}} = 0.835658$$

Wird der einfache Korrelationskoeffizient quadriert, so resultiert daraus:

$$(16) \quad r_{xy}^2 = 0.835658^2 = 0.6983$$

Es handelt sich hierbei exakt um den Wert des Bestimmtheitsmaßes. Wie das Beispiel nochmals veranschaulicht, können das Bestimmtheitsmaß und der Korrelationskoeffizient als alternative Gütemaße eingesetzt werden. Gegenüber dem Bestimmtheitsmaß besitzt der Korrelationskoeffizient jedoch den Vorteil, dass sein Vorzeichen Auskunft über die Richtung des Zusammenhangs (positiver oder negativer Zusammenhang) gibt. Beim Bestimmtheitsmaß geht diese Information verloren.

5.6.3. Das korrigierte Bestimmtheitsmaß

Arbeitshinweise: Das vorliegende Kapitel zum sog. korrigierten Bestimmtheitsmaß sollte sowohl vom theoretisch interessierten als auch vom anwendungsorientierten Leser bearbeitet werden. Die Gleichungen (1) bis (5) beschäftigen sich mit der Herleitung des *korrigierten Bestimmtheitsmaßes*, weshalb diese Passage nicht unbedingt gelesen werden muss. Für den typischen Anwender der Regressionsanalyse ist es ausreichend, bei der Gleichung (6) fortzufahren. Bei dieser Formel handelt es sich um die konkrete Berechnungsvorschrift, mit der das gewöhnliche in das korrigierte Bestimmtheitsmaß übergeführt werden kann.

Das Bestimmtheitsmaß in der obigen Definition besitzt einen zentralen Nachteil: Es nimmt bei der Aufnahme weiterer Regressoren (auch bei ökonomisch völlig irrelevanten) nie ab bzw. im Regelfall sogar leicht zu. Das Ziel bei der Erstellung ökonometrischer Modelle liegt jedoch darin, möglichst kleine, „spartanische" Modelle zu erstellen, die möglichst viel erklären und nur die bedeutendsten Erklärungsfaktoren (Regressoren) beinhalten. Zu umfangreiche Modelle tendieren dazu, auf Grund der vielen freien Parameter (Regressionskoeffizienten), das Datenmaterial mehr oder weniger exakt abzubilden anstatt die eigentlich relevanten (und relativ zeitstabilen) ökonomischen Zusammenhänge zu modellieren. Diese überdimensionierten Modelle weisen häufig bei der Parameterschätzung ein sehr großes R^2 auf. Werden die so geschätzten Regressionskoeffizienten jedoch mit neuen Werten der erklärenden Variablen zur Prognose der endogenen, aber unbekannten Variablen y eingesetzt, so resultieren hieraus häufig sehr schlechte Vorhersagen. Der Grund liegt darin, dass die ursächlichen (und somit relativ zeitstabilen) Zusammenhänge nicht modelliert wurden. Es wurden mehr oder weniger temporäre Zufallseinflüsse abgebildet. Man spricht in diesem Zusammenhang von einer *schlechten Generalisierungsfähigkeit* der überdimensionierten Modelle.

Einen Lösungsansatz zu diesem Problem stellt das sog. *korrigierte Bestimmtheitsmaß* dar, welches die „trade off"-Beziehung zwischen Erklärungsgehalt und Anzahl der erklärenden Variablen in einem Modell berücksichtigt. Gegenüber dem gewöhnlichen Bestimmtheitsmaß kann es bei Aufnahme weiterer Variablen auch abnehmen. Ausgangspunkt zur Herleitung des korrigierten Bestimmtheitsmaßes $\overline{R}^2$ ist die inverse Beziehung zum Unbestimmtheitsmaß, die im Kap. 5.6.1 vorgestellt wurde:

$$(1) \qquad \overline{R}^2 = 1 - \frac{s_{\hat{\varepsilon}}^2}{s_y^2}$$

Bei der Berechnung der Varianzen der OLS-Residuen $\left(s_{\hat{\varepsilon}}^2\right)$ und der Variablen y $\left(s_y^2\right)$ wird nun jedoch die Anzahl der tatsächlichen Freiheitsgrade berücksichtigt, sodass die empirischen Varianzformeln *erwartungstreue* Schätzer für die entsprechenden Varianzen der

Grundgesamtheit darstellen.[80] Die entsprechenden Formeln der empirischen Varianzen lauten somit wie folgt:

$$(2) \quad s_{\hat{\varepsilon}}^2 = \frac{1}{n-(k+1)} \sum_{t=1}^{n} \hat{\varepsilon}_t^2$$

$$(3) \quad s_y^2 = \frac{1}{n-1} \sum_{t=1}^{n} (y_t - \bar{y})^2$$

Setzt man die Gleichungen (2) und (3) in (1) ein, so resultiert daraus:

$$(4) \quad \bar{R}^2 = 1 - \frac{\frac{1}{n-(k+1)} \sum_{t=1}^{n} \hat{\varepsilon}_t^2}{\frac{1}{n-1} \sum_{t=1}^{n} (y_t - \bar{y})^2} = 1 - \frac{n-1}{n-(k+1)} \cdot \frac{\sum_{t=1}^{n} \hat{\varepsilon}_t^2}{\sum_{t=1}^{n} (y_t - \bar{y})^2}$$

Dieser Ausdruck lässt sich weiter vereinfachen, indem man den Zähler und Nenner des Subtrahenden in (4) mit $1/n$ erweitert.

$$(5) \quad \frac{\sum_{t=1}^{n} \hat{\varepsilon}_t^2}{\sum_{t=1}^{n} (y_t - \bar{y})^2} = \frac{\frac{1}{n} \sum_{t=1}^{n} \hat{\varepsilon}_t^2}{\frac{1}{n} \sum_{t=1}^{n} (y_t - \bar{y})^2} = 1 - R^2$$

Mit Hilfe der Beziehung (5) lässt sich nun das *korrigierte* Bestimmtheitsmaß in Abhängigkeit von dem gewöhnlichen Bestimmtheitsmaß wie folgt definieren:

$$(6) \quad \bar{R}^2 = 1 - \frac{n-1}{n-(k+1)} \left(1 - R^2\right)$$

Eine nähere Analyse dieses Ausdrucks verdeutlicht nochmals die Berücksichtigung der „trade off"-Beziehung zwischen Erklärungsgehalt (R^2) und der Anzahl der Regressionsparameter (k) in Ausdruck (6). Ist in der Formel (6) das R^2 relativ hoch (hoher Erklärungsgehalt des Modells), so wird ein relativ kleiner Wert von der Zahl eins abgezogen und es resultiert daraus ein ebenfalls hohes korrigiertes Bestimmtheitsmaß. Besitzt das Modell andererseits eine große Anzahl an erklärenden Variablen (k groß), so wird der Ausdruck „$n - (k + 1)$" im Nenner relativ klein, womit von der Zahl eins ein relativ großer Wert subtrahiert wird. Das korrigierte Bestimmtheitsmaß wird in diesem Fall kleiner. Im Unterschied zum gewöhnlichen Bestimmtheitsmaß kann es auch negative Werte annehmen.

---

80 Bei der Berechnung des gewöhnlichen Bestimmtheitsmaßes war dies nicht der Fall. Dort wurde mit den entsprechenden Varianzformeln der Grundgesamtheit gearbeitet.

Beispiel: Berechnung des korrigierten Bestimmtheitsmaßes

In Kap. 5.3. wurde im Rahmen eines Beispiels die Parameterschätzung mittels OLS bei einer Einfachregression veranschaulicht. In dem Beispiel wurde versucht, die Variable *ΔDAX* mit Hilfe einer Regressionskonstanten und der einzigen erklärenden Variable *ΔBIP* ($k = 1$) zu modellieren. Hierbei standen für jede Variable jeweils 4 Datenpunkte ($n = 4$) zur Verfügung. Dieses Beispiel wurde in Kap. 5.6.1. fortgeführt. Dort ergab sich ein R^2 von 0.6983. In diesem Beispiel soll auf Grund dieser Vorgaben das korrigierte Bestimmtheitsmaß bestimmt werden. Hierzu werden einfach die entsprechenden Werte in die oben hergeleitete Formel eingesetzt:

$$(7) \quad \overline{R}^2 = 1 - \frac{n-1}{n-(k+1)}\left(1-R^2\right) = 1 - \frac{4-1}{4-(1+1)}(1-0.6983) = 1 - 0.45255 = 0.54745$$

Das Bestimmtheitsmaß nimmt also auf Grund der Korrektur von ca. 70% auf etwa 55% Erklärungsgehalt ab. Diese deutliche Abnahme ist bei einer realen Anwendung einer Einfachregression im Regelfall nicht gegeben. Sie ergibt sich in diesem veranschaulichenden „Lehrbeispiel" auf Grund der lediglich vier vorhandenen Datenpunkte, welche zur Berechnung herangezogen wurden.

Neben dem korrigierten Bestimmtheitsmaß existieren weitere Maßzahlen, welche die „trade off"-Beziehung zwischen Erklärungsgehalt und Anzahl der Regressoren zum Ausdruck bringen. Bedeutsame Vertreter sind das sog. *Akaike information criterion (AIC)* oder das *Schwartz criterion (SC)*, die jedoch an dieser Stelle nicht näher erläutert werden [vgl. hierzu beispielsweise PINDYCK/RUBINFELD (1998), S. 238-239].

5.7. Fallstudie: CAPM, Marktmodell und Schätzung von Beta-Faktoren

Arbeitshinweise: Das Ziel dieser Fallstudie liegt darin, die Einfachregression anhand eines praxisbezogenen Beispiels mit realen Finanzmarktdaten zu veranschaulichen. Hierzu wird der sog. *Beta-Faktor* für die BASF-Aktie im Rahmen des *Marktmodells* geschätzt. In Kap. 5.7.1. wird das Kapitalmarkmodell (CAPM, capital asset pricing model) vorgestellt, welches die theoretische Bedeutung des Beta-Faktors begründet. Da das CAPM ein reines ex ante Modell darstellt, kann dieses nicht unmittelbar zur Bestimmung des Beta-Faktors herangezogen werden. Vielmehr muss man den unbekannten Beta-Faktor des CAPM mit Hilfe eines ex post Modells „schätzen". Hierzu kann das sog. Marktmodell herangezogen werden, das im anschließenden Kap. 5.7.2. behandelt wird. Sind diese Modelle bekannt, so können diese beiden Abschnitte problemlos übersprungen werden. Das nachfolgende Kap. 5.7.3. zeigt, wie mit Hilfe des Marktmodells das Gesamtrisiko eines Wertpapiers in eine *systematische und eine unsystematische Risikokomponente* zerlegt werden kann. Hierbei handelt es sich um eine praktische Anwendung der in Kap. 2.3.2. vorgestellten Varianz-Rechenregeln. Dieser Abschnitt ist jedoch nicht für das Verständnis des nachfolgenden Unterkapitels 5.7.4., welches sich mit der Schätzung des Einfachregressionsmodells beschäftigt, von Bedeutung. Das Kap. 5.7.4. sollte jedoch auf alle Fälle sowohl vom theoretisch interessierten als auch vom anwendungsorientierten Leser durchgearbeitet werden. Hierbei handelt es sich um ein praxisrelevantes Anwendungsbeispiel mit realen Finanzmarktdaten, das mit der Fallstudie in Kap. 6.5. fortgeführt wird, nachdem weitere theoretische Grundlagen vermittelt wurden. Weitere wesentliche Einsichten ergeben sich durch einen Vergleich dieses Beispiels mit dem Regressionsmodell zur Renditeprognose (vgl. die Fallstudie in Kap. 8.). Hierbei wird ein Eindruck vermittelt, mit welchen konkreten Werten (z.B. beim Bestimmtheitsmaß) man bei einem Erklärungsmodell (z.B. Erklärung der BASF-Rendite zum Zeitpunkt t durch die DAX-Rendite zum Zeitpunkt t, wie hier behandelt) und bei einem Prognosemodell (z.B. Fallstudie in Kapitel 8., Erklärung der Aktienrendite zum Zeitpunkt $t+1$ mit Variablen zum Zeitpunkt t, $t-1$, $t-2$ usw.) rechnen kann. Diese Erfahrungen sind für die praktische Arbeit von zentraler Bedeutung, da man bei extrem unrealistischen Werten das Modell nochmals gründlich auf etwaige Fehler überprüfen sollte.

5.7.1. Erklärung von Renditen im Marktgleichgewicht mit Hilfe des CAPM

In dieser Fallstudie wird ein Modell vorgestellt, mit dessen Hilfe risikobehaftete Wertpapiere im *Marktgleichgewicht* bewertet werden können. In diesem Marktgleichgewicht sind die jeweils individuell präferierten Portfoliostrukturen aller Anleger miteinander vereinbar. Bei den ermittelten Gleichgewichtskursen bzw. -renditen werden die Märkte „geräumt", d.h. das Angebot entspricht exakt der Nachfrage. Das Bewertungsmodell basiert dabei auf den folgenden Annahmen [vgl. beispielsweise ELTON/GRUBER (1995), S. 295]:

- keine Transaktionskosten;
- beliebige Teilbarkeit der Wertpapiere;
- keine persönliche Einkommensteuer;
- Kauf-/Verkaufentscheidungen einzelner Investoren sind im Vergleich zum Gesamtvolumen so gering, dass keine Marktbeeinflussung stattfindet (atomistische Marktstruktur);
- die Anlageentscheidung basiert ausschließlich auf Basis der geschätzten Renditen und Risiken („Mean-Variance"-Framework, vgl. auch Kap. 3.4.);
- Leerverkäufe sind (beliebig) möglich;
- unbegrenzte Möglichkeit der Geldaufnahme bzw. -anlage zu einem einheitlichen risikolosen Zinssatz;
- homogene Erwartung aller Marktteilnehmer (d.h. alle Marktteilnehmer schätzen die erwarteten Renditen und die zukünftigen Risiken sämtlicher Assets gleich ein);
- Handelbarkeit aller Anlagen.

Ohne auf die Herleitung näher einzugehen, berechnet sich unter Berücksichtigung dieser Annahmen die erwartete Rendite eines riskanten Wertpapiers nach dem sog. CAPM (Capital Asset Pricing Model)[81] wie folgt:

(1) $$\mu_i = r_f + \left(\mu_M - r_f\right)\beta_i$$

mit μ_i: erwartete Rendite des Wertpapiers i im Marktgleichgewicht
μ_M: erwartete Rendite des Marktportfolios
r_f: risikoloser Zins
β_i: Maß für das systematische Risiko des Wertpapiers i

Im Marktgleichgewicht entspricht die erwartete Rendite eines riskanten Wertpapiers i (μ_i) dem risikolosen Zins r_f zuzüglich eines Risikozuschlags. Dieser Risikozuschlag (Risikoprämie) berechnet sich durch Multiplikation des *Marktpreises des Risikos* mit der übernommenen *Risikomenge*. Der Marktpreis des Risikos entspricht dabei dem Betrag, um den die erwartete Rendite des Marktportfolios über dem risikolosen Zins liegt ($\mu_M - r_f$). Beim Marktportfolio handelt es sich um ein („theoretisches") Portfolio, welches alle am Markt gehandelten risikobehafteten Assets gemäß ihrer Börsenkapitalisierung enthält.[82] Die übernommene Risikomenge wird durch den sog. Beta-Faktor des Wertpapiers i (β_i) quantifiziert, der sich wie folgt berechnet:

(2) $$\beta_i = \frac{Cov\left(R_i, R_M\right)}{Var\left(R_M\right)} = \frac{\sigma_{iM}}{\sigma_M^2}$$

mit β_i: (zukünftiger) Beta-Faktor des Wertpapiers i
σ_{iM}: Kovarianz zwischen den zukünftigen Renditen des Wertpapiers i (R_i) und denen des Marktes (R_M).
σ_M^2: Varianz der zukünftigen Renditen des Marktes

Der Beta-Faktor berechnet sich nach (2) mittels der Division der Kovarianz zwischen den zukünftigen Wertpapierrenditen und denen des Marktes (σ_{iM}) durch die Varianz der zukünftigen Marktrenditen ($\sigma_M{}^2$). Der Beta-Faktor gilt dabei als Maßzahl für das sog. *systematische Risiko* eines Wertpapiers. Es handelt sich hierbei um jenes Risiko, das sich nicht durch eine Aufteilung des Anlagebetrags auf viele verschiedene Wertpapiere (Diversifikation) eliminieren lässt (vgl. Kap. 3.4.). Die zweite Komponente des Gesamtrisikos eines einzelnen Assets, das sog. *unsystematische Risiko* (vgl. Kap. 3.4.), kann durch eine geeignete Mischung verschiedener Wertpapiere wegdiversifiziert werden und wird deshalb – ge-

---

81 Die folgende Gleichung wird auch als Wertpapierlinie (Security Market Line) bezeichnet.

82 Da das Marktportfolio nicht beobachtbar ist, muss es bei empirischen Anwendungen geeignet approximiert werden. Hierzu werden im Regelfall geeignete Marktindices herangezogen.

mäß der Bewertungsgleichung des CAPM – nicht vom Markt vergütet. Nach der Bewertungsgleichung des CAPM steigt die erwartete Rendite des Wertpapiers i linear mit der Menge des übernommenen *systematischen Risikos* an, welches mittels des Beta-Faktors quantifiziert wird. Wer eine höhere erwartete Rendite möchte, muss demnach ein höheres systematisches Risiko übernehmen. Diese Zusammenhänge veranschaulicht die Abb. 5.7.1.-1.:

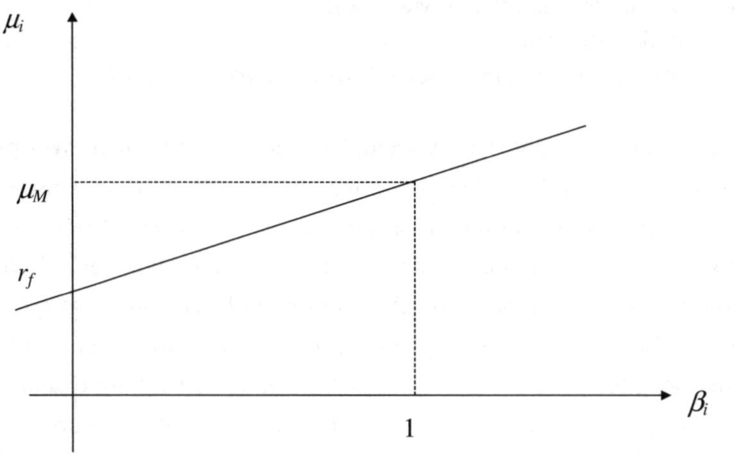

Abb. 5.7.1.-1.: Grafische Darstellung der Wertpapierlinie

Aus der Grafik sind zwei zentrale Sachverhalte ersichtlich. Zunächst handelt es sich beim risikolosen Zins um eine konstante Größe. Bei der Diskussion der Kovarianz-Rechenregeln (siehe Kapitel 2.3.4.) wurde erläutert, dass die Kovarianz zwischen einer festen Größe und einer Zufallsvariablen immer null ist. Der risikolose Zinssatz r_f muss somit einen Beta-Faktor von null aufweisen. Außerdem stimmt bei einem Beta-Faktor von eins die erwartete Rendite eines Wertpapiers μ_i mit der erwarteten Rendite des Marktes μ_M überein. Ein Wertpapier i besitzt also dann einen Beta-Faktor von eins, wenn es die gleiche Renditeentwicklung wie der Markt aufweist. Umgekehrt ergibt sich nach (2) ein Beta-Faktor von eins, falls $R_i = R_M$ gilt:

$$(3) \quad \beta_i = \frac{Cov(R_i, R_M)}{Var(R_M)} = \frac{Cov(R_M, R_M)}{Var(R_M)} = \frac{Var(R_M)}{Var(R_M)} = 1$$

Die Grenzen des CAPM sind darin zu sehen, dass es sich um ein ex ante Modell handelt. Die Bewertungsgleichung des CAPM nach (1) beschreibt die Beziehung zwischen der zukünftigen, erwarteten Rendite eines Wertpapiers i und der ebenfalls zukünftig erwarteten Marktrendite. Insofern handelt es sich auch beim Beta-Faktor um ein Maß für das zukünftig erwartete *systematische Risiko*.

5.7.2. Schätzung des „zukünftigen" Beta-Faktors mit Hilfe des Marktmodells

Damit eine Operationalisierung des CAPM möglich ist und der Beta-Faktor im Rahmen praktischer Anwendungen eingesetzt werden kann, muss der *zukünftige* Beta-Faktor mittels geeigneter Verfahren geschätzt werden. Eine Möglichkeit hierzu stellt das sog. *Marktmodell* dar, welches wie folgt definiert ist:

(1) $R_{it} = a_i + b_i R_{Mt} + u_{it}$

mit R_{it}: beobachtete Rendite des Wertpapiers i zum Zeitpunkt t
R_{Mt}: beobachtete Rendite des Marktes zum Zeitpunkt t
a_i: Komponente der Wertpapierrendite, die nicht von der Marktentwicklung abhängig ist
b_i: Sensitivitätsmaß, welches angibt, wie die Rendite des Wertpapiers i auf eine Veränderung der Marktrendite reagiert
u_{it}: stochastische Störgröße zum Zeitpunkt t

Nach dem Marktmodell lässt sich eine Rendite R_i in drei Komponenten aufspalten. Es besitzt einen von der Marktentwicklung unabhängigen Renditebestandteil (a_i), eine von der Marktrendite abhängige Komponente ($b_i R_{Mt}$) und einen stochastischen Störterm (u_{it}). Der Koeffizient b_i gibt dabei an, wie die Rendite des Wertpapiers i auf eine Kursveränderung des Marktes reagiert. Besitzt dieser Faktor beispielsweise einen Wert von 1.2, so wäre bei einem Renditeanstieg des Marktes um einen Prozentpunkt im Mittel mit einem Renditeanstieg des Wertpapiers i um 1.2 Prozentpunkte zu rechnen. Für das Marktmodell werden dabei die folgenden Annahmen zu Grunde gelegt [vgl. ELTON/GRUBER (1995), S. 132 und S. 152]:

(2) $E(u_{it}) = 0$ für alle $t = 1, ..., n$

(3) $Var(u_{it}) = E(u_{it}^2) = \sigma_{ui}^2$ für alle $t = 1, ..., n$

(4) $Var(R_{Mt}) = \sigma_M^2$ für alle $t = 1, ..., n$

(5) $Cov(u_{it}, R_{Mt}) = 0$ für alle $t = 1, ..., n$

Vergleicht man die Definitionsgleichung des Marktmodells (1) mit der Gleichung des einfachen Regressionsmodells (Gleichung (3) in Kapitel 5.1.) so erweisen sich beide Gleichungen als identisch. Aus diesem Blickwinkel lässt sich die Rendite R_{it} des Wertpapiers i als abhängige Variable, die Rendite R_{Mt} des Marktes als erklärende Variable zum Zeitpunkt t und die Größen a_i sowie b_i als Regressionskoeffizienten betrachten. Die stochastische Störgröße u_{it} entspricht dabei dem Regressionsresiduum zum Zeitpunkt t.

Vergleicht man die Annahmen des Marktmodells (Formeln (2) bis (5)) mit denen des Regressionsmodells, so lassen sich auch hier Gemeinsamkeiten feststellen. Die Annahmen

(2) und (3) fordern für die Störgröße u_{it} zu jedem Zeitpunkt t einen Erwartungswert von null und eine konstante Varianz. Derartige Voraussetzungen gelten auch für das Regressionsmodell. Die Annahmen (4) und (5) resultieren aus einem kleinen Unterschied zwischen dem in Kapitel 5. vorgestellten Regressionsmodell und dem Marktmodell. Während beim Regressionsmodell alle erklärenden Variablen (Regressoren) als feste Größen für einen Zeitpunkt t angesehen wurden, wird beim Marktmodell die (einzige) erklärende Größe R_{Mt} als Zufallsvariable betrachtet [vgl. ELTON/GRUBER (1995), S. 131]. Dies hat zwei Konsequenzen: Erstens weist der erklärende Faktor R_{Mt} eine gewisse Schwankung (Varianz) auf, die gemäß Annahme (4) als über die Zeit hinweg konstant angenommen wird. Zweitens wird mit der Annahme (5) explizit gefordert, dass die Kovarianz zwischen der erklärenden Variable (Rendite des Marktes) und dem Residuum null ist. Bei dem Regressionsmodell ergab sich dies automatisch, da die Regressoren als feste Größen für einen Zeitpunkt t angenommen wurden und die Kovarianz zwischen einer Konstanten und einer Zufallsvariablen immer null ist.

Vor diesem Hintergrund ist es nahe liegend, das Marktmodell als einfaches Regressionsmodell aufzufassen und die unbekannten Parameter a_i und b_i mittels des OLS-Verfahrens zu schätzen.[83] Die zu erklärende Variable (R_{it}) entspricht dabei den in der Vergangenheit beobachteten Renditen des Wertpapiers i (z.B. die Eintagesrenditen der BASF-Aktie) zu verschiedenen Börsentagen. Die Rendite des Marktes als erklärende Variable wird üblicherweise durch die beobachteten Renditen eines Aktienindexes (z.B. DAX, FAZ-Index...) ersetzt. Die geschätzten Residuen (OLS-Residuen) erfüllen die Annahmen (2) und (5) des Marktmodells, sofern eine Schätzung mittels des OLS-Verfahrens erfolgt (vgl. Kap. 5.4.).

Das Ziel besteht nun darin, den unbekannten Beta-Faktor des CAPM zu schätzen. Unter bestimmten Voraussetzungen stellt der Regressionskoeffizient b_i des Marktmodells einen geeigneten (d.h. erwartungstreuen und effizienten) Schätzer für den Beta-Faktor β_i des CAPM dar [vgl. BODIE/KANE/MARCUS (1989), S. 264f.].

Abschließend sei jedoch nochmals ausdrücklich darauf hingewiesen, dass es sich beim CAPM und beim Marktmodell nicht um ein identisches, sondern um zwei unterschiedliche Modelle handelt. Die folgende Tabelle 5.7.2.-1. veranschaulicht drei zentrale Unterschiede zwischen dem Marktmodell und dem CAPM:

---

83 Die Annahme der fehlenden Autokorrelation wird beim Marktmodell zunächst nicht getroffen. Sofern jedoch eine OLS-Schätzung erfolgt, ist auch diese Annahme erforderlich.

	CAPM	**Marktmodell**
Art des Modells	Gleichgewichtsmodell	kein Gleichgewichtsmodell
Zeitbezug	ex ante Modell	ex ante/ex post Modell
Periodigkeit	Ein-Perioden-Modell	Mehr-Perioden-Modell

Tab. 5.7.2.-1.: Vergleich CAPM und Marktmodell

Wie im vorangegangenen Kapitel erläutert wurde, handelt es sich beim CAPM um ein Gleichgewichtsmodell. Der stochastische Störterm in der Definitionsgleichung (1) verdeutlicht, dass es sich beim Marktmodell dagegen um kein Gleichgewichtsmodell handelt. Mit dessen Hilfe lässt sich nämlich jede Abweichung einer Aktienrendite von der renditebestimmenden Komponente ($a_i + b_i R_{Mt}$) erklären. Beim CAPM handelt es sich ferner um ein in die Zukunft gerichtetes Modell (ex ante Modell), während das Marktmodell sowohl ex ante- als auch ex post-Charakter besitzt. Beim Marktmodell werden die Renditen der Wertpapiere R_{it} und des Marktes R_{Mt} als Zufallsvariablen betrachtet, woraus der ex ante-Charakter folgt [vgl. z.B. UHLIR/STEINER (1994), S. 170]. Im Rahmen einer ex post-Betrachtung lässt sich jedoch unmittelbar überprüfen, wie gut das Marktmodell die Wertpapierrenditen in der Vergangenheit erklären konnte. Die Modelle unterscheiden sich auch hinsichtlich der unterstellten Periodigkeit. Der vom CAPM suggerierte Zusammenhang bezieht sich auf genau eine Periode, wobei nicht näher spezifiziert wird, was unter „einer Periode“ (z.B. wie lange dauert diese Periode?) zu verstehen ist. Die Mehr-Periodigkeit des Marktmodells ist an dem Zeitindex t in der Definitionsgleichung (1) ersichtlich, der die jeweils betrachtete Renditeperiode kennzeichnet.

5.7.3. Risikoanalyse mit Hilfe des Marktmodells

Wie in Kap. 5.7.1. (oder auch in Kap. 3.4.) erläutert wurde, lässt sich das Gesamtrisiko in eine *systematische* und eine *unsystematische* Risikokomponente zerlegen. Das unsystematische Risiko ist jener Bestandteil, der nicht durch Diversifikation, d.h. durch ein Aufteilen des Anlagebetrags auf viele verschiedene Wertpapiere, eliminiert werden kann. Aus diesem Grunde wird das unsystematische Risiko – gemäß der Bewertungsgleichung des CAPM – nicht in Form einer höheren erwarteten Rendite vergütet. Nach dem CAPM wird ausschließlich das systematische Risiko, welches sich nicht mittels Diversifikation beseitigen lässt, entgolten. Wie nämlich aus der Bewertungsgleichung des CAPM (Gleichung (1) in Kapitel 5.7.1.) ersichtlich ist, führt nur ein höheres systematisches Risiko (gemessen durch den Beta-Faktor des betrachteten Wertpapiers) zu einer höheren erwarteten Rendite.

Mit Hilfe des Marktmodells lässt sich nun das Gesamtrisiko eines Wertpapiers in diese beiden Komponenten aufspalten. Hierzu werden einfach die in Kapitel 2.3.2. erläuterten Rechenregeln für die Varianzen konsequent auf die Definitionsgleichung des Marktmodells, unter Berücksichtigung der zu Grunde gelegten Annahmen, angewandt. Das *zukünftige Ge-*

samtrisiko eines einzelnen Wertpapiers wird häufig durch die *zukünftige Schwankung* der Kurse bzw. Renditen dieses Wertpapiers quantifiziert. Als Maßzahl für die Schwankung wird üblicherweise die Varianz bzw. die Standardabweichung der Wertpapierrenditen herangezogen. Die Standardabweichung bezeichnet man in diesem Zusammenhang auch als *Volatilität* (siehe auch Kap. 3.3.1.). Da das zukünftige Risiko eines Wertpapiers nicht beobachtbar ist, wird im Regelfall die empirische Varianz bzw. Standardabweichung anhand von realisierten Renditen ermittelt und als Schätzer für das zukünftige Risiko eingesetzt. Der Schätzer für das zukünftige Risiko des Wertpapiers i lässt sich somit wie folgt berechnen:

(1) $$Var(R_i) = \sigma_i^2 = \frac{1}{n-1}\sum_{t=1}^{n}(r_{it} - \bar{r}_i)^2$$

mit
σ_i^2: empirische Varianz der Renditen der Anlage i
R_i: Rendite der Anlage i, interpretiert als *Zufallsvariable*
r_{it}: realisierte Rendite der Anlage i zum Zeitpunkt t
$\bar{r}_i$: arithmetisches Mittel der realisierten Renditen r_{it} ($t = 1, ..., n$)

In der Gleichung (1) lässt sich R_i als *Zufallsvariable* und die historisch beobachteten Renditen r_{it} als *Realisationen dieser Zufallsvariablen* auffassen. Im Folgenden wird in Zusammenhang mit Gleichung (1) immer vom Gesamtrisiko des Wertpapiers i gesprochen. Streng genommen handelt es sich allerdings nur um einen historisch berechneten Schätzer für das (eigentlich unbekannte) *zukünftige* Risiko, worauf im Folgenden aber nicht weiter eingegangen wird. In Formel (2) ist nochmals die Definition des Marktmodells formal dargestellt:

(2) $$R_i = a_i + b_i R_M + u_i$$

Die Größen R_i, R_M und u_i werden in (2) als *Zufallsvariablen* betrachtet. Der Zeitindex t wird aus Gründen der Vereinfachung weggelassen. Mit Hilfe von Formel (2) lässt sich die Varianz wie folgt formulieren:

(3) $$Var(R_i) = Var(a_i + b_i R_M + u_i) = Var(b_i R_M + u_i)$$

Da es sich bei a_i um eine feste Größe handelt, kann diese Größe vernachlässigt werden. Eine feste Größe weist zum einen immer eine Varianz von null auf. Darüber hinaus ist die Kovarianz einer festen Größe mit einer Zufallsvariablen ebenfalls immer gleich null. Der Ausdruck in (3) lässt sich wie folgt aufsplitten (siehe hierzu Kap. 2.3.2.):

(4) $$Var(b_i R_M + u_i) = Var(b_i R_M) + Var(u_i)$$

Hierbei wurde berücksichtigt, dass die Kovarianz zwischen der Marktrendite R_M und dem Störterm u_i null ist. Dies wurde als Annahme in Kapitel 5.7.2. explizit vorausgesetzt.[84] Durch Berücksichtigung der Rechenregel (6) in Kap. 2.3.2. erhält man das folgende Ergebnis:

(5) $$Var(R_i) = b_i^2 \cdot Var(R_M) + Var(u_i) \quad \text{bzw.} \quad \sigma_i^2 = b_i^2 \sigma_M^2 + \sigma_{ui}^2$$

mit: σ_i^2: *Gesamtrisiko* des Wertpapiers i
$b_i^2 \sigma_M^2$: *systematisches Risiko* des Wertpapiers i
σ_{ui}^2: *unsystematisches Risiko* des Wertpapiers i

Mit Hilfe von Formel (5) lässt sich also das Gesamtrisiko eines Wertpapiers in die *systematische* und die *unsystematische Komponente* zerlegen. Wie gezeigt wurde, handelt es sich hierbei lediglich um eine stringente Anwendung der Varianz-Rechenregeln.

5.7.4. Beispiel: Schätzung des Beta-Faktors der BASF-Aktie

Im folgenden Beispiel soll der Beta-Faktor der BASF-Aktie anhand des Zeitraums 01.01.1997 bis 30.12.1997 mit Hilfe des Marktmodells im Rahmen einer Regressionsanalyse geschätzt werden. Zur Durchführung der Analyse wird dabei das weit verbreitete Ökonometriepaket EViews eingesetzt, wobei selbstverständlich auch auf eine andere Statistik- bzw. Ökonometriesoftware zurückgegriffen werden kann. Um die nicht näher spezifizierte Marktrendite zu approximieren, wird die Rendite des Deutschen Aktienindexes DAX herangezogen. Das der Schätzung zu Grunde gelegte Datenmaterial besteht aus den täglichen Schlusskursen der BASF-Aktie und des DAX im Zeitraum 01.01.1997 bis 30.12.1997. Wie die folgenden Tabellen 5.7.4.-1. und 5.7.4.-2. zeigen, werden die Kurse zunächst durch die Bildung von logarithmierten Differenzen in stetige Renditen umgewandelt:[85]

[84] Siehe Annahme (5) in Kapitel 5.7.2.
[85] Vgl. hierzu auch Kap. 3.1.4.

Zeitindex t	Datum[86]	Kurs	log. Kurs	stetige Rendite
0	01.01.97	59.28	4.0823	–
1	02.01.97	58.02	4.0608	–0.0215
2	03.01.97	58.70	4.0724	0.0116
.	.	.	.	.
.	.	.	.	.
258	29.12.97	64.40	4.1651	0.0526
259	30.12.97	63.75	4.1550	–0.0101

Tab. 5.7.4.-1.: Kurse und Renditen der BASF-Aktie

Zeitindex t	Datum	Kurs	log. Kurs	stetige Rendite
0	01.01.97	2888.69	7.9686	–
1	02.01.97	2848.77	7.9546	–0.014
2	03.01.97	2859.28	7.9583	0.0037
.	.	.	.	.
.	.	.	.	.
258	29.12.97	4197.37	8.3422	0.0182
259	30.12.97	4249.69	8.3546	0.0124

Tab. 5.7.4.-2.: Kurse und Renditen des DAX

Zur Berechnung der stetigen Renditen werden in einem ersten Schritt die Kurse logarithmiert. Anschließend wird die Differenz zwischen zwei aufeinander folgenden logarithmierten Kursen gebildet. Neben der einfachen Berechnungsweise besitzen stetige Renditen auch positive statistische Eigenschaften, die in Kap. 3.1.4. bereits erläutert wurden. Die Umrechnung der absoluten Kurse in stetige Renditen kann auf einfache Weise mit Hilfe einer Tabellenkalkulation (z.B. Microsoft Excel) durchgeführt werden. Statistik- und Ökonometrie-Softwarepakete, wie z.B. EViews, besitzen hierzu eigene Befehle.

Beim Einsatz einer Ökonometriesoftware müssen zur Durchführung einer OLS-Schätzung im Regelfall lediglich die zu erklärende Variable (hier: die stetige Rendite der BASF-Aktie) und die erklärenden Variablen (hier: die stetige Rendite des DAX und eine Regressionskonstante) angegeben werden. Die Durchführung der OLS-Schätzung (siehe Kapitel 5.2.) sowie die Berechnung sämtlicher Kennzahlen und Teststatistiken, die in den Kapiteln 5. und 6. erläutert werden, wird in der Regel von der Software selbstständig durchgeführt. Die folgende Abbildung 5.7.4.-1. zeigt den Output, den die Ökonometriesoftware EViews erzeugt, falls man das hier behandelte Marktmodell (bei dem die Rendite der BASF-Aktie durch die DAX-Rendite erklärt werden soll) als ein einfaches Regressionsmodell schätzt:

---

86 Beim 01.01.1997 handelt es sich um einen Feiertag, weshalb hier kein Börsenhandel stattfand. Bei dem angegebenen Kurs handelt es sich deshalb um den Schlusskurs des letzten vorhergehenden Börsentages, an dem gehandelt wurde.

Variable	Coefficient	Std. Error	t-Statistic	Prob.
C	-0.001287	0.000739	-1.742195	0.0827
DLOGDAX	1.051753	0.049155	21.39666	0.0000

R-squared	0.640467	Mean dependent var	0.000281
Adjusted R-squared	0.639068	S.D. dependent var	0.019691
S.E. of regression	0.011830	Akaike info criterion	-8.866592
Sum squared resid	0.035965	Schwarz criterion	-8.839126
Log likelihood	782.7185	F-statistic	457.8170
Durbin-Watson stat	2.019376	Prob(F-statistic)	0.000000

Abb. 5.7.4.-1.: Regressionsoutput des Marktmodells

Die Variable *C* entspricht der Regressionskonstanten und *DLOGDAX* der stetigen DAX-Rendite. In der Spalte *Coefficient* befinden sich die geschätzten Regressionsparameter. Demnach wurde für die Regressionskonstante a_i der Wert –0.001287 und für den Koeffizienten b_i der Wert 1.051753 geschätzt. Der Wert des Koeffizienten b_i fungiert als Schätzer für den unbekannten Beta-Faktor. Offensichtlich hat sich die BASF-Aktie sehr stark „mit dem Markt" bewegt (der durch den DAX approximiert wurde), denn der historische Beta-Faktor liegt nahe bei eins. Dieser Wert lässt sich wie folgt interpretieren: Falls der DAX einen Renditeanstieg von einem Prozentpunkt aufwies, war im Mittel mit einem Renditeanstieg der BASF-Aktie um 1.052 Prozentpunkte zu rechnen. In der Spalte *Std. Error* sind die geschätzten Standardfehler (= Standardabweichungen) der geschätzten Regressionsparameter aufgeführt. Es handelt sich hierbei um jene Werte, die sich gemäß der Formel (28) in Kapitel 5.5.1. berechnen lassen. Diese Werte, sowie die Werte in den Spalten *t-Statistic* und *Prob.* werden im nächsten Kapitel erläutert, nachdem die zu Grunde liegende Theorie behandelt wurde.

Im unteren Abschnitt ist das Bestimmtheitsmaß (*R-squared*) mit einem Wert von 0.640467 angegeben. Es können im Beispiel etwa 64.05% der Gesamtschwankung der Renditen der BASF-Aktie durch die DAX-Renditen erklärt werden. Die nicht erklärte Restschwankung von 35.95% entspricht dem Unbestimmtheitsmaß. Ob dieser Wert nun als hoch oder niedrig einzustufen ist, soll in der Fallstudie in Kapitel 8. durch einen Vergleich mit einem Regressionsmodell, welches zur Renditeprognose eingesetzt wird, geklärt werden. Unmittelbar unter dem Bestimmtheitsmaß ist das korrigierte Bestimmtheitsmaß (*Adjusted R-squared*) mit einem Wert von 0.639068 angegeben. Die Berechnung dieses Wertes lässt sich auf einfache Weise durch Anwendung der Formel des korrigierten Bestimmtheitsmaßes (siehe Formel (6) aus Kapitel 5.6.3.) nachvollziehen:

$$(1) \quad \overline{R}^2 = 1 - \frac{n-1}{n-(k+1)}\left(1-R^2\right) = 1 - \frac{259-1}{259-(1+1)}(1-0.640467) = 0.639068$$

Das gesamte Bestimmtheitsmaß von 64.05% basiert auf einem Regressionsmodell mit nur einer erklärenden Variablen, nämlich der DAX-Rendite. Daher unterscheidet sich das korrigierte Bestimmtheitsmaß nur geringfügig vom ursprünglichen R^2. Als weitere Gütemaße werden das *Akaike information criterion* und das *Schwarz criterion* ausgegeben. Wie bereits in Kapitel 5.6.3. erläutert wurde, spiegeln diese Kennzahlen, analog zum adjustierten R^2, das Verhältnis zwischen Erklärungsgehalt und Anzahl an erklärenden Variablen wieder. Insofern werden sie nicht näher behandelt.

Als weitere Angaben liefert die Ökonometriesoftware die Summe der quadrierten Residuen (*Sum squared resid*) und den Standardfehler (= Standardabweichung) der Residuen (*S.E. of regression*). Hier handelt es sich selbstverständlich um die geschätzten Residuen (OLS-Residuen). Der Zusammenhang zwischen der Summe der quadrierten Residuen und dem Standardfehler wurde in Formel (25) des Kapitels 5.5.1. bereits erläutert:

$$(2) \quad \hat{\sigma}^2 = s^2 = \frac{1}{n-(k+1)} \sum_{t=1}^{n} \hat{\varepsilon}_t^2 = \frac{1}{259-(1+1)} \cdot 0.035965 = 0.0001399416$$

$$(3) \quad \hat{\sigma} = s = \sqrt{0.0001399416} = 0.011830$$

Ansonsten werden diese Größen nicht näher ausgewertet. Bei *Log likelihood* handelt es sich um einen Wert, der bei einer Maximum Likelihood-Schätzung – die hier nicht behandelt wurde – von Bedeutung ist. Weiterhin liefert die Software den Mittelwert (*Mean dependent var*) und die Standardabweichung (*S.D. dependent var*) der zu erklärenden Variable, also der stetigen BASF-Renditen. Alle weiteren Informationen werden in einer Fallstudie im nächsten Kapitel diskutiert, nachdem die zu Grunde liegende Theorie behandelt wurde.

5.8. Fallstudie: Performancemessung

Arbeitshinweise: Die vorliegende Fallstudie 5.8. beschäftigt sich mit der *Performancemessung*. Hierbei geht es um die Ermittlung und Analyse des in der Vergangenheit erzielten Anlageerfolgs. Wie dieses Kapitel zeigt, handelt es sich bei den dabei eingesetzten Verfahren letztendlich nur um eine stringente Anwendung von finanzmathematischen, statistischen, ökonometrischen und kapitalmarkttheoretischen Konzepten. In Kap. 5.8.1. werden zunächst die Grundlagen der Performancemessung behandelt. Das Kap. 5.8.2. erläutert anschließend kurz das sog. *Benchmark-Konzept*. Bei einer Benchmark handelt es sich um eine adäquate Alternativanlage, mit der die ermittelte Performance der betrachteten Kapitalanlage verglichen wird. Das nachfolgende Unterkapitel 5.8.3. widmet sich ausschließlich Verfahren der *zweidimensionalen Performancemessung*. Diese Verfahren zur Quantifizierung der Performance ziehen die *Rendite* und das *Risiko* heran. Bei der einfacheren *eindimensionalen Performancemessung* wird dementsprechend nur die Rendite betrachtet. In Kap. 5.8.3.1. wird die *Sharpe-Ratio* behandelt, die in der Fallstudie zur Renditeprognose (Kap.

8.) zur Anwendung kommt. Der folgende Abschnitt 5.8.3.2. widmet sich dem *Treynor-Maß*, welches das Risiko mit Hilfe des in der Fallstudie 5.7. ausführlich behandelten Beta-Faktors quantifiziert. Das Unterkapitel 5.8. dient ausschließlich zur Veranschaulichung der Anwendung von finanzwirtschaftlichen und statistischen Methoden. Für den Leser, der ausschließlich an den statistischen und ökonometrischen Methoden interessiert ist, ist dieses Kapitel somit von geringerem Interesse.

5.8.1. Grundlagen der Performancemessung

In Kap. 8. wird eine Fallstudie behandelt, die sich mit der Prognose von zukünftigen Renditen von Finanzanlagen beschäftigt. Das Ziel von solchen Renditeprognosen besteht im Wesentlichen darin, darauf aufbauend Kauf- und Verkaufentscheidungen zu treffen und so eine hohe Rendite zu erwirtschaften. Eine hohe Rendite kann nur dann erzielt werden, wenn das Prognosemodell eine hinreichend gute Prognosegüte aufweist. Schlechte Prognosen führen zwangsläufig zu einem negativen Anlageerfolg. Nachdem Käufe und Verkäufe von Finanzanlagen durchgeführt wurden, ist es Aufgabe der anschließenden *Performancemessung*, sich mit der Ermittlung und Analyse des in der Vergangenheit erzielten Erfolgs zu beschäftigen. Wie noch deutlich wird, werden hierzu zahlreiche Verfahren eingesetzt, die der Finanzmathematik und -statistik sowie der Kapitalmarkttheorie zuzuordnen sind. Häufig wird nicht nur ein Anlagetitel, sondern mehrere gleichzeitig gehalten. Man spricht dann von einem *Wertpapier-Portfolio* oder einfach nur von einem *Portfolio*. Im Folgenden wird der Begriff Portfolio jedoch ganz allgemein eingesetzt, d.h. das Portfolio kann aus einem oder aus mehreren Finanztiteln bestehen. Für die nachfolgend getroffenen Aussagen besitzt die tatsächlich in einem Portfolio enthaltene Anzahl an Wertpapieren keine Konsequenz.

Zur Charakterisierung der Performance einer Anlage bzw. eines Portfolios lassen sich die drei Komponenten *Rendite*, *Risiko* und *Liquidierbarkeit* heranziehen [vgl. BRUNS/MEYER-BULLERDIEK (2000), S.1]. Unter Liquidierbarkeit wird dabei die Eigenschaft verstanden, sich jederzeit zu fairen Preisen von einzelnen Anlagen bzw. dem gesamten Portfolio trennen zu können. Auf Grund des Problems der adäquaten Quantifizierbarkeit der Liquidierbarkeit wird zur operativen Messung der Performance im Regelfall nur die *Rendite* und das *Risiko* herangezogen. Wird die Rendite und das Risiko bei der Messung des Anlageerfolgs berücksichtigt, so spricht man häufig von einer *zweidimensionalen* Performancemessung. Das Ziel liegt also darin, eine möglichst hohe Rendite mit möglichst wenig Risiko zu erzielen. Bei der *eindimensionalen* Performancemessung wird dementsprechend nur die Rendite betrachtet. In Kap. 3.2. wurde gezeigt, welche verschiedenen Methoden zur Renditeberechnung existieren und unter welchen Voraussetzungen ein konkretes Verfahren anzuwenden ist. Ein Überblick über verschiedene Ansätze zur Konkretisierung des nicht näher bestimmten Begriffs *Risiko* findet sich in Kap. 3.3. Wie noch gezeigt wird, spielen bei der Performancemessung insbesondere die *Standardabweichung (Volatilität)* zur Quantifizierung des *Gesamtrisikos* und der *Beta-Faktor* zur Messung des *systematischen Risikos* eine große Rolle. Der Ermittlung der „ex post"-Performance kommt insofern eine große Bedeutung zu, da einem Anlagekonzept (z.B. ein Prognosemodell mit einer darauf aufbauenden Kauf-/Verkaufstrategie), welches in der Vergangenheit erfolgreich war, häufig auch gute Erfolgsaussichten für die Zukunft zugesprochen werden.

5.8.2. Aufgaben und Konstruktion geeigneter Benchmarks

Zur Messung der Performance werden – wie oben erwähnt – im Regelfall die Rendite und das Risiko herangezogen. Die Aufgabe einer *Benchmark* liegt darin, das vom Investor gewünschte Rendite-/Risikoprofil als konkretes Ziel zu operationalisieren. Insofern entspricht die Benchmark einem *Vergleichsportfolio*, das idealerweise vom Investor (Geldgeber) – mit entsprechender Beratung des Portfoliomanagers – festgelegt wird. Damit die Benchmark auch tatsächlich ein geeignetes Vergleichsportfolio darstellt, nennt SHARPE vier Kriterien, die eine Benchmark erfüllen sollte [vgl. SHARPE (1992), S. 16]:

- Die Benchmark soll eine real erwerbbare Anlagealternative darstellen,
- der Erwerb soll mit niedrigen Kosten verbunden sein,
- die Benchmark soll gut diversifiziert sein und
- die Benchmark soll bekannt sein, bevor die Anlageentscheidungen getroffen werden.

Die vier Kriterien von SHARPE werden von LERBINGER um eine weitere Anforderung ergänzt:

- Für die Benchmark sollen die gleichen Restriktionen wie für das Portfolio gelten [vgl. LERBINGER (1984), S. 65].

Die ersten beiden Eigenschaften stellen sicher, dass das Benchmarkportfolio eine tatsächlich realisierbare Anlagealternative darstellt, die – auf Grund der niedrigen Kosten – auch tatsächlich sinnvoll ist. Der hohe Diversifikationsgrad stellt ein geringes Risiko der Benchmark bzw. des Benchmarkportfolios sicher. Es ist somit schwer hinsichtlich der risikoadjustierten Rendite zu übertreffen. Damit die Benchmark auch tatsächlich seinen Aufgaben als operationalisiertes Ziel gerecht wird, muss sie natürlich bereits vorab bekannt sein, also bevor die konkreten Anlageentscheidungen getroffen werden. Unterliegt die Benchmark nicht den gleichen Restriktionen wie das Portfolio (z.B. aus rechtlichen Gründen), sind Zielabweichungen (d.h. Abweichungen von der Performance der Benchmark) bereits vorprogrammiert. Solche rechtlichen Restriktionen können sich beispielsweise aus dem Gesetz für Kapitalanlagegesellschaften (KAGG) ergeben.

Unter Berücksichtigung der oben beschriebenen generellen Eigenschaften von Benchmarks stellt sich die Frage nach den konkreten Umsetzungsmöglichkeiten. Hierzu lässt sich eine allgemeine Einteilung in *standardisierte* und *investorspezifische („customized")* Benchmarks vornehmen [vgl. BRUNS/MEYER-BULLERDIEK (2000), S. 57-61]. Bei standardisierten Benchmarks steht die Orientierung an einem bestimmten Kapitalmarktsegment im Vordergrund. Aus diesem Grunde wird hierbei im Regelfall auf einen standardisierten Kapitalmarktindex zurückgegriffen. Steht beispielsweise für die Portfoliobildung als Anlageuniversum der Deutsche Aktienmarkt zur Verfügung, so kann z.B. der Deutsche Aktienindex DAX als (standardisierte) Benchmark herangezogen werden. Der Rückgriff auf eine investorspezifische Benchmark ist dann notwendig, wenn das vom Investor gewünschte Anlageprofil nicht mit Hilfe eines geeigneten Marktindexes abgebildet werden kann. Im einfachsten Fall werden mehrere bestehende Marktindices so kombiniert, dass der daraus resultierende Index das vom Investor gewünschte Rendite-Risiko-Profil aufweist. Soll beispielsweise der gesamte Anlagebetrag eines amerikanischen Investors zu 2/3 in den amerikanischen Aktienmarkt und zu 1/3 in den amerikanischen Bondmarkt investiert werden, so könnte eine geeignete Benchmark aus 2/3 des Morgan Stanley Aktienindex USA und aus 1/3 des Salomon Brothers Government Bond Index USA bestehen.

Inwieweit nun die ausgewählte Benchmark als konkretes Ziel zu verstehen ist, hängt von der zu Grunde gelegten *Investmentphilosophie* ab. Im Rahmen eines *passiven* Portfoliomanagements besteht das Ziel darin, die vorgegebene Benchmark hinsichtlich ihres Rendite-Risikoprofils möglichst exakt mit minimalen Kosten nachzubilden. Das Abweichungsrisiko zwischen dem Portfolio und der Benchmark wird dabei mittels des sog. *Tracking Errors* quantifiziert.[87] Bei der Durchführung einer passiven Investmentstrategie ist also der Tracking Error das adäquate Risikomaß. Die passive Strategie basiert im Wesentlichen auf der Annahme effizienter Märkte. Danach sind bereits sämtliche Informationen in den aktuellen Marktpreisen verarbeitet. Eine Erzielung von über dem Markt liegenden Renditen ist durch eine überlegene Informationsauswertung gemäß dieser These nicht möglich. Das einzig sinnvolle Ziel besteht somit darin, den Markt möglichst exakt und kostengünstig nachzubilden. In der praktischen Umsetzung wird als Ersatz für den nicht beobachtbaren Markt das Benchmarkportfolio nachgebildet, welches gemäß den oben definierten Eigenschaften ebenfalls einen hohen Diversifikationsgrad aufweisen sollte.[88] Eine gänzlich andere Bedeutung nimmt die Benchmark im Rahmen des sog. *aktiven* Portfoliomanagements ein. Dort wird im Regelfall unterstellt, dass die Märkte nicht effizient sind und die Marktineffizienzen durch geeignete Prognosemethoden (z.B. Regressionsmodelle, vgl. Kap. 8.) Gewinn bringend erkannt und ausgenutzt werden können. Bei einem aktiv gemanagten Portfolio besteht das Ziel darin, die Benchmark hinsichtlich der risikoadjustierten Rendite (unter Berücksichtigung von Transaktionskosten) möglichst hoch zu übertreffen. Hierzu wird die

---

87 Zum Tracking Error vgl. Kap. 3.3.6.

Performance des tatsächlichen „aktiven" Portfolios und des Benchmarkportfolios ermittelt und beide miteinander verglichen. Zur Messung der Performance können dabei jene Verfahren eingesetzt werden, die im nachfolgenden Kap. 5.8.3. erläutert werden.

5.8.3. Verfahren der zweidimensionalen Performancemessung

5.8.3.1. Berücksichtigung des Gesamtrisikos mit Hilfe des Sharpe-Maßes

Beim Sharpe-Maß werden Rendite und Risiko in der Weise zu einer Kennzahl aggregiert, indem die Rendite durch das Risiko dividiert wird. Insofern lässt sich die *Sharpe-Ratio*, die auch als *„Reward-to-Variability Ratio"* bezeichnet wird, als risikoadjustierte Rendite verstehen. Die Sharpe-Ratio ist wie folgt definiert:

(1) $$SR_p = \frac{\bar{r}_p - r_f}{\sigma_p}$$

mit SR_p: Sharpe-Ratio des Portfolios p
$\bar{r}_p$: mittlere realisierte Rendite des Portfolios p
r_f: risikoloser Zinssatz
σ_p: empirische Standardabweichung der Portfoliorenditen[89]

Von der Portfoliodurchschnittsrendite $\bar{r}_p$ wird der risikolose Zins r_f abgezogen und durch die empirische Standardabweichung σ_p dividiert. Die Differenz zwischen der Portfoliorendite und dem risikolosen Zinssatz wird dabei ganz allgemein als *Überschussrendite* bzw. *Excess Return* bezeichnet. Auf Grund der Berechnungsweise lässt sich die Sharpe-Ratio als *Risikoprämie pro Einheit an übernommenem Gesamtrisiko* verstehen. Gemäß der Sharpe-Ratio bedeutet eine „gute" Performance, dass eine hohe Rendite im Verhältnis zu einem geringen Gesamtrisiko erzielt wurde. Auf Grund der Konzeption als relative Größe können die Sharpe-Ratios verschiedener Portfolios sowohl untereinander als auch mit der des Benchmark-Portfolios verglichen werden.

Die Berechnung der Rendite und des Risikos eines Portfolios, das aus mehreren Wertpapieren besteht, wurde bereits in Kapitel 3.4.1. erläutert. Umfasst das Portfolio bzw. das Benchmarkportfolio nur einen Finanztitel, so wird bei der Berechnung von Formel (1) die Rendite bzw. die Standardabweichung dieses einen Wertpapiers herangezogen. Dieser Fall wird in der Fallstudie zur Renditeprognose (Kap. 8.) veranschaulicht.

---

88 Zum passiven Portfoliomanagement und dem damit verbundenen Index Tracking vgl. näher die Fallstudien in Kap. 10.5. und Kap. 12.4.

89 Obwohl es sich hier beim Gesamtrisiko um eine empirische Größe handelt, wird dennoch das Symbol σ_p statt s_p eingesetzt. Diese Darstellungsform wird überwiegend in der Literatur gewählt.

Ein Vorteil der Sharpe-Ratio ist in ihrer intuitiven Interpretierbarkeit und ihrer einfachen Berechnungsweise zu sehen. Die Rendite und die Volatilität des Portfolios lassen sich anhand der vorliegenden ex post Daten berechnen. Als risikoloser Zins kann ein Geldmarktzins mit adäquater Laufzeit herangezogen werden.

Als Nachteil der Sharpe-Ratio lässt sich anführen, dass sie keinen Einblick in die Struktur des Portfoliorisikos ermöglicht. Wie in Kapitel 5.7.3. gezeigt wurde, lässt sich das Gesamtrisiko in ein systematisches und ein unsystematisches Risiko zerlegen. Da das unsystematische Risiko durch Diversifikation eliminiert werden kann, wird es gemäß der Kapitalmarkttheorie nicht in Form einer höheren Renditeerwartung vergütet. Insofern wäre von zwei Portfolios mit einem identischen Gesamtrisiko jenes als vorteilhafter einzustufen, das einen geringeren Anteil an unsystematischem Risiko aufweist. Wie aus der Definition in Formel (1) ersichtlich ist, wird dieser Sachverhalt bei der Sharpe-Ratio nicht berücksichtigt.

Ferner wurde durch den Rückgriff auf das Gesamtrisiko implizit vorausgesetzt, dass es sich bei dem betrachteten Portfolio um die einzige Anlage des Investors handelt. Der Anleger könnte jedoch noch weitere Portfolios besitzen. Ist dies der Fall, so müsste das Gesamtportfolio, also das betrachtete Portfolio inklusive aller weiteren Anlagen des Investors, analysiert werden. In dieser Situation stellt das systematische Risiko, gemessen mittels des Beta-Faktors, die eigentlich relevante Risikogröße dar.

5.8.3.2. Berücksichtigung des systematischen Risikos mit Hilfe des Treynor-Maßes

Das *Treynor-Maß* knüpft genau am letzten Kritikpunkt der Sharpe-Ratio an. Wenn der Investor neben dem betrachteten Portfolio noch weitere Anlagen besitzt, er also insgesamt einen relativ hohen Diversifikationsgrad erreicht, dann ist nicht das Gesamtrisiko des betrachteten Portfolios relevant, sondern nur das systematische Risiko. Da gemäß der Kapitalmarkttheorie (CAPM) nur das systematische, nicht diversifizierbare Risiko vergütet wird, sollte der Investor ohnehin einen hohen Diversifikationsgrad anstreben. Unter dieser Voraussetzung ist das Treynor-Maß, welches auch als *„Reward-to-Volatility Ratio"* bezeichnet wird, das geeignete Instrumentarium zur Performancemessung. Es wird wie folgt berechnet:

$$(1) \qquad T_p = \frac{\bar{r}_p - r_f}{\beta_p}$$

mit T_p: Treynor-Maß des Portfolios p
$\bar{r}_p$: mittlere realisierte Rendite des Portfolios p
r_f: risikoloser Zinssatz
β_p: geschätzter Beta-Faktor der realisierten Portfoliorenditen

Wie die Formel zeigt, lässt sich das Treynor-Maß als *Überschussrendite bzw. Risikoprämie je Einheit des übernommenen systematischen Risikos* interpretieren. Gemäß dem Treynor-Maß bedeutet eine hohe Performance eine hohe Rendite im Verhältnis zu einem geringen systematischen Risiko. Analog zum Sharpe-Maß ist auch das Treynor-Maß als relative Größe konzipiert. Damit können die Treynor-Maße verschiedener Portfolios sowohl untereinander, als auch mit dem des Benchmark-Portfolios verglichen werden. Im Regelfall dient das Benchmark-Portfolio als Repräsentant für das nicht beobachtbare Marktportfolio. In diesem Fall weist das Portfolio-Beta der Benchmark einen Wert von eins auf.

In der vorangegangenen Fallstudie 5.7. wurde gezeigt, wie sich der Beta-Faktor eines Wertpapiers ermitteln lässt. Besteht das betrachtete Portfolio aus nur einem Wertpapier, so wird die mittlere realisierte Rendite dieses Wertpapiers (nachdem der risikolose Zins abgezogen wurde) durch seinen Beta-Faktor dividiert. Umfasst das betrachtete Portfolio jedoch mehrere Wertpapiere, so lässt sich das Portfolio-Beta wie folgt berechnen:

(2) $$\beta_p = \sum_{i=1}^{m} w_i \cdot \beta_i$$

mit β_p: Portfolio-Beta
w_i: Anteil des Wertpapiers i am Gesamtportfolio
m: Anzahl der Wertpapiere im Portfolio
β_i: Beta-Faktor des Wertpapiers i

Das Portfolio-Beta wird also in der Weise berechnet, dass die Beta-Faktoren der einzelnen Wertpapiere zunächst mit ihren Anteilen gewichtet und anschließend aufsummiert werden. Als Beispiel sei ein Portfolio betrachtet, welches zu 25% aus dem Wertpapier A, zu 25% aus dem Wertpapier B und zu 50% aus dem Wertpapier C besteht. Außerdem mögen diese drei Wertpapiere einen Beta-Faktor von 0.8, 0.9 und 1.05 aufweisen. In diesem Fall berechnet sich das Portfolio-Beta wie folgt:

(3) $$\beta_p = 0.25 \cdot 0.8 + 0.25 \cdot 0.9 + 0.50 \cdot 1.05 = 0.95$$

Die Bestimmung der mittleren realisierten Rendite eines Portfolios, das aus mehreren Wertpapieren besteht, wurde bereits in Kapitel 3.4.1. gezeigt.

Als Kritikpunkt lässt sich anführen, dass das Treynor-Maß das unsystematische Risiko komplett vernachlässigt. Dies ist nur dann zulässig, wenn ein extrem hoher Diversifikationsgrad vorliegt. In der Praxis ist dies jedoch nicht immer der Fall.

5.8.3.3. Anwendungsbeispiel: Sharpe-Ratio und Treynor-Maß

Das folgende Beispiel dient zur Veranschaulichung der Performancemessung mit Hilfe der Sharpe-Ratio und dem Treynor-Maß. Hierbei wird anhand realer Daten geprüft, ob der XY-Investmentfonds[90] eine höhere Performance aufwies als seine selbst vorgegebene Benchmark. Der XY-Fonds orientiert sich an dem amerikanischen Aktienindex S&P500, versucht aber durch bewusste Abweichungen ein besseres Ergebnis als jener zu erzielen. Anhand der Sharpe-Ratio und des Treynor-Maßes wird nachfolgend überprüft, ob der XY-Fonds eine bessere Performance als der S&P500-Index aufwies. In der nachfolgenden Tabelle 5.8.3.3.-1. ist das verfügbare Datenmaterial aufgeführt.

Datum	Kurs XY-Fonds (DM)	Kurs S&P500 ($)	Kurs $/DM	Kurs S&P500 (DM)	stetige Rendite XY-Fonds	stetige Rendite S&P500
29.02.96	61.95	640.43	1.4667	939.3186	–	–
29.03.96	62.09	645.50	1.4757	952.5643	0.0022	0.0141
30.04.96	64.51	654.17	1.5294	1000.4876	0.0382	0.0490
.	.	.	.	.	.	.
.	.	.	.	.	.	.
31.08.98	112.18	957.53	1.7723	1697.0304	–0.1661	–0.1613
30.09.98	108.24	1017.05	1.6759	1704.4741	–0.0357	0.0043

Tab. 5.8.3.3.-1.: Beispieldaten des XY-Fonds und des S&P500-Indexes

Das Datenmaterial umfasst die monatlichen Rücknahmepreise des XY-Fonds sowie die Monatsendkurse des S&P500-Index in dem Zeitraum vom Februar 1996 bis zum September 1998 (02:1996 bis 09:1998). Da der XY-Fonds in DM notiert ist und der S&P500 in Dollar, werden die Kurse des S&P500 mit dem DM/Dollar-Kurs multipliziert. Der daraus resultierende Wert ist der adäquate S&P500-Kurs aus der Sicht eines deutschen Investors. Zur Bestimmung der stetigen Monatsrenditen werden die Kurse des XY-Fonds und des S&P500-Indexes (ausgedrückt in DM) zunächst logarithmiert und anschließend die Differenz zum vorhergehenden Kurs berechnet. Es ergeben sich jeweils 31 stetige Monatsrenditen.

Für die Berechnung der Sharpe-Ratio und des Treynor-Maßes wird zunächst die mittlere stetige Monatsrendite für den XY-Fonds und den S&P500-Index berechnet:

(1) $$\bar{r}_{Fonds} = \frac{1}{31} \cdot (0.0022 + \ldots + (-0.0357)) = 0.01514$$

(2) $$\bar{r}_{S\&P} = \frac{1}{31} \cdot (0.0141 + \ldots + 0.0043) = 0.01636$$

90 Bei dem XY-Fonds handelt es sich um einen real existierenden Investmentfonds, dessen Name hier nicht weiter relevant ist.

Bei der Berechnung der Sharpe-Ratio und des Treynor-Maßes wird die Überschussrendite über den risikolosen Zinssatz auf das entsprechende Risiko bezogen. Der adäquate risikolose Zins beträgt in dem Zeitraum von 02:1996 bis 09:98 4% p.a. Damit dieser Zinssatz (diskrete Rendite) den stetigen Monatsrenditen des XY-Fonds und des S&P500-Index gegenüber gestellt werden kann, muss er ebenfalls in eine stetige Monatsrendite umgerechnet werden. Hierzu wird der Zinssatz zunächst logarithmiert und anschließend durch 12 dividiert:

$$(3) \quad r_f\,(\text{p.a., stetig}) = ln(1 + 0.040) = 0.03922 \quad \Rightarrow \quad r_f = 0.03922 / 12 = 0.00327$$

Bei der Sharpe-Ratio wird das Risiko mit Hilfe der Standardabweichung der Renditen quantifiziert. Für die Renditen des XY-Fonds und des S&P500-Index ergeben sich die folgenden Standardabweichungen:

$$(4) \quad \sigma_{Fonds} = \sqrt{\frac{1}{31-1}\left[(0.0022-0.0151)^2 + ... + (-0.0357-0.0022)^2\right]} = 0.06300$$

$$(5) \quad \sigma_{S\&P} = \sqrt{\frac{1}{31-1}\left[(0.0141-0.0163)^2 + ... + (0.0043-0.0163)^2\right]} = 0.05975$$

Mit Hilfe dieser Informationen lassen sich die beiden Sharpe-Ratios wie folgt bestimmen:

$$(6) \quad SR_{Fonds} = \frac{\bar{r}_{Fonds} - r_f}{\sigma_{Fonds}} = \frac{0.01514 - 0.00327}{0.06300} = 0.18841$$

$$(7) \quad SR_{S\&P} = \frac{\bar{r}_{S\&P} - r_f}{\sigma_{S\&P}} = \frac{0.01636 - 0.00327}{0.05975} = 0.21908$$

Der XY-Fonds weist also hinsichtlich der Sharpe-Ratio eine geringere Performance auf als seine Benchmark, der S&P500-Index. Der XY-Fonds erzielte eine Überschussrendite von 0.18841 pro Einheit an übernommenen Risiko. Der entsprechende Wert des S&P500-Indexes beträgt 0.21908.

Nachfolgend werden die beiden Anlagemöglichkeiten mit Hilfe des Treynor-Maßes verglichen, bei dem das Risiko mit Hilfe des Beta-Faktors quantifiziert wird. Da die S&P500-Anlage gleichzeitig der Benchmark entspricht, weist diese definitionsgemäß einen Beta-Faktor von eins auf. Zur Bestimmung des Beta-Faktors des XY-Fonds werden seine Renditen auf jene der Benchmark regressiert. Die abhängige Variable entspricht also den Renditen des XY-Fonds und die unabhängige jene des S&P500-Indexes. Der daraus resultierende Regressionskoeffizient stellt den Beta-Faktor dar. Die nachfolgende Abb. 5.8.3.3.-1. beinhaltet das Ergebnis dieser Einfachregression:

Variable	Coefficient	Std. Error	t-Statistic	Prob.
C	-0.001580	0.003127	-0.505248	0.6172
DSP500DM	1.018708	0.050571	20.14394	0.0000

R-squared	0.933299	Mean dependent var	0.018001
Adjusted R-squared	0.930999	S.D. dependent var	0.063002
S.E. of regression	0.016549	Akaike info criterion	-8.140479
Sum squared resid	0.007943	Schwarz criterion	-8.047964
Log likelihood	84.19033	F-statistic	405.7783
Durbin-Watson stat	1.744375	Prob(F-statistic)	0.000000

Abb. 5.8.3.3.-1.: Beta-Faktor des XY-Fonds

Für den XY-Fonds ergibt sich ein Beta-Faktor von 1.018708 (*Coefficient* der *Variable DSP500DM*). Der Beta-Faktor nahe 1 signalisiert, dass sich die Fonds-Renditen relativ gleichgerichtet mit den Benchmark-Renditen entwickelt haben. Mit Hilfe dieser Informationen können nun die Treynor-Maße der beiden Anlagealternativen bestimmt werden:

(8) $$T_{Fonds} = \frac{\bar{r}_{Fonds} - r_f}{\beta_{Fonds}} = \frac{0.01514 - 0.00327}{1.018708} = 0.01165$$

(9) $$T_{S\&P} = \frac{\bar{r}_{S\&P} - r_f}{\beta_{S\&P}} = \frac{0.01636 - 0.00327}{1.0} = 0.01309$$

Der XY-Fonds weist auch hinsichtlich des Treynor-Maßes eine niedrigere Performance als der S&P500-Index auf. Hätte man noch weitere Anlagealternativen (z.B. weitere Investmentfonds) betrachtet, so könnte man die entsprechenden Maße auf analoge Weise berechnen. Da die Sharpe-Ratio und das Treynor-Maß als relative Performancemaße konzipiert sind (erzielte Überschussrendite pro Einheit übernommen Risikos), können diese Größen dann beliebig miteinander verglichen werden.

6. Analyse des Regressionsmodells mittels Hypothesentests

6.1. Grundlagen und Konstruktionsprinzip eines Hypothesentests

Arbeitshinweise: Gegenstand der folgenden Betrachtungen von Kap. 6.1. sind die Grundlagen und das Konstruktionsprinzip von Hypothesentests. Da sich das gesamte Kapitel 6. mit den verschiedenartigsten Hypothesentests zur Analyse des Regressionsmodells beschäftigt, sollte das Kap. 6.1. auf alle Fälle sowohl vom theoretisch interessierten als auch vom anwendungsorientierten Leser sorgfältig bearbeitet werden. Das Verständnis dieses Abschnitts ist von zentraler Bedeutung für das gesamte Kapitel 6. Die Ausführungen wurden bewusst sehr einfach gehalten und auf komplexe mathematische Darstellungen verzichtet.

Nachdem das Regressionsmodell anhand historischer Daten geschätzt wurde, ist es sinnvoll, das Modell nachträglich zu analysieren. Zum einen sollte das geschätzte Modell hinsichtlich der Annahmen überprüft werden, die dem Grundmodell zu Grunde gelegt wurden. Zum anderen ist das Modell auf Signifikanz zu überprüfen, wobei sich diese Frage sowohl für das Gesamtmodell als auch für einzelne Regressoren stellt. Als Instrumentarium kommen hierbei *statistische Hypothesentests* zum Einsatz, deren Grundkonzept nachfolgend anhand eines *Parametertests* veranschaulicht wird. Die Bezeichnung Parametertest resultiert aus dem Sachverhalt, dass hier Hypothesen über einen unbekannten Parameter der Grundgesamtheit getestet werden. Hierzu werden über einen unbekannten Parameter der Grundgesamtheit zwei konkurrierende Hypothesen aufgestellt: Eine sog. Nullhypothese H_0 und eine Alternativhypothese H_1. In Abhängigkeit von einer Beobachtung (Stichprobe) soll dann anschließend eine der beiden Aussagen (A_0 oder A_1) getroffen werden:

A_0: H_0 beibehalten, H_0 ist mit der Beobachtung vereinbar

A_1: H_0 ablehnen, H_1 ist *signifikant* (im Sinne von „statistisch nachgewiesen“)

Damit eine der beiden Aussagen getroffen werden kann, wird ein *kritischer Bereich* definiert. Liegt die Beobachtung innerhalb dieses kritischen Bereichs, so entscheidet man sich für die Aussage A_1 (H_0 ablehnen, H_1 signifikant), liegt sie außerhalb, so entscheidet man sich für A_0 (H_0 beibehalten).

Eine nähere Betrachtung der beiden Aussagen zeigt, dass sie *asymmetrisch* formuliert sind. Während die Aussage A_0 eher vage ist („H_0 ist mit der Beobachtung vereinbar“), ist die Aussage A_1 sehr konkret („H_1 ist signifikant, d.h. statistisch gesichert“). Diese Ungleichbehandlung basiert auf der Tatsache, bei der Entscheidung für eine von beiden Alternativen zwei Arten von Fehlern begehen zu können. Zum einen kann man sich auf Grund der Beobachtung (Stichprobe) für H_1 entscheiden, obwohl in Wirklichkeit H_0 korrekt wäre. Man bezeichnet diesen Irrtum als *Fehler 1. Art* oder als *α-Fehler*. Zum anderen ist es aber auch möglich, sich auf Grund der Beobachtung für H_0 zu entscheiden, während tatsächlich jedoch H_1 korrekt wäre. Diesen möglichen Irrtum bezeichnet man als *Fehler 2. Art* oder als *β-Fehler*. Diese Zusammenhänge lassen sich wie folgt tabellarisch veranschaulichen:

Wirklichkeit / **Testergebnis**	**H_0 ist richtig**	**H_1 ist richtig**
H_0 beibehalten	kein Fehler	Fehler 2. Art
H_0 ablehnen, H_1 signifikant	Fehler 1. Art (Wahrscheinlichkeit: α%)	kein Fehler

Tab. 6.1.-1.: Fehler 1. Art und 2. Art

Die *Asymmetrie* der beiden Aussagen A_0 und A_1 basiert nun auf der Ungleichbehandlung der beiden Fehler 1. und 2. Art. Die Hypothesentests werden nämlich so konstruiert, dass die Wahrscheinlichkeit für den Fehler 1. Art ein vorgegebenes Niveau α% nicht übersteigt. Wird man sich auf Grund des Testergebnisses für H_1 entscheiden, so beträgt die Wahrscheinlichkeit sich zu irren (d.h. H_0 wäre tatsächlich korrekt) höchstens α%. Die Aussage A_1 ist somit statistisch signifikant zum Niveau α. Entscheidet man sich jedoch auf Grund der Beobachtung zur Beibehaltung von H_0, so besteht die Gefahr, einen Fehler 2. Art zu begehen. Da diese Wahrscheinlichkeit nicht explizit modelliert wird, kann die Beibehaltung von H_0 nicht als statistisch gesichert (signifikant) gelten. Daher sollte die eigentlich interessierende Aussage (die statistisch gesichert sein soll) in H_1 stecken. Die Hypothese H_0 hat eher den Charakter einer „Arbeitshypothese".

Die Durchführung eines Hypothesentests basiert im Wesentlichen auf der systematischen Abarbeitung der folgenden Arbeitsschritte:

(i) Zur Durchführung eines *Parametertests* werden die Hypothesen H_0 und H_1 hinsichtlich eines unbekannten Parameters der Grundgesamtheit (θ) formuliert, wobei H_1 jene Aussage enthält, die statistisch nachgewiesen werden soll. Möglich sind dabei *einseitige Fragestellungen*, wie z.B.:

$$H_0: \theta = \theta_0 \quad \text{gegen} \quad H_1: \theta > \theta_0$$

$$\text{bzw.: } H_0: \theta = \theta_0 \quad \text{gegen} \quad H_1: \theta < \theta_0$$

Aber auch *zweiseitige Fragestellungen* kommen oftmals vor:

$$H_0: \theta = \theta_0 \quad \text{gegen} \quad H_1: \theta \neq \theta_0$$

Die konkrete Fragestellung ist abhängig von der jeweiligen Interessenlage. Zur Veranschaulichung sei folgendes Beispiel betrachtet: Gemäß dem CAPM (siehe Kap. 5.7.1.) setzt sich die erwartete Rendite eines Wertpapiers i zusammen aus dem risikolosen Zins (r_f) plus einer Risikoprämie. Die Risikoprämie ergibt sich durch eine Multiplikation des Beta-Faktors (β_i) mit dem Marktpreis des Risikos, welcher der erwarteten Rendite des Marktes abzüglich dem risikolosen Zins entspricht ($\mu_M - r_f$). Unterstellt man den Regelfall eines positiven Marktpreises für das Risiko und einen positiven Beta-Faktor, so müsste die erwartete Rendite eines risikobehafteten Wertpapiers über dem risikolosen Zins liegen. Da es sich bei der erwarteten Wertpapierrendite um eine zukünftige Größe handelt, ist diese auch nicht beobachtbar. Es lassen sich jedoch zwei Hypothesen formulieren, die mit Hilfe eines Hypothesentests überprüft werden können, z.B:

$$H_0: \mu_i = 5\% \text{ gegen} \qquad H_1: \mu_i > 5\%$$

Im Beispiel testet man also die Nullhypothese, dass die erwartete Rendite dem risikolosen Zins ($r_f = 5\%$) entspricht, gegen die Alternativhypothese, dass die erwartete Rendite über dem risikolosen Zins liegen wird.

(ii) Der zweite Schritt besteht darin, die sog. *Irrtumswahrscheinlichkeit (Signifikanzniveau)* α festzulegen. Für α werden dabei häufig die Werte 0.1 (10 Prozent), 0.05 (5 Prozent) oder auch 0.01 (1 Prozent) gewählt. In diesem Beispiel wird von $\alpha = 0.05$ ausgegangen.

(iii) Anschließend besteht die Aufgabe darin, eine geeignete *Prüfgröße (= Teststatistik)* für den Test zu bestimmen. Die Prüfgröße bzw. Teststatistik muss dabei zwei Anforderungen erfüllen. Zum einen muss sie aus den Beobachtungsdaten, also aus der Stichprobe, berechenbar sein. Zum anderen muss für die Prüfgröße *unter* H_0 (wenn man die Gültigkeit von H_0 unterstellt) eine Wahrscheinlichkeitsverteilung angegeben werden können. Für die Fortführung des obigen Beispiels wird angenommen, dass der anhand von historisch beobachteten Renditen berechnete Renditemittelwert (als Schätzer für die zukünftig erwartete Rendite) eine adäquate Prüfgröße darstellt. Die historisch beobachteten Renditen zur Berechnung des Mittelwertes repräsentieren die Stichprobe. Wird die Normalverteilung der einzelnen Renditen unterstellt, so ist auch der Renditemittelwert normalverteilt. In diesem Fall lässt sich für den Renditemittelwert als Prüfgröße unter der Nullhypothese eine Wahrscheinlichkeitsverteilung angeben.

(iv) Der nächste Schritt besteht in der Konstruktion des *kritischen Bereiches*. Es handelt sich hierbei um jenen Bereich, bei dem man sich für die Hypothese H_1 entscheidet. Für die Bestimmung des kritischen Bereiches wird auf die Verteilung der Prüfgröße unter H_0 zurückgegriffen. Ohne auf die konkrete Ermittlung an dieser Stelle bereits näher einzugehen, sei angenommen, dass sich für das Beispiel ein kritischer Wert von 6% ergibt. In diesem Fall repräsentieren alle Prüfgrößenwerte größer gleich 6% den kritischen Bereich (d.h. Ablehnbereich, Entscheidung für H_1). Alle Prüfgrößenwerte kleiner als 6% führen zur Beibehaltung von H_0.

(v) Der letzte Arbeitsschritt besteht darin, die Prüfgröße aus Punkt (iii) anhand der beobachteten Werte (Stichprobe) zu berechnen und mit dem kritischen Bereich zu vergleichen. Falls die berechnete Prüfgröße in dem kritischen Bereich liegt, entscheidet man sich für die Aussage A_1 (d.h. H_0 ablehnen, H_1 ist signifikant). Liegt die Prüfgröße außerhalb des kritischen Bereichs, so wird H_0 beibehalten, man entscheidet sich also für die Aussage A_0. Im Beispiel möge nun ein Renditemittelwert von 7.5% aus den historischen Renditen berechnet werden. In diesem Falle würde man zur Entscheidung „H_1 signifikant" (d.h. die erwartete Rendite liegt über dem risikolosen Zins von 5%) gelangen. Hätte man jedoch einen Renditemittelwert von 5.5% ermittelt, so könnte man die Nullhypothese (erwartete Rendite = 5%) nicht signifikant ablehnen.

6.2. Ergänzung der Annahmen des ökonometrischen Grundmodells

Arbeitshinweise: In dem vorliegenden Kap. 6.2. werden die Annahmen über die Residuen um die *Normalverteilungsannahme* ergänzt. Diese Annahme ist eine zentrale Voraussetzung, damit die nachfolgenden Signifikanztests (*t*-Test in Abschnitt 6.3.1. und *F*-Test in Abschnitt 6.3.2.) valide durchgeführt werden können. Die Normalverteilungsannahme ist aber auch dann erforderlich, wenn Konfidenzintervalle für die geschätzten Regressionsparameter konstruiert werden sollen oder aber wenn die Regressionsparameter mittels der Maximum-Likelihood-Schätzung bestimmt werden. Dies ist hier jedoch nicht der Fall. Wie in diesem Abschnitt gezeigt wird, sind – im Falle normalverteilter Residuen – auch die Werte der abhängigen Variablen y normalverteilt. Dann folgen auch die geschätzten Regressionskoeffizienten der Normalverteilung. Für den rein anwendungsorientierten Leser sollten diese verbalen Erläuterungen ausreichend sein. Ein Studium dieses Abschnitts ist für diese Lesergruppe somit nicht unbedingt erforderlich.

Für die Durchführung von Signifikanztests bei geschätzten Regressionsmodellen, die im nachfolgenden Kap. 6.3. erläutert werden, ist neben den bereits erläuterten Annahmen bezüglich der Residuen ε_t die Einführung einer weiteren Annahme erforderlich: Die Residuen sind per Annahme normalverteilt mit einem Erwartungswert von null und einer konstanten Varianz von σ^2. Im weiteren Verlauf des Buches wird somit von den folgenden Annahmen ausgegangen:

(1)	Lineares Modell der Form $\mathbf{y} = \mathbf{Xb} + \mathbf{e}$	
(2)	Elemente der Datenmatrix **X** sind feste, nicht stochastische Größen	
(3)	$E(\varepsilon_t) = 0$	für alle $t = 1, ..., n$
(4)	$Var(\varepsilon_t) = E(\varepsilon_t^2) = \sigma^2$	für alle $t = 1, ..., n$
(5)	$Cov(\varepsilon_t, \varepsilon_{t-j}) = E(\varepsilon_t \varepsilon_{t-j}) = 0$	für $j \neq 0$
(6)	$\varepsilon_t \sim N(0; \sigma^2)$	für alle $t = 1, ..., n$

Bei den Annahmen (1) bis (5) handelt es sich um die klassischen Annahmen des ökonometrischen Grundmodells, die bereits in Kap. 5.1. eingeführt wurden. Die Annahmen bezüglich der Residuen (Annahme (3) bis (5)) werden um die Normalverteilungsannahme (Annahme (6)) ergänzt.

Aus der Verteilungsannahme hinsichtlich der Residuen ε_t lässt sich unmittelbar auch eine Verteilung für die zu erklärenden Variable y_t ableiten, da das ökonometrische Grundmodell von dem folgenden linearen Zusammenhang ausgeht:

(7) $$y_t = \beta_0 + \beta_1 x_{1t} + ... + \beta_k x_{kt} + \varepsilon_t \qquad \text{für alle } t = 1, ..., n$$

Da es sich sowohl bei den Regressionskoeffizienten β_j ($j = 0, ..., k$), als auch bei den Werten der erklärenden Variablen ($x_{1t}, ..., x_{kt}$) um feste Größen handelt (siehe Annahme (2)) folgt auf Grund der Eigenschaft (10) in Kap. 2.4.1 die Normalverteilung für die zu erklärende Variable y_t mit den entsprechenden Parametern:

(8) $$y_t \sim N\left(\beta_0 + \beta_1 x_{1t} + ... + \beta_k x_{kt}; \sigma^2\right) \qquad \text{für alle } t = 1, ..., n$$

In der Matrizenschreibweise lässt sich die Normalverteilungseigenschaft der Variablen y wie folgt darstellen:

(9) $$\mathbf{y} \sim N\left(\mathbf{Xb}; \sigma^2 \mathbf{I}\right)$$

Der OLS-Schätzer für die unbekannten Regressionskoeffizienten **b** lässt sich wie folgt bestimmen (vgl. Kap. 5.2.):

(10) $$\hat{\mathbf{b}} = (\mathbf{X}'\mathbf{X})^{-1}\mathbf{X}'\mathbf{y}$$

Bei den Elementen der Datenmatrix **X** handelt es sich um feste Größen und bei **y** um einen Vektor mit normalverteilten Zufallsvariablen. Damit ist auch $\hat{\mathbf{b}}$ ein Vektor normalverteilter Zufallsvariablen. In Kapitel 5.5.1. ergibt sich für den Vektor $\hat{\mathbf{b}}$ der folgende Erwartungswertvektor und die folgende Varianz-Kovarianz-Matrix (vgl. Kap. 5.5.1.):

(11) $E(\hat{\mathbf{b}}) = \mathbf{b}$

(12) $Cov(\hat{\mathbf{b}}) = \sigma^2 (\mathbf{X}'\mathbf{X})^{-1}$

Für den Vektor der geschätzten Regressionskoeffizienten $\hat{\mathbf{b}}$ gilt somit:

(13) $\hat{\mathbf{b}} \sim N\left(\mathbf{b}; \sigma^2 (\mathbf{X}'\mathbf{X})^{-1}\right)$

Betrachtet man einen einzelnen geschätzten Regressionskoeffizienten $\hat{\beta}_j$, so lässt sich dessen Normalverteilungseigenschaft mit den entsprechenden Parametern wie folgt formulieren:

(14) $\hat{\beta}_j \sim N\left(\beta_j; \sigma^2 x^{jj}\right)$

Hierbei entspricht x^{jj} dem j-ten Diagonalelement der symmetrischen Matrix $(\mathbf{X}'\mathbf{X})^{-1}$.

Die Annahme der Normalverteilung der Residuen stellt eine notwendige Voraussetzung zur Durchführung von Signifikanztests (t-Test, F-Test) dar. Normalverteilte Residuen besitzen jedoch noch weiter gehende Konsequenzen für das Regressionsmodell. Sind die Residuen normalverteilt, so können die Regressionskoeffizienten alternativ anstatt mit der OLS- mit der Maximum-Likelihood-Methode (ML) geschätzt werden. Das OLS- und das ML-Verfahren führen dann jedoch zum gleichen Ergebnis. Normalverteilte Residuen sind auch dann erforderlich, wenn anstatt der hier erläuterten Punktschätzungen Konfidenzintervalle für die Regressionskoeffizienten geschätzt werden sollen. Hierzu sei jedoch auf die entsprechende Literatur verwiesen [vgl. hierzu beispielsweise ECKEY/KOSFELD/DREGER (1995), S. 74ff.].

6.3. Analyse eines geschätzten Regressionsmodells

Arbeitshinweise: In dem vorliegenden Kapitel 6.3. werden der t-Test (Abschnitt 6.3.1.) und der F-Test (Abschnitt 6.3.2.) behandelt. Während der t-Test zur Überprüfung der Signifikanz einzelner Regressoren dient, wird mit dem F-Test die Signifikanz des Gesamtmodells analysiert. Da den beiden Hypothesentests eine zentrale Bedeutung zukommt, sollte das Kapitel 6.3. sowohl vom praktisch orientierten als auch vom theoretisch interessierten Leser sorgfältig durchgearbeitet werden. Insbesondere anhand des t-Tests in Abschnitt 6.3.1. soll noch einmal die korrekte Durchführung eines Hypothesentests Schritt für Schritt veranschaulicht werden. Ist man also mit der Durchführung von Hypothesentests noch nicht ganz vertraut, so sollte insbesondere dieser Abschnitt gründlich bearbeitet werden. Das hier erworbene Verständnis hinsichtlich der generellen Vorgehensweise dient als Fundament für alle weiteren Hypothesentests. Alle nachfolgend in diesem Buch behandelten Hypothesentests werden dann komprimierter und nicht mehr in der gleichen Ausführlichkeit abgehandelt.

6.3.1. Test auf Signifikanz einzelner Regressoren mittels *t*-Test

Ausgangspunkt für die nachfolgenden Ausführungen ist das geschätzte Regressionsmodell der folgenden Form:

(1) $\hat{y}_t = \hat{\beta}_0 + \hat{\beta}_1 x_{1t} + ... + \hat{\beta}_k x_{kt} \quad (t = 1, ..., n)$ bzw. $\hat{\mathbf{y}} = \hat{\beta}_0 \mathbf{x_0} + \hat{\beta}_1 \mathbf{x_1} + ... + \hat{\beta}_k \mathbf{x_k}$

Hierbei stellt sich die Frage, ob der Einfluss einer bestimmten Variablen x_j auf die zu erklärende Variable y mit einer gegebenen Irrtumswahrscheinlichkeit tatsächlich signifikant oder eher zufälliger Natur ist. Zur Beantwortung dieser Frage lässt sich der sog. *t-Test* durchführen, der hier (auf Grund der Fragestellung) einem *zweiseitigen Hypothesentest* entspricht. Die Durchführung des *t*-Tests lässt sich besonders anschaulich darstellen, indem die in Kap. 6.1. beschriebenen fünf Arbeitsschritte abgearbeitet werden:

(i) Der erste Schritt besteht darin, ausgehend von der relevanten Fragestellung geeignete Hypothesen zu formulieren. Die Frage nach dem relevanten Einfluss einer bestimmten Variablen x_j auf die zu erklärende Variable y ist äquivalent mit der Frage, ob der tatsächliche (nicht der geschätzte!) Regressionskoeffizient β_j null bzw. ungleich null ist. Hieraus ergibt sich die folgende Null- bzw. Alternativhypothese:

$$H_0: \beta_j = 0 \quad \text{gegen} \quad H_1: \beta_j \neq 0$$

(ii) Anschließend wird die maximal tolerierte Irrtumswahrscheinlichkeit α festgelegt. In den Wirtschafts- und Sozialwissenschaften ist es häufig üblich, von einer Irrtumswahrscheinlichkeit von fünf Prozent auszugehen ($\alpha = 0.05$).

(iii) In einem dritten Schritt muss eine geeignete Prüfgröße (Teststatistik) festgelegt werden. Zum einen soll diese Größe aus den Beobachtungsdaten (hier: Vektor $\mathbf{y}$ und Datenmatrix $\mathbf{X}$) zu berechnen sein. Zum anderen muss es möglich sein, unter der Hypothese H_0 die Verteilung dieser Prüfgröße anzugeben. Die geschätzten Regressionskoeffizienten $\hat{\beta}_j$ sind normalverteilt, falls auch die Residuen einer Normalverteilung folgen:

(2) $\hat{\beta}_j \sim N\left(\beta_j; \sigma^2 x^{jj}\right)$ für alle $j = 0, ..., k$

Unter der Hypothese H_0 ($\beta_j = 0$) sind also die Regressionskoeffizienten normalverteilt sind mit einem Erwartungswert von null:

(3) $\hat{\beta}_j \sim N\left(0; \sigma^2 x^{jj}\right)$ für alle $j = 0, ..., k$

Durch das sog. *Standardisieren* lässt sich die normalverteilte Zufallsvariable in eine standardnormalverteilte Zufallsvariable überführen:

(4) $$\frac{\hat{\beta}_j - 0}{\sigma\sqrt{x^{jj}}} \sim N(0;1) \quad \text{für alle } j = 0, ..., k$$

Das Problem bei Formel (3) bzw. (4) besteht nun darin, dass die Varianzen bzw. die Standardabweichungen (Standardfehler) der geschätzten Regressionskoeffizienten nicht unmittelbar beobachtbar sind. In Kap. 5.5.1. wurde für diese nicht beobachtbare Größe ein geeigneter Schätzer eingeführt, auf den an dieser Stelle zurückgegriffen wird:

(5) $$\hat{Var}(\hat{\beta}_j) = \hat{\sigma}^2 x^{jj} = s^2 x^{jj}$$

Mit Hilfe dieses Varianzschätzers lässt sich nun die folgende Prüfgröße t_j angeben, die jetzt jedoch nicht mehr der Standardnormalverteilung, sondern der *t*-Verteilung mit *n*-(*k*+1) Freiheitsgraden folgt:[91]

(6) $$t_j = \frac{\hat{\beta}_j}{s\sqrt{x^{jj}}} \sim t_{n-(k+1)}$$

Der Rückgriff auf die *t*-Verteilung anstatt der Standardnormalverteilung folgt daraus, dass die tatsächlichen Varianzen der geschätzten Regressionskoeffizienten ihrerseits geschätzt werden müssen. Die hieraus zusätzlich entstehende Unsicherheit spiegelt sich in der Anwendung der *t*-Verteilung wieder, die im Vergleich zur Normalverteilung eine größere Varianz (eine „größere Unsicherheit") besitzt. Die Anzahl der Freiheitsgrade resultiert aus den *k*+1 linearen Restriktionen, denen die *n* geschätzten Residuen unterliegen (vgl. Kap. 5.4.).

Die Prüfgröße t_j wird dann dem Betrage nach sehr groß, wenn der geschätzte Regressionskoeffizient $(\hat{\beta}_j)$ betragsmäßig sehr groß und seine Streuung $\left(s\sqrt{x^{jj}}\right)$ im Verhältnis dazu relativ klein ist. Eine große Teststatistik spricht somit für einen signifikanten Einfluss der erklärenden Variablen x_j (H_1 signifikant), ein kleiner Wert für einen nicht signifikanten Einfluss (H_0 beibehalten).

(iv) Um zu einer konkreten Entscheidung über die Beibehaltung oder Ablehnung von H_0 zu kommen, ist die Konstruktion des *kritischen Bereiches* notwendig. Wie im vorhergehenden Schritt erläutert wurde, bilden betragsmäßig große positive und negative *t*-Werte den Ablehnbereich von H_0. *Unter* H_0 soll die folgende Beziehung für den kritischen Bereich gelten:

(7) $$P\left(t_{n-(k+1);\alpha/2} \leq \frac{\hat{\beta}_j}{s\sqrt{x^{jj}}} \leq t_{n-(k+1);1-\alpha/2}\right) = 1-\alpha$$

Sollte H_0 tatsächlich korrekt sein, so wird die Prüfgröße t_j mit einer Wahrscheinlichkeit von $1-\alpha$ (korrekter Weise) im Annahmebereich bzw. mit einer Wahrscheinlichkeit von α (unkorrekter Weise) im Ablehnbereich liegen. Liegt die später realisierte Prüfgröße (d.h. die aus den Beobachtungsdaten ermittelte) im Ablehnbereich und entscheidet man sich deshalb für H_1, so beträgt die Wahrscheinlichkeit sich zu irren (d.h. H_0 wäre doch korrekt gewesen) maximal α%. Dies entspricht der Wahrscheinlichkeit für den Fehler 1. Art, welche in Schritt 2 vorgegeben wurde.

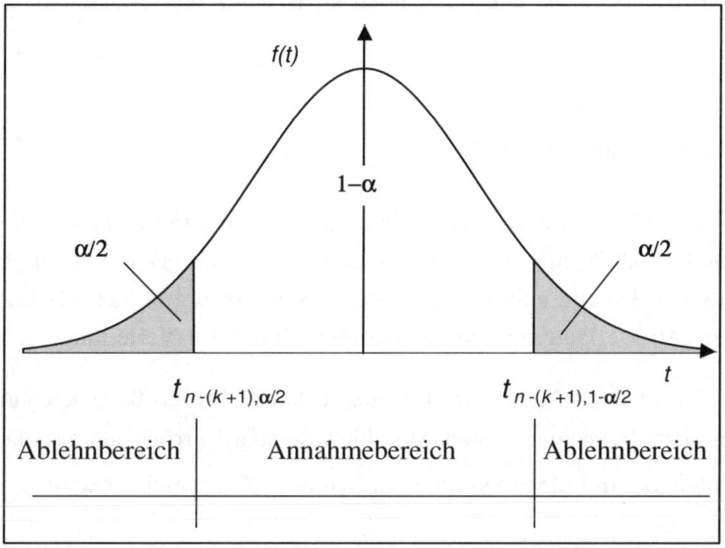

Abb. 6.3.1.-1.: Annahme- und Ablehnbereich beim zweiseitigen *t*-Test

Wie aus der Abb. 6.3.1.-1. ersichtlich ist, resultiert aus der vorliegenden zweiseitigen Fragestellung ein zweigeteilter Ablehnbereich, dem jeweils die Wahrscheinlichkeit ($\alpha/2$) zugeordnet ist. Da die *t*-Verteilung symmetrisch ist, sind die beiden *t*-Werte an der Stelle ($\alpha/2$) bzw. ($1-\alpha/2$) (das ($\alpha/2$)-Quantil und das ($1-\alpha/2$)-Fraktil) betragsmäßig gleich und unterscheiden sich nur durch ihr Vorzeichen. Der Ablehnbereich besteht somit aus all jenen Werten der Teststatistik t_j, für die gilt:

91 Folgt der Zähler der Normalverteilung und der Nenner der χ^2-Verteilung, so resultiert daraus eine *t*-verteilte Größe. Siehe hierzu Kap. 2.4.3.

(8) $t_j > t_{n-(k+1);1-\alpha/2}$ und $t_j < t_{n-(k+1);\alpha/2}$

(9) bzw. $\left|t_j\right| > t_{n-(k+1);1-\alpha/2}$

Die kritischen t-Werte $t_{n-(k+1);\alpha/2}$ und $t_{n-(k+1);1-\alpha/2}$ sind dabei aus der Tabelle der t-Verteilung (vgl. Anhang, Tab. A.2.-4.) zu entnehmen. Dies soll das folgende Beispiel veranschaulichen:

Beispiel 1: Bestimmung der kritischen Werte bei einem zweiseitigen t-Test

Ausgangspunkt sei eine Regression mit $n = 30$ Datenpunkten, drei erklärenden Variablen sowie einer Regressionskonstanten ($k + 1 = 4$). Ferner wird eine Irrtumswahrscheinlichkeit von $\alpha = 0.05$ vorgegeben. Die entsprechenden kritischen t-Werte lassen sich wie folgt bestimmen:

(10) $t_{n-(k+1);1-\alpha/2} = t_{26;0.975} = 2.056$

(11) $t_{n-(k+1);\alpha/2} = t_{26;0.025} = -2.056$

Der t-Wert in (10) lässt sich dabei unmittelbar aus den t-Werten in Tab. A.2.-4. an der entsprechenden Stelle (0.975 mit 26 Freiheitsgraden) entnehmen. Der Wert in (11) kann nicht unmittelbar aus der Tabelle entnommen werden, sondern ergibt sich als logische Konsequenz der bereits oben erläuterten Symmetrieeigenschaft der t-Verteilung.

(v) Im letzten Schritt des t-Tests wird die entsprechende Prüfgröße t_j berechnet, wobei die geschätzte Standardabweichung (Standardfehler, standard error) des geschätzten Regressionskoeffizienten $\hat{\beta}_j$ im Folgenden mit dem Symbol $\hat{S}E$ bezeichnet wird:

(12) $$t_j = \frac{\hat{\beta}_j}{s\sqrt{x^{jj}}} = \frac{\hat{\beta}_j}{\hat{S}E}$$

Ist die berechnete Prüfgröße t_j in dem oben eingeführten Beispiel größer als 2.056 oder kleiner als –2.056, so entscheidet man sich für die Hypothese H_1, d.h. man geht von einem substanziellen Einfluss des Regressors x_j aus. Ansonsten entscheidet man sich für das Beibehalten von H_0.

Es erscheint sinnvoll, an dieser Stelle zwei praxisrelevante Hinweise zu geben. Zum einen ist es üblich, die Modellschätzung mit Hilfe einer Statistik- bzw. Ökonometrie-Software durchzuführen. Diese Softwarepakete liefern i.d.R. die geschätzten Regressionsparameter $\hat{\beta}_j$, den geschätzten Standardfehler $\hat{S}E$ sowie die t-Werte t_j als Output. Wie Formel (12) zeigt, lassen sich die t-Werte aber auch einfach durch Division der Regressionsparameter durch den geschätzten Standardfehler $\hat{SE}$ selbst berechnen. Weiterhin ist es sowohl in der Wissenschaft als auch in der Praxis üblich, einen kritischen *t*-Wert von zwei als „Daumenregel" zu Grunde zu legen. D.h. man entscheidet sich bei einem Prüfgrößenwert, der betragsmäßig größer als zwei ist $\left(|t_j| > 2\right)$, für einen signifikanten Einfluss des entsprechenden Regressors (H_1 signifikant), andernfalls zur Beibehaltung von H_0. Die Anzahl der Beobachtungen sollte dabei aber groß sein.

Der *t*-Test ist ein typisches Beispiel dafür, dass es für bestimmte Hypothesentests durchaus sinnvoll sein kann, den Test als *einseitige* oder als *zweiseitige* Fragestellung zu formulieren. Die relevante Fragestellung bei einem *einseitigen t*-Test lautet: Hat der Regressor einen signifikanten positiven (negativen) Einfluss auf die zu erklärende Variable? Dies ergibt insbesondere dann einen Sinn, wenn z.B. die Theorie eine bestimmte Einflussrichtung (positive oder negative) vorgibt. Soll beispielsweise die Rendite einer Aktie durch das Bruttoinlandsprodukt und durch die inländischen Zinsen erklärt werden, so ist es durchaus sinnvoll, das Bruttoinlandsprodukt auf einen *signifikanten positiven Einfluss* zu testen. Die Null- und Alternativhypothese werden dann wie folgt formuliert:

$$H_0: \beta_j = 0 \qquad \text{gegen} \qquad H_1: \beta_j > 0$$

Analog zum zweiseitigen *t*-Test wird bei der einseitigen Fragestellung eine Irrtumswahrscheinlichkeit α vorgegeben und die gleiche *t*-verteilte Prüfgröße t_j (siehe Formel (6) oder (12)) berechnet.

Unterschiede ergeben sich jedoch bei der Berechnung des *kritischen Bereiches* (Ablehnbereich).

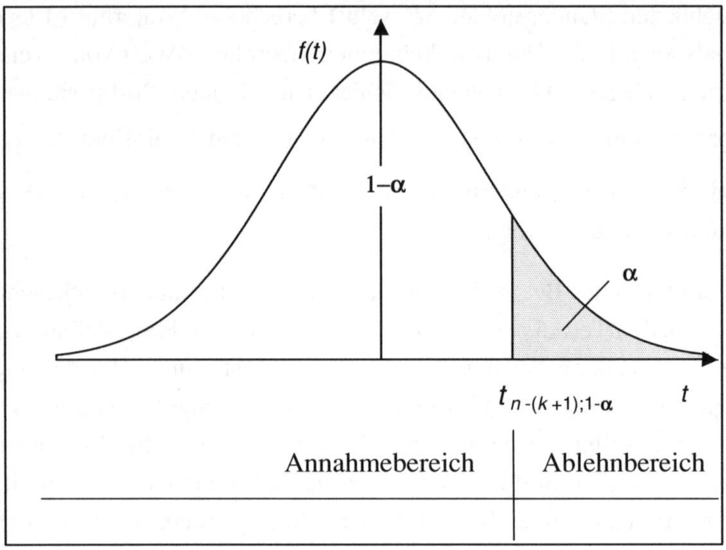

Abb. 6.3.1.-2.: Annahme- und Ablehnbereich beim einseitigen t-Test

Wie aus der Abb. 6.3.1.-2. ersichtlich ist, existiert nun *kein* zweigeteilter Ablehnbereich. Man arbeitet bei der hier formulierten einseitigen Fragestellung also mit dem α-Fraktil und nicht mit dem $\alpha/2$-Fraktil der t-Verteilung. Die Nullhypothese H_0 wird nur dann abgelehnt, wenn gilt:

(13) $t_j > t_{n-(k+1);1-\alpha}$

Beispiel 2: Bestimmung des kritischen Bereiches bei einem einseitigen t-Test

Bei dem obigen Beispiel (Regression mit $n = 30$ Datenpunkten, 3 erklärende Variablen plus einer Regressionskonstanten, $\alpha = 0.05$) ergibt sich bei einer einseitigen Fragestellung folgender kritischer t-Wert:

(14) $t_{n-(k+1);1-\alpha} = t_{26;0.95} = 1.706$

Die Nullhypothese H_0 wird dann (signifikant) abgelehnt, wenn der berechnete Prüfgrößenwert t_j größer als 1.706 ist.

Da es mittlerweile sowohl in der Wissenschaft als auch in der Praxis üblich ist, Statistik- und Ökonometriesoftware für Regressionsanalysen einzusetzen, soll an dieser Stelle nochmals auf derartige Softwarepakete eingegangen werden. Viele dieser Softwarepakete liefern zu den jeweiligen Prüfgrößenwerten t_j Wahrscheinlichkeitswerte (sog. *pValues*). Wie die folgende Abb. 6.3.1.-3. zeigt, handelt es sich bei den *pValues* um jene Wahrscheinlichkeiten, die durch den positiven bzw. negativen t_j-Wert definiert werden. Der Vorteil dieser pValues liegt darin, ohne explizite Konstruktion eines kritischen Bereiches, Aussagen über die Beibehaltung oder Ablehnung von H_0 abgeben zu können.

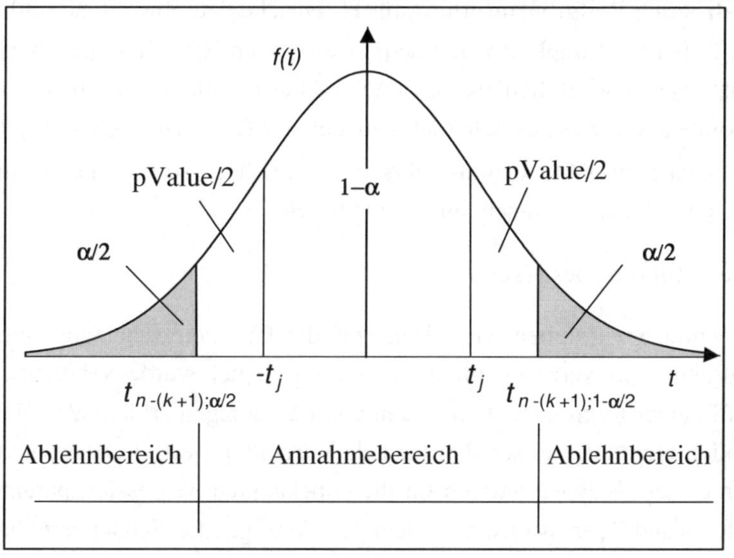

Abb. 6.3.1.-3.: pValues beim zweiseitigen *t*-Test

Wie die Abb. 6.3.1.-3. zeigt, können diese pValues unmittelbar mit den α-Wahrscheinlichkeiten verglichen werden, da die folgenden Äquivalenzbeziehungen gelten:

(15) $\text{pValue}/2 > \alpha/2 \Leftrightarrow \left|t_j\right| < t_{n-(k+1);1-\alpha/2}$ bzw. $-\left|t_j\right| > t_{n-(k+1);\alpha/2}$
$\Rightarrow$ Beibehaltung H_0

(16) $\text{pValue}/2 < \alpha/2 \Leftrightarrow \left|t_j\right| > t_{n-(k+1);1-\alpha/2}$ bzw. $-\left|t_j\right| < t_{n-(k+1);\alpha/2}$
$\Rightarrow$ Ablehnung H_0

Der Wert „pValue/2" ist nach (15) genau dann größer als die Wahrscheinlichkeit $\alpha/2$ (bzw. der pValue ist größer als α), wenn sich die realisierte Prüfgröße im Annahmebereich befindet. Dieser Fall ist in der Abb. 6.3.1.-3. dargestellt. Analog gilt: Der pValue ist nach (16) genau dann kleiner als die vorgegebene α-Wahrscheinlichkeit, wenn sich die realisierte Prüfgröße im Ablehnbereich befindet. Auf diese Weise kann durch einen Vergleich des pValues (der bei den meisten Ökonometriepaketen automatisch ausgegeben wird) mit der vorgegebenen Irrtumswahrscheinlichkeit α unmittelbar auf eine Beibehaltung oder Ablehnung von H_0 geschlossen werden. Die explizite Konstruktion eines Annahme- bzw. Ablehnbereiches ist in diesem Fall nicht erforderlich.

In diesem Kontext lässt sich der pValue wie folgt verbal interpretieren: Der pValue kann als jene Irrtumswahrscheinlichkeit verstanden werden, die man eingeht, wenn man sich auf Grund des realisierten Prüfgrößenwertes t_j für H_1 entscheidet, obwohl tatsächlich jedoch H_0 korrekt wäre. Dabei wird implizit von einem zweiseitigen Hypothesentest ausgegangen. Ist jetzt diese Irrtumswahrscheinlichkeit (pValue) größer als die vorgegebene (tolerierte) Irrtumswahrscheinlichkeit α, so entscheidet man sich zur Beibehaltung von H_0. Ist sie kleiner als die vorgegebene, erlaubte Irrtumswahrscheinlichkeit α, so entscheidet man sich (auf Grund der geringen Irrtumswahrscheinlichkeit) für H_1.

Beispiel 3: Durchführung des *t*-Tests

In Kap. 5.3. wurde im Rahmen eines Beispiels die Parameterschätzung mittels OLS bei einer Einfachregression veranschaulicht. In dem Beispiel wurde versucht, die Variable ΔDAX mit Hilfe einer Regressionskonstanten und der einzigen erklärenden Variablen ΔBIP ($k = 1$) zu modellieren. Hierbei standen für jede Variable jeweils 4 Datenpunkte ($n = 4$) zur Verfügung. In diesem Beispiel wurden für die unbekannten Regressionsparameter (Regressionskonstante β_0 und Regressionskoeffizient β_1) die folgenden Schätzwerte bestimmt:

$$(17)\quad \hat{\mathbf{b}} = \begin{bmatrix} \hat{\beta}_0 \\ \hat{\beta}_1 \end{bmatrix} = \begin{bmatrix} 2 \\ 2.5 \end{bmatrix}$$

In dem Kap. 5.5.1. wurde dieses Beispiel fortgeführt und die folgenden (geschätzten) Standardfehler für die beiden Parameter ermittelt:

$$(18)\quad \hat{SE}\left(\hat{\beta}_0\right) = \sqrt{\hat{Var}\left(\hat{\beta}_0\right)} = \sqrt{2.025} = 1.423$$

$$(19)\quad \hat{SE}\left(\hat{\beta}_1\right) = \sqrt{\hat{Var}\left(\hat{\beta}_1\right)} = \sqrt{1.35} = 1.162$$

Hierbei handelt es sich um das notwendige Datenmaterial zur Durchführung des *t*-Tests. Im Folgenden soll ein *zweiseitiger t*-Test zur Überprüfung der Signifikanz der Regressionskonstanten und des Regressionskoeffizienten durchgeführt werden. In einem ersten Schritt werden hierzu die entsprechenden Hypothesen formuliert:

H_0: $\beta_0 = 0$ gegen H_1: $\beta_0 \neq 0$

bzw.

H_0: $\beta_1 = 0$ gegen H_1: $\beta_1 \neq 0$

Der nächste Schritt besteht darin, ein geeignetes Signifikanzniveau vorzugeben. In diesem Beispiel wird eine Irrtumswahrscheinlichkeit von 5% ($\alpha = 0.05$) gewählt, die in den Wirtschafts- und Sozialwissenschaften üblich ist.

Sofern die Normalverteilungsannahme der Residuen erfüllt ist, folgt die Prüfgröße der *t*-Verteilung:

$$(20) \quad t_j = \frac{\hat{\beta}_j}{\hat{S}E\left(\hat{\beta}_j\right)} \sim t_{n-(k+1)}$$

Da der *t*-Test in diesem Beispiel als zweiseitiger Test konstruiert ist, wird der kritische Bereich (= Ablehnbereich von H_0) durch die *t*-Werte an den Stellen $\alpha/2$ und $1-\alpha/2$ definiert. Konkret besteht der kritische Bereich aus all jenen *t*-Werten, für die gilt:

$$(21) \quad t_j > t_{n-(k+1);1-\alpha/2} \qquad \text{bzw.} \qquad t_j < t_{n-(k+1);\alpha/2}$$

Die kritischen *t*-Werte lassen sich dabei aus der vertafelten *t*-Verteilung (vgl. Anhang, Tab. A.2.-4.) wie folgt bestimmen:

$$(22) \quad t_{n-(k+1);1-\alpha/2} = t_{4-(1+1);0.975} = 4.303$$

$$(23) \quad t_{n-(k+1);\alpha/2} = t_{4-(1+1);0.025} = -4.303$$

Der *t*-Wert in Gleichung (22) wurde dabei unmittelbar aus der Tabelle entnommen. Der Wert in (23) ergibt sich auf Grund der Symmetrie-Eigenschaft der *t*-Verteilung. Im Theorieteil wurde ein kritischer Wert von zwei als Faustregel zur Signifikanzprüfung erwähnt. Der vergleichsweise große Wert von 4.303 in diesem Beispiel resultiert aus dem Sachverhalt, dass lediglich 4 Datenbeispiele ($n = 4$) berücksichtigt wurden, woraus sich schließlich 2 Freiheitsgrade (4 - (1 + 1)) ergaben. Im Rahmen einer praktischen Anwendung würde man ein Modell mit 4 Datenpunkten auf Grund des geringen Stichprobenumfangs niemals schätzen. Da es hier (und in den vorangegangenen Beispielen) jedoch ausschließlich um die Veranschaulichung geht, ist dies nicht weiter problematisch.

Als letzter Schritt werden abschließend die konkreten Werte für die Prüfgröße berechnet und mit den kritischen Werten verglichen. Hierzu werden zur Berechnung der Prüfgrößenwerte die Daten aus (17), (18) und (19) in die Formel (20) eingesetzt:

$$(24) \quad t_0 = \frac{\hat{\beta}_0}{\hat{S}E\left(\hat{\beta}_0\right)} = \frac{2}{1.423} = 1.405$$

$$(25) \quad t_1 = \frac{\hat{\beta}_1}{\hat{S}E\left(\hat{\beta}_1\right)} = \frac{2.5}{1.162} = 2.151$$

Die ermittelten Werte für beide Regressionsparameter sind weder größer als 4.303, noch kleiner als –4.303. Damit kann die Nullhypothese, dass die Regressionskonstante β_0 einen Wert von null besitzt, nicht verworfen werden. Die gleiche Aussage gilt für den Regressionskoeffizienten β_1.

Die in diesem Beispiel aufgetretenen Werte sind nicht unbedingt exemplarisch für reale Regressionsanwendungen. Hinsichtlich realistischer Beispiele wird daher auf die Fallstudien verwiesen, die auf realen Finanzmarktdaten basieren und auch sonst unter dem Aspekt der weitgehenden „Realitätsnähe“ erstellt wurden.

6.3.2. Test auf Signifikanz des Gesamtmodells mittels *F*-Test

Während sich der im vorangegangenen Kapitel vorgestellte *t*-Test mit der Frage der Relevanz einzelner Regressoren beschäftigt, ist beim *F*-Test die Relevanz des Gesamtmodells Gegenstand der Betrachtung. Sollte das unterstellte Gesamtmodell komplett ungültig sein, so darf zwischen der endogenen Variablen y und keiner der k erklärenden Variablen $x_1, ..., x_k$ ein linearer Zusammenhang bestehen. Dieser Sachverhalt lässt sich in Form einer Nullhypothese wie folgt formulieren:

$$H_0\text{: } \beta_1 = \beta_2 = ... = \beta_k = 0$$

Die entsprechende Gegenhypothese H_1 lautet hierzu: Nicht alle Regressoren sind irrelevant bzw. mindestens ein Regressor ist für die Erklärung von y relevant.

Den Ausgangspunkt bei der Herleitung einer Teststatistik bildet eine Streuungszerlegung in eine durch das Regressionsmodell erklärte Streuung und eine nicht erklärte Streuung. Es handelt sich also hierbei um die gleichen Überlegungen, die schon beim Bestimmtheitsmaß angestellt wurden.[92] Für die weiteren Betrachtungen wird von der folgenden tabellarischen *Varianzanalyse* (*<u>An</u>alysis <u>o</u>f <u>Va</u>riance, ANOVA*) ausgegangen:

Streuungsart	**Summen der quadrierten Abweichungen**	**Freiheitsgrade**	**Mittlere quadrierte Abweichungen**
erklärte Streuung	$\sum_{t=1}^{n}(\hat{y}_t - \bar{y})^2$	$(k+1)-1 = k$	$\frac{1}{k}\sum_{t=1}^{n}(\hat{y}_t - \bar{y})^2$
nicht erklärte Streuung	$\sum_{t=1}^{n}(y_t - \hat{y}_t)^2 = \sum_{t=1}^{n}\hat{\varepsilon}_t^2$	$n-(k+1)$	$\frac{1}{n-(k+1)}\sum_{t=1}^{n}(y_t - \hat{y}_t)^2$
gesamte Streuung	$\sum_{t=1}^{n}(y_t - \bar{y})^2$	$n-1$	$\frac{1}{n-1}\sum_{t=1}^{n}(y_t - \bar{y})^2$

Tab. 6.3.2.-1.: Varianzanalyse

92 Zur Streuungszerlegung siehe Kap. 5.6.1.

Unter der Nullhypothese H_0 folgt das Verhältnis der erklärten zur nicht erklärten Streuung – ausgedrückt durch die mittleren quadratischen Abweichungen – der F-Verteilung mit den entsprechenden Freiheitsgraden:

$$(1) \qquad F = \frac{\frac{1}{k}\sum_{t=1}^{n}(\hat{y}_t - \bar{y})^2}{\frac{1}{n-(k+1)}\sum_{t=1}^{n}(y_t - \hat{y}_t)^2} \sim F_{k;n-(k+1)}$$

Im Falle der Annahme der Normalverteilung der Residuen unter H_0 stellen sowohl Zähler als auch Nenner eine Summe von quadrierten standardnormalverteilten Zufallsvariablen dar. Die Quadratsummen von unabhängigen standardnormalverteilten Zufallsvariablen folgen der χ^2-Verteilung mit den entsprechenden Freiheitsgraden (vgl. Kap. 2.4.2.). Der Quotient zweier unabhängiger und χ^2-verteilter Zufallsvariablen ist F-verteilt mit den entsprechenden Freiheitsgraden (vgl. auch Kap. 2.4.4.).

Eine intuitive Interpretation der Prüfgröße F gelingt, indem man zunächst Zähler und Nenner mit $(1/n)$ erweitert, anschließend auf das in Kapitel 5.6.1. erläuterte Bestimmtheitsmaß zurückgreift und die Teststatistik F in Abhängigkeit davon wie folgt dargestellt:

$$(2) \qquad F = \frac{\frac{1}{k}}{\frac{1}{n-(k+1)}} \cdot \frac{\sum_{t=1}^{n}(\hat{y}_t - \bar{y})^2}{\sum_{t=1}^{n}(y_t - \hat{y}_t)^2} = \frac{\frac{1}{k}}{\frac{1}{n-(k+1)}} \cdot \frac{\frac{1}{n}\sum_{t=1}^{n}(\hat{y}_t - \bar{y})^2}{\frac{1}{n}\sum_{t=1}^{n}(y_t - \hat{y}_t)^2}$$

$$= \frac{\frac{1}{k}}{\frac{1}{(n-(k+1))}} \cdot \frac{R^2}{1-R^2} = \frac{R^2/k}{(1-R^2)/(n-(k+1))} \sim F_{k;n-(k+1)}$$

bzw.

$$(3) \qquad F = \frac{R^2}{1-R^2} \cdot \frac{n-(k+1)}{k} \sim F_{k;n-(k+1)}$$

Bei großen F-Werten ist das Verhältnis der erklärten zur nicht erklärten Streuung groß, was tendenziell eher für eine Ablehnung von H_0 (also für die Relevanz des zu Grunde gelegten Modells) spricht. Analog stehen kleine F-Werte mit der Hypothese H_0 im Einklang. Wie schon beim t-Test erläutert, lässt sich eine konkrete Aussage über die Beibehaltung oder Ablehnung der Nullhypothese durch Rückgriff auf die entsprechende Verteilung der Prüfgröße (hier: F-Verteilung) gewinnen:

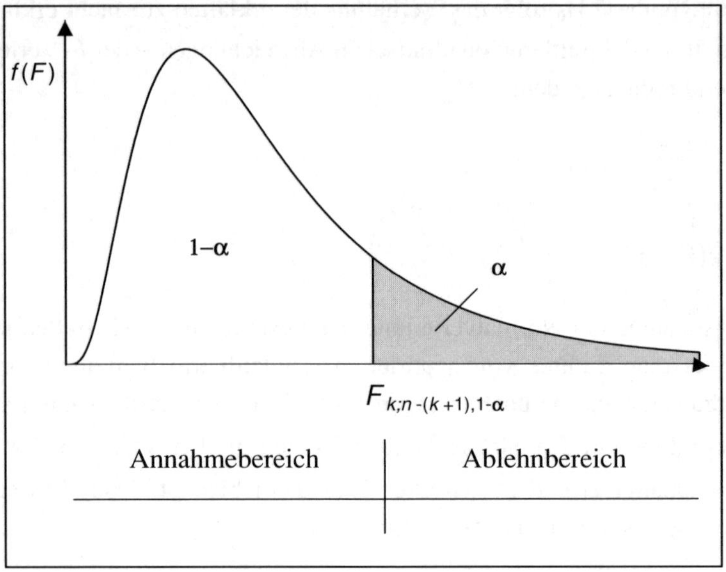

Abb. 6.3.2.-1.: Annahme- und Ablehnbereich beim F-Test

Wie aus der Abb. 6.3.2.-1. ersichtlich ist, handelt es sich beim F-Test um einen Hypothesentest mit einer *einseitigen* Fragestellung. Wiederum existieren prinzipiell zwei Möglichkeiten, um zu einer Entscheidung über die Beibehaltung oder Ablehnung von H_0 zu kommen. Die erste Möglichkeit besteht darin, mittels der F-Verteilung einen kritischen F-Wert zu bestimmen, mit dem dann der Annahme- und Ablehnbereich definiert ist.

Beispiel 1: Bestimmung des kritischen Bereiches bei einem F-Test

Zur Veranschaulichung wird das folgende Beispiel betrachtet, bei dem von $n = 34$ Beobachtungspunkten, $k = 3$ erklärenden Variablen plus einer Regressionskonstanten $(k + 1 = 4)$ sowie von einer Irrtumswahrscheinlichkeit $\alpha = 0.05$ ausgegangen wird. Aus der vertafelten F-Verteilung in Tab. A.2.-3. lässt sich der kritische F-Wert bei 3 Zähler- und 30 Nennerfreiheitsgraden sowie einem α von 0.05 wie folgt ablesen:

(4) $F_{k;n-(k+1);1-\alpha} = F_{3;30;0.95} = 2.922$

Anschließend wird die Prüfgröße F selbst berechnet und mit dem kritischen F-Wert verglichen. Ist die ermittelte Prüfgröße größer als der kritische Wert, so liegt sie im Ablehnbereich und man entscheidet sich für H_1. Ansonsten wird H_0 beibehalten.

Die zweite Möglichkeit, um zu einer Entscheidung hinsichtlich Beibehaltung oder Ablehnung von H_0 zu kommen, besteht darin, den pValue der Prüfgröße F mit der vorgegebenen α-Wahrscheinlichkeit zu vergleichen. Der pValue wird von den meisten Ökonometriepaketen mit der entsprechenden Prüfgröße automatisch berechnet. Wie bereits beim t-Test ausführlich erläutert wurde, handelt es sich beim pValue um jene Wahrscheinlichkeit, die durch den Prüfgrößenwert definiert wird. Der pValue ist genau dann größer als die α-Wahrscheinlichkeit, wenn die Prüfgröße kleiner als der entsprechende kritische F-Wert ist. In diesem Falle würde man sich für die Beibehaltung von H_0 entscheiden. Analog ist der pValue genau dann kleiner als die α-Wahrscheinlichkeit, wenn die Prüfgröße größer als der entsprechende kritische F-Wert ist. Bei dieser Konstellation entscheidet man sich für die Ablehnung von H_0.

Beispiel 2: Durchführung des F-Tests

Das folgende Beispiel stützt sich ebenfalls auf das in Kapitel 5.3. eingeführte Beispiel 1, welches dort zur Veranschaulichung der Parameterschätzung mittels OLS bei einer Einfachregression herangezogen wurde. In dem Beispiel wurde versucht, die Variable ΔDAX mit Hilfe einer Regressionskonstanten und der einzigen erklärenden Variablen ΔBIP ($k = 1$) zu modellieren. Hierbei standen für jede Variable jeweils 4 Datenpunkte ($n = 4$) zur Verfügung. Dieses Beispiel 1 des Kapitels 5.3. wurde mit dem Beispiel 1 des Abschnitts 5.6.1. fortgeführt. Dort wurden für dieses Beispiel das Bestimmtheits- und das Unbestimmtheitsmaß ermittelt. Es ergaben sich dabei folgende Werte:

$$(5) \qquad R^2 = \frac{s_{\hat{y}}^2}{s_y^2} = \frac{7.8125}{11.1875} = 0.6983$$

$$(6) \qquad U = 1 - R^2 = 1 - 0.6983 = 0.3017$$

Hierbei handelt es sich um jene Informationen, die zur Durchführung des F-Tests notwendig sind. Beim F-Test wird die folgende Nullhypothese getestet:

$$H_0\colon \beta_1 = \ldots = \beta_k = 0$$

Da es sich bei dem hier betrachteten Beispiel um eine Einfachregression handelt, steht nur eine erklärende Variable zur Verfügung, weshalb die Nullhypothese wie folgt lautet:

$$H_0\colon \beta_1 = 0$$

Auf Grund dieser einzelnen erklärenden Variable wird hier beim F-Test letztlich die gleiche Hypothese getestet wie beim t-Test auf Signifikanz des Regressionskoeffizienten β_1 (vgl. hierzu das Beispiel 3 im vorangegangenen Abschnitt 6.3.1.). Insofern liefert der F-Test hier keine zusätzlichen Erkenntnisse. Da die Durchführung des F-Tests im Falle der Einfachregression identisch zu dem bei einer multiplen Regression ist, wird der F-Test hier dennoch zur Illustration angewandt.

Der nächste Schritt besteht darin, ein geeignetes Signifikanzniveau vorzugeben. Hier wird wieder eine Irrtumswahrscheinlichkeit von 5% ($\alpha = 0.05$) gewählt.

Beim F-Test dient die F-Statistik als Prüfgröße. Sie folgt unter den gegebenen Annahmen der F-Verteilung:

$$(7) \qquad F = \frac{R^2}{(1-R^2)} \cdot \frac{n-(k+1)}{k} \sim F_{k;n-(k+1)}$$

Da der F-Test ein einseitiger Test ist, wird der kritische Bereich (Ablehnbereich von H_0) durch den F-Wert an der Stelle $1-\alpha$ definiert. Konkret besteht der kritische Bereich aus all jenen F-Werten, für die gilt:

$$(8) \qquad F > F_{k;n-(k+1);1-\alpha}$$

Der kritische F-Wert lässt sich aus der vertafelten F-Verteilung bestimmen:

$$(9) \qquad F_{k;n-(k+1);1-\alpha} = F_{1;4-(1+1);0.95} = 18.51$$

Der F-Wert in Gleichung (9) wurde dabei unmittelbar aus der Tabelle (vgl. Anhang, Tab. A.2.-5.) entnommen. Der große kritische F-Wert von 18.51 resultiert in diesem Beispiel aus dem Sachverhalt, dass lediglich 4 Datenpunkte ($n = 4$) berücksichtigt wurden, woraus sich schließlich 2 Nenner-Freiheitsgrade (4–(1+1)) ergaben. Im Rahmen einer praktischen Anwendung würde man ein Modell mit 4 Datenpunkten auf Grund der geringen Stichprobengröße sicherlich nicht schätzen. Da es hier (und in den vorangegangenen Beispielen) jedoch ausschließlich um die rechentechnische Veranschaulichung geht, ist dies nicht weiter problematisch.

Als letzter Schritt wird abschließend der konkrete Wert für die Prüfgröße berechnet und mit dem kritischen Wert verglichen. Hierzu werden zur Berechnung des Prüfgrößenwerts die Daten aus (5) und (6) in die Formel (7) eingesetzt:

$$(10) \qquad F = \frac{R^2}{\left(1-R^2\right)} \cdot \frac{n-\left(k+1\right)}{k} = \frac{0.6983}{0.3017} \cdot \frac{4-\left(1+1\right)}{1} = 2.3145 \cdot 2 = 4.629$$

Da der Wert der Prüfgröße mit 4.629 eindeutig kleiner als der kritische Wert von 18.51 ist, würde man sich hier für die Beibehaltung von H_0 entscheiden. Die Hypothese der Insignifikanz des Gesamtmodells kann also nicht verworfen werden.

Abschließend sollen zu diesem Beispiel nochmals zwei Punkte angemerkt werden. Zum einen sollte bei einer praktischen Anwendung ein Regressionsmodell mit vier Datenbeispielen auf Grund des geringen Stichprobenumfangs nicht geschätzt werden. Deshalb resultiert in diesem Beispiel auch der sehr hohe (und völlig untypische) kritische F-Wert von 18.51.

Zum anderen besteht dieses Modell aus nur einer erklärenden Variable. Wird somit das Gesamtmodell (im Rahmen des F-Tests) auf Signifikanz geprüft, so entspricht dies der Überprüfung der Signifikanz dieser einen erklärenden Variablen. Der t-Test auf Signifikanz der

Variablen x im vorangegangenen Abschnitt 6.3.1. und der hier durchgeführte F-Test spiegeln somit den gleichen Sachverhalt wider. An dieser Stelle sei noch lediglich erwähnt, dass bei einer Einfachregression der F-Wert dem quadrierten t-Wert der einen erklärenden Variable entspricht. In dem Abschnitt 6.3.1. wurde für die Variable x ein t-Wert von 2.151 ermittelt:

(11) $F = t^2 = 2.151^2 = 4.6268$

Der quadrierte t-Wert entspricht (unter Berücksichtigung von Rechenungenauigkeiten) dem oben errechneten F-Wert. Aus diesem Grunde ist die Durchführung des F-Tests an dieser Stelle streng genommen überflüssig. Da es jedoch lediglich um die Veranschaulichung des Prinzips zur Durchführung des F-Tests geht und sich dieses nicht vom multiplen Fall mit mehreren erklärenden Variablen unterscheidet, soll dieser Sachverhalt hier nicht weiter stören.

6.4. Test der Annahmen des Regressionsmodells bezüglich der Residuen

6.4.1. Ausgangslage

Arbeitshinweise: Im Folgenden werden nochmals kurz die bisher erarbeiteten Ergebnisse resümiert und erläutert, welche Themengebiete noch zu behandeln sind. Dieser Abschnitt ist insofern für sämtliche Lesergruppen relevant.

In den Kapiteln 5.1. bzw. 5.2. wurden diverse Annahmen formuliert, welche die Residuen **e** des ökonometrischen Grundmodells erfüllen müssen. Bei **e** handelt es sich um einen Vektor, dessen Elemente die Residuen des ökonometrischen Grundmodells zu den einzelnen Zeitpunkten t ($t = 1, ..., n$) darstellen:

(1) $$\mathbf{e} = \begin{bmatrix} \varepsilon_1 \\ \varepsilon_2 \\ \vdots \\ \varepsilon_n \end{bmatrix}$$

Bei den Residuen **e** handelt es sich allerdings um nicht beobachtbare Größen (vgl. Kap. 5.4.). Jedoch können mittels der geschätzten Regressionskoeffizienten $\hat{\mathbf{b}}$ „geschätzte Residuen“ $\hat{\mathbf{e}}$ (= OLS-Residuen) ermittelt werden:

(2) $$\hat{\mathbf{e}} = \mathbf{y} - \mathbf{X}\hat{\mathbf{b}} = \mathbf{y} - \hat{\mathbf{y}}$$

Es ist nun zu überprüfen, ob die geschätzten OLS-Residuen mit den Annahmen des Grundmodells vereinbar sind. Die Annahmen des Grundmodells, die bereits in Kap. 5.1. eingeführt und in Kap. 6.2. nochmals um eine weitere Annahme ergänzt wurden, lauten:

(3)	Lineares Modell der Form $\mathbf{y} = \mathbf{Xb} + \mathbf{e}$	
(4)	Elemente der Datenmatrix **X** sind feste, nicht-stochastische Größen	
(5)	$E(\varepsilon_t) = 0$	für alle $t = 1, ..., n$
(6)	$Var(\varepsilon_t) = E(\varepsilon_t^2) = \sigma^2$	für alle $t = 1, ..., n$
(7)	$Cov(\varepsilon_t, \varepsilon_{t-j}) = E(\varepsilon_t \varepsilon_{t-j}) = 0$	für $j \neq 0$
(8)	$\varepsilon_t \sim N(0; \sigma^2)$	für alle $t = 1, ..., n$

Die Gültigkeit der Annahme (3) kann mehr oder weniger als Arbeitshypothese aufgefasst werden. Man geht implizit von der Gültigkeit dieser Annahme aus und versucht einen Zusammenhang zwischen der Variablen y und den erklärenden Variablen $x_1, ..., x_k$ mittels eines linearen Regressionsmodells zu schätzen. Besitzt das Modell einen geringen Erklärungsgehalt (siehe Kap. 5.6. oder Kap. 6.3.2.) oder werden die weiteren Annahmen (insbesondere die Annahme der Homoskedastizität und der fehlenden Autokorrelation) nicht eingehalten, so kann das Modell verworfen und ein neuer Modellierungsversuch (ggf. mit Hilfe von nichtlinearen Verfahren) unternommen werden.

Die Regressionskoeffizienten $\hat{\mathbf{b}}$ werden so geschätzt, dass die empirischen Kovarianzen zwischen den OLS-Residuen und den k erklärenden Variablen $x_1, ..., x_k$ null sind (vgl. Kap. 5.4.). Da die Kovarianz zwischen einer festen Größe und einer Zufallsvariablen immer null ist (siehe Kapitel 2.3.4.), sind die geschätzten Residuen $\hat{\mathbf{e}}$ automatisch mit der Annahme (4) vereinbar.

Die OLS-Residuen besitzen einen Mittelwert von null, sofern das Modell über eine Regressionskonstante verfügt (siehe Kap. 5.4). Diese Eigenschaft steht mit der Annahme (5) im Einklang. Von den gesamten Annahmen sind lediglich die Annahme der Homoskedastizität (Formel (6)), die Annahme der fehlenden Autokorrelation (Formel (7)) sowie die Normalverteilungsannahme (Formel (8)) noch zu überprüfen. Als geeignete Instrumente kommen hierzu eine grafische Analyse oder eine Analyse mittels Hypothesentests in Betracht. In den nachfolgenden Ausführungen werden vornehmlich die Hypothesentests näher behandelt, da diese zu klaren Aussagen (unter Berücksichtigung einer vorgegebenen Irrtumswahrscheinlichkeit α) kommen. Die grafischen Analysen sind von nachrangiger Bedeutung und besitzen vornehmlich einen didaktischen Stellenwert.

6.4.2. Autokorrelation: Ursachen, Auswirkungen und Tests

6.4.2.1. Ursachen und Auswirkungen der Autokorrelation

Arbeitshinweise: In diesem Abschnitt 6.4.2.1. werden zum einen die Ursachen von autokorrelierten Residuen und zum anderen die damit verbundenen Konsequenzen behandelt. Da die Kenntnis dieser Sachverhalte insbesondere für „Praktiker" und Anwender der Regressionsanalyse von zentraler Bedeutung ist, wurde dieser Abschnitt bewusst verbal gehalten. Er sollte auf alle Fälle bearbeitet werden.

In Kap. 5.5.1. wurde für die Varianz-Kovarianz-Matrix der geschätzten Regressionskoeffizienten die folgende Formel hergeleitet:

$$(1) \quad Cov(\hat{\mathbf{b}}) = \sigma^2 (\mathbf{X}'\mathbf{X})^{-1}$$

Bei der Herleitung dieser Formel wurde von fehlender Autokorrelation und der Homoskedastizitätsannahme der Residuen ausgegangen. Dies zeigen die Rechenschritte (19) bis (21) in Kap. 5.5.1. Wie dort auch erläutert wurde, entsprechen die Werte auf der Diagonalen dieser Matrix den Varianzen der einzelnen Regressionskoeffizienten, die jedoch bei Autokorrelation und Heteroskedastizität nicht mehr valide sind. Da beim Effizienznachweis (wonach die Regressionsschätzer unter allen linearen und erwartungstreuen Schätzern die kleinste Varianz aufweisen) von der Formel (1) ausgegangen wird, sind im Falle von Autokorrelation und/oder Heteroskedastizität die OLS-Schätzer nicht mehr effizient. Jedoch bleiben die Eigenschaften der Linearität, der Erwartungstreue und der Konsistenz auch bei Autokorrelation und/oder Heteroskedastizität erhalten.

Da die Varianz-Kovarianz-Matrix der Regressionskoeffizienten nicht mehr valide ist, folgt daraus auch die Verzerrung ihrer Schätzung, welche in (2) nochmals dargestellt ist:

$$(2) \quad \hat{Cov}(\hat{\mathbf{b}}) = \hat{\sigma}^2 (\mathbf{X}'\mathbf{X})^{-1} = s^2 (\mathbf{X}'\mathbf{X})^{-1}$$

Die geschätzten Standardfehler der Regressionskoeffizienten (Quadratwurzeln aus den entsprechenden Varianzen) dienen wiederum zur Berechnung der *t*- und *F*-Werte.[93] Insofern sind auch die berechneten *t*- und *F*-Statistiken bei einer Präsenz von Autokorrelation und Heteroskedastizität nicht mehr gültig.

Autokorrelierte Residuen treten hauptsächlich bei Regressionen mit Zeitreihendaten (time series data) auf. Bei Zeitreihendaten wird ein Untersuchungsmerkmal eines bestimmten Beobachtungsobjekts zu verschiedenen Zeitpunkten beschrieben. Als Beispiel ließe sich hier die Tagesrendite der BASF-Aktie zu verschiedenen Zeitpunkten anführen. Im Unterschied hierzu sind Regressionen mit Querschnittsdaten (cross sectional data) zu sehen. Bei diesen Daten wird ein Untersuchungsmerkmal von *verschiedenen Beobachtungsobjekten* zu *einem bestimmten Zeitpunkt* erhoben. In diese Kategorie von Daten fallen beispielsweise die Akti-

93 Bei der in Kap. 6.3.2. angegebenen Formel zur Berechnung der *F*-Statistik ist dieser Sachverhalt nicht unmittelbar ersichtlich. Jedoch existiert noch eine alternative Berechnungsweise [vgl. z.B. GRIFFITHS/-HILL/JUDGE (1993), S. 334], bei der sich die Abhängigkeit der *F*-Statistik von der geschätzten Varianz-Kovarianz-Matrix zeigt. Die *F*-Statistiken sind nach beiden Berechnungsweisen identisch. Die in Kap. 6.3.2. ange-

enkurse der 30 DAX-Gesellschaften zum 30.12.19XX. Im Unterschied zu Zeitreihenregressionen tritt bei Querschnittsregressionen weniger das Autokorrelationsproblem in den Vordergrund, sondern vielmehr das Heteroskedastizitätsproblem.

Eine mögliche Ursache für Autokorrelation kann in fehlenden erklärungsrelevanten Variablen liegen, deren Einflüsse sich in den Residuen niederschlagen. Dies führt über die Zeit hinweg, also bei Zeitreihenregressionen, zu (positiv) autokorrelierten Residuen.

Eine weitere Quelle für autokorrelierte Residuen ergibt sich bei finanzwirtschaftlichen Regressionsmodellen auf Grund der Verwendung von sog. „überlappenden" Renditeperioden. Dieses Phänomen soll durch das folgende Beispiel veranschaulicht werden: Betrachtet sei eine Zeitreihe mit 6-Monatsrenditen. Eine 6-Monatsrendite repräsentiert somit eine Kursveränderung über 6 Monate hinweg. Die erste Möglichkeit besteht darin, die Renditen wie folgt zu berechnen:

(3) $$\begin{aligned} r_1 &= k_{06/94} - k_{12/93} \\ r_2 &= k_{12/94} - k_{06/94} \\ &\;\;. \\ &\;\;. \end{aligned}$$

Die erste Rendite entspricht demnach der Log-Differenz des Wertpapierkurses vom Juni ($k_{06/94}$) und des Schlusskurses vom Dezember ($k_{12/93}$). Analog berechnet sich die zweite Rendite als Log-Differenz der Schlusskurse vom Dezember ($k_{12/94}$) und vom Juni ($k_{06/94}$). Das Problem, welches sich hieraus ergibt, liegt in der unzureichenden Nutzung des zur Verfügung stehenden Datenmaterials (hier: Monatskurse). Aus 13 Monatskursen resultieren bei der obigen Berechnungsmethode nur zwei 6-Monatsrenditen. Dieses Problem wird häufig dadurch gelöst, indem man mit überlappenden Renditeperioden arbeitet. Hierbei wird zu jedem einzelnen Zeitpunkt (hier: Monatskurs) eine 6-Monatsveränderung betrachtet:

(4) $$\begin{aligned} r_1 &= k_{06/94} - k_{12/93} \\ r_2 &= k_{07/94} - k_{01/94} \\ r_3 &= k_{08/94} - k_{02/94} \\ &\;\;. \\ &\;\;. \end{aligned}$$

Auf diese Weise lassen sich aus 13 Monatskursen sieben 6-Monatsrenditen berechnen. Allerdings hängt jetzt die Rendite r_t sehr stark von der Rendite r_{t-1} ab. Die Kursveränderung über sechs Monate entspricht der Summe über sechs einzelne monatliche Kursveränderungen. Die überlappenden Renditeperioden führen dazu, dass von den sechs (monatlich) kumulierten Kursveränderungen zweier aufeinander folgender 6-Monatsrenditen immer jeweils fünf identisch sind. Wenn also die Rendite r_{t-1} sehr groß war, wird auch mit einer

gebene Formel zur Berechnung der F-Statistik ist jedoch intuitiv einsichtiger, weshalb diese Form hier verwendet wurde.

großen Wahrscheinlichkeit r_t sehr groß sein. Besteht nun die zu erklärende Variable y aus einer Zeitreihe mit sich überlappenden Renditen (also die Variable y besitzt eine große positive Autokorrelation), so führt dies automatisch auch zu großen Autokorrelationen bei den Residuen des Modells. Dies folgt aus Gleichung (32) des Kap. 5.1. Danach weisen die zu erklärende Variable y und die Residuen die gleiche Varianz-Kovarianz-Matrix auf. Bei Autokorrelation sind die Autokovarianzen, d.h. die Werte außerhalb der Diagonalen, ungleich null. Eine Autokorrelation bei der zu erklärenden Variablen führt somit automatisch auch zu einer Autokorrelation bei den Residuen.

Eine weitere Ursache für Autokorrelation (und auch Heteroskedastizität) ist eine Fehlspezifikation des Modells. Bei einem linearen Regressionsmodell unterstellt man auf Grund der gewählten Analysemethode automatisch einen linearen Zusammenhang zwischen der zu erklärenden und den erklärenden Variablen (siehe hierzu die Annahme (25) in Kap. 5.1.). Besteht jedoch tatsächlich ein nichtlinearer Zusammenhang (z.B. ein exponentieller), so sind die Residuen häufig autokorreliert und heteroskedastisch. Die Fehlspezifikation des Modells (und die damit verbundene Autokorrelation bzw. Heteroskedastizität) kann jedoch auch auf einen Strukturbruch in den Daten zurückzuführen sein [vgl. hierzu das Beispiel bei BLEYMÜLLER/GEHLERT/GÜLICHER (1998), S. 158-160].

6.4.2.2. Durbin-Watson-Test zum Test auf Autokorrelation erster Ordnung

Arbeitshinweise: In diesem Unterkapitel wird der Durbin-Watson-Test zur Überprüfung der Residuen auf Autokorrelation erster Ordnung vorgestellt, dem eine zentrale Bedeutung bei der Analyse von Regressionsmodellen zukommt. Der Abschnitt beginnt zunächst mit einer grafischen Veranschaulichung des Phänomens autokorrelierter Residuen. Anschließend werden diese grafisch veranschaulichten Sachverhalte in eine formale Darstellung überführt. An dieser Stelle geht es jedoch ausschließlich um das generelle Verständnis. Die Formeln dienen lediglich zur Erklärung, warum und weshalb sich die Zusammenhänge so ergeben. Nachdem die theoretischen Zusammenhänge erklärt wurden, wird der eigentliche Durbin-Watson-Test vorgestellt. Der Leser sollte sich dabei insbesondere die Approximationsformel für die Durbin-Watson-Teststatistik (Formel (16)) im Gedächtnis behalten. Mit Hilfe dieser Formel lässt sich intuitiv nachvollziehen, weshalb ein Wert der Durbin-Watson-Statistik von null für positive Autokorrelation, ein Wert von zwei für keine Autokorrelation und ein Wert von vier für negative Autokorrelation spricht. Das abschließende Beispiel dient zur Veranschaulichung der manuellen Durchführung des Durbin-Watson-Tests. Der Wert der Durbin-Watson-Prüfgröße wird mittlerweile von fast allen gängigen Software-Paketen (die eine Regressionsanalyse beinhalten) standardmäßig berechnet und ausgegeben. Jedoch bleibt die sachgerechte Interpretation noch Aufgabe des Analysten. Dieser Abschnitt ist sowohl für den praktisch orientierten als auch für den theoretisch interessierten

Leser von Bedeutung. Für die „Praktiker" sind dabei die formalen Erläuterungen nur insofern von Bedeutung, als dass sie zum Verständnis beitragen.

Die Aufgabe dieses Abschnitts besteht darin, die geschätzten Residuen (OLS-Residuen) dahingehend zu überprüfen, ob sie mit der Annahme fehlender Autokorrelation vereinbar sind. Die einfachste Methode wäre dabei, die OLS-Residuen grafisch zu analysieren. Dazu werden die Residuen über die Zeit hinweg in ein Diagramm eingetragen. Die beiden folgenden Diagramme zeigen in idealisierter Weise den Fall positiver und negativer *Autokorrelation erster Ordnung*. Erste Ordnung bedeutet dabei, dass ausschließlich die Autokorrelation (bzw. die Autokovarianz) zwischen den OLS-Residuen $\hat{\varepsilon}_t$ und $\hat{\varepsilon}_{t-1}$ betrachtet wird. Analog beschreibt eine *Autokorrelation j-ter Ordnung* den linearen Zusammenhang zwischen den Residuen $\hat{\varepsilon}_t$ und $\hat{\varepsilon}_{t-j}$.

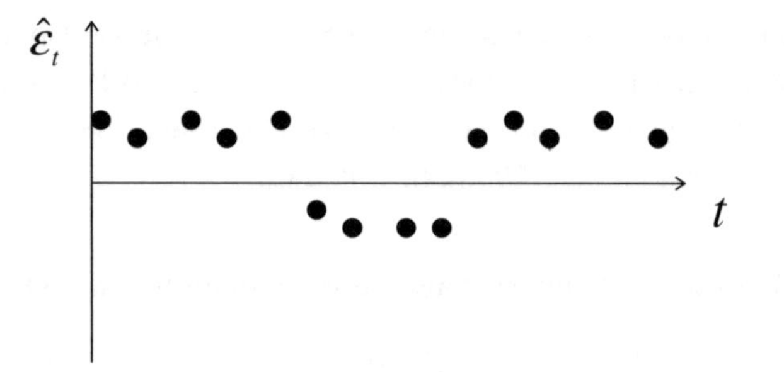

Abb. 6.4.2.2.-1.: Positive Autokorrelation 1. Ordnung

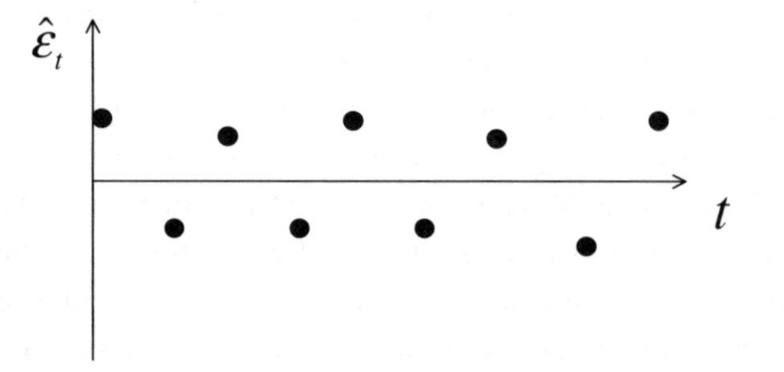

Abb. 6.4.2.2.-2.: Negative Autokorrelation 1. Ordnung

Positive Autokorrelation erster Ordnung lässt sich an längeren Phasen mit positiven und negativen Residuen erkennen. Hier folgt mit einer großen Wahrscheinlichkeit auf ein positives Residuum wieder ein positives bzw. auf einen negativen Störterm wieder ein negativer. Bei dem Fall negativer Autokorrelation erster Ordnung verhält es sich genau umgekehrt. Dort folgt auf ein positives Residuum mit einer großen Wahrscheinlichkeit ein negatives bzw. auf einen negativen Störterm ein positiver. Soll jedoch ganz allgemein eine

Autokorrelation j-ter Ordnung untersucht werden, so ist diese Darstellungsform weniger geeignet. In diesem Fall ist es anschaulicher, auf der Abszisse die Residuen $\hat{\varepsilon}_{t-j}$ und auf der Ordinate die Residuen $\hat{\varepsilon}_t$ abzutragen. Wie bereits erläutert wurde, muss sich bei einer positiven Korrelation bzw. Autokorrelation die Punktewolke durch eine ansteigende Gerade hinreichend gut beschreiben lassen. Analog bilden bei einer negativen Autokorrelation die Punkte nahezu eine fallende Gerade. Die beiden folgenden Grafiken veranschaulichen den Fall von unkorrelierten und positiv korrelierten Residuen j-ter Ordnung:

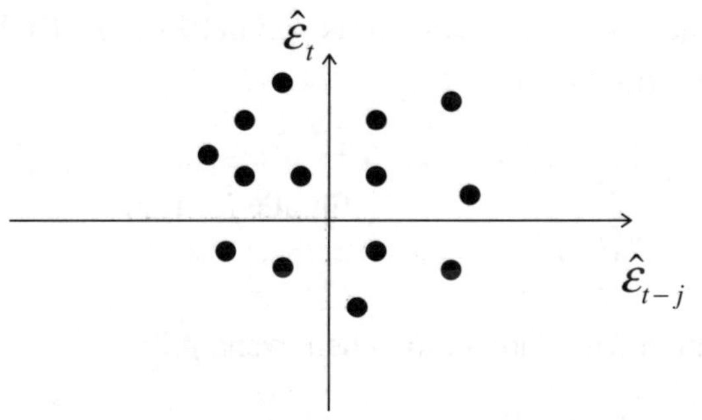

Abb. 6.4.2.2.-3.: Keine Autokorrelation

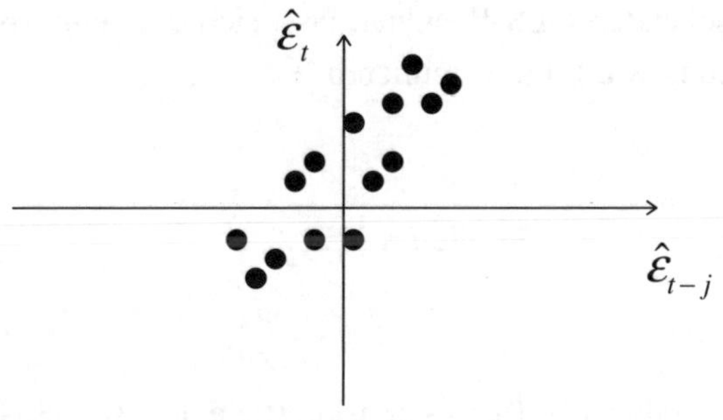

Abb. 6.4.2.2.-4.: Positive Autokorrelation

Selbstverständlich lassen sich mit dieser Darstellungsweise auch Autokorrelationen erster Ordnung (also $j = 1$) untersuchen. Die grafische Analyse besitzt eher didaktischen Stellenwert. Im Folgenden soll ein geeigneter Hypothesentest, der Durbin-Watson-Test, vorgestellt werden, mit dessen Hilfe eine Analyse der Residuen auf Autokorrelation erster Ordnung vorgenommen werden kann. Hierzu ist es sinnvoll, die oben erläuterten grafischen Zusammenhänge nochmals formal aufzuarbeiten.

Unter der Annahme der Homoskedastizität (d.h. die Varianz beträgt für alle Residuen ε_t konstant σ^2) lautet die Formel für den Autokorrelationskoeffizienten j-ter Ordnung wie folgt:

(1) $$\rho_j = \frac{Cov(\varepsilon_t, \varepsilon_{t-j})}{\sqrt{Var(\varepsilon_t)}\sqrt{Var(\varepsilon_{t-j})}} = \frac{\sigma_{t,t-j}}{\sqrt{\sigma^2}\sqrt{\sigma^2}} = \frac{\sigma_{t,t-j}}{\sigma^2}$$ für alle j = 1, 2, ...

Wie bereits in Kap. 5.1. gezeigt wurde, lassen sich die Autokovarianz und die Varianz der Residuen unter der Annahme eines Erwartungswerts von null ($E(\varepsilon_t) = 0$) ihrerseits vereinfachend als Erwartungswerte formulieren:

(2) $$\rho_j = \frac{Cov(\varepsilon_t, \varepsilon_{t-j})}{Var(\varepsilon_t)} = \frac{E(\varepsilon_t \varepsilon_{t-j})}{E(\varepsilon_t^2)}$$ für alle j = 1, 2, ...

Von fehlender Autokorrelation wird dann gesprochen, wenn gilt:

(3) $$\rho_j = 0$$ für alle j = 1, 2, ...

Wie bereits an mehreren Stellen erwähnt wurde, sind die Residuen des Grundmodells nicht beobachtbar und somit ist ein Rückgriff auf die geschätzten Residuen (OLS-Residuen) notwendig. Mit Hilfe der geschätzten OLS-Residuen lässt sich der „empirische“ Autokorrelationskoeffizient j-ter Ordnung wie folgt formulieren:[94]

(4) $$\hat{\rho}_j = \frac{\sum_{t=j+1}^{n} (\hat{\varepsilon}_t \hat{\varepsilon}_{t-j})}{\sum_{t=1}^{n} \hat{\varepsilon}_t^2}$$ für alle j = 1, 2, ...

Bei der OLS-Schätzung werden die Regressionskoeffizienten so geschätzt, dass für die OLS-Residuen die Beziehung (5) gilt (siehe Kap. 5.4.). Dies wurde in Formel (4) berücksichtigt.

(5) $$\sum_{t=1}^{n} \hat{\varepsilon}_t = 0$$

Dazu muss die Regressionsgleichung jedoch eine Regressionskonstante beinhalten. Dementsprechend wird durch eine Auswertung des empirischen Autokorrelationskoeffizienten aus Formel (4) auf existierende bzw. fehlende Autokorrelation geschlossen. Da bei den Zeitreihenregressionen insbesondere der Autokorrelation erster Ordnung eine große Bedeu-

94 Vgl. hierzu auch das Kap. 3.1.3.

tung zukommt, wird diese im weiteren Verlauf näher betrachtet. Dem Grundgedanken der grafischen Veranschaulichung in Abb. 6.4.2.2.-4. folgend, lässt sich bei Vorliegen von Autokorrelation erster Ordnung der Zusammenhang zwischen den (nicht beobachtbaren) Residuen ε_t und ε_{t-1} durch das folgende einfache Regressionsmodell hinreichend gut beschreiben:

(6) $\varepsilon_t = \phi \cdot \varepsilon_{t-1} + v_t$ mit $|\phi| < 1$ und $t = 2, ..., n$

Die Residuen v_t ($t = 2, ..., n$) müssen dabei die klassischen Annahmen eines Regressionsmodells erfüllen, d.h. einen Erwartungswert von null, eine konstante Varianz sowie fehlende Autokorrelation besitzen. Die Forderung eines Regressionskoeffizienten ϕ betragsmäßig kleiner als eins ist notwendig, damit v_t eine endliche, konstante Varianz aufweist [vgl. hierzu PINDYCK/RUBINFELD (1998), S. 528]. Liegt der Regressionskoeffizient ϕ zwischen 0 und +1, so zeigt dies positive Autokorrelation erster Ordnung an. Analog spricht ein Regressionskoeffizient zwischen 0 und −1 für negative Autokorrelation erster Ordnung. Bei einem Wert von 0 liegt keine Autokorrelation vor. Ersetzt man die nicht beobachtbaren Residuen des Grundmodells durch die geschätzten OLS-Residuen, so lässt sich Formel (6) wie folgt formulieren:

(7) $\hat{\varepsilon}_t = \phi \cdot \hat{\varepsilon}_{t-1} + v_t$ mit $|\phi| < 1$ und $t = 2, ..., n$

Auf diese Weise lässt sich für den unbekannten Regressionskoeffizienten ϕ mittels des OLS-Verfahrens ein Schätzer $\hat{\phi}$ ermitteln.

Greift man nochmals auf die Gleichung (2) und (6) zurück, so kann durch einige elementare Umformungen die Beziehung nach (8) gezeigt werden. Danach sind der Regressionskoeffizient ϕ und der Autokorrelationskoeffizient erster Ordnung ρ_1 identisch:

(8) $\phi = \rho_1$

Ausgangspunkt ist hierzu die Kovarianz zwischen den Residuen ε_t und ε_{t-1}, wobei auf die Beziehung (6) zurückgegriffen wird.

(9) $Cov(\varepsilon_t, \varepsilon_{t-1}) = Cov(\phi \cdot \varepsilon_{t-1} + v_t, \varepsilon_{t-1})$

Bei ε_{t-1} und v_t handelt es sich um Zufallsvariablen. Insofern lässt sich – unter Anwendung der entsprechenden Rechenregeln über Kovarianzen (vgl. Kap. 2.3.4.) – die Beziehung (9) wie folgt aufsplitten:

(10) $Cov(\varepsilon_t, \varepsilon_{t-1}) = Cov(\phi \cdot \varepsilon_{t-1} + v_t, \varepsilon_{t-1}) = Cov(\phi \cdot \varepsilon_{t-1}, \varepsilon_{t-1}) + Cov(v_t, \varepsilon_{t-1})$

Da das Regressionsresiduum v_t die traditionellen Annahmen des ökonometrischen Grundmodells erfüllt, muss die Kovarianz zwischen dieser Größe und ε_{t-1} null sein. Somit fällt der zweite Summand in Gleichung (10) weg:

$$(11) \quad Cov(\varepsilon_t, \varepsilon_{t-1}) = Cov(\phi \cdot \varepsilon_{t-1}, \varepsilon_{t-1})$$

Der Regressionskoeffizient ϕ kann vor die Kovarianz gezogen werden. Die Kovarianz zwischen ε_{t-1} und ε_{t-1} entspricht der Varianz. Daher lässt sich (11) zunächst alternativ darstellen und anschließend nach ϕ auflösen:

$$(12) \quad Cov(\varepsilon_t, \varepsilon_{t-1}) = \phi \cdot Cov(\varepsilon_{t-1}, \varepsilon_{t-1}) = \phi \cdot Var(\varepsilon_{t-1}) \Rightarrow \phi = \frac{Cov(\varepsilon_t, \varepsilon_{t-1})}{Var(\varepsilon_{t-1})}$$

Im Annahmenkatalog wurde die Forderung nach Homoskedastizität gestellt. Danach muss die Varianz für alle Residuen (ε_t, ε_{t-1} usw.) gleich sein. Deshalb ist Gleichung (12) mit Gleichung (1) für $j = 1$ identisch:

$$(13) \quad \phi = \frac{Cov(\varepsilon_t, \varepsilon_{t-1})}{Var(\varepsilon_{t-1})} = \frac{Cov(\varepsilon_t, \varepsilon_{t-1})}{Var(\varepsilon_t)} = \frac{\sigma_{t,t-1}}{\sigma^2} = \rho_1$$

Der Regressionskoeffizient ϕ und der Autokorrelationskoeffizient erster Ordnung ρ_1 sind also gleich.

Arbeitet man mit den geschätzten Residuen (OLS-Residuen), so gilt die Beziehung (13) zwischen dem empirischen Autokorrelationskoeffizienten und dem empirischen Regressionskoeffizienten nur approximativ [vgl. ECKEY/KOSFELD/DREGER (1995), S. 104-105]:

$$(14) \quad \hat{\phi} \approx \hat{\rho}_1$$

Nachdem die formalen Grundlagen für eine Autokorrelationsanalyse der Residuen geschaffen wurden, wird im Folgenden mit dem Durbin-Watson-Test ein Hypothesentest zur Überprüfung auf Autokorrelation erster Ordnung vorgestellt. Hierbei handelt es sich um den mit Abstand „prominentesten" Test zur Überprüfung der Residuen auf Autokorrelation erster Ordnung. Beim Durbin-Watson-Test testet man die Hypothese H_0 (fehlende Autokorrelation) gegen die Alternativhypothese H_1 (positive bzw. negative Autokorrelation):[95]

95 Nachfolgend wird die Autokorrelation mit „AC" (autocorrelation) abgekürzt.

H_0: fehlende AC 1. Ordnung, d.h. $\phi = 0$ bzw. $\rho_1 = 0$

gegen H_1: positive bzw. negative AC 1.Ordnung

Zur Durchführung des Tests wird auf die Durbin-Watson-Teststatistik (*DW*-Statistik) zurückgegriffen, die wie folgt berechnet wird:

$$(15) \quad DW = \frac{\sum_{t=2}^{n} \left(\hat{\varepsilon}_t - \hat{\varepsilon}_{t-1}\right)^2}{\sum_{t=1}^{n} \hat{\varepsilon}_t^2}$$

Hinsichtlich der formalen Herleitung der Formel (15) sei auf die entsprechende Literatur verwiesen [vgl. DURBIN/WATSON (1950)]. Große Bedeutung besitzt die nachfolgende Approximationsformel, da diese einerseits sehr einprägsam ist und andererseits eine intuitive Interpretation der *DW*-Teststatistik erlaubt:

$$(16) \quad DW \approx 2\left(1 - \hat{\rho}_1\right)$$

Gleichung (16) stellt einen Bezug zwischen der *DW*-Statistik und dem Autokorrelationskoeffizienten erster Ordnung her. Da sich der empirische Autokorrelationskoeffizient erster Ordnung zwischen −1 und +1 bewegt, muss damit die *DW*-Teststatistik zwischen 0 und +4 liegen. Die folgende Aufstellung veranschaulicht nochmals den Zusammenhang zwischen dem Autokorrelationskoeffizienten erster Ordnung und der *DW*-Teststatistik, wie er sich aus Formel (16) ergibt:

(17)	$\hat{\rho}_1 \approx +1$	$\rightarrow$	positive AC erster Ordnung	$\rightarrow$	$DW \approx 0$
	$\hat{\rho}_1 \approx -1$	$\rightarrow$	negative AC erster Ordnung	$\rightarrow$	$DW \approx 4$
	$\hat{\rho}_1 \approx 0$	$\rightarrow$	keine AC erster Ordnung	$\rightarrow$	$DW \approx 2$

Wie bereits bei den oben erläuterten Hypothesentests gezeigt wurde, muss für die Prüfgröße eine Verteilung angegeben werden können, damit die konkrete Bestimmung der Annahme- und Ablehnbereiche möglich ist. Ausgangspunkt ist hierzu die Annahme, die Residuen seien unter der Nullhypothese H_0 unabhängig und identisch normalverteilt. Jedoch besteht bei der Durchführung des Durbin-Watson-Tests das Problem, dass die Teststatistik unter H_0 von folgenden Einflussgrößen abhängig ist:

- Von der Anzahl der Beobachtungen,
- von der Anzahl der erklärenden Variablen sowie
- von den konkreten Werten der Datenmatrix **X**.

Die beiden ersten Problempunkte werden dabei vergleichsweise „einfach" gelöst, indem nämlich in Abhängigkeit von der Anzahl der Beobachtungen und der erklärenden Variablen jeweils eigene Verteilungen tabelliert werden. Der dritte Problempunkt, die Abhängigkeit von den konkreten Werten der Datenmatrix **X**, ist schwieriger zu handhaben. Hier wird durch die Einführung sog. Unschärfebereiche eine Verallgemeinerung erreicht. Das Konzept mit den Unschärfebereichen veranschaulicht die folgende Abb. 6.4.2.2.-5.:

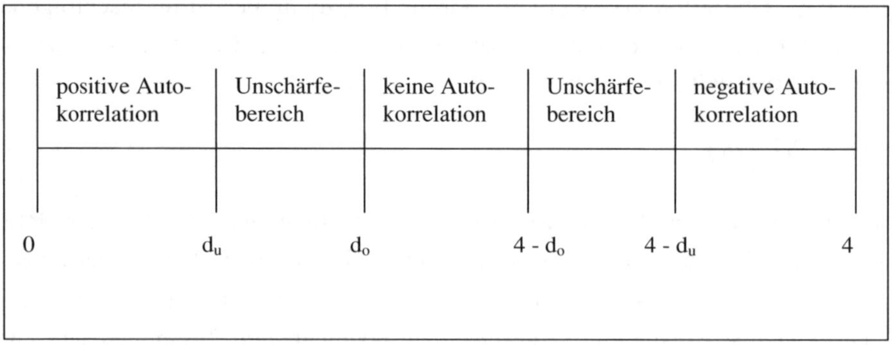

Abb. 6.4.2.2.-5.: Annahme- und Ablehnbereich beim Durbin-Watson-Test

Die kritischen Werte werden dabei durch die Untergrenze d_u und die Obergrenze d_o repräsentiert, die in Abhängigkeit von der Beobachtungsanzahl n, der Regressorenanzahl k sowie dem Signifikanzniveau α tabelliert sind. Je nachdem, in welches Intervall die berechnete Teststatistik fällt, wird entweder die Nullhypothese (keine Autokorrelation erster Ordnung) oder die Alternativhypothese (positive bzw. negative Autokorrelation erster Ordnung) angenommen. Liegt die realisierte Prüfstatistik im Unschärfebereich, so ist keine Aussage möglich.

Beispiel: Durchführung des Durbin-Watson-Tests

Das folgende Beispiel veranschaulicht, wie die Residuen mit Hilfe des Durbin-Watson-Tests auf Autokorrelation erster Ordnung geprüft werden können. Hierzu wird das Beispiel des Kapitels 5.3. fortgeführt, bei dem die Variable ΔDAX durch die Variable ΔBIP im Rahmen einer Einfachregression erklärt wird. Hinsichtlich der konkreten Beispieldaten sei auf Kap. 5.3. (dort insbesondere Tab. 5.3.-1. sowie Gleichungen (15) und (16)) zurückverwiesen. In diesem Kapitel wurden die unbekannten Regressionsparameter (die Regressionskonstante β_0 und der Regressionskoeffizient β_1) mit Hilfe der OLS-Schätzung bestimmt. In dem Beispiel des Kap. 5.4. wurde jenes aus Kap. 5.3. fortgeführt, indem zunächst Schätzwerte für die zu erklärende Variable y berechnet wurden. Mit deren Hilfe ließen sich in einem nächsten Schritt die OLS-Residuen wie folgt ermitteln:

$$(18)\quad \hat{\mathbf{e}} = \mathbf{y} - \hat{\mathbf{y}} = \begin{bmatrix} 5 \\ -2 \\ 3 \\ 7 \end{bmatrix} - \begin{bmatrix} 7 \\ -0.5 \\ 2 \\ 4.5 \end{bmatrix} = \begin{bmatrix} -2 \\ -1.5 \\ 1 \\ 2.5 \end{bmatrix}$$

Die so ermittelten OLS-Residuen bilden den Ausgangspunkt zur Durchführung des Durbin-Watson-Tests. Bei diesem Test wird die Nullhypothese „H_0: keine Autokorrelation erster Ordnung“ gegen die Alternativhypothese „H_1: positive bzw. negative Autokorrelation erster Ordnung“ getestet.

Mit Hilfe der Formel (15) lässt sich für die in (18) dargestellten OLS-Residuen der folgende Prüfgrößenwert ermitteln:

$$(19)\quad DW = \frac{((-1.5)-(-2))^2 + (1-(-1.5))^2 + (2.5-1)^2}{(-2)^2 + (-1.5)^2 + 1^2 + 2.5^2} = \frac{8.75}{13.5} = 0.648$$

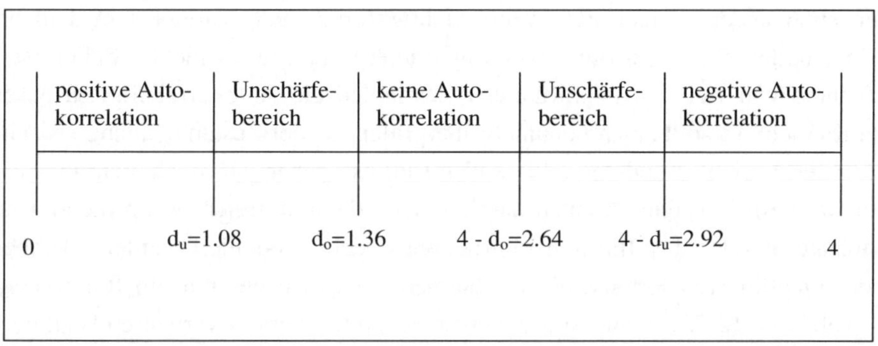

Abb. 6.4.2.2.-6.: Annahme- und Ablehnbereich beim Durbin-Watson-Test

Zur Bestimmung der kritischen Werte muss dabei auf die tabellierten Werte für die Untergrenze d_u und die Obergrenze d_o zurückgegriffen werden. Die Tabelle A.2.-6. in Anhang 2 gilt dabei für eine Irrtumswahrscheinlichkeit von 5%. Die Werte sind in Abhängigkeit von der Anzahl erklärender Variablen ($k = 1$, $k = 2$ ...) und der Stichprobenumfänge ($n = 15$, $n = 16$ ...) tabelliert. Da man im Rahmen einer praktischen Anwendung ein Regressionsmodell mit 4 Datenbeispielen auf Grund des geringen Stichprobenumfangs im Regelfall nicht schätzt, sind hierzu auch keine Werte für d_u und d_o tabelliert. Die Tabelle beginnt erst ab einem Stichprobenumfang mit 15 Werten. Da es jedoch in diesem Beispiel lediglich um die Veranschaulichung der prinzipiellen Vorgehensweise geht, wird auf die Werte zurückgegriffen, die sich für $n = 15$ und $k = 1$ ergeben. Für d_u ergibt sich in diesem Fall ein Wert von 1.08 und für d_o von 1.36. Mit Hilfe dieser Werte lassen sich die kritischen Bereiche für eine positive bzw. negative Autokorrelation erster Ordnung wie folgt konstruieren:

Da der Prüfgrößenwert mit 0.648 eindeutig im Intervall zwischen 0 und 1.08 liegt, würde man hier auf signifikante positive Autokorrelation der ersten Ordnung schließen. Jedoch sei an dieser Stelle nochmals darauf hingewiesen, dass der Prüfgrößenwert auf Grund des geringen Stichprobenumfangs von 4 Werten nicht als zuverlässig betrachtet werden kann. Weiterhin wurde (ebenfalls aus dem gleichen Grunde) auf die Werte für d_u und d_o bei einem Stichprobenumfang von 15 zurückgegriffen. Insofern ist dieses Ergebnis aus statistischer Sicht nicht als valide zu bezeichnen. Da hier jedoch die Veranschaulichung des Prinzips im Vordergrund steht und dies am besten mit Hilfe eines kleinen, nachrechenbaren Beispiels geht, ist dieser Vorbehalt an dieser Stelle nicht weiter von Bedeutung.

Nachdem nun gezeigt wurde, wie mit Hilfe des Durbin-Watson-Tests Autokorrelation erster Ordnung identifiziert werden kann, stellt sich in einem nächsten Schritt die Frage, wie verfahren werden soll, wenn Autokorrelation erster Ordnung festgestellt wurde. Hierbei existieren prinzipiell zwei verschiedene Ansätze: Zunächst kann versucht werden, die Autokorrelation zu beseitigen. Falls dies nicht möglich ist, kann man die Autokorrelation im Rahmen des Modells berücksichtigen. Wie bereits erwähnt wurde, treten autokorrelierte Residuen unter anderem dann auf, wenn wichtige erklärende Variablen in dem linearen Regressionsmodell fehlen. Insofern sollte man überprüfen, ob es nicht möglich ist, durch die Aufnahme von weiteren (signifikanten) Variablen die Autokorrelation zu beseitigen. Gelingt dies nicht, so sollte man nochmals überprüfen, ob der Zusammenhang zwischen der zu erklärenden Variablen und den erklärenden Einflussgrößen ggf. doch nichtlinearer Natur ist. Autokorrelierte Residuen können nämlich auch dann auftreten, wenn nichtlineare Zusammenhänge mittels eines linearen Regressionsmodells modelliert werden. Da aber Verfahren der nichtlinearen Regression im Rahmen dieses Buches nur am Rande behandelt werden (vgl. Kap. 12.1.), sei hier auf die entsprechende Literatur verwiesen [vgl. beispielsweise PODDIG (1999), S. 234ff.]. War es jedoch nicht möglich, die autokorrelierten Residuen mit den bisher beschriebenen Maßnahmen zu beseitigen, so ist es sinnvoll, die Information über die autokorrelierten Residuen im Rahmen des Modells zu berücksichtigen. Dies ermöglichen beispielsweise die Verfahren nach COCHRAN-ORCUTT und HILDRETH-LU. Da diese Verfahren den Rahmen dieses Buches sprengen würden, sei hierzu auf die entsprechende Literatur verwiesen [siehe beispielsweise ECKEY/KOSFELD/DREGER (1995), S. 123f.].

6.4.3. Heteroskedastizität: Ursachen, Auswirkungen und Tests

6.4.3.1. Ursachen und Auswirkungen

Arbeitshinweise: In diesem Unterkapitel werden sowohl die Ursachen von heteroskedastischen Residuen als auch die daraus resultierenden Konsequenzen behandelt. Da die Kenntnis dieser Sachverhalte insbesondere für „Praktiker" und Anwender der Regressionsanalyse von zentraler Bedeutung ist, wurde dieser Abschnitt bewusst verbal gehalten. Dieser Abschnitt sollte auf alle Fälle bearbeitet werden.

Wird gegen die Homoskedastizitätsannahme verstoßen, so führt dies prinzipiell zu den gleichen Auswirkungen wie ein Verstoß gegen die Annahme der fehlenden Autokorrelation. Da diese Auswirkungen bereits in Kapitel 6.4.2.1. beschrieben wurden, werden sie nachfolgend nur mehr stichpunktartig zur Erinnerung aufgelistet:

- Die OLS-Schätzer sind nicht mehr effizient.
- Die Beziehung $\hat{Cov}(\hat{\mathbf{b}}) = s^2(\mathbf{X}'\mathbf{X})^{-1}$ als Schätzer für $Cov(\hat{\mathbf{b}}) = \sigma^2(\mathbf{X}'\mathbf{X})^{-1}$ ist verzerrt.
- Die Inferenzstatistiken (*t*- und *F*-Werte) sind nicht mehr valide.

Im Unterschied zu autokorrelierten Residuen, die sehr häufig bei Zeitreihenregressionen auftreten, sind heteroskedastische Störterme überwiegend bei Querschnittsregressionen (cross sectional regressions) zu finden. Dieser Sachverhalt lässt sich durch das folgende (konstruierte) Beispiel plausibel erklären:

Bezeichnet beispielsweise y_i den erzielten Gewinn pro Mitarbeiter der Firma i zu einem bestimmten Zeitpunkt und x_i die Größe dieser Firma i (z.B. gemessen durch die Bilanzsumme) ebenfalls zum gleichen Zeitpunkt, so kann der Versuch unternommen werden, über alle Beobachtungen von n Firmen (i = 1, ..., n) y durch x mittels einer Einfachregression zu erklären. Dabei könnte angenommen werden, dass größere Firmen (d.h. größeres x_i) auch über mehr Gestaltungsmöglichkeiten hinsichtlich des ausgewiesenen Gewinns verfügen. Diese umfangreicheren Gestaltungsmöglichkeiten werden sich in einer größeren Variabilität des Gewinns, d.h. in einer größeren Schwankung der zu erklärenden Variablen y niederschlagen. Dementsprechend sind mit größeren x_i-Werten auch größere Abweichungen der y_i-Werte von der Regressionsgeraden verbunden, also größere Residuen. Somit ist die Schwankung der Residuen nicht konstant, sondern an die Größe der x_i-Werte gebunden. Dies wäre ein Musterbeispiel für Heteroskedastizität, also eine nicht-konstante Schwankung der Residuen.

Analog zu den autokorrelierten Residuen können heteroskedastische Störterme auch auf eine Fehlspezifikation des Modells zurückzuführen sein. So könnten nichtlineare Zusammenhänge (z.B. exponentielle) vorliegen, die sich mittels eines linearen Regressionsmodells als Analyseinstrument nicht erfassen lassen. Ebenso kann die Fehlspezifikation durch einen Strukturbruch in den Daten hervorgerufen worden sein.

6.4.3.2. Breusch-Pagan- und White-Test zum Test auf Heteroskedastizität

Arbeitshinweise: In diesem Abschnitt wird der Breusch-Pagan-Test und der Test nach WHITE zur Überprüfung der Residuen auf Heteroskedastizität vorgestellt. Der Abschnitt beginnt zunächst mit einer grafischen Veranschaulichung der verschiedenen Formen von heteroskedastischen Residuen. Anschließend wird der Hypothesentest nach Breusch-Pagan vorgestellt, der nur bei normalverteilten Residuen angewandt werden darf. Der nachfolgend vorgestellte Test von WHITE ist hinsichtlich des Prinzips mit dem Breusch-Pagan-Test nahezu identisch. Er besitzt jedoch den zentralen Vorteil, keine normalverteilten Residuen vorauszusetzen. Der Abschnitt endet mit einem Zahlenbeispiel, welches die manuelle Durchführung des Tests nach WHITE veranschaulicht. Die Kenntnis der in diesem Abschnitt 6.4.3.2. vermittelten Inhalte ist sowohl für den anwendungsorientierten als auch für den theoretisch interessierten Leser wichtig.

Analog zur Autokorrelationsanalyse müssen die geschätzten Residuen (OLS-Residuen) dahingehend überprüft werden, ob sie auch mit der Annahme der Homoskedastizität vereinbar sind. Zunächst soll auch hier mittels einer grafischen Analyse ein „erster Überblick" verschafft werden. Wie mittels eines Beispiels im vorhergehenden Kapitel erläutert wurde, treten heteroskedastische Residuen häufig bei Querschnittsregressionen in der Weise auf, dass mit zunehmender Größe einer erklärenden Variablen x_j auch die Schwankung der Residuen steigt. Das Symbol x_{ji} gibt dabei den Wert der j-ten erklärenden Variablen des Untersuchungsobjekts i ($i = 1, ..., n$) wieder.[96] Ebenso könnte die Schwankung der Residuen mit zunehmender Größe der Variablen x_j auch abnehmen. Um dieses Phänomen grafisch zu analysieren, sollten die OLS-Residuen gegen die n Werte der Variablen x_{ji} abgetragen werden.

---

96 Mit $\mathbf{x_j}$ wird der Vektor bezeichnet, der die Werte der Variablen x_j von allen n Untersuchungsobjekten ($i = 1, ..., n$) beinhaltet.

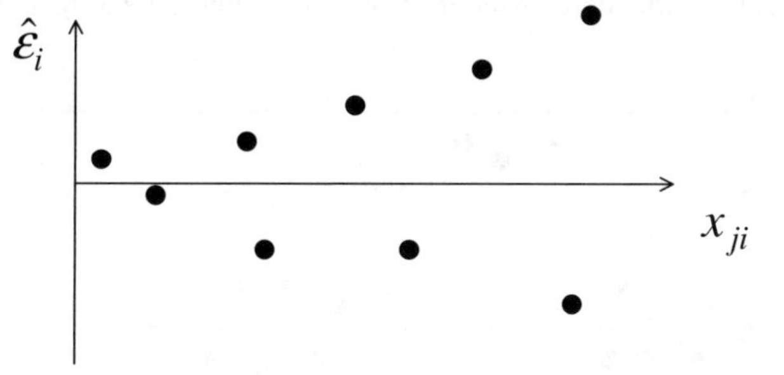

Abb. 6.4.3.2.-1.: Heteroskedastizität durch betragsmäßige Zunahme der Residuen

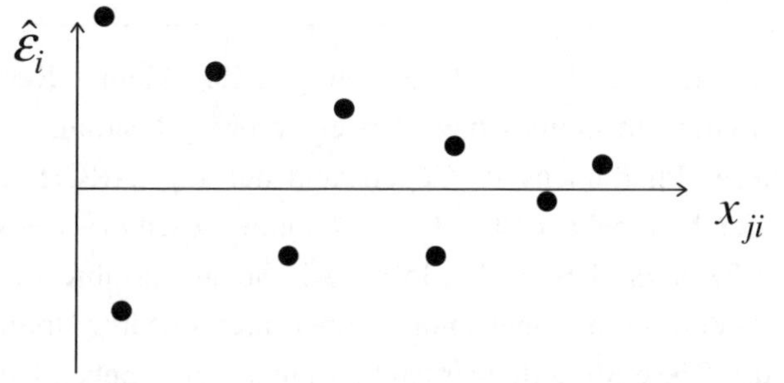

Abb. 6.4.3.2.-2.: Heteroskedastizität durch betragsmäßige Abnahme der Residuen

Die beiden Abbildungen 6.4.3.2.-1. und 6.4.3.2.-2. zeigen jene Fälle in idealisierter Weise, in denen die OLS-Residuen mit zunehmenden Werten der Variablen x_j zu- (Abb. 6.4.3.2.-1.) bzw. abnehmen (Abb. 6.4.3.2.-2.). In beiden Fällen handelt es sich um „mustergültige" heteroskedastische OLS-Störterme, also Verstöße gegen die Homoskedastizitätsannahme.

Bei Zeitreihenregressionen äußert sich Heteroskedastizität durch eine Schwankung der Residuen, welche über die Zeit hinweg zu- bzw. abnimmt. In diesem Fall könnte man die oben beschriebene grafische Analyse ebenfalls durchführen. Auf der Abszisse steht aber nun anstatt der j-ten Erklärungsvariablen der $i = 1, ..., n$ Untersuchungsobjekte (x_{ji}) der Zeitindex t ($t = 1, ..., n$). Das Phänomen einer über die Zeit hinweg eindeutig zu- bzw. abnehmenden Schwankung der Residuen ist jedoch empirisch eher seltener zu beobachten. Bei Zeitreihenregressionen tritt der Verstoß gegen die Homoskedastizitätsannahme häufig in Form des sog. *volatility clustering* auf. Wie die Abb. 6.4.3.2.-3. zeigt, treten hier Phasen von betragsmäßig großen und dann wieder Phasen von betragsmäßig kleinen Störgrößen auf.

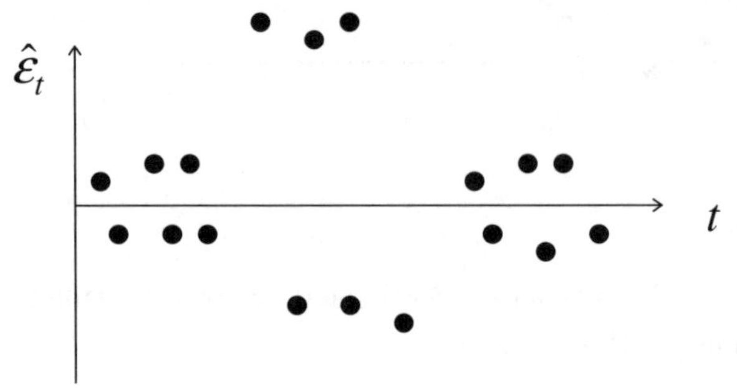

Abb. 6.4.3.2.-3.: Heteroskedastizität durch „volatility clustering"

Im Beispiel der Abb. 6.4.3.2.-3. folgt auf ein betragsmäßig kleines Residuum mit großer Wahrscheinlichkeit wieder ein kleines bzw. auf ein großes Residuum wieder ein großes. Die Modellierung dieses Phänomens ist Gegenstand der sog. ARCH- und GARCH-Modelle, die nicht mit der hier behandelten OLS-Methode geschätzt werden können [siehe hierzu beispielsweise ENDERS (1995), S. 135ff.]. Als Schätzverfahren wird hier meist das Maximum-Likelihood-Verfahren angewandt, wobei nichtlineare Optimierungsmethoden zum Einsatz kommen.[97] Diese Modelle werden hier nicht weiter behandelt.

Analog zur Autokorrelationsanalyse der Residuen ist auch bei einer tiefer gehenden Überprüfung auf heteroskedastische Störterme die Anwendung geeigneter Hypothesentests zu empfehlen. Ein „traditioneller" Test zur Überprüfung auf Heteroskedastizität ist der „Goldfeld-Quandt"-Test. Für diesen Test muss man jedoch das Datenmaterial mit Hilfe *eines* Ordnungskriteriums (z.B. mittels des Zeitindexes t oder *einer* erklärenden Variablen x_j) in zwei Bereiche unterteilen; nämlich einen Bereich mit hoher und einen Bereich mit niedriger Varianz der Residuen. Diese Einteilung gelingt jedoch nicht, wenn die Residuenvarianz von mehr als *einer* Variablen abhängt. In diesem Fall ist die Anwendung des Goldfeld-Quandt-Tests nicht möglich.

Ein wesentlich allgemeinerer Hypothesentest zur Überprüfung auf heteroskedastische Störterme, der dieser Einschränkung nicht unterliegt, ist der Breusch-Pagan-Test. Ausgangspunkt für diesen Test ist die folgende Regressionsgleichung:

97 Solche Verfahren sind in Buchteil C beschrieben.

(1) $\sigma_t^2 = \alpha_0 + \alpha_1 z_{1t} + \alpha_2 z_{2t} + ... + \alpha_l z_{lt}$, $t = 1, ..., n$ und $j = 1, ..., l$

mit σ_t^2: Varianz der Residuen in t als zu erklärende Größe
z_{jt}: die Residuenvarianz erklärende Größe in t
α_0: Regressionskonstante
α_j: Regressionskoeffizient

Beim Breusch-Pagan-Test wird von der Annahme einer konstanten Varianz der Residuen abgerückt und der Versuch unternommen, die Residuenvarianz jeweils individuell zu den einzelnen Zeitpunkten t $(t = 1, ..., n)$ mit Hilfe diverser Erklärungsvariablen z_j $(j = 1, ..., l)$ zu modellieren.

Die Anzahl l und Art der erklärenden Variablen z_j $(j = 1, ..., l)$ ist dabei nicht näher spezifiziert. Als Erklärungsvariablen können all jene Größen herangezogen werden, von denen ein Einfluss auf die Störtermvarianz vermutet wird. Dem obigen Beispiel folgend, können dabei die erklärenden Variablen des Grundmodells x_j $(j = 1, ..., k)$ herangezogen werden. Weiterhin sind die Parameter $\alpha_0, ..., \alpha_l$ zunächst unbestimmt.

Beim Breusch-Pagan-Test werden nun die beiden folgenden Hypothesen formuliert:

H_0: $\alpha_1 = \alpha_2 = ... = \alpha_l = 0$

gegen H_1: mindestens ein α_j ist ungleich null

Falls nun die Nullhypothese H_0 zutrifft, so gilt für Gleichung (1):

(2) $\sigma_t^2 = \alpha_0 = const.$

Dies entspricht genau dem Fall der Homoskedastizität, also einer konstanten Varianz der Residuen. Die Alternativhypothese H_1 repräsentiert demnach den Fall heteroskedastischer Störterme.

Zur Durchführung des Tests ist es notwendig, zunächst das ökonometrische Grundmodell zu schätzen und mit den geschätzten Regressionskoeffizienten die OLS-Residuen zu berechnen. Mit Hilfe der Matrizenschreibweise lässt sich dieser Sachverhalt wie folgt formulieren:

(3) $\hat{\mathbf{e}} = \mathbf{y} - \mathbf{X}\hat{\mathbf{b}} = \mathbf{y} - \hat{\mathbf{y}}$

Bei dem Modell in Gleichung (1) wird nun die zu erklärende Variable σ_t^2 durch $\hat{\varepsilon}_t^2$ ersetzt.[98] Die quadrierten OLS-Residuen repräsentieren also die tatsächliche Residuenvarianz zu den einzelnen Zeitpunkten $t = 1, ..., n$. Daraus resultiert das folgende Regressionsmodell, welches noch um einen Störterm v_t ergänzt wurde:

(4) $$\hat{\varepsilon}_t^2 = \alpha_0 + \alpha_1 z_{1t} + \alpha_2 z_{2t} + ... + \alpha_l z_{lt} + v_t, \qquad t = 1, ..., n$$

Nachdem dieses Regressionsmodell geschätzt wurde, wird die „erklärte Schwankung" (Regression Sum of Squares, *RSS*) berechnet. Dieser Rechenschritt wurde bereits bei der Herleitung der Varianzzerlegung (siehe Gleichung (6) in Kapitel 5.6.1.) ausführlich behandelt. Darüber hinaus wird ein Schätzer für die Varianz der Residuen $\hat{\varepsilon}_t^2$ (ohne Korrektur der tatsächlichen Freiheitsgrade) gemäß der folgenden Formel berechnet:[99]

(5) $$\hat{\sigma}^2 = \frac{1}{n} \sum_{t=1}^{n} \hat{\varepsilon}_t^2$$

Unter Berücksichtigung dieser Ergebnisse lässt sich nun (ohne Angabe eines formalen Beweises) die Prüfstatistik (*BP*) für den Breusch-Pagan-Test wie folgt berechnen [zur formalen Herleitung vgl. BREUSCH/PAGAN (1979)]:

(6) $$BP = \frac{RSS}{2\hat{\sigma}^4} \qquad \text{mit } RSS = \sum_{t=1}^{n} \left(\hat{\varepsilon}_t^2 - \bar{\hat{\varepsilon}}_t^2\right)^2$$

Die Teststatistik *BP* lässt sich wie folgt intuitiv interpretieren: Falls σ^2 von den z_j-Variablen ($j = 1, ..., l$) abhängt (d.h. es liegt ein Fall von Heteroskedastizität vor) so stellt das oben vorgestellte Regressionsmodell ein adäquates Erklärungsmodell dar. In diesem Fall wird ein Großteil der Schwankung der quadrierten OLS-Residuen $\hat{\varepsilon}_t^2$ (= zu erklärende Variable in t) durch die l Variablen z_{jt} ($j = 1, ..., l$) erklärt, was zu einem großen *RSS* und somit zu einer großen Prüfgröße *BP* führt. Große *BP*-Werte führen also zu einer signifikanten Ablehnung von H_0 (d.h. Schluss auf Heteroskedastizität), bei kleinen Werten wird H_0 beibehalten.

Wie bereits bei den vorangehend erläuterten Hypothesentests gezeigt wurde, ist für die konkrete Konstruktion eines Annahme- bzw. Ablehnbereiches die Kenntnis der Verteilung für die Prüfgröße *BP* unter H_0 notwendig. Im Falle normalverteilter Residuen folgt für hinrei-

---

98 Dies basiert auf der Überlegung, dass $Var(\varepsilon_t) = E(\varepsilon_t^2) - [E(\varepsilon_t)]^2$ gilt. Da $E(\varepsilon_t)$ per Annahme null ist, gilt: $Var(\varepsilon_t) = E(\varepsilon_t^2)$. Die OLS-Residuen dienen dabei als Schätzer für diesen Ausdruck.

99 Siehe hierzu auch Gleichung (10) in Kapitel 5.6.1. Eine erwartungstreue Schätzung für die Varianz der Residuen, d.h. unter Berücksichtigung der tatsächlichen Anzahl an Freiheitsgraden, ist in Gleichung (25) des Kapitels 5.5.1. angegeben.

chend große n die Prüfstatistik BP unter H_0 approximativ der χ^2-Verteilung mit l Freiheitsgraden:

(7) Unter H_0 gilt approximativ: $BP \sim \chi_l^2$

Die Anzahl der Freiheitsgrade l entspricht dabei der Anzahl der erklärenden Variablen z_j. Somit kann aus der χ^2-Verteilung für eine bestimmte Anzahl an Freiheitsgraden (l) und bei einer gegebenen Irrtumswahrscheinlichkeit α ein kritischer Wert χ_{krit}^2 ermittelt werden. Ist nun die berechnete Prüfgröße BP größer als χ_{krit}^2, so ist H_1 signifikant (d.h. Heteroskedastizität wurde signifikant nachgewiesen), ansonsten wird H_0 beibehalten. Einige Statistik- und Ökonometrieprogramme liefern pValues für die berechnete Prüfgröße BP. Der pValue ist genau dann kleiner als die vorgegebene Irrtumswahrscheinlichkeit α, wenn die Teststatistik BP größer als der kritische Wert χ_{krit}^2 ist. Ist der pValue kleiner als α, so kann daraus ebenfalls die Aussage „H_1 signifikant" abgeleitet werden, ansonsten wird H_0 beibehalten. Abschließend sollen zum Breusch-Pagan-Test noch einige Anmerkungen erfolgen:

(i) In der Literatur wird teilweise anstatt der Regression (4) die folgende Regressionsgleichung geschätzt:

(8) $$\frac{\hat{\varepsilon}_t^2}{\hat{\sigma}^2} = \alpha_0 + \alpha_1 z_{1t} + \alpha_2 z_{2t} + \ldots + \alpha_l z_{lt} + v_t \qquad t = 1, \ldots, n \text{ und } j = 1, \ldots, l$$

wobei $\hat{\sigma}^2$ gemäß Formel (5) berechnet wird. In diesem Fall ist die Prüfgröße BP wie folgt definiert:

(9) $$BP = \frac{RSS}{2}$$

Ansonsten wird der Test äquivalent zur oben beschriebenen Vorgehensweise durchgeführt. Die in (9) berechnete Prüfgröße BP folgt ebenfalls der χ^2-Verteilung mit l Freiheitsgraden.[100]

(ii) Der Breusch-Pagan-Test lässt sich nicht nur bei dem in (1) beschriebenen Zusammenhang anwenden. Er kann auch in dem allgemeinen Fall

(10) $$\sigma_t^2 = f\left(\alpha_0 + \alpha_1 z_{1t} + \alpha_2 z_{2t} + \ldots + \alpha_l z_{lt}\right) \qquad t = 1, \ldots, n$$

100 Die hier ausführlich behandelte Berechnungsweise findet sich beispielsweise in GRIFFITHS/HILL/JUDGE (1993), S. 495-496. Die in der Anmerkung behandelte Variante ist in PINDYCK/RUBINFELD (1998), S. 154-157 beschrieben.

zum Einsatz kommen [vgl. hierzu GRIFFITHS/HILL/JUDGE (1993), S. 496]. Dabei kann es sich bei der Funktion *f* sowohl um eine lineare als auch um eine nichtlineare funktionale Beziehung (z.B. exponentielle) handeln:

(11) $\sigma_t^2 = \exp\left(\alpha_0 + \alpha_1 z_{1t} + \alpha_2 z_{2t} + \ldots + \alpha_l z_{lt}\right) \qquad t = 1, ..., n$

Das oben erläuterte Vorgehen bleibt jedoch auch in diesem Fall komplett erhalten: Die Regressionsgleichung (4) bzw. (8) wird geschätzt und daraus die Prüfgröße *BP* nach (6) bzw. (9) berechnet.

(iii) Damit der Breusch-Pagan-Test anwendbar ist, müssen die Residuen des Grundmodells ε_t ($t = 1, ..., n$) die Annahme der Normalverteilung erfüllen. Ist dies nicht der Fall, so sollte anstatt des Hypothesentests nach BREUSCH/PAGAN der White-Test angewandt werden. Dieser Test unterscheidet sich vom Breusch-Pagan-Test im Wesentlichen dadurch, dass er *nicht* auf der Normalverteilungsannahme der Residuen basiert.

Analog zum Breusch-Pagan-Test setzt auch der White-Test auf der Schätzung des oben erläuterten Regressionsmodells (4) auf:

(12) $\hat{\varepsilon}_t^2 = \alpha_0 + \alpha_1 z_{1t} + \alpha_2 z_{2t} + \ldots + \alpha_l z_{lt} + v_t \qquad t = 1, ..., n$

Bei der Berechnung der Prüfgröße wird jedoch im Unterschied zum Breusch-Pagan-Test nicht auf das *RSS*-Maß („erklärte Schwankung") als Gütekriterium zurückgegriffen, sondern auf das Bestimmtheitsmaß R^2:

(13) $W = nR^2$

Für die Berechnung der Prüfgröße *W* wird das Bestimmtheitsmaß mit der Anzahl der Beobachtungspunkte *n* multipliziert. Die so berechnete Teststatistik folgt dabei unter der Nullhypothese H_0 ebenfalls approximativ der χ^2-Verteilung mit *l* Freiheitsgraden, wobei *l* die Anzahl der erklärenden Variablen in Gleichung (12) angibt.

(14) Unter H_0 gilt approximativ: $W \sim \chi_l^2$

Die Konstruktion des Annahme- und Ablehnbereichs erfolgt dabei analog zum Breusch-Pagan-Test.

Bei WHITE (1980) finden sich Hinweise, welche Größen (d.h. welche z_j-Variablen) zur Erklärung der Heteroskedastizität in Gleichung (12) herangezogen werden sollten. Besteht die Aufgabe beispielsweise darin, die Residuen des folgenden Grundmodells

(15) $y_t = \beta_0 + \beta_1 x_{1t} + \beta_2 x_{2t} + \varepsilon_t \qquad t = 1, ..., n$

auf Heteroskedastizität hin zu untersuchen, so empfiehlt WHITE die Regressionsgleichung (12) wie folgt zu modellieren:

$$(16)\quad \hat{\varepsilon}_t^2 = \alpha_0 + \alpha_1 x_{1t} + \alpha_2 x_{2t} + \alpha_3 x_{1t}^2 + \alpha_4 x_{2t}^2 + \alpha_5 x_{1t} x_{2t} + v_t \qquad t = 1, ..., n$$

Mit der Regressionsgleichung (16) wird also der Versuch unternommen, eine (mögliche) Heteroskedastizität mit den originären und quadrierten Erklärungsvariablen des Grundmodells $\left(x_{1t}, x_{2t}, x_{1t}^2, x_{2t}^2\right)$ sowie ihren jeweils paarweisen Produkten (hier: $x_{1t} x_{2t}$) zu erklären.

Beispiel: Durchführung des White-Tests

Das folgende Beispiel veranschaulicht, wie die Residuen mit Hilfe des White-Tests auf Heteroskedastizität geprüft werden können. Hierzu wird das Beispiel des Kapitels 5.3. fortgeführt, bei dem die Variable *ΔDAX* durch die Variable *ΔBIP* im Rahmen einer Einfachregression erklärt wird. Hinsichtlich der konkreten Beispieldaten sei auf Kap. 5.3. (dort insbesondere Tab. 5.3.-1. sowie Gleichungen (15) und (16)) zurückverwiesen. In diesem Kapitel wurden die unbekannten Regressionsparameter (die Regressionskonstante β_0 und der Regressionskoeffizient β_1) mit Hilfe der OLS-Schätzung bestimmt. In dem Beispiel des Kap. 5.4. wurde jenes aus Kap. 5.3. fortgeführt, indem zunächst Schätzwerte für die zu erklärende Variable *y* berechnet wurden. Mit deren Hilfe ließen sich in einem nächsten Schritt die sog. OLS-Residuen wie folgt ermitteln:

$$(17)\quad \hat{\mathbf{e}} = \mathbf{y} - \hat{\mathbf{y}} = \begin{bmatrix} 5 \\ -2 \\ 3 \\ 7 \end{bmatrix} - \begin{bmatrix} 7 \\ -0.5 \\ 2 \\ 4.5 \end{bmatrix} = \begin{bmatrix} -2 \\ -1.5 \\ 1 \\ 2.5 \end{bmatrix}$$

Die so ermittelten OLS-Residuen bilden den Ausgangspunkt zur Durchführung des White-Tests. Wie bereits erläutert wurde, wird bei diesem Test die Nullhypothese „H_0: keine Heteroskedastizität“ gegen die Alternativhypothese „H_1: Heteroskedastizität“ getestet.

Beim White-Test wird der Versuch unternommen, die quadrierten OLS-Residuen (als Vertreter für die Varianz der Residuen zu den einzelnen Zeitpunkten *t*) mittels geeigneter Variablen zu erklären. Im Rahmen einer Einfachregression wäre es gemäß den Empfehlungen nach WHITE nahe liegend, die (einzige) erklärende Variable des Grundmodells (x_1) und ggf. die quadrierte Form dieser Variablen ($x_1{}^2$) zur Erklärung der quadrierten OLS-Residuen heranzuziehen. Das adäquate Regressionsmodell hierzu würde wie folgt aussehen:

$$(18)\quad \hat{\varepsilon}_t^2 = \alpha_0 + \alpha_1 x_{1t} + \alpha_2 x_{1t}^2 + v_t \qquad \text{für } t = 1, ..., n$$

α_0, α_1 und α_2 entsprechen dabei den einzelnen Regressionskoeffizienten. Die zu erklärende und die beiden erklärenden Variablen lassen sich (ebenso wie die Residuen) auch mit Hilfe von Vektoren darstellen:

$$(19) \quad \mathbf{x_1} = \begin{bmatrix} 2 \\ -1 \\ 0 \\ 1 \end{bmatrix}, \quad \mathbf{x_1^2} = \begin{bmatrix} 2^2 \\ (-1)^2 \\ 0^2 \\ 1^2 \end{bmatrix} = \begin{bmatrix} 4 \\ 1 \\ 0 \\ 1 \end{bmatrix}, \qquad \hat{\mathbf{e}}^2 = \begin{bmatrix} (-2)^2 \\ (-1.5)^2 \\ 1^2 \\ 2.5^2 \end{bmatrix} = \begin{bmatrix} 4 \\ 2.25 \\ 1 \\ 6.25 \end{bmatrix}$$

Mit diesen Vektoren kann das Regressionsmodell in Matrizenschreibweise formuliert werden. Es wird mit Hilfe der OLS-Methode (siehe Kap. 5.2.) geschätzt. In einem nächsten Schritt wird das gewöhnliche Bestimmtheitsmaß R^2 ermittelt. Die hierzu notwendigen Rechenschritte wurden in Kap. 5.6.1. bereits erläutert. Für das Regressionsmodell in (18), unter Verwendung des Zahlenmaterials in (19), ergibt sich das folgende Bestimmtheitsmaß:

$$(20) \quad R^2 = 0.370281$$

Mit Hilfe dieses Wertes lässt sich gemäß Formel (13) die Prüfstatistik für den White-Test wie folgt berechnen:

$$(21) \quad W = n \cdot R^2 = 4 \cdot 0.370281 = 1.481124$$

Zur Bestimmung des kritischen Wertes wird auf die χ^2-Verteilung zurückgegriffen. Da in dem Regressionsmodell in (18) zwei erklärende Variablen herangezogen werden (x_1 und x_1^2), sind zwei Freiheitsgrade zu berücksichtigen. Weiterhin wird von einem Signifikanzniveau von 5% ausgegangen. Bei diesen Parametern ergibt sich aus den vertafelten χ^2-Werten (vgl. Anhang, Tab. A.2.-3.) ein kritischer Wert von 5.991. Da der Prüfgrößenwert mit 1.481124 eindeutig unter diesem kritischen Wert liegt, wird die Nullhypothese („keine Heteroskedastizität") beibehalten. Würde der Prüfgrößenwert über dem kritischen Wert liegen, wäre die Schwankung der OLS-Residuen nicht konstant, da sie dann durch die erklärenden Variablen x_1 und/oder x_1^2 hinreichend gut erklärt werden könnte. In dieser Situation hätte man die Heteroskedastizität signifikant nachgewiesen. Dies war jedoch in diesem Beispiel nicht der Fall. Auch an dieser Stelle soll nochmals ausdrücklich erwähnt werden, dass das Vorgehen im Beispiel auf Grund der 4 Datenpunkte in der Realität nicht angewendet werden darf, da der Stichprobenumfang viel zu gering ist. Weiterhin werden in dem Regressionsmodell in (18) zur Erklärung der vier Datenpunkte zwei erklärende Variablen herangezogen. Auch dies ist aus statistischer Sicht keineswegs sinnvoll. Jedoch eignet sich dieses Beispiel sehr gut, um das prinzipielle Vorgehen bei der Durchführung des White-Tests zu veranschaulichen.

Nachdem nun gezeigt wurde, wie mit Hilfe des Breusch-Pagan- bzw. des White-Tests heteroskedastische Residuen identifiziert werden können, stellt sich in einem nächsten Schritt die Frage, wie nun mit heteroskedastischen Störtermen verfahren werden soll. Analog zu dem Fall von autokorrelierten Residuen existieren auch hier zwei prinzipiell verschiedene Ansätze: Zunächst kann versucht werden, die heteroskedastischen Störterme zu beseitigen. Ist dies nicht möglich, so kann die Heteroskedastizität im Rahmen des Modells berücksichtigt werden. Heteroskedastische Residuen treten unter anderem dann auf, wenn wichtige erklärende Variablen in dem linearen Regressionsmodell fehlen. Insofern sollte man überprüfen, ob es nicht möglich ist, durch die Aufnahme von weiteren (signifikanten) Variablen die Heteroskedastizität zu beseitigen. Gelingt dies nicht, so sollte man nochmals überprüfen, ob der Zusammenhang zwischen der zu erklärenden Variable und den erklärenden Einflussgrößen ggf. doch nichtlinearer Natur ist. Das Phänomen heteroskedastischer Störterme kann nämlich auch dann auftreten, wenn nichtlineare Zusammenhänge mittels eines linearen Regressionsmodells modelliert werden. Zu den Verfahren der nichtlinearen Regression sei auf die entsprechende Literatur [vgl. z.B. PODDIG (1999)] oder auch auf Kap. 12.1. verwiesen. War es jedoch nicht möglich, die heteroskedastischen Residuen zu beseitigen, so sollte die Heteroskedastizität explizit modelliert werden. Tritt die Heteroskedastizität in der Form auf, dass die Schwankung der Residuen proportional mit den Werten einer erklärenden Variablen x_j zu- bzw. abnehmen, so kann man die Heteroskedastizität im Rahmen einer *„Weighted Least Squares“*-Schätzung [vgl. hierzu CHATTERJEE/PRICE (1991), S. 123ff.] beseitigen. Wird jedoch auf Grund des sog. „volatility clusterings“ gegen die Homoskedastizitätsannahme der Residuen verstoßen, so sollte auf die ARCH-/GARCH-Modelle [vgl. ENDERS (1995), S. 135ff.] zurückgegriffen werden.

6.4.4. Test auf Normalverteilung mittels Jarque-Bera-Test

Arbeitshinweise: In diesem Abschnitt wird der Jarque-Bera-Test zur Überprüfung der Residuen auf Normalverteilung vorgestellt. Bei normalverteilten Residuen folgen auch die geschätzten Regressionskoeffizienten der Normalverteilung. Dies ist wiederum zentrale Voraussetzung für den Durbin-Watson-, den t- und den F-Test. Die Erfüllung der Normalverteilungsannahme der Residuen wird jedoch häufig nicht so streng gesehen wie die Annahme autokorrelierter oder heteroskedastischer Residuen. Insofern wird die Überprüfung der Residuen hinsichtlich der Normalverteilungsannahme bei praktischen Anwendungen häufig unterlassen und der Durbin-Watson-Test (und auch der t- und F-Test) dennoch durchgeführt. Begründen lässt sich dieses Vorgehen mit Hilfe des *Zentralen Grenzwertsatzes*. Die genaue Begründung hierzu wird in diesem Abschnitt geliefert. Da es sich beim Jarque-Bera-Test um einen sehr einfachen und intuitiv nachvollziehbaren Test auf Normalverteilung handelt, wird sowohl den theoretisch interessierten als auch den anwendungsorientierten Lesern das Bearbeiten dieses Abschnittes empfohlen. Ebenso lässt sich der

Jarque-Bera-Test zur Überprüfung der Normalverteilungsannahme beliebiger Zeitreihen (und nicht nur von OLS-Residuen) einsetzen.

In Kap. 6.2. wurden die Annahmen des ökonometrischen Grundmodells um die Normalverteilungsannahme der Residuen ergänzt. Die Normalverteilung der Residuen impliziert automatisch auch eine Normalverteilung der zu erklärenden Variablen *y* und der geschätzten Regressionskoeffizienten $\hat{\mathbf{b}}$. Die Normalverteilung der Residuen ist auch dann erforderlich, wenn die Regressionskoeffizienten anstatt mit der OLS-Methode mittels des Maximum-Likelihood-Verfahrens geschätzt werden sollen. Beide Verfahren liefern jedoch das gleiche Ergebnis. Wie in Kap. 6.2. erläutert wurde, ist die Normalverteilung der Residuen eine zentrale Voraussetzung zur Durchführung des *t*- und *F*-Tests. Besteht die Aufgabe darin, für die unbekannten Regressionsparameter **b** ein Konfidenzintervall zu konstruieren, so ist hierzu ebenfalls die Normalverteilung der Residuen Voraussetzung.[101]

Die empirische Überprüfung der Normalverteilungsannahme der Residuen wird jedoch in der Literatur als nicht so essenziell wie beispielsweise der Test auf Autokorrelation gesehen. Die Normalverteilungsannahme lässt sich nämlich approximativ mit Hilfe des *Zentralen Grenzwertsatzes (ZGS)* begründen. Nach dem ZGS ist die Summe von *n* unabhängigen und identisch verteilten Zufallsvariablen (independent and identically distributed, „i.i.d.-Stichprobe") bei hinreichend großem *n* approximativ normalverteilt.

Das Residuum ε_t ($t = 1, ..., n$) repräsentiert nun die summierten Einflüsse all jener Variablen, die einen vernachlässigbar kleinen Einfluss auf die zu erklärende Variable y_t im Zeitpunkt *t* ausüben und daher nicht explizit in Form eines Regressors im Modell berücksichtigt wurden. Insofern lassen sich die Residuen, interpretiert als die Summe von vielen kleinen weitgehend unabhängigen Störungen, als approximativ normalverteilt ansehen. Mit Hilfe dieser Argumentation lässt sich theoretisch begründen, weshalb häufig der Durbin-Watson-Test (und auch der *t*- und *F*-Test) durchgeführt werden, ohne vorher die Residuen explizit auf Normalverteilung zu überprüfen.

Soll jedoch zur Sicherheit dennoch die Normalverteilung der Residuen überprüft werden, so bieten sich hierzu ebenfalls entweder eine grafische Analyse oder ein geeigneter Hypothesentest an. Im Rahmen einer grafischen Analyse besteht die Möglichkeit, die Häufigkeitsverteilung der geschätzten Residuen (OLS-Residuen) in Form eines Histogramms darzustellen und dieses Histogramm mit der Normalverteilung zu vergleichen. Die folgende Abb. 6.4.4.-1. veranschaulicht dieses Vorgehen:

---

101 Das generelle Vorgehen zur Konstruktion von Konfidenzintervallen wurde in Kapitel 4.2. erläutert. Die Konstruktion von Konfidenzintervalle für Regressionskoeffizienten wird beispielsweise bei BLEYMÜLLER/GEHLERT/GÜLICHER (1998), S. 151-152 und S. 168-169 behandelt.

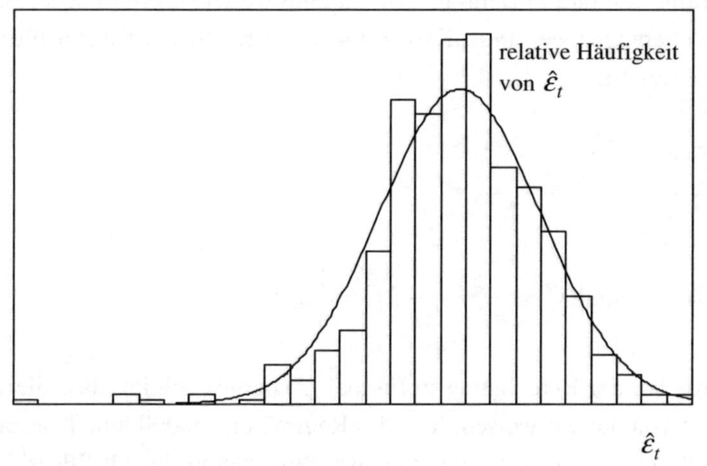

Abb. 6.4.4.-1.: Histogramm und Normalverteilung

Wie die Abb. 6.4.4.-1. zeigt, kann es jedoch unter Umständen sehr schwierig sein, mit bloßem Auge zu entscheiden, ob die OLS-Residuen nun normalverteilt sind oder nicht. Insofern bietet sich hier der Rückgriff auf einen geeigneten Hypothesentest zur Überprüfung der Normalverteilung an, wie beispielsweise der Jarque-Bera-Test.

Er ist insofern sehr anschaulich und intuitiv nachvollziehbar, da er auf zwei Verteilungsmaßzahlen basiert, nämlich zum einen auf der *Schiefe (Skewness)* und zum anderen auf der *Wölbung (Kurtosis)*. Diese beiden Maße wurden in Kap. 3.3.4. am Beispiel einer Renditeverteilung bereits erläutert.

Für die OLS-Residuen ist die *Schiefe S* wie folgt definiert:

$$(1) \qquad S = \frac{\frac{1}{n}\sum_{t=1}^{n}\left(\hat{\varepsilon}_t - \bar{\hat{\varepsilon}}\right)^3}{s^3} = \frac{\frac{1}{n}\sum_{t=1}^{n}\hat{\varepsilon}_t^3}{s^3}$$

$$\text{mit} \quad s = \sqrt{s^2} \quad \text{und} \quad s^2 = \frac{1}{n}\sum_{t=1}^{n}\left(\hat{\varepsilon}_t - \bar{\hat{\varepsilon}}\right)^2 = \frac{1}{n}\sum_{t=1}^{n}\hat{\varepsilon}_t^2$$

Falls die Schätzung mittels einer Regressionskonstanten durchgeführt wurde, weisen die OLS-Residuen einen Mittelwert von null auf. Die Größe im Nenner entspricht der gewöhnlichen Standardabweichung der Residuen hoch drei. Im Fall einer *rechtsschiefen* Verteilung nimmt das Schiefemaß einen *positiven* Wert und im Fall einer *linksschiefen* Verteilung einen *negativen* Wert an.[102] Eine symmetrische Verteilung (wie z.B. die Normalverteilung) weist eine Schiefe von null auf.

---

102 Zum Schiefemaß vgl. ausführlicher Kap. 3.3.4.

Zur Durchführung des Jarque-Bera-Tests wird eine weitere Verteilungsmaßzahl, die *Wölbung (Kurtosis)* herangezogen (vgl. Kap. 3.3.4.). Die Kurtosis ist dabei für die OLS-Residuen wie folgt definiert:

$$(2) \qquad K = \frac{\frac{1}{n}\sum_{t=1}^{n}\left(\hat{\varepsilon}_t - \bar{\hat{\varepsilon}}\right)^4}{s^4} = \frac{\frac{1}{n}\sum_{t=1}^{n}\hat{\varepsilon}_t^4}{s^4}$$

$$\text{mit} \quad s = \sqrt{s^2} \ \text{ und } s^2 = \frac{1}{n}\sum_{t=1}^{n}\left(\hat{\varepsilon}_t - \bar{\hat{\varepsilon}}\right)^2 = \frac{1}{n}\sum_{t=1}^{n}\hat{\varepsilon}_t^2$$

Auch hier wurde bei der Berechnung in Formel (2) berücksichtigt, dass die OLS-Residuen einen Mittelwert von null aufweisen, falls das Regressionsmodell eine Konstante beinhaltet. Die Nennergröße entspricht dabei der Standardabweichung der OLS-Residuen hoch vier, wobei für die Standardabweichung ebenfalls die Formel zur Berechnung angegeben ist. Nach der Berechnungsvorschrift (2) ergibt sich für die Normalverteilung ein Wert für die Kurtosis von drei.[103]

Für die Durchführung des Jarque-Bera-Tests werden nun die beiden folgenden Hypothesen formuliert:

H_0: Die Daten (hier: OLS-Residuen) sind mit der Normalverteilung vereinbar

H_1: Die Daten sind nicht normalverteilt

Die entsprechende Teststatistik *JB* wird dabei gemäß der folgenden Formel berechnet:

$$(3) \qquad JB = \frac{n-(k+1)}{6}\left[S^2 + \frac{1}{4}(K-3)^2\right]$$

mit
- S: Schiefemaß berechnet nach Formel (1)
- K: Kurtosis berechnet nach Formel (2)
- n: Anzahl der Beobachtungspunkte
- k: Anzahl der erklärenden Variablen im Regressionsmodell

Die Testgröße *JB* lässt sich auf einfache Weise intuitiv interpretieren. Geht man von einer Normalverteilung aus, so würde in diesem Fall die Schiefe einen Wert von null (S=0) und die Wölbung einen Wert von drei (K=3) annehmen. Nach Formel (3) würde in diesem Fall die Prüfstatistik einen Wert von null besitzen. Insofern sprechen also (dem Betrage nach) kleine Werte von *JB* für eine Beibehaltung von H_0 und große für eine Ablehnung (d.h. H_1 ist signifikant).

103 Häufig wird in der Berechnungsformel (2) noch der Wert 3 abgezogen. In diesem Fall weist die Kurtosis der Normalverteilung einen Wert von null auf.

Für eine exakte Konstruktion des Annahme- bzw. Ablehnbereichs ist jedoch der Rückgriff auf die Verteilung der Prüfgröße JB unter H_0 erforderlich. Die Prüfgröße JB folgt unter Annahme der Normalverteilung (d.h. unter H_0) der χ^2-Verteilung mit zwei Freiheitsgraden:

(4) Unter H_0 gilt: $JB \sim \chi_2^2$

Aus der χ^2-Verteilung kann nun für eine bestimmte Irrtumswahrscheinlichkeit α und zwei Freiheitsgraden ein kritischer Wert χ_{krit}^2 ermittelt werden. Ist die berechnete Prüfgröße JB größer als der kritische Wert χ_{krit}^2, so führt dies zur Ablehnung von H_0 und Annahme von H_1 („H_1 ist signifikant"). Danach sind also die Daten mit einer Irrtumswahrscheinlichkeit von α nicht normalverteilt. Liegt die berechnete Prüfgröße JB jedoch unter dem kritischen Wert, so kann die Nullhypothese H_0 nicht verworfen werden.

Alternativ kann für die Entscheidung der Beibehaltung oder Ablehnung von H_0 auch der pValue der berechneten Prüfgröße JB herangezogen werden. Ist der pValue kleiner als α, so wird H_1 als signifikant angesehen. Andernfalls wird H_0 beibehalten.

Beispiel: Durchführung des Jarque-Bera-Tests

Mit diesem Beispiel wird demonstriert, wie die Residuen mit Hilfe des Jarque-Bera-Tests hinsichtlich der Normalverteilungsannahme überprüft werden können. Hierzu wird abermals auf das Beispiel des Kapitels 5.3. zurückgegriffen, bei dem die Variable ΔDAX durch die Variable ΔBIP im Rahmen einer Einfachregression erklärt wird. Hinsichtlich der konkreten Beispieldaten sei auf Kap. 5.3. (dort insbesondere Tab. 5.3.-1. sowie Gleichungen (15) und (16)) zurückverwiesen. In jenem Kapitel wurden die unbekannten Regressionsparameter (die Regressionskonstante β_0 und der Regressionskoeffizient β_1) mit Hilfe der OLS-Schätzung bestimmt. In dem Beispiel des Kap. 5.4. wurde jenes aus Kap. 5.3. fortgeführt, indem zunächst Schätzwerte für die zu erklärende Variable y berechnet wurden. Mit deren Hilfe ließen sich in einem nächsten Schritt die sog. OLS-Residuen wie folgt ermitteln:

(5) $$\hat{\mathbf{e}} = \mathbf{y} - \hat{\mathbf{y}} = \begin{bmatrix} 5 \\ -2 \\ 3 \\ 7 \end{bmatrix} - \begin{bmatrix} 7 \\ -0.5 \\ 2 \\ 4.5 \end{bmatrix} = \begin{bmatrix} -2 \\ -1.5 \\ 1 \\ 2.5 \end{bmatrix}$$

Die auf diese Weise ermittelten OLS-Residuen bilden den Ausgangspunkt zur Durchführung des Jarque-Bera-Tests. Bei diesem Test wird die Nullhypothese „H_0: Die Daten (hier: die OLS-Residuen) sind mit der Normalverteilung vereinbar" gegen die Alternativhypothese „H_1: Die Daten sind nicht normalverteilt" getestet.

Zur Berechnung der entsprechenden Teststatistik ist in einem ersten Schritt die Berechnung des Schiefe- und des Wölbungsmaßes erforderlich. Wie die Formeln (1) und (2) zeigen, ist hierzu wiederum die Standardabweichung der OLS-Residuen notwendig. Da das Regressionsmodell mit einer Konstanten geschätzt wurde, weisen die OLS-Residuen einen Mittelwert von null auf. Daher berechnet sich die Standardabweichung der Störterme wie folgt:

(6) $$s = \sqrt{s^2} = \sqrt{\frac{1}{4} \cdot \left((-2)^2 + (-1.5)^2 + 1^2 + 2.5^2\right)} = \sqrt{3.375} = 1.83712$$

Mit Hilfe von Formel (6) kann nun die Schiefe berechnet werden:

(7) $$S = \frac{\frac{1}{4} \cdot \left((-2)^3 + (-1.5)^3 + 1^3 + 2.5^3\right)}{1.83712^3} = \frac{1.3125}{6.20027} = 0.21168$$

Auf analoge Weise lässt sich das Wölbungsmaß bestimmen:

(8) $$K = \frac{\frac{1}{4} \cdot \left((-2)^4 + (-1.5)^4 + 1^4 + 2.5^4\right)}{1.83712^4} = \frac{15.28125}{11.39062} = 1.34156$$

Werden diese Werte in die Formel (3) eingesetzt, so ergibt sich für die Jarque-Bera-Teststatistik der folgende Wert:

(9) $$JB = \frac{4-(1+1)}{6}\left[0.2116844^2 + \frac{1}{4}(1.34156-3)^2\right] = 0.24414$$

In einem nächsten Schritt wird der kritische Wert bestimmt. Hierbei wird auf die χ^2-Verteilung zurückgegriffen, wobei 2 Freiheitsgrade zu berücksichtigen sind. Analog zu allen bisher durchgeführten Hypothesentests wird auch hier eine Irrtumswahrscheinlichkeit von 5% zu Grunde gelegt. Aus der Tafel der χ^2-Verteilung (vgl. Anhang, Tab. A.2.-3.) lässt sich für diese Parameter ein Wert von 5.991 entnehmen. Ein Vergleich des Prüfgrößenwertes mit dem kritischen Wert führt zur Beibehaltung der Nullhypothese (da der Prüfgrößenwert kleiner ist als der kritische Wert). Jedoch sei auch an dieser Stelle nochmals nachdrücklich darauf hingewiesen, dass mit 4 Datenpunkten auf Grund des zu geringen Stichprobenumfangs kein sinnvoller Hypothesentest zur Überprüfung der Normalverteilungsannahme durchgeführt werden kann! Dieses Beispiel dient also lediglich zur Veranschaulichung der generellen Vorgehensweise.

Abschließend erscheinen noch zwei Anmerkungen zum Jarque-Bera-Test erforderlich:

(i) Der Jarque-Bera-Test auf Normalverteilung besitzt nicht nur für Residuen Gültigkeit, sondern auch für beliebige Datenreihen. In diesem Fall fällt bei der Prüfgröße *JB* in Formel (3) der Ausdruck (k+1) weg. Die Teststatistik lautet dann:

$$(10) \quad JB = \frac{n}{6}\left[S^2 + \frac{1}{4}(K-3)^2\right]$$

Ansonsten besitzen jedoch alle oben getroffenen Aussagen auch in diesem Fall Gültigkeit. Insbesondere folgt die Prüfgröße *JB* in Formel (10) ebenfalls der χ^2-Verteilung mit zwei Freiheitsgraden.

(ii) Der Jarque-Bera-Test ist nur ein möglicher Hypothesentest zur Überprüfung auf Normalverteilung. Weitere mögliches Tests sind beispielsweise der *χ^2-Anpassungstest* oder der *Kolmogorov-Smirnov-Test*, die jedoch an dieser Stelle nicht weiter behandelt werden.

6.5. Fallstudie: Test der Annahmen und der statistischen Signifikanz des Marktmodells

Arbeitshinweise: Im Folgenden wird die Fallstudie des Marktmodells (Kap. 5.7.) fortgeführt. Konkret wird das geschätzte Marktmodell hinsichtlich der Annahmen (vgl. Kap. 6.4.) und in Bezug auf die Signifikanz (vgl. Kap. 6.3.) überprüft. Dieser Abschnitt sollte auf alle Fälle sorgfältig durchgearbeitet werden.

6.5.1. Überprüfung der Residuen des Marktmodells

Im Folgenden wird nochmals das in Kap. 5.7. geschätzte Marktmodell für die BASF-Aktie im Zeitraum 01.01.1997 bis 30.12.1997 aufgegriffen und hinsichtlich der zu Grunde liegenden Annahmen sowie in Bezug auf die Signifikanz überprüft. Wie in Kap. 6.4. erläutert wurde, sind die berechneten Standardfehler für die geschätzten Regressionskoeffizienten und somit die darauf basierenden t- und F-Testgrößen nur dann valide, wenn die Residuen nicht autokorreliert und nicht heteroskedastisch sind. Insofern ist es sinnvoll, mit einer Analyse der OLS-Residuen hinsichtlich dieser beiden Eigenschaften zu beginnen. Die folgende Abb. 6.5.1.-1. veranschaulicht die geschätzten OLS-Residuen grafisch:

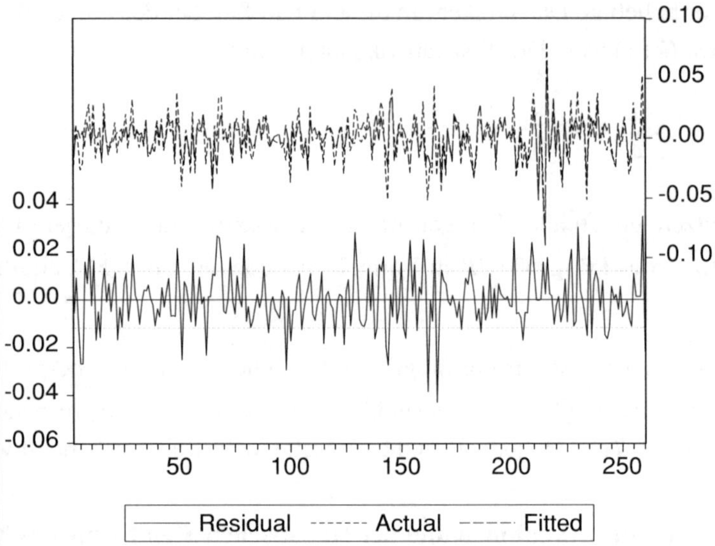

Abb. 6.5.1.-1.: Residuen des Marktmodells

Im oberen Abschnitt der Abb. 6.5.1.-1. sind die tatsächlichen DAX-Renditen und die Renditen, die durch das Modell geschätzt werden, dargestellt. Die Differenz zwischen diesen Werten, nämlich die Residuen, befinden sich im unteren Abschnitt der Abb. 6.5.1.-1.

Die Schwankung der Residuen nimmt über die Zeit hinweg nicht eindeutig zu- bzw. ab, was ein Anzeichen für homoskedastische Residuen wäre. Jedoch ist es schwierig, mittels einer grafischen Analyse zu einer eindeutigen Aussage zu kommen, ob die OLS-Residuen nun autokorreliert bzw. heteroskedastisch sind oder nicht. Insofern erscheint es sinnvoll, auf geeignete Hypothesentests zurückzugreifen. In der folgenden Abb. 6.5.1.-2. ist der Output dargestellt, den die Ökonometriesoftware EViews bei der Schätzung des in Kapitel 5.7.4. behandelten Marktmodells liefert.

Variable	Coefficient	Std. Error	t-Statistic	Prob.
C	-0.001287	0.000739	-1.742195	0.0827
DLOGDAX	1.051753	0.049155	21.39666	0.0000

R-squared	0.640467	Mean dependent var	0.000281
Adjusted R-squared	0.639068	S.D. dependent var	0.019691
S.E. of regression	0.011830	Akaike info criterion	-8.866592
Sum squared resid	0.035965	Schwarz criterion	-8.839126
Log likelihood	782.7185	F-statistic	457.8170
Durbin-Watson stat	2.019376	Prob(F-statistic)	0.000000

Abb. 6.5.1.-2.: Regressionsoutput des Marktmodells

Die Software hat dabei automatisch den Durbin-Watson-Testwert (*Durbin-Watson stat*) ermittelt. Wie aus der Näherungsformel (16) in Kapitel 6.4.2.2. ersichtlich ist, weist ein Testwert nahe 0 auf positive, ein Wert nahe 2 auf keine und ein Wert nahe 4 auf eine negative *Autokorrelation erster Ordnung* hin. Der ermittelte Durbin-Watson-Wert von 2.019376 weist relativ eindeutig auf kein Vorliegen einer Autokorrelation erster Ordnung hin. Um jedoch zu einer konkreten Aussage zu kommen, ist der Rückgriff auf die vertafelten kritischen Werte notwendig. Ein Blick in das entsprechende Tafelwerk (vgl. Anhang, Tab. A.2.-6.) ergibt für ein Signifikanzniveau von 5%, bei $k = 1$ (einer Regressionskonstanten und einer erklärenden Variablen) und einem Beobachtungsumfang von $n = 100$ einen d_u-Wert von 1.65 und einen d_o-Wert von 1.69. Da die kritischen Werte für den tatsächlichen Beobachtungsumfang von $n = 259$ nicht mehr aufgeführt sind, wird auf die entsprechenden Werte bei $n = 100$ zurückgegriffen. Wie die Abbildung 6.4.2.2.-5. zeigt, lässt sich der Annahmebereich für die Beibehaltung von H_0 (d.h. keine Autokorrelation) wie folgt bestimmen:

(1) Annahmebereich für H_0: $[d_o \,;\, 4 - d_o] = [1.69 \,;\, 2.31]$

Da der berechnete Durbin-Watson-Testwert von 2.019376 in diesem Intervall liegt, wird die Nullhypothese H_0 (d.h. keine Autokorrelation erster Ordnung) beibehalten. Es soll jedoch nochmals ausdrücklich darauf hingewiesen werden, dass der Durbin-Watson-Test ausschließlich Aussagen über die Autokorrelation *erster* Ordnung zulässt.

Zur Überprüfung der Residuen auf Heteroskedastizität bietet sich beispielsweise der in Kapitel 6.4.3.2. beschriebene Breusch-Pagan- bzw. der damit eng verwandte White-Test an. In der Ökonometriesoftware EViews ist der Hypothesentest von WHITE implementiert, der sich durch einfache Menüauswahl durchführen lässt. Wird der White-Test zur Überprüfung der Residuen des obigen Marktmodells eingesetzt, so liefert EViews den in Abb. 6.5.1.-3. dargestellten Output:

```
White Heteroskedasticity Test:
--------------------------------------------------------------------------
F-statistic             0.213765     Probability        0.807682
Obs*R-squared           0.431820     Probability        0.805808
--------------------------------------------------------------------------

Test Equation:
LS // Dependent Variable is RESID^2
Date: 03/05/98   Time: 12:02
Sample: 2 260
Included observations: 259
--------------------------------------------------------------------------
Variable   Coefficient      Std. Error       t-Statistic      Prob.
--------------------------------------------------------------------------
C            0.000137        1.62E-05         8.425819        0.0000
DLOGDAX      0.000675        0.001033         0.653856        0.5138
DLOGDAX^2    0.005421        0.027303         0.198541        0.8428
--------------------------------------------------------------------------
R-squared               0.001667     Mean dependent var           0.000139
Adjusted R-squared     -0.006132     S.D. dependent var           0.000236
S.E. of regression      0.000237     Akaike info criterion       -16.68353
Sum squared resid       1.44E-05     Schwarz criterion           -16.64233
Log likelihood          1796.012     F-statistic                  0.213765
Durbin-Watson stat      1.846879     Prob(F-statistic)            0.807682
--------------------------------------------------------------------------
```

Abb. 6.5.1.-3.: Ergebnis des White-Tests

Bei der Anwendung des White-Tests zur Überprüfung auf heteroskedastische OLS-Residuen wird eine Regressionsanalyse durchgeführt. Es wird hierbei versucht, die quadrierten Residuen (als Approximation für die Varianz der Residuen zum jeweiligen Zeitpunkt t) mittels geeigneter Variablen zu erklären. WHITE schlägt hierzu vor, die erklärenden Variablen des ursprünglichen Regressionsmodells (hier: *DLOGDAX*) sowie die quadrierten Werte davon (hier: *DLOGDAX^2*) heranzuziehen. Da das Marktmodell nur eine erklärende Variable (*DLOGDAX*) aufweist, kommt die Anwendung von paarweisen Produkten zwischen je zwei erklärenden Variablen (siehe Kapitel 6.4.3.2.) nicht in Betracht.

Beim Breusch-Pagan- bzw. White-Test wird die Hypothese „H_0: Homoskedastizität" gegen „H_1: Heteroskedastizität" geprüft. Im Falle homoskedastischer Residuen sollte die Varianz der Residuen konstant sein und sich beispielsweise nicht mittels der Variablen *DLOGDAX* bzw. *DLOGDAX^2* erklären lassen. Unter dieser Voraussetzung müsste das Regressionsmodell von WHITE ein niedriges Bestimmtheitsmaß aufweisen und somit die Teststatistik W (siehe: *Obs*R-squared*) einen kleinen Wert annehmen. Im vorliegenden Beispiel besitzt die Prüfgröße *Obs*R-squared* einen Wert von 0.431820, der sich gemäß Gleichung (13) in Kapitel 6.4.3.2. wie folgt ergibt:

(2) $W = nR^2 = 259 \cdot 0.001667 \approx 0.43182$

Um sich nun anhand des ermittelten Prüfgrößenwertes für eine Beibehaltung oder eine Ablehnung der Nullhypothese H_0 zu entscheiden, ist der Rückgriff auf den pValue der Prüfstatistik (in Abb. 6.5.1.-3. als *Probability* bezeichnet) notwendig. Dieser Wert gibt die Wahrscheinlichkeit an, mit der man sich (auf Grund des Prüfgrößenwertes) fälschlicherweise für H_1 entscheidet, obwohl jedoch H_0 korrekt wäre. Da diese Größe im vorliegenden Beispiel einen Wert von 0.805808 annimmt, würde man sich mit einer Wahrscheinlichkeit von ca. 80.58 % irren, falls man sich für H_1 (d.h. heteroskedastische Störterme) entscheidet. Legt man die üblicherweise akzeptierte Irrtumswahrscheinlichkeit von 5% (häufig auch 1% oder 10%) zu Grunde, so sollte man sich für eine Beibehaltung von H_0, also keine Ablehnung der Homoskedastizitätsannahme der Residuen, entscheiden. Neben der Prüfgröße von WHITE ist noch die F-Statistik mit dem zugehörigen *Probability*-Wert (pValue) ausgewiesen, die ebenfalls für eine Beibehaltung von H_0 spricht.

Die (auf Basis der geschätzten OLS-Residuen) durchgeführten Hypothesentests legen den Schluss nahe, dass die *nicht beobachtbaren* Residuen des Grundmodells keine Autokorrelation aufweisen und die Homoskedastizitätsannahme erfüllen. Jedoch sollte man sich nochmals die Grenzen der durchgeführten Hypothesentests veranschaulichen. Der Durbin-Watson-Test ist nur geeignet für eine Überprüfung der Residuen auf Autokorrelation erster Ordnung. Ein Test auf autokorrelierte Residuen höherer Ordnung ist mit diesem Test nicht möglich. Weiterhin kann auch die Frage hinsichtlich heteroskedastischer Störterme nicht abschließend beantwortet werden. Der White-Test hat lediglich gezeigt, dass sich die Varianz der Residuen (approximiert durch die quadrierten Residuen) nicht systematisch mittels der Variablen *DLOGDAX* bzw. *DLOGDAX^2* erklären lässt.

Für die valide Durchführung des t- und F-Tests auf Signifikanz sowie des Durbin-Watson-Tests ist die Normalverteilungsannahme der Residuen Voraussetzung. Eine approximative Normalverteilung der Residuen lässt sich mit Hilfe des zentralen Grenzwertsatzes begründen, weshalb sie häufig nicht weiter explizit mittels eines Hypothesentests überprüft wird. Im Folgenden wird dennoch gezeigt, wie mit Hilfe des in EViews implementierten Jarque-Bera-Hypothesentests eine explizite Überprüfung der Residuen auf Normalverteilung vorgenommen werden kann. Die Durchführung des Tests geschieht durch einfache Menüauswahl. Für die geschätzten Residuen des obigen Marktmodells liefert die Software den in Abb. 6.5.1.-4. dargestellten Output:

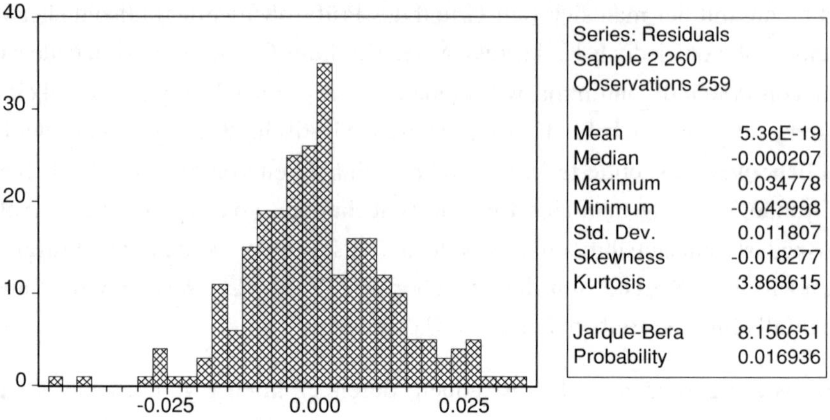

Abb. 6.5.1.-4.: Ergebnis des Jarque-Bera-Tests

Nach dem Histogramm scheinen die geschätzten Residuen (OLS-Residuen) nicht mit einer Normalverteilungsannahme vereinbar zu sein. Wie jedoch schon bei den vorangegangenen grafischen Analysen ist auch hier ein abschließendes Urteil schwer möglich. Für die OLS-Residuen wurde eine Schiefe (Skewness) von –0.018277 und eine Wölbung (Kurtosis) von 3.868615 ermittelt. Die theoretische Normalverteilung weist eine Schiefe von 0 und eine Wölbung von 3 auf. Während die Schiefe noch relativ nahe bei dem Normalverteilungs-Sollwert liegt, befindet sich die Wölbung doch schon um einiges darüber. Es handelt sich hierbei um eine *leptokurtische* Verteilung, die in der Mitte eine größere Häufigkeit aufweist als die entsprechende Normalverteilung bei gleicher Varianz. Die Teststatistik für den Jarque-Bera-Test, die in dem hier behandelten Beispiel einen Wert von 8.156651 annimmt, lässt sich auf einfache Weise mit der Berechnungsvorschrift (3) aus Kap. 6.4.4. ermitteln. Auch hier ist eine Auswertung der *Probability* der Teststatistik (= pValue) ausreichend, um eine abschließende Aussage über die Beibehaltung oder Ablehnung der Nullhypothese zu treffen. Entscheidet man sich auf Grund des Prüfgrößenwertes von 8.156651 für eine Ablehnung von H_0, so beträgt die Wahrscheinlichkeit sich zu irren (d.h. H_0 wäre tatsächlich doch korrekt) 0.016936 bzw. 1.6936%. Unterstellt man wieder die in den Wirtschafts- und Sozialwissenschaften übliche Irrtumswahrscheinlichkeit von 5%, so würde man sich auf Grund des Resultats für eine (signifikante) Ablehnung von H_0, d.h. gegen die Annahme normalverteilter Residuen, entscheiden.

Auf Grund dieses Ergebnisses ist eine Durchführung des t- und F-Tests nicht ganz unproblematisch, da – wie bereits erläutert wurde – diese Tests streng genommen auf einer Normalverteilungsannahme der Residuen basieren. Im Folgenden wird aus Gründen der beispielhaften Darstellung dennoch ein t- und F-Test durchgeführt. Dabei wird die Normalverteilung der Residuen angenommen und das Ergebnis des Hypothesentests ignoriert. Inhaltlich könnte dieses Vorgehen mit Hilfe des Zentralen Grenzwertsatzes begründet werden.[104]

6.5.2. Überprüfung des Marktmodells auf Signifikanz

Im Folgenden wird das geschätzte Marktmodell auf Signifikanz hin geprüft. In dem vorangegangenen Abschnitt wurde getestet, ob das Modell die zu Grunde liegenden Annahmen erfüllt. Zur Überprüfung der Signifikanz stehen der t- und F-Test zur Verfügung. In der Abb. 6.5.2.-1. ist nochmals der Output dargestellt, den die Ökonometriesoftware EViews bei der Schätzung des in Kapitel 5.7.4. behandelten Marktmodells liefert.

Variable	Coefficient	Std. Error	t-Statistic	Prob.
C	-0.001287	0.000739	-1.742195	0.0827
DLOGDAX	1.051753	0.049155	21.39666	0.0000

R-squared	0.640467	Mean dependent var	0.000281
Adjusted R-squared	0.639068	S.D. dependent var	0.019691
S.E. of regression	0.011830	Akaike info criterion	-8.866592
Sum squared resid	0.035965	Schwarz criterion	-8.839126
Log likelihood	782.7185	F-statistic	457.8170
Durbin-Watson stat	2.019376	Prob(F-statistic)	0.000000

Abb. 6.5.2.-1.: Regressionsoutput des Marktmodells

In der Spalte *Coefficient* befinden sich die geschätzten Werte für die Regressionskonstante *C* und die erklärende Variable *DLOGDAX*, in der Spalte *Std. Error* die zugehörigen geschätzten Standardfehler (Standardabweichungen). Die Berechnung dieser geschätzten Standardfehler basiert dabei auf der in Kap. 5.5.1. angegebenen Formel (26). Wie bei der Herleitung dieser Formel dort auch gezeigt wurde, liegt der Berechnungsvorschrift die Annahme fehlender Autokorrelation sowie die Homoskedastizitätseigenschaft der Residuen zu Grunde. Da auf Grund der in Kap. 6.5.1. durchgeführten Hypothesentests diese beiden Eigenschaften nicht signifikant abgelehnt werden konnten, wird von einer Validität der berechneten Standardfehler ausgegangen. Mit Hilfe der geschätzten Regressionskoeffizienten und ihren geschätzten Standardfehlern lassen sich die entsprechenden t-Statistiken gemäß Formel (6) in Kap. 6.3.1. wie folgt berechnen:

$$(1) \quad t_0 = \frac{\hat{\beta}_0}{s\sqrt{x^{00}}} = \frac{-0.001287}{0.000739} = -1.742$$

[104] Siehe hierzu die Diskussion in Kap. 6.4.4.

$$(2) \quad t_1 = \frac{\hat{\beta}_1}{s\sqrt{x^{11}}} = \frac{1.051753}{0.049155} = 21.397$$

Die Berechnung dieser t-Statistiken wird von der Software selbstständig durchgeführt und die Ergebnisse sind in der Spalte *t-Statistic* ausgegeben. Die DAX-Rendite (*DLOGDAX*) liefert gemäß dem t-Wert von 21.379 einen deutlichen Beitrag zur Erklärung der Rendite der BASF-Aktie (*DLOGBASF*). Der ermittelte t-Wert lässt sich zur Überprüfung auf Signifikanz als erste grobe Abschätzung mit der Zahl 2 (bzw. –2, falls der t-Wert negativ ist) vergleichen. Ist der ermittelte t-Wert größer als 2 (bzw. kleiner als –2, falls der t-Wert negativ ist), so ist von einem signifikanten Einfluss auszugehen. Nach Anwendung dieser „Faustregel" würde man der stetigen DAX-Rendite einen signifikanten Einfluss auf die Rendite der BASF-Aktie zusprechen. Den Einfluss der Regressionskonstante würde man gemäß dieser Regel als nicht signifikant bezeichnen. Um zu einer exakten Aussage über die Beibehaltung von H_0 (d.h. kein signifikanter Einfluss) oder einer Ablehnung (d.h. signifikanter Einfluss) zu kommen, ist der Rückgriff auf die *Probability*-Werte (pValues) notwendig. In Kapitel 6.3.1. wurde erläutert, wie sich diese Werte mittels der t-Verteilung ermitteln lassen. Die *Probability*-Werte lassen sich nun wieder wie folgt interpretieren: Entscheidet man sich auf Grund der berechneten t-Werte für H_1, so beträgt die Irrtumswahrscheinlichkeit (H_0 wäre tatsächlich doch korrekt) *Probability* · 100 %. Kommt man auf Grund der ermittelten t-Werte zu dem Entschluss, dass die Regressionskonstante C und die Variable *DLOGDAX* einen signifikanten Beitrag zur Erklärung der Rendite der BASF-Aktie leisten, so beträgt die Irrtumswahrscheinlichkeit (H_0 wäre tatsächlich korrekt) 8.27% für die Regressionskonstante und nahezu 0% für *DLOGDAX*. Geht man von der im Regelfall tolerierten Irrtumswahrscheinlichkeit von 5% aus, so würde man sich bei der erklärenden Variablen *DLOGDAX* für einen signifikanten Einfluss (H_1 ist signifikant) aussprechen. Hinsichtlich der Regressionskonstanten C würde man die Hypothese H_0 (kein signifkanter Einfluss) beibehalten. Da die Regressionskonstante aber einen Mittelwert der Residuen von null sicherstellt, wird sie dennoch im Modell belassen.

Während man mit Hilfe des t-Tests die Signifikanz einzelner Einflussfaktoren überprüfen kann, liefert der F-Test Aussagen über den Erklärungsgehalt des Gesamtmodells, also den Einfluss aller erklärenden Variablen in ihrer Gesamtheit. Da hier beim Marktmodell nur eine erklärende Variable herangezogen wird (nämlich eine Approximation des „Marktes"), ist das Gesamtmodell dann signifikant, wenn eben dieser eine Regressor signifikant ist. Wie bereits in Kap. 6.3.2. gezeigt wurde, entspricht bei einer *Einfachregression* der F-Wert dem quadrierten t-Wert der (einzigen) erklärenden Variable:

$$(3) \quad F = t^2 \qquad \rightarrow \qquad F = (21.39666)^2 = 457.8170$$

Bei der Einfachregression spiegeln also die t- und die F-Statistik den gleichen Sachverhalt wieder. Insofern liefert in diesem Beispiel die Analyse des F-Wertes keine weiteren Einsichten. Auf Grund des sehr großen F-Wertes von 457.8170 würde man sich mit einer Irrtumswahrscheinlichkeit von nahezu 0% für die Aussage H_1 (Signifikanz des Gesamtmodells entscheiden).

6.6. Fallstudie: Performanceattribution

Arbeitshinweise: Diese Fallstudie ist ausschließlich für den Leser von Bedeutung, der sich mit der *Performancemessung* bzw. *-attribution* näher beschäftigen möchte oder muss. Es werden zwei Verfahren behandelt, die auf einer gewöhnlichen Regressionsanalyse basieren. Die nachfolgend vorgestellten Verfahren werden in der Literatur teilweise der Performancemessung und teilweise der Performanceattribution zugeordnet. Im Unterschied zur Performancemessung geht die Performanceattribution einen Schritt weiter und beschäftigt sich nicht nur mit der Fragestellung, *welche* Performance erzielt wurde, sondern *wie* sie erzielt wurde. Es geht hier also um die Frage nach den Erfolgsfaktoren. In Kap. 6.6.1. und 6.6.2. wird dazu das sog. Jensen-Alpha-Maß vorgestellt, mit dem gemessen wird, welche *Selektionsfähigkeit* ein Portfoliomanager aufweist. Es liefert eine Aussage, ob der Portfoliomanager in der Lage war, besonders unterbewertete, renditeträchtige Titel aufzuspüren und ob er somit eine hohe Performance erzielen konnte. Zur Bestimmung des Jensen-Alpha-Maßes muss lediglich ein gewöhnliches Einfachregressionsmodell geschätzt werden. Das Jensen-Alpha-Maß entspricht dabei dem geschätzten Wert der Regressionskonstanten. Zur Überprüfung der Signifikanz dieses Maßes wird der gewöhnliche t-Test herangezogen. In Kap. 6.6.3. wird dann ein Konzept vorgestellt, mit dem nicht nur die Selektionsfähigkeit des Portfoliomanagers gemessen werden kann, sondern auch seine *Timing-Fähigkeit*. Diese gibt an, ob der Portfoliomanager in der Lage war, die Gesamtmarktentwicklung richtig einzuschätzen. Besitzt er diese Fähigkeit, so hat er bei größeren Marktbewegungen (positiven oder negativen) eine überdurchschnittliche Performance erwirtschaftet. Analog zum Jensen-Alpha-Maß wird auch hier ein gewöhnliches Regressionsmodell geschätzt, wobei aber zwei erklärende Variablen - eine zur Messung des Selektionsbeitrags und eine zur Messung der Timing-Fähigkeit - herangezogen werden. Zur Beantwortung der Frage nach der Signifikanz dieser beiden Eigenschaften lässt sich ebenfalls der gewöhnliche t-Test einsetzen.

6.6.1. Messung des Selektionsbeitrags mit Hilfe des Jensen-Alpha-Maßes

Während sich die *Performancemessung* mit der Quantifizierung des Anlageerfolgs beschäftigt, liegt die Aufgabe der *Performanceattribution* darin, das Ergebnis auf bestimmte Erfolgsfaktoren aufzuschlüsseln. Zum einen gilt es zu bestimmen, welcher Anteil des Ergebnisses dem Portfoliomanagement und welcher Anteil anderen Faktoren (z.B. dem Zufall) zuzuschreiben ist. Die Leistung des Portfoliomanagements lässt sich dabei nochmals auf die Faktoren *Selektions-* und *Timing-Fähigkeit* aufschlüsseln. Die Selektionsfähigkeit beschreibt die Fähigkeit, besonders renditeträchtige Titel aufzuspüren. Voraussetzung hierzu sind Informationsvorsprünge gegenüber den anderen Marktteilnehmern, die jedoch nur dann existieren, wenn die Märkte nicht *effizient* sind.[105] Während sich die Selektionsfähigkeit auf die Auswahl einzelner Titel bezieht, beschreibt die Timing-Fähigkeit das Leistungsvermögen, die zeitliche Entwicklung des Gesamtmarktes korrekt einzuschätzen. Besitzt das Portfoliomanagement diese Eigenschaft, so wird es in steigenden Marktphasen ein hohes Portfolio-Beta wählen und es in abnehmenden Marktphasen absenken.

Beim Jensen-Alpha-Maß handelt es sich um ein Maß, welches sowohl zur Messung der Performance als auch zur Bestimmung der Selektionsfähigkeit herangezogen wird [vgl. JENSEN (1968), S. 389ff.]. Das Jensen-Alpha-Maß spiegelt den Gedanken des *aktiven* Portfoliomanagements wider, bei dem versucht wird, durch eine überlegene Informationsauswertung eine Auswahl von besonders renditeträchtigen Anlagetiteln vorzunehmen und damit den Markt, approximiert durch das Benchmark-Portfolio, zu „schlagen". Die Idee, die dem Jensen-Alpha-Maß zu Grunde liegt, lässt sich durch folgende Gleichung darstellen:

(1) $$(r_{p,t} - r_{f,t}) = \alpha_p + (r_{BM,t} - r_{f,t})\beta_p + \varepsilon_{p,t}$$

mit
$r_{p,t}$: realisierte Rendite des Portfolios p zum Zeitpunkt t
$r_{BM,t}$: realisierte Rendite der Benchmark BM zum Zeitpunkt t
$r_{f,t}$: risikoloser Zinssatz in t
α_p: Jensen-Alpha-Maß
β_p: Beta-Faktor des Portfolios
$\varepsilon_{p,t}$: Regressionsresiduum des Portfolios p zum Zeitpunkt t

Demnach lässt sich die erzielte Überschussrendite des Portfolios über den risikolosen Zins ($r_{p,t}$ - $r_{f,t}$) auf drei Bestandteile aufteilen. Ein Renditebestandteil entspricht der realisierten Überschussrendite des Marktes (approximiert durch das Benchmark-Portfolio), gewichtet mit dem systematischen Risiko des Portfolios, wobei dieses systematische Risiko durch den Beta-Faktor des Portfolios gemessen wird. Dieser Faktor spiegelt die Vergütung gemäß dem CAPM (siehe Kapitel 5.7.) wider. Der zweite Renditebestandteil α_p entspricht dem *Jensen-Alpha* (auch „*Differential-Return*" genannt). Es handelt sich hierbei um jenen *nachhaltigen* Renditeanteil, der über die „normale" Vergütung des Marktes für das übernommene Risiko hinausgeht. Diese Renditekomponente wird durch eine überlegene Fähigkeit zur Selektion überdurchschnittlich renditeträchtiger Anlagen erwirtschaftet. Der dritte Bestandteil ($\varepsilon_{p,t}$) ist eine rein zufällige Restgröße. Sie resultiert aus dem Verfahren zur Bestimmung der obigen Gleichung. Bei den realisierten Überschussrenditen des Portfolios und der Benchmark handelt es sich um ex post beobachtbare Größen. Werden die realisierten Überschussrenditen des Portfolios auf die Überschussrenditen der Benchmark regressiert,

105 Zur Markteffizienz siehe Kap. 3.1.6.

so liefert das OLS-Verfahren einen Schätzer für die Regressionskonstante α_p und für den Regressionskoeffizienten β_p. In diesem Fall entspricht $\varepsilon_{p,t}$ dem Regressionsresiduum, für welches die traditionellen Annahmen gelten: Ein Erwartungswert von null, fehlende Autokorrelation, Homoskedastizität und Unkorreliertheit mit der erklärenden Variablen.

Das Jensen-Alpha-Maß wird mit Hilfe einer Einfachregression geschätzt. Wie die Abb. 6.6.1.-1. zeigt, entspricht das Alpha-Maß dem Ordinatenabschnitt (*y*-Achsenabschnitt) der Regressionsgeraden.

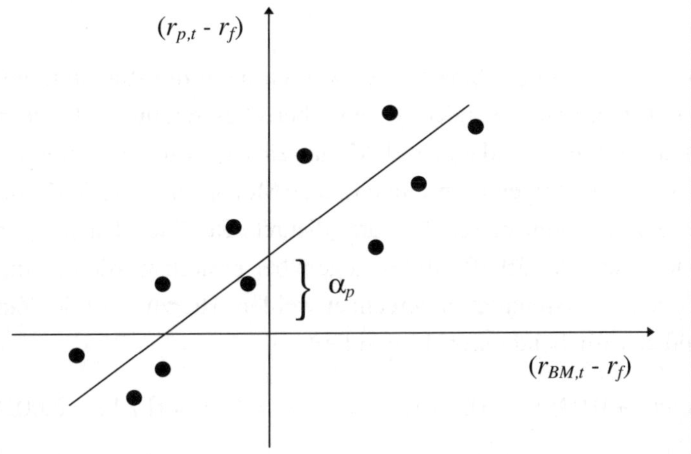

Abb. 6.6.1.-1.: Grafische Darstellung des Jensen-Alpha-Maßes

Wird das Benchmark-Portfolio (das zugleich als Ersatz für das nicht beobachtbare Marktportfolio dient) realisiert, so würde sich ein Alpha von null und ein Beta-Faktor (β_p) von eins ergeben. In diesem Fall verläuft die Regressionsgerade als 45-Grad-Linie durch den Ursprung.

Wurde bei der Analyse des Portfolioerfolgs ein positives Alpha festgestellt, so ist dieses nur dann relevant, wenn es auch nachhaltig, d.h. signifikant, von null verschieden ist. Um dies zu überprüfen, wird üblicherweise der in Kap. 6.3.1. beschriebene *t*-Test herangezogen.

Der zentrale Kritikpunkt ist beim Jensen-Alpha-Maß darin zu sehen, dass es nicht, wie das Sharpe- und Treynor-Maß, als relatives, sondern als *absolutes* Performancemaß konzipiert ist. Insofern können durch das Jensen-Alpha-Maß keine Portfolios untereinander verglichen werden. Das Jensen-Alpha-Maß erlaubt lediglich Aussagen hinsichtlich der Vorteilhaftigkeit eines bestimmten Portfolios im Vergleich zum Benchmark-Portfolio.

6.6.2. Beispiel zur Bestimmung des Jensen-Alpha-Maßes

Das folgende Beispiel dient zur Veranschaulichung der Bestimmung und Interpretation des Jensen-Alpha-Maßes. Hierzu wird das Beispiel aus Kap. 5.8.3.3. nochmals aufgegriffen. In diesem Beispiel wurde anhand realer Daten geprüft, ob der XY-Investmentfonds eine höhere Performance aufwies als die adäquate Benchmark (S&P500-Index). Anhand des Jensen-Alpha-Maßes wird nachfolgend überprüft, ob der XY-Fonds eine signifikante Überschussrendite gegenüber dem S&P500-Index aufwies. Bezüglich der Ausgangsdaten, deren Aufbereitung und inhaltliche Erläuterung wird hier aus Platzgründen auf Kap. 5.8.3.3. zurückverwiesen.

Bei der Ermittlung des Jensen-Alpha-Maßes werden nicht die Renditen des Portfolios auf die der Benchmark regressiert, sondern deren Überschussrenditen. Hierzu müsste von der jeweiligen Monatsrendite der adäquate 1-Monatszins abgezogen werden. Aus Vereinfachungsgründen wird nachfolgend ein einheitlicher Monatszins von 3.5% p.a. für alle Monate zu Grunde gelegt. Damit dieser Zinssatz (diskrete Rendite) den stetigen Monatsrenditen des XY-Fonds und des S&P500-Index gegenüber gestellt werden kann, muss er ebenfalls in eine stetige Monatsrendite umgerechnet werden. Hierzu wird der Zinssatz zunächst logarithmiert und anschließend durch 12 dividiert:

$$(1) \quad r_s\,(\text{p.a}) = ln(1 + 0.035) = 0.034401 \quad \Rightarrow \quad r_s = 0.034401 / 12 = 0.002867$$

Zur Bestimmung der Überschussrenditen wird dieser Zinssatz von den oben aufgeführten stetigen Monatsrenditen des XY-Fonds und des S&P500-Indexes abgezogen. Die sich so ergebenden Überschussrenditen sind (auszugsweise) in Tab. 6.6.2.-1. dargestellt.

Datum	stetige Rendite XY-Fonds	stetige Überschuss-rendite XY-Fonds	stetige Rendite S&P 500	stetige Überschuss-rendite S&P500
29.02.96	-	-	-	-
29.03.96	0.0022	–0.0007	0.0141	0.0112
30.04.96	0.0382	0.0353	0.0490	0.0461
.	.	.	.	.
.	.	.	.	.
31.08.98	–0.1661	–0.1690	–0.1613	–0.1641
30.09.98	–0.0357	–0.0386	0.0043	0.0014

Tab. 6.6.2.-1.: Überschussrenditen des XY-Fonds und des S&P500-Indexes

Zur Bestimmung des Jensen-Alpha-Maßes werden die Überschussrenditen des XY-Fonds (insgesamt 31 Renditen) auf jene des S&P500-Indexes regressiert. Das Ergebnis dieser Einfachregression ist in der Abb. 6.6.2.-1. dargestellt:

```
--------------------------------------------------------------------------------
Variable   Coefficient        Std. Error         t-Statistic       Prob.
--------------------------------------------------------------------------------
C           -0.001526          0.003085          -0.494743         0.6245
DSP500DM     1.018708          0.050571           20.14394         0.0000
--------------------------------------------------------------------------------
R-squared                 0.933299    Mean dependent var              0.015135
Adjusted R-squared        0.930999    S.D. dependent var              0.063002
S.E. of regression        0.016549    Akaike info criterion          -8.140479
Sum squared resid         0.007943    Schwarz criterion              -8.047964
Log likelihood            84.19033    F-statistic                     405.7783
Durbin-Watson stat        1.744375    Prob(F-statistic)               0.000000
--------------------------------------------------------------------------------
```

Abb. 6.6.2.-1.: Bestimmung des Jensen-Alpha-Maßes

Das Jensen-Alpha-Maß entspricht dem Wert der Regressionskonstanten (in der Abb. 6.6.2.-1. *Variable C*). In diesem Beispiel besitzt es einen Wert von –0.001526. Der XY-Fonds weist also eine negative aktive Überschussrendite im Vergleich zu seiner Benchmark (Überschussrendite des S&P500-Indexes) auf. Wie der entsprechende *t*-Wert (in der Abbildung *t-Statistic*) von –0.494743 anzeigt, ist die negative aktive Überschussrendite jedoch nicht statistisch signifikant von null verschieden. Der pValue des *t*-Wertes (in der Abbildung *Prob.*) beträgt 0.6245. Zur besseren Interpretierbarkeit lässt sich das Jensen-Alpha-Maß (als stetige Monatsrendite) in eine diskrete Rendite umrechnen:

(2) $r_d = exp(-0.001526) - 1 = -0.001525 = -0.1525\%$.

Die Überschussrendite des XY-Fonds liegt also durchschnittlich pro Monat um 0.15 Prozentpunkte unter jener des S&P500-Indexes.

6.6.3. Messung des Timingbeitrags mit Hilfe einer quadratischen Regression

Die Selektionsfähigkeit beschreibt das Können eines Portfoliomanagers, überdurchschnittlich renditeträchtige Wertpapiere aufzuspüren. Diese Fähigkeit wird einem Portfoliomanager dann zugesprochen, wenn er ein *signifikant positives Jensen-Alpha* nachweisen kann. Im Unterschied hierzu beschreibt die Timing-Fähigkeit das Leistungsvermögen eines Portfoliomanagers, die Gesamtmarktentwicklung zeitlich korrekt einzuschätzen. Liegt diese Fähigkeit vor, so wird die Rendite des gemanagten Portfolio bei ansteigenden Marktphasen überproportional zunehmen und bei fallenden Marktphasen unterproportional abnehmen. Zur Messung der Timing-Fähigkeit wird häufig das folgende multiple Regressionsmodell herangezogen:

(1) $$(r_{p,t} - r_{f,t}) = \alpha_p + \beta_p \cdot (r_{BM,t} - r_{f,t}) + \gamma_p \cdot (r_{BM,t} - r_{f,t})^2 + \varepsilon_{p,t}$$

mit
$r_{p,t}$: realisierte Rendite des Portfolios p zum Zeitpunkt t
$r_{BM,t}$: realisierte Rendite der Benchmark BM zum Zeitpunkt t
$r_{f,t}$: risikoloser Zinssatz in t
α_p: Regressionskonstante
β_p: Regressionskoeffizient der Benchmark-Überschussrendite
γ_p: Regressionskoeff. der quadr. Benchmark-Überschussrendite
$\varepsilon_{p,t}$: Regressionsresiduum des Portfolios p zum Zeitpunkt t

Nach diesem multiplen Regressionsmodell werden zur Erklärung der erwirtschafteten Portfolioüberschussrenditen vier Faktoren herangezogen: Die Selektions-Fähigkeit des Portfoliomanagers (α_p), eine marktorientierte Vergütung für die Übernahme systematischen Risikos ($\beta_p \cdot [r_{BM,t} - r_{f,t}]$), die Timing-Fähigkeit ($\gamma_p \cdot [r_{BM,t} - r_{f,t}]^2$) sowie ein Regressionsresiduum ($\varepsilon_{p,t}$). Das Residuum entspricht dabei wieder der Summe aller geringfügigen und somit vernachlässigbaren Einflüsse, die sich großteils gegenseitig ausgleichen und rein zufällig sind. Damit die Störterme auch tatsächlich völlig strukturlos sind, müssen sie die üblichen Annahmen erfüllen.

Im Rahmen der marktbasierten Vergütung steigt bzw. fällt die Überschussrendite des Portfolios *linear* mit der Überschussrendite des Marktes (bzw. der Benchmark). Der Beta-Faktor (β_p) drückt dabei die Stärke und Richtung des linearen Zusammenhangs aus. Ist der Regressionskoeffizient γ_p positiv und signifikant von null verschieden, so liegt die Überschussrendite des betrachteten Portfolios *über* jener, die sich gemäß der (*linearen*) Marktvergütung ergibt. Die Quadrierung ($[r_{BM,t} - r_{f,t}]^2$) stellt sicher, dass sowohl eine positive als auch eine negative Überschussrendite des Marktes einen positiven Effekt auf die Überschussrendite des betrachteten Portfolios ausübt, falls γ_p signifikant positiv ist. Weiterhin führt die Quadrierung dazu, dass dieser positive Effekt umso größer ausfällt, je höher die betragsmäßige Überschussrendite des Marktes ist. Dieses Gewinn bringende Ausnutzen des Anstiegs und der Abnahme des Marktes wurde eingangs als Timing-Fähigkeit bezeichnet. Die Abb. 6.6.3.-1. veranschaulicht diese Effekte grafisch:

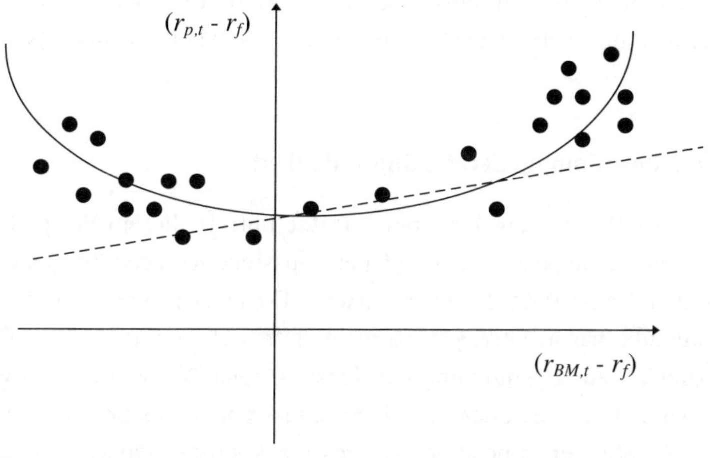

Abb. 6.6.3.-1.: Grafische Darstellung der Timing-Fähigkeit

Timing-Fähigkeit liegt also dann vor, wenn der Zusammenhang zwischen den Überschussrenditen des Marktes und des Portfolios besser mit einer Kurve als mit einer Geraden beschrieben werden kann. In diesem Fall liegen bei betragsmäßig großen positiven und negativen Überschussrenditen des Marktes die Überschussrenditen des Portfolios über dem Niveau, das sich gemäß dem Marktbeitrag und der Selektionsfähigkeit ergibt. Um dies zu erreichen, muss ein Portfoliomanager die Entwicklung des Marktes besonders gut prognostizieren können. Der Marktbeitrag und die Selektionsfähigkeit werden durch die Gerade abgebildet. Ist der Parameter γ_p signifikant negativ, so weist dies auf eine „Timing-Unfähigkeit" hin. Die Portfolio-Überschussrenditen liegen dann bei großen positiven und negativen Marktbewegungen unter dem Niveau, das sich gemäß dem Marktbeitrag und der Selektionsfähigkeit hätte ergeben müssen.

Die Parameter α_p (Selektionsfähigkeit), β_p (Marktbeitrag) und γ_p (Timing-Fähigkeit) können als gewöhnliche Regressionskoeffizienten im Rahmen eines multiplen Regressionsmodells mit Hilfe des OLS-Verfahrens geschätzt werden. Die Quadrierung der Überschussrenditen des Marktes ist insofern unproblematisch, da diese Quadrierung bereits vorab, d.h. vor der OLS-Schätzung, vorgenommen werden kann. Die quadrierten Werte entsprechen dann einer gewöhnlichen erklärenden Variablen. Analog zur Selektionsfähigkeit kann von einer Timing-Fähigkeit nur dann gesprochen werden, wenn der entsprechende Regressionskoeffizient (γ_p) nachhaltig von null verschieden ist. Zur Überprüfung wird hierzu ebenfalls der in Kap. 6.3.1. beschriebene t-Test herangezogen.

Die Grenzen des Verfahrens liegen darin, dass der quadratische Zusammenhang zwischen den Portfolio- und den Benchmarküberschussrenditen zwar eine hinreichende, jedoch keine notwendige Bedingung für das Vorliegen einer Timing-Fähigkeit darstellt. Konnte also mit Hilfe dieses Verfahrens keine Timing-Fähigkeit identifiziert werden, so kann daraus nicht geschlossen werden, dass überhaupt keine Timing-Fähigkeit vorliegt [vgl. WITTROCK (1996), S. 91].

6.6.4. Beispiel zur Bestimmung der Timing-Fähigkeit

Nachfolgend wird das Beispiel aus Kap. 6.6.2. fortgeführt. In diesem Beispiel wurde analysiert, ob der XY-Fonds eine positive aktive Überschussrendite gegenüber seiner Benchmark (Überschussrenditen des S&P500-Indexes) aufwies. Dies war jedoch nicht der Fall. Die aktive Überschussrendite war negativ, jedoch nicht statistisch signifikant. Nachfolgend wird das Regressionsmodell zur Bestimmung des Jensen-Alpha-Wertes um eine weitere erklärende Variable, nämlich um die quadrierte Überschussrendite des S&P500-Indexes, erweitert. Weist diese Variable einen positiven Regressionskoeffizienten auf, so spricht dies für eine positive Timing-Fähigkeit des XY-Fonds-Managements. Mit Hilfe des entsprechenden t-Wertes lässt sich der Regressionskoeffizient (und somit die Timing-Fähigkeit) auf statistische Signifikanz prüfen.

Variable	Coefficient	Std. Error	t-Statistic	Prob.
C	-0.002536	0.003954	-0.641382	0.5265
DSP500DM	1.024604	0.053211	19.25552	0.0000
DSP500DM^2	0.245304	0.586973	0.417913	0.6792

R-squared	0.933713	Mean dependent var	0.015135
Adjusted R-squared	0.928978	S.D. dependent var	0.063002
S.E. of regression	0.016790	Akaike info criterion	-8.082181
Sum squared resid	0.007893	Schwarz criterion	-7.943408
Log likelihood	84.28671	F-statistic	197.2022
Durbin-Watson stat	1.744553	Prob(F-statistic)	0.000000

Abb. 6.6.4.-1.: Überprüfung der Timing-Fähigkeit beim XY-Fonds

Der Regressionskoeffizient der quadrierten Überschussrendite der Benchmark (*Variable DSP500DM^2*) weist mit einem Wert von 0.245304 auf das Vorliegen von Timing-Fähigkeit hin. Der entsprechende t-Wert von 0.417913 zeigt jedoch, dass dieser Regressionskoeffizient (und somit auch die Timing-Fähigkeit) nicht statistisch signifikant ist. Durch die Aufnahme des zusätzlichen Regressors hat sich das Jensen-Alpha-Maß (Wert der Regressionskonstanten C) geringfügig verändert. Es ist jedoch immer noch negativ und nicht statistisch signifikant.

7. Weitere Probleme bei der Regressionsanalyse

7.1. Einsatz schwach stationärer Zeitreihen bei der Regressionsanalyse

Arbeitshinweise: Das Kap. 7.1. beschäftigt sich mit der Stationaritätseigenschaft von Zeitreihen. Werden nichtstationäre Zeitreihen im Rahmen der Regressionsanalyse eingesetzt, so werden häufig „Scheinzusammenhänge“ modelliert. In diesem Fall weist das Regressionsmodell große t-Werte, einen großen F-Wert und auch ein hohes Bestimmtheitsmaß auf, obwohl eigentlich gar keine Zusammenhänge bestehen. Dieses Phänomen wird in der Literatur auch unter der Bezeichnung *„Spurious Regressions“* diskutiert und ist Gegenstand des Abschnitts 7.1.1. Die Stationaritätseigenschaft wird insbesondere durch Trends zerstört, wobei sich hier *deterministische* und *stochastische Trends* unterscheiden lassen. Die deterministischen Trends werden in Abschnitt 7.1.2., die stochastischen in Abschnitt 7.1.3. behandelt. In jedem der beiden Abschnitte werden dabei auch Verfahren vorgestellt, die zur Beseitigung der entsprechenden Trends eingesetzt werden können. Im letzten Abschnitt 7.1.4. wird abschließend der sog. *Dickey-Fuller-* bzw. *Augmented Dickey-Fuller-*Test erläutert, der zur Überprüfung von Zeitreihen in Bezug auf Trends eingesetzt werden kann. Da in diesem Kap. 7.1. Aspekte behandelt werden, deren Nichtbeachtung zu völlig invaliden Ergebnissen bei Regressionsanalysen führen kann, wird das sorgfältige Studium dieses Kapitels sowohl den anwendungsorientierten als auch den theoretisch interessierten Lesern empfohlen. In dem Abschnitt 7.1.3. wird mit Hilfe der Formeln (3) bis (7) nachgewiesen, dass ein stochastischer Trend gegen die Stationaritätsannahme verstößt (konkret: Einhaltung der Mittelwertstationarität, aber Verstoß gegen Varianz- und Kovarianzstationarität). Diese Stelle kann von dem anwendungsorientierten Leser ohne Konsequenzen für das weitere Verständnis problemlos übersprungen werden.

7.1.1. Das Phänomen der „Spurious Regressions“

In Kap. 3.1.2. wurde bereits definiert, was unter einer *schwach stationären* Zeitreihe zu verstehen ist. Eine Zeitreihe gilt als schwach stationär, wenn sie die Eigenschaften *Mittelwert-, Varianz-* <u>*und*</u> *Kovarianzstationarität* erfüllt. Danach müssen der Erwartungswert, die Varianz und die Kovarianz unabhängig vom Zeitindex t sein. Diesen Sachverhalt kann man sich wie folgt empirisch veranschaulichen: Angenommen, man teilt die gesamte Zeitreihe in einzelne gleich lange Intervalle auf, so müssen alle einzelnen Intervalle den gleichen Mittelwert, die gleiche Varianz und die gleichen Autokovarianzen besitzen. *Trends* in den Zeitreihen zerstören die Eigenschaft der schwachen Stationarität. Anhand der beiden Eigenschaften Mittelwert- und Varianzstationarität lässt sich dies grafisch sehr anschaulich zeigen.

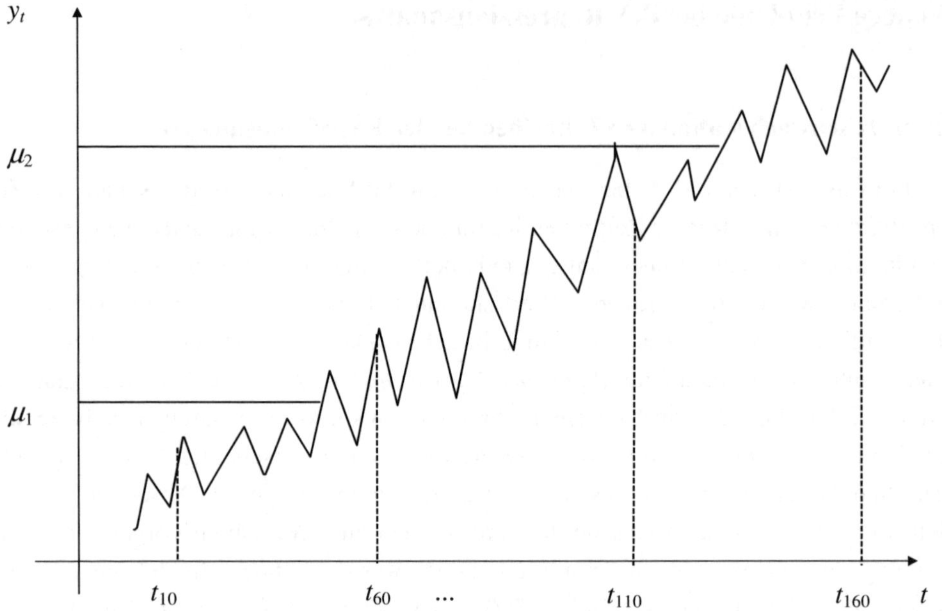

Abb. 7.1.1.-1.: Verstoß gegen Mittelwertstationarität

Die Abb. 7.1.1.-1. zeigt eine Zeitreihe mit einem positiven Trend. Auf der Abszisse (x-Achse) sind die einzelnen Zeitpunkte und auf der Ordinate (y-Achse) die einzelnen Werte der betrachteten Zeitreihe abgetragen. Von der gesamten Zeitreihe werden zwei Intervalle betrachtet, die jeweils 50 Zeitpunkte umfassen. Berechnet man für jedes Zeitintervall den Mittelwert der Zeitreihenwerte, so sind beim Vorliegen eines Trends die beiden Mittelwerte nicht identisch ($\mu_2 > \mu_1$). Bei einer trendbehafteten Zeitreihe wird also gegen die Eigenschaft der Mittelwertstationarität verstoßen. Wie die Abb. 7.1.1.-2. zeigt, wird bei einer Zeitreihe mit einem Trend auch gegen die Eigenschaft der Varianzstationarität verstoßen.

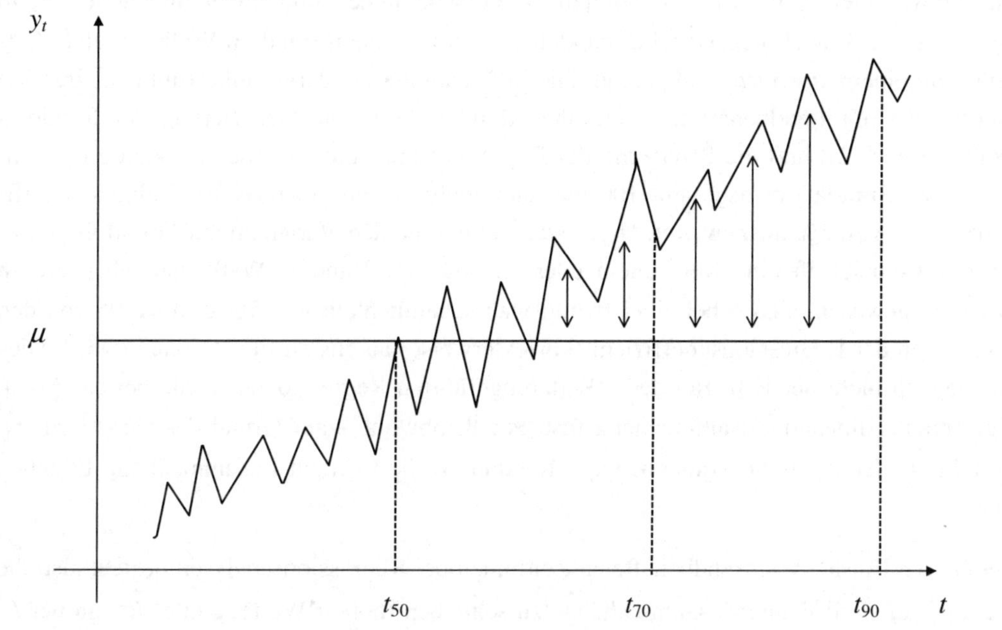

Abb. 7.1.1.-2.: Verstoß gegen Varianzstationarität

Die Varianz misst die mittlere quadratische Abweichung der Datenpunkte von ihrem Mittelwert. Bei einer trendbehafteten Zeitreihe bewegen sich die einzelnen Werte mit zunehmendem Zeitablauf immer weiter von ihrem Mittelwert weg. Ein Trend in den Zeitreihen führt also zwangsläufig zu einer steigenden Varianz und somit zu einem Verstoß gegen die Varianzstationarität.

Auf die Probleme, die beim Einsatz von trendbehafteten Zeitreihen im Rahmen einer Regressionsanalyse auftreten können, wurde erstmalig von GRANGER/NEWBOLD (1974) hingewiesen. Im Rahmen der von GRANGER/NEWBOLD durchgeführten Untersuchung bildet ein einfaches Regressionsmodell, wie es bereits in Kap. 5.1. vorgestellt wurde, den Ausgangspunkt:

(1) $y_t = \beta_0 + \beta_1 x_t + \varepsilon_t$ mit $t = 1, ..., 50$

Die Variablen des Modells besaßen dabei jeweils 50 Beobachtungen. Die zu erklärende Variable y_t und die erklärende Variable x_t wurden jeweils als voneinander unabhängige *Random-Walks* (vgl. Kap. 3.1.6.) erzeugt, also gemäß folgendem Verfahren generiert:

(2) $y_t = y_{t-1} + \varepsilon_{yt}$ mit $t = 1, ..., 50$

$x_t = x_{t-1} + \varepsilon_{xt}$ mit $t = 1, ..., 50$

Für die Residuen ε_{xt} bzw. ε_{yt} wurden dabei die gewöhnlichen Annahmen unterstellt. Wie in Abschnitt 7.1.3. noch gezeigt wird, handelt es sich bei einem Random-Walk um eine Zeitreihe mit einem *stochastischen* Trend. Die in Gleichung (1) dargestellte Einfachregression wurde also mit trendbehafteten Zeitreihen durchgeführt. Die Generierung der Random-Walks (siehe (2)) und die Schätzung der Regressionsgleichung (siehe (1)) wurde im Rahmen einer Simulation insgesamt 100 mal durchgeführt und der t-Wert bei einem Signifikanzniveau von 5% ausgewertet. Da es sich bei den beiden Variablen auf Grund ihrer Generierungsvorschrift um zwei voneinander unabhängige Random-Walks handelt, wäre zu erwarten gewesen, dass – bei einer Irrtumswahrscheinlichkeit von 5% – in ca. 95 von den 100 Fällen der Regressionskoeffizient (korrekterweise) als insignifikant erkannt wird. Dies war jedoch nicht der Fall. Bei den 100 durchgeführten Regressionen wurde bei ca. 75 ein signifikanter linearer Zusammenhang festgestellt, obwohl – auf Grund des Generierungsverfahrens der Zeitreihen (unabhängige Random-Walks) – kein Zusammenhang bestehen dürfte.

Durch den Einsatz von trendbehafteten Zeitreihen bei Regressionsanalysen besteht also die Gefahr, auf signifikante Zusammenhänge zu schließen (hohe t-Werte, großes R^2, großer F-Wert), obwohl eigentlich gar kein linearer Zusammenhang besteht. Solche Regressionen werden in der Literatur als *„Spurious Regressions“* bezeichnet.

Das Problem der „Scheinzusammenhänge“, die bei der Anwendung von trendbehafteten Zeitreihen im Rahmen von Regressionsanalysen auftreten können, lässt sich auch anhand des Bestimmtheitsmaßes verdeutlichen. Das Bestimmtheitsmaß R^2 und das Unbestimmtheitsmaß U addieren sich zu eins. Dementsprechend lässt sich das Bestimmtheitsmaß wie folgt darstellen:

$$(3) \qquad R^2 = 1 - U = 1 - \frac{s_{\hat{\varepsilon}}^2}{s_y^2}$$

Bei einem Trend in einer Zeitreihe steigt die Varianz im Zeitablauf bzw. mit zunehmenden Beobachtungsumfang automatisch immer weiter an.[106] Handelt es sich nun bei der zu erklärenden Variablen y um eine trendbehaftete Zeitreihe, so wird die empirische Varianz $s_y{}^2$ mit zunehmenden Beobachtungsumfang immer weiter steigen. Dies trifft jedoch nicht für die Varianz der geschätzten Residuen $s_{\hat{\varepsilon}}^2$ zu.[107] Nach Gleichung (3) geht damit eine Abnahme des Unbestimmtheitsmaßes und ein Anstieg des Bestimmtheitsmaßes R^2 einher.

106 Vgl. hierzu auch die Abb. 7.1.1.-2.

107 Ein Zeittrend bewirkt einen konstanten linearen Anstieg, der sich durch ein lineares Regressionsmodell auch modellieren lässt. Insofern nehmen die Residuen (als Differenz zwischen tatsächlichen Zeitreihenwerten und Werten des Regressionsmodells) im Zeitablauf nicht zu, weshalb ihre Varianz auch nicht im Zeitablauf ansteigt.

Trends lassen sich in *deterministische* und *stochastische Trends* unterscheiden. Je nachdem welcher Trend vorliegt, ist ein adäquates Verfahren zur Beseitigung zu wählen. Diese Verfahren werden in den nachfolgenden Abschnitten behandelt. Die hier beschriebenen Probleme, die beim Einsatz von trendbehafteten Zeitreihen im Rahmen einer Regressionsanalyse entstehen, treten sowohl bei deterministischen als auch bei stochastischen Trends auf.

7.1.2. Verstoß gegen die Stationaritätseigenschaft durch deterministische Trends

Einige ökonomische Zeitreihen weisen im Zeitablauf einen *deterministischen* Trend auf. Dieser liegt vor, wenn die Zeitreihe kontinuierlich jeweils von einem Zeitpunkt zum nächsten um einen konstanten Betrag zunimmt. Die Abb. 7.1.2.-1. zeigt eine Zeitreihe, die ausschließlich aus einem deterministischen Trend (Zeittrend) und einem Störterm, der die „white noise"-Eigenschaften erfüllt, besteht.[108]

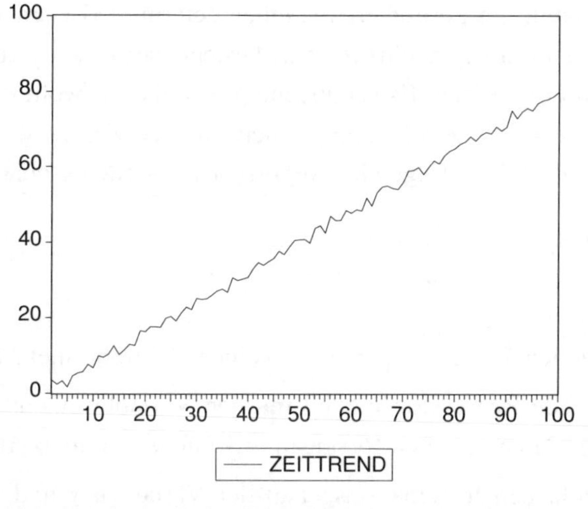

Abb. 7.1.2.-1.: Zeitreihe mit einem deterministischen Trend

Die Zeitreihe wurde künstlich nach dem folgenden Bildungsgesetz erzeugt:

$$(1) \qquad y_t = 0.8 \cdot t + \varepsilon_t \qquad \text{mit } t = 1, 2, 3, ..., 100$$

Die einzige „erklärende" Variable ist der Zeitindex t, der die Werte von 1 bis 100 annimmt. In der Abb. 7.1.2.-1. ist auf der Abszisse (x-Achse) t und auf der Ordinate (y-Achse) y_t abgetragen. Die Residuen ε_t sind normalverteilt mit einem Erwartungswert von null und einer Standardabweichung von eins. Wie die Gleichung (1) zeigt, wächst die Zeitreihe kontinuierlich jeweils von einem Zeitpunkt auf den nächsten um 0.8 an, wobei zu jedem Zeitpunkt

108 Zu den „white noise"-Eigenschaften siehe auch Kap. 3.1.6.

noch der Störterm hinzuaddiert wird. Ein typisches Kennzeichen von solchen Trends ist also der relativ nachhaltige konstante lineare Anstieg.

Besitzt nun eine zu erklärende Variable y einen linearen Zeittrend, so besteht ein mögliches Vorgehen darin, den Zeitindex t ($t = 1, 2, ..., n$) als eine weitere erklärende Variable in das Regressionsmodell aufzunehmen. Bei einer Einfachregression sieht das zu schätzende Modell nun wie folgt aus:[109]

(2) $y_t = \beta_0 + \beta_1 x_t + \beta_2 t + \varepsilon_t$

Auf diese Weise ist es möglich, die Trendkomponente von dem Einfluss der erklärenden Variable x zu separieren. Der Regressionskoeffizient β_2 quantifiziert dabei jenen Anstieg, um den die Zeitreihe y kontinuierlich jeweils von einem auf den nächsten Zeitpunkt ansteigt.

Eine weitere Möglichkeit, um Zeitreihen, die einen deterministischen Trend aufweisen, im Rahmen einer Regressionsanalyse einzusetzen, besteht darin, den Zeittrend bereits vorab aus den Zeitreihen zu eliminieren. Es sei angenommen, dass sowohl die erklärende Variable x als auch die zu erklärende Variable y einen linearen Zeittrend aufweisen. In einem ersten Schritt werden die beiden folgenden Regressionsmodelle geschätzt:

(3) $y_t = \beta_0 + \beta_1 t + \varepsilon_{yt}$ mit $t = 1, 2, 3, ..., n$

$x_t = \beta_0 + \beta_1 t + \varepsilon_{xt}$ mit $t = 1, 2, 3, ..., n$

Die geschätzten Residuen $\hat{\varepsilon}_{yt}$ und $\hat{\varepsilon}_{xt}$ weisen keinen Zeittrend mehr auf. Anstatt nun das eigentlich interessierende Regressionsmodell mit den Variablen y und x zu schätzen, werden die in Gleichung (3) geschätzten Residuen $\hat{\varepsilon}_{yt}$ und $\hat{\varepsilon}_{xt}$ aufeinander regressiert. Diese OLS-Residuen spiegeln den Informationsgehalt der Variablen y und x ohne den linearen Zeittrend wider.

Eine andere Möglichkeit zur Beseitigung eines linearen Zeittrends besteht darin, erste Differenzen zu bilden:

(4) $\Delta y_t = y_t - y_{t-1}$ für $t = 1, ..., n$

Geht man von einer Einfachregression mit einem linearen Zeittrend aus (siehe Gleichung (2)), so wird durch die Differenzenbildung Folgendes bewirkt:

(5) $\Delta y_t = y_t - y_{t-1} = \beta_0 + \beta_1 t + \beta_2 x_t + \varepsilon_t - \left(\beta_0 + \beta_1 (t-1) + \beta_2 x_{t-1} + \varepsilon_{t-1}\right)$

109 Alle hier gezeigten Verfahren zur Beseitigung eines deterministischen Trends werden anhand einer Einfachregression veranschaulicht. Die Verfahren können jedoch auch problemlos bei multiplen Regressionen angewandt werden.

Durch Zusammenfassen der entsprechenden Glieder resultiert die folgende Gleichung:

$$(6) \quad \Delta y_t = \beta_1 + \beta_2 \Delta x_t + \Delta \varepsilon_t$$

Durch die Differenzenbildung ist der Zeittrend, der in der ursprünglichen Gleichung (2) noch mittels der erklärenden Variable t modelliert wurde, jetzt nicht mehr enthalten. Es verbleibt lediglich der Regressionskoeffizient des Zeittrends β_1 als Regressionskonstante. Dieser Effekt ist nochmals explizit dargestellt:

$$(7) \quad \beta_1 t - \beta_1 (t-1) = \beta_1 t - \beta_1 t + \beta_1 = \beta_1$$

Die Differenz zwischen x_t und x_{t-1} wurde beim Übergang von Gleichung (5) auf Gleichung (6) mit Δx_t bezeichnet. Analog entspricht $\Delta\varepsilon_t$ der Differenz zwischen ε_t und ε_{t-1}. Das Bilden von einfachen Differenzen ist also geeignet, einen linearen Zeittrend zu beseitigen. Weiterhin ist in Gleichung (6) die ursprüngliche Regressionskonstante β_0 nicht mehr enthalten und die erklärende Variable x sowie das Regressionsresiduum liegen jetzt in Differenzenform vor.

Das Verfahren der Differenzenbildung zur Beseitigung eines linearen Zeittrends beinhaltet jedoch einen zentralen Nachteil gegenüber dem oben vorgestellten Verfahren nach Gleichung (3). Die Differenzenbildung führt nämlich zu Residuen, die jetzt als Differenzen vorliegen:

$$(8) \quad \Delta\varepsilon_t = \varepsilon_t - \varepsilon_{t-1}$$

Berechnet man die Varianz der neuen Residuen, so ergibt sich durch die Anwendung der Varianzrechenregeln (Gleichungen (6) und (7) in Kap. 2.3.2.) und unter Berücksichtigung der Annahmen über die Residuen (Homoskedastizität und fehlende Autokorrelation) das folgende Ergebnis:

$$(9) \quad Var(\Delta\varepsilon_t) = Var(\varepsilon_t) + (-1)^2 Var(\varepsilon_{t-1}) = \sigma^2 + \sigma^2 = 2\sigma^2$$

Durch die Differenzenbildung hat sich also die Varianz des Störterms verdoppelt. Das Modell beinhaltet jetzt also mehr Unsicherheit. Ein weiteres Problem wird sichtbar, wenn man die *differenzierten* Residuen im Zeitablauf betrachtet. Im Folgenden sind stellvertretend für alle Residuen (t = 1, ..., n) die Residuen zu den Zeitpunkten t, t-1 und t-2 dargestellt:

(10) $\Delta\varepsilon_t = \varepsilon_t - \varepsilon_{t\text{-}1}$
$\Delta\varepsilon_{t\text{-}1} = \varepsilon_{t\text{-}1} - \varepsilon_{t\text{-}2}$
$\Delta\varepsilon_{t\text{-}2} = \varepsilon_{t\text{-}2} - \varepsilon_{t\text{-}3}$

Das Residuum $\varepsilon_{t\text{-}1}$ (vgl. Gleichungen (10)) ist sowohl in dem (Differenzen-)Residuum $\Delta\varepsilon_{t\text{-}1}$ als auch in $\Delta\varepsilon_t$ enthalten. Analog beinhalten $\Delta\varepsilon_{t\text{-}1}$ und $\Delta\varepsilon_{t\text{-}2}$ beide das Residuum $\varepsilon_{t\text{-}2}$. Dieses gemeinsame Element, also die Verbindung zweier aufeinander folgender Differenzen-Residuen, führt zu Autokorrelationen in den neuen, differenzierten Residuen. Durch die Differenzenbildung werden also die *„white noise“*-Eigenschaften der ursprünglichen Residuen zerstört.

Beim Vorliegen eines linearen Zeittrends ist die Differenzenbildung weniger zur Beseitigung des Trends geeignet. Vielmehr sollte man den Trend mittels des oben beschriebenen Verfahrens nach (3) aus den Zeitreihen eliminieren und anschließend mit den „trendfreien“ Residuen die Regressionsanalyse durchführen.

7.1.3. Verstoß gegen die Stationaritätseigenschaft durch stochastische Trends

Von dem in Kap. 7.1.2. beschriebenen deterministischen Trend ist der sog. *stochastische Trend* zu unterscheiden. Dazu wird nachfolgend eine Zeitreihe als *Realisationen* einer *Folge von Zufallsvariablen* aufgefasst. Ein sehr einfacher Prozess, der jedoch für eine Vermittlung von zeitreihenanalytischen Grundlagen sehr geeignet ist, ist der *autoregressive Prozess erster Ordnung (AR(1)-Prozess)*. Dieser Prozess, den man auch als *Markov-Prozess* bezeichnet, ist wie folgt definiert:

(1) $y_t = \beta_1 y_{t-1} + \varepsilon_t \quad \text{mit } |\beta_1| < 1$

mit: $E(\varepsilon_t) = 0$
$Var(\varepsilon_t) = E(\varepsilon_t^2) = \sigma^2$
$Cov(\varepsilon_t,\varepsilon_{t\text{-}j}) = E(\varepsilon_t\varepsilon_{t\text{-}j}) = 0 \qquad \text{für alle } j \neq 0$

Nach diesem Prozess entspricht der aktuelle Zeitreihenwert der Summe aus dem mit dem Koeffizienten β_1 gewichteten Wert der Vorperiode und dem Störterm ε_t. Der Koeffizient β_1 muss dabei definitionsgemäß dem Betrage nach kleiner als eins sein. Für den Störterm gelten die klassischen „white noise“-Eigenschaften, also ein Erwartungswert von null, eine konstante Varianz und keine Autokorrelation (vgl. Kap. 3.1.6.). Ein solcher Prozess erfüllt die Eigenschaft der schwachen Stationarität (vgl. Kap. 3.1.2.). Der Markov-Prozess besitzt also einen konstanten Mittelwert, eine konstante Varianz und eine Autokovarianz, die nicht vom Zeitindex t abhängig ist.

In einem nächsten Schritt soll nun der Fall betrachtet werden, bei dem der Koeffizient β_1 exakt den Wert eins annimmt. Unter dieser Voraussetzung sieht die Gleichung (1) jetzt wie folgt aus:

(2) $y_t = y_{t-1} + \varepsilon_t$

Ein Prozess dieser Form wurde bereits in Kapitel 3.1.6. beschrieben. Es handelt sich hierbei um den *Random-Walk* in der *orthodoxen* Form. Die Abbildungen 7.1.3.-1. bis 7.1.3.-3. zeigen drei Random-Walks, die künstlich erzeugt wurden und jeweils 100 Datenpunkte umfassen. Der Startwert y_0 wurde dabei willkürlich auf den Wert null gesetzt. Die Residuen sind normalverteilt mit einem Mittelwert von null und einer konstanten Varianz von eins.

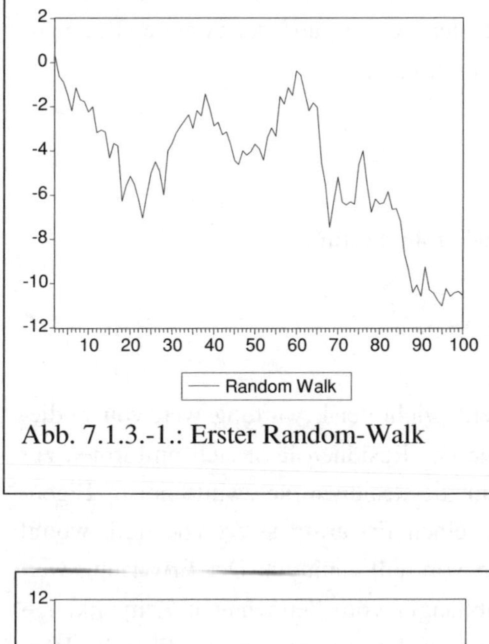

Abb. 7.1.3.-1.: Erster Random-Walk

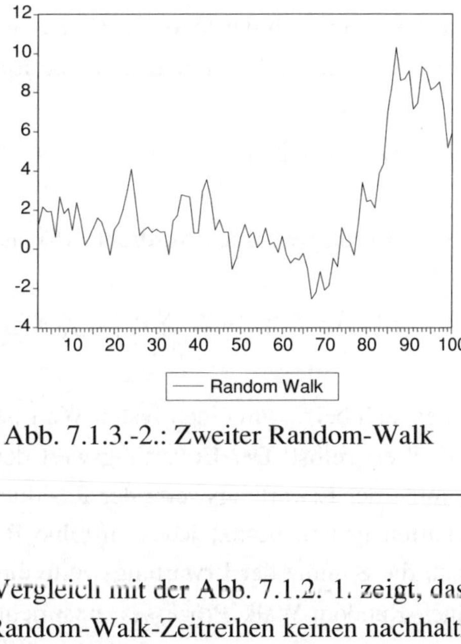

Abb. 7.1.3.-2.: Zweiter Random-Walk

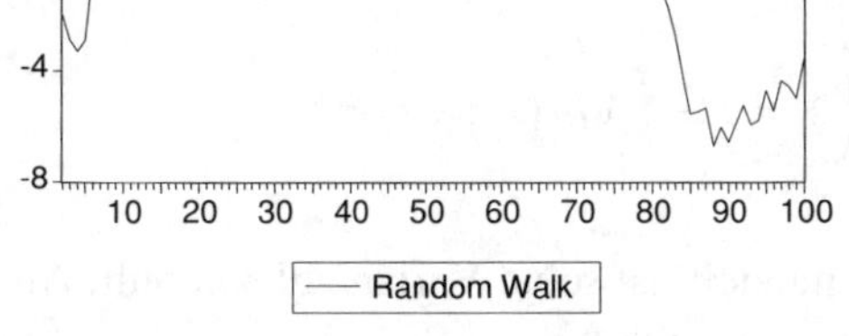

Abb. 7.1.3.-3.: Dritter Random-Walk

Ein Vergleich mit der Abb. 7.1.2. 1. zeigt, dass die Random-Walk-Zeitreihen keinen nachhaltigen linearen Anstieg aufweisen wie die Zeitreihe mit dem deterministischen Trend. Bei einer Zeitreihe mit einem deterministischen Trend ist der Verstoß gegen die Eigenschaft der Mittelwertstationarität (und somit gegen die Eigenschaft der schwachen Stationarität) unmittelbar ersichtlich. Bei den Random-Walk-Zeitreihen ist dies nicht so offensichtlich. Insofern erscheint hier eine formale Analyse der Stationaritätseigenschaften notwendig.

Im Folgenden sollen der Mittelwert, die Varianz und die Kovarianz eines Random-Walk-Prozesses bestimmt werden. Dabei handelt es sich ausschließlich um eine Anwendung der in 2.3. beschriebenen Rechenregeln über den Erwartungswert, die Varianz und die Kovarianz. Der in Gleichung (2) dargestellte Zusammenhang lässt sich weiter vereinfachen, indem y_{t-1} analog zu y_t dargestellt wird:

(3) $$y_{t-1} = y_{t-2} + \varepsilon_{t-1}$$

Setzt man die Gleichung (3) in die Gleichung (2) ein, so ergibt sich der folgende Ausdruck:

(4) $$y_t = y_{t-1} + \varepsilon_t = \left(y_{t-2} + \varepsilon_{t-1}\right) + \varepsilon_t = y_{t-2} + \varepsilon_{t-1} + \varepsilon_t$$

Dieses schrittweise Ersetzen kann bis zum Anfang des Prozesses fortgeführt werden. In diesem Fall setzt sich der aktuelle Wert y_t aus dem ersten Wert y_0 und der Summe aller Störterme, vom Ersten bis zum aktuellen Zeitpunkt t, zusammen:

(5) $$y_t = y_0 + \sum_{i=1}^{t} \varepsilon_i$$

Der Erwartungswert des Ausdrucks (5) lässt sich wie folgt bestimmen:

(6) $$E(y_t) = E(y_0) + E\left(\sum_{i=1}^{t} \varepsilon_i\right) = y_0 + \sum_{i=1}^{t} E(\varepsilon_i) = y_0$$

Da es sich bei y_0 um einen festen Wert handelt, entspricht der Erwartungswert von y_0 diesem Wert selbst. Der Erwartungswert der Summe der Residuen lässt sich umformen zur Summe der Erwartungswerte der Residuen. Da für die Residuen die „white noise"-Eigenschaften gelten, besitzt jedes einzelne Residuum einen Erwartungswert von null, womit auch die Summe der Erwartungswerte einen Wert von null annimmt. Der Erwartungswert eines Random-Walk Prozesses entspricht – unabhängig vom betrachteten Zeitpunkt t – immer seinem Startwert y_0. Auf Grund des konstanten Erwartungswertes erfüllt der Random-Walk Prozess die Eigenschaft der Mittelwertstationarität.

Die Varianz eines Random-Walk Prozesses ergibt sich durch eine konsequente Anwendung der Varianzrechenregeln auf die Random-Walk Definition in Gleichung (5):

(7) $$Var(y_t) = Var\left(y_0 + \sum_{i=1}^{t} \varepsilon_t\right) = Var(y_0) + Var\left(\sum_{i=1}^{t} \varepsilon_i\right) = \sum_{i=1}^{t} Var(\varepsilon_i) = t \cdot \sigma^2$$

Da es sich beim Startwert y_0 um eine feste Größe handelt, ist seine Varianz gleich null. Auf Grund der fehlenden Autokorrelation der Residuen („white noise"-Annahme), entspricht die Varianz der Summe der Residuen zu gleich der Summe der einzelnen Varianzen, wobei die Varianzen für alle Residuen konstant σ^2 sind (Homoskedastizitätsannahme). Aus diesem Grunde lässt sich die Summe der einzelnen Varianzen als $t \cdot \sigma^2$ darstellen. Die Varianz eines Random-Walks ist also nicht konstant und unabhängig vom Zeitindex t, sondern wächst im Zeitablauf. Lässt man den Zeitindex t gegen unendlich laufen, so wächst auch die Varianz ins Unendliche. Ein Random-Walk Prozess erfüllt somit nicht die Eigenschaften der Varianzstationarität. Dementsprechend handelt es sich beim Random-Walk auch um keine schwach stationäre Zeitreihe.

Da der Random-Walk die Eigenschaft der Varianzstationarität und somit die Eigenschaft schwachen Stationarität nicht erfüllt, soll auf die Überprüfung der Kovarianzstationarität verzichtet werden. Mit einigen wenigen Umformungen lässt sich jedoch auf einfache Weise zeigen, dass der Random-Walk auch gegen diese Eigenschaft verstößt [siehe beispielsweise ECKEY/KOSFELD/DREGER (1995), S. 201)].

Der Random-Walk weist einen sog. *stochastischen Trend* auf. Die Probleme, die sich bei der Verwendung von Random-Walk-Zeitreihen im Rahmen einer Regressionsanalyse ergeben, wurden bereits in Kap. 7.1.1. erläutert. Analog zum Vorgehen bei einem deterministischen Trend stellt sich auch bei einem stochastischen Trend die Frage, wie er sich beseitigen lässt. Hierzu sei nochmals die Definition eines Random-Walks (siehe Gleichung (2)) betrachtet:

(8) $y_t = y_{t-1} + \varepsilon_t$

Bildet man die ersten Differenzen, d.h. zieht man den Wert y_{t-1} auf beiden Seiten von (8) ab, so resultiert folgende Zeitreihe:

(9) $\Delta y_t = y_t - y_{t-1} = \varepsilon_t$

Die Differenzenreihe entspricht somit der Zeitreihe der einzelnen Residuen ε_t, die per Annahme einen konstanten Erwartungswert von null, eine konstante Varianz sowie fehlende Autokorrelationen aufweisen (d.h. die Autokovarianzen zu verschiedenen Lags sind konstant null). Somit wurde eine Zeitreihe erzeugt, welche die Eigenschaften der schwachen Stationarität erfüllt. Die einmalige Bildung von Differenzen ist also geeignet, um eine Zeitreihe mit einem stochastischen Trend (Random-Walk) in eine schwach stationäre Zeitreihe überzuführen.

Abschließend stellt sich jedoch noch die Frage, welche Konsequenzen sich ergeben, wenn bei einem autoregressiven Prozess erster Ordnung (vgl. Gleichung(1)) der Koeffizient β_1 betragsmäßig größer als eins ist. Die beiden Abbildungen 7.1.3.-4. und 7.1.3.-5. zeigen zwei AR(1)-Prozesse, wobei β_1 einmal gleich −1.2 und einmal +1.2 gesetzt wurde.

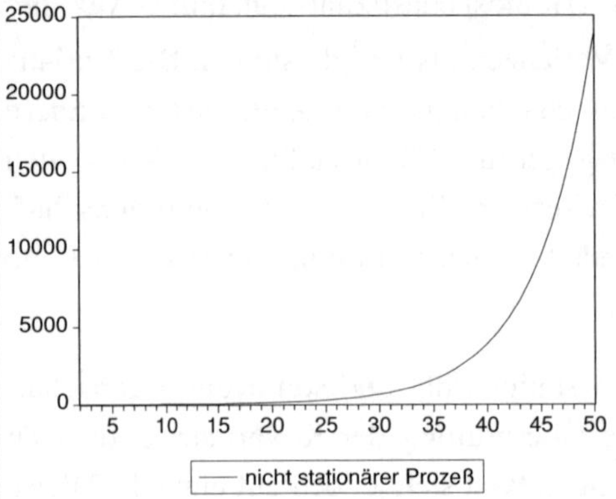

Abb. 7.1.3.-4.: Nicht stationärer Prozess ($\beta_1 = 1.2$)

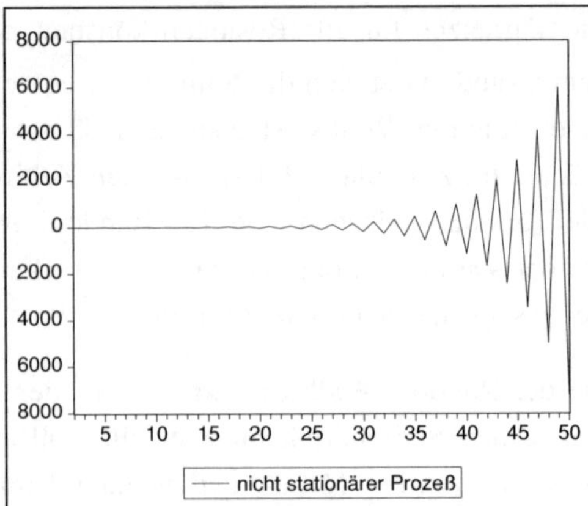

Abb. 7.1.3.-5.: Nicht stationärer Prozess ($\beta_1 = -1.2$)

Die Grafiken zeigen, wie die Prozesse in diesem Fall sehr schnell ins Unendliche wachsen. Derartige Prozesse sind nicht geeignet, reale makroökonomische Zeitreihen und Finanzmarktreihen zu beschreiben. Insofern werden sie nicht weiter betrachtet.

7.1.4. Überprüfung der Stationaritätseigenschaft

In der volkswirtschaftlichen und ökonometrischen Literatur werden Diskussionen geführt, ob es sich bei den makroökonomischen und finanzwirtschaftlichen Zeitreihen überwiegend um Random-Walks oder eher um stationäre Prozesse handelt. Insofern ist für die praktische Arbeit insbesondere der stochastische Trend von zentraler Bedeutung. Dabei kann eine Random-Walk-Zeitreihe durch einmalige Differenzenbildung in eine stationäre Zeitreihe übergeführt werden. Man bezeichnet solche Zeitreihen, die durch eine einmalige Differenzenbildung in eine stationäre Reihe umgewandelt werden können, als *integriert vom Grade eins,* oder kürzer, als *I*(1)*-Reihen*. Analog bezeichnet man eine Zeitreihe als *integriert vom Grade d* bzw. *I(d)*, wenn eine *d*-malige Differenzenbildung erforderlich ist, damit sie schwach stationär wird.[110] Ein Hypothesentest, mit dem der Integrationsgrad einer Zeitreihe überprüft werden kann, ist der *Dickey-Fuller-Test.*[111] Bei diesem Test werden die beiden folgenden Hypothesen gegeneinander getestet:

H_0: Nichtstationarität gegen H_1: Stationarität

Den Ausgangspunkt zur Durchführung des Hypothesentests bildet die Gleichung eines autoregressiven Prozesses erster Ordnung:

---

110 Vgl. hierzu das Kap. 3.1.2.

111 In der Literatur werden diese Hypothesentests auch unter der Bezeichnung *Einheitswurzeltests („unit root tests")* diskutiert.

(1) $y_t = \beta_1 y_{t-1} + \varepsilon_t$

Ist der Koeffizient nicht kleiner als eins, so handelt es sich bei der Zeitreihe vermutlich um einen Random-Walk, also um eine nichtstationäre Zeitreihe. Der Koeffizient könnte zwar (zumindest theoretisch) auch größer als eins sein. Wie jedoch in dem vorangegangenen Kapitel gezeigt wurde, dürfte dieser Fall bei realen makroökonomischen oder finanzwirtschaftlichen Zeitreihen kaum von Bedeutung sein. Sollte der Koeffizient jedoch eindeutig kleiner als eins sein, so handelt es sich um einen Markov-Prozess, der die Eigenschaft der schwachen Stationarität erfüllt (vgl. Kap. 7.1.3.). Mit Hilfe dieses Sachverhalts kann nun die oben aufgeführte Nullhypothese H_0 und die Alternativhypothese H_1 wie folgt konkretisiert werden:

H_0: $\beta_1 = 1$ (Nichtstationarität) gegen H_1: $\beta_1 < 1$ (Stationarität)

Zur Durchführung des Dickey-Fuller-Tests wird die Gleichung (1) umgeformt, indem von der Gleichung auf beiden Seiten y_{t-1} abgezogen wird:

(2) $y_t - y_{t-1} = \beta_1 y_{t-1} - y_{t-1} + \varepsilon_t$

Die einzelnen Glieder können dabei wie folgt zusammengefasst werden:

(3) $\Delta y_t = (\beta_1 - 1) y_{t-1} + \varepsilon_t$

Definiert man $\delta = (\beta_1\text{-}1)$, so resultiert die folgende Regressionsgleichung, die als Ausgangsbasis für den Dickey-Fuller-Test dient:

(4) $\Delta y_t = \delta y_{t-1} + \varepsilon_t$

Führt man den Dickey-Fuller-Test mit Hilfe dieser Gleichung durch, so lauten jetzt die entsprechenden Hypothesen H_0 und H_1 wie folgt:

H_0: $\delta = 0$ (Nichtstationarität) gegen H_1: $\delta < 0$ (Stationarität)

Zur Durchführung des Tests wird Gleichung (4) als gewöhnliches Regressionsmodell aufgefasst und der Parameter δ mittels einer OLS-Schätzung bestimmt. Zur Überprüfung, ob nun der geschätzte Koeffizient signifikant kleiner als null ist, wird der gewöhnliche t-Wert (OLS-Koeffizient dividiert durch seinen Standardfehler) berechnet. Entgegen dem gewöhnlichen Regressionsmodell folgen diese Werte unter H_0 jedoch nicht der t-Verteilung. Im Falle von H_0 (sofern die originäre Zeitreihe $I(1)$ ist) wird nämlich eine stationäre Zeitreihe (Δy_t) auf eine nichtstationäre Reihe (y_{t-1}) regressiert.[112] Aus diesem Grunde können beim Dickey-Fuller-Test nicht die kritischen Werte mit Hilfe der t-Verteilung bestimmt werden, sondern es sind eigene kritische Werte, die von DICKEY/FULLER mittels Monte Carlo Simulationen ermittelt wurden, heranzuziehen. Diese kritischen Werte von DICKEY/FULLER sind im Anhang 2 (Tab. A.2.-7., A.2.-8., A.2.-9.) tabellarisch aufgeführt. Wie ein Blick auf die Tabellen zeigt, handelt es sich bei den kritischen Werten ausschließlich um negative Werte.

Ist nun der ermittelte t-Wert des geschätzten Regressionskoeffizienten kleiner (d.h. stärker negativ) als der entsprechende kritische Wert aus der Tabelle, so ist die Hypothese H_1 signifikant. Unter Berücksichtigung der vorgegebenen Irrtumswahrscheinlichkeit α ist die überprüfte Zeitreihe dann als stationär (also $I(0)$) anzusehen.

Ist der ermittelte t-Wert nicht kleiner als der kritische Wert, so wird eine einmalige Differenzenbildung vorgenommen und das Regressionsmodell nochmals geschätzt. Die Regressionsgleichung (4) sieht in diesem Fall nun wie folgt aus:

(5) $$\Delta^2 y_t = \delta \Delta y_{t-1} + \varepsilon_t$$

Von dem geschätzten Regressionskoeffizienten wird wieder die t-Statistik berechnet und mit dem entsprechenden kritischen Wert aus der Tabelle von DICKEY/FULLER verglichen. Ist der t-Wert jetzt kleiner als der kritische Wert aus der Tabelle, so konnte die Zeitreihe durch einmalige Differenzenbildung in eine stationäre Zeitreihe übergeführt werden. Bei der originären Reihe handelt es sich also um einen Random-Walk, der (auf Grund der einmaligen Differenzenbildung) auch als $I(1)$-Reihe bezeichnet wird. Konnte die Nullhypothese H_0 jedoch abermals nicht abgelehnt werden (d.h. der t-Wert ist größer als der kritische Wert aus der Tabelle), so ist eine erneute Differenzenbildung vorzunehmen und das Verfahren abermals zu wiederholen. Ist nun nach d Differenzenbildungen der t-Wert kleiner als der kritische Wert aus der Tabelle, so wird das Verfahren beendet. Unter Berücksichtigung der vorgegebenen Irrtumswahrscheinlichkeit α kann nun davon ausgegangen werden, dass die d-mal differenzierte Zeitreihe jetzt schwach stationär ist. Die Zeitreihe wird in diesem Fall als integriert vom Grade d, oder kurz als $I(d)$, bezeichnet.

Für den Dickey-Fuller-Test existieren drei Tabellen mit kritischen Werten, die mit „ohne Konstante/ohne Trend“, „mit Konstante/ohne Trend“ und „mit Konstante/mit Trend“ beschriftet sind (vgl. Anhang 2). Dies ist darauf zurückzuführen, dass der Dickey-Fuller-Test letztendlich mit drei unterschiedlichen Regressionsmodellen durchgeführt werden kann:

112 Es werden also Reihen mit einem unterschiedlichen Integrationsgrad aufeinander regressiert.

(6) $\Delta y_t = \delta y_{t-1} + \varepsilon_t$

(7) $\Delta y_t = \beta_0 + \delta y_{t-1} + \varepsilon_t$

(8) $\Delta y_t = \beta_0 + \delta y_{t-1} + \beta_2 t + \varepsilon_t$

Die Gleichung (6) entspricht jener Form, die bereits oben erläutert wurde. In diesem Fall sind die kritischen Werte der Tabelle „ohne Konstante/ohne Trend" zu verwenden. Wurde der Dickey-Fuller-Test mit der Regressionsgleichung (7) durchgeführt, also mit der Regressionskonstanten β_0, so sind die kritischen Werte der Tabelle „mit Konstante/ohne Trend" relevant. Analog ist die Tabelle „mit Konstante/mit Trend" dann anzuwenden, wenn der Dickey-Fuller-Test mit einer Konstanten und einem Zeittrend in der Regressionsgleichung durchgeführt wurde. Dies entspricht der Gleichung (8).

Welche Form des Regressionsmodells nun für den Dickey-Fuller-Test verwendet werden sollte, hängt vom tatsächlichen Datengenerierungsprozess ab. Leider ist der tatsächliche Datengenerierungsprozess jedoch unbekannt. In praktischen Anwendungen wird das Problem im Regelfall so gelöst, dass die Auswahl des verwendeten Modells (Gleichung (6), (7) oder (8)) auf einer grafischen Analyse der Zeitreihe und auf theoretischen Überlegungen beruht. Bei der Analyse einer Renditereihe würde Gleichung (8) beispielsweise unterstellen, dass die periodenbezogene Rendite systematisch im Zeitablauf wächst. Dies steht jedoch nicht mit der Kapitalmarkttheorie in Einklang und würde auch jeglicher praktischer Erfahrung widersprechen. Wie in Kap. 5.7.1. erläutert wurde, ergibt sich nach dem CAPM die erwartete Rendite eines Wertpapiers als die Summe aus dem risikolosen Zins plus einem Risikozuschlag, bei dem das systematische Risiko vergütet wird. Demnach existiert eine Gleichgewichtsrendite, mit der sich auch der Random-Walk in der Submartingale-Form begründen lässt.[113] In diesem Fall stellt die Gleichung (7) das adäquate Modell dar, wobei die Regressionskonstante β_0 der Gleichgewichtsrendite entspricht.[114] Aus theoretischer Sicht würde also Gleichung (7) die Aktienrenditen adäquat beschreiben. Bei Zins- und Währungszeitreihen könnte man aus theoretischer Sicht vielleicht dahin tendieren, die Gleichung (6) zu verwenden. Wie jedoch in Kapitel 5.4. gezeigt wurde, stellt die Regressionskonstante einen Mittelwert der OLS-Residuen von null sicher. Wird gegen diese Eigenschaft verstoßen, so sind die berechneten Standardfehler und somit die ermittelten *t*-Werte nicht mehr valide (siehe Kap. 5.5.1.). Da der Dickey-Fuller-Test auf einer Auswertung der *t*-Statistik basiert, sollte man – falls man die Gleichung (6) zu Grunde legt – explizit überprüfen, ob die OLS-Residuen einen Mittelwert von null aufweisen. Hinsichtlich

113 Vgl. hierzu Kap. 3.1.6.; vgl. auch PERRIDON/STEINER (1999), S. 215.

114 Für den Fall $\delta = 0$ entspricht Gleichung (7) dem Random-Walk-Modell in der Submartingale-Form. Die erwartete Rendite entspricht in diesem Fall der Gleichgewichtsrendite (gemäß CAPM). Vgl. PERRIDON/STEINER (1999), S. 215.

einer tiefer gehenden Diskussion über die Auswahl des adäquaten Modells zur Durchführung des Dickey-Fuller-Tests sei auf die Literatur verwiesen.[115]

Der Dickey-Fuller-Test basiert auf einer Auswertung der *t*-Statistik.[116] Die berechneten Standardfehler und somit die ermittelten *t*-Werte sind jedoch nur dann valide, wenn die Residuen die „white noise"-Eigenschaften (Erwartungswert von null, fehlende Autokorrelation, Homoskedastizität) erfüllen (vgl. Kap. 5.5.1.). Die geschätzten OLS-Residuen weisen dann einen Mittelwert von null auf, wenn das Regressionsmodell – wie in Gleichung (7) und (8) – eine Regressionskonstante beinhaltet. In PHILLIPS (1987) wird ferner gezeigt, dass ein Verstoß gegen die Homoskedastizitätsannahme bei der Durchführung des Dickey-Fuller-Tests nicht problematisch ist [siehe auch MCKINNON (1991), S. 270]. Insofern verbleibt lediglich noch das Problem der Autokorrelation der Residuen.

Um das Problem möglicherweise autokorrelierter Residuen bei den Gleichungen (6), (7) und (8) zu beseitigen, wird die Anwendung des *Augmented Dickey-Fuller-Tests (ADF-Test)* empfohlen. Beim ADF-Test werden bei den oben aufgeführten Gleichungen (6), (7) und (8) *endogene Variablen verzögert* als weitere Regressoren aufgenommen. Die zu den Gleichungen (6), (7) und (8) analogen ADF-Gleichungen sehen also wie folgt aus:

$$(9) \quad \Delta y_t = \delta y_{t-1} + \sum_{j=1}^{m} \gamma_j \Delta y_{t-j} + \varepsilon_t$$

$$(10) \quad \Delta y_t = \beta_0 + \delta y_{t-1} + \sum_{j=1}^{m} \gamma_j \Delta y_{t-j} + \varepsilon_t$$

$$(11) \quad \Delta y_t = \beta_0 + \delta y_{t-1} + \beta_2 t + \sum_{j=1}^{m} \gamma_j \Delta y_{t-j} + \varepsilon_t$$

Die endogene Variable Δy_t wird also um jeweils $j = 1, ..., m$ Zeiteinheiten verzögert, wobei insgesamt m weitere Variablen Δy_{t-j} ($j = 1, ..., m$) entstehen. Diese m neuen Variablen werden als Regressoren in die jeweiligen Regressionsgleichungen aufgenommen. Mit γ_j ($j = 1, ..., m$) werden die entsprechenden Regressionskoeffizienten bezeichnet. Dabei stellt sich die Frage, wie viele solcher verzögerten endogenen Variablen aufzunehmen sind. Diese Frage lässt sich durch den Zweck beantworten, den diese m verzögerten endogenen Variablen erfüllen sollen. Das ausschließliche Ziel der Aufnahme von verzögerten endogenen Variablen besteht darin, die ggf. vorliegende Autokorrelation in den Residuen zu beseitigen. Insofern sind exakt so viele verzögerte endogene Variablen als Regressoren aufzunehmen, bis die Residuen frei von Autokorrelation sind. Sind die Residuen nicht mehr autokorreliert, so ist der *t*-Wert des Regressors δ valide und kann im Rahmen der Durchführung des Hypothesentests mit dem entsprechenden kritischen Wert verglichen werden. Bei der

115 Diese Problematik wird beispielsweise sehr anschaulich in ENDERS (1995), S. 254ff. behandelt.

116 Analog lässt sich auch die *F*-Statistik auswerten, was hier jedoch nicht erfolgt. Vgl. hierzu beispielsweise ENDERS (1995), S. 222ff. sowie die dort angegebene Literatur.

Durchführung des Tests ist es sinnvoll, zunächst die DF-Gleichungen (6), (7) oder (8) zu schätzen. Sind die hieraus resultierenden OLS-Residuen bereits frei von Autokorrelation, so ist die Anwendung des ADF-Tests, also die Schätzung der Gleichungen (9), (10) oder (11), nicht mehr erforderlich. Zur Überprüfung der Autokorrelation kann dabei der Durbin-Watson-Test angewandt werden, der in Kap. 6.4.2.2. erläutert wurde.

Durch die Aufnahme der verzögerten endogenen Variablen als Regressoren ergeben sich im Übrigen keine weiteren Konsequenzen. Der DF- und der ADF-Test werden (bis auf den oben erläuterten Unterschied) völlig identisch durchgeführt. Auch die kritischen Werte sind für beide Tests identisch.

7.2. Fallstudie: Überprüfung der Stationarität der Variablen des Marktmodells

In der folgenden Fallstudie werden die Zeitreihen des in Kap. 5.7. entwickelten Marktmodells nachträglich darauf überprüft, ob sie die Stationaritätseigenschaften erfüllen. Die Einhaltung der Stationaritätseigenschaft sämtlicher Zeitreihen ist eine zentrale Voraussetzung für die Anwendung der Regressionsanalyse. Die Zeitreihen des Marktmodells werden erst an dieser Stelle hinsichtlich der Stationaritätseigenschaft untersucht, da der DF- bzw. ADF-Test aus didaktischen Gründen erst in diesem Kap. 7. behandelt wurde. Bei einer korrekten Vorgehensweise sollte man den DF- bzw. ADF-Test jedoch gleich zu Beginn der Modellentwicklung durchführen. Sämtliche Zeitreihen, die für die Modellentwicklung in Betracht gezogen werden, sind gleich zu Beginn auf ihren Integrationsgrad hin zu überprüfen und ggf. in schwach stationäre Zeitreihen zu überführen. Erst anschließend sollte man mit den weiteren Aktivitäten fortfahren.

Im Folgenden werden also die Zeitreihen *DAX* und *BASF* nachträglich auf ihren Integrationsgrad mit Hilfe des DF- bzw. ADF-Tests überprüft. Zur Überprüfung wird die Ökonometriesoftware EViews eingesetzt. Es werden die Daten des Zeitraums 01.01.1997 bis 30.12.1997 herangezogen.

Bei dem Softwarepaket EViews können sämtliche Optionen und Wahlmöglichkeiten des DF- bzw. ADF-Tests per Menüauswahl angegeben werden. In einem ersten Schritt wird die *Kurszeitreihe* des *DAX* dem Test unterworfen. Auf Grund theoretischer Überlegungen und einer visuellen Analyse der Zeitreihe wird der Test mit einer Regressionskonstanten, aber ohne Zeittrendkomponente durchgeführt. Darüber hinaus werden in einem ersten Schritt keine verzögerten endogenen Variablen aufgenommen. Es wird also zunächst der DF-Test durchgeführt. Konkret wird die Gleichung (7) aus Kap. 7.1.4. geschätzt. Die Abb. 7.2.-1. zeigt den Output von EViews.

```
ADF Test Statistic    -1.615781      1%   Critical Value*        -3.4572
                                     5%   Critical Value         -2.8728
                                     10% Critical Value          -2.5727

*MacKinnon critical values for rejection of hypothesis of a unit root.
------------------------------------------------------------------------


Augmented Dickey-Fuller Test Equation
LS // Dependent Variable is D(DAX)
Date: 09/27/98   Time: 14:07
Sample(adjusted): 2 260
Included observations: 259 after adjusting endpoints
------------------------------------------------------------------------
Variable   Coefficient      Std. Error       t-Statistic      Prob.
------------------------------------------------------------------------
DAX(-1)    -0.013621        0.008430         -1.615781        0.1074
C           55.86921        31.52683          1.772117        0.0776
------------------------------------------------------------------------
R-squared              0.010056      Mean dependent var          5.254826
Adjusted R-squared     0.006204      S.D. dependent var          57.49319
S.E. of regression     57.31456      Akaike info criterion       8.104801
Sum squared resid      844234.4      Schwarz criterion           8.132267
Log likelihood        -1415.077      F-statistic                 2.610748
Durbin-Watson stat     2.050520      Prob(F-statistic)           0.107369
------------------------------------------------------------------------
```

Abb. 7.2.-1.: Durchführung des DF-/ADF-Tests

In dem oberen Abschnitt der Abb. 7.2.-1. sind die ADF-Teststatistik und die kritischen Werte zu den Niveaus 1%, 5% und 10% angegeben.[117] Bei dem Wert der ADF-Teststatistik (–1.615781) handelt es sich um den *t*-Wert der Variablen *DAX(–1)* (siehe Spalte *t-Statistic*). Wie in Abschnitt 7.1.4. erläutert wurde, würde man sich dann für die Aussage „H_1 ist signifikant" (also „schwach stationäre Zeitreihe") entscheiden, wenn die Teststatistik kleiner als der kritische Wert mit dem entsprechenden Signifikanzniveau ist. Da die angegebene Teststatistik nicht einmal kleiner als der kritische Wert bei einer Irrtumswahrscheinlichkeit von 10% (–2.5727) ist, kann die Nullhypothese „keine schwach stationäre Zeitreihe" nicht signifikant abgelehnt werden. Die Teststatistik und somit die Durchführung des Tests ist aber nur dann valide, wenn die Residuen nicht autokorreliert sind. Die Durbin-Watson-Teststatistik weist einen Wert von 2.0505 auf, der relativ nahe bei dem optimalen Wert von 2.0 liegt. Insofern erscheint die Durchführung des Tests und somit das erzielte Resultat als valide. Die Aufnahme von verzögerten endogenen Variablen als zusätzliche Regressoren erscheint nicht notwendig. Das vorliegende Ergebnis spricht also hinsichtlich der Indexreihe des *DAX* für eine nicht schwach stationäre Zeitreihe. Der *DAX* besitzt vermutlich keinen Integrationsgrad von null.

---

117 Die Software EViews bezeichnet die Teststatistik immer als *„ADF-Teststatistik"*. Da der Test hier jedoch ohne verzögerte endogene Variablen durchgeführt wurde, handelt es sich bei dem hier angegebenen Testwert streng genommen um eine *„DF-Teststatistik"*.

In einem nächsten Schritt wird eine einmalige Differenzenbildung bei der Kurszeitreihe vorgenommen und der DF-Test (also zunächst ohne verzögerte endogenen Variablen) auf dieser neuen Zeitreihe wiederholt. In Kap. 7.1.4. ist dieser Schritt bei dem Übergang von Gleichung (4) auf Gleichung (5) beschrieben. Die folgende Abb. 7.2.-2. zeigt den Output von EViews.

```
ADF Test Statistic    -16.50932      1%   Critical Value*          -3.4573
                                     5%   Critical Value           -2.8728
                                     10% Critical Value            -2.5727

*MacKinnon critical values for rejection of hypothesis of a unit root.
-----------------------------------------------------------------------


Augmented Dickey-Fuller Test Equation
LS // Dependent Variable is D(DAX,2)
Date: 09/27/98   Time: 14:49
Sample(adjusted): 3 260
Included observations: 258 after adjusting endpoints
------------------------------------------------------------------------
Variable          Coefficient       Std. Error       t-Statistic      Prob.
------------------------------------------------------------------------
D(DAX(-1))        -1.031429          0.062476        -16.50932        0.0000
C                  5.589342          3.601204         1.552076        0.1219
------------------------------------------------------------------------
R-squared                0.515663     Mean dependent var            0.357518
Adjusted R-squared       0.513771     S.D. dependent var            82.63215
S.E. of regression       57.61950     Akaike info criterion         8.115444
Sum squared resid        849921.7     Schwarz criterion             8.142986
Log likelihood          -1410.978     F-statistic                   272.5575
Durbin-Watson stat       2.003115     Prob(F-statistic)             0.000000
------------------------------------------------------------------------
```

Abb. 7.2.-2.: Durchführung des DF-/ADF-Tests

Der Durbin-Watson-Koeffizient (2.0031) liegt nahe bei dem Wert 2, also jenem Wert, bei dem die OLS-Residuen nicht autokorreliert (in der ersten Ordnung) sind. Die Teststatistik ist somit valide und kann zur Durchführung des Hypothesentests herangezogen werden. Ein Vergleich der Teststatistik mit den kritischen Werten zu den unterschiedlichen Signifikanzniveaus zeigt, dass die Nullhypothese „keine schwach stationäre Zeitreihe" sogar auf einem Niveau von 1% signifikant abgelehnt werden kann. Der Wert der Teststatistik ist mit -16.50932 eindeutig kleiner als der kritische Wert bei einer Irrtumswahrscheinlichkeit von 1% (–3.4573). Da der *DAX* durch eine einmalige Differenzenbildung in eine schwach stationäre Zeitreihe überführt werden konnte, kann die Zeitreihe in dem Zeitraum 01.01.1997 bis 30.12.1997 als integriert vom Grade 1 (kurz: $I(1)$-Zeitreihe) bezeichnet werden.

Auf die gleiche Weise wurde auch die Zeitreihe *BASF* (Aktienkurse der BASF-Aktie im Zeitraum 01.01.1997 bis 30.12.1997) auf ihren Integrationsgrad hin überprüft. Dabei wurde das Regressionsmodell mit Regressionskonstante, jedoch ohne Zeittrend verwendet. Dies entspricht der Gleichung (7) bzw. der Gleichung (10) in Kap. 7.1.4. Auch bei der *BASF*-

Zeitreihe wurde zunächst der DF-Test, also ohne verzögerte endogenen Variablen, durchgeführt. Da der Durbin-Watson-Koeffizient einen Wert von 2.137 aufwies, wurde anschließend der ADF-Test durchgeführt. Mit der Aufnahme einer verzögerten endogenen Variablen wurde ein Durbin-Watson-Wert von 2.011 erreicht. Eine Aufnahme von weiteren endogenen Variablen erschien deshalb nicht notwendig. Da der erzielte Prüfgrößenwert von -2.817 bei einer Irrtumswahrscheinlichkeit von 5% nicht kleiner als der entsprechende kritische Wert von -2.872 war, konnte die Nullhypothese „keine schwach stationäre Zeitreihe" nicht abgelehnt werden. Anschließend wurde eine einmalige Differenzenbildung vorgenommen und der Test wiederholt. Da der Durbin-Watson-Koeffizient bereits ohne verzögerte endogenen Variablen signifikant war, mussten diesmal keine verzögerten endogene Variablen aufgenommen werden. Der jetzt erzielte Prüfgrößenwert von -17.777 war dabei sogar zum 1%-Niveau signifikant. Bei einer 1%-igen Irrtumswahrscheinlichkeit beträgt der entsprechende kritische Wert -3.457. Analog zum *DAX* handelt es sich auch bei den Werten der *BASF*-Aktie im Zeitraum 01.01.1997 bis 30.12.1997 mit großer Wahrscheinlichkeit um eine $I(1)$-Reihe. Die ursprünglich nicht stationäre Kursreihe kann also durch eine einmalige Differenzenbildung in eine schwach stationäre Zeitreihe überführt werden. Die Tab. 7.2.-1. fasst die Ergebnisse zusammen:

	DAX	BASF
Niveau	–1.615	–2.817
1. Differenz	–16.509**	–17.777**
1. Log-Differenz	–16.749**	–18.086**

* Signifikant zum 5% Niveau / ** Signifikant zum 1% Niveau

Tab. 7.2.-1.: Werte der Teststatistiken beim DF-/ADF-Test

Bei einer Betrachtung des *Niveaus* beider Variablen (d.h. der Betrachtung der ursprünglichen Kursreihen) kann die Nullhypothese „Zeitreihe ist nicht schwach stationär" *nicht* verworfen werden. Dies zeigen die aufgeführten Teststatistiken, die nicht kleiner als ihr entsprechender kritischer Wert sind. Verdeutlicht wird dieser Sachverhalt durch die fehlenden Sternchen bei den Teststatistiken in der Zeile *„Niveau"*. Werden sämtliche Zeitreihen jedoch einmal differenziert, so erfüllen alle Differenzenreihen die Eigenschaft der schwachen Stationarität mit einer maximalen Irrtumswahrscheinlichkeit von einem Prozent. Dies illustrieren die doppelten Sternchen bei den Teststatistiken in der Zeile „1. Differenz". Die beiden getesteten Reihen können somit im Analysezeitraum (01.01.1997 bis 30.12.1997) als „integriert vom Grade 1", oder kurz als $I(1)$-Zeitreihen, bezeichnet werden.

Bei dem Marktmodell in Kap. 5.7.4. wurden jedoch keine einfachen Kursdifferenzen, sondern logarithmierte Differenzen (stetige Renditen), eingesetzt. Insofern wurde abschließend nochmals überprüft, ob auch die ersten Differenzen der logarithmierten Kursreihen (also die Zeitreihen der stetigen Renditen), die Eigenschaft der schwachen Stationarität erfüllen.

Die Teststatistiken und die entsprechenden Signifikanzniveaus sind in der Tab. 7.2.-1. in der Zeile „1. Log-Differenz" aufgeführt. Beide in dem Marktmodell eingesetzten Variablen (stetige Renditen) erfüllen die Eigenschaft der schwachen Stationarität mit einer Irrtumswahrscheinlichkeit von maximal einem Prozent. Dies verdeutlichen wieder die Doppel-Sternchen bei den Werten der Teststatistik.

Bei dem Marktmodell in Kap. 5.7.4. wurden auf Grund der Ergebnisse der Hypothesentests mit einer großen Wahrscheinlichkeit „schwach stationäre Zeitreihen" eingesetzt. Insofern ist die durchgeführte Auswertung der Gütemaße des Modells (t-Werte, F-Wert etc.) hinsichtlich der Stationaritätseigenschaften der eingesetzten Zeitreihen legitim. Der potenziell mögliche Verdacht, dass bei dem Modell in Kap. 5.7.4. ggf. Scheinzusammenhänge im Sinne von „spurious regressions" (siehe Abschnitt 7.1.1.) modelliert wurden, wäre somit nicht begründet.

7.3. Das Problem der Multikollinearität

Arbeitshinweise: Dieser Abschnitt beschäftigt sich mit dem Phänomen der Multikollinearität, die sich im Fall der multiplen Regression ergeben kann. In Kap. 7.3.1. wird zunächst die „nicht perfekte" von der „perfekten" Multikollinearität abgegrenzt. Bei einer perfekten Multikollinearität kann die OLS-Schätzung gar nicht erst durchgeführt werden. Im Unterschied hierzu führt eine „nicht perfekte" Multikollinearität im Regressionsmodell zu einem hohen F-Wert und zu einem hohen Bestimmtheitsmaß, während gleichzeitig die einzelnen Regressoren insignifikante t-Werte besitzen. Um die Multikollinearität jedoch exakt quantifizieren zu können, werden im nachfolgenden Kap. 7.3.2. zwei Verfahren zur Messung der Multikollinearität vorgestellt. In Kap. 7.3.2.1. wird als erstes Verfahren die einfache Korrelationsanalyse erläutert, die jedoch den Nachteil besitzt, ausschließlich Multikollinearität aufdecken zu können, die zwischen genau *zwei* Variablen besteht. Diese Einschränkung wird durch das Konzept der *„variance inflation factors"* aufgehoben, das im anschließenden Kap. 7.3.2.2. diskutiert wird. In Kap. 7.3.3. werden abschließend Verfahren zur Beseitigung der Multikollinearität behandelt. Da dieser Abschnitt insbesondere auch für den anwendungsorientierten Leser von Bedeutung ist, wird bewusst auf anspruchsvolle theoretische Herleitungen und Beweise verzichtet. Stattdessen werden vielmehr einfache und anschauliche Beispiele herangezogen, um die Zusammenhänge zu vermitteln.

7.3.1. Formen, Auswirkungen und Kennzeichen der Multikollinearität

Das Problem der Multikollinearität wurde bereits in Kap. 5.2. bei der Schätzung der Regressionsparameter behandelt. Die OLS-Schätzung kann nur dann durchgeführt werden, wenn die Matrix $\mathbf{X'X}$ invertierbar ist. Dazu müssen die Matrix $\mathbf{X}$ und somit $\mathbf{X'X}$ einen vollen Rang aufweisen. Dies ist unter anderem dann nicht der Fall, wenn die k+1 erklärenden Variablen nicht alle voneinander linear unabhängig sind. In diesem Falle lässt sich eine erklärende Variable entweder durch eine andere erklärende Variable oder durch eine Linearkombination von mehreren erklärenden Variablen „perfekt“ abbilden. Tritt dieses Phänomen auf, so kann eine OLS-Schätzung nicht durchgeführt werden. Diese Form der Multikollinearität bezeichnet man auch als *perfekte Multikollinearität*. Die beiden folgenden Beispiele sollen den Fall einer perfekten Multikollinearität nochmals veranschaulichen.

Beispiel 1: Perfekte Multikollinearität zwischen zwei Variablen

Es soll die jährliche Veränderung des *DAX* mit Hilfe diverser fundamentaler Einflussfaktoren erklärt werden. Hierzu werden die jährlichen Veränderungen des *Bruttoinlandsproduktes* (*ΔBIP*), der *Zinsen* (*ΔZins*), der *Exporte* (*ΔExporte*) und des *GFK-Konsumklimaindexes* (*ΔGFK*) herangezogen. Bis zum aktuellen Zeitpunkt 1997 möge das folgende Datenmaterial als erklärende Variablen zur Verfügung stehen:

Zeitindex *t*	*ΔBIP*	*ΔZins*	*ΔExporte*	*ΔGFK*
1 (1990-1991)	–3	–2	1	–3
2 (1991-1992)	–3	1	–1	1.5
3 (1992-1993)	–1	1.5	1.5	2.25
4 (1993-1994)	2	–2	–1	–3
5 (1994-1995)	–1	–1	2	–1.5
6 (1995-1996)	0	–1.5	1	–2.25
7 (1996-1997)	–4	1	–0.5	1.5

Tab. 7.3.1.-1.: Beispieldaten der erklärenden Variablen

In diesem Beispiel lässt sich die Variable *ΔGFK* perfekt mit Hilfe der Variablen *ΔZins* erklären, indem *ΔZins* mit dem konstanten Wert 1.5 multipliziert wird:

$$(1)\qquad 1.5\begin{bmatrix}-2\\1\\\vdots\\1\end{bmatrix}=\begin{bmatrix}-3\\1.5\\\vdots\\1.5\end{bmatrix}\quad\Rightarrow\quad 1.5\cdot\mathbf{\Delta Zins}=\mathbf{\Delta GFK}$$

Hierbei handelt es sich um den Fall perfekter Multikollinearität zwischen *zwei* Variablen. Wie sich auch anhand der Daten in Tab. 7.3.1.-1. leicht nachrechnen lässt, beträgt der Korrelationskoeffizient zwischen den Variablen *ΔGFK* und *ΔZins* exakt eins.

Multikollinearität kann jedoch nicht nur zwischen exakt zwei Variablen bestehen, sondern auch durch das Zusammenwirken von mehreren Variablen verursacht werden. Das folgende Beispiel veranschaulicht einen solchen Fall:

Beispiel 2: Perfekte Multikollinearität verursacht durch eine Linearkombination von mehreren Variablen

Aufbauend auf dem vorangegangenen Beispiel wird angenommen, dass der GFK-Konsumklimaindex durch einen *Produktivitätsindex* (*ΔPROD*) ersetzt wird, um die Multikollinearität mit der Variablen *ΔZins* zu eliminieren. Das neue Datenmaterial für die erklärenden Variablen sieht nun wie folgt aus:

Zeitindex *t*	*ΔBIP*	*ΔZins*	*ΔExporte*	*ΔPROD*
1 (1990-1991)	–3	–2	1	–1
2 (1991-1992)	–3	1	–1	–5
3 (1992-1993)	–1	1.5	1.5	2
4 (1993-1994)	2	–2	–1	0
5 (1994-1995)	–1	–1	2	3
6 (1995-1996)	0	–1.5	1	2
7 (1996-1997)	–4	1	–0.5	–5

Tab. 7.3.1.-2.: Beispieldaten der erklärenden Variablen

Analog zum vorangegangenen Beispiel wird das Datenmaterial einer näheren Analyse unterzogen. Nicht ganz so offensichtlich wie beim vorangegangenen Beispiel kann hier der Produktivitätsindex *ΔPROD* durch eine Linearkombination der Variablen *ΔBIP* und *ΔExporte* wie folgt „perfekt" erklärt werden:

(2) $$\begin{bmatrix} -3 \\ -3 \\ \vdots \\ -4 \end{bmatrix} + 2 \begin{bmatrix} 1 \\ -1 \\ \vdots \\ -0.5 \end{bmatrix} = \begin{bmatrix} -1 \\ -5 \\ \vdots \\ -5 \end{bmatrix} \Rightarrow \quad \mathbf{\Delta BIP + 2\Delta Exporte = \Delta PROD}$$

Hierbei handelt es sich ebenfalls um perfekte Multikollinearität, da eine Variable (*ΔPROD*) mit Hilfe von anderen Variablen (*ΔBIP* und *ΔExporte*) exakt abgebildet werden kann. Die hier vorliegende (perfekte) Multikollinearität ist jedoch nicht so offensichtlich wie im vorangegangenen Beispiel. Berechnet man den Korrelationskoeffizienten zwischen den Variablen *ΔBIP* und *ΔPROD*, so ergibt sich ein Wert von 0.6638. Die Korrelation zwischen den Variablen *ΔExporte* und *ΔPROD* beträgt ebenfalls lediglich 0.7808. Obwohl die beiden Variablen *ΔBIP* und *ΔExporte* jeweils *isoliert* betrachtet nur einen begrenzten linearen Zusammenhang mit der Variablen *ΔPROD* aufweisen, sind jedoch beide Variablen *zusammen* in der Lage, die Variable *ΔPROD* perfekt zu erklären.

Bei allen bisher betrachteten Fällen handelt es sich um perfekte Multikollinearitäten. In dieser Situation ist eine OLS-Schätzung nicht mehr durchführbar. Im weiteren Verlauf sollen jedoch insbesondere die Formen, Auswirkungen und Kennzeichen von „hohen", aber nicht perfekten Multikollinearitäten betrachtet werden, wobei noch zu klären ist, was unter einer „hohen" Multikollinearität zu verstehen ist. Zum einen ist der Fall perfekter Multikollinearität bei praktischen finanzwirtschaftlichen Problemstellungen relativ selten. Zum anderen ist die Identifikation insofern relativ unproblematisch, da in der praktischen Anwendung die eingesetzte Ökonometrie- bzw. Statistiksoftware im Regelfall mit einer entsprechenden Fehlermeldung abbricht. Wenn im weiteren Verlauf dieses Kapitels von Multikollinearität gesprochen wird, ist damit der Fall einer nicht perfekten Multikollinearität gemeint.

Im Unterschied zum Fall perfekter ist eine nicht perfekte Multikollinearität dadurch gekennzeichnet, dass eine Variable durch eine oder mehrere andere Variablen zwar „weitgehend", jedoch nicht exakt nachgebildet werden kann.

Beispiel 3: Nicht perfekte Multikollinearität zwischen zwei Variablen

Das folgende Beispiel veranschaulicht den Fall einer nicht perfekten Multikollinearität zwischen zwei Variablen. Ausgangspunkt der Betrachtung ist hierzu das Beispiel 1. Während die Datenreihen ΔBIP, $\Delta Zins$ und $\Delta Exporte$ identisch zum obigen Beispiel gewählt wurden, wurde die Datenreihe ΔGFK abgeändert.

Zeitindex t	ΔBIP	$\Delta Zins$	$\Delta Exporte$	ΔGFK
1 (1990-1991)	–3	–2	1	–1.8
2 (1991-1992)	–3	1	–1	2.1
3 (1992-1993)	–1	1.5	1.5	1.8
4 (1993-1994)	2	–2	–1	–3.7
5 (1994-1995)	–1	–1	2	–0.9
6 (1995-1996)	0	–1.5	1	–2.95
7 (1996-1997)	–4	1	–0.5	2.05

Tab. 7.3.1.-3.: Beispieldaten der erklärenden Variablen

Die Beziehung (1) des Beispiels 1 gilt jetzt nur noch approximativ:

$$(3) \quad 1.5\begin{bmatrix} -2 \\ 1 \\ \vdots \\ 1 \end{bmatrix} \approx \begin{bmatrix} -1.8 \\ 2.1 \\ \vdots \\ 2.05 \end{bmatrix} \quad \Rightarrow \quad 1.5 \cdot \mathbf{\Delta Zins} \approx \mathbf{\Delta GFK}$$

Berechnet man den Korrelationskoeffizienten zwischen den Zeitreihen $\Delta Zins$ und ΔGFK, so ergibt sich ein Wert von 0.9516. Hierbei handelt es sich also um den Fall einer nicht perfekten Multikollinearität zwischen zwei Variablen. In analoger Weise könnte auch das Beispiel 2 dahingehend modifiziert werden, um eine nicht perfekte Multikollinearität durch eine Linearkombination von mehreren Variablen zu konstruieren. Leider würde in diesem Fall die Analyse der isolierten Korrelationen zwischen je zwei Variablen hierüber keinen Aufschluss geben.

Im Unterschied zur perfekten Multikollinearität kann bei einer sehr hohen, aber nicht perfekten Multikollinearität die OLS-Schätzung durchgeführt werden. Der Gesamteinfluss aller erklärenden Variablen auf die zu erklärende wird in diesem Fall korrekt modelliert. Jedoch ist die Zurechenbarkeit des Gesamteinflusses auf die einzelnen (miteinander korrelierten) Erklärungsvariablen jetzt aber nicht mehr möglich ist. Insofern werden die geschätzten Regressionskoeffizienten unsicher. Geringfügige Veränderungen im zu Grunde liegenden Datenmaterial können zu deutlichen Veränderungen bei den geschätzten Regressionskoeffizienten führen. Diese Unsicherheit spiegelt sich in den hohen Standardfehlern der Regressionskoeffizienten wider [siehe hierzu ECKEY/KOSFELD/DREGER (1995), S. 85-87]. Entsprechend weisen die geschätzten Regressionskoeffizienten relativ geringe t-Werte auf. In diesem Phänomen spiegelt sich der Sachverhalt wider, wie schwierig es bei Multikollinearität ist, den Gesamteinfluss komponentenweise den einzelnen erklärenden Variablen zuzuordnen. Aus diesen Eigenschaften lassen sich typische Kennzeichen für das Vorliegen von Multikollinearität gewinnen. Besitzt ein geschätztes Regressionsmodell ein hohes Bestimmtheitsmaß R^2 bzw. einen hohen, signifikanten F-Wert (d.h. signifikanter Gesamtzusammenhang), obwohl die t-Werte der einzelnen erklärenden Variablen insignifikant sind, so ist dies ein typisches Anzeichen für hohe Multikollinearität zwischen den erklärenden Variablen.

Auf Grund dieser Eigenschaften ist das Vorliegen von Multikollinearität insbesondere dann sehr problematisch, wenn der Einfluss einzelner erklärender Variablen auf die zu erklärende bzw. zu prognostizierende Variable untersucht werden soll. Von untergeordneter Bedeutung ist das Multikollinearitätsproblem dann, wenn das Modell ausschließlich zur Durchführung von Prognosen eingesetzt wird, die Beziehung zwischen den erklärenden Variablen im Prognosezeitraum weitgehend erhalten bleibt und eine nähere Analyse nicht interessiert.

Bisher wurde noch nicht die Frage geklärt, was unter einer „hohen", aber nicht perfekten Multikollinearität zu verstehen ist. Diese Frage kann erst dann geklärt werden, nachdem feststeht, wie eine geeignete Messung von Multikollinearität möglich ist. Dies ist Gegenstand des nachfolgenden Kapitels.

7.3.2. Verfahren zur Messung von Multikollinearität

7.3.2.1. Einfache Korrelationsanalyse

Ein Verfahren zur Analyse der Multikollinearität zwischen den exogenen Variablen wurde bereits im vorangegangenen Kapitel erläutert. Mit Hilfe des Korrelationskoeffizienten lässt sich überprüfen, ob zwischen jeweils zwei erklärenden Variablen eine lineare Abhängigkeit und somit Multikollinearität besteht. In der Literatur wird dabei ein Korrelationskoeffizient, der dem Betrage nach größer oder gleich 0.8 ist, als kritisch angesehen [vgl. beispielsweise ECKEY/KOSFELD/DREGER (1995), S. 89]. Berechnet man jeweils die paarweisen Korrelationskoeffizienten zwischen allen erklärenden Variablen, so ergibt sich eine Korrelationsmatrix. Ein entsprechendes Verfahren zur Berechnung der Korrelationsmatrix dürfte im Regelfall von den meisten Statistik- bzw. Ökonometriepaketen zur Verfügung gestellt werden.

Beispiel: Berechnung einer Korrelationsmatrix

In der folgenden Tabelle 7.3.2.1.-1. ist die Korrelationsmatrix für die Daten des Beispiels 3 aus dem vorangegangenen Kapitel angegeben. Für die Berechnung kann beispielsweise ein Tabellenkalkulationsprogramm (z.B. Microsoft Excel) oder eine Ökonometriesoftware (z.B. EViews) eingesetzt werden.

	ΔBIP	$\Delta Zins$	$\Delta Exporte$	ΔGFK
ΔBIP	1.00000	–0.51185	0.05104	–0.72508
$\Delta Zins$	–0.51185	1.00000	–0.12795	0.95160
$\Delta Exporte$	0.05104	–0.12795	1.00000	–0.09893
ΔGFK	–0.72508	0.95160	–0.09893	1.00000

Tab. 7.3.2.1.-1.: Korrelationsmatrix

Wie aus der Tab. 7.3.2.1.-1. ersichtlich ist, handelt es sich bei der Korrelationsmatrix um eine symmetrische Matrix, da der Korrelationskoeffizient zwischen zwei Variablen symmetrisch ist: Der Korrelationskoeffizient zwischen der Variablen X und Y ist identisch mit dem Korrelationskoeffizienten zwischen Y und X. Auf der Diagonalen der Matrix befinden sich die Korrelationen der Variablen mit sich selbst. Es ergibt sich in diesem Fall immer ein Korrelationskoeffizient von eins. Häufig wird die redundante Information in einer Korrelationsmatrix unterdrückt. Die Korrelationsmatrix ist dann nicht mehr voll besetzt und sieht wie folgt aus:

	ΔBIP	*ΔZins*	*ΔExporte*	*ΔGFK*
ΔBIP	–	–	–	–
ΔZins	–0.51185	–	–	–
ΔExporte	0.05104	–0.12795	–	–
ΔGFK	–0.72508	0.95160	–0.09893	–

Tab. 7.3.2.1.-2.: Korrelationsmatrix

In diesem Beispiel liegt die Korrelation zwischen den erklärenden Variablen *ΔGFK* und *ΔZins* mit 0.9516 eindeutig über dem von der Literatur als kritisch erachteten Wert von 0.8. Diese Multikollinearität ist eindeutig als nicht mehr unwesentlich zu bezeichnen. Außerdem liegt die Korrelation zwischen der Variablen *ΔGFK* und *ΔBIP* mit –0.72508 betragsmäßig relativ nahe bei dem kritischen Wert von 0.8. Alle weiteren Korrelationen zwischen den exogenen Variablen dürften aus der Sicht des Multikollinearitätsproblems zu vernachlässigen sein.

Als zentraler Kritikpunkt lässt sich bei dem Verfahren anführen, dass es ausschließlich dazu geeignet ist, Multikollinearität aufzuspüren, die durch die lineare Abhängigkeit zwischen exakt zwei Variablen erzeugt wird. Wie bereits oben erläutert wurde, kann Multikollinearität auch durch die Linearkombination von mehreren Variablen entstehen. Diese Form der Multikollinearität kann mit Hilfe eines einfachen Korrelationskoeffizienten nicht festgestellt werden. Hierzu sind ausgefeiltere Techniken notwendig.

7.3.2.2. Das Konzept der „Variance Inflation Factors" (*VIF*)

Im Unterschied zum einfachen Korrelationskoeffizienten ist das hier behandelte Verfahren in der Lage, Multikollinearitäten aufzudecken, die durch eine Linearkombination von mehreren Variablen verursacht wird. Es knüpft also exakt an dem oben aufgeführten Kritikpunkt bei der einfachen Korrelationsanalyse an. Der Vorteil dieses Verfahren ist in seiner Einfachheit zu sehen. Es basiert auf einer gewöhnlichen Regressionsanalyse. Daher kann es mit jenen Instrumenten durchgeführt werden, die in diesem Buch behandelt werden.

Wird Multikollinearität durch die Linearkombination von mehreren erklärenden Variablen erzeugt, so kann eine bestimmte Variable durch die Linearkombination von anderen Variablen relativ gut erklärt werden. Eine Möglichkeit, eine derartige Beziehung zu modellieren ist die Regressionsanalyse. Zur Messung der Güte des Zusammenhangs und somit des Grades der Multikollinearität kann dabei das bereits in Kap. 5.6.1. beschriebene Bestimmtheitsmaß R^2 herangezogen werden. Bei einem hohen R^2 kann die zu erklärende Variable durch die Linearkombination der anderen Variablen relativ gut beschrieben werden, wodurch hohe Multikollinearität verursacht wird. Eine Möglichkeit zur Überprüfung auf Multikollinearität besteht nun darin, jede exogene Variable des Grundmodells x_j $(j = 1, ..., k)$ als zu erklärende Variable aufzufassen und diese auf alle anderen exogenen Variablen des Grundmodells zu regressieren. Mit R^2_j wird im Folgenden das Bestimmtheitsmaß bezeichnet, welches resultiert, wenn man die j-te erklärende Variable des Grundmodells auf alle weiteren (k–1) erklärenden Variablen des Grundmodells regressiert. In diesem Zusammenhang wird häufig die sog. *Tolerance* (TOL_j) zur Messung der Multikollinearität herangezogen, die wie folgt definiert ist:

(1) $TOL_j = 1 - R_j^2$

Eine niedrige Tolerance zeigt also hohe Multikollinearität an. Oft wird zur Messung der Multikollinearität nicht auf die Tolerance selbst, sondern auf ihren Kehrwert zurückgegriffen. Diese Größe wird als *Variance Inflation Factor* (VIF_j) bezeichnet und lässt sich wie folgt formal darstellen:

(2) $VIF_j = \dfrac{1}{1 - R_j^2} = \dfrac{1}{TOL_j}$

Hohe Multikollinearität führt zu einer niedrigen *Tolerance* und somit zu einem hohen *Variance Inflation Factor (VIF)*. Die Bezeichnung *VIF* wurde deshalb gewählt, weil die Varianz des geschätzten j-ten Regressionskoeffizienten (Var($\hat{\beta}_j$)) den Variance Inflation Factor VIF_j als multiplikativen Faktor enthält [vgl. beispielsweise FREUND/MINTON (1991), S. 191]. Ein hoher *VIF*-Wert des j-ten Regressors führt somit automatisch auch zu einer hohen Varianz bzw. zu einem hohen Standardfehler des j-ten Regressionskoeffizienten $\hat{\beta}_j$. CHATTERJEE/PRICE vertreten die Auffassung, dass ein VIF-Wert von 10 auf nachhaltige Multikollinearitätsprobleme hinweist [vgl. CHATTERJEE/PRICE (1991), S. 191]. Dieser Wert korrespondiert mit einer Tolerance (TOL_j) von 0.10 und somit mit einem Bestimmtheitsmaß R_j^2 von 0.90. Die Anwendung des Variance Inflation Factors zur Messung der Multikollinearität soll anhand des nachfolgenden Beispiels veranschaulicht werden.

Beispiel: Berechnung der Variance Inflation Factors

Als Grundlage für dieses Beispiel sollen die Daten des Beispiels 3 aus Kapitel 7.3.1. dienen. Das Ziel besteht darin, die jährliche Veränderung des Deutschen Aktienindexes (*ΔDAX*) mit Hilfe der exogenen Variablen *ΔBIP*, *ΔZins*, *ΔExporte* und *ΔGFK* zu erklären. Hierzu ist zunächst zu prüfen, inwieweit unter den erklärenden Variablen Multikollinearität vorliegt. Hinsichtlich der Beispieldaten sei auf Tab. 7.3.1.-3. zurückverwiesen.

Zur Berechnung der entsprechenden Maßzahlen für die Überprüfung auf Multikollinearität müssen bei vier erklärenden Variablen vier Regressionen durchgeführt werden. Diese sind in der Tab. 7.3.2.2.-1. aufgeführt:

Regression	Endogene Variable	exogene Variablen
$j = 1$	ΔBIP	$\Delta Zins, \Delta Exporte, \Delta GFK$
$j = 2$	$\Delta Zins$	$\Delta BIP, \Delta Exporte, \Delta GFK$
$j = 3$	$\Delta Exporte$	$\Delta BIP, \Delta Zins, \Delta GFK$
$j = 4$	ΔGFK	$\Delta BIP, \Delta Zins, \Delta Exporte$

Tab. 7.3.2.2.-1.: Durchzuführende Regressionen

Bei den durchzuführenden Regressionen sind lediglich die Bestimmtheitsmaße (R_j^2) von Bedeutung, die in der Tab. 7.3.2.2.-2. aufgeführt sind. Mit Hilfe von Formel (1) bzw. (2) lassen sich aus dem Bestimmtheitsmaß die entsprechenden Werte für die Tolerance (TOL_j) und den Variance Inflation Factor (VIF_j) auf einfache Weise ermitteln. Diese Werte sind ebenfalls in der Tabelle enthalten.

Regression	R_j^2	TOL_j	VIF_j
$j = 1$	0.86358	0.13641	7.33045
$j = 2$	0.97313	0.02686	37.22895
$j = 3$	0.03529	0.96470	1.03658
$j = 4$	0.98263	0.01736	57.58315

Tab. 7.3.2.2.-2.: R^2, *TOL* und *VIF*

Die zweite und die vierte Regression weisen ein hohes Bestimmtheitsmaß und somit einen hohen Variance Inflation Factor auf. Die Variablen $\Delta Zins$ und ΔGFK verursachen also Multikollinearität. Dies ist insofern nicht verwunderlich, da zwischen diesen beiden Variablen eine hohe Korrelation besteht (vgl. Tab. 7.3.2.1.-2.) und bei der Erklärung der einen Variable jeweils die andere als Regressor mit enthalten ist. Außerdem kann auch die Variable ΔBIP durch die Variablen $\Delta Zins$, $\Delta Exporte$ und ΔGFK mit einem Bestimmtheitsmaß von 0.8636 relativ gut erklärt werden. Der daraus resultierende Variance Inflation Factor von 7.3305 liegt jedoch noch unter dem Wert von 10, den CHATTERJEE/PRICE als kritisch hinsichtlich der Multikollinearität erachten. Als relativ unproblematisch in Bezug auf das Multikollinearitätsproblem erscheint die Variable $\Delta Exporte$, die auch durch eine Linearkombination der anderen Variablen nicht adäquat erklärt werden kann. Dies zeigt das niedrige Bestimmtheitsmaß von 0.0353 und der daraus resultierende Variance Inflation Factor von 1.0366.

Der zentrale Vorteil dieses Verfahrens zur Multikollinearitätserkennung liegt gegenüber der einfachen Korrelationsanalyse darin, dass auch solche Multikollinearitäten identifiziert werden können, die durch eine Linearkombination von mehreren Variablen entstehen. Betrachtet man die Arbeitsschritte zur Durchführung der Multikollinearitätsprüfung, so erscheint dieses Verfahren im Vergleich zur einfachen Korrelationsanalyse jedoch wesentlich aufwändiger, da für jede exogene Variable des Grundmodells eine eigene Regression durchgeführt werden muss. Ohne Angabe eines formalen Beweises wird jedoch im Folgenden gezeigt, wie sich die Variance Inflation Factors problemlos und effizient auf einfachere Weise berechnen lassen.

Ausgangspunkt der Betrachtung ist dabei die einfache Korrelationsmatrix, welche sich ergibt, wenn man die Korrelation jeder exogenen Variablen des Grundmodells mit jeder der anderen berechnet. Die Korrelationsmatrix **K** für das Datenmaterial des Beispiels aus diesem Kapitel wurde bereits im Beispiel 1 des Kapitels 7.3.2.1. berechnet. Sie lautet:

$$(3) \qquad \mathbf{K} = \begin{pmatrix} 1.00000 & -0.51185 & 0.05104 & -0.72508 \\ -0.51185 & 1.00000 & -0.12795 & 0.95160 \\ 0.05104 & -0.12795 & 1.00000 & -0.09893 \\ -0.72508 & 0.95160 & -0.09893 & 1.00000 \end{pmatrix}$$

Wird die Korrelationsmatrix **K** invertiert, so ergibt sich die Matrix $\mathbf{K}^{-1}$:

$$(4) \qquad \mathbf{K}^{-1} = \begin{pmatrix} 7.330455 & -13.940426 & -0.322767 & 18.548947 \\ -13.940426 & 37.228963 & 0.979725 & -45.438111 \\ -0.322767 & 0.979725 & 1.036587 & -1.063789 \\ 18.548947 & -45.438111 & -1.063789 & 57.583165 \end{pmatrix}$$

Betrachtet man die Diagonale der Matrix, so handelt es sich bei den Werten erkennbar um die Variance Inflation Factors. Auf den formalen Beweis dieses Sachverhalts sei verzichtet. Es sollte lediglich gezeigt werden, dass der Einsatz des wesentlich leistungsfähigeren Konzepts der Variance Inflation Factors zur Messung der Multikollinearität nur unwesentlich mehr Aufwand verursacht als die Berechnung einer einfachen Korrelationsmatrix. Nachdem die einfache Korrelationsmatrix berechnet wurde, muss diese lediglich invertiert werden, um die Variance Inflation Factors zu erhalten.

7.3.3. Behandlung der Multikollinearität

Nachdem im vorangegangenen Kapitel gezeigt wurde, wie Multikollinearität gemessen werden kann, stellt sich nun die Frage, wie damit umgegangen werden soll. Das Multikollinearitätsproblem kann beispielsweise dann vernachlässigt werden, wenn das Modell ausschließlich für Prognosen eingesetzt werden soll und davon ausgegangen werden kann, dass die Beziehungen der exogenen Variablen untereinander auch im Prognosezeitraum erhalten bleiben. Im Unterschied hierzu ist das Multikollinearitätsproblem dann sehr problematisch, wenn die Analyse des Einflusses einer exogenen Variablen auf die zu erklärende bzw. zu prognostizierende Variable im Vordergrund steht. Wie erläutert wurde, sind die geschätzten Regressionskoeffizienten beim Vorliegen von Multikollinearität mit großer Unsicherheit behaftet. Diese Unsicherheit spiegelt sich in einem großen Standardfehler der Regressionskoeffizienten wider, was wiederum zu kleinen t-Werten führt. Eine Analyse der Signifikanz des Einflusses einer exogenen Variable auf die zu erklärende bzw. zu prognostizierende ist dann problematisch. Dementsprechend ist es natürlich beim Vorliegen von Multikollinearität ebenso wenig sinnvoll, die erklärenden Variablen des Regressionsmodells auf Grund der t-Werte auszuwählen.

Bei der Durchführung von Querschnittsanalysen kann ein Versuch zur Überwindung der Multikollinearität darin bestehen, weitere Beobachtungseinheiten aufzunehmen. Die Multikollinearität kann dann überwunden werden, wenn die beobachteten Merkmale der neu aufgenommenen Objekte stärker streuen und somit der lineare Zusammenhang, der zwischen den exogenen Variablen bestand, weitgehend aufgehoben wird.

Im Unterschied zu Querschnittsregressionen ist bei Zeitreihenregressionen im Regelfall eine Ausdehnung des Datenmaterials nicht möglich bzw. nicht sinnvoll. Prinzipiell besteht zwar die Möglichkeit, die Datenreihen um weiter in der Vergangenheit liegende Datenpunkte zu ergänzen. Dadurch können jedoch Strukturbrüche in dem Datenmaterial auftreten.

Eine weitere Möglichkeit zur Vermeidung von Multikollinearität besteht darin, jene Variable aus der Regressionsgleichung zu nehmen, welche die Multikollinearität verursacht. Bei Multikollinearität kann eine Variable durch eine oder mehrere andere Variablen linear erklärt werden. Der „Erklärungsgehalt" des Modells nimmt daher nicht ab, wenn die Multikollinearität verursachende Variable entfernt wird, da ja der Erklärungsbeitrag dieser eliminierten Variablen durch die im Modell verbleibenden erklärenden Variablen mit modelliert wird. Das reduzierte Modell kann jedoch, nachdem es anfänglich korrekt spezifiziert war, nun fehlspezifiziert sein. Die Probleme, die hieraus resultieren können, werden an dieser Stelle nicht weiter behandelt [vgl. hierzu beispielsweise PINDYCK/RUBINFELD (1998), S. 184-186].

Ein relativ einfaches Verfahren zur Beseitigung der Multikollinearität besteht in der *Orthogonalisierung* der unabhängigen Variablen. Bei diesem Verfahren wird die Multikollinearität beseitigt, ohne jedoch auf einzelne erklärende Variablen komplett zu verzichten. Zur Veranschaulichung sei ein Regressionsmodell betrachtet, bei dem die abhängige Variable y durch die drei unabhängigen Variablen x_1, x_2 und x_3 erklärt werden soll. Dabei möge zwischen diesen drei erklärenden Variablen (nicht perfekte) Multikollinearität bestehen. Im Rahmen der Orthogonalisierung wird in einem ersten Schritt die Variable x_2 um jenen Einfluss korrigiert, der bereits durch die Variable x_1 erklärt wird. Hierzu wird die Variable x_2 auf die Variable x_1 regressiert:

(1) $$x_{2t} = \beta_0 + \beta_1 x_{1t} + \varepsilon_{x_2 t} \quad \Rightarrow \quad \hat{\varepsilon}_{x_2 t} = x_{2t} - \hat{\beta}_0 - \hat{\beta}_1 x_{1t} \qquad (t = 1, ..., n)$$

Mit Hilfe der geschätzten Regressionskoeffizienten lassen sich die OLS-Residuen $\hat{\varepsilon}_{x_2 t}$ ermitteln. Diese besitzen exakt jenen Informationsgehalt der Variablen x_2, der nicht durch die Variable x_1 erklärt werden kann. Die beiden Variablen x_1 und $\hat{\varepsilon}_{x_2}$ sind voneinander linear unabhängig. In einem nächsten Schritt wird die Variable x_3 um den Einfluss der Variablen x_1 und $\hat{\varepsilon}_{x_2}$ korrigiert. Hierzu wird das folgende Regressionsmodell geschätzt:[118]

(2) $x_{3t} = \beta_0 + \beta_1 x_{1t} + \beta_2 \hat{\varepsilon}_{x_2 t} + \varepsilon_{x_3 t} \quad \Rightarrow \quad \hat{\varepsilon}_{x_3 t} = x_{3t} - \hat{\beta}_0 - \hat{\beta}_1 x_{1t} - \hat{\beta}_2 \hat{\varepsilon}_{x_2 t} \quad (t = 1, ..., n)$

Die Variable $\hat{\varepsilon}_{x_3}$ entspricht der ursprünglichen Variablen x_3, korrigiert um die Einflüsse der beiden Variablen x_1 und $\hat{\varepsilon}_{x_2}$. Mit Hilfe der drei linear unabhängigen Variablen x_1, $\hat{\varepsilon}_{x_2}$ und $\hat{\varepsilon}_{x_3}$ lässt sich nun das ursprüngliche Regressionsmodell wie folgt formulieren:

(3) $y_t = \beta_0 + \beta_1 x_{1t} + \beta_2 \hat{\varepsilon}_{x_2 t} + \beta_3 \hat{\varepsilon}_{x_3 t} + \varepsilon_t$

Ein zentrales Problem ist bei diesem Verfahren darin zu sehen, dass die Orthogonalisierung der einzelnen Variablen in einer beliebigen Reihenfolge vorgenommen werden kann. In Abhängigkeit davon kann es zu unterschiedlichen Ergebnissen in der Regressionsanalyse (und insbesondere bei der Interpretation dieser Ergebnisse) kommen. In PODDIG (1999) wird empfohlen, die Reihenfolge auf Grund sachlogischer Überlegungen vorzunehmen [vgl. PODDIG (1999), S. 184]. Soll beispielsweise die Rendite einer deutschen Aktie mit Hilfe des Dow Jones-Indexes und des DAX erklärt werden, so sollte man den DAX hinsichtlich des Einflusses des Dow Jones korrigieren (und nicht umgekehrt). Hierzu werden die Renditen des DAX auf jene des Dow Jones regressiert. Auf Grund der weltweit großen Bedeutung des amerikanischen Aktienmarktes dürfte der Dow Jones die Entwicklung des DAX beeinflussen (und nicht umgekehrt). Insofern erscheint es sinnvoll, zur Erklärung der Renditen der deutschen Aktie zunächst den Dow Jones heranzuziehen sowie jenen Informationsgehalt des DAX, der nicht durch den Dow Jones bereits erfasst wurde.

7.4. Fallstudie: Überprüfung eines Multi-Index-Modells auf Multikollinearität

In der Fallstudie des Kap. 5.7. wurde das Marktmodell eingeführt, bei dem die Rendite einer Aktie durch die Rendite des Marktes (im Regelfall approximiert durch einen Aktienindex, hier: *DAX*) erklärt wird. Da hier zur Erklärung der Aktienrendite ausschließlich eine erklärende Variable herangezogen wird, lässt sich das Marktmodell in die Kategorie der *Single-Index-Modelle* einordnen. Beim Single-Index-Modell wird ein (beliebiger, nicht näher spezifizierter) Index zur Erklärung der Aktienrendite herangezogen. Im Rahmen von empirischen Studien wurde in der Vergangenheit festgestellt, dass ein einziger Index zur

118 Die Regressionskoeffizienten werden hier neu geschätzt. Es werden also nicht jene aus Gleichung (1) übernommen.

Erklärung der Aktienrenditen häufig nicht ausreichend erscheint. Aus diesem Grunde wurden weitere exogene Variablen zur Erklärung der Aktienrendite herangezogen. Diese Modelle werden als *Multi-Index-Modelle* bezeichnet. Aus ökonometrischer Sicht handelt es sich dabei um multiple lineare Regressionsmodelle. Ohne auf die Theorie der Multi-Index-Modelle an dieser Stelle näher eingehen zu wollen, sei lediglich noch erwähnt, dass die Theorie keine Anhaltspunkte liefert, welche Variablen herangezogen werden sollten.

Im Folgenden wird nochmals die Fallstudie aus Kap. 5.7. aufgegriffen, bei der die Rendite der BASF-Aktie durch die DAX-Rendite im Rahmen eines Marktmodells erklärt wird. Das Datenmaterial bestand dabei aus täglichen stetigen Renditen im Zeitraum vom 01.01.1997 bis zum 30.12.1997. Zur Erklärung der BASF-Rendite zum Zeitpunkt t wird nun neben der DAX-Rendite noch die Rendite des Dollars und des Deutschen Rentenindexes REXP (ebenfalls zum Zeitpunkt t) herangezogen. Das ursprüngliche Single-Index-Modell wird also zu einem Multi-Index-Modell erweitert. Bei den Dollar- und REXP-Renditen handelt es sich dabei ebenfalls um tägliche Log-Differenzen im Zeitraum vom 01.01.1997 bis zum 30.12.1997. Bei beiden Zeitreihen wurde ebenfalls zunächst überprüft, ob sie die Eigenschaft der schwachen Stationarität erfüllen, um keine Scheinzusammenhänge („spurious regressions") zu modellieren. Die täglichen Log-Differenzen (stetige Renditen) des Dollars und des REXP erfüllten in dem oben genannten Zeitraum diese Eigenschaft.

Bevor jedoch mit diesen drei Variablen ein Multi-Index-Modell erstellt wird, sollten die drei Variablen *DAX, DOLLAR* und *REXP* auf Multikollinearität hin überprüft werden. Multikollinearität in den erklärenden Variablen führt dazu, dass die geschätzten Standardfehler und somit die t-Werte nicht mehr valide sind. Aus diesem Grunde sollte die Überprüfung auf Multikollinearität auf alle Fälle vor einer Analyse der t-Statistiken erfolgen. Dazu können die erklärenden Variablen in einem ersten Schritt durch eine einfache Korrelationsanalyse auf Multikollinearität überprüft werden. Ist die Korrelation zwischen zwei Variablen dem Betrage nach größer als 0.8, so ist diese Multikollinearität als kritisch anzusehen. Sämtliche gängigen Softwarepakete aus dem Statistik- und Ökonometriebereich (so auch EViews) bieten eine entsprechende Möglichkeit, um die Korrelationen zwischen jeweils zwei Variablen zu berechnen. Werden mehrere erklärenden Variablen auf diese Weise jeweils paarweise auf Multikollinearität überprüft, so resultiert daraus eine *Korrelationsmatrix.*

	DAX	*DOLLAR*	*REXP*
DAX	1.000000	0.518338	0.153209
DOLLAR	0.518338	1.000000	0.004951
REXP	0.153209	0.004951	1.000000

Tab. 7.4.-1.: Korrelationsmatrix

Auf der Diagonalen der Matrix befinden sich die Korrelationen der Zeitreihen mit sich selbst, die definitionsgemäß einen Wert von eins annehmen. Außerdem ist die Matrix symmetrisch. Die Werte rechts oberhalb der Diagonalen sind also identisch mit den Werten, die sich links unterhalb der Diagonalen befinden, da der Korrelationskoeffizient ein symmetrisches Maß ist (siehe Gleichung (11) in Kap. 2.3.4.). Alle Korrelationen sind weit von dem kritischen Wert von 0.80 entfernt. Die betragsmäßig größte Korrelation liegt zwischen den Variablen *DAX* und *DOLLAR* vor, die einen Wert von -0.518338 aufweist. Mit der einfachen Korrelationsanalyse können ausschließlich die Multikollinearitäten gemessen werden, welche zwischen je zwei Variablen bestehen. Da die Multikollinearität auch durch eine Linearkombination von mehreren Variablen hervorgerufen werden kann, ist es problematisch, auf Grund des Ergebnisses der einfachen Korrelationsanalyse auf keine Multikollinearität zu schließen.

In Abschnitt 7.3.2.2. wurde das Konzept der *Variance Inflation Factors (VIF)* vorgestellt, mit dem auch komplexere Formen der Multikollinearität identifiziert werden können. Die Variance Inflation Factors lassen sich auf eine einfache Weise durch Invertierung der gewöhnlichen Korrelationsmatrix berechnen. Die Werte auf der Diagonalen entsprechen dann den Variance Inflation Factors. Ausgangspunkt ist also die folgende Korrelationsmatrix **K**, die bereits oben aufgeführt ist:

$$(1) \quad \mathbf{K} = \begin{pmatrix} 1.000000 & 0.518338 & 0.153209 \\ 0.518338 & 1.000000 & 0.004951 \\ 0.153209 & 0.004951 & 1.000000 \end{pmatrix}$$

Durch Invertierung der Korrelationsmatrix **K** ergibt sich die Matrix $\mathbf{K}^{-1}$:

$$(2) \quad \mathbf{K}^{-1} = \begin{pmatrix} 1.411170 & -0.730410 & -0.212588 \\ -0.730410 & 1.378079 & 0.105083 \\ -0.212588 & 0.105083 & 1.032050 \end{pmatrix}$$

In der Tab. 7.4.-2. sind die *VIF*-Werte für die einzelnen Variablen aufgeführt:

Variable	*VIF*
DAX	1.411170
DOLLAR	1.378079
REXP	1.032050

Tab. 7.4.-2.: *VIF*

Bei einem *VIF* von größer 10 ist die vorliegende Multikollinearität als kritisch einzustufen. Dies ist bei keiner Variablen der Fall. Der *VIF* liegt bei allen Variablen in etwa bei eins, also weit entfernt von dem kritischen Wert 10. Sollte das eingesetzte Softwarepaket keine Möglichkeit zur Matrizeninvertierung anbieten, so können die Variance Inflation Factors auch manuell berechnet werden. Zur Veranschaulichung wird dies anhand des *VIF* für die Variable *DAX* durchgeführt.

Der *VIF* gibt Auskunft darüber, wie gut eine exogene Variable des Grundmodells durch alle anderen exogenen Variablen des Grundmodells erklärt werden kann. Ist eine hinreichend genaue Erklärung möglich, liegt Multikollinearität vor. In Bezug auf die Variable *DAX* stellt sich also konkret die Frage, ob sie durch die anderen exogenen Variablen des Grundmodells (*DOLLAR* und *REXP*) erklärt werden kann. Zur Überprüfung dieses Sachverhalts wird ein Regressionsmodell geschätzt, bei dem die Variable *DAX* dem Regressanden entspricht und alle anderen Variablen als Regressoren dienen. Die Abb. 7.4.-1. zeigt den Regressionsoutput:

```
LS // Dependent Variable is DLOGDAX
Date: 09/28/98   Time: 15:13
Sample(adjusted): 2 260
Included observations: 259 after adjusting endpoints
--------------------------------------------------------------------------
Variable        Coefficient      Std. Error       t-Statistic     Prob.
--------------------------------------------------------------------------
C                0.000408         0.000799         0.509896        0.6106
DLOGDOLLAR       1.296082         0.131747         9.837657        0.0000
DLOGREXP         1.379764         0.481884         2.863272        0.0045
---------------------------------------------------------------------------
R-squared               0.291368     Mean dependent var          0.001491
Adjusted R-squared      0.285832     S.D. dependent var          0.014983
S.E. of regression      0.012662     Akaike info criterion      -8.726811
Sum squared resid       0.041042     Schwarz criterion          -8.685612
Log likelihood          765.6169     F-statistic                 52.62967
Durbin-Watson stat      2.076084     Prob(F-statistic)           0.000000
---------------------------------------------------------------------------
```

Abb. 7.4.-1.: Regression zur manuellen Bestimmung des *VIF*

Die Variable *DAX* (in der Abbildung: *DLOGDAX*) kann nur bedingt durch die beiden anderen Variablen (in der Abbildung *DLOGDOLLAR* und *DLOGREXP*) erklärt werden. Dies verdeutlicht das Bestimmtheitsmaß (*R-squared*) von 0.291368. Mit Hilfe der Formel (2) aus Abschnitt 7.3.2.2. ist es nun möglich, das Bestimmtheitsmaß in den *VIF* überzuführen:

(3) $$VIF_{DAX} = \frac{1}{1-R^2} = \frac{1}{1-0.291368} = 1.41117$$

Dieser Wert ist identisch mit dem ersten Wert auf der Diagonalen der invertierten Korrelationsmatrix. Analog lässt sich auch der *VIF* für die beiden anderen Variablen berechnen.

Zwischen den drei Variablen *DAX*, *DOLLAR* und *REXP* konnte im Beispiel keine Multikollinearität festgestellt werden. Der Erstellung eines Multi-Index-Modells mit Hilfe dieser drei erklärenden Variablen würde somit unter dem Gesichtspunkt einer drohenden Multikollinearität nichts im Wege stehen. Hätte man Multikollinearitäten festgestellt, so ließen sich diese mit Hilfe des in Kap. 7.3.3. beschriebenen Verfahrens eliminieren, ohne dass einzelne Variablen ausgeschlossen werden.

7.5. Strukturbrüche und Fehlspezifikationen

Arbeitshinweise: Dieser Abschnitt beschäftigt sich mit Problemen bei der Regressionsanalyse, die sowohl in der Theorie als auch bei der praktischen Modellierung von zentraler Bedeutung sind: das Problem eines möglichen Strukturbruchs innerhalb eines ökonometrischen Modells und die Gefahr einer Fehlspezifikation.[119] In dem Kap. 7.5.1. wird zunächst der Test von CHOW vorgestellt, mit dem ein statistisches Instrumentarium zur Überprüfung eines möglichen Strukturbruchs zur Verfügung steht. Zum Test auf eine ggf. vorliegende Fehlspezifikation wird im nachfolgenden Kap. 7.5.2. der Hypothesentest von RAMSEY behandelt. Bei beiden Tests handelt es sich um „prominente" und häufig eingesetzte Konzepte aus der ökonometrischen Theorie, die zum „Standard-Repertoire" eines Ökonometrikers gehören sollten. Sie sind leicht nachzuvollziehen und zeichnen sich darüber hinaus durch eine einfache Anwendbarkeit aus. Aus diesen Gründen wird auf eine explizite Darstellung von einfachen Zahlenbeispielen in den Kapiteln 7.5.1. und 7.5.2. bewusst verzichtet und statt dessen auf die nachfolgende Fallstudie 7.6. verwiesen.

7.5.1. Test auf Strukturbruch mit Hilfe des Tests nach CHOW

Die wesentliche Aufgabe eines ökonometrischen Modells besteht darin, ein vereinfachtes Abbild der komplexen Realität bereitzustellen und sich dabei auf die grundlegenden Strukturelemente und Zusammenhänge zu beschränken. Die Realität ist dadurch charakterisiert, dass zu bestimmten Zeitpunkten Ereignisse auftreten (z.B. Wiedervereinigung Deutschlands, Einführung des Euro, Ausbrechen eines Krieges), die eine nachhaltige Änderung der strukturellen Zusammenhänge bewirken können. Im Falle eines solchen Phänomens wird von einem *Strukturbruch* gesprochen. Um eine hinreichende Realitätsnähe des ökonometrischen Modells zu gewährleisten, muss auch dieses einem möglichen Strukturbruch Rech-

119 Sofern einem Strukturbruch nicht explizit Rechnung getragen wird, führt auch dieser zu einer Fehlspezifikation des Modells.

nung tragen. Mit Hilfe des nachfolgend vorgestellten Hypothesentests nach CHOW [vgl. CHOW (1960)] lässt sich überprüfen, ob ein aufgetretenes Ereignis tatsächlich zu einem Strukturbruch geführt hat. Ein Strukturbruch liegt dann vor, wenn die Veränderungen ein solches Ausmaß erreicht haben, dass von einer Konstanz der Strukturparameter des ökonometrischen Modells in dem Betrachtungszeitraum nicht mehr ausgegangen werden kann.

Die Durchführung des Chow-Tests basiert auf einer Teilung des gesamten Beobachtungszeitraums ($t = 1, ..., n$) in zwei separate Zeiträume. Während der erste Zeitraum die Zeitspanne vom Beginn des Beobachtungszeitraums bis unmittelbar vor den vermuteten Strukturbruch umfasst ($t = 1, ..., m$ mit $m < n$), reicht der zweite Zeitraum vom Zeitpunkt des möglichen Strukturbruchs bis zum Ende des Beobachtungszeitraums ($t = m+1, ..., n$).

Bei der Durchführung des Chow-Tests werden die folgenden drei Regressionsmodelle betrachtet:

(1) $y_t = \beta_0 + \beta_1 x_{1t} + \beta_2 x_{2t} + ... + \beta_k x_{kt} + \varepsilon_t \qquad t = 1, ..., n$

(2) $y_t = \beta_0^1 + \beta_1^1 x_{1t} + \beta_2^1 x_{2t} + ... + \beta_k^1 x_{kt} + \varepsilon_t \qquad t = 1, ..., m$

(3) $y_t = \beta_0^2 + \beta_1^2 x_{1t} + \beta_2^2 x_{2t} + ... + \beta_k^2 x_{kt} + \varepsilon_t \qquad t = m+1, ..., n$

Während das erste Regressionsmodell für den gesamten Beobachtungszeitraum gilt, deckt das zweite Modell den Zeitraum vor dem möglichen Strukturbruch und das dritte den Zeitraum danach ab. Die hochgestellten Indizes der Regressionskoeffizienten in den Gleichungen (2) und (3) geben dementsprechend an, ob sich das Modell auf den ersten oder den zweiten „Teil-Zeitraum" bezieht. Bei der Durchführung des Chow-Tests wird für die Regressionsparameter der zweiten und der dritten Modellgleichung die folgende Nullhypothese („Kein Strukturbruch") formuliert:

(4) $H_0: \quad \beta_j^1 = \beta_j^2 \qquad$ für alle $j = 0, ..., k$

Die Alternativhypothese geht also dann davon aus, dass *mindestens* ein Parameterpaar nicht gleich ist. Zur Überprüfung der Nullhypothese werden die Regressionsmodelle (1), (2) und (3) geschätzt und aus den jeweils resultierenden Residuen die Summen ihrer quadrierten Werte (Error Sum of Squares, *ESS*) berechnet:

(5) Gesamtzeitraum: $ESS = \sum_{t=1}^{n} \hat{\varepsilon}_t^2$ mit $n - (k + 1)$ Freiheitsgraden

(6) Vor Strukturbruch: $ESS1 = \sum_{t=1}^{m} \hat{\varepsilon}_t^2$ mit $m - (k + 1)$ Freiheitsgraden

(7) Nach Strukturbruch: $ESS2 = \sum_{t=m+1}^{n} \hat{\varepsilon}_t^2$ mit $(n - m) - (k + 1)$ Freiheitsgraden

Sofern kein nachhaltiger Strukturbruch vorliegt, entspricht die Quadratsumme ESS in etwa der Summe aus $ESS1$ und $ESS2$. Liegt hingegen ein Strukturbruch vor, dann beschreiben die beiden „Teil-Modelle“ (2) und (3) die Realität wesentlich besser als das „Gesamt-Modell“ (1).[120] Die Summe der quadrierten Residuen aus dem Gesamt-Modell (ESS) ist in diesem Fall deutlich höher als die Summe aus den Quadratsummen $ESS1$ und $ESS2$:

(8) $ESS > (ESS1 + ESS2) \qquad \Rightarrow \qquad ESS - (ESS1 + ESS2) > 0$

Diese Überlegungen liegen dem Test nach CHOW zu Grunde. Konkret basiert der Test auf folgender Prüfstatistik F:

(9) $$F = \frac{(ESS - (ESS1 + ESS2))/(k+1)}{(ESS1 + ESS2)/(n - 2(k+1))}$$

Bei der Prüfgröße wird also die Größe $(ESS - (ESS1 + ESS2))$ ins Verhältnis zu $(ESS1 + ESS2)$ gesetzt, nachdem jeweils bei beiden Größen eine Division durch die Anzahl ihrer Freiheitsgrade erfolgt ist. Die Anzahl der Freiheitsgrade lässt sich sowohl bei der Zähler- als auch bei der Nennergröße aus den Freiheitsgraden der jeweils beteiligten Größen (siehe (5), (6) und (7)) ermitteln:

(10) Zählergröße: $(n - (k + 1)) - [(m - (k + 1)) + ((n - m) - (k + 1))] = k + 1$
(11) Nennergröße: $[m - (k + 1)] + [(n - m) - (k + 1)] = n - 2(k + 1)$

Wie der Term $(ESS - (ESS1 + ESS2))$ im Zähler von (9) zeigt, führen große Werte der F-Statistik tendenziell zu einer Ablehnung der Nullhypothese „Kein Strukturbruch“. Sofern die Residuen als unabhängig und identisch normalverteilt angesehen werden können, folgt die Prüfstatistik unter H_0 der F-Verteilung mit den Freiheitsgraden $(k + 1)$ und $(n - 2(k + 1))$:

(12) $$F = \frac{(ESS - (ESS1 + ESS2))/(k+1)}{(ESS1 + ESS2)/(n - 2(k+1))} \sim F_{k+1;n-2(k+1)}$$

Die Nullhypothese wird mit einer Irrtumswahrscheinlichkeit α abgelehnt (d.h. die Alternativhypothese ist statistisch signifikant), wenn die berechnete Prüfgröße das $(1 - \alpha)$-Quantil der F-Verteilung mit den Freiheitsgraden $(k + 1)$ und $(n - 2(k + 1))$ übersteigt:

(13) $F > F_{k+1;n-2(k+1);1-\alpha} \qquad \to H_0$ wird abgelehnt

In diesem Fall wird der Unterschied in den Abweichungsquadratsummen $(ESS - (ESS1 + ESS2))$ nicht mehr als zufällig angesehen, sondern auf das Vorliegen einer

120 Die beiden Teil-Modelle lassen sich als „Spezial-Modelle“ für den Zeitraum vor und nach dem Strukturbruch auffassen.

strukturellen Veränderung (also auf einen Strukturbruch) zurückgeführt. Soll für den *gesamten* Beobachtungszeitraum beim Vorliegen eines Strukturbruchs *ein* ökonometrisches Modell implementiert werden, so ist dies mit dem folgenden Ansatz möglich:

$$(14) \quad y_t = \sum_{j=0}^{k} d_{1t} \cdot \beta_j^1 \cdot x_{jt} + \sum_{j=0}^{k} d_{2t} \cdot \beta_j^2 \cdot x_{jt} + \varepsilon_t \qquad t = 1, ..., n$$

mit $d_{1t} = 1$ und $d_{2t} = 0$ für $t = 1, ..., m$
$d_{1t} = 0$ und $d_{2t} = 1$ für $t = m+1, ..., n$

Das Gesamtmodell (14) besteht aus zwei Teilmodellen, wobei das erste den Zeitraum vor dem Strukturbruch modelliert und das zweite den Zeitraum danach. In Abhängigkeit des jeweils betrachteten Zeitpunkts t ist dementsprechend das erste oder das zweite Teilmodell aktiv, wobei die Steuerung mit Hilfe der beiden Dummy-Variablen d_{1t} und d_{2t} erfolgt. Bei der Variablen x_{0t} (also für $j = 0$) handelt es sich um eine Hilfsvariable, welche zu jedem Zeitpunkt den konstanten Wert 1 beinhaltet. In diesem Fall stellen die Größen β_0^1 bzw. β_0^2 die jeweiligen Regressionskonstanten für den Zeitraum vor bzw. nach dem Strukturbruch dar.

7.5.2. Test auf Fehlspezifikation mittels des RESET-Tests von Ramsey

Das Problem der *Fehlspezifikation* eines linearen Regressionsmodells wurde bereits in den Abschnitten zur Autokorrelation und Heteroskedastizität erläutert. Wesentliche Ursachen für die Fehlspezifikation können darin liegen, dass entweder wichtige erklärende Variaben fehlen oder aber ein nichtlinearer Zusammenhang zwischen der abhängigen Variable und der (den) unabhängigen Variable(n) vorliegt. Solche Fehlspezifikationen können sich in autokorrelierten und/oder heteroskedastischen Residuen niederschlagen. Bei der Studie von Ramsey und Alexander (1984) zeigte sich jedoch, dass eine *a priori* bekannte Fehlspezifikation zwar durch den RESET-Test von Ramsey angezeigt wurde, nicht jedoch durch die klassischen Test- und Gütekriterien (wie z.B. die Durbin-Watson-Statistik). Aus diesem Grunde wird der RESET-Test (Regression Specification Error Test) nachfolgend erläutert [vgl. Ramsey (1969)].

Die Ausgangsbasis des Tests stellt das originäre Regressionsmodell (1) dar, dessen Parameter mit der gewöhnlichen OLS-Methode geschätzt werden.

$$(1) \quad y_t = \beta_0 + \beta_1 x_{1t} + \beta_2 x_{2t} + ... + \beta_k x_{kt} + \varepsilon_t \qquad t = 1, ..., n$$

Mit Hilfe der geschätzten Regressionskoeffizienten lassen sich in einem zweiten Schritt durch Einsetzen der Beobachtungen in das Regressionsmodell Schätzungen für die abhängige Variable erstellen:

(2) $\hat{y}_t = \hat{\beta}_0 + \hat{\beta}_1 x_{1t} + \hat{\beta}_2 x_{2t} + ... + \hat{\beta}_k x_{kt} \qquad t = 1, ..., n$

In RAMSEY (1969) wird gezeigt, dass die geschätzte Variable (Vektor $\hat{\mathbf{y}}$) in potenzierter Form ($\hat{\mathbf{y}}^2, \hat{\mathbf{y}}^3, ...$) eine geeignete Approximation fehlender Variablen oder eines nichtlinearen Zusammenhangs ermöglicht [vgl. RAMSEY (1969), S. 360]. Die Berücksichtigung von *maximal* bis zu drei potenzierten abhängigen Variablen ($\hat{\mathbf{y}}^2, \hat{\mathbf{y}}^3, \hat{\mathbf{y}}^4$) wird dabei als ausreichend angesehen [vgl. RAMSEY (1969), S. 362]. In diesem Fall lässt sich das Modell (1) in einer erweiterten Form wie folgt darstellen:[121]

(3) $y_t = \beta_0 + \beta_1 x_{1t} + \beta_2 x_{2t} + ... + \beta_k x_{kt} + \gamma_1 \hat{y}_t^2 + \gamma_2 \hat{y}_t^3 + \gamma_3 \hat{y}_t^4 + \varepsilon_t \qquad t = 1, ..., n$

Sofern nun die zusätzlich aufgenommenen Variablen ($\hat{\mathbf{y}}^2, \hat{\mathbf{y}}^3, \hat{\mathbf{y}}^4$) *gemeinsam* einen signifikanten Erklärungsbeitrag leisten, ist von einer Fehlspezifikation des originären Modells auszugehen. Die Summe der quadrierten Residuen *ESS* ist dann bei dem *unrestringierten* Modell (Gleichung (3)) kleiner als bei dem *restringierten* Modell (Gleichung (1)). Auf Basis dieser Überlegungen lässt sich folgende *F*-Statistik konstruieren, wobei von insgesamt *l* zusätzlich aufgenommenen potenzierten Variablen ausgegangen wird:

(4) $$F = \frac{(ESS_R - ESS_U)/l}{ESS_U / (n - (k + l + 1))}$$

Bei der *F*-Statistik wird also der (höhere) Erklärungsgehalt des *unrestringierten* Modells gegenüber dem *restringierten* Modell (gemessen über $ESS_R - ESS_U$) ins Verhältnis zur Erklärungskraft des *unrestringierten* Modells (gemessen über ESS_U) gesetzt, nachdem die jeweiligen Größen noch durch die Anzahl ihrer Freiheitsgrade dividiert wurden. Die Anzahl der Freiheitsgrade ergibt sich aus den Freiheitsgraden der jeweils beteiligten Größen. Im Falle von insgesamt *l* potenzierten Variablen des unrestringierten Modells gelten für die Ermittlung der Freiheitsgrade folgende Berechnungsvorschriften:

(5) Zählergröße: $(n - (k + 1)) - (n - (k + l + 1)) = l$
(6) Nennergröße: $n - (k + l + 1)$

Wie die Prüfgröße (4) unschwer erkennen lässt, führen große Werte der *F*-Statistik tendenziell zu einer Ablehnung der Nullhypothese des Ramsey-Tests (H_0: „Kein Spezifikationsfehler"). Im Falle unabhängiger und identisch normalverteilter Residuen folgt die Prüfgröße unter H_0 der *F*-Verteilung mit den Freiheitsgraden *l* und $(n - (k + l + 1))$:

121 Die abhängige Variable zur Potenz eins wird in die Gleichung nicht explizit aufgenommen, da diese bereits durch den ersten Teil der Regressionsgleichung abgedeckt wird.

(7) $$F = \frac{(ESS_R - ESS_U)/l}{ESS_U/(n-(k+l+1))} \sim F_{l;n-(k+l+1)}$$

Die Alternativhypothese (H_1: „Spezifikationsfehler") wird dann mit einer Irrtumswahrscheinlichkeit von α als statistisch signifikant angesehen, wenn die berechnete Prüfgröße das $(1-\alpha)$-Quantil der F-Verteilung mit den Freiheitsgraden l und $(n-(k+l+1))$ übersteigt:

(8) $F > F_{l;n-(k+l+1);1-\alpha}$ $\rightarrow H_0$ wird abgelehnt

Unter diesen Voraussetzungen wird der Unterschied in den Summen der quadrierten Residuen des restringierten und unrestringierten Modells ($ESS_R - ESS_U$) als nicht mehr zufällig angesehen und auf einen Spezifikationsfehler zurückgeführt. Abschließend sei angemerkt, dass der Ramsey-Test trotz seiner hohen Leistungsfähigkeit [vgl. RAMSEY/ALEXANDER (1984)] in seinen Möglichkeiten doch auch begrenzt ist. So lassen sich mit ihm zwar Fehlspezifikationen erkennen, jedoch liefert der Test keinen Hinweis darauf, welche Art des Spezifikationsfehlers vorliegen könnte (z.B. Fehlen wichtiger Variablen *oder* Vorliegen von Nichtlinearitäten bzw. Hinweise bezüglich der konkreten Form des nichtlinearen Zusammenhangs).

7.6. Überprüfung des Marktmodells auf Strukturbruch und Fehlspezifikation

In Kap. 5.7. wurde das Marktmodell im Rahmen einer Fallstudie vorgestellt. Die beispielhafte Anwendung dieses Modells erfolgte in Abschnitt 5.7.4. Konkret wurde dort der Beta-Faktor für die BASF-Aktie mit Hilfe eines linearen Regressionsmodells geschätzt. Im Rahmen dieser Fallstudie wird das Regressionsmodell des Abschnitts 5.7.4. hinsichtlich eines möglichen Strukturbruchs sowie auf eine mögliche Fehlspezifikation hin untersucht. Hierbei kommen der Test von CHOW und der RESET-Test von RAMSEY zum Einsatz.

7.6.1. Test auf einen möglichen Strukturbruch

In der nachfolgenden Abbildung ist der Regressionsoutput des geschätzten Marktmodells für die BASF-Aktie (siehe Abschnitt 5.7.4.) nochmals dargestellt.

```
Dependent Variable: DLOGBASF
Sample(adjusted): 2 260
Included observations: 259 after adjusting endpoints
-------------------------------------------------------------------------
Variable          Coefficient      Std. Error       t-Statistic      Prob.
-------------------------------------------------------------------------
C                 -0.001287        0.000739         -1.742195        0.0827
DLOGDAX            1.051753        0.049155         21.39666         0.0000
-------------------------------------------------------------------------
R-squared              0.640467     Mean dependent var          0.000281
Adjusted R-squared     0.639068     S.D. dependent var          0.019691
S.E. of regression     0.011830     Akaike info criterion      -8.866592
Sum squared resid      0.035965     Schwarz criterion          -8.839126
Log likelihood         782.7185     F-statistic                 457.8170
Durbin-Watson stat     2.019376     Prob(F-statistic)           0.000000
-------------------------------------------------------------------------
```

Abb. 7.6.1.-1.: Regressionsoutput des Marktmodells für die BASF-Aktie

Das Modell wurde auf der Basis von 259 verfügbaren Tagesrenditen des Zeitraums vom 01.01.1997 bis 30.12.1997 geschätzt.[122] Nachfolgend wird mit Hilfe des Chow-Tests geprüft, ob sich die Zusammenhänge ab Mitte des Jahres 1997 nachhaltig geändert haben könnten.[123] Zur Anwendung des Chow-Tests muss in der Ökonometriesoftware EViews lediglich der Zeitpunkt des möglichen Strukturbruchs angegeben werden. Die nachfolgende Abbildung zeigt das Ergebnis des Tests auf einen möglichen Strukturbruch ab dem 130. Beobachtungszeitpunkt.[124]

```
Chow Breakpoint Test: 130
-------------------------------------------------------------
F-statistic            0.219385     Probability      0.803164
Log likelihood ratio   0.445271     Probability      0.800407
-------------------------------------------------------------
```

Abb. 7.6.1.-2.: Ergebnis des Chow-Tests

Neben dem Wert der F-Statistik liefert die Software EViews zusätzlich die sog. „*Log likelihood ratio*“ , die alternativ (statt der F-Statistik) zur Entscheidung „Beibehaltung oder Ablehnung der Nullhypothese“ herangezogen werden kann. Wie die aufgeführten Ergebnisse zeigen, ist die Nullhypothese („Kein Strukturbruch“) bei einem F-Wert von 0.2193 nicht abzulehnen. Bei einer Ablehnung der Nullhypothese würde die Irrtumswahrscheinlichkeit ca. 80% betragen, was jenseits der allgemein akzeptierten Irrtumswahrscheinlichkeit von 5% oder auch 10% liegt.

122 Aus den 260 Kursständen lassen sich 259 Renditen berechnen.

123 Die Überprüfung hinsichtlich eines möglichen Strukturbruchs per Jahresmitte ist hier exemplarisch zu sehen. Im Rahmen der ökonometrischen Modellierung erfolgt die Überprüfung auf einen möglichen Strukturbruch in aller Regel dann, wenn bestimmte Ereignisse aufgetreten sind (z.B. Währungsunion, Wiedervereinigung Deutschlands, Kriege), die eine nachhaltige Änderung der tatsächlichen Zusammenhänge ausgelöst haben könnten.

124 Dieser liegt etwa in der Mitte des Beobachtungszeitraums.

Der Chow-Test lässt sich jedoch auch auf einfache Weise und ohne großen Aufwand manuell durchführen. Hierzu müssen neben dem eigentlichen Modell (Gesamtmodell) noch zwei weitere Teilmodelle geschätzt werden. Das erste Teilmodell gilt für den Zeitraum vor dem möglichen Strukturbruch (Datenpunkte 1 bis 129) und das zweite für den Zeitraum danach (Datenpunkte 130 bis 259). Für die Berechnung der Teststatistik sind die Summen der quadrierten Residuen des Gesamtmodells (*ESS*) sowie des ersten und des zweiten Teilmodells (*ESS*1 bzw. *ESS*2) erforderlich:[125]

(1) $ESS = 0.035965$
(2) $ESS1 = 0.015207$
(3) $ESS2 = 0.020696$

Mit Hilfe dieser Werte lässt sich die *F*-Statistik wie folgt berechnen:[126]

$$(4) \quad F = \frac{(ESS - (ESS1 + ESS2))/(k+1)}{(ESS1 + ESS2)/(n - 2(k+1))} = \frac{(0.035965 - (0.015207 + 0.020696))/2}{(0.015207 + 0.020696)/(259 - 4)} = 0.22$$

Für die Entscheidung „Beibehaltung der Nullhypothese oder Ablehnung" ist ein Vergleich mit der entsprechenden kritischen Größe der *F*-Verteilung erforderlich. Diese lässt sich bei einer Irrtumswahrscheinlichkeit von 5% aus der Tabelle A.2.-5. bei den Freiheitsgraden 2 und 255 entnehmen. Da die *F*-Statistik mit einem Wert von 0.22 eindeutig unter den kritischen Werten von 3.041 (bei den Freiheitsgraden 2 und 200) bzw. 3.018 (bei den Freiheitsgraden 2 und 400) liegt, wird die Nullhypothese „Kein Strukturbruch" beibehalten.[127]

7.6.2. Test auf eine mögliche Fehlspezifikation

Der RESET-Test von RAMSEY basiert auf der Erkenntnis, dass die geschätzte Variable des ursprünglichen Modells (Vektor $\hat{\mathbf{y}}$) in potenzierter Form ($\hat{\mathbf{y}}^2, \hat{\mathbf{y}}^3, ...$) eine geeignete Approximation fehlender Variablen oder eines nichtlinearen Zusammenhangs ermöglicht. Zum Test auf eine mögliche Fehlspezifikation werden diese Variablen zusätzlich in das originäre Modell aufgenommen. Sofern diese Variablen nun einen signifikanten Erklärungsbeitrag liefern, ist dies als Hinweis auf eine Fehlspezifikation des originären Modells zu sehen. Um das geschätzte Marktmodell auf eine mögliche Fehlspezifikation hin zu überprüfen, wird zunächst die abhängige Variable des originären Modells in quadrierter Form

125 Die Summe der quadrierten Residuen des Gesamtmodells (*ESS*) ist in der Abbildung 7.6.1.-1. hinter der Bezeichnung „*Sum squared resid*" angegeben. Die Größen *ESS*1 und *ESS*2 lassen sich auf analoge Weise ermitteln.

126 Die marginale Abweichung gegenüber dem in der Abbildung 7.6.1.-2. aufgeführten Wert ist auf Rundungsungenauigkeiten zurückzuführen.

127 Der konkrete *F*-Wert bei 255 Freiheitsgraden ist in der Tabelle nicht aufgeführt. Aus diesem Grunde wurden die beiden nächstliegenden Werte bei 200 bzw. 400 Freiheitsgraden ausgewertet. Der nicht explizit aufgeführte Wert bei 255 Freiheitsgraden liegt zwischen diesen beiden Werten.

als zusätzliche erklärende Variable aufgenommen. Die nachfolgende Abbildung zeigt den Regressionsoutput des geschätzten Modells und den Wert der relevanten F-Statistik.[128]

```
Ramsey RESET Test:
----------------------------------------------------------------------
F-statistic               2.059169         Probability       0.152513
Log likelihood ratio      2.074948         Probability       0.149735
----------------------------------------------------------------------

Sample: 2 260
Included observations: 259
-----------------------------------------------------------------------
Variable        Coefficient     Std. Error      t-Statistic      Prob.
-----------------------------------------------------------------------
C               -0.001764       0.000809        -2.181268        0.0301
DLOGDAX          1.078772       0.052544        20.53100         0.0000
FITTED^2         1.764404       1.229567        1.434980         0.1525
-----------------------------------------------------------------------
R-squared              0.643336     Mean dependent var         0.000281
Adjusted R-squared     0.640550     S.D. dependent var         0.019691
S.E. of regression     0.011805     Akaike info criterion     -6.029004
Sum squared resid      0.035678     Schwarz criterion         -5.987805
Log likelihood         783.7560     F-statistic                230.8815
Durbin-Watson stat     2.037849     Prob(F-statistic)          0.000000
-----------------------------------------------------------------------
```

Abb. 7.6.2.-1.: RESET-Test mit *einer* zusätzlich erklärenden Variablen

Wie die Auswertung der F-Statistik zeigt, liefert die zusätzlich aufgenommene Variable keinen signifikanten Erklärungsbeitrag. Würde man sich auf Grund der F-Statistik (Wert von 2.0591) für die Alternativhypothese („Fehlspezifikation") entscheiden, so würde mit dieser Entscheidung eine Irrtumswahrscheinlichkeit von 15.25% einher gehen. Unterstellt man eine maximal tolerierte Irrtumswahrscheinlichkeit von 5% bzw. auch 10%, so ist die Nullhypothese („Keine Fehlspezifikation") beizubehalten.

Sofern die Teststatistik von der eingesetzten Ökonometriesoftware nicht automatisch bereitgestellt wird, kann diese auf einfache Weise auch manuell berechnet werden. Hierzu sind die Summen der quadrierten Residuen des originären Modells („restringiertes Modell") und des Modells mit der zusätzlich aufgenommenen Variable („unrestringiertes Modell") erforderlich. Diese Größen sind in den Abbildungen 7.6.1.-1 (für das restringierte Modell) und 7.6.2.-1 (für das unrestringierte Modell) unter der Bezeichnung „*Sum squared resid*" aufgeführt:

(1) Restringiertes Modell: $ESS_R = 0.035965$
(2) Unrestringiertes Modell: $ESS_U = 0.035678$

Mit Hilfe dieser Größen lässt sich der Wert der F-Statistik wie folgt berechnen:

---

128 Neben der F-Statistik ist auch die „*Log likelihood ratio*" aufgeführt, die alternativ zur Auswertung des Tests herangezogen werden kann. Diese Teststatistik wird hier jedoch nicht weiter betrachtet.

$$(3)\quad F=\frac{(ESS_R-ESS_U)/l}{ESS_U/(n-(k+l+1))}=\frac{(0.035965-0.035678)/1}{0.035678/(259-3)}=2.059$$

Der entsprechende kritische F-Wert kann bei einer tolerierten Irrtumswahrscheinlichkeit von 5% aus der Tabelle A.2.-5. bei den Freiheitsgraden 1 und 256 entnommen werden. Da der F-Wert mit 2.059 eindeutig unter den kritischen Werten von 3.888 (bei den Freiheitsgraden 1 und 200) bzw. 3.865 (bei den Freiheitsgraden 1 und 400) liegt, wird die Nullhypothese „Keine Fehlspezifikation" beibehalten.[129]

Bei dem hier durchgeführten Spezifikationstest lässt sich kritisch anmerken, dass die (geschätzte) abhängige Variable des ursprünglichen Modells ausschließlich in quadrierter Form als erklärende Größe berücksichtigt wurde. Möglicherweise kann eine eventuell doch vorliegende Fehlspezifikation durch die (geschätzte) abhängige Variable in der dritten oder gar vierten Potenz ($\hat{\mathbf{y}}^3, \hat{\mathbf{y}}^4$) aufgedeckt werden.[130] Aus diesem Grunde wird der Test wiederholt, wobei jetzt die dritte und vierte Potenz der (geschätzten) abhängigen Variablen *zusätzlich* berücksichtigt werden:

```
Ramsey RESET Test:
------------------------------------------------------------
F-statistic           1.043661       Probability       0.373794
Log likelihood ratio  3.173083       Probability       0.365701
------------------------------------------------------------

Sample: 2 260
Included observations: 259
------------------------------------------------------------------------
Variable    Coefficient       Std. Error       t-Statistic          Prob.
------------------------------------------------------------------------
C           -0.002093         0.000929         -2.253450            0.0251
DLOGDAX     1.069008          0.071070         15.04154             0.0000
FITTED^2    3.855703          2.795243         1.379380             0.1690
FITTED^3    5.453746          36.44425         0.149646             0.8812
FITTED^4    -330.0593         606.0366         -0.544619            0.5865
------------------------------------------------------------------------
R-squared               0.644845      Mean dependent var        0.000281
Adjusted R-squared      0.639252      S.D. dependent var        0.019691
S.E. of regression      0.011827      Akaike info criterion    -6.017800
Sum squared resid       0.035527      Schwarz criterion        -5.949135
Log likelihood          784.3051      F-statistic              115.2953
Durbin-Watson stat      2.038241      Prob(F-statistic)         0.000000
------------------------------------------------------------------------
```

Abb. 7.6.2.-2.: RESET-Test mit *drei* zusätzlich erklärenden Variablen

Wie die ausgewiesene Teststatistik zeigt, kann die Nullhypothese „Kein Spezifikationsfehler" auch mit diesem erweiterten Test nicht verworfen werden (F-Statistik von 1.04 bei ei-

129 Der konkrete F-Wert bei 256 Freiheitsgraden ist in der Tabelle nicht aufgeführt. Aus diesem Grunde wurden die beiden nächstliegenden Werte bei 200 bzw. 400 Freiheitsgraden ausgewertet. Der nicht explizit aufgeführte Wert bei 256 Freiheitsgraden liegt zwischen diesen beiden Werten.

130 Nach RAMSEY ist dies als ausreichend anzusehen. Vgl. RAMSEY (1969), S. 362.

ner Irrtumswahrscheinlichkeit von 0.37). Es lässt sich also keine Fehlspezifikation des Marktmodells nachweisen.

8. Fallstudie: Renditeprognose mit Hilfe von Regressionsmodellen

Arbeitshinweise: Das Ziel dieser Fallstudie besteht darin, die praktische Anwendung der linearen Regression als Prognoseinstrument anhand realer Finanzmarktdaten zu veranschaulichen. Dabei kommen alle bisher behandelten Aspekte der Regressionsanalyse zur Sprache. In Kap. 8.1. werden die Grundlagen zur Implementierung eines regressionsbasierten Prognosemodells dargestellt. Der nachfolgende Abschnitt 8.2. beschäftigt sich mit der Problemstellung, der Datenaufbereitung und der Aufteilung des Datenmaterials. Die Aufgabe besteht darin, die stetige Monatsrendite des Morgan Stanley Aktienindexes BRD im Zeitraum von Januar 1996 bis Dezember 1997 (01:1996 bis 12:1997) vorherzusagen. Es werden also 24 Prognosen erstellt. Als potenziell erklärende Variablen dienen hierfür stetige Monatsrenditen diverser internationaler Aktien- und Bondindices sowie Währungen, Gold und Rohstoffe. In Kap. 8.3. wird das herangezogene Datenmaterial zunächst hinsichtlich der Stationaritätseigenschaft untersucht. Anschließend werden in Kap. 8.4. mit Hilfe der Korrelationsanalyse die Zusammenhänge zwischen den potenziellen Einflussgrößen und den Renditen des Morgan Stanley Aktienindexes BRD analysiert. Basierend auf diesen Ergebnissen werden in 8.5. konkrete Variablen ausgewählt, die in dem Prognosemodell zum Einsatz kommen sollen. Die ausgewählten Variablen werden anschließend auf Multikollinearität überprüft. In Kap. 8.6. werden die Parameter des Regressionsmodells geschätzt. Die Überprüfung der Annahmen und der Signifikanz des Regressionsmodells findet in Kap. 8.7. statt. Da für ein Prognosemodell die Güte der Vorhersagen von zentraler Bedeutung sind, wird die Prognosegüte in Kap. 8.8. im Vergleich zu einer adäquaten Benchmark überprüft. Hierbei kommen statistische und ökonomische Gütekriterien zum Einsatz. Zur Ermittlung der ökonomischen Güte der Prognosen werden Verfahren der ein- und zweidimensionalen Performancemessung angewandt.

8.1. Grundprinzip der Kurs- bzw. Renditeprognose mit Hilfe eines Regressionsmodells

In der Fallstudie des Kap. 5.7.4. wurde mittels eines Einfachregressionsmodells die Rendite der BASF-Aktie zum Zeitpunkt t durch die DAX-Rendite (ebenfalls zum Zeitpunkt t) erklärt. Für viele Entscheidungsträger in der Wirtschaft steht jedoch nicht die Erklärung einer *aktuellen*, also einer heute bekannten Größe (z.B. Zinsen, Währungen, Aktienrenditen ...)[131] im Vordergrund, sondern die Prognose einer *zukünftigen*. Ist es möglich, eine zukünftige Wirtschaftsgröße durch eine oder mehrere Einflussgrößen, die zum heutigen Zeitpunkt bekannt sind, hinreichend exakt und über die Zeit hinweg stabil zu erklären, so könnte es auch

131 Im Folgenden werden insbesondere Finanzmarktdaten (Aktien, Zinsen und Währungen) betrachtet. Jedoch besitzen alle inhaltlichen Aussagen hinsichtlich der Erklärung und Prognose auch Gültigkeit für volkswirtschaftliche Daten. Zu denken wäre hier beispielsweise an das Bruttoinlands- oder Bruttosozialprodukt, an Arbeitslosenzahlen, Produktivität, Im- und Exporte usw.

möglich sein, diese zukünftige Größe zu prognostizieren. In der folgenden Fallstudie wird gezeigt, wie das Instrumentarium der linearen Regression zur Kurs- bzw. Renditeprognose eingesetzt werden kann. Dabei steht insbesondere die Darstellung des Prinzips und der Vorgehensweise im Vordergrund. Bei dem hier entwickelten Modell handelt es sich um kein „ultimatives" Prognosemodell, welches den strengen Anforderungen des praktischen Einsatzes genügt. Für die Entwicklung von leistungsfähigen, praxistauglichen Prognosemodellen sind viele weitere, ausgefeilte ökonometrische Methoden und Verfahren erforderlich, deren theoretische Grundlagen in diesem Buch nicht behandelt werden können.

Damit die lineare Regressionsanalyse als Prognoseinstrument eingesetzt werden kann, wird das lineare Regressionsmodell in Gleichung (1) des Kapitels 5.1. wie folgt modifiziert:

(1) $y_{t+1} = \beta_0 + \beta_1 x_{1t} + \beta_2 x_{2t} + ... + \beta_k x_{kt} + \varepsilon_{t+1}$

Die zu erklärende Größe y wird also nicht mehr zum *aktuellen* Zeitpunkt t, sondern zum *zukünftigen* Zeitpunkt t+1 betrachtet. Dementsprechend bezieht sich auch das Regressionsresiduum ε_{t+1} – als nicht erklärbarer Anteil des Variablenwertes y_{t+1} – auf den Zeitpunkt t+1. Ansonsten weist dieses Prognosemodell keine Unterschiede zum ursprünglichen Regressionsmodell (siehe Gleichung (1) in Kapitel 5.1.) auf. Die k erklärenden Variablen $x_1, ..., x_k$ beziehen sich nach wie vor auf den aktuellen Zeitpunkt t und für die Residuen ε_{t+1} gelten die gleichen Annahmen wie beim Grundmodell in Kap. 5.1. Analog zu dem in Kap. 5.1. vorgestellten Regressionsmodell sind auch bei dem Modell in Gleichung (1) die k+1 Regressionsparameter $\beta_0, ..., \beta_k$ unbekannt und müssen daher (anhand von ex post Daten) geeignet geschätzt werden. Dabei lässt sich das in den Kapiteln 5.2. bzw. 5.3. vorgestellte OLS-Verfahren einsetzen, wobei die Schätzung auf der Gleichung (1) dieses Kapitels basiert. Das OLS-Verfahren liefert für die k unbekannten Regressionsparameter geeignete Schätzungen, die im weiteren Verlauf mittels eines „Daches" gekennzeichnet werden:

(2) $\beta_0, \beta_1, ..., \beta_k \quad \Rightarrow \quad \hat{\beta}_0, \hat{\beta}_1, ..., \hat{\beta}_k$

Mit Hilfe dieser (anhand von ex post Daten) geschätzten Regressionskoeffizienten ist es nun möglich, mit Informationen, die zum heutigen Zeitpunkt t bekannt sind, ex ante Prognosen durchzuführen. Hierzu wird die Gleichung (1) wie folgt modifiziert:

(3) $\hat{y}_{t+1} = \hat{\beta}_0 + \hat{\beta}_1 x_{1t} + \hat{\beta}_2 x_{2t} + ... + \hat{\beta}_k x_{kt}$

Im Unterschied zur Gleichung (1) basiert das Prognosemodell nicht mehr auf den tatsächlichen (aber unbekannten) Regressionskoeffizienten ($\beta_0, \beta_1, ..., \beta_k$), sondern auf deren Schätzungen ($\hat{\beta}_0, \hat{\beta}_1, ..., \hat{\beta}_k$). Da das Residuum bei der Prognose letztendlich dem Prognosefehler entspricht und zum Prognosezeitpunkt unbekannt ist, kann es in Gleichung (3) nicht berücksichtigt werden. Dies ist insofern legitim, da das Residuum annahmegemäß einen Erwartungswert von null aufweist. Zur Bestimmung des Prognosewertes werden die Werte der k erklärenden Variablen, die zum aktuellen Zeitpunkt t beobachtbar sind, in die Gleichung (3) eingesetzt. Der Prognosewert ergibt sich dann durch Gewichtung der erklärenden Variablen mit den jeweiligen geschätzten Regressionskoeffizienten und anschließender Summation (inklusive der Regressionskonstanten). Eine hinreichend exakte Prognose kann aber nur dann gelingen, wenn die geschätzten Regressionskoeffizienten in etwa den tatsächlichen (nicht beobachtbaren) Koeffizienten entsprechen und sich diese vom Schätzzeitpunkt bis zum Prognosezeitpunkt nicht verändern. Man spricht in diesem Fall von einem *zeitstabilen Zusammenhang* zwischen den erklärenden und der zu erklärenden Variable, oder einfach nur von *Zeitstabilität*.

Bevor ein Prognosemodell in der Praxis eingesetzt wird, ist es sinnvoll, es vorab unter weitgehend realitätsnahen Bedingungen zu testen. Reale Prognoseanwendungen besitzen die Eigenschaft, dass die für die Prognosen notwendigen Regressionsparameter anhand von ex post Daten geschätzt werden müssen. Die *Schätzung* und die *Anwendung* der Regressionsparameter fällt also zeitlich auseinander.[132]

Um das Problem möglicherweise zeitinstabiler Zusammenhänge bereits vorab zu erkennen, sollte die Prognosegüte des Modells anhand von Daten überprüft werden, die nicht zur Modellentwicklung (z.B. bei der Auswahl der erklärenden Variablen und der Parameterschätzung) eingesetzt wurden. Weisen die bei der Modellentwicklung modellierten Zusammenhänge nicht die Eigenschaft der Zeitstabilität auf, so wird das Modell keine gute Prognoseleistung auf dem unbekannten Datenmaterial erbringen.[133] Ein Einsatz des Prognosemodells in der Praxis wäre dann nicht zu empfehlen. Das Modell wäre zu verwerfen oder entsprechend zu modifizieren und anschließend nochmals zu testen. Um diesen Test durchführen zu können, wird das gesamte zur Verfügung stehende ex post Datenmaterial in zwei Teilbereiche aufgeteilt:

---

132 Zur Parameterschätzung werden Daten bis zum aktuellen Zeitpunkt t herangezogen. Mit diesen Parametern erfolgt die Prognose zum Zeitpunkt $t+1$ (Anwendung der Regressionsparameter).

133 „Unbekanntes Datenmaterial" bedeutet in diesem Zusammenhang, dass die Daten nicht zur Parameterschätzung verwandt wurden.

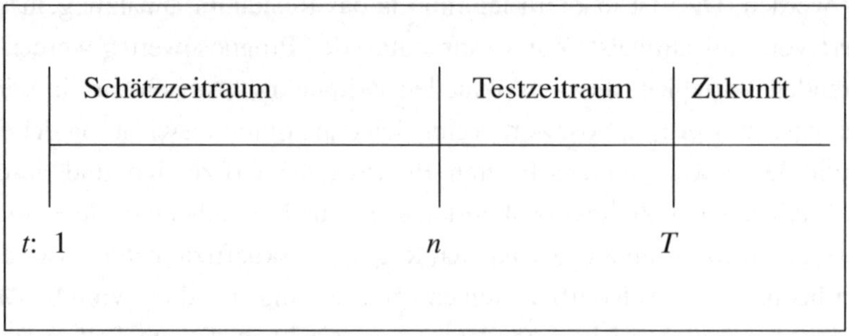

Abb. 8.1.-1.: Aufteilung des Datenmaterials

Mit T wird der aktuelle Zeitpunkt bezeichnet. Bis zu diesem Zeitpunkt liegen bekannte Daten vor. Nach diesem Zeitpunkt liegt die unbekannte Zukunft, für die letztendlich Prognosen erstellt werden sollen. Das gesamte ex post Datenmaterial reicht vom Zeitpunkt $t = 1$ bis zum aktuellen Zeitpunkt T. Dieses Datenmaterial wird in zwei separate Bereiche unterteilt: Den *Schätzzeitraum* ($t = 1, ..., n$) und den *Testzeitraum* ($t = n+1, ..., T$). Die Daten des Schätzzeitraums werden auch als *„in sample"*-Daten und die des Testzeitraums als *„out of sample"*-Daten bezeichnet. Der „in sample"-Datenbereich wird für die *Entwicklung* des Modells eingesetzt. Hierunter wird im weiteren Verlauf insbesondere die *Auswahl der erklärenden Variablen (Regressoren)* und die *Durchführung der Parameterschätzung* verstanden. Anhand des „out of sample"-Bereichs wird anschließend die Prognosegüte des Modells evaluiert. Die Evaluierung des Modells lässt sich insofern durchführen, da es sich bei diesem Datenbereich um einen ex post Zeitraum handelt. Es ist daher möglich, den *prognostizierten* Werten die *tatsächlich realisierten* gegenüber zu stellen. Aus der Sicht des Prognosemodells handelt es sich bei diesem Zeitraum jedoch um einen ex ante Zeitraum, da dieses Datenmaterial nicht bei der Modellentwicklung (Auswahl der erklärenden Variablen und Parameterschätzung) berücksichtigt wurde. Aus diesem Grunde wird dieser „out of sample"-Bereich auch als „pseudo ex ante"-Zeitraum bezeichnet.

Bevor nun jedoch das Modell im Rahmen des praktischen Einsatzes zur Erzeugung von „echten Zukunftsprognosen" (ab dem aktuellen Zeitpunkt T) eingesetzt wird, ist es sinnvoll, auch die Information der jüngsten Vergangenheit (also die Daten der Testmenge) im Prognosemodell zu berücksichtigen. Hierzu sollte man die Parameter des entwickelten Prognosemodells nochmals neu schätzen (ohne jedoch dessen Struktur zu verändern),[134] wobei jetzt auch die „out of sample"-Daten berücksichtigt werden. Hierzu bestehen prinzipiell zwei Möglichkeiten. Zum einen kann der gesamte Zeitraum von $t = 1, ..., T$ (also der frühere „in sample"- und „out of sample"-Datenbereich) zur Parameterschätzung herangezogen werden. Der Vorteil dieser Vorgehensweise liegt darin, dass hierbei viele Datenpunkte zur Parameterschätzung eingesetzt werden, was sich positiv auf die Güteeigenschaften der

134 Voraussetzung ist natürlich, dass das Modell in dem Testzeitraum eine hinreichende Prognosegüte bewiesen hat.

Schätzung auswirkt. Diese Strategie besitzt jedoch den zentralen Nachteil, dass sich die wirtschaftlichen Zusammenhänge über die Zeit hinweg verändern können. Insofern könnte es sinnvoll sein, nur die jüngsten, aktuellsten Daten zur Parameterschätzung zu verwenden. Dies könnte dadurch sicher gestellt werden, indem der ehemalige „in sample"-Bereich um die Anzahl an neu hinzugekommenen Daten (also um die Anzahl der Daten der ehemaligen Testmenge, $t = n+1, ..., T$) reduziert wird. Die ältesten Daten des ehemaligen „in sample"-Bereichs werden bei der neuen Parameterschätzung nicht mehr berücksichtigt.

Bei dem in Gleichung (1) bzw. (3) beschriebenen Regressionsmodell handelt es sich um ein sog. *unbedingtes* Prognosemodell. Bei unbedingten Prognosemodellen beruht die Prognose (zum Zeitpunkt t+1) auf Daten, die zum aktuellen Zeitpunkt t bekannt sind. Die Werte der erklärenden Variablen (Regressoren) zum Zeitpunkt t+1 (die zum aktuellen Prognosezeitpunkt t auch nicht bekannt sind) werden bei der Bildung des Prognosewertes nicht benötigt. An sie werden also (in Bezug auf die Bestimmung des Prognosewertes) *keine Bedingungen* geknüpft, woraus die Bezeichnung „unbedingtes Prognosemodell" resultiert. Das Gegenstück zu den unbedingten Prognosemodellen bilden die sog. *bedingten* Prognosemodelle. Bei diesen Modellen basiert die Prognose zum Zeitpunkt t+1 auf den Werten der erklärenden Variablen ebenfalls zum Zeitpunkt t+1. Das zur Gleichung (3) korrespondierende bedingte Prognosemodell lautet in diesem Fall:

$$(4) \qquad \hat{y}_{t+1} = \hat{\beta}_0 + \hat{\beta}_1 \hat{x}_{1,t+1} + \hat{\beta}_2 \hat{x}_{2,t+1} + ... + \hat{\beta}_k \hat{x}_{k,t+1}$$

Die Schätzung der Regressionskoeffizienten basiert dabei auf dem ökonometrischen Grundmodell, wie es in Gleichung (1) des Kapitels 5.1. dargestellt ist. In dieser Gleichung wird der lineare Zusammenhang zwischen der zu erklärenden Variablen und den erklärenden *zeitgleich* modelliert. Die abhängige Variable zum Zeitpunkt t wird durch die unabhängigen Variablen ebenfalls zum Zeitpunkt t erklärt. Analog wird die abhängige Variable zum Zeitpunkt t+1 durch die jeweiligen unabhängigen Einflussgrößen zum Zeitpunkt t+1 erklärt. Aus der Gleichung (4) ist das zentrale Problem der bedingten Prognosemodelle ersichtlich: Damit der Prognosewert für die interessierende Variable (y) mit Hilfe der Formel (4) bestimmt werden kann, müssen zunächst die Werte aller k erklärenden Variablen zum Zeitpunkt t+1 prognostiziert werden.[135] Damit also ein Wert vorhergesagt werden kann, ist zunächst die Prognose von k anderen Werten erforderlich. Die Bezeichnung „bedingtes Prognosemodell" resultiert dabei aus dem Sachverhalt, dass der Prognosewert für y *unter der Bedingung* ermittelt wird, dass für die k erklärenden Variablen entsprechende Prognosewerte für den Zeitpunkt t+1 vorliegen. Das Einsatzgebiet von solchen bedingten Prognosemodellen liegt insbesondere im Bereich von *Szenarienanalysen*. Hierbei werden für die k erklärenden Variablen alternative mögliche Werte für den unbekannten Zeitpunkt t+1 eingesetzt und dabei analysiert, welche Auswirkungen sich dabei auf die Zielgröße bzw. Pro-

135 Dies wird durch das „^"-Zeichen über den jeweiligen Größen in (4) angedeutet.

gnosegröße ergeben würden. Im Rahmen dieser Fallstudie wird ein unbedingtes Prognosemodell entwickelt. Bedingte Prognosemodelle werden im weiteren Verlauf nicht näher behandelt.

8.2. Problemstellung, Datenaufbereitung und Aufteilung des Datenmaterials

In dieser Fallstudie soll ein *unbedingtes* Prognosemodell in Form eines linearen Regressionsmodells zur Vorhersage der zukünftigen Rendite des deutschen Aktienmarktes entwickelt werden. Wie bereits erläutert wurde, handelt es sich bei dem hier entwickelten Modell nicht um ein ausgefeiltes Prognosemodell, welches für den Praxiseinsatz gedacht ist. Es soll lediglich veranschaulicht werden, wie die lineare Regressionsanalyse und die dazugehörigen Instrumente zur Prognose eingesetzt werden können. Die Entwicklung des deutschen Aktienmarktes wird dabei durch die Kurszeitreihe des Morgan Stanley Aktienindexes BRD (*MSBRD*) repräsentiert. Das sonst noch zur Verfügung stehende Datenmaterial, welches für die Prognose des deutschen Aktienmarktes von Bedeutung sein könnte, ist in den folgenden drei Tabellen (Tab. 8.2.-1., 8.2.-2. und 8.2.-3.) aufgeführt. Es handelt sich hierbei um jene Daten, die als erklärende Variablen (Regressoren) für das Regressionsmodell *prinzipiell* herangezogen werden können:

Kürzel	Bezeichnung
MSUS	Morgan Stanley Aktienindex USA
MSJP	Morgan Stanley Aktienindex Japan
MSUK	Morgan Stanley Aktienindex Großbritannien
MSFR	Morgan Stanley Aktienindex Frankreich

Tab. 8.2.-1.: Internationale Aktienindices

Kürzel	Bezeichnung
BDBEN	Benchmarkindex BRD
USBEN	Benchmarkindex USA
JPBEN	Benchmarkindex Japan
UKBEN	Benchmarkindex Großbritannien
FRBEN	Benchmarkindex Frankreich

Tab. 8.2.-2.: Internationale Bondindices

Kürzel	Bezeichnung
DMPFUND	Wechselkurs DM/Pfund
USDYEN	Wechselkurs US-Dollar/Yen
GOLD	Goldpreis
DJCMDTY	Dow Jones Commodity Index
NYFECRB	Commodity Research Bureau Index

Tab. 8.2.-3.: Währungen, Gold und Warenindices

In der Tab. 8.2.-1. sind die Aktienindices des Investment-Hauses *Morgan Stanley* für die Länder USA, Japan, Großbritannien und Frankreich aufgeführt. Diese Indices repräsentieren die Entwicklung der Aktienmärkte in den jeweiligen Ländern. Die Tab. 8.2.-2. beinhaltet die Rentenmärkte der Länder BRD, USA, Japan, Großbritannien und Frankreich, von denen ebenfalls ein Einfluss auf den deutschen Aktienmarkt vermutet wird. Diese Rentenmärkte werden durch die sog. *Benchmarkindices* repräsentiert. In der Tab. 8.2.-3. sind Währungen, Rohstoffindices und das Gold zusammengefasst.[136]

Die Aufgabe dieser Fallstudie besteht darin, im Rahmen eines *unbedingten* Prognosemodells die zukünftige Monatsrendite des Morgan Stanley Aktienindexes BRD (*MSBRD*) mit Informationen, die zum heutigen Zeitpunkt bekannt sind, auf Monatsfrist vorherzusagen. Zu diesem Zwecke werden die *Monatsendstände* der oben aufgeführten *Kursreihen* in *stetige Monatsrenditen (= Log-Differenzen)* umgeformt. Dieses Umwandeln einer Kursreihe in eine Reihe von stetigen Monatsrenditen wurde in der vorangehenden Fallstudie in Kap. 5.7.4. anhand einer Datentabelle erläutert. Für das weitere Vorgehen ist es sinnvoll, das gesamte Datenmaterial in einen *Schätzzeitraum* und einen *Testzeitraum* zu unterteilen. Der Schätzzeitraum dient dabei zur Modellentwicklung und der Testzeitraum zur „finalen" Überprüfung der Prognoseleistung des entwickelten Modells. Für alle oben beschriebenen Zeitreihen stehen Monatsdaten vom Januar 1985 (01:1985) bis zum Dezember 1997 (12:1997) zur Verfügung. Der Zeitraum 01:1985 bis 12:1995 wird dabei zur Modellentwicklung benutzt (Schätzzeitraum) und der Zeitraum von 01:1996 bis 12:1997 (24 Monate) als Testzeitraum verwendet. Diese Datenaufteilung wird durch das folgende Schaubild veranschaulicht:

136 Es ist auffällig, dass in der dritten Tabelle nicht die Währungen DM/Dollar und DM/Yen enthalten sind. Diese Zeitreihen lagen in dem hier betrachteten Untersuchungszeitraum (vgl. Abb. 8.2.-1.) nicht durchgängig vor. Da diese Fallstudie ohnehin nur zur Veranschaulichung der Vorgehensweise dient, ist dies auch nicht weiter problematisch. Bei der Entwicklung eines Prognosemodells für den praktischen Einsatz sollten diese beiden Währungen jedoch auf alle Fälle mit berücksichtigt werden.

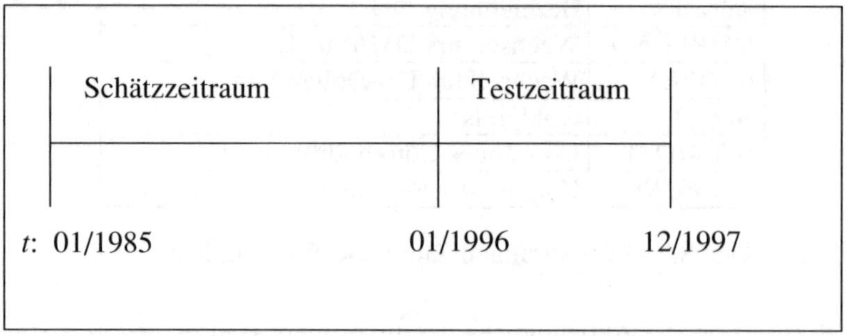

Abb. 8.2.-1.: Aufteilung des Datenmaterials

Der Schätzzeitraum sollte (im Vergleich zum Testzeitraum) eine relativ große Datenmenge umfassen, da sich ein großer Stichprobenumfang positiv auf die Güte der Parameterschätzung auswirkt. Eine Aufnahme von noch weiter zurückliegenden Daten (um den Stichprobenumfang weiter zu erhöhen) erscheint jedoch nicht sinnvoll, da sich die wirtschaftlichen Zusammenhänge im Zeitablauf mehr oder weniger stark ändern und somit die Gefahr besteht, ein veraltetes Datenmaterial bei der Parameterschätzung zu berücksichtigen. Der Umfang des Testzeitraums (24 Monate) dürfte zur Überprüfung der Prognoseleistung des Modells ausreichend sein. Eine zu große Testmenge – ohne die Modellparameter zwischendurch anhand der aktuellen Daten neu zu schätzen – ist ebenfalls wenig sinnvoll, da auch an dieser Stelle das Problem der sich verändernden wirtschaftlichen Zusammenhänge *(Strukturbrüche)* besteht.

8.3. Überprüfung der Stationaritätseigenschaften der Variablen

In dem folgenden Abschnitt wird bei den zur Entwicklung des Prognosemodells herangezogenen Zeitreihen überprüft, ob sie die Stationaritätseigenschaft erfüllen. Die Einhaltung der Stationaritätseigenschaft sämtlicher Zeitreihen ist eine zentrale Voraussetzung für die Anwendung der Regressionsanalyse. Insofern sollte diese Überprüfung gleich zu Beginn durchgeführt werden.

Im Folgenden werden also sämtliche Zeitreihen auf ihren Integrationsgrad hin mit Hilfe des DF- bzw. ADF-Tests untersucht. Zur Überprüfung wird die Ökonometriesoftware EViews eingesetzt. An dieser Stelle wird nochmals darauf hingewiesen, dass für die Überprüfung ausschließlich die Daten des Zeitraums 01:1985 bis 12:1995 herangezogen werden dürfen. Der Zeitraum 01:1996 bis 12:1997 entspricht aus der Sicht des Modells der „unbekannten" Zukunft. Dementsprechend kann das Datenmaterial dieses Zeitraums auch nicht zur Überprüfung der Stationaritätseigenschaft verwendet werden.

Bei dem Softwarepaket EViews ist es möglich, den in Kap. 7.1.4. beschriebenen DF- bzw. ADF-Test durchzuführen, wobei sämtliche Optionen und Wahlmöglichkeiten des Tests per

Menüauswahl angegeben werden können. In einem ersten Schritt wird die *Kurszeitreihe* des Morgan Stanley Aktienindexes BRD dem Test unterworfen. Auf Grund theoretischer Überlegungen und einer visuellen Analyse der Zeitreihe wird der Test mit einer Regressionskonstanten, aber ohne Zeittrendkomponente durchgeführt. Darüber hinaus werden in einem ersten Schritt keine verzögerten endogenen Variablen aufgenommen. Damit wird also zunächst der DF-Test durchgeführt. Konkret erfolgt die Schätzung der Gleichung (7) aus Kapitel 7.1.4. Die Abb. 8.3.-1. zeigt den Output von EViews.

```
ADF Test Statistic    -1.605867       1%   Critical Value*         -3.4811
                                      5%   Critical Value          -2.8835
                                      10% Critical Value           -2.5783
--------------------------------------------------------------------------
*MacKinnon critical values for rejection of hypothesis of a unit root.


Augmented Dickey-Fuller Test Equation
LS // Dependent Variable is D(MSBRD)
Date: 07/11/98   Time: 14:05
Sample(adjusted): 1985:02 1995:12
Included observations: 131 after adjusting endpoints
---------------------------------------------------------------------------
Variable         Coefficient       Std. Error        t-Statistic      Prob.
---------------------------------------------------------------------------
MSBRD(-1)        -0.035244         0.021947          -1.605867         0.1107
C                20.60961          10.97930           1.877133         0.0628
---------------------------------------------------------------------------
R-squared                0.019599      Mean dependent var            3.456817
Adjusted R-squared       0.011999      S.D. dependent var            29.25366
S.E. of regression       29.07763      Akaike info criterion         6.755088
Sum squared resid        109070.6      Schwarz criterion             6.798984
Log likelihood          -626.3392      F-statistic                   2.578809
Durbin-Watson stat       1.897450      Prob(F-statistic)             0.110748
---------------------------------------------------------------------------
```

Abb. 8.3.-1.: Durchführung des DF-/ADF-Tests

In dem oberen Abschnitt der Abb. 8.3.-1. sind die ADF-Teststatistik und die kritischen Werte zu den Niveaus 1%, 5% und 10% angegeben.[137] Bei dem Wert der ADF-Teststatistik (-1.605867) handelt es sich um den *t*-Wert der Variablen *MSBRD(-1)* (vgl. Spalte *t-Statistic*). Man wird sich dann für die Aussage „H_1 ist signifikant“ (also „schwach stationäre Zeitreihe“) entscheiden, wenn die Teststatistik kleiner als der kritische Wert mit dem entsprechenden Signifikanzniveau ist. Da die angegebene Teststatistik nicht einmal kleiner als der kritische Wert bei einer Irrtumswahrscheinlichkeit von 10% (-2.5783) ist, kann die Nullhypothese „keine schwach stationäre Zeitreihe“ nicht signifikant abgelehnt werden. Die Teststatistik und somit die Durchführung des Tests ist aber nur dann valide, wenn die Residuen nicht autokorreliert sind. Die Durbin-Watson-Teststatistik weist einen Wert von

137 Die Software EViews bezeichnet die Teststatistik immer als *„ADF-Teststatistik“*. Da der Test hier jedoch ohne verzögerte endogene Variablen durchgeführt wurde, handelt es sich bei dem hier angegebenen Testwert streng genommen um eine *„DF-Teststatistik“*.

1.8974 auf, der relativ nahe bei dem optimalen Wert von 2.0 liegt. Insofern erscheint die Durchführung des Tests und somit das erzielte Resultat als valide.

Um jedoch absolut sicher zu gehen und auch zusätzlich die Wirkung verzögerter endogener Variablen zu veranschaulichen, wird der Test nochmals wiederholt, wobei jetzt *eine* verzögerte endogene Variable als zusätzlicher Regressor aufgenommen wird. An Stelle des DF-Tests wird also jetzt ein ADF-Test durchgeführt, wobei sich ansonsten nichts ändert. Die Abb. 8.3.-2. zeigt das Ergebnis.

```
ADF Test Statistic    -1.671014      1%   Critical Value*        -3.4815
                                     5%   Critical Value         -2.8837
                                     10% Critical Value          -2.5784
-------------------------------------------------------------------------
*MacKinnon critical values for rejection of hypothesis of a unit root.


Augmented Dickey-Fuller Test Equation
LS // Dependent Variable is D(MSBRD)
Date: 07/11/98   Time: 14:36
Sample(adjusted): 1985:03 1995:12
Included observations: 130 after adjusting endpoints
-------------------------------------------------------------------------
Variable          Coefficient      Std. Error       t-Statistic     Prob.
-------------------------------------------------------------------------
MSBRD(-1)         -0.037741         0.022586        -1.671014        0.0972
D(MSBRD(-1))       0.052040         0.088286         0.589451        0.5566
C                  21.71114         11.30044         1.921265        0.0569
-------------------------------------------------------------------------
R-squared                0.022785     Mean dependent var          3.449500
Adjusted R-squared       0.007395     S.D. dependent var          29.36671
S.E. of regression       29.25792     Akaike info criterion       6.775107
Sum squared resid        108715.3     Schwarz criterion           6.841281
Log likelihood          -621.8440     F-statistic                 1.480560
Durbin-Watson stat       1.990039     Prob(F-statistic)           0.231410
---------------------------------------------------------------------------
```

Abb. 8.3.-2.: Durchführung des DF-/ADF-Tests

Das Regressionsmodell beinhaltet jetzt eine weitere erklärende Variable (*D(MSBRD(−1)*). Das vorangestellte „*D*" gibt dabei an, dass es sich hierbei um die erste Differenz der ursprünglichen Kurszeitreihe handelt. Der Durbin-Watson-Koeffizient weist jetzt einen Wert von 1.99 auf, also nahezu den optimalen Wert von 2. Ein Vergleich der ADF-Teststatistik mit und ohne verzögerter endogener Variable zeigt jedoch kaum Änderungen (-1.60 versus -1.67). Auch bei diesem Test kann die Nullhypothese „keine schwach stationäre Zeitreihe" nicht einmal bei einer Irrtumswahrscheinlichkeit von 10% abgelehnt werden. Die vorliegende Zeitreihe scheint also keinen Integrationsgrad von null aufzuweisen.

In einem nächsten Schritt wird eine einmalige Differenzenbildung bei der Kurszeitreihe vorgenommen und der DF-Test (also zunächst ohne verzögerte endogene Variablen) auf dieser neuen Zeitreihe wiederholt. In Kap. 7.1.4. ist dieser Schritt bei dem Übergang von

Gleichung (4) auf Gleichung (5) beschrieben. Die Abb. 8.3.-3. zeigt den Output von EViews:

```
ADF Test Statistic    -10.90685     1%   Critical Value*        -3.4815
                                    5%   Critical Value         -2.8837
                                    10% Critical Value          -2.5784
-----------------------------------------------------------------------
*MacKinnon critical values for rejection of hypothesis of a unit root.


Augmented Dickey-Fuller Test Equation
LS // Dependent Variable is D(MSBRD,2)
Date: 07/11/98   Time: 15:51
Sample(adjusted): 1985:03 1995:12
Included observations: 130 after adjusting endpoints
-----------------------------------------------------------------------
Variable          Coefficient      Std. Error      t-Statistic     Prob.
-----------------------------------------------------------------------
D(MSBRD(-1))      -0.963937        0.088379        -10.90685       0.0000
C                  3.327891        2.601122          1.279406       0.2031
-----------------------------------------------------------------------
R-squared              0.481696    Mean dependent var          0.077354
Adjusted R-squared     0.477647    S.D. dependent var          40.76438
S.E. of regression     29.46205    Akaike info criterion       6.781471
Sum squared resid      111105.6    Schwarz criterion           6.825587
Log likelihood        -623.2576    F-statistic                 118.9594
Durbin-Watson stat     1.992680    Prob(F-statistic)           0.000000
-----------------------------------------------------------------------
```

Abb. 8.3.-3.: Durchführung des DF-/ADF-Tests

Der Wert des Durbin-Watson-Koeffizient (1.99) liegt nahe bei dem Wert 2, also jenem Wert, bei dem keine Autokorrelation erster Ordnung vorliegt. Die Teststatistik ist somit valide und kann zur Durchführung des Hypothesentests herangezogen werden. Ein Vergleich der Teststatistik mit den kritischen Werten zu den unterschiedlichen Signifikanzniveaus erlaubt, die Nullhypothese „keine schwach stationäre Zeitreihe“ sogar auf einem Niveau von 1% signifikant abzulehnen. Der Wert der Teststatistik ist mit -10.90 eindeutig kleiner als der kritische Wert bei einer Irrtumswahrscheinlichkeit von 1% mit -3.48. Da der Morgan Stanley Aktienindex BRD durch eine einmalige Differenzenbildung in eine schwach stationäre Zeitreihe überführt werden konnte, kann die Zeitreihe in dem Zeitraum 01:1985 bis 12:1995 als integriert vom Grade 1 (kurz: $I(1)$-Zeitreihe) bezeichnet werden.

Auf die gleiche Weise lassen sich auch alle weiteren Zeitreihen auf ihren Integrationsgrad hin überprüfen. Im Rahmen dieser Fallstudie steht jedoch nicht diese Überpüfung der einzelnen Zeitreihen im Vordergrund. Vielmehr soll die stetige Rendite des Morgan Stanley Aktienindexes prognostiziert werden, wozu die stetigen Renditen der oben aufgeführten Variablen erforderlich sind. Insofern werden im Folgenden die stetigen Renditen der einzelnen Zeitreihen dahingehend überprüft, ob sie die Stationaritätseigenschaften erfüllen und deshalb zur Modellierung herangezogen werden können. Verstoßen sie gegen die Stationaritätseigenschaft, so werden sie von der weiteren Untersuchung ausgeschlossen.

Für sämtliche Renditezeitreihen wurde das Regressionsmodell mit Regressionskonstante, jedoch ohne Zeittrend verwendet. Dies entspricht der Gleichung (7) bzw. der Gleichung (10) in Kapitel 7.1.4. Bei sämtlichen Zeitreihen wurde zunächst der DF-Test durchgeführt (also ohne verzögerte endogene Variablen). Wurde bei den Residuen Autokorrelation festgestellt, so wurde anschließend der ADF-Test durchgeführt, wobei sukzessive so viele verzögerte endogene Variablen aufgenommen wurden, bis der Wert des Durbin-Watson-Koeffizienten nahe bei 2 lag. In den nachfolgenden Tabellen 8.3.-1. bis 8.3.-3. sind die DF-/ADF-Teststatistiken der stetigen Renditereihen aufgeführt.

	MSBRD	MSUS	MSJP	MSUK	MSFR
1. Log-Differenz	-10.26**	-11.10**	-11.04**	-10.98**	-10.01**

* Signifikant zum 5% Niveau / ** Signifikant zum 1% Niveau

Tab. 8.3.-1.: Teststatistiken des DF-/ADF-Tests der Aktienmärkte

	BDBEN	USBEN	JKBEN	UKBEN	FRBEN
1. Log-Differenz	-10.33**	-10.26**	-10.12**	-9.63**	-8.97**

* Signifikant zum 5% Niveau / ** Signifikant zum 1% Niveau

Tab. 8.3.-2.: Teststatistiken des DF-/ADF-Tests der Bondmärkte

	DMPFUND	USDYEN	GOLD	DJCMDTY	NYFECRB
1. Log-Differenz	-9.18**	-10.69**	-7.15**	-12.66**	-12.58**

* Signifikant zum 5% Niveau / ** Signifikant zum 1% Niveau

Tab. 8.3.-3.: Teststatistiken des DF-/ADF-Tests der sonstigen Märkte

Alle für das Renditeprognosemodell potenziell heranzuziehenden Variablen (stetige Renditen) erfüllen die Eigenschaft der schwachen Stationarität mit einer maximalen Irrtumswahrscheinlichkeit von einem Prozent.

Da sämtliche Log-Renditereihen die Eigenschaft der schwachen Stationarität mit großer Wahrscheinlichkeit erfüllen, werden vorab keine Zeitreihen von der weiteren Analyse ausgeschlossen. Der Verdacht, möglicherweise Scheinzusammenhänge im Sinne von „spurious regressions“ mit den vorliegenden Zeitreihen zu modellieren, ist nicht begründet.

8.4. Analyse des Datenmaterials mit Hilfe der Korrelationsanalyse

Nachdem die Zeitreihen hinsichtlich der Stationaritätseigenschaften überprüft wurden, stellt sich im Anschluss die Frage, welche der oben aufgeführten Datenreihen als erklärende Variablen (Regressoren) in das Regressionsmodell eingehen sollten. Vom technischen Standpunkt aus wäre es problemlos möglich, alle oben aufgeführten Variablen als Regressoren zu berücksichtigen. Dies ist jedoch aus zwei Gründen wenig sinnvoll. Zum einen besteht die

Gefahr des sog. *„overfittings"*. Hierunter versteht man das „Phänomen", dass ein Regressionsmodell mit sehr vielen erklärenden Variablen (und somit auch sehr vielen Regressionskoeffizienten) in der Lage ist, das zu Grunde liegende Datenmaterial mehr oder weniger „exakt" abzubilden. Es werden die einzelnen Datenpunkte modelliert, nicht jedoch die dahinter stehenden strukturellen Zusammenhänge. Diese „überparametrisierten" Modelle sind durch sehr gute statistische Eigenschaften (z.B. hohes R^2, hoher F-Wert...) im Schätzzeitraum charakterisiert. Werden sie jedoch zur „out of sample"-Prognose im Testzeitraum herangezogen (oder noch schlimmer, zur Bildung von „echten" Zukunftsprognosen im Rahmen einer Praxisanwendung eingesetzt), so liefern sie sehr schlechte Prognosen, da sie letztendlich nicht die zu Grunde liegenden Strukturen abgebildet haben. Für die Erzeugung von Prognosen sind sehr kleine, „sparsame" Modelle, die ausschließlich jene Variablen beinhalten, welche die tatsächlich vorhandenen Zusammenhänge abbilden, am geeignetsten. Das zweite zentrale Problem, das sich bei Regressionsmodellen mit sehr vielen erklärenden Variablen ergibt, ist das *Multikollinearitätsproblem.* Die Multikollinearität und die damit verbundenen Probleme wurden bereits ausführlich in Kap. 7.3. beschrieben. Die Gefahr von Multikollinearität zwischen den Regressoren wird im Allgemeinen umso höher, je mehr Regressoren in das Modell aufgenommen werden.

Auf Grund dieser Probleme bei „überparametrisierten" Modellen ist es notwendig, bereits vorab aus allen potenziellen Einflussgrößen jene zu selektieren, die (vermutlich) den höchsten Erklärungsgehalt aufweisen. Ein Instrumentarium, mit dem der bivariate (lineare) Zusammenhang zwischen den Renditen des Morgan Stanley Aktienindexes BRD und seinen potenziellen Einflussgrößen (hier ebenfalls Renditegrößen) untersucht werden kann, ist die *Korrelationsanalyse.* Hierzu wird der Korrelationskoeffizient zwischen den Renditen der Einflussgrößen und denen des deutschen Aktienindexes berechnet. Ein Wert nahe bei plus eins spricht für einen starken positiven (linearen) Zusammenhang, ein Wert nahe bei minus eins für einen starken negativen (linearen) Einfluss. Das Ziel besteht hier aber darin, ein *unbedingtes* Prognosemodell zu entwickeln. Insofern ist die Korrelation der Rendite des Morgan Stanley Aktienindexes BRD zum Zeitpunkt t mit einer Einflussgröße zum Zeitpunkt t irrelevant, da diese Beziehung zur Prognose der Rendite des deutschen Aktienmarktes mit Hilfe der betrachteten Einflussgröße nicht nutzbar ist. Um eine Aussage über einen Zusammenhang zu erhalten, der für eine unbedingte Prognose sinnvoll verwendet werden kann, muss die Korrelation der Rendite des Morgan Stanley Aktienindexes BRD zum Zeitpunkt t+1 mit der Einflussgröße zum Zeitpunkt t (oder früher) berechnet werden. Diese ist identisch mit der Korrelation der Rendite des Morgan Stanley Aktienindexes BRD zum Zeitpunkt t mit der Einflussgröße zum Zeitpunkt t–1 (oder früher). Wichtig ist hierbei also die Differenz von einem Monat, wobei man in diesem Zusammenhang von einem *Ein-Monats-Lag* bzw. von einem *Lag der Länge eins* spricht. Ein Lag von einem Monat stellt somit die „Minimal-Anforderung" dar, damit eine unbedingte Prognose durchgeführt werden kann. Es kann aber auch sinnvoll sein, zwei-, drei- oder vier-Monats-Lags (usw.) zu untersuchen. So könnten durchaus einige Monate vergehen, bis eine bestimmte *Ursache* (z.B. Veränderung der Rohstoffpreise) eine *Wirkung* auf einem anderen Sektor (z.B. Aktienmarkt) hervorruft. In diesem Fall spricht man von einer *Wirkungsverzögerung*.

Im Folgenden wird eine Korrelationsanalyse zwischen den Renditen des Morgan Stanley Aktienindexes BRD und allen oben aufgeführten Variablen (ebenfalls als Renditegrößen) durchgeführt. Hierzu wird ausschließlich das Datenmaterial von 01:1985 bis 12:1995 verwendet, also der „in sample"-Bereich (Schätzzeitraum). Der Testzeitraum von 01:1996 bis 12:1997 stellt aus Modellsicht die unbekannte Zukunft dar und darf deshalb nicht für die Modellentwicklung (Variablenauswahl und die später folgende Parameterschätzung) benutzt werden.

In dieser Fallstudie wurde die Korrelationsanalyse mit Hilfe des Software-Pakets EViews durchgeführt. In EViews besteht die Möglichkeit, sog. „Cross Correlations" (Kreuzkorrelationen) zu untersuchen. Hierbei werden die Korrelationen zwischen zwei Zeitreihen für unterschiedliche Lags berechnet, wobei die Anzahl an maximal zu berücksichtigenden Lags vom Anwender vorgegeben wird. Die Abb. 8.4.-1. zeigt die Kreuzkorrelationen zwischen den stetigen Renditen des Morgan Stanley Aktienindexes BRD (*DMSBRD*) und den stetigen Renditen des Morgan Stanley Aktienindexes USA (*DMSUS*).

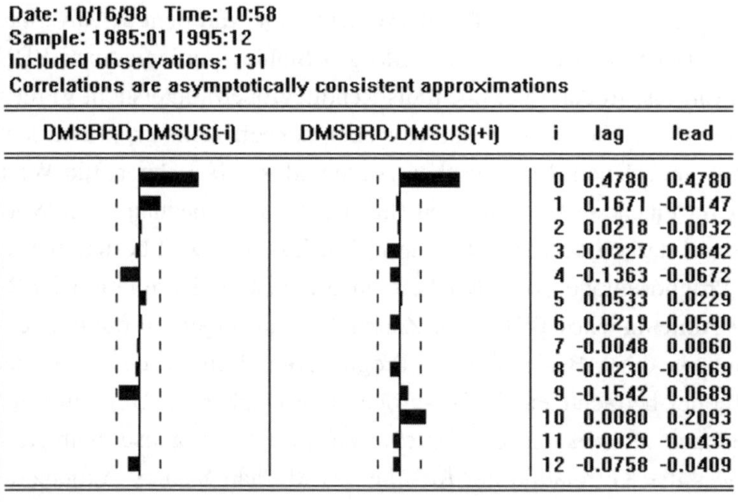

Date: 10/16/98 Time: 10:58
Sample: 1985:01 1995:12
Included observations: 131
Correlations are asymptotically consistent approximations

DMSBRD,DMSUS(-i)	DMSBRD,DMSUS(+i)	i	lag	lead
		0	0.4780	0.4780
		1	0.1671	-0.0147
		2	0.0218	-0.0032
		3	-0.0227	-0.0842
		4	-0.1363	-0.0672
		5	0.0533	0.0229
		6	0.0219	-0.0590
		7	-0.0048	0.0060
		8	-0.0230	-0.0669
		9	-0.1542	0.0689
		10	0.0080	0.2093
		11	0.0029	-0.0435
		12	-0.0758	-0.0409

Abb. 8.4.-1.: Ergebnis der Kreuzkorrelationsanalyse

Das vorangestellte „*D*" bei den Variablenbezeichnungen (*DMSBRD* bzw. *DMSUS*) besagt, dass es sich hierbei nicht um die absoluten Kursstände, sondern um die logarithmierten Differenzen zwischen den Kursen (stetige Renditen) handelt. Die Werte zu der ersten, linken Teilgrafik sind unter der Spalte „lag" angegeben, die Werte zur zweiten, rechten Teilgrafik unter der Spalte „lead". Die Spalte „i" gibt die entsprechende Lag-Anzahl an. Bei der ersten

Grafik und bei der Spalte „lag" wird die Korrelation der Rendite des Morgan Stanley Aktienindexes BRD zur „vorlaufenden" Rendite des amerikanischen Aktienmarktes angegeben. Hierbei handelt es sich um jene Information, die für eine unbedingte Prognose der Rendite des deutschen Aktienmarktes von Bedeutung ist. Bei der zweiten Teilgrafik und der zugehörigen Spalte „lead" wird die Variable *DMSBRD* als „Vorläufer" für die Variable *DMSUS* betrachtet. Die hierbei angegebenen Korrelationen wären dann von Bedeutung, wenn man die Renditen des amerikanischen Aktienmarktes mit Hilfe der Renditen des deutschen prognostizieren wollte. Für die Vorhersage des deutschen Aktienmarktes, repräsentiert durch den *MSBRD*, sind letztere Korrelationen jedoch nicht von Bedeutung. Die Aufgabe besteht nun darin, jenes Lag zu identifizieren, welches die tatsächlichen Wirkungsverzögerungen vermutlich am genauesten wiedergibt. Für diese Bestimmung gibt es kein „Patentrezept". Es sollten jedoch verschiedene Aspekte berücksichtigt werden. Ein zentrales Kriterium für die Auswahl des (vermutlich) relevanten Lags ist die *betragsmäßige Korrelation*. Je näher der Korrelationskoeffizient bei plus bzw. minus eins liegt, desto stärker ist der lineare Zusammenhang. Neben dem Betrag ist auch das *Vorzeichen des Korrelationskoeffizienten* (das die Richtung des Einflusses widerspiegelt) für die Auswahl des relevanten Lags von Bedeutung. Für viele ökonomische Einflussgrößen besitzt man eine konkrete Vorstellung über die Richtung des Einflusses. Beispielsweise geht man davon aus, dass sinkende Zinsen zu steigenden Aktienkursen (et vice versa) führen, was in einem negativen Korrelationskoeffizienten zum Ausdruck kommen sollte. Weist der Korrelationskoeffizient bei einem bestimmten Lag nicht das erwartete Vorzeichen auf, so sollte man weiter gehende Untersuchungen und Überlegungen anstellen, ob das betrachtete Lag der tatsächlichen Wirkungsverzögerung entspricht. Neben dem Betrag und dem Vorzeichen des Korrelationskoeffizienten sollte man auch anhand ökonomischer Überlegungen prüfen, ob eher kürzere oder eher längere Wirkungsverzögerungen plausibel sind. Wird beispielsweise der Einfluss einer Finanzmarktgröße auf eine andere untersucht, so sind kurze Wirkungsverzögerungen und somit kleine Lags eher plausibel, da die entsprechenden Finanzmarkttransaktionen, welche die Zusammenhänge letztendlich verursachen, im Regelfall sehr schnell durchgeführt werden. Analysiert man jedoch realwirtschaftliche Zusammenhänge (z.B. den Einfluss einer Veränderung der Leitzinsen auf die Produktion der Unternehmen), so ist hier mit einer längeren Wirkungsverzögerung bzw. mit größeren Lags zu rechnen, da die Unternehmen auf Grund fester Produktionskapazitäten, bestehender Arbeitsverträge usw. nicht so schnell auf die veränderte Situation reagieren können.

Eine Betrachtung der Spalte „lag" in der Abb. 8.4.-1. zeigt, dass die größte Korrelation zwischen dem amerikanischen und dem deutschen Aktienmarkt bei einem Lag von null ($i = 0$) mit einem Wert von 0.4780 angegeben ist. Diese „zeitgleiche" Korrelation kann jedoch nicht für ein unbedingtes Prognosemodell genutzt werden. Die zweitgrößte Korrelation (0.1671) liegt bei dem Lag -1 vor. Da sich die bedeutendsten internationalen Aktienmärkte weitgehend gleichgerichtet entwickeln, ist die positive Korrelation plausibel. Auch das Lag von einem Monat ist intuitiv nachvollziehbar, wenn man berücksichtigt, dass die Aktienmärkte sehr schnell auf gegenseitige Veränderungen reagieren. Sollte also der amerikanische Aktienmarkt im Rahmen eines unbedingten Prognosemodells zur Vorhersage der Monatsrendite des Morgan Stanley Aktienindexes BRD für den Zeitpunkt $t+1$ herangezogen werden, so ist es sinnvoll, die Rendite des amerikanischen Aktienmarktes zum Zeitpunkt t zu berücksichtigen.[138]

Um diese Vorgehensweise bei der Korrelationsanalyse nochmals zu verdeutlichen, wird im Folgenden die Kreuzkorrelation (Cross Correlation) der Rendite des Morgan Stanley Aktienindexes BRD (*DMSBRD*) mit der Rendite des Rohstoffindexes „Dow Jones Commodity Index" (*DDJCMDTY*) betrachtet. Das vorangestellte „D" in der Variablenbezeichnung (*DDJCMDTY*) bedeutet auch hier, dass die ursprüngliche Kurszeitreihe ebenfalls in eine Reihe von logarithmierten Differenzen (stetige Renditen) umgewandelt wurde.

Date: 10/16/98 Time: 11:04
Sample: 1985:01 1995:12
Included observations: 131
Correlations are asymptotically consistent approximations

DMSBRD,DDJCMDTY(-i)	DMSBRD,DDJCMDTY(+i)	i	lag	lead
		0	0.0689	0.0689
		1	-0.0028	0.0817
		2	0.0760	-0.0150
		3	0.0477	0.0579
		4	-0.1090	-0.0073
		5	-0.0381	-0.0824
		6	-0.3277	0.0427
		7	-0.0811	-0.1328
		8	-0.0357	0.0074
		9	0.1085	0.0898
		10	0.0428	0.0014
		11	0.0571	0.0265
		12	0.1139	-0.0348

Abb. 8.4.-2.: Ergebnis der Kreuzkorrelationsanalyse

Eine Betrachtung der Spalte „lag" zeigt die betragsmäßig eindeutig größte Korrelation (-0.3277) bei einem Lag von 6 Monaten an. In einem nächsten Schritt ist zu hinterfragen, ob das negative Vorzeichen ökonomisch plausibel ist. Steigende Rohstoffpreise sind Ausdruck ansteigender Inflation. Auf eine ansteigende Inflation reagieren die Zentralbanken im Regelfall mit einer Anhebung der Leitzinsen (Diskontsatz, Lombardsatz, ...), wodurch sich das Zinsniveau erhöht. Das gestiegene Zinsniveau soll den Geldschöpfungsprozess hemmen, wodurch die Geldmenge bzw. das Geldmengenwachstum sinkt, was wiederum zu einer Abnahme der Inflation führt. Die gestiegenen Zinsen führen aber auch zu einer höheren Attraktivität von Zins-Anlagen im Vergleich zu Aktien, worauf die Nachfrage nach Aktien abnimmt und die Kurse sinken. Insofern wäre der negative Zusammenhang zwischen Roh-

[138] Wird der Prognosezeitpunkt mit t bezeichnet, so ist der *MSUSA* zum Zeitpunkt t-1 zu berücksichtigen.

stoffpreisen und Aktienrenditen durchaus plausibel. Auch führen die gestiegenen Rohstoffpreise zu einem Anstieg der Produktionskosten bei den produzierenden Unternehmen, was wiederum sinkende Gewinne und somit sinkende Aktienkurse nach sich zieht. Diese Argumentation stützt ebenfalls die Annahme einer negativen Korrelation der Rohstoffpreise und der Aktienmarktentwicklung.

Abschließend ist noch zu fragen, ob die (relativ) lange Wirkungsverzögerung von 6 Monaten ökonomisch nachvollziehbar erscheint. Wie die obigen Argumentationsketten zeigen, erscheint diese Wirkungsverzögerung durchaus als plausibel. Zum einen vergeht einige Zeit, bis die Zentralbanken auf eine ansteigende Inflation reagieren. Weiterhin nimmt es ebenfalls Zeit in Anspruch, bis sich die veränderten Leitzinsen im allgemeinen Zinsniveau niederschlagen und bis letztendlich die Aktienmärkte darauf reagieren. Auch die höheren Kosten der Unternehmen schlagen sich in ihren Gewinnausweisen nur ganz allmählich nieder. All dies führt zu entsprechenden Wirkungsverzögerungen auf den Aktienmärkten. Insofern erscheint es durchaus nachvollziehbar, dass sich Veränderungen auf dem Rohstoffmarkt (realer Sektor) mit einem Lag von 6 Monaten auf den Aktienmarkt (Finanzsektor) auswirken.

Auf die beschriebene Weise wurden für alle oben aufgeführten Variablen, die als potenzielle Regressoren in dem unbedingten Prognosemodell in Frage kommen, die Kreuzkorrelationen mit dem deutschen Aktienmarkt untersucht. Hierzu wurden ausschließlich die Daten des Zeitraums 01:1985 bis 12:1995, also der „in sample"-Zeitraum, verwendet. Die dabei identifizierten Lags sowie die damit verbundenen Korrelationen sind in den nachfolgenden Tabellen 8.4.-1. bis 8.4.-3. aufgeführt:

Variable	*DMSUS*	*DMSJP*	*DMSUK*	*DMSFR*
Lag	−1	−3	−1	−1
Korrelation	0.1671	0.1448	0.1438	0.1660

Tab. 8.4.-1.: Kreuzkorrelationen (Aktienmärkte)

Variable	*DBDBEN*	*DUSBEN*	*DJKBEN*	*DUKBEN*	*DFRBEN*
Lag	−4	−5	−4	−5	−4
Korrelation	0.2678	0.1430	0.2765	0.2238	0.2315

Tab. 8.4.-2.: Kreuzkorrelationen (Bondmärkte)

Variable	*DDMPFUND*	*DUSDYEN*	*DGOLD*	*DDJCMDTY*	*DNYFECRB*
Lag	–5	–4	–1	–6	–6
Korrelation	0.1977	–0.1275	–0.1109	–0.3277	–0.2134

Tab. 8.4.-3.: Kreuzkorrelationen (Währungen, Gold und Rohstoffmärkte)

Die bei sämtlichen Variablenbezeichnungen vorangestellten „*D*" signalisieren, dass alle Zeitreihen in Reihen von logarithmierten Differenzen umwandelt wurden. Wie in Kap. 8.3. geprüft wurde, erfüllen die Zeitreihen dieser Log-Differenzen die Eigenschaft der schwachen Stationarität. Bei der Korrelations- bzw. Lag-Analyse der Aktienmärkte ist auffällig, dass alle Korrelationen in etwa betragsmäßig gleich groß sind und ein positives Vorzeichen aufweisen. Mit Ausnahme des japanischen Aktienmarktes liegen bei allen weiteren Aktienmärkten die höchsten Korrelationen bei einem Lag von einem Monat vor. Bei den Bondmärkten betragen die Wirkungsverzögerungen relativ einheitlich 4 bis 5 Monate.[139] Darüber hinaus sind die Korrelationen analog zu den Aktienmärkten durchweg positiv, jedoch teilweise um einiges größer. Bei den beiden Rohstoffindices *DDJCMDTY* und *DNYFECRB* ist eine (vergleichsweise große) negative Korrelation bei einem Lag von 6 Monaten auffällig.

8.5. Auswahl der erklärenden Variablen und Überprüfung der Multikollinearität

Die Ergebnisse der vorangegangenen Korrelationsanalyse bilden den Ausgangspunkt für die Auswahl der erklärenden Variablen des Regressionsmodells. Das Ziel besteht im Folgenden darin, mit wenigen Regressoren die tatsächlich relevanten Zusammenhänge zu erfassen. Aus diesem Grunde wurde von allen Einflussgruppen (Aktienindices, Bondindices, Währungen und Rohstoffindices/Gold) nur jeweils eine Variable ausgewählt, von der man sich einen nachhaltigen und zeitstabilen Einfluss auf den deutschen Aktienmarkt erhofft. Im Bereich der Aktienindices wurde die Rendite des Morgan Stanley Aktienindexes USA mit einem Lag von einem Monat selektiert. Zum einen weist diese Variable mit einem Wert von 0.1671 (im Vergleich zu den anderen Aktienindex-Renditen) die höchste Korrelation zu den Renditen des Morgan Stanley Aktienindexes BRD auf. Zum anderen gilt der amerikanische Aktienmarkt auf Grund seiner Größe und Bedeutung als der führende Markt für Aktien, dem die kleineren Märkte (so z.B. der deutsche Aktienmarkt) folgen. Bei den Bondindices wurde die Rendite des deutschen Bondindexes mit einem Lag von 4 Monaten ausgewählt, obwohl jene mit einem Wert von 0.2678 eine leicht geringere Korrelation gegenüber derjenigen mit der japanischen Bondindex-Rendite (0.2765) aufweist. Diese Entscheidung basiert auf der Vermutung, dass der deutsche Rentenmarkt eine größere Bedeutung hinsichtlich der Entwicklung des deutschen Aktienmarktes besitzen dürfte als der japanische Rentenmarkt. Bei den Währungen wurde auf die Wechselkurs-Rendite zwischen der DM und dem Britischen Pfund mit einem Lag von 5 Monaten zurückgegriffen, wobei

[139] Es handelt sich hier um die Indexrendite. Diese ist positiv, wenn die Renten steigen, also die Zinsen sinken (et vice versa). Insofern ist hier ein positiver (und nicht negativer) Zusammenhang zu erwarten.

für diese Entscheidung ausschließlich die betragsmäßige Korrelation ausschlaggebend war. Aus den Waren- bzw. Rohstoffindices wurde der Dow Jones Commodity Index (ebenfalls als Log-Differenz) mit einem 6-Monats-Lag ausgewählt. Beide Rohstoffindices weisen die ökonomisch plausible negative Korrelation bei einer Wirkungsverzögerung von 6 Monaten auf. Insofern basierte auch hier die Auswahl ausschließlich auf der betragsmäßig größeren Korrelation des Dow Jones Commodity Indexes (-0.3277 im Vergleich zu -0.2134 beim CRB-Index).

Im nächsten Schritt werden die vier Variablen *DDJCMDTY(-6), DBDBEN(-4), DDMPFUND(-5)* sowie *DMSUS(-1)*, die als erklärende Variablen für das Regressionsmodell ausgewählt wurden, auf Multikollinearität überprüft. Multikollinearität zwischen den erklärenden Variablen führt zu verzerrten Standardfehlern und somit zu invaliden *t*-Werten. Aus diesem Grunde sollte die Überprüfung auf Multikollinearität auf alle Fälle vor einer Analyse der *t*-Statistiken erfolgen.

Die erklärenden Variablen können in einem ersten Schritt durch eine einfache Korrelationsanalyse auf Multikollinearität überprüft werden. Ist die Korrelation zwischen zwei Variablen dem Betrage nach größer als 0.8, so ist diese Multikollinearität als kritisch anzusehen. Sämtliche gängigen Softwarepakete aus dem Statistik- und Ökonometriebereich sowie Tabellenkalkulationen (z.B. Microsoft Excel) bieten eine entsprechende Möglichkeit, um die Korrelation zwischen jeweils zwei Variablen zu berechnen. Werden mehrere erklärende Variablen auf diese Weise jeweils paarweise auf Multikollinearität überprüft, so resultiert daraus eine *Korrelationsmatrix*.

	DDJCMDTY(-6)	*DBDBEN(-4)*	*DDMPFUND(-5)*	*DMSUS(-1)*
DDJCMDTY(-6)	1.000000	-0.179500	-0.032710	-0.114753
DBDBEN(-4)	-0.179500	1.000000	-0.070003	0.051771
DDMPFUND(-5)	-0.032710	-0.070003	1.000000	-0.060159
DMSUS(-1)	-0.114753	0.051771	-0.060159	1.000000

Tab. 8.5.-1.: Korrelationsmatrix

Dabei dürfen ausschließlich die Daten der vier Zeitreihen in dem Zeitraum von 01:1985 bis 12:1995 für die Berechnung der Korrelationsmatrix herangezogen werden. Der Zeitraum 01:1996 bis 12:1997 („out of sample"-Bereich) entspricht aus der Sicht des Modells der unbekannten Zukunft und steht dementsprechend auch nicht zur Überprüfung der Multikollinearität zur Verfügung. Alle Korrelationen sind weit von dem kritischen Wert von 0.80 entfernt. Die betragsmäßig größte Korrelation liegt zwischen der Variablen *DDJCMDTY(–6)* und *DBDBEN(–4)* vor, die einen Wert von -0.179500 aufweist. Die Grenzen der einfachen Korrelationsanalyse sind jedoch darin zu sehen, dass damit ausschließlich die Multikollinearität gemessen werden kann, die zwischen je zwei Variablen besteht. Da die Multikollinearität auch durch eine Linearkombination von mehreren Variablen hervorgerufen werden kann, ist es problematisch, auf Grund des Ergebnisses der einfachen Korrelationsanalyse auf keine Multikollinearität zu schließen.

Mit Hilfe der *Variance Inflation Factors (VIF)* können auch komplexere Formen der Multikollinearität identifiziert werden. Die Variance Inflation Factors lassen sich auf einfache Weise durch Invertierung der gewöhnlichen Korrelationsmatrix berechnen. Die Werte auf der Diagonalen entsprechen dann den Variance Inflation Factors. Ausgangspunkt ist also die folgende Korrelationsmatrix **K**, die bereits in Tab. 8.5.-1. aufgeführt wurde:

$$(1)\qquad \mathbf{K} = \begin{pmatrix} 1.00000 & -0.179500 & -0.032710 & -0.114753 \\ -0.179500 & 1.00000 & -0.070003 & 0.051771 \\ -0.032710 & -0.070003 & 1.00000 & -0.060159 \\ -0.114753 & 0.051771 & -0.060159 & 1.00000 \end{pmatrix}$$

Durch Invertierung der Korrelationsmatrix **K** ergibt sich die Matrix $\mathbf{K}^{-1}$:

$$(2)\qquad \mathbf{K}^{-1} = \begin{pmatrix} 1.048240 & 0.186053 & 0.054165 & 0.113915 \\ 0.186053 & 1.040245 & 0.077230 & -0.027858 \\ 0.054165 & 0.077230 & 1.010970 & 0.063036 \\ 0.113915 & -0.027858 & 0.063036 & 1.018306 \end{pmatrix}$$

In der Tab. 8.5.-2. sind die *VIF*-Werte für die einzelnen Variablen aufgeführt. Es handelt sich dabei um die Werte auf der Diagonalen der Matrix $\mathbf{K}^{-1}$.

Variable	***VIF***
DDJCMDTY(–6)	1.048240
DBDBEN(–4)	1.040245
DDMPFUND(–5)	1.010970
DMSUS(–1)	1.018306

Tab. 8.5.-2.: Werte des *VIF*

Bei einem *VIF* von größer als 10 ist die vorliegende Multikollinearität als kritisch anzusehen. Dies ist bei keiner der Variablen der Fall. Der *VIF* liegt bei allen Variablen in etwa bei eins, also weit entfernt von dem kritischen Wert 10. Sollte das eingesetzte Softwarepaket keine Möglichkeit zur Matrizeninvertierung anbieten, so können die Variance Inflation Factors auch manuell berechnet werden. Zur Veranschaulichung wird dies nochmals anhand des *VIF* für die Variable *DDJCMDTY(–6)* durchgeführt.

Der *VIF* gibt Auskunft darüber, wie gut eine exogene Variable des Grundmodells durch alle anderen exogenen Variablen des Grundmodells erklärt werden kann. Ist eine hinreichend genaue Erklärung möglich, so liegt Multikollinearität vor. In Bezug auf die Variable

DDJCMDTY(−6) stellt sich also konkret die Frage, ob sie durch die anderen exogenen Variablen des Grundmodells (*DBDBEN(−4)*, *DDMPFUND(−5)* und *DMSUS(−1)*) erklärt werden kann. Zur Überprüfung dieses Sachverhalts wird ein Regressionsmodell geschätzt, bei dem die Variable *DDJCMDTY(−6)* dem Regressanden entspricht und alle anderen Variablen als Regressoren dienen. Die Abb. 8.5.-1. zeigt den Regressionsoutput.

```
LS // Dependent Variable is DDJCMDTY(-6)
Date: 07/07/98   Time: 14:47
Sample(adjusted): 1985:08 1995:12
Included observations: 125 after adjusting endpoints
------------------------------------------------------------------------
Variable          Coefficient      Std. Error       t-Statistic      Prob.
------------------------------------------------------------------------
C                  0.003979         0.002486         1.600573        0.1121
DBDBEN(-4)        -0.277358         0.139252        -1.991762        0.0486
DDMPFUND(-5)      -0.054141         0.093415        -0.579581        0.5633
DMSUS(-1)         -0.063397         0.051953        -1.220280        0.2247
--------------------------------------------------------------------------
R-squared                0.046020     Mean dependent var         0.001781
Adjusted R-squared       0.022368     S.D. dependent var         0.025501
S.E. of regression       0.025214     Akaike info criterion     -7.329247
Sum squared resid        0.076924     Schwarz criterion         -7.238741
Log likelihood           284.7106     F-statistic                1.945697
Durbin-Watson stat       2.272303     Prob(F-statistic)          0.125835
---------------------------------------------------------------------------
```

Abb. 8.5.-1.: Regressionsoutput des Prüfmodells

Die Variable *DDJCMDTY(-6)* kann kaum durch die anderen drei Variablen erklärt werden. Dies verdeutlicht das niedrige Bestimmtheitsmaß (*R-squared*) von 0.046020. Mit Hilfe der Formel (2) aus Abschnitt 7.3.2.2. ist es möglich, das Bestimmtheitsmaß in den *VIF* zu überführen:

$$(3) \quad VIF_{DDJCMDTY(-6)} = \frac{1}{1-R^2} = \frac{1}{1-0.046020} = 1.048240$$

Dieser Wert ist identisch mit dem ersten Wert auf der Diagonalen der invertierten Korrelationsmatrix. Analog lässt sich auch der *VIF* für die drei anderen Variablen berechnen.

Zwischen den vier Variablen *DDJCMDTY(−6)*, *DBDBEN(−4)*, *DDMPFUND(−5)* und *DMSUS(−1)* konnte keine Multikollinearität festgestellt werden. Die vier Variablen können also problemlos gemeinsam als erklärende Größen in dem Renditeprognosemodell eingesetzt werden.

8.6. Schätzung der Regressionsparameter des Prognosemodells

Mit den vier erklärenden Variablen (Regressoren) *DDJCMDTY(−6)*, *DBDBEN(−4)*, *DDMPFUND(−5)*, *DMSUS(−1)* und einer Regressionskonstanten wurde das unbedingte

Prognosemodell im „in sample"-Zeitraum von 01:1985 bis 12:1995 mit Hilfe des Softwarepaketes EViews geschätzt. Die Abb. 8.6.-1. zeigt den Output der Software:

Variable	Coefficient	Std. Error	t-Statistic	Prob.
C	0.001905	0.005614	0.339367	0.7349
DDJCMDTY(-6)	-0.663254	0.203170	-3.264520	0.0014
DBDBEN(-4)	1.004011	0.316272	3.174517	0.0019
DDMPFUND(-5)	0.585620	0.209060	2.801202	0.0059
DMSUS(-1)	0.199053	0.116821	1.703914	0.0910

R-squared	0.236060	Mean dependent var	0.006784
Adjusted R-squared	0.210595	S.D. dependent var	0.063422
S.E. of regression	0.056350	Akaike info criterion	-5.713176
Sum squared resid	0.381036	Schwarz criterion	-5.600043
Log likelihood	184.7062	F-statistic	9.270103
Durbin-Watson stat	1.998607	Prob(F-statistic)	0.000001

Abb. 8.6.-1.: Regressionsoutput des Renditeprognosemodells

In der Spalte „Variable" sind die erklärenden Variablen, unter Angabe der jeweils berücksichtigten Lags, aufgeführt. Die Regressionskonstante wird mit *C* (Constant) bezeichnet. In der Spalte „Coefficient" befinden sich die geschätzten Regressionsparameter. Sie weisen die gleichen Vorzeichen wie die jeweiligen Korrelationskoeffizienten auf. Die Regressionskoeffizienten sind wie im einfachen Regressionsmodell zu interpretieren, wobei beim multiplen Modell von der Konstanz der jeweils anderen Faktoren ausgegangen werden muss. So lässt sich beispielsweise der Regressionskoeffizient der Variablen *DDJCMDTY(–6)* (–0.663254) in der Weise interpretieren, dass bei einem Anstieg der stetigen Rendite des Dow Jones Commodity Indexes um einen Prozentpunkt mit einem Rückgang der stetigen Rendite des Morgan Stanley Aktienindexes BRD um 0.66 Prozentpunkte gerechnet werden muss, wenn die Einflüsse der anderen Variablen konstant bleiben. Durch eine Betrachtung der Regressionskoeffizienten lässt sich also der Einfluss der erklärenden Variablen auf die zu prognostizierende Variable analysieren. Bevor jedoch eine solche Wirkungsanalyse durchgeführt wird, sollte der jeweilige Regressionskoeffizient zunächst mit Hilfe des *t*-Tests auf Signifikanz geprüft werden. Nur wenn der Regressionskoeffizient signifikant ist, kann der Richtung (Vorzeichen des Koeffizienten) und dem Umfang der Wirkung (Betrag des Koeffizienten) eine entsprechende Bedeutung beigemessen werden. Die Anwendung des *t*-Tests auf das vorliegende Beispiel findet jedoch erst in dem nachfolgenden Abschnitt statt.

Im unteren Teil der Grafik ist das Bestimmtheitsmaß (*R-squared*) mit einem Wert von 0.236060 angegeben. Danach kann ca. 24% der Schwankung der *zukünftigen* Aktienrendite durch das Regressionsmodell in *unbedingter* Weise erklärt werden. Es ist zu berücksichtigen, dass das Modell ausschließlich aus solchen Variablen besteht, die zum aktuellen Zeitpunkt auch tatsächlich bekannt sind. Vergleicht man diesen Wert mit dem Bestimmtheitsmaß des Marktmodells aus der Fallstudie des Kap. 5.7.4. (ca. 64%), so zeigt sich hier eine beachtliche betragsmäßige Differenz. Diese Differenz beim Bestimmtheitsmaß ist typisch, wenn man ein reines *Erklärungsmodell* (Regressand und Regressor(en) zum Zeitpunkt *t*) mit einem *unbedingten Prognosemodell* (Regressand zum Zeitpunkt *t*+1 und Regressoren zum Zeitpunkt *t*, *t*–1, *t*–2, ...) vergleicht. Jedoch ist bei einem unbedingten Prognosemodell ein (im Vergleich zu einem Erklärungsmodell) relativ niedriges Bestimmtheitsmaß nicht unbedingt verwunderlich. Die Hoffnung bei der Entwicklung eines Prognosemodells besteht darin, die zentralen Einflussfaktoren identifizieren zu können. Bei diesen wird davon ausgegangen, dass ihr Zusammenhang mit der zu prognostizierenden Größe auch in der Zukunft (und dies ist bei einem Prognosemodell einzig und allein ausschlaggebend) erhalten bleibt. Ein Bestimmtheitsmaß von 24% auf der Testmenge (also „out of sample") würde eine passable Prognoseleistung garantieren. Das R^2 von 24% in der Schätzperiode („in sample") wäre also nach aller praktischer Erfahrung völlig zufrieden stellend, wenn es sich bei den identifizierten Variablen mit den jeweiligen Lags um die nachhaltigen, zentralen Einflussgrößen handelt und es somit möglich wäre, dieses Bestimmtheitsmaß von 24% in etwa auch „out of sample" beizubehalten.

Neben dem gewöhnlichen Bestimmtheitsmaß ist auch das korrigierte Bestimmtheitsmaß (*Adjusted R-squared*) mit einem Wert von 0.210595 angegeben. Im Vergleich zum Marktmodell der vorangegangenen Fallstudie ist bei diesem Regressionsmodell die Differenz zwischen dem gewöhnlichen und dem korrigierten Bestimmtheitsmaß etwas größer. Da bei dem Renditeprognosemodell vier erklärende Variablen herangezogen wurden, führt dies zu einer höheren „Bestrafung" hinsichtlich des Bestimmtheitsmaßes. Das korrigierte Bestimmtheitsmaß berücksichtigt die „trade off"-Beziehung zwischen Erklärungsgehalt und Anzahl an erklärenden Variablen. Es kann also einen ersten Anhaltspunkt über die weitere Aufnahme von Variablen in ein Prognosemodell liefern. Führt die Aufnahme eines weiteren Regressors zu einer Abnahme des korrigierten Bestimmtheitsmaßes, so ist die Bestrafung für die Aufnahme eines weiteren Regressors größer als der daraus resultierende Anstieg des Erklärungsgehalts. Da eine solche Variable bereits im „in sample"-Bereich keinen merklichen Erklärungsbeitrag liefern würde, bräuchte man sich hier auch nicht die Frage stellen, ob der (ohnehin schwache) Zusammenhang mit der zu prognostizierenden Größe über die Zeit hinweg stabil ist. Die Aufnahme einer solchen Variablen in das Prognosemodell wäre aus diesem Blickwinkel wenig sinnvoll. Die weiteren Kennzahlen und Testgrößen werden in dem nachfolgenden Abschnitt diskutiert.

8.7. Test der Annahmen und der statistischen Signifikanz des Renditeprognosemodells

8.7.1. Überprüfung der Residuen

In diesem Abschnitt werden die Residuen des Regressionsmodells zur Renditeprognose (vgl. Abb. 8.6.-1.) hinsichtlich der zu Grunde liegenden Annahmen überprüft. Da das Regressionsmodell mit einer Regressionskonstanten geschätzt wurde, beträgt die Summe der OLS-Residuen und somit deren Mittelwert null. Dies ist verträglich mit der Annahme eines Erwartungswertes von null bezüglich der Residuen. Eine explizite Überprüfung ist somit nicht notwendig. Als Nächstes wird die Durbin-Watson-Teststatistik betrachtet, um festzustellen, ob Autokorrelation erster Ordnung vorliegt. Wie die Näherungsformel (16) in Kap. 6.4.2.2. veranschaulicht, weist ein Testwert nahe 0 auf eine positive, ein Wert nahe 2 auf keine und ein Wert nahe 4 auf negative *Autokorrelation erster Ordnung* hin. In dem geschätzten Prognosemodell weist der Durbin-Watson-Koeffizient (*Durbin-Watson stat*) einen Wert von 1.9986 auf, der sehr nahe bei 2 liegt und somit gegen Autokorrelation erster Ordnung spricht. Zur Vertiefung wird jedoch nochmals der exakte Hypothesentest durchgeführt. Da die kritischen Werte nur bis zu einem Stichprobenumfang von $n = 100$ tabelliert sind (vgl. Anhang, Tab. A.2.-6.), wird (obwohl tatsächlich etwas mehr als 100 Beobachtungspunkte zur Schätzung verwandt wurden) in der Tab. A.2.-6. bei $n = 100$ nachgesehen. Außerdem wird ein Signifikanzniveau von 5% zu Grunde gelegt. Das Regressionsmodell besteht aus vier Regressoren (inklusive einer Konstanten). Für diese Angaben ergeben sich gemäß der Tab. A.2.-6. die kritischen Werte d_u=1.59 und d_o=1.76. Der Annahmebereich für die Beibehaltung von H_0 (d.h. keine Autokorrelation erster Ordnung) lässt sich wie folgt bestimmen:

(1) Annahmebereich für H_0: $[d_o\ ;\ 4 - d_o] = [1.76\ ;\ 2.24]$

Da der ermittelte Wert für die Durbin-Watson-Teststatistik (1.9986) in diesem Intervall liegt, wird die Nullhypothese (keine Autokorrelation erster Ordnung) beibehalten. Allerdings lässt der hier betrachtete Durbin-Watson-Test keine Aussagen hinsichtlich *Autokorrelationen höherer Ordnung* zu.

Nachdem keine Autokorrelation erster Ordnung festgestellt werden konnte, werden die Residuen des Prognosemodells in Bezug auf die Homoskedastizitätsannahme überprüft. Hierzu wird der in der Ökonometriesoftware EViews implementierte White-Test herangezogen. Bei diesem Hypothesentest wird der Versuch unternommen, die quadrierten Residuen (als Approximation für die Varianz der Residuen zum jeweiligen Zeitpunkt *t*) anhand geeigneter Variablen mit Hilfe eines Regressionsmodells zu erklären. Nach WHITE gelten die folgenden Variablen als geeignet: Die Regressoren des ursprünglichen Regressionsmodells, deren quadrierte Werte sowie die jeweils paarweise miteinander multiplizierten

Regressoren. In EViews ist der White-Test in der Weise implementiert, dass man entweder nur die erklärenden Variablen des ursprünglichen Modells sowie deren Quadrate berücksichtigt oder aber auch zusätzlich auf die paarweisen Produkte der Regressoren zurückgreift. Dies wird durch die Optionen *„no cross terms"* und *„cross terms"* bewerkstelligt. In einem ersten Schritt wird der White-Test mit der Option *„no cross terms"* durchgeführt. Die folgende Abb. 8.7.1.-1. veranschaulicht das resultierende Ergebnis.

```
White Heteroskedasticity Test:
------------------------------------------------------------------------
F-statistic        2.335078      Probability         0.023100
Obs*R-squared      17.33789      Probability         0.026777


Test Equation:
LS // Dependent Variable is RESID^2
Date: 06/27/98    Time: 17:18
Sample: 1985:08 1995:12
Included observations: 125
White Heteroskedasticity-Consistent Standard Errors & Covariance
---------------------------------------------------------------------------
Variable            Coefficient      Std. Error      t-Statistic     Prob.
---------------------------------------------------------------------------
C                    0.001908         0.000781        2.444199       0.0160
DDJCMDTY(-6)         0.013137         0.015994        0.821389       0.4131
DDJCMDTY(-6)^2       1.316070         1.008195        1.305373       0.1943
DBDBEN(-4)          -0.010162         0.023081       -0.440275       0.6606
DBDBEN(-4)^2         0.126876         0.783083        0.162021       0.8716
DDMPFUND(-5)        -0.005793         0.016321       -0.354939       0.7233
DDMPFUND(-5)^2       0.612533         0.402798        1.520695       0.1311
DMSUS(-1)           -0.019895         0.017258       -1.152774       0.2514
DMSUS(-1)^2          0.063963         0.089737        0.712789       0.4774
---------------------------------------------------------------------------
R-squared                 0.138703     Mean dependent var          0.003048
Adjusted R-squared        0.079303     S.D. dependent var          0.005164
S.E. of regression        0.004955     Akaike info criterion     -10.54561
Sum squared resid         0.002848     Schwarz criterion         -10.34197
Log likelihood            490.7335     F-statistic                 2.335078
Durbin-Watson stat        1.854062     Prob(F-statistic)           0.023100
---------------------------------------------------------------------------
```

Abb. 8.7.1.-1.: Durchführung des White-Tests

Bei dieser Variante des White-Tests werden als Regressoren die erklärenden Variablen des ursprünglichen Regressionsmodells sowie die quadrierten Werte dieser Variablen herangezogen. Die quadrierten Variablen sind durch das Symbol „^2" gekennzeichnet. Bei dem Hypothesentest von WHITE wird die Hypothese „H_0: Homoskedastizität" gegen „H_1: Heteroskedastizität" geprüft. Im Falle homoskedastischer Störterme ist die Varianz der Residuen konstant und sollte sich beispielsweise nicht mittels der oben aufgeführten Variablen (Regressoren des Grundmodells sowie deren quadrierten Werten) erklären lassen. Unter dieser Prämisse müsste das Regressionsmodell von WHITE ein niedriges Bestimmtheitsmaß (R^2) aufweisen, woraus eine kleine Teststatistik W (in der Abbildung *Obs*R-squared*) resultieren würde. Eine kleine Teststatistik spricht somit für eine Beibehaltung der Nullhypothese. In dem vorliegenden Fall nimmt die Prüfgröße *W* (in der Abbildung *Obs*R-squared*) mit 17.33789 einen relativ großen Wert an. Gemäß Gleichung (13) in Kap. 6.4.3.2 wird zur Berechnung dieser Prüfgröße die Anzahl an Beobachtungspunkten (*Included observations:* 125)[140] mit dem Bestimmtheitsmaß (hier: 0.138703) multipliziert:

(2) $W = nR^2 = 125 \cdot 0.138703 = 17.33789$

Legt man die häufig übliche Irrtumswahrscheinlichkeit von 0.05 (5%) zu Grunde, so würde man sich auf Grund des *Probability*-Wertes (= pValue) der Prüfstatistik (0.026777) für die Aussage „H_1 ist signifikant“ entscheiden. Der Probability-Wert von 0.026777 bedeutet, dass man sich mit einer Wahrscheinlichkeit von 2.6777% irrt (d.h. H_0 ist tatsächlich korrekt), falls man sich auf Grund der realisierten Prüfgröße für H_1 entscheidet. Da diese Irrtumswahrscheinlichkeit kleiner als die üblicherweise tolerierten 5% ist, würde man die Annahme homoskedastischer Residuen signifikant ablehnen.

Ein Problem bei dem hier durchgeführten Hypothesentest nach WHITE ist darin zu sehen, dass bei 125 Beobachtungspunkten ein Regressionsmodell mit 8 erklärenden Variablen geschätzt wird. Bei Modellen mit relativ vielen Regressoren (und wenigen Beobachtungspunkten) besteht die Gefahr der Überanpassung („overfitting“). Diese Modelle weisen zwangsläufig ein hohes Bestimmtheitsmaß auf, obwohl die Einflüsse der einzelnen erklärenden Variablen weder nachhaltig noch über die Zeit hinweg stabil sind. Um dieses Problem an dieser Stelle auszuschließen, wurde der Test nach WHITE nochmals wiederholt, wobei von den oben berücksichtigten Variablen jeweils genau zwei zur Erklärung der quadrierten Residuen herangezogen werden. Insofern wird die oben beschriebene Regression von WHITE in vier einzelne Regressionen zerlegt. Da dies mit dem in EViews implementierten White-Test nicht möglich ist, muss es manuell durchgeführt werden. Hierzu wird in einem ersten Schritt eine neue Zeitreihe generiert, welche die quadrierten Residuen des ursprünglichen Regressionsmodells enthält. Diese Zeitreihe entspricht dann der zu erklärenden Variablen in einem Regressionsmodell, bei dem jeweils zwei der oben aufgeführten Variablen als Regressoren dienen. Die Abb. 8.7.1.-2. zeigt die erste der auf diese Weise durchgeführten vier Regressionen, bei der die Variablen *DDJCMDTY(−6)* und *DDJCMDTY(−6)*^2 als Regressoren dienen.

140 Durch die Differenzenbildung und die Berücksichtigung von bis zu 6-Monats-Lags gehen Datenpunkte verloren. Siehe hierzu auch die Abb. 8.7.1.-2.

```
LS // Dependent Variable is RESID_SQUARED
Date: 06/28/98   Time: 09:42
Sample(adjusted): 1985:08 1995:12
Included observations: 125 after adjusting endpoints
------------------------------------------------------------------------
Variable          Coefficient      Std. Error      t-Statistic      Prob.
------------------------------------------------------------------------
C                  0.002239        0.000536         4.180366        0.0001
DDJCMDTY(-6)       0.018708        0.018151         1.030708        0.3047
DDJCMDTY(-6)^2     1.196765        0.461023         2.595889        0.0106
------------------------------------------------------------------------
R-squared               0.072676     Mean dependent var        0.003048
Adjusted R-squared      0.057474     S.D. dependent var        0.005164
S.E. of regression      0.005013     Akaike info criterion   -10.56775
Sum squared resid       0.003066     Schwarz criterion       -10.49987
Log likelihood          486.1170     F-statistic               4.780708
Durbin-Watson stat      1.723204     Prob(F-statistic)         0.010026
------------------------------------------------------------------------
```

Abb. 8.7.1.-2.: Erste manuelle Durchführung des White-Tests

Da es sich hier um eine gewöhnliche Regression und nicht um den White-Test handelt, liefert der Output der Software auch nicht die Prüfgröße des White-Tests bzw. dessen Signifikanzniveau. Jedoch lässt sich die Prüfgröße mit Hilfe der Formel (13) in Kap. 6.4.3.2. leicht selbst berechnen, wobei die hierzu benötigten Daten aus der Abb. 8.7.1.-2. entnommen werden können. Die Regression basiert auf 125 Datenpunkten (*Included oberservations: 125*) und weist ein Bestimmtheitsmaß (*R-squared*) von 0.072676 auf:

(3) $W = nR^2 = 125 \cdot 0.072676 = 9.0845$

Auf diese Weise wurden drei weitere Regressionen durchgeführt, wobei jeweils genau zwei Regressoren des ursprünglichen White-Tests als erklärende Variablen berücksichtigt wurden. Die Tab. 8.7.1.-1. beinhaltet die (analog zu Formel (3)) berechneten Prüfgrößenwerte für alle vier Regressionen.

Regressoren	R^2	$W=nR^2$
DDJCMDTY(−6), DDJCMDTY(−6)^2	0.072676	9.0845
DBDBEN(−4), DBDBEN(−4)^2	0.008804	1.1005
DDMPFUND(−5), DDMPFUND(−5)^2	0.020085	2.5106
DMSUS(−1), DMSUS(−1)^2	0.037633	4.7041

Tab. 8.7.1.-1.: Teststatistiken des White-Tests

Damit man sich auf Grund der Prüfgrößenwerte nun für die Beibehaltung der Nullhypothese (H_0: Homoskedastizität) bzw. für die Annahme der Alternativhypothese (H_1: Heteroskedastizität) entscheiden kann, ist der sog. *„kritische Wert"* notwendig. Bei der Durchführung des White-Tests mit Hilfe von EViews hat sich dieses Problem nicht gestellt, da hier der *Probability*-Wert der Prüfgröße ausgegeben wird. Diese Probability lässt sich unmittelbar mit der vorgegebenen maximalen Irrtumswahrscheinlichkeit vergleichen. Auf Grund dieses Vergleichs wird eine Entscheidung über die Beibehaltung oder Ablehnung der Nullhypothese getroffen. Wie in Kap. 6.4.3.2. erläutert wurde, ist die Prüfgröße approximativ χ^2-verteilt mit l Freiheitsgraden, wobei l der Anzahl an erklärenden Variablen (hier: 2) entspricht:

(4) $nR^2 \sim \chi^2_l$

Aus der Tabelle der χ^2-Verteilung (vgl. Anhang, Tab. A.2.-3.) lässt sich an der Stelle 0.95 (dies entspricht einer Irrtumswahrscheinlichkeit von 5%) bei $l = 2$ Freiheitsgraden ein kritischer Wert von 5.991 ablesen. Sind die ermittelten Prüfgrößenwerte größer als dieser kritische Wert, so ist die Alternativhypothese (hier: H_1: Heteroskedastizität) signifikant. Andernfalls wird die Nullhypothese (hier: H_0: Homoskedastizität) beibehalten. Bei der ersten Regression mit den beiden erklärenden Variablen *DDJCMDTY(–6)* und *DDJCMDTY(–6)^2* wird der kritische Wert eindeutig überschritten. Auch an dieser Stelle kann (analog zum ursprünglichen durchgeführten White-Test) die Nullhypothese homoskedastischer Störterme nicht aufrecht erhalten werden. Die Durchführung des White-Tests mit der Berücksichtigung von paarweisen Produkten der Variablen als Regressoren (in EViews: *cross terms*) ist nicht mehr erforderlich, da die Homoskedastitzitätsannahme bereits an dieser Stelle signifikant abgelehnt wurde.

Im Folgenden stellt sich nun das Problem, wie mit dieser Heteroskedastizität in den Residuen verfahren werden soll. Die mittels OLS geschätzten Regressionskoeffizienten sind nach wie vor *erwartungstreu* und *konsistent*. Jedoch sind die geschätzten Standardfehler der Regressionskoeffizienten bei heteroskedastischen Residuen nicht mehr valide. Da die Berechnung der *t*- und *F*-Werte (*Inferenzstatistiken*) auf diesen geschätzten Standardfehlern beruht, sind diese Größen ebenfalls nicht mehr sinnvoll interpretierbar.[141] Zur Behandlung dieses Problems bestehen prinzipiell verschiedene Möglichkeiten. Eine Möglichkeit liegt darin, die Heteroskedastizität explizit bei der Modellschätzung zu berücksichtigen. Dazu muss aber die genaue Form der Heteroskedastizität bekannt sein. Ist dies der Fall, so kann eine *„Generalized Least Squares"*-Schätzung (GLS) durchgeführt werden. Eine Form der GLS-Schätzung ist die *„Weighted Least Squares"*-Schätzung (WLS), die insbesondere bei Querschnittsregressionen große Bedeutung besitzt. Im Bereich der Zeitreihenregressionen (so wie beispielsweise in dieser Fallstudie) tritt die Heteroskedastizität insbesondere in Form des *„volatility clustering"* auf. Der Modellierung dieses Phänomens widmen sich insbesondere die ARCH- und GARCH-Modelle. Da die Behandlung dieser Verfahren den

141 Die Berücksichtigung der geschätzten Standardfehler bei der Berechnung der *t*-Werte wird in Kap. 6.3.1. verdeutlicht. Der Einfluss der geschätzten Standardfehler bei der Ermittlung der *F*-Statistik ist bei der in Kap. 6.3.2. gewählten Darstellungsweise nicht unmittelbar ersichtlich. Der Einfluss ist dann sichtbar, wenn man die Berechnungsweise wie bei GRIFFITHS/HILL/JUDGE (1993), S. 334 zu Grunde legt. Wie die Darstellung bei GRIFFITHS/HILL/JUDGE (1993) zeigt, liefern beide Berechnungsweisen den gleichen *F*-Wert.

Umfang eines Grundlagenbuches bei weitem sprengen würde, wird hinsichtlich dieser Modelle auf die Literatur verwiesen.[142] Eine weitere Möglichkeit zum Umgang mit heteroskedastischen Residuen besteht darin, eine gewöhnliche OLS-Schätzung durchzuführen, jedoch die (invaliden) Standardfehler adäquat zu korrigieren. Diesem Gedanken entspricht die *„heteroskedasticity-consistent covariance matrix"* von WHITE. Wird der Heteroskedastizität nicht in Form eines alternativen Schätzverfahrens (z.B. GLS) Rechnung getragen, so sollte anstatt der in Kap. 5.5.1. hergeleiteten Kovarianzmatrix der Regressionskoeffizienten die modifizierte Kovarianzmatrix von WHITE benutzt werden. Die Standardfehler der Regressionskoeffizienten entsprechen der Wurzel aus den jeweiligen Varianzen, wobei sich diese Varianzen der Regressionskoeffizienten auf der Diagonalen der Kovarianzmatrix befinden. Die theoretischen Grundlagen der Kovarianzmatrix von WHITE wurden in diesem Buch nicht behandelt, hierzu sei auf die entsprechende Literatur verwiesen [vgl. WHITE (1980) und GREENE (1997), S. 503-506 und 547-549]. In der Ökonometriesoftware EViews kann die Berechnung dieser Kovarianzmatrix einfach per Option (*Heteroskedasticity Consistent Covariance: White*) durchgeführt werden. In diesem Fall liefert die Software die entsprechenden Standardfehler nach WHITE, auf denen dann auch die Berechnung der t-Werte basiert. Wie GREENE (1997) zeigt, muss die nach WHITE geschätzte Kovarianzmatrix auch bei der Berechnung des F-Wertes berücksichtigt werden [vgl. GREENE (1997), S. 548-549]. Da bei EViews der ermittelte F-Wert bei Verwendung der gewöhnlichen Kovarianzmatrix (so wie sie in Kap. 5.5.1. dargestellt ist) und bei Verwendung der gemäß WHITE modifizierten Kovarianzmatrix identisch ist, wird dies dort vermutlich nicht berücksichtigt. Insofern sind die ermittelten F-Werte bei heteroskedastischen Störtermen auch bei der Anwendung der Kovarianzmatrix nach WHITE in EViews als problematisch anzusehen. Der Vollständigkeit halber sei noch erwähnt, dass in besonders gelagerten Fällen die Residuen sowohl heteroskedastisch als auch autokorreliert sein können. In diesem Fall stellt die Kovarianzmatrix nach NEWEY-WEST eine geeignete Schätzung für die tatsächliche Kovarianzmatrix und somit für die tatsächlichen Standardfehler dar [vgl. NEWEY/WEST (1987) und GREENE (1997), S. 506 und 590]. In EViews kann auf diesen Kovarianzschätzer ebenfalls durch eine entsprechende Option (*Heteroskedasticity Consistent Covariance: Newey-West*) zurückgegriffen werden.

Auf eine Überprüfung der Residuen hinsichtlich der Normalverteilungsannahme wurde an dieser Stelle verzichtet, da die nicht konstante Varianz bereits Ausdruck einer sich ändernden Verteilung ist. Wie in Kap. 6.4.4. gezeigt wurde, wird bei der Überprüfung der Residuen hinsichtlich der Normalverteilungsannahme von einem konstanten Mittelwert von null und einer konstanten Varianz ausgegangen. Die konstante Varianz ist hier mit großer Wahrscheinlichkeit jedoch nicht gegeben.

---

142 Zur GLS-Schätzung (inklusive der WLS-Schätzung) siehe beispielsweise GREENE (1997), S. 555. Die ARCH- und GARCH-Modelle werden z.B. behandelt in ENDERS (1995), S. 135ff.

8.7.2. Überprüfung des Renditeprognosemodells auf Signifikanz

Das Ziel des Renditeprognosemodells besteht darin, zukünftige Renditen weitgehend zuverlässig vorherzusagen. Jedoch ist es auch bei Prognosemodellen wichtig, die geschätzten Regressionskoeffizienten näher zu analysieren, da man auf diese Weise nachvollziehen kann, wie die Prognosewerte zu Stande kommen. Man sollte das Vorzeichen und den Betrag des Regressionskoeffizienten auf jeden Fall in Bezug auf seine ökonomische Plausibilität hin überprüfen. Ein entsprechendes Vertrauen in die Prognosen des Modells kann man nur dann aufbauen, wenn die geschätzten Regressionskoeffizienten mit den eigenen Vorstellungen bzw. mit der ökonomischen Theorie weitgehend verträglich sind. Die Auswertung des Regressionskoeffizienten (Vorzeichen und Betrag) ist jedoch nur dann sinnvoll, wenn die jeweilige erklärende Variable einen nachhaltigen Einfluss (im Sinne eines statistisch signifikanten t-Wertes) ausübt. Ist der t-Wert nicht signifikant, so ist der Standardfehler des geschätzten Regressionskoeffizienten im Verhältnis zu seiner betragsmäßigen Größe relativ groß. Ein großer Standardfehler bedeutet relativ große Unsicherheit hinsichtlich des geschätzten Regressionskoeffizienten. In diesem Fall ist die Sinnhaftigkeit einer Auswertung seines Vorzeichens und Betrags sehr zweifelhaft.

In dem vorangegangenen Abschnitt wurde die Ungültigkeit der Homoskedastizitätsannahme der Residuen festgestellt. Damit sind die geschätzten Standardfehler der (ebenfalls geschätzten) Regressionskoeffizienten nicht valide. Bei der Berechnung der t-Statistik wird der geschätzte Regressionskoeffizient durch seinen geschätzten Standardfehler dividiert. Somit ist auch die ermittelte t-Statistik nicht mehr valide. In der Abb. 8.6.-1. sind die geschätzten Regressionskoeffizienten unter der Spalte *Coefficient*, die geschätzten Standardfehler unter der Spalte *Std. Error* und die daraus resultierenden t-Werte unter der Spalte *t-Statistic* aufgeführt. Beim Vorliegen heteroskedastischer Residuen bei einer OLS-Schätzung sollten – wie ausgeführt – die Standardfehler der Regressionskoeffizienten mit dem Verfahren nach WHITE geschätzt werden. In der Ökonometriesoftware EViews lässt sich dieses Verfahren durch die Option *Heteroskedasticity Consistent Covariance: White* bei der OLS-Schätzung berücksichtigen. Die Abb. 8.7.2.-1. zeigt den Regressionsoutput, nachdem diese Option aktiviert wurde:

White Heteroskedasticity-Consistent Standard Errors & Covariance

Variable	Coefficient	Std. Error	t-Statistic	Prob.
C	0.001905	0.005979	0.318645	0.7506
DDJCMDTY(-6)	-0.663254	0.241610	-2.745139	0.0070
DBDBEN(-4)	1.004011	0.297185	3.378403	0.0010
DDMPFUND(-5)	0.585620	0.254351	2.302406	0.0230
DMSUS(-1)	0.199053	0.151903	1.310391	0.1926

R-squared	0.236060	Mean dependent var	0.006784
Adjusted R-squared	0.210595	S.D. dependent var	0.063422
S.E. of regression	0.056350	Akaike info criterion	-5.713176
Sum squared resid	0.381036	Schwarz criterion	-5.600043
Log likelihood	184.7062	F-statistic	9.270103
Durbin-Watson stat	1.998607	Prob(F-statistic)	0.000001

Abb. 8.7.2.-1.: Regressionsoutput des Renditeprognosemodells mit der Korrektur nach WHITE

Mit Ausnahme der erklärenden Variable *BDBEN(–4)* haben die Standardfehler aller erklärenden Variablen zu und ihre *t*-Werte somit abgenommen (vgl. mit Abb. 8.6.-1.). Die geschätzten Regressionskoeffizienten sowie alle weiteren Kennzahlen (z.B. R^2, korrigiertes R^2, Durbin-Watson etc.) sind dagegen von der Korrektur des Standardfehlers nicht betroffen. Legt man ein Signifikanzniveau von 5% zu Grunde, so führt die „verbesserte" Schätzung des Standardfehlers zu keinen geänderten Signifikanzaussagen. Bei beiden Regressionen ist bei einer Irrtumswahrscheinlichkeit von 5% die Regressionskonstante (*C*) und die um einen Monat verzögerte Rendite des amerikanischen Aktienmarktes (*DMSUS(*–1)) nicht signifikant. Alle weiteren erklärenden Variablen erfüllen das Signifikanzkriterium – unabhängig von der Art der Berechnung des Standardfehlers – relativ eindeutig.

Wie GREENE (1997) zeigt, muss die nach WHITE geschätzte Kovarianzmatrix auch bei der Berechnung des *F*-Wertes berücksichtigt werden [vgl. GREENE (1997), S. 548-549]. Da die *F*-Statistik bei beiden Abbildungen gleich ist (9.270103), wird dies vermutlich bei der Ökonometriesoftware EViews nicht getan. Insofern ist der *F*-Wert mit Vorsicht zu interpretieren. Berücksichtigt man jedoch, dass der *F*-Wert von 9.27 „hoch signifikant" ist (*Probability* 0.000001) und sich die Änderungen auf Grund der WHITE-Kovarianzmatrix vermutlich (analog zu den *t*-Werten) weitgehend in Grenzen halten, so erscheint es doch als legitim, von der Signifikanz des Gesamtmodells auszugehen.

Abschließend lässt sich noch die Frage stellen, ob es nicht sinnvoll sein könnte, die insignifikanten Variablen (zu Gunsten eines kompakteren Modells) aus der Regressionsgleichung zu entfernen. Durch die Regressionskonstante (*C*) weisen die OLS-Residuen einen Mittelwert von null auf. Es ist daher sinnvoll, diese trotz ihres insignifikanten *t*-Wertes in dem Modell zu belassen. Die Variable *DMSUS(–1)* wäre zwar in dem ursprünglichen Modell (mit den Original-OLS-Standardfehlern) zumindest bei einem Signifikanzniveau von 10%

zwar gerade noch signifikant (*Probability* 0.0910), bei der Berechnung der Standardfehler nach WHITE ist sie jedoch auch bei 10% völlig insignifikant (*Probability* 0.1926). Aus diesem Grunde wurde die Variable *DMSUS(−1)* aus dem Modell entfernt und es mittels OLS (zunächst ohne Korrektur der Standardfehler nach WHITE) nochmals neu geschätzt. Die folgende Abb. 8.7.2.-2. zeigt das Resultat:

Variable	Coefficient	Std. Error	t-Statistic	Prob.
C	0.004164	0.005498	0.757309	0.4503
DDJCMDTY(-6)	-0.701424	0.203514	-3.446567	0.0008
DBDBEN(-4)	1.018598	0.318633	3.196774	0.0018
DDMPFUND(-5)	0.563488	0.210291	2.679566	0.0084

R-squared	0.217577	Mean dependent var	0.006784
Adjusted R-squared	0.198178	S.D. dependent var	0.063422
S.E. of regression	0.056791	Akaike info criterion	-5.705270
Sum squared resid	0.390255	Schwarz criterion	-5.614764
Log likelihood	183.2120	F-statistic	11.21594
Durbin-Watson stat	1.886203	Prob(F-statistic)	0.000002

Abb. 8.7.2.-2.: Regressionsoutput des Prognosemodells ohne *DMSUS*(−1)

Die Durbin-Watson-Statistik hat nun von 1.998 auf 1.886 abgenommen. Je weiter sich diese Statistik von dem Wert 2 in Richtung des Wertes 0 bewegt, desto höher ist die Autokorrelation in den Residuen, was wiederum das Fehlen wichtiger erklärender Variablen andeutet. Ein Blick in die Tabelle (vgl. Anhang, Tab. A.2.-6.) der kritischen Werte liefert für 100 Beobachtungspunkte, drei erklärende Variablen sowie einem 5%-Signifikanznivau die kritischen Werte d_u=1.61 und d_o=1.74. Aus diesen Werten ergibt sich das folgende Intervall zur Beibehaltung der Nullhypothese einer fehlenden Autokorrelation erster Ordnung:

(1) Annahmebereich für H_0: $[d_o ; 4 - d_o] = [1.74 ; 2.26]$

Der Durbin-Watson-Koeffizient liegt mit einem Wert von 1.886 also nach wie vor in dem Bereich, bei dem die Hypothese fehlender Autokorrelation der Residuen beibehalten wird.

Einen weiteren interessanten Anhaltspunkt, ob die Variable *DMSUS(−1)* in dem Modell verbleiben soll, liefert das korrigierte Bestimmtheitsmaß (*Adjusted R-squared*). Dieses Maß drückt die „trade off"-Beziehung zwischen dem Erklärungsgehalt eines Modells und der dafür benutzten Anzahl an erklärenden Variablen aus. Das Ziel besteht darin, mit möglichst wenig Variablen einen möglichst großen Erklärungsgehalt zu erreichen. In diesem Fall weist das korrigierte Bestimmtheitsmaß einen entsprechend großen Wert auf. Vergleicht man das *„Adjusted R-squared"* der beiden Regressionsmodelle mit und ohne der Variablen *DMSUS(−1)*, so sinkt dieses Maß durch die Herausnahme der Variablen *DMSUS(−1)* von 0.210595 auf 0.198178. Der „Bonus" für die Reduktion des Regressionsmodells um eine erklärende Variable wird durch den Verlust an Erklärungsgehalt überkompensiert. Das korrigierte Bestimmtheitsmaß spricht also dafür, die Variable *DMSUS(−1)* in dem Modell als erklärende Variable zu belassen. Da es auch als ökonomisch plausibel erscheint, dass der deutsche Aktienmarkt dem weitaus größeren und bedeutenderen amerikanischen Aktienmarkt mit einer geringen Verzögerung (hier: ein Monat) folgt, wird die Variable *DMSUS(−1) nicht* aus dem Prognosemodell entfernt. Inwieweit das hier analysierte Renditeprognosemodell nun in der Lage ist, gute „out of sample"-Prognosen durchzuführen, wird in dem nachfolgenden Unterkapitel überprüft.

8.8. Evaluierung der Prognosegüte des Renditeprognosemodells

8.8.1. Generierung der Renditeprognosen

In Abschnitt 8.6. wurde ein Regressionsmodell geschätzt, mit dessen Hilfe unter „realen Bedingungen" die monatlichen Renditen des Morgan Stanley Aktienindexes BRD prognostiziert werden sollen. „Reale Bedingungen" bedeuten in diesem Zusammenhang, dass man die Regressionskoeffizienten des Modells anhand von Daten aus der Vergangenheit schätzt und mit diesem Modell anschließend Prognosen auf „unbekannten Daten" erstellt. Dabei wird der Zeitraum, in dem man das Modell entwickelt und die Parameter schätzt, als *Schätzzeitraum* bzw. *„in sample"*-Bereich bezeichnet. Anschließend wird das Modell zur Prognose im *Testzeitraum* eingesetzt, der aus Sicht des Modells der unbekannten Zukunft entspricht. Da die Daten dieses Zeitraums nicht zur Parameterschätzung verwendet wurden, werden sie auch als *„out of sample"*-Daten bezeichnet. Das Renditeprognosemodell des Abschnitts 8.6. wurde anhand der Daten des Zeitraums 01:1985 bis 12:1995 entwickelt. Mit Hilfe dieses Modells sollen nun für den Testzeitraum 01:1996 bis 12:1997 insgesamt 24 monatliche Renditeprognosen durchgeführt werden. Zu diesem Zweck wird die in Kap. 8.1. dargestellte Prognosegleichung herangezogen:

$$(1) \quad \hat{y}_{t+1} = \hat{\beta}_0 + \hat{\beta}_1 x_{1t} + \hat{\beta}_2 x_{2t} + \ldots + \hat{\beta}_k x_{kt}$$

Mit Hilfe der geschätzten Regressionskoeffizienten ($\hat{\beta}_0, \hat{\beta}_1, \ldots, \hat{\beta}_k$) und den Werten der exogenen Variablen, die zum aktuellen Zeitpunkt t bekannt sind ($x_{1t}, x_{2t}, \ldots, x_{kt}$), wird der Prognosewert zum Zeitpunkt t+1 ($\hat{y}_{t+1}$) berechnet. Um mit dem geschätzten Regressionsmodell hinsichtlich der verwendeten Zeitindices konform zu gehen, wird im Folgenden der Prognosezeitpunkt mit t und der aktuelle Zeitpunkt mit t−1 bezeichnet. Unter Berücksichtigung dieser geänderten Indexbezeichnung lautet die Prognosegleichung (1) wie folgt:

$$(2) \quad \hat{y}_t = \hat{\beta}_0 + \hat{\beta}_1 x_{1t-1} + \hat{\beta}_2 x_{2t-1} + \ldots + \hat{\beta}_k x_{kt-1}$$

Der Index t–1 bei den erklärenden Variablen $x_{1t\text{-}1}, ..., x_{kt\text{-}1}$ bedeutet, dass es sich hierbei um die jüngsten, tatsächlich verfügbaren Variablenwerte handelt. Allerdings kann es durchaus sinnvoll sein, auf Grund von ökonomischen Wirkungsverzögerungen weiter zurückliegende Werte der erklärenden Variablen heranzuziehen. Im bisher entwickelten Modell wird die aktuelle Rendite des amerikanischen Aktienmarktes (Zeitpunkt t–1) für die Prognose herangezogen. Dies kommt in der Variablenbezeichnung *DMSUS(–1)* zum Ausdruck. Im Unterschied hierzu wird die Rendite des Dow Jones Commodity Indexes (*DDJCMDTY(–6)*) zum Zeitpunkt t–6 als erklärende Variable herangezogen. Der Wert dieser Variablen ist zwar ebenfalls zum aktuellen Zeitpunkt t–1 verfügbar, jedoch bereits fünf Monate alt. Die in Kap. 8.4. durchgeführte Korrelationsanalyse legte aber nahe, die Variable mit einer 6-monatigen Wirkungsverzögerung aufzunehmen. Unter Berücksichtigung dieses Sachverhalts lässt sich die Prognosegleichung (2) mit den geschätzten Daten (vgl. Abb. 8.6.-1.) wie folgt darstellen:

$$(3)\quad DMSBRD_t = 0.002 + (-0.663)\cdot DDJCMDTY_{t\text{-}6} + 1.004\cdot DBDBEN_{t\text{-}4} + 0.586\cdot DDMPFUND_{t\text{-}5} + 0.199\cdot DMSUS_{t\text{-}1}$$

Unterdrückt man den Zeitindex t und berücksichtigt den Sachverhalt, dass die oben eingeführten Variablenbezeichnungen die jeweilige Lag-Anzahl bereits beinhalten, so kann die Prognosegleichung (3) wie folgt formuliert werden:

$$(4)\quad DMSBRD = 0.002 + (-0.663)\cdot DDJCMDTY(-6) + 1.004\cdot DBDBEN(-4) + 0.586\cdot DDMPFUND(-5) + 0.199\cdot DMSUS(-1)$$

In den Gleichungen (3) und (4) wurden die Regressionskoeffizienten gerundet, um eine übersichtlichere Darstellung zu erhalten.

Mit Hilfe der Prognosegleichung (3) bzw. (4) wird nun vom aktuellen Zeitpunkt 12:1995 in einem ersten Schritt eine Renditeprognose für den Zeitpunkt 01:1996 erzeugt. Wie die Prognosegleichung zeigt, sind für die Berechnung der Prognose – gemäß den jeweiligen Wirkungsverzögerungen – ältere Werte der erklärenden Variablen zu berücksichtigen. Da 12:1995 dem aktuellen Zeitpunkt t–1 entspricht, ist für die Variable *DDJCMDTY(–6)* die Rendite von 07:1995 heranzuziehen. Im Unterschied hierzu wird bei der Rendite des amerikanischen Aktienmarktes (*DMSUS(–1)*) auf den zum aktuellen Zeitpunkt t–1 vorliegenden Wert (also auf die Rendite 12:1995) zurückgegriffen. Die Tab. 8.8.1.-1. gibt für alle erklärenden Variablen die jeweiligen Renditewerte an, die für die Berechnung der Prognose für den Zeitpunkt 01:1996 eingesetzt werden:

	DDJCMDTY(–6)	*BDBEN*(–4)	*DDMPFUND*(–5)	*DMSUS*(–1)
Zeitpunkt	07:1995	09:1995	08:1995	12:1995
Rendite	–0.013991	0.008698	0.029876	0.015214

Tab. 8.8.1.-1.: Werte der erklärenden Variablen zum Prognosezeitpunkt 12:1995

Setzt man diese Werte in die Prognosegleichung (3) bzw. (4) ein, so lässt sich der Prognosewert wie folgt berechnen:

(5) $DMSBRD = 0.002 + (-0.663)\cdot(-0.013991) + 1.004\cdot 0.008698$

$$+ 0.586\cdot 0.029876 + 0.199\cdot 0.015214 = 0.0405 \approx 0.04$$

Das Modell prognostiziert also für den Morgan Stanley Aktienindex BRD eine positive Monatsrendite von ca. 4% für den Januar 1996.[143]

Ende Januar 1996 ist es nun möglich, eine Renditeprognose für Ende Februar 1996 (02:1996) abzugeben. Die jüngsten verfügbaren Werte für die erklärenden Variablen sind jetzt die Werte des aktuellen Zeitpunkts 01:1996. Ausgehend von dem aktuellen Zeitpunkt 01:1996 werden – unter Berücksichtigung der Wirkungsverzögerungen der jeweiligen erklärenden Variablen – die folgenden Werte für die Berechnung der Februar-Rendite des deutschen Aktienmarktes herangezogen:

	DDJCMDTY(–6)	*BDBEN*(–4)	*DDMPFUND*(–5)	*DMSUS*(–1)
Zeitpunkt	08:1995	10:1995	09:1995	01:1996
Rendite	0.009919	0.016497	–0.010688	0.035266

Tab. 8.8.1.-2.: Werte der erklärenden Variablen zum Prognosezeitpunkt 01:1996

Mit Hilfe der Prognosegleichung (4) berechnet sich die Vorhersage der Februar-Rendite des Morgan Stanley Aktienindexes BRD wie folgt:

(6) $DMSBRD = 0.002 + (-0.663)\cdot(0.009919) + 1.004\cdot 0.016497$

$$+ 0.586\cdot(-0.010688) + 0.199\cdot 0.035266 = 0.0127 \approx 0.01$$

Das Modell prognostiziert also für die Februar-Rendite des Morgan Stanley Aktienindex BRD einen Wert von ca. 1%.

Auf diese Weise können für jeden einzelnen Monat in dem Zeitraum 01:1996 bis 12:1997 Renditeprognosen für den deutschen Aktienmarkt erstellt werden. Die hier durchgeführte

143 Diese relativ große (prognostizierte) Rendite wäre auf Grund des sog. „Januar"-Effekts plausibel. Hinter dieser Bezeichnung verbirgt sich das empirisch nachgewiesene Phänomen, dass im Januar die Aktienrenditen tendenziell höher als in den anderen Monaten sind [vgl. STEINER/BRUNS (2000), S. 45-46].

manuelle Berechnung des Prognosewertes dient ausschließlich dazu, um das generelle Prinzip zu veranschaulichen, wie mit Hilfe eines linearen Regressionsmodells *unbedingte* Vorhersagen erstellt werden können. Im Regelfall stellt die eingesetzte Ökonometriesoftware entsprechende Befehle und Optionen bereit, mit denen sich die Berechnung der Prognosewerte automatisch durchführen lässt. Die Tab. 8.8.1.-3. beinhaltet die monatlichen Prognosen für den Testzeitraum 01:1996 bis 12:1997, die mit Hilfe der Ökonometriesoftware EViews automatisch erstellt wurden.

Periode	*DMSBRD* (tatsächlich)	*DMSBRDF* (prognostiziert)	Korrektes Vorzeichen der Prognose 1 = richtig / 2 = falsch
01:1996	0.081381	0.040442	1
02:1996	–0.003050	0.012650	0
03:1996	0.001085	0.038199	1
04:1996	0.001238	0.026443	1
05:1996	0.010596	0.034718	1
06:1996	0.017060	–0.017732	0
07:1996	–0.029758	–0.018966	1
08:1996	0.026533	0.014241	1
09:1996	0.038447	0.007511	1
10:1996	0.001484	0.014839	1
11:1996	0.054919	0.017668	1
12:1996	0.006056	0.020510	1
01:1997	0.056806	0.025016	1
02:1997	0.071141	0.035706	1
03:1997	0.059404	0.083616	1
04:1997	0.000879	0.046440	1
05:1997	0.026579	0.016268	1
06:1997	0.064849	0.049289	1
07:1997	0.146125	0.007207	1
08:1997	–0.124127	–0.016625	1
09:1997	0.055292	–0.009583	0
10:1997	–0.098064	0.010083	0
11:1997	0.058813	0.002415	1
12:1997	0.060035	0.081144	1

Tab. 8.8.1.-3.: Tatsächliche und prognostizierte Renditen des Morgan Stanley Aktienindexes

Da es sich bei dem Testzeitraum (aus heutiger Sicht) um einen ex post Zeitraum handelt, können den Prognosen die tatsächlich realisierten Renditen in den jeweiligen Monaten gegenüber gestellt werden. Die tatsächlich eingetretenen Renditen sind ebenfalls in der Tab. 8.8.1-3. enthalten. Auf diese Weise ist es möglich, die Prognoseleistung des entwickelten Modells unter realen Bedingungen, also anhand eines „out of sample“-Zeitraumes zu überprüfen. Die Differenz zwischen den manuell berechneten Werten für die Periode 01:1996 bzw. 02:1996 und den entsprechenden tabellierten Werten ist darauf zurückzuführen, dass die manuelle Berechnung auf den gerundeten Regressionskoeffizienten basiert. Im Unterschied zu der oben gezeigten manuellen Berechnung verwendet EViews die exakten Werte.

Ein erster Eindruck über die Prognosegüte des Modells lässt sich durch Auszählung der Treffer hinsichtlich des Vorzeichens der Prognose (vgl. vierte Spalte) und durch einen grafischen Vergleich der vorhergesagten mit den tatsächlich eingetretenen Renditen gewinnen. Hierzu werden die 24 prognostizierten und die jeweils tatsächlich realisierten Renditen in einem Diagramm abgetragen (vg. Abb. 8.8.1.-2.):

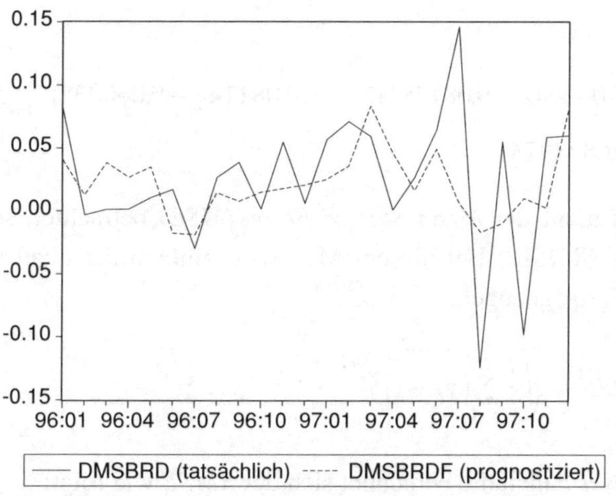

Abb. 8.8.1.-1.: Prognostizierte und tatsächliche Renditen

Das Modell hat die tatsächlichen Strukturen vermutlich weitgehend adäquat erfasst. Die „out of sample“-prognostizierten Renditen und die tatsächlich realisierten Renditen weisen in etwa den gleichen Verlauf auf. Um die Prognosegüte jedoch genauer beurteilen zu können, ist der Einsatz von entsprechenden quantitativen Verfahren erforderlich. Neben statistischen Verfahren kommen im Bereich der Finanzwirtschaft häufig ökonomische Gütemaße aus der Performancemessung zur Quantifizierung der Prognoseleistung zum Einsatz.

8.8.2. Evaluierung der Prognosegüte mit Hilfe statistischer Maßzahlen

Ein häufig eingesetztes Maß zur Quantifizierung der Prognoseleistung ist der *Mean Square Error (MSE).* Diese statistische Kennzahl misst die mittlere quadratische Abweichung der prognostizierten von den tatsächlich realisierten Werten. Es ist wie folgt definiert:

(1) $$MSE = \frac{1}{T}\sum_{t=1}^{T}\left(\hat{y}_t - y_t\right)^2$$

mit $\hat{y}_t$: prognostizierter Wert zum Zeitpunkt t
y_t: tatsächlicher Wert zum Zeitpunkt t
T: Anzahl der Prognosen

Von jedem prognostizierten Wert wird die Abweichung zu dem tatsächlich realisierten ermittelt. Diese Abweichungen werden quadriert, anschließend aufsummiert und durch die Anzahl an Prognosen (T) dividiert. In dieser Fallstudie wurden insgesamt 24 „out of sample"-Prognosen erstellt. Der *MSE* (mittlere quadratische Abweichung) berechnet sich wie folgt:

(2) $$\begin{aligned} MSE &= \frac{1}{24}\left[(0.040442 - 0.081381)^2 + ... + (0.081144 - 0.060035)^2\right] \\ &= 0.0026828978 \end{aligned}$$

Häufig wird jedoch nicht der *Mean Square Error (MSE)* betrachtet, sondern der *Rooted Mean Square Error (RMSE)*. Bei diesem Maß wird einfach die quadratische Wurzel aus dem *Mean Square Error* gezogen:

(3) $$RMSE = \sqrt{MSE} = \sqrt{\frac{1}{T}\sum_{t=1}^{T}\left(\hat{y}_t - y_t\right)^2}$$

Für das Beispiel dieser Fallstudie berechnet sich der *RMSE* wie folgt:

(4) $$RMSE = \sqrt{MSE} = \sqrt{0.0026828978} = 0.051796689$$

Bei den Gütemaßen *MSE* bzw. *RMSE* sind die Grenzen darin zu sehen, dass sie ausschließlich auf die *betragsmäßige Abweichung,* also auf die Lage der prognostizierten und realisierten Werte abstellen. Beträgt beispielsweise die tatsächlich realisierte Rendite 0.01, so könnte ein Modell A eine Rendite von 0.04 prognostiziert und ein alternatives Modell B eine Rendite von –0.02 vorhergesagt haben. Nach dem bisherigen Berechnungsschema weisen beide Modelle eine betragsmäßige Abweichung von 0.03 auf, weshalb man sie als gleichwertig einstufen würde. Aus ökonomischen Überlegungen heraus ist es jedoch nahe liegend, das Modell A gegenüber dem Modell B zu präferieren. Hätte man sich auf Grund der prognostizierten Rendite des Modells A von 0.04 dazu entschlossen, das Wertpapier zu kaufen, so hätte man am Ende der Periode die tatsächlich realisierte Rendite von 0.01 erwirtschaftet. Bei der Anwendung des Modells B hätte man sich – auf Grund der negativ prognostizierten Rendite von –0.02 – sicherlich entschlossen, das Wertpapier nicht zu erwerben. In diesem Fall hätte man die positive Rendite von 0.01 nicht realisiert. Auf Grund dieser Überlegungen ist zu fragen, wie oft das Vorzeichen der Rendite („steigt" oder

„fällt") korrekt vorhergesagt wurde. In diesem Fall werden ausschließlich die Vorzeichen der prognostizierten und der tatsächlich realisierten Werte miteinander verglichen. Weisen beide Werte das gleiche Vorzeichen auf, so wurde ein „Treffer" erzielt, ansonsten nicht. Dividiert man die Anzahl der Treffer durch die Anzahl der insgesamt abgegebenen Prognosen, so erhält man die *Trefferquote*. Zur Ermittlung der Trefferquote wird auf die Tab. 8.8.1.-3. zurück verwiesen (vgl. dort die vierte Spalte).

In der vierten Spalte der Tab. 8.8.1.-3. ist die Zahl eins eingetragen, falls das Vorzeichen korrekt prognostiziert wurde, ansonsten eine null. Summiert man die Werte in der vierten Spalte, so erhält man die *Trefferanzahl*. Dividiert man die Anzahl der Treffer durch die Anzahl der insgesamt durchgeführten Prognosen, so erhält man die *Trefferquote (TQ)*, die sich bei dieser Fallstudie wie folgt berechnet:

$$(5) \quad TQ = \frac{Treffer}{Prognosen} = \frac{20}{24} = 0.8333$$

Die erzielte Trefferquote von 0.8333 erscheint auf den ersten Blick als relativ gut. Um jedoch die Leistung des Prognosemodells konkret beurteilen zu können, ist ein Vergleich mit einem alternativen Prognosemodell erforderlich. Dieses alternative Prognosemodell bzw. die Prognoseleistung dieses Modells wird als *Benchmark* bezeichnet.

8.8.3. Vergleich mit geeigneten Benchmark-Strategien

Eine häufig eingesetzte Benchmark-Strategie ist die *„naive Prognose"*, die sich durch eine einfache Berechnungsweise auszeichnet. Bei der „naiven Prognose" wird die letzte Kursveränderung (Rendite) als Schätzer für die zukünftige herangezogen. Kapitalmarkttheoretisch lässt sich die „naive Prognose" über den Random-Walk in Form des *Submartingale-Modells* rechtfertigen. Wie die Gleichung (3) in Kap. 3.1.6. zeigt, unterscheidet sich nach diesem Modell der morgige Kurs (K_{t+1}) vom heutigen (K_t) durch eine *erwartete Basisverzinsung* ($E(\Delta K_t)$) und eine zufällige Störgröße (ε_{t+1}):

$$(1) \quad K_{t+1} - K_t = E(\Delta K_t) + \varepsilon_{t+1}$$

Da die zufällige Störgröße annahmegemäß einen Erwartungswert von null aufweist, ist die aktuelle Kursveränderung (aktuelle Rendite) ein adäquater Schätzer für die zukünftige Kursveränderung (zukünftige Rendite). Im Unterschied zum *Submartingale-Modell* folgt beim *Random-Walk in der orthodoxen Form* und beim *Martingale-Modell*, dass der Kurs selbst naiv prognostiziert werden sollte. Bei diesen beiden Random-Walk-Modellen ergibt sich der Kurs von morgen durch eine Addition des heutigen Kurses und eines Störterms. Da der Störterm per Annahme einen Erwartungswert von null aufweist, ist der heutige Kurs der beste Schätzer für den morgigen. Wie die folgende Gleichung zeigt, würde sich in diesem Fall eine erwartete Kursveränderung (= erwartete Rendite) von null ergeben:

(2) $K_{t+1} - K_t = \varepsilon_{t+1} \qquad \Rightarrow \qquad E(K_{t+1} - K_t) = E(\varepsilon_{t+1})$

Im Vergleich zum Submartingale-Modell besitzt diese Betrachtungsweise aus kapitalmarkttheoretischer Sicht einen zentralen Nachteil. Unterstellt man die Gültigkeit des CAPM (siehe Kap. 5.7.1.), so kann die erwartete Rendite nicht null sein.[144] Gemäß dem CAPM setzt sich nämlich die erwartete Rendite aus dem risikolosen Zins und einer Risikoprämie zusammen, wobei für die Berechnung der Risikoprämie das systematische Risiko zu Grunde gelegt wird. Aus diesem Grunde wird im Folgenden (gemäß dem Submartingale-Modell) die aktuelle *Rendite* als „naive Prognose" zur Schätzung der zukünftigen herangezogen.

In der Tab. 8.8.3.-1. sind die „naiven Prognosen" und die tatsächlich realisierten Renditen aufgeführt.

144 Vorausgesetzt die betrachtete Aktie weist einen positiven Beta-Faktor auf.

Periode	*DMSBRD* (tats.)	*DMSBRDF* (naive Prog.)	1=Treffer 0=kein Treffer
01:1996	0.081381	0.020848	1
02:1996	–0.003050	0.081381	0
03:1996	0.001085	–0.003050	0
04:1996	0.001238	0.001085	1
05:1996	0.010596	0.001238	1
06:1996	0.017060	0.010596	1
07:1996	–0.029758	0.017060	0
08:1996	0.026533	–0.029758	0
09:1996	0.038447	0.026533	1
10:1996	0.001484	0.038447	1
11:1996	0.054919	0.001484	1
12:1996	0.006056	0.054919	1
01:1997	0.056806	0.006056	1
02:1997	0.071141	0.056806	1
03:1997	0.059404	0.071141	1
04:1997	0.000879	0.059404	1
05:1997	0.026579	0.000879	1
06:1997	0.064849	0.026579	1
07:1997	0.146125	0.064849	1
08:1997	–0.124127	0.146125	0
09:1997	0.055292	–0.124127	0
10:1997	–0.098064	0.055292	0
11:1997	0.058813	–0.098064	0
12:1997	0.060035	0.058813	1
Treffer			16

Tab. 8.8.3.-1.: Treffer der naiven Prognose

Es lässt sich leicht erkennen, dass man die tatsächlich realisierten Renditen um eine Periode nach vorne verschieben muss, um die naiven Prognosen zu erhalten. Die vierte Spalte dient wieder dazu, um die Anzahl der korrekten Richtungsvorhersagen zu erfassen.

Mit Hilfe der Formel (1) des vorangegangenen Kap. 8.8.2. lässt sich der Mean Square Error (*MSE*) analog zu dem regressionsbasierten Prognosemodell wie folgt berechnen:

$$(3) \qquad MSE = \frac{1}{24}\left[(0.020848 - 0.081381)^2 + ... + (0.058813 - 0.060035)^2\right]$$
$$= 0.0079784643$$

Im Vergleich mit dem *MSE* des regressionsbasierten Prognosemodells weist die „naive Prognose“ einen eindeutig höheren *MSE* auf. Hinsichtlich dieses Gütekriteriums erweist sich das Regressionsmodell der „naiven Prognose“ als überlegen.

Mit Hilfe der vierten Spalte aus Tab. 8.8.3.-1. lässt sich die Trefferquote berechnen:

$$(4) \qquad TQ = \frac{Treffer}{Prognosen} = \frac{16}{24} = 0.6666$$

Das entwickelte Prognosemodell weist auch eine höhere Trefferquote auf. Während das Regressionsmodell in ca. 83% aller Fälle die Richtung der Kursveränderung korrekt prognostiziert, liegt die naive Prognose bei ca. 66%. In beiden Fällen handelt es sich um hohe Trefferraten. Bei der „naiven Prognose“ ist dies darauf zurückzuführen, dass im betrachteten Zeitraum relativ lange positive Trends (z.B. zwischen 08:1996 und 07:1997 nur positive Renditen) auftraten. In solchen Phasen weist die „naive Prognose“ zwangsläufig eine hohe Trefferquote auf.

Die bisher analysierten Gütekriterien (*MSE* und *TQ*) erlauben jedoch keine Aussage über den letztendlich erzielbaren ökonomischen Erfolg. Trotz der Trefferquote von 0.8333 ist beispielsweise der Fall denkbar, dass es sich bei den vier Kursveränderungen, deren Richtung man nicht korrekt vorhergesagt hat, um extrem große Kursveränderungen gehandelt hat. Hätte man auf Grund der falschen Richtungsvorhersage die falsche ökonomische Entscheidung getroffen (z.B. Kaufen statt Verkaufen), so hätte man auf Grund der großen Renditebewegungen in diesen vier Fällen ggf. einen großen Verlust erzielt. Handelt es sich weiterhin bei den 20 korrekt vorhergesagten Richtungsänderungen um nur geringe Kursveränderungen, so hätte man trotz der großen Trefferquote von 0.8333 per Saldo einen entsprechenden Verlust realisieren können.

8.8.4. Ökonomische Evaluierung der Prognosegüte

8.8.4.1. Eindimensionale Performancemessung

Auf Grund der oben genannten Grenzen des Mean Square Error und der Trefferquote soll im Folgenden die Rendite gemessen werden, die mit Hilfe des jeweiligen Prognosemodells im „out of sample“-Zeitraum erwirtschaftet wurde. Da hier ausschließlich die erzielte Rendite (ohne Berücksichtigung des eingegangenen Risikos) betrachtet wird, spricht man in diesem Fall von *eindimensionaler Performancemessung*. Um die erzielte Rendite messen zu können, muss ein geeignetes Handelsmodell unterstellt werden, welches die Modellprognosen in entsprechende Käufe und Verkäufe umsetzt.

Im Folgenden wird davon ausgegangen, dass bei einer positiv prognostizierten Rendite (erwarteter Anstieg des Marktes) der Aktienindex Morgan Stanley BRD gekauft wird. Wird in der bzw. den folgenden Periode(n) ein weiterer Anstieg prognostiziert, so wird die „Long"-Position einfach gehalten. Prognostiziert das Modell jedoch eine negative Rendite, so wird die bestehende „Long"-Position aufgelöst und ein Leerverkauf getätigt („Short"-Position).[145] Diese Position wird wiederum so lange beibehalten, wie das Prognosemodell negative Renditen vorhersagt. Wird dann eine positive Rendite prognostiziert, so wird die bestehende „Short"-Position aufgelöst und wieder eine „Long"-Position aufgebaut, indem der Aktienindex gekauft wird. Auf diese Weise ist es möglich, auch bei fallenden Kursen (negative Renditen) Gewinne zu erwirtschaften. Ausschlaggebend ist einzig und allein die korrekte Vorhersage der Kursänderung, also des Vorzeichens der Rendite. In der Tab. 8.8.4.1.-1. sind die tatsächlich realisierten Renditen und die durch das Regressionsmodell prognostizierten aufgeführt.

145 In der praktischen Umsetzung lässt sich eine „Short"-Position beispielsweise mittels eines sog. Futures umsetzen.

Periode	*DMSBRD* (tats.)	*DMSBRDF* (prog.)	Signal: 1=positiv −1=negativ	Gewinn: Verlust
01:1996	0.081381	0.040442	1	0.081381
02:1996	−0.003050	0.012650	1	−0.003050
03:1996	0.001085	0.038199	1	0.001085
04:1996	0.001238	0.026443	1	0.001238
05:1996	0.010596	0.034718	1	0.010596
06:1996	0.017060	−0.017732	−1	−0.017060
07:1996	−0.029758	−0.018966	−1	0.029758
08:1996	0.026533	0.014241	1	0.026533
09:1996	0.038447	0.007511	1	0.038447
10:1996	0.001484	0.014839	1	0.001484
11:1996	0.054919	0.017668	1	0.054919
12:1996	0.006056	0.020510	1	0.006056
01:1997	0.056806	0.025016	1	0.056806
02:1997	0.071141	0.035706	1	0.071141
03:1997	0.059404	0.083616	1	0.059404
04:1997	0.000879	0.046440	1	0.000879
05:1997	0.026579	0.016268	1	0.026579
06:1997	0.064849	0.049289	1	0.064849
07:1997	0.146125	0.007207	1	0.146125
08:1997	−0.124127	−0.016625	−1	0.124127
09:1997	0.055292	−0.009583	−1	−0.055292
10:1997	−0.098064	0.010083	1	−0.098064
11:1997	0.058813	0.002415	1	0.058813
12:1997	0.060035	0.081144	1	0.060035
Gesamt:				0.746789

Tab. 8.8.4.1.-1.: Kumulierter Gewinn/Verlust des Prognosemodells

In der vierten Spalte der Tab. 8.8.4.1.-1. ist das Handelssignal aufgeführt. Es ist „1“, wenn eine positive Rendite und „−1“, falls eine negative Rendite prognostiziert wurde. Dieses Handelssignal wird nun einfach mit der tatsächlich realisierten Rendite (2. Spalte) multipliziert und das Ergebnis in die 5. Spalte eingetragen. Weisen die tatsächlich realisierten Renditen und das korrespondierende Handelssignal das gleiche Vorzeichen auf, so wurde die entsprechende Periodenrendite erwirtschaftet. Die Rendite in der 5. Spalte ist in diesem Fall positiv. Besitzen die tatsächlich realisierten Renditen und das jeweils zugehörige Handelssignal unterschiedliche Vorzeichen, so wurde die falsche Handelsentscheidung getroffen und ein Verlust in Höhe der jeweiligen Rendite erzielt. In diesem Fall ist die Rendite in der 5. Spalte negativ. Stetige Renditen besitzen (gegenüber diskreten) den Vorteil, dass sie über die Zeit hinweg addiert werden können. Die insgesamt in einem Zeitraum erwirtschaftete

Rendite ergibt sich hier also durch Addition der einzelnen Periodenrenditen. In der vorliegenden Fallstudie werden die 24 Periodenrenditen der 5. Spalte addiert, um die Rendite zu erhalten, die insgesamt in den 2 Jahren erwirtschaftet wurde. Wie aus Tab. 8.8.4.1.-1. ersichtlich ist, wurde insgesamt eine stetige Rendite von 0.746789 erwirtschaftet.

Analog zu den obigen Gütemaßen (*MSE*, *TQ*) tritt auch bei der erwirtschafteten Rendite das Problem auf, dass eine Beurteilung der Prognosequalität letztendlich nur durch einen Vergleich mit einer adäquaten Benchmark möglich ist. Aus diesem Grunde wird (analog zu dem regressionsbasierten Prognosemodell) die Rendite berechnet, die man bei einer Umsetzung der „naiven Prognosen" mittels des oben erläuterten Handelsmodells erwirtschaftet hätte. Die jeweils erzielten Periodenrenditen und die insgesamt erwirtschaftete Rendite sind in der Tab. 8.8.4.1.-2. in der Spalte 5 aufgeführt:

Periode	*DMSBRD* (tats.)	*DMSBRDF* (naive Prog.)	Signal: 1=positiv −1=negativ	Gewinn/ Verlust
01:1996	0.081381	0.020848	1	0.081381
02:1996	−0.003050	0.081381	1	−0.003050
03:1996	0.001085	−0.003050	−1	−0.001085
04:1996	0.001238	0.001085	1	0.001238
05:1996	0.010596	0.001238	1	0.010596
06:1996	0.017060	0.010596	1	0.017060
07:1996	−0.029758	0.017060	1	−0.029758
08:1996	0.026533	−0.029758	−1	−0.026533
09:1996	0.038447	0.026533	1	0.038447
10:1996	0.001484	0.038447	1	0.001484
11:1996	0.054919	0.001484	1	0.054919
12:1996	0.006056	0.054919	1	0.006056
01:1997	0.056806	0.006056	1	0.056806
02:1997	0.071141	0.056806	1	0.071141
03:1997	0.059404	0.071141	1	0.059404
04:1997	0.000879	0.059404	1	0.000879
05:1997	0.026579	0.000879	1	0.026579
06:1997	0.064849	0.026579	1	0.064849
07:1997	0.146125	0.064849	1	0.146125
08:1997	−0.124127	0.146125	1	−0.124127
09:1997	0.055292	−0.124127	−1	−0.055292
10:1997	−0.098064	0.055292	1	−0.098064
11:1997	0.058813	−0.098064	−1	−0.058813
12:1997	0.060035	0.058813	1	0.060035
Gesamt:	0.583723			0.300277

Tab. 8.8.4.1.-2.: Kumulierter Gewinn/Verlust der naiven Prognose

Die „naive Prognose" schneidet hinsichtlich der erwirtschafteten Rendite eindeutig schlechter als das regressionsbasierte Prognosemodell ab (stetige Rendite von 0.300277 im Vergleich zu 0.746789). Bei beiden Strategien werden entsprechend der Prognosen laufend Käufe bzw. Verkäufe vorgenommen, was bei der praktischen Anwendung mit Transaktionskosten verbunden ist, die jedoch hier nicht berücksichtigt werden. Eine einfache Strategie, bei der nur zu zwei Zeitpunkten Transaktionskosten zu entrichten sind, ist die sog. *„Buy & Hold"-Strategie*. Hierbei wird der Morgan Stanley Aktienindex BRD zu Beginn der Anlageperiode (01:1996) gekauft und am Ende (12:1997) wieder verkauft. Da bei der Buy & Hold-Strategie ausschließlich zu diesen zwei Zeitpunkten Transaktionskosten anfallen, besitzt sie eine große Praxisrelevanz. Um die Rendite dieser Strategie zu ermitteln, müssen einfach die tatsächlich realisierten Periodenrenditen über den Zeitraum 01:1996 bis 12:1997 aufsummiert werden. Mit der Buy & Hold-Strategie hätte man im Betrachtungszeitraum eine stetige Rendite von 0.583723 erwirtschaftet. Die erzielte Rendite der Buy & Hold-Strategie liegt somit eindeutig über der Rendite der „naiven Prognose" (0.300277), aber eindeutig unter dem Ertrag des Regressionsmodells (0.746789). Vor einem Praxiseinsatz müsste jedoch noch geprüft werden, ob die Vorteilhaftigkeit des regressionsbasierten Prognosemodells auch dann noch bestehen bleibt, wenn man die anfallenden Transaktionskosten mit berücksichtigt. Da in dieser Fallstudie lediglich das Prinzip veranschaulicht werden soll, wie mit Hilfe eines Regressionsmodells Prognosen erstellt werden können, werden die Transaktionskosten hier nicht weiter beachtet.

Die stetige Rendite der Buy & Hold-Strategie kann auch einfach anhand der beiden Kursstände zu den Zeitpunkten 01:1996 und 12:1997 ermittelt werden. Anfang Januar 1996 wies der Morgan Stanley Aktienindex BRD einen Stand von 701.0520 Punkten auf, Ende Dezember 1997 dagegen einen Stand von 1256.774. Anhand dieser beiden Indexstände lässt sich die stetige Gesamtrendite für den zweijährigen Zeitraum – alternativ zur obigen Berechnungsweise – wie folgt ermitteln:

$$(1) \quad Rendite_{24Monate} = ln(1256.774) - ln(701.0520) \approx 0.58372$$

In der zweiten Zeile der Tab. 8.8.4.1.-3. sind die drei Renditen des regressionsbasierten Handelsmodells, der naiven Prognose und der Buy & Hold-Strategie nochmals vergleichend gegenübergestellt.

	Regressionsmodell	„naive Prognose“	Buy & Hold
stetige Rendite	0.746789	0.300277	0.583723
diskrete Rendite (%)	1.110213 (111.02%)	0.350233 (35.02%)	0.792700 (79.27%)
diskrete Rendite p.a. (%)	0.452657 (45.27%)	0.161995 (16.20%)	0.338918 (33.89%)

Tab. 8.8.4.1.-3.: Kumulierter Gewinn/Verlust des Regressionsmodells, der naiven Prognose und der Buy & Hold-Strategie

Wie bei der Ermittlung der Gesamtrendite (über alle 24 Monate) deutlich wurde, besitzen stetige Renditen den Vorteil, dass sich die Gesamtrendite durch einfache Addition der einzelnen Monatsrenditen ermitteln lässt. Diskrete Renditen entsprechen dagegen eher dem „intuitiven“ Verständnis. Insofern werden die oben aufgeführten stetigen Renditen in diskrete Renditen umgewandelt. Wie in Kap. 3.1.4. gezeigt wurde, ist dies mit Hilfe der folgenden Formel möglich:

(2) $r^d = exp(r^s) - 1$

Für das regressionsbasierte Prognosemodell ergibt sich auf Grund dieser Berechnungsweise eine diskrete Rendite von :

(3) $r^d = exp(0.746789) - 1 = 1.110213 \approx 111.02\%$

Die diskreten Renditen für die „naive Prognose“ und die Buy & Hold-Strategie lassen sich ebenfalls auf diese Weise berechnen. In der Tab. 8.8.4.1.-3. sind die diskreten Renditen von allen drei Prognosemodellen aufgeführt. Um Finanzanlagen unterschiedlicher Laufzeit miteinander vergleichen zu können, ist es in der Praxis üblich, die Rendite bzw. die Verzinsung auf ein Jahr (per annum, p.a.) zu beziehen. Ausgehend von der diskreten Rendite für 2 Jahre lässt sich die durchschnittliche diskrete Rendite für ein Jahr mit Hilfe der Formel für die geometrische Durchschnittsrendite (vgl. Kap. 3.2.1.) ermitteln. Für die „naive Prognose“ ergibt sich die durchschnittliche Jahresrendite (diskrete Rendite p.a.) wie folgt:

(4) $\sqrt[2]{(1+0.350233)} - 1 = 0.161995 \approx 16.20\%$

Arbeitet man mit stetigen Renditen, so ergibt sich die Durchschnittsrendite als einfaches arithmetisches Mittel. Anstatt der Berechnung (4) hätte man deshalb auch alternativ zunächst die durchschnittliche stetige Rendite für ein Jahr ermitteln können (0.300277 / 2), die man anschließend mit Hilfe von Formel (2) wieder in eine diskrete Rendite umformen kann:

(5) $r^d = exp(0.300277 / 2) - 1 = 0.161995 \approx 16.20\%$

Beide Verfahren liefern das gleiche Ergebnis. Die durchschnittlichen Renditen pro Jahr sind für alle drei Prognosemodelle in der Tab. 8.8.4.1.-3. in der Zeile „diskrete Rendite p.a." aufgeführt.

Als Kritik lässt sich bei der hier durchgeführten Performancemessung zur Beurteilung der Prognosegüte anführen, dass ausschließlich die erzielte Rendite betrachtet wird. Hieraus resultiert die Bezeichnung *„eindimensionale Performancemessung"*. Neben einer möglichst hohen Rendite wird im Regelfall gleichzeitig ein möglichst geringes *Risiko* der Anlage gewünscht. Diesem Sachverhalt wird bei der hier durchgeführten eindimensionalen Betrachtung nicht Rechnung getragen.

8.8.4.2. Zweidimensionale Performancemessung

Bei den Verfahren der zweidimensionalen Performancemessung wird neben der Rendite auch das Risiko berücksichtigt. Wie in Kap. 3.3. gezeigt, existieren verschiedene Ansätze, mit denen das Risiko quantifiziert wird. In Abschnitt 5.8.3.1. wurde die Sharpe-Ratio erläutert, bei der die Schwankung der *Portfoliorenditen* als Risiko betrachtet wird. Aus diesem Grunde ist bei der Sharpe-Ratio die Standardabweichung der Portfoliorenditen als Risikomaß heranzuziehen. In der folgenden Formel ist die Sharpe-Ratio nochmals aufgeführt:[146]

$$(1) \quad SR_p = \frac{\bar{r}_p - r_f}{\sigma_p}$$

mit SR_p: Sharpe-Ratio des Portfolios *p*
$\bar{r}_p$: mittlere realisierte Rendite des Portfolios *p*
r_f: risikoloser Zinssatz
σ_p: empirische Standardabweichung der Portfoliorenditen

Von der Portfoliodurchschnittsrendite $\bar{r}_p$ wird zunächst der risikolose Zins r_f abgezogen. Man bezeichnet die so ermittelte Größe als *Überschussrendite* bzw. *Excess Return*. Die Überschussrendite wird in einem nächsten Schritt durch das Risiko dividiert. Insofern lässt sich die Sharpe-Ratio als *Risikoprämie pro Einheit an übernommenen Gesamtrisiko* interpretieren. Je höher dieses Maß ist, desto vorteilhafter ist die jeweilige Investition. Da die Sharpe-Ratio einer *relativen* Größe entspricht, ist es möglich, die Sharpe-Ratios verschiedener Portfolios sowohl untereinander als auch mit der des Benchmark-Portfolios zu vergleichen. Obwohl man im Allgemeinen unter einem *Portfolio* eine Mischung aus mehreren Wertpapieren versteht, wird der Begriff auch in dieser Fallstudie verwendet. Hier besteht das Portfolio ausschließlich aus dem Morgan Stanley Aktienindex BRD, den man entweder in einer „Long"- oder in einer „Short"-Position hält. Im Folgenden werden die

Sharpe-Ratios für das regressionsbasierte Prognosemodell, die „naive Prognose" und für die „Buy & Hold"-Strategie berechnet, wobei die Berechnung auf den stetigen Renditen basiert.

Für das Regressionsmodell berechnet sich die monatliche Durchschnittsrendite wie folgt:

(2) $$\bar{r}_{modell} = \frac{1}{T}\sum_{t=1}^{T} r_t = \frac{1}{24}\cdot 0.746789 = 0.031116$$

Die Summe der Renditen über alle 24 Perioden kann aus der Tab. 8.8.4.1.-1. entnommen werden. Die Berechnung der Standardabweichung der erwirtschafteten Renditen basiert auf der folgenden Formel:

(3) $$\sigma_{modell} = \sqrt{\frac{1}{T-1}\sum_{t=1}^{T}\left(r_t - \bar{r}_{modell}\right)^2}$$

In der 5. Spalte der Tab. 8.8.4.1.-1. sind die Renditen aufgeführt, die das regressionsbasierte Prognosemodell in den einzelnen Perioden erwirtschaftet. Mit Hilfe dieser Werte und des in Gleichung (2) ermittelten Durchschnittertrags lässt sich die Standardabweichung wie folgt berechnen:

(4) $$\sigma_{modell} = \sqrt{\frac{1}{24-1}\left[(0.081381-0.031116)^2 + \ldots + (0.060035-0.031116)^2\right]} = 0.052398$$

Zur Berechnung der Sharpe-Ratio ist nun noch der *risikolose Zins* (r_f) notwendig, der die risikolose Alternativanlage in dem Zeitraum 01:1996 bis 12:1997 repräsentiert. Gemäß dem Originalaufsatz von SHARPE (1966) wäre es hierzu erforderlich, den Zins für Staatsanleihen mit einer zweijährigen Laufzeit heranzuziehen. Aus Gründen der Datenverfügbarkeit wird im Folgenden auf den 3-Monatszins zurückgegriffen, der im Zeitpunkt 01:1996 einen Wert von 3.22% p.a. aufweist. Um den Aufwand in Grenzen zu halten, wird dieser Wert nicht gemäß der Zinsstrukturkurve angepasst. Unterstellt man in diesem Zeitraum eine ansteigende Zinsstruktur (Normalfall), so müsste der entsprechende 2-Jahreszins über dem 3-Monatszins von 3.22% p.a. liegen. Da sich dieser Zinssatz auf ein Jahr bezieht (p.a), ist es in einem ersten Schritt zunächst erforderlich, den durchschnittlichen Monatszins auszurechnen. Dies lässt sich mit Hilfe der Formel für die geometrische Durchschnittsrendite (vgl. Kapitel 3.2.1.) durchführen:

(5) $$\sqrt[12]{(1+0.0322)} - 1 = 0.002645 \approx 0.2645\%$$

---

146 Für die empirische Standardabweichung der Portfoliorenditen wird hier das Symbol σ_p (statt s_p) verwendet. In den meisten Publikationen wird die Sharpe-Ratio so dargestellt.

Anschließend muss noch berücksichtigt werden, dass es sich bei der in Gleichung (2) ermittelten Durchschnittsrendite um eine stetige Rendite handelt und bei dem risikolosen Zins in Gleichung (5) um eine diskrete Rendite. Mit Hilfe der Formel (6) aus Kap. 3.1.4. lässt sich der risikolose Zins in die entsprechende stetige Rendite umrechnen:

(6) $r_f = ln(1 + 0.002645) = 0.002642$

Abschließend lässt sich die Sharpe-Ratio für das regressionsbasierte Prognosemodell gemäß der Formel (1) ermitteln:

(7) $$SR_{modell} = \frac{\overline{r}_{modell} - r_f}{\sigma_{modell}} = \frac{0.031116 - 0.002642}{0.052398} = 0.543418$$

Auf die gleiche Weise kann nun die Sharpe-Ratio für die „naive Prognose" ermittelt werden. In einem ersten Schritt wird die Durchschnittsrendite bestimmt (Gleichung (8)), anschließend die Standardabweichung der erzielten Renditen (Gleichung (9)) und in einem letzten Schritt die eigentliche Sharpe-Ratio (Gleichung (10)):

(8) $$\overline{r}_{naiv} = \frac{1}{T}\sum_{t=1}^{T} r_t = \frac{1}{24} \cdot 0.300277 = 0.012512$$

(9) $$\sigma_{naiv} = \sqrt{\frac{1}{24-1}\left[(0.081381 - 0.012512)^2 + ... + (0.060035 - 0.012512)^2\right]} = 0.059938$$

(10) $$SR_{naiv} = \frac{\overline{r}_{naiv} - r_f}{\sigma_{naiv}} = \frac{0.012512 - 0.002642}{0.059938} = 0.164670$$

Vergleicht man die Standardabweichung der Renditen der „naiven Prognose" (Gleichung (9)) mit der Standardabweichung des regressionsbasierten Prognosemodells (Gleichung (4)), so schwanken die erwirtschafteten Renditen der „naiven Prognose" stärker als jene des Regressionsmodells. In Verbindung mit der geringeren Durchschnittsrendite der „naiven Prognose" führt dies zu einer eindeutig niedrigeren Performance der „naiven Prognose". Die Sharpe-Ratio der „naiven Prognose" besitzt einen Wert von 0.164670, während das Regressionsmodell eine Sharpe-Ratio von 0.543418 erzielt.

Im Folgenden wird die Sharpe-Ratio für die Buy & Hold-Strategie ermittelt:

(11) $$\overline{r}_{buy} = \frac{1}{T}\sum_{t=1}^{T} r_t = \frac{1}{24} \cdot 0.583723 = 0.024322$$

(12) $$\sigma_{buy} = \sqrt{\frac{1}{24-1}\left[(0.081381 - 0.024322)^2 + ... + (0.060035 - 0.024322)^2\right]} = 0.056024$$

$$(13)\quad SR_{buy} = \frac{\bar{r}_{buy} - r_f}{\sigma_{buy}} = \frac{0.024322 - 0.002642}{0.056024} = 0.386977$$

Die Sharpe-Ratio der Buy & Hold-Strategie fällt zwar höher aus als bei der „naiven Prognose“, nimmt aber doch einen eindeutig geringeren Wert an als die Sharpe-Ratio des regressionsbasierten Prognosemodells. Das hier entwickelte Prognosemodell erweist sich also auch bei der zweidimensionalen Performancemessung der „naiven Prognose“ und dem Buy & Hold-Modell als überlegen. In der Tab. 8.8.4.2.-1. sind die Durchschnittsrendite, das Risiko und die Sharpe-Ratio der drei Modelle abschließend zusammengefasst.

	Regressionsmodell	„naive Prognose“	Buy & Hold
$\bar{r}_P$	0.031116	0.012512	0.024322
σ_P	0.052398	0.059938	0.056024
SR_p	0.543418	0.164670	0.386977

Tab. 8.8.4.2.-1.: Rendite, Risiko und Sharpe-Ratio des Regressionsmodells, der naiven Prognose und der Buy & Hold-Strategie

Es sei an dieser Stelle noch darauf hingewiesen, dass die Sharpe-Ratio teilweise auch auf eine leicht modifizierte Art berechnet wird. Hierzu werden *periodenweise Überschussrenditen* ermittelt, also von jeder Periodenrendite wird der adäquate Periodenzins abgezogen. In dem vorliegenden Beispiel würde man von jeder Monatsrendite (insgesamt 24) den entsprechenden Monatszins dieser Periode abziehen. Die Durchschnittsrendite und die Standardabweichung werden dementsprechend nicht mit den *absoluten Renditen*, sondern anhand der periodenweisen Überschussrenditen berechnet. Anschließend werden die so ermittelten Größen zur Sharpe-Ratio verdichtet, indem der Mittelwert der Überschussrenditen durch die Standardabweichung dividiert wird. Diese Art der Berechnung ist beispielsweise beschrieben in SHARPE (1994).

Teil C: Optimierung

Im Buchteil C werden ausgewählte Optimierungsverfahren und deren Anwendungen, vorrangig mit Bezug zur Finanzanalyse und dem Portfoliomanagement, betrachtet. Bei der Optimierung geht es allgemein darum, für eine Menge von Aktionsvariablen (z.B. Ausbringungsmengen von verschiedenen Produkten oder Anteilsgewichte von Wertpapieren in einem Portfolio) diejenigen Werte zu finden, welche ein vorgegebenes Zielkriterium minimieren (z.B. die Produktionskosten) oder maximieren (z.B. die erwartete Rendite des Portfolios). Dabei müssen eventuell Nebenbedingungen eingehalten werden. Das folgende Kap. 9. führt detaillierter in die allgemeine Charakterisierung der Optimierung ein und gibt einen ersten Überblick.

Optimierungsprobleme und Verfahren zu deren Lösung werden üblicherweise in allgemeinen Lehrbüchern zum *Operations Research*[147] oder in speziellen Werken zur Optimierung behandelt. Breiten Raum nimmt dabei in gängigen Grundlagen- und Standardwerken die lineare Optimierung (vgl. Kap. 9.3. und 10.) ein. Mitunter wird auch die quadratische Optimierung (vgl. Kap. 9.4.) ausführlich behandelt. Andere typische Bereiche sind ferner die ganzzahlige Optimierung (wenn die Werte für die Aktionsvariablen nur ganze Zahlen annehmen können) oder die dynamische Optimierung (Lösung von mehrperiodigen Optimierungsproblemen). Nichtlineare Optimierungsprobleme stellen dagegen oftmals einen weniger umfangreichen Bereich dar oder werden gar nur am Rande behandelt. Dies mag darauf zurückzuführen sein, dass mit den zuvor genannten Techniken ein sehr breites Spektrum an *industriellen* Anwendungsproblemen bearbeitet werden kann.

Die zentrale Zielsetzung dieses Arbeitsbuches besteht darin, wichtige Methoden, welche insbesondere in der Finanzanalyse und dem Portfoliomanagement benötigt werden, vorzustellen. Danach bestimmen die Anwendungsprobleme die Auswahl der Methoden. Typische methodische Anforderungen aus diesen Bereichen sind z.B.:

- Schätzung nichtlinearer Modelle in der Finanzanalyse, z.B. zum Zwecke der Marktanalyse und/oder Marktprognose (vgl. z.B. die Fallstudie in Kap. 12.1., auch in Verbindung mit der Fallstudie des Kap. 8.).

- Bestimmung von Parametern nichtlinearer Funktionen (vgl. z.B. Kap. 3.2.2. zur Bestimmung der wertgewichteten Rendite in der Performancemessung oder Kap. 12.2. zur Bestimmung der impliziten Volatilität einer Option).

- Schätzung nichtlinearer Modelle unter Nebenbedingungen (z.B. zur Bestimmung eines Tracking Portfolios im passiven Portfoliomanagement, vgl. Kap. 12.4.).

- Optimierung von Portfolios in Bezug auf nichtlineare Zielfunktionen, ggf. unter Berücksichtigung nichtlinearer Nebenbedingungen (vgl. Kap. 12.3.)

Die Zielsetzung dieses Arbeitsbuches besteht ferner darin, den Leser möglichst effizient und zielgerichtet auf die Lösung der Anwendungsprobleme hinzuführen. *Effizient* heißt wie bisher in diesem Kontext, nach möglichst wenigen Verfahren zu suchen, die sich möglichst universell einsetzen lassen. Unter den vielfältigen Optimierungsproblemen und ihren sehr unterschiedlichen Lösungsmethoden beschränkt sich daher die hier vorgenommene Auswahl ganz bewusst auf die lineare Optimierung einerseits und schwerpunktmäßig auf *ein* Verfahren der nichtlinearen Optimierung andererseits.

Die lineare Optimierung wird in Kap. 10. dargestellt. Für ihre Behandlung spricht zweifelsfrei die herausragende Stellung, die sie bei der Bewältigung betriebswirtschaftlicher Planungsprobleme einnimmt. Bezüglich der speziellen Anwendung in Finanzanalyse und Portfoliomanagement besitzt sie allerdings nur einen geringen Stellenwert. Andererseits gibt es hier durchaus einige interessante Einsatzmöglichkeiten (vgl. dazu insbesondere Kap. 10.6.), die aber leider in der gängigen Praxis bisher kaum wahrgenommen wurden.

In Kap. 11. soll dann *ein* Optimierungsverfahren der nichtlinearen Optimierung systematisch und in Lehrbuchform entwickelt werden, mit dem sich alle genannten typischen Aufgabenstellungen bearbeiten lassen. Die Analyse der o.g. vier Anwendungsbereiche lässt nämlich schnell erkennen, dass es dort um die nichtlineare Optimierung unter linearen oder nichtlinearen Nebenbedingungen gehen muss. Insofern dominieren hier die nichtlineare Optimierung und ihre Anwendungen (gegenüber der linearen). Diese Auswahl ist zwar in Bezug auf gängige Grundlagen- und Standardwerke des Operations Research untypisch, sie leitet sich jedoch konsequent aus den betrachteten Anwendungsproblemen und aus der grundlegenden „Philosophie“ dieses Arbeitsbuches ab.

Noch eine weitere Überlegung spielt bei dieser Schwerpunktsetzung und für das Verständnis des Buchteils C eine wichtige Rolle. In Finanzanalyse und Portfoliomanagement wird man bei der praktischen Arbeit auf geeignete Softwarepakete zurückgreifen, welche bei der Lösung von Anwendungsproblemen (für den Benutzer nicht immer explizit erkennbar) zumeist Verfahren der nichtlinearen Optimierung benutzen. Werden in der Finanzanalyse etwa Modelle zur Kursprognose (z.B. auf Basis von ARIMA-Modellen oder von Künstlichen Neuronalen Netzen) oder zur Risikoanalyse (z.B. auf Basis von ARCH/GARCH-Modellen) geschätzt, so findet in der Software eine nichtlineare Optimierung statt. Mit der nichtlinearen Optimierung verbinden sich jedoch zahlreiche Schwierigkeiten, die bei linearen Optimierungsproblemen nicht existieren und welche man erst richtig einordnen kann, wenn man sich mit ihren Grundlagen auseinander gesetzt hat. Die Kenntnisse von Grund-

[147] Der Begriff *Operations Research* wird im Deutschen auch mit „Unternehmensforschung“ oder „Unternehmensplanung“ übersetzt.

zügen der nichtlinearen Optimierung sind bei der praktischen Arbeit wichtig, um verstehen zu können, warum manchmal keine Lösungen gefunden werden, weshalb Lösungen nur „suboptimal“ sein können und welche Maßnahmen zur Behebung dieser Probleme denkbar sind.

Die Zielsetzungen dieses Buchteils können damit wie folgt zusammengefasst werden:

- Wegen ihrer besonderen Bedeutung bei betriebswirtschaftlichen Planungsproblemen wird die lineare Optimierung nicht ausgelassen und einige interessante Einsatzmöglichkeiten im Portfoliomanagement angesprochen. Wegen ihres geringeren Stellenwertes wird sie jedoch nicht umfassend behandelt.

- Dann soll (schwerpunktmäßig) nur *ein* Verfahren der nichtlinearen Optimierung systematisch in Lehrbuchform entwickelt werden, mit dem sich möglichst viele und typische Optimierungsprobleme in Finanzanalyse und Portfoliomanagement bearbeiten lassen.

- Es soll ein grundlegendes Verständnis geschaffen werden, wie möglichst universell einsetzbare Optimierungsalgorithmen aussehen könnten, wie sie im Prinzip arbeiten und welche Probleme sich mit ihnen verbinden.

- Die vorgestellten Bausteine werden Schritt-für-Schritt beispielhaft mit *Visual Basic for Applications* implementiert (diese Betrachtungen sind optional und können ausgelassen werden). Obwohl die hier erarbeiteten Implementationen noch kein fertiges „Standardprogramm“ zur Optimierung darstellen, können sie dafür als eine erste Basis dienen. Sie sind als „Experimentierbaukasten“ zur Optimierung gedacht, mit denen sich aber bereits alle Fallstudien dieses Buchs lösen lassen und die überdies hilfreich für ein vertieftes Verständnis sind.

- Die konkrete Anwendung von Optimierungsmethoden auf typische reale Problemstellungen in Finanzanalyse und Portfoliomanagement wird ausführlich behandelt und ihr jeweiliger fachlicher Hintergrund vorgestellt (vgl. Kap. 10.5., 10.6. und insbesondere Kap. 12.). Es wird gezeigt, wie sich auch unter Verwendung einer gängigen Tabellenkalkulation (*Microsoft Excel*) diese Probleme praktisch lösen lassen (vgl. Kap. 10.7. und 12.5.).

Am Ende des Buchteils C sollte der Leser in der Lage sein, praktische Optimierungsprobleme mit Hilfe gängiger Standard-Software zu bearbeiten. Dabei sollte dann ein grundlegendes Verständnis für die Arbeitsweise und Probleme der Optimierungsverfahren vorhanden sein. Insbesondere muss man verstehen, warum das Auffinden einer Lösung scheitern kann, wie die Qualität einer Lösung einzuschätzen ist und welche Maßnahmen es zu ihrer Verbesserung gibt. Dem methodisch interessierten Leser sollen die Darstellungen dieses Buchteils den Einstieg in fortgeschrittene Literatur zur (linearen und nichtlinearen) Optimierung erleichtern. Aus der formulierten Zielsetzung und Abgrenzung sollte aber auch deutlich werden, dass die Betrachtungen dieses Buchteils weder in der Breite noch in der Tiefe erschöpfend sein können (und sollen). Er stellt also keinesfalls einen Ersatz zu gängigen Grundlagen- und Standardwerken des *Operations Research* im Allgemeinen oder zur Optimierung im Speziellen dar, sondern eher eine Ergänzung.

9. Optimierungsverfahren im Überblick

Arbeitshinweise: Das Kap. 9. führt allgemein in die Thematik der Optimierung und ihre Anwendung in der Finanzwirtschaft ein. Hier wird kurz beschrieben, worum es sich bei einem Optimierungsproblem handelt, wie die Struktur eines Optimierungsproblems formal dargestellt werden kann und wie die verschiedenen Verfahren der Optimierung prinzipiell arbeiten. Als exemplarische Anwendungsfälle in der Finanzwirtschaft werden die Bestimmung impliziter Volatilitäten und die Optimierung von Portfolios einführend kurz charakterisiert. Es sollte daher von allen Lesern bearbeitet werden.

Im Einzelnen geht es im Kap. 9.1. zunächst um die Darstellung der allgemeinen formalen Struktur eines Optimierungsproblems. Ein erster Überblick über verschiedene Optimierungsverfahren und deren Anwendung wird in Kap. 9.2. gegeben. Es ist für die weitere Orientierung bezüglich der nachfolgend vorzustellenden Verfahren zentral. Zwei sehr bekannte Standardverfahren sind die lineare und quadratische Optimierung, welche mit ihren formalen Ansätzen und Einsatzmöglichkeiten in der Finanzwirtschaft kurz in Kap. 9.3. und 9.4. angesprochen werden.

Allgemeinere Verfahren zur Lösung von (nichtlinearen) Optimierungsproblemen werden dann in den Kapiteln 9.5. (Suchverfahren), 9.6. (Verfahren mit erster Ableitung) und 9.7. (Verfahren mit erster und zweiter Ableitung) vorgestellt. Im weiteren Verlauf des Buchteils C soll später schwerpunktmäßig (in Kap. 11.) ein Optimierungsverfahren systematisch entwickelt werden, welches der Gruppe von Optimierungsverfahren nach Kap. 9.6. zuzurechnen ist. Diese drei Unterkapitel sind daher ebenfalls für die Einordnung des zu entwickelnden Verfahrens und für das Verständnis von generellen Unterschieden und Gemeinsamkeiten zu bzw. mit anderen Verfahrenstypen wesentlich. Da es hier um einen ersten Überblick geht, sind die Darstellungen bewusst knapp gehalten. Sofern im ersten Anlauf nicht sämtliche Aspekte verstanden werden sollten, ist dies nicht problematisch. Die Inhalte dieser drei Unterkapitel werden nachfolgend systematisch entwickelt und aufgearbeitet. Einige wichtige Schlussbemerkungen in Kap. 9.8. runden die einführenden Betrachtungen ab.

9.1. Die formale Struktur eines Optimierungsproblems

Bei der näheren Auseinandersetzung mit Fragen der modernen Finanzwirtschaft und ihrer praktischen Anwendung stößt man im methodischen Bereich sehr schnell auf vielfältige Varianten von Optimierungsproblemen. Exemplarisch sei auf Aufgabenstellungen wie die Zusammenstellung von Anlageobjekten zu einem „optimalen" Portfolio (vgl. auch Kap. 3.4.), auf die Nachbildung eines repräsentativen Marktindexes mit Hilfe weniger Wertpapiere („Index Tracking"), auf die Bestimmung impliziter Volatilitäten oder die Schätzung nichtlinearer Prognosemodelle (z.B. „neuronaler Netze") hingewiesen. Im Mittelpunkt des vorliegenden Buchteils stehen derartige finanzwirtschaftliche Probleme und die Behandlung von Methoden zu ihrer Lösung. In einer ersten Annäherung an die Thematik sollen die schlagwortartig genannten Anwendungsfelder näher beleuchtet und ein grundsätzlicher Überblick über Optimierungsverfahren gegeben werden.

Für einen ersten Einstieg ist es hilfreich, zunächst die allgemeine Form eines Optimierungsproblems und einige zentrale Begriffe anzusprechen. Allgemein ist bei einer Optimierungsaufgabe der Wert eines Parameters θ oder Parametervektors $\boldsymbol{\theta} = (\theta_1, ..., \theta_n)$[148] gesucht, für den eine geeignet definierte *Zielfunktion* ein Optimum annimmt. Die Zielfunktion beschreibt mathematisch die zu lösende Aufgabe, während die gesuchten Parameter die Aktionsvariablen repräsentieren. Ein Beispiel aus dem Bereich der Produktionsplanung wäre etwa eine Kostenfunktion (Zielfunktion), welche die entstehenden Kosten in Abhängigkeit von den produzierten Mengen $x_1, x_2, ..., x_n$ (Parameter) verschiedener Halb- oder Fertigprodukte beschreibt. Gesucht werden nun die optimalen Ausbringungsmengen $x_1, x_2, ..., x_n$, für welche die Kosten minimiert werden. Ein anderes Anwendungsbeispiel ist die Portfoliooptimierung. Hier werden die Werte für die Anteile $w_1, w_2, ..., w_n$ (Parameter) der einzelnen n Wertpapiere eines Portfolios gesucht, für die sich ein maximales Rendite-Risiko-Verhältnis des Portfolios (Zielfunktion) unter gewissen Randbedingungen (mehr dazu weiter unten) ergibt. Optimierungsaufgaben lassen sich also dahingehend unterscheiden, ob eine Zielfunktion f maximiert oder minimiert werden soll:

(1) $f(\theta) \rightarrow \max!$ Maximierungsproblem

mit $f(.)$: zu optimierende Zielfunktion
θ: Parameter (oder Parametervektor $\boldsymbol{\theta}$), dessen optimaler Wert (bzw. Werte) zu bestimmen sind[149]

---

148 In diesem Buchteil C soll mit n die Anzahl zu optimierender Parameter bezeichnet werden, während dieses Symbol in den beiden vorangegangenen Buchteilen für die Anzahl an Beobachtungen oder Objekten benutzt wurde.

149 Im Sinne einer allgemeinen Darstellung könnte hier und im Folgenden stets von einem Parametervektor $\boldsymbol{\theta}$ gesprochen werden. Ein Optimierungsproblem mit nur einem Parameter θ wäre dann im allgemeinen Sinne ein Optimierungsproblem mit einem einelementigen Parametervektor $\boldsymbol{\theta}$. Für den weiteren Gang der Darstellungen

(2) $f(\theta) \rightarrow \min!$ Minimierungsproblem

Beide lassen sich nach (3) leicht ineinander überführen:

(3a) $f(\theta) \rightarrow \max!$ $\Leftrightarrow$ $-f(\theta) \rightarrow \min!$

(3b) $f(\theta) \rightarrow \min!$ $\Leftrightarrow$ $-f(\theta) \rightarrow \max!$

Durch Multiplikation der Zielfunktion f mit dem Faktor (–1) lässt sich also jedes Maximierungsproblem in ein Minimierungsproblem und jedes Minimierungsproblem in ein Maximierungsproblem transformieren. Insofern ist die Behandlung eines der beiden Problemtypen ausreichend. In der Literatur hat sich überwiegend durchgesetzt, von einem Minimierungsproblem auszugehen. Diesem Vorgehen wird hier im Wesentlichen gefolgt, da es im Übrigen auch den bisherigen Darstellungen, etwa zur Regressionsanalyse (vgl. Buchteil B), entspricht. Eine Ausnahme stellt hier allerdings die lineare Optimierung dar (vgl. Kap. 9.3. und Kap. 10.), bei der es in der Literatur üblich ist, von einem Maximierungsproblem auszugehen.

Ein weiterer wesentlicher Aspekt ist die Unterscheidung in ein- versus mehrdimensionale Optimierung. Im ersten Fall ist θ ein Skalar, im zweiten ein Vektor zu bestimmender Parameter. Offensichtlich ist die Optimierung einer Zielfunktion f in einem eindimensionalen Parameterraum leichter als in einem mehrdimensionalen Raum, weshalb die späteren methodischen Betrachtungen bezüglich der nichtlinearen Optimierung in Kap. 11. mit dem ersten Fall beginnen werden. Die grundsätzliche Arbeitsweise und die Probleme der nichtlinearen Optimierung lassen sich schon anhand der eindimensionalen Optimierung erarbeiten, obwohl für die praktische Anwendung die mehrdimensionale Optimierung weitaus interessanter ist. Durch geschickte Formulierung der Algorithmen ist es allerdings oftmals möglich, mehrdimensionale Optimierungsaufgaben auf eindimensionale zurückzuführen. Die Auseinandersetzung mit der eindimensionalen Optimierung ist also nicht nur unter didaktischen Gesichtspunkten sinnvoll. Sie stellt auch den Schlüssel zur mehrdimensionalen Optimierung dar.

Eine andere zentrale Unterscheidung ist diejenige in *unbeschränkte* und *beschränkte* Optimierungsprobleme. Bei einem unbeschränkten Optimierungsproblem unterliegt der Parametervektor $\boldsymbol{\theta} = (\theta_1, ..., \theta_n)$ keinen Beschränkungen, er kann also beliebige Werte annehmen. Hier interessiert ausschließlich das Minimum der Zielfunktion ohne Rücksicht auf etwaige Randbedingungen. Derartige Optimierungsprobleme liegen z.B. bei der linearen oder nichtlinearen Regressionsanalyse vor. Anhand von Beobachtungsdaten sind dort die unbekannten Koeffizienten einer vorspezifizierten Funktion derart zu schätzen, dass der Fehler

erleichtert es jedoch das Verständnis, explizit zwischen ein- und mehrdimensionalen Optimierungsproblemen (also auch zwischen einem Parameter θ und einem Parametervektor $\boldsymbol{\theta}$) zu unterscheiden.

zwischen tatsächlich beobachteten Werten der abhängigen Variablen und den geschätzten Werten durch das Modell minimal wird. Die Koeffizienten unterliegen dabei im Allgemeinen keinen besonderen Beschränkungen.

Bei Planungsproblemen ist diese Ausgangsvoraussetzung zumeist eher selten gegeben. So können in der Praxis vielfältige Beschränkungen hinsichtlich der zu bestimmenden Parameter (*Nebenbedingungen*) existieren. Eine verbreitete Beschränkung ist die Nichtnegativitätsbedingung, wonach ein zu optimierender Parameter keine negativen Werte annehmen darf. Z.B. sind bei dem oben skizzierten Problem der Produktionsplanung negative Werte für die Ausbringungsmengen x_1, x_2, ..., x_n nicht sinnvoll. Die formale Struktur eines beschränkten Optimierungsproblems wird durch (4) in Verbindung mit (5) beschrieben:

(4) $f(\boldsymbol{\theta}) \rightarrow \min!$

mit $\boldsymbol{\theta}$: (Spalten-) Vektor der n zu optimierenden Parameter θ_i, $i = 1, ..., n$
$f(.)$: Zielfunktion

Die Minimierung hat dabei unter Berücksichtigung der m Nebenbedingungen zu erfolgen:

(5) $c_i(\boldsymbol{\theta}) \leq 0$ für alle Nebenbedingungen $i = 1, ..., m$

mit $c_i(.)$: beliebige funktionale Form der i-ten Nebenbedingung

Ein einfaches Beispiel einer Nebenbedingung der allgemeinen Form nach (5) wurde bereits oben skizziert. So ist eine Nichtnegativitätsbedingung bezüglich eines Parameters θ_i nach (6) leicht als Spezialfall der allgemeinen Form nach (5) interpretierbar:

(6) $\theta_i \geq 0 \quad \Leftrightarrow \quad -\theta_i \leq 0$

Komplexere Nebenbedingungen als (6) ergeben sich, wenn Linearkombinationen von Parametern θ_i zugelassen werden, wie z.B.:

(7) $\sum_{i=1}^{n} \gamma_i \theta_i \leq b$

mit γ_i: Koeffizient
b: beliebiger Wert für die zulässige Obergrenze

Durch Subtraktion von b kann auch (7) wieder in die allgemeine Form nach (5) überführt werden.

(8) $\sum_{i=1}^{n} \gamma_i \theta_i - b \leq 0$

Analoges gilt auch für Nebenbedingungen der Form nach (9):

(9) $\sum_{i=1}^{n} \gamma_i \theta_i \geq b \quad \Leftrightarrow \quad -\sum_{i=1}^{n} \gamma_i \theta_i + b \leq 0$

Aber auch hier handelt es sich um Spezialfälle der allgemeinen Form nach (5), da (6), (8) und (9) *lineare* Nebenbedingungen darstellen. In vielen Anwendungsfällen sind zwar lineare Nebenbedingungen zur Definition des Optimierungsproblems ausreichend, in besonderen Fällen können aber auch die Nebenbedingungen nichtlineare Formen annehmen. Die Nebenbedingungen nach (10) oder (11) zeigen zwei Beispiele.

(10) $\sum_{i=1}^{n} \gamma_i v_i(\theta_i) - b \leq 0$

mit $v_i(.)$: beliebige, auch nichtlineare Funktion, z.B. ln(.), exp(.), ...

(11) $\sum_{i=1}^{n} \sum_{j=1}^{n} \gamma_{ij} v_i(\theta_i) v_j(\theta_j) - b \leq 0$

Schließlich können neben den *m* Nebenbedingungen der allgemeinen Form nach (5) auch noch *l* weitere Nebenbedingungen nach (12) existieren.

(12) $e_j(\boldsymbol{\theta}) = 0$ für alle Nebenbedingungen $j = 1, ..., l$

mit $e_j(.)$: beliebige funktionale Form der *j*-ten Nebenbedingung

Im Unterschied zu (5) fordert (12) eine exakte Gleichheit. Je nach Typ des Optimierungsverfahrens stellen derartige Gleichheiten ein quasi „konstitutives" Element des Lösungsalgorithmus dar oder sind andererseits mitunter wesentlich schwieriger im Optimierungsprozess einzuhalten als das Nichtüberschreiten einer Obergrenze. Nebenbedingungen nach (12) erfahren daher bei manchen Optimierungsverfahren eine „Sonderbehandlung" (bei der Formulierung des Optimierungsansatzes oder im Lösungsalgorithmus; vgl. Kap. 11.3.5.).

Gerade das Beispiel nach (11) illustriert, dass Nebenbedingungen auch sehr komplexe nichtlineare Formen annehmen können. Jedoch kommt dies bei realen Anwendungen eher selten vor. Da *im Prinzip* bei einem Optimierungsproblem eine hochgradig nichtlineare Zielfunktion mit *m* ebenfalls hochgradig komplexen, nichtlinearen Nebenbedingungen nach (5) vorliegen kann (gegebenenfalls sogar noch weitere *l* Nebenbedingungen nach (12)), lässt sich schon erahnen, dass wohl kaum ein gleichermaßen allgemein gültiges wie zugleich effizientes Lösungsverfahren existiert.

In der Tat behandeln die verschiedenen Optimierungsverfahren mehr oder weniger „Spezialfälle" des hier allgemein in seiner formalen Struktur dargestellten Optimierungsproblems. Die nachfolgenden Betrachtungen sollen daher eine erste Orientierung über Verfahren der Optimierung geben und mögliche Einsatzgebiete in der Finanzwirtschaft illustrieren.

9.2. Überblick über verschiedene Optimierungsverfahren

Die Abbildung 9.2.-1. stellt eine erste vereinfachende und unvollständige Systematisierung verschiedener Verfahren der Optimierung dar. Zunächst wird unterschieden, ob bestimmte Annahmen hinsichtlich der Gestalt der Zielfunktion und/oder Nebenbedingungen getroffen werden (linker Ast in der Abb. 9.2.-1.). Zwei bekannte Vertreter von Optimierungsverfahren lassen sich hier einordnen. Die *lineare Optimierung* (auch *lineare Programmierung* genannt) unterstellt eine lineare Zielfunktion und gleichzeitig lineare Nebenbedingungen. Sie darf wohl ohne Bedenken als ein wesentliches Standardverfahren des Operations Research bezeichnet werden und wird gern bei vielen betriebswirtschaftlichen Anwendungsproblemen eingesetzt (z.B. in der Produktions- oder Absatzplanung). Speziell in der Finanzwirtschaft sind ihre Anwendungsmöglichkeiten jedoch weniger vielfältig. Als mögliches finanzwirtschaftliches Einsatzgebiet kann etwa die Replikation eines Marktindexes genannt werden (vgl. dazu die Betrachtungen in Kap. 10.5. und Kap. 10.6.).

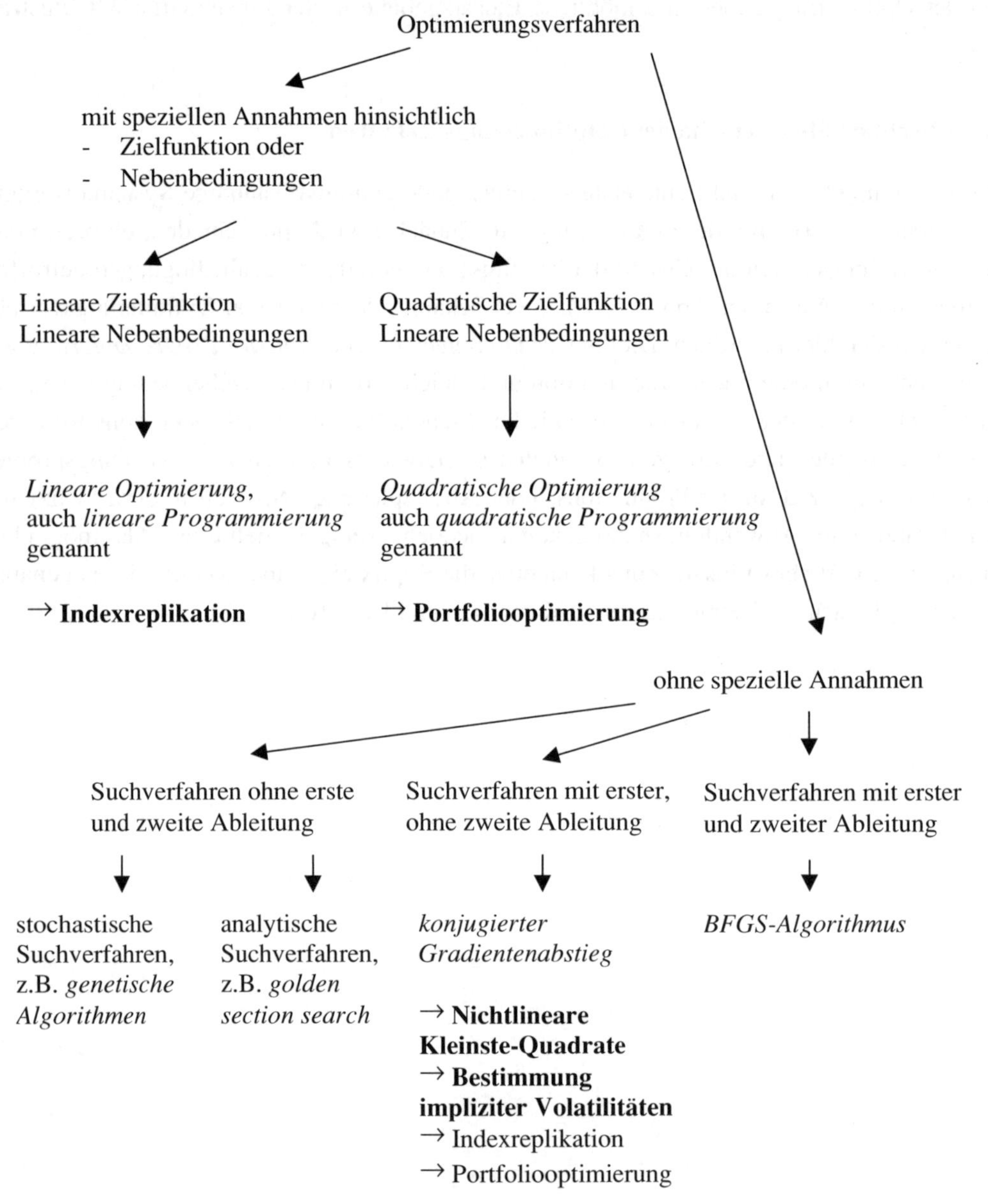

Abb. 9.2.-1.: Systematisierung von Optimierungsverfahren

Der zweite bekannte Vertreter eines Optimierungsverfahrens mit speziellen Annahmen hinsichtlich der Gestalt von Zielfunktion und Nebenbedingungen ist die *quadratische Optimierung* (auch *quadratische Programmierung* genannt). Sie setzt eine quadratische Zielfunktion und lineare Nebenbedingungen voraus. Speziell das Problem der Portfoliooptimierung sowie zahlreiche daraus abgeleitete Varianten stellen (unter gewissen restriktiven Annahmen) sehr bedeutsame finanzwirtschaftliche Anwendungen dar.

Als andere zentrale Klasse von Optimierungsverfahren werden in Abb. 9.2.-1. solche ohne spezielle Annahmen hinsichtlich der Zielfunktion und Nebenbedingungen unterschieden (rechter äußerer Ast in der Abbildung). Ein weiteres gemeinsames Merkmal dieser Verfahren ist, dass sie von ihrer grundsätzlichen Ausrichtung eher auf unbeschränkte Optimierungsprobleme zugeschnitten sind. Im Gegensatz dazu verwenden die beiden oben genannten Verfahren (lineare und quadratische Optimierung) die Existenz von Nebenbedingungen als zentrales Element ihres Lösungsalgorithmus. Natürlich lassen sich auch mit den Verfahren der Klasse ohne spezielle Annahmen Optimierungsprobleme unter Berücksichtigung von Nebenbedingungen lösen. Diese sind aber oftmals in sehr umständlicher Weise quasi „nachzurüsten" und führen mitunter zu einer verringerten Lösungsqualität. In gewisser Weise läuft die hier vorgenommene Systematisierung der Optimierungsverfahren auf der obersten Ebene faktisch auch auf die Unterscheidung in Verfahren zur Lösung beschränkter Optimierungsprobleme (linker Ast) und unbeschränkter Optimierungsprobleme (rechter Ast) hinaus. Tatsächlich ist diese Aussage zu weitgehend, sie zeigt aber eine gewisse Tendenz hinsichtlich der grundlegenden Unterschiede auf.

Im rechten Ast der Abb. 9.2.-1. werden drei Verfahrenskategorien (sowohl ein- als auch mehrdimensional) mit ausgewählten Stellvertretern angesprochen, nämlich

a) Verfahren, die lediglich die Berechenbarkeit der Zielfunktion f voraussetzen (Suchverfahren ohne erste und zweite Ableitung),

b) Verfahren, die zusätzlich die Berechenbarkeit der ersten Ableitung nach θ (bzw. $\boldsymbol{\theta}$) fordern (Suchverfahren mit erster, ohne zweite Ableitung) sowie

c) Verfahren, die zusätzlich zu b) außerdem noch die Berechenbarkeit der zweiten Ableitung nach θ (bzw. $\boldsymbol{\theta}$ bei einem mehrdimensionalen Optimierungsproblem) voraussetzen (Suchverfahren mit erster und zweiter Ableitung).

Mit „Berechenbarkeit" wird dabei nur gefordert, dass der Wert der Zielfunktion f (bzw. ihre erste, ggf. zweite Ableitung) an jeder Stelle von θ (bzw. $\boldsymbol{\theta}$) ausgewertet oder wenigstens approximiert werden kann. Die explizite Form als funktionaler Ausdruck muss dagegen nicht bekannt sein und wird in den meisten praktischen Anwendungsfällen auch nicht vorliegen.

Nach einer ersten Übersicht über die hier anzusprechenden Verfahren sollen diese nun näher charakterisiert und mögliche Anwendungen in der Finanzwirtschaft angesprochen werden.

9.3. Lineare Optimierung

Die *lineare Optimierung* wird in der Literatur unter verschiedenen Synonymen geführt, wie etwa *lineare Programmierung* oder *lineare Planungsrechnung*.[150] Die formale Standardstruktur eines linearen Optimierungsproblems lautet gemäß (1)

(1) $$f(\theta_1,...,\theta_n) = \varphi_0 + \sum_{i=1}^{n} \varphi_i \theta_i \rightarrow \max!$$

mit $f(.)$: Zielfunktion
θ_i: zu optimierender Parameter, $i = 1, ..., n$
φ_i: Koeffizient

unter den $m = m_1 + m_2 + m_3$ Nebenbedingungen nach (2) bis (4)

(2) $$\sum_{i=1}^{n} \gamma_{ij} \theta_i \leq b_j \qquad j = 1, ..., m_1 \text{ Nebenbedingungen; mit } b_j \geq 0$$

(3) $$\sum_{i=1}^{n} \gamma_{ij} \theta_i \geq b_j \qquad j = m_1+1, ..., m_1+m_2 \text{ Nebenbedingungen; mit } b_j \geq 0$$

(4) $$\sum_{i=1}^{n} \gamma_{ij} \theta_i = b_j \qquad j = m_1+m_2+1, ..., m_1+m_2+m_3 \text{ Nebenbedingungen; mit } b_j \geq 0$$

mit γ_{ij}: Koeffizient in der j-ten Nebenbedingung bezüglich des i-ten zu optimierenden Parameters θ_i
b_j: beliebiger Wert der rechten Seite für die j-te Nebenbedingung

sowie unter den $i = 1, ..., n$ Nebenbedingungen nach (5)

(5) $$\theta_i \geq 0$$

In (2), (3) und (4) handelt es sich zusammen um insgesamt $m = m_1 + m_2 + m_3$ Nebenbedingungen (der Index j der Nebenbedingungen läuft von $j = 1, ..., m_1 + m_2 + m_3$), wobei die einzelnen Koeffizienten γ_{ij} in den einzelnen Nebenbedingungen und bezüglich der einzelnen zu optimierenden Parameter θ_i problemabhängig unterschiedliche Werte annehmen können. Dies gilt genauso für die $m = m_1 + m_2 + m_3$ Werte der einzelnen rechten Seiten der Nebenbedingungen b_j. Die Werte der zu optimierenden Parameter θ_i sind dagegen zwar das

[150] Der Begriff „lineare Programmierung" ist die traditionelle Bezeichnung für den im Folgenden darzustellenden Ansatz. Er ist wahrscheinlich auf die wörtliche Übersetzung von „linear programming" aus dem Angelsächsischen zurückzuführen. Diese direkte Übersetzung ist vielleicht nicht besonders glücklich, da hier unter „programming" keinesfalls die Programmierung eines Computers gemeint ist. Die Bezeichnung „lineare Optimierung" ist zutreffender.

Ergebnis der Optimierung, aber ein bestimmter zu optimierender Parameter θ_i besitzt in der Zielfunktion und in den Nebenbedingungen immer denselben Wert (d.h. der bestimmte zu optimierender Parameter θ_i nimmt nicht in Abhängigkeit von der j-ten Nebenbedingung unterschiedliche Werte an).

Obwohl bei Optimierungsproblemen allgemein in der Literatur als Konvention zumeist von Minimierungsproblemen ausgegangen wird, verhält es sich bei der linearen Optimierung umgekehrt. Hier wird per Konvention ein Maximierungsproblem unterstellt, der in diesem Buchteil in Bezug auf die lineare Optimierung ausnahmsweise gefolgt werden soll.

Die lineare Optimierung wird häufig im Bereich der Produktions- und Absatzplanung eingesetzt. Aus diesem Bereich lassen sich denn auch sehr leicht einfache und anschauliche Anwendungsbeispiele konstruieren. So sei zum Beispiel von dem folgenden Produktionsplanungsproblem ausgegangen: Die Produkte 1, 2 und 3 können auf einer Anlage mit einer maximalen Kapazität von 160 Stunden gefertigt werden. Die maximal absetzbaren Mengen, die Deckungsbeiträge sowie die Inanspruchnahme der Fertigungskapazitäten sind in der Tabelle 9.3.-1. verzeichnet.

Produkt	1	2	3
Maximal absetzbare Menge	40	20	100
Deckungsbeitrag [Geldeinheiten pro Stück]	60	50	30
Fertigungszeit [Stunden pro Stück]	3	2	1

Tab. 9.3.-1.: Beispiel eines Produktionsplanungsproblems

Die Aufgabe besteht nun darin, die zu produzierenden Mengen x_1, x_2 und x_3 zu finden, für die sich der maximale Deckungsbeitrag unter Einhaltung aller Nebenbedingungen ergibt. Die Formulierung des linearen Optimierungsproblems lautet im ersten Ansatz:

(6)	$60 \cdot x_1 + 50 \cdot x_2 + 30 \cdot x_3 \rightarrow \max!$	(Zielfunktion)
(7a)	$3 \cdot x_1 + 2 \cdot x_2 + 1 \cdot x_3 \leq 160$	(Kapazitätsrestriktion)
(7b)	$x_1 \leq 40$	(Absatzmengenrestriktion x_1)
(7c)	$x_2 \leq 20$	(Absatzmengenrestriktion x_2)
(7d)	$x_3 \leq 100$	(Absatzmengenrestriktion x_3)
(7e)	$x_1 \geq 0$	(Nichtnegativitätsbedingung x_1)
(7f)	$x_2 \geq 0$	(Nichtnegativitätsbedingung x_2)
(7g)	$x_3 \geq 0$	(Nichtnegativitätsbedingung x_3)

Die Lösung dieses linearen Optimierungsproblems erfolgt im Regelfall unter Verwendung des *Simplexverfahrens*, welches speziell auf diese Problemstruktur zugeschnitten ist.[151] Die

151 Als Lösung resultiert in diesem Beispiel $x_1 = 6.67$, $x_2 = 20$ und $x_3 = 100$ (wenn eine beliebige Teilbarkeit der Mengen x_1, x_2 und x_3 zugelassen wird) bzw. $x_1 = 6$, $x_2 = 20$ und $x_3 = 100$ (wenn Ganzzahligkeit für die Lösungen gefordert wird).

Verwendung anderer Verfahren ist prinzipiell auch möglich. Bei dieser Problemstruktur sind sie aber zu unhandlich; die Lösung mit Hilfe des Simplexverfahrens ist in diesem speziellen Fall einfach eleganter und weitaus effizienter. Dessen ausführliche Darstellung findet sich in jedem Standardlehrbuch zum *Operations Research* [z.B. bei ELLINGER/BEUERMANN/LEISTEN (1998)] und wird in Kap. 10.2. und 10.3. kurz behandelt.

9.4. Quadratische Optimierung

Ein weiterer wichtiger Spezialfall des allgemeinen Optimierungsproblems nach Gleichung (4) und (5) aus Kap. 9.1. ist für ökonomische Anwendungen (so auch in der Finanzwirtschaft) das *quadratische Optimierungsmodell*. Dieses Verfahren wird in Anlehnung an die lineare Programmierung synonym auch als *quadratische Programmierung* bezeichnet.[152]

Bei diesem Modell liegt eine quadratische Zielfunktion (Quadrate und Kreuzprodukte der Parameter θ_i) vor, während jedoch die Nebenbedingungen alle der Form nach linear (vgl. die Nebenbedingungen nach (2)) sind. Es besitzt die folgende, prinzipielle Form:

(1) $$f(\theta_1,\theta_2,...,\theta_n) = \varphi_0 + \sum_{i=1}^{n} \varphi_i \theta_i + \sum_{i=1}^{n} \sum_{j=1}^{n} \phi_{ij} \theta_i \theta_j \rightarrow \min!$$

mit φ_i, ϕ_{ij}: Koeffizienten

Dabei sind die m Nebenbedingungen[153] nach (2a) und die n Nichtnegativitätsbedingungen nach (2b) zu berücksichtigen.

(2a) $$c_j(\theta_1,\theta_2,...,\theta_n) = \sum_{i=1}^{n} \gamma_{ij} \theta_i - b_j \leq 0 \qquad \text{für alle } j = 1, ..., m$$

mit γ_{ij}: Koeffizient

(2b) $$\theta_i \geq 0 \qquad \text{für alle } i = 1, ..., n$$

Die erste Teilsummation in (1) stellt den linearen Teil des quadratischen Optimierungsproblems dar und ist im Prinzip aus Kap. 9.3. bekannt. Das eigentliche „quadratische" Optimierungsproblem entsteht durch die zweite Teilsummation (Doppelsumme) in (1). So-

152 Auch hier dürfte diese Bezeichnung von der wörtlichen Übersetzung von „quadratic programming" aus dem Angelsächsischen stammen, ohne aber die „Programmierung" eines Computers zu meinen.

153 In dieser einführenden Charakterisierung der quadratischen Optimierung soll aus Vereinfachungsgründen ferner vorausgesetzt werden, dass durch (2a) ebenso exakte Gleichheiten als Nebenbedingungen implizit mit abgedeckt werden. In der Literatur findet man die Formulierung nach (2a) mitunter auch gleich als exakte Gleichheit (anstatt des Ungleichheitszeichens). Jenem Vorgehen liegt die Überlegung zu Grunde, dass durch die Einführung einer Schlupfvariablen y_j in die j-te Nebenbedingung eine Ungleichung in eine Gleichung überführt werden kann. Dieses Vorgehen wird später in Kap. 10. im Zusammenhang mit der linearen Optimierung näher dargestellt.

fern hier nämlich die Laufindices i und j dieselben Werte annehmen ($i = j$), entstehen Quadrate ($\theta_i \cdot \theta_i$) für die Parameter θ_i. Für ungleiche Werte der Laufindices ($i \neq j$) resultieren Kreuzprodukte ($\theta_i \cdot \theta_j$), die ebenfalls nichtlinear sind.

Einen zentralen Anwendungsfall der Optimierung in der Finanzwirtschaft stellt die Bestimmung des optimalen Portfolios für einen spezifischen Investor dar. Dabei entspricht die formale Struktur des quadratischen Optimierungsmodells (unter gewissen einschränkenden Annahmen) diesem Optimierungsproblem, weshalb die Portfoliooptimierung als besonders repräsentatives und zugleich anschauliches Anwendungsbeispiel aus der Finanzwirtschaft kurz angesprochen wird.

Die konkrete Aufgabe besteht hier darin, die Anteilsgewichte von Wertpapieren (oder allgemeiner: von Anlageobjekten) innerhalb eines Portfolios derart zu bestimmen, dass der erwartete Nutzen des betrachteten Investors maximal wird.[154] Die freien Parameter sind dabei also die Anteilsgewichte w_i der einzelnen Wertpapiere im Portfolio, die zu maximierende Zielfunktion ist der Erwartungsnutzen EU (für „expected utility“) des Investors.

(3) $EU(w_1, w_2, ..., w_n) \rightarrow \max!$

mit $EU(.)$: Erwartungsnutzenfunktion des Investors, i.d.R. nichtlinear
w_i: Anteilsgewicht des i-ten Wertpapiers im Portfolio des Investors
n: Anzahl der Wertpapiere im Portfolio des Investors

Üblicherweise unterliegen die möglichen Werte w_i für die Anteilsgewichte in der Praxis verschiedenen Nebenbedingungen. So werden zumeist negative Anteilsgewichte ausgeschlossen, d.h. Nebenbedingungen der Form nach (4) gesetzt:

(4) $w_i \geq 0$ für alle $i = 1, ..., n$

Ebenso werden häufig bestimmte zulässige Hochstanteile für die einzelnen Wertpapiere gefordert. Dies kann zum einen aus gesetzlichen Vorschriften resultieren (z.B. dem KAGG), zum anderen aber auch aus den Anlegerpräferenzen. Höchstanteilsgrenzen für die einzelnen Wertpapiere können über die Formulierung von Nebenbedingungen der Form nach (5) in den Optimierungsprozess mit einbezogen werden.

(5) $w_i \leq w_i^{\max}$ für alle $i = 1, ..., n$

mit $w_i^{\max}$: zulässiger Höchstanteil des i-ten Wertpapiers im Portfolio

154 Die genauere inhaltliche Beschreibung des finanzwirtschaftlichen Hintergrunds ist ausführlicher Gegenstand der Kapitel 3.4. und 12.3. Hier soll zunächst die Beschreibung der formalen Struktur des Optimierungsproblems ausreichen.

Mit den Nebenbedingungen nach (4) und (5) lassen sich bereits viele praktische Problemstellungen modellieren. Mitunter werden zwar noch weitere Nebenbedingungen gesetzt, die hier aber aus Vereinfachungsgründen nicht weiter betrachtet werden sollen. Dennoch gibt es eine zentrale Nebenbedingung, die in diesem speziellen Fall unbedingt Berücksichtigung finden muss, da sonst das Problem (auch unter Vereinfachungen) nicht vollständig formuliert ist. Aus der Art der betrachteten Aufgabenstellung folgt nämlich, dass der Investor sein gesamtes zur Verfügung stehendes Anlagekapital vollständig investiert haben muss. Formal ausgedrückt müssen sich also alle Anteile w_i zu eins summieren. Damit ist eine weitere Nebenbedingung nach (6) in der Optimierung mit zu berücksichtigen.[155]

(6) $$\sum_{i=1}^{n} w_i = 1$$

Die Nebenbedingungen nach (4), (5) und (6) entsprechen hinsichtlich ihrer formalen Struktur den Nebenbedingungen des quadratischen Optimierungsmodells nach (2), während die zu optimierende Zielfunktion (*EU*) noch in die geforderte Form nach (1) gebracht werden muss. Ohne den finanzwirtschaftlichen Hintergrund näher diskutieren zu können, ist unter *speziellen Annahmen* (exponentielle Risikonutzenfunktion und normalverteilte Renditen) die Maximierung der Zielfunktion *Z* nach (7) mit der Maximierung des Erwartungsnutzens äquivalent.[156]

(7) $$Z(\mathbf{w}) = \lambda \cdot \mu_p - \sigma_p^2$$

mit
- $Z(.)$: Zielfunktion
- $\mathbf{w}$: Vektor der Anteilsgewichte w_i der einzelnen Wertpapiere im Portfolio
- λ: Risikotoleranzparameter
- μ_p: erwartete Portfoliorendite
- σ_p^2: Varianz der zukünftigen Portfoliorendite

Der Risikotoleranzparameter λ gibt an, welchen Risikoanstieg der Investor maximal akzeptiert, wenn die erwartete Rendite um eine Einheit steigt. Je höher dieser Parameter gesetzt wird, desto weniger risikoavers ist der Investor (et vice versa). Die Attraktivität dieses Ansatzes zur Portfoliooptimierung ist größtenteils auf diesen Risikotoleranzparameter λ zurückzuführen. Wird der Parameter λ auf null gesetzt, so wird gemäß Gleichung (7) das negative Portfoliorisiko $\left(-\sigma_p^2\right)$ maximiert, was äquivalent ist mit der Minimierung des posi-

155 In dieser einführenden Charakterisierung der quadratischen Optimierung wird vereinfachend angenommen, dass die allgemeine Form einer Nebenbedingung nach (2a) implizit ebenso eine exakte Gleichheit mit einschließt.

156 Vgl. hierzu näher SHARPE [(1963) S. 277-279]; eine lehrbuchmäßige Behandlung findet sich bei UHLIR/STEINER [(1994), S. 145ff.] oder auch FRANKE/HAX [(1999), S. 309-313]. Im Rahmen der Einleitung soll hier zunächst aber nur die formale Struktur des Optimierungsproblems interessieren.

tiven Portfoliorisikos $\left(\sigma_p^2\right)$. Das hieraus resultierende Portfolio ist das sog. *Minimum-Varianz-Portfolio*, das in der theoretischen und empirischen Kapitalmarktforschung eine große Bedeutung besitzt (vgl. dazu näher Kap. 12.3.7.). Es handelt sich hierbei um jene Wertpapiermischung, die – ungeachtet der Renditeerwartungen – das geringste Risiko aufweist.

Der Wert für die erwartete Portfoliorendite μ_p lässt sich aus den erwarteten Renditen der einzelnen Wertpapiere gemäß (8) berechnen (vgl. auch Kap. 3.4.).

(8) $$\mu_p = \sum_{i=1}^{n} w_i \mu_i$$

mit w_i: Anteil des i-ten Wertpapiers am Gesamtportfolio, $0 \leq w_i \leq 1$
μ_i: erwartete Rendite des i-ten Wertpapiers
n: Anzahl der Wertpapiere im Portfolio

Zur Berechnung der zukünftigen Varianz σ_p^2 der Portfoliorendite sind die Kovarianzen σ_{ij} der zukünftigen Renditen der einzelnen Wertpapiere erforderlich (vgl. Gleichung (9); vgl. auch Kap. 3.4.).

(9) $$\sigma_p^2 = \sum_{i=1}^{n} \sum_{j=1}^{n} w_i w_j \sigma_{ij}$$

mit σ_{ij}: Kovarianz der zukünftigen Rendite des i-ten mit der des j-ten Wertpapiers, Hinweis: $\sigma_{ii} = \sigma_i^2$

Setzt man nun (8) und (9) in (7) ein, ergibt sich für die Zielfunktion der Ausdruck nach (10).

(10) $$Z(\mathbf{w}) = \lambda \sum_{i=1}^{n} w_i \mu_i - \sum_{i=1}^{n} \sum_{j=1}^{n} w_i w_j \sigma_{ij}$$

Die Maximierung der Zielfunktion Z ist äquivalent zur Minimierung der negativen Zielfunktion, womit sich durch einfache Transformation von (10) die endgültige Zielfunktion nach (11) gewinnen lässt.

(11) $$-\left(\lambda \sum_{i=1}^{n} w_i \mu_i - \sum_{i=1}^{n} \sum_{j=1}^{n} w_i w_j \sigma_{ij}\right) \rightarrow \text{min!}$$

Zusammenfassend ist (11) unter Berücksichtigung der Nebenbedingungen nach (4), (5) und (6) zu minimieren. Dieses Optimierungsproblem entspricht in seiner formalen Struktur nun exakt dem allgemeinen quadratischen Optimierungsmodell nach (1) und (2). Der „quadratische Charakter“ von (11) entsteht durch die Kreuzprodukte von w_i und w_j (Hinweis: für $i = j$ entsteht w_i^2), die Kovarianzen σ_{ij} entsprechen in (11) den Koeffizienten ϕ_{ij} in (1).

Ein bekanntes, in der Literatur weit verbreitetes und vielfach angewendetes Verfahren zur Lösung quadratischer Optimierungsprobleme ist das nach WOLFE (1959). Es basiert auf dem sog. KUHN-TUCKER Theorem, welches (unter gewissen Voraussetzungen) notwendige und hinreichende Bedingungen für das Vorliegen einer Optimallösung angibt. Ausgehend von jenen Bedingungen lässt sich durch spezielle „Kunstgriffe“ ein quadratisches Optimierungsproblem in ein lineares transformieren, welches dann mit Hilfe eines leicht modifizierten Simplexverfahrens (dem Standardverfahren der linearen Optimierung) gelöst werden kann. Die quadratische Optimierung wird in den meisten Standardlehrbüchern zum *Operations Research* behandelt [siehe z.B. ELLINGER/BEUERMANN/LEISTEN (1998)]. Der wesentliche Nachteil des Verfahrens nach WOLFE ist darin zu sehen, dass hiermit nur (bestimmte) *quadratische Optimierungsprobleme* gelöst werden können.

9.5. Suchverfahren

Als exemplarische Anwendungsfelder der Optimierung in der Finanzwirtschaft wurden die Indexreplikation und die Portfoliooptimierung genannt. Die Lösung dieser beiden Optimierungsprobleme ist zwar jeweils unter Verwendung spezieller Verfahren möglich, andere Aufgabenstellungen in der Finanzwirtschaft erfordern aber allgemeinere Lösungsverfahren.

Ein anderer Anwendungsbereich ist die Schätzung von Koeffizienten nichtlinearer Modelle. Das in Kap. 5. dargestellte Regressionsmodell ist zwar in der Finanzwirtschaft von besonderer Bedeutung, jedoch sind nicht alle funktionalen Zusammenhänge linearer Natur, wie man es bei der Anwendung der Regressionsanalyse quasi als „Fundamentaltheorem“ unterstellen muss. So kann oder muss man in bestimmten Anwendungsfällen ein nichtlineares Modell voraussetzen, wenn dies sachlogisch sinnvoll oder geboten erscheint. Mitunter ist sogar schon durch die Theorie ein nichtlinearer Zusammenhang vorgegeben. Ein Beispiel hierfür ist in der Finanzwirtschaft der Preis einer Option. Nach einem in der Optionspreistheorie und im praktischen Optionshandel verbreiteten Bewertungsmodell, dem *Black-Scholes Modell*, hängt der Preis C einer Option (neben anderen Einflussgrößen) von der Volatilität σ des zu Grunde liegenden Basisobjektes ab, d.h. es besteht eine funktionale Beziehung der Form $C = f(..., \sigma, ...)$. Die Funktion f ist dabei hochgradig nichtlinear. Soll später die Bestimmung der sog. impliziten Volatilität aus beobachteten Marktpreisen erfolgen, so ist – formal gesehen – der Wert eines Parameters einer nichtlinearen Funktion f zu schätzen. Auch hier soll im Rahmen der Einführung nicht der inhaltliche Hintergrund behandelt, sondern zunächst nur die formale Struktur des Problems beschrieben werden (detaillierte Darstellungen erfolgen in Kap. 12.2.).

Nach dem o.g. *Black-Scholes Modell* ergibt sich der Preis einer (europäischen Call-) Option nach (1):

(1) $C = K \cdot \Phi(d_1) - B \cdot \exp(-i \cdot t) \cdot \Phi(d_2)$

mit $$d_1 = \frac{\ln \frac{K}{B} + (i + 0.5 \cdot \sigma^2)t}{\sigma\sqrt{t}}$$

$$d_2 = d_1 - \sigma\sqrt{t}$$

C:	Optionspreis (auch *Prämie* genannt)
K:	Kassakurs des Basisobjektes
B:	Ausübungspreis der Option (*Basispreis*)
$\exp(x)$:	Exponentialfunktion e^x mit e: Eulersche Zahl (2.718281828...)
i:	risikoloser Zinssatz
$\Phi(.)$:	Wert der Standardnormalverteilung
σ:	zukünftige Volatilität des Basisobjektes
t:	Restlaufzeit der (Call-) Option in Jahren

Aus Platzgründen soll das Modell an dieser Stelle inhaltlich nicht näher kommentiert werden. Ein besonderes Problem in der praktischen Optionspreisbewertung besteht darin, die zukünftige Volatilität σ des Basisobjektes schätzen zu müssen (alle anderen Parameter sind dagegen am Kapitalmarkt beobachtbar bzw. im Optionskontrakt vorgegeben). Je nachdem, welcher Wert hier in die Formel (1) eingesetzt wird, ergeben sich gänzlich unterschiedliche Optionspreise C für ein und dieselbe Option. Ein „Kunstgriff" zur Schätzung des Wertes von σ besteht nun darin, den am Markt beobachteten (und gezahlten) Optionspreis als „richtig" anzusehen. Damit ist nun C gegeben (und annahmegemäß korrekt). Die Volatilität σ ist nun der einzig unbekannte Parameter, den es zu bestimmen gilt. Formal gesehen geht es also darum, den Koeffizienten σ einer hochgradig nichtlinearen Funktion (nämlich nach (1)) anhand beobachteter Marktdaten zu bestimmen.

In gewisser Weise ist die Aufgabenstellung ähnlich wie beim Ansatz der Regressionsanalyse: Bestimme anhand vorliegender Beobachtungsdaten die unbekannten Koeffizienten einer Funktion. Allerdings ist hier die unterstellte Funktion nichtlinearer Art, weshalb andere Verfahren zur Bestimmung der Koeffizienten zum Einsatz kommen müssen. In der Fallstudie des Kap. 12.2. wird gezeigt, dass sich für die Lösung dieses Problems der Ansatz der nichtlinearen Kleinste-Quadrate Schätzung eignet. Zu dessen Umsetzung werden bestimmte Verfahren der (nichtlinearen) Optimierung herangezogen, wie es Abb. 9.2.-1. im rechten Ast zeigt.

Dort finden sich die allgemeineren Lösungsansätze, unter denen die Suchverfahren (ohne erste und zweite Ableitung) die geringsten Anforderungen an die Eigenschaften der Zielfunktion stellen. Diese werden nochmals unterteilt in stochastische und analytische Suchverfahren. Die reine *stochastische Suche* ist einfach zu charakterisieren: Mittels eines Zufallszahlengenerators werden (zufällige) Lösungen für den Parametervektor $\boldsymbol{\theta}$ erzeugt. Diese werden in die Zielfunktion eingesetzt und der korrespondierende Zielfunktionswert bestimmt. Die beste unter allen gefundenen Lösungen wird als Approximation der Optimallösung herangezogen. Nebenbedingungen lassen sich einfach dadurch berücksichtigen, indem nur Parametervektoren $\boldsymbol{\theta}$ generiert werden, welche im zulässigen Lösungsbereich liegen. Dieses Verfahren besitzt vielfältige Vorzüge: Es ist algorithmisch sehr einfach, kann mit nur wenigen Zeilen eines Computerprogramms leicht implementiert werden und ist auf beliebig komplexe Zielfunktionen mit beliebig komplexen Nebenbedingungen anwendbar. Trotzdem ist die reine stochastische Suche bei realen Anwendungsproblemen, außer vielleicht bei Optimierungsproblemen mit sehr wenigen Parametern und geringen Anforderungen an die numerische Genauigkeit, praktisch nicht anwendbar. Für gewöhnliche realistische Problemstellungen erfordert sie nämlich einen derartigen Rechenaufwand, dass selbst Hochleistungsrechner damit oftmals überfordert sind. Daher ist nach Ansätzen zu suchen, welche die Geschwindigkeit einer rein stochastischen Suche erhöhen.

Die in den letzten Jahren vielfach beachteten Ansätze der *genetischen Optimierung* können hierzu gezählt werden. Eine ausführliche Darstellung findet sich etwa bei GOLDBERG (1989). Hier soll nur die grundsätzliche Idee der genetischen Optimierung angesprochen werden. Mit dieser Klasse von Verfahren wird versucht, den Prozess der Evolution zu imitieren. Grundlegendes Prinzip ist hier das „survival of the fittest". In einer Population von Individuen haben die am besten angepassten Vertreter die höchste Chance zu überleben und damit sich zu reproduzieren. Bei der Reproduktion werden die Eigenschaften der Eltern kombiniert und an ihre Nachkommen weitergegeben. Diese Neukombination und die bei der Vererbung auftretenden Mutationen können Nachkommen hervorbringen, die noch besser an ihre Umwelt angepasst sind. Schlecht angepasste Individuen werden infolge ihrer geringeren Überlebens- und Reproduktionschancen langsam, aber stetig, aus der Population ausgesondert.

Wesentliche prinzipielle Unterschiede der genetischen Optimierung gegenüber einer reinen stochastischen Suche bestehen in der Verwendung einer Population, ihrer geeigneten Reproduktion und Mutation. Sie arbeitet nach dem Vorbild der Natur etwa wie folgt: Die Parameter der zu optimierenden Funktion sind zunächst geeignet zu kodieren. Die kleinsten Bausteine dieses Codes werden als *Gene* bezeichnet, die zu *Chromosomen* zusammengefasst werden. Letztere stellen die komplette genetische Codierung eines Individuums (hier: Parametersatz) dar. Zu Beginn des Optimierungsprozesses wird zunächst ein zufälliger Pool von Individuen (Parametersätzen) erzeugt. Von jedem Individuum wird dann seine Anpassungsgüte („Fitness") berechnet. Im hier betrachteten Fall der Minimierung einer Funktion könnte die „Fitness" eines Individuums (Parametersatz) den zugehörigen Funktionswert darstellen. Im nächsten Schritt werden aus dem Pool der Individuen die besten Vertreter für den Prozess der Reproduktion herausgesucht (z.B. die Parametersätze mit den geringsten Funktionswerten). Diese stellen dann die „Eltern“ der Nachfolgegeneration dar. Im Regelfall werden nun Elternpaare gebildet, aus denen durch Rekombination ihrer genetischen Codes neue Individuen („Kinder“) gebildet werden (neue Parametersätze). Diese teilen nun Eigenschaften beider Eltern. Gelegentlich kommt es aber bei der Reproduktion zu Mutationen, d.h. zu unerwarteten, zufälligen Änderungen am genetischen Code. Im Sinne der Funktionsoptimierung kann man sich hierunter künstlich herbeigeführte, zufällige Änderungen an den Parametersätzen vorstellen, z.B. durch Addition von Zufallszahlen bei einigen Parametern. Die „Kinder“ (d.h. die neuen Parametersätze) ersetzen schließlich die Eltern in der Population und der gesamte Prozess wird iteriert.

Der Algorithmus einer „genetischen Optimierung“ könnte bei der Minimierung einer geeignet definierten Zielfunktion etwa nach folgendem Schema arbeiten:

1. Erzeuge L zufällige Parametersätze $(\theta_1, \theta_2, ..., \theta_n)_l$, $l = 1, ..., L$.
2. Berechne die Funktionswerte für alle L Parametersätze.
3. Wähle die K besten Parametersätze (d.h. diejenigen mit den kleinsten Funktionswerten) aus, wobei $K < L$.
4. Rekombiniere Paare aus den K ausgewählten Parametersätzen (z.B. durch Mittelwertbildung bei den einzelnen Parametern). Erzeuge damit L neue Parametersätze.
5. Erzeuge einige Mutationen (z.B. durch Addition von Zufallszahlen auf einzelne Koeffizienten eines Parametersatzes).
6. Wiederhole ab 2., solange bis der gefundene minimale Funktionswert keine (wesentliche) Änderung mehr zeigt.
7. Betrachte den besten Parametersatz (d.h. denjenigen, für den sich der minimale Funktionswert ergibt) als Schätzer des Parametervektors für die Lage des Minimums.

Obwohl dieser genetische Algorithmus zur Funktionsminimierung denkbar „primitiv“ ist und wohl kaum von Vertretern genetischer Optimierungsverfahren ernsthaft betrachtet werden würde, zeigt er deutlich die Unterschiede zur reinen stochastischen Suche. Die Optimierung startet mit einer Vielzahl zufällig gewählter Startpunkte. Die Auswahl der bisher besten gefundenen Parameterwerte und deren geeignete Rekombination (z.B. durch Mittelwertbildung über die einzelnen Parameter von je zwei Parametersätzen) konzentriert die Suche schnell auf die erfolgversprechenden Regionen des Parameterraums. Allerdings besteht dabei die Gefahr, dass die gesamte Population in ein lokales Minimum hineinläuft.[157] Gelegentliche spontane Mutationen erzeugen jedoch Parametersätze, die an gänz-

157 Bei nichtlinearen Optimierungsproblemen kann es neben dem globalen Minimum der Zielfunktion ein oder mehrere lokale Nebenminima geben. Diese markieren zwar in ihrer Umgebung (also „lokal“) den minimalen

lich anderen Stellen des Suchraums liegen als das Gros einer Population. Liegen einige von ihnen nun in einem tieferen Minimum der Zielfunktion, so ziehen sie den Suchprozess schon nach wenigen Generationen an diese Stelle.

Bei der genetischen Optimierung geht es also um die „intelligente" Lenkung des Suchprozesses gegenüber der reinen stochastischen Suche. Die bisherigen, sehr kurzen Darstellungen lassen jedoch kaum die Komplexität einer „guten" genetischen Optimierung vermuten. Wesentliche Problemfelder sind hier die geeignete Definition der Fitnessfunktion, die „intelligente" genetische Kodierung, die Festlegung der Auswahl- und Ersetzungsstrategie bisheriger Individuen sowie die Durchführung der Rekombination und Mutation. So kann z.B. eine ungeeignete genetische Kodierung eines Parametersatzes dazu führen, dass bei der Rekombination von Eltern tendenziell schlechter angepasste Kinder entstehen. Dann würde aber die genetische Optimierung zu einer stochastischen Suche im Parameterraum degenerieren. Auch die geeignete Wahl der Fitnessfunktion kann im konkreten Anwendungsfall ein hohes Maß an Kreativität erfordern, wenn z.B. eine Zielfunktion unter Einhaltung von Nebenbedingungen optimiert werden muss.

Genetische Optimierungsalgorithmen bewegen sich – je nach Design des konkreten Verfahrens im jeweiligen Anwendungsfall – zwischen stochastischer und sehr zielbezogener Suche. Gelingt es etwa, Vorwissen und Heuristiken über ein Optimierungsproblem in den Algorithmus einfließen zu lassen (z.B. über eine geschickte Kodierung, bei der Wahl der Fitnessfunktion oder der Rekombination), so kann dies die Lösungsgeschwindigkeit erheblich steigern. Gleichzeitig sinkt dann aber die allgemeine Anwendbarkeit des Verfahrens. Verzichtet man daher bewusst auf die „Maßschneiderung" im Hinblick auf eine spezielle Anwendung oder aber ist diese mangels Vorwissen um das Optimierungsproblem gar nicht möglich, so sind deutlich längere Rechenzeiten zur Auffindung der Lösung erforderlich. Genetische Optimierung kann bei kleinen Parameterräumen oder vorhandenem Vorwissen bezüglich des konkreten Anwendungsproblems ein sehr geeignetes Verfahren sein. Dennoch sollte die Schwierigkeit des Designs eines guten Algorithmus nicht unterschätzt werden.

Weitere Verfahren, die der stochastischen Suche im weitesten Sinne zugeordnet werden können, sind z.B. das *simulated annealing* („simuliertes Auskühlen") [vgl. KIRKPATRICK ET AL. (1983)] oder die Gruppe der *Threshold-Accepting*, *Great-Deluge* und *Record-To-Record-Travel* Algorithmen [vgl. DUECK/SCHEUER (1990); DUECK (1993) und DUECK ET AL. (1993)]. Stochastische Suchverfahren lassen sich zwar prinzipiell bei vielen finanzwirtschaftlichen Problemstellungen einsetzen, aber in der Praxis sind sie eher selten anzutreffen, abgesehen vielleicht von verschiedenen Spezialfragestellungen.

Wert der Zielfunktion, jedoch nicht „global" über den gesamten Parameterraum. Diese Problematik wird in Kap. 11.4. näher behandelt.

Die zweite Gruppe von Suchverfahren ohne erste und zweite Ableitung wurde als *analytische Suchverfahren* bezeichnet. Darunter wird hier z.B. die „golden section search" gezählt, welche später im Detail behandelt wird. Diese Verfahren lassen zwar beliebige Zielfunktionen zu, setzen implizit aber eine gewisse „Glattheit" der Zielfunktion voraus, d.h. sie darf keine „wilden" und „zackigen" Verläufe aufweisen. Unter dieser implizit gesetzten Annahme kann dann ein systematisches Verfahren angegeben werden, mit dem das Minimum der Zielfunktion zielgerichtet aufgesucht werden kann. Nähere Betrachtungen dazu sind jedoch Gegenstand des Kap. 11.1.1. Probleme, wie die Bestimmung impliziter Volatilitäten (siehe oben), sind mit diesem Verfahren lösbar.

Die Voraussetzung einer gewissen „Glattheit" der Zielfunktion ist ebenfalls bei den in Kap. 9.6. und 9.7. vorzustellenden Verfahren notwendig. Zielfunktionen mit „wilden" und „zackigen" Verläufen sind mit ihnen kaum optimierbar. Der Verlauf einer zweidimensionalen, im eben beschriebenen Sinne „schwierigen" Zielfunktion ist beispielhaft in Abb. 9.5.-1. dargestellt. Hier muss zwangsläufig auf Verfahren der stochastischen Suche zurückgegriffen werden.[158]

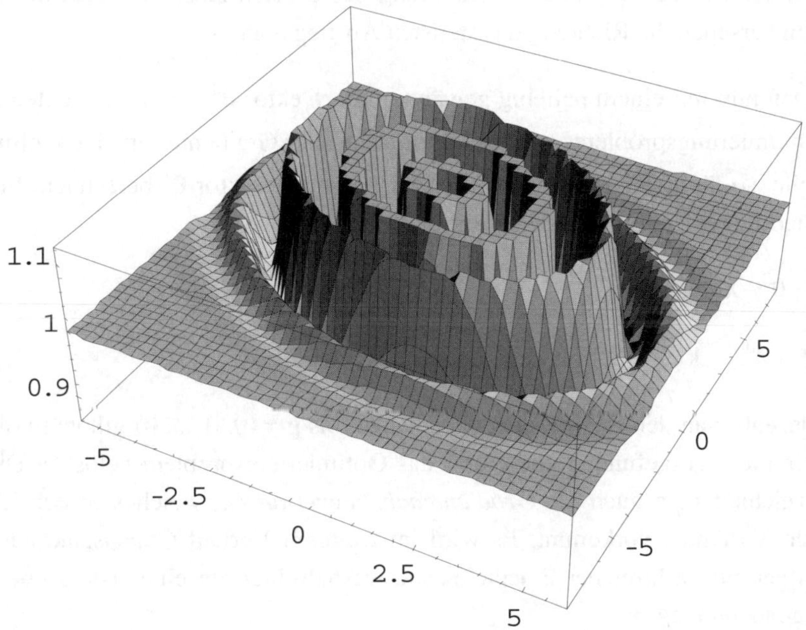

Abb. 9.5.-1.: Ein schwieriges Optimierungsproblem

[158] Für eine nähere Diskussion siehe auch PODDIG [(1999), S. 266 ff.]; die Abbildung wurde bei PODDIG [(1999), S. 268] entnommen.

9.6. First-Order Verfahren

Die First-Order Verfahren können als eine weiterentwickelte Variante der in Kap. 9.5. angesprochenen analytischen Suchverfahren aufgefasst werden (vgl. auch Abb. 9.2.-1., rechter Ast, „Suchverfahren mit erster, ohne zweite Ableitung"). Auch sie setzen implizit die Annahme einer gewissen „Glattheit" der Zielfunktion. Zusätzlich werden *differenzierbare* Zielfunktionen vorausgesetzt. Die Bezeichnung als „First-Order" Verfahren mag daraus resultieren, dass sie bei der zielgerichteten Suche nach dem Minimum der Zielfunktion deren *erste Ableitung* ausnutzen (daher auch die Forderung nach der Differenzierbarkeit).

Neben der grundlegenden Forderung, die Zielfunktion für jeden Parametervektor $\boldsymbol{\theta}$ berechnen zu können, tritt hier also zusätzlich die Voraussetzung nach der Berechenbarkeit des Gradienten der Zielfunktion an jeder Stelle $\boldsymbol{\theta}$. Unter dem *Gradienten* $\mathbf{g}$ versteht man den Vektor der ersten partiellen Ableitungen der Zielfunktion f nach den Parametern $\theta_1, ..., \theta_n$, hier also[159] $\mathbf{g} = \left(\frac{\partial f}{\partial \theta_1}, \frac{\partial f}{\partial \theta_2}, ..., \frac{\partial f}{\partial \theta_n} \right)$. Der Gradient drückt die Steigung der Zielfunktion an einer Stelle $\boldsymbol{\theta}$ aus. Ebenso gibt er die Richtung des größten Anstiegs (bzw. mit negativem Vorzeichen versehen die Richtung des steilsten Abstiegs) an.

Beginnt man nun mit einem beliebig gewählten Startvektor $\boldsymbol{\theta}^0$ für die gesuchten Parameter $\boldsymbol{\theta}$ eines Optimierungsproblems und bestimmt man den Gradienten $\mathbf{g}^0$ der Zielfunktion an dieser Stelle, so lässt sich daraus nach (1) der Parametervektor $\boldsymbol{\theta}^1$ berechnen, für welchen sich ein niedrigerer Zielfunktionswert ergibt.

(1) $\boldsymbol{\theta}^1 = \boldsymbol{\theta}^0 - \lambda^0 \cdot \mathbf{g}^0$

mit λ^0: kleine Schrittweite im Iterationsschritt 0

Nun wiederholt man den Schritt nach (1) solange, bis $\mathbf{g} = (0, 0, ..., 0)$ gilt.[160] In diesem Fall ist das Minimum aufgefunden und damit das Optimierungsproblem gelöst.[161] Dieses Vorgehen bezeichnet man auch als *Gradientenabstiegverfahren*, welches in der Literatur in zahlreichen Varianten vorkommt. Es wird im weiteren Verlauf Gegenstand ausführlicher Betrachtungen und zahlreicher Beispiele sein, weshalb hier nur eine erste grobe Charakterisierung genügen mag.

---

159 Aus Platzgründen ist **g** hier als Zeilenvektor dargestellt.

160 Dieses Verfahren wird in Kap. 11.1.2. ausführlich vorgestellt und an einem Beispiel erläutert. Im Rahmen der Einleitung geht es hier zunächst nur um eine kurze Charakterisierung, ohne dabei schon ins Detail gehen zu wollen. Falls dabei noch nicht alle Aspekte nachvollziehbar sind, ist dies nicht weiter bedenklich und hat auch keine Folgen für das Verständnis der kommenden Darstellungen.

161 Genau genommen wird mit diesem Verfahren nur das nächst gelegene Minimum, ausgehend vom Startpunkt $\boldsymbol{\theta}^0$, aufgefunden. Dabei kann es sich auch um ein lokales Minimum handeln, weshalb das Auffinden der „bestmöglichen" Lösung nicht garantiert ist. Das Problem lokaler Minima wird später in Kap. 11.4. behandelt. Im Rahmen der Einleitung sei aber diese Problematik zunächst ignoriert.

Die Gleichung (1) beschreibt eine einfache Anpassungsregel, wie man von einer Ausgangslösung $\boldsymbol{\theta}^0$ zu einer verbesserten Lösung $\boldsymbol{\theta}^1$ gelangt. Der Gradient **g** dient dabei als Suchrichtung, der Parameter λ beschreibt die Anpassungsschrittweite. Das Gradientenabstiegverfahren beruht schließlich auf der iterativen Anwendung der Anpassungsregel nach (1). Wird dabei in jedem Iterationsschritt dieselbe Anpassungsschrittweite λ verwendet, spricht man von einem *einfachen Gradientenabstieg mit fester Schrittweite*. Dieses Verfahren ist nicht besonders effizient. Eine erste Verbesserung besteht darin, die Anpassungsschrittweite λ in jedem Iterationsschritt „optimal" zu bestimmen. Das dazu benutzte Verfahren bezeichnet man als Linienminimierung („line search"). Der Gradientenabstieg unter Verwendung einer Linienminimierung („line search") wird in der Literatur auch als „steepest descent" Verfahren („Weg des steilsten Abstiegs") bezeichnet. Außerdem ist es sinnvoll, nicht in jedem Iterationsschritt den Gradienten **g** als Suchrichtung zu benutzen. Durch relativ einfache Berechnungen lassen sich verbesserte Suchrichtungen bestimmen, die man als *konjugierte Gradienten* bezeichnet. Die Verwendung von konjugierten Gradienten als Suchrichtung in Verbindung mit der Linienminimierung („line search") führt schließlich zum *konjugierten Gradientenabstieg* (Abbildung 9.6.-1. illustriert diese kurze Charakterisierung). Derartige Verfahren zählen zu den leistungsfähigsten Verfahren der „klassischen" (nichtlinearen) Optimierung. Anwendungsprobleme im Bereich der Finanzwirtschaft, wie die nichtlineare Kleinste-Quadrate Schätzung zur Bestimmung der Koeffizienten nichtlinearer Prognosemodelle (z.B. neuronale Netze) oder die Schätzung impliziter Volatilitäten, sind mit ihnen lösbar.

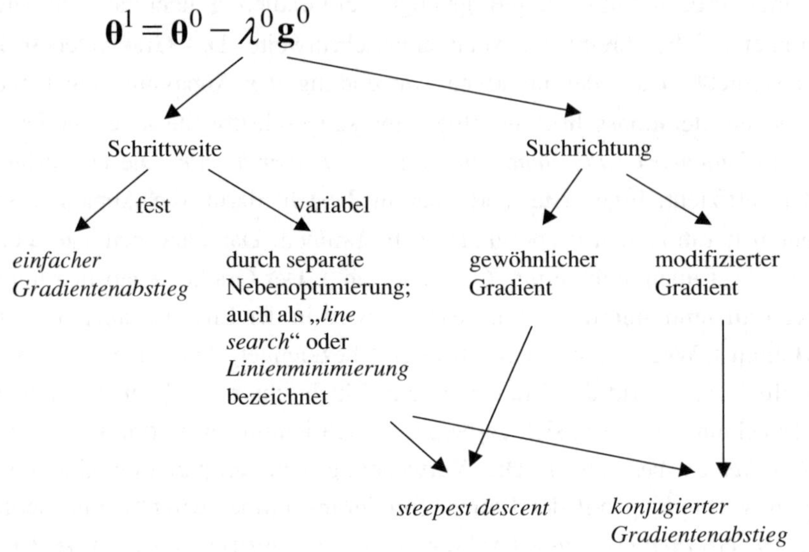

Abb. 9.6.-1.: Charakterisierung der First-Order Verfahren

Die bisher kurz charakterisierten Varianten des Gradientenverfahrens sind originär auf die Lösung unbeschränkter Optimierungsprobleme zugeschnitten. Sind dagegen Nebenbedingungen zu berücksichtigen, müssen die Verfahren des Gradientenabstiegs „nachgerüstet“ werden. Das in diesem Buchteil in seinen gedanklichen Grundzügen näher auszuführende und systematisch zu entwickelnde Verfahren geht auf FIACCO/MCCORMICK [(1964a), (1964b)] zurück. Der grundlegende Ansatz besteht hier darin, eine durch Nebenbedingungen beschränkte Zielfunktion durch geeignete Transformation in eine unbeschränkte Zielfunktion zu überführen, welche dann mit den bekannten Verfahren (z.B. mit Hilfe der konjugierten Gradienten) optimiert wird. Diese Erweiterung wird im weiteren Verlauf als *konjugierter Gradientenabstieg mit Barrierefunktionen* bezeichnet. Die Lösung der transformierten, unbeschränkten Zielfunktion stellt dann zugleich die Lösung des originären, aber beschränkten Optimierungsproblems dar. So ist das Problem der Portfoliooptimierung unter beliebigen Nebenbedingungen mit dieser Erweiterung lösbar.

9.7. Second-Order Verfahren

Die Verfahren dieser Klasse benutzen neben der ersten Ableitung der Zielfunktion (wie die First-Order Verfahren) auch die zweite Ableitung, weshalb sie Second-Order Verfahren genannt werden (vgl. auch Abb. 9.2.-1., rechter Ast, „Suchverfahren mit erster und zweiter Ableitung“). Inhaltlich setzen sie an der Bestimmung der „optimalen“ Anpassungsschrittweite λ in jedem Iterationsschritt nach Gleichung (1) aus Kap. 9.6. an. Die Verfahren des

Gradientenabstiegs benutzen dazu eine aufwändige Zusatzoptimierung (nämlich die erwähnte Linienminimierung). Besitzt jedoch die Zielfunktion f eine exakt quadratische Form[162], so lautet die optimale Anpassungsregel nach (1).[163]

(1) $$\boldsymbol{\theta}^1 = \boldsymbol{\theta}^0 - \mathbf{H}^{-1}\mathbf{g}^0$$

mit $\boldsymbol{\theta}^0, \boldsymbol{\theta}^1$: Parametervektor vor und nach dem Anpassungsschritt
$\mathbf{g}^0$: Gradient an der Stelle $\boldsymbol{\theta}^0$ (Vektor der ersten partiellen Ableitungen)
$\mathbf{H}$: Hesse-Matrix an der Stelle $\boldsymbol{\theta}^0$ (Matrix der zweiten partiellen Ableitungen)
$\mathbf{H}^{-1}$: Inverse der Hesse-Matrix

Es lässt sich zeigen, dass bei exakt quadratischer Zielfunktion f die Anpassung des Startvektors $\boldsymbol{\theta}^0$ in nur einem Anpassungsschritt in das Minimum der Zielfunktion führt. Die Nebenoptimierung der Anpassungsschrittweite λ beim Gradientenabstieg durch eine Linienminimierung („line search") wird hier durch dessen analytische Bestimmung (oder Approximation) ersetzt. Bei realen Anwendungen weisen jedoch Zielfunktionen selten eine exakt quadratische Form auf. In diesem Fall führt die Anpassungsregel nach (1) nicht in einem Schritt direkt in das Minimum der Zielfunktion, weshalb auch hier eine iterative Anwendung erforderlich ist. Um die Geschwindigkeit dieser Verfahren weiter zu steigern, führen manche Varianten doch wieder die Anpassungsschrittweite λ mit separater Nebenoptimierung durch eine Linienminimierung („line search") ein. Die modifizierte Anpassungsregel lautet dann nach (2).

(2) $$\boldsymbol{\theta}^1 = \boldsymbol{\theta}^0 - \lambda^0 \mathbf{H}^{-1}\mathbf{g}^0$$

Ein besonderes Problem dieser Verfahren besteht in der zeitaufwändigen und schwierigen Bestimmung der Inversen der Hesse-Matrix. Ein bekanntes Verfahren ist in dieser Gruppe der nach seinen Entwicklern BROYDEN, FLETCHER, GOLDFARB und SHANNO benannte „BFGS-Algorithmus". Bei diesem Algorithmus wird versucht, während des Optimierungsprozesses selbst eine Approximation der Inversen der Hesse-Matrix iterativ aufzubauen. Eine nähere Beschreibung und Implementation findet sich z.B. bei PRESS ET AL. [(1992), S. 425 ff.], wo eine Anpassungsregel der Art nach (2) mit zusätzlicher Linienminimierung („line search") verwendet wird.

---

162 Vgl. dazu später Kap. 11.2.3.1. (dort insbesondere Gleichung (5)) oder Kap. 11.2.4. (dort insbesondere Gleichung (10)).

163 Der grundlegende Gedanke hinter den Second-Order Verfahren wird in Kap. 11.1.3. für den eindimensionalen Fall entwickelt und anhand eines Beispiels illustriert. Der Übergang zum mehrdimensionalen Fall wird in Kap. 11.2.4. näher charakterisiert und an einem kleinen Beispiel erläutert. Die inhaltliche Bedeutung der Anpassungsregel sowie der „Hesse-Matrix" wird dort deutlich. Insofern ist es auch hier für das weitere Verständnis nicht notwendig, alle Aspekte dieser überblicksartigen Betrachtungen im Detail nachvollziehen zu können.

Auch Verfahren dieser Gruppe zielen originär auf unbeschränkte Optimierungsprobleme ab. Um beschränkte Optimierungsprobleme lösen zu können, sind geeignete „Nachrüstungen“ erforderlich. Das Verfahren der „Barrierefunktionen“, welches in Kap. 9.6. zunächst nur erwähnt wurde, kann auch in Verbindung mit diesen Verfahren genutzt werden.

Beim Vergleich zwischen First-Order und Second-Order Verfahren ist eine generelle und eindeutige Überlegenheit der einen über die anderen Verfahren nicht erkennbar. First-Order Verfahren besitzen jedoch den Vorzug, mathematisch und algorithmisch deutlich einfacher zu sein. Daher werden die Second-Order Verfahren im weiteren nicht mehr ausführlich vertieft.

9.8. Schlussbemerkungen

Die Betrachtungen zu den Optimierungsverfahren mögen vielleicht als „ausschweifend“ erscheinen, tatsächlich haben sie aber gerade einmal die Oberfläche berührt. Auf Grund des weiten Spektrums linearer und vor allem nichtlinearer Optimierungsprobleme konnten nur grundsätzliche Ideen hinter den einzelnen Verfahren skizziert und auf ihre verschiedenen Vor- und Nachteile hingewiesen werden. „Das“ Optimierungsverfahren schlechthin kann es nicht geben. So können Verfahren, die sich bei vielen Aufgabenstellungen bewährt haben, plötzlich bei einer neuen Problemstellung völlig einbrechen und wenig zufriedenstellende Leistungen aufweisen.

Wegen der besonderen Bedeutung der linearen Optimierung bei betriebswirtschaftlichen Aufgabenstellungen soll sie im Folgenden zuerst behandelt werden. Das nachfolgende Kap. 10. stellt sie näher dar und demonstriert ihren Einsatz im Rahmen von zwei kleinen Fallstudien mit Aufgabenstellungen aus dem Bereich des Portfoliomanagements. Die Auseinandersetzung mit der linearen Optimierung ist für ein erstes Verständnis von Optimierungsproblemen hilfreich. Da sie andererseits speziell in Finanzanalyse und Portfoliomanagement längst nicht die Bedeutung wie in anderen Bereichen betriebswirtschaftlicher Anwendungen besitzt, kann das Kap. 10. auch ohne Folgen für das weitere Verständnis ausgelassen werden. Die Darstellungen zur nichtlinearen Optimierung ab Kap. 11. werden deshalb auch bewusst keine wesentlichen Bezüge zu Kap. 10. herstellen.

Die darauf folgenden Darstellungen zur nichtlinearen Optimierung in Kap. 11. beschränken sich angesichts der Fülle und Komplexität der verschiedenen Optimierungsverfahren im Wesentlichen auf die systematische Entwicklung des *konjugierten Gradientenabstiegs mit Barrierefunktionen.* Nach den bisherigen Ausführungen dürfte deutlich sein, dass diese Auswahl sicherlich auch subjektiv geprägt ist. Dennoch gibt es gute sachliche Gründe für diese Wahl. Wesentliche Anwendungsprobleme in der Finanzwirtschaft (*Indexreplikation*, *Portfoliooptimierung*, *nichtlineare Kleinste-Quadrate Schätzung*, *Bestimmung impliziter Volatilitäten*) können mit diesem Verfahren „universell“ bewältigt werden.

Zwar gibt es speziell zugeschnittene Optimierungsverfahren, welche ein einzelnes dieser Anwendungsprobleme (gegebenenfalls unter weiteren speziellen Annahmen) besser und effizienter lösen. Diese sind aber selten universell einsetzbar. Z.B. ist die quadratische Programmierung vorzuziehen, soweit es allein um die Optimierung eines Portfolios (unter speziellen, einschränkenden Annahmen) geht. Die Verwendung des konjugierten Gradientenverfahrens mit Barrierefunktionen wäre – soweit ausschließlich dieses Anwendungsproblem zu lösen ist – schwerfälliger, weniger effizient und numerisch eventuell auch nicht genau genug. Um diesen Umstand zu kennzeichnen, wurden auch die Anwendungen „Indexreplikation“ und „Portfoliooptimierung“ in Abb. 9.2.-1. beim konjugierten Gradientenabstieg nicht fett gesetzt. Dagegen lassen sich mit der quadratischen Programmierung keine nichtlinearen Kleinste-Quadrate Schätzungen durchführen.

Neben den vergleichsweise universellen Einsatzmöglichkeiten des konjugierten Gradientenabstiegs (gegebenenfalls erweitert um Barrierefunktionen) ist dessen recht hohe Geschwindigkeit, die einfache Implementation in Form eines Computerprogramms und die Anschaulichkeit der Arbeitsweise hervorzuheben.

10. Lineare Optimierung

Arbeitshinweise: Die lineare Optimierung wurde bereits im Kap. 9.3. kurz charakterisiert. Sie besitzt bei vielen betriebswirtschaftlichen Planungsproblemen eine herausragende Bedeutung. Daher wird sie auch in Standardlehrbüchern zum Operations Research sehr ausführlich und detailliert behandelt. Bei typischen Anwendungsproblemen aus den Bereichen der Finanzanalyse und des Portfoliomanagements spielt sie jedoch eine eher untergeordnete Rolle. Für viele Leser aus diesem Bereich, die nur über ein knappes Zeitbudget verfügen, dürfte sie daher wenig Relevanz für ihre praktische Arbeit besitzen, weshalb dieses Kapitel auch ohne Folgen für das weitere Verständnis ausgelassen werden kann. Für andere betriebswirtschaftliche Planungsprobleme und für einen systematischen Einstieg in die Grundlagen der Optimierung ist die Bearbeitung dieses Kapitel jedoch empfohlen. Außerdem gibt es einige interessante Anwendungsmöglichkeiten im Portfoliomanagement, die bisher wenig wahrgenommen wurden.

Im Einzelnen gibt Kap. 10.1. zunächst eine kurze Einführung in die formale Struktur eines linearen Optimierungsproblems. Die Lösung eines linearen Optimierungsproblems erfolgt im Allgemeinen auf zwei Stufen, hier Phasen genannt. In der vorgelagerten zweiten Phase wird ein allgemeines lineares Optimierungsproblem in eine spezielle Form gebracht, die dann in der nachgelagerten ersten Phase endgültig gelöst wird. Die Lösung eines „Phase 1" Problems ist somit die Basis der linearen Optimierung, welche in Kap. 10.2. behandelt wird. Viele lineare Optimierungsprobleme genügen bereits der in der ersten Phase vorausgesetzten Form, sodass notfalls die Bearbeitung von Kap. 10.1. und 10.2. für ein erstes theoretisches Verständnis ausreichend ist. Für die Lösung eines allgemeinen linearen Optimierungsproblems ist aber auch die Bearbeitung von Kap. 10.3. zu empfehlen, denn dort wird die Vorgehensweise der vorgelagerten zweiten Phase dargestellt und begründet. In Kap. 10.4. wird eine beispielhafte Umsetzung der linearen Optimierung in *Visual Basis for Applications* für Excel 97 und 2000 vorgestellt. Diese Darstellungen dienen der Vertiefung der Kap. 10.2. und 10.3. Diejenigen Leser, die aber an Fragen der konkreten Implementation kein besonderes Interesse besitzen, können es problemlos auslassen. In Kap. 10.5. und 10.6. werden zwei Anwendungen der linearen Optimierung aus dem Bereich des Portfoliomanagements in Form von kurzen Fallstudien vorgestellt. Diese sind insbesondere für Anwender aus diesem Bereich interessant. Sofern jedoch nur ein theoretisches Interesse an der linearen Optimierung besteht, können sie ohne Folgen für das weitere Verständnis übersprungen werden. Das Kap. 10.7. zeigt schließlich, wie unter Verwendung der Tabellenkalkulation Microsoft Excel und der dort vorhandenen Optimierungsroutine „Solver" die Lösung der Fallstudien aus Kap. 10.5. und 10.6. möglich ist. Es ist insbesondere für diejenigen Leser gedacht und interessant, die an einer eigenständigen Programmierung kein Interesse besitzen, jedoch in der Lage sein wollen, reale lineare Optimierungsprobleme mit gängiger Standardsoftware bearbeiten zu können.

Der Exkurs in Kap. 10.8. ist optional. Er stellt eine beispielhafte Anwendung der linearen Optimierung zur simultanen Investitions- und Finanzplanung dar. Hier wird bewusst der Anwendungsbezug zur Finanzanalyse und dem Portfoliomanagement verlassen, um die besondere Stellung der linearen Optimierung bei betriebswirtschaftlichen Planungsproblemen exemplarisch zu illustrieren.

10.1. Einführung

Nach einer ersten einführenden Charakterisierung der linearen Optimierung in Kap. 9.3. soll zunächst die formale Struktur eines linearen Optimierungsproblems nochmals kurz wiederholt werden. Ein lineares Optimierungsproblem ist durch (i) eine lineare Zielfunktion, (ii) lineare Nebenbedingungen und (iii) Nichtnegativitätsbedingungen hinsichtlich sämtlicher Variablen (d.h. zu optimierender Parameter einschließlich sämtlicher Hilfsvariablen, die später im Lösungsalgorithmus verwendet werden) gekennzeichnet. Abweichend von den meisten Optimierungsproblemen wird hier als Konvention von einer Maximierung der Zielfunktion ausgegangen. Die Zielfunktion lautet also nach (1):

(1) $$f(\theta_1,...,\theta_n) = \varphi_0 + \sum_{i=1}^{n} \varphi_i \theta_i \rightarrow \max!$$

mit $f(.)$: Zielfunktion
θ_i: zu optimierender Parameter, $i = 1, ..., n$
φ_i: Koeffizient

Dabei gilt für die zu optimierenden Parameter θ_i, die auch als *Problemvariablen* bezeichnet werden,[164] die Nichtnegativitätsbedingung nach (2). Zusätzlich können drei weitere Typen von linearen Nebenbedingungen hinzutreten, wie in (3), (4) und (5) dargestellt. Bei (3) handelt es sich um m_1 „Kleiner-Gleich", bei (4) um m_2 „Größer-Gleich" und bei (5) um m_3 „Gleich" Nebenbedingungen, also um $m = m_1 + m_2 + m_3$ weitere Nebenbedingungen. Die rechte Seite aller m Nebenbedingungen ist dabei nicht negativ.

(2) $$\theta_i \geq 0$$

(3) $$\sum_{i=1}^{n} \gamma_{ij} \theta_i \leq b_j \qquad j = 1, ..., m_1 \text{ Nebenbedingungen; mit } b_j \geq 0$$

164 Die Begriffe „zu optimierender Parameter" und „Problemvariable" werden im Folgenden synonym verwendet.

(4) $\sum_{i=1}^{n}\gamma_{ij}\theta_i \geq b_j$ $j = m_1+1, ..., m_1+m_2$ Nebenbedingungen; mit $b_j \geq 0$

(5) $\sum_{i=1}^{n}\gamma_{ij}\theta_i = b_j$ $j = m_1+m_2+1, ..., m_1+m_2+m_3$ Nebenbedingungen; mit $b_j \geq 0$

mit γ_{ij}: Koeffizient der j-ten Nebenbedingung bezüglich des i-ten zu optimierenden Parameters θ_i

b_j: beliebiger Wert für rechte Seite der j-ten Nebenbedingung

Die Forderung, wonach die rechte Seite einer Nebenbedingung nicht negativ sein darf, ist keinesfalls einschränkend. Sofern nämlich die rechte Seite einer Nebenbedingung im Ausgangszustand negativ ist, braucht diese Nebenbedingung nur mit dem Faktor (-1) multipliziert zu werden. Dadurch erhält man eine positive rechte Seite, wobei sich allerdings die Art der Ungleichung umkehrt.

Ein lineares Optimierungsproblem dieser allgemeinen Struktur wird mit Hilfe des Simplexverfahrens gelöst, welches zumeist zwei Phasen erfordert (Zweiphasenmethode; mitunter wird in der Literatur auch von drei Phasen und einer (Dreiphasenmethode gesprochen). In der vorgelagerten zweiten Phase wird das Optimierungsproblem schrittweise in eine spezielle Form gebracht, welche dann in der nachgelagerten ersten Phase gelöst werden kann. Daran orientieren sich auch die folgenden Darstellungen. Zunächst wird die spezielle Form eines linearen Optimierungsproblems behandelt, die unmittelbar mit der Methode der ersten Phase gelöst werden kann. Sie stellt letztlich den Kern des Simplexverfahrens dar. Das Vorgehen der vorgelagerten zweiten Phase ist dann notwendig, wenn das konkrete lineare Optimierungsproblem nicht als der geforderte Spezialfall der ersten Phase vorliegt.

10.2. Lösung einer speziellen Form des linearen Optimierungsproblems

Die Lösung einer speziellen Form des linearen Optimierungsproblems ist durch die Einphasenmethode direkt möglich. Dabei wird ein lineares Optimierungsproblem der Form nach (1), (2) und (3) vorausgesetzt.

(1) $Z = f(\theta_1,...,\theta_n) = \varphi_0 + \sum_{i=1}^{n}\varphi_i\theta_i \rightarrow \max!$

(2) $\theta_i \geq 0$ Nichtnegativitätsbedingung für alle $i = 1, ..., n$ Problemvariablen

(3) $\sum_{i=1}^{n}\gamma_{ij}\theta_i \leq b_j$ $j = 1, ..., m$ Nebenbedingungen; mit $b_j \geq 0$

Gegenüber der allgemeinen Form (vgl. Kap. 10.1.) sind hier exakte „Gleich“ und „Größer-Gleich“ Nebenbedingungen nicht erlaubt. Ferner muss die rechte Seite einer Nebenbedingung „definitiv“ nicht negativ sein, denn die Transformation einer Nebenbedingung mit negativer rechter Seite durch Multiplikation mit dem Faktor (-1) ist hier nicht möglich (es würde dann eine „Größer-Gleich“ Nebenbedingung entstehen, die hier ausgeschlossen ist). Diese spezielle Form mag zunächst als sehr einschränkend erscheinen, tatsächlich kann aber durch das Vorgehen der zweiten Phase jedes allgemeine lineare Optimierungsproblem in eine bestimmte Form überführt werden, die mit demselben Verfahren gelöst werden kann, welches auch der Lösung dieser speziellen Form dient.

Um die Lösung dieser speziellen Form zu veranschaulichen, wird ein bewusst sehr einfach gehaltenes Beispiel gewählt. Das spezielle lineare Optimierungsproblem möge die in (4), (5) und (6) dargestellte Struktur besitzen. Die Zahlenwerte des Beispiels sind willkürlich gewählt. Man könnte sich darunter ein einfaches Problem der Produktionsplanung vorstellen. Danach können zwei Produkte gefertigt werden, welche Deckungsbeiträge in Höhe von 10 bzw. 12 Geldeinheiten erbringen. Die Parameter x_1 und x_2 bezeichnen die von beiden Produkten zu fertigenden Mengen. Als Zielfunktion ist der Gesamtdeckungsbeitrag zu maximieren (Gleichung (4)). Da negative Fertigungsmengen nicht sinnvoll sind, gilt die Nichtnegativitätsbedingung für die zu fertigenden Mengen beider Produkte. Beide Produkte müssen in der Produktion nacheinander auf zwei Maschinen gefertigt werden. Das erste Produkt benötigt drei Zeiteinheiten, das zweite Produkt zwei Zeiteinheiten auf der ersten Maschine, deren Kapazitätsgrenze pro Fertigungsperiode bei 60 Zeiteinheiten liegt (vgl. Nebenbedingung (6a)). Bezüglich der zweiten Maschine verhält sich die Kapazitätsinanspruchnahme genau umgekehrt, auch sie besitzt eine maximale Fertigungskapazität von 60 Zeiteinheiten (vgl. Nebenbedingung (6b)). Welches sind nun die optimalen Fertigungsmengen x_1 und x_2?

(4) $Z = 10\,x_1 + 12\,x_2 \rightarrow \max!$

(5) $x_1 \geq 0,\; x_2 \geq 0$

(6a) $3\,x_1 + 2\,x_2 \leq 60$ Nebenbedingung I
(6b) $2\,x_1 + 3\,x_2 \leq 60$ Nebenbedingung II

Dieses beispielhafte Optimierungsproblem ist noch so einfach, dass die Lösung auch durch einfaches Probieren ermittelt werden kann. Der systematische Lösungsweg lässt sich daran aber ebenfalls anschaulich erläutern. Die Abb. 10.2.-1. stellt das Optimierungsproblem und dessen Lösung zunächst grafisch dar.

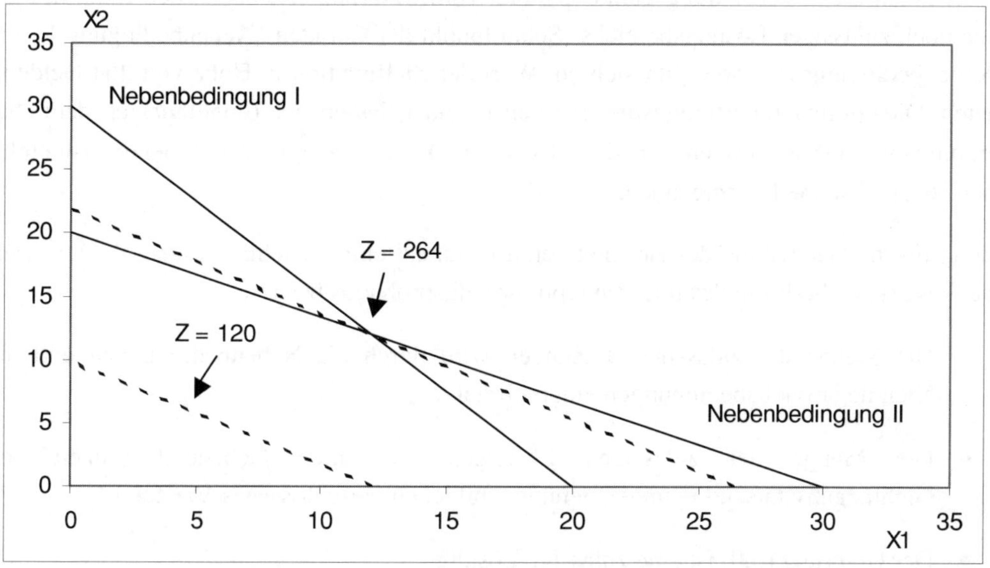

Abb. 10.2.-1.: Grafische Darstellung des Optimierungsproblems

Auf den Diagrammachsen sind die Fertigungsmengen x_1 und x_2 abgetragen. Sie enthalten keine negativen Werte, da diese wegen der Nichtnegativitätsbedingung nach (5) ausgeschlossen sind. Die Diagrammachsen markieren insofern schon die ersten Grenzen der Menge der zulässigen Lösungen. Zulässige Lösungen können sich danach also nur innerhalb der Diagrammfläche, nicht jedoch außerhalb befinden. Die Nebenbedingungen nach (6a) und (6b) können als nächstes in das Diagramm eingetragen werden, was hier kurz am Beispiel der Nebenbedingung (6a) nachvollzogen werden soll. Wird ausschließlich (6a) betrachtet, sind zwei einfache zulässige Lösungen (i) $x_1 = 0$, $x_2 = 30$ und (ii) $x_1 = 20$, $x_2 = 0$. Andere Wertekombinationen von x_1 und x_2 (mit nicht negativen Werten) liegen auf der Verbindungsgeraden dieser beiden Punkte, da (6a) - abgesehen von dem Ungleichheitszeichen - im Prinzip eine Geradengleichung darstellt. Alle zulässigen Lösungen für x_1 und x_2 liegen unterhalb oder gerade noch auf der Geraden, die in Abbildung 10.2.-1. mit „Nebenbedingung I" markiert ist. In analoger Weise erhält man die Gerade „Nebenbedingung II", welche die Nebenbedingung (6b) grafisch veranschaulicht. Alle zulässigen Lösungen von x_1 und x_2 bezüglich der Nebenbedingung (6b) liegen ebenfalls unterhalb oder gerade noch auf der Geraden.

Aus der Menge aller insgesamt zulässigen Lösungen wurden zwei Punkte, nämlich ($x_1 = 12$, $x_2 = 0$) und ($x_1 = 0$, $x_2 = 10$) herausgegriffen. Für beide ergibt sich ein Wert der Zielfunktion Z in Höhe von 120 Geldeinheiten. Alle Wertekombinationen von x_1 und x_2, welche auf der mit „$Z = 120$" markierten Verbindungsgeraden jener beider Punkte liegen, besitzen ebenfalls diesen Zielfunktionswert. Dieser ist allerdings noch nicht optimal. Verschiebt man diese Verbindungsgerade parallel vom Ursprung fort bis an den Rand des gerade noch zulässigen Lösungsbereichs (Schnittpunkt der Geraden „Nebenbedingung I" und „Nebenbedingung II"), so ergibt sich ein Wert der Zielfunktion in Höhe von 264 Geldeinheiten. Die optimalen Fertigungsmengen von x_1 und x_2 lassen sich (ungefähr) aus dem Diagramm ablesen. Sie betragen $x_1 = 12$ und $x_2 = 12$. Diese Lösung lässt sich bei diesem einfachen Beispiel schnell nachrechnen.

Die grafische Darstellung des Beispiel veranschaulicht einige wichtige Eigenschaften, welche diese spezielle Form des linearen Optimierungsproblems besitzt:

- Die Menge der zulässigen Lösungen wird durch die Nebenbedingungen und die Nichtnegativitätsbedingungen eingeschränkt.
- Die Menge der zulässigen Lösungen, die allen Nebenbedingungen und Nichtnegativitätsbedingungen genügen, bildet ein geschlossenes Vieleck.[165]
- Der Ursprung (0,0) ist eine zulässige Lösung.
- Die optimale Lösung muss sich auf dem Rand des geschlossenen Vielecks befinden. Zumeist wird sie auf einem Eckpunkt liegen.

Obwohl hier aus Platzgründen kein formaler Beweis geführt werden soll, dürften die ersten drei Eigenschaften anhand des Beispiels zumindest intuitiv einsichtig sein. Die letzte Eigenschaft kann auch mit folgender Überlegung begründet werden. Bei einer linearen Zielfunktion und positiven Koeffizienten führt jede Erhöhung eines Parameters zu einer Zunahme des Zielfunktionswerts.[166] Eine unbegrenzte Erhöhung der Parameter ist jedoch wegen der einschränkenden Nebenbedingungen nicht möglich. Eine weitere Erhöhung ist also dann nicht mehr erlaubt, wenn der begrenzende Rand der Menge der zulässigen Lösungen erreicht wurde. Sofern die Zielfunktion parallel zu einem Segment des Randes der zulässigen Lösungen verläuft, stellen alle Wertekombinationen dieses Segments optimale Lösungen dar. Da dieser Fall aber eher selten eintritt, reduziert sich im Regelfall die optimale Lösung auf einen Eckpunkt des Vielecks.

---

165 Es kann allerdings auch theoretisch der Sonderfall eines nicht geschlossenen Vielecks auftreten. In diesem Fall ist die Lösung des Optimierungsproblems unbeschränkt. Bei realen Optimierungsproblemen sind zumeist so viele Nebenbedingungen zu beachten, dass ein wirklich geschlossenes Vieleck entsteht. Aus praktischer Sicht ist vielleicht sogar der Sonderfall keiner zulässigen Lösung bedeutsamer. Hier schließen sich die verschiedenen Nebenbedingungen gegenseitig aus, sodass die Menge der zulässigen Lösungen leer ist und somit auch kein geschlossenes Vieleck bildet. Man bezeichnet ein derartiges Planungsproblem dann auch als *inkonsistent*. Auch dieser Sonderfall soll hier nicht weiter beachtet werden.

166 Rein theoretisch werden an die Koeffizienten der Zielfunktion keine besonderen Anforderungen gestellt, d.h. sie könnten auch negativ sein. Bei der Abbildung realer Optimierungsprobleme (der hier unterstellten Form) in die Zielfunktion kommen negative Koeffizienten aber nur selten vor. Insofern besitzen negative Koeffizienten in der Zielfunktion kaum praktische Relevanz. Aber selbst wenn alle Koeffizienten negativ wären, besitzt die letzte Aussage Gültigkeit. Die einzig zulässige Lösung wäre dann nämlich der Ursprung, der natürlich auch einen Eckpunkt des Vielecks darstellt.

Die grafische Analyse liefert zwar ein erstes grundlegendes Verständnis bezüglich der Eigenschaften des linearen Optimierungsproblems, hilft jedoch praktisch bei drei oder mehr zu optimierenden Parametern nicht weiter. Dazu ist ein analytisches Verfahren heranzuziehen, welches nachfolgend erläutert wird. Die Grundidee des Verfahrens lässt sich aber noch anhand der grafischen Darstellung illustrieren: Da sich wegen der genannten Eigenschaften die optimale Lösung an einem Eckpunkt des Vielecks findet, brauchen nur diese geprüft werden. Bei hochdimensionalen Optimierungsproblemen mit einigen hundert Parametern und einigen tausend oder zehntausend Nebenbedingungen ist eine komplette Prüfung aller Eckpunkte allerdings nicht sinnvoll. Stattdessen wird der optimale Eckpunkt systematisch aufgesucht. Die Suche startet im Ursprung, welcher eine zulässige Lösung darstellt. In jedem Suchschritt wird dann derjenige zu optimierende Parameter bis an die zulässige Grenze erhöht, für den sich der maximale Anstieg des Zielfunktionswerts ergibt. In Abbildung 10.2.-1. würde also die systematische Suche im Punkt ($x_1 = 0$, $x_2 = 0$) beginnen. Der stärkste Anstieg der Zielfunktion ergibt sich im ersten Suchschritt bei einer Erhöhung von x_2, womit der Eckpunkt ($x_1 = 0$, $x_2 = 20$) aufgesucht wird. Von hier aus ist im zweiten Suchschritt eine Zunahme des Zielfunktionswerts nur noch durch Erhöhung von x_1 (bei gleichzeitiger Reduktion von x_2) möglich. Es wird also der Eckpunkt ($x_1 = 12$, $x_2 = 12$) aufgesucht, von dem aus eine weitere Verbesserung nicht mehr möglich ist. Der Suchalgorithmus ist beendet.

Der Ansatz des Simplexverfahrens besteht im ersten Schritt darin, das Optimierungsproblem in Form von Gleichungen und Ungleichungen in ein reines Gleichungssystem zu überführen (außer den Nichtnegativitätsbedingungen). Die Transformation der Ungleichungen nach (3) in Gleichungen kann durch Einführung einer künstlichen Variablen y_j (auch *Schlupfvariable* genannt) erreicht werden. Die Gleichung (7) stellt die Ungleichung (3) unter Verwendung einer Schlupfvariablen dar:

(7) $$\sum_{i=1}^{n} \gamma_{ij}\theta_i + y_j = b_j$$

Dabei muss für die Schlupfvariable y_j offensichtlich die Nichtnegativitätsbedingung nach (8) gelten.

(8) $$y_j \geq 0$$

Die Nebenbedingungen des einfachen Beispiels lassen sich ebenso transformieren:

(9a) $3x_1 + 2x_2 + y_1 = 60$ Nebenbedingung I

(9b) $2x_1 + 3x_2 + y_2 = 60$ Nebenbedingung II

(10) $y_j \geq 0$ für alle $j = 1, 2$

Aus Vereinfachungsgründen werden im Folgenden die Nichtnegativitätsbedingungen für alle Problemvariablen und Hilfsvariablen nicht mehr explizit dargestellt, sondern implizit vorausgesetzt. Um eine einheitliche Darstellung in Form eines Gleichungssystems zu erhalten, wird außerdem die Zielfunktion umgeformt, indem der Zielwert Z sowie alle zu optimierenden Parameter auf die linke Seite und die Konstante auf die rechte Seite gebracht werden. Das Optimierungsproblem liegt dann in der Form eines sog. reduzierten linearen Gleichungssystems vor. Zu Beginn des Verfahrens, quasi als „Initialisierung" des Gleichungssystems, werden zunächst alle Parameter θ_i auf null gesetzt (was ja eine zulässige Ausgangslösung darstellt).

(11) $$\sum_{i=1}^{n} \varphi_i \theta_i + (-Z) = -\varphi_0$$

(12) $$\sum_{i=1}^{n} \gamma_{ij} \theta_i + y_j = b_j$$ für alle $j = 1, ..., m$ Nebenbedingungen; mit $b_j \geq 0$

Alle Problemvariablen bzw. Hilfsvariablen, welche einen Wert ungleich null besitzen, werden als *Basisvariablen* (BV), alle anderen (mit Wert null) als *Nichtbasisvariablen* (NBV) bezeichnet. Im Beispiel besitzt das reduzierte Gleichungssystem (auf Grund der „Initialisierung") folgende Ausgangsform, wobei ($-Z$), y_1 und y_2 die BV sowie x_1 und x_2 die NBV darstellen:

(13) $$10x_1 + 12x_2 + (-Z) = 0$$ Zielfunktion

(14a) $$3x_1 + 2x_2 + y_1 = 60$$ Nebenbedingung I

(14b) $$2x_1 + 3x_2 + y_2 = 60$$ Nebenbedingung II

Die Lösung des Gleichungssystem lautet im Ausgangszustand offensichtlich $(-Z) = 0$, $x_1 = 0$, $x_2 = 0$, $y_1 = 60$ und $y_2 = 60$. Alle zu optimierenden Parameter wurden dabei also auf null, die Schlupfvariablen auf die Werte der rechten Seiten gesetzt. Da das Gleichungssystem aus drei Gleichungen und fünf unbekannten Größen besteht, sind aber auch andere Lösung möglich (das Gleichungssystem ist unterbestimmt). Im Prinzip geht es nun darum, solange systematisch nach verbesserten Lösungen des Gleichungssystems zu suchen, bis sich ein maximaler Wert für Z ergibt. Der Ansatz dazu ist im Grunde einfach. Zunächst wird die partielle Ableitung der Zielfunktion nach allen ihren Variablen (außer Z) gebildet:

(15a) $$\frac{\partial(10x_1 + 12x_2 + (-Z))}{\partial x_1} = 10$$

(15b) $$\frac{\partial(10x_1 + 12x_2 + (-Z))}{\partial x_2} = 12$$

Im Beispiel steigt die Zielfunktion bei Erhöhung von x_2 am stärksten an. Die Variable x_2 wird also im nächsten Schritt erhöht. Allerdings sind die Nebenbedingungen zu beachten. Der originären Darstellung des Optimierungsproblem ersieht man, dass maximal $x_2 = 20$ gewählt werden kann. Der weitere Lösungsweg soll allerdings konsequent auf Basis des reduzierten Gleichungssystems erläutert werden, also ohne Rückgriff auf die originäre Darstellung. Die systematische Lösung auf Basis des reduzierten Gleichungssystems erhält man durch einen zielgerichteten Austausch von NBV gegen BV. Im Ausgangszustand waren x_1 und x_2 NBV. Mit Hilfe der partiellen Ableitungen der Zielfunktion konnte x_2 als „einzutauschende" NBV bestimmt werden; sie tritt also im nächsten Schritt in die Basis ein (d.h. sie wird zur BV). Nach der Bestimmung der neu eintretenden BV muss entsprechend die austretende BV ermittelt werden. Dazu seien die Gleichungen (14) betrachtet. Würde man in (14a) $y_1 = 0$ setzen, würde $x_2 = 30$. Setzt man dagegen in (14b) $y_2 = 0$, so ist $x_2 = 20$. Dieser kleinere Wert zeigt an, dass die zu (14b) gehörende Nebenbedingung eher ausgeschöpft wird als die zu (14a) gehörende (was konsistent zur originären Darstellung des Optimierungsproblems ist). Die Schlupfvariable y_2 wird daher als austretende BV gewählt. Eintretende und austretende BV werden also wie folgt bestimmt:

- Eintretende BV: Bilde die partiellen Ableitungen der Zielfunktion nach den in ihr enthaltenen (Nichtbasis-) Variablen und wähle diejenige mit der größten positiven partiellen Ableitung, da bezüglich dieser Variablen der Zielfunktionswert am stärksten ansteigt.

- Austretende BV: Betrachte alle Gleichungen der Nebenbedingungen und bilde für jede Gleichung den Quotienten aus rechter Seite und Koeffizienten der neu eintretenden Variablen (im Beispiel sind diese Quotienten $60/2 = 30$ für (14a) und $60/3 = 20$ für (14b)). Diejenige Gleichung, in welcher der kleinste (positive) Quotient auftritt, repräsentiert diejenige Nebenbedingung, die zuerst ausgeschöpft wird. Wähle dessen Schlupfvariable als austretende BV.

Da nun $y_2 = 0$ gesetzt wird, nimmt x_2 den Wert 20 an (vgl. (14b)). Die Lösungen für die NBV waren aus den Gleichungen (13) und (14) leicht ersichtlich, da jede Gleichung nur eine NBV enthielt. Nachdem jetzt $x_2 = 20$ und $y_2 = 0$ sind, ist dies nicht mehr der Fall (nun sind x_1 und y_2 NBV). Daher müssen die Gleichungen umgeformt werden, um wieder ein Gleichungssystem zu erhalten, in welchem jede Gleichung nur eine NBV besitzt. Zunächst kann (14b) nach x_2 aufgelöst werden:

$$(16) \quad x_2 = 20 - \frac{2}{3}x_1 - \frac{1}{3}y_2$$

Die Gleichung (16) eingesetzt in (13) und (14a) ergibt schließlich:

(17) $10x_1+12\left[20-\frac{2}{3}x_1-\frac{1}{3}y_2\right]+(-Z)=0 \Leftrightarrow 2x_1-4y_2+(-Z)=-240$

(18) $3x_1+2\left[20-\frac{2}{3}x_1-\frac{1}{3}y_2\right]+y_1=60 \Leftrightarrow \frac{5}{3}x_1+y_1-\frac{2}{3}y_2=20$

Nach dem ersten Schritt besitzt das reduzierte Gleichungssystem die in (19) und (20) dargestellte Form.[167]

(19) $2x_1-4y_2+(-Z)=-240$

(20a) $\frac{5}{3}x_1+y_1-\frac{2}{3}y_2=20$

(20b) $\frac{2}{3}x_1+x_2+\frac{1}{3}y_2=20$

Die NBV sind x_1 und y_2; BV sind $(-Z) = -240$, $x_2 = 20$ und $y_1 = 20$. Die oben beschriebene Vorgehensweise wird nun wiederholt. Die partiellen Ableitungen der Zielfunktion nach den in ihr enthaltenen NBV ergeben:

(21a) $\frac{\partial(2x_1-4y_2+(-Z))}{\partial x_1}=2$

(21b) $\frac{\partial(2x_1-4y_2+(-Z))}{\partial y_2}=-4$

Damit steht x_1 als eintretende BV fest. Als austretende BV wird y_1 bestimmt (Quotient von (20a): $(20 \cdot 3)/5 = 12$; Quotient von (20b): $(20 \cdot 3)/2 = 30$). Löst man nun (20a) nach x_1 auf, ergibt sich (22). Die Gleichung (22) wird dann jeweils in (19) und (20b) eingesetzt, womit man (23) und (24) erhält.

(22) $\frac{5}{3}x_1+y_1-\frac{2}{3}y_2=20 \Leftrightarrow x_1=12-\frac{3}{5}y_1+\frac{2}{5}y_2$

(23) $2\left[12-\frac{3}{5}y_1+\frac{2}{5}y_2\right]-4y_2+(-Z)=-240 \Leftrightarrow -\frac{6}{5}y_1-\frac{16}{5}y_2+(-Z)=-264$

(24) $\frac{2}{3}\left[12-\frac{3}{5}y_1+\frac{2}{5}y_2\right]+x_2+\frac{1}{3}y_2=20 \Leftrightarrow -\frac{2}{5}y_1+x_2+\frac{3}{5}y_2=12$

167 (20b) resultiert aus der Umstellung von (16).

Zusammenfassend besitzt das reduzierte Gleichungssystem nun die Form nach (25) und (26).

$$(25) \quad -\frac{6}{5}y_1 - \frac{16}{5}y_2 + (-Z) = -264$$

$$(26a) \quad x_1 + \frac{3}{5}y_1 - \frac{2}{5}y_2 = 12$$

$$(26b) \quad x_2 - \frac{2}{5}y_1 + \frac{3}{5}y_2 = 12$$

Die NBV sind nun y_1 und y_2. Die Werte der BV sind aus (25) und (26) leicht ersichtlich: $(-Z) = -264$, $x_1 = 12$ und $x_2 = 12$. Die partiellen Ableitungen der Zielfunktion (25) nach den in ihr enthaltenen NBV sind nun alle negativ, d.h. eine weitere Verbesserung kann nicht mehr erreicht werden. Die optimale Lösung wurde gefunden. Der Zielfunktionswert beträgt also $Z = 264$, die optimalen Fertigungsmengen $x_1 = 12$ und $x_2 = 12$.

Mit diesem am Beispiel erläuterten Vorgehen kann im Prinzip jedes lineare Optimierungsproblem der hier vorausgesetzten Form gelöst werden. Allerdings ist dieses Verfahren sehr aufwändig und für die Lösung realer Optimierungsprobleme nicht praktikabel. Jedoch kann man das beschriebene Verfahren sehr elegant und einfach umsetzen, wenn man eine modifizierte Darstellungsform des reduzierten Gleichungssystems benutzt. Dazu wird es in eine „Tabellenform" (auch *Tableau* genannt) gebracht, wie es Tab.10.2.-1. anhand des Beispiels (vgl. Gleichungen (13) und (14)) zeigt.

Gleichung	x_1	x_2	y_1	y_2	(-Z)	RS	BV
(13)	10	12	0	0	1	0	(-Z)
(14a)	3	2	1	0	0	60	y_1
(14b)	2	3	0	1	0	60	y_2

Tab. 10.2.-1.: Tabellenform des Beispiels

In den Zeilen der Tabelle werden die Gleichungen des reduzierten Gleichungssystems (Zielfunktion und Nebenbedingungen) nacheinander abgetragen (zweite bis vierte Zeile). In der Kopfzeile stehen in den einzelnen Spalten die Bezeichnungen der Variablen (zweite bis sechste Spalte), RS für „rechte Seite" des Gleichungssystems (siebte Spalte) und BV für Basisvariable (achte Spalte). Entsprechend der Bezeichnungen der Spalten enthalten sie die Koeffizienten der jeweiligen Variablen bzw. die Werte der rechten Seite. In der Spalte BV wird nachrichtlich die Basisvariable der jeweiligen Gleichung verzeichnet. Diese Spalte ist zwar überflüssig, da die Basisvariable einer Gleichung an demjenigen Koeffizienten mit dem Wert 1 erkennbar ist, sie erleichtert aber die Übersicht. Ein Vergleich der Tab. 10.2.-1.

mit dem reduzierten Gleichungssystem nach (13) und (14) zeigt, dass beide Darstellungen leicht ineinander überführt werden können.

Die oben beschriebenen Operationen zur Transformation des reduzierten Gleichungssystems zwecks Bestimmung der Optimallösung lassen sich in ähnlicher Weise auf die Tabellenform anwenden. Die in die Basis eintretende Variable ist aus der Zeile mit der Zielfunktion unmittelbar ersichtlich (vgl. zweite Zeile der Tab. 10.2.-1.; die Koeffizienten dieser Zeile stellen zugleich die partiellen Ableitungen der Zielfunktion nach den jeweiligen NBV dar). Hier ist diejenige Variable mit dem höchsten positiven Koeffizienten zu wählen (im Beispiel der Tab. 10.2.-1. ist dies die Spalte der Variablen x_2). Die betreffende Spalte der Tabelle wird als *Pivotspalte* bezeichnet. Im nächsten Schritt werden die rechten Seiten aller Gleichungen der Nebenbedingungen durch die jeweiligen (positiven) Koeffizienten der Pivotspalte dividiert (in Tab. 10.2.-1.: 60/2 = 30 für (14a) und 60/3 = 20 für (14b)). Auch in dieser Darstellungsform zeigt der kleinste Quotient an, welche Nebenbedingung zuerst ausgeschöpft wird. Dies ist bei (14b) der Fall, weshalb die Variable y_2 aus der Basis austritt. Die betreffende Zeile der Tabelle wird *Pivotzeile* genannt.

Nach der Bestimmung der ein- und austretenden Variablen müssen die Gleichungen des reduzierten Gleichungssystems wie oben beschrieben umgeformt werden. Mit Hilfe der Tabellenform ist dies sehr einfach möglich. Dazu wird im ersten Schritt die Pivotzeile durch den Wert des Pivotelements (Koeffizient im Schnittpunkt von Pivotzeile und Pivotspalte; im Beispiel der Wert 3) dividiert. Die Pivotzeile

(14b)	2	3	0	1	0	60	y_2

wird damit zur *transformierten Pivotzeile*:[168]

(14b)	$\frac{2}{3}$	1	0	$\frac{1}{3}$	0	20	x_2

Nach der Umrechnung der Pivotzeile sind die übrigen Zeilen der Tabelle zu bearbeiten. Dazu wird zunächst die bereits transformierte Pivotzeile mit dem Negativen des Koeffizienten der Pivotspalte der gerade betrachteten Zeile multipliziert. Danach wird die mit diesem Faktor multiplizierte, transformierte Pivotzeile zur gerade betrachteten Zeile hinzuaddiert. Diese Umrechnung lässt sich an der dritten Zeile der Tabelle, welche für die Nebenbedingung (14a) steht, illustrieren. In der Pivotspalte dieser Zeile steht der Wert 2, d.h. der gesuchte Multiplikator ist (-2). Die mit diesem Faktor multiplizierte transformierte Pivotzeile ergibt als Zwischenergebnis:

168 Man beachte den Austausch der Basisvariablen, d.h. es tritt nun x_2 für y_2 ein.

	$-\frac{4}{3}$	-2	0	$-\frac{2}{3}$	0	-40	

Addiert man nun dieses Zwischenergebnis zur dritten Zeile der Tab. 10.2.-1. hinzu (welche für die Nebenbedingung (14a) steht), erhält man:

(14a)	$\frac{5}{3}$	0	1	$-\frac{2}{3}$	0	20	y_1

In derselben Weise wird die zweite Zeile der Tab. 10.2.-1. umgerechnet, welche die Zielfunktion repräsentiert. Der gesuchte Multiplikator für die transformierte Pivotspalte lautet hier (-12). Man erhält als Zwischenergebnis:

	-8	-12	0	-4	0	-240	

Die Addition zur zweiten Zeile der Tab. 10.2.-1. ergibt dann:

(13)	2	0	0	-4	1	-240	(-Z)

Die umgerechnete Pivotzeile und alle anderen transformierten Zeilen der Tab. 10.2.-1. ergeben zusammen die Tab. 10.2.-2., welche das reduzierte Gleichungssystem nach dem ersten vollzogenen Austauschschritt repräsentiert.

Gleichung	x_1	x_2	y_1	y_2	(-Z)	RS	BV
(19)	2	0	0	-4	1	-240	(-Z)
(20a)	$\frac{5}{3}$	0	1	$-\frac{2}{3}$	0	20	y_1
(20b)	$\frac{2}{3}$	1	0	$\frac{1}{3}$	0	20	x_2

Tab. 10.2.-2.: Tabellenform des Beispiels nach dem ersten Austauschschritt

Die Tab. 10.2.-2. entspricht der Darstellung des reduzierten Gleichungssystems nach (19) und (20). Der nächste Austauschschritt vollzieht sich in derselben Weise. Zunächst wird die Spalte mit der Variablen x_1 als Pivotspalte bestimmt. Zur Bestimmung der Pivotzeile werden die Quotienten 20/(5/3) = 12 (für die dritte Zeile, welche die Nebenbedingung nach (20a) repräsentiert) bzw. 20/(2/3) = 30 (für die vierte Zeile; Nebenbedingung (20b)) gebildet. Damit stellt die dritte Zeile die Pivotzeile im zweiten Austauschschritt dar, entsprechend verlässt die Variable y_1 die Basis. Das Pivotelement besitzt den Wert (5/3). Es ergibt sich als transformierte Pivotzeile:

(20a)	1	0	$\frac{3}{5}$	$-\frac{2}{5}$	0	12	x_1

Zur Umrechnung der vierten Zeile (Nebenbedingung (20b)) wird der Multiplikator für die transformierte Pivotzeile mit (-2/3) bestimmt. Man erhält als Zwischenergebnis:

	$-\frac{2}{3}$	0	$-\frac{2}{5}$	$\frac{4}{15}$	0	-8	

Addiert man dieses Zwischenergebnis zur vierten Zeile der Tab. 10.2.-2. folgt:

(20b)	0	1	$-\frac{2}{5}$	$\frac{3}{5}$	0	12	x_2

Um die zweite Zeile (Zielfunktion nach (19)) umzurechnen, muss der Multiplikator (-2) benutzt werden. Die mit diesem Faktor multiplizierte transformierte Pivotzeile ergibt als Zwischenergebnis:

	-2	0	$-\frac{6}{5}$	$\frac{4}{5}$	0	-24	

Die Addition mit der zweiten Zeile der Tab. 10.2.-2. ergibt dann:

(19)	0	0	$-\frac{6}{5}$	$-\frac{16}{5}$	1	-264	(-Z)

Die Tab. 10.2.-3. stellt nun zusammenfassend das reduzierte Gleichungssystem nach dem zweiten Austauschschritt dar.

Gleichung	x_1	x_2	y_1	y_2	(-Z)	RS	BV
(25)	0	0	$-\frac{6}{5}$	$-\frac{16}{5}$	1	-264	(-Z)
(26a)	1	0	$\frac{3}{5}$	$-\frac{2}{5}$	0	12	x_1
(26b)	0	1	$-\frac{2}{5}$	$\frac{3}{5}$	0	12	x_2

Tab. 10.2.-3.: Tabellenform des Beispiels nach dem zweiten Austauschschritt

Ein Vergleich der Gleichungen (25) und (26) zeigt die Übereinstimmung beider Darstellungsformen. Der Vorteil der Tabellenform liegt jedoch in der leichteren Transformierbarkeit. Durch relativ einfache, schematisch anzuwendende Operationen auf die Tabelle lässt sich die Optimallösung zielgerichtet auffinden. Dabei handelt es sich im Kern um die oben beschriebenen Umformungen des reduzierten Gleichungssystems. Jene sind allerdings sehr zeitaufwändig und fehlerträchtig. Dagegen kann die systematische Transformation der Tabellenform leicht mit Hilfe eines Computerprogramms realisiert werden, was dann auch die Lösung sehr umfangreicher linearer Optimierungsprobleme erlaubt. Die folgenden Darstellungen benutzen daher nur noch die Tabellenform.

10.3. Die allgemeine Lösung des linearen Optimierungsproblems

In Kap. 10.2. wurde zunächst vereinfachend ein lineares Optimierungsproblem der Form nach (1), (2) und (3) vorausgesetzt.

(1) $Z = f(\theta_1,...,\theta_n) = \varphi_0 + \sum_{i=1}^{n} \varphi_i \theta_i \to \max!$

(2) $\theta_i \geq 0$ Nichtnegativitätsbedingung für alle $i = 1, ..., n$ Parameter

(3) $\sum_{i=1}^{n} \gamma_{ij} \theta_i \leq b_j$ $j = 1, ..., m_1$ Nebenbedingungen; mit $b_j \geq 0$

mit γ_{ij}: Koeffizient
b_j: beliebiger Wert für die j-te Nebenbedingung

Diese Voraussetzungen stellen sicher, dass $\theta_i = 0$ für alle $i = 1, ..., n$ eine zulässige Ausgangslösung darstellt, von der aus die systematische Suche nach der Optimallösung starten kann. Im Allgemeinen sind aber auch weitere Nebenbedingungen der Form nach (4) und (5) erlaubt:

(4) $\sum_{i=1}^{n} \gamma_{ij} \theta_i \geq b_j$ $j = m_1+1, ..., m_1+m_2$ Nebenbedingungen; mit $b_j \geq 0$

(5) $\sum_{i=1}^{n} \gamma_{ij} \theta_i = b_j$ $j = m_1+m_2+1, ..., m_1+m_2+m_3$ Nebenbedingungen; mit $b_j \geq 0$

In diesem Fall wird $\theta_i = 0$ für alle $i = 1, ..., n$ im Allgemeinen *keine* zulässige Ausgangslösung sein. Die Auswirkungen von Nebenbedingungen der Form nach (4) oder (5) lassen sich anhand des Beispiels aus Kap. 10.2. veranschaulichen. Die Gleichungen (6), (7) und (8) stellen dabei jenes Beispiel noch einmal dar, wobei die Nebenbedingung nach (9) neu aufgenommen wird.

(6) $Z = 10\,x_1 + 12\,x_2 \to \max!$

(7) $x_1 \geq 0,\ x_2 \geq 0$

(8a) $3x_1 + 2x_2 \leq 60$ Nebenbedingung I

(8b) $2x_1 + 3x_2 \leq 60$ Nebenbedingung II

(9) $x_1 + x_2 \geq 10$ Nebenbedingung III

Die Abb. 10.3.-1. illustriert die Bedeutung der Nebenbedingung nach (9). Die zulässigen Lösungen bezüglich dieser Nebenbedingung liegen alle auf oder rechts oberhalb der mit „Nebenbedingung III" bezeichneten Geraden. Nimmt man gleichzeitig die Nebenbedingungen nach (8) hinzu, so wird gegenüber der Variante des Beispiels nach Kap. 10.2. die Menge der zulässigen Lösungen weiter eingeschränkt. Insbesondere ist die Ausgangslösung des Kap. 10.2. mit ($x_1 = 0$, $x_2 = 0$) nicht mehr zulässig.

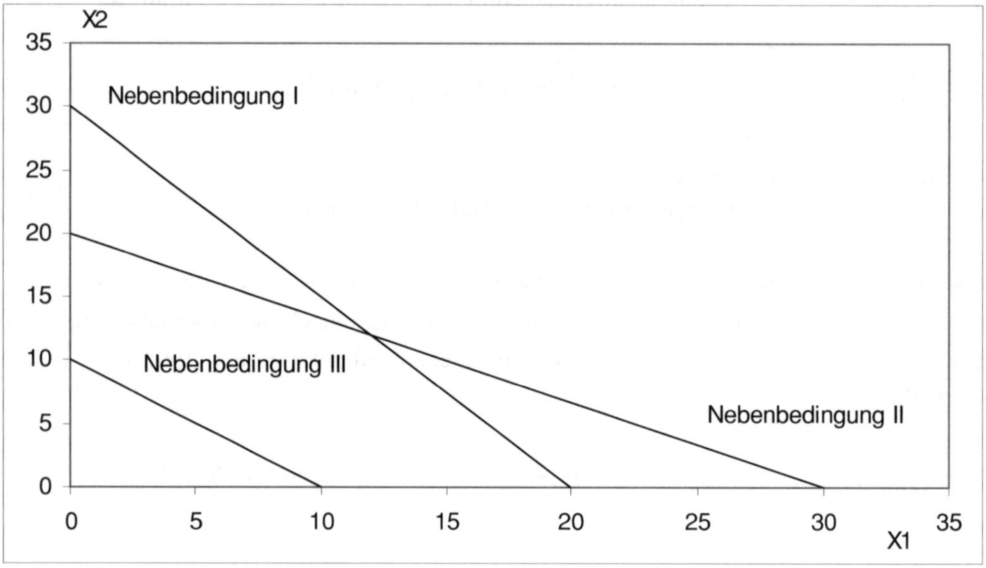

Abb. 10.3.-1.: Das Beispiel mit drei Nebenbedingungen

Das Beispiel soll nun noch um eine weitere Nebenbedingung nach (10) ergänzt werden. Damit enthält das Beispiel alle Typen von denkbaren Nebenbedingungen eines linearen Optimierungsproblems. Die Abb. 10.3.-2. illustriert die Bedeutung dieser neuen zusätzlichen Nebenbedingung.

(10) $2x_1 - x_2 = 0$ Nebenbedingung IV

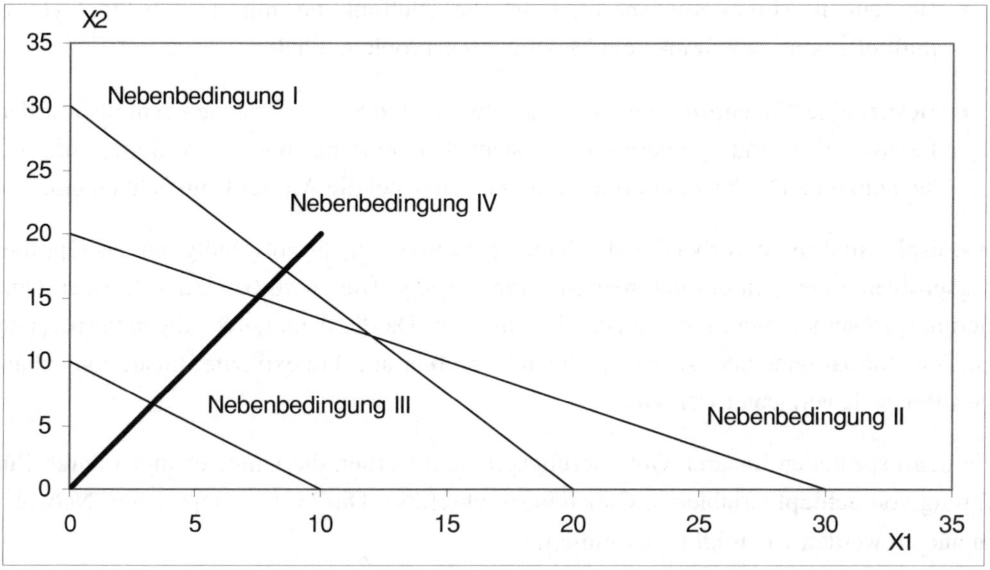

Abb. 10.3.-2.: Das Beispiel mit vier Nebenbedingungen

Nach Nebenbedingung (10) liegen alle zulässigen Lösungen *auf* der fett eingezeichneten Geraden, die in Abb. 10.3.-2. mit „Nebenbedingung IV" bezeichnet ist. Werden zusätzlich die Nebenbedingungen nach (8) und (9) mit herangezogen, so reduziert sich die Menge der zulässigen Lösungen weiter. Sie besteht nun nur noch aus dem Streckenzug der Geraden „Nebenbedingung IV" zwischen den Schnittpunkten mit den Geraden „Nebenbedingung III" und „Nebenbedingung II". Auch hier ist die Ausgangslösung des Kap. 10.2. mit ($x_1 = 0$, $x_2 = 0$) nicht mehr zulässig. Als optimale Lösung ergibt sich aus der Grafik ($x_1 = 7.5$, $x_2 = 15$).

Die Lösung des allgemeinen linearen Optimierungsproblems verläuft in zwei Phasen (*Zweiphasenmethode*): In der vorgelagerten zweiten Phase wird ein lineares Optimierungsproblem der hier unterstellten allgemeinen Form schrittweise in eine Startlösung transformiert, welche dann mit dem Lösungsverfahren der in Kap. 10.2. vorausgesetzten speziellen Form weiter bearbeitet werden kann. Konnte eine derartige Startlösung erreicht werden, vollzieht sich die weitere Lösung wie in Kap. 10.2. dargestellt (erste Phase). Die dazu notwendigen Verfahrensschritte sollen im Folgenden kurz skizziert und an dem Beispiel erläutert werden.

Zunächst wird ein allgemeines lineares Optimierungsproblem der Form nach (1) bis (5) unterstellt. Sofern es sich bei einem konkreten Optimierungsproblem um ein Minimierungsproblem handelt und/oder die rechten Seiten der Nebenbedingungen negativ sind, müssen einige vorbereitende Transformationen unternommen werden:

- Bei einem Minimierungsproblem ist die Zielfunktion mit dem Faktor (-1) zu multiplizieren, womit man ein Maximierungsproblem erhält.
- Besitzt eine Nebenbedingung eine negative rechte Seite, so ist sie ebenfalls mit dem Faktor (-1) zu multiplizieren. Es entsteht dann eine positive rechte Seite. Sofern es sich um eine Ungleichung handelt, dreht sich dabei die Art der Ungleichheit um.

Im Beispiel sind diese vorbereitenden Transformationen nicht notwendig, da das Optimierungsproblem bereits in der geforderten Form vorliegt. Dies wird bei realen linearen Optimierungsproblemen nicht automatisch der Fall sein. Da die dann notwendigen vorbereitenden Transformationen aber sehr einfach sind, soll hier auf ihre explizite Illustration anhand eines Beispiels verzichtet werden.

Wie beim speziellen linearen Optimierungsproblem werden die Ungleichungen durch Einführung von Schlupfvariablen in Gleichungen überführt. Die $j = 1, ..., m_1+m_2+m_3$ Nebenbedingungen werden wie folgt transformiert:

(11) $\sum_{i=1}^{n} \gamma_{ij} \theta_i \leq b_j$ $\quad j = 1, ..., m_1$ Nebenbedingungen

werden zu: $\sum_{i=1}^{n} \gamma_{ij} \theta_i + y_j = b_j$

(12) $\sum_{i=1}^{n} \gamma_{ij} \theta_i \geq b_j$ $\quad j = m_1+1, ..., m_1+m_2$ Nebenbedingungen

werden zu: $\sum_{i=1}^{n} \gamma_{ij} \theta_i - y_j = b_j$

(13) $\sum_{i=1}^{n} \gamma_{ij} \theta_i = b_j$ $\quad j = m_1+m_2+1, ..., m_1+m_2+m_3$ Nebenbedingungen

werden zu: $\sum_{i=1}^{n} \gamma_{ij} \theta_i + 0\, y_j = b_j$

Die Addition einer (nicht negativen) Schlupfvariablen y_j bei (11) zur Beseitigung einer „Kleiner-Gleich“ Nebenbedingung ist aus Kap. 10.2. bekannt. Die Schlupfvariable y_j beschreibt dabei inhaltlich, in welchem Ausmaß die betreffende Nebenbedingung noch nicht ausgeschöpft wurde. Handelt es sich um eine „Größer-Gleich“ Nebenbedingung, so muss die (nicht negative) Schlupfvariable y_j auf der linken Seite subtrahiert werden. Dies ist aus (12) formal leicht nachvollziehbar. Inhaltlich drückt eine derartige Schlupfvariable aus, wie groß der Abstand zu einer nach unten begrenzenden Schranke ist. Die Einführung einer

Schlupfvariablen y_j in eine Gleichung nach (13) ist eigentlich unnötig, da hier ja gar kein „Schlupf" vorhanden ist. Das später zu beschreibende Verfahren lässt sich jedoch besonders einfach und „mechanistisch" anwenden (was für die Umsetzung in ein Computerprogramm besonders hilfreich ist), wenn in jede Nebenbedingung eine Schlupfvariable eingeführt wird. Im Falle einer Gleichung wird diese mit dem Faktor null versehen. Sie existiert hier also nur formal, nicht aber faktisch.

Im Beispiel werden damit aus den Nebenbedingungen nach (8) und (9), die dort als Ungleichungen ausgedrückt sind, und aus der Nebenbedingung nach (10) nun die folgenden Gleichungen nach (14), (15) und (16):

(14a) $3x_1 + 2x_2 + y_1 = 60$ Nebenbedingung I

(14b) $2x_1 + 3x_2 + y_2 = 60$ Nebenbedingung II

(15) $x_1 + x_2 - y_3 = 10$ Nebenbedingung III

(16) $2x_1 - x_2 + 0\,y_4 = 0$ Nebenbedingung IV

Dieser gerade beschriebene Transformationsschritt und der dahinter stehende Sinn ist von der Lösung der speziellen Form eines linearen Optimierungsproblems her bekannt. In der vorgelagerten zweiten Phase sind jedoch noch einige weitere Transformationsschritte notwendig, die nachfolgend beschrieben werden. Dabei ist der Sinn und Zweck dieser folgenden Schritte nicht unmittelbar erkennbar. Beides wird eigentlich erst deutlich, wenn alle Transformationsschritte und das Lösungsverfahren vollständig beschrieben sowie an einem Beispiel veranschaulicht wurden. Die nächsten Transformationsschritte, das Lösungsverfahren und die Veranschaulichung anhand des Beispiels werden daher bewusst ohne nähere Begründung vorgestellt. Erst danach wird kurz die Vorgehensweise begründet.

Im nächsten Schritt werden die Gleichungen um künstliche Hilfsvariablen z_j erweitert. Diese werden bei den Gleichungen der Nebenbedingungen eingefügt, welche originär aus Gleichungen oder „Größer-Gleich" Ungleichungen entstanden sind. Abweichend zu den üblichen Darstellungen in der Literatur wird hier ferner vorgeschlagen, auch in alle anderen Gleichungen (also in die Gleichungen, die aus „Kleiner-Gleich" Nebenbedingungen abgeleitet worden sind) künstliche Hilfsvariablen z_j mit dem Faktor 0 einzufügen. Dies „bläht" zwar die Darstellung unnötig auf, erleichtert aber später die rein „mechanische" Abarbeitung des Lösungsverfahrens. Die $j = 1, ..., m_1+m_2+m_3$ Nebenbedingungen in der Form nach (11), (12) und (13) werden also wie folgt transformiert:

(17) $\sum_{i=1}^{n} \gamma_{ij}\theta_i + y_j = b_j$ $j = 1, ..., m_1$ Nebenbedingungen

werden zu: $\sum_{i=1}^{n} \gamma_{ij}\theta_i + y_j + 0\, z_j = b_j$

(18) $\sum_{i=1}^{n} \gamma_{ij}\theta_i - y_j = b_j$ $j = m_1+1, ..., m_1+m_2$ Nebenbedingungen

werden zu: $\sum_{i=1}^{n} \gamma_{ij}\theta_i - y_j + z_j = b_j$

(19) $\sum_{i=1}^{n} \gamma_{ij}\theta_i + 0\, y_j = b_j$ $j = m_1+m_2+1, ..., m_1+m_2+m_3$ Nebenbedingungen

werden zu: $\sum_{i=1}^{n} \gamma_{ij}\theta_i + 0\, y_j + z_j = b_j$

Im Beispiel sind also (15) und (16) um derartige künstliche Hilfsvariablen z_j zu ergänzen (die Gleichung der Nebenbedingung (15) ist aus einer „Größer-Gleich" Nebenbedingung, die Gleichung (16) aus einer Gleichung abgeleitet worden). In (14) werden dagegen nur formale künstliche Hilfsvariablen eingefügt, da diese aus „Kleiner-Gleich" Nebenbedingungen abgeleitet wurden. Im Beispiel wird damit die Darstellung der Nebenbedingungen nach (14), (15) und (16) in die endgültige Form nach (20), (21) und (22) gebracht.

(20a) $3x_1 + 2x_2 + y_1 + 0\, z_1 = 60$ Nebenbedingung I
(20b) $2x_1 + 3x_2 + y_2 + 0\, z_2 = 60$ Nebenbedingung II

(21) $x_1 + x_2 - y_3 + z_3 = 10$ Nebenbedingung III

(22) $2x_1 - x_2 + 0\, y_4 + z_4 = 0$ Nebenbedingung IV

Ebenso wie für die Schlupfvariablen die Forderung $y_j \geq 0$ gilt, wird auch bezüglich der künstlichen Hilfsvariablen $z_j \geq 0$ gefordert. Für die vorgelagerte zweite Phase des Optimierungsprozesses wird zusätzlich eine Hilfszielfunktion Z^* nach (23) konstruiert, die in dieser Phase die originäre Zielfunktion ersetzt.

(23) $-Z^* = \sum_{j=1}^{m} -z_i \rightarrow \max!$

mit $m = m_1+m_2+m_3$

Soweit die Gleichungen, welche die Nebenbedingungen repräsentieren, auch „formale" künstliche Hilfsvariablen z_j mit dem Faktor 0 enthalten, gehen sie natürlich auch mit diesem Faktor 0 in die Hilfszielfunktion Z^* ein. Im Beispiel lautet die Hilfszielfunktion also:

(24) $-Z^* = -0\,z_1 - 0\,z_2 - z_3 - z_4 \rightarrow \max!$

Während der vorgelagerten zweiten Phase wird die originäre Zielfunktion temporär wie eine Nebenbedingung behandelt. Im Beispiel würde die originäre Zielfunktion nach (6) in Form einer „Nebenbedingung" nach (25) zu den Nebenbedingungen nach (20), (21) und (22) hinzutreten.

(25) $10\,x_1 + 12\,x_2 + (-Z) = 0$

Nun kann das vorliegende Gleichungssystem, bestehend aus Hilfszielfunktion, Nebenbedingungen und originärer Zielfunktion (welche wie eine Nebenbedingung behandelt wird), in Tabellenform überführt werden. Dabei sind alle „faktischen" künstlichen Hilfsvariablen z_j automatisch Basisvariablen (die „formalen" künstlichen Hilfsvariablen mit Faktor 0 stellen nur Platzhalter dar und dienen später der algorithmischen Vereinfachung des Lösungsverfahrens). Außerdem sind alle Schlupfvariablen y_j mit dem Faktor (+1) Basisvariablen. Anhand der oben beschriebenen Transformationsregeln (vgl. z.B. (17) bis (19)) kann man sich leicht überzeugen, dass es genau so viele Nebenbedingungen gibt, wie die Anzahl aller faktischen künstlichen Hilfsvariablen z_j und Schlupfvariablen y_j mit dem Faktor (+1). Für das Beispiel resultiert nun die in Tab. 10.3.-1 dargestellte Tabellenform. Aus Platzgründen wurden dabei die Spalten für die Variablen Z^* und (-Z) weggelassen, da sich deren Einträge während des Optimierungsprozesses nicht ändern (in Kap. 10.2. ist dies z.B. stets an den Einträgen der Spalte (-Z) ersichtlich).

	x_1	x_2	y_1	y_2	y_3	y_4	z_1	z_2	z_3	z_4	RS	BV
(24)	0	0	0	0	0	0	0	0	-1	-1	0	Z^*
(20a)	3	2	1	0	0	0	0	0	0	0	60	y_1
(20b)	2	3	0	1	0	0	0	0	0	0	60	y_2
(21)	1	1	0	0	-1	0	0	0	1	0	10	z_3
(22)	2	-1	0	0	0	0	0	0	0	1	0	z_4
(25)	10	12	0	0	0	0	0	0	0	0	0	(-Z)

Tab. 10.3.-1.: Tabellenform des Beispiels

Die Tab. 10.3.-1. ist jedoch im Ausgangszustand noch keine „gültige" Tabellenform. Betrachtet man nämlich die Darstellungen des reduzierten Gleichungssystems in Tabellenform aus Kap. 10.2., so enthält dort die zu optimierende Zielfunktion ausschließlich NBV, während hier die Hilfszielfunktion von den beiden BV z_3 und z_4 abhängig ist. Diese unzulässige Abhängigkeit der Hilfszielfunktion von BV lässt sich aber einfach beseitigen. Dazu muss jede Zeile, in der eine künstliche Hilfsvariable z_j mit dem Faktor (+1) versehen ist, zu der Zeile der Hilfszielfunktion addiert werden. Im Beispiel der Tab. 10.3.-1. sind dies die fünfte und sechste Zeile, die nacheinander zur zweite Zeile addiert werden. Es ergibt sich Tab. 10.3.-2., die eine „zulässige" Tabellenform darstellt.

	x_1	x_2	y_1	y_2	y_3	y_4	z_1	z_2	z_3	z_4	RS	BV
(24)	3	0	0	0	-1	0	0	0	0	0	10	Z^*
(20a)	3	2	1	0	0	0	0	0	0	0	60	y_1
(20b)	2	3	0	1	0	0	0	0	0	0	60	y_2
(21)	1	1	0	0	-1	0	0	0	1	0	10	z_3
(22)	2	-1	0	0	0	0	0	0	0	1	0	z_4
(25)	10	12	0	0	0	0	0	0	0	0	0	$(-Z)$

Tab. 10.3.-2.: Tabellenform des Beispiels nach Herstellung einer zulässigen Ausgangsdarstellung

Nun wird der in Kap. 10.2. beschriebene Lösungsalgorithmus durchgeführt, bis alle künstlichen Hilfsvariablen z_j die Basis verlassen haben. Die folgenden Tabellen (siehe dort die Spalte „BV") zeigen die dazu notwendigen Schritte für das Beispiel.

	x_1	x_2	y_1	y_2	y_3	y_4	z_1	z_2	z_3	z_4	RS	BV
(24)	0	1.5	0	0	-1	0	0	0	0	-1.5	10	Z^*
(20a)	0	3.5	1	0	0	0	0	0	0	-1.5	60	y_1
(20b)	0	4	0	1	0	0	0	0	0	-1	60	y_2
(21)	0	1.5	0	0	-1	0	0	0	1	-0.5	10	z_3
(22)	1	-0.5	0	0	0	0	0	0	0	0.5	0	x_1
(25)	0	17	0	0	0	0	0	0	0	-5	0	$(-Z)$

Tab. 10.3.-3.: Tabellenform des Beispiels nach dem ersten Austausch einer künstlichen Hilfsvariablen

	x_1	x_2	y_1	y_2	y_3	y_4	z_1	z_2	z_3	z_4	RS	BV
(24)	0.00	0.00	0.00	0.00	0.00	0.00	0.00	0.00	-1.00	-1.00	0.00	Z^*
(20a)	0.00	0.00	1.00	0.00	2.33	0.00	0.00	0.00	-2.33	-0.33	36.67	y_1
(20b)	0.00	0.00	0.00	1.00	2.67	0.00	0.00	0.00	-2.67	0.33	33.33	y_2
(21)	0.00	1.00	0.00	0.00	-0.67	0.00	0.00	0.00	0.67	-0.33	6.67	x_2
(22)	1.00	0.00	0.00	0.00	-0.33	0.00	0.00	0.00	0.33	0.33	3.33	x_1
(25)	0.00	0.00	0.00	0.00	11.33	0.00	0.00	0.00	-11.33	0.67	-113.33	$(-Z)$

Tab. 10.3.-4.: Tabellenform des Beispiels nach dem zweiten Austausch einer künstlichen Hilfsvariablen

Nach zwei Umrechnungsschritten der Tabellenform sind alle künstlichen Hilfsvariablen z_j aus der Basis entfernt worden (siehe die Spalte „BV" in Tab. 10.3.-4.). Als NBV besitzen sie nun alle den Wert null. Auch die temporäre Hilfszielfunktion Z^* hat den Wert null. Die Tabellenform nach Tab. 10.3.-4. repräsentiert nun ein reduziertes Gleichungssystem, wie es auch bei der Lösung der speziellen Form eines linearen Optimierungsproblem in Kap. 10.2. benutzt wurde, denn die temporäre Hilfszielfunktion Z^* und die künstlichen Hilfsvariablen z_j sind jetzt faktisch nicht mehr existent (sie besitzen ja alle den Wert null). Sie können also, ohne Änderungen am Gleichungssystem zu bewirken, entfernt werden. Die Tab. 10.3.-4. reduziert sich durch Streichung der temporären Hilfszielfunktion Z^* und der künstlichen Hilfsvariablen z_j zu der in Tab. 10.3.-5. dargestellten Form. Die originäre Zielfunktion Z, die bisher wie eine Nebenbedingung behandelt wurde, ersetzt nun die temporäre Hilfszielfunktion Z^*.

	x_1	x_2	y_1	y_2	y_3	y_4	RS	BV
(25)	0.00	0.00	0.00	0.00	11.33	0.00	-113.33	$(-Z)$
(20a)	0.00	0.00	1.00	0.00	2.33	0.00	36.67	y_1
(20b)	0.00	0.00	0.00	1.00	2.67	0.00	33.33	y_2
(21)	0.00	1.00	0.00	0.00	-0.67	0.00	6.67	x_2
(22)	1.00	0.00	0.00	0.00	-0.33	0.00	3.33	x_1

Tab. 10.3.-5.: Tabellenform des Beispiels nach Streichen aller künstlichen Hilfsvariablen und temporärer Hilfszielfunktion

Damit ist die vorgelagerte zweite Phase abgeschlossen. Die Tab. 10.3.-5. repräsentiert nun die Darstellung des Beispiel in Form eines reduzierten Gleichungssystem, wie es in Kap. 10.2. benutzt wurde. Gleichzeitig stellt dieser Zustand eine zulässige Startlösung dar. Diese Startlösung braucht nun nur noch mit der in Kap. 10.2. vorgestellten Prozedur in bekannter Weise weiter bearbeitet zu werden, bis die optimale Lösung gefunden wird. Die Tab. 10.3.-6. zeigt den Zustand des reduzierten Gleichungssystems nach dem dritten (und letzten) Umrechnungsschritt.

	x_1	x_2	y_1	y_2	y_3	y_4	RS	BV
(25)	0.00	0.00	0.00	-4.25	0.00	0.00	-255.00	$(-Z)$
(20a)	0.00	0.00	1.00	-0.88	0.00	0.00	7.50	y_1
(20b)	0.00	0.00	0.00	0.38	1.00	0.00	12.50	y_3
(21)	0.00	1.00	0.00	0.25	0.00	0.00	15.00	x_2
(22)	1.00	0.00	0.00	0.13	0.00	0.00	7.50	x_1

Tab. 10.3.-6.: Tabellenform des Beispiels nach dem dritten (und letzten) Umrechnungsschritt

Die Koeffizienten der NBV in der Zielfunktion sind jetzt alle null oder negativ. Die bisher gefundene Lösung kann also nicht weiter verbessert werden, womit das Verfahren beendet ist. Die optimale Lösung ist aus Tab. 10.3.-6. unmittelbar ersichtlich. Es sind $Z = 255$, $x_1 = 7.5$ und $x_2 = 15$.

Das Verfahren der zweiten Phase wurde bisher ohne nähere Begründung vorgestellt. Nach dessen Veranschaulichung anhand eines einfachen Beispiel ist der Sinn der beschriebenen Vorgehensweise erkennbar. Wird die spezielle Form eines linearen Optimierungsproblems wie in Kap. 10.2. vorausgesetzt, stellt $\theta_1 = 0$, $\theta_2 = 0$ usw. eine zulässige Startlösung dar. Alle Nebenbedingungen werden dadurch erfüllt, indem die (nicht negativen) Schlupfvariablen y_j bei der Startlösung die Werte der rechten Seiten der „Kleiner-Gleich" Nebenbedingungen aufnehmen. Sobald aber die allgemeine Form zugelassen wird, ist $\theta_1 = 0$, $\theta_2 = 0$ usw. im Allgemeinen keine zulässige Startlösung. Dabei sind im Regelfall Verletzungen der Nebenbedingungen nach (26) und (27) zu erwarten.

(26) $\sum_{i=1}^{n} \gamma_{ij} \theta_i \geq b_j \qquad j = m_1+1, \ldots, m_1+m_2$ Nebenbedingungen; mit $b_j \geq 0$

(27) $\sum_{i=1}^{n} \gamma_{ij} \theta_i = b_j \qquad j = m_1+m_2+1, \ldots, m_1+m_2+m_3$ Nebenbedingungen; mit $b_j \geq 0$

Auch in der transformierten Form der Nebenbedingung (26) wird durch Einführung einer Schlupfvariablen y_j (vgl. (28)) die Verletzung bei der Startlösung $\theta_1 = 0$, $\theta_2 = 0$ usw. nicht beseitigt. Wegen der Forderung $y_j \geq 0$ kann die Schlupfvariable in (28) nicht die (positive) rechte Seite aufnehmen und so eine Erfüllung der Nebenbedingung herbeiführen. Daher wird der „Kunstgriff" angewandt, in (28) eine weitere künstliche Hilfsvariable z_j mit der Eigenschaft $z_j \geq 0$ einzufügen (vgl. (29)).

(28) $\sum_{i=1}^{n} \gamma_{ij} \theta_i - y_j = b_j \qquad j = m_1+1, \ldots, m_1+m_2$ Nebenbedingungen; mit $b_j \geq 0$

(29) $\sum_{i=1}^{n} \gamma_{ij} \theta_i - y_j + z_j = b_j \qquad j = m_1+1, \ldots, m_1+m_2$ Nebenbedingungen; mit $b_j \geq 0$

Werden bei der Startlösung alle $\theta_i = 0$ und Schlupfvariablen y_j der Nebenbedingungen nach (28) auf null gesetzt, so kann jetzt die rechte Seite der Gleichung durch die künstliche Variable z_j aufgenommen werden. Derselbe „Kunstgriff" lässt sich ebenso auf Nebenbedingungen der Form nach (27) anwenden. Erweitert man (27) durch Einführung einer (nicht negativen) künstlichen Hilfsvariablen z_j, erhält man (30).

(30) $\sum_{i=1}^{n} \gamma_{ij} \theta_i + z_j = b_j \qquad j = m_1+m_2+1, \ldots, m_1+m_2+m_3$ Nebenbedingungen; mit $b_j \geq 0$

Werden bei der Startlösung alle $\theta_i = 0$ gesetzt, so können jetzt die künstlichen Hilfsvariablen z_j die rechte Seite einer Nebenbedingung nach (30) aufnehmen und damit dessen Erfüllung bei dieser Startlösung herstellen. Die künstlichen Hilfsvariablen z_j dienen also letztlich dazu, die Zulässigkeit der Startlösung $\theta_i = 0$ für alle $i = 1, ..., n$ wieder herzustellen (wobei in der Startlösung ebenfalls alle Schlupfvariablen y_j, die aus „Größer-Gleich" Nebenbedingungen resultieren, ebenfalls $y_j = 0$ für alle $j = m_1+1, ..., m_1+m_2$ gesetzt werden[169]). Jede künstliche Hilfsvariable z_j kann nun als das Ausmaß interpretiert werden, in welchem die Startlösung $\theta_i = 0$ für alle $i = 1, ..., n$ die betreffende Nebenbedingung verletzt. Die Summe aller künstlichen Hilfsvariablen z_j stellt entsprechend das gesamte Ausmaß der Verletzung aller Nebenbedingungen durch die Startlösung dar. Da aber die Nebenbedingungen zwingend eingehalten werden müssen, ist zunächst das Ausmaß ihrer Verletzung zu minimieren. Vor der eigentlichen Optimierung der originären Zielfunktion müssen also erst die Verletzungen abgebaut werden, d.h. das Optimierungsproblem lautet zunächst:

(31a) $Z^* = \sum_{j=1}^{m} z_j \rightarrow \min!$ oder äquivalent (31b) $-Z^* = -\sum_{j=1}^{m} z_j \rightarrow \max!$

Wegen $z_j \geq 0$ liegt das Minimum der Hilfszielfunktion Z^* (vgl. (31a)) bei null bzw. folgt aus $Z^* = 0$ auch $z_j = 0$ für alle $j = 1, ..., m$. Durch Multiplikation der Hilfszielfunktion Z^* mit dem Faktor (-1) wird das Minimierungsproblem wieder in ein Maximierungsproblem umgewandelt. Nach diesen Transformationsschritten liegt damit wieder ein lineares Optimierungsproblem vor, welches der Art nach der Startlösung der in Kap. 10.2. vorausgesetzten speziellen Form entspricht. Natürlich ist es unmittelbar naheliegend, das dort beschriebene Lösungsverfahren jetzt unverändert auf dieses Optimierungsproblem anzuwenden, bei dem zunächst das Ausmaß der Verletzungen der Nebenbedingungen minimiert werden muss.

Sobald eine Lösung mit $Z^* = 0$ gefunden wurde, sind auch alle künstlichen Hilfsvariablen $z_j = 0$. Sie können dann schadlos aus dem Gleichungssystem wieder entfernt werden, da jetzt alle Nebenbedingungen ohne Verletzung eingehalten werden. Gleichzeitig wurde eine zulässige Startlösung ohne Verwendung künstlicher Hilfsvariablen erzielt. Ab diesem Punkt liegt das originäre lineare Optimierungsproblem in einer Form vor, wie sie bei der speziellen Form benutzt wurde. Die Lösung des originären Optimierungsproblems kann also wie in Kap. 10.2. beschrieben fortgeführt werden.

Im Zuge einer linearen Optimierung können verschiedene Sonderfälle auftreten, die hier nur kurz erwähnt werden sollen. Zunächst kann es vorkommen, dass es in der vorgelagerten zweiten Phase nicht gelingt, alle künstlichen Hilfsvariablen z_j zu entfernen. In diesem Fall

169 Dies ist der „einfachste" Startwert für y_j und erlaubt gleichzeitig, dass die künstliche Hilfsvariable z_j den Wert der rechten Seiten der j-ten Nebenbedingung aufnehmen kann.

gilt für mindestens eine künstliche Hilfsvariable $z_j > 0$ (und somit $Z^* > 0$). Das Ausmaß der Verletzungen der Nebenbedingungen kann in einem derartigen Fall nicht auf null reduziert werden, was die Nichtexistenz einer zulässigen Lösung anzeigt. Die Nebenbedingungen des linearen Optimierungsproblems sind dann nicht konsistent.

Eine unbeschränkte Lösung liegt vor, wenn der Lösungsraum durch die Nebenbedingungen nicht geschlossen wird, sondern bezüglich einer oder mehrerer zu optimierender Parameter „offen" ist. Sie nehmen bei der Optimallösung beliebig große Werte an. Dieser Sonderfall wird daran erkannt, dass in der Pivotspalte kein positiver Koeffizient auftritt.

Sofern keiner der beiden genannten Sonderfälle in Verlauf des Optimierungsprozesses auftritt, endet das Lösungsverfahren, sobald kein Zielfunktionskoeffizient der NBV mehr positiv ist. Sind alle Zielfunktionskoeffizienten der NBV negativ, so liegt eine eindeutige Optimallösung vor. Ist einer der Zielfunktionskoeffizienten jedoch genau null, besteht eine mehrdeutige Optimallösung. Grafisch interpretiert bedeutet dies, dass die Zielfunktion und ein Segment der begrenzenden Nebenbedingungen parallel verlaufen, also alle Lösungen auf diesem Segment optimal sind.

10.4. Beispielhafte Implementation des Lösungsverfahrens

Arbeitshinweise: Nachfolgend wird eine beispielhafte Implementation des Simplexverfahrens in *Visual Basic for Applications für Microsoft Excel* (97 und 2000) vorgestellt, welche die bisherigen Betrachtungen vertieft und Ansätze zu einer praktischen Umsetzung aufzeigt. Sofern allerdings kein Interesse an Fragen der konkreten Implementation besteht, kann dieses Kapitel auch ohne Folgen für das weitere Verständnis ausgelassen werden.

Für diejenigen Leser, welche sich nicht mit dem Implementationsteil beschäftigen möchten, wird schon an dieser Stelle auf das Kap. 10.7. (und Kap. 12.5.) hingewiesen. Dort wird gezeigt, wie sich die Fallstudien dieses Buchteils auch mit Hilfe der Tabellenkalkulation Excel von Microsoft ohne Kenntnisse einer Programmiersprache lösen lassen.

Die Darstellungen zu den beispielhaften Implementationen in Kap. 10.4. und Kap. 11. versuchen dabei, das Ausmaß an vorausgesetzten Kenntnissen in *Visual Basic for Applications* und Programmiererfahrung so gering wie möglich zu halten, sodass ein Lernen am Beispiel möglich ist. Speziell für Leser mit gar keinen (oder nur sehr geringen) Kenntnissen in *Visual Basic for Applications* und ohne Programmiererfahrung sei folgender Hinweis gegeben: Die programmtechnische Umsetzung des Simplexverfahrens ist nicht ganz einfach und eher weniger geeignet, um sich erstmalig Grundlagen in *Visual Basic for Applications* anzueignen und erste Programmiererfahrungen zu sammeln. Für den ersten Einstieg sind die beispielhaften Implementationen des Kap. 11. sehr viel besser geeignet, da die dort programmtechnisch umzusetzenden Verfahren sehr einfach beginnen und einen langsam ansteigenden Schwierigkeitsgrad aufweisen. Dort lässt sich ein Lernen am Beispiel didaktisch weitaus einfacher realisieren. Dieser Lesergruppe wird daher empfohlen, das folgende Kap. 10.4. zunächst nur oberflächlich zu bearbeiten und sich einen ersten Eindruck zu verschaffen. Die eigentlich intensive Auseinandersetzung mit den beispielhaften Implementationen sollte erst anhand der Darstellungen in Kap. 11. erfolgen. Nach Abschluss des Kap. 11. sollte dann auch diese Lesergruppe problemlos in der Lage sein, die beispielhafte Implementation des Simplexverfahrens nachzuvollziehen.

Anders als in den anderen beiden Teilen dieses Buches lässt sich die konkrete Arbeitsweise der zu behandelnden Verfahren nicht durch wenige einfache Rechenschritte illustrieren. Ein tiefer gehendes Verständnis erfordert hier eine beispielhafte Implementation in Form eines einfachen Computerprogramms, dem man dann „bei der Arbeit“ zuschauen kann. Soweit es nur um ein grundlegendes Verständnis geht, können die Abschnitte zur konkreten Implementation stets ausgelassen werden. Die verbale Beschreibung der Algorithmen ist dafür ausreichend. Soweit aber ein etwas weiter gehender Einblick gewünscht ist, stellen die Betrachtungen zur Implementation eine Ergänzung zu den eher „theoretisch“ gehaltenen Darstellungen dar.

Die Auswahl der zur Implementation benutzen Programmiersprache ist im Prinzip unkritisch. Die beschriebenen Algorithmen lassen sich problemlos in jeder höheren Programmiersprache wie z.B. C, C++, Pascal, Fortran usw. mehr oder weniger direkt umsetzen. Hier wurde die Programmiersprache *Visual Basic for Applications (VBA) für Excel 97* (im Folgenden nur kurz als VBA97 bezeichnet) ausgewählt.[170] Bei dieser Wahl stand die Zielsetzung im Vordergrund, möglichst vielen Lesern das eigenständige Nacharbeiten der Beispiele zu ermöglichen.[171]

Für Leser mit versierten Programmierkenntnissen in VBA97 (oder einer anderen Sprache) sind noch die folgenden Vorbemerkungen wichtig: Bei den beispielhaften Implementatio-

170 Mit der neuen Version von Microsoft Office 2000 liegt eine inzwischen weiterentwickelte Version in Form von *Visual Basic for Applications (VBA) für Excel 2000* vor. Sie stand allerdings für die Programmentwicklung in der ersten Auflage noch nicht zur Verfügung, bei der die meisten der nachfolgend vorzustellenden Programme entwickelt wurden. Diese neue Version ist jedoch abwärtskompatibel zu VBA97. Sie bietet zwar viele Erweiterungen, die aber hier nicht benötig werden und insofern irrelevant sind. Faktisch wird somit die Version VBA97 zu Grunde gelegt, obwohl sämtliche nachfolgenden Programme genauso mit Excel 2000 funktionieren.

171 Vermutlich wird nur ein kleiner Leserkreis Kenntnisse in C oder C++ besitzen und über eine entsprechende Entwicklungsumgebung verfügen, auch wenn letztere teilweise frei verfügbar sind (z.B. der bekannte GNU C++ Compiler). Der Umgang mit einer Tabellenkalkulation, wie z.B. *Microsoft Excel* (im Folgenden nur kurz „Excel“), gehört dagegen mittlerweile schon fast zur „Standardausbildung“ für Studium und Beruf. Insofern ist anzunehmen, dass ein deutlich größerer Leserkreis mit einer Tabellenkalkulation vertrauter als z.B. mit C oder C++ ist. Auch spricht deren hoher Verbreitungsgrad für diese Wahl. Die Tabellenkalkulation Excel beinhaltet eine integrierte Programmiersprache, das hier benutzte *Visual Basic for Applications*. Diese ist für die Implementation der Beispiele völlig ausreichend. Ferner ist VBA97 sehr einfach in der Syntax und damit leicht „lesbar“. Auch wenn der eine oder andere interessierte Leser bisher noch nicht mit VBA97 gearbeitet hat, ist das Verständnis, die Umsetzung und das eigenständige Nacharbeiten der folgenden Implementationen nicht schwierig. Eine Umsetzung der folgenden, beispielhaften Implementationen in eine andere, manchem Leser vielleicht sehr viel vertrautere Programmiersprache (z.B. C oder C++) sollte problemlos möglich sein.

nen soll bewusst so wenig an Kenntnissen wie möglich in VBA97 vorausgesetzt werden. Die Implementationen sollen sich ferner so weit wie möglich an den theoretischen Darstellungen und speziellen Beispielen orientieren. Dies hat im Wesentlichen zwei Konsequenzen. Wichtige „Tugenden" der sauberen Programmierung (z.B. explizite Deklaration des Typs von Variablen, sorgfältige Differenzierung zwischen *call by value* und *call by reference* bei der Übergabe von Parametern an eine Funktion oder Prozedur,[172] Prüfung von Fehlerbedingungen usw.) wurden vernachlässigt, um den Programmcode auf die reine Funktionalität des Algorithmus reduzieren zu können. Da ferner die Implementationen eng an den vorgestellten Beispielen orientiert sind, müssen sie für die Verwendung in *eigenen* Visual Basic Programmen noch angepasst werden. Die folgenden Implementationen sind sehr wohl als Basis für eigene Makros oder Programme geeignet. Jedoch ist dann vorher unbedingt die Stabilität des Programmcodes zu erhöhen (durch explizite Typendeklaration, verbesserte Parameterübergabe, Prüfung von Fehlerbedingungen usw.). Außerdem sind Anpassungen an die eigene Aufgabenstellung vorzunehmen, was allerdings keine großen Probleme bereiten sollte.

Für Leser, die wenig Erfahrung mit Programmiersprachen allgemein besitzen, findet sich im Anhang A.3. eine kleine, explizite Einführung in Visual Basic.

Bei dem Simplexverfahren sind, soweit es ausschließlich den reinen Verfahrensweg angeht, lediglich geschickte Manipulationen einer Tabelle vorzunehmen. Insofern eignet sich gerade eine Tabellenkalkulation mit Programmiermöglichkeit besonders, um (i) das Ausgangsproblem in Form einer geeigneten Tabelle darzustellen, (ii) die Zwischenergebnisse und schließlich (iii) das Endergebnis übersichtlich tabellarisch aufbereitet anzuzeigen. Die Abb. 10.4.-1. zeigt das bisherige Beispiel. In den Zeilen 4 und 5 werden die Dimensionen definiert (also die Anzahl der zu optimierenden Parameter und der Nebenbedingungen), in den Zeilen 7 bis 12 findet sich die Ausgangsdarstellung und in den Zeilen 16 bis 21 die Lösung des linearen Optimierungsproblems.

---

172 Beim *call by value* wird beim Aufruf einer Funktion/Prozedur der Parameter als Kopie übergeben. Werden dann innerhalb der *aufgerufenen* Funktion/Prozedur Änderungen an dessen Wert vorgenommen, besitzen diese Änderungen nur Gültigkeit innerhalb der *aufgerufenen* Funktion/Prozedur. Der Wert des Parameters innerhalb der *aufrufenden* Funktion/Prozedur ändert sich dadurch nicht. Anders verhält es sich beim *call by reference*. Hier wird beim Aufruf einer Funktion/Prozedur der Parameter als Referenz auf die entsprechende Variable innerhalb der *aufrufenden* Funktion/Prozedur übergeben. Kommt es nun zu Änderungen am Wert des übergebenen Parameters innerhalb der *aufgerufenen* Funktion/Prozedur, führt dies direkt zur selben Änderung am Wert der per Referenz übergebenen Variablen innerhalb der *aufrufenden* Funktion/Prozedur. Hier und im Folgenden werden alle Parameter stets per *call by reference* übergeben. Bei den beispielhaften Implementationen dieses Buchteils spielt aber diese Unterscheidung keine wesentliche Rolle, weshalb hierauf auch nicht näher eingegangen werden soll.

Lineare Optimierung2

	A	B	C	D	E	F	G	H	I
1	Tabelle für lineare Optimierung								
2									
3	Dimensionen								
4	Variablen:		2						
5	Nebenbedingungen:		4						
6									
7		Variable	X1	X2	RS	Typ			
8	Zielfunktion		10	12	0	MAX			
9	NB	1	3	2	60	<=			
10		2	2	3	60	<=			
11		3	1	1	10	>=			
12		4	2	-1	0	=			
13									
14									
15									
16			X1	X2	Y1	Y2	Y3	Y4	RS
17		(-Z)	0.00	0.00	0.00	-4.25	0.00	0.00	-255.00
18		Y1	0.00	0.00	1.00	-0.88	0.00	0.00	7.50
19		Y3	0.00	0.00	0.00	0.38	1.00	0.00	12.50
20		X2	0.00	1.00	0.00	0.25	0.00	0.00	15.00
21		X1	1.00	0.00	0.00	0.13	0.00	0.00	7.50
22									

Tabelle1 / Tabelle2 / Tabelle3

Abb. 10.4.-1.: Das Beispiel als Excel-Tabelle

Um die besonderen Darstellungsmöglichkeiten von Excel zu nutzen, sind umfangreiche Programmoperationen notwendig. Diese dienen aber allein der komfortablen Anzeige der Daten und Ergebnisse, haben jedoch nichts mit dem Simplexverfahren an sich zu tun. Im Folgenden wird daher bewusst eine stark vereinfachte Programmvariante vorgestellt, die sich ausschließlich auf den Algorithmus konzentriert. Auf der Homepage[173] der Verfasser findet sich aber eine erweiterte Variante, welche die darstellungstechnischen Möglichkeiten nutzt.

Ausgangspunkt eines linearen Optimierungsproblems ist zunächst die Definition des Optimierungsansatzes, und zwar in Form der Zielfunktion und der Nebenbedingungen. So zeigt beispielsweise Abb. 10.4.-1. wie eine mögliche Definition des bisherigen Optimierungsbeispiels aussehen könnte (vgl. Zeilen 7 bis 12 der Excel-Tabelle). Dort wird eine Matrix benutzt, die in der ersten Zeile die Zielfunktion und in den folgenden Zeilen die Nebenbedingungen enthält. In den Spalten werden die zugehörigen Koeffizienten der zu optimierenden Parameter abgetragen. Die letzte Spalte der Matrix enthält die Werte der jeweiligen rechten Seiten. Um eine flexible Definition eines Optimierungsproblems zu erlauben, sind einige weitere Angaben zum Typ des Optimierungsproblems und der Nebenbedingungen hilfreich. Beispielsweise enthält die Excel-Tabelle in Abb. 10.4.-1. in der Spalte F unter der Überschrift „Typ" diese Angaben in Bezug auf das bisherige Optimierungsbeispiel. Dort handelt es sich um ein Maximierungsproblem, die ersten beiden Nebenbedingungen sind vom Typ „Kleiner-Gleich", die dritte vom Typ „Größer-Gleich" und die vierte Nebenbedingung ist eine exakte Gleichheit (vgl. Spalte F in Abb. 10.4.-1., Zeilen 8 bis 12). Ein

173 http://www.fiwi.uni-bremen.de

Vergleich des Optimierungsbeispiels aus Kap. 10.3. mit der Darstellung in Abb. 10.4.-1. zeigt, wie es in Form einer Koeffizientenmatrix (Zeile 8 bis 12, Spalte C bis E) und eines Typenvektors (Spalte F, Zeilen 8 bis 12) repräsentiert werden kann.

Diese Art der Repräsentation wird auch bei der vereinfachten Variante eines linearen Optimierungsprogramms benutzt. Die Prozedur *datenEinlesen* enthält die Definition des Optimierungsbeispiels in Form einer Koeffizientenmatrix und Typenvektors. Sie wird in den folgenden Codezeilen 1 bis 34 dargestellt. Die Nummerierung der Codezeilen ist in Visual Basic selbst nicht vorhanden. Sie wurde hier nachträglich im Text hinzugefügt, um den Programmcode besser kommentieren zu können.

```
 1  Sub datenEinlesen(anzVar, anzNB, inmatrix(), typNB())
 2
 3      ' Dimension der Matrizen definieren
 4      anzVar = 2
 5      anzNB = 4
 6
 7      ' Inputmatrix und Typvektor anlegen
 8      ReDim inmatrix(0 To anzNB, 1 To anzVar + 1)
 9      ReDim typNB(1 To anzNB)
10
11      ' Zielfunktion definieren
12      inmatrix(0, 1) = 10#
13      inmatrix(0, 2) = 12#
14      inmatrix(0, 3) = 0#
15
16      ' Nebenbedingungen definieren
17      inmatrix(1, 1) = 3#
18      inmatrix(1, 2) = 2#
19      inmatrix(1, 3) = 60#
20      typNB(1) = 1
21      inmatrix(2, 1) = 2#
22      inmatrix(2, 2) = 3#
23      inmatrix(2, 3) = 60#
24      typNB(2) = 1
25      inmatrix(3, 1) = 1#
26      inmatrix(3, 2) = 1#
27      inmatrix(3, 3) = 10#
28      typNB(3) = -1
29      inmatrix(4, 1) = 2#
30      inmatrix(4, 2) = -1#
31      inmatrix(4, 3) = 0#
32      typNB(4) = 0
33
34  End Sub
```

Mit dem Schlüsselwort *Sub* wird in der Codezeile 1 eine Prozedur (eine Art „Programmabschnitt“) deklariert. Es folgt der Name der Prozedur (*datenEinlesen*) mit der Parameterliste in runden Klammern. Die Prozedur *datenEinlesen* legt ihre Ergebnisse in den Parametern *anzVar*, *anzNB*, *inmatrix* und *typNB* ab. Die Klammerzusätze bei den Parametern *inmatrix* und *typNB* zeigen an, dass es sich bei diesen Prozedurparametern um Felder (Vektoren,

Matrizen) handelt. Konkret liefert *datenEinlesen* als Ergebnis die Anzahl zu optimierender Parameter (*anzVar*), die Anzahl der Nebenbedingungen (*anzNB*), die gefüllte Inputmatrix der Koeffizienten (*inmatrix*) und den Typenvektor der Nebenbedingungen (*typNB*) zurück (vgl. Codezeile 1). Mit den Codezeilen 4 und 5 werden die Anzahl zu optimierender Parameter und der Nebenbedingungen auf die Werte des bisherigen Optimierungsbeispiels gesetzt. Der Hochstrich „ ' " in Codezeile 3 leitet eine Kommentarzeile ein (ebenso die Codezeilen 7, 11 und 16). Nachdem die Anzahl zu optimierender Parameter und Nebenbedingungen feststehen, wird mit Codezeile 8 die Größe der Inputmatrix der Koeffizienten (*inmatrix*) definiert. Dabei wird mit der Visual Basic Anweisung *ReDim* ein Feld (Vektor, Matrix) mit den im Klammern angegebenen Indices erzeugt. Die Inputmatrix *inmatrix* enthält *anzNB* plus 1 Zeilen (1 Zielfunktion und *anzNB* Nebenbedingungen), wobei die Zeilenindices von 0 bis *anzNB* laufen sollen. Die Zeile 0 der Inputmatrix nimmt die Koeffizienten der Zielfunktion auf, die folgenden Zeilen (1 bis *anzNB*) die Koeffizienten der Nebenbedingungen. Die Anzahl der Spalten beträgt *anzVar* plus 1, da die Werte der rechten Seiten der Nebenbedingungen auch in die Matrix mit aufgenommen werden sollen. Die Koeffizienten der Zielfunktion und der Nebenbedingungen sind dann in den Spalten 1 bis *anzVar* enthalten, die Werte der rechten Seite in der Spalte *anzVar* + 1. Bei dieser Art der Indizierung enthält der „Kern" der Inputmatrix mit den Zeilenindices von 1 bis anzNB und Spaltenindices von 1 bis *anzVar* die Koeffizienten der Nebenbedingungen, Zeile 0 die Koeffizienten der Zielfunktion und Spalte *anzNB* + 1 die Werte der rechten Seiten. Der Typenvektor der Nebenbedingungen enthält *anzNB* Elemente mit den Indices von 1 bis *anzNB*. Dabei wird später der Wert „1" eine „Kleiner-Gleich", der Wert „-1" eine „Größer-Gleich" und der Wert „0" eine „Gleich" Nebenbedingung bezeichnen.

Mit den Codezeilen 12 bis 14 werden nun die Koeffizienten der Zielfunktion auf die Werte des Beispiels gesetzt. Der Zusatz „#" am Ende einer Zahl zeigt an, dass es sich hier um eine Gleitkommazahl mit doppelter Präzision handelt. Entsprechend werden mit den Codezeilen 17 bis 32 die Koeffizienten der Nebenbedingungen auf die Werte des Beispiels gesetzt. Codezeile 34 beendet die Definition der Prozedur *datenEinlesen*. In der erweiterten Variante dieser beispielhaften Implementation dient die Prozedur *datenEinlesen* tatsächlich zum Einlesen der Problemdefinition aus dem Excel-Tabellenblatt, wie es in Abb. 10.4.-1. angedeutet wird. Überdies werden dort außerdem schon erste Transformationen vorgenommen, falls es sich z.B. bei der originären Problemdefinition um ein Minimierungsproblem handelt. Dazu sind jedoch aufwändigere Programmoperationen notwendig, die schnell den eigentlichen Kern der Implementation verdecken. Insofern ist die oben beschriebene vereinfachte Variante der Prozedur *datenEinlesen* anschaulicher, auch wenn hier tatsächlich keine Daten aus dem Excel-Tabellenblatt eingelesen, sondern nur manuell eingetragen werden.

Nach der Definition des Optimierungsproblems besteht der nächste, recht umfangreiche Schritt in der Aufstellung des Ausgangstableaus (Tabellenform des Optimierungsproblems zu Beginn der vorgelagerten zweiten Phase). Dazu dient in der beispielhaften Implementation die Prozedur *tableau1Erstellen*, die in den Codezeilen 35 bis 102 in voller Länge dargestellt ist. Sie wird unten abschnittsweise beschrieben.

```
35  Sub tableau1Erstellen(anzVar, anzNB, inmatrix(), typNB(), _
      tableau1(), basisvariable())
36
37      ' Tableau 1 erzeugen
38      ' Rechte Seite hat den Spaltenindex 0
39      ' Hilfs-Zielfunktion hat den Zeilenindex 0
40      ' Richtige Zielfunktion wird wie Nebenbedingung behandelt _
          und kommt zum Schluss
41      ReDim tableau1(0 To anzNB + 1, 0 To anzVar + 2 * anzNB)
42      ReDim basisvariable(1 To anzNB)
43
44      ' Nebenbedingungen in das Tableau1 eintragen
45      k = 1
46      For i = 1 To anzNB
47
48          'Rechte Seite eintragen
49          tableau1(i, 0) = inmatrix(i, anzVar + 1)
50
51          ' Koeffizienten der Variablen eintragen
52          For j = 1 To anzVar
53              tableau1(i, j) = inmatrix(i, j)
54          Next j
55
56          ' Schlupfvariablen y erzeugen
57          For j = 1 To anzNB
58              If i = j Then
59                  tableau1(i, anzVar + j) = typNB(j)
60                  If typNB(j) = 1 Then
61                      basisvariable(k) = anzVar + j
62                      k = k + 1
63                  End If
64              Else
65                  tableau1(i, anzVar + j) = 0
66              End If
67          Next j
68
69          ' Künstliche Variablen z erzeugen
70          For j = 1 To anzNB
71              If i = j Then
72                  If (typNB(j) = -1) Or (typNB(j) = 0) Then
73                      tableau1(i, anzVar + anzNB + j) = 1
74                      tableau1(0, anzVar + anzNB + j) = -1
75                      basisvariable(k) = anzVar + anzNB + j
76                      k = k + 1
77                  Else
78                      tableau1(i, anzVar + anzNB + j) = 0#
79                      tableau1(0, anzVar + anzNB + j) = 0#
80                  End If
81              Else
82                  tableau1(i, anzVar + anzNB + j) = 0#
83              End If
84          Next j
85      Next i
```

```
 86
 87      ' Originäre Zielfunktion eintragen, hier wie eine _
           Nebenbedingung
 88      tableau1(anzNB + 1, 0) = inmatrix(0, anzVar + 1)
 89      For i = 1 To anzVar + 2 * anzNB
 90          If i <= anzVar Then
 91              tableau1(anzNB + 1, i) = inmatrix(0, i)
 92          Else
 93              tableau1(anzNB + 1, i) = 0#
 94          End If
 95      Next i
 96
 97      ' Hilfs-Zielfunktion vervollständigen
 98      For i = 0 To anzVar + anzNB
 99          tableau1(0, i) = 0#
100      Next i
101
102  End Sub
```

Vor der näheren Kommentierung der Codezeilen ist hier (und für alle im Folgenden abgedruckten Auszüge der Implementationen) ein wichtiger „technischer" Hinweis notwendig. In VBA97 ist es notwendig (sofern nicht besonders gekennzeichnet), dass eine vollständige Programmanweisung auch eine *Programmzeile* einnimmt. Eine in sich geschlossene Programmanweisung darf sich also nicht über mehrere Zeilen erstrecken (soweit es nicht speziell gekennzeichnet wurde). Dies stellt im Allgemeinen kein Problem dar. Im Folgenden ist es aber bei etwas längeren Programmzeilen (oder Kommentarzeilen) drucktechnisch nicht mehr möglich, solche Programmanweisungen auch in einer Druckzeile vollständig unterzubringen, sondern es kommt zu (ungewollten) Zeilenumbrüchen (vgl. z.B. die Codezeilen 35, 40 oder 87). In der hier benutzten Darstellung wird die Möglichkeit von VBA97 zur expliziten Kennzeichnung einer fortgesetzten Programmzeile herangezogen. Eine fortgesetzte Programmzeile, die sich in der nächsten Druckzeile fortsetzt, wird durch das Zeichen „_" gekennzeichnet (vgl. Codezeile 35, 40 oder 87). Da es sich dann um eine fortgesetzte Programmzeile handelt, besitzen ihre nachfolgenden, zugehörigen Druckzeilen keine Codezeilennummer. Zwecks besserer Lesbarkeit werden die fortgesetzten Teile einer Programmanweisung (oder Kommentarzeile) außerdem eingerückt (vgl. Codezeilen 35, 40 oder 87).

Die Prozedur *tableau1Erstellen* besitzt als Eingabeparameter die Anzahl zu optimierender Parameter (Problemvariablen, *anzVar*), die Anzahl der Nebenbedingungen (*anzNB*), die Inputmatrix der Koeffizienten (*inmatrix*) und den Typenvektor der Nebenbedingungen (*typNB*). Als Ergebnis liefert sie das gefüllte Ausgangstableau (*tableau1*) und die Basisvariablen der Startlösung (*basisvariable*) zurück. Die Größe des Ausgangstableaus (*tableau1*) wird mit Codezeile 41 festgelegt. Es besitzt *anzNB* plus 2 Zeilen, wobei die Zeilenindices von 0 bis *anzNB* + 1 laufen. Die Zeile 0 des Ausgangstableaus wird später die Hilfszielfunktion aufnehmen, die Zeile *anzNB* + 1 dagegen die originäre Zielfunktion, welche zu Beginn noch wie eine gewöhnliche Nebenbedingung behandelt wird. Die Festlegung der

Spaltenanzahl ist durch die hier (abweichend von der Literatur) festgelegte Konvention, in jede Nebenbedingung eine Schlupf- und künstliche Hilfsvariable einzufügen, sehr einfach möglich. Es werden *anzVar* Spalten für die Koeffizienten der Problemvariablen, *anzNB* Spalten für die Schlupfvariablen und noch einmal *anzNB* Spalten für die künstlichen Hilfsvariablen benötigt. Zusätzlich ist eine Spalte für die Werte der rechten Seite notwendig. Die Spaltenindices laufen also von 0 bis $anzVar + 2 \cdot anzNB$, wobei die Werte der rechten Seite in der Spalte 0 eingetragen werden. Die Problemvariablen besitzen demnach die Spaltenindices von 1 bis *anzVar*, die Schlupfvariablen die Spaltenindices von $anzVar + 1$ bis $anzVar + anzNB$ und die künstlichen Hilfsvariablen die Spaltenindices von $anzVar + anzNB + 1$ bis $anzVar + 2 \cdot anzNB$. Der Typ einer Variablen (Problem-, Schlupf- oder künstliche Hilfsvariable) ist im Tableau also leicht anhand ihres Spaltenindexes feststellbar.

Bei dieser Indizierung besitzen die Problem-, Schlupf- und künstlichen Hilfsvariablen außerdem ihre „natürlichen" Indices, d.h. der Index einer Schlupf- oder künstlichen Hilfsvariablen bezeichnet zugleich die Nebenbedingung, zu der sie gehört (dabei ist natürlich zuvor der Versatz des Spaltenindexes abzuziehen, d.h. vom Index einer Schlupfvariablen ist *anzVar*, vom Index einer künstlichen Hilfsvariablen der Wert $anzVar + anzNB$ zu subtrahieren, um den die Nebenbedingung bezeichnenden Index zu erhalten). Das hier benutzte Verfahren, in jede Nebenbedingung Schlupf- und künstliche Hilfsvariablen einzufügen, auch wenn sie nicht benötigt und daher mit einem Koeffizienten von null versehen werden, führt zwar zu einer „Aufblähung" des Ausgangstableaus. Gleichzeitig gestaltet aber dieses Vorgehen dessen Behandlung durch das beispielhafte Programm sehr einfach. Der Vektor *basisvariable* (vgl. Codezeile 42) besitzt *anzNB* Elemente. Er dient der „Buchführung" der Variablen, die sich in der Basis befinden.

Mit den Codezeilen 45 bis 85 werden die Nebenbedingungen in das Ausgangstableau *tableau1* eingetragen. Dazu sind etwas komplexere Programmoperationen notwendig, die in Form einer Programmschleife nacheinander für jede einzelne Nebenbedingung abgearbeitet werden. Die dazu notwendige äußere Programmschleife beginnt mit den Codezeilen 45 und 46, Codezeile 85 schließt sie. Mit Codezeile 49 wird zuerst der Wert der rechten Seite einer Nebenbedingung in das Ausgangstableau *tableau1* auf der Spaltenposition 0 eingetragen. Die Codezeile 52 bis 54 dienen der anschließenden Übertragung der Koeffizienten einer Nebenbedingung aus der Inputmatrix *inmatrix* in das Ausgangstableau *tableau1*. Danach werden die Schlupfvariablen eingetragen. Jede Nebenbedingung hat genau eine Schlupfvariable. Soweit es dabei die i-te Nebenbedingung betrifft, sind also die Koeffizienten aller anderen Schlupfvariablen null. Nur die j-te Schlupfvariable mit $i = j$ (dies ist die zu einer Nebenbedingung zugehörige Schlupfvariable) kann einen von null verschiedenen Koeffizienten haben. Dieser ist im Ausgangszustand +1, wenn es sich bei der i-ten Nebenbedingung um eine „Kleiner-Gleich" Beziehung handelt. Er besitzt dagegen den Wert -1 im Falle einer „Größer-Gleich" Beziehung. Bei einer „Gleich" Beziehung ist die Schlupfvariable nur formal vorhanden, d.h. ihr Koeffizient ist dann auch null. In den Codezeilen 57 bis 67 werden diese Überlegungen umgesetzt. Bei der Festlegung des Werts des Koeffizienten der Schlupfvariablen (also wenn $i = j$) in Codezeile 59 lässt sich die Kennzeichnung des Nebenbedingungstyps (+1 für „Kleiner-Gleich", -1 für „Größer-Gleich", 0 für „Gleich") einfach übertragen. Handelt es sich um eine „Kleiner-Gleich" Beziehung, ist die betreffende Schlupfvariable zugleich Basisvariable der Startlösung (vgl. Codezeilen 60 bis 63).

Die Eintragung der künstlichen Hilfsvariablen in das Ausgangstableau mit den Codezeilen 70 bis 85 erfolgt auf Basis analoger Überlegungen. Auch hier sind die Koeffizienten aller künstlichen Hilfsvariablen der i-ten Nebenbedingung alle null bis auf den Koeffizienten der j-ten künstlichen Hilfsvariablen, sofern $i = j$ (vgl. Codezeile 71). In diesem Falle ist zu prüfen, ob es sich bei der betreffenden Nebenbedingung um eine „Größer-Gleich" oder „Gleich" Beziehung handelt. Ist dies der Fall, erhält der Koeffizient den Wert +1 (vgl. Codezeilen 72 und 73). Es muss dann aber außerdem der Wert -1 bei dem korrespondierenden Koeffizienten in der Hilfszielfunktion eingetragen werden (Codezeile 74). Schließlich ist die künstliche Hilfsvariable in diesem Falle ferner Basisvariable der Startlösung, was mit Codezeile 75 verzeichnet wird. Handelt es sich bei der betreffenden Nebenbedingung jedoch um eine „Kleiner-Gleich" Beziehung, sind die Koeffizienten in der Nebenbedingung und Hilfszielfunktion gleich null (vgl. Codezeile 78 und 79).

Die Codezeilen 88 bis 95 dienen im vorletzten Arbeitsschritt der Prozedur zum Eintragen der originären Zielfunktion in das Ausgangstableau *tableau1*. Dabei sind im Wesentlichen nur die rechte Seite und die Koeffizienten der Problemvariablen aus der Inputmatrix *inmatrix* zu übertragen. Die Koeffizienten der Schlupf- und künstlichen Hilfsvariablen sind null. Schließlich komplettieren die Codezeilen 98 bis 100 die Eintragungen der Koeffizienten in der Hilfszielfunktion, die bezüglich der Problemvariablen und Schlupfvariablen alle null sind (die Eintragungen der Koeffizienten bezüglich der künstlichen Hilfsvariablen sind bereits oben erfolgt). Codezeile 102 beendet die Definition der Prozedur zur Erstellung des Ausgangstableaus. Trotz der auf dem ersten Blick vielleicht „komplex" erscheinenden Programmoperationen findet hier nur eine direkte Umsetzung der Vorgehensweise statt, die man auch bei „manueller" Erstellung des Ausgangstableaus anwenden würde und die im Kap. 10.3. beschrieben ist.

Nach Beendigung der Prozedur *tableau1Erstellen* wird jedoch das Ausgangstableau bei Vorliegen von „Größer-Gleich" und „Gleich" Nebenbedingungen noch in „ungültiger" Form vorliegen, da die Koeffizienten der betreffenden künstlichen Hilfsvariablen in der Hilfszielfunktion den Wert -1 besitzen (die Hilfszielfunktion hängt noch von den Werten der Basisvariablen im Ausgangszustand ab). Um das Ausgangstableau in eine gültige Form zu überführen, sind (wie in Kap. 10.3. beschrieben) alle Zeilen der Nebenbedingungen mit einem Koeffizienten von eins bei deren künstlichen Hilfsvariablen zur Zeile der Zielfunktion zu addieren. Die Prozedur *erzeugeBasisloesung* realisiert diesen Arbeitsschritt.

```
103 Sub erzeugeBasisloesung(anzVar, anzNB, tableau1())
104
105     For j = anzVar + anzNB + 1 To anzVar + 2 * anzNB
106         i = j - anzVar - anzNB
107         If tableau1(i, j) = 1 Then
108             For k = 0 To anzVar + 2 * anzNB
109                 tableau1(0, k) = tableau1(0, k) + tableau1(i, k)
110             Next k
111         End If
112     Next j
113 End Sub
```

Sie arbeitet nacheinander alle Spalten des Ausgangstableaus *tableau1* ab, die künstliche Hilfsvariablen repräsentieren (vgl. Codezeile 105). Da in der *i*-ten Nebenbedingung nur der Koeffizient derjenigen künstlichen Variablen ungleich null sein kann, der ihr korrespondiert, muss auch nur dieser auf den Wert eins geprüft werden (vgl. Codezeilen 106 und 107). Ist diese Bedingung erfüllt, werden die Werte der betreffende Zeile des Ausgangstableaus zu der Zeile der Hilfszielfunktion addiert (vgl. Codezeilen 108 bis 110).

Die in den Codezeilen 114 bis 133 dargestellte Funktion *pivotSpalte* selektiert die Pivotspalte des Tableaus entsprechend dem in Kap. 10.2. beschriebenen Vorgehen. Sie benötigt als Eingabeparameter die Anzahl der Problemvariablen *anzVar*, der Nebenbedingungen *anzNB*, die Phase des Optimierungsprozesses *phase* und natürlich das aktuelle Tableau. Die ersten drei Parameter sind notwendig, um die genauen Dimensionen des aktuellen Tableaus bestimmen zu können.[174]

```
114 Function pivotSpalte(anzVar, anzNB, phase, tableau())
115
116     spalte = 0
117     maxKoeffizient = 0#
118     If phase = 2 Then
119         anzSpalten = anzVar + 2 * anzNB
120     Else
121         anzSpalten = anzVar + anzNB
122     End If
123
124     For i = 1 To anzSpalten
125         If tableau(0, i) > maxKoeffizient Then
126             spalte = i
127             maxKoeffizient = tableau(0, i)
128         End If
129     Next i
130
131     pivotSpalte = spalte
```

174 In *Visual Basic for Applications* ist es möglich, zur Laufzeit die genauen Dimensionen eines Vektors oder einer Matrix (allgemein: Feldes) abzufragen. Insofern ist die Übergabe dieser Parameter nicht unbedingt notwendig. Da dies aber in anderen Programmiersprachen nicht immer möglich ist, soll aus Gründen der besseren Übertragbarkeit dieses Programm in andere Programmiersprachen auf diese Möglichkeit verzichtet werden.

```
132
133  End Function
```

Nach der Initialisierung zweier Hilfsvariablen (vgl. Codezeile 116 und 117) wird zunächst die genaue Spaltenanzahl in Abhängigkeit von der Phase des Optimierungsprozesses (vgl. Codezeilen 118 bis 122) ermittelt. Mit den Codezeilen 124 bis 129 werden die Koeffizienten der (Hilfs-) Zielfunktion (die sich in der Zeile 0 des Tableaus befinden) durchlaufen und dabei der maximale Koeffizient (sofern größer null) bestimmt. Codezeile 131 liefert die Spalte mit dem maximalen Koeffizienten als Ergebnis der Funktion zurück. Waren jedoch alle Koeffizienten kleiner oder gleich null, so wird hier der Wert null als Ergebnis zurückgegeben.

Die in den Codezeilen 134 bis 156 dargestellte Funktion *pivotZeile* dient der Identifikation der Pivotzeile des aktuellen Tableaus, nachdem bereits zuvor die entsprechende Pivotspalte bestimmt wurde. Der Eingabeparameter *anzNB* gibt die Anzahl der Nebenbedingungen an. Der Eingabeparameter *tableau* stellt das aktuelle Tableau dar, *pSpalte* die bereits zuvor bestimmte Pivotspalte.

```
134  Function pivotZeile(anzNB, tableau(), pSpalte)
135
136      zeile = 0
137      minQuotient = 0#
138
139      For i = 1 To anzNB
140          If tableau(i, pSpalte) > 0 Then
141              quotient = tableau(i, 0) / tableau(i, pSpalte)
142              If zeile = 0 Then
143                  zeile = i
144                  minQuotient = quotient
145              Else
146                  If quotient < minQuotient Then
147                      zeile = i
148                      minQuotient = quotient
149                  End If
150              End If
151          End If
152      Next i
153
154      pivotZeile = zeile
155
156  End Function
```

Das Vorgehen zur Bestimmung der Pivotzeile ist bereits in Kap. 10.2. vorgestellt und begründet worden. Hier wird es nur programmtechnisch umgesetzt. Mit den Codezeilen 139 bis 152 werden die Zeilen des Tableaus durchlaufen. Für jede Zeile wird das Element der Pivotspalte geprüft, ob es größer null ist (vgl. Codezeile 140). Ist dies der Fall, wird der Quotient aus rechter Seite und dem Element gebildet. Sofern dieser Quotient kleiner als alle vorgehenden ist, wird dieses neue Minimum und dessen Position gespeichert (vgl. Codezeile 142 bis 151). Codezeile 154 liefert die Zeile mit dem minimalen Quotienten (also die

Zeilenposition des Pivotelements) zurück. Waren dagegen alle Koeffizienten der Pivotspalte kleiner oder gleich null, wird hier null als Ergebnis zurückgegeben.

Die Prozedur *tableauUmrechnen* (vgl. Codezeilen 157 bis 186) nimmt die Umrechnung des gesamten Tableaus vor, sobald Pivotspalte und Pivotzeile bestimmt wurden. Die Eingabeparameter *anzVar*, *anzNB* und *phase* dienen zur genauen Bestimmung der Dimensionen des Tableaus in Abhängigkeit von der Optimierungsphase. Die Parameter *tableau* und *basisvariable* enthalten das aktuelle Tableau mit den zugehörigen Basisvariablen. Mit *pZeile* und *pSpalte* wird schließlich die Position des Pivotelements im aktuellen Tableau beschrieben.

```
157  Sub tableauUmrechnen(anzVar, anzNB, phase, tableau(), _
      basisvariable(), pZeile, pSpalte)
158
159      If phase = 2 Then
160          anzZeilen = anzNB + 1
161          anzSpalten = anzVar + 2 * anzNB
162      Else
163          anzZeilen = anzNB
164          anzSpalten = anzVar + anzNB
165      End If
166
167      ' 1. Schritt: Umrechnen der Pivotzeile
168      pivotelement = tableau(pZeile, pSpalte)
169      For i = 0 To anzSpalten
170          tableau(pZeile, i) = tableau(pZeile, i) / pivotelement
171      Next i
172
173      ' 2. Schritt: Umrechnen der übrigen Zeilen
174      For i = 0 To anzZeilen
175          If i <> pZeile Then
176              faktor = -tableau(i, pSpalte)
177              For j = 0 To anzSpalten
178                  tableau(i, j) = tableau(i, j) + faktor * _
                      tableau(pZeile, j)
179              Next j
180          End If
181      Next i
182
183      ' Buchführung: Verzeichnen der neuen Basisvariablen
184      basisvariable(pZeile) = pSpalte
185
186  End Sub
```

Mit den Codezeilen 159 bis 165 wird zunächst die genaue Dimensionen des Tableaus berechnet. Danach erfolgt die Umrechnung der Pivotzeile (vgl. Codezeilen 168 bis 171), indem alle Elemente der Pivotzeile durch den Wert des Pivotelements dividiert werden. Die Codezeilen 174 bis 181 beschreiben dann die Umrechnung der übrigen Zeilen entsprechend dem in Kap. 10.2. vorgestellten Verfahren. Als Multiplikator *faktor* wird zunächst das Negative des Koeffizienten in der Pivotspalte der umzurechnenden Zeile ermittelt (vgl. Codezeile 176). Anschließend werden spaltenweise (vgl. Codezeilen 177 bis 179) die Elemente der Pivotzeile mit diesem *faktor* multipliziert und zum korrespondierenden Element der umzurechnenden Zeile addiert (vgl. Codezeile 178). Zwecks „Buchführung" über die aktuellen Basisvariablen wird der Index der neuen Basisvariablen in dem Vektor *basisvariable* abgelegt (vgl. Codezeile 184). Mit Codezeile 186 wird die Definition dieser Prozedur beendet.

Die vorgelagerte zweite Phase des linearen Optimierungsprozesses ist beendet, sobald alle künstlichen Hilfsvariablen die Basis verlassen haben. Daher wird in der beispielhaften Implementation eine kleine Hilfsfunktion benötigt, welche die Anzahl der in der Basis befindlichen künstlichen Hilfsvariablen zählt. Die Codezeilen 187 bis 198 stellen die Funktion *anzZVar* dar. Sie erwartet als Eingabeparameter die Anzahl der Problemvariablen *anzVar* und Nebenbedingungen *anzNB* sowie den Vektor der Basisvariablen (*basisvariable*). Als Ergebnis liefert sie die Anzahl der künstlichen Hilfsvariablen z_j, welche sich aktuell in der Basis befinden.

```
187  Function anzZVar(anzVar, anzNB, basisvariable())
188
189      anzahl = 0
190      For i = 1 To anzNB
191          If basisvariable(i) > anzVar + anzNB Then
192              anzahl = anzahl + 1
193          End If
194      Next i
195
196      anzZVar = anzahl
197
198  End Function
```

Die hier benutzte Konstruktion des Tableaus ist dabei hilfreich, da die künstlichen Hilfsvariablen an Indices mit Werten größer als *anzVar* + *anzNB* leicht erkennbar sind. In dem Vektor *basisvariable* sind alle Variablen der Basis, bezeichnet durch ihren Spaltenindex im Tableau, abgelegt. Die Elemente dieses Vektors (Spaltenindices der Variablen im Tableau) können also nacheinander überprüft und gezählt werden, soweit ihr Wert größer als *anzVar* + *anzNB* ist (vgl. Codezeilen 189 bis 194). Mit Codezeile 196 wird das Ergebnis der Funktion (Anzahl der künstlichen Hilfsvariablen) zurückgeliefert.

Nach Abschluss der vorgelagerten zweiten Phase und vor Beginn der ersten Phase ist das Tableau der Phase 2 in das Tableau der Phase 1 zu überführen. Diese Überführung besteht im Wesentlichen darin, alle Spalten des Tableaus mit den künstlichen Hilfsvariablen zu streichen. Außerdem muss die Hilfszielfunktion entfernt und dafür die originäre Zielfunktion eingesetzt werden. Die Codezeilen 199 bis 213 zeigen die Prozedur *tableau2Erstellen*, welche diese Aufgabe erledigt. Sie erwartet als Eingabeparameter die Anzahl an Problemvariablen (*anzVar*) und Nebenbedingungen (*anzNB*) sowie das Tableau der vorgelagerten zweiten Phase (*tableau1*). Als Ergebnis wird das verkleinerte Tableau *tableau2* zurückgeliefert.

```
199  Sub tableau2Erstellen(anzVar, anzNB, tableau1(), tableau2())
200
201      ' Tableau 2 erzeugen
202      ReDim tableau2(0 To anzNB, 0 To anzVar + anzNB)
203
204      ' Daten kopieren
205      For i = 0 To anzVar + anzNB
206          tableau2(0, i) = tableau1(anzNB + 1, i)
207      Next i
208      For i = 1 To anzNB
209          For j = 0 To anzVar + anzNB
210              tableau2(i, j) = tableau1(i, j)
211          Next j
212      Next i
213  End Sub
```

Mit Codezeile 202 wird zunächst das *tableau2* angelegt. Es besitzt *anzNB* + 1 Zeilen, deren Indices von 0 bis *anzNB* laufen. In der Zeile 0 wird wie bisher auch die Zielfunktion mit ihren Koeffizienten eingetragen. In den folgenden Zeilen 1 bis *anzNB* stehen die Nebenbedingungen. Das Tableau besitzt *anzVar* + *anzNB* + 1 Spalten mit Spaltenindices von 0 bis *anzVar* + *anzNB*. Die Werte der rechten Seiten werden wieder in der Spalte 0 eingetragen, die nachfolgenden Spalten enthalten die Koeffizienten der Problem- (Spaltenindices 1 bis *anzVar*) und Schlupfvariablen (Spaltenindices *anzVar* + 1 bis *anzVar* + *anzNB*). Mit den Codezeilen 205 bis 207 werden zunächst die Koeffizienten der originären Zielfunktion aus dem alten Tableau *tableau1* in das neue Tableau *tableau2* übertragen. Im nächsten Schritt erfolgt mit den Codezeilen 208 bis 212 die Übertragung der Koeffizienten der Nebenbedingungen bezüglich der Problem- und Schlupfvariablen. In das neue Tableau *tableau2* werden also weder die Hilfszielfunktion noch die künstlichen Hilfsvariablen übertragen.

Alle bisher erarbeiteten Prozeduren und Funktionen werden von der Hauptprozedur *simplexverfahren* (vgl. Codezeilen 214 bis 266) angesprochen, welche die Ablaufsteuerung des Simplexverfahrens übernimmt. Die Codezeilen 215 bis 219 sind unbedingt notwendige Deklarationen leerer Vektoren und Matrizen, die im Verlaufe des Simplexverfahrens durch die entsprechenden Prozeduren und Funktionen gefüllt und bearbeitet werden. Das Simplexverfahren selbst beginnt mit dem Einlesen der Problemdefinition (*datenEinlesen*, Codezeile 221), dem Erstellen des Ausgangstableaus (*tableau1Erstellen*, Codezeile 222) und dem Erzeugen einer gültigen Startlösung (*erzeugeBasisloesung*, Codezeile 224). Die systematische Umrechnung des Ausgangstableaus in der vorgelagerten Phase 2 wird von den Codezeilen 226 bis 235 gesteuert. Die schrittweise Umrechnung erfolgt solange, wie es noch künstliche Hilfsvariablen in der Basis gibt (vgl. Codezeile 226). Für die Umrechnung selbst ist zunächst die Pivotspalte zu bestimmen (vgl. Codezeile 227). Wird keine gültige Pivotspalte in der Phase 2 gefunden (vgl. Codezeile 228), wird eine Fehlermeldung ausgegeben (vgl. Codezeile 229) und das Simplexverfahren abgebrochen (vgl. Codezeile 230). Konnte jedoch eine gültige Pivotspalte identifiziert werden, ist im nächsten Schritt die Pivotzeile zu ermitteln (vgl. Codezeile 232). Für Kontrollzwecke wird die Position des Pivotelements mit Codezeile 233 angezeigt. In Codezeile 234 erfolgt dann der eigentliche Umrechnungsschritt. Die Codezeile 235 beendet die Programmschleife. Sie markiert zugleich das Ende der Phase 2.

```
214  Sub simplexverfahren()
215      Dim inmatrix()
216      Dim typNB()
217      Dim tableau1()
218      Dim basisvariable()
219      Dim tableau2()
220
221      datenEinlesen anzVar, anzNB, inmatrix, typNB
222      tableau1Erstellen anzVar, anzNB, inmatrix, typNB, tableau1, _
          basisvariable
223
224      erzeugeBasisloesung anzVar, anzNB, tableau1
225
226      Do While anzZVar(anzVar, anzNB, basisvariable()) > 0
227          pSpalte = pivotSpalte(anzVar, anzNB, 2, tableau1)
228          If pSpalte = 0 Then
229              Debug.Print "Fehler: Keine zulässige Lösung!"
230              Exit Sub
231          End If
232          pZeile = pivotZeile(anzNB, tableau1, pSpalte)
233          Debug.Print "Pivotelement (Zeile, Spalte): ", pZeile, _
              pSpalte
234          tableauUmrechnen anzVar, anzNB, 2, tableau1, _
              basisvariable, pZeile, pSpalte
235      Loop
236
237      tableau2Erstellen anzVar, anzNB, tableau1, tableau2
238
239      pSpalte = pivotSpalte(anzVar, anzNB, 1, tableau2)
240      Do While pSpalte > 0
241          pZeile = pivotZeile(anzNB, tableau2, pSpalte)
242          If pZeile = 0 Then
243              Debug.Print "Fehler: Unbeschränkte Lösung!"
244              Exit Sub
245          End If
246          Debug.Print "==============================="
247          Debug.Print "Pivotspalte ist: ", pSpalte
248          Debug.Print "Pivotzeile ist:  ", pZeile
249          tableauUmrechnen anzVar, anzNB, 1, tableau2, _
              basisvariable, pZeile, pSpalte
250          pSpalte = pivotSpalte(anzVar, anzNB, 1, tableau2)
251      Loop
252
253      ' Zeige Lösung
254      Debug.Print "Zielfunktionswert (-Z) ist: ", tableau2(0, 0)
255      For i = 1 To anzNB
256          If (basisvariable(i) <= anzVar) Then
```

```
257                 Debug.Print "X", basisvariable(i), " ist: ", _
                     tableau2(i, 0)
258             End If
259         Next i
260
261         Erase inmatrix
262         Erase typNB
263         Erase tableau1
264         Erase basisvariable
265         Erase tableau2
266     End Sub
```

Vor dem Eintritt in die Phase 1 des linearen Optimierungsprozesses ist zunächst das Tableau dieser Phase zu erstellen (vgl. Codezeile 237). Für dieses Tableau wird dann die betreffende Pivotspalte bestimmt (vgl. Codezeile 239). Die Umrechnung des Tableaus erfolgt in dieser Phase solange, wie eine Pivotspalte mit Koeffizienten größer null identifiziert werden kann. Ist dies der Fall, wird der Spaltenindex der Pivotspalte geliefert, andernfalls wird der Wert null zurückgegeben. Diese Bedingung wird als Schleifenbedingung in Codezeile 240 geprüft, d.h. die systematische Umrechnung des Tableaus der Phase 1 (vgl. Codezeilen 240 bis 251) dauert solange an, wie sie erfüllt ist.

Wiederum besteht der nächste Schritt in der Identifikation der Pivotzeile (vgl. Codezeile 241). Wird hier keine gültige Pivotzeile identifiziert (vgl. Codezeile 242), wird eine Fehlermeldung ausgegeben (vgl. Codezeile 243). Da eine unbeschränkte Lösung vorliegt, bricht das Verfahren mit Codezeile 244 ab. Die Codezeilen 246 bis 248 dienen nur zu Kontrollzwecken; mit ihnen wird die Position des Pivotelements ausgegeben. Die eigentliche Umrechnung des Tableaus wird mit Codezeile 249 aufgerufen. Danach wird mit Codezeile 250 die neue Pivotspalte bestimmt. Die Codezeile 251 beendet die Programmschleife der Phase 1. Sie markiert auch das eigentliche Ende des linearen Optimierungsprozesses.

Die Codezeile 254 bis 259 dienen der Ergebnisausgabe. Es wird der Zielfunktionswert (vgl. Codezeile 254) sowie die Problemvariablen und ihre Werte (vgl. Codezeilen 255 bis 259) ausgegeben. Vor dem Prozedurende (Codezeile 266) werden noch die erzeugten Vektoren und Matrizen gelöscht (vgl. Codezeilen 261 bis 265).

Die Betrachtungen zur beispielhaften Implementation zeigen, wie sich das Simplexverfahren in direkter Weise in ein Computerprogramm überführen lässt. Genau dies soll die beispielhafte Implementation leisten. Da sie jedoch unter rein didaktischen Überlegungen konzipiert wurde, besitzt sie im Sinne eines „richtigen“ Computerprogramms zur linearen Optimierung noch Defizite. Zum einen wurde bewusst auf die komfortablen Datenein- und -ausgabemöglichkeiten verzichtet, die unter Excel durchaus zur Verfügung stehen und vom Programm genutzt werden könnten. Wie oben erwähnt, steht aber auf der Homepage[175] der Verfasser eine erweiterte Variante der vorgestellten beispielhaften Implementation, welche

175 http://www.fiwi.uni-bremen.de

einige dieser Möglichkeiten nutzt, zum Download bereit. Aber auch sie ist noch didaktisch orientiert und soll den schrittweisen Ablauf des Simplexverfahrens (in Form der Schritt für Schritt umgerechneten Tabellen) veranschaulichen. Soweit es nur um die reine Lösung eines linearen Optimierungsproblems geht, können noch einige Verbesserungen an der Effizienz der Implementation vorgenommen werden. So sind die Spalten des Tableaus, welche die Koeffizienten der Schlupf- und künstlichen Hilfsvariablen in Bezug auf die Nebenbedingungen enthalten, eigentlich überflüssig, denn sie dienen im Wesentlichen nur der „Buchführung" über die Art und Existenz dieser Variablen. Diese „Buchführung" kann auch anders realisiert werden, wodurch das Tableau deutlich kleiner wird. Damit wird wiederum Speicherplatz und Rechenleistung eingespart. Bei PRESS ET AL. [1992, S. 408 ff.] findet sich z.B. eine effiziente Implementation des Simplexverfahrens (die aber zugegebenermaßen auf den ersten Blick nicht ganz durchsichtig ist).

10.5. Fallstudie 1: Index Tracking mit Hilfe der linearen Optimierung

Trotz der besonderen Bedeutung, welche der linearen Optimierung bei betriebswirtschaftlichen Problemstellungen allgemein zukommt, sind ihre Anwendungsmöglichkeiten speziell in der Finanzwirtschaft (relativ gesehen z.B. in Bezug zur Produktionswirtschaft) eher eingeschränkt und betreffen vorrangig nur sehr spezielle Fragestellungen [z.B. findet sich ein interessanter Ansatz zur Konstruktion von Rentenportfolios mit Hilfe der linearen Optimierung bei WALTHER/ZIMMERER (2000), S. 558 ff.]. Als exemplarisches Anwendungsgebiet innerhalb der Finanzwirtschaft sei hier die *Indexreplikation* genannt [vgl. auch näher die Fallstudie in Kap. 12.4. oder z.B. RUDOLF (1994), S. 129 ff.].

Die Motivation zur Indexreplikation ist auf die im Portfoliomanagement mitunter vertretene Ansicht zurückzuführen, dass sich die zukünftigen Entwicklungen der Wertpapierkurse nicht prognostizieren lassen und man daher auch nicht in der Lage ist, die Kursentwicklung eines marktbreiten Referenzindexes (z.B. den DAX) durch ein aktives Management systematisch zu schlagen. Außerdem verursachen die mit der aktiven Informationssuche und -auswertung, mit der gezielten Selektion von Titeln und mit den Umschichtungen im Portfolio verbundenen Maßnahmen hohe Kosten. Per saldo besteht also bei einem aktiven Management sogar die Gefahr, schlechter als ein Referenzindex abzuschneiden. Insofern beschränkt man sich im Rahmen eines passiven Managements allein darauf, mit Hilfe eines realen Portfolios die Wertentwicklung eines Referenzindexes nachzubilden. Dies bezeichnet man als *Index Tracking* oder auch als *Indexreplikation*. Zum Index Tracking gibt es eine Vielzahl verschiedener Ansätze, wie es die Abb. 10.5.-1. zeigt.

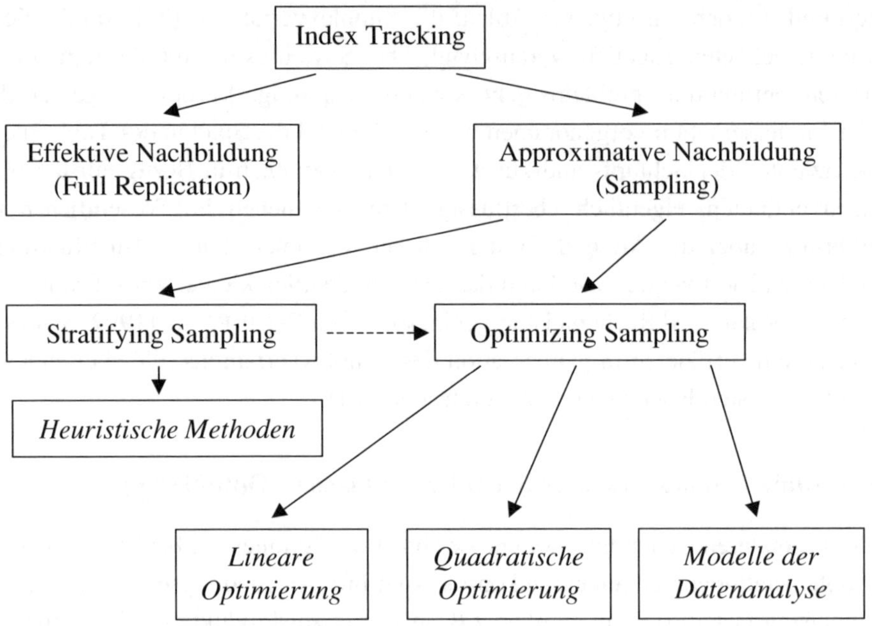

Abb. 10.5.-1.: Ansätze zum Index Tracking

Die Ansätze lassen sich auf einer obersten Systematisierungsebene in den Ansatz der effektiven Nachbildung eines Indexes und der approximativen Nachbildung unterscheiden. Bei der (effektiven Nachbildung wird das *Tracking Portfolio* exakt so strukturiert, wie es der Zusammensetzung des Indexes entspricht. Die Anteile der Wertpapiere im Tracking Portfolio werden also genau in der Höhe gewählt, mit denen die jeweiligen Papiere im Referenzindex gewichtet sind („naive Replikation"). Auf Grund verschiedener Umstände ist dies zumeist praktisch nicht durchführbar. So können Indices auf fiktiven Wertpapieren beruhen (Indices auf synthetischer Basis), die am Markt gar nicht erworben werden können. Bei Indices auf Basis real existierender Wertpapiere können bestimmte Titel mit einem sehr hohen Gewicht enthalten sein, welches Anlagegesellschaften auf Grund rechtlicher Restriktionen in ihrem konkreten Portfolio gar realisieren dürfen. Die Aufzählung verschiedener Gründe, warum in der Praxis eine „naive Replikation" nicht möglich ist, ließe sich beliebig fortsetzen. Die Quintessenz besteht jedoch letztlich darin, nach anderen Wegen der Replikation suchen zu müssen.

Bei der approximativen Nachbildung soll das Tracking Portfolio zwar in seiner wertmäßigen Entwicklung so exakt wie möglich derjenigen des Indexes entsprechen, die tatsächliche Zusammensetzung von Tracking Portfolio und Index können jedoch unterschiedlich sein. Ein beliebter Ansatz ist hier die Methode des *Stratifying Sampling*, auch *Zellenansatz* genannt. Dazu werden die Wertpapiere, welche im zu replizierenden Referenzindex enthalten sind, in möglichst homogene Gruppen eingeteilt (*Zellen*). Zuordnungskriterien von Wertpapieren zu Gruppen können bei Aktienindices Börsenkapitalisierung, Branchenzugehörigkeit oder Liquidität sein, bei Rentenindices sind Kriterien wie Marktsektor, Kuponhöhe oder Restlaufzeit denkbar. Im *Tracking Portfolio* wird dann jede Zelle durch einen (oder wenige) Vertreter repräsentiert. Die konkrete Zusammenstellung des Tracking Portfolios kann dann schließlich mit Hilfe *heuristischer Methoden* („Daumenregeln") erfolgen. So könnte beispielsweise jede Zelle durch sein umsatzstärkstes Wertpapier vertreten werden. Zur Bestimmung des Gewichts des ausgewählten Wertpapiers im Tracking Portfolio könnte man es mit dem Anteilsgewicht versehen, wie es dem Gewicht der gesamten Zelle am jeweiligen Index entspricht. Zunehmend verwendet man bei der Bestimmung der Anteilsgewichte im Tracking Portfolio jedoch verschiedene Optimierungsmethoden (*Optimizing Sampling*).

Zur Ermittlung der genauen Struktur des Portfolios bei der Indexreplikation nach der Methode des *Stratifying Sampling* kann ein linearer Optimierungsansatz gewählt werden. Das folgende Beispiel soll dabei aber nur einen möglichen Ansatz in seiner grundsätzlichen Idee illustrieren, jedoch nicht exakt behandeln oder gar ausführlich diskutieren. Es sei angenommen, n Wertpapiere wurden aus den n Zellen des nachzubildenden Referenzindexes ausgewählt, je eines aus einer Zelle. Die erwartete Rendite des (Tracking Portfolios ergibt sich allgemein nach (1):

(1) $$\mu_p = \sum_{i=1}^{n} w_i \mu_i$$

mit w_i: Anteil des i-ten Wertpapiers am Tracking Portfolio, $0 \leq w_i \leq 1$
μ_i: erwartete Rendite des i-ten Wertpapiers
n: Anzahl der Wertpapiere im Tracking Portfolio[176]

Diese erwarte Portfoliorendite soll nun maximiert werden, d.h. (1) stellt zugleich die Zielfunktion dar. Dabei ist die Einhaltung verschiedener (Nebenbedingungen zu fordern. So müssen die Anteile w_i gewisse Mindest- und Höchstgrenzen einhalten:

(2) $$w_i^{\min} \leq w_i \leq w_i^{\max} \qquad \text{für alle Wertpapiere } i = 1, ..., n$$

mit $w_i^{\min}$: geforderter Mindestanteil
$w_i^{\max}$: zulässiger Höchstanteil

176 In Kap. 3.4. wird das Symbol N für die Anzahl der Wertpapiere im Portfolio benutzt. In diesem Buchteil C wird allgemein mit dem Symbol n die Anzahl der zu optimierenden Parameter eines Optimierungsproblems bezeichnet. Beim Problem der Bestimmung des Tracking Portfolios sind die Wertpapieranteile die zu optimierenden Parameter. Deren Anzahl soll hier mit n bezeichnet werden, um den Bezug zu einem Optimierungsproblem zu unterstreichen.

Die geforderten Werte für die Mindest- und Höchstgrenzen ($w_i^{\min}$ und $w_i^{\max}$) wird man aus den Zellengewichten z_i ableiten, welche die Zelle des i-ten Wertpapiers, aus dem es ausgewählt wurde, im Index besitzt. Je enger man die Werte von $w_i^{\min}$ und $w_i^{\max}$ in einer Umgebung um z_i wählt, desto genauer repräsentieren später die Wertpapieranteile w_i die originären Zellengewichte z_i. Im Allgemeinen wird ferner $0 \leq w_i^{\min} \leq w_i \leq w_i^{\max} \leq 1$ gelten, weshalb zusätzliche Nebenbedingungen nach (3) nicht erforderlich sind, da sie schon implizit berücksichtigt wurden.

(3a) $w_i \geq 0$ für alle Wertpapiere $i = 1, ..., n$
(3b) $w_i \leq 1$ für alle Wertpapiere $i = 1, ..., n$

Schließlich müssen sich alle Wertpapieranteile zu eins summieren, womit zusätzlich die Nebenbedingung nach (4) auf jeden Fall eingehalten werden muss.

(4) $$\sum_{i=1}^{n} w_i = 1$$

Die Gleichungen (1), (2) und (4) beschreiben damit das Optimierungsproblem, wobei die Darstellungen der allgemeinen Form eines linearen Optimierungsproblems, wie in Kap. 10.3. behandelt, entsprechen (wegen der „Größer-Gleich" und „Gleich" Nebenbedingungen liegt hier nicht die spezielle Form nach Kap. 10.2. vor).

Bei der hier nur beispielhaft vorzustellenden Anwendung der linearen Optimierung auf ein finanzwirtschaftliches Problem kann durchaus deren Sinnhaftigkeit kritisch diskutiert werden. Zunächst stellt sich die Frage, warum denn überhaupt ein Optimierungsproblem vorliegt. Setzt man nämlich einfach w_i gleich dem Zellengewicht z_i, so wäre das Problem der Indexreplikation doch einfach und schnell gelöst. Dies stimmt aber nur bei oberflächlicher Betrachtung, denn bei dem Zellenansatz wird jede Zelle ja nur durch *ein* Wertpapier (oder zumindest wenige) im Portfolio repräsentiert. Auch unter der Bedingung $w_i = z_i$ kommt es also nur zu einer approximativen Nachbildung, nicht jedoch zu einer identischen Replikation. Da die approximative Nachbildung ohnehin unvermeidbar ist, braucht die strenge Forderung $w_i = z_i$ nicht erhoben zu werden. Die Einhaltung einer (engen) Bandbreite um z_i mit $w_i^{\min} \leq z_i \leq w_i^{\max}$ ist dafür ausreichend. Bei einer approximativen Nachbildung stellt sich aber die Frage, welche der vielen möglichen Lösungen denn die sinnvollste Variante ist. Diese wird mit Hilfe des Optimierungsansatzes beantwortet, indem unter allen approximativen Nachbildungen diejenige bestimmt wird, welche die höchste Portfoliorendite erwarten lässt.

Dazu sind allerdings Prognosen der erwarteten Renditen μ_i der einzelnen Wertpapiere notwendig. Nun beruht aber der Ansatz der Indexreplikation auf der Annahme, dass derartige

Prognosen nicht möglich sind. Insofern ist dieser Optimierungsansatz sachlogisch inkonsistent. Trotz dieses inneren Widerspruchs wird er jedoch mitunter bei der Indexreplikation angewandt. Andererseits würde dieser Optimierungsansatz im Rahmen eines „halb-aktiven“ Portfoliomanagements durchaus Sinn ergeben. Bei diesem Ansatz würde man sich bei der Gestaltung des Portfolios an der Zusammensetzung eines Indexes orientieren, um das Risiko einer schlechteren Performance zu begrenzen. Um sich jedoch die Chancen eines besseren Abschneidens zu erhalten, wird man den Index nicht exakt nachbilden. Unter der Randbedingung, ein zum Index ähnliches Portfolio zu erhalten, werden diejenigen Wertpapiere ausgewählt, welche eine möglichst hohe Renditeerwartung besitzen. Zur Bestimmung der Zusammensetzung des optimalen Portfolios kann nun der beschriebene lineare Optimierungsansatz herangezogen werden.[177]

In dieser Fallstudie soll die Struktur eines Tracking Portfolios bestimmt werden, indem der Zellenansatz mit der linearen Optimierung kombiniert wird. Der Zellenansatz wird dabei zur Vorauswahl der in das Tracking Portfolio aufzunehmenden Wertpapiere benutzt. Er liefert außerdem die Orientierung für die Festlegung der Mindest- und Höchstanteile. Die konkreten Anteilsgewichte im Tracking Portfolio werden dann unter Verwendung der linearen Optimierung ermittelt. Der exemplarische Zeitraum der Fallstudie erstreckt sich vom 1.1.1999 bis 30.5.2000, wobei der DAX in seiner Zusammensetzung per Stichtag 26.5.2000 zu Grunde gelegt wird. Für den linearen Optimierungsansatz werden ferner Schätzer für den Erwartungswert der zukünftigen Wertpapierrenditen benötigt, die hier vereinfachend auf Basis der historischen Beobachtungen ermittelt werden sollen:

$$(5) \qquad \hat{\mu}_i = \bar{r}_i = \frac{1}{T}\sum_{t=1}^{T} r_{it}$$

mit
- $\hat{\mu}_i$: geschätzter Erwartungswert der zukünftigen Renditen des *i*-ten Wertpapiers
- $\bar{r}_i$: empirischer Mittelwert der Renditen für einen Beobachtungszeitraum von *T* Perioden
- r_{it}: beobachtete Rendite des *i*-ten Wertpapiers zum Zeitpunkt *t*

Hier deutet sich schon an, dass die Güte des Optimierungsansatzes durch die Güte der Schätzung des Erwartungswertes nachhaltig beeinflusst wird. Um dies auch anhand der Fallstudie zu illustrieren, sollen die Schätzungen für die Erwartungswerte der Renditen anhand des Datenzeitraums vom 1.1.1999 bis 31.12.1999 vorgenommen werden (*In-Sample*).

177 Unter didaktischen Aspekten besitzt dieser Ansatz auf jeden Fall den Vorzug, dass er sich leicht darstellen lässt, ohne allzu weit ausholen zu müssen. Bei RUDOLF [(1994), S. 129 ff.] finden sich zahlreiche andere lineare Optimierungsansätze zur Lösung des Problems der Indexreplikation, die inhaltlich vielleicht sinnvoller und sachlogisch konsistent sind. Dazu müsste jedoch der finanzwirtschaftliche Hintergrund sehr viel ausführlicher entwickelt werden, was den hier zur Verfügung stehenden Rahmen bei weitem sprengen würde. Für Anschauungszwecke reicht der oben beschriebene Ansatz aus, der nun anhand realer Zahlen beispielhaft weiter entwickelt werden soll.

Die „Güte“ des resultierenden Tracking Portfolios wird dann im Schätzzeitraum (*In-Sample*) und anhand eines Testzeitraums (*Out-of-Sample*) vom 1.1.2000 bis 30.5.2000 beurteilt. Es sei noch erwähnt, dass nach (5) Renditen benötigt werden, die Daten aber in Form von Kurs- und Indexständen vorliegen. Sie werden daher mittels (6) in diskrete Eintagesrenditen umgerechnet.

(6) $$r_{it} = \frac{k_{it} - k_{it-1}}{k_{it-1}}$$

mit k_{it}: Kurs- (bzw. Indexstand) des i-ten Wertpapiers zum Zeitpunkt t

Die Tab. 10.5.-1. stellt die Vorauswahl der Wertpapiere dar, die sich nach dem Zellenansatz ergibt. Die erste Spalte enthält die Brancheneinteilung des DAX. Die Einteilung, Branchenbezeichnung und Zuordnung der im DAX enthaltenen Wertpapiere zu den einzelnen Branchen wurde gemäß den Vorgaben durch die Deutsche Börse AG übernommen. Jede der acht Branchen (hier: Zellen) wird in dieser Fallstudie durch dasjenige Wertpapier vertreten, welches innerhalb der jeweiligen Branche das stärkste Gewicht im DAX hat. Die entsprechenden Vertreter sind in der zweiten Spalte der Tab. 10.5.-1. angegeben. Das Gewichte der jeweiligen Branche (hier zugleich Zelle) im DAX befindet sich in der dritten Spalte. Bei einem rein heuristischen Ansatz würden diese Gewichte zugleich die Anteile darstellen, mit denen die in der zweiten Spalte ausgewiesenen Vertreter im Tracking Portfolio enthalten wären. So wäre beispielsweise die Deutsche Telekom AG der Repräsentant der Branche (Zelle) „Utilities & Telecommunication“ und würde ein Anteilsgewicht im Tracking Portfolio von ca. 20% besitzen.

Branche	Vertreter	Zellengewicht	Mindestanteil	Höchstanteil	erwartete Rendite
Consumer & Retail	Metro	3.20%	2%	5%	-0.0968%
Insurances	Allianz	17.52%	15%	20%	0.0135%
Chemicals & Pharamceut.	Bayer	9.92%	7%	13%	0.0997%
Automobile & Transportation	DaimlerChrysler	14.32%	10%	18%	-0.0338%
Banks & Financial Services	Deutsche Bank	14.07%	10%	18%	0.2076%
Utilities & Telecom.	Dt. Telekom	19.97%	15%	25%	0.3504%
Software & Technologies	Siemens	18.51%	14%	23%	0.3428%
Machinery & Industry	Thyssen Krupp	2.48%	1%	4%	0.2637%

Tab. 10.5.-1.: Einteilung des DAX in Zellen

Neben der rein heuristischen Festlegung der Anteilsgewichte über den Zellenansatz sollen diese in dieser Fallstudie alternativ mit Hilfe der linearen Optimierung ermittelt werden. In der vierten und fünften Spalte der Tab. 10.5.-1. sind die geforderten Mindest- und Höchstanteile eingetragen, welche das jeweilige Anteilsgewicht im Tracking Portfolio nicht unter- bzw. überschreiten soll. Die Werte wurden für Zwecke dieses Beispiels willkürlich gewählt, sie orientieren sich aber in einer engen Bandbreite um die jeweiligen Zellengewichte. Für die konkrete Definition der Zielfunktion werden noch die Erwartungswerte der Renditen (erwartete Eintagesrenditen) der einzelnen Wertpapiere benötigt, die in der sechsten Spalte dargestellt sind.

Mit diesen Angaben lautet das lineare Optimierungsproblem konkret wie folgt:

$$
\begin{aligned}
Z = & -0.000968\, w_1 + 0.000135\, w_2 + 0.000997\, w_3 - 0.000338\, w_4 \\
& + 0.002076\, w_5 + 0.003504\, w_6 + 0.003428\, w_7 + 0.002637\, w_8 \rightarrow \max!
\end{aligned}
\tag{7}
$$

mit
w_1: Anteilsgewicht von Metro im Tracking Portfolio
w_2: Anteilsgewicht von Allianz im Tracking Portfolio
w_3: Anteilsgewicht von Bayer im Tracking Portfolio
w_4: Anteilsgewicht von DaimlerChrysler im Tracking Portfolio
w_5: Anteilsgewicht von Dt. Bank im Tracking Portfolio
w_6: Anteilsgewicht von Dt. Telekom im Tracking Portfolio
w_7: Anteilsgewicht von Siemens im Tracking Portfolio
w_8: Anteilsgewicht von Thyssen Krupp im Tracking Portfolio

Die Nebenbedingungen lauten dabei:

(8a)	$w_1 \geq 0.02$	und	(8b)	$w_1 \leq 0.05$
(9a)	$w_2 \geq 0.15$	und	(9b)	$w_2 \leq 0.20$
(10a)	$w_3 \geq 0.07$	und	(10b)	$w_3 \leq 0.13$
(11a)	$w_4 \geq 0.10$	und	(11b)	$w_4 \leq 0.18$
(12a)	$w_5 \geq 0.10$	und	(12b)	$w_5 \leq 0.18$
(13a)	$w_6 \geq 0.15$	und	(13b)	$w_6 \leq 0.25$
(14a)	$w_7 \geq 0.14$	und	(14b)	$w_7 \leq 0.23$
(15a)	$w_8 \geq 0.01$	und	(15b)	$w_8 \leq 0.04$

Außerdem müssen sich die Anteilsgewichte im Tracking Portfolio zu eins summieren, womit noch zusätzlich die Nebenbedingung nach (16) gilt:

$$w_1 + w_2 + w_3 + w_4 + w_5 + w_6 + w_7 + w_8 = 1 \tag{16}$$

Obwohl es sich bei dieser Fallstudie immer noch um ein sehr einfaches und kleines lineares Optimierungsproblem handelt, ist es bereits in dieser Form schon zu umfangreich, um es noch sinnvoll manuell zu lösen. Zur Lösung sollte daher ein Computerprogramm benutzt werden, wie es beispielhaft in Kap. 10.4. vorgestellt wurde. Bei jenem einfachen Programm muss dazu lediglich die Prozedur *datenEinlesen* an die Ausgangsdaten dieses Beispiels angepasst werden. Die Codezeilen zur Definition der Anzahl der Problemvariablen und Nebenbedingungen lauten:

```
' Dimension der Matrizen definieren
anzVar = 8
anzNB = 17
```

Die Definition der Zielfunktion lautet nun:

```
' Zielfunktion definieren
inmatrix(0, 1) = -0.000968
inmatrix(0, 2) = 0.000135
inmatrix(0, 3) = 0.000997
inmatrix(0, 4) = -0.000338
inmatrix(0, 5) = 0.002076
inmatrix(0, 6) = 0.003504
inmatrix(0, 7) = 0.003428
inmatrix(0, 8) = 0.002637
inmatrix(0, 9) = 0#
```

Die Definition der Nebenbedingungen (8) bis (16) erfordert viele Codezeilen, die hier aus Platzgründen nicht vollständig dargestellt sind. Exemplarisch wird nur der Code für die Definition der Nebenbedingung nach (8a) kurz dargestellt. Der Programmcode für die weiteren Nebenbedingungen ergibt sich entsprechend der Angaben.

```
' Nebenbedingungen definieren
inmatrix(1, 1) = 1#
inmatrix(1, 2) = 0#
inmatrix(1, 3) = 0#
inmatrix(1, 4) = 0#
inmatrix(1, 5) = 0#
inmatrix(1, 6) = 0#
inmatrix(1, 7) = 0#
inmatrix(1, 8) = 0#
inmatrix(1, 9) = 0.02
typNB(1) = -1
```

Die Definition der Nebenbedingungen ist auf diese Weise für die einfache Programmvariante zwar möglich, gleichzeitig aber auch sehr aufwändig. Die Abb. 10.5.-2. zeigt alternativ die Eingabedaten für die erweiterte Programmvariante, welche die Ein- und Ausgabemöglichkeiten von Excel besser nutzt (dort werden die Problemvariablen immer mit X bezeichnet). Diese Programmvariante kann auch benutzt werden, um nun Schritt für Schritt die Erstellung des Ausgangstableaus, die Umformung des Tableaus in der vorgelagerten Phase 2, die Reduktion des Tableaus auf das Tableau der Phase 1 sowie die endgültige Umrechnung des Tableaus in der Phase 1 zu verfolgen. Dies ist hier aus Platzgründen nicht möglich.

Lineare Optimierung2

	A	B	C	D	E	F	G	H	I	J	K	L
6												
7		Variable	X1	X2	X3	X4	X5	X6	X7	X8	RS	Typ
8	Zielfunktion		-0.00096837	0.00013521	0.00099652	-0.00033802	0.00207646	0.0035044	0.00342789	0.00263655	0	MAX
9	NB	1	1	0	0	0	0	0	0	0	0.02	>=
10		2	1	0	0	0	0	0	0	0	0.05	<=
11		3	0	1	0	0	0	0	0	0	0.15	>=
12		4	0	1	0	0	0	0	0	0	0.2	<=
13		5	0	0	1	0	0	0	0	0	0.07	>=
14		6	0	0	1	0	0	0	0	0	0.13	<=
15		7	0	0	0	1	0	0	0	0	0.1	>=
16		8	0	0	0	1	0	0	0	0	0.18	<=
17		9	0	0	0	0	1	0	0	0	0.1	>=
18		10	0	0	0	0	1	0	0	0	0.18	<=
19		11	0	0	0	0	0	1	0	0	0.15	>=
20		12	0	0	0	0	0	1	0	0	0.25	<=
21		13	0	0	0	0	0	0	1	0	0.14	>=
22		14	0	0	0	0	0	0	1	0	0.23	<=
23		15	0	0	0	0	0	0	0	1	0.01	>=
24		16	0	0	0	0	0	0	0	1	0.04	<=
25		17	1	1	1	1	1	1	1	1	1	=
26												

Tabelle1 / Tabelle2 / Tabelle3

Abb. 10.5.-2.: Die Eingabedaten für die erweiterte Programmvariante im Beispiel

Die dritte Lösungsalternative besteht in der Verwendung des „Solvers" von Excel. Die Lösung der hier behandelten Fallstudie mit dieser Funktion wird in Kap. 10.7.1. vorgestellt. Unabhängig von dem verwendeten Programm zur Lösung (beispielhafte Implementation in Form der einfachen oder erweiterten Programmvariante, Solver) ergibt sich im Beispiel die in Tab. 10.5.-2. dargestellte Lösung.

Branche	Vertreter	Gewicht
Consumer & Retail	Metro	2%
Insurances	Allianz	15%
Chemicals & Pharamceut.	Bayer	7%
Automobile & Transportation	DaimlerChrysler	10%
Banks & Financial Services	Deutsche Bank	14%
Utilities & Telecom.	Dt. Telekom	25%
Software & Technologies	Siemens	23%
Machinery & Industry	Thyssen Krupp	4%

Tab. 10.5.-2.: Tracking Portfolio nach der linearen Optimierung

Die Betrachtungen zur Optimierung bezüglich dieses Beispiels sind hiermit eigentlich beendet. Dennoch ist es interessant zu fragen, wie sich das ermittelte Tracking Portfolio in der Fallstudie bewährt hätte. Dazu werden zwei Gütemaße berechnet, und zwar der mittlere *bonus return* $\overline{b}$ nach (18) sowie der *Tracking Error TE* in der Definition nach (19).

(17) $b_t = r_t - I_t$

mit b_t: bonus return zum Zeitpunkt t

r_t: Rendite des Tracking Portfolios zum Zeitpunkt t

I_t: Rendite des Indexes zum Zeitpunkt t

(18) $\bar{b} = \frac{1}{T}\sum_{t=1}^{T}(r_t - I_t)$

mit $\bar{b}$: mittlerer bonus return

(19) $TE = \sqrt{\frac{1}{T-1}\sum_{t=1}^{T}\left(b_t - \bar{b}\right)^2}$

Der mittlere bonus return gibt die mittlere Überschussrendite des Tracking Portfolios über die Rendite des nachzubildenden Indexes hinaus an. Der *Tracking Error* wird meistens als Standardabweichung des bonus return definiert und gilt gemeinhin als Maß für die Abbildungsgenauigkeit des Indexes durch das Tracking Portfolio (vgl. dazu näher Kap. 3.3.6.). Bildet man in der Fallstudie die Tracking Portfolios rein heuristisch nach dem Zellenansatz oder mit Hilfe der linearen Optimierung, so ergeben sich die in Tab. 10.5.-3. dargestellten Ergebnisse für den *In-Sample* und den *Out-of-Sample* Zeitraum.

	Gütemaß	Zellenansatz	lineare Optimierung
In-Sample	mittlerer bonus return	0.0005523	0.0009148
	TE: Std.Abw.(b)	0.0050601	0.0060810
Out-of-Sample	mittlerer bonus return	-0.0001554	-0.0000615
	TE: Std.Abw.(b)	0.0055198	0.0073294

Tab. 10.5.-3.: Ergebnisse der beiden Ansätze zum Index Tracking im Vergleich

Im *In-Sample* Zeitraum besitzt der lineare Optimierungsansatz erwartungsgemäß einen deutlich höheren mittleren *bonus return* als der reine Zellenansatz, denn zum einen wurden die Erwartungswerte der Renditen anhand genau dieses Zeitraums geschätzt, zum anderen erfolgte aber auch die Optimierung der Zielfunktion für diesen Zeitraum. Der höhere *Tracking Error* ist auf die Abweichung der Gewichte von ihren Zellengewichten zurückzuführen, wobei dessen Anstieg im Vergleich zum reinen Zellenansatz „moderat" ausfällt. Insofern erfüllt der lineare Optimierungsansatz im *In-Sample* Bereich die mit ihm intendierten Zielsetzungen. Interessanter sind aber die Ergebnisse für den *Out-of-Sample* Bereich. Auch hier liegt der lineare Optimierungsansatz beim *bonus return* deutlich besser als der rein heuristische Zellenansatz. Jedoch fällt hier der Anstieg des *Tracking Errors* höher als im *In-Sample* Bereich aus. In dieser Fallstudie leistet der vorgestellte Optimierungsansatz die mit ihm verbundenen Zielsetzungen. Das mit ihm bestimmte Tracking Portfolio besitzt *In-Sample* und *Out-of-Sample* einen höheren bonus return als das mit dem reinen Zellenansatz ermittelte Tracking Portfolio.

10.6. Fallstudie 2: Downside-Risk Optimierung

Die üblichen Ansätze zur Bestimmung des Tracking Portfolios zielen auf eine möglichst exakte Abbildung der wertmäßigen Bewegungen des zu replizierenden Indexes ab. Die später in Kap. 12.4. vorzustellende Fallstudie zum Index Tracking wird diese grundlegende Zielsetzung noch verdeutlichen; jene Fallstudie ist insofern „repräsentativ" für die üblicherweise explizit oder nur implizit zu Grunde gelegte Intention bei der Bestimmung eines Tracking Portfolios. Die vorangegangene Fallstudie in Kap. 10.5. zeigt einen einfachen, in der Praxis selten angewandten Ansatz zur Bestimmung des Tracking Portfolios. Dieser wurde vorrangig aus didaktischen Gründen präsentiert, implizit löst er sich aber bereits von der gewöhnlichen Zielsetzung, eine möglichst exakte wertmäßige Replikation zu erreichen. Dort stellen zwar die Nebenbedingungen (geforderte Mindest- und Höchstanteile der Wertpapiere im Tracking Portfolio) sicher, dass eine in etwa wertmäßig gleiche Entwicklung von Tracking Portfolio und Index erreicht wird, ansonsten soll aber die erwartete Rendite des Tracking Portfolios maximiert werden.

Im Folgenden wird ein in der Literatur verbreiteterer Ansatz vorgestellt, der ebenfalls die gewöhnliche Zielsetzung einer möglichst exakten wertmäßigen Abbildung des zu replizierenden Indexes zugunsten einer anderen, intuitiv viel einsichtigeren Zielsetzung aufgibt. Die grundlegende Idee hinter diesem Ansatz ist einfach und naheliegend: Bei der Nachbildung eines marktbreiten Indexes mit Hilfe eines Tracking Portfolios wird ein Investor eine negative Abweichung der Rendite des Tracking Portfolios gegenüber der des Indexes (also einen negativen bonus return) vermeiden wollen. Hingegen werden positive Abweichungen der Rendite (positiver bonus return) durchaus erwünscht sein, müssen zumindest aber nicht vermieden werden. Folgt man dieser Überlegung, geht es bei der Indexreplikation um eine Minimierung der unerwünschten (negativen) Renditeabweichungen. Man spricht in diesem Zusammenhang auch von der Minimierung eines „Downside-Risk" (in diesem Falle negative Renditeabweichungen des Tracking Portfolios gegenüber einem Referenzindex).[178]

Die Zielfunktion bei der Downside-Risk Optimierung des Tracking Portfolios lautet bei dem im Folgenden vorzustellenden Ansatz formal nach (1). Danach ist die Summe der Absolutbeträge aller negativen Renditeabweichungen (= Downside-Risk) über einen bestimmten Zeitraum zu minimieren.

(1) $$Z = \sum_{\substack{t=1 \\ r_t < I_t}}^{T} |r_t - I_t| \rightarrow \min!$$

mit r_t: Rendite des Tracking Portfolios zum Zeitpunkt t

I_t: Rendite des zu replizierenden Indexes zum Zeitpunkt t

---

178 Zu den verschiedenen Risikomaßen in der Finanzwirtschaft vgl. auch Kap. 3.3. im Buchteil A.

Die Rendite des Tracking Portfolios zu einem bestimmten Zeitpunkt t ergibt sich nach (2).

(2) $$r_t = \sum_{i=1}^{n} w_i r_{it}$$

mit w_i: Gewicht des i-ten Wertpapiers im Tracking Portfolio
r_{it}: Rendite des i-ten Wertpapiers zum Zeitpunkt t

Die Bestimmung der gesuchten optimalen Anteilsgewichte w_i im Tracking Portfolio kann mit Hilfe einer linearen Optimierung erfolgen. Allerdings ist die Überführung des in (1) und (2) skizzierten Optimierungsproblems in die Standardform eines linearen Optimierungsproblems keinesfalls offensichtlich. Es erfordert einige „trickreiche" Überlegungen und Umformungen, um zu einem praktikablen linearen Optimierungsansatz zu gelangen.

Ausgangspunkt zur Bestimmung des Tracking Portfolios ist - wie in der vorangegangenen Fallstudie auch - ein bestimmter Beobachtungszeitraum, anhand dessen die Optimierung der Anteilsgewichte durchgeführt wird. Dieser umfasst T Beobachtungsperioden. Für jeden Beobachtungszeitpunkt t liegen die Wertpapierrenditen aller n Wertpapiere vor sowie die Renditen des zu replizierenden Indexes. Nun soll zunächst ein beliebig gewählter Beobachtungszeitpunkt t betrachtet werden. Für diesen Zeitpunkt werden zwei Hilfsvariablen nach (3) definiert:

(3a) $$d_t^+ = r_t - I_t, \quad \text{wenn } r_t > I_t$$
$$d_t^+ = 0 \qquad \text{sonst}$$

(3b) $$d_t^- = I_t - r_t, \quad \text{wenn } r_t < I_t$$
$$d_t^- = 0 \qquad \text{sonst}$$

Die Hilfsvariable d_t^+ gibt den Wert der positiven Renditedifferenz zwischen Tracking Portfolio und Index zum Zeitpunkt t an. Entsprechend gibt die Hilfsvariable d_t^- den Wert der negativen Renditedifferenz an. Per Definition gilt: $d_t^+ \geq 0$ und $d_t^- \geq 0$. Außerdem folgt aus $d_t^+ > 0$ sofort $d_t^- = 0$ und umgekehrt, wenn $d_t^- > 0$ dann $d_t^+ = 0$. Unter Verwendung dieser neuen Hilfsvariablen gilt für jeden beliebigen Zeitpunkt t offensichtlich die Bedingung nach (4):[179]

[179] Zum Verständnis des im Folgenden zu entwickelnden Optimierungsansatz sei bereits der Hinweis vorweggenommen, dass die Definitionen nach (3a) bzw. (3b) *später* nur noch eine gedankliche Hilfskonstruktion bedeuten, die allein der Herleitung des Optimierungsansatzes dient. Im späteren Optimierungsansatz selbst sind die Hilfsvariablen d_t^+ und d_t^- freie Parameter, deren Werte mit Hilfe der Optimierung erst gesucht werden. Sie sind dann keine *gebundenen* Parameter, wie es im Moment aus der Definition nach (3a) bzw. (3b) folgt.

(4) $r_t - I_t - d_t^+ + d_t^- = 0 \Leftrightarrow r_t - d_t^+ + d_t^- = I_t$

Setzt man für die Rendite des Tracking Portfolios den Ausdruck (2) ein, ergibt sich (5):

(5) $\sum_{i=1}^{n} w_i r_{it} - d_t^+ + d_t^- = I_t$

Diese (Neben-) Bedingung gilt für jeden der T Beobachtungszeitpunkte. Außerdem müssen sich die Wertpapieranteile in Tracking Portfolio zu eins addieren:

(6) $\sum_{i=1}^{n} w_i = 1$

Die Zielfunktion wurde bereits in (1) vorgestellt. Unter Verwendung der neu eingeführten Hilfsvariablen lässt sie sich alternativ in der Form nach (7) schreiben, die äquivalent zu (1) ist.

(7) $Z = \sum_{t=1}^{T} d_t^- \rightarrow \min!$

Das lineare Optimierungsproblem lautet nun wie folgt: Minimiere die Zielfunktion nach (7) unter den T Nebenbedingungen nach (5) und der Nebenbedingung nach (6), wobei implizit die Nichtnegativitätsbedingung für alle Anteilsgewichte w_i und neu eingeführten Hilfsvariablen (d_t^+, d_t^-) vorausgesetzt wird. Weitere Nebenbedingungen bezüglich geforderter Mindest- und Höchstanteile der Wertpapiere im Tracking Portfolio können hinzugefügt werden. Davon soll hier aber aus Vereinfachungsgründen abgesehen werden.

Das Optimierungsproblem mag auf den ersten Blick ungewohnt erscheinen, denn die eigentlich interessierenden Problemvariablen, nämlich die zu bestimmenden Anteilsgewichte w_i, tauchen in der Zielfunktion nach (7) überhaupt nicht auf. Daher kann durchaus gefragt werden, ob das originäre Optimierungsproblem wirklich erfasst wird. Hier hilft die Überlegung weiter, dass das Optimierungsproblem nun genau genommen $(n + 2 \cdot T)$ Problemvariablen enthält und im Grunde die Zielfunktion nach (8) besitzt:

(8) $Z = \sum_{i=1}^{n}(0 \cdot w_i) + \sum_{t=1}^{T}(0 \cdot d_t^+) + \sum_{t=1}^{T}(1 \cdot d_t^-) \rightarrow \min!$

Die Hilfsvariablen d_t^+ und d_t^- im Optimierungsansatz nach (7) bzw. (8) sind nun freie Parameter, deren Werte in Zuge der Optimierung bestimmt werden müssen. Sie sind jetzt aber keine gebundene Parameter mehr, wie es sich nach (3a) und (3b) ergeben würde. Die Definitionen nach (3) stellen nunmehr nur noch temporäre Hilfskonstruktionen dar, die der

Herleitung des Optimierungsansatzes diente. Würde man nämlich die Hilfsvariablen d_t^+ und d_t^- durch ihre Definitionen gemäß (3a) bzw. (3b) ersetzen und diese in (7) bzw. (8) einsetzen, würde eine *nichtlineare* Zielfunktion entstehen (die Definitionen der Hilfsvariablen d_t^+ und d_t^- gemäß (3a) bzw. (3b) stellen Schwellenwertfunktionen dar). Dasselbe würde im Übrigen dann auch für die Nebenbedingungen nach (5) folgen; auch sie wären dann nicht mehr linear.

Die Bestimmung der Anteilsgewichte w_i erfolgt nicht direkt über die Zielfunktion, sondern indirekt über die Einhaltung der T Nebenbedingungen nach (5). Die Werte aber, welche die Hilfsvariablen d_t^- (und auch d_t^+) in den Nebenbedingungen annehmen, hängen wiederum von den Werten der Anteilsgewichte w_i ab. Direkt wird also die Minimierung der Summe aller unerwünschten (negativen) Renditeabweichungen vorgenommen, hinter denen indirekt die Anteilsgewichte w_i stecken.

Ein unangenehmer Seiteneffekt dieses linearen Optimierungsansatzes besteht in der Größe des entstehenden Optimierungsproblems. Schätzt man die optimalen Anteilsgewichte wie in der vorangegangenen Fallstudie anhand der Beobachtungen eines Börsenjahrs (ca. 250 Börsentage), legt man wie dort acht Wertpapiere zu Grunde und fordert zusätzlich nur noch die Einhaltung der Nebenbedingung nach (6), besitzt das Optimierungsproblem $8 + 2 \cdot 250 = 508$ Problemvariablen und 251 Nebenbedingungen. Dies ist aus praktischer Sicht allerdings nicht so gravierend, denn spezielle Programme zur linearen Optimierung und heutige Personalcomputer können durchaus lineare Optimierungsprobleme mit einigen hundert Problemvariablen und einigen tausend Nebenbedingungen lösen. Allerdings kann hier diese Fallstudie aus darstellungstechnischen Gründen nicht mehr mit dem Zahlenmaterial der vorangegangenen Fallstudie aus Kap. 10.5. durchgerechnet werden. Um das Problem sinnvoll zu vereinfachen, wird zwar auf das Datenmaterial der vorhergehenden Fallstudie zurückgegriffen, es aber sehr stark vereinfacht. Als Beobachtungszeitraum werden die Eintagesrenditen der Börsentage 5.1.99, 6.1.99, 7.1.99, 8.1.99 und 11.1.99 (die ersten fünf Beobachtungstage) herangezogen. Als Wertpapiere für die Indexreplikation werden ebenfalls aus Vereinfachungsgründen nur die Aktien der DaimlerChrysler AG, der Deutschen Bank AG und der Deutschen Telekom AG betrachtet.

Die Bestimmung eines Tracking Portfolios für den DAX anhand von nur fünf Börsentagen und nur drei Wertpapieren ist aus praktischer Sicht natürlich unrealistisch. Aber schon jetzt umfasst das lineare Optimierungsproblem 13 Problemvariablen und 6 Nebenbedingungen. Dennoch reicht diese Fallstudie selbst in dieser reduzierten Form völlig aus, die „technische“ Vorgehensweise bei einem realen praktischen Problem aufzuzeigen. Die Tab. 10.6.-1. zeigt das lineare Optimierungsproblem in Form der „Inputmatrix“ für das lineare Optimierungsprogramm. In den Spalten stehen die Koeffizienten der Problemvariablen, in den Zeilen die Zielfunktion und Nebenbedingungen. In der zweiten Zeile ist die Zielfunktion nach

(8) dargestellt, die sich aber faktisch zu (7) reduziert, da die Anteilsgewichte w_i und die positiven Renditeabweichungen d_t^+ mit einem Koeffizienten von null versehen sind. In der dritten bis siebten Zeile folgenden die Nebenbedingungen für die Börsentage von 5.1.99 bis 11.1.99 (Nebenbedingungen nach (5)). Die Koeffizienten in den Spalten der Anteilsgewichte (Spalten zwei bis vier) sind die beobachteten Eintagesrenditen der Aktien der DaimlerChrysler AG, Deutsche Bank AG und Deutsche Telekom AG. Die neu eingeführten Hilfsvariablen (d_t^+, d_t^-) besitzen für den Börsentag, auf den sie sich beziehen, die Koeffizienten -1 bzw. +1 (vgl. die Nebenbedingungen nach (5)). Alle anderen Hilfsvariablen eines Börsentages besitzen dagegen einen Koeffizienten von null. Die rechten Seiten der Nebenbedingungen (letzte Spalte der Tabelle) stellen die Werte der beobachteten Eintagesrenditen des DAX für den Beobachtungszeitraum dar. Die letzte Zeile der Tabelle enthält schließlich die Budgetrestriktion, wonach sich die Anteilsgewichte zu eins aufsummieren müssen (Nebenbedingung nach (6)). Es sei angemerkt, dass die „Inputmatrix" nach Tab. 10.6.-1. das Optimierungsproblem noch in der „Rohform" beschreibt. Es handelt sich um ein Minimierungsproblem, die Nebenbedingungen stellen alle „Gleich" Beziehungen dar, eventuell benötigte Schlupf- und künstliche Hilfsvariablen sind noch einzuführen.

	w_1	w_2	w_3	d^+_1	d^+_2	d^+_3	d^+_4	d^+_5	d^-_1	d^-_2	d^-_3	d^-_4	d^-_5	RS
Z	0	0	0	0	0	0	0	0	1	1	1	1	1	0
5.1.99	-0.00822857	0.01698434	0.00894234	-1	0	0	0	0	1	0	0	0	0	-0.00509417
6.1.99	0.06602904	0.04861755	0.05898533	0	-1	0	0	0	0	1	0	0	0	0.03410147
7.1.99	-0.01307967	-0.01698814	-0.01443001	0	0	-1	0	0	0	0	1	0	0	-0.01785629
8.1.99	0.01478642	0.02286229	-0.0477306	0	0	0	-1	0	0	0	0	1	0	0.00463923
11.1.99	-0.00917431	-0.02147131	-0.00615006	0	0	0	0	-1	0	0	0	0	1	-0.01937246
Summe Gewichte	1	1	1	0	0	0	0	0	0	0	0	0	0	1

Tab. 10.6.-1.: Inputmatrix zum Index Tracking[180]

Zur Lösung des Optimierungsproblems sind die bekannten Schritte des Simplexverfahrens zu durchlaufen. Zunächst ist das Optimierungsproblem in ein Maximierungsproblem zu transformieren, dann ist ein gültiges Ausgangstableau zu erstellen und dieses schließlich solange umzurechnen, bis der Algorithmus abbricht. Die manuelle Lösung dieses Problems dürfte vielleicht gerade noch möglich sein, sinnvoller ist allerdings die Verwendung der in Kap. 10.4. dargestellten vereinfachten Version der beispielhaften Implementation, der erweiterten Variante (auf der Homepage[181] der Verfasser zu finden), des „Solvers" in Excel (vgl. Kap. 10.7.2.) oder irgendeines anderen Programms zur linearen Optimierung. Die beispielhafte Implementation liefert das in Tab. 10.6.-2. dargestellte Ergebnis.

180 In der Tab. 10.6.-1. sind die Koeffizienten der Nebenbedingungen von denen der Zielfunktion durch einen fett eingezeichneten Trennstrich optisch abgesetzt worden. Damit soll verdeutlicht werden, dass die Koeffizienten der folgenden 5 Zeilen unterhalb des fett eingezeichneten Trennstrichs (teilweise) die Eintagesrenditen (in der zweiten, dritten und vierten Spalte bezüglich der Aktien) der betrachteten Börsentage darstellen (die Eintagesrenditen des DAX stehen in der Spalte „RS" der betreffenden Zeilen).

181 http://www.fiwi.uni-bremen.de

Wert der Zielfunktion	0.0000
Anteilsgewicht DaimlerChrysler	0.0000
Anteilsgewicht Deutsche Bank	0.7419
Anteilsgewicht Deutsche Telekom	0.2581

Tab. 10.6.-2.: Struktur des Tracking Portfolios

Die Überprüfung des gefundenen Ergebnisses mit Hilfe einer Kontrollrechnung ist in Tab. 10.6.-3. dargestellt. Auf Basis der gefundenen Anteilsgewichte (Tab. 10.6.-2.) und den beobachteten Wertpapierrenditen (vgl. Tab. 10.6.-1.) lässt sich für jeden Börsentag des Beobachtungszeitraums die Rendite des Tracking Portfolios bestimmen. Zieht man davon die jeweilige Rendite des Indexes ab, erhält man den bonus return für jeden Tag. Wegen des in Tab. 10.6.-2. dargestellten Ergebnisses ist zu erwarten, dass die Indexrendite bei keinem Tag unterschritten wird, also der bonus return stets positiv oder null ist (denn der Zielfunktionswert beträgt ja nach Tab. 10.6.-2. genau null). Dies ist auch tatsächlich der Fall.

Börsentag	Rendite Tracking Portfolio	Indexrendite	Differenz
5.1.99	0.01491	-0.00509	0.02000
6.1.99	0.05129	0.03410	0.01719
7.1.99	-0.01633	-0.01786	0.00153
8.1.99	0.00464	0.00464	0.00000
11.1.99	-0.01752	-0.01937	0.00186

Tab. 10.6.-3.: Kontrollrechnung

In der bisher dargestellten Form der „Downside-Risk" Optimierung wird die Summe der negativen Abweichungsrenditen eines Portfolios (hier: Tracking Portfolio) gegenüber einem „Benchmarkportfolio" (hier: ein zu replizierender Referenzindex) minimiert. In diesem Sinne handelt es sich um eine „relative" Optimierung, nämlich in Bezug auf ein Referenzportfolio (Benchmark). Die Benchmark kann dabei ein Marktindex sein, es könnte sich aber auch um ein beliebig anderes Referenzportfolio handeln. Besteht das Referenzportfolio aus Anlagen, deren Renditen im Zeitablauf schwanken, unterliegen auch die Renditen des Referenzportfolios Schwankungen. Das Referenzportfolio (Benchmark) könnte aber auch aus einer reinen Kassenhaltung oder aus einer Anlage zu einem risikofreien Zinssatz bestehen. Bei einer reinen Kassenhaltung wäre dann die Rendite dieser Benchmark im Zeitablauf konstant null. Wird dagegen eine Anlage zum risikofreien Zinssatz vorgenommen (z.B. in festverzinslichen Anleihen allererster Bonität), ist die Rendite dieser Benchmark im Zeitablauf ebenfalls konstant und entspricht dem im Anlagezeitpunkt realisierten und festgeschriebenen Anlagezinssatz. Dies ändert wenig am Optimierungsproblem; es wird sogar einfacher.

Beispielsweise sei angenommen, ein Investor wünscht wenigstens den nominellen Erhalt seines eingesetzten Kapitals, d.h. er möchte nominelle Kapitalverluste vermeiden. Dann wäre die Kassenhaltung mit einer Verzinsung von null das geeignete Referenzportfolio (Benchmark). Das Optimierungsproblem wäre in diesem Falle:[182]

$$(9)\quad Z = \sum_{t=1}^{T} d_t^- \rightarrow \min!$$

$$(10)\quad \sum_{i=1}^{n} w_i r_{it} - d_t^+ + d_t^- = 0$$

$$(11)\quad \sum_{i=1}^{n} w_i = 1$$

$$(12a)\quad \begin{matrix} d_t^+ = r_t, & \text{wenn } r_t > 0 \\ d_t^+ = 0 & \text{sonst} \end{matrix}$$

$$(12b)\quad \begin{matrix} d_t^- = -r_t, & \text{wenn } r_t < 0 \\ d_t^- = 0 & \text{sonst} \end{matrix}$$

Die Lösung des Optimierungsproblems erfolgt in unveränderter Weise. In Tab. 10.6.-1., welche die „Inputmatrix" zum linearen Optimierungsproblem darstellt, sind die rechten Seiten der dritten bis siebten Zeile (= Renditen der Benchmark) durch null zu ersetzen. Ansonsten ergeben sich aber keine Änderungen (natürlich bis auf den Umstand, dass jetzt eine andere Lösung resultiert). Mit diesem Optimierungsansatz wird dann dasjenige Portfolio ermittelt, dessen „Downside-Risk" gegenüber einer reinen Kassenhaltung minimal ist. Wird von einem Investor die Kapitalanlage zum risikofreien Zinssatz als adäquate Benchmark angesehen, so ergeben sich ebenfalls nur marginale Änderungen am Optimierungsproblem (das Symbol r_f bezeichne den Zinssatz einer risikolosen Anlage).[183]

$$(13)\quad Z = \sum_{t=1}^{T} d_t^- \rightarrow \min!$$

$$(14)\quad \sum_{i=1}^{n} w_i r_{it} - d_t^+ + d_t^- = r_f$$

$$(15)\quad \sum_{i=1}^{n} w_i = 1$$

---

182 Siehe Gleichungen (3) bis (7) mit $I_t = 0$.

183 Vgl. Gleichungen (3) bis (7), in denen I_t durch r_f zu ersetzen ist.

(16a)
$$d_t^+ = r_t - r_f, \quad \text{wenn } r_t > r_f$$
$$d_t^+ = 0 \quad \text{sonst}$$

(16b)
$$d_t^- = r_f - r_t, \quad \text{wenn } r_t < r_f$$
$$d_t^- = 0 \quad \text{sonst}$$

In Tab. 10.6.-1. sind in diesem Falle die rechten Seiten der dritten bis siebten Zeile (= Renditen der Benchmark) durch den risikofreien Zinssatz zu ersetzen. Natürlich sind auch andere Zielrenditen denkbar. Beispielsweise könnte der Investor den realen Werterhalt seines eingesetzten Kapitals fordern. Die Referenz- oder Zielrendite in dem Optimierungsansatz nach (13) bis (16) wäre dann nicht der risikofreie Zinssatz r_f, sondern die (erwartete) Inflationsrate. Da bei diesen Varianten der Downside-Risk Optimierung (Zielrendite null (nominaler Werterhalt), risikofreier Zinssatz, Inflationsrate (realer Werterhalt)) eine feste Bezugsgröße verwendet wird, die im Zeitablauf nicht schwankt, könnte man auch von einer „relativ-fixen" Optimierung (da hier mit fest „fixierten" Referenzmaßstäben gearbeitet wird) sprechen.

Die beiden bisher geschilderten grundlegenden Ansätze zur Downside-Risk Optimierung, nämlich die „relativ-variable" (Minimierung des Downside-Risk eines Portfolios gegenüber einem Benchmarkportfolio mit variabler Rendite) und „relativ-fixe" (Minimierung des Downside-Risk eines Portfolios gegenüber einer feststehenden Renditebezugsgröße) Optimierung besitzen einen bedeutenden Nachteil. Hier wird nämlich allein das Downside-Risk minimiert, ohne dabei auf den Renditeerwartungswert des Portfolios zu achten. So könnte beispielsweise bei einem nur geringfügig ansteigenden Downside-Risk eine deutliche Zunahme in der erwarteten Rendite des Portfolios resultieren, was von einem Investor durchaus präferiert werden könnte (also gegenüber dem rein risikominimalen Portfolio). Insofern ist bei der Portfoliooptimierung im Allgemeinen ein „trade-off" zwischen Maximierung des Renditeerwartungswerts und Minimierung des Risikos zu lösen. Ohne nähere Begründung bezüglich des finanzwirtschaftlichen Hintergrundes (vgl. dazu näher die Darstellungen in Kap. 12.3.) kann die gleichzeitige Berücksichtigung von Renditeerwartungswert und Downside-Risk bei der Portfoliooptimierung z.B. durch eine Zielfunktion nach (17) erreicht werden[184] [vgl. dazu auch ANG (1975), S. 850].

184 Vgl. auch Gleichung (7) in Kap. 9.4. Beide sind im Prinzip von der inhaltlichen Bedeutung her äquivalent, auch wenn in (7) aus Kap. 9.4. und später in Kap. 12.3. ein anderer Risikobegriff verwendet wird.

$$(17)\quad Z = \lambda \cdot \underbrace{\sum_{i=1}^{n} w_i \mu_i}_{\text{Erwartungswert der Portfoliorendite}} - \underbrace{\sum_{\substack{t=1\\ r_t<r_f}}^{T} \left| r_t - r_f \right|}_{\text{Downside-Risk des Portfolios hier gegenüber dem risikofreien Zins}} \rightarrow \max!$$

mit λ: Risikotoleranzparameter, $\lambda \geq 0$

Zur Erläuterung von (17) sei zunächst der einfache Fall von $\lambda = 0$ betrachtet. Dann ist in (17) das negative Downside-Risk zu maximieren, was äquivalent zu einer Minimierung des positiven Downside-Risk ist. Als Referenzpunkt für die Berechnung des Downside-Risk wurde in (17) beispielhaft der risikofreie Zins eingesetzt.[185] Unter Vernachlässigung des ersten Teils der rechten Seite von (17) würde es sich also um den gerade oben beschriebenen Ansatz der „relativ-fixen" Downside-Risk Minimierung gegenüber dem risikofreien Zinssatz handeln. Die konkrete Umsetzung mit den Daten der Fallstudie würde wie skizziert vorgenommen werden.

Für $\lambda > 0$ tritt im ersten Teil der rechten Seite von (17) der Erwartungswert der Portfoliorendite hinzu (wobei der konkrete Wert des Parameters λ zunächst nicht relevant ist). Eine Zunahme beim Erwartungswert der Portfoliorendite führt nun (bei gleichbleibenden Downside-Risk) zu einem Anstieg des Zielfunktionswerts. Insofern kann jetzt ein Anstieg des Downside-Risk durch einen gleichzeitig stärkeren Anstieg des Erwartungswertes der Portfoliorendite überkompensiert werden. Das optimale Portfolio ist nun also nicht mehr zwangsläufig dasjenige Portfolio mit dem minimalen Downside-Risk wie bisher. Der „trade-off" zwischen Erwartungswert der Portfoliorendite und Downside-Risk wird durch den Risikotoleranzparameter λ gesteuert. Je kleiner er ist, desto höher wird das Risiko gewichtet.

Die konkrete Umsetzung dieses Optimierungsansatzes, z.B. mit den Zahlen der Fallstudie, ist denkbar einfach und soll deshalb nicht explizit dargestellt werden. So müssten in die Inputmatrix (vgl. Tab. 10.6.-1.) in der zweiten Zeile mit der Zielfunktion als Koeffizienten der gesuchten Parameter w_1, w_2 und w_3 die mit λ multiplizierten Werte der Erwartungswerte der einzelnen Wertpapierrenditen eintragen werden. In der Spalte „RS" (Zeilen 3 bis 7) würden die (konstanten) Werte für den risikofreien Zins stehen. Im Übrigen ändert sich nichts, der Lösungsprozess wird wie oben beschrieben durchgeführt.

Der hier vorgestellte lineare Optimierungsansatz ist also keinesfalls auf das reine Index Tracking beschränkt, sondern kann allgemein zur Portfoliooptimierung angewendet werden, sofern das „Downside-Risk" minimiert bzw. berücksichtigt werden soll. Die Annahme, dass Investoren negative Abweichungsrenditen gegenüber einer für sie geeignet definierten Zielrendite vermeiden wollen, andererseits aber positiven Abweichungsrenditen durchaus wohlwollend gegenüber stehen, ist plausibel und wird auch durch empirische Untersuchungen bestätigt. Der hier vorgestellte Ansatz ist insofern für reale Anwendungen geeignet. Er besitzt überdies den Vorteil, das Problem der Portfoliooptimierung mit Hilfe eines linearen Optimierungsansatzes zu lösen, was weitaus einfacher als die Verwendung der quadratischen oder nichtlinearen Optimierung ist.

Gegen diesen Ansatz spricht eher ein theoretisches Argument. Der grundlegende Ausgangspunkt dieses Optimierungsansatzes nach (1) ist ein *lineares* Downside-Risk Maß. Der Wert der zu minimierenden Zielfunktion steigt linear mit dem Ausmaß der (negativen) Abweichung an. Kleine und große (negative) Abweichungsrenditen werden also *proportional* gewichtet. Üblicherweise geht man in der ökonomischen Theorie jedoch von dem Gesetz des abnehmenden Grenznutzens aus, insbesondere auch in Bezug auf den Nutzen eines Investors in Abhängigkeit von seinem Vermögen. Die Abb. 10.6.-1. illustriert den Verlauf des Nutzens $U(V)$ eines Investors in Abhängigkeit von seinem Vermögen V.

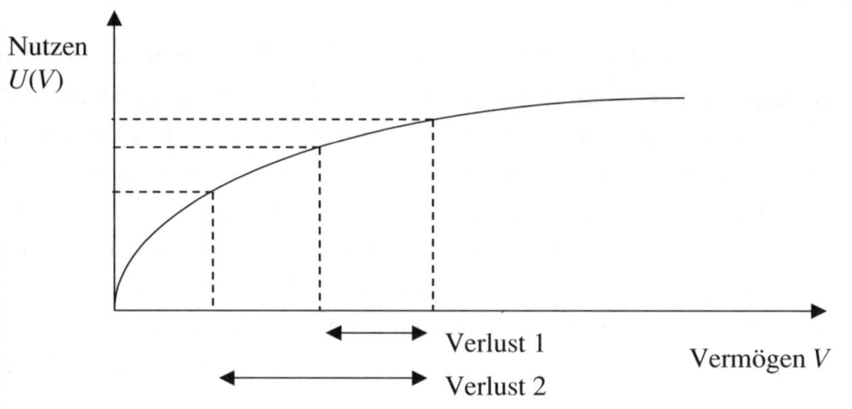

Abb. 10.6.-1.: Abhängigkeit des Nutzens $U(V)$ vom Vermögen V

Auf Grund des Verlaufs der Nutzenfunktion führen steigende Verluste nicht zu einer proportionalen, sondern zu einer überproportionalen Nutzeneinbuße. Dies ist bei einem Vergleich von „Verlust 1" mit „Verlust 2" in Abb. 10.6.-1. leicht nachvollziehbar. Der „Verlust 2" ist doppelt so groß wie der „Verlust 1". Allerdings ist aber die mit „Verlust 2" verbundene Nutzenminderung *mehr als* doppelt so groß wie die mit „Verlust 1" verbundene Nutzeneinbuße. Kleine negative Abweichungsrenditen bewirken kleine Verluste im Vermögen des Investors und bedeuten also nur kleine Nutzeneinbußen. Bei großen negativen Abweichungsrenditen bewirken die damit verbundenen großen Verluste im Vermögen des Investors jedoch einen *überproportionalen* Anstieg seiner Nutzeneinbuße. Das in (1) als Ausgangspunkt benutzte Risikomaß wäre also nur dann adäquat, wenn der Investor eine linear ansteigende (Vermögens-) Nutzenfunktion besitzen würde (konstanter Grenznutzen). Dies

185 Die anderen o.g. Referenzpunkte sind ebenso denkbar.

widerspricht aber der gängigen ökonomischen Theorie. Insofern wäre der hier präsentierte Ansatz zur Bestimmung optimaler Portfolios auf Basis einer (linearen) Downside-Risk Optimierung abzulehnen.

Folgt man diesen Überlegungen, so müsste der grundlegende Ausgangspunkt abgeändert werden. Eine alternative Formulierung der Zielfunktion wäre beispielsweise:

$$(18) \quad Z = \sum_{\substack{t=1 \\ r_t < I_t}}^{T} (r_t - I_t)^2 \rightarrow \text{min!}$$

In diesem Falle würde man die quadrierte (negative) Abweichungsrendite als Risikomaß benutzten. Allerdings geht dann die Linearitätseigenschaft der Zielfunktion verloren, womit der lineare Optimierungsansatz nicht mehr verwendbar wäre. Deshalb ist zu fragen, ob der oben skizzierte lineare Optimierungsansatz wenigstens eine gute Approximation der Lösung liefert, die man bei Verwendung des Risikomaßes nach (18) erhalten würde. ANG [1975, S. 849 ff.] konnte dies (für einen Optimierungsansatz der Art nach (17)) zeigen. Er argumentiert, dass trotz theoretischer Bedenken ein linearer Ansatz für praktische Anwendungen hinreichend gute Approximationen liefert.

10.7. Die Lösung der Fallstudien mit Hilfe einer ausgewählten Tabellenkalkulation

Obwohl sich sehr einfache Lehrbuchbeispiele zur linearen Optimierung noch mit Papier, Bleistift und Taschenrechner lösen lassen, ist dies schon bei nur etwas komplexeren Problemstellungen nicht mehr möglich. Schon die Aufgabenstellungen der beiden vorhergehenden Fallstudien sind (obwohl immer noch sehr einfach gehalten) kaum mehr manuell lösbar. Hier ist der Rückgriff auf spezielle Optimierungsprogramme oder die Erstellung eigener Programme (vgl. Kap. 10.4.) notwendig. Als mögliche Alternative zur verfahrenstechnischen Lösung der hier behandelten Fallstudien wird exemplarisch die Tabellenkalkulation *Microsoft Excel* 97 (im Folgenden nur kurz „Excel") betrachtet, die ebenfalls eine Routine zur linearen (und nichtlinearen) Optimierung unter Nebenbedingungen enthält.[186] Dieses Kapitel soll die notwendigen Hinweise vermitteln, wie die Fallstudien auch alternativ allein mit Excel (also ohne die zusätzliche Verwendung von VBA97) gelöst werden können. Dabei wird aber vorausgesetzt, dass der Umgang mit dieser oder einer vergleichbaren Tabellenkalkulation beherrscht wird. Die Darstellungen beschränken sich rein auf die Lösung der Fallstudien.

186 Die folgenden Ausführungen sind ohne Änderungen auch auf die Nachfolgeversion Excel 2000 übertragbar. Nur um die Einheitlichkeit mit den Fallstudien der ersten Auflage zu erhalten, die mit Excel 97 angefertigt wurden, wird hier auf die ältere Programmversion abgestellt. Die Änderungen in Excel 2000 betreffen vorrangig eine Überarbeitung und Erweiterung der internen Programmiersprache *Visual Basic for Applications*, aber auch diese Änderungen sind, wie in Kap. 10.4. erwähnt, selbst für die beispielhaften Implementationen nicht relevant. Soweit es also die beispielhaften Implementationen und die Lösung der Fallstudien mit Excel betrifft, spielt die Programmversion (97 oder 2000) keine Rolle.

10.7.1. Fallstudie 1: Index Tracking mit Hilfe der linearen Optimierung

Die folgenden Darstellungen behandeln die Lösung der Fallstudie aus Kap. 10.5. Um die Betrachtungen auf das Wesentliche zu konzentrieren, werden die Ausgangsdaten der Fallstudie, wie in Tab. 10.5.-1. dargestellt, zu Grunde gelegt. Die Schätzung der erwarteten Renditen anhand historischer Kursbeobachtungen wird dagegen bewusst nicht behandelt, da dieser Schritt der eigentlichen Problemlösung vorgelagert und an dieser Stelle nicht relevant ist. Wie sich dieser vorbereitende Schritt ebenfalls mit Excel lösen lässt, wird später in Kap. 12.5.3. anhand einer ähnlichen Aufgabenstellung näher behandelt. Die Abbildung 10.7.1.-1. zeigt das Tabellenblatt mit den Ausgangsdaten und der bereits ermittelten Lösung.

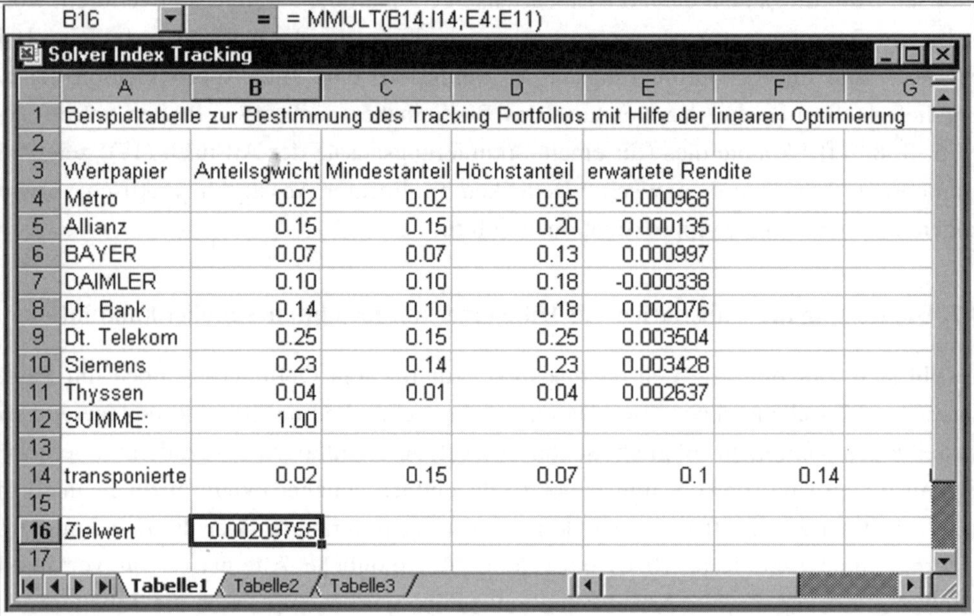

	A	B	C	D	E	F	G
1	Beispieltabelle zur Bestimmung des Tracking Portfolios mit Hilfe der linearen Optimierung						
2							
3	Wertpapier	Anteilsgewicht	Mindestanteil	Höchstanteil	erwartete Rendite		
4	Metro	0.02	0.02	0.05	-0.000968		
5	Allianz	0.15	0.15	0.20	0.000135		
6	BAYER	0.07	0.07	0.13	0.000997		
7	DAIMLER	0.10	0.10	0.18	-0.000338		
8	Dt. Bank	0.14	0.10	0.18	0.002076		
9	Dt. Telekom	0.25	0.15	0.25	0.003504		
10	Siemens	0.23	0.14	0.23	0.003428		
11	Thyssen	0.04	0.01	0.04	0.002637		
12	SUMME:	1.00					
13							
14	transponierte	0.02	0.15	0.07	0.1	0.14	
15							
16	Zielwert	0.00209755					
17							

Abb. 10.7.1.-1.: Tabellenblatt zur Lösung der Fallstudie 1

Die in den Zellen A3 bis E11 dargestellten Angaben entsprechen der Tab. 10.5.-1. mit den Ausgangsdaten zur Fallstudie. Die Zelle B12 enthält die Anweisung „= SUMME(B4:B11)“, mit der die Summe der Anteilsgewichte in den Zellen B4 bis B11 gebildet wird. Bei der dargestellten Lösung beträgt sie genau eins, womit die geforderte Nebenbedingung nach (16) aus Kap. 10.5. eingehalten wird. Eine Besonderheit der Tabelle stellt die Zeile 14 dar, welche den *transponierten* Gewichtsvektor enthält. Hier werden die Inhalte der Zellen B4 bis B11 (Anteilsgewichte im Portfolio) nochmals in den Zellen von B14 bis I14 wiederholt, allerdings zeilen- statt spaltenweise angeordnet. Dieser Zwischenschritt ist hilfreich zur Berechnung des Zielfunktionswerts. Die Zielfunktion der Fallstudie aus Kap. 10.5. lautet allgemein formuliert:

(1) $Z = \mu_p = \sum_{i=1}^{n} w_i \mu_i \rightarrow \max!$

mit w_i: Anteil des i-ten Wertpapiers am Tracking Portfolio, $0 \leq w_i \leq 1$
μ_i: erwartete Rendite des i-ten Wertpapiers
n: Anzahl der Wertpapiere im Tracking Portfolio

Unter Verwendung der Matrizennotation lässt sich (1) auch kompakter nach (2) darstellen:

(2) $Z = \mu_p = \mathbf{w}' \cdot \mathbf{R} \rightarrow \max!$

mit $\mathbf{w}'$: transponierter Spaltenvektor der Anteilsgewichte w_i
$\mathbf{R}$: Spaltenvektor der Erwartungswerte der Renditen μ_i

Da Excel standardmäßig über vordefinierte Funktionen zur Matrizenrechnung verfügt, kann (2) sehr einfach umgesetzt werden. Die Zelle B16 enthält die Anweisung zur Berechnung des Zielfunktionswerts. Sie lautet „=MMULT(B14:I14;E4:E11)“ und findet sich auch ganz oben in der Abb. 10.7.1.-1. Damit ist die Lösung des Problems vorbereitet. Die eigentliche Lösung kann im nächsten Schritt unter Verwendung des „Solvers“ vorgenommen werden. Der „Solver“ findet sich in der Tabellenkalkulation Excel unter dem Menüpunkt „Extras“ und wird durch Anklicken aktiviert.[187] Diese Excel-Funktion stellt eine lineare (und nichtlineare) Optimierung unter Nebenbedingungen zur Verfügung. Die Abb. 10.7.1.-2. zeigt das geöffnete Eingabefenster der Routine „Solver“ im Beispiel.

Abb. 10.7.1.-2.: Eingabefenster zum „Solver“

[187] Unter Excel 97 wird der „Solver“ nicht standardmäßig im Menü von Excel installiert, sondern muss bei erstmaliger Benutzung manuell in der Menüleiste eingerichtet werden. Dazu ist der „Add-In-Manager“ aufzurufen und der „Solver“ zu aktivieren.

Vor der Durchführung des Lösungsprozesses benötigt der „Solver“ Angaben zur Zielfunktion, zu den veränderbaren Parametern, zu den Nebenbedingungen und zu weiteren Optionen. Im Eingabefeld neben „Zielzelle“ wird die Zelle angegeben, welche die Berechnung des Zielfunktionswerts enthält. Im Beispiel ist dies B16. Der Typ des Optimierungsproblems ist ein Maximierungsproblem. Er ist bei „Zielwert“ entsprechend zu wählen. Die Problemvariablen befinden sich in den Zellen B4 bis B11, was unter „Veränderbare Zellen“ anzugeben ist.[188] Die Nebenbedingungen werden eingetragen, indem die Schaltfläche „Hinzufügen“ neben „Nebenbedingungen“ aktiviert wird. Unter „Nebenbedingungen“ finden sich ein Auszug der bereits eingetragenen Nebenbedingungen des Beispiels. Ein Vergleich der Abb. 10.7.1.-2. mit Abb. 10.7.1.-1. und mit dem Kap. 10.5. zeigt, wie hier die Nebenbedingungen nach (8) bis (16) aus Kap. 10.5. umgesetzt wurden. Damit ist das Optimierungsproblem im Beispiel vollständig angegeben. Durch Aktivieren der Schaltfläche „Lösen“ kann die eigentliche Optimierungsroutine gestartet werden.

Zuvor soll aber noch auf die Schaltfläche „Optionen“ hingewiesen werden, unter der einige weitere Einstellungen vorgenommen werden können. Sie sind hier nicht unbedingt erforderlich, können aber bei anderen (größeren) linearen Optimierungsproblemen hilfreich sein. Die Abb. 10.7.1.-3. zeigt das geöffnete Optionsfenster im Beispiel.

188 Die Berechnung des Zielfunktionswerts in Zelle B16 erfolgt im Beispiel unter Verwendung des transponierten Gewichtsvektors, der sich in den Zellen B14 bis I14 befindet. Bei der Konstruktion der Tabelle ist unbedingt darauf zu achten, dass eine Veränderung der Zelleninhalte von B4 bis B11 in den Zellen B14 bis I14 unmittelbar reflektiert wird. Dies lässt sich beim Aufbau der Tabelle über verschiedene Varianten erreichen. Eine Möglichkeit besteht darin, zunächst die Zellen B14 bis I14 zu markieren. In die erste der markierten Zellen (B14) wird dann die Formel „=MTRANS(B4:B11)“ eingegeben, wobei die Eingabe durch gleichzeitiges Drücken der Tasten Control+Shift+Enter vorzunehmen ist. Nähere Angaben dazu finden sich im Excel-Handbuch oder der Online-Hilfe.

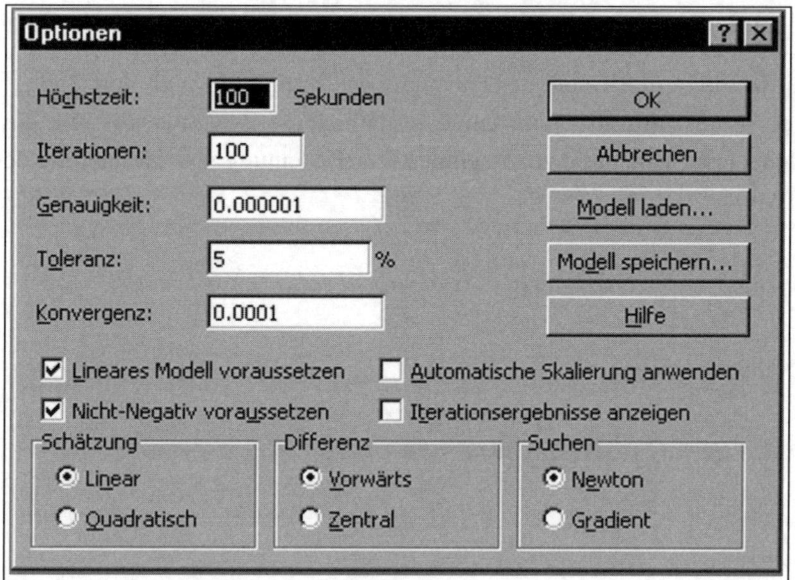

Abb. 10.7.1.-3.: Das Optionsfenster im Beispiel

Die meisten Einstellungsmöglichkeiten bei „Optionen“ sind im Zusammenhang mit der nichtlinearen Optimierung relevant und werden daher erst in Kap. 12.5.1. angesprochen. Für lineare Optimierungsprobleme sind insbesondere die Schaltflächen „Lineares Modell voraussetzen“ und „Nicht-Negativ voraussetzen“ relevant. Wird „Nicht-Negativ voraussetzen“ aktiviert, wird die Nichtnegativitätsbedingung *für alle* zu optimierenden Parameter gesetzt. Dies erspart das Zeit raubende Eintragen aller einzelnen Nichtnegativitätsbedingungen. Bei einem linearen Optimierungsproblem sollte außerdem die Option „Lineares Modell voraussetzen“ aktiviert werden, da dies den Lösungsprozess erheblich beschleunigt. Bei dem kleinen hier betrachteten Beispiel wird der Unterschied kaum merklich sein. Bei größeren Optimierungsproblem kann er aber deutlich in Erscheinung treten. Nach dem Setzen der benötigten Optionen führt ein Anklicken der Schaltfläche „OK“ wieder in das Eingabefenster des „Solvers“ zurück (vgl. Abb. 10.7.1.-2.).

Aktiviert man nun durch Anklicken von „Lösen“ den „Solver“, resultiert die in Abb. 10.7.1.-1. dargestellte Lösung. Sie ist identisch zu der Lösung, die mit der in Kap. 10.4. vorgestellten beispielhaften Implementation oder ihrer erweiterten Programmvariante (auf der Homepage[189] der Verfasser) erzielt wird (vgl. Kap. 10.5.). Sofern sich beim eigenen Nachrechnen eine abweichende Lösung einstellt (oder der „Solver“ eine Fehlermeldung ausgibt), ist unbedingt der Aufbau der Excel-Tabelle zu überprüfen. Ein „gängiger“ Fehler besteht oftmals darin, die Verknüpfung der Anteilsgewichte (Zellen B4 bis B11) mit ihrer zugehörigen, transponierten Darstellung (Zellen B14 bis I14) nicht herzustellen.

189 http://www.fiwi.uni-bremen.de

10.7.2. Fallstudie 2: Downside-Risk Optimierung mit Hilfe der linearen Optimierung

Vor der Aufbereitung der Daten der Fallstudie aus Kap. 10.6. (vgl. dort Tab. 10.6.-1.) für den „Solver" ist es hilfreich, eine kurze formelmäßige Zusammenfassung des Optimierungsproblems jener Fallstudie vorzunehmen (zur Bedeutung und Erläuterung der Symbole vgl. Kap. 10.6.):

(1) $Z(w_1, w_2, w_3, d_1^+, d_2^+, d_3^+, d_4^+, d_5^+, d_1^-, d_2^-, d_3^-, d_4^-, d_5^-) = \sum_{t=1}^{5} d_t^- \rightarrow \min!$

unter den Nebenbedingungen

(2) $\sum_{i=1}^{3} w_i r_{it} - d_t^+ + d_t^- = I_t$ für alle $t = 1, ..., 5$

(3) $\sum_{i=1}^{3} w_i = 1$

(4a) $w_i \geq 0$ für alle $i = 1, ..., 3$

(4b) $d_t^+ \geq 0$ für alle $t = 1, ..., 5$

(4c) $d_t^- \geq 0$ für alle $t = 1, ..., 5$

Die Zielfunktion nach (1) soll nochmals verdeutlichen, dass bei diesem linearen Optimierungsproblem die Werte von insgesamt 13 Problemvariablen gesucht werden, nämlich die Werte der Anteilsgewichte w_i ($i = 1, ..., 3$), der positiven (d_t^+) und negativen Abweichungsrenditen (d_t^-) zu den einzelnen Börsentagen t ($t = 1, ..., 5$). Dass die Werte der eigentlich gesuchten Anteilsgewichte w_i in der Zielfunktion nach (1) gar nicht auftauchen, darf - wie in Kap. 10.6. näher erläutert - nicht verwirren. Die Abb. 10.7.2.-1. zeigt die Excel-Tabelle zur Lösung der Fallstudie aus Kap. 10.6.

Solver Downside Risk

	A	B	C	D	E	F	G
1	Tabelle zur Downside-Risk Optimierung						
2							
3	Ausgangsdaten						
4							
5		Rendite				Tracking Portfolio	
6	Börsentag	R1	R2	R3		Wertpapier	Gewicht
7	05.01.99	-0.00822857	0.01698434	0.00894234		DaimlerChrys	0.87568272
8	06.01.99	0.06602904	0.04861755	0.05898533		Deutsche Ba	0.12431728
9	07.01.99	-0.01307967	-0.01698814	-0.01443001		Dt. Telekom	0
10	08.01.99	0.01478642	0.02286229	-0.0477306		SUMME:	1
11	11.01.99	-0.00917431	-0.02147131	-0.00615006			
12							
13	Berechnung der Portfoliorenditen und Hilfsvariablen						
14							
15	Börsentag	Portfoliorendit	Indexrendite	d+	d-	R - (d+) + (d-)	
16	05.01.99	-0.00509417	-0.00509417	0	0	-0.00509417	
17	06.01.99	0.06386449	0.03410147	0.02976302	0	0.03410147	
18	07.01.99	-0.01356556	-0.01785629	0.00429073	0	-0.01785629	
19	08.01.99	0.01579039	0.00463923	0.01115115	0	0.00463923	
20	11.01.99	-0.01070304	-0.01937246	0.00866942	0	-0.01937246	
21				SUMME:	0		
22							

Tabelle1 / Tabelle2 / Tabelle3

Abb. 10.7.2.-1.: Die Excel-Tabelle zur Lösung der Fallstudie

Die wesentlichen Ausgangsdaten der Fallstudie aus Kap. 10.6. befinden sich in dem Tabellenbereich der Zellen A6 bis D11. Dort sind die einzelnen Börsentage mit den zugehörigen Eintagesrenditen der DaimlerChrysler AG (R1), der Deutschen Bank AG (R2) und der Deutschen Telekom AG (R3) verzeichnet. Die Struktur des Tracking Portfolios ist in dem Tabellenbereich der Zellen F6 bis G9 dargestellt. Die Abb. 10.7.2.-1. weist dort in den Zellen G7 bis G9 bereits die gefundene Lösung aus. Bei der erstmaligen Erstellung der Tabelle (wenn man also die Lösung noch nicht kennt) würde man hier beliebige Startwerte eintragen. Die Zelle G10 enthält die Summe der Anteilsgewichte (also der Zellen G7 bis G9). Mit ihr wird die Nebenbedingung nach (3) ausgewertet.

Die Berechnung der Renditen des Tracking Portfolios, die Renditen des Marktindexes und die „Hilfsvariablen“ (die positiven (d_t^+) und negativen Abweichungsrenditen (d_t^-) zu den einzelnen Börsentagen) sind im unteren Bereich der Excel-Tabelle in den Zellen A15 bis F20 dargestellt. Die Zellen A15 bis A20 enthalten zunächst das Datum des Börsentags. In den Zellen B15 bis B20 werden die zugehörige Eintagesrenditen des Tracking Portfolios berechnet, und zwar unter Verwendung der beobachteten Eintagesrenditen für die einzelnen Werte (Zellen B7 bis D11) und den gewählten Werten für die Anteilsgewichte (Zellen G7 bis G9). Die Berechnung in den Zellen B16 bis B20 erfolgt nach Formel (5).

(5) $r_t = \mathbf{R_t}'\cdot\mathbf{w}$

mit $\mathbf{R_t}'$: transponierter Spaltenvektor der Eintagesrenditen zum Zeitpunkt t
$\mathbf{w}$: Spaltenvektor der Anteilsgewichte im Tracking Portfolio

Die Berechnung der Rendite des Tracking Portfolios zum Zeitpunkt t aus den Werten für die einzelnen Wertpapierrenditen und deren Gewichtung im Tracking Portfolio (vgl. auch Formel (2) in Kap. 10.6.) wird hier unter Verwendung der Matrizennotation vorgenommen. Man kann sich leicht überzeugen, dass (5) und Formel (2) aus Kap. 10.6. zueinander äquivalent sind. Der Vorteil von (5) besteht darin, die von Excel zur Verfügung gestellte Operation zur Matrizenmultiplikation nutzen zu können. So lautet z.B. der Inhalt der Zelle B16: „= MMULT(B7:D7;G7:G9)". Dies ist die Anwendung von (5) zur Berechnung der Rendite des Tracking Portfolios am 5.1.99. Die Inhalte der Zellen B17 bis B20 sind entsprechend belegt.

In den Zellen C16 bis C20 sind die beobachteten Eintagesrenditen für den Marktindex im Zeitraum 5.1.99 bis 11.1.99 eingetragen. Die Zellen D16 bis D20 enthalten die Werte der positiven Abweichungsrenditen d_t^+, die Zellen E16 bis E20 diejenigen der negativen Abweichungsrenditen d_t^-. In Abb. 10.7.2.-1. ist bereits das Ergebnis des Optimierungsprozesses dargestellt, was aber leicht zu Missverständnissen führen kann. Beim erstmaligen Aufbau der Excel-Tabelle ist unbedingt zu bedenken, dass diese Zellen die Problemvariablen d_t^+ und d_t^- repräsentieren. Deren Werte sind *vor* Beginn des Optimierungsprozesses unbekannt und sollen ja erst durch diesen gefunden werden! In diese Zellen sind daher zu Beginn willkürlich gewählte Startwerte einzutragen (am einfachsten immer der Wert null). In den Zellen F16 bis F20 werden jeweils die Werte der linken Seite von (2) berechnet. Der Inhalt von F16 enthält z.B. die Anweisung „= B16 - D16 + E16". Die Werte der Zellen F16 bis F20 müssen *nach* der Optimierung mit ihren jeweils korrespondierenden Werten der Zellen C16 bis C20 übereinstimmen (vgl. Nebenbedingung nach (2)), sofern eine zulässige Optimallösung gefunden werden konnte. *Vor* Durchführung der Optimierung werden sich die Werte im Allgemeinen unterscheiden, da man für alle Problemvariablen zunächst willkürlich gewählte Startwerte verwenden wird.

Die Zelle E21 enthält schließlich die Berechnung des Zielfunktionswerts, der sich einfach als Summe der Zellen E16 bis E20 ergibt („= SUMME(E16:E20)"). Dies entspricht der Formel (1). Damit ist das Optimierungsproblem für die Lösung durch den „Solver" ausreichend vorbereitet. Die Abb. 10.7.2.-2. zeigt das Eingabefenster des „Solvers", in welches die für die Lösung notwendigen Eintragungen vorgenommen wurden.

Abb. 10.7.2.-2.: Die Eingabedaten für den „Solver"

Die Eingabedaten für den „Solver" sind nach den oben skizzierten vorbereitenden Schritten schnell erläutert. Die „Zielzelle" ist die Zelle E21, es handelt sich um ein Minimierungsproblem (vgl. die Zielfunktion nach (1); vgl. „Zielwert" in Abb. 10.7.2.-2.). Die Werte der Problemvariablen befinden sich in den Zellen G7 bis G9 (die Anteilsgewichte w_i), D16 bis D20 (die positiven Abweichungsrenditen d_t^+) und E16 bis E20 (die negativen Abweichungsrenditen d_t^-). Sie werden bei „Veränderbare Zellen" eingetragen. Die Nebenbedingungen nach (2) und (3) finden sich unter „Nebenbedingungen" in Abb. 10.7.2.-2. Die dort zu findenden Eintragungen ergeben sich unmittelbar aus dem Aufbau der Excel-Tabelle nach Abb. 10.7.2.-1. Vor der Aktivierung des Optimierungsprozesses sind hier unbedingt die in Kap. 10.7.1. geschilderten Optionen zu setzen (vgl. auch Abb. 10.7.1.-3.), also die Nichtnegativitätsbedingung für alle Problemvariablen (vgl. die Nebenbedingungen nach (4)) und die Verwendung eines linearen Modells zur Beschleunigung des Optimierungsprozesses. Danach kann durch Anklicken der Schaltfläche „Lösen" die Optimierung durchgeführt werden. Es resultiert die in Abb. 10.7.2.-1. dargestellte Lösung.

Ein Vergleich der Lösung aus Kap. 10.6. (vgl. dort Tab. 10.6.-2.) mit dem in Abb. 10.7.2.-1. gefundenen Ergebnis zeigt deutliche Unterschiede (in Kap. 10.6. wurde die beispielhafte Implementation aus Kap. 10.4. und dessen erweiterte Variante benutzt). Beide Lösungen erfüllen das Optimalitätskriterium; sie besitzen beide einen Zielfunktionswert von null. Insofern ist weder die eine noch die andere Lösung „richtig" oder „falsch". Diejenigen Leser, welche die Fallstudie aus Kap. 10.6. bereits unter Verwendung der beispielhaften Implementation aus Kap. 10.4. nachgearbeitet (bzw. mit Hilfe eines anderen Optimierungsprogramms gelöst oder gar manuell nachgerechnet) haben, werden dort eine *mehrdeutige* Lösung identifiziert haben. Nach Beendigung des Lösungsprozesses besitzt nämlich die Zielfunktion in Bezug auf die Nichtbasisvariablen mehrere Koeffizienten mit einem Wert von genau null, was jene mehrdeutige Lösung anzeigt (vgl. auch Kap. 10.3.). Welche dieser mehrdeutigen Lösungen nun gefunden wird, hängt u.a. von der konkreten Implementation des Optimierungsverfahrens ab. Dass in diesem Fall zwei verschiedene Lösungen gefunden werden, verwundert also nicht.

Abschließend sei noch auf einen „interessanten Denkfehler" hingewiesen, der bei der konkreten Umsetzung der Fallstudie aus Kap. 10.6. leicht begangen werden kann. Dieser „Fehler" besteht darin, die positiven (d_t^+) und negativen (d_t^-) Abweichungsrenditen nicht als *freie*, zu optimierende Parameter zu behandeln, sondern sie nach Formel (3) aus Kap. 10.6. zu berechnen. Die Zelle D16 würde dann z.B. die Anweisung „= WENN(B16>C16;B16-C16;0)" und die Zelle E16 entsprechend „= WENN(B16<C16;C16-B16;0)" enthalten, womit man (3) aus Kap. 10.6. umsetzen könnte. Die Zelleninhalte von D17 bis D20 bzw. von E17 bis E20 würden analog lauten.

Der „Fehler" dieses Ansatzes besteht darin, dass (3) aus Kap. 10.6. nur eine gedankliche Hilfskonstruktion ist, die der Herleitung des eigentlichen Optimierungsansatzes (wie oben in (1) bis (4) in Bezug auf das Beispiel zusammengefasst) dient. Am Ende dieser Herleitung stellen die positiven (d_t^+) und negativen (d_t^-) Abweichungsrenditen tatsächlich *freie* Parameter dar, deren Werte im Zuge der Optimierung gesucht werden. Der „Fehler" ist aber deshalb „interessant", wenn man dessen Folgen näher betrachtet. Durch die Verwendung von (3) aus Kap. 10.6. werden die „Hilfsvariablen" d_t^+ und d_t^- gebunden. Sie stellen dann keine freien Parameter mehr dar, sondern werden endogen bestimmt. Im Beispiel würde sich dadurch die Anzahl zu optimierender Parameter von 13 auf 3 reduzieren. Die Formel nach (3) aus Kap. 10.6. stellt jedoch eine (nichtlineare) Schwellenwertfunktion dar. Setzt man (3) aus Kap. 10.6. für d_t^+ und d_t^- in die obigen Gleichungen (1) und (2) ein, so enthält sowohl die Zielfunktion nach (1) als auch die Nebenbedingungen nach (2) (nichtlineare) Schwellenwertfunktionen. Aus dem ehemals linearen Optimierungsproblem mit 13 zu optimierenden Parametern wird nun ein nichtlineares Optimierungsproblem (nichtlineare Zielfunktion und nichtlineare Nebenbedingungen) mit 3 zu optimierenden Parametern.

Versucht man das Optimierungsproblem unter Verwendung des geschilderten „Denkfehlers" zu lösen, gibt der „Solver" eine Fehlermeldung aus, wonach die Linearitätsbedingung verletzt wurde. Wählt man nun wieder die „Optionen" (vgl. auch Abb. 10.7.1.-3.), deaktiviert man „Lineares Modell voraussetzen" und startet man erneut den (dann nichtlinearen!) Optimierungsprozess, erhält man dieselbe (oder eine äquivalente) Lösung. Im ersten Augenschein mag der „Denkfehler" als Vereinfachung des Optimierungsproblems angesehen werden, denn statt 13 freier Parameter sind nur noch 3 zu optimieren. Diesen Vorteil erkauft man jedoch mit dem Eintausch eines linearen Optimierungsproblems gegen ein nichtlineares. Die folgenden Darstellungen in Kap. 11. und 12. werden zeigen, ob dies wirklich ein Vorteil ist.

10.8. Exkurs: Simultane Investitions- und Finanzplanung

Arbeitshinweise: In diesem Lehr- und Arbeitsbuch stehen Anwendungen aus Finanzanalyse und Portfoliomanagement im Mittelpunkt. Soweit es die lineare Optimierung betrifft, ist dies aber nicht ihr „klassisches" Einsatzgebiet. In diesem Exkurs wird daher exemplarisch eine Anwendung der linearen Optimierung aus dem Bereich der simultanen Investitions-, Finanz- und Absatzplanung behandelt, die eher „typischen" betriebswirtschaftlichen Planungsproblemen entspricht. Der Exkurs wendet sich somit vorrangig an Studierende der Wirtschaftswissenschaften, die im Studium mit diesem konkreten Problem (oder ähnlichen) konfrontiert sind. Da die Inhalte dieses Exkurses jedoch ein wenig abseits der vorrangigen Zielsetzung dieses Buches liegen, sind die Ausführungen zum betriebswirtschaftlichen Hintergrund eher knapp gehalten. Es werden hier diejenigen betriebswirtschaftlichen Grundkenntnisse (speziell in den Grundlagen der Investitionsrechnung) vorausgesetzt, wie sie typischerweise im Laufe des Grundstudiums erworben werden. Bei Bedarf sind entsprechende einführende Lehrbücher heranzuziehen.

Da in diesem Exkurs keine neuen Einsichten präsentiert werden, sondern nur ein anderes Anwendungsbeispiel behandelt wird, kann er auch ohne Folgen für das weitere Verständnis übersprungen werden.

Stellvertretend für die Anwendung bei typischen betriebswirtschaftlichen Planungsproblemen soll nun ein Modell zur simultanen Investitions- und Finanzplanung betrachtet und der konkrete Einsatz der linearen Optimierung an einem Beispiel demonstriert werden. Exemplarisch wird dazu das Modell von ALBACH (1962, S. 305 ff.) herangezogen, an dem sich der Einsatz der linearen Optimierung besonders anschaulich darstellen lässt und welches in gängigen Lehrbüchern[190] oder Handbüchern zur Finanzwirtschaft[191] ausführlich behandelt wird. Daher ist auch eine ins Detail gehende Darstellung jenes Modells, insbesondere dessen umfassende Kommentierung, Würdigung und kritische Stellungnahme sowie die Suche nach Verbesserungsmöglichkeiten hier ausdrücklich nicht beabsichtigt. Diese Aspekte sind der Originalquelle und der gängigen Literatur vorbehalten.[192]

Die Beurteilung von Investitionsobjekten wird in der Betriebswirtschaftslehre häufig mit Hilfe der Kapitalwertmethode (oder mit daraus abgeleiteten Varianten) als dem „Standardverfahren" der Investitionsrechnung vorgenommen. Kernelement der Kapitalwertmethode ist der sog. *Kalkulationszinsfuß*. Gemäß den Prämissen dieser Methode kann zu diesem

---

190 Exemplarisch seien hier BLOHM/LÜDER (1995, S. 300 ff.) oder PERRIDON/STEINER (1999, S. 139 f.) genannt.

191 Vgl. z.B. GÜNTHER (1995), S. 963

192 Das Modell wird auch nicht in seiner originären Form dargestellt, sondern es werden didaktisch sinnvoll erscheinende Abweichungen und Anpassungen vorgenommen.

Kalkulationszinsfuß am Kapitalmarkt in *unbegrenzter* Höhe Kapital *aufgenommen* bzw. *angelegt* werden. Der Kapitalwert (*KW*) einer Investition errechnet sich dann nach folgendem Verfahren:

$$(1) \quad KW = \sum_{t=0}^{T} \frac{Z_t}{(1+i)^t}$$

mit Z_t: Zahlungsstrom[193] aus der Investition in t
T: Laufzeit der Investition in Jahren
i: Kalkulationszinsfuß

Die Prämissen dieser Methode ermöglichen es, die Beurteilung von Investitionsvorhaben losgelöst von den damit verbundenen Finanzierungsmöglichkeiten vornehmen zu können. Ferner werden bei den gängigen Verfahren der dynamischen Investitionsrechnung Interdependenzen mit anderen betrieblichen Funktionsbereichen (insbesondere dem Produktions- und Absatzbereich) vernachlässigt. Insofern bezeichnet man jene Verfahren (wie z.B. die Kapitalwertmethode, die Methode des internen Zinsfußes, die Annuitätenmethode, die dynamische Amortisationsrechnung und ähnliche Verfahren) auch als *Partialmodelle*. In der betrieblichen Praxis sind jedoch Interdependenzbeziehungen vorhanden, und zwar nicht nur zwischen den Investitionsvorhaben und deren Auswirkungen auf die Produktion und den Absatz. So können auch zwischen den geplanten Investitionsvorhaben und den tatsächlichen Finanzierungsmöglichkeiten Abhängigkeiten bestehen. Modelle der simultanen Investitions- und Finanzplanung versuchen nun genau diese Interdependenzen zu erfassen, modellmäßig abzubilden und beim Lösungsprozess zu berücksichtigen. Das Modell von ALBACH (1962, S. 305 ff.) illustriert dabei besonders anschaulich den grundlegenden Ansatz hinter diesen *Simultanmodellen*.

Bei diesem Modell wird von n_1 möglichen Investitionsobjekten und n_2 Finanzierungsalternativen ausgegangen. Jedes dieser Investitionsobjekte besitzt einen (in der Regel positiven) Kapitalwert KW_i^I, jede Finanzierungsalternative einen (in der Regel negativen) Kapitalwert KW_i^F. Bei der simultanen Investitions- und Finanzplanung geht es nun darum, simultan die Art und Menge der Investitionsvorhaben und ihrer Finanzierungsalternativen so zu bestimmen, dass die Summe aller Kapitalwerte maximal wird. Die Zielfunktion lautet also nach (2):

193 Hier und im Folgenden bestimmt das Vorzeichen, ob es sich bei einem Zahlungsstrom um eine Ein- oder Auszahlung handelt. Ein Zahlungsstrom mit positivem Vorzeichen ist eine Einzahlung, ein Zahlungsstrom mit negativem Vorzeichen eine Auszahlung.

(2) $\sum_{i=1}^{n_1}(KW_i^I \cdot x_i^I) + \sum_{i=1}^{n_2}(KW_i^F \cdot x_i^F) \rightarrow \max!$

mit KW_i^I: Kapitalwert des i-ten Investitionsobjektes, $i = 1, ..., n_1$
x_i^I: Mengeneinheiten des i-ten Investitionsobjektes
KW_i^F: Kapitalwert der i-ten Finanzierungsalternative, $i = 1, ..., n_2$
x_i^F: Mengeneinheiten der i-ten Finanzierungsalternative

Die gesuchten Werte der Problemvariablen sind hier die der Variablen x_i^I und x_i^F, wobei zumeist vereinfachend eine beliebige Teilbarkeit aller Investitionsobjekte und Finanzierungsalternativen angenommen wird (ansonsten würde ein Problem der *ganzzahligen Optimierung* resultieren). Die Kapitalwerte der Investitionsobjekte und Finanzierungsalternativen sind exogen gegeben[194] und stellen die Koeffizienten in der Zielfunktion bei diesem Optimierungsansatz dar.

Die Zielfunktion wird in diesem Modell nun durch zahlreiche Nebenbedingungen ergänzt. Zunächst sind hier die Mengenrestriktionen für alle Investitionsobjekte und Finanzierungsalternativen zu nennen. Es wird davon ausgegangen, dass weder die Investitionsobjekte, noch die Finanzierungsalternativen in beliebigen Mengen zur Verfügung stehen, sondern nach oben beschränkt sind.

(3a) $x_i^I \leq b_i^I$ für alle $i = 1, ..., n_1$

(3b) $x_i^F \leq b_i^F$ für alle $i = 1, ..., n_2$

mit b_i^I: maximal mögliche Menge des i-ten Investitionsobjektes
b_i^F: maximal mögliche Menge der i-ten Finanzierungsalternative

Im nächsten Schritt sind die Auswirkungen auf Produktion und Absatz zu modellieren. In einer ganz einfachen Variante kann davon ausgegangen werden, dass jedes Investitionsobjekt y_i Einheiten eines Produktes fertigt, von denen pro Periode maximal z_i Einheiten am Markt abgesetzt werden können.[195]

194 Die mit einem Investitionsvorhaben oder einer Finanzierungsalternative verbundenen Zahlungsströme sind exogen gegeben. Zusätzlich wird in dem ALBACHschen Modell die (häufig kritisierte) Modellprämisse gesetzt, dass ebenso der Kalkulationszinsfuß exogen vorgegeben ist. Sind nun aber Zahlungsströme *und* Kalkulationszinsfuß der Investitionsmöglichkeiten und Finanzierungsalternativen exogen festgelegt, so folgen daraus unmittelbar die Kapitalwerte nach (1), und zwar ebenfalls als modellexogene Größen. Wäre dagegen der Kalkulationszinsfuß nicht *exogen* vorgegeben, müssten die Kapitalwerte (trotz exogen feststehender Zahlungsströme) modellendogen bestimmt werden.

195 In diesem Modell werden unter „Investitionen" implizit Anlageninvestitionen, wie z.B. Fertigungsmaschinen, verstanden. Die Nebenbedingungen nach (4) sind gedanklich am einfachsten nachzuvollziehen, wenn z.B. die i-te Investition mit einem bestimmten Maschinentyp für die Fertigung assoziiert wird. Die Größe y_i bezeichnet dann die Fertigungskapazität des i-ten Maschinentyps pro Periode. Wird die Fertigungskapazität einer Ma-

(4a) $x_i^I \cdot y_i \leq z_i$ für alle $i = 1, ..., n_1$

Eine Verfeinerung der Nebenbedingung nach (4a) besteht darin, die Absatzbeschränkungen individuell für jede Periode t bis zum Ende der gesamten betrachteten Nutzungsdauer T des Investitionsprogramms zu modellieren.[196]

(4b) $x_i^I \cdot y_{it} \leq z_{it}$ für alle $i = 1, ..., n_1$ und für alle $t = 1, ..., T$

mit y_{it}: Produktionsmenge des i-ten Investitionsobjektes in Periode t
z_{it}: maximal absetzbare (der vom i-ten Investitionsobjekt produzierten) Menge in Periode t

In (4b) wird gleichzeitig die Ausbringungsmenge y_{it} des i-ten Investitionsobjektes und die pro Periode maximal am Markt absetzbaren Einheiten z_{it} als im Zeitablauf variabel angesehen. Weitere Varianten von (4) sind denkbar, sollen aber hier nicht weiter aufgezählt werden.

Eine weitere zentrale Restriktion dieses Modells ist die Liquiditätsbeschränkung, mit der das finanzielle Gleichgewicht der Unternehmung bzw. des Investors abgebildet werden soll. Danach muss zu jedem Zeitpunkt t der gesamten betrachteten Nutzungsdauer des Investitionsprogramms die Summe aller kumulierten Zahlungsströme aus den Investitionen (meistens Einzahlungen) und aller kumulierten Kassenzahlungen (externe Zahlungsmittelzu- bzw. -abflüsse außerhalb des betrachteten Investitionsprogramms in Form von Einlagen oder Entnahmen) stets die kumulierten Zahlungsströme aus den Finanzierungen (meistens Auszahlungen) übersteigen. Es gilt also:

(5) $w_t^* = \sum_{j=0}^{t} w_j$

mit w_t^*: bis zum Zeitpunkt t kumulierte Zahlungen in/aus dem Kassenbestand
w_j: Zahlungsstrom zu/aus dem Kassenbestand zum Zeitpunkt j (positives Vorzeichen = Einlage des Investors; negatives Vorzeichen = Entnahme, z.B. für Konsumzwecke)

schine y_i mit der Anzahl x_i^I an Maschinen des i-ten Typs multipliziert, so ergibt sich die gesamte gefertigte Menge an Produkten dieses Maschinentyps in einer Periode. Diese gesamte gefertigte Menge muss nach (4a) kleiner oder gleich der maximal absetzbaren Menge z_i sein. Dabei wird implizit auch angenommen, dass jeder Maschinentyp ein anderes Produkt fertigt, also die Absatzmengenrestriktionen immer pro Maschinentyp eingehalten werden müssen. Natürlich lassen sich die Nebenbedingungen nach (4) auch entsprechend anpassen, falls ein Produkt auf allen Maschinen gefertigt wird, oder falls Substitutionsbeziehungen zwischen den verschiedenen gefertigten Produkten bestehen. Dies soll aber hier nicht weiter verfolgt werden.

196 Die Nebenbedingung nach (4b) muss für alle Zeitpunkte $t = 1, ..., T$ gelten. Die Betrachtungen bezüglich *dieser* Nebenbedingungen beginnen also erst mit $t = 1$, aber nicht mit $t = 0$. In diesem Modell ist $t = 0$ der Entscheidungszeitpunkt, zu dem die Investitionsobjekte beschafft und die Finanzierungen realisiert werden. Jedoch wird die Produktions- und Absatztätigkeit erst in der Folgeperiode ($t = 1$) aufgenommen.

(6) $e_{it}^* = \sum_{j=0}^{t} E_{ij}$ für alle Investitionsobjekte $i = 1, ..., n_1$

mit e_{it}^*: bis zum Zeitpunkt t kumulierter Zahlungsstrom aus dem i-ten Investitionsobjekt

E_{ij}: Zahlungsstrom aus dem i-ten Investitionsobjekt zum Zeitpunkt j (meistens eine Einzahlung bzw. Netto-Einzahlung, außer im Anschaffungszeitpunkt $j = 0$, dort im Regelfall umgekehrt)

(7) $a_{it}^* = \sum_{j=0}^{t} A_{ij}$ für alle Finanzierungen $i = 1, ..., n_2$

mit a_{it}^*: bis zum Zeitpunkt t kumulierter Zahlungsstrom aus der i-ten Finanzierung

A_{ij}: Zahlungsstrom aus der i-ten Finanzierung zum Zeitpunkt j (meistens eine Auszahlung bzw. Netto-Auszahlung, außer im Anschaffungszeitpunkt $j = 0$, dort im Regelfall umgekehrt)

(8) $$w_t^* + \sum_{i=1}^{n_1}\left(x_i^I \cdot e_{it}^*\right) \geq -\sum_{i=1}^{n_2}\left(x_i^F \cdot a_{it}^*\right) \Leftrightarrow w_t^* + \sum_{i=1}^{n_1}\left(x_i^I \cdot e_{it}^*\right) + \sum_{i=1}^{n_2}\left(x_i^F \cdot a_{it}^*\right) \geq 0$$

für alle $t = 0, ..., T$

Die Gleichung (8) drückt die Forderung nach dem finanziellen Gleichgewicht aus. Danach muss die Summe der kumulierten Kassenzahlungen plus der Summe der kumulierten Zahlungen aus den Investitionsobjekten stets (d.h. für jeden Zeitpunkt t der Laufzeit des Investitionsprogramms) größer oder gleich der (negativen) Summe der Zahlungen aus den Finanzierungen sein.[197]

197 In Bezug auf die Darstellung der Liquiditätsrestriktion finden sich in der Literatur abweichende Darstellungen. Dies hängt mit der Definition des Vorzeichens von Ein- und Auszahlungen zusammen und mit dem ersten Zeitpunkt ($t = 0$ oder $t = 1$), ab dem die Liquiditätsrestriktion explizit betrachtet wird. Hier werden *Einzahlungen* immer als *positive* und *Auszahlungen* immer als *negative* Zahlen (Zahlungsströme) definiert, unabhängig von der Herkunft der Zahlung (ob aus einer Investition, einer Finanzierung oder als Einlage bzw. Entnahme durch den Investor). Im Folgenden (und so auch in der Literatur) wird zwar im Zusammenhang mit Investitionen von Einzahlungen bzw. Netto-Einzahlungen (Saldo aus Ein- und Auszahlungen) und im Zusammenhang mit Finanzierungen von Auszahlungen bzw. Netto-Auszahlungen (ebenfalls Saldo aus Ein- und Auszahlungen) gesprochen, wobei mit dieser Begriffsassoziation aber lediglich eine sprachliche Charakterisierung des typischen Vorzeichens des Zahlungsstroms gemeint ist. Die Investitionsobjekte besitzen für $t > 0$ meistens positive Zahlungssalden (Einzahlungen bzw. Netto-Einzahlungen, wegen der Zahlungsmittelrückflüsse aus der Investition), während Finanzierungen für $t > 0$ meistens negative Zahlungssalden aufweisen (Auszahlungen bzw. Netto-Auszahlungen, negative Zahlungsströme wegen der Zins- und Tilgungszahlungen). Im Anschaffungszeitpunkt ($t = 0$) kehren sich allerdings die Vorzeichen der Zahlungsströme von Investitionen und Finanzierungen um. So ist typischerweise der Zahlungsstrom aus einem Investitionsobjekt im Anschaffungszeitpunkt ($t = 0$) *negativ* (wegen der Anschaffungsausgabe), während umgekehrt bei einer Finanzierung im Anschaffungszeitpunkt ($t = 0$) der Zahlungsstrom *positiv* ist (wegen der Bereitstellung des Kreditbetrages). Abweichend werden in der Literatur bei der Darstellung dieses Modells in Bezug auf die Liquiditätsrestriktion oftmals aber die Auszahlungen als positive und die Einzahlungen als negative Zahlen definiert (wobei die

Schließlich ist noch die Nichtnegativitätsbedingung für alle Mengen x_i^I und x_i^F zu fordern. Die Lösung dieses Optimierungsproblems ist mit Hilfe der linearen Optimierung leicht möglich. Zur Veranschaulichung soll ein einfaches Beispiel herangezogen werden. Um dabei die Darstellungen auf das Wesentliche zu konzentrieren, wird im Folgenden auf aufwändige Zwischenrechnungen verzichtet. Die Behandlung beschränkt sich auf die Ausgangsdaten, die konkrete Formulierung des Optimierungsproblems und dessen Lösung. Die zahlreichen Zwischenrechnungen können aber leicht selbst nachvollzogen werden. Alternativ steht dieses Beispiel auch mit allen Zwischenrechnungen als Excel-Tabelle zum Download auf der Homepage[198] der Verfasser zur Verfügung.

Einem Investor mögen die in Tab. 10.8.-1. mit ihren Zahlungsströmen dargestellten Investitionsmöglichkeiten und Finanzierungsalternativen zur Verfügung stehen. Der Investor kann ferner unbegrenzt Kapital zu einem Zinssatz von 6% am Kapitalmarkt anlegen (aber nicht aufnehmen).

Periode	Investition 1	Investition 2	Investition 3	Finanzierung 1	Finanzierung 2	Finanzierung 3
0	-1000	-3000	-2000	900	2000	1000
1	-200	-200	700	-65	-500	-265
2	300	-200	600	-65	-500	-265
3	400	-200	500	-65	-500	-265
4	500	2000	400	-65	-500	-265
5	600	3100	300	-965	-500	-265

Tab. 10.8.-1.: Zahlungssalden der Investitionsobjekte und Finanzierungsalternativen im Beispiel

Durch periodenweise Kumulation ergeben sich die in Tab. 10.8.-2. dargestellten Zahlungssalden für jede Investitionsmöglichkeit bzw. Finanzierungsalternative. In der letzten Zeile der Tabelle 10.8.-2. sind die sich aus Tab. 10.8.-1. ergebenden Kapitalwerte der Investitionsmöglichkeiten und Finanzierungsalternativen (bei einem Kalkulationszinsfuß von 6%) verzeichnet.

Kasseneinzahlungen weiterhin als positive Zahlen aufgefasst werden). Die Restriktion nach (8) wird dann als $\sum_{i=1}^{n_1}\left(x_i^I \cdot e_{it}^*\right)+\sum_{i=1}^{n_2}\left(x_i^F \cdot a_{it}^*\right)\leq w_t^*$ dargestellt. Mit den „umgekehrt" definierten Vorzeichen von Ein- und Auszahlungen ist diese Darstellung offensichtlich äquivalent zur hier benutzten nach (8). Die Definition von Einzahlungen als positive und Auszahlungen als negative Zahlen erscheint allerdings als intuitiver und konsistenter, weshalb hier diese Vorgehensweise gewählt und nicht üblichen Darstellungen der Literatur gefolgt wird. Eine andere Definition, die mitunter abweichend gehandhabt wird, ist die des Entscheidungszeitpunktes. Hier wird $t = 0$ als Entscheidungszeitpunkt definiert, während sich in der Literatur auch $t = 1$ als Entscheidungszeitpunkt findet.

198 http://www.fiwi.uni-bremen.de

Periode	Investition 1	Investition 2	Investition 3	Finanzierung 1	Finanzierung 2	Finanzierung 3
0	-1000	-3000	-2000	900	2000	1000
1	-1200	-3200	-1300	835	1500	735
2	-900	-3400	-700	770	1000	470
3	-500	-3600	-200	705	500	205
4	0	-1600	200	640	0	-60
5	600	1500	500	-325	-500	-325
KW	258.57	366.09	155.20	-46.34	-106.18	-116.28

Tab. 10.8.-2.: Kumulierte Zahlungssalden und Kapitalwerte im Beispiel

Die Tabelle 10.8.-3. enthält die weiteren notwendigen Angaben zum Beispiel. Dies sind die maximal möglichen Mengen der Investitionen bzw. Finanzierungen sowie die Produktions- und Absatzmengen in Bezug auf die Investitionsmöglichkeiten. Der Investor will außerdem über die Laufzeit des Investitionsprogramms weder weitere Einlagen, noch Entnahmen in Form von Kassenmitteln vornehmen. Er fordert also, dass sich das Investitionsprogramm liquiditätsmäßig selbst trägt.

Objekt	max. Menge	produzierte Einheiten pro Periode	max. absetzbare Menge pro Periode
Investition 1	8	100	1000
Investition 2	4	350	2000
Investition 3	12	220	1200
Finanzierung 1	2		
Finanzierung 2	3		
Finanzierung 3	10		

Tab. 10.8.-3.: Weitere Restriktionen im Beispiel

Mit diesen Angaben ergibt sich der folgende Optimierungsansatz, der hier aus Platzgründen aber nicht vollständig dargestellt wird (die fehlenden Bestandteile können aber leicht und unmittelbar aus den Angaben der Tabellen 10.8.-2. und 10.8.-3. abgeleitet werden). Die Zielfunktion lautet nach (9):

(9) $258.87 \cdot x_1^I + 366.09 \cdot x_2^I + 155.20 \cdot x_3^I - 46.34 \cdot x_1^F - 106.18 \cdot x_2^F - 116.28 \cdot x_3^F \rightarrow \max!$

Die Restriktionen für die Höchstmengen lauten nach (10), die hier nur für die ersten beiden Investitionsmöglichkeiten explizit dargestellt werden.

(10a) $x_1^I \leq 8$ (10b) $x_2^I \leq 4$ usw. (vgl. Tab. 10.8.-3.)

Die Produktions- und Absatzbeschränkung für die erste Investitionsmöglichkeit lautet nach (11):[199]

(11) $100 \cdot x_1^I \leq 1000$ usw. (vgl. Tab. 10.8.-3.)

Die Liquiditätsrestriktion des Zeitpunktes $t = 0$ lässt sich aus Tab. 10.8.-2. ableiten. Sie ist in (12a) dargestellt. Ebenso ergibt sich die Liquiditätsrestriktion für $t = 1$ aus Tab. 10.8.-2. (vgl. 12b) sowie für alle weiteren Zeitpunkte des Beispiels in entsprechender Weise.

(12a) $-1000 \cdot x_1^I - 3000 \cdot x_2^I - 2000 \cdot x_3^I + 900 \cdot x_1^F + 2000 \cdot x_2^F + 1000 \cdot x_3^F \geq 0$

(12b) $-1200 \cdot x_1^I - 3200 \cdot x_2^I - 1300 \cdot x_3^I + 835 \cdot x_1^F + 1500 \cdot x_2^F + 735 \cdot x_3^F \geq 0$

Schließlich sind die Nichtnegativitätsbedingungen für alle Mengen x_1^I, x_2^I, x_3^I, x_1^F, x_2^F und x_3^F zu fordern. Unter Verwendung der Zielfunktion nach (9) und aller Nebenbedingungen nach (10) bis (12) (einschließlich der hier nicht explizit ausgeführten Bestandteile) sowie den Nichtnegativitätsbedingungen ergibt sich die in Tab. 10.8.-4. dargestellte Lösung. Neben den gesuchten Mengen der Investitionsobjekte und Finanzierungen ist insbesondere der Liquiditätsstatus pro Periode (Saldo aller bis zu einem Zeitpunkt kumulierten Ein- und Auszahlungen) interessant, denn er zeigt, ob das finanzielle Gleichgewicht des Investitionsprogramms ständig gewahrt ist.

Objekt	optimale Menge	Periode	Liquiditätsstatus pro Periode
Investition 1	8.00	0	5459.57
Investition 2	0.00	1	729.79
Investition 3	0.00	2	0.00
Finanzierung 1	2.00	3	70.21
Finanzierung 2	3.00	4	940.43
Finanzierung 3	5.66	5	810.64

Tab. 10.8.-4.: Die optimale Lösung im Beispiel

Der Wert der Zielfunktion beträgt im Beispiel 999.26. Die gefundene Lösung mag vielleicht auf den ersten Blick überraschen, da man möglicherweise intuitiv etwas anderes erwartet hätte. So besitzt die Investition 2 im Beispiel einen deutlich höheren Kapitalwert als Investition 1, während Investition 3 unter Liquiditätsgesichtspunkten (gegenüber 1) attraktiv erscheint. Beide sind aber in der optimalen Lösung nicht vertreten. Die Vollausschöpfung der Finanzierungen 1 und 2 überrascht indessen nicht, da sie die beiden kostengünsti-

199 Aus Vereinfachungsgründen erfolgt keine differenzierte Betrachtung nach den einzelnen Perioden, sondern die Produktions- und Absatzbeschränkungen werden im Zeitablauf als konstant angesehen (vgl. Nebenbedingung nach (4a)).

geren Varianten (gegenüber 3) darstellen. Somit zeigt dieses sehr einfach gehaltene Beispiel aber besonders eindrucksvoll, dass die optimale Lösung durch „scharfes Hinsehen" gar nicht so offensichtlich ist. Obgleich das Ergebnis eines Optimierungsprozesses natürlich nur so gut sein kann, wie die verwendeten Inputparameter, so stellt die Optimierung selbst aber ein durchaus nützliches Werkzeug zur Unterstützung betriebswirtschaftlicher Entscheidungen dar.

Das hier beispielhaft verwendete Modell von ALBACH zur simultanen Investitions- und Finanzplanung soll bewusst - wie bereits zuvor erwähnt - weder inhaltlich näher kommentiert noch kritisch gewürdigt werden. Trotz zahlreicher in der Literatur näher dargestellter Kritikpunkte[200] zeigt es anschaulich eine mögliche betriebswirtschaftliche Anwendung außerhalb des speziellen Fokus dieses Buches. Die später kommenden Fallstudien werden sich wieder auf Anwendungsbeispiele aus Finanzanalyse und Portfoliomanagement beschränken.

---

200 Einige dieser Kritikpunkte sind schon leicht anhand des Beispiels ersichtlich. So werden etwa in $t = 0$ ca. 5460 Geldeinheiten mehr an Kredit aufgenommen, als zum aktuellen Zeitpunkt benötigt. Dies resultiert aus dem Einperiodencharakter des ALBACHschen Modells, in der Investitions- und Finanzierungsentscheidungen (sowie damit verbundene Maßnahmen) nur zum Entscheidungszeitpunkt $t = 0$ möglich sind. In einem Mehrperiodenmodell (d.h. Entscheidungs- und Handlungsmöglichkeiten wären dann auch zu $t = 1$, $t = 2$ usw. möglich) würde man den Kredit immer nur in der benötigten Höhe und zum benötigten Zeitpunkt aufnehmen. Dann würde aber auch ein gänzlich anderes Modell (Mehrperiodenmodell) entstehen, welches mit einem gänzlich anderen Verfahren (nämlich der dynamischen Optimierung) gelöst werden müsste. Ferner wird an diesem Modell kritisiert, dass der Kalkulationszinsfuß exogen gegeben ist, während er eigentlich modellendogen bestimmt werden müsste. Der Vorteil des ALBACHschen Modells ist aber zweifelsfrei dessen einfache und intuitiv nachvollziehbare Veranschaulichung eines simultanen Investitions- und Finanzplanungsproblems.

11. Nichtlineare Optimierung

Die nachfolgenden Darstellungen beschäftigen sich mit Verfahren der nichtlinearen Optimierung und ihrer Anwendung in Finanzanalyse und Portfoliomanagement. Aus Gründen der sprachlichen Vereinfachung wird im Folgenden der Zusatz „nichtlineare“ fortgelassen und nur von „Optimierung“ gesprochen.

11.1. Eindimensionale Optimierung

Arbeitshinweise: Das vorliegende Kap. 11.1. führt in den einfachen Fall der eindimensionalen Optimierung ein. Hier ist also die Lage des Minimums einer Zielfunktion mit nur einem freien Parameter zu bestimmen. Obwohl in der praktischen Anwendung mehrdimensionale Optimierungsprobleme dominieren, legt die Behandlung eindimensionaler Optimierungsprobleme die zentralen Grundlagen für die später zu behandelnden Verfahren. Die nachfolgend vorzustellenden Verfahren werden dabei stets in drei separaten Blöcken behandelt. Es erfolgen zuerst immer die theoretische Darstellung und die verbale Beschreibung des Algorithmus („Theorieteil“). Im „Beispielteil“ wird dann die Arbeitsweise des Algorithmus anhand eines einfachen Beispiels illustriert. Schließlich wird mit dem „Implementationsteil“ eine beispielhafte Implementation präsentiert. Diese vertieft die Überlegungen aus dem Theorieteil und zeigt, wie das jeweils konkret behandelte Beispiel praktisch gelöst wird. Für eine nur grundlegende Auseinandersetzung mit Fragen der nichtlinearen Optimierung und deren Anwendung in der Finanzwirtschaft ist die Bearbeitung des Theorieteils ausreichend. Der Beispielteil demonstriert die Arbeitsweise des im Theorieteils jeweils erarbeiteten Algorithmus und ist auf jeden Fall für das Verständnis hilfreich. Soweit jedoch die Darstellungen des Theorieteils problemlos verstanden wurden, kann der Beispielteil auch ausgelassen werden. Der Implementationsteil dient der Vertiefung und Konkretisierung. Wer die vorzustellenden Verfahren auch im Detail durchschauen möchte, sollte auch diesen bearbeiten. Soweit allerdings nur Interesse an einem grundlegenden Verständnis besteht, gehen die dort zu präsentierenden Überlegungen zu sehr in die Tiefe und sollten ausgelassen werden. Die Anordnung der drei Teile (Theorie – Beispiel – Implementation) erfolgt nicht immer in der Reihenfolge dieser Aufzählung. Tatsächlich bietet es sich zumeist an, vor der Behandlung des Beispielteils die Überlegungen zunächst anhand der beispielhaften Implementation zu vertiefen. In diesem Falle tauschen also der Beispielteil und der Implementationsteil die Reihenfolge.

Die Berechnungen der Beispiele basieren im Regelfall auf den behandelten Implementationen in *Visual Basic for Applications* für Excel 97. Diejenigen Leser, welche sich jedoch nicht mit dem Implementationsteil beschäftigen möchten, werden schon an dieser Stelle auf das Kap. 12.5. hingewiesen. Dort wird gezeigt, wie sich die später zu behandelnden vier

Fallstudien der Kap. 12.1. bis 12.4. auch mit Hilfe der Tabellenkalkulation Excel von Microsoft ohne Kenntnisse einer Programmiersprache lösen lassen. Natürlich lassen sich die dort gegebenen Hinweise auch nutzen, um die Beispiele dieses Kapitels eigenständig nachzuarbeiten, ohne selbst „programmieren" zu müssen.

11.1.1. Verfahren ohne Gradienten

Arbeitshinweise: Nachfolgend wird ein einfaches Verfahren der eindimensionalen Optimierung vorgestellt. Dieses ist für den weiteren Gang der Betrachtungen zentral, denn der Algorithmus zur Linienminimierung beim später systematisch zu entwickelnden konjugierten Gradientenverfahren basiert hierauf. Der Theorieteil zerfällt in die Unterkapitel 11.1.1.1. und 11.1.1.2., welche von allen Lesern bearbeitet werden sollten. Das Kap. 11.1.1.3. führt die theoretischen Überlegungen fort und konkretisiert sie anhand einer beispielhaften Implementation des Algorithmus. Dieser Implementationsteil kann ohne Folgen für das weitere Verständnis übersprungen werden. Das Beispiel in Kap. 11.1.1.4. (Beispielteil) ist hilfreich für das Verständnis der Arbeitsweise des Algorithmus und daher zur Bearbeitung empfohlen.

Nichtlineare Optimierungsverfahren, die lediglich die Berechenbarkeit der Zielfunktion f an jeder Stelle θ fordern, lassen sich vergleichsweise universell einsetzen. Zusätzliche Anwendungsvoraussetzungen, wie die Berechenbarkeit der ersten Ableitung von f nach dem Parameter θ (diese erste Ableitung wird auch als *Gradient* bezeichnet) oder zusätzlich gar die Berechenbarkeit dessen zweiter Ableitung, werden nicht gefordert. Andererseits wird im Optimierungsprozess auf wertvolle Zusatzinformationen verzichtet, wenn die Berechenbarkeit der ersten oder sogar der zweiten Ableitung möglich ist. In der praktischen Anwendung ergibt sich hier schnell ein „trade-off": Die Approximation der ersten oder zweiten Ableitung der Zielfunktion f nach θ ist zwar zumeist möglich, erfordert aber Rechenzeit. Diese Approximation liefert zusätzliche Informationen über die Eigenschaft der Zielfunktion f an der Stelle θ, die sich zur Beschleunigung der Optimierung nutzen lässt. Allgemein gültige Aussagen über den „Nettoeffekt" sind kaum möglich. Soweit der zusätzliche Rechenaufwand zur Approximation der ersten oder zweiten Ableitung durch die anschließende Beschleunigung der Optimierung überkompensiert wird, ist deren Bestimmung sinnvoll. Ist dagegen deren Approximation sehr zeitaufwändig, sollte auf diese Zusatzinformation verzichtet werden.

Das im Folgenden vorzustellende Verfahren zur nichtlinearen Optimierung ohne Gradienteninformation (und zweiter Ableitung) ist also nicht generell den später zu behandelnden Verfahren (die diese Zusatzinformationen nutzen) unterlegen. Dies hängt im konkreten Anwendungsfall stark von dem Verhältnis des zeitlichen Aufwands für die Funktionsauswertung einerseits und für die Berechnung bzw. Approximation des Gradienten andererseits ab.

11.1.1.1. Schachtelung des Minimums

Das im Folgenden vorzustellende Verfahren ist in der Literatur unter der Bezeichnung „golden section search“ (auch „Methode des Goldenen Schnitts“) bekannt und basiert auf einer systematischen Einschachtelung des Minimums der Zielfunktion *f*. Wie bereits in der Einleitung (Kap. 9.) erwähnt, setzt dieses (und alle nachfolgend vorzustellenden) Verfahren eine „gewisse Glattheit“ der Zielfunktion voraus, d.h. bei „wilden“ und „zackigen“ Funktionsverläufen wird dieses Verfahren nur suboptimale Lösungen liefern. Der Grund dafür wird später aus der Arbeitsweise des Verfahrens ersichtlich.

Zur Veranschaulichung der Arbeitsweise der „golden section search“ wird von einer sehr einfachen Zielfunktion nach (1) ausgegangen.

(1) $f(\theta) = \theta^2$

Natürlich lässt sich dieses Verfahren auf beliebig komplexe, eindimensionale Zielfunktionen anwenden. Für ein erstes grundlegendes Verständnis soll aber bewusst diese einfache Zielfunktion zu Grunde gelegt werden. In Gleichung (1) ist ferner die explizite Form der Zielfunktion angegeben. Deren Kenntnis ist für die „golden section search“ eigentlich nicht erforderlich, da sie lediglich die Berechenbarkeit der Zielfunktion an jeder Stelle θ fordert. Zur Illustration des Verfahrens ist aber die Kenntnis der expliziten Form hilfreich. Die Abb. 11.1.1.1.-1. zeigt den Verlauf der Zielfunktion *f* im Intervall [–4,+4].

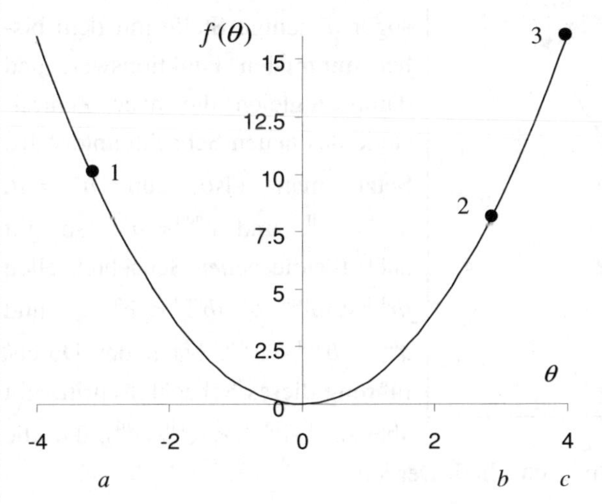

Abb. 11.1.1.1.-1.: Beispiel für die sukzessive Schachtelung eines Minimums

Der Prozess der sukzessiven Einschachtelung des Minimums beginnt mit drei Anfangsstellen[201] θ^1, θ^2 und θ^3 (in Abb. 11.1.1.1.-1. mit 1, 2 und 3 gekennzeichnet) mit den Eigenschaften: $f(\theta^1) > f(\theta^2)$, $f(\theta^3) > f(\theta^2)$ und $\theta^3 > \theta^2 > \theta^1$. Wie man zu diesen drei Anfangsstellen gelangt, wird Gegenstand des nachfolgenden Kap. 11.1.1.2. sein und soll hier zunächst nicht weiter interessieren. Die „golden section search“ arbeitet nun nach dem unten dargestellten Algorithmus, der zunächst kurz entwickelt wird. Zur Vereinfachung der Symbolik wer-

201 Die hochgestellten Ziffern „1“, „2“ und „3“ bei θ^1, θ^2 und θ^3 bezeichnen hier Indices. Sie sind nicht als Potenzen zu interpretieren.

den die Schachtelstellen θ^1, θ^2 und θ^3 nur mit a, b und c, ihre zugehörigen Funktionswerte $f(\theta^1)$, $f(\theta^2)$ und $f(\theta^3)$ mit fa, fb und fc bezeichnet.

Der grundlegende Ansatz dieses Verfahrens besteht darin, drei neue Schachtelstellen a^{neu}, b^{neu} und c^{neu} zu bestimmen, die ein engeres Intervall begrenzen als bisher. Es soll also nach der Durchführung eines Schachtelschritts gelten: $(c^{neu}-a^{neu}) < (c^{alt}-a^{alt})$. Damit wäre die Lage des Minimums genauer als vorher bestimmt. Nun führt man die Schachtelung solange fort, bis die Intervallgrenzen c und a so eng aneinander gerückt sind, dass eine geforderte Präzision ε erreicht wird (also bis die Breite des neuen Schachtelintervalls $(c^{neu}-a^{neu})$ eine vorgegebene Toleranz ε unterschreitet).

Im ersten Schritt wird dazu das größere der beiden Teilstücke bzw. Abstände von $(c-b)$ und $(b-a)$ bestimmt. Im Beispiel der Abb. 11.1.1.1.-1. ist dies der Abstand $(b-a)$. In dieses größere Teilstück wird nun eine neue Schachtelstelle d hineingelegt, wie es die Abb. 11.1.1.1.-2. illustriert. Dabei soll die konkrete Bestimmung der neuen Schachtelstelle d im Moment nicht interessieren. Sie wird später erläutert.

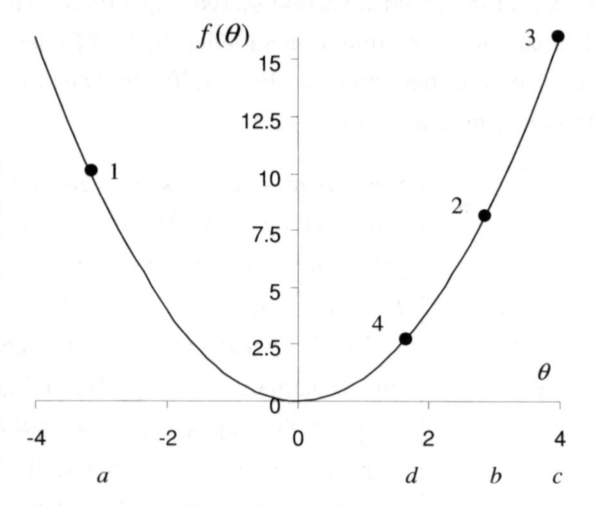

Abb. 11.1.1.1.-2.: Neue Schachtelstelle d

Die neue Schachtelstelle d (auch als Punkt 4 in Abb. 11.1.1.1.-2. bezeichnet) besitzt einen kleineren Funktionswert fd als seine umgebenden Stellen a und b. Sie ist sogar diejenige Stelle mit dem bisher minimalen Funktionswert und damit zugleich die neue Zentralstelle des neuen Schachtelintervalls. Setzt man also nun $b^{neu} = d$, $a^{neu} = a^{alt}$, und $c^{neu} = b^{alt}$, so gilt auch für die *neuen* Schachtelstellen $fb^{neu} < fa^{neu}$, $fb^{neu} < fc^{neu}$ und $a^{neu} < b^{neu} < c^{neu}$. Nach der Durchführung dieses Schachtelschritts gilt aber $(c^{neu}-a^{neu}) < (c^{alt}-a^{alt})$, d.h. die Lage des Minimums konnte genauer eingeschachtelt werden.

Im Beispiel wurde ein Funktionsverlauf nach (1) unterstellt. Im Allgemeinen ist dieser aber nicht bekannt. Für den Moment soll daher kurz angenommen werden, dass die anfänglichen Schachtelstellen a, b und c wie nach Abb. 11.1.1.1.-1. das Minimum einschachteln, dass jedoch der Funktionsverlauf zwischen den Punkten (in der Abbildung) unbekannt sei (wie es der realen Anwendung eben auch entspricht). Die Bestimmung der neuen Schachtelstelle *d* erfolgt wie gerade beschrieben. Dabei könnte sich ein Funktionswert *fd* mit $fd < fa$ und $fd < fb$, wie oben dargestellt, ergeben. Andererseits ist aber prinzipiell auch die in Abb. 11.1.1.1.-3. illustrierte Situation denkbar, in der $fd > fb$ und $fb < fc$ gilt.

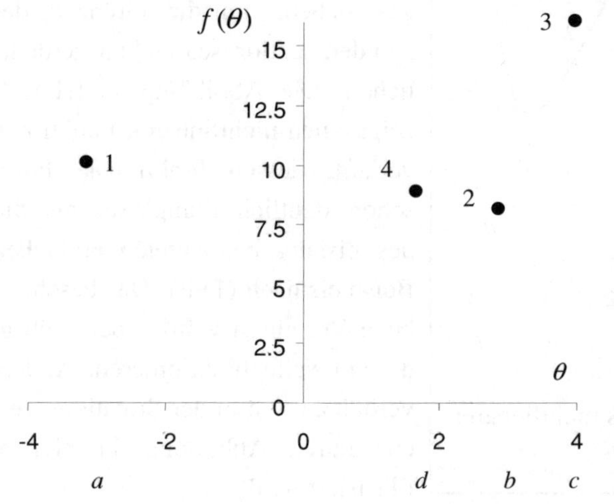

Abb. 11.1.1.1.-3.: Neue Schachtelstelle *d* als linke Intervallgrenze

In diesem Fall würde die neue Schachtelstelle *d* (auch als Punkt 4 in Abb. 11.1.1.1.-3. bezeichnet) zur neuen linken Begrenzung des neuen Schachtelintervalls werden. Man müsste also nun $a^{neu} = d$, $b^{neu} = b^{alt}$ und $c^{neu} = c^{alt}$ setzen.[202] Auch in diesem Falle gilt dann für die *neuen* Schachtelstellen $fb^{neu} < fa^{neu}$, $fb^{neu} < fc^{neu}$ und $a^{neu} < b^{neu} < c^{neu}$.

War nun bei der Bestimmung des größeren Abstandes $(c–b)$ das größere Teilstück, würden die gerade vorgestellten Überlegungen in analoger Weise gelten. Die neue Schachtelstelle *d* würde dann zwischen *b* und *c* liegen. Auch hier sind dann die beiden Fälle (i) $fd < fb$ und $fd < fc$ oder (ii) $fd > fb$ und $fb < fa$ denkbar. Die neuen Schachtelstellen ergeben sich im ersten Fall nach $a^{neu} = b^{alt}$, $b^{neu} = d$ und $c^{neu} = c^{alt}$, im zweiten Fall nach $a^{neu} = a^{alt}$, $b^{neu} = b^{alt}$ und $c^{neu} = d$.

202 Theoretisch ist auch der Fall denkbar, dass der Funktionswert *fd* von *d* größer als der Funktionswert *fa* von *a* ist. Dies würde aber am gerade beschriebenen Vorgehen nichts ändern.

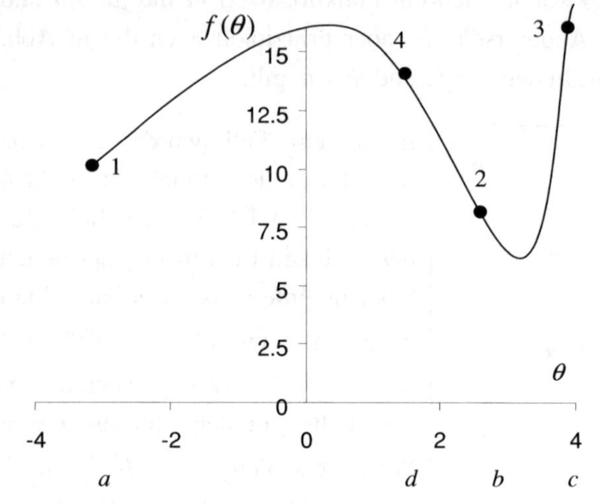

Abb. 11.1.1.1.-4.: Erstes Beispiel eines nichtlinearen Funktionsverlaufs

Da bei nichtlinearen Funktionen ausgesprochen vielfältige Funktionsverläufe denkbar sind, seien nur exemplarisch zwei Beispiele angesprochen, um die Grenzen der „golden section search" zu verdeutlichen. Die Abbildung 11.1.1.1.-4. zeigt einen nichtlinearen Funktionsverlauf, dessen funktionale Form schon deutlich komplexer als die des bislang betrachteten einfachen Beispiels nach (1) ist. Das beschriebene Verfahren würde aber auch in diesem Falle funktionieren. Anders verhält es sich in der Situation, welche durch Abbildung 11.1.1.1.-5. illustriert wird.

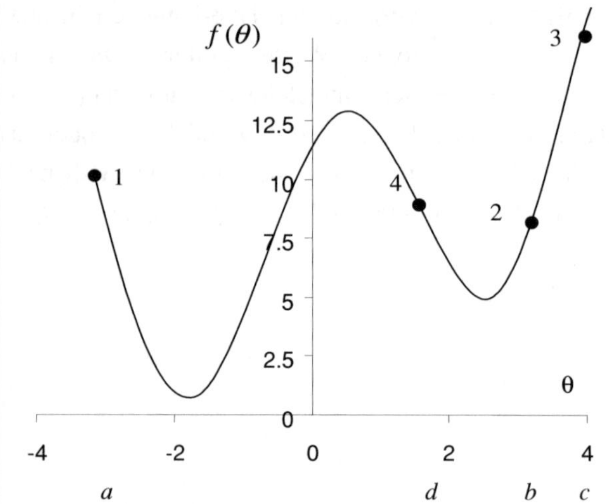

Abb. 11.1.1.1.-5.: Zweites Beispiel eines nichtlinearen Funktionsverlaufs

In diesem Fall würde das beschriebene Schachtelverfahren die bisherigen Stellen *d* und *c* als neue Intervallgrenzen benutzen und in der Folge schließlich das „falsche" Minimum einschachteln. Dieses Beispiel illustriert gleichzeitig, warum dieses Verfahren eine gewisse „Glattheit" des Funktionsverlaufs voraussetzen muss. Bei einem zu „wilden" Verlauf zwischen den Intervallgrenzen kann die Schachtelung des „richtigen" Minimums nicht garantiert werden.

Der Algorithmus der „golden section search" lässt sich also wie folgt zusammenfassen:

Schritt 1.

Bestimme den größeren der beiden Abstände ($c-b$) bzw. ($b-a$).

Schritt 2.

Bestimme eine neue Schachtelstelle d nach Gleichung (2a) bzw. (2b).

(2a) $d = b - \eta\,(b-a)$ wenn $(b-a) > (c-b)$,
d.h. $(b-a)$ ist der größere Abstand

(2b) $d = b + \eta\,(c-b)$ sonst,
d.h. $(c-b)$ ist der größere Abstand

mit η: Konstante, mit $0 < \eta < 1$.

Schritt 3.

Berechne den Funktionswert der Zielfunktion f an der Stelle d (bzw. θ^4), also fd (bzw. $f(\theta^4)$). Lege nun die Schachtelstellen wie folgt neu fest:

a) Wenn $(b-a) > (c-b)$, also $(b-a)$ den größeren Abstand darstellt:

(3a) Wenn $fd < fb$ gilt, dann
$$c^{\text{neu}} = b^{\text{alt}}$$
$$fc^{\text{neu}} = fb^{\text{alt}}$$
$$b^{\text{neu}} = d$$
$$fb^{\text{neu}} = fd$$
(3b) sonst
$$a^{\text{neu}} = d$$
$$fa^{\text{neu}} = fd$$

b) Wenn $(c-b) > (b-a)$, also $(c-b)$ den größeren Abstand darstellt:

(4a) Wenn $fd < fb$ gilt, dann
$$a^{\text{neu}} = b^{\text{alt}}$$
$$fa^{\text{neu}} = fb^{\text{alt}}$$
$$b^{\text{neu}} = d$$
$$fb^{\text{neu}} = fd$$
(4b) sonst
$$c^{\text{neu}} = d$$
$$fc^{\text{neu}} = fd$$

Der gedankliche Kern des Algorithmus kann also recht einfach wie folgt zusammengefasst werden. Er besteht darin, mit drei Schachtelstellen θ^1, θ^2 und θ^3 zu arbeiten, welche die Eigenschaften $f(\theta^1) > f(\theta^2)$, $f(\theta^3) > f(\theta^2)$ und $\theta^3 > \theta^2 > \theta^1$ besitzen. Das Minimum befindet sich damit stets im Intervall $[\theta^1, \theta^3]$. Die Breite des Intervalls $\theta^3 - \theta^1$ bestimmt die Präzision, mit der das Minimum bestimmt ist. Die Stelle θ^2 dient als (vorläufige) Approximation des Minimums. In einem iterativen Prozess wird nun die Breite des Intervalls $[\theta^1,\theta^3]$ sukzessive verkleinert, wobei die Eigenschaften der Schachtelstellen erhalten bleiben. Sinkt die Breite des Intervalls $\theta^3-\theta^1$ unter eine vorgegebene Toleranz ε ab, so ist die Lage des Minimums mit der vorgegebenen Genauigkeit bestimmt. Die Lage des Minimums wird mit dem Wert von θ^2 approximiert.

Die Geschwindigkeit, mit der diese Schachtelung des Minimums voranschreitet, ist maßgeblich von der Wahl des Parameters η abhängig. Es lässt sich zeigen, dass ein Wert von $\eta \approx 0.38197$ optimal ist. Auf die genaue Herleitung dieses Wertes sei an dieser Stelle aber verzichtet.[203] Vielmehr soll im Folgenden auf die kritische Frage eingegangen werden, wie sich die erstmaligen Schachtelstellen bestimmen lassen.

11.1.1.2. Erstmalige Schachtelung des Minimums

Der Algorithmus aus Kap. 11.1.1.1. besitzt die wesentliche Grundvoraussetzung, dass drei initiale Schachtelstellen mit den Eigenschaften $f(\theta^1) > f(\theta^2)$, $f(\theta^3) > f(\theta^2)$ und $\theta^3 > \theta^2 > \theta^1$ gegeben sind. Soweit diese Grundvoraussetzung nicht besteht, kann auch keine Bestimmung des Minimums erfolgen. Die erstmalige Einschachtelung des Minimums erlaubt also erst den Einsatz des beschriebenen Schachtelverfahrens. Die erstmalige Schachtelung des Minimums soll am bisherigen Beispiel aus Kap. 11.1.1.1. weiter erläutert werden. Die Abb. 11.1.1.2.-1. dient zur Illustration.

203 Die genaue Herleitung findet sich z.B. bei PRESS ET AL. [(1992), S. 399].

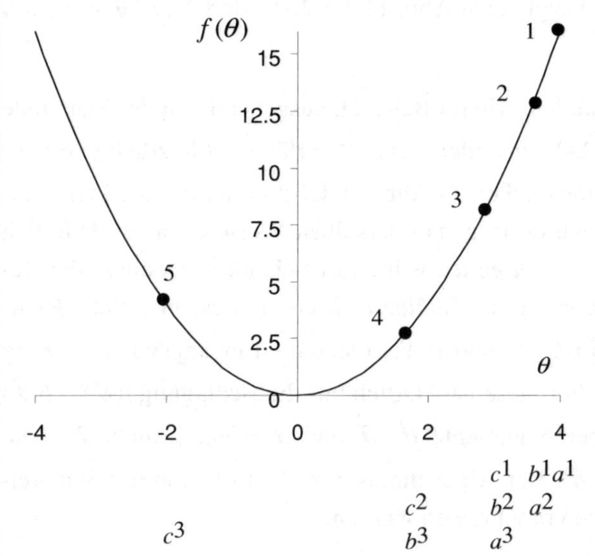

Abb. 11.1.1.2.-1.: Beispiel für die erstmalige Schachtelung eines Minimums

Der Algorithmus zur erstmaligen Einschachtelung des Minimums besteht aus den nachfolgend beschriebenen Schritten. Zur Vereinfachung der Symbolik seien wiederum die Stellen θ^1, θ^2 und θ^3 nur mit *a*, *b* und *c*, ihre zugehörigen Funktionswerte $f(\theta^1)$, $f(\theta^2)$ und $f(\theta^3)$ mit *fa*, *fb* und *fc* bezeichnet. Die in Abb. 11.1.1.2.-1. bezüglich der Stellen *a*, *b* und *c* benutzten, hochgestellten Indices (1, 2, 3) bezeichnen den Iterationsschritt des Algorithmus. Auch hier werden die gedanklichen Grundlagen zunächst kurz entwickelt.

Es werden (wie erwähnt) eine gewisse „Glattheit" des Funktionsverlaufs und zwei willkürlich gewählte, nahe beieinander liegende Startstellen a^1 und b^1 (vgl. Abb. 11.1.1.2.-1.) angenommen. Außerdem möge $fb < fa$ gelten. Die letzte Voraussetzung ist dabei nicht einschränkend, denn falls $fb > fa$ gelten sollte, sind die Benennungen der beiden Startstellen einfach zu vertauschen, um diese Voraussetzung wieder herzustellen. Nun wird ausgehend von der Stelle *a* in Richtung der Stelle *b* hinter der Stelle *b* eine neue Stelle *c* bestimmt (vgl. Abb. 11.1.1.2.-1., Stelle c^1). Der Abstand zwischen *c* und *b* wird dabei größer als der zwischen *b* und *a* gewählt. Nun wird der Funktionswert *fc* an der Stelle *c* bestimmt. Im Beispiel wird angenommen, es gelte $fc < fb$. Gesucht werden jedoch drei Schachtelstellen mit den Eigenschaften $c < b < a$ (bzw. $c > b > a$; es kommt bei den Argumenten der Funktion nur auf die Ordnung an, egal in welche Richtung) und $fc > fb$ sowie $fb < fa$. Im Beispiel gilt dies aber nach dem ersten Iterationsschritt noch nicht, sodass die Stellen wie folgt umbenannt werden: $a^{neu} = b^{alt}$ und $b^{neu} = c^{alt}$ (vgl. auch Abb. 11.1.1.2.-1.; dort $a^2 = b^1$ und $b^2 = c^1$). Das Vorgehen des ersten Iterationsschrittes (Bestimmung der neuen Stelle *c* hinter *b* mit vergrößertem Abstand, Auswertung der Zielfunktion an der Stelle *c*) wird wiederholt und geprüft, ob die Bedingungen $fc > fb$ und $fb < fa$ für die möglichen Schachtelstellen *a*, *b* und *c* erfüllt sind. Im Beispiel ist dies auch nach dem zweiten Iterationsschritt nicht der Fall. Also wird die Iteration erneut durchgeführt. Es erfolgt die Umbenennung der bisherigen Stellen (vgl. auch Abb. 11.1.1.2.-1.; dort $a^3 = b^2$ und $b^3 = c^2$), die Bestimmung einer neuen Stelle *c* und die Auswertung der Zielfunktion. Nach Durchführung des dritten Schritts ist im Beispiel die Bedingung $fc > fb$ und $fb < fa$ erfüllt. Die initialen Schachtelstellen sind nun c, b und a (vgl. auch Abb. 11.1.1.2.-1.; dort c^3, b^3 und a^3) mit der Eigenschaft $c < b < a$.

Ob die Suche nach den drei Schachtelstellen, wie im Beispiel, ausgehend von der Startstelle a nach „links" (vgl. auch Abb. 11.1.1.2.-1.; a^1) oder „rechts" verläuft, ist letztlich unerheblich. Man könnte sich auch den Funktionsverlauf in Abb. 11.1.1.2.-1. an der Stelle a^1 „gespiegelt" vorstellen. Der Suchprozess würde in genau derselben Weise erfolgen, lediglich mit dem Unterschied, dass am Ende $c > b > a$ gelten würde. Entscheidend ist allein die Bedingung $fc > fb$ und $fb < fa$ und die Ordnung der Stellen a, b und c, egal in welche Richtung. Durch geeignete Umbenennung in θ^1, θ^2 und θ^3 lässt sich die Eingangsvoraussetzung der „golden section search" herstellen. Für diese ist letztlich nur die Bedingung $f(\theta^1) > f(\theta^2)$ und $f(\theta^2) < f(\theta^3)$ sowie die Ordnung der Argumente θ^1, θ^2 und θ^3 wichtig, nicht aber die Richtung der Ordnung von θ^1, θ^2 und θ^3. Der Algorithmus zur Identifikation der Startstellen kann also mit den folgenden Schritten beschrieben werden.

Schritt 1.

Starte mit zwei beliebig gewählten Startstellen a und b, die nahe beieinander liegen. Berechne die zugehörigen Funktionswerte fa und fb. Falls $fb > fa$ gilt, benenne a in b und b in a um (entsprechend die zugehörigen Funktionswerte). Nach Durchführung des ersten Schritts liegen also zwei Startstellen a und b mit zugehörigen Funktionswerten fa und fb vor, mit der Eigenschaft $fb < fa$.

Schritt 2.

Bestimme eine neue Stelle c nach (1):

(1) $c = b + \kappa(b-a)$

mit κ: Konstante mit $\kappa \geq 1$.

Schritt 3.

Berechne den zugehörigen Funktionswert fc.

Schritt 4.

Wenn $fc < fb$, dann benenne die Stellen wie folgt um:

$$a^{\text{neu}} = b^{\text{alt}}, fa^{\text{neu}} = fb^{\text{alt}}$$
$$b^{\text{neu}} = c^{\text{alt}}, fb^{\text{neu}} = fc^{\text{alt}}$$

und wiederhole den Algorithmus ab Schritt 2. Andernfalls (wenn $fc > fb$ gilt) beende den Algorithmus und liefere die drei Schachtelstellen θ^1, θ^2 und θ^3 wie folgt zurück:

(2a) Wenn $a > c$ gilt, dann

$$\theta^1 = c,\ \theta^2 = b,\ \theta^3 = a$$

(2b) sonst (wenn also $a < c$)

$$\theta^1 = a,\ \theta^2 = b,\ \theta^3 = c$$

Der Algorithmus bestimmt damit drei initiale Schachtelpunkte mit den Eigenschaften: $f(\theta^1) > f(\theta^2)$, $f(\theta^3) > f(\theta^2)$ und $\theta^3 > \theta^2 > \theta^1$. Dies sind gleichzeitig genau die Eingangsvoraussetzungen für die „golden section search" im Kap. 11.1.1.1.

Der Algorithmus zur erstmaligen Einschachtelung des Minimums ist dabei unabhängig vom nachfolgenden Schachtelverfahren zu sehen. Die in Kap. 11.1.1.1. vorgestellte „golden section search" ist nur ein mögliches Schachtelverfahren. Die optimale Wahl des Parameters κ in diesem Algorithmus (der letztlich die Vergrößerung der Schrittweite in jedem Iterationsschritt repräsentiert) ist abhängig vom nachfolgenden Schachtelverfahren. Ist dieses die „golden section search", ergibt sich als optimaler Wert $\kappa \approx 1.618034$. Auf eine formale Herleitung sei hier aber ebenfalls verzichtet.[204]

204 Die genaue Herleitung findet sich z.B. bei PRESS ET AL. [(1992), S. 399 f.].

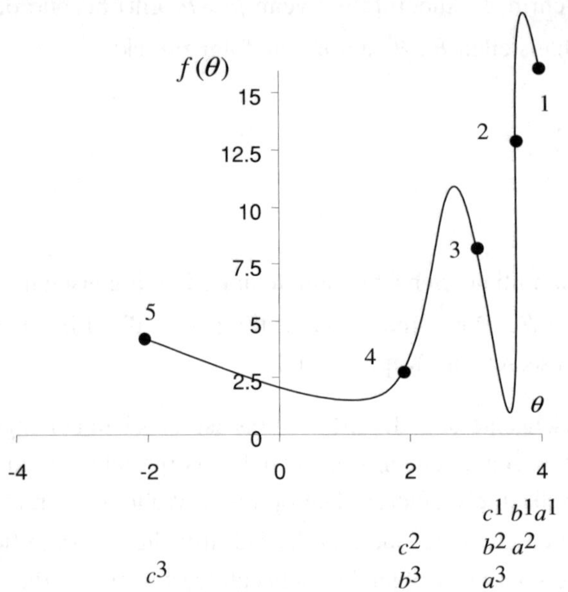

Abb. 11.1.1.2.-2.: Beispiel für das Versagen der erstmaligen Schachtelung

Auch bezüglich des Verfahrens zur erstmaligen Schachtelung des Minimums lassen sich Beispiele konstruieren, in denen der beschriebene Algorithmus versagt, d.h. die falschen initialen Schachtelpunkte identifiziert. Die Abb. 11.1.1.2.-2. zeigt in Anlehnung an das Beispiel aus Abb. 11.1.1.2.-1. einen derartigen Fall. Warum also auch bei diesem Verfahren eine gewisse „Glattheit" der Zielfunktion gefordert werden muss, wird aus Abb. 11.1.1.2.-2. deutlich.

11.1.1.3. Implementation zur eindimensionalen Optimierung

Arbeitshinweise: Zur Motivation der Beschäftigung mit den beispielhaften Implementationen wird auf die einführenden Bemerkungen des Kap. 10.4. zurückverwiesen. Dies betrifft insbesondere auch die allgemeinen Vorbemerkungen und generellen Erläuterungen zur programmtechnischen Umsetzung. Sofern also das Kap. 10. gänzlich oder nur Kap. 10.4. übersprungen wurde, sollte es diesbezüglich jetzt kurz „quergelesen" werden. In den Arbeitshinweisen zum Kap. 10.4. wurde ferner darauf verwiesen, dass Leser mit keinen (oder nur geringen) Vorkenntnissen in *Visual Basic for Applications* und ohne Programmiererfahrung die intensivere Auseinandersetzung mit den beispielhaften Implementationen dieses Buchteils C anhand der folgenden Darstellungen beginnen sollten. Die nachfolgend programmtechnisch umzusetzenden Verfahren sind zunächst weitaus einfacher als das Simplexverfahren und besitzen einen langsam ansteigenden Schwierigkeitsgrad. Sie sind für einen ersten Einstieg in *Visual Basic for Applications* und die programmtechnische Umsetzung besonders geeignet. Mit Bezug auf diese Lesergruppe beginnen die folgenden Betrachtungen mit ausführlichen Kommentierungen zur programmtechnischen Umsetzung, die versierten Lesern mit umfangreichen Vorkenntnissen und Programmiererfahrung als „ausschweifend" vorkommen mögen. Der Grad der Kommentierung wird jedoch bald zurückgeführt. Lesern mit geringen Vorkenntnissen wird damit ein Lernen am Beispiel ermöglicht und Leser mit guten Vorkenntnissen werden nicht allzu sehr „gelangweilt".

Zur Erläuterung der Implementation wird zunächst wieder auf die einfache Zielfunktion nach (1) aus Kap. 11.1.1.1. zurückgegriffen. Wie dort erwähnt wurde, kann diese später gegen eine beliebig komplexe Funktion ausgetauscht werden.

(1) $f(\theta) = \theta^2$

Der erste Schritt bei der Implementation besteht also in der Definition der Zielfunktion. Dies geschieht in den nachfolgend dargestellten Codezeilen 1 bis 5. Die Nummerierung der Codezeilen ist - wie in Kap. 10.4. bereits erwähnt - in Visual Basic nicht vorhanden. Sie wurde hier nachträglich im Text hinzugefügt, um den Programmcode besser kommentieren zu können.

```
1   Const fast_null = 1E-20
2
3   Function zf(arg)
4       zf = arg * arg
5   End Function
```

In der Codezeile 1 wird mit dem Schlüsselwort *Const* eine Konstante *fast_null* deklariert, die weiter unten und in vielen der folgenden Implementationen benötigt wird. Sie hat zwar für die Zielfunktion keine Bedeutung, jedoch ist es zumeist üblich, Definitionen von Konstanten an den Anfang eines Programms zu stellen. Die Konstante *fast_null* soll eine Zahl darstellen, deren Wert nahezu null ist. Die konkrete Festlegung (hier der Wert 1×10^{-20}) ist vom konkreten Problem und der verwendeten Genauigkeit der Zahlendarstellung abhängig (siehe unten).

Mit dem Schlüsselwort *Function* wird dann in der Codezeile 3 eine Funktion deklariert. Es folgt der Name der Funktion (*zf* als Abkürzung für Zielfunktion) mit der Argumentenliste der Funktion in runden Klammern. Die Zielfunktion besitzt in dem hier betrachteten Beispiel nur ein Argument, welches mit *arg* bezeichnet wird. Der Rückgabewert der Funktion *zf* kann nach Gleichung (1) einfach mit *arg* · *arg* berechnet werden (vgl. Codezeile 4). Die Schlüsselwörter *End Function* in Codezeile 5 kennzeichnen das Funktionsende von *zf*.

Die genaue Definition der Zielfunktion ist problemabhängig. Wenn später also andere Zielfunktionen minimiert werden sollen, ist die Definition entsprechend zu ändern. Die Algorithmen zur erstmaligen Einschachtelung des Minimums oder zur endgültigen Schachtelung (hier die „golden section search") sind dagegen unabhängig von der genauen Gestalt der Zielfunktion. Der nächste Schritt der Implementation betrifft nun die Umsetzung des Algorithmus zur erstmaligen Einschachtelung. Dessen Umsetzung in Visual Basic ist in den Codezeilen 6 bis 46 dargestellt, von denen zunächst die Codezeilen 6 bis 19 betrachtet werden.

```
6   Sub einschachteln(pa, pb, pc)
7
8       fa = zf(pa)
9       fb = zf(pb)
10      If fa > fb Then
11          xa = pa
12          xb = pb
13      Else
14          fc = fa
15          fa = fb
16          fb = fc
17          xa = pb
18          xb = pa
19      End If
20
21      schritt = 0
22      Debug.Print "*** Prozedur Einschachteln ***"
23      Do
24          schritt = schritt + 1
25          xc = xb + 1.618034 * (xb - xa)
26          fc = zf(xc)
27          letzte_fb = fb
28          Debug.Print schritt, xa, fa, xb, fb, xc, fc
29          If fc <= fb Then
30              xa = xb
31              fa = fb
32              xb = xc
33              fb = fc
34          End If
35      Loop While fc < letzte_fb
36
37      If xa > xc Then
38          pa = xc
39          pb = xb
40          pc = xa
41      Else
42          pa = xa
43          pb = xb
44          pc = xc
45      End If
46  End Sub
```

Die Codezeilen 6 bis 19 setzen den Schritt 1. des Algorithmus aus Kap. 11.1.1.2. um. In Codezeile 6 wird die Prozedur mit dem Namen *einschachteln* deklariert. Sie erwartet als Argumente zwei Startstellen *pa* und *pb*, die nahe beieinander liegen sollten (vgl. Kap. 11.1.1.2.). Die Argumente der Prozedur (*pa*, *pb*, *pc*) nehmen zugleich bei Abschluss der Prozedur die Rückgabewerte auf. Beim Aufruf der Prozedur ist deshalb der Wert von *pc* irrelevant. Die Namen der Variablen in der Funktion *einschachteln* und deren Bedeutung orientieren sich an den Darstellungen des Algorithmus in Kap. 11.1.1.2. (die Stellen *a*, *b* und *c* in Kap. 11.1.1.2. werden hier allerdings *xa*, *xb* und *xc* genannt). Eine nähere Kommentierung erübrigt sich folglich. In den Codezeilen 8 und 9 werden die Funktionswerte *fa* und *fb* berechnet. Wenn $fa > fb$ gilt, können die zugehörigen Argumente der Funktion entsprechend mit *xa* und *xb* bezeichnet werden. Dies geschieht in den Codezeilen 11 bis 12.

Wenn dagegen $fa \leq fb$ gilt, müssen die Bezeichnungen getauscht werden (vgl. Schritt 1. in Kap. 11.1.1.2.). Die Codezeilen 14 bis 18 beschreiben im Kern nur den Austausch der Variablenbezeichnungen. Am Ende der Codezeile 19 (*End If*, Ende der gesamten If-Prüfung inklusive Else-Zweig) ist der Schritt 1. aus Kap. 11.1.1.2. vollständig umgesetzt. Die Hilfsvariablen *xa* und *xb* stellen die Startstellen *a* und *b* mit der Eigenschaft $fa > fb$ dar.

Als Nächstes sind die Schritte 2. bis 4. aus Kap. 11.1.1.2. umzusetzen. Die Betrachtung dieser Schritte zeigt, dass es sich hier um eine Iteration handelt, die solange fortzusetzen ist, wie $fc < fb$ gilt (vgl. Codezeile 35). Die geeignete Initialisierung des Schrittzählers *schritt* wird in der Codezeile 21 beschrieben, wo er auf null gesetzt wird. Die Codezeile 22 ist eine Hilfsanweisung, die der Ausgabe der Zwischenergebnisse der Funktion *einschachteln* dient. Für den Algorithmus im engeren Sinne ist diese Codezeile unnötig. Sie dient aber dazu, die Arbeitsweise des Algorithmus per Protokollausdruck sichtbar werden zu lassen.

Die Codezeile 23 eröffnet nun die zentrale Schleife dieses Algorithmus durch das Schlüsselwort *Do*. Solange nämlich der Funktionswert *fc* kleiner als der letzte Funktionswert *fb* (dieser ist in der Hilfsvariablen *letzte_fb* abgelegt; vgl. Codezeile 27) ist, sind die Schritte 2. bis 4. des Algorithmus aus Kap. 11.1.1.2. zu wiederholen. Alle nun folgenden Anweisungen bis zum Schlüsselwort *Loop* werden solange wiederholt, wie die Bedingung $fc < lastf$ gilt („While fc < letzte_fb"; vgl. Codezeile 35). Diese zu wiederholenden Anweisungen sind in den Codezeilen 24 bis 34 dargestellt.

In Codezeile 24 wird zunächst der Schrittzähler *schritt* erhöht, dann die neue Stelle *xc* (Codezeile 25) bestimmt und dessen zugehöriger Funktionswert *fc* ausgerechnet (Codezeile 26). Der Funktionswert von *fb* wird in der Hilfsvariablen *letzte_fb* gemerkt (Codezeile 27), da er später eventuell überschrieben wird (vgl. Codezeile 33). Die Codezeile 28 ist Bestandteil des Protokollausdrucks und soll hier nicht weiter interessieren. Falls nun *fc* kleiner (oder gleich) dem Funktionswert *fb* ist (Prüfung der Bedingung in Codezeile 29), sind die Variablen entsprechend dem Algorithmus in Kap. 11.1.1.2. umzubenennen. Der If-Zweig der Prüfung $fc \leq fb$, bestehend aus den Codezeilen 30 bis 33, enthält die dazu notwendigen Anweisungen. Die Schlüsselworte *End If* in Codezeile 34 beenden den gesamten If-Block, ein „Sonst-Fall" (d.h. ein Else-Zweig) ist hier nicht zu berücksichtigen. Die Codezeile 35 beendet mit *Loop While fc < letzte_fb* die in Codezeile 23 eingeleitete Schleife.

Der Abschluss des Algorithmus zur erstmaligen Einschachtelung des Minimums besteht in der „geordneten" Rückgabe der Schachtelstellen (vgl. Kap. 11.1.1.2.). Dazu dienen die Codezeilen 37 bis 45. Die Funktion *einschachteln* hat die drei Schachtelstellen als Ergebnis zurückzugeben. Die Prozedurparameter *pa*, *pb* und *pc* nehmen die Werte θ^1, θ^2 und θ^3 mit den geforderten Eigenschaften $f(\theta^1) > f(\theta^2)$, $f(\theta^3) > f(\theta^2)$ und $\theta^3 > \theta^2 > \theta^1$ auf. Mit den Codezeilen 37 bis 45 wird die Rückgabe der drei Schachtelstellen in der Reihenfolge sichergestellt, wie sie später von der „golden section search“ erwartet wird. Die Codezeile 46 (*End Sub*) beendet die Prozedur *einschachteln*.

Nachfolgend ist die „golden section search“ in Visual Basic umzusetzen. Auch hier soll die Implementation schrittweise kommentiert werden. Die Codezeilen 47 bis 54 zeigen zunächst den Kopf der Funktion, einige notwendige Hilfsvariablen sowie deren Initialisierungen.

```
47   Function goldener_schnitt(a, b, c, relative_praezision, _
      maximale_iterationen)
48      schritt = 0
49      xa = a
50      xb = b
51      xc = c
52      fa = zf(xa)
53      fb = zf(xb)
54      fc = zf(xc)
55      differenz = xc - xa
56      praezision = relative_praezision * Abs(xb)
57      Debug.Print "*** Funktion Goldener Schnitt ***"
58      Do While (schritt < maximale_iterationen) _
         And (praezision < differenz) _
         And (differenz > fast_null)
59         If (xb - xa) > (xc - xb) Then
60            xd = xb - 0.38197 * (xb - xa)
61            fd = zf(xd)
62            Debug.Print schritt, xa, fa, xb, fb, xc, fc, xd, fd
63            If fd < fb Then
64               xc = xb
65               fc = fb
66               xb = xd
67               fb = fd
68            Else
69               xa = xd
70               fa = fd
71            End If
72         Else
73            xd = xb + 0.38197 * (xc - xb)
74            fd = zf(xd)
75            Debug.Print schritt, xa, fa, xb, fb, xc, fc, xd, fd
76            If fd < fb Then
77               xa = xb
78               fa = fb
79               xb = xd
80               fb = fd
81            Else
82               xc = xd
83               fc = fd
84            End If
85         End If
86         schritt = schritt + 1
```

```
87          differenz = xc - xa
88          praezision = relative_praezision * Abs(xb)
89      Loop
90
91      goldener_schnitt = xb
92
93  End Function
```

Mit der Codezeile 47 wird die Funktion *goldener_schnitt*, welche 5 Argumente erwartet, deklariert. Entsprechend dem in Kap. 11.1.1.1. dargestellten Algorithmus werden zunächst drei Stellen a, b und c mit den Eigenschaften $fa > fb$, $fc > fb$ und $c > b > a$ als Argumente der Funktion erwartet. Die nachfolgenden Argumente *relative_praezision* und *maximale_iterationen* dienen zur Bestimmung des Abbruchzeitpunktes des Algorithmus. Der Algorithmus wird im Regelfall beendet, sobald $c–a < \varepsilon$ gilt (vgl. Kap. 11.1.1.1.). Das Argument *relative_praezision* drückt dabei die Präzision ε aus. Ein alternatives Abbruchkriterium kann außerdem eine maximal erlaubte Anzahl an Iterationsschritten (*maximale_iterationen*) sein, die vom Benutzer unter zeitlichen Gesichtspunkten gerade noch toleriert wird.

In den Darstellungen nach Kap. 11.1.1.1. ist mit der Präzision ε eine absolute Größe gemeint, z.B. $\varepsilon = 0.001$. Bei der Implementation in Form eines Computerprogramms ist die Vorgabe einer absoluten Präzision nicht sinnvoll, was mit der Darstellung von Gleitkommazahlen im Computer zusammenhängt. Eine verbreitete Codierung von Gleitkommazahlen benutzt 32 Bit (einfache Präzision) bzw. 64 Bit (doppelte Präzision). Im ersten Fall sind 7 signifikante Ziffern, im zweiten 15 verfügbar. Ist x nun irgendeine beliebige Gleitkommazahl, besitzt die theoretisch maximal erreichbare Präzision die Größenordnung $x \times 10^{-7}$ (bei einfacher Präzision) bzw. $x \times 10^{-15}$ (bei doppelter Präzision).

Zur Illustration dieser Aussage möge ein einfaches Beispiel betrachtet werden. Beträgt der Wert von x z.B. $x = 1.234567 \times 10^{20}$, so besitzt die letzte darstellbare Ziffer (die „7") die Größenordnung 10^{14}. Der nächste kleinere bzw. nächste größere darstellbare Wert beträgt im Beispiel $x = 1.234566 \times 10^{20}$ bzw. $x = 1.234568 \times 10^{20}$. Sie unterscheiden sich von $x = 1.234567 \times 10^{20}$ um den Wert 1×10^{14}; eine feinere Unterscheidung ist auf Grund der darstellbaren Ziffern nicht möglich. Der Wert von x kann also theoretisch nur auf Einheiten der Größenordnung 10^{14} (einfache Präzision) bzw. 10^{6} (doppelte Präzision) genau bestimmt werden.

Das Argument *relative_praezision* sollte also nur eine relative Präzision (nämlich relativ zur Größenordnung der Werte von a, b und c) ausdrücken. Der Algorithmus ist mit dieser relativen Formulierung der Präzision konkret dann zu beenden, wenn gilt: $c–a < relative\_praezision \cdot |b|$. Sinnvolle Werte für das Argument *relative_praezision* sind von dem verwendeten Typ der Gleitkommadarstellung (einfache versus doppelte Präzision) abhängig.

Die Codezeilen 48 bis 56 enthalten die Initialisierungen der verschiedenen lokalen Hilfsvariablen. Deren Namen und Bedeutung folgen den Darstellungen aus Kap. 11.1.1.1. und brauchen daher nicht weiter kommentiert zu werden. Neu sind jedoch die Hilfsvariablen *schritt*, *differenz* und *praezision*. Die Hilfsvariable *schritt* zählt die Anzahl an Iterationen in der Funktion *goldener_schnitt*, die Hilfsvariable *differenz* stellt die aktuell erreichte Intervallbreite *c–a* dar (vgl. Kap. 11.1.1.1.) und die Hilfsvariable *praezision* die geforderte Präzision als absolutes Maß (sie kann z.B. als $praezision = relative\_praezision \cdot |b|$ berechnet werden). In den Codezeilen 49 bis 56 werden die Hilfsvariablen *xa*, *xb* und *xc* initialisiert, die zugehörigen Funktionswerte *fa*, *fb* und *fc* berechnet, die anfängliche Präzision ermittelt (Codezeile 55) und die geforderte absolute Präzision (*praezision*) bestimmt (Codezeile 56). Die Codezeilen 57, 62 und 75 dienen der Erstellung des Protokollausdrucks. Der erste Teil der zentralen Schleife in der Funktion „golden" ist in den Codezeilen 59 bis 72 dargestellt.

In Codezeile 58 wird zum Ausdruck gebracht, dass die einzelnen Schritte der Schachtelung solange zu wiederholen sind, wie die Abbruchbedingungen noch nicht erfüllt sind. Wenn also die tatsächliche Anzahl an Iteration noch kleiner als die maximal zulässige Anzahl ($schritt < maximale\_iterationen$) und die aktuelle Intervallbreite noch größer als die geforderte Präzision ist ($praezision < differenz$), muss die Schachtelung fortgesetzt werden. Der letzte Zusatz in Codezeile 58 (*And* $differenz > fast\_null$) besitzt nur Relevanz für den Sonderfall, bei dem das Minimum bei null liegt. In diesem Fall konvergiert *xb* (als Approximation des Minimums) im Verlaufe der Schachtelung gegen null, womit *praezision* immer kleiner als *differenz* bleibt und es zu einem Gleitkommafehler („underflow") kommen kann. Dieser Zusatz hat also nichts mit dem Algorithmus im engeren Sinne zu tun, sondern betrifft nur die programmtechnische Umsetzung.

In der hier beispielhaft betrachteten Implementation werden als wesentliche Abbruchkriterien die Anzahl an Iterationen und die erreichte Intervallbreite *c–a* benutzt. Letztere dient als Ausdruck der Präzision, mit der die Lage des Minimums, also das Argument der Zielfunktion, bestimmt ist. Zusätzlich könnte hier und bei allen folgenden Implementationen der Abbruch auch noch von dem Verhalten der Zielfunktion abhängen. So könnte z.B. die Iteration beendet werden, wenn sich der Wert der Zielfunktion gegenüber dem vorhergehenden Iterationsschritt um weniger als eine vorgegebene Differenz Δ geändert hat. Auch bei diesem zusätzlichen Abbruchkriterium sollte es sich um eine relative Größe in Bezug auf den Wert der Zielfunktion handeln. Sofern diese oder eine der folgenden Implementationen für einen realen Einsatz weiterentwickelt werden sollten, ist die zusätzliche Aufnahme dieses Abbruchkriteriums dringlich zu empfehlen. In diesen beispielhaften Implementationen wird es aus Vereinfachungsgründen jedoch nicht weiter berücksichtigt.

In den Codezeilen 59 bis 72 findet die wesentliche Umsetzung des in Kap. 11.1.1.1. beschriebenen Algorithmus statt (Schritt 1. bis Schritt 3.). Nach Schritt 1. des Algorithmus aus Kap. 11.1.1.1. ist zunächst zu prüfen, ob *xb–xa* oder *xc–xb* das größere der beiden Teilstücke darstellt (vgl. Codezeile 59). Wenn *xb–xa* das größere Teilstück darstellt, werden die Anweisungen der Schritte 2. und 3. aus Kap. 11.1.1.1. ausgeführt, soweit sie diesen Fall betreffen (vgl. Codezeilen 60 bis 71 mit den Schritten 2. und 3. aus Kap. 11.1.1.1., insbesondere dort die Gleichungen (2a), (4a) und (4b)). Die Codezeile 62 bewirkt lediglich einen Protokollausdruck. Ansonsten handelt es sich aber um die direkte Umsetzung der Darstellungen aus Kap. 11.1.1.1.

Der zweite Teil der Umsetzung der Schritte 2. und 3. aus Kap. 11.1.1.1. ist in den Codezeilen 72 bis 85 dargestellt und betrifft den Fall, dass *xc–xb* das größere der beiden Teilstücke ist. Die Umsetzung der Schritte 2. und 3. aus Kap. 11.1.1.1. (vgl. auch dort die Gleichungen (2b), (5a) und (5b)) im engeren Sinne findet im Else-Zweig (Codezeile 72 bis 85) der Prüfung aus Codezeile 59 statt. Die einzelnen Anweisungen ergeben sich aus den Gleichungen (2b), (5a) und (5b) aus Kap. 11.1.1.1. und brauchen folglich nicht näher kommentiert zu werden. Die Codezeile 75 erzeugt einen Protokollausdruck, die Codezeilen 87 und 88 dienen der Berechnung der aktuell erreichten Differenz (*differenz*) und geforderten Präzision (*praezision*). Die zentrale Schleife zur Schachtelung des Minimums wird in Codezeile 89 mit *Loop* beendet. Vorher wird noch der Iterationszähler *schritt* erhöht (Codezeile 86). Nach Beendigung der Schachtelung stellt die Stelle *xb* die Approximation für die Lage des Minimums dar. Dieser Wert wird mit Codezeile 91 als Ergebnis der Funktion zurückgeliefert. Codezeile 93 beendet die Definition der Funktion *goldener_schnitt*.

Die Implementierung der eindimensionalen Optimierung mit Hilfe der in den Kapiteln 11.1.1.1. und 11.1.1.2. beschriebenen Verfahren ist damit abgeschlossen. Durch zwei einfache Funktionsaufrufe kann nun die Minimierung der Zielfunktion vorgenommen werden. Die Codezeilen 94 bis 101 zeigen beispielhaft die Anwendung.

```
 94  Sub beispiel_goldener_schnitt()
 95      pa = 1.5
 96      pb = 2#
 97      pc = 0#
 98      einschachteln pa, pb, pc
 99      minimum = goldener_schnitt(pa, pb, pc, 0.001, 10)
100      Debug.Print minimum
101  End Sub
```

Die beispielhafte Anwendung wird mit Codezeile 94 als Prozedur *beispiel_goldener_schnitt* deklariert. Die Startstellen werden durch die Codezeilen 95 und 96 definiert.[205] Die Codezeile 97 dient der Initialisierung einer weiteren benötigten Hilfsvariablen. In Codezeile 98 erfolgt der Aufruf der erstmaligen Schachtelung des Minimums. Die dort ermittelten Schachtelstellen werden in Codezeile 99 der „golden section search" übergeben, welche die endgültige Einschachtelung vornimmt. Die Werte für *relative_praezision* und *maximale_iterationen* wurden hier beispielhaft mit 0.001 bzw. 10 gewählt.

11.1.1.4. Beispiel zur eindimensionalen Optimierung

Die im Kap. 11.1.1.1. und 11.1.1.2. dargestellten Verfahren zur erstmaligen und endgültigen Einschachtelung des Minimums einer Funktion sollen nachfolgend am Beispiel der Funktion nach (1) illustriert werden. Dabei wird die in Kap. 11.1.1.3. vorgestellte Implementation verwendet. Für ein grundlegendes Verständnis der Verfahren und des nachfolgenden Beispiels ist aber – wie bereits erwähnt – die Kenntnis der konkreten Implementation nicht erforderlich. Als Startstelle für den Beginn der erstmaligen Schachtelung des Minimums wurden willkürlich die Stellen $a = 1.5$ und $b = 2$ gewählt. In Tab. 11.1.1.4.-1. sind die Ergebnisse der einzelnen Schritte abgetragen.

(1) $f(\theta) = \theta^2$

Schritt	*xa*	*fa*	*xb*	*fb*	*xc*	*fc*
1	2.0000	4.0000	1.5000	2.2500	0.6910	0.4775
2	1.5000	2.2500	0.6910	0.4775	–0.6180	0.3820
3	0.6910	0.4775	–0.6180	0.3820	–2.7361	7.4861

Tab. 11.1.1.4.-1.: Beispiel zur erstmaligen Schachtelung des Minimums

Die Bestimmung des Minimums beginnt mit der Suche nach drei initialen Schachtelstellen. In Kap. 11.1.1.3. wird dazu die Prozedur *einschachteln* mit den Startstellen $a = 1.5$ und $b = 2.0$ aufgerufen. Da $fb > fa$ gilt, kommt es zunächst zu einer Umbenennung der Startstellen, d.h. $xa = 2.0$ und $xb = 1.5$ (vgl. die zweite Zeile der Tabelle 11.1.1.4.-1.). Die mögliche dritte Schachtelstelle *xc* wird im ersten Iterationsschritt wie folgt ermittelt (vgl. Gleichung (1) in Kap. 11.1.1.2.; $c = b + \kappa(b-a)$):

$$xc = 1.5 + 1.618034 \cdot (1.5 - 2.0) = 0.690983$$

Dieser Wert findet sich in der zweiten Zeile der Tab. 11.1.1.4.-1. (auf vier Nachkommastellen gerundet) sowie ebenfalls sein zugehöriger Funktionswert. Wegen $fc < fb$ tritt nun *xb* an die Stelle von *xa*, *xc* an die Stelle von *xb* und der beschriebene Schritt wird wiederholt (vgl. dritte Zeile der Tab. 11.1.1.4.-1.). Als Schachtelstellen werden im Beispiel schließlich die Werte $xa = -2.7361$ (für θ^1), $xb = -0.6180$ (für θ^2) und $xc = 0.6910$ (für θ^3) ermittelt. Diese Werte finden sich in der vierten Zeile der Tab. 11.1.1.4.-1., allerdings in umgekehrter Rei-

205 Das Zeichen „#" hinter der „2" in Codezeile 96 oder der „0" in Codezeile 97 bedeutet in Visual Basic, dass es sich hier um eine Gleitkommazahl mit doppelter Genauigkeit handelt.

henfolge. Die Prozedur *einschachteln* liefert die drei Schachtelstellen *xa*, *xb* und *xc* jedoch stets so zurück, dass $xa < xb < xc$ gilt. Vor der Rückgabe der Schachtelstellen werden diese also noch umsortiert. Mit diesen drei Schachtelstellen wird die dann folgende, endgültige Einschachtelung des Minimums vorgenommen. Die Tab. 11.1.1.4.-2. illustriert die Arbeitsweise der Prozedur *goldener_schnitt* anhand der ersten 10 Iterationsschritte.

Schritt	*xa*	*fa*	*xb*	*fb*	*xc*	*fc*	*xd*	*fd*
0	–2.7361	7.4861	–0.6180	0.3820	0.6910	0.4775	–1.4271	2.0365
1	–1.4271	2.0365	–0.6180	0.3820	0.6910	0.4775	–0.1180	0.0139
2	–0.6180	0.3820	–0.1180	0.0139	0.6910	0.4775	0.1910	0.0365
3	–0.6180	0.3820	–0.1180	0.0139	0.1910	0.0365	–0.3090	0.0955
4	–0.3090	0.0955	–0.1180	0.0139	0.1910	0.0365	6.9E–06	4.8E–11
5	–0.1180	0.0139	6.9E–06	4.8E–11	0.1910	0.0365	0.0730	0.0053
6	–0.1180	0.0139	6.9E–06	4.8E–11	0.0730	0.0053	–0.0451	0.0020
7	–0.0451	0.0020	6.9E–06	4.8E–11	0.0730	0.0053	0.0279	0.0008
8	–0.0451	0.0020	6.9E–06	4.8E–11	0.0279	0.0008	0.0172	0.0003
9	–0.0172	0.0003	6.9E–06	4.8E–11	0.0279	0.0008	0.0107	0.0001

Tab. 11.1.1.4.-2.: Beispiel zur endgültigen Schachtelung des Minimums[206]

Aus der Tab. 11.1.1.4.-2. wird die Arbeitsweise der „golden section search" deutlich, die noch einmal detailliert anhand der zweiten Zeile der Tab. 11.1.1.4.-2. (Schritt 0) erläutert wird. Die initialen Schachtelstellen sind $xa = -2.7361$ (für θ^1), $xb = -0.6180$ (für θ^2) und $xc = 0.6910$ (für θ^3). Zuerst ist das größere der beiden Teilstücke von $(xc-xb)$ bzw. $(xb-xa)$ zu bestimmen. Die Rechnung ergibt:

$$(xc-xb) = 0.6910 - (-0.6180) = 1.3090$$

$$(xb-xa) = -0.6180 - (-2.7361) = 2.1181$$

Die Stelle *xd* ergibt sich somit nach der folgenden Rechnung:

$$xd = -0.6180 - 0.38197 \cdot 2.1181 = -1.4271 \text{ (gerundet)}$$

Der zugehörige Funktionswert beträgt $fd = 2.0365$. Es gilt also: $fd > fb$. Damit wird *xd* zur neuen linken Intervallgrenze, d.h. *xd* tritt an die Stelle von *xa* (sowie *fd* an die Stelle von *fa*). Dies stellt dann die in der dritten Zeile der Tab. 11.1.1.4.-2. wiedergegebene Ausgangssituation dar. Der Algorithmus wird nun sukzessive nach dem beschriebenen Schema abgearbeitet.

206 Auf Grund der sehr kleinen Zahlen wird in der Tabelle teilweise auf die Exponentialdarstellung zurückgegriffen. Die Schreibweise „1.0E–6" bedeutet etwa: $1.0 \times 10^{-6} = 0.000001$.

Die drei Stellen *xa*, *xb* und *xc* schachteln also das Minimum derart ein, dass stets $xa < xb < xc$, $fa > fb$ und $fc > fb$ gilt. In jedem Iterationsschritt wird eine neue Schachtelstelle *xd* berechnet, die an die Stelle einer der bisherigen Stellen *xa*, *xb* oder *xc* tritt, wobei diese außerdem noch geeignet umzubenennen sind. Im Verlaufe des Iterationsprozesses rücken die Grenzen des Schachtelintervalls $[xa, xc]$ immer weiter zusammen. Die Stelle *xb* dient stets als Approximation der Lage des Minimums. Im Beispiel wird der Iterationsprozess nach 10 Schritten beendet. Die Lage des Minimums wird in diesem Zustand mit $xb = 6.9095042\text{E}{-6}$ approximiert.[207]

11.1.2. Verfahren mit Gradienten

Arbeitshinweise: Das Kap. 11.1.2.1. führt in die wesentlichen Grundlagen des *Gradientenabstiegverfahrens* (oder kürzer *Gradientenverfahren*) ein. Hierbei handelt es sich um eines der zentralen Verfahren innerhalb der nichtlinearen Optimierung. Wie bereits in der Einleitung (Kap. 9.) gezeigt, besteht der zentrale Vorzug dieser Verfahrensklasse darin, mit ihnen viele finanzwirtschaftliche Anwendungen (nichtlineare Kleinste-Quadrate Schätzungen, Modelle auf Basis neuronaler Netze, Bestimmung impliziter Volatilitäten, Optimierung von Portfolios, Index Tracking) bearbeiten zu können. Es sollte daher nicht ausgelassen werden. Die Illustration der Arbeitsweise des Gradientenverfahrens anhand eines einfach gehaltenen Beispiels ist Gegenstand des Kap. 11.1.2.3. Dessen Bearbeitung ist auf jeden Fall empfohlen. Die beispielhafte Implementation in Kap. 11.1.2.2. kann dagegen übersprungen werden, soweit es nur um ein grundlegendes Verständnis geht und kein Interesse an der möglichen konkreten Umsetzung vorliegt. Im abschließenden Kap. 11.1.2.4. finden weiterführende theoretische Überlegungen statt, die später im Zusammenhang mit der mehrdimensionalen Optimierung (Kap. 11.2.) von besonderer Bedeutung sind. Es sollte daher ebenfalls bearbeitet werden.

11.1.2.1. Das einfache Gradientenabstiegverfahren

Das in Kap. 11.1.1. beispielhaft dargestellte Verfahren zur eindimensionalen Optimierung lässt sich erheblich vereinfachen, wenn zusätzlich an jeder Stelle θ der Zielfunktion f nicht nur dessen Funktionswert, sondern auch der Wert ihrer ersten (partiellen) Ableitung nach θ berechnet oder zumindest approximiert werden kann. Den Wert dieser ersten (partiellen) Ableitung bezeichnet man auch kurz als *Gradient*. Die zielgerichtete Nutzung dieser zusätzlichen Information soll wie bisher am Beispiel der Zielfunktion nach (1) erläutert werden. Die Abb. 11.1.2.1.-1. illustriert den grundlegenden Ansatz beim Gradientenabstiegverfahren.

207 Auf Grund der sehr kleinen Zahlen wird auf die Exponentialdarstellung zurückgegriffen. Die Schreibweise „6.9095042E–6“ bedeutet: $6.9095042 \times 10^{-6} = 0.0000069095042$.

(1) $f(\theta) = \theta^2$

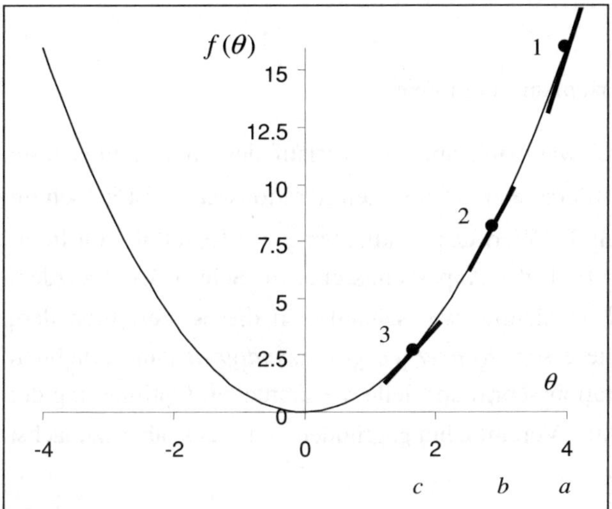

Abb. 11.1.2.1.-1.: Arbeitsweise des einfachen Gradientenabstiegverfahrens

Im Beispiel der Abb. 11.1.2.1.-1. möge das einfache Gradientenabstiegverfahren an der Stelle *a* starten (auch als Punkt 1 in Abb. 11.1.2.1.-1. gekennzeichnet). Dabei wird nicht nur der Wert der Zielfunktion an der Stelle *a* ausgewertet, sondern auch der Gradient an dieser Stelle bestimmt. Dieser lässt sich als Steigung der Funktion im Punkt $(a, f(a))$ der Funktion *f* (etwa repräsentiert durch die Steigung einer Tangente an die Funktion *f* in diesem Punkt) interpretieren. Die (ungefähre) Lage der Tangente an diesem Punkt wird in Abb. 11.1.2.1.-1. durch das kurze, fett eingezeichnete Geradenstück symbolisiert. Die Steigung dieser Tangente ist positiv, d.h. eine (marginale) Erhöhung von *a* würde zu einer Zunahme des Wertes der Zielfunktion *f* führen. Umgekehrt führt eine (marginale) Verringerung von *a* zu einer Abnahme. Zum Auffinden des Minimums wäre also folgerichtig der Wert von *a* zu verringern (also negativ zum Gradienten anzupassen), womit sich z.B. der Punkt $(b, f(b))$ ergibt (in Abb. 11.1.2.1.-1. auch als Punkt 2 gekennzeichnet). An der Stelle *b* wird wiederum der Gradient der Zielfunktion bestimmt. Der Wert *b* wird wiederum negativ zum Gradienten angepasst und es ergibt sich z.B. ein neuer Punkt $(c, f(c))$ (in Abb. 11.1.2.1.-1. auch als Punkt 3 dargestellt). Dieser Prozess wird nun solange fortgesetzt, bis der Gradient null (oder nahe bei null) ist.

Der Algorithmus bei einem einfachen Gradientenabstiegverfahren entspricht gemäß diesen Überlegungen dem folgenden Schema:

1. Setze den Schrittzähler *k* auf $k = 0$ und wähle eine beliebige Startstelle θ^0.

2. Berechne den Gradienten g^k der Zielfunktion *f* an der Stelle θ^k im *k*-ten Iterationsschritt als $g^k = \dfrac{\partial f}{\partial \theta^k}$.

3. Berechne den neuen Wert für den Parameter θ^{k+1} im *k*-ten Iterationsschritt nach: $\theta^{k+1} = \theta^k - \lambda\, g^k$, mit λ: Konstante, $\lambda > 0$ und „klein“.

4. Erhöhe den Schrittzähler k um eins. Wiederhole ab Schritt 2., solange wie:
   a) $g^k \neq 0$
   b) $\left|\theta^{k+1} - \theta^k\right| > \varepsilon$
   c) $k <$ maximal zulässige Anzahl an Iterationen

Der Parameter λ stellt dabei eine frei wählbare, aber im Verlauf des Algorithmus feste Schrittweite dar. Die Veränderung des Parameters θ^k im k-ten Iterationsschritt ist jedoch im Verlaufe der Iteration variabel, da sich der Wert des Gradienten g^k im Regelfall von Iterationsschritt zu Iterationsschritt ändert (vgl. die Anpassungsregel im Schritt 3.). Trotzdem bestimmt die geeignete Wahl von λ nachhaltig, wie schnell sich dieses Verfahren dem Minimum der Zielfunktion nähert. Diese sog. *Konvergenzgeschwindigkeit* kann erheblich gesteigert werden, wenn in jedem Iterationsschritt spezielle Verfahren zur Optimierung der Schrittweite λ eingesetzt werden. Aus Vereinfachungsgründen soll dies aber zunächst unterbleiben.

Für den Abbruch des Iterationsverfahrens können verschiedene Kriterien herangezogen werden, von denen im Schritt 4. (vgl. die Bedingungen a) bis c)) nur drei beispielhaft dargestellt sind. Danach wird das Iterationsverfahren solange fortgesetzt, wie a) der Gradient noch von null verschieden ist (Minimum wurde noch nicht erreicht) und b) die Änderung des Parameters θ noch eine gewisse geforderte Mindeständerung ε übersteigt und c) die maximal zulässige Anzahl an Iterationen noch nicht erreicht wurde. Das hier vorgestellte einfache Gradientenabstiegverfahren mit fester Schrittweite λ stellt insgesamt einen sehr einfachen, aber im Regelfall langsam konvergierenden Optimierungsalgorithmus dar.

In der konkreten Anwendung kann die Berechnung des Gradienten Schwierigkeiten bereiten, denn selten liegt die Zielfunktion f und dessen erste Ableitung in expliziter Form, mit der eine leichte Berechnung möglich wäre, vor. Daher muss im Allgemeinen versucht werden, den Gradienten zu approximieren. Dazu greift man auf die Definition des Differenzialquotienten zurück. Die Ableitung einer Funktion f an der Stelle x ist nach (2) definiert:

$$(2) \qquad f'(x) = \lim_{\Delta x \to 0} \frac{f(x+\Delta x) - f(x)}{\Delta x}$$

Um den Wert der Ableitung f' an der Stelle x zu approximieren, ist die Funktion f an der Stelle x und $x+\Delta x$ (mit Δx „klein“) auszuwerten und der Ausdruck nach (2) zu berechnen (allerdings ohne Grenzwertbetrachtung, d.h. ohne „lim“). Dabei ist allerdings die geeignete Wahl von Δx ein Problem. Gemäß der Definition des Differenzialquotienten sollte Δx „infinitesimal“ klein sein, was sich aber auf Grund der eingeschränkten Genauigkeit, mit der Gleitkommazahlen in einem Computer dargestellt werden, verbietet. Der Wert von Δx ist damit *relativ* klein zum Wert x zu wählen, wobei dieser relative Wert in Abhängigkeit von der Genauigkeit der Zahlendarstellung zu wählen ist (einfache versus doppelte Genauigkeit). Als „Faustregel“ sollte Δx mindestens um die Größenordnungen 10^5 bis 10^8 kleiner als x sein.

11.1.2.2. Beispielhafte Implementation des einfachen Gradientenabstiegverfahrens

Die folgenden Betrachtungen zur beispielhaften Implementation des einfachen Gradientenabstiegverfahrens sind für ein grundlegendes Verständnis unnötig und können auch ausgelassen werden. Dennoch präzisieren und ergänzen sie das Gradientenabstiegverfahren und erlauben einen vertieften Einblick in dessen Arbeitsweise.

Die beispielhafte Implementation des einfachen Gradientenabstiegverfahrens beginnt mit der Definition der Konstanten *fast_null*, *delta_faktor* und *delta_zusatz* sowie der Zielfunktion, die hier identisch zu der aus Kap. 11.1.1.3. ist. Im Wesentlichen beginnen die Neuerungen der hier dargestellten Implementation ab Codezeile 9. Dabei geht es im ersten Schritt um die zuletzt angesprochene Approximation des Gradienten.

```
1    Const fast_null = 1E-20
2    Const delta_faktor = 0.00001
3    Const delta_zusatz = 1E-30
4
5    Function zf(arg)
6        zf = arg * arg
7    End Function
8
9    Function gf(arg)
10       delta = Abs(arg) * delta_faktor + delta_zusatz
11       fx = zf(arg)
12       fxd = zf(arg + delta)
13       gf = (fxd - fx) / delta
14   End Function
```

Die Funktion *gf* („Gradient von *f*“) nimmt das Argument *arg* der Zielfunktion entgegen und liefert nach dessen Beendigung eine Approximation des Gradienten an dieser Stelle zurück (vgl. Deklaration der Funktion in Codezeile 9). In Codezeile 10 bis 12 werden die Werte der lokalen Hilfsvariablen *delta*, *fx* und *fxd* bestimmt. Der Wert von Δx (hier als Hilfsvariable *delta* bezeichnet), wird im Wesentlichen nach (1a) gemäß den zuletzt angestellten Überlegungen berechnet (vgl. Codezeile 10).

(1a) $\Delta x = |x| \cdot delta\_faktor + delta\_zusatz$

Die Konstante *delta_faktor* (vgl. auch Codezeile 10) wurde in Codezeile 2 definiert. Mit der Formulierung $\Delta x = |x| \cdot delta\_faktor$ wird Δx relativ klein zum Absolutbetrag von x (die Stelle, für die der Gradient approximiert werden soll) gewählt. Der Zusatz „+ *delta_zusatz*“

(hier konkret: $+10^{-30}$) dient allein der Vermeidung von Gleitkommafehlern („underflow“ oder „division by zero“), wenn x sehr klein oder gar null ist.

Mit der Codezeile 11 wird der Wert der Zielfunktion an der Stelle x (hier *arg*), mit der Codezeile 12 an der Stelle $x+\Delta x$ (hier *arg + delta*) ausgewertet. Der Wert des Differenzenquotienten wird in der Codezeile 13 berechnet und als Ergebnis der Funktion zurückgeliefert. Die Codezeile 14 beendet die Funktionsdefinition.

Für reale praktische Anwendungen ist bezüglich der Routine zur Approximation des Gradienten (Codezeilen 9 bis 14) auf zwei Schwächen hinzuweisen, die in besonders gelagerten Fällen zu numerischen Problemen führen können. Nach (1a) wird bei der Berechnung von Δx der Wert *delta_zusatz* (hier konkret: der Wert $+10^{-30}$) hinzu addiert, um Gleitkommafehler zu vermeiden. Ist jedoch der „eigentliche“ Wert von Δx mit $\Delta x = |x| \cdot delta\_faktor$ (hier $\Delta x = |x| \cdot 10^{-5}$) deutlich kleiner als der Zusatz „+ *delta_zusatz*“ (hier: $+10^{-30}$), so führt dies zu einer deutlichen Verschlechterung in der Güte der Approximation. In extrem gelagerten Fällen kann es sogar zu einer Umkehr des Vorzeichens kommen. Eine Verbesserung lässt sich dadurch erreichen, indem der hier konkret benutzte Zusatz „$+10^{-30}$“ deutlich kleiner gewählt wird. Je nach verwendetem Typ von Gleitkommazahlen könnten hierfür Werte etwa in der Größenordnung von „$+10^{-300}$“ (bei doppelter Präzision) gewählt werden. Die Gleichung (1a) wäre also nach (1b) anzupassen und die Codezeile 3 entsprechen zu modifizieren.

(1b) $$\Delta x = |x| \cdot delta\_faktor + delta\_zusatz$$

mit z.B.: $delta\_zusatz = 10^{-300}$ für doppelte Präzision

Eine weitere „numerische Stabilisierung“ lässt sich erreichen, wenn zur Approximation die Gleichung (2) verwendet wird.

(2) $$f'(x) \approx \frac{f(x+\Delta x) - f(x-\Delta x)}{2 \cdot \Delta x}$$

Allerdings sind jetzt zwei Funktionsauswertungen, nämlich an den Stellen $x+\Delta x$ und $x-\Delta x$ statt an den Stellen $x+\Delta x$ und x, erforderlich. Im eindimensionalen Fall hat dies zwar keine praktischen Konsequenzen, wohl aber im mehrdimensionalen Fall (vgl. Kap. 11.2.1. in Verbindung mit Kap. 11.2.2.2.). Dort würde sich nämlich die Anzahl benötigter Funktionsauswertungen (fast) verdoppeln, was sich dann in deutlich längeren Rechenzeiten niederschlagen würde.

Ferner kann es vorkommen, dass mit der hier gewählten Festlegung der Konstanten *delta_faktor* (hier konkret: $+10^{-5}$) die Approximation des Gradienten nicht hinreichend genau ist und in der Folge ausgefeiltere Verfahren (z.B. der BFGS-Algorithmus; vgl. Kap. 11.2.4.) nur suboptimal arbeiten. Eine Herabsetzung auf z.B. $+10^{-8}$ kann hier deutliche Verbesserungen bringen. Insgesamt sind aber die angesprochenen Verbesserungen bei der Approximation des Gradienten bei den hier betrachteten Lehrbuchbeispielen zumeist nicht von Relevanz (außer später bei der Verwendung von Barrierefunktionen; vgl. Kap. 11.3.). Sofern jedoch die hier vorgestellten Algorithmen später als Ausgangspunkt für eigene Anwendungen dienen, sollten diese Verbesserungsmöglichkeiten berücksichtigt werden.

Die folgenden Codezeilen 15 bis 29 stellen die Implementation des eigentlichen Verfahrens dar.

```
15   Function gradientenabstieg(x0, schrittweite, _
      relative_praezision, maximale_iterationen)
16       schritt = 0
17       xneu = x0
18       Debug.Print "*** Funktion Gradientenabstieg ***"
19       Do
20           xalt = xneu
21           gradient = gf(xalt)
22           delta = schrittweite * gradient
23           xneu = xalt - delta
24           schritt = schritt + 1
25           praezision = relative_praezision * Abs(xneu)
26           Debug.Print schritt, xalt, gradient, xneu
27       Loop While (schritt < maximale_iterationen) _
          And (praezision < Abs(delta)) _
          And (Abs(gradient) > fast_null)
28       gradientenabstieg = xneu
29   End Function
```

Die Funktion des einfachen Gradientenabstiegverfahrens wird mit Codezeile 15 deklariert. Die Funktion *gradientenabstieg* erwartet als Argumente die Startstelle *x0*, die Schrittweite λ (*schrittweite*), eine geforderte, relative Präzision (*relative_praezision*) und die zulässige Anzahl an Iterationsschritten (*maximale_iterationen*). In den folgenden Codezeilen 16 bis 17 werden einige der benötigten Hilfsvariablen der Funktion initialisiert. Die Namen und die Bedeutungen aller Hilfsvariablen der Funktion ergeben sich aus den Darstellungen des Kap. 11.1.2.1. (*schritt* = k, *xalt* = θ^k, *xneu* = θ^{k+1}, *gradient* = g^k und *delta* = $\lambda \cdot g^k$).[208] Die Codezeilen 18 und 26 dienen dem Protokollausdruck zum Verfolgen der Arbeitsweise der Funktion *gradientenabstieg* und sollen hier auch nicht näher kommentiert werden.

Die eigentliche Umsetzung des in Kap. 11.1.2.1. beschriebenen Gradientenabstiegverfahrens findet in der zentralen Iterationsschleife (Codezeilen 19 bis 27) statt. Sie wird solange wiederholt, wie die Bedingungen in Codezeile 27 erfüllt sind: Zunächst muss die Anzahl an Iterationen noch kleiner als die erlaubte Höchstanzahl sein (*schritt* < *maximale_itera-*

208 Die Hilfsvariable *delta* bezeichnet innerhalb der Funktion *gradientenabstieg* die Anpassung des Parameters θ im k-ten Iterationsschritt. Sie ist nicht zu verwechseln mit der Hilfsvariablen *delta* in der Funktion *gf* zur Approximation des Gradienten.

tionen). Außerdem muss der Absolutbetrag der letzten Änderung des Parameters θ die geforderte *relative Präzision* übersteigen (*praezision* < Abs(*delta*); vgl. auch Codezeile 25). Die Verwendung einer relativen Genauigkeit hängt wiederum mit der begrenzten Darstellbarkeit von Zahlen in einem Digitalcomputer zusammen.

Nach Schritt 4. aus Kap. 11.1.2.1. ist der Algorithmus solange fortzuführen, wie u.a. $\left|\theta^{k+1} - \theta^{k}\right| > \varepsilon$ gilt. Der Teilausdruck Abs(*delta*) beschreibt die linke Seite der Ungleichung, der andere Teilausdruck *praezision* (vgl. auch Codezeile 25, nach der sich der Wert dieser Variablen als *praezision* = *relative_praezision* * Abs(*xneu*) berechnet) die rechte Seite, also das ε. In der „Theorie" (Schritt 4. in Kap. 11.1.2.1.) ist der Wert von ε als „absolute Präzision" zu verstehen. Bei der praktischen Implementation muss dagegen aus Gründen der begrenzten Genauigkeit von Gleitkommazahlen ε als „relative Präzision" aufgefasst werden. Mit *relative_praezision* * Abs(*xneu*) wird hier zunächst das ε relativ zur Größenordnung des Parameters θ bestimmt und erst dann die Abbruchbedingung ausgewertet.

Schließlich wird noch gefordert, dass der Absolutbetrag des Gradienten von null verschieden ist (Abs(*gradient*) > *fast_null*), damit die Schleife fortgeführt wird. Bei der Formulierung der letzten Bedingung kommen wieder numerische Überlegungen ins Spiel. Im Rahmen des Iterationsprozesses kann zwar der Gradient sehr klein werden, er wird aber selten genau null. Um Gleitkommafehler („underflow") zu vermeiden, muss an Stelle des genauen Wertes 0 eine Näherung (hier 1.0×10^{-20}) eingesetzt werden. Ungeachtet dieser eher „technischen" Überlegungen entsprechen die drei Bedingungen inhaltlich denen aus Kap. 11.1.2.1. (vgl. Schritt 4., Bedingungen a) bis c)).

Die Codezeilen 20 bis 24 repräsentieren die genaue Umsetzung der Schritte 2. bis 4. aus Kap. 11.1.2.1. Codezeile 26 dient dem Protokollausdruck, Codezeile 27 beendet die Definition der zentralen Iterationsschleife. In der Codezeile 28 wird die ermittelte Lage des Minimums der Funktion zurückgeliefert. Die Codezeile 29 beendet die Definition der Funktion *gradientenabstieg*. Die Anwendung der Funktion ist denkbar einfach und wird in den Codezeilen 30 bis 33 beispielhaft dargestellt.

```
30   Sub beispiel_gradientenabstieg()
31       minimum_stelle = gradientenabstieg(2#, 0.1, 0.001, 10)
32       Debug.Print minimum_stelle
33   End Sub
```

Im Vergleich zur Implementation der Verfahren ohne Gradienten (vgl. Kap. 11.1.1.3.) wirkt die Umsetzung des Gradientenabstiegverfahrens ausgesprochen einfach und kompakt. Insofern mag sich schon hier die Frage stellen, warum eine derart ausführliche Behandlung jener Verfahren erfolgte, wenn es doch eine sehr viel kompaktere und elegantere Lösung gibt. Der Grund dafür wird später bei der mehrdimensionalen Optimierung deutlich werden.

11.1.2.3. Beispielhafte Anwendung des einfachen Gradientenabstiegverfahrens

Die nachfolgende Tab. 11.1.2.3.-1. illustriert die Arbeitsweise des einfachen Gradientenabstiegverfahren anhand der Minimierung der Zielfunktion nach (1) aus Kap. 11.1.2.1. Die einzelnen Zwischenwerte wurden mit Hilfe der in Kap. 11.1.2.2. dargestellten, beispielhaften Implementation berechnet. Da diese aber in direkter Weise die „theoretischen" Betrachtungen aus Kap. 11.1.2.1. umsetzt, ist – wie erwähnt – die Lektüre der Implementation in Kap. 11.1.2.2. nicht unbedingt notwendig. Für die beispielhafte Optimierung wurde der Startpunkt 2.0 gewählt. Die Schrittweite λ wurde mit $\lambda = 0.1$ vorgegeben, die zulässige Anzahl an Iterationsschritten auf 10 begrenzt. Der geforderte Wert für die relative Präzision wurde auf 0.001 gesetzt. Seine nähere Bedeutung ergibt sich aus den Darstellungen zur Implementation, ist aber für ein grundlegendes Verständnis der Arbeitsweise nicht weiter von Relevanz.

Schritt k	θ^k („xalt")	g^k („g")	θ^{k+1} („xneu")
1	2.000000	4.000020	1.599998
2	1.599998	3.200012	1.279997
3	1.279997	2.560006	1.023996
4	1.023996	2.048003	0.819196
5	0.819196	1.638400	0.655356
6	0.655356	1.310718	0.524284
7	0.524284	1.048573	0.419427
8	0.419427	0.838858	0.335541
9	0.335541	0.671085	0.268432
10	0.268432	0.536868	0.214746

Tab. 11.1.2.3.-1.: Beispiel zur Anwendung des einfachen Gradientenabstiegverfahrens

Aus der Tab. 11.1.2.3.-1. wird die Arbeitsweise dieses einfachen Algorithmus deutlich. Der Algorithmus beginnt an der Startstelle 2.0 (vgl. zweite Zeile, zweite Spalte). Der Wert des Gradienten g wird hier approximiert durch $g = 4.00002$ (vgl. zweite Zeile, dritte Spalte). Da die explizite Form der Zielfunktion im Beispiel bekannt ist, kann in diesem speziellen Fall der Wert des Gradienten mit $g = 4$ exakt angegeben werden.[209] Die Ungenauigkeit in der fünften Nachkommastelle ist letztlich das Ergebnis der numerischen Approximation. Die notwendige Anpassung errechnet sich gemäß den vorangegangenen Darstellungen im Beispiel einfach nach $0.1 \cdot 4.00002 = 0.400002$. Damit ergibt sich für θ^1 der Wert $\theta^1 = 1.599998$ (vgl. zweite Zeile, vierte Spalte). Dieser stellt im nächsten Iterationsschritt den neuen Ausgangspunkt dar.

209 In diesem Beispiel gilt wegen $f(\theta) = \theta^2$: $f'(\theta) = 2 \cdot \theta$. Mit $\theta = 2$ folgt $f'(2) = 4$.

Nach 10 Iterationsschritten wird die Lage des Minimums der beispielhaften Zielfunktion mit 0.214746 geschätzt. Dies ist noch recht ungenau und im Wesentlichen auf die „ungeeignete" Wahl des Parameters λ sowie die langsame Konvergenz dieses einfachen Verfahrens zurückzuführen. Im Wesentlichen erfüllt es aber seine Aufgabe. Außerdem wird aus Tab. 11.1.2.3.-1. die Approximation des Gradienten deutlich. Da die explizite Form der Zielfunktion (und damit auch die ihrer ersten Ableitung) im Beispiel bekannt ist, kann der exakte Wert des Gradienten mit dem der Approximation leicht verglichen werden. Die dabei zwangsläufig entstehenden Ungenauigkeiten sind aber bei diesem einfachen Verfahren ohne besondere praktische Relevanz.

11.1.2.4. Gradientenabstiegverfahren mit variabler Schrittweite

Ein zentrales Problem des dargestellten einfachen Gradientenabstiegverfahrens mit fester Schrittweite besteht in der „geeigneten" Wahl des Parameters λ. Zu niedrige Werte für λ führen zu einer sehr langsamen Konvergenz des Algorithmus. Wird λ dagegen zu hoch gesetzt, kann in bestimmten Fällen das Minimum nicht mehr hinreichend genau bestimmt werden. Zur Veranschaulichung stelle man sich ein enges Bergtal vor, dessen Talsohle („Minimum") durch den Iterationsprozess noch nicht erreicht wurde. Der dazu notwendige, letzte Schritt möge jedoch eine Weite erfordern, die unterhalb der vorgegebenen Schrittweite liegt. Dies führt nun aber dazu, dass der Iterationsprozess „zwischen den Hängen" um das Minimums „hin und her springt", ohne dieses jemals zu erreichen. Man spricht in diesem Zusammenhang auch von einer *Oszillation*. Darüber hinaus ist es für den Allgemeinfall eher unwahrscheinlich anzunehmen, es könnte so etwas wie eine „optimale", aber konstante Schrittweite während des gesamten Iterationsprozesses geben. Oftmals ist es nämlich sinnvoll, die Schrittweite λ zu Beginn groß zu wählen, um zunächst eine schnelle Annäherung an das Minimum zu erreichen. Gegen Ende des Iterationsprozesses ist es dann sinnvoll, die Schrittweite λ zu senken. Dieses Vorgehen soll Oszillationen in der Nähe des Minimums vermeiden und so eine genauere Bestimmung seiner Lage zulassen.

Bei den Verfahren mit variabler Schrittweite wird nun der Wert von λ in jedem Iterationsschritt separat bestimmt. Die grundlegende Idee hinter diesem Ansatz soll anhand des bisherigen Beispiels der Zielfunktion nach Gleichung (1) aus Kap. 11.1.2.1. erläutert und durch die Abb. 11.1.2.4.-1. illustriert werden.

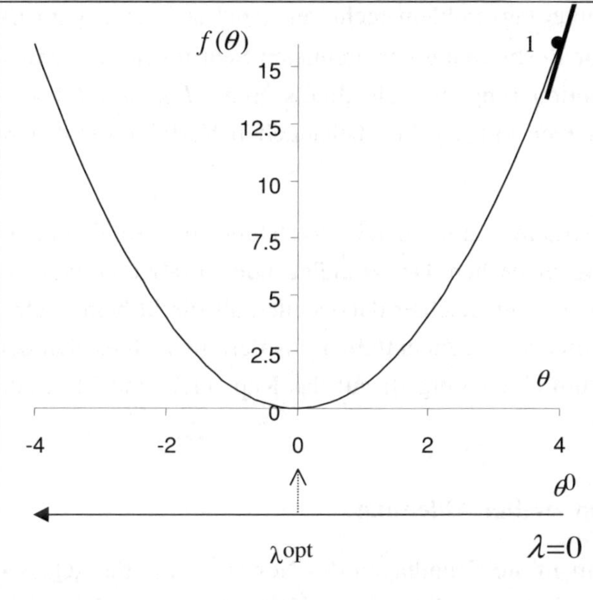

Abb. 11.1.2.4.-1.: Bestimmung der optimalen Schrittweite

Im Beispiel der Abb. 11.1.2.4.-1. möge das Gradientenabstiegverfahren an der Stelle θ^0 beginnen (auch als Punkt 1 in Abb. 11.1.2.4.-1. gekennzeichnet). Dabei wird - wie bisher - nicht nur der Wert der Zielfunktion an der Stelle θ^0 ausgewertet, sondern auch deren Gradient bestimmt. Grafisch lässt sich dieser als Steigung einer Tangente am Punkt $(\theta^0, f(\theta^0))$ der Funktion f interpretieren. Die (ungefähre) Lage der Tangente an dieser Stelle wird in Abb. 11.1.2.4.-1. durch das kurze, fett eingezeichnete Geradenstück symbolisiert. Die Steigung dieser Tangente ist positiv. Zum Auffinden des Minimums wäre also folgerichtig der Wert von θ^0 zu verringern (also negativ zum Gradienten anzupassen). Das Ausmaß der Verringerung wird durch die Schrittweite λ bestimmt. Für $\lambda = 0$ fände keine Veränderung der Startstelle θ^0 statt. Würde dagegen für λ der Wert λ^{opt} gewählt, so würde damit direkt das Minimum der Zielfunktion realisiert. Wird λ größer als dieser Wert gewählt, würde man über die Lage des Minimums „hinauslaufen". Wie aus Abb. 11.1.2.4.-1. ersichtlich, kann also der Funktionsverlauf der Zielfunktion f über den Parameter θ auch indirekt als Verlauf der Zielfunktion über die Schrittweite λ dargestellt werden (bei gegebenen Startpunkt θ^0 und Gradienten g).

Die Bestimmung der optimalen Schrittweite λ^{opt} ist also derart vorzunehmen, dass die Gleichung (1) minimiert wird:

(1) $f(\theta^0 - \lambda^{\text{opt}} \cdot g) \rightarrow \min!$

Die Bestimmung der optimalen Schrittweite λ^{opt} ist offensichtlich ein eindimensionales Optimierungsproblem, zu dessen Lösung z.B. die Verfahren aus Kap. 11.1.1. (Einschachtelung des Minimums, diesmal aber nicht über θ, sondern über λ) herangezogen werden können. Im betrachteten Fall der eindimensionalen Optimierung mag der potenzielle Nutzen eines derartigen Vorgehens zurecht fragwürdig erscheinen, denn dies würde ja auf die Ersetzung einer direkten eindimensionalen Optimierung (nämlich von θ) durch eine indirekte (nämlich von λ) hinauslaufen. In der Tat werden die hier vorgestellten Überlegungen erst im Falle der mehrdimensionalen Optimierung praktisch relevant. Dort erlauben sie nämlich, ein mehrdimensionales Optimierungsproblem recht „elegant" auf ein eindimensionales zurückzuführen. Verfahren zur Bestimmung der optimalen Schrittweite λ werden im Rahmen der mehrdimensionalen Optimierung auch als „line search" (*Liniensuche* oder *Linienminimierung*) bezeichnet und können mit den hier behandelten Verfahren realisiert werden.

Der Nutzen von Linienminimierungsverfahren („line search" Verfahren) bei der eindimensionalen Optimierung ist eher als gering anzusehen. Der grundlegende Ansatz und die Idee hinter diesem Verfahren ist hier jedoch weitaus leichter darzustellen als direkt beim mehrdimensionalen Fall, wo sie ihren eigentlichen Nutzen entfalten. Insofern handelt es sich bei diesen Betrachtungen denn auch eher um einen Vorgriff auf das Kap. 11.2. und 11.3. zur mehrdimensionalen Optimierung.

11.1.3. Verfahren mit Gradienten und zweiter Ableitung

Arbeitshinweise: Das Kap. 11.1.3. führt in die Grundlagen des Newton- (und der „Quasi-Newton"-) Verfahren ein. Diese wurden bereits im Rahmen der Einleitung unter der Überschrift „Second-Order Verfahren" (vgl. Kap. 9.7.) kurz angesprochen. Obwohl sie hier nicht so tief wie die First-Order Verfahren behandelt werden sollen, ist es aber durchaus sinnvoll, wenigstens den grundlegenden Ansatz hinter diesen Verfahren zu kennen. Falls jedoch kein näheres Interesse oder Zeit für die Bearbeitung des Kap. 11.1.3. gegeben ist, kann es auch ohne Folgen für die weiteren Betrachtungen übersprungen werden.

Das erste Unterkapitel 11.1.3.1. widmet sich den theoretischen Überlegungen, die dann im dritten Unterkapitel 11.1.3.3. anhand eines einfachen Beispiels illustriert werden. Bei einer Bearbeitung sind beide Unterkapitel allen Lesern zur Lektüre empfohlen. Das Kap. 11.1.3.2. beschäftigt sich mit weiterführenden Fragen der konkreten Implementation. Es kann auch ohne Folgen für das weitere Verständnis übersprungen werden, soweit daran kein tiefer gehendes Interesse besteht.

11.1.3.1. Grundlegender Ansatz des Newton-Verfahrens

Ein wesentliches Problem beim einfachen Gradientenabstiegverfahren ist die Bestimmung der Schrittweite λ. Wird sie als Konstante für einen kompletten Iterationsprozess gesetzt, so hängen das Konvergenzverhalten und die Genauigkeit der Minimumbestimmung entscheidend von ihrer Wahl ab. Einen Ausweg bieten die Verfahren mit variabler Schrittweite (vgl. Kap. 11.1.2.4.), bei denen die optimale Schrittweite λ im Zuge eines separaten Optimierungsprozesses bestimmt wird. Dies beseitigt zwar die Probleme einer konstanten Schrittweite, erfordert aber dafür zusätzlichen Aufwand. Es stellt sich somit die Frage, ob die Bestimmung der optimale Schrittweite λ nicht auch einfacher vorgenommen werden kann, also ohne den Umweg über einen nochmaligen, eigenständigen Optimierungsprozess.

Sofern es möglich ist, an jeder Stelle θ nicht nur den Wert der Zielfunktion f und deren Gradienten zu bestimmen, sondern auch noch den Wert ihrer zweiten Ableitung (nach θ), liefert dies eine wertvolle, zusätzlich nutzbare Information für den Optimierungsprozess. Die folgenden Überlegungen zeigen, wie die Kenntnis der zweiten Ableitung eingesetzt werden kann.

Der Funktionswert einer Funktion f an der Stelle $\theta^k + \Delta\theta$ (wobei sich θ^k im k-ten Schritt des Optimierungsprozesses ergeben hat) kann nach (1) approximiert werden:[210]

(1) $$f\left(\theta^k + \Delta\theta\right) \approx f\left(\theta^k\right) + f'\left(\theta^k\right)\Delta\theta$$

Die Nullstelle von f, also die Stelle an der $f(\theta^k+\Delta\theta) = 0$, kann entsprechend nach Gleichung (2) approximiert werden:

(2) $$f\left(\theta^k + \Delta\theta\right) \approx f\left(\theta^k\right) + f'\left(\theta^k\right)\Delta\theta \overset{!}{=} 0$$

Damit folgt für $\Delta\theta$:

(3) $$\Delta\theta = -\frac{f(\theta^k)}{f'(\theta^k)}$$

Bei den hier betrachteten Optimierungsproblemen ist jedoch nicht die Nullstelle der Zielfunktion f, sondern die ihrer ersten Ableitung f' zu bestimmen (denn dort nimmt ja die Zielfunktion einen Extremwert an). Damit gilt approximativ:

(4a) $$f\left(\theta^k + \Delta\theta\right) \rightarrow \min!$$

(4b) $$f'\left(\theta^k + \Delta\theta\right) \approx f'\left(\theta^k\right) + f''\left(\theta^k\right)\Delta\theta \overset{!}{=} 0$$

(4c) $$\Delta\theta = -\frac{f'(\theta^k)}{f''(\theta^k)}$$

Beim einfachen Gradientenverfahren lautet die Anpassungsregel im Schritt 3. des Kap. 11.1.2.1.: $\theta^{k+1} = \theta^k - \lambda \cdot g^k$. Die Anpassung von θ im k-ten Iterationsschritt beträgt dort also $-\lambda \cdot g^k$. Diese Anpassung soll nun „optimal“ gewählt werden, nämlich wie in (4c) hergeleitet. Fordert man also für die Anpassung $\Delta\theta = -\lambda \cdot g^k$, so erhält man (5) durch Einsetzen dieser Beziehung in (4c) und anschließender Umformung:

210 Hier handelt es sich um die beiden ersten Glieder einer Taylorreihenentwicklung. Mit Hilfe einer Taylorreihe können (komplizierte) Funktionen näherungsweise dargestellt werden. Taylorreihen oder auch Taylorreihen-

(5) $$\lambda = \frac{f'(\theta^k)}{f''(\theta^k)\, g^k}$$

Wegen $g^k = f'(\theta^k)$, verkürzt sich (5) zu (6):

(6) $$\lambda = \frac{f'(\theta^k)}{f''(\theta^k) f'(\theta^k)} = \frac{1}{f''(\theta^k)}$$

Damit lautet die Anpassungsregel nach (7):

(7) $$\theta^{k+1} = \theta^k - \lambda\, g^k = \theta^k - \frac{1}{f''(\theta^k)} g^k = \theta^k - \frac{f'(\theta^k)}{f''(\theta^k)}$$

Am Algorithmus aus Kap. 11.1.2.1. ändert sich damit nur die Anpassungsregel im Schritt 3. Diese wird jetzt zu $\theta^{k+1} = \theta^k - \frac{f'(\theta^k)}{f''(\theta^k)}$ modifiziert. Im Übrigen ergeben sich jedoch keinerlei Änderungen. Dennoch hat diese kleine Änderung eine erhebliche Auswirkung, was man am bisherigen Beispiel einer einfachen Zielfunktion ($f(\theta) = \theta^2$) leicht nachrechnen kann. Wird z.B. als Startpunkt der Wert 4 gewählt, so beträgt der Wert der ersten Ableitung an dieser Stelle $f'(\theta^0 = 4) = 2 \cdot 4 = 8$. Für den Wert der zweiten Ableitung $f''(\theta^0 = 4)$ ergibt sich an dieser Stelle $f''(\theta^0 = 4) = 2$. Damit ist $\theta^1 = \theta^0 - \frac{f'(\theta^0)}{f''(\theta^0)} = 4 - \frac{8}{2} = 0$. Die optimale Schrittweite lässt sich in diesem Beispiel also einfach bestimmen und führt bereits mit dem ersten Anpassungsschritt in das Minimum der Funktion.

In der Anpassungsregel nach (7) wird der Kehrwert der zweiten Ableitung als „optimale" Schrittweite benutzt, wobei (7) auf Grund formaler Überlegungen hergeleitet wurde. Um die inhaltliche Bedeutung von (7) zu verdeutlichen, ist eine eher intuitive Überlegung hilfreich. Die zweite Ableitung bringt die Änderung des Gradienten zum Ausdruck. Ist nun der Wert der zweiten Ableitung (dem Betrage nach) sehr groß, so ändert sich der Gradient an der aktuellen Stelle θ sehr schnell. Die „Richtungsinformation" (welche durch Gradienten repräsentiert wird) wird sich in diesem Falle schon bei geringfügiger Anpassung von θ schnell verändern. Daher darf θ nur geringfügig angepasst werden (kleine Schrittweite), um nicht zu weit „in die falsche Richtung zu laufen" (diese Überlegung gilt insbesondere im mehrdimensionalen Fall). Ist dagegen der Wert der zweiten Ableitung (dem Betrage nach) klein, so ändert sich die „Richtungsinformation" (der Gradient) in der Umgebung von θ nur geringfügig. In diesem Fall kann ruhig eine größere Schrittweite gewählt werden, ohne Ge-

entwicklungen werden in Standardlehrbüchern der Mathematik behandelt; vgl. z.B. OPITZ [(1995), S. 536 ff.]. Aus Platzgründen kann hierauf nicht näher eingegangen werden.

fahr zu laufen, zu weit in die „falsche Richtung zu schreiten“. Wählt man also den Kehrwert der zweiten Ableitung als Schrittweite, so wird genau dieses Prinzip realisiert.

Der besondere Vorteil des hier vorgestellten Ansatzes besteht also darin, eine einfache Approximation der optimalen Schrittweite λ zu erlauben und nur marginale Änderungen am Algorithmus des Gradientenabstiegverfahrens zu erfordern. Nachteilig ist hier allerdings, den Wert der zweiten Ableitung der Zielfunktion *f* in jedem Iterationsschritt bestimmen zu müssen. Da in den seltensten Fällen die explizite Form der Zielfunktion *f*, ihrer ersten und zweiten Ableitung bekannt ist, müssen zu ihrer Bestimmung im Allgemeinen wiederum Approximationsverfahren eingesetzt werden.

Im eindimensionalen Fall lässt sich die zweite Ableitung leicht unter Verwendung der Taylorreihenentwicklung approximieren. Danach kann der Wert einer Funktion *f* in der Nähe $\Delta\theta$ eines Punktes θ^k (der sich im *k*-ten Schritt des Optimierungsprozesses ergeben hat) nach (8) abgeschätzt werden:

$$(8) \quad f(\theta^k+\Delta\theta) \approx f(\theta^k) + f'(\theta^k)\,\Delta\theta + \tfrac{1}{2} f''(\theta^k)\,(\Delta\theta)^2$$

Um in der Taylorreihenentwicklung nach (8) die zweite Ableitung zu isolieren und um die erste Ableitung zu eliminieren, ist die Funktion an den Stellen $\theta^k+\Delta\theta$ und $\theta^k-\Delta\theta$ auszuwerten. Es gilt nämlich:

$$\begin{array}{rl} & f(\theta^k+\Delta\theta) \approx f(\theta^k) + f'(\theta^k)\,\Delta\theta + \tfrac{1}{2} f''(\theta^k)\,(\Delta\theta)^2 \\ + & f(\theta^k-\Delta\theta) \approx f(\theta^k) - f'(\theta^k)\,\Delta\theta + \tfrac{1}{2} f''(\theta^k)\,(\Delta\theta)^2 \\ = & \overline{\phantom{f(\theta^k+\Delta\theta) \approx f(\theta^k) + f'(\theta^k)\,\Delta\theta + \tfrac{1}{2} f''(\theta^k)\,(\Delta\theta)^2}} \\ & f(\theta^k+\Delta\theta) + f(\theta^k-\Delta\theta) \approx 2 f(\theta^k) + f''(\theta^k)\,(\Delta\theta)^2 \end{array}$$

$$(9) \quad f''(\theta^k) \approx \frac{f(\theta^k+\Delta\theta) - 2f(\theta^k) + f(\theta^k-\Delta\theta)}{(\Delta\theta)^2}$$

Bei der Approximation des Wertes der zweiten Ableitung sollte dabei der Wert von $\Delta\theta$ um einige Größenordnungen höher als der entsprechende Wert bei der Approximation der ersten Ableitung gewählt werden. Wenn nämlich $\Delta\theta$ sehr klein gewählt wird, „verschwindet“ in der Taylorreihenentwicklung der Term der zweiten Ableitung ($\tfrac{1}{2} f''(\theta^k)\,(\Delta\theta)^2$). Wegen der Quadrierung von $\Delta\theta$ ist dann $(\Delta\theta)^2$ in (9) sehr klein. Dies kann zu numerischen Problemen und hohen Ungenauigkeiten führen.

11.1.3.2. Beispielhafte Implementation des Newton-Verfahrens

Auf Grund der Darstellungen des vorangegangenen Kap. 11.1.3.1. ergeben sich nur marginale Änderungen am grundlegenden Algorithmus des Gradientenabstiegverfahrens. Daher sollen hier nur die wenigen Änderungen angesprochen werden, die an der beispielhaften Implementation aus Kap. 11.1.2.2. (einfache Gradientenverfahren mit konstanter Schrittweite) vorzunehmen sind, um das Newton-Verfahren umzusetzen. Soweit jedoch kein Interesse an Fragen der konkreten Umsetzung dieses Verfahrens besteht, können die folgenden Darstellungen auch übersprungen werden.

Die erste Änderung betrifft die zusätzliche Implementation eines Algorithmus zur Approximation des Wertes der zweiten Ableitung. Die Funktion *zweite_ableitung* approximiert den Wert der zweiten Ableitung anhand der Gleichung (9) aus Kap. 11.1.3.1. Sie könnte nach der Funktion zur Schätzung des Gradienten angeordnet werden (vgl. die Codezeilen 9 bis 14 in Kap. 11.1.2.2.) und würde dann die laufenden Codezeilennummern 15 bis 21 besitzen.

```
15   Function zweite_ableitung(arg)
16       delta = Abs(arg) * delta2_faktor + delta_zusatz
17       fx = zf(arg)
18       fx_plus_delta = zf(arg + delta)
19       fx_minus_delta = zf(arg - delta)
20       zweite_ableitung = (fx_plus_delta - 2 * fx + fx_minus_delta)
          / (delta * delta)
21   End Function
```

Die Betrachtung der Funktion zeigt, wie sich die Approximation nach (9) aus Kap. 11.1.3.1. umsetzen lässt. In Codezeile 15 wird die Funktion *zweite_ableitung* deklariert; sie erwartet als Argument den Wert von θ (*arg*) und liefert die zugehörige Approximation des Wertes der zweiten Ableitung der Zielfunktion an dieser Stelle zurück. Als Hilfsvariablen werden *delta* (das $\Delta\theta$ aus Kap. 11.1.3.1.), *fx* (der Funktionswert der Zielfunktion an der Stelle θ), *fx_plus_delta* (der Wert $f(\theta+\Delta\theta)$) und *fx_minus_delta* (der Wert $f(\theta-\Delta\theta)$) benutzt. Ihre zugehörigen Werte werden mit den Codezeilen 18 bis 19 berechnet. In Codezeile 20 wird schließlich der Wert von (9) aus Kap. 11.1.3.1. ausgerechnet und als Ergebnis der Funktion zurückgeliefert. Die Codezeile 21 beendet die Definition der Funktion.

Aus numerischen Gründen wird in Codezeile 16 der Wert für $\Delta\theta$ nach (1) berechnet.

(1) $$\Delta\theta = |\theta| \cdot delta2\_faktor + delta\_zusatz$$

mit hier: $delta2\_faktor = 10^{-3}$

Hier wird den Überlegungen zur numerischen Approximation aus Kap. 11.1.3.1. gefolgt, nach denen der Wert für $\Delta\theta$ um einige Größenordnungen höher als der entsprechende Wert bei der Approximation des Gradienten gewählt werden sollte. Dort wurde der Faktor 10^{-5} gewählt, sodass hier der Faktor 10^{-3} eine geeignete Wahl darstellen könnte. Die zusätzliche Addition von *delta_zusatz* in (1) dient lediglich der Vermeidung von Gleitkommafehlern

(„underflow" oder „division by zero"), falls nämlich der Wert von θ nahe (oder gleich) null ist.

Die übrigen Änderungen sind nun marginal. Der Funktionskopf von *gradientenabstieg* (vgl. Codezeile 15 in Kap. 11.1.2.2.) wird wie folgt geändert:

```
Function newton(x0, relative_praezision, maximale_iterationen)
```

Die bisherige Funktion *gradientenabstieg* wird in *newton* umbenannt. Sie erwartet als Argumente den Startpunkt *x0*, die geforderte, relative Präzision *relative_praezision* und die maximale Anzahl zulässiger Iterationen *maximale_iterationen*. Dies entspricht den Darstellungen in den Kap. 11.1.2.2. Nur der Parameter *schrittweite* (für die Schrittweite) wird jetzt als Argument der Funktion nicht mehr benötigt. Die Codezeile

```
22              delta = schrittweite * gradient
```

aus Kap. 11.1.2.2. ist durch die folgende Codezeile zu ersetzen:

```
                delta = gradient / Abs(zweite_ableitung(xalt))
```

Mit *zweite_ableitung(xalt)* wird der Wert der zweiten Ableitung an der aktuellen Stelle von θ (*xalt*) im Iterationsprozess approximiert. Die optimale Anpassung $\Delta\theta$ (*delta*) von θ wird dann in Anlehnung an Gleichung (7) aus Kap. 11.1.3.1. berechnet. Hier mag lediglich auffallen, dass der Wert des Gradienten nicht durch den Wert der zweiten Ableitung, sondern durch dessen Absolutbetrag geteilt wird. Der Grund hierfür ist ebenso einfach wie gleichermaßen „tückisch". Nach dem Gradientenabstiegverfahren ist in jedem Anpassungsschritt der Wert von θ negativ zum Gradienten anzupassen. Entsprechend lautet auch die folgende Codezeile 23 aus Kap. 11.1.2.2.:

```
23              xneu = xalt - delta;
```

Dabei ist im einfachen Gradientenabstiegverfahren die Schrittweite λ immer positiv. Beim Newton-Verfahren gilt jedoch $\lambda = 1 / f''(\theta)$. Dieser Wert kann aber auch negativ werden und damit die Anpassungsrichtung (ungewollt) umkehren. Ist beispielsweise in einem Iterationsschritt der Gradient *g* negativ, so wäre folgerichtig (nach Gradientenabstiegverfahren) der Wert von θ positiv anzupassen. Beim einfachen Gradientenverfahren wird nach Codezeile 22 ein negatives „delta" ermittelt, welches dann in Codezeile 23 vom bisherigen Wert *xalt*, den θ gerade besitzt, abgezogen wird. Per saldo führt dies zu einer positiven Anpassung von θ. Wäre in derselben Situation der Wert der zweiten Ableitung aber ebenfalls negativ, würde die Division eines negativen Gradienten durch einen negativen Wert der zweiten Ableitung zu einem positiven *delta* führen. Statt der erforderlichen positiven Anpassung von θ würde es jetzt zu einer negativen kommen. Damit es also nicht zu einer Richtungsumkehr kommen kann, ist durch den Absolutbetrag des Wertes der zweiten Ableitung zu dividieren.[211]

11.1.3.3. Beispielhafte Anwendung des Newton-Verfahrens

Die Tab. 11.1.3.3.-1. zeigt die Ergebnisse im Ablauf des Optimierungsprozesses der einfachen Zielfunktion $f(\theta) = \theta^2$. Als Startstelle wurde hier die Stelle 4.0 gewählt. Der Gradient g wird an dieser Stelle mit ungefähr $g = 8$ approximiert, der Wert der zweiten Ableitung mit ungefähr 2 (vgl. zweite Zeile, dritte und vierte Spalte). Der Wert von θ^1 errechnet sich nach dem beschrieben Verfahren und mit den Werten des Beispiels (gerundet) als $\theta^1 = 4 - 8 / 2 = 0$. Das Minimum dieser Funktion wird schon nahezu nach dem ersten Iterationsschritt aufgefunden. Auf Grund der Konstruktion des Beispiels ist dies wenig verwunderlich.

Schritt k	θ^k (*xalt*)	g^k (*gradient*)	$f''(\theta^k)$	θ^{k+1} (*xneu*)
1	4.000000E+00	8.000040E+00	2.000000E+00	–2.000058E–05
2	–2.000058E–05	–4.000096E–05	2.000000E+00	–1.000027E–10

Tab. 11.1.3.3.-1.: Beispiel zur Anwendung des Newton-Verfahrens

Die nähere Betrachtung der Tab. 11.1.3.3.-1. zeigt allerdings auch, dass die Lage des Minimums nicht exakt bestimmt werden kann. Dies liegt an der Approximation von Gradient und zweiter Ableitung, was zwangsläufig zu Ungenauigkeiten führt. In der Anwendung sind derartige Ungenauigkeiten aber zumeist von geringer praktischer Relevanz.

11.2. Optimierung im mehrdimensionalen Fall

Arbeitshinweise: Im vorliegenden Kap. 11.2. geht es um die Behandlung von Optimierungsverfahren im mehrdimensionalen Fall, was in praktischen Anwendungen auch den Regelfall darstellt. Die dreiteilige Betrachtungsweise des Kap. 11.1. (Theorie/Algorithmus

---

211 Das Phänomen eines negativen Vorzeichens der zweiten Ableitung (nur dann kommt es zum dem gerade beschriebenen Fall) tritt auf, wenn sich der Suchalgorithmus in der Nähe eines lokalen *Maximums* der Zielfunktion befindet. Die Anpassungsregel nach (7) aus Kap. 11.1.3.1. wurde nämlich streng genommen nur für die Bestimmung der Lage eines *Extremums* hergeleitet (vgl. dort Gleichungen (4) bis (7)), nicht jedoch speziell für die Bestimmung eines *Minimums*. In der Nähe eines (lokalen) Maximums führt diese Anpassungsregel daher entsprechend mit einer „optimalen" Schrittweite genau dorthin. Für die Bestimmung des Minimums ergeben sich also zwei Probleme. Das erste Problem besteht in der beschriebenen Richtungsumkehr der Suche, welches sich aber wie oben gezeigt einfach umgehen lässt, indem durch den *Absolutbetrag* der zweiten Ableitung dividiert wird. Das zweite Problem ist die Bestimmung der „optimalen" Schrittweite, denn der Kehrwert der zweiten Ableitung als „optimale" Schrittweite bezieht sich in diesem Falle auf das Erreichen des Maximums. Sie ist also in dieser Situation für das Erreichen des Minimums „nicht definiert". Die Verwendung des (Absolutbetrags des) Kehrwerts der zweiten Ableitung kann aber hier mit dem in Kap. 11.1.3.1. dargestellten „intuitiven Prinzip" begründet werden. Danach sollte die Anpassungsschrittweite bei (dem Betrage nach) großen Werten der zweiten Ableitung klein gewählt werden, um nicht zu weit in die „falsche Richtung zu laufen". Ist ihr Wert (dem Betrage nach) dagegen klein, kann eine größere Schrittweite gewählt werden (vgl. Kap. 11.1.3.1.).

– Beispiel – Implementation) wird hier fortgeführt, womit die bisherigen Arbeitshinweise in analoger Weise gelten. Die einführenden Betrachtungen zum Gradientenabstiegverfahren im mehrdimensionalen Fall (Kap. 11.2.1.) sollten von allen Lesern bearbeitet werden.

Als erstes konkretes Verfahren zur Optimierung im mehrdimensionalen Fall wird in Kap. 11.2.2. das „steepest descent" Verfahren (*Weg des steilsten Abstiegs*) mit „line search" (Linienminimierung) entwickelt.[212] Die theoretischen Grundlagen (Kap. 11.2.2.1.) und die beispielhafte Anwendung dieses Verfahrens (Kap. 11.2.2.3.) sollten ebenfalls von allen Lesern bearbeitet werden. Der *Weg des steilsten Abstiegs* stellt nämlich den Schlüssel zum Verständnis fortgeschrittener Varianten dar, obwohl dieses Verfahren selbst nicht besonders effizient ist. Die konkrete Umsetzung in Form einer beispielhaften Implementation wird in Kap. 11.2.2.2. vorgestellt. Sie ist für eine tiefer gehende Auseinandersetzung hilfreich und zur Bearbeitung empfohlen. Sofern jedoch kein Interesse an Fragen der konkreten Umsetzung besteht, kann dieses Unterkapitel auch ohne Folgen für das weitere Verständnis übersprungen werden.

Im Kap. 11.2.3. wird aufbauend auf den Betrachtungen zum „steepest descent" Verfahren der konjugierte Gradientenabstieg mit Linienminimierung behandelt. Hier handelt es sich um eines der leistungsfähigsten Verfahren der „klassischen" (nichtlinearen) Optimierung, weshalb Kap. 11.2.3. zur Bearbeitung auf jeden Fall empfohlen wird. Die Grundlagen dieses Verfahrens sind allerdings auch etwas anspruchsvoller und nicht so intuitiv verständlich wie die des „steepest descent" Verfahrens. Notfalls kann dieses Kapitel auch ausgelassen werden. Als „Quintessenz" sollte man dann jedoch behalten, dass es sich hier um eine fortentwickelte und weitaus effizientere Variante des „steepest descent" Verfahren handelt. Im Einzelnen behandelt Kap. 11.2.3.1. die theoretischen Grundlagen und Kap. 11.2.3.3. illustriert die vorangegangenen Betrachtungen anhand eines Beispiels. Das Kap. 11.2.3.2. zeigt die konkrete Umsetzung dieses Verfahrens in Form einer beispielhaften Implementation, welche bei geringem Interesse aber ausgelassen werden kann.

Das Kap. 11.2.4. schließt die grundlegenden Darstellungen zur mehrdimensionalen Optimierung mit einigen einführenden Betrachtungen zum Newton-Verfahren ab. Diese sollen einige Grundlagen für das Studium weiterführender Literatur schaffen, sind aber für die Inhalte dieses Buchteils nicht von besonderer Relevanz. Bei mangelndem Interesse können diese Darstellungen auch ohne Folgen für das weitere Verständnis übersprungen werden.

11.2.1. Gradientenabstiegverfahren im mehrdimensionalen Fall

Die grundlegende Art des Optimierungsproblems hat sich im mehrdimensionalen Fall gegenüber jener der eindimensionalen Optimierung nicht geändert. Nach wie vor ist eine Zielfunktion f nach (1) zu minimieren.

212 Die angelsächsischen und deutschen Begriffe werden im Folgenden synonym verwendet.

(1) $f(\boldsymbol{\theta}) \rightarrow \min!$

$$\text{mit} \quad \boldsymbol{\theta} = \begin{bmatrix} \theta_1 \\ \theta_2 \\ \dots \\ \theta_n \end{bmatrix}$$

Der bisherige Parameter θ wird im mehrdimensionalen Fall zu einem Parametervektor $\boldsymbol{\theta}$. Mit n soll im Folgenden die Anzahl zu optimierender Parameter θ_i bezeichnet werden.[213] Entsprechend ist der Gradient $\mathbf{g}$ der Funktion f nun der Vektor der ersten partiellen Ableitungen von f nach den einzelnen Parametern θ_i, $i = 1, \dots, n$ (vgl. (2)):

$$(2) \quad \mathbf{g} = \begin{bmatrix} \frac{\partial f}{\partial \theta_1} \\ \frac{\partial f}{\partial \theta_2} \\ \dots \\ \frac{\partial f}{\partial \theta_n} \end{bmatrix}$$

Im mehrdimensionalen Fall wird deutlicher, warum man den Gradienten auch als „Weg des steilsten Anstiegs“ (bzw. mit negativem Vorzeichen als „Weg des steilsten Abstiegs“) bezeichnet. Stellt man sich z.B. die Oberfläche eines Berges vor (also eine Funktion über einen zweidimensionalen Parameterraum), so wird diese in sehr vielen verschiedenen Richtungen ansteigend (bzw. absteigend) verlaufen. Der Gradient beschreibt dabei die Richtung des stärksten Anstiegs (bzw. Abstiegs). Wie auch beim einfachen Gradientenabstiegverfahren im eindimensionalen Fall wird hier von der zentralen Voraussetzung ausgegangen, dass der Wert der Zielfunktion f und der Gradient $\mathbf{g}$ an jeder Stelle des Parametervektors $\boldsymbol{\theta}$ bestimmt bzw. approximiert werden kann. Eine einfache (aber nicht besonders effiziente) Übertragung des Gradientenabstiegverfahren im eindimensionalen auf den hier betrachteten mehrdimensionalen Fall stellt der folgende Algorithmus dar:

1. Setze den Schrittzähler k auf $k = 0$ und wähle einen beliebigen Startpunkt $\boldsymbol{\theta}^0$.

2. Berechne den Gradienten $\mathbf{g}^k$ der Zielfunktion f an der Stelle $\boldsymbol{\theta}^k$ im k-ten Iterationsschritt.

213 In den beiden vorangegangenen Teilen des Buches wurde mit n die Anzahl der Beobachtungsdaten bei Querschnitts- oder Zeitreihendaten bezeichnet. Diese neue Bedeutung von n darf also nicht mit der alten verwechselt werden.

3. Führe einen Anpassungsschritt des einfachen Gradientenabstiegverfahrens mit fester Schrittweite durch. Berechne den neuen Wert für $\boldsymbol{\theta}^{k+1}$ im k-ten Iterationsschritt nach: $\boldsymbol{\theta}^{k+1} = \boldsymbol{\theta}^k - \lambda \mathbf{g}^k$ mit λ: Konstante, $\lambda > 0$ und „klein".

4. Erhöhe den Schrittzähler k um eins. Wiederhole ab Schritt 2. solange wie:
   a) nicht $\mathbf{g}^k = \mathbf{0}$
   b) nicht $\left|\boldsymbol{\theta}^{k+1} - \boldsymbol{\theta}^k\right| < \varepsilon$
   c) $k <$ maximal zulässige Anzahl an Iterationen

Die Abbruchbedingungen nach 4. a) und 4. b) sind im Prinzip dieselben wie im Schritt 4. des Kap. 11.1.2.1., müssen hier jedoch etwas anders ausgedrückt werden, da nun Vektoren betrachtet werden. Die Bedingung $\mathbf{g} = \mathbf{0}$ ist nämlich dann erfüllt, wenn alle Komponenten von $\mathbf{g}$ gleich null sind (vgl. (3))

$$(3) \qquad \mathbf{g} = \mathbf{0} \Leftrightarrow \begin{bmatrix} g_1 = 0 \\ g_2 = 0 \\ \ldots \\ g_n = 0 \end{bmatrix}$$

Ebenso ist $\left|\boldsymbol{\theta}^{k+1} - \boldsymbol{\theta}^k\right| < \varepsilon$ erst dann erfüllt, wenn alle Komponenten von $\left|\boldsymbol{\theta}^{k+1} - \boldsymbol{\theta}^k\right|$ kleiner als ε geworden sind (vgl. (4)).

$$(4) \qquad \left|\boldsymbol{\theta}^{k+1} - \boldsymbol{\theta}^k\right| < \varepsilon \Leftrightarrow \begin{bmatrix} \left|\theta_1^{k+1} - \theta_1^k\right| < \varepsilon \\ \left|\theta_2^{k+1} - \theta_2^k\right| < \varepsilon \\ \ldots \\ \left|\theta_n^{k+1} - \theta_n^k\right| < \varepsilon \end{bmatrix}$$

Im Falle eines mehrdimensionalen Parameterraums kann der Gradient $\mathbf{g}$ eines Koeffizientenvektors $\boldsymbol{\theta}$ in analoger Weise zu den Darstellungen aus Kap. 11.1.2.1. approximiert werden (vgl. Gleichung (2) in Kap. 11.1.2.1.). Dazu wird wiederum auf die Definition des (partiellen) Differenzialquotienten nach (5) zurückgegriffen.

(5) $$\frac{\partial f(\boldsymbol{\theta})}{\partial \theta_i} = \lim_{\Delta\theta_i \to 0} \frac{f(\boldsymbol{\theta} + \Delta\theta_i) - f(\boldsymbol{\theta})}{\Delta\theta_i}$$

$$\text{mit} \quad f(\boldsymbol{\theta} + \Delta\theta_i) = f\begin{pmatrix} \theta_0 \\ \dots \\ \theta_i + \Delta\theta_i \\ \dots \\ \theta_n \end{pmatrix}$$

Der wesentliche Unterschied besteht lediglich darin, dass nun insgesamt n Werte von partiellen Ableitungen zu approximieren sind. Bei n zu optimierenden Parametern würde also die Approximation des Gradienten an einer beliebigen Stelle $\boldsymbol{\theta}$ des Parameterraums n zusätzliche Funktionsauswertungen erfordern, soweit $f(\boldsymbol{\theta})$ ohnehin schon ausgewertet wurde. Dies kann einen erheblichen Rechenaufwand verursachen, der Zeit kostet. Im Übrigen gelten alle weiteren Überlegungen zur Approximation aus Kap. 11.1.2.1. hier sinngemäß.

11.2.2. Gradientenabstiegverfahren mit Linienminimierung

11.2.2.1. Theoretische Grundlagen

In Kap. 11.2.1. wurde eine sehr einfache Variante eines Gradientenabstiegverfahrens im mehrdimensionalen Fall angesprochen. Dort wurde die Anpassungsregel des Gradientenabstiegverfahrens im eindimensionalen Fall einfach auf den gesamten Parametervektor übertragen (vgl. Gleichung (1)):

(1) $$\boldsymbol{\theta}^{k+1} = \boldsymbol{\theta}^k - \lambda \mathbf{g}^k$$

Problematisch ist hier wieder die geeignete Wahl der Schrittweite λ (vgl. Kap. 11.1.2.4.). Zur Lösung dieses Problems kann auf die bereits in Kap. 11.1.2.4. vorgestellten Überlegungen zum Gradientenabstiegverfahren mit variabler Schrittweite zurückgegriffen werden. Innerhalb eines Iterationsschrittes k sind der Parametervektor $\boldsymbol{\theta}^k$ und dessen zugehöriger Gradient $\mathbf{g}^k$ konstant. Definiert man nun für den k-ten Iterationsschritt die folgende Zielfunktion h nach (2)

(2) $$h(\lambda^k) = f(\boldsymbol{\theta}^k - \lambda^k \mathbf{g}^k)$$

so besitzt diese nur einen freien Parameter, nämlich λ^k. Die optimale Schrittweite im k-ten Iterationsschritt ist offensichtlich derjenige Wert für λ^k, für den h minimal wird. Zur Bestimmung der optimalen Schrittweite im k-ten Iterationsschritt ist folglich das eindimensionale Optimierungsproblem nach (3) zu lösen:

(3) $h(\lambda^k) = f(\boldsymbol{\theta}^k - \lambda^k \, \mathbf{g}^k) \rightarrow \min!$

Zur Bestimmung der optimalen Schrittweite λ^k können die bereits behandelten Verfahren zur erstmaligen Schachtelung des Minimums (vgl. Kap. 11.1.1.2.) in Verbindung mit der „golden section search“ (vgl. Kap. 11.1.1.1.) eingesetzt werden. Mit diesem Ansatz wird letztlich ein mehrdimensionales Optimierungsproblem innerhalb eines Iterationsschritts (temporär) in ein eindimensionales transformiert, auf welches dann die bereits behandelten Verfahren zur eindimensionalen Optimierung Anwendung finden können. Im Gegensatz zu dem Algorithmus aus Kap. 11.2.1. ist dieser Ansatz sehr viel effizienter, gleichzeitig aber auch deutlich aufwändiger bei der konkreten Umsetzung.

11.2.2.2. Beispielhafte Implementation

Um die konkrete Umsetzung dieses grundlegenden Ansatzes näher darzustellen, soll im Folgenden wiederum eine beispielhafte Implementation auf Basis der bisher erarbeiteten Verfahren betrachtet werden. Sofern jedoch kein Interesse an einer Vertiefung dieses Ansatzes besteht, können die folgenden Darstellungen übersprungen werden. Für ein grundlegendes Verständnis sind die bisherigen Betrachtungen ausreichend.

Zur Erläuterung der beispielhaften Implementation wird hier von der sehr einfachen Zielfunktion nach (1) ausgegangen (vgl. auch Kap. 11.2.2.3. und Abb. 11.2.2.3.-1.). Für die konkrete Anwendung der Implementation bedeutet dies aber keine Einschränkung. Die hier nur beispielhaft gewählte Zielfunktion kann in der konkreten Anwendung durch eine beliebig komplex formulierte Zielfunktion mit beliebig vielen Parametern ausgetauscht werden.

(1) $f(\theta_1,\theta_2) = \theta_1^4 + 2 \cdot \theta_2^2$

Die einfache Zielfunktion nach (1) besitzt also zwei zu optimierende Parameter, ihr Minimum liegt an der Stelle (0, 0).

Die Implementation beginnt mit der Definition verschiedener Konstanten. Sie werden zwar erst später benötigt, aus Gründen der Übersicht aber an den Anfang des Programmcodes gestellt. Die Konstanten *fast_null*, *delta_faktor* und *delta_zusatz* sind bereits aus den vorhergehenden Implementationen bekannt. Die Konstanten *startschrittweite*, *lm_relative_praezision* und *lm_maximale_iterationen* werden später in der Funktion *linienminimierung* zur Initialisierung der Linienminimierung benötigt.

```
 1   Const fast_null = 1E-20
 2   Const delta_faktor = 0.00001
 3   Const delta_zusatz = 1E-30
 4   Const startschrittweite = 0.001
 5   Const lm_relative_praezision = 0.00001
 6   Const lm_maximale_iterationen = 10
```

Die Definition der Zielfunktion nach (1) erfolgt in den Codezeilen 7 bis 9. Die Codezeilen 11 bis 18 realisieren die Zielfunktion nach (3) aus Kap. 11.2.2.1. zur Optimierung der Schrittweite λ.

```
 7   Function zf(arg())
 8       zf = arg(1) ^ 4 + 2 * arg(2) ^ 2
 9   End Function
10
11   Function zf_linienminimierung(schrittweite, x0(), gradient(), _
      ndim)
12       ReDim arg(1 To ndim)
13       For i = 1 To ndim
14           arg(i) = x0(i) - schrittweite * gradient(i)
15       Next i
16       zf_linienminimierung = zf(arg)
17       Erase arg
18   End Function
```

Die Zielfunktion *zf_linienminimierung* erwartet als Argumente die Werte von λ (*schrittweite*), $\boldsymbol{\theta}^k$ (*x0*), $\mathbf{g}^k$ (*gradient*) und die Dimension *n* des Parametervektors $\boldsymbol{\theta}$ (*ndim*). Zwar hält VBA97 einen speziellen Befehl bereit, mit dem sich die Dimension eines Vektors zur Laufzeit abfragen lässt und insofern wäre die Übergabe von *ndim* als Parameter nicht erforderlich. Aber in anderen Programmiersprachen ist dies meistens nicht möglich, sodass aus Gründen einer leichteren Portierung in andere Programmiersprachen diese Lösung gewählt wurde. Die Zielfunktion *zf_linienminimierung* liefert als Ergebnis den Wert der Zielfunktion *h* an der Stelle *schrittweite* (mit $\boldsymbol{\theta}^k$ und $\mathbf{g}^k$ als Konstanten im *k*-ten Iterationsschritt; vgl. Codezeile 16). Die wesentliche Aufgabe der Funktion *zf_linienminimierung* ist also die Umsetzung von $h(\lambda^k)$ in $f(\boldsymbol{\theta}^k - \lambda^k \cdot \mathbf{g}^k)$ (vgl. Gleichung (2) und (3) aus Kap. 11.2.2.1.). Der Bedeutung nach sind $\boldsymbol{\theta}^k$ und $\mathbf{g}^k$ innerhalb eines Iterationsschritts Konstanten und nur λ ist variabel. Insofern handelt es sich hier (bei *zf_linienminimierung*) um eine eindimensionale Zielfunktion. Näher zu kommentieren sind hier kurz die Codezeilen 12 und 17. In Codezeile 12 wird mit dem Befehl *ReDim arg(1 To ndim)* zur Laufzeit ein Feld (Vektor) *arg* mit Indices von 1 bis *ndim* angelegt. Dieses wird vor Verlassen der Funktion in Codezeile 17 mit *Erase arg* wieder gelöscht, da es nicht weiter benötigt wird.

Für die Optimierung von λ innerhalb eines Iterationsschrittes (also bei gegebenen und konstanten Werten von $\boldsymbol{\theta}^k$ und $\mathbf{g}^k$) werden die Funktionen *einschachteln* (zur erstmaligen Schachtelung des Minimums) und *goldener_schnitt* (zur endgültigen Schachtelung des Minimums) herangezogen. Die nachfolgenden Implementationen beider Funktionen unterscheiden sich nur marginal von denen aus Kap. 11.1.1.3. (für *einschachteln* und für *goldener_schnitt*). Hauptsächlich hat sich nur die Interpretation der einzelnen Größen geändert. Während die Stellen *xa*, *xb*, *xc*, *xd* usw. in dem Kap. 11.1.1.3. direkt alternative Werte des zu optimierenden Parameters θ darstellten, beziehen sie sich hier auf alternative Werte für die optimale Schrittweite λ.

```
19    Sub einschachteln(la, lb, lc, x0(), gradient(), ndim)
20        xa = la
21        xb = lb
22        fa = zf_linienminimierung(xa, x0, gradient, ndim)
23        fb = zf_linienminimierung(xb, x0, gradient, ndim)
24        Do While fb > fa
25            xb = xb / 10
26            fb = zf_linienminimierung(xb, x0, gradient, ndim)
27        Loop
28        schritt = 0
29        Do
30            schritt = schritt + 1
31            xc = xb + 1.618034 * (xb - xa)
32            fc = zf_linienminimierung(xc, x0, gradient, ndim)
33            letzte_fb = fb
34            If fc <= fb Then
35                xa = xb
36                fa = fb
37                xb = xc
38                fb = fc
39            End If
40        Loop While fc < letzte_fb
41        la = xa
42        lb = xb
43        lc = xc
44    End Sub
```

Bei einem detaillierten inhaltlichen Vergleich der hier benutzten Variante von *einschachteln* (Codezeilen 19 bis 44) mit der ursprünglichen Implementation aus dem Kap. 11.1.1.3. fällt im Wesentlichen auf, dass in dieser Variante der ehemals direkte Aufruf der zu optimierenden Zielfunktion (in Kap. 11.1.1.3.) durch den „indirekten" Aufruf der temporären Zielfunktion *zf_linienminimierung* ausgetauscht wurde. Für den Aufruf der temporären Zielfunktion *zf_linienminimierung* werden außerdem noch die Werte von $\boldsymbol{\theta}^k$ und $\mathbf{g}^k$ als Konstanten im k-ten Iterationsschritt benötigt. Deren Werte sind hier als zusätzliche Argumente der Funktionen *einschachteln* zu übergeben. Aus diesem Grund hat sich der Funktionskopf gegenüber dem aus Kap. 11.1.1.3. geändert.

Auf Grund der Besonderheit, den optimalen Wert für die Schrittweite λ erstmalig einzugrenzen, ergeben sich bei dieser Variante allerdings zwei zu erwähnende Abweichungen gegenüber der ursprünglichen Implementation. Als Startstellen *la* und *lb* erwartet die Funktion *einschachteln* zwei Werte mit $la = 0$ und $lb > 0$. Dies folgt unmittelbar aus der Eigenschaft $\lambda > 0$. Da niemals $\lambda < 0$ gelten darf, ist ein Tausch der Startstellen, falls nämlich *fb* > *fa* gelten sollte, unzulässig. Diese Bedingung kann aber eigentlich nur eintreten, wenn die zweite Startstelle *lb* zu groß gewählt wurde. In diesem Falle ist der Wert von *lb* sukzessive zu verringern, bis endlich *fb* < *fa* erfüllt ist. Dazu dienen die Codezeilen 24 bis 27. Die zweite wesentliche Abweichung betrifft die vereinfachte Rückgabe der initialen Schachtelstellen in den Codezeilen 41 bis 43. Wegen $\lambda > 0$ und der Wahl der Startstellen mit $la = 0$ und $lb > 0$ ist sicher gestellt, dass stets auch $xc > xa$ gilt. Eine eventuell erforderliche Umsortierung der Schachtelstellen (wie in der ursprünglichen Implementation) ist hier nicht notwendig. Da aber im Wesentlichen nur marginale Änderungen gegenüber Kap. 11.1.1.3. vorgenommen wurden, wird für eine detaillierte Behandlung dieser Funktion auf jenes Kapitel zurückverwiesen.

Dies gilt ebenso für die nachfolgende Variante der Funktion *goldener_schnitt*, die in den Codezeilen 45 bis 84 dargestellt ist. Auch in dieser Variante wurde der ehemals (in Kap. 11.1.1.3.) direkte Aufruf der zu optimierenden Zielfunktion durch den indirekten Aufruf der temporären Zielfunktion *zf_linienminimierung* ausgetauscht, für deren Aufruf die Werte von $\boldsymbol{\theta}^k$ und $\mathbf{g}^k$ als Konstanten im *k*-ten Iterationsschritt benötigt werden. Diese sind als zusätzliche Argumente der Funktion *goldener_schnitt* zu übergeben, weshalb sich der Funktionskopf gegenüber dem aus Kap. 11.1.1.3. geändert hat.

```
45   Function goldener_schnitt(la, lb, lc, x0(), gradient(), ndim, _
      relative_praezision, maximale_iterationen)
46       xa = la
47       xb = lb
48       xc = lc
49       fa = zf_linienminimierung(xa, x0, gradient, ndim)
50       fb = zf_linienminimierung(xb, x0, gradient, ndim)
51       fc = zf_linienminimierung(xc, x0, gradient, ndim)
52       schritt = 0
53       Do
54           If (xb - xa) > (xc - xb) Then
55               xd = xb - 0.38197 * (xb - xa)
56               fd = zf_linienminimierung(xd, x0, gradient, ndim)
57               If fd < fb Then
58                   xc = xb
59                   fc = fb
60                   xb = xd
61                   fb = fd
62               Else
63                   xa = xd
64                   fa = fd
65               End If
66           Else
67               xd = xb + 0.38197 * (xc - xb)
68               fd = zf_linienminimierung(xd, x0, gradient, ndim)
69               If fd < fb Then
70                   xa = xb
71                   fa = fb
72                   xb = xd
73                   fb = fd
```

```
                Else
                    xc = xd
                    fc = fd
                End If
            End If
            schritt = schritt + 1
            differenz = xc - xa
            Praezision = relative_praezision * Abs(xb)
        Loop While (schritt < maximale_iterationen) _
         And (Praezision < differenz) _
         And (differenz > fast_null)
        goldener_schnitt = xb
    End Function
```

Die Funktionen *einschachteln* und *goldener_schnitt* können nun auf sehr einfache Weise zu einer Linienminimierung zusammengesetzt werden, wie es beispielhaft in den Codezeilen 85 bis 91 dargestellt ist.

```
85  Function linienminimierung(x0(), gradient(), ndim)
86      la = 0#
87      lb = startschrittweite
88      lc = 0#
89      einschachteln la, lb, lc, x0, gradient, ndim
90      linienminimierung = goldener_schnitt(la, lb, lc, x0, _
         gradient, ndim, lm_relative_praezision, _
         lm_maximale_iterationen)
91  End Function
```

Die Funktion *linienminimierung* erwartet als Argumente die Werte von $\boldsymbol{\theta}^k$ (*x0*) und $\mathbf{g}^k$ (*gradient*) (als Konstanten im *k*-ten Iterationsschritt) und die Dimension des Parametervektors $\boldsymbol{\theta}$ (*ndim*). Durch einfache Kombination der Funktionen *einschachteln* und *goldener_schnitt* (Codezeile 89 und 90) wird die optimale Schrittweite für λ im *k*-ten Iterationsschritt ermittelt. Diese wird als Ergebnis der Funktion *linienminimierung* mit Codezeile 90 zurückgeliefert. Codezeile 91 beendet die Definition von *linienminimierung*. In dieser Funktion sind noch drei weitere Parameter von besonderem Interesse, welche hier aus Vereinfachungsgründen zu Beginn des Programmcodes als Konstanten definiert wurden. Die Konstante *startschrittweite* legt die initiale Schrittweite für die erstmalige Einschachtelung der optimalen Schrittweite durch *einschachteln* fest. Das Abbruchverhalten von *goldener_schnitt* wird hier über die Konstanten *lm_relative_praezision* und *lm_maximale_iterationen* festgelegt, deren inhaltliche Bedeutung den Parametern *relative_praezision* und *maximale_iterationen* in Kap. 11.1.1.3. entspricht.

Die nachfolgenden Codezeilen 92 bis 105 zur Approximation des Gradienten sind im Prinzip aus Kap. 11.1.2.2. bekannt. Der wesentliche Unterschied besteht hier darin, dass es sich bei $\boldsymbol{\theta}$ um einen *Parametervektor* handelt. Der Gradient $\mathbf{g}$ ist damit ebenfalls ein Vektor, womit dessen *n* Werte seiner einzelnen Komponenten zu bestimmen sind. Dazu wird das in Kap. 11.1.2.2. beschriebene Verfahren auf jede einzelne Komponente sukzessive angewandt.

```
 92 Sub gf(gradient(), arg(), ndim)
 93
 94     fx = zf(arg)
 95
 96     For i = 1 To ndim
 97         delta = Abs(arg(i)) * delta_faktor + delta_zusatz
 98         argalt = arg(i)
 99         arg(i) = arg(i) + delta
100         fxd = zf(arg)
101         gradient(i) = (fxd - fx) / delta
102         arg(i) = argalt
103     Next i
104
105 End Sub
```

Das Verfahren zur Approximation des Gradienten im mehrdimensionalen Fall weist im Vergleich zum Vorgehen in Kap. 11.1.2.2. (eindimensionaler Fall) keine prinzipiellen Unterschiede auf. Allerdings wurde bereits in Kap. 11.1.2.2. auf Schwächen der hier benutzten Implementation zur Approximation des Gradienten hingewiesen, die in extrem gelagerten Fällen numerische Probleme verursachen können (sehr ungenaue Approximationen bis hin zum Vorzeichenwechsel). Wichtige Verbesserungsmöglichkeiten wurden dort vorgeschlagen, die sich hier in genau derselben Weise umsetzen lassen. Da diese Verbesserungsmöglichkeiten im Rahmen der Lehrbuchbeispiele weitgehend ohne Relevanz sind, sollen sie jedoch nicht näher betrachtet werden. Wie aber bereits in Kap. 11.1.2.2. empfohlen, sollten sie bei realen Anwendungen Berücksichtigung finden.

Die bisher erarbeiteten Funktionen werden schließlich mit der Funktion *steilster_abstieg* zu einem Gradientenabstiegverfahren mit Linienminimierung zusammengesetzt (vgl. Codezeilen 106 bis 127). Ein inhaltlicher Vergleich mit der Implementation in Kap. 11.1.2.2. zeigt deutliche Parallelen. Die wesentlichen Unterschiede resultieren aus der Verwendung einer Linienminimierung und aus der Notwendigkeit, jetzt mit einem Parametervektor umgehen zu müssen.

```
106 Sub steilster_abstieg(minimum(), x0(), ndim, _
     relative_praezision, maximale_iterationen)
107     ReDim xneu(1 To ndim)
108     ReDim xalt(1 To ndim)
109     ReDim gradient(1 To ndim)
110
111     schritt = 0
112     kopiere_vektor xneu, x0, ndim
113     gf gradient, x0, ndim
114     Debug.Print "*** Prozedur Weg des steilsten Abstiegs ***"
115     Do
116         kopiere_vektor xalt, xneu, ndim
117         optimale_schrittweite = linienminimierung(xalt, _
             gradient, ndim)
118         berechne_xneu xneu, xalt, gradient, _
             optimale_schrittweite, ndim
119         schritt = schritt + 1
```

```
120         Debug.Print schritt, xalt(1), xalt(2), gradient(1), _
             gradient(2), optimale_schrittweite
121         gf gradient, xneu, ndim
122     Loop While (schritt < maximale_iterationen) _
         And (Not praezision_erreicht(xalt, xneu, ndim, _
             relative_praezision)) _
         And (Not gradient_null(gradient, ndim))
123     kopiere_vektor minimum, xneu, ndim
124     Erase gradient
125     Erase xalt
126     Erase xneu
127 End Sub
```

Auf Grund umfangreicher Parallelen zu dem im Kap. 11.1.2.2. vorgestellten Verfahren sollen hier nur wesentliche Änderungen kurz kommentiert werden. Die Prozedur *steilster_abstieg* besitzt fünf Argumente. Das Argument *minimum* stellt den Rückgabevektor der Prozedur dar, in welchem die Werte der Lage des Minimums zurückgeliefert werden. Das Argument *x0* stellt den Startpunkt, *ndim* die Dimension des Parametervektors θ dar. Die Bedeutungen von *relative_praezision* und *maximale_iterationen* entsprechen den bisherigen. Im Kopf der Prozedur (vgl. Codezeile 106) fehlt jetzt das Argument *schrittweite*. Dieses Argument wird nicht mehr benötigt und ist auch nicht mehr vom Benutzer vorzugeben, da der Wert der Schrittweite innerhalb eines jeden Iterationsschrittes stets „optimal" mittels einer Linienminimierung bestimmt wird. Die Schrittweite *optimale_schrittweite* ist jetzt eine lokale Hilfsvariable (vgl. Codezeile 117).

Die übrigen Abweichungen ergeben sich aus dem Umstand heraus, nun mit einem Parametervektor operieren zu müssen. So werden etwa mit den Codezeilen 107 bis 109 temporäre Hilfsvektoren angelegt, die mit Beendigung der Prozedur wieder gelöscht werden (vgl. Codezeilen 124 bis 126). Die Zuweisung der Werte eines Vektors an einen anderen Vektor muss jetzt über eine spezielle Hilfsprozedur *kopiere_vektor* vorgenommen werden[214] (vgl. Codezeile 112, 116 und 123). Inhaltlich entspricht z.B. die Codezeile 112 einfach der Anweisung *xneu = x0* (vgl. Codezeile 17 in Kap. 11.1.2.2.). Ebenso muss die Berechnung der neuen Werte des Parametervektors θ bei einem Anpassungsschritt über eine Hilfsprozedur abgewickelt werden (vgl. Codezeile 118). Inhaltlich entspricht der Prozeduraufruf in Codezeile 118 nur der Anweisung *xneu = xalt – schrittweite * gradient* (vgl. Codezeilen 22 und 23 aus Kap. 11.1.2.2.).

Ebenso muss zur Behandlung eines Parametervektors die Auswertung der Abbruchbedingungen (vgl. Schritt 4. in Kap. 11.2.1.) für die zentrale Iteration (vgl. Codezeile 122) über zwei Hilfsprozeduren *praezision_erreicht* und *gradient_null* vorgenommen werden. Aber

[214] Die Nachfolgeversion Excel 2000 des hier benutzten Excel 97 besitzt eine weiterentwickelte Version von *Visual Basic for Applications* (VBA 6.0), mit der man Feldvariablen direkt ineinander kopieren kann. So würde sich z.B. Codezeile 112 zu „*xneu = x0*" vereinfachen. Aber nicht nur in Excel 97, sondern auch in vielen anderen Programmiersprachen ist der etwas umständlichere Weg über eine spezielle Hilfsprozedur unumgänglich. Aus Gründen der leichteren Übertragbarkeit auf andere Programmiersprachen wird diese Möglichkeit nach VBA 6.0 nicht verwendet.

auch hier werden inhaltlich nur die Prüfungen, wie sie vom eindimensionalen Gradientenverfahren bekannt sind (vgl. Codezeile 27 in Kap. 11.1.2.2.), auf den mehrdimensionalen Fall umgesetzt.

Bei einem konsequenten inhaltlichen Vergleich sind also im Kern kaum Änderungen gegenüber dem Gradientenverfahren im eindimensionalen Fall vorhanden. Der wesentliche Unterschied besteht inhaltlich in der Verwendung einer Linienminimierung und programmiertechnisch in der etwas umständlicheren und unanschaulicheren Behandlung von Vektoren an Stelle von Skalaren.

Der gesamte Optimierungsprozess wird schließlich mit den Codezeilen 128 bis 135 gestartet und die erzielten Ergebnisse werden ausgegeben.

```
128  Sub beispiel_steilster_abstieg()
129      Dim start(1 To 2)
130      Dim minimum(1 To 2)
131      start(1) = 2#
132      start(2) = 3#
133      steilster_abstieg minimum, start, 2, 0.00001, 10
134      Debug.Print minimum(1), minimum(2)
135  End Sub
```

Im Beispiel der Codezeilen 128 bis 135 wird als Startpunkt für den Optimierungsprozess der Vektor (2, 3) gewählt (vgl. Codezeilen 129, 131, 132). Im Vektor *minimum* (vgl. Codezeile 130) wird nach Beendigung des Optimierungsprozesses das Ergebnis abgelegt (vgl. Codezeile 133). Die geforderte relative Präzision wird mit 0.00001 und die maximal zulässige Anzahl an Iterationsschritten mit 10 festgelegt. Der Vollständigkeit halber sind nachfolgend die notwendigen Hilfsprozeduren zur Behandlung der Vektoren dargestellt. Sie werden ohne Kommentierung wiedergegeben und können im *Visual Basic* Programm wahlfrei platziert werden. Als reine Hilfsfunktionen könnte man sie z.B. ganz an den Anfang oder an das Ende des Programmcodes stellen.

```
136  Sub kopiere_vektor(ziel(), quelle(), ndim)
137      For i = 1 To ndim
138          ziel(i) = quelle(i)
139      Next i
140  End Sub

141  Sub berechne_xneu(xneu(), xalt(), gradient(),
       optimale_schrittweite, ndim)
142      For i = 1 To ndim
143          xneu(i) = xalt(i) - optimale_schrittweite * gradient(i)
144      Next i
145  End Sub

146  Function gradient_null(gradient(), ndim)
147      gradient_null = True
148      For i = 1 To ndim
149          If Abs(gradient(i)) > fast_null Then
```

```
            gradient_null = False
            Exit For
        End If
    Next i
End Function

Function praezision_erreicht(xalt(), xneu(), ndim, _
  relative_praezision)
    praezision_erreicht = True
    For i = 1 To ndim
        If Abs(xneu(i) - xalt(i)) > relative_praezision * _
          Abs(xneu(i)) Then
            praezision_erreicht = False
            Exit For
        End If
    Next i
End Function
```

11.2.2.3. Beispielhafte Anwendung

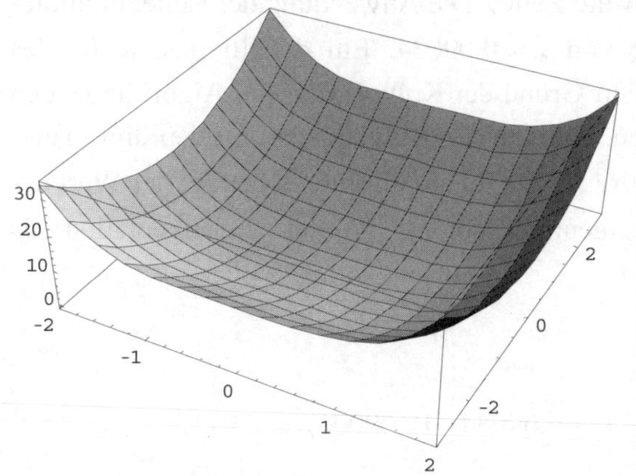

Abb. 11.2.2.3. 1.: Verlauf der beispielhaften Zielfunktion

Um den *Weg des steilsten Abstiegs* zu illustrieren, wird die einfache Zielfunktion nach (1) verwendet. Sie besitzt zwei zu optimierende Parameter, ihr Minimum liegt an der Stelle (0, 0). Als Startpunkt für den Optimierungsprozess wird der Vektor (2, 3) gewählt. Die geforderte relative Präzision wird mit 0.00001 und die maximal zulässige Anzahl an Iterationsschritten mit 10 festgelegt.

(1) $f(\theta_1,\theta_2) = \theta_1^4 + 2 \cdot \theta_2^2$

Der Fortgang des Optimierungsprozesses mit diesen Werten ist in Tab. 11.2.2.3.-1. dargestellt.

Schritt k	θ_1^k	θ_2^k	g_1^k	g_2^k	λ
1	2.0000000	3.0000000	32.0004800	12.0000600	0.09034
2	−0.8909081	1.9159203	−2.8284745	7.6637195	0.25022
3	−0.1831663	−0.0016982	−0.0245805	−0.0067927	1.73136
4	−0.1406086	0.0100624	−0.0111196	0.0402499	0.26816
5	−0.1376267	−0.0007311	−0.0104271	−0.0029245	2.12937
6	−0.1154237	0.0054962	−0.0061509	0.0219849	0.26916
7	−0.1137681	−0.0004213	−0.0058900	−0.0016853	2.32838
8	−0.1000540	0.0035028	−0.0040064	0.0140111	0.26916
9	−0.0989756	−0.0002685	−0.0038783	−0.0010741	2.61025
10	−0.0888523	0.0025351	−0.0028058	0.0101403	0.26816

Tab. 11.2.2.3.-1.: Beispiel zur Anwendung des Gradientenabstiegverfahrens mit variabler Schrittweite

Der Algorithmus startet an der Stelle (2.0, 3.0), der Gradient wird an dieser Stelle mit (32.00048, 12.00006) approximiert (vgl. zweite Zeile). Die Anwendung der Linienminimierung ermittelt eine optimale Schrittweite von $\lambda = 0.09034$. Ein detailliertes, manuelles Nachvollziehen dieses Ergebnisses würde auf Grund der Komplexität des Algorithmus den zur Verfügung stehenden Rahmen sprengen, aber zur Veranschaulichung seien drei manuelle Kontrollrechnungen vorgenommen. Wird $\lambda = 0.09034$ gewählt, so beträgt der Wert der temporären Zielfunktion $h(\lambda)$ für die Linienminimierung (in der Implementation als *zf_linienminimierung* bezeichnet):

$$h(\lambda^k) = f(\boldsymbol{\theta}^k - \lambda^k\, \mathbf{g}^k)$$

$$= (2.0 - 0.09034 \cdot 32.00048)^4 + 2 \cdot (3.0 - 0.09034 \cdot 12.00006)^2 \approx 7.9715$$

Berechnet man die Werte der temporären Zielfunktion $h(\lambda)$ mit den alternativen Schrittweiten $\lambda = 0.08$ und $\lambda = 0.1$, so erhält man:

$$(2.0 - 0.08 \cdot 32.00048)^4 + 2 \cdot (3.0 - 0.08 \cdot 12.00006)^2 \approx 8.4215$$

$$(2.0 - 0.10 \cdot 32.00048)^4 + 2 \cdot (3.0 - 0.10 \cdot 12.00006)^2 \approx 8.5539$$

Die Schrittweite im ersten Iterationsschritt ist mit $\lambda = 0.09034$ also „optimal" im Vergleich zu den beiden Nachbarstellen. Nun werden die Komponenten des Parametervektors $\boldsymbol{\theta}$ unter Verwendung des approximierten Gradienten und der optimalen Schrittweite nach dem bekannten Verfahren angepasst. Die neuen Werte finden sich in der zweiten und dritten Spalte der folgenden dritten Zeile der Tabelle. Sie stellen zugleich den Ausgangspunkt für den zweiten Iterationsschritt dar.

11.2.2.4. Zusammenfassung und Schlussbemerkungen

Bedeutsame Standardverfahren der mehrdimensionalen Optimierung, wie auch die im Folgenden darzustellenden Algorithmen, erfordern eine Linienminimierung. Ausgehend von einem bestimmten Wert des Parametervektors $\boldsymbol{\theta}$ und einer Suchrichtung $\mathbf{h}$ (hier der Gradient $\mathbf{g}$) ermittelt sie die optimale Schrittweite λ, sodass $f(\boldsymbol{\theta} - \lambda \cdot \mathbf{h})$ längs der Suchrichtung $\mathbf{h}$ minimal wird. Die Bestimmung der optimalen Schrittweite λ ist dabei ein eindimensionales Optimierungsproblem. Von den hier vorgestellten Verfahren der eindimensionalen Optimierung wurde das einfache Schachtelverfahren benutzt. Prinzipiell ist aber die Verwendung der anderen beiden Verfahren ebenso denkbar. Z.B. könnte das einfache Gradientenverfahren dazu herangezogen werden. Ausgehend von einem Startwert für λ müsste zunächst der Gradient der Schrittweite λ bestimmt werden. Dann wird λ (negativ) zum Gradienten mit einer vorgegeben Schrittweite angepasst und der Vorgang wiederholt, bis der optimale Wert für λ gefunden wurde. Bei Verwendung des einfachen Newton-Verfahrens zur Bestimmung der optimalen Schrittweite λ müsste zusätzlich in jedem Iterationsschritt der Wert der zweiten Ableitung der Zielfunktion nach λ berechnet werden. Insgesamt lassen sich also alle drei vorgestellten Verfahren aus Kap. 11.1. ohne wesentliche Änderungen für eine Linienminimierung verwenden.

In Softwarepaketen zur nichtlinearen Optimierung und in der entsprechenden Literatur [vgl. z.B. PRESS ET. AL. (1992)] wird zur Linienminimierung zumeist eine Form der kubischen oder parabolischen Interpolation (oder in Kombination) benutzt [nähere Darstellungen dazu finden sich z.B. in ACTON (1970)]. Der Nachteil des einfachen Schachtelverfahrens besteht offensichtlich darin, sehr viele Auswertungen der Zielfunktion während einer Linienminimierung zu erfordern. Handelt es sich um ein Optimierungsproblem mit vielen zu bestimmenden Parametern und einer aufwändig zu berechnenden Zielfunktion, so ist das einfache Schachtelverfahren für die Linienminimierung denkbar ungeeignet. Verfahren der Linienminimierung auf Basis einer kubischen oder parabolischen Interpolation kommen dagegen mit sehr wenigen Auswertungen der Zielfunktion aus und liefern trotzdem (im Regelfall) eine hinreichend genaue Approximation der optimalen Schrittweite λ.

Unter didaktischen Gesichtspunkten besitzt das einfache Schachtelverfahren dennoch viele Vorzüge, weshalb es auch hier stellvertretend für alle denkbaren Verfahren zur Linienminimierung ausgewählt wurde. Zunächst ist es für das grundlegende Prinzip der Linienminimierung unerheblich, wie sie konkret umgesetzt wird (s.o.). Das einfache Schachtelverfahren ist leicht verständlich, anschaulich in der Arbeitsweise, numerisch sehr robust und für die hier betrachteten Lehrbuchbeispiele mehr als ausreichend schnell. Verfahren, die auf einer kubischen oder parabolischen Interpolation basieren, sind komplexer in der Darstellung und (mitunter) numerisch anfälliger. Bei der Implementation sind entsprechend mögliche Fehlerbedingungen zu prüfen und geeignet zu behandeln. Dies verkompliziert die Algorithmen und kann das Verständnis des grundlegenden Prinzips erschweren. Daher sollen sie hier nicht näher behandelt und stattdessen auf die weiterführende Literatur verwiesen werden.

11.2.3. Konjugierter Gradientenabstieg

11.2.3.1. Theoretische Grundlagen

Die Analyse der Tab. 11.2.2.3.-1. zeigt deutlich, dass sich der bisher entwickelte Algorithmus in einer Art „Zickzack"-Bewegung dem Minimum nähert, anstatt dieses in gerader Linie anzusteuern. Dieses Defizit lässt sich in der beispielhaften Implementation durch wenige zusätzliche Codezeilen beseitigen, die das in Kap. 11.2.2.2. implementierte „steepest descent" Verfahren in ein Verfahren des sog. *konjugierten* Gradientenabstiegs transformieren. Verfahren des konjugierten Gradientenabstiegs zählen mit zu den effizientesten der „klassischen" nichtlinearen Optimierungsverfahren (die weiteren Betrachtungen werden dies an einigen Beispielen illustrieren). Obwohl sie sich jetzt mit dem bisher erarbeiteten Stand programmtechnisch sehr leicht realisieren lassen, ist die hinter ihnen stehende Theorie doch recht komplex und würde den Charakter eines Grundlagenbuches bei weitem übersteigen. Sie sollen daher nicht im Detail behandelt, sondern nur der grundlegende Ansatz angesprochen werden.

Das bisherige Vorgehen lässt sich auf einer sehr allgemeinen Ebene wie folgt charakterisieren:

1. Beginne an einer willkürlich gewählten Startstelle $\boldsymbol{\theta}$.
2. Bestimme eine geeignete Suchrichtung $\mathbf{h}$ (bisher der Gradient, d.h. $\mathbf{h} = \mathbf{g}$).[215]
3. Führe eine Linienminimierung durch. Bestimme die optimale Schrittweite λ, sodass $f(\boldsymbol{\theta} - \lambda\, \mathbf{h}) \rightarrow$ min!

[215] Soweit hier und im Folgenden von einer „Suchrichtung" gesprochen wird, ist der Kontext eines Minimierungsproblems zu berücksichtigen. Dies bedeutet, dass im aktuellen Suchschritt k der Parametervektor $\boldsymbol{\theta}^k$ *negativ* mit einer Schrittweite λ ($\lambda > 0$) zur Suchrichtung $\mathbf{h}$ angepasst wird, d.h. $\boldsymbol{\theta}^{k+1} = \boldsymbol{\theta}^k - \lambda\ \mathbf{h}$. Unter Berücksichtigung dieses Sachverhalts ist die „Suchrichtung" $\mathbf{h}$ gleich dem Gradienten $\mathbf{g}$ (und nicht dem *Negativen* des Gradienten). Spricht man dagegen isoliert von einer „Suchrichtung", also ohne dabei die spätere *negative* Anpassung des Parametervektors $\boldsymbol{\theta}^k$ längs der Suchrichtung zu berücksichtigen, wäre hier die Suchrichtung gleich dem *Negativen* des Gradienten. Wenn also im Folgenden aus Gründen der sprachlichen Vereinfachung vom „Gradienten als Suchrichtung" gesprochen wird, ist dabei die spätere *negative* Anpassung des Parametervektors $\boldsymbol{\theta}^k$ längs der Suchrichtung automatisch mit gemeint. Dies entspricht im Übrigen den bisherigen Darstellungen. Jedoch kann es hier und im Folgenden schnell einmal zu Verwirrungen kommen, warum denn der Gradient und nicht der *negative* Gradient die Suchrichtung ist. Dies hängt, wie gerade ausgeführt, von dem Kontext ab, in dem „Suchrichtung" benutzt wird.

4. Ersetze $\boldsymbol{\theta}$ durch $\boldsymbol{\theta} - \lambda\, \mathbf{h}$ und wiederhole ab 2., falls keines der Abbruchkriterien erfüllt ist.

Als Suchrichtung im oben beschriebenen Sinne wurde bisher der Gradient $\mathbf{g}$ verwendet, denn in Kap. 11.2.2.1. wird bei der Linienminimierung in einem Iterationsschritt die temporäre Zielfunktion $h(\lambda) = f(\boldsymbol{\theta} - \lambda\, \mathbf{g})$ minimiert. Die Verwendung des Gradienten als Suchrichtung bei der Linienminimierung ist zwar intuitiv nahe liegend, aber nicht zwingend notwendig. In der Tat ist die Verwendung des Gradienten $\mathbf{g}$ sogar oftmals sehr ineffizient. Um diesen Befund und den späteren Ansatzpunkt zur Verbesserung des „steepest descent“ Verfahren besser zu verstehen, ist eine nähere Analyse des Beispiels aus Kap. 11.2.2.3. aufschlussreich. Die Abb. 11.2.3.1.-1. zeigt die Bewegung des „steepest descent“ Verfahrens im zweidimensionalen Parameterraum für die Suchschritte 3 bis 11 (von denen die Suchschritte 1 bis 10 in Tab. 11.2.2.3.-1. mit ihren numerischen Ergebnissen dargestellt sind).

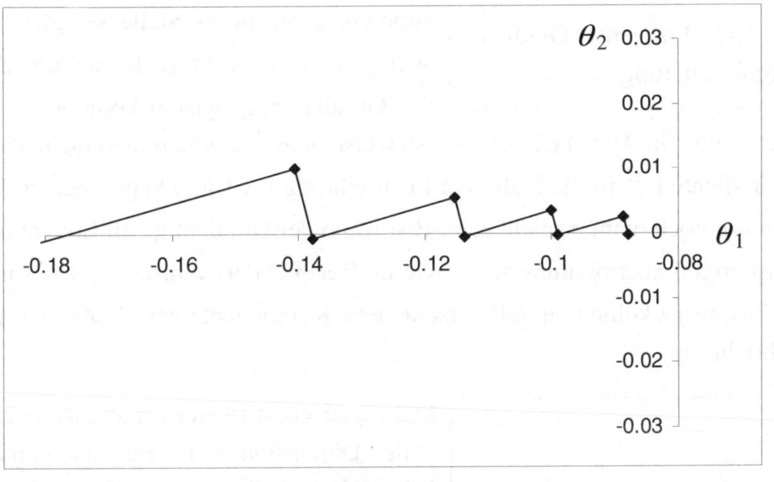

Abb. 11.2.3.1.-1.: Bewegung des „steepest descent“ Verfahrens im Parameterraum

In der Abb. 11.2.3.1.-1. ist auf der Abszisse („x-Achse“) der Wert des Parameters θ_1 und auf der Ordinate („y-Achse“) der des Parameters θ_2 abgetragen. Das Minimum der Zielfunktion liegt an der Stelle (0, 0). Die grafische Analyse der Bewegung des Algorithmus in Abb. 11.2.3.1.-2. zeigt nun deutlich, dass die Suchrichtungen beim „steepest descent“ Verfahren offensichtlich rechtwinklig oder „lotrecht“ zueinander sind (dies gilt in Abb. 11.2.3.1.-1. auch für alle folgenden Iterationsschritte, die aus Gründen der besseren Übersicht nicht in der Abbildung enthalten sind). Diese Eigenschaft ist allgemein kennzeichnend für das „steepest descent“ Verfahren. Sofern nämlich ganz allgemein eine Linienminimierung ausgehend von einem Punkt 1 längs einer Suchrichtung $\mathbf{h}^1$ (beim „steepest descent“ Verfahren zugleich der Gradient $\mathbf{g}^1$) durchgeführt wurde, muss im Linienminimum (am

Punkt 2) der Gradient $\mathbf{g}^2$ der Zielfunktion f lotrecht zur alten Suchrichtung $\mathbf{h}^1$ sein. Die Abb. 11.2.3.1.-2. illustriert diese Aussage grafisch. Dazu wird in der Abbildung schematisch eine Linienminimierung eines fiktiven Optimierungsprozesses, ausgehend von Punkt 1 nach Punkt 2, dargestellt. Die genaue Form der Zielfunktion und die konkrete Lage des Minimums sind bei dieser schematischen Betrachtung nicht relevant.

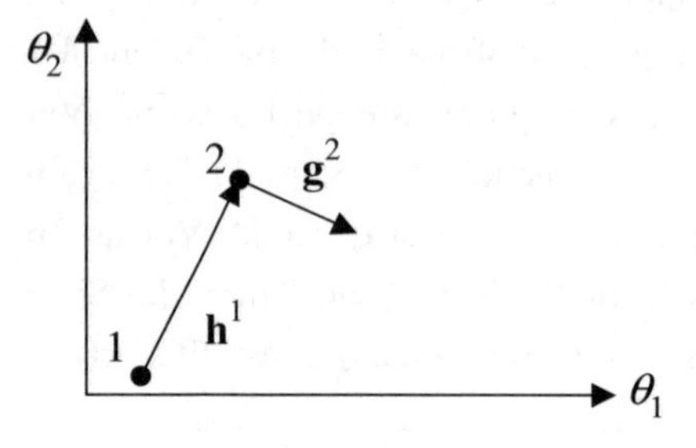

Abb. 11.2.3.1.-2.: Lotrechter Gradient nach Linienminimierung

Die Begründung für diese Aussage lässt sich anhand der Abb. 11.2.3.1.-3. illustrieren. Dazu wird ähnlich wie in Abb. 11.2.3.1.-2. in Abb. 11.2.3.1.-3. schematisch eine Linienminimierung eines fiktiven Optimierungsprozesses dargestellt. Im Beispiel der Abb. 11.2.3.1.-3. sei nun angenommen, die Linienminimierung längs $\mathbf{h}^1$ habe in das Linienminimum der Zielfunktion f geführt und der Gradient $\mathbf{g}$ an dieser Stelle sei gleich $\mathbf{g}^2$, wobei aber $\mathbf{g}^2$ *nicht* lotrecht zu $\mathbf{h}^1$ steht.[216] Zerlegt man den Gradienten $\mathbf{g}^2$ wieder komponentenweise (die gestrichelten Linien in Abb. 11.2.3.1.-3.), so weist noch eine von null verschiedene Komponente des Gradienten $\mathbf{g}^2$ in die bisherige Suchrichtung $\mathbf{h}^1$. Dann kann aber im Punkt 2 das Linienminimum noch nicht erreicht sein. Erst wenn der Gradient $\mathbf{g}^2$ im Linienminimum lotrecht zur bisherigen Suchrichtung steht (wie im Beispiel der Abb. 11.2.3.1.-2., in der $\mathbf{g}^2$ lotrecht zu $\mathbf{h}^1$ ist), weist keine von null verschiedene Komponente des Gradienten $\mathbf{g}$ in die bisherige Suchrichtung.

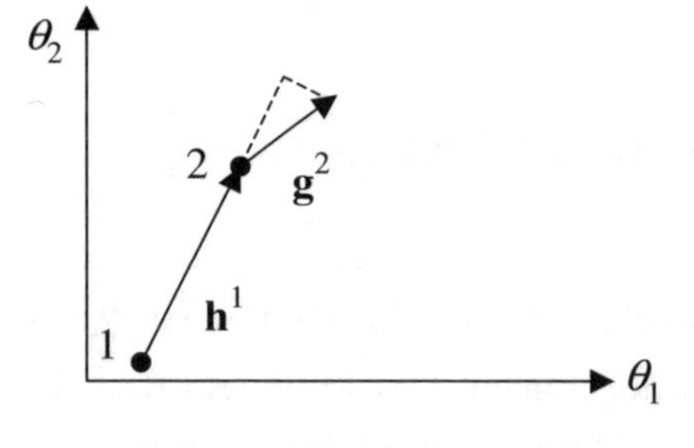

Abb. 11.2.3.1.-3.: Linienminimierung mit nicht lotrechtem Gradienten

Die Eigenschaft zweier (Spalten-) Vektoren $\mathbf{u}$ und $\mathbf{v}$ der Dimension n, lotrecht zueinander zu sein, lässt sich auch über die Gleichung (1) ausdrücken.

(1) $\mathbf{u}' \cdot \mathbf{v} = 0$

Die Operation nach (1), linke Seite, wird auch als *skalares Produkt* oder als *inneres Produkt* zweier Vektoren definiert.[217] Ohne Verwendung von Vektor- und Matrizenschreibweise lässt sich (1) alternativ nach (2) darstellen.

216 Wie dabei die Suchrichtung $\mathbf{h}^1$ bestimmt wurde, ist hier nicht weiter relevant. Die Suchrichtung $\mathbf{h}^1$ kann dem Gradienten $\mathbf{g}^1$ im Punkt 1 entsprechen, sie kann aber auch nach einem anderen Verfahren gebildet worden sein (wie es z.B. später dargestellt wird).

217 Der Hochstrich am Vektor $\mathbf{u}$ bezeichnet die Transposition des Vektors, d.h. das Vertauschen von Spalten- und Zeilenpositionen.

(2) $c = \sum_{i=1}^{n} (u_i \cdot v_i) = 0$

mit c: Skalarprodukt oder inneres Produkt
u_i: i-te Komponente des Vektors **u**
v_i: i-te Komponente des Vektors **v**

Um die Bildung des inneren Produktes optisch besser von den gewöhnlichen Matrizenoperationen abzugrenzen, wird dafür der Operator „°" definiert. Beim „steepest descent" Verfahren gilt also für jeden Suchschritt die Eigenschaft nach (3):

(3) $\mathbf{h}^1 \circ \mathbf{g}^2 = (\lambda^1 \cdot \mathbf{g}^1) \circ \mathbf{g}^2 = 0$

Die Tabelle 11.2.3.1.-1. illustriert dies am Beispiel aus Kap. 11.2.2.3. (vgl. dort auch Tab. 11.2.2.3.-1.). Berechnet man etwa das innere Produkt aus (nicht normierter) Suchrichtung und (nicht normiertem) neuen Gradienten beispielsweise für den Schritt 1, so ergibt sich folgende Rechnung:

$$0.09034 \cdot \begin{pmatrix} 32.00048 \\ 12.00006 \end{pmatrix} \circ \begin{pmatrix} -2.82847 \\ 7.66372 \end{pmatrix} = 0.13124$$

Zur Prüfung, ob die Suchrichtungen lotrecht zueinander stehen, sollten die Vektoren in (3) vor der Auswertung des inneren Produktes zunächst normiert[218] werden, um das Ergebnis leichter interpretieren zu können. Der Grund hierfür und das Vorgehen bei der Normierung soll an dieser Stelle nicht interessieren und wird später in Kap. 11.2.3.3. näher angesprochen. Zunächst mag der Hinweis genügen, dass die inneren Produkte für die (normierte) Suchrichtung und die neuen (normierten) Gradienten im Linienminimum in Tab. 11.2.3.1.-1. (vgl. Spalte „normiertes inneres Produkt") nahe null sind.[219] Dass diese Werte nicht exakt null sind, liegt zum einen an der Linienminimierung, die nur approximativ die Lage des Linienminimums bestimmt, und zum anderen an der ungenauen Approximation des Gradienten.

---

218 Dazu wird zunächst die Norm |**u**| eines Vektors **u** bestimmt und anschließend der normierte Vektor **un** = (1 / |**u**|) · **u** durch skalare Multiplikation mit dem Kehrwert der Norm berechnet. Die Norm (Länge) des so normierten Vektors **un** ist dann eins. Durch Normierung werden also Vektoren auf „Einheitslänge" gebracht. Die Norm, die Normierung und deren Interpretation kann in jedem Standardlehrbuch zur linearen Algebra nachgeschlagen werden; vgl. auch Kap. 11.2.3.3.

219 Ein manuelles Nachrechnen der Tabelleneinträge soll für die inneren Produkte der normierten Vektoren nicht demonstriert werden, da dies ziemlich aufwändig wäre und für den hier betrachteten Kontext keine zusätzlichen Einsichten liefert.

Schritt k	g_1^k	g_2^k	λ	normiertes inneres Produkt
1	32.00048	12.00006	0.09034	0.00520
2	–2.82847	7.66372	0.25022	0.08385
3	–0.02458	–0.00679	1.73136	–0.00008
4	–0.01112	0.04025	0.26816	–0.00391
5	–0.01043	–0.00292	2.12937	–0.00064
6	–0.00615	0.02198	0.26916	–0.00589
7	–0.00589	–0.00169	2.32838	–0.00017
8	–0.00401	0.01401	0.26916	0.00834
9	–0.00388	–0.00107	2.61025	–0.00023
10	–0.00281	0.01014	0.26816	0.00681

Tab. 11.2.3.1.-1.: Innere Produkte beim „steepest descent" Verfahren

Beim „steepest descent" Verfahren kommt es also *immer* zu „rechtwinkligen" (d.h. lotrechten) Bewegungen im Parametersuchraum. Dabei zeigt das Beispiel, dass diese Form der Bewegung im Suchraum (jedenfalls manchmal) nicht geschickt ist. Sie führt letztlich dazu, vorangegangene Linienminimierungen immer wieder (lediglich an anderer Stelle) wiederholen zu müssen, wie es Abb. 11.2.3.1.-4. illustriert. Dort werden schematisch zwei Suchschritte eines fiktiven Optimierungsprozesses betrachtet (beginnend im Punkt 1, über Punkt 2 zu Punkt 3). Die Lage des Minimums wird durch das Kreuz in Abb. 11.2.3.1.-4. symbolisiert, wobei die genaue Form der Zielfunktion für die folgenden Betrachtungen nicht relevant ist.

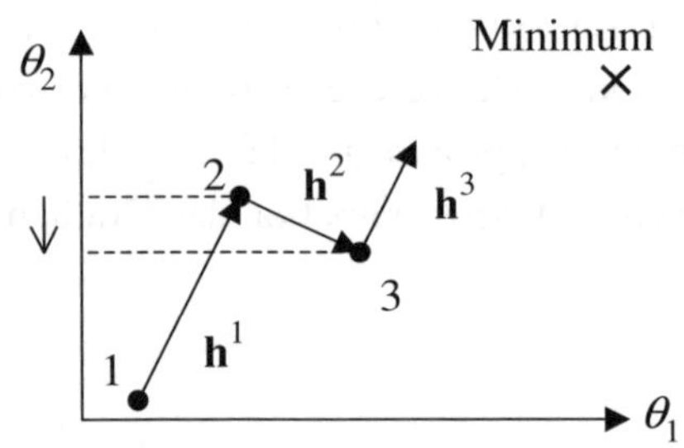

Abb. 11.2.3.1.-4.: Aufeinander folgende Linienminimierungen beim „steepest descent" Verfahren

Ausgehend von Punkt 1 erfolgt eine Linienminimierung längs der Suchrichtung $\mathbf{h}^1$ bis zum Linienminimum im Punkt 2. Dort steht der Gradient lotrecht, womit ebenfalls eine Linienminimierung längs der lotrechten Suchrichtung $\mathbf{h}^2$ bis ins Linienminimum beim Punkt 3 erfolgt. Dort steht der Gradient wiederum lotrecht zur alten Suchrichtung $\mathbf{h}^2$, womit sich eine neue Suchrichtung $\mathbf{h}^3$ ergibt, die jedoch in dieselbe Richtung wie $\mathbf{h}^1$ weist. Die Linienminimierung längs $\mathbf{h}^3$ stellt also im Prinzip eine Wiederholung der Linienminimierung längs $\mathbf{h}^1$ dar, lediglich ausgehend von einem anderen Startpunkt.

Diese Beobachtung lässt sich auch mit anderen Worten formulieren. Da die Suchrichtung $\mathbf{h}^3$ wieder in dieselbe Richtung wie $\mathbf{h}^1$ weist, ist es offensichtlich bei der Linienminimierung längs $\mathbf{h}^2$ zu einer Beeinträchtigung der Linienminimierung längs $\mathbf{h}^1$ gekommen, nämlich in dem Sinne, dass sie erneut durchgeführt werden muss. Teilweise ist also das Ergebnis der Linienminimierung längs $\mathbf{h}^1$ durch die nachfolgende Liniensuche längs $\mathbf{h}^2$ „ruiniert" worden. Dies wird auch deutlich, wenn man die Bewegung der Parameterwerte von θ_1 und θ_2 im Verlaufe des Optimierungsprozesses betrachtet. Die Linienminimierung längs $\mathbf{h}^1$ bewegt die Werte der Parameter θ_1 und θ_2 in Richtung auf das Minimum zu. Die nachfolgende Linienminimierung längs $\mathbf{h}^2$ bewegt zwar den Wert des Parameters θ_1 weiter in Richtung des Minimums, jedoch wird der Wert des Parameters θ_2 vom Minimum entfernt (vgl. die gestrichelten Linien in Abb. 11.2.3.1.-4. und den Pfeil an der Ordinate).

Die entscheidende Frage zum Verständnis des grundlegenden Ansatzes beim konjugierten Gradientenverfahren besteht nun darin, warum es denn zu diesem Effekt kommt. Der Grund dafür liegt in der Änderung des Gradienten während der Bewegung längs einer Suchrichtung. Die Abb. 11.2.3.1.-5. illustriert die folgenden Überlegungen.

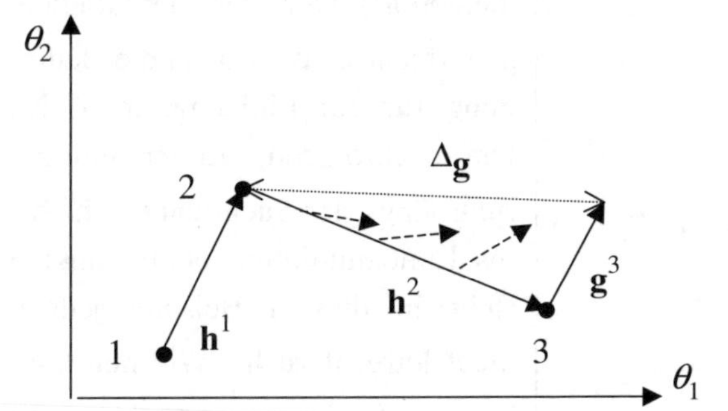

Abb. 11.2.3.1.-5.: Änderung des Gradienten während einer Linienminimierung beim „steepest descent" Verfahren

Die Ausgangssituation ist in Abb. 11.2.3.1.-5. wieder dieselbe. Es werden zwei Suchschritte einer fiktiven Optimierung schematisch betrachtet. Ausgehend von Punkt 1 erfolgt eine Linienminimierung längs der Suchrichtung $\mathbf{h}^1$ (welche beim „steepest descent" Verfahren zugleich dem Gradienten $\mathbf{g}^1$ am Punkt 1 entspricht) bis zum Linienminimum im Punkt 2.[220] Dort steht der Gradient lotrecht, womit ebenfalls eine Linienminimierung längs der lotrechten Suchrichtung $\mathbf{h}^2$ (d.h. hier also entlang des Gradienten $\mathbf{g}^2$) bis ins Linienminimum beim Punkt 3 erfolgt. Dort steht wiederum der Gradient $\mathbf{g}^3$ lotrecht zu $\mathbf{h}^2$. Während der Bewegung längs der Suchrichtung

220 Um Verständnisschwierigkeiten oder möglichen Missverständnissen vorzubeugen, sollen die drei Begriffe *Gradient*, *Suchrichtung* und *Änderung des Gradienten* nochmals explizit voneinander abgegrenzt werden, sofern dies nicht schon aus den bisherigen Betrachtungen deutlich geworden ist. Der *Gradient* ist der Vektor der ersten partiellen Ableitungen der Zielfunktion nach den zu optimierenden Parametern θ_i, $i = 1, ..., n$. Die *Suchrichtung* gibt bei einer mehrdimensionalen Optimierung die Richtung vor, längs derer die Linienminimierung („line search") erfolgt. Sie ist ebenfalls ein n-dimensionaler Vektor. Die Suchrichtung *kann* (muss aber nicht) dem (negativen) Gradienten entsprechen. Dies ist beim „steepest descent" Verfahren der Fall, d.h. Suchrichtung und Gradient sind hier (bis auf das Vorzeichen) gleich. Im Allgemeinen (und dies ist gerade für fortgeschrittene Verfahren der Fall) stimmen Suchrichtung und (negativer) Gradient *nicht* überein! Unter der *Änderung des Gradienten* wird hier die Differenz der Gradienten an den Stellen nach und vor Durchführung eines Linienminimierungsschrittes verstanden.

$\mathbf{h}^2$ „dreht“ also der Gradient $\mathbf{g}$ langsam in Richtung von $\mathbf{g}^3$, wie es die gestrichelten Pfeile längs der Suchrichtung $\mathbf{h}^2$ symbolisieren. Die bei der Linienminimierung längs $\mathbf{h}^2$ schlussendlich eingetretene „Änderung“ des Gradienten $\Delta\mathbf{g}$ wird in der Abb. 11.2.3.1.-5. durch die gestrichelte Linie mit den Doppelpfeilen angezeigt. Damit folgt aus der Abb. 11.2.3.1.-5. eine wichtige Beobachtung: Offensichtlich stehen die alte Suchrichtung $\mathbf{h}^1$ und die *eintretende Änderung des Gradienten* $\Delta\mathbf{g}$ nicht lotrecht aufeinander! Eine andere Situation wird nun in Abb. 11.2.3.1.-6. gezeigt.

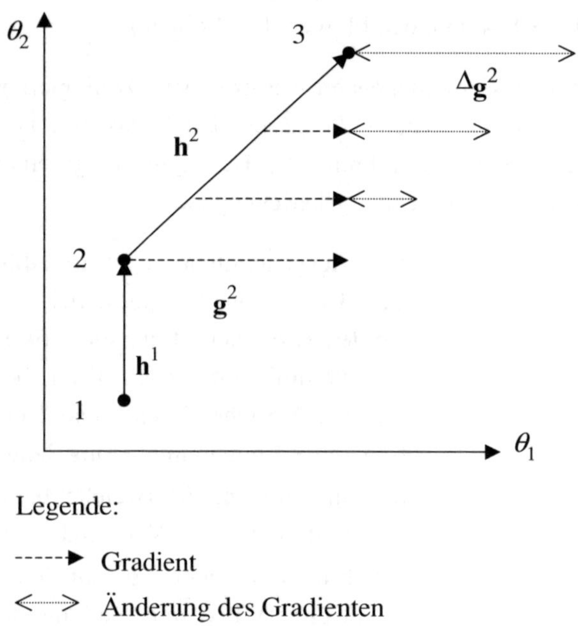

Abb. 11.2.3.1.-6.: Änderung des Gradienten bei einer Linienminimierung längs konjugierter Suchrichtungen

Wiederum stellt Abb. 11.2.3.1.-6. eine Linienminimierung längs der Suchrichtung $\mathbf{h}^1$, ausgehend von einem Punkt 1, bis zum Linienminimum im Punkt 2 dar (die Suchrichtung $\mathbf{h}^1$ ist hier aber nicht notwendigerweise gleich dem Gradienten $\mathbf{g}^1$). Dort steht der Gradient $\mathbf{g}^2$ lotrecht zu $\mathbf{h}^1$, was ja die Bedingung für ein Linienminimum ist. Die nachfolgende Linienminimierung längs der Suchrichtung $\mathbf{h}^2$ bis ins Linienminimum beim Punkt 3 steht in diesem Beispiel jedoch nicht lotrecht zu $\mathbf{h}^1$. Wie nun konkret die Suchrichtung $\mathbf{h}^2$ bestimmt wird, möge im Moment nicht interessieren. Sie besitzt jedoch eine wichtige Eigenschaft, und zwar bleiben die Gradienten bei der Bewegung längs der Suchrichtung $\mathbf{h}^2$ stets lotrecht zu $\mathbf{h}^1$ stehen (symbolisiert durch die gestrichelten Pfeile in Abb. 11.2.3.1.-6.). Sie werden allerdings längs der Suchrichtung $\mathbf{h}^2$ auch immer kleiner (symbolisiert durch die sich verkürzenden, gestrichelten Pfeile). Die Änderung des Gradienten wird auch in Abb. 11.2.3.1.-6. durch den gepunkteten Doppelpfeil angezeigt. Somit wird eine weitere Beobachtung durch die Abbildung illustriert. Die eintretende *Änderung des Gradienten* $\Delta\mathbf{g}^2$ bei der Bewegung längs der Suchrichtung $\mathbf{h}^2$ steht lotrecht zur Suchrichtung $\mathbf{h}^1$. Anders ausgedrückt ändert der Gradient $\mathbf{g}^2$ entlang der Suchrichtung $\mathbf{h}^2$ seine Richtung nicht. Er bleibt auch lotrecht auf $\mathbf{h}^1$ stehen (vgl. Abb. 11.2.3.1.-6.; der Gradient, symbolisiert durch den einfachen Pfeil, und die Änderung des Gradienten, symbolisiert durch den Doppelpfeil, stehen beide lotrecht auf $\mathbf{h}^1$). Der Gradient $\mathbf{g}^2$ wird dabei betragsmäßig immer kleiner, bis er schließlich null ist.

Dies hat nun eine wichtige Konsequenz. Da die eintretende *Änderung des Gradienten* $\Delta\mathbf{g}^2$ bei der Bewegung längs der Suchrichtung $\mathbf{h}^2$ lotrecht zur Suchrichtung $\mathbf{h}^1$ steht, „dreht" der Gradient $\mathbf{g}^2$ während der Bewegung längs $\mathbf{h}^2$ nicht wieder zurück in die Suchrichtung $\mathbf{h}^1$. Die Linienminimierung längs $\mathbf{h}^2$ beeinträchtigt also nicht das Ergebnis der vorangegangenen Linienminimierung $\mathbf{h}^1$ in dem Sinne, dass jene nun mit derselben Suchrichtung (nur an anderer Stelle) wiederholt werden muss. Die Linienminimierung längs $\mathbf{h}^2$ in diesem Beispiel „ruiniert" im Gegensatz zum „steepest descent" Verfahren also nicht das Ergebnis der vorhergehenden Linienminimierung längs $\mathbf{h}^1$, auch nicht teilweise. Unnötige Wiederholungen vorangegangener Suchrichtungen werden also vermieden. Die Suchrichtungen $\mathbf{h}^1$ und $\mathbf{h}^2$ im Beispiel der Abb. 11.2.3.1.-6. heißen *konjugiert*, falls sie die oben geschilderte Eigenschaft besitzen:

(4) $\mathbf{h}^1 \circ \Delta\mathbf{g}^2 = 0$

mit $\mathbf{h}^1$: vorangegangene Suchrichtung
$\Delta\mathbf{g}^2$: Änderung des Gradienten längs der Suchrichtung $\mathbf{h}^2$ im Linienminimum von $\mathbf{h}^2$

Die besondere Bedeutung konjugierter Suchrichtungen wird aus dem Beispiel andeutungsweise ersichtlich. Sollten nämlich $\mathbf{h}^1$ und $\mathbf{h}^2$ konjugiert sein, so müsste keine Linienminimierung wiederholt werden. Es würden also zwei Linienminimierungen in einem zweidimensionalen Parameterraum ausreichen, um das Minimum der Zielfunktion f zu bestimmen. Um diese Eigenschaft zu illustrieren, wird die Abb. 11.2.3.1.-7. betrachtet.

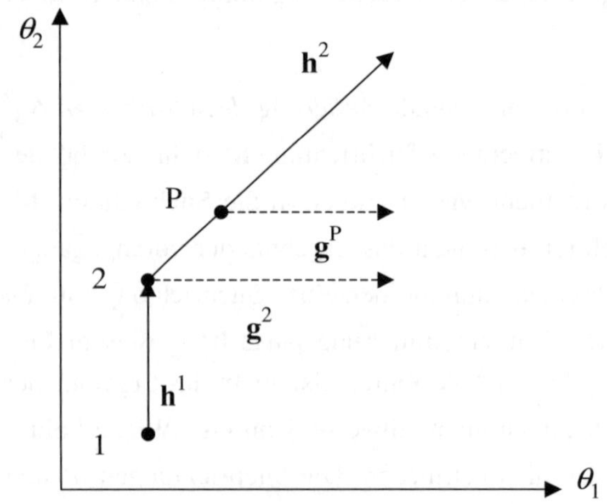

Abb. 11.2.3.1.-7.: Gradient im Minimum einer Linienminimierung längs konjugierter Suchrichtungen

Die Suchrichtungen $\mathbf{h}^1$ und $\mathbf{h}^2$ im Beispiel der Abb. 11.2.3.1.-7. seien konjugiert und es wird die zweite Linienminimierung längs der Suchrichtung $\mathbf{h}^2$ betrachtet. Für einen Moment wird nun angenommen, das Linienminimum möge im Punkt P liegen und der Gradient $\mathbf{g}^P$ (gestrichelter Pfeil am Punkt P in Abb. 11.2.3.1.-7.) sei nicht null. Da die Suchrichtungen $\mathbf{h}^1$ und $\mathbf{h}^2$ im Beispiel per Voraussetzung konjugiert sind, steht der Gradient $\mathbf{g}^P$ im Punkt P lotrecht zur Suchrichtung $\mathbf{h}^1$. Betrachtet man nun die Suchrichtung $\mathbf{h}^2$ im Punkt P, so weist die „horizontale" Komponente von $\mathbf{h}^2$ in Richtung des Gradienten $\mathbf{g}^P$, d.h. ein Fortschreiten in Richtung von $\mathbf{h}^2$ würde den Funktionswert der Zielfunktion f verringern. Dann kann aber der Punkt P noch nicht das Linienminimum längs $\mathbf{h}^2$ gewesen sein. Dies gilt aber für alle denkbaren Punkte längs der Suchrichtung $\mathbf{h}^2$, bei denen der Gradient nicht null ist. Folglich muss im Linienminimum der Gradient null sein, welches zugleich die Bedingung für ein Minimum ist.

Analoges gilt für den allgemeinen, n-dimensionalen Fall (d.h. für n zu optimierende Parameter). Verfügt man über n konjugierte Suchrichtungen $\mathbf{h}^1$, $\mathbf{h}^2$, ... $\mathbf{h}^n$, so braucht keine der vorangegangenen Linienminimierungen wiederholt zu werden. Nach n Linienminimierungen ist (unter bestimmten Voraussetzungen, siehe unten) das Minimum der Zielfunktion bestimmt.

Die vorangegangenen Überlegungen lassen sich auch formaler darstellen, wobei die nachfolgenden Gleichungen aber auch übersprungen werden können. Dazu wird die Zielfunktion f an einer beliebigen Stelle $\boldsymbol{\theta}^0$ (wie sie sich z.B. im Zuge des Iterationsprozesses ergeben haben könnte) in einem n-dimensionalen Parameterraum betrachtet. Wählt man nun die Stelle $\boldsymbol{\theta}^0$ als Ursprung eines Koordinatensystems und betrachtet man eine beliebige Stelle $\mathbf{x}$ in der Umgebung von $\boldsymbol{\theta}^0$ (mit Koordinaten relativ zum Ursprung $\boldsymbol{\theta}^0$), so lässt sich der Wert der Zielfunktion $f(\mathbf{x})$ über die ersten Glieder einer Taylorreihenentwicklung wie folgt approximieren:

(5) $$f(\mathbf{x}) \approx f(\boldsymbol{\theta}^0) + \sum_{i=1}^{n} \frac{\partial f}{\partial x_i} x_i + \frac{1}{2} \sum_{i=1}^{n} \sum_{j=1}^{n} \frac{\partial^2 f}{\partial x_i \partial x_j} x_i x_j$$

bzw. in Vektor- und Matrizennotation[221]

(6) $$f(\mathbf{x}) \approx c + \mathbf{b}'\cdot\mathbf{x} + \frac{1}{2}\mathbf{x}'\cdot\mathbf{A}\cdot\mathbf{x}$$

mit c: $f(\boldsymbol{\theta}^0)$
b: Gradient (Vektor der ersten partiellen Ableitungen) an der Stelle $\boldsymbol{\theta}^0$
A: Hesse-Matrix (Matrix der zweiten partiellen Ableitungen) an der Stelle $\boldsymbol{\theta}^0$

In Gleichung (6) wird der Wert des Gradienten an der Stelle $\boldsymbol{\theta}^0$ anstatt mit **g** (wie bisher) mit dem Symbol **b** gesondert gekennzeichnet. Damit soll verdeutlicht werden, dass in der Approximation nach (6) **b** eine Konstante darstellt und nicht von **x** abhängt. Aus demselben Grund wird in (6) die Hesse-Matrix mit **A** gesondert gekennzeichnet, anstatt mit **H** (wie weiter unten). Eine Approximation des Gradienten **g** an der Stelle **x** erhält man nun durch einfaches Differenzieren von (6):[222]

(7) $$\mathbf{g}(\mathbf{x}) = \mathbf{b} + \mathbf{A}\cdot\mathbf{x}$$

Mit Hilfe von (7) lässt sich die Änderung des Gradienten $\Delta\mathbf{g}$ berechnen, falls man sich (ausgehend vom Ursprung des Koordinatensystems an der Stelle $\boldsymbol{\theta}^0$, also $\mathbf{x} = \mathbf{0}$) längs der Richtung **x** mit der Schrittweite δ bewegt:

(8) $$\Delta\mathbf{g} = \mathbf{g}(\delta\mathbf{x}) - \mathbf{g}(\mathbf{0}) = \mathbf{b} + \mathbf{A}\cdot\delta\mathbf{x} - \mathbf{b} = \mathbf{A}\cdot\delta\mathbf{x}$$

Nun wird angenommen, es wäre eine Linienminimierung längs der Suchrichtung **u** mit $\lambda\mathbf{u} = \mathbf{h}^1$ vorgenommen worden, man befände sich an der Stelle $\boldsymbol{\theta}^0$ und die neue Suchrichtung sei **v**. Dann ist die Änderung des Gradienten $\Delta\mathbf{g}$ längs der Suchrichtung **v** mit Schrittweite δ:

(9) $$\Delta\mathbf{g} = \mathbf{A}\cdot\delta\mathbf{v} = \mathbf{A}\cdot\mathbf{h}^2 \qquad \text{mit} \quad \delta\mathbf{v} = \mathbf{h}^2$$

Gemäß den oben vorgestellten Überlegungen muss die Änderung des Gradienten $\Delta\mathbf{g}$ längs der Suchrichtung $\mathbf{h}^2$ lotrecht zur vorangegangenen Suchrichtung $\mathbf{h}^1$ sein, damit es zu keiner Beeinträchtigung des Resultats der vorhergehenden Linienminimierung kommt (nämlich in dem Sinne, dass sie wiederholt werden muss):

221 Der Hochstrich beim Symbol **x** in Gleichung (6) bezeichnet die Transposition eines Vektors, d.h. das Vertauschen von Spalten- und Zeilenpositionen.

222 Vgl. auch die Rechenregeln R1 und R2 in Anhang A.1.9.

(10) $0 = \mathbf{h}^1 \circ \Delta\mathbf{g} = \mathbf{h}^1 \circ (\mathbf{A} \cdot \mathbf{h}^2)$

Gilt die Eigenschaft (10) für zwei Vektoren $\mathbf{h}^1$ und $\mathbf{h}^2$, so werden sie als *konjugiert* bezeichnet.[223] Sofern außerdem die Eigenschaft nach (10) stets für alle Paare von Vektoren $\mathbf{h}^i$ und $\mathbf{h}^j$, $i \neq j$, aus einer Menge von Vektoren $\{\mathbf{h}^l\}$ gilt, soll sie als *Menge konjugierter Suchrichtungen* bezeichnet werden. Werden nun Linienminimierungen längs konjugierter Suchrichtungen durchgeführt, so muss keine der vorhergehenden Linienminimierungen nochmals wiederholt werden, sofern die Zielfunktion f exakt durch die quadratische Form nach (5) bzw. (6) beschrieben wird. Bei n zu optimierenden Parametern führen n Linienminimierungen längs n konjugierter Suchrichtungen in das Minimum (also ist je Parameter nur eine Linienminimierung erforderlich). Für Zielfunktionen, die nicht durch diese Form exakt beschrieben werden, sind zwar zyklische Wiederholungen von Linienminimierungen längs „konjugierter" Suchrichtungen erforderlich, jedoch wird hierdurch das Minimum der Funktion im Regelfall sehr viel schneller als mit dem „steepest descent" Verfahren aufgefunden.

Die entscheidende Frage besteht nun darin, wie sich eine Menge konjugierter Suchrichtungen konstruieren lässt. Hierzu existieren verschiedene Ansätze, die im Rahmen einer Einführung nicht im Detail betrachtet werden können. Zwei bedeutsame Konstruktionsvorschriften seien jedoch kurz genannt. Bei beiden wird eine Folge von Suchrichtungen $\mathbf{h}^k$ ($k = 1, 2, \dots$) iterativ während des Optimierungsprozesses selbst aufgebaut. Das gemeinsame Bildungsgesetz wird durch (11) beschrieben:

(11a) $\mathbf{h}^0 = \mathbf{g}^0$

(11b) $\mathbf{h}^{k+1} = \mathbf{g}^{k+1} + \gamma^{k+1} \cdot \mathbf{h}^k$

mit
$\mathbf{h}^k$: Suchrichtung der Linienminimierung im k-ten Iterationsschritt des Optimierungsprozesses
$\mathbf{g}^k$: Gradient der Zielfunktion f im k-ten Iterationsschritt
γ^k: Skalierungsfaktor im k-ten Iterationsschritt

Nach (11a) wird im Initialisierungsschritt des Optimierungsprozesses („nullter" Iterationsschritt), also bei der erstmaligen Linienminimierung, als Suchrichtung $\mathbf{h}^0$ der Gradient $\mathbf{g}^0$ der Zielfunktion f (an der Startstelle $\boldsymbol{\theta}^0$) verwendet. Bei allen folgenden Iterationsschritten wird die aktuelle Suchrichtung $\mathbf{h}^{k+1}$ im (k+1)-ten Iterationsschritt aus dem aktuellen Gra-

223 Die Definition konjugierter Vektoren über die Eigenschaft nach (10) ist streng genommen nicht identisch zu der nach (4). Die an dieser Stelle vorgestellten Überlegungen und Definitionen werden zur Konstruktion konjugierter Suchrichtungen benötigt, die hier allerdings aus Platzgründen nicht hergeleitet wird.

dienten $\mathbf{g}^{k+1}$ und der vorhergehenden Suchrichtung $\mathbf{h}^k$ berechnet. Dazu wird ein Skalierungsfaktor γ^{k+1} benutzt, der sich nach den Varianten (12) bzw. (13) berechnen lässt.[224]

(12) $\gamma^{k+1} = \dfrac{(\mathbf{g}^{k+1})' \cdot \mathbf{g}^{k+1}}{(\mathbf{g}^k)' \cdot \mathbf{g}^k}$ Methode nach Fletcher-Reeves

(13) $\gamma^{k+1} = \dfrac{(\mathbf{g}^{k+1} - \mathbf{g}^k)' \cdot \mathbf{g}^{k+1}}{(\mathbf{g}^k)' \cdot \mathbf{g}^k}$ Methode nach Polak-Ribière

Mit Hilfe des Skalierungsfaktors γ^{k+1} soll nun bei der Bildung der Suchrichtungen $\mathbf{h}^1$, $\mathbf{h}^2$, $\mathbf{h}^3$, ... nach (11b) die Eigenschaft nach (10) sichergestellt werden, d.h. die Änderung des Gradienten $\Delta\mathbf{g}$ längs einer Suchrichtung $\mathbf{h}^{k+1}$ steht lotrecht zur letzten Suchrichtung $\mathbf{h}^k$.

In konkreten Anwendungen wird zumeist die letztgenannte Variante nach (13) benutzt, da sie – nach praktischer Erfahrung – im Regelfall schneller in das Minimum konvergiert. Zur Konstruktion der konjugierten Suchrichtungen $\mathbf{h}^k$ wird in beiden Fällen auf den Gradienten $\mathbf{g}^k$ zurückgegriffen. Aus diesem Grund spricht man hier von *Verfahren des konjugierten Gradientenabstiegs*. Die Konvergenzgeschwindigkeit dieser Verfahren ist in der Tat beeindruckend und wird in Kap. 11.2.3.3. an einem Beispiel illustriert.

Obwohl an dieser Stelle bewusst auf eine formale Herleitung verzichtet wird, ist dennoch eine kurze Analyse der Konstruktionsvorschrift nach (11) für ein tieferes Verständnis aufschlussreich, wobei bezüglich des Skalierungsfaktors γ^{k+1} auf die einfachere Formel nach (12) zurückgegriffen wird. Zunächst sei vereinfachend angenommen, dass der Skalierungsfaktor in (11b) stets $\gamma^{k+1} = 1$ sei. Dann ergibt sich die Suchrichtung $\mathbf{h}^{k+1}$ im (k+1)-ten Optimierungsschritt nach (14).

(14) $\mathbf{h}^{k+1} = \mathbf{g}^{k+1} + \mathbf{h}^k = \mathbf{g}^{k+1} + (\mathbf{g}^k + \mathbf{h}^{k-1}) = \mathbf{g}^{k+1} + \mathbf{g}^k + (\mathbf{g}^{k-1} + \mathbf{h}^{k-2})$

Die Suchrichtung $\mathbf{h}^{k+1}$ im (k+1)-ten Optimierungsschritt würde sich also als Summe aller vorhergehenden Gradienten ergeben:

(15) $\mathbf{h}^{k+1} = \sum_{i=0}^{k+1} \mathbf{g}^i$

Für Interpretationszwecke wird die Suchrichtung $\mathbf{h}^{k+1}$ in (15) nun mit dem Faktor $\dfrac{1}{k+2}$ skaliert:

224 Der Hochstrich in den Gleichungen (12) und (13) bezeichnet wiederum die Transposition eines Vektors, d.h. das Vertauschen von Spalten- und Zeilenpositionen.

(16) $$\frac{1}{k+2}\mathbf{h}^{k+1} = \frac{1}{k+2}\sum_{i=0}^{k+1}\mathbf{g}^i$$

Die (skalierte) konjugierte Suchrichtung $\mathbf{h}^{k+1}$ im (k+1)-ten Optimierungsschritt stellt nach (16) den durchschnittlichen Gradienten aus aktuellem und allen vorhergehenden k Suchschritten dar. Im Kern basiert also die Konstruktion konjugierter Suchrichtungen auf einer Art „Durchschnittsbildung" über alle bisherigen k+1 Gradienten $\mathbf{g}^i$, $i = 0, ..., k+1$. Diese „Durchschnittsbildung" wird mit jedem Optimierungsschritt fortgesetzt. In (11b) wird ferner vor der Addition der alten Suchrichtung $\mathbf{h}^k$ zum aktuellen Gradienten $\mathbf{g}^{k+1}$ diese noch mit dem Faktor γ^{k+1} „gewichtet". Insofern stellen also konjugierte Suchrichtungen „fortlaufende gewogene Durchschnitte" aller bisherigen Gradienten dar.

Die Bedeutung des Skalierungsfaktors γ^{k+1} lässt sich mit Hilfe von (12) und einem einfachen Beispiel illustrieren. In (17a) und (17b) werden zwei willkürlich gewählte Gradienten $\mathbf{g}^1$ und $\mathbf{g}^2$ betrachtet.

(17a) $\mathbf{g}^1 = \begin{bmatrix}1\\1\end{bmatrix}$ (17b) $\mathbf{g}^2 = \begin{bmatrix}2\\2\end{bmatrix}$

Die beiden Gradienten $\mathbf{g}^1$ und $\mathbf{g}^2$ weisen offensichtlich in dieselbe Suchrichtung. Da die Werte der Komponenten von $\mathbf{g}^2$ größer als die von $\mathbf{g}^1$ sind, besitzt die (fiktive) Zielfunktion f im Falle von $\mathbf{g}^2$ eine größere Steigung als im Falle von $\mathbf{g}^1$. Dieser Umstand kann auch durch die „Länge"[225] der Gradienten $\mathbf{g}^1$ und $\mathbf{g}^2$ ausgedrückt werden, welche sich (vereinfachend) als inneres Produkt des Gradienten mit sich selbst ($\mathbf{g}' \cdot \mathbf{g}$) berechnen lässt:

(18a) $(\mathbf{g}^1)' \cdot \mathbf{g}^1 = [1 \quad 1]\begin{bmatrix}1\\1\end{bmatrix} = 2$ (18b) $(\mathbf{g}^2)' \cdot \mathbf{g}^2 = [2 \quad 2]\begin{bmatrix}2\\2\end{bmatrix} = 8$

Es sei nun angenommen, $\mathbf{g}^2$ stelle den aktuellen Gradienten und $\mathbf{g}^1$ die letzte Suchrichtung dar.[226] Für den Skalierungsfaktor γ^2 ergibt sich damit nach (12) der Wert $\gamma^2 = 8 / 2 = 4$. Die neue Suchrichtung $\mathbf{h}^2$ wäre damit nach (11b) in Verbindung mit (12):

(19) $$\mathbf{h}^2 = \begin{bmatrix}2\\2\end{bmatrix} + 4\begin{bmatrix}1\\1\end{bmatrix} = \begin{bmatrix}6\\6\end{bmatrix}$$

---

225 Die Länge $|\mathbf{v}|$ eines Vektors $\mathbf{v}$ ist genau genommen definiert als: $|\mathbf{v}| = \sqrt{\mathbf{v}' \cdot \mathbf{v}} = \sqrt{(v_1^2 + v_2^2 + ... + v_n^2)}$. Aus Vereinfachungsgründen wird im Beispiel nach (18) die Berechnung der Quadratwurzel vernachlässigt.

226 In diesem Beispiel geht es nur darum, anhand bewusst sehr einfach gehaltener Rechnungen die Bedeutung des Skalierungsfaktors zu illustrieren. Streng genommen kann $\mathbf{g}^1$ nicht die zu $\mathbf{g}^2$ vorhergehende Suchrichtung sein, da beide in dieselbe Richtung weisen. Dieser Umstand ist aber für dieses Beispiel nicht von Bedeutung.

Tauscht man in diesem Beispiel die Werte von $\mathbf{g}^1$ und $\mathbf{g}^2$ einfach komplett gegeneinander aus, würde sich die neue Suchrichtung $\mathbf{h}^2$, wie in (20) dargestellt, ergeben.

$$(20)\quad \mathbf{h}^2 = \begin{bmatrix}1\\1\end{bmatrix} + \frac{2}{8}\begin{bmatrix}2\\2\end{bmatrix} = \begin{bmatrix}1\\1\end{bmatrix} + \frac{1}{4}\begin{bmatrix}2\\2\end{bmatrix} = \begin{bmatrix}1.5\\1.5\end{bmatrix}$$

Der Faktor γ^{k+1} in (11b) skaliert also die alte Suchrichtung $\mathbf{h}^k$ in Bezug auf die Größenordnung des aktuellen Gradienten $\mathbf{g}^{k+1}$, bevor jene nach (11b) zu $\mathbf{g}^{k+1}$ addiert wird. Der Grund dafür ist intuitiv einsichtig. Im Verlaufe des Optimierungsprozesses wird die Lage des (nächst gelegenen) Minimums immer genauer bestimmt, womit tendenziell der Gradient (dem Betrage nach) immer kleiner wird und gegen null geht. Würde man die alte Suchrichtung ohne vorherige Skalierung zum aktuellen Gradienten addieren (wie z.B. in (14) bis (16) vereinfachend angenommen), wäre die aktuelle Suchrichtung im Wesentlichen die Summe der anfänglichen Gradienten, während die aktuellen Gradienten bei einer ungewichteten Summenbildung „untergehen" würden (vgl. (14) bis (16)). Damit könnte aber die Lage des Minimums wohl kaum bestimmt werden.

Die Konstruktionsvorschrift nach (11) in Verbindung mit (12) (aber auch (13)) zur Bestimmung der aktuellen Suchrichtung $\mathbf{h}^{k+1}$ im (k+1)-ten Optimierungsschritt kann zusammenfassend als eine Art fortlaufender, gewogener „Durchschnittsbildung" aus allen bisherigen k+1 Gradienten interpretiert werden. Dabei kommt dem Skalierungsfaktor γ^{k+1} eine wesentliche Bedeutung zu. Er skaliert letztlich den Wert der alten Suchrichtung $\mathbf{h}^k$ in Bezug auf die Größenordnung des aktuellen Gradienten $\mathbf{g}^{k+1}$, bevor die aktuelle Suchrichtung $\mathbf{h}^{k+1}$ nach (11b) gebildet wird. Im Grunde handelt es sich hier also um ein intuitiv leicht nachvollziehbares Verfahren, obgleich die dahinter stehende formale Herleitung und die Konvergenzbeweise sehr viel komplexer sind.

Vor der Betrachtung eines ausführlichen Beispiels sollen vorher noch die wenigen Änderungen betrachtet werden, mit denen sich die Implementation aus Kap. 11.2.2.2. in ein konjugiertes Gradientenabstiegverfahren umwandeln lässt.

11.2.3.2. Beispielhafte Implementation des konjugierten Gradientenabstiegs

Gegenüber der Implementation aus Kap. 11.2.2.2. ergeben sich im Grunde genommen sehr wenige Änderungen, die ausschließlich die Routine *steilster_abstieg* in Kap. 11.2.2.2. betreffen. Nachfolgend ist der Vollständigkeit und besseren Übersicht halber die Routine *konjugierter_abstieg* in voller Länge dargestellt. Die Codezeilen wurden hier von 1 bis 38 neu nummeriert. Sie treten an die Stelle der Routine *steilster_abstieg* (Codezeilen 106 bis 127 in Kap. 11.2.2.2.), womit ein konjugiertes Gradientenabstiegverfahren nach Polak-Ribière entsteht.

```
Sub konjugierter_abstieg(minimum(), x0(), ndim, _
  relative_praezision, maximale_iterationen)
    ReDim xneu(1 To ndim)
    ReDim xalt(1 To ndim)
    ReDim gradient_neu(1 To ndim)
    ReDim gradient_alt(1 To ndim)
    ReDim suchrichtung(1 To ndim)

    schritt = 0
    kopiere_vektor xneu, x0, ndim
    gf gradient_alt, x0, ndim
    kopiere_vektor suchrichtung, gradient_alt, ndim
    Debug.Print "*** Prozedur konjugierter Gradientenabstieg ***"
    Do
        kopiere_vektor xalt, xneu, ndim
        optimale_schrittweite = linienminimierung(xalt, _
          suchrichtung, ndim, relative_praezision, _
          maximale_iterationen)
        berechne_xneu xneu, xalt, suchrichtung, _
          optimale_schrittweite, ndim
        schritt = schritt + 1
        Debug.Print schritt, xalt(1), xalt(2), suchrichtung(1), _
          suchrichtung(2), optimale_schrittweite
        gf gradient_neu, xneu, ndim
        skalarprodukt_gradient = 0#
        skalarprodukt_differenz_gradient = 0#
        For i = 1 To ndim
            skalarprodukt_gradient = skalarprodukt_gradient + _
              gradient_alt(i) * gradient_alt(i)
            skalarprodukt_differenz_gradient = _
              skalarprodukt_differenz_gradient + (gradient_neu(i) _
              - gradient_alt(i)) * gradient_neu(i)
        Next i
        skalierungsfaktor = skalarprodukt_differenz_gradient / _
          skalarprodukt_gradient
        For i = 1 To ndim
            suchrichtung(i) = gradient_neu(i) _
              + skalierungsfaktor * suchrichtung(i)
        Next i
        kopiere_vektor gradient_alt, gradient_neu, ndim
    Loop While (schritt < maximale_iterationen) And (Not _
      praezision_erreicht(xalt, xneu, ndim, relative_praezision)) _
      And (Not gradient_null(gradient_neu, ndim))
    kopiere_vektor minimum, xneu, ndim
    Erase suchrichtung
    Erase gradient_alt
    Erase gradient_neu
    Erase xalt
    Erase xneu
End Sub
```

Als erste Änderung gegenüber der Implementation aus Kap. 11.2.2.2. sind hier einige weitere Hilfsvariablen einzuführen (*gradient_alt* und *gradient_neu* für den alten und neuen Gradienten, *skalarprodukt_differenz_gradient* und *skalarprodukt_gradient* für den Zähler und Nenner von (12) bzw. (13) in Kap. 11.2.3.1., *skalierungsfaktor* für den Skalierungsfaktor und *suchrichtung* für die Suchrichtung). Die Codezeilen 10 und 11 bewirken die Initialisierung des Gradienten und der Suchrichtung gemäß Gleichung (11a) aus Kap. 11.2.3.1. für die erste Linienminimierung. Von den Codezeilen 13 bis 31 der zentralen Iteration sind die Codezeilen 13 bis 18 und 31 gegenüber den entsprechenden Codezeilen der Implementation aus Kap. 11.2.2.2. (vgl. dort die Codezeilen 115 bis 122) weitgehend unverändert und daher inhaltlich bekannt. Neu hinzu gekommen sind die Codezeilen 19 bis 30, mit denen die konjugierten Suchrichtungen gebildet werden.

Mit Codezeile 19 wird der Gradient an der neuen Stelle *xneu* berechnet. Er wird benötigt, um später den Skalierungsfaktor *skalierungsfaktor* (Codezeile 26) und die neue Suchrichtung berechnen zu können. Der Zähler und Nenner von (12) bzw. (13) aus Kap. 11.2.3.1. werden dazu vorher mit den Codezeilen 20 bis 25 berechnet. Hier wird offensichtlich die Methode nach Polak-Ribière angewendet, die sich jedoch bei Bedarf schnell gegen die nach Fletcher-Reeves austauschen lässt. Dazu ist lediglich die Codezeile 24 entsprechend anzupassen. Mit Hilfe des neuen Gradienten, dem gerade berechneten Skalierungsfaktor und der alten Suchrichtung wird schließlich in den Codezeilen 27 bis 29 die neue Suchrichtung berechnet. Der alte Gradient wird jetzt nicht mehr benötigt und *gradient_alt* auf den Wert von *gradient_neu* gesetzt (Codezeile 30). Im Übrigen haben sich aber keine weiteren Änderungen ergeben.

Für reale praktische Anwendungen muss aber auch hier auf einige Details hingewiesen werden, die zwar im Rahmen von Lehrbuchbetrachtungen und Lehrbuchbeispielen ohne besondere Relevanz sind, in der praktischen Anwendung aber Schwierigkeiten verursachen können. Das „steepest descent" Verfahren ist zwar nicht besonders effizient, aber numerisch robust. Ungenauigkeiten bei der Approximation des Gradienten (solange wenigstens das Vorzeichen stimmt) beeinträchtigen vielleicht die Konvergenzgeschwindigkeit, „hebeln" aber nicht den Algorithmus aus. Dies gilt nicht in der gleichen Weise beim konjugierten Gradientenabstieg, da hier nicht der Weg des steilsten Abstiegs gewählt wird, sondern im Verlaufe der Iterationen die Suchrichtungen („bildlich" gesprochen) zunehmend „verbogen" werden. Numerische Ungenauigkeiten (bedingt durch Gradientenapproximation und Rundungsfehler) können sich in extremen Fällen kumulieren und zu Suchrichtungen führen, die zu einer *Zunahme* (statt Abnahme) des Funktionswertes führen. In diesem Falle müsste das Ergebnis der Linienminimierung eine *negative* Schrittweite λ sein, was in der hier vorgestellten Implementation per Voraussetzung ausgeschlossen wurde (da dieser Fall theoretisch unmöglich ist). Tritt dieser „unmögliche" Fall ein, liefert die vorgestellte Implementation keine sinnvollen Ergebnisse mehr.

Zur Erhöhung der numerischen Stabilität können jedoch zwei einfache Maßnahmen ergriffen werden. Der „line search" Algorithmus in der Implementation aus Kap. 11.2.2.2. benutzt eine vereinfachte Prozedur *einschachteln* zur initialen Einschachtelung der optimalen Schrittweite λ. Die dort vorgenommenen Vereinfachungen gegenüber der vollständigen

Version von *einschachteln* in Kap. 11.1.1.3. basieren auf der Voraussetzung, dass negative Schrittweiten theoretisch unmöglich sind. Da dies zwar extrem selten, aber praktisch durchaus vorkommen kann, sollte beim konjugierten Gradientenabstieg die vollständige Version von *einschachteln* aus Kap. 11.1.1.3. im „line search" Algorithmus nach der Implementation aus Kap. 11.2.2.2. benutzt werden. Dieser Austausch ist denkbar einfach und braucht nicht weiter ausgeführt zu werden.

Nach diesem Austausch kann die Linienminimierung als Ergebnis in Codezeile 15 (siehe oben) einen *negativen* (!) Wert zurückliefern. Ohne weitere Änderungen an der vorgestellten Implementation würde der Algorithmus durchaus brauchbar arbeiten. Eine negative Schrittweite λ signalisiert jedoch das Vorliegen einer Situation, die theoretisch nicht vorkommen darf und auf numerische Fehler zurückzuführen ist. Die benutzte Suchrichtung ist also offensichtlich falsch und sollte durch eine zulässige Suchrichtung ersetzt werden. Dazu könnten nach Codezeile 15 die folgenden zusätzlichen Codezeilen eingefügt werden:

```
a          If optimale_schrittweite < 0 Then
b             kopiere_vektor suchrichtung, gradient_alt, ndim
c             optimale_schrittweite = linienminimierung(xalt,
               suchrichtung, ndim, relative_praezision,
               maximale_iterationen)
d          End If
```

Bei negativer Schrittweite λ (Prüfung in Codezeile a) wird als aktuelle Suchrichtung der Wert des Gradienten verwendet (Codezeile b) und die Linienminimierung wiederholt (Codezeile c). Die konjugierte Suchrichtung *suchrichtung* wird im Falle eines Fehlers damit also auf den Gradienten „zurückgesetzt", der zumindest eine zulässige Suchrichtung darstellt.

11.2.3.3. Beispielhafte Anwendung

Um den *konjugierten Gradientenabstieg* gegenüber dem *Weg des steilsten Abstiegs* zu illustrieren, wird wiederum (wie schon in Kap. 11.2.2.3.) die einfache Zielfunktion nach (1) verwendet. Aus Gründen der Vergleichbarkeit wird als Ausgangspunkt für den Optimierungsprozess dieselbe Startstelle (2, 3) gewählt und die geforderte relative Präzision mit 0.00001 sowie die maximal zulässige Anzahl an Iterationsschritten mit 10 (wie in Kap. 11.2.2.3.) festgelegt. Der Fortgang des Optimierungsprozesses ist in Tab. 11.2.3.3.-1. dargestellt.

(1) $f(\theta_1, \theta_2) = \theta_1^4 + 2 \cdot \theta_2^2$

Schritt k	θ_1^k	θ_2^k	h_1^k	h_2^k	λ
1	2.0000000	3.0000000	32.0004800	12.0000600	0.09034
2	−0.8909081	1.9159203	−1.0399952	8.3343925	0.23389
3	−0.6476596	−0.0334436	−1.0734189	−0.2398894	0.38368
4	−0.2358057	0.0585982	−0.0811510	0.2279790	0.27178
5	−0.2137503	−0.0033623	−0.0430171	−0.0023429	3.47542
6	−0.0642477	0.0047801	−0.0157397	0.0183211	0.27078
7	−0.0599857	−0.0001809	−0.0014723	−0.0000147	31.09532
8	−0.0142026	0.0002774	−0.0023605	0.0010862	0.26069
9	−0.0135872	−0.0000057	−0.0000598	0.0000000	209.56894
10	−0.0010535	0.0000020	−0.0000239	0.0000081	0.25122

Tab. 11.2.3.3.-1.: Beispiel zur Anwendung des konjugierten Gradientenabstieg-verfahrens

Die Erweiterung des Wegs des steilsten Abstiegs zu einem konjugierten Gradientenabstieg führt zu einer erkennbaren Zunahme der Konvergenzgeschwindigkeit des Algorithmus (vgl. dazu die Ergebnisse in Tab. 11.2.2.3.-1. mit denen aus Tab. 11.2.3.3.-1.). Die Bewegung des Algorithmus im Parameterraum wird für die Suchschritte 3 bis 10 in der Abb. 11.2.3.3.-1. dargestellt. Auf der Abszisse ist der Wert des Parameters θ_1 und auf der Ordinate der des Parameters θ_2 abgetragen. Das Minimum der Zielfunktion liegt an der Stelle (0, 0). Auch hier wird im Gegensatz zum Weg des steilsten Abstiegs deutlich, wie das Minimum der Funktion deutlich „gradliniger" und ohne „Zickzack" Bewegungen angesteuert wird.

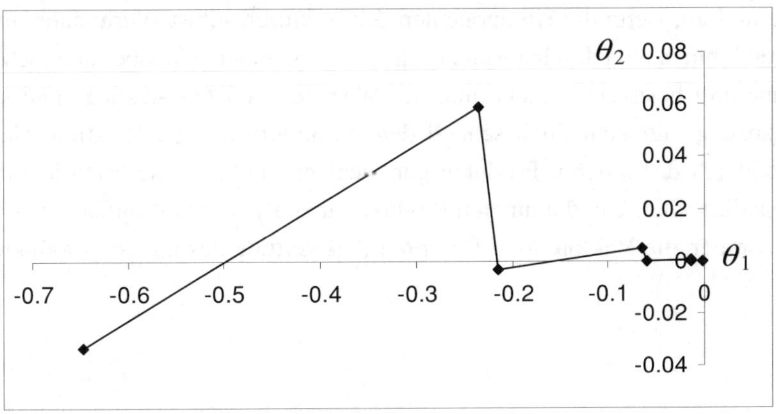

Abb. 11.2.3.3.-1.: Bewegung im Parameterraum beim konjugierten Gradientenabstieg

Der zentrale Unterschied in der Arbeitsweise beider Verfahren im Beispiel (Weg des steilsten Abstiegs, vgl. Kap. 11.2.2.3., und konjugierter Gradientenabstieg) wird auch durch

Tab. 11.2.3.3.-2. illustriert. Dort werden für die Schritte 2 bis 10 (vgl. auch Tab. 11.2.2.3.-1. zum Weg des steilsten Abstiegs und Tab. 11.2.3.3.-1. zum konjugierten Gradientenabstieg) die inneren Produkte nach Gleichung (2) für jeden Iterationsschritt vergleichend einander gegenüber gestellt (vgl. dazu auch Gleichung (4) in Kap. 11.2.3.1. und die zugehörige, erläuternde Abbildung 11.2.3.1.-6.).

(2) $c = \mathbf{h}^1 \circ \Delta\mathbf{g}^2$

mit $\mathbf{h}^1$: vorangegangene Suchrichtung (im vorhergehenden Iterationsschritt)
$\Delta\mathbf{g}^2$: Änderung des Gradienten längs der aktuellen Suchrichtung $\mathbf{h}^2$ im Linienminimum von $\mathbf{h}^2$

Bei „perfekt“ konjugierten Suchrichtungen sollte der Wert des inneren Produkts c genau 0 sein, denn dies ist die Bedingung für „konjugierte“ Suchrichtungen. Tatsächlich liefern die Konstruktionsprinzipien nach Gleichung (12) bzw. (13) aus Kap. 11.2.3.1. keine „perfekt“ konjugierten Suchrichtungen, sondern nur Näherungen. Je näher jedoch der Wert des inneren Produkts bei null liegt, desto besser wird der Idealzustand konjugierter Suchrichtungen getroffen. Gemäß der Konstruktion des konjugierten Gradientenabstiegverfahrens sind bei diesem Verfahren regelmäßig dem Absolutbetrag nach niedrigere Werte für das innere Produkt als beim „steepest descent“ Verfahren zu erwarten. Genau das ist auch in Tab. 11.2.3.3.-2. der Fall.

Beim Vergleich der inneren Produkte nach (2) bei beiden Verfahren ist noch eine technische Schwierigkeit zu berücksichtigen. Das innere Produkt nimmt nämlich auch dann Werte nahe null an, wenn die Komponenten der Vektoren selbst Werte nahe null besitzen. Die Vektoren können also durchaus nicht lotrecht zueinander sein, aber dennoch ein inneres Produkt nahe null besitzen. Da sich nun der Weg des steilsten Abstiegs und konjugierter Gradientenabstieg unterschiedlich schnell dem Minimum der Zielfunktion nähern, ist ein direkter Vergleich der inneren Produkte gar nicht möglich, da die Suchrichtungen unterschiedlich skaliert sind. Um die inneren Produkte dennoch sinnvoll miteinander vergleichen zu können, werden die Vektoren in (2) vor der Auswertung des inneren Produktes zunächst normiert.[227]

227 Dazu wird zunächst die Norm $|\mathbf{u}|$ eines Vektors $\mathbf{u}$ bestimmt. Diese ist definiert als:

$$|\mathbf{u}| = \sqrt{\mathbf{u}'\mathbf{u}} = \sqrt{\sum_{i=1}^{n} u_i^2}$$

Die Norm $|\mathbf{u}|$ ist offensichtlich eine reelle Zahl, d.h. ein Skalar. Multipliziert man anschließend den Vektor $\mathbf{u}$ mit dem skalaren Faktor $(1 / |\mathbf{u}|)$, also dem Kehrwert der Norm, so erhält man den normierten Vektor $\mathbf{un}$:

Schritt k	Inneres Produkt (2), „steepest descent“	Inneres Produkt (2), konjugierter Gradientenabstieg
2	–0.0083143	–0.13855
3	0.8066941	0.21614
4	0.2508682	0.16516
5	0.9049422	0.35843
6	0.2594228	0.04445
7	0.9240582	0.41327
8	0.2669179	0.00875
9	0.9309262	0.11825
10	0.2606317	0.00061

Tab. 11.2.3.3.-2.: Innere Produkte beider Verfahren beim Beispiel im Vergleich

Abgesehen vom zweiten Iterationsschritt fallen die (normierten) inneren Produkte in allen folgenden Iterationsschritten beim konjugierten Gradientenabstieg dem Betrag nach deutlich kleiner als beim Weg des steilsten Abstiegs aus. Mitunter (Iterationsschritt 8 und 10) wird der Idealzustand konjugierter Suchrichtungen fast erreicht. Zu Beginn sind allerdings auch beim konjugierten Gradientenabstieg noch Abweichungen von diesem Idealzustand erkennbar, was sich aber mit dem Konstruktionsverfahren nach Gleichung (12) bzw. (13) in Kap. 11.2.3.1. erklären lässt. Dort ist ersichtlich, dass die konjugierten Suchrichtungen erst iterativ aufgebaut werden. Sie werden also gerade zu Beginn noch nicht dem Idealzustand nahe kommen. Im Gegensatz dazu sind beim Weg des steilsten Abstiegs dem Betrag nach hohe (normierte) innere Produkte (Iterationsschritt 3, 5, 7, 9) erkennbar. Hier weisen alte Suchrichtung und die Änderung des Gradienten längs der neuen Suchrichtung zu wesentlichen Teilen in dieselbe Richtung. Bei der Bewegung längs der neuen Suchrichtung dreht also der Gradient in Richtung der alten Suchrichtung zurück, wodurch es schließlich zu der bereits bekannten „Zickzack“ Bewegung im Parameterraum kommt.

Die deutliche Verbesserung des Konvergenzverhaltens wird an diesem einfachen Anwendungsbeispiel jedoch noch nicht in vollem Umfang ersichtlich. Sie wird später im Rahmen der Fallstudie 1 (Kap. 12.1.) aber nochmals demonstriert.

$$\mathbf{un} = \frac{1}{|\mathbf{u}|} \cdot \mathbf{u} = \begin{pmatrix} \frac{u_1}{|\mathbf{u}|} \\ \frac{u_2}{|\mathbf{u}|} \\ \dots \\ \frac{u_n}{|\mathbf{u}|} \end{pmatrix}$$

Die Norm (Länge) des so normierten Vektors **un** ist dann eins. Die Norm, die Normierung und deren Interpretation kann in jedem Standardlehrbuch zur linearen Algebra nachgeschlagen werden. Im Kern werden Vektoren durch Normierung auf „Einheitslänge“ gebracht.

11.2.4. Das Newton-Verfahren im mehrdimensionalen Fall

Auf Grund der großen Bedeutung des Newton-Verfahrens und daraus abgeleiteter Varianten (auch als Second-Order Verfahren bezeichnet) werden einige grundlegende Hinweise zum Verständnis ihrer Arbeitsweise (insbesondere in Bezug auf das Studium der weiterführenden Literatur) als sinnvoll und notwendig angesehen. Nach praktischer Erfahrung verbinden sich mit ihnen jedoch keine deutlichen Vorzüge gegenüber dem konjugierten Gradientenabstieg. Daher soll hier auf eine *umfassende* Auseinandersetzung (z.B. beispielhafte Implementation und ausführliche Behandlung eines Beispiels) aus Platzgründen verzichtet werden.

Die Anpassungsregel des Newton-Verfahrens im eindimensionalen Fall nach (1) wurde in Kap. 11.1.3.1. hergeleitet.

(1) $$\theta^{k+1} = \theta^k - \frac{f'(\theta^k)}{f''(\theta^k)}$$

Die Anpassungsregel nach dem Newton-Verfahren für den eindimensionalen Fall (vgl. Gleichung (1)) besitzt ein Pendant im mehrdimensionalen Fall. Aus Gründen der leichteren Interpretierbarkeit wird (1) zunächst in alternativer Schreibweise nach (2) dargestellt.

(2) $$\theta^{k+1} = \theta^k - \frac{1}{f''(\theta^k)} g^k$$

Ist θ nun nicht mehr ein Skalar, sondern ein Vektor (mehrdimensionaler Fall), so ergibt sich die Anpassungsregel nach (3).

(3) $$\mathbf{\theta}^{k+1} = \mathbf{\theta}^k - \mathbf{H}^{-1}\mathbf{g}^k$$

mit $\mathbf{\theta}^k$: Parametervektor im k-ten Iterationsschritt
$\mathbf{g}^k$: Gradient an der Stelle $\mathbf{\theta}^k$ (Vektor der ersten partiellen Ableitungen)
$\mathbf{H}^{-1}$: Inverse der Hesse-Matrix an der Stelle $\mathbf{\theta}^k$

Vergleicht man (3) mit (2), so sind die Anpassungsregeln im ein- und mehrdimensionalen Fall von der Struktur her identisch. Der aktuelle Parameter $\mathbf{\theta}^k$ wird nämlich in einem Iterationsschritt negativ zum Gradienten $\mathbf{g}^k$ angepasst. Der vor dem Gradienten $\mathbf{g}^k$ stehende Faktor stellt eine Approximation der optimalen Schrittweite λ dar. Dessen Wert entspricht im *eindimensionalen* Fall dem Kehrwert der zweiten Ableitung der Zielfunktion an der Stelle θ^k (im eindimensionalen Fall ist θ^k ein Skalar, kein Vektor), nämlich $\frac{1}{f''(\theta^k)}$. Im mehrdimensionalen Fall tritt an die Stelle dieses Faktors die Inverse der Hesse-Matrix. Da man die Inverse einer Matrix als eine Art von „Kehrwert" interpretieren kann, ist (3) im Prinzip identisch zu (2), jedoch komplexer in der Darstellung.

Ein sehr einfach gehaltenes Beispiel soll die Anwendung von (3) verdeutlichen[228]. Eine Funktion mit zwei Parametern x, y habe die in (4) dargestellte Form.[229]

(4) $f(x,y) = x^4y^2 + x^2 + y^2$

Die ersten und zweiten partiellen Ableitungen dieser Funktion ergeben (5) und (6):

(5) $$\begin{pmatrix} \frac{\partial f}{\partial x} \\ \frac{\partial f}{\partial y} \end{pmatrix} = \begin{pmatrix} 4x^3y^2 + 2x \\ 2x^4y + 2y \end{pmatrix}$$

(6) $$\begin{pmatrix} \frac{\partial^2 f}{\partial x^2} & \frac{\partial^2 f}{\partial x \partial y} \\ \frac{\partial^2 f}{\partial y \partial x} & \frac{\partial^2 f}{\partial y^2} \end{pmatrix} = \begin{pmatrix} 12x^2y^2 + 2 & 8x^3y \\ 8x^3y & 2x^4 + 2 \end{pmatrix}$$

Die Suche nach dem Minimum dieser Funktion möge am Startpunkt $\mathbf{x}^0 = (3, 2)$ beginnen. Für diesen Punkt (3, 2) ergeben sich die Werte des Gradienten und der Hesse-Matrix wie in (7) dargestellt.

(7) $$\mathbf{g} = \begin{pmatrix} 438 \\ 328 \end{pmatrix} \qquad \mathbf{H} = \begin{pmatrix} 434 & 432 \\ 432 & 164 \end{pmatrix}$$

Der Vektor $\mathbf{x}^1$ ergibt sich nun unter Anwendung von (3) als

(8) $$\mathbf{x}^1 = \begin{pmatrix} 3 \\ 2 \end{pmatrix} - \begin{pmatrix} 434 & 432 \\ 432 & 164 \end{pmatrix}^{-1} \begin{pmatrix} 438 \\ 328 \end{pmatrix} = \begin{pmatrix} 2.39484 \\ 1.59407 \end{pmatrix}$$

Dieser liegt nun näher am Minimum der Funktion, also bei (0, 0), als der Startpunkt mit $\mathbf{x}^0 = (3, 2)$.

In der praktischen Anwendung liegen aber selten die partiellen ersten und zweiten Ableitungen der Zielfunktion f in expliziter Form vor. Im Regelfall müssen vielmehr in jedem Iterationsschritt der Gradient **g** und die Hesse-Matrix **H** aufwändig numerisch approximiert

---

228 Das Beispiel wurde bei PODDIG [(1999), S. 258 f.] entnommen.

229 In diesem Beispiel sollen die Symbole x und y (z.B. für zwei Koeffizienten θ_1 und θ_2) aus Gründen einer einfacheren Darstellung verwendet werden. Die Verwendung von θ_1 und θ_2 wäre auf Grund von tief- und hochgestellten Zeichen schnell unübersichtlich.

werden. Schließlich wäre außerdem in jedem Iterationsschritt die Hesse-Matrix zu invertieren, was (i) sehr rechenaufwändig und (ii) nur unter bestimmten Voraussetzungen möglich ist (sie muss stets den vollen Rang n aufweisen[230]). Aus diesen Gründen wird das Newton-Verfahren auch nicht in direkter Form nach (3) umgesetzt, sondern in abgewandelten Varianten.

Ein sehr bekanntes Verfahren ist der Broyden-Fletcher-Goldfarb-Shanno Algorithmus (zumeist nur kurz als „BFGS-Algorithmus" bezeichnet), welcher auf den Davidon-Fletcher-Powell-Algorithmus (kurz DFP-Algorithmus) zurückgeführt werden kann. Bei beiden Algorithmen wird versucht, *während* des Optimierungsprozesses eine Approximation der Inversen der Hesse-Matrix iterativ aufzubauen. Auch an dieser Stelle ist die dahinter stehende Theorie zu komplex für eine Behandlung im Rahmen eines Grundlagenbuches, sodass lediglich der grundlegende Ansatz skizziert werden soll [vgl. dazu ACTON (1970), DANIELS (1978) und PRESS ET AL. (1992)].

Das Problem der Anwendung der Anpassungsregel nach (3) besteht in der Bestimmung der Inversen der Hesse-Matrix. An Stelle der korrekten Hesse-Matrix verwenden der DFP- und der BFGS-Algorithmus eine Approximation, welche während des Fortgangs des Optimierungsprozesses ständig verbessert wird und im Zeitablauf gegen die korrekte Inverse der Hesse-Matrix konvergiert. Bezeichnet man die Approximation der Inversen der Hesse-Matrix im k-ten Iterationsschritt des Optimierungsprozesses mit $\tilde{\mathbf{H}}_k^{-1}$, so gilt:

$$(9) \qquad \lim_{k \to \infty} \tilde{\mathbf{H}}_k^{-1} = \mathbf{H}_k^{-1}$$

Die nahe liegende Frage ist nun, wie sich eine derartige Approximation gewinnen lässt. Der grundlegende Ausgangspunkt der Überlegungen ist derselbe wie in Kap. 11.2.3.1. Man betrachtet die Zielfunktion f an einer beliebigen Stelle $\boldsymbol{\theta}^0$ (wie sie sich z.B. im Zuge des Iterationsprozesses ergeben haben könnte) in einem n-dimensionalen Parameterraum und wählt die Stelle $\boldsymbol{\theta}^0$ als Ursprung eines Koordinatensystems. Nimmt man nun eine beliebige Stelle $\mathbf{x}$ in der Umgebung von $\boldsymbol{\theta}^0$ (mit Koordinaten relativ zum Ursprung $\boldsymbol{\theta}^0$), so lässt sich der Wert der Zielfunktion $f(\mathbf{x})$ über die ersten Glieder einer Taylorreihenentwicklung - wie bereits in Kap. 11.2.3.1. dargestellt – nach (10) approximieren:

$$(10) \qquad f(\mathbf{x}) \approx f(\boldsymbol{\theta}^0) + \sum_{i=1}^{n} \frac{\partial f}{\partial x_i} x_i + \frac{1}{2} \sum_{i=1}^{n} \sum_{j=1}^{n} \frac{\partial^2 f}{\partial x_i \partial x_j} x_i x_j$$

bzw. in Vektor- und Matrizennotation[231]

[230] Vgl. dazu auch Kap. 5.2.

[231] Das Zeichen „'" bezeichnet hier die Transposition eines Vektors, also das Vertauschen von Spalten- und Zeilenpositionen, nicht jedoch die Bildung einer Ableitung.

(11) $f(\mathbf{x}) \approx c + \mathbf{b}' \cdot \mathbf{x} + \frac{1}{2} \mathbf{x}' \cdot \mathbf{A} \cdot \mathbf{x}$

mit c: $f(\boldsymbol{\theta}^0)$
$\mathbf{b}$: Gradient (Vektor der ersten partiellen Ableitungen) an der Stelle $\boldsymbol{\theta}^0$
$\mathbf{A}$: Hesse-Matrix (Matrix der zweiten partiellen Ableitungen) an der Stelle $\boldsymbol{\theta}^0$

In Gleichung (11) wird wiederum der Wert des Gradienten an der Stelle $\boldsymbol{\theta}^0$ anstatt mit **g** (wie bisher) mit dem Symbol **b** gesondert gekennzeichnet. Damit soll verdeutlicht werden, dass **b** in der Approximation nach (11) eine Konstante darstellt und nicht von **x** abhängt. Aus demselben Grund wird in (11) die Hesse-Matrix mit **A** gesondert gekennzeichnet, anstatt mit **H** (wie oben). Eine Approximation des Gradienten **g** an der Stelle **x** erhält man nun durch einfaches Differenzieren von (11):[232]

(12) $\mathbf{g}(\mathbf{x}) = \mathbf{b} + \mathbf{A} \cdot \mathbf{x}$

Für das Funktionsminimum $\mathbf{x}^m$ muss also die Bedingung

(13a) $\mathbf{0} = \mathbf{g}(\mathbf{x}^m) = \mathbf{b} + \mathbf{A} \cdot \mathbf{x}^m \quad \Leftrightarrow \quad$ (13b) $\mathbf{A} \cdot \mathbf{x}^m = -\mathbf{b}$

gelten. Für irgendeinen beliebigen Punkt $\mathbf{x}^k$ (nicht das Funktionsminimum) gilt jedoch:

(14a) $\mathbf{g}(\mathbf{x}^k) = \mathbf{b} + \mathbf{A} \cdot \mathbf{x}^k \quad \Leftrightarrow \quad$ (14b) $\mathbf{A} \cdot \mathbf{x}^k = -\mathbf{b} + \mathbf{g}(\mathbf{x}^k)$

Subtrahiert man nun (14b) von (13b) ergibt sich (15). Durch Multiplikation mit der Inversen $\mathbf{A}^{-1}$ folgt (16).

(15) $\mathbf{A} \cdot (\mathbf{x}^m - \mathbf{x}^k) = -\,\mathbf{g}(\mathbf{x}^k)$ (16) $\mathbf{x}^m - \mathbf{x}^k = \mathbf{A}^{-1} \cdot [-\,\mathbf{g}(\mathbf{x}^k)]$

Ebenso gilt (16) natürlich in analoger Weise für einen anderen beliebigen Punkt $\mathbf{x}^j$ (ebenfalls nicht das Funktionsminimum):

(17) $\mathbf{x}^m - \mathbf{x}^j = \mathbf{A}^{-1} \cdot [-\,\mathbf{g}(\mathbf{x}^j)]$

Nun wird angenommen, die beiden Punkte $\mathbf{x}^k$ und $\mathbf{x}^j$ würden sich als zwei aufeinander folgende Punkte im Zuge eines Optimierungsprozesses ergeben, sodass für $\mathbf{x}^j$ nun $\mathbf{x}^{k+1}$ geschrieben werden kann.

(18) $\mathbf{x}^m - \mathbf{x}^{k+1} = \mathbf{A}^{-1} \cdot [-\,\mathbf{g}(\mathbf{x}^{k+1})]$

232 Vgl. die Rechenregeln R1 und R2 im Anhang A.1.9.

Subtrahiert man nun von Gleichung (16) die letzte Gleichung (18), erhält man:

(19) $\mathbf{x}^{k+1} - \mathbf{x}^{k} = \mathbf{A}^{-1} \cdot [\mathbf{g}(\mathbf{x}^{k+1}) - \mathbf{g}(\mathbf{x}^{k})]$

Mit Hilfe der Kenntnis von $\mathbf{x}^{k+1}$ und $\mathbf{x}^{k}$ sowie deren Gradienten $\mathbf{g}(\mathbf{x}^{k+1})$ und $\mathbf{g}(\mathbf{x}^{k})$ kann nun die Beziehung nach (19) genutzt werden, um eine Approximation $\tilde{\mathbf{H}}_{k+1}^{-1}$ von $\mathbf{A}^{-1}$ zu bilden. Dazu wird in (19) $\mathbf{A}^{-1}$ durch $\tilde{\mathbf{H}}_{k+1}^{-1}$ ersetzt und der entstehende Ausdruck umgeformt. Nach einigen weiteren Umformungen entsteht schließlich eine komplexe Rekursionsformel, mit der die Approximation der Inversen der Hesse-Matrix $\tilde{\mathbf{H}}_{k+1}^{-1}$ im k-ten Iterationsschritt des Algorithmus aus $\tilde{\mathbf{H}}_{k}^{-1}$, $\mathbf{x}^{k+1}$ und $\mathbf{x}^{k}$ sowie deren Gradienten $\mathbf{g}(\mathbf{x}^{k+1})$ und $\mathbf{g}(\mathbf{x}^{k})$ gebildet wird. Die Herleitung soll hier aus Platzgründen nicht näher behandelt werden. Die etwas einfachere Rekursionsformel nach DAVIDON, FLETCHER und POWELL ist in (20a) und (20b) dargestellt. Die Hochstriche (´) bezeichnen dabei transponierte Vektoren.

(20a) $\tilde{\mathbf{H}}_{0}^{-1} = \mathbf{E}$

mit $\tilde{\mathbf{H}}_{0}^{-1}$: Approximation der Hesse-Matrix im ersten Iterationsschritt
$\mathbf{E}$: Einheitsmatrix

(20b) $$\tilde{\mathbf{H}}_{k+1}^{-1} = \tilde{\mathbf{H}}_{k}^{-1} + \frac{\Delta\mathbf{x}\,\Delta\mathbf{x}'}{d_1} - \frac{\left(\tilde{\mathbf{H}}_{k}^{-1}\Delta\mathbf{g}\right)\left(\tilde{\mathbf{H}}_{k}^{-1}\Delta\mathbf{g}\right)'}{d_2}$$

mit $\Delta\mathbf{x} = \mathbf{x}^{k+1} - \mathbf{x}^{k}$
$\Delta\mathbf{g} = \mathbf{g}(\mathbf{x}^{k+1}) - \mathbf{g}(\mathbf{x}^{k})$
$d_1 = \Delta\mathbf{g}'\,\Delta\mathbf{x}$
$d_2 = \Delta\mathbf{g}'\tilde{\mathbf{H}}_{k}^{-1}\Delta\mathbf{g}$

Die Rekursionsformel nach (20b) ist vielleicht nicht sofort „durchsichtig“ und soll knapp kommentiert werden. Zur konkreten Berechnung von (20b) ist die Ermittlung von vier Hilfsgrößen sinnvoll. Der Vektor $\Delta\mathbf{x}$ ergibt sich einfach als Differenz von $\mathbf{x}$ im k+1-ten und k-ten Iterationsschritt. Analoges gilt für den Vektor $\Delta\mathbf{g}$, welcher die Differenz der Gradienten im k+1-ten und k-ten Iterationsschritt (also an den Stellen $\mathbf{x}^{k+1}$ und $\mathbf{x}^{k}$) darstellt. Die Hilfsgrößen d_1 und d_2 sind dagegen beide Skalare. Konkret ist d_1 dann das innere Produkt (vgl. auch Gleichung (1) in Kap. 11.2.3.1.) der Vektoren $\Delta\mathbf{g}$ und $\Delta\mathbf{x}$. Die Hilfsgröße d_2 besitzt jedoch keine einfache Interpretation. Der Ausdruck $\Delta\mathbf{x}\,\Delta\mathbf{x}'$ im Zähler des zweiten Terms von (20b), rechte Seite), stellt eine $n \times n$ Matrix dar. Hier handelt es sich um das *äußere Produkt* des Vektors $\Delta\mathbf{x}$ mit sich selbst. Das *äußere Produkt* zweier Vektoren **a** und **b** wird in der Literatur oftmals auch nach (21) oder (22) geschrieben:

(21) $\mathbf{c} = \mathbf{a}\,\mathbf{b}' = \mathbf{a} \otimes \mathbf{b}$

mit $\mathbf{a}, \mathbf{b}$: $(n \times 1)$ Vektoren

(22) $c_{ij} = a_i \cdot b_j$ für alle $i, j = 1, ..., n$

mit a_i: i-te Element des Vektors $\mathbf{a}$
b_j: j-te Element des Vektors $\mathbf{b}$
c_{ij}: Element der i-ten Zeile und j-ten Spalte der resultierenden Matrix $\mathbf{c}$

Daher findet sich in der Literatur für $\Delta\mathbf{x}\,\Delta\mathbf{x}'$ auch die alternative Schreibweise $\Delta\mathbf{x} \otimes \Delta\mathbf{x}$ (ggf. unter Verwendung anderer Variablenbezeichnungen). Der Zähler im dritten Term von (20b), rechte Seite, ist entsprechend das äußere Produkt des Vektors $\left(\tilde{\mathbf{H}}_k^{-1}\Delta\mathbf{g}\right)$ mit sich selbst.

Der DFP-Algorithmus arbeitet damit (unter Verwendung der bisher üblichen Variablenbezeichnungen) nach folgendem Schema:

Schritt 1.

Wähle eine beliebige Startstelle $\boldsymbol{\theta}^0$. Setze den Schrittzähler k auf null und *initialisiere* die Approximation der Inversen der Hesse-Matrix $\tilde{\mathbf{H}}_0^{-1}$ mit der Einheitsmatrix[233] $\mathbf{E}$ (vgl. auch Gleichung (20a); eine „richtige“ Approximation der Inversen der Hesse-Matrix nach dem beschrieben Verfahren folgt erst in den nächsten Schritten). Bestimme ferner den Gradienten $\mathbf{g}^0$ an der Startstelle $\boldsymbol{\theta}^0$.

Schritt 2.

Bestimme den neuen Parametervektor $\boldsymbol{\theta}^{k+1}$ im k-ten Iterationsschritt nach (23).

(23) $\boldsymbol{\theta}^{k+1} = \boldsymbol{\theta}^k - \lambda^{\text{opt}}\,\tilde{\mathbf{H}}_k^{-1}\mathbf{g}^k$

mit $\boldsymbol{\theta}^k$: Parametervektor im k-ten Iterationsschritt
$\mathbf{g}^k$: Gradient an der Stelle $\boldsymbol{\theta}^k$
$\tilde{\mathbf{H}}_k^{-1}$: Approximation der Inversen der Hesse-Matrix an der Stelle $\boldsymbol{\theta}^k$

Zur Bestimmung der optimalen Schrittweite λ^{opt} wird eine Linienminimierung im k-ten Iterationsschritt durchgeführt. Die Anpassungsformel nach (23) stimmt dabei im Wesentlichen mit (3) überein, bis auf zwei wichtige Unterschiede: Zunächst wird in (23) nicht die exakte Inverse der Hesse-Matrix, sondern nur deren Approximation $\tilde{\mathbf{H}}_k^{-1}$ verwendet. Da aber $\tilde{\mathbf{H}}_k^{-1}$

233 Die Einheitsmatrix $\mathbf{E}$ wird alternativ auch mit $\mathbf{I}$ (für „identity“) bezeichnet (so z.B. auch im Buchteil B).

nur eine Approximation darstellt, ist keinesfalls $\lambda^{\text{opt}} = 1$ für die optimale Schrittweite sichergestellt, wie dies in (3) implizit enthalten ist. Aber auch bei genauer Kenntnis der Inversen der Hesse-Matrix würde $\lambda^{\text{opt}} = 1$ für die optimale Schrittweite nur bei perfekt quadratischer Form der Zielfunktion gelten. Insofern wird hier also wieder die bereits bekannte Linienminimierung eingeführt, wobei die Suchrichtung $\mathbf{h}^k$ nun durch $\mathbf{h}^k = \tilde{\mathbf{H}}_k^{-1}\mathbf{g}^k$ gebildet wird.

Schritt 3.

Bestimme den Gradienten $\mathbf{g}^{k+1}$ an der Stelle $\boldsymbol{\theta}^{k+1}$. Berechne die Hilfsgrößen:

(24a) $\Delta\boldsymbol{\theta} = \boldsymbol{\theta}^{k+1} - \boldsymbol{\theta}^k$

(24b) $\Delta\mathbf{g} = \mathbf{g}^{k+1} - \mathbf{g}^k$

(24c) $d_1 = \Delta\mathbf{g}'\,\Delta\boldsymbol{\theta}$

(24d) $d_2 = \Delta\mathbf{g}'\tilde{\mathbf{H}}_k^{-1}\Delta\mathbf{g}$

Dabei gilt natürlich $\Delta\boldsymbol{\theta} = \boldsymbol{\theta}^{k+1} - \boldsymbol{\theta}^k = -\lambda^{opt}\tilde{\mathbf{H}}_k^{-1}\mathbf{g}^k$ wegen Schritt 2. Bilde nun eine neue Approximation der Inversen der Hesse-Matrix nach (25) (vgl. auch Gleichung (20b)):[234]

(25) $$\tilde{\mathbf{H}}_{k+1}^{-1} = \tilde{\mathbf{H}}_k^{-1} + \frac{\Delta\boldsymbol{\theta}\,\Delta\boldsymbol{\theta}'}{d_1} - \frac{\left(\tilde{\mathbf{H}}_k^{-1}\Delta\mathbf{g}\right)\left(\tilde{\mathbf{H}}_k^{-1}\Delta\mathbf{g}\right)'}{d_2}$$

Erhöhe den Schrittzähler k um eins. Wiederhole ab Schritt 2 solange kein Abbruchkriterium erfüllt ist.

Der schematisch dargestellte DFP-Algorithmus verdeutlicht nochmals den grundlegenden Ansatz. Der Optimierungsprozess startet an einer beliebig gewählten, vom Benutzer vorzugebenden Stelle im n-dimensionalen Parameterraum. Die anfängliche Suchrichtung $\mathbf{h}^0$ (vgl. auch die Ausführungen zum konjugierten Gradientenverfahren in Kap. 11.2.3.1.) ist der Gradient $\mathbf{g}^0$ am Startpunkt $\boldsymbol{\theta}^0$. Längs dieser wird nun eine erste Linienminimierung durchgeführt, womit sich $\boldsymbol{\theta}^1$ ergibt. An dieser Stelle wird der Gradient $\mathbf{g}^1$ ermittelt. Damit liegen nun zwei benachbarte Punkte $\boldsymbol{\theta}^0$ und $\boldsymbol{\theta}^1$ sowie deren Gradienten $\mathbf{g}^0$ und $\mathbf{g}^1$ vor. Mit deren Kenntnis und unter Verwendung der Beziehung nach Gleichung (19) kann nun eine Approximation der Inversen der Hesse-Matrix $\tilde{\mathbf{H}}_1^{-1}$ für den nachfolgenden Iterationsschritt vorgenommen werden. Im folgenden Iterationsschritt ergibt sich die Suchrichtung $\mathbf{h}^1$ nicht mehr allein aus dem Gradienten, sondern nach $\mathbf{h}^1 = \tilde{\mathbf{H}}_1^{-1}\mathbf{g}^1$. Die Approximation der Inversen

234 Es sei nochmals daran erinnert, dass am Anfang des Optimierungsprozesses (im Iterationsschritt $k = 0$) die erste Approximation der Inversen der Hesse-Matrix durch Initialisierung mit der Einheitsmatrix **E** erfolgt (vgl. Gleichung (20a)).

$\tilde{\mathbf{H}}_1^{-1}$ „korrigiert“ dabei den Gradienten $\mathbf{g}^1$ als Suchrichtung. Das Ergebnis ist eine verbesserte Suchrichtung, die zielgerichteter in das Minimum der Zielfunktion führt.

Im Vergleich mit dem konjugierten Gradientenverfahren sind gewisse Ähnlichkeiten, aber auch Unterschiede erkennbar. Beide Verfahren beginnen mit dem Gradienten als originäre Suchrichtung. Längs der Suchrichtungen erfolgen Linienminimierungen. Alter und neuer Gradient werden in beiden Verfahren benutzt, um den aktuellen Gradienten als Suchrichtung (wie beim „steepest descent“ Verfahren) zu „verbessern“. Beim konjugierten Gradientenverfahren werden dazu Approximationen konjugierter Suchrichtungen erzeugt, beim DFP-Algorithmus Approximationen der Inversen der Hesse-Matrix gebildet.

Der BFGS-Algorithmus ist weitgehend identisch mit dem DFP-Algorithmus, verwendet jedoch statt (25) (bzw. mit anderen Symbolen (20b)) die Variante nach (26):

$$(26)\quad \tilde{\mathbf{H}}_{k+1}^{-1} = \tilde{\mathbf{H}}_k^{-1} + \frac{\Delta\boldsymbol{\theta}\,\Delta\boldsymbol{\theta}'}{d_1} - \frac{\left(\tilde{\mathbf{H}}_k^{-1}\Delta\mathbf{g}\right)\left(\tilde{\mathbf{H}}_k^{-1}\Delta\mathbf{g}\right)'}{d_2} + d_2(\mathbf{u}\,\mathbf{u}')$$

$$\text{mit}\quad \mathbf{u} = \frac{\Delta\boldsymbol{\theta}}{d_1} - \frac{\left(\tilde{\mathbf{H}}_k^{-1}\Delta\mathbf{g}\right)}{d_2}$$

Der DFP- und der BFGS-Algorithmus besitzen den Vorteil, dass deren grundlegender Ansatz möglicherweise leichter verständlich und einfacher nachvollziehbar erscheint. Andererseits ist die Rekursionsformel für (20b) bzw. (25) oder (26) recht komplex und deutlich aufwändiger zu berechnen als die Bildung konjugierter Gradienten. Ferner ist beim DFP- oder BFGS-Algorithmus stets die Approximation der Hesse-Matrix zu speichern (Dimension $n \times n$), während beim konjugierten Gradientenabstieg nur der Gradient benötigt wird (Dimension n). Mit der Anzahl n der zu optimierenden Parameter wächst der Speicherplatzbedarf beim konjugierten Gradientenabstieg proportional zu n, während er beim DFP oder BFGS-Algorithmus proportional zu n^2 ansteigt. Die deutlich einfachere Berechnung konjugierter Suchrichtungen und der geringere Speicherplatzbedarf waren hier ausschlaggebend für die Bevorzugung des konjugierten Gradientenverfahrens.

Aus Platzgründen sollen daher eine beispielhafte Implementation oder die Betrachtung eines Beispiels nicht mehr erfolgen. Die bisherigen Darstellungen sollten aber dem interessierten Leser ausreichen, um eine eigenständige Implementation vorzunehmen. Vorschläge finden sich dazu z.B. bei DANIELS (1978) oder PRESS ET AL. (1992). Alternativ findet sich auf der Webseite der Verfasser eine beispielhafte Implementation in VBA97, welche sich an den bisherigen Darstellungen, Implementationen und Beispielen orientiert.

11.3. Die Berücksichtigung von Nebenbedingungen

Arbeitshinweise: Im Folgenden geht es um die Berücksichtigung komplexer Nebenbedingungen im Zuge der Optimierung. Die nachfolgenden Betrachtungen sind allen Lesern zur Bearbeitung empfohlen, sofern die Lösung von nichtlinearen Optimierungsproblemen unter Nebenbedingungen interessiert. Diejenigen Leser, welche in ihrer konkreten Anwendung keine Nebenbedingungen beachten müssen (z.B. bei der Schätzung von Koeffizienten bestimmter ökonometrischer Modelle oder von neuronalen Netzen), brauchen dieses Kapitel nicht unbedingt durchlesen.

In Kap. 11.3.1. wird zunächst die grundlegende Problematik betrachtet. Beginnend mit Kap. 11.3.2. wird dann exemplarisch ein Verfahren vorgestellt, mit welchem sich beliebig komplexe Zielfunktionen unter beliebig komplexen Nebenbedingungen (auch nichtlinearen) optimieren lassen. Zunächst werden die theoretischen Grundlagen anhand eines einfachen Beispiels entwickelt und schließlich mit Kap. 11.3.3. die Anwendung des Verfahrens Schritt-für-Schritt an einem komplexeren Beispiel demonstriert. Im Falle einer Bearbeitung können die Betrachtungen zu einer beispielhaften Implementation in Kap. 11.3.4. auch übersprungen werden. Die Anwendung auf eine finanzwirtschaftliche Problemstellung (Portfoliooptimierung) wird in Kap. 11.3.5. angesprochen. Hier werden zugleich die Grenzen und Probleme des vorgestellten Verfahrens deutlich, weshalb die Bearbeitung auch wieder allen Lesern empfohlen sei.

11.3.1. Vorbemerkungen

Lässt man beliebig komplexe Nebenbedingungen zu, so stellt sich die Form eines allgemeinen nichtlinearen Optimierungsproblems wie folgt dar:

(1) $f(\boldsymbol{\theta}) \to \min!$

mit $\boldsymbol{\theta}$: (Spalten-) Vektor der n zu optimierenden Parameter θ_i, $i = 1, ..., n$
$f(.)$: Zielfunktion

unter Berücksichtigung der m Nebenbedingungen

(2) $c_i(\boldsymbol{\theta}) \leq 0$ für alle Nebenbedingungen $i = 1, ..., m$

mit $c_i(.)$: beliebige funktionale Form der i-ten Nebenbedingung

Für nähere Ausführungen und detailliertere Betrachtungen sei an dieser Stelle auf das Kap. 9.1. mit der Behandlung der formalen Struktur eines Optimierungsproblems zurückverwiesen.

Die bisher behandelten Varianten des Gradientenverfahrens sind originär auf die Lösung unbeschränkter Optimierungsprobleme zugeschnitten. Sind dagegen Nebenbedingungen zu berücksichtigen, müssen die Verfahren des Gradientenabstiegs „nachgerüstet" werden. Eine spezielle Anpassung eines Gradientenverfahrens an die Berücksichtigung von Nebenbedingungen stellt das Verfahren der projizierten Gradienten von ROSEN [(1960), (1961)] dar. Dieses Verfahren setzt im Wesentlichen lineare Nebenbedingungen voraus. Im Kern handelt es sich dabei um ein einfaches „steepest descent" Verfahren (mit Linienminimierung). Ausgehend von einer zulässigen Startlösung (Startpunkt $\boldsymbol{\theta}^0$) erfolgt zunächst eine Linienminimierung längs des (negativen) Gradienten $\mathbf{g}^0$. Soweit das Linienoptimum (also $\boldsymbol{\theta}^1$) im zulässigen Bereich bleibt, ergeben sich hier keine Änderungen gegenüber dem bisher dargestellten Verfahren. Führt jedoch die Linienminimierung aus dem zulässigen Bereich hinaus, wird am gerade noch zulässigen Rand gestoppt und der Gradient dort erneut bestimmt. An dieser Stelle wird der (negative) Gradient nun im Allgemeinen eine Suchrichtung vorgeben, die aus dem Bereich der zulässigen Lösungen hinaus führt. Deshalb wird eine komponentenweise Zerlegung des (negativen) Gradienten (welcher die Suchrichtung vorgibt) vorgenommen und dabei die Komponente des Gradienten ermittelt, welche gerade noch längs des Randes der zulässigen Lösungen verläuft. Diese Komponente bezeichnet man daher als projizierten Gradienten, d.h. also die Projektion des Gradienten auf den Rand der zulässigen Lösungen. Die anschließende Linienminimierung wird nun entsprechend längs des projizierten Gradienten (und nicht mehr längs des originären) vorgenommen. Eine anschauliche Darstellung und ein ausführliches Beispiel zu diesem Verfahren finden sich z.B. bei ELLINGER/BEUERMANN/LEISTEN [(1998), S. 224 ff.]. Es soll hier jedoch nicht näher behandelt werden.

Das im Folgenden in seinen gedanklichen Grundzügen darzustellende Verfahren geht auf FIACCO/MCCORMICK [(1964a) und (1964b)] zurück. Der grundlegende Ansatz besteht darin, eine durch Nebenbedingungen beschränkte Zielfunktion durch geeignete Transformation in eine unbeschränkte Zielfunktion zu überführen, welche dann mit den bereits bekannten Verfahren (z.B. „steepest descent" oder mit Hilfe der konjugierten Gradienten) optimiert wird. Die Lösung der transformierten, unbeschränkten Zielfunktion stellt dann zugleich die Lösung des originären (also beschränkten) Optimierungsproblems dar.

Im Folgenden wird ein (nichtlineares) Optimierungsproblem der allgemeinen formalen Struktur nach (1) und (2) zu Grunde gelegt. Dabei werden Nebenbedingungen in Form exakter Gleichheiten zunächst ausgeschlossen. Wie diese zu behandeln sind, wird später gezeigt.

11.3.2. Optimierung mit Hilfe von Barrierefunktionen

Um eine beschränkte Zielfunktion in eine unbeschränkte zu transformieren, erweitert man die originäre Zielfunktion um sog. *Barrierefunktionen*, welche die Nebenbedingungen zum Ausdruck bringen. Um die grundlegende Idee dieses Ansatzes zu illustrieren, wird zunächst ein bewusst sehr einfach gehaltenes Beispiel betrachtet, bevor die formale Darstellung erfolgt. Gegeben sei z.B. die Zielfunktion nach (1), welche unter den Nebenbedingungen nach (2) und (3) optimiert werden soll.

(1) $f(\theta) = -\theta^2 + 2 \rightarrow \min!$

(2) $\theta \geq 0 \quad \Leftrightarrow \quad -\theta \leq 0$

(3) $\theta \leq 1.5 \quad \Leftrightarrow \quad \theta - 1.5 \leq 0$

Der Funktionsgraf der Zielfunktion ist in Abb. 11.3.2.-1. dargestellt. Auf der Abszisse („x-Achse") wird der Wert des Parameters θ abgetragen und auf der Ordinate („y-Achse") der zugehörige Wert der Zielfunktion f. Aus der Abbildung wird sofort ersichtlich, dass unter den gesetzten Nebenbedingungen das Minimum der Zielfunktion bei $\theta = 1.5$ liegt. Die Nebenbedingungen nach (2) und (3) sind zwar wiederum linear und überdies sehr einfach in ihrer Struktur, was aber – wie bereits einführend erwähnt – der reinen Illustration dient und keine Einschränkung des Verfahrens bedeutet.

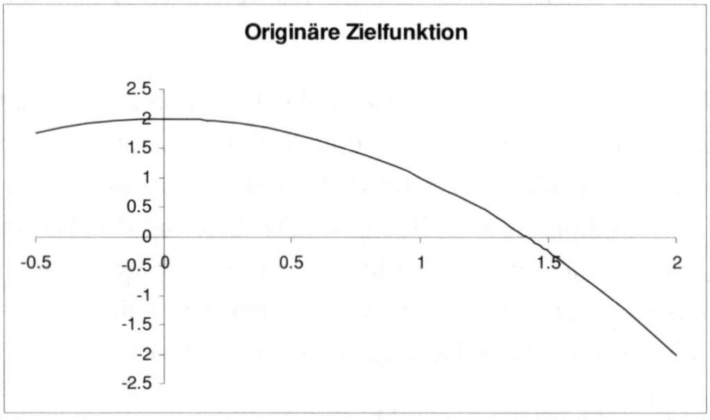

Abb. 11.3.2.-1.: Originäre Zielfunktion

Die grundlegende Idee besteht nun darin, die Nebenbedingungen in geeigneter Weise in die Zielfunktion einzuarbeiten. Jede einzelne Nebenbedingung wird durch eine sog. *Barrierefunktion* repräsentiert. Bei *m* Nebenbedingungen sind also *m* Barrierefunktionen zu formulieren (im Beispiel werden also zwei Barrierefunktionen benötigt). Schließlich werden zur originären Zielfunktion alle *m* Barrierefunktionen addiert bzw. subtrahiert (je nachdem, ob es sich um ein Maximierungs- oder Minimierungsproblem handelt), womit schließlich die transformierte Zielfunktion entsteht. Eine Barrierefunktion besitzt dabei die Eigenschaft, weitgehend konstante Werte anzunehmen, solange die aktuellen Werte der Parameter die repräsentierte Nebenbedingung erfüllen. In unmittelbarer Nähe des zulässigen Wertes einer Nebenbedingung kommt es jedoch zu einer schnellen Änderung des Wertes der Barrierefunktion. An der zulässigen Grenze nimmt sie schließlich die Werte $-\infty$ (bei Maximierungsproblemen) bzw. $+\infty$ (bei Minimierungsproblemen) an.

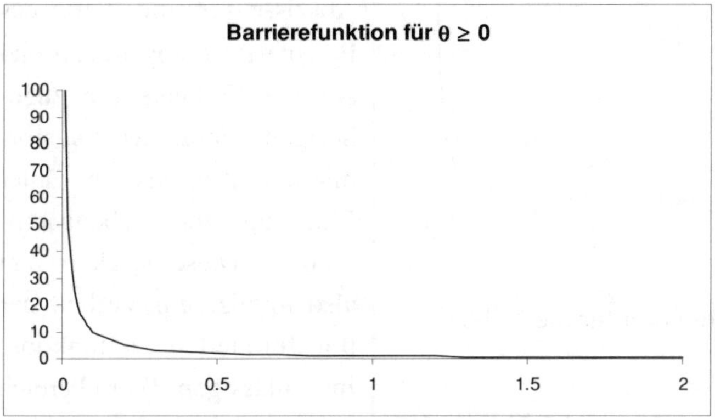

Abb. 11.3.2.-2.: Erste Barrierefunktion für die Nebenbedingung $\theta \geq 0$

Eine einfache Barrierefunktion B_i ist z.B. die Funktion[235] $B_i(c_i(\boldsymbol{\theta})) = \frac{1}{-c_i(\boldsymbol{\theta})}$. Die beiden Abbildungen 11.3.2.-2. und 11.3.2.-3. zeigen den Verlauf der Barrierefunktionen $B_1(\theta) = 1/\theta$ bzw. $B_2(\theta) = 1/(1.5 - \theta)$, welche die Nebenbedingungen (2) bzw. (3) repräsentieren. Auf der Abszisse ist der Wert des Parameters θ abgetragen und auf der Ordinate der zugehörige Wert der Barrierefunktion $B_1(\theta)$ bzw. $B_2(\theta)$.

Addiert man nun im Beispiel beide Barrierefunktionen zu der originären Zielfunktion nach (1), so ergibt sich die transformierte Zielfunktion nach (4):

(4) $f(\theta) + B_1(\theta) + B_2(\theta) = -\theta^2 + 2 + 1/\theta + 1/(1.5 - \theta) \rightarrow \min!$

235 Die konkrete Wahl der Barrierefunktion ist in gewissen Grenzen unbedeutend, solange sie gewisse Anforderungen erfüllt, die näher in Kap. 11.3.4. diskutiert werden. Beispielsweise benutzen FIACCO und MCCORMICK in der Originalquelle die Barrierefunktion $1/x$, auf der auch die dort präsentierten Konvergenzbeweise beruhen. In Anlehnung an die Originalquelle soll sie hier ebenfalls Verwendung finden.

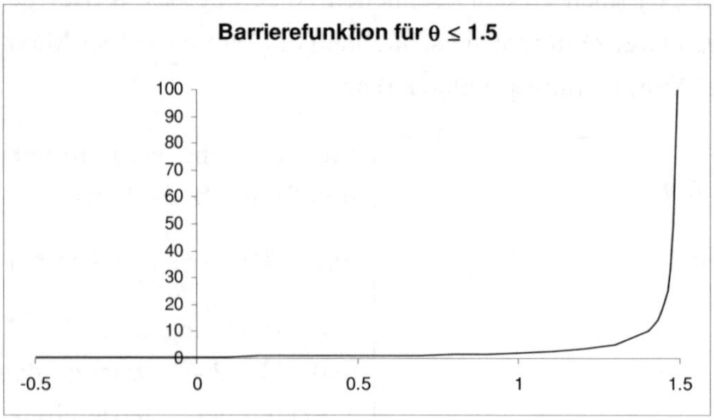

Abb. 11.3.2.-3.: Zweite Barrierefunktion für die Nebenbedingung $\theta \leq 1.5$

Die Abbildung 11.3.2.-4. zeigt den Verlauf der originären und der transformierten Zielfunktion. Auf der Abszisse sind die Werte des Parameters θ abgetragen und auf der Ordinate die zugehörigen Werte der transformierten Zielfunktion unter Einbezug der Nebenbedingungen. Diese stecken nun also implizit im Verlauf der transformierten Zielfunktion. Im zulässigen Wertebereich des Parameters θ ändert sich der Verlauf der originären Zielfunktion nur marginal. An den zulässigen Grenzen steigen die Werte der transformierten Zielfunktion jedoch abrupt und steil an. Versucht man nun, diese Zielfunktion mit einem „gewöhnlichen" nichtlinearen Optimierungsverfahren zu minimieren (also mit Hilfe eines Verfahrens, welches keine Nebenbedingungen berücksichtigt, wie z.B. „steepest descent" oder Verfahren des konjugierten Gradientenabstiegs), so wird auf Grund des besonderen Verlaufs der transformierten Zielfunktion der Optimierungsalgorithmus bei der Suche des Minimums im zulässigen Bereich gehalten. Die Lösung des transformierten, unbeschränkten Optimierungsproblems (im Beispiel also die Lösung von (4)) stellt damit zugleich die Lösung des originären, beschränkten Optimierungsproblems (im Beispiel das Problem nach (1), (2) und (3)) dar.

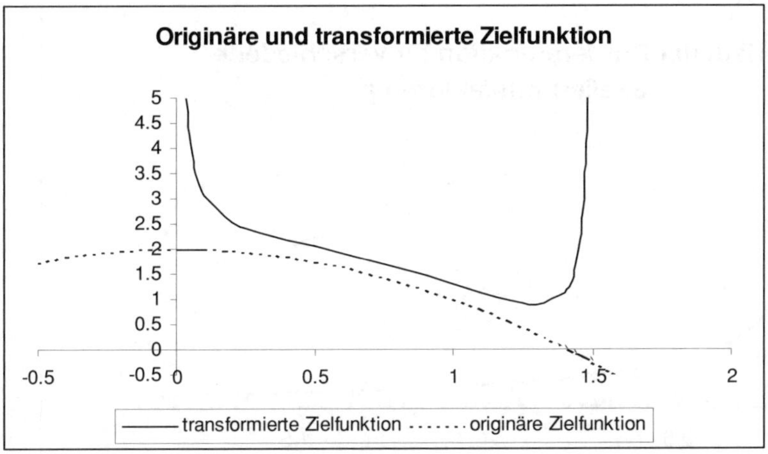

Abb. 11.3.2.-4.: Originäre und transformierte Zielfunktion unter Einbezug der Nebenbedingungen

Bei Betrachtung von Abb. 11.3.2.-4. wird die grundlegende Idee des Verfahrens schnell deutlich, gleichzeitig ist aber auch ein grundlegendes Problem dieses Ansatzes erkennbar. Dieses Verfahren ist nämlich nicht besonders genau. Im Beispiel liegt das Minimum der transformierten Zielfunktion bei etwa $\theta = 1.3$, während das eigentliche Minimum der originären Zielfunktion bei $\theta = 1.5$ liegt. Die genaue Lage des Minimums wird also im Beispiel nur unzureichend approximiert.

Dieses Problem hängt offensichtlich mit der gewählten Barrierefunktion zusammen. Idealerweise sollte die Barrierefunktion im zulässigen Wertebereich möglichst flach verlaufen und erst „so kurz wie möglich" vor der zulässigen Grenze ansteigen (bei Minimierungsproblemen bzw. abfallen bei Maximierungsproblemen). Dieser erwünschte Formverlauf der Barrierefunktion lässt sich – in gewissen Grenzen – mit Hilfe eines Skalierungsfaktors r steuern. Dazu wird im Beispiel die modifizierte Form der Barrierefunktion B_1 nach (5) betrachtet.

$$(5) \qquad r \cdot B_1(c_1(\theta)) = r \cdot \frac{1}{-c_i(\theta)} = r \cdot \frac{1}{\theta} \qquad \text{mit} \quad r > 0$$

Die Abbildung 11.3.2.-5. zeigt den Verlauf der skalierten Barrierefunktion $r \cdot B_1$ für variierende Werte von r. Auf der Abszisse wird das Argument der Barrierefunktion abgetragen und auf der Ordinate der zugehörige Funktionswert. In der Abbildung sind vier alternative Verläufe der Barrierefunktion nach (5) für variierende Werte von r dargestellt. Dabei handelt es sich um die Werte $r = 100$, $r = 10$, $r = 1$ und $r = 0.1$. Im Beispiel der Abbildungen 11.3.2.-2. bzw. 11.3.2.-3. wurde $r = 0.1$ gewählt.

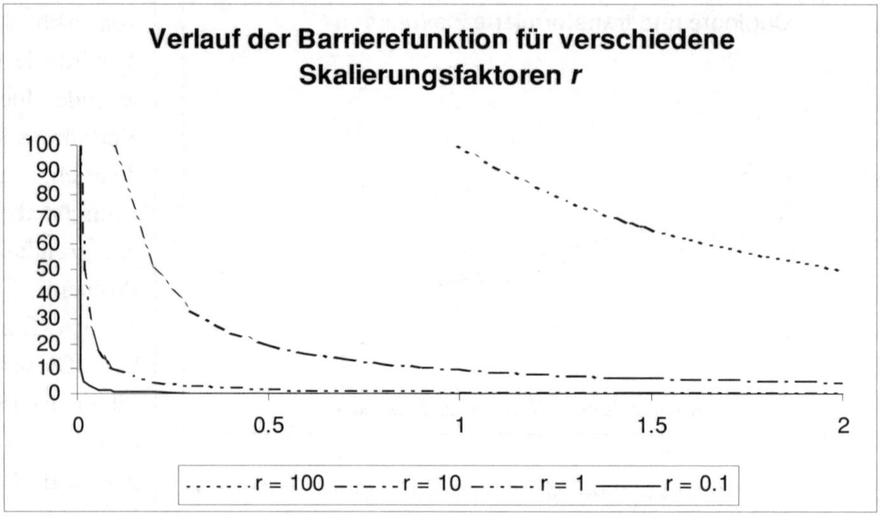

Abb. 11.3.2.-5.: Verlauf der Barrierefunktion für verschiedene Skalierungsfaktoren r

Die Abbildung lässt erahnen, dass mit kleiner werdendem r (vgl. die Verläufe für $r = 100$ und $r = 0.1$) die Barrierefunktion im *zulässigen* Bereich immer flacher wird. Ferner ändert der Funktionsverlauf seinen grundlegenden Charakter umso später (d.h. in geringer werdender Distanz zur zulässigen Grenze), je kleiner r ist. Beispielsweise besitzt der Verlauf der Barrierefunktion für $r = 10$ schon im Bereich von etwa 1 bis 0 eine starke Krümmung und steigt schnell gegen $+\infty$ an. Im Gegensatz dazu verläuft die Barrierefunktion für $r = 0.1$ bis etwa 0.1 noch nahezu waagerecht. Eine starke Krümmung und ein schnelles Ansteigen gegen $+\infty$ setzt hier erst sehr viel später (ungefähr bei $\theta = 0.05$) ein, also in deutlich geringerer Distanz zur zulässigen Grenze.

Im Beispiel der Abb. 11.3.2.-4. wurde ein Skalierungsfaktor r in Höhe von 0.1 gewählt. Verringert man diesen weiter, so wird der steile Anstieg der transformierten Zielfunktion weiter in die Nähe der zulässigen Grenzen gerückt. Das Minimum der transformierten Zielfunktion würde damit ebenfalls näher am eigentlichen Minimum der originären Zielfunktion liegen, d.h. dessen Lage könnte nun genauer approximiert werden (vgl. Abb. 11.3.2.-6., mit $r = 0.01$).

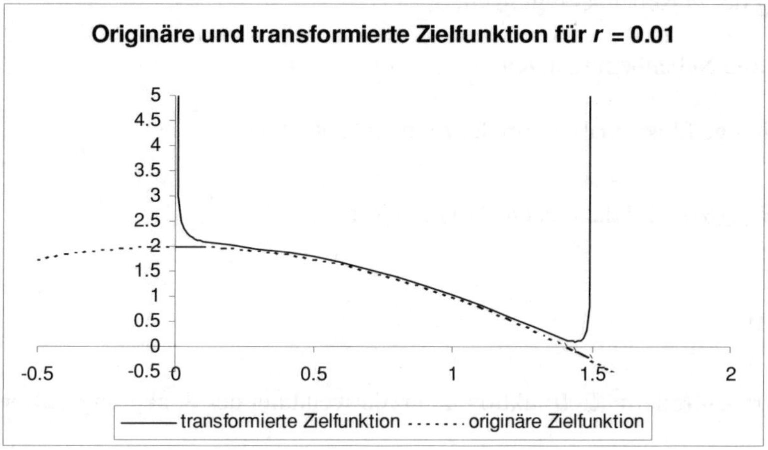

Abb. 11.3.2.-6.: Originäre und transformierte Zielfunktion für $r = 0.01$

Um das Problem der mangelnden Genauigkeit zu beseitigen, wird einfach die Optimierung der transformierten Zielfunktion mehrfach wiederholt. Zunächst wird mit relativ großen Werten für den Skalierungsfaktor r begonnen (z.B. $r = 10$ bis $r = 1000$), der dann in jedem folgenden Optimierungslauf sukzessive abgesenkt wird. Der Startpunkt für den ersten Optimierungslauf kann willkürlich gewählt werden bzw. ist geeignet vorzugeben. In den nachfolgenden Optimierungsläufen dient dann aber die gefundene Lösung (d.h. die approximative Lage des Minimums) des jeweils vorhergehenden Optimierungslaufes als Startpunkt für den jeweils nachfolgenden Optimierungslauf. Der Grenzwert, gegen den die Folge der gefundenen Lösungen für θ strebt, stellt die Lage des gesuchten Optimums dar.

Im bisher betrachteten Beispiel ist die transformierte Zielfunktion nach (6) also mehrfach zu optimieren, wobei r gegen null geht ($r \to 0$). Die genaue Lage des Minimums ergibt sich durch die Grenzwertbildung nach (7).

(6) $$f(\theta) + r\,(B_1(c_1(\theta)) + B_2(c_2(\theta))) = (-\theta^2 + 2) + r\,(1/\theta + 1/(1.5 - \theta)) \to \min!$$

(7) $$\lim_{r \to 0} \theta(r) = 1.5$$

Die Verallgemeinerung dieses Beispiels auf beliebige Zielfunktionen und Nebenbedingungen ergibt sich in direkter Weise. Es wird von der allgemeinen Form eines nichtlinearen Optimierungsproblems nach den Gleichungen (1) und (2) aus Kap. 11.3.1. ausgegangen, die nachfolgend nochmals als Gleichungen (8) und (9) dargestellt sind:

(8) $f(\boldsymbol{\theta}) \to \min!$

mit $\boldsymbol{\theta}$: (Spalten-) Vektor der n zu optimierenden Parameter θ_i, $i = 1, ..., n$

$f(.)$: Zielfunktion

unter Berücksichtigung der m Nebenbedingungen:

(9) $c_i(\boldsymbol{\theta}) \leq 0$ für alle Nebenbedingungen $i = 1, ..., m$

mit $c_i(.)$: beliebige funktionale Form der i-ten Nebenbedingung

Die Barrierefunktion $B_i(c_i(\boldsymbol{\theta}))$ wird dann nach (10) definiert:

(10) $$B_i(c_i(\boldsymbol{\theta})) = \frac{1}{-c_i(\boldsymbol{\theta})}$$

Damit ergibt sich die transformierte Zielfunktion unter Verwendung des Skalierungsfaktors r nach (11).

(11) $$f(\boldsymbol{\theta}) + r\sum_{i=1}^{m} B_i(c_i(\boldsymbol{\theta})) = f(\boldsymbol{\theta}) + r \cdot \sum_{i=1}^{m} \frac{1}{-c_i(\boldsymbol{\theta})} \rightarrow \min!$$

Den Wert für die optimale Lösung erhält man schließlich durch mehrfache Optimierung der unbeschränkten, transformierten Zielfunktion nach (11) mit $r \rightarrow 0$:

(12) $$\boldsymbol{\theta}^{opt} = \lim_{r \rightarrow 0} \boldsymbol{\theta}(r)$$

11.3.3. Beispiel zur Optimierung mit Hilfe von Barrierefunktionen

Die Anwendung des in Kap. 11.3.2. beschriebenen Optimierungsansatzes soll hier anhand eines etwas komplexeren Beispiels systematisch illustriert werden. Gegeben sei die Zielfunktion nach (1a), die unter den Nebenbedingungen nach (2a) bis (5a) zu maximieren ist.

(1a) $$f(\theta_1, \theta_2) = -10 \cdot \theta_1^2 + 4 \cdot \theta_1 + \frac{1}{3} \cdot \theta_2^4 + 20 \cdot \theta_2 \rightarrow \max!$$

(2a) $\theta_1^2 + \theta_2^2 \leq 16$ (3a) $\theta_1 \cdot \theta_2 \geq 3$

(4a) $\theta_1 \geq 0$ (5a) $\theta_2 \geq 0$

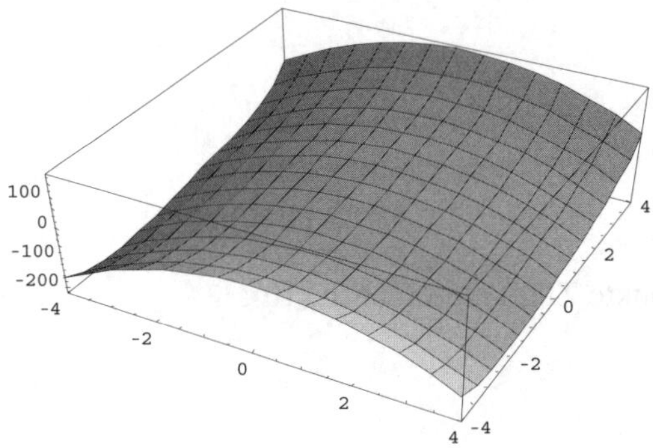

Abb. 11.3.3.-1.: Verlauf der originären Zielfunktion

Die Abbildung 11.3.3.-1. zeigt den Verlauf der Zielfunktion nach (1a) für $-4 \leq \theta_1 \leq +4$ und $-4 \leq \theta_2 \leq +4$. In dieser „dreidimensionalen" Abbildung sind die Werte der Parameter θ_1 und θ_2 in der „Ebene" abgetragen, d.h. θ_1 auf der von links oben nach rechts unten verlaufenden und θ_2 auf der von rechts unten nach rechts oben verlaufenden Achse. Die zugehörigen Werte der Zielfunktion werden in der Hochachse dargestellt.

Der erste Schritt zur Lösung des Optimierungsproblems besteht zunächst darin, es in die hier verwendete allgemeine Form nach Gleichung (1) und (2) aus Kap. 11.3.1. (bzw. Gleichungen (8) und (9) aus Kap. 11.3.2.) zu bringen. Es ergibt sich durch Umformung die Darstellung des Optimierungsproblems nach (1b) bis (5b).

(1b) $$f(\theta_1,\theta_2)=10\theta_1^2-4\theta_1-\frac{1}{3}\theta_2^4-20\theta_2 \to \text{min!}$$

(2b) $$\theta_1^2+\theta_2^2-16\leq 0$$

(3b) $$-\theta_1\cdot\theta_2+3\leq 0$$

(4b) $-\theta_1 \leq 0$ (5b) $-\theta_2 \leq 0$

Für die Nebenbedingungen nach (2b) bis (5b) resultieren im nächsten Schritt die vier Barrierefunktionen nach (6) bis (9).[236]

(6) $$B_1(c_1(\theta_1,\theta_2))=\frac{1}{16-\theta_1^2-\theta_2^2}$$

(7) $$B_2(c_2(\theta_1,\theta_2))=\frac{1}{\theta_1\cdot\theta_2-3}$$

236 Im Folgenden geht es allein um die Darstellung des Prinzips. Eher „technische" Fragestellungen, wie z.B. zu verfahren ist, falls der Nenner der Barrierefunktion $1/x$ null oder gar negativ wird, werden in Kap. 11.3.4. näher diskutiert.

$$(8)\quad B_3(c_3(\theta_1,\theta_2)) = \frac{1}{\theta_1}$$

$$(9)\quad B_4(c_4(\theta_1,\theta_2)) = \frac{1}{\theta_2}$$

Damit ergibt sich die transformierte, unbeschränkte Zielfunktion nach (10).

$$(10)\quad f(\theta_1,\theta_2) + r\sum_{i=1}^{4} B_i(c_i(\theta_1,\theta_2))$$

$$= 10\theta_1^2 - 4\theta_1 - \frac{1}{3}\theta_2^4 - 20\theta_2 + r\left[\frac{1}{16-\theta_1^2-\theta_2^2} + \frac{1}{\theta_1\cdot\theta_2-3} + \frac{1}{\theta_1} + \frac{1}{\theta_2}\right]$$

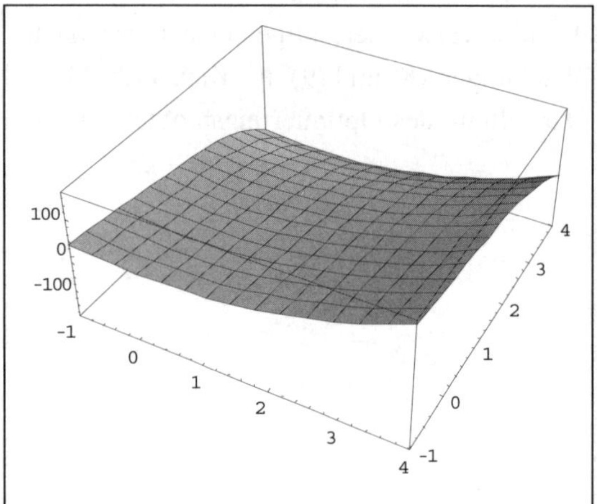

Abb. 11.3.3.-2.: Originäres Minimierungsproblem

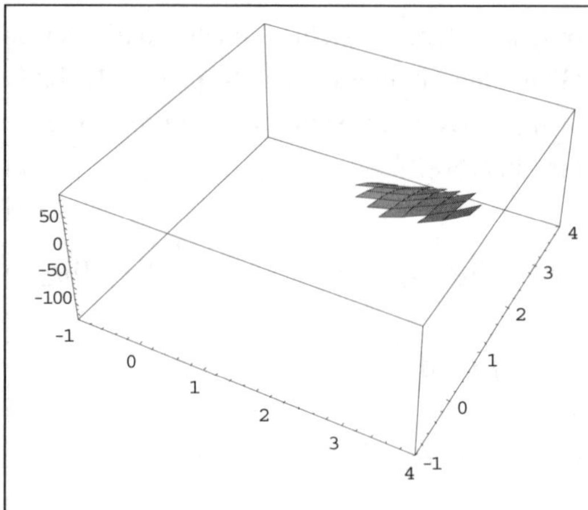

Abb. 11.3.3.-3.: Transformiertes Minimierungsproblem

Die Wirkung der Barrierefunktionen wird aus den Abbildungen 11.3.3.-2. und 11.3.3.-3. ersichtlich (die Bedeutung der Achsen entspricht denen der Abb. 11.3.3.-1.). Die Abb. 11.3.3.-2. stellt zunächst die Zielfunktion nach (1b) für $-1 \leq \theta_1 \leq +4$ und $-1 \leq \theta_2 \leq +4$ dar. Hier handelt es sich im Prinzip um die originäre Zielfunktion nach (1a), nur als Minimierungsproblem formuliert. Die Nebenbedingungen sind in dieser Abbildung noch nicht berücksichtigt. Beim transformierten Minimierungsproblem (also nach Berücksichtigung der Nebenbedingungen mittels Barierefunktionen) würde die (transformierte) Zielfunktion durch den Einfluss der Barrierefunktionen an den zulässigen Rändern extrem schnell ansteigen. In Abb. 11.3.3.-2. würde sich hier quasi eine „Wand" um den Bereich der zulässigen Lösungen herum ausbilden. Die transformierte Zielfunktion hätte dann einen „trichterförmigen" Verlauf, an dessen „Boden" sich der Verlauf der „originären" Zielfunktion im zulässigen Bereich befindet. Die Abbildung 11.3.3.-3. zeigt die transformierte Zielfunktion nach (10), also inklusive der Nebenbedingungen. Aus darstellungstechnischen Gründen wird nicht der Verlauf der transformierten Zielfunktion im gesamten Argumentbereich entsprechend der Abb. 11.3.3.-2. abgetragen. Stattdessen zeigt die Abb. 11.3.3.-3. den faktisch verbleibenden Verlauf der originären Zielfunktion nach Berücksichtigung der Nebenbedingungen (also den „Boden" des „Trichters"). Durch den Einfluss der Barrierefunktionen wird die Lösung letztlich auch bei einer unbeschränkten Optimierung der transformierten Zielfunktion auf den zulässigen Bereich eingeschränkt.

Optimiert man diese transformierte, unbeschränkte Zielfunktion für verschiedene Werte des Skalierungsfaktors r mit $r \to 0$, so ergeben sich die in Tab. 11.3.3.-1. aufgeführten Ergebnisse.

	r	Start		Minimum		ZFU
		θ_1	θ_2	θ_1	θ_2	$f(\theta_1,\theta_2)$
0	10	2.0000	3.0000	1.0687	3.7414	–133.0015
1	1	1.0687	3.7414	0.8605	3.8715	–148.3507
2	0.1	0.8605	3.8715	0.7951	3.9092	–152.8913
3	0.01	0.7951	3.9092	0.7740	3.9210	–154.3099
4	0.001	0.7740	3.9210	0.7672	3.9246	–154.7578
5	0.0001	0.7672	3.9246	0.7651	3.9258	–154.8994
6	0.00001	0.7651	3.9258	0.7644	3.9262	–154.9442
7	0.000001	0.7644	3.9262	0.7642	3.9263	–154.9584
8	0.0000001	0.7642	3.9263	0.7642	3.9263	–154.9608
9	0.00000001	0.7642	3.9263	0.7642	3.9263	–154.9616
10	0.000000001	0.7642	3.9263	0.7642	3.9263	–154.9619

Tab. 11.3.3.-1.: Ergebnisse des Optimierungsprozesses

Die Tab. 11.3.3.-1. enthält in der ersten Spalte den Wert des Skalierungsfaktors r des betreffenden Optimierungsschrittes, in den beiden folgenden Spalten stehen die zugehörigen Start- und optimalen Werte für θ_1 und θ_2 und in der siebten Spalte ist nachrichtlich der Wert der originären Zielfunktion (allerdings als Minimierungsproblem nach Gleichung (1b)) angegeben (vgl. Spalte „ZFU"). Die Arbeitsweise dieses Optimierungsverfahrens wird aus der Tab. 11.3.3.-1. ersichtlich. Für hohe Werte des Skalierungsparameters r üben die Barrierefunktionen auch im zulässigen Lösungsbereich einen erheblichen Einfluss auf die Form der eigentlichen Zielfunktion aus und lassen nur eine sehr grobe Annäherung an das wirkliche Minimum zu. Je geringer der Skalierungsfaktor r wird, desto weniger wird der Formverlauf der eigentlichen Zielfunktion im zulässigen Lösungsbereich eingeschränkt und die Approximation der Lage des wirklichen Minimums gelingt immer besser. Mit immer kleiner werdendem Skalierungsfaktor konvergieren die Werte der zu optimierenden

Parameter gegen die Stelle, an der die Funktion (unter Berücksichtigung der Nebenbedingungen) minimal ist.

Als optimale Werte für θ_1 und θ_2 ergeben sich damit (gerundet) $\theta_1 = 0.76$ und $\theta_2 = 3.93$ (die ungerundeten Werte aus dem Optimierungsprozess sind aus der Tabelle ersichtlich). Zur Lösung dieses beispielhaften Optimierungsproblems wurde das in Kap. 11.2.3. beschriebene konjugierte Gradientenabstiegverfahren verwendet. Jenes lässt sich in einfacher Weise auf diese Aufgabenstellung anwenden, indem lediglich die Zielfunktion geeignet zu formulieren ist (vgl. Kap. 11.3.4.). Als Startpunkt wurde der Vektor (2.0, 3.0) gewählt.

Das hier vorgestellte Verfahren mag vielleicht auf den ersten Blick beeindruckend erscheinen, erlaubt es doch, beliebige Zielfunktionen unter beliebig komplexen Nebenbedingungen zu optimieren. Wie so häufig stecken die eigentlichen Probleme jedoch im Detail und treten erst bei einer konkreten Implementation auf. Kritisch ist vor allem die numerische Instabilität des Algorithmus und die geeignete Definition der Barrierefunktionen. Nachfolgend werden kurz einige weiterführende Aspekte anhand einer beispielhaften Implementation betrachtet.

11.3.4. Beispielhafte Implementation von Barrierefunktionen

Nähere Betrachtungen zu einer beispielhaften Implementation scheinen sich auf den ersten Blick im Grunde zu erübrigen. Das Verfahren der Optimierung mit Hilfe von Barrierefunktionen ist im Prinzip mit jedem Verfahren, welches eine Optimierung unbeschränkter nichtlinearer Zielfunktionen erlaubt, durchführbar. Davon gibt es sehr viele Varianten, von denen einige bisher betrachtet wurden. So können von den hier entwickelten Implementationen die aus Kap. 11.2.2.2. („steepest descent") oder Kap. 11.2.3.2. (konjugiertes Gradientenabstiegverfahren) für die konkrete Lösung einer Optimierungsaufgabe herangezogen werden. Lediglich die Zielfunktion ist in geeigneter Weise anzupassen. Die folgenden Betrachtungen verwenden das konjugierte Gradientenabstiegverfahren.

Die nachfolgenden Codezeilen 1 bis 16 enthalten eine beispielhafte Implementation der transformierten Zielfunktion des Beispiels aus Kap. 11.3.3. Sie kann – wie erwähnt – im Prinzip mit allen hier vorgestellten Implementationen verwendet werden.

```
1   Function barriere(x, r)
2       If x > fast_null * r Then
3           barriere = 1 / x
4       Else
5           barriere = kehrwert_fast_null / r + (fast_null - x) * _
             kehrwert_fast_null / r
6       End If
7   End Function
8
```

```
9    Function zf(arg(), r)
10       f = 10 * arg(1) ^ 2 - 4 * arg(1) - 1 / 3 * arg(2) ^ 4 - 20 * _
           arg(2)
11       b1 = barriere(16 - arg(1) ^ 2 - arg(2) ^ 2, r)
12       b2 = barriere(arg(1) * arg(2) - 3, r)
13       b3 = barriere(arg(1), r)
14       b4 = barriere(arg(2), r)
15       zf = f + r * (b1 + b2 + b3 + b4)
16   End Function
```

Bei einer konkreten Implementation ist der wesentliche Problempunkt die geeignete Wahl und Formulierung der Barrierefunktion. Sie ist entscheidend für die numerische Stabilität des Algorithmus. In den bisherigen Darstellungen wurde die von FIACCO und MCCORMICK ursprünglich gewählte Funktion $1/x$ als Barrierefunktion benutzt. Hierbei mag es sich auf den ersten Blick um eine nahe liegende Wahl handeln, die aber bei näherer Betrachtung ihre „Tücken" besitzt. Zum einen ist diese Funktion für $x = 0$ nicht definiert und zum anderen liefert sie für $x < 0$ für den Optimierungsprozess keine sinnvollen Werte. Tatsächlich kann jedoch bei kaum einem Optimierungsalgorithmus garantiert werden, dass nicht doch einmal eine Barrierefunktion an einer Stelle $x \leq 0$ ausgewertet werden soll (allein schon aus Gründen der beschränkten numerischen Darstellbarkeit von reellen Zahlen in einem Digitalcomputer). Hier muss sichergestellt werden, dass der Algorithmus nicht mit einem Gleitkommafehler abbricht („division by zero") bzw. sinnvolle Werte für den Suchprozess zurück liefert.

Die Codezeilen 1 bis 7 dienen also zunächst nur dem Zweck, die ursprüngliche Barrierefunktion $1/x$ numerisch robuster zu gestalten. Die Lösung ist dabei denkbar einfach und dient allein der Veranschaulichung. Vor Auswertung der eigentlichen Barrierefunktion $1/x$ (vgl. Codezeile 3) überprüft die Funktion „barriere" zunächst, ob das Argument x größer als eine Konstante *fast_null* (skaliert mit dem Faktor r) ist und ob damit $1/x$ ohne Gleitkommafehler ausgewertet werden kann. Andernfalls muss unbedingt ein sinnvoller Wert zurückgeliefert werden, mit dem der Optimierungsalgorithmus weiter arbeiten kann. In der beispielhaften Implementation wird der Wert der Barrierefunktion unter Berücksichtigung des Skalierungsfaktors r nach (1) berechnet.

$$(1) \qquad B(x,r) = \begin{cases} \dfrac{1}{x}, \text{wenn } x > fast\_null \cdot r \\ \dfrac{1}{fast\_null \cdot r} + (fast\_null - x) \cdot \dfrac{1}{fast\_null \cdot r} \end{cases}$$

Die Konstanten *fast_null* und der Kehrwert *kehrwert_fast_null* können z.B. wie folgt definiert werden:

```
Const fast_null = 1E-20
Const kehrwert_fast_null = 1E+20
```

Die Gründe für diese Definition nach (1) werden weiter unten betrachtet. Die Codezeilen 9 bis 16 stellen die Implementation der transformierten Zielfunktion dar. Hier werden die Gleichungen (1b), (6) bis (10) aus Kap. 11.3.3. direkt in Visual Basic umgesetzt und brauchen nicht weiter kommentiert zu werden. Ein wichtiger Hinweis betrifft jedoch die Codezeile 9. Dort wird der Zielfunktion nicht nur der aktuelle Wert des Parametervektors $\boldsymbol{\theta}$ übergeben (im Programmcode als Vektor *arg* bezeichnet), sondern ebenso der Wert des Skalierungsfaktors r, da die Optimierung mehrfach für variierende Werte des Skalierungsfaktors r mit $r \rightarrow 0$ durchgeführt werden muss. Aus diesem Grund gestaltet sich der Aufruf des Optimierungsverfahrens auch anders, wie es die Codezeilen 17 bis 29 beispielhaft zeigen. Aus Platzgründen wird hier auf eine Wiederholung der Codezeilen des eigentlichen Optimierungsverfahrens (vgl. z.B. Kap. 11.2.3.2.) verzichtet, die sich an die Definition der Zielfunktion (s.o.) anschließen. Bei vollständiger Darstellung des Programmcodes würden sich also höhere laufende Nummern für die Codezeilen ergeben.

```
17   Sub beispiel_barriere()
18       Dim start(1 To 2)
19       Dim m(1 To 2)
20       start(1) = 2#
21       start(2) = 3#
22       Debug.Print "Einfaches Beispiel für Barrierefunktionen"
23       For r_step = 0 To 12
24           r = 10 / (10 ^ r_step)
25           barriere_konjugierter_abstieg m, start, 2, r, 0.00001, 100
26           Debug.Print r_step, r, start(1), start(2), m(1), m(2), _
              zfu(m)
27           kopiere_vektor start, m, 2
28       Next r_step
29   End Sub
```

In den Codezeilen 20 und 21 wird zunächst der Startpunkt (2.0, 3.0) definiert. Der Aufruf des konjugierten Gradientenabstiegverfahren erfolgt nun mehrfach, indem ausgehend von einem Wert $r = 10$ dieser in 12 weiteren Schritten um jeweils eine Zehnerpotenz verringert wird (vgl. die „For"-Schleife in Codezeile 23 und die Berechnung des aktuellen Wertes des Skalierungsfaktors r in Codezeile 24). In jedem Durchlauf der Programmschleife wird der Optimierungsalgorithmus (die Routine *barriere_konjugierter_abstieg*,[237] vgl. Codezeile 25) mit dem aktuellen Wert für r aufgerufen.

237 Die Routine *barriere_konjugierter_abstieg* ist aus Platzgründen nicht dargestellt, da sie nahezu identisch zu der Prozedur *konjugierter_abstieg* (vgl. Kap. 11.2.3.2., Codezeilen 1 bis 38) ist. Es ist dort lediglich die Liste der Argumente im Kopf der Prozedur um den Skalierungsparameter r zu erweitern (Codezeile 1 in Kap. 11.2.3.2.). Der Skalierungsparameter r ist ferner an die Prozedur *linienminimierung* (vgl. Codezeile 15 in Kap. 11.2.3.2.) und von dort an die nachfolgenden Funktionen zu übergeben. Alternativ könnte *barriere_konjugierter_abstieg* auch auf der Prozedur *steilster_abstieg* basieren (vgl. Kap. 11.2.2.2., Codezeilen 106 bis 127). Sie könnte ebenso unverändert übernommen werden, bis auf die notwendige Erweiterung der Argumente im Prozedurkopf um den Skalierungsfaktor r und dessen Weitergabe beim Aufruf der Funktion *linienminimierung* (vgl. Codezeile 117 in Kap. 11.2.2.2.). Obwohl diese Alternative prinzipiell möglich ist, wäre sie aber nicht besonders effizient.

Das Ergebnis der Optimierung, welches im nachfolgenden Durchlauf der „For"-Schleife als Startpunkt für den nächsten Optimierungsprozess dient (vgl. Codezeile 27), wird im Vektor *m* abgelegt. Dies entspricht dem bei FIACCO/MCCORMICK [(1964a), (1964b)] beschriebenen Algorithmus, es beschleunigt den Ablauf der gesamten Optimierung erheblich und verbessert die numerische Stabilität des Verfahrens. Mit Codezeile 26 werden die zwischenzeitlich erzielten Ergebnisse ausgegeben. Codezeile 28 schließt die „For"-Schleife.

Für eigenständige, weiterführende Implementationen muss jedoch nochmals auf die ausgeprägte numerische Instabilität des Verfahrens und die damit erforderliche, sorgfältige Formulierung der Barrierefunktion hingewiesen werden. Die Formulierung der oben beispielhaft verwendeten Barrierefunktion nach (1) leitet sich aus den folgenden Anforderungen ab:

1. Die Barrierefunktion sollte im zulässigen Lösungsbereich flach verlaufen und erst unmittelbar an den zulässigen Grenzen möglichst steil ansteigen.

2. Die Barrierefunktion sollte über den gesamten Wertebereich der zu optimierenden Parameter definiert und ohne Gleitkommafehler auswertbar sein. Diese Eigenschaft ist auch für den Bereich der *unzulässigen* Lösungen zu fordern.

3. Die Barrierefunktion sollte im gesamten Bereich der unzulässigen Lösungen mit zunehmender Entfernung der Parameter von ihren zulässigen Grenzen ansteigend verlaufen.

Die erste Eigenschaft soll sicherstellen, dass die Lage des Optimums der eigentlichen Zielfunktion nicht durch den Einfluss der Barrierefunktion verzerrt wird. Die zweite Eigenschaft ist aus Gründen der numerischen Stabilität zu fordern. Entstehen während des Optimierungsprozesses zwischenzeitliche Lösungen außerhalb des zulässigen Bereiches, darf dies nicht zu einem „Absturz" des Optimierungsalgorithmus führen. Liegt eine zwischenzeitliche Lösung außerhalb des zulässigen Bereichs (z.B. der Startpunkt oder eine Zwischenlösung als Folge numerischer Ungenauigkeiten), so sollte der Optimierungsalgorithmus eine Gradienteninformation erhalten, die ihn wieder in den zulässigen Bereich zurückführt. Aus diesem Grund ist zusätzlich die dritte Eigenschaft zu fordern. Diese letzte Eigenschaft besitzt auch hohe praktische Relevanz, da in diesem Fall das Optimierungsverfahren auch mit einem unzulässigen Startpunkt beginnen kann. Gerade bei sehr komplexen Nebenbedingungen ist eine zulässige Startlösung vielfach nicht offensichtlich, sondern muss erst aufwändig bestimmt werden. Besitzt die Barrierefunktion die dritte Eigenschaft, so kann durchaus mit einer unzulässigen Startlösung begonnen werden, da der Optimierungsalgorithmus dann in Richtung des zulässigen Bereichs geleitet wird.

Die „reine“ Barrierefunktion $1/x$ (also ohne jegliche Ergänzungen) erfüllt nur die erste Eigenschaft. Mit der oben vorgestellte Modifikation der Funktion *barriere* sollen die beiden folgenden Eigenschaften erreicht werden. Die Konstruktion einer Barrierefunktion mit allen drei Eigenschaften ist also für echte Anwendungen dieses Verfahrens essenziell. Die hier benutzte Barrierefunktion $1/x$ mit der vorgestellten Erweiterung kann als eine Möglichkeit dazu angesehen werden.

11.3.5. Optimierung eines Portfolios mit Hilfe von Barrierefunktionen

Als ein zentrales finanzwirtschaftliches Anwendungsbeispiel fungiert in diesem Buchteil die Optimierung eines Portfolios. Diese kann im Prinzip mit Hilfe des gerade vorgestellten Verfahrens erfolgen und soll zunächst an einem einfachen Beispiel illustriert werden. Es wird angenommen, einem Investor stehen drei Anlagealternativen (Aktien der Unternehmen „Schnarch AG“, „Raffke & Gier AG“ und „Spielhölle AG“) zur Verfügung. Die vom Investor erwarteten Renditen der einzelnen Anlagen und die zukünftigen Varianzen bzw. Kovarianzen der Anlagerenditen sind in Tab. 11.3.5.-1. zusammengefasst.[238] Eine risikofreie Anlagemöglichkeit soll nicht bestehen.[239]

		Varianz-Kovarianz der Renditen		
	erwartete Rendite	Schnarch AG	Raffke & Gier AG	Spielhölle AG
Schnarch AG	0.09	0.0049	0.0056	0.0098
Raffke & Gier AG	0.11	0.0056	0.0100	0.0130
Spielhölle AG	0.15	0.0098	0.0130	0.0400

Tab. 11.3.5.-1.: Ausgangsdaten des Beispiels

Die erwartete Portfoliorendite μ_p und die Varianz σ_p^2 ergeben sich allgemein nach (1) und (2) (vgl. auch Kap. 3.4.1. oder 9.4.):[240]

238 Für die beispielhafte Anwendung des Optimierungsalgorithmus ist es dabei uninteressant, wie der Investor zu diesen Ausgangsdaten gelangt ist. In der realen Anwendung ist dagegen die Portfoliooptimierung der leichteste und die Prognose der Inputdaten (also die Bereitstellung der Ausgangsdaten für den Optimierungsprozess) der schwierigste Schritt.

239 Bei diesem Beispiel interessiert der inhaltliche Hintergrund noch nicht, sondern wiederum nur die formale Struktur des Optimierungsproblems. Was hier inhaltlich eigentlich „optimiert“ wird, ist Gegenstand des Kap. 3.4. und der ausführlichen Fallstudie in Kap. 12.3. (zum finanzwirtschaftlichen Hintergrund des Optimierungsproblems vgl. insbesondere Kap. 3.4. und Kap. 12.3.1.). Teilweise wurde das Problem der Portfoliooptimierung auch schon in Kap. 9.4. (implizit auch in Kap. 10.6.) auf einer eher intuitiven Basis angesprochen.

240 In Kap. 3.4. wird für die Anzahl der Wertpapiere im Portfolio das Symbol „N“ verwendet, da dort die Anzahl an Beobachtungen mit „n“ bezeichnet wird. In diesem Buchteil C steht dagegen das Symbol „n“ für die Anzahl zu optimierender Parameter. Beim Problem der Portfoliooptimierung sind bei n Wertpapieren folglich die n Anteile w_i, $i = 1, ..., n$ zu bestimmen.

(1) $\mu_p = \sum_{i=1}^{n} w_i \mu_i$

mit w_i: Anteil des i-ten Wertpapiers am Gesamtportfolio, $0 \le w_i \le 1$
μ_i: erwartete Rendite des i-ten Wertpapiers
n: Anzahl der Wertpapiere im Portfolio

(2) $\sigma_p^2 = \sum_{i=1}^{n} \sum_{j=1}^{n} w_i w_j \sigma_{ij}$

mit σ_{ij}: zukünftige Kovarianz der Rendite des i-ten mit der des j-ten Wertpapiers, Hinweis: $\sigma_{ii} = \sigma_i^2$

Die Gleichungen (1) und (2) lassen sich kompakter darstellen, wenn man die Vektor- und Matrizennotation benutzt. Dazu möge $\mathbf{R}$ den Vektor der erwarteten Renditen und $\mathbf{\Omega}$ die Varianz-Kovarianz-Matrix bezeichnen.

(3) $\mathbf{R} = \begin{bmatrix} \mu_1 \\ \mu_2 \\ \ldots \\ \mu_n \end{bmatrix}$ (4) $\mathbf{\Omega} = \begin{bmatrix} \sigma_1^2 & \sigma_{12} & \ldots & \sigma_{1n} \\ \sigma_{21} & \sigma_2^2 & \ldots & \sigma_{2n} \\ \ldots & \ldots & \ldots & \\ \sigma_{n1} & \sigma_{n2} & \ldots & \sigma_n^2 \end{bmatrix}$

Wird nun der Vektor der Anteilsgewichte w_i mit $\mathbf{w}$ bezeichnet, so ergeben sich die erwartete Rendite μ_p eines Portfolios p und die zugehörige Varianz σ_p^2 (der zukünftigen Portfoliorenditen) nach (5) bzw. (6):

(5) $\mu_p = \mathbf{w}' \cdot \mathbf{R}$ (6) $\sigma_p^2 = \mathbf{w}' \cdot \mathbf{\Omega} \cdot \mathbf{w}$

Dass Gleichung (5) äquivalent zu (1) und Gleichung (6) äquivalent zu (2) ist, lässt sich durch einfache Anwendung der Rechenregeln für Vektoren und Matrizen (vgl. Anhang, Kap. A.1.) überprüfen. Mit den Daten der Tab. 11.3.5.-1. ergeben sich im Beispiel der Vektor $\mathbf{R}$ der erwarteten Anlagerenditen und deren zugehörige Kovarianzmatrix $\mathbf{\Omega}$ nach (7) und (8):

(7) $\mathbf{R} = \begin{bmatrix} 0.09 \\ 0.11 \\ 0.15 \end{bmatrix}$ (8) $\mathbf{\Omega} = \begin{bmatrix} 0.0049 & 0.0056 & 0.0098 \\ 0.0056 & 0.0100 & 0.0130 \\ 0.0098 & 0.0130 & 0.0400 \end{bmatrix}$

Für die zu optimierende Zielfunktion des Investors wird die einfache Funktion nach (9) angenommen:[241]

$$(9) \quad ZF(\mathbf{w}) = 0.5 \cdot \mu_p - \sigma_p^2$$

Die Optimierungsaufgabe besteht nun darin, die Anteile w_i der drei Anlageobjekte so zu wählen, dass die Zielfunktion des Investors maximiert wird. In (9) ist also der Vektor **w** zu bestimmen, für den die Zielfunktion *ZF* ein Maximum annimmt. Dies ist äquivalent zur Minimierung der Zielfunktion *ZF* nach (10):

$$(10) \quad ZF(\mathbf{w}) = -\left(0.5 \cdot \mu_p - \sigma_p^2\right) \rightarrow \text{min!}$$

Bei der Lösung des Optimierungsproblems wird vom Investor gefordert, dass die einzelnen Anteile w_i nicht negativ werden dürfen. Außerdem müssen sich die Anteile aller Wertpapiere im Portfolio zu eins summieren. Damit sind insgesamt die Nebenbedingungen nach (11) und (12) zu beachten:

$$(11) \quad \sum_{i=1}^{3} w_i = 1 \qquad\qquad (12) \quad w_i \geq 0 \text{ für alle } i = 1, ..., 3$$

Problematisch erscheint bei diesem Optimierungsproblem die Berücksichtigung der Nebenbedingung (11), da es sich hier um eine exakte Gleichheit handelt. Zur Lösung dieses Problems bestehen grundsätzlich zwei Möglichkeiten, nämlich erstens deren Integration in die Zielfunktion und in die übrigen Nebenbedingungen oder zweitens deren Berücksichtigung durch eine geeignet formulierte „Straffunktion".

Der erste Ansatz besteht darin, die Nebenbedingung nach (11) einfach nach einem beliebigen Parameter, z.B. w_3, aufzulösen. Man erhält dann die Gleichung (13), welche lediglich eine Umformung von (11) darstellt.

$$(13) \quad w_3 = 1 - \sum_{i=1}^{2} w_i$$

Setzt man nun den Ausdruck nach (13) in die Zielfunktion und die Nebenbedingungen ein, erhält man das Optimierungsproblem nach (14) und (15).

241 Die Begründung für diese Zielfunktion soll hier zunächst nicht interessieren. Sie wird später im Rahmen der Fallstudie in Kap. 12.3. näher behandelt werden.

(14) $ZF(w_1, w_2) = -\left(0.5 \cdot \mu_p - \sigma_p^2\right) \rightarrow \min!$

mit $\mu_p = \mathbf{w}' \cdot \mathbf{R}$ und $\sigma_p^2 = \mathbf{w}' \cdot \mathbf{\Omega} \cdot \mathbf{w}$

$$\text{wobei } \mathbf{w} = \begin{bmatrix} w_1 \\ w_2 \\ 1 - w_1 - w_2 \end{bmatrix}, \mathbf{R} = \begin{bmatrix} \mu_1 \\ \mu_2 \\ \mu_3 \end{bmatrix} \text{ und } \mathbf{\Omega} = \begin{bmatrix} \sigma_1^2 & \sigma_{12} & \sigma_{13} \\ \sigma_{21} & \sigma_2^2 & \sigma_{23} \\ \sigma_{31} & \sigma_{32} & \sigma_3^2 \end{bmatrix}$$

(15a) $w_1 \geq 0$, $w_2 \geq 0$ und $1 - w_1 - w_2 \geq 0$

(15b) bzw. $-w_1 \leq 0$, $-w_2 \leq 0$ und $-1 + w_1 + w_2 \leq 0$

Nach der Integration der Nebenbedingung (11) in die Zielfunktion und in die übrigen Nebenbedingungen entspricht das Optimierungsproblem nach (14) und (15) (unter Verwendung einfacher Umformungen) der bisher vorausgesetzten Form. Die Anwendung der oben besprochenen Transformationen führt schließlich zu der unbeschränkten Zielfunktion nach (16).[242]

(16) $ZF(\mathbf{w}) = -\left(0.5 \cdot \mu_p - \sigma_p^2\right) + r \cdot \left[\frac{1}{w_1} + \frac{1}{w_2} + \frac{1}{1 - w_1 - w_2}\right] \rightarrow \min!$

Die Durchführung des Optimierungsprozesses mit den Angaben des Beispiels unter Verwendung der oben vorgestellten Implementation und entsprechend angepasster Zielfunktion nach (16) ergibt schließlich das in Tab. 11.3.5.-2. dargestellte Resultat.

242 Aus Vereinfachungsgründen sei hier wiederum vernachlässigt, dass die Barrierefunktion $1/x$ für die konkrete Anwendung noch modifiziert werden muss, um Bedingungen wie $x = 0$ oder $x < 0$ geeignet zu behandeln.

r	w_1	w_2	w_3	$\Sigma(w_1,w_2,w_3)$
10	0.3333	0.3333	0.3333	1.0000
1	0.3333	0.3334	0.3333	1.0000
0.1	0.3330	0.3338	0.3333	1.0000
0.01	0.3296	0.3378	0.3326	1.0000
0.001	0.2981	0.3761	0.3258	1.0000
0.0001	0.1686	0.5323	0.2992	1.0000
1.0e–05	0.0646	0.6450	0.2904	1.0000
1.0e–06	0.0220	0.6872	0.2908	1.0000
1.0e–07	0.0072	0.7015	0.2913	1.0000
1.0e–08	0.0023	0.7062	0.2916	1.0000
1.0e–09	0.0007	0.7076	0.2916	1.0000
1.0e–10	0.0002	0.7081	0.2917	1.0000
1.0e–11	0.0001	0.7083	0.2917	1.0000

Tab. 11.3.5.-2.: Ergebnisse des Optimierungsprozesses

Die gefundene Lösung[243] stimmt bis auf geringfügige Unterschiede in Nachkommastellen mit Lösungen überein, die man bei Verwendung anderer gängiger Verfahren in der Portfoliooptimierung (z.B. quadratische Programmierung) erhalten würde. Nebenbedingungen in Form exakter Gleichheiten lassen sich also prinzipiell in die Zielfunktion und die übrigen Bedingungen einarbeiten, sodass die bisher vorausgesetzte Form eines Optimierungsproblems erreicht werden kann. Nachteilig ist bei diesem Lösungsansatz jedoch, dass er bei großen Optimierungsproblemen und vielen Nebenbedingungen in Form exakter Gleichheiten unhandlich bis impraktikabel werden kann.

Ein alternativer Lösungsansatz besteht deshalb darin, Nebenbedingungen in Form exakter Gleichheiten ebenfalls durch eine geeignete Barriere- oder besser „Straffunktion" zu modellieren. Diese werden dann der eigentlichen Zielfunktion bei der Transformation in eine unbeschränkte Zielfunktion ebenfalls hinzugefügt.[244] Eine einfache Formulierung einer derartigen Straffunktion lautet im Beispiel:

243 Der erste Wert für den Skalierungsparameter r beträgt hier 10. Man hätte auch mit einem höheren Wert beginnen können, ohne dass sich das Ergebnis nachhaltig ändern würde (dann wären natürlich auch mehr Optimierungsläufe erforderlich).

244 Die Addition bzw. Subtraktion von Barriere- bzw. Straffunktionen bei der Bildung der transformierten Zielfunktion hängt von der Art des Optimierungsproblems (Maximierungs- bzw. Minimierungsproblem) ab. Hier wird ausschließlich der Typ des *Minimierungsproblems* betrachtet. In diesem Fall ist die transformierte Zielfunktion so zu konstruieren, dass bei Annäherung an die Grenzen bzw. bei Verlassen des zulässigen Lösungsbereichs die transformierte Zielfunktion schnell ansteigt. Die Straffunktion nach (17) steigt bei Verlassen des zulässigen Lösungsbereichs schnell gegen $+\infty$ an. Folgerichtig ist sie bei der Bildung der transformierten Zielfunktion zu addieren.

(17) $s(\mathbf{w}) = (\sum_{i=1}^{3} w_i - 1)^2$

mit $s(\mathbf{w})$: Straffunktion

Je stärker die exakte Gleichheit von (11) verletzt wird, desto größere Werte nimmt die Straffunktion s(**w**) an. Nebenbedingungen in Form einer exakten Gleichheit lassen sich also in diesem Ansatz durch geeignet gewählte Straffunktionen repräsentieren. Eine allgemeine Nebenbedingung nach (18)

(18) $e_j(\boldsymbol{\theta}) = e_j(\theta_1, \theta_2, ..., \theta_n) = 0$

kann durch eine Straffunktion $s_j(e_j(\boldsymbol{\theta}))$, etwa nach (19), repräsentiert werden.

(19) $s_j(e_j(\boldsymbol{\theta})) = s_j(e_j(\theta_1, \theta_2, ..., \theta_n)) = (e_j(\theta_1, \theta_2, ..., \theta_n))^2$

Für den Spezialfall linearer Gleichheiten würde z.B. (20) folgen:

(20a) $e_j(\boldsymbol{\theta}) = e_j(\theta_1, \theta_2, ..., \theta_n) = \sum_{i=1}^{n} \gamma_{ij} \theta_i - b_j = 0$

(20b) $s_j(e_j(\boldsymbol{\theta})) = s_j(e_j(\theta_1, \theta_2, ..., \theta_n)) = (\sum_{i=1}^{n} \gamma_{ij} \theta_i - b_j)^2$

Die transformierte Zielfunktion ergibt sich unter Berücksichtigung aller *m* Barriere- und *l* Straffunktionen:[245]

(21) $f(\boldsymbol{\theta}) + r \sum_{i=1}^{m} B_i(c_i(\boldsymbol{\theta})) + \frac{1}{\sqrt{r}} \sum_{i=1}^{l} s_i(e_i(\boldsymbol{\theta})) \rightarrow \text{min!}$

Den Wert für die optimale Lösung erhält man schließlich durch mehrfache Optimierung der unbeschränkten, transformierten Zielfunktion nach (21) mit $r \rightarrow 0$:

(22) $\boldsymbol{\theta}^{opt} = \lim_{r \rightarrow 0} \boldsymbol{\theta}(r)$

Im Beispiel zur Portfoliooptimierung lautet damit die transformierte, unbeschränkte Zielfunktion:

(23) $ZF(\mathbf{w}) = -\left(0.5 \cdot \mu_p - \sigma_p^2\right) + r \sum_{i=1}^{3} \frac{1}{w_i} + \frac{1}{\sqrt{\mathrm{r}}} \left(\sum_{i=1}^{3} w_i - 1\right)^2 \rightarrow \min!$

Die nochmalige Durchführung des Optimierungsprozesses in dieser Variante unter Verwendung der oben vorgestellten Implementation und angepasster Zielfunktion nach (23) führt jedoch zu ungenauen Lösungen. Die Optimierung verhält sich dagegen „gutmütiger", wenn der Skalierungsfaktor $\frac{1}{\sqrt{r}}$ der Straffunktion abweichend von der Originalquelle zu $\frac{1}{\sqrt[4]{r}}$ modifiziert wird.[246] Es ergibt sich dann schließlich das in Tab. 11.3.5.-3. dargestellte Resultat.

r	w_1	w_2	w_3	$\Sigma(w_1,w_2,w_3)$
10	1.5573	1.5544	1.5386	4.6503
1	0.6889	0.6887	0.6844	2.0620
0.1	0.3959	0.3969	0.3948	1.1876
0.01	0.3360	0.3446	0.3384	1.0189
0.001	0.2994	0.3781	0.3263	1.0038
0.0001	0.1691	0.5337	0.2990	1.0018
1.0e–05	0.0647	0.6460	0.2903	1.0010
1.0e–06	0.0220	0.6872	0.2913	1.0005
1.0e–07	0.0072	0.7018	0.2914	1.0003
1.0e–08	0.0023	0.7063	0.2915	1.0002
1.0e–09	0.0007	0.7077	0.2916	1.0001
1.0e–10	0.0002	0.7081	0.2918	1.0001
1.0e–11	0.0001	0.7081	0.2918	1.0000

Tab. 11.3.5.-3.: Ergebnisse des Optimierungsprozesses mit Straffunktion

Die gefundene Lösung stimmt bis auf Nachkommastellen mit der vorangegangenen überein, jedoch ist eine leichte Verletzung der Nebenbedingung nach (11) noch bis kurz vor Abschluss des Optimierungsprozesses erkennbar. Dieses Beispiel zeigt damit die Nachteile, die durch die Einarbeitung der Nebenbedingungen in die eigentliche Zielfunktion entstehen können. Die gefundenen Lösungen können ungenauer werden und ein exaktes Einhalten aller Nebenbedingungen ist nicht unbedingt garantiert. Hier hängt es vom konkreten Anwendungsproblem ab, ob leichte Ungenauigkeiten bei der Lösung und geringfügige Verletzungen der Nebenbedingungen tolerierbar sind. Im Falle des Beispiels der Portfoliooptimie-

245 Die Verwendung des Skalierungsfaktors r in der Form des Faktors $\frac{1}{\sqrt{r}}$ bei den Straffunktionen geht auf den originären Vorschlag von FIACCO/MCCORMICK [(1964a), S. 614] zurück.

rung würde sich z.B. eine Verletzung der Nebenbedingung nach (11) nachträglich dadurch korrigieren lassen, dass der eventuell entstehende „Überhang" zu gleichen Teilen von den Anteilen des zweiten und dritten Wertpapiers abgezogen wird. Die sich dadurch noch geringfügig erhöhende Ungenauigkeit der Lösung würde erst in Nachkommastellen zu Tage treten und steht im Übrigen in keinem Verhältnis zu den Fehlern, die durch ungenaue Prognosen der Parameter für die Portfoliooptimierung entstehen. Für Zwecke des Portfoliomanagements dürfte die Genauigkeit dieses Verfahrens ausreichend sein. Für andere Anwendungen muss dies aber nicht zwangsläufig gelten.

Trotz des insgesamt höheren Aufwands wird hier der erste Lösungsansatz bevorzugt, denn er besitzt zwei entscheidende Vorteile. Erstens garantiert er das Einhalten der Nebenbedingungen in Form einer exakten Gleichheit. Auch wenn leichte Verletzungen beim konkreten Anwendungsproblem durchaus tolerierbar sind, besitzt das Einarbeiten der Nebenbedingungen in Form exakter Gleichheiten einen angenehmen Seiteneffekt: Die Anzahl der zu optimierenden Parameter verringert sich und reduziert damit die Komplexität des Optimierungsproblems. Im hier betrachteten Beispiel wurde etwa aus einem ursprünglichen Optimierungsproblem mit drei zu bestimmenden Parametern (w_1, w_2, w_3) eines mit nur noch zwei Parametern (w_1, w_2). Außerdem verzerrt jede zusätzlich in die transformierte Zielfunktion aufgenommene Straffunktion zwangsläufig die originäre, eigentlich zu optimierende Zielfunktion. Beim ersten Ansatz werden diese Verzerrungen geringer gehalten.

Bei einer insgesamt abschließenden Würdigung des hier vorgestellten Verfahrens nach FIACCO/MCCORMICK („Optimierung mit Hilfe von Barrierefunktionen") steht dem Nachteil der Ungenauigkeit und numerischen Instabilität vor allem der Vorteil einer höheren „Allgemeingültigkeit" gegenüber. Ist etwa speziell die Optimierung eines Portfolios bei Verwendung einer nichtlinearen Zielfunktion und/oder unter nichtlinearen Nebenbedingungen erforderlich, so ist dies mit den anderen angesprochenen Verfahren *nicht möglich* (z.B. setzt die bei Portfoliooptimierungen zumeist eingesetzte quadratische Optimierung eine quadratische Zielfunktion und lineare Nebenbedingungen voraus).

Als abschließende Warnung sei jedoch darauf hingewiesen, dass das hier *exemplarisch* betrachtete Verfahren nach FIACCO/MCCORMICK keinesfalls als „der" Lösungsansatz für nichtlineare Optimierungsprobleme schlechthin missverstanden werden darf. Die Einarbeitung der Nebenbedingungen in die Zielfunktion ist gleichermaßen „genial" wie „tückisch" zugleich. Jede Barriere- und Straffunktion überlagert die eigentlich zu optimierende Zielfunktion und verfälscht zwangsläufig ihren Verlauf. Je mehr Nebenbedingungen eingearbeitet werden müssen, desto stärker wird die Verzerrung der eigentlichen Zielfunktion. Ins-

246 Numerische „Experimente" haben gezeigt, dass der Optimierungsalgorithmus (konjugierter Gradientenabstieg) mit der hier vorgestellten Form robuster und „gutmütiger" arbeitet. FIACCO/MCCORMICK (1964b) verwendeten jedoch einen anderen Optimierungsalgorithmus.

besondere wenn die eigentliche Zielfunktion nur geringe Variationen aufweist, wird sie durch die Einarbeitung der Barriere- und Straffunktionen – bildlich gesprochen – geradezu „glatt gebügelt". Das eigentliche Minimum ist dann nicht mehr auffindbar.

Andererseits kann auch „pragmatisch" argumentiert werden: Wenn sich die verschiedenen (lokalen) Minima nur geringfügig im Wert der eigentlichen Zielfunktion unterscheiden, ist es unerheblich, welches letztlich aufgefunden wird. In vielen Fällen sind bei praktischen Anwendungen die Fehler in den Schätzungen der Ausgangsdaten für die Optimierung wesentlich größer als der Fehler, welcher durch das Identifizieren einer suboptimalen Lösung entsteht. Über das Für und Wider entscheiden aber letztlich immer die Umstände der konkreten Anwendung.

11.3.6. Beispielhafte Implementation zur Portfoliooptimierung

Zur Anwendung des hier vorgestellten Verfahrens nach FIACCO/MCCORMICK („Optimierung mit Hilfe von Barrierefunktionen") auf das Problem der Portfoliooptimierung ist im Prinzip nur die Zielfunktion geeignet anzupassen. Obwohl es sich in Kap. 11.3.5. immer noch um ein bewusst sehr einfach gehaltenes Beispiel handelt, ist es bereits erheblich komplexer als alle vorangegangenen Beispiele zur Demonstration der Arbeitsweise der verschiedenen Verfahren. Der Grund hierfür sind die notwendigen Matrizenoperationen, die zur Auswertung der Zielfunktion benötigt werden. Das Optimierungsproblem in Kap. 11.3.5. hätte natürlich auch ohne Verwendung von Matrizenoperationen formuliert werden können, was aber die programmtechnische Umsetzung nicht erleichtert hätte. Die Formulierung des Optimierungsproblems unter Verwendung von Matrizenoperationen besitzt jedoch den Vorzug, sich unter Visual Basic der in Excel bereits implementierten Matrizenfunktionen bedienen zu können.

Die Verwendung von Matrizenoperationen ist in manchen Programmiersprachen, wie z.B. GAUSS, sehr elegant möglich. In VBA97 und Excel ist dies etwas umständlich, aber immer noch deutlich einfacher, als wenn man diese komplett selbst implementieren müsste. Die folgenden beispielhaften Betrachtungen zeigen, wie sich diese Matrizenfunktionen nutzen lassen. Die folgenden Darstellungen stellen aus Platzgründen allein auf die Umsetzung der zweiten Verfahrensvariante aus Kap. 11.3.5. (Verwendung von Straffunktionen) ab. Die erste Verfahrensvariante (Auflösung der exakten Gleichheit nach einem Parameter) kann mit einigen wenigen und einfachen Anpassungen abgeleitet werden. Ebenfalls aus Platzgründen werden hier nur die wesentlichen Ergänzungen und Anpassungen an dem bereits bekannten Verfahren (konjugierter Gradientenabstieg mit Barrierefunktionen) dargestellt, soweit sie zur Implementation des Beispiels erforderlich sind. Die dargestellten Codezeilen sind auch hier fortlaufend durchnummeriert. Im vollständigen Visual Basic Programm würden sich natürlich andere laufende Zeilennummern ergeben.

Der erste Schritt der Implementation besteht darin, die Ausgangsdaten des Beispiels (Renditevektor und Varianz-Kovarianz-Matrix) in Form von Matrizen zu definieren und zu initialisieren. Die Codezeilen 1 bis 17 zeigen eine mögliche Umsetzung in VBA97. Aus Platzgründen sind die vorangehenden Definitionen der Konstanten ausgespart worden.

```
1    Dim omega(1 To 3, 1 To 3)
2    Dim rendite(1 To 3, 1 To 1)
3
4    Sub initialisierung()
5        omega(1, 1) = 0.0049
6        omega(1, 2) = 0.0056
7        omega(1, 3) = 0.0098
8        omega(2, 1) = 0.0056
9        omega(2, 2) = 0.01
10       omega(2, 3) = 0.013
11       omega(3, 1) = 0.0098
12       omega(3, 2) = 0.013
13       omega(3, 3) = 0.04
14       rendite(1, 1) = 0.09
15       rendite(2, 1) = 0.11
16       rendite(3, 1) = 0.15
17   End Sub
```

In Codezeile 1 wird die Varianz-Kovarianz-Matrix *omega* entsprechend dem Beispiel als 3×3 Matrix, der Renditevektor *rendite* als 3×1 Matrix (also als Spaltenvektor) definiert. Letzteres mag umständlich erscheinen, erlaubt aber später die unkomplizierte Nutzung der in Excel vorhandenen Matrizenfunktionen. Die Prozedur *initialisierung* (Codezeilen 4 bis 17) dient der Initialisierung beider Matrizen mit den Werten des Beispiels aus Kap. 11.3.5. Die Implementation der weiterhin benötigten Straffunktion (vgl. Gleichung (17) in Kap. 11.3.5.) ist trivial und der Vollständigkeit halber mit den Codezeilen 18 bis 20 dargestellt.

```
18   Function g_barriere(x)
19       g_barriere = x ^ 2
20   End Function
```

Als Argument x der Funktion *g_barriere* wird dabei der Wert der Nebenbedingung (hier: $\sum_i w_i - 1$) übergeben. Die Formulierung der Zielfunktion ist jedoch – wie bereits angedeutet – deutlich aufwändiger als bei den bisherigen Beispielen. Sie ist in den Codezeilen 21 bis 45 wiedergegeben.

```
21   Function zf(x, ndim, r)
22       ReDim w(1 To ndim, 1 To 1)
23       ReDim wt(1 To 1, 1 To ndim)
24
25       For i = 1 To ndim
26           w(i, 1) = x(i)
27           wt(1, i) = x(i)
28       Next i
29
30       prendite = Application.WorksheetFunction.MMult(wt, rendite)
31       prisiko = Application.WorksheetFunction.MMult
```

```
        (Application.WorksheetFunction.MMult(wt, omega), w)
32      f = -(0.5 * prendite(1) - prisiko(1))
33
34      summe = 0#
35      summew = 0#
36      For i = 1 To ndim
37          summe = summe + barriere(x(i), r)
38          summew = summew + x(i)
39      Next i
40
41      zf = f + r * summe + 1 / (r ^ 0.25) * g_barriere(summew - 1)
42
43      Erase wt
44      Erase w
45  End Function
```

Mit den Codezeilen 22 und 23 werden zwei lokale Hilfsmatrizen *w* und *wt* angelegt, welche die Dimensionen $n \times 1$ (*w*, Spaltenvektor der Gewichte) und $1 \times n$ (*wt*, transponierter Spaltenvektor der Gewichte) besitzen. Die Codezeilen 25 bis 28 dienen dem Kopieren der aktuellen Parameterwerte (Vektor *x*) in diese beiden Hilfsmatrizen. Der Grund für diese zunächst etwas umständlich erscheinende Vorgehensweise wird aus den Codezeilen 30 und 31 ersichtlich, in denen unter Verwendung der von Excel bereit gestellten Matrizenoperationen die Portfoliorendite *prendite* und das Portfoliorisiko *prisiko* berechnet werden. Sie stellen eine direkte Umsetzung der Gleichungen (5) und (6) aus Kap. 11.3.5. dar.

In Codezeile 32 wird der Wert der originären Zielfunktion berechnet und anschließend mit den Codezeilen 34 bis 39 die Werte der Barrierefunktionen ermittelt. Die dort berechneten Zwischenergebnisse werden schließlich mit der Codezeile 41 zum gesamten Funktionswert der transformierten Zielfunktion unter Einbezug der Nebenbedingungen zusammengesetzt. In den Codezeilen 43 und 44 werden schließlich die temporären Hilfsvariablen *w* und *wt* wieder gelöscht.

Die Hauptprozedur zur Umsetzung des Beispiels ist in den folgenden Codezeilen 46 bis 61 dargestellt. Da sie von der Art her bereits bekannt ist, werden nur wichtige Anpassungen bzw. Ergänzungen erwähnt.

```
46  Sub beispiel2_portfolio_barriere()
47      Dim start(1 To 3)
48      Dim m(1 To 3)
49      start(1) = 0.5
50      start(2) = 0.1
51      start(3) = 0.4
52      initialisierung
53      Debug.Print "Einfaches Beispiel zur Portfoliooptimierung,
         Variante 2"
54      For r_step = 0 To 12
55          r = 10 / (10 ^ r_step)
56          barriere_konjugierter_abstieg m, start, 3, r, 0.00001, 100
```

```
57            Debug.Print r_step, r, start(1), start(2), start(3), m(1),
               m(2), m(3), zfu(m, 3)
58            kopiere_vektor start, m, 3
59        Next r_step
60        Debug.Print m(1), m(2), m(3)
61    End Sub
```

In Codezeile 52 wird die Initialisierung des Renditevektors und der Varianz-Kovarianz-Matrix aufgerufen. Die Basis für die Portfoliooptimierung bildet das bereits bekannte konjugierte Gradientenabstiegverfahren (vgl. Aufruf in Codezeile 56). Die Codezeile 57 dient der Ausgabe der erzielten Zwischenergebnisse. Die dort aufgerufene Funktion *zfu* liefert lediglich den Wert der originären, nicht transformierten Zielfunktion zurück. Man kann diese z.B. einfach dadurch definieren, indem man die Codezeilen 21 bis 32 und 43 bis 45 zu einer neuen Funktion *zfu* zusammensetzt.[247]

Trotz der Einfachheit des Beispiels soll nicht übersehen werden, dass hier praktisch ein vollständiger Portfoliooptimierer implementiert wurde. Um größere Portfolios zu optimieren, müssten hier lediglich der Renditevektor und die Varianz-Kovarianz-Matrix ausreichend groß dimensioniert und mit den geeigneten (Schätz-) Werten initialisiert werden. Die Optimierung würde dann genauso wie im Beispiel durchgeführt werden. Natürlich wäre der bisher entwickelte Portfoliooptimierer für die tägliche praktische Arbeit etwas umständlich zu bedienen und müsste eine benutzerfreundliche Schnittstelle erhalten. Die eigentliche Kernfunktionalität stellt er aber bereit.

11.4. Probleme der nichtlinearen Optimierung

Arbeitshinweise: Im vorliegenden Kap. 11.4. werden wesentliche Probleme, die allgemein bei nichtlinearen Optimierungsproblemen anzutreffen sind, behandelt. Dieses Kapitel ist insbesondere für reine „Anwender“ von Softwarepaketen, mit denen (nicht immer explizit erkennbar) nichtlineare Optimierungen vorgenommen werden (z.B. bei der Schätzung bestimmter ökonometrischer Modelle oder von neuronalen Netzen, Portfoliooptimierungen, etc.), wichtig. Die Bearbeitung wird daher dringlich allen Lesern empfohlen.

Zwei wesentliche Problembereiche sind durchweg allen Verfahren der nichtlinearen Optimierung gemeinsam. Dies gilt unabhängig davon, ob es um den ein- oder mehrdimensionalen Fall geht oder ob es sich um Verfahren handelt, die hier explizit behandelt bzw. ausgelassen wurden. Der erste Problembereich betrifft die Existenz lokaler Minima. Schon einfache nichtlineare Zielfunktionen können neben einem globalen Minimum mehrere lokale Nebenminima besitzen. In Abb. 11.4.-1. ist ein Ausschnitt des Verlaufs einer fiktiven Ziel-

247 Die Berechnung des Funktionswertes der originären Zielfunktion *zfu* ist nicht vom Skalierungsparameter *r* abhängig. Er braucht deshalb auch nicht als Argument der Funktion *zfu* übergeben zu werden. Daher besitzt die Funktion *zf* drei, die Funktion *zfu* jedoch nur zwei Parameter.

funktion f dargestellt. Diese besitzt neben ihrem globalen Minimum bei etwa 1.1 ein weiteres lokales Minimum bei etwa –2.

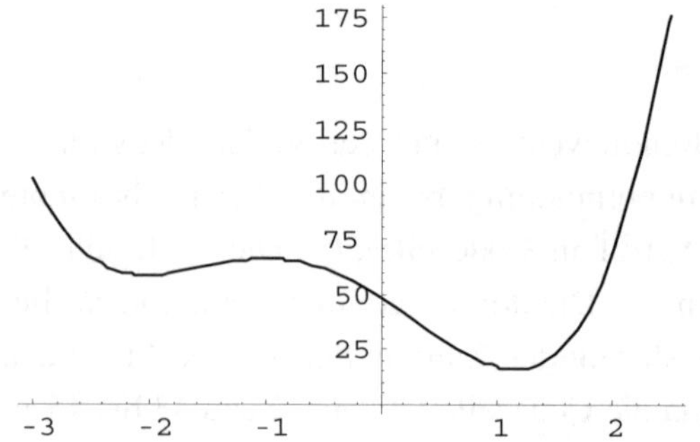

Abb. 11.4.-1.: Beispielhafter Verlauf einer Zielfunktion

Welches der beiden Minima nun von einem Optimierungsprozess aufgefunden wird, hängt entscheidend von der Wahl des Startpunktes ab.[248] Befindet sich dieser im Beispiel der Abb. 11.4.-1. z.B. bei –3, so wird die Lage des Minimums mit –2 (= lokales Minimum) bestimmt werden. Startet der Optimierungsprozess dagegen bei z.B. +3, so wird das globale Minimum bei +1.1 identifiziert. In der praktischen Anwendung besitzt man jedoch nicht wie in diesem Beispiel die Kenntnis, welches denn nun das richtige, also das globale Minimum ist. Die gefundene Lösung kann genauso ein lokales Minimum darstellen. Ein erster Lösungsansatz könnte nun darin bestehen, den Optimierungsprozess von mehreren alternativen Startpunkten aus beginnen zu lassen. Wird stets dieselbe Lösung gefunden, besteht eine hohe Gewissheit (aber keine Sicherheit), das globale Minimum gefunden zu haben. Werden mehrere Lösungen gefunden, so ist diejenige mit dem kleinsten Wert der Zielfunktion als „richtige“ Lösung auszuwählen.

Bei sehr komplexen Zielfunktionen und/oder hochdimensionalen Parameterräumen ist im Regelfall mit hoher Gewissheit von sehr vielen lokalen Minima auszugehen. Hier darf niemals nur ein Startpunkt benutzt werden, sondern der Optimierungsprozess ist von möglichst vielen alternativen Startpunkten aus zu wiederholen. Natürlich besteht selbst dann keine Garantie, dass die dabei gefundene beste Lösung das globale Minimum darstellt. Oftmals genügt für viele praktische Anwendungsprobleme aber die Kenntnis eines „guten“ lokalen Minimums. Man wird sich zwangsläufig damit begnügen müssen.

Die verschiedenen Verfahren der nichtlinearen Optimierung sind im unterschiedlichen Maße anfällig gegenüber lokalen Minima. Bestimmte Algorithmen, wie „simulated annealing“ oder „Genetische Algorithmen“, sind sogar extra dafür konstruiert worden, nach Möglichkeit nicht in lokale Minima hineinzulaufen und das globale Minimum zu identifizieren. Dies wird jedoch mit einem extrem hohen Rechenaufwand erkauft, womit der zweite Problembereich angesprochen ist.

---

248 Weiter unten wird erwähnt, dass dies auch vom Optimierungsverfahren mit abhängen kann, da die teilweise sehr verschiedenen Optimierungsalgorithmen in unterschiedlichem Ausmaß anfällig gegenüber lokalen Minima sind. Dennoch besitzt die Wahl des Startpunktes immer einen (mehr oder weniger) entscheidenden Einfluss auf die Lösung.

Nichtlineare Optimierungsprobleme können nicht analytisch, sondern müssen iterativ gelöst werden. In jedem Iterationsschritt können dabei recht aufwändige Operationen anfallen. Die bisherigen Darstellungen sollten dies bereits mehr als deutlich illustriert haben. Gerade hochdimensionale Optimierungsprobleme erfordern sehr effizient arbeitende Algorithmen, um überhaupt in vertretbarer Zeit gelöst werden zu können. Diese sind aber zumeist anfällig gegenüber lokalen Minima. Gegen lokale Minima robuste Optimierungsverfahren erfordern andererseits einen ungleich höheren Rechenaufwand und kommen unter zeitlichen Gesichtspunkten nur für niedrigdimensionale Optimierungsaufgaben in Frage. In der praktischen Anwendung stellt sich oftmals sehr schnell das Problem eines „trade-off" ein: Benötigt man wirklich die Lösung bezüglich des globalen Minimums und ist man bereit, den dafür notwendigen Rechenaufwand zu akzeptieren? Oder ist man an einer schnellen Lösung interessiert und im Gegenzug bereit, suboptimale Lösungen zu tolerieren?

„Das" Verfahren der nichtlinearen Optimierung für alle denkbaren Aufgabenstellungen und Randbedingungen gibt es leider nicht. Je nach Art der Aufgabenstellung kann ein anderes Verfahren den geeigneten Kompromiss in dieser „trade-off"-Beziehung darstellen. Soweit möglich, sollten immer alternative Verfahren eingesetzt und ihre Lösungen miteinander verglichen werden.

In Bezug auf die konkrete Implementation von Verfahren der (nichtlinearen) Optimierung muss auch auf numerische Probleme hingewiesen werden. Ungenauigkeiten auf Grund des Verfahrens (z.B. bei der Approximation des Gradienten oder der Inversen der Hesse-Matrix), von Laufzeitüberlegungen (z.B. bei der Bestimmung des Linienminimums) und/oder der beschränkten Darstellbarkeit von reellen Zahlen können sich schnell unangenehm kumulieren. Im „angenehmsten" Fall ist nur die erhaltene Lösung ungenau, in „schlimmeren" Fällen kann der Optimierungsalgorithmus gänzlich versagen (z.B. eine falsche Lösung liefern oder mit einem Fehler abbrechen). Auch hier sind die verschiedenen Optimierungsverfahren unterschiedlich anfällig. Die (langsamen) stochastischen Suchverfahren sind zumeist recht robust gegenüber numerischen Problemen, während die schnell konvergierenden First- und Second-Order Verfahren dagegen eher anfällig sind.

11.5. Abschließende Bemerkungen zu den Implementationen

Die Zielsetzung des Kap. 11. bestand darin, systematisch *ein* leistungsfähiges Verfahren der nichtlinearen Optimierung, nämlich den konjugierten Gradientenabstieg, in seinen Grundzügen zu entwickeln, anhand von Beispielen zu veranschaulichen und schließlich auch konkret zu implementieren. Die hier vorgestellten Implementationen sind durchaus geeignet, reale Optimierungsprobleme zu lösen. Um dies zu demonstrieren, werden sie bei der Lösung der Fallstudien im Folgenden Kap. 12. konsequent angewendet. Andererseits darf aber nicht übersehen werden, dass hier aus didaktischen Gründen bewusst nicht auf effizientere Varianten eingegangen werden sollte. Tatsächlich lässt sich auch die hier entwickelte

Implementation des konjugierten Gradientenabstiegs deutlich verbessern. Oben wurde außerdem auf die Anfälligkeit von First- und Second-Order Verfahren gegenüber numerischen Problemen hingewiesen. Ebenfalls aus didaktischen Gründen wurde aber in den beispielhaften Implementation auf eine aufwändige Fehlererkennung und –behandlung verzichtet.

Auf der Webseite der Verfasser findet sich eine Implementation in Form eines VBA97-Programms, welche auf einem Entwurf von FLETCHER/REEVES (1964) basiert. Dieser wurde allerdings neu strukturiert und an das Verfahren nach Polak-Ribière angepasst. Nach unseren Erfahrungen handelt es sich hier um eine sehr effizient arbeitende Variante der Implementation des konjugierten Gradientenabstiegs, welche auch anderen, aus der Literatur besser bekannten Implementationen (hier wird gerne auf die Implementation bei PRESS ET AL. [(1992), S. 420 ff.] zurückgegriffen) überlegen ist. Da es aber – wie bereits häufig genug erwähnt – „das" Verfahren der nichtlinearen Optimierung nicht gibt, handelt es sich hier natürlich nur um eine subjektive Einschätzung!

Jene Implementation beruht im Kern auf denselben hier systematisch vorgestellten Prinzipien und Verfahren, wobei jedoch viele Details anders gelöst werden. Der wesentliche Unterschied besteht vor allem in einer deutlich anderen Umsetzung der Linienminimierung. Eine detaillierte Behandlung jener Implementation geht jedoch weit über den Fokus dieses Buches hinaus und soll daher auch nicht näher behandelt werden. Bei näherem Interesse wird auf die Originalquelle verwiesen. Wer jedoch die hier entwickelten Implementationen als Basis für eigene Optimierungsprogramme nutzen möchte, sei auch auf diese verbesserte Variante hingewiesen.

12. Anwendung der nichtlinearen Optimierung

Arbeitshinweise: Das Kap. 12. behandelt vier ausgewählte Anwendungsgebiete der (nichtlinearen) Optimierung in der Finanzwirtschaft. Die Fallstudie 1 (Kap. 12.1.) stellt dabei den Übergang von dem eher theoretisch gehaltenen und wenig anwendungsbezogenen Kap. 11. zu den praktischen Anwendungen dar. Dort wird der Ansatz der nichtlinearen Kleinste-Quadrate Schätzung beschrieben, der einen breiten Anwendungsfall für Verfahren der nichtlinearen Optimierung (z.B. bei der Schätzung von Koeffizienten bestimmter ökonometrischer Modelle oder von neuronalen Netzen) darstellt. Die nichtlineare Kleinste-Quadrate Schätzung kann nun – je nach Standpunkt des Betrachters – als theoretische Fortführung der bisherigen Überlegungen oder als praktische Anwendung angesehen werden. Insofern besitzt die erste Fallstudie einen „hybriden" Charakter. Sie kann in Verbindung mit den Darstellungen aus Kap. 11. auch als Erweiterung des „Regressionsmodells" auf den nichtlinearen Fall angesehen werden. Da die Anwendung nichtlinearer Modelle in der Finanzwirtschaft in jüngerer Zeit zunehmende Verbreitung erfährt (z.B. im Zusammenhang mit ARCH/GARCH-Modellen oder dem Einsatz neuronaler Netze), wird die Bearbeitung der ersten Fallstudie auf jeden Fall allen Lesern empfohlen. Sie rundet die Betrachtungen des Kap. 11. ab und schafft einen wichtigen Querbezug zum Regressionsmodell.

Die zweite Fallstudie (Kap. 12.2.) zeigt die Bestimmung der impliziten Volatilität einer Option. Hier handelt es sich um ein reines Anwendungsbeispiel, welches auf Grund seiner einfachen formalen Struktur (in der es hier behandelt wird) besonders anschaulich ist. Die Bearbeitung dieser Fallstudie ist also weder besonders aufwändig noch kostet sie sehr viel Zeit. Sie sollte daher nicht ausgelassen werden.

Die dritte Fallstudie (Kap. 12.3.) behandelt die Optimierung eines Portfolios unter Verwendung realer Finanzmarktdaten. Sie ist insbesondere deshalb interessant, da sich gerade hier das Zusammenwirken aller drei Teile des Buches (Statistik, Ökonometrie und Optimierung) offenbart. Gleichzeitig erfordert sie mehr Hintergrundwissen, bevor mit der rein methodischen Behandlung begonnen werden kann. Sofern also ein eher theoretisches Interesse an den hier behandelten Methoden und weniger an der konkreten Anwendung besteht, kann diese Fallstudie auch ausgelassen werden. Die Darstellungen des Kap. 11.3.5. (sofern bisher bearbeitet) würden unter diesen Voraussetzungen ausreichen. Für den reinen „Praktiker" dürfte es hier dagegen besonders interessant werden, da sich nun endlich zeigt, wie sich mit den bisher erarbeiteten Verfahren auch wirklich praktisch relevante Probleme lösen lassen. Diesem Leserkreis wird die Bearbeitung der dritten Fallstudie besonders empfohlen. Die Darstellungen zum finanzwirtschaftlichen Hintergrund (Kap. 12.3.1.) können je nach Vorwissen übersprungen oder „diagonal" gelesen werden.

Die vierte Fallstudie (Kap. 12.4.) behandelt die Replikation eines Indexes mit Hilfe eines Ansatzes der Datenanalyse. Der finanzwirtschaftliche Hintergrund wurde dabei bereits in Kap. 10.5. kurz vorgestellt. In Kap. 12.4. geht es um die konkrete Bestimmung eines Tracking Portfolios. Verfahrenstechnisch ist diese Fallstudie interessant und aufschlussreich, da hier im Kern eine Kleinste-Quadrate Schätzung unter Nebenbedingungen vorzunehmen ist. Insofern „ergänzen" die dortigen Betrachtungen die Darstellungen zur gewöhnlichen Regressionsanalyse im Buchteil B. Diese Fallstudie ist daher zur Bearbeitung empfohlen.

Im letzten Unterkapitel 12.5. wird schließlich gezeigt, wie sich die vier Fallstudien auch mit Hilfe der Tabellenkalkulation Excel lösen lassen. Die Kenntnis einer Programmiersprache ist also nicht zwingend notwendig, um reale Anwendungen der nichtlinearen Optimierung durchzuführen. Allerdings wird die grundsätzliche Beherrschung von Excel vorausgesetzt. Ferner werden die Darstellungen auf die reine Lösung der Fallstudien beschränkt. Je nach Vorwissen und Interesse kann das Kap. 12.5. bearbeitet oder ausgelassen werden. Es findet dort keine Vermittlung von weiterführenden Methoden und Verfahren statt, sondern es werden vielmehr praktische Arbeitshinweise gegeben.

12.1. Fallstudie 1: Nichtlineare Kleinste-Quadrate Schätzung

12.1.1. Der grundlegende Ansatz der nichtlinearen Kleinste-Quadrate Schätzung

Ein häufig anzutreffendes Einsatzgebiet der nichtlinearen Optimierung ist die Schätzung von Koeffizienten eines nichtlinearen Modells anhand von Beobachtungsdaten. Der gedankliche Kern der nichtlinearen Kleinste-Quadrate Schätzung (*non linear least squares*, NLS) unterscheidet sich nicht vom grundlegenden Ansatz der gewöhnlichen (linearen) Kleinste-Quadrate Schätzung. Genau wie dort wird von T Beobachtungsdaten[249] für die abhängige Variable y_t und die k unabhängigen Variablen x_{1t}, ..., x_{kt} ausgegangen. Wird nun ein funktionaler Zusammenhang f nach (1) angenommen[250]

$$(1) \qquad y_t = f\left(x_{1t},\dots,x_{kt},\theta_1,\dots,\theta_n\right) + \varepsilon_t\,,$$

dann sind die n Koeffizienten θ_1, ..., θ_n so zu bestimmen, dass f die beobachteten Daten für y_t, gegeben die Werte der unabhängigen Variablen x_{1t}, ..., x_{kt}, möglichst „gut" erklärt. Bei

[249] Da in diesem Buchteil das Symbol „n" für die Anzahl zu optimierender Parameter benutzt wird, soll abweichend von den vorangegangenen Buchteilen A und B das Symbol „T" für die Anzahl der Beobachtungen gewählt werden.

[250] Beim linearen Regressionsmodell stimmen die Anzahl n der zu schätzenden Parameter und die Anzahl k an unabhängigen Variablen (in etwa) überein, d.h. es gilt $n = k$ (Regressionsmodell ohne Konstante) bzw. $n = k+1$ (Regressionsmodell mit Konstante). Bei einem nichtlinearen Modell weichen dagegen die Anzahl n zu schätzender Parameter und die Anzahl k an unabhängigen Variablen im Regelfall deutlich voneinander ab. Zumeist gilt dabei $n > k$, oftmals ist n sogar sehr viel größer als k ($n >> k$).

der NLS besteht die Zielsetzung, wie auch bei der gewöhnlichen (linearen) Kleinste-Quadrate Schätzung, in der Minimierung der Summe der quadrierten Residuen (vgl. (2)).

(2) $$SSR(\theta_1,...,\theta_n)=\sum_{t=1}^{T}\varepsilon_t^2=\sum_{t=1}^{T}\left(y_t-f\left(x_{1t},...,x_{kt},\theta_1,...,\theta_n\right)\right)^2 \rightarrow \text{min!}$$

$SSR(.)$: zu minimierende Zielfunktion (Sum of Squared Residuals;[251] hier handelt es sich inhaltlich um eine Fehlerfunktion)

ε_t: Residuum; nicht durch das Modell erklärter Rest von y_t

Die Darstellungen sollen durch ein einfach gehaltenes Beispiel illustriert werden.[252] Die Abb. 12.1.1.-1. zeigt den Verlauf der ersten 100 Werte einer sog. Feigenbaum-Reihe. Diese folgt dem Bildungsgesetz nach Gleichung (3).

(3) $$x_t = f(x_{t-1})$$

Die Funktion f ist dabei nichtlinear. Die genaue Definition der Feigenbaum-Reihe lautet:

(4) $$x_t = a \cdot x_{t-1} \cdot (1 - x_{t-1})$$

mit a: konstanter Koeffizient.

Die Aufgabe dieser Fallstudie besteht nun darin, anhand der Beobachtungen der ersten 100 Werte der Feigenbaum-Reihe aus Abb. 12.1.1.-1. ein Modell zu schätzen, welches den beobachteten Verlauf möglichst gut beschreibt. Im Beispiel der Abb. 12.1.1.-1. wurde für den Koeffizienten der Wert $a = 4$ und der Startwert $x_1 = 0.1$ gewählt. Die Abbildung enthält auf der Abszisse den Index t der Variablen x und auf der Ordinate dessen zugehörigen Wert.

---

251 Im Buchteil B wird hier nur kurz das Symbol S verwendet; vgl. Kap. 5.2.

252 Das hier behandelte Beispiel orientiert sich an den Darstellungen bei PODDIG [(1999), S. 206 ff. und S. 357 ff.].

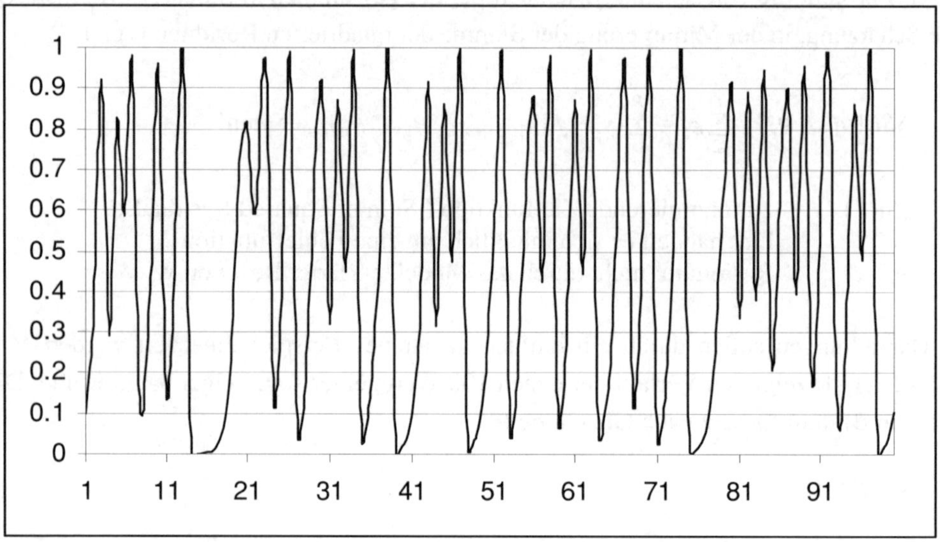

Abb. 12.1.1.-1.: Verlauf der Feigenbaum-Reihe für die ersten 100 Werte

Obwohl der funktionale Zusammenhang nach (4) bei der Feigenbaum-Reihe eigentlich bekannt ist, soll für diese Fallstudie angenommen werden, dass die wahre Natur dieser Reihe unbekannt sei. Dies entspricht dem Regelfall in der praktischen Anwendung. Auch dort besitzt man zumeist nur beobachtete Werte, hat aber keine genaue Kenntnis über die dahinter stehenden funktionalen Zusammenhänge. Diese sollen erst im Zuge der Datenmodellierung aufgedeckt werden.

Zur Modellierung der Feigenbaum-Reihe wird zwischen der „abhängigen" Variablen x_t und der „unabhängigen" Variablen x_{t-1} der folgende funktionale Zusammenhang nach (5) „willkürlich" angenommen.[253]

[253] Die Gleichung (5) stellt genau genommen ein ganz einfaches neuronales Netz in mathematischer Schreibweise dar, mit welchem sich dieses Problem lösen lässt. Aus Platzgründen ist hier aber eine nähere Diskussion, was ein „neuronales Netz" ist und warum mit diesem Modell das Problem gelöst werden kann, nicht möglich. Obwohl der Zusammenhang nach (5) also durchaus als „begründet" unterstellt werden kann, wird er hier ohne nähere Ausführungen als „willkürlich" angenommen [vgl. hierzu näher PODDIG (1999), S. 357 ff.; zu neuronalen Netzen dort speziell S. 273 ff.].

(5) $$x_t = \theta_1 + \theta_2 x_{t-1} + \theta_3 \left(\frac{1}{1+\exp(-(\theta_4 x_{t-1} + \theta_5))} \right) + \varepsilon_t$$

mit	x_t:	Wert der Feigenbaum-Reihe zum Zeitpunkt t
	θ_i:	i-ter zu schätzender Koeffizient (Parameter) des Modells
	$\exp(x)$:	Exponentialfunktion e^x mit e Eulersche Zahl, $e = 2.718281828459...$
	ε_t:	Störterm, Residuum

Hinsichtlich des Störterms ε_t werden dieselben Annahmen wie beim linearen Regressionsmodell vorausgesetzt (vgl. Kap. 5.1.). Daraus folgt das Optimierungsproblem nach (6).[254]

(6) $$SSR(\theta_1, \theta_2, \theta_3, \theta_4, \theta_5) = \sum_{t=2}^{100} \varepsilon_t^2$$

$$= \sum_{t=2}^{100} \left(x_t - \left(\theta_1 + \theta_2 x_{t-1} + \theta_3 \left(\frac{1}{1+\exp(-(\theta_4 x_{t-1} + \theta_5))} \right) \right) \right)^2 \to \min!$$

Bei (6) handelt es sich um ein nichtlineares Optimierungsproblem in einem fünfdimensionalen Parameterraum. Es sind also die Werte der Parameter θ_i, $i = 1, ..., 5$ so zu bestimmen, dass die Fehlerfunktion *SSR* minimal wird. Die konkrete Lösung dieses Optimierungsproblems kann mit einer der beispielhaft vorgestellten Implementationen gelöst werden, z.B. mit dem „steepest descent" Verfahren aus Kap. 11.2.2.2. Dort wäre zunächst die Feigenbaum-Reihe zu initialisieren und die Definition der Zielfunktion wie folgt zu ändern:

```
Const ndata = 100
Dim feigenbaum_reihe(1 To ndata)

Sub initialisierung()
    feigenbaum_reihe(1) = 0.1
    For i = 2 To ndata
        feigenbaum_reihe(i) = 4# * feigenbaum_reihe(i - 1) _
         * (1# - feigenbaum_reihe(i - 1))
    Next i
End Sub

Function zf(arg())
    summe = 0#
    For i = 2 To ndata
        summe = summe + (feigenbaum_reihe(i) - (arg(1) _
         + arg(2) * feigenbaum_reihe(i - 1) _
         + arg(3) * (1 / (1 + Exp(-(arg(4) * _
         feigenbaum_reihe(i - 1) + arg(5))))))) ^ 2
    Next i
```

254 In (6) mag auf den ersten Blick die untere Summationsgrenze mit $t = 2$ verwirren. Auf Grund des unterstellten Zusammenhangs ($x_t = f(x_{t-1})$) wird also x_2 mittels x_1 erklärt. Damit kann aber das erste Residuum erst für $t = 2$ geschätzt werden, weshalb dort die Summation beginnt.

```
16        zf = summe
17    End Function
```

Die Variable *feigenbaum_reihe* stellt dabei einen Vektor dar, welcher die ersten 100 Werte der Variablen x_t enthält. Der übrige Teil ergibt sich als eine direkte Umsetzung der Berechnung des Summenausdrucks nach Gleichung (6). Die Variable *feigenbaum_reihe* wird durch eine spezielle Hilfsprozedur *initialisierung* mit konkreten Werten belegt. Die eigentliche Zielfunktion *zf* ist in den Codezeilen 11 bis 17 enthalten. Die Optimierung wird dann z.B. mit der folgenden Hauptprozedur durchgeführt:

```
18    Sub feigenbaum_steilster_abstieg()
19        Dim start(1 To 5)
20        Dim minimum(1 To 5)
21        start(1) = 1#
22        start(2) = 1#
23        start(3) = -1#
24        start(4) = -3#
25        start(5) = -0.3
26        initialisierung
27        steilster_abstieg minimum, start, 5, 0.000001, 1000
28        Debug.Print minimum(1), minimum(2), minimum(3), minimum(4), _
           minimum(5)
29    End Sub
```

Zunächst wird eine willkürlich gewählte Startstelle *start* (hier die Stelle (1, 1, –1, –3, –0.3)) definiert, dann die Feigenbaum-Reihe initialisiert und schließlich der Optimierungsprozess aufgerufen. Mit denselben Änderungen lässt sich auch der konjugierte Gradientenabstieg für die Lösung dieser Aufgabenstellung anpassen.

Die unterschiedlichen Konvergenzgeschwindigkeiten der verschiedenen hier vorgestellten Algorithmen können an diesem Beispiel recht eindrucksvoll illustriert werden. Dazu werden das „steepest descent" und das konjugierte Gradientenabstiegverfahren (nach Polak-Ribière) sowie der DFP- und BFGS-Algorithmus (vgl. Kap. 11.2.4.) betrachtet. In der Tab. 12.1.1.-1. sind die Ergebnisse der vier Verfahren bei diesem Beispiel verzeichnet. Ausgehend von demselben Startpunkt (s.o.) wurden genau 200 Iterationen für jedes der vier Verfahren durchgeführt. Die erste Zeile der Tabelle bezeichnet das Verfahren, die zweite Zeile enthält den erreichten Wert der Zielfunktion. Die folgenden fünf Zeilen enthalten die Werte für die gesuchten 5 Parameter.

	Steilster Abstieg	Polak-Ribière	DFP	BFGS
SSR	2.05613E–01	2.08967E–02	1.96442E–03	7.48261E–04
θ_1	2.63175	5.30726	13.23520	18.53161
θ_2	–2.52331	–4.79619	–9.16446	–11.40723
θ_3	–3.95686	–12.86343	–39.78165	–58.97058
θ_4	–5.82029	–3.00193	–1.47764	–1.20491
θ_5	0.64948	–0.05265	–0.69630	–0.78051

Tab. 12.1.1.-1.: Vergleich der verschiedenen Verfahren

Beim Betrachten der Tab. 12.1.1.-1. dürften zunächst die unterschiedlichen Lösungen für die Parameter θ_1 bis θ_5 auffallen. Trotz identischer Daten, Zielfunktion und Startpunkt für den Optimierungsprozess resultieren bei vier verschiedenen Verfahren vier deutlich unterschiedliche Lösungen. Ein derartiges „Phänomen" ist aus der Anwendung der linearen Regression mit OLS-Schätzung völlig unbekannt. Führt man dort auf denselben Daten eine OLS-Schätzung zwei Mal durch, so resultieren auch dieselben Lösungen. Bei der nichtlinearen Kleinste-Quadrate Schätzung können jedoch zwei Schätzungen auf denselben Daten mit demselben Verfahren, nur ausgehend von einem anderen Startpunkt, zu zwei unterschiedlichen Lösungen führen (vgl. Kap. 11.4.). Ebenso können zwei Schätzungen auf denselben Daten und ausgehend vom selben Startpunkt, unter Verwendung von zwei unterschiedlichen Verfahren, zu verschiedenen Lösungen führen. Dies soll Tab. 12.1.1.-1. auch illustrieren. Es liegen hier also keine „Rechenfehler" vor, sondern es zeigt sich ein typisches (und leider unvermeidbares) „Phänomen" der nichtlinearen Kleinste-Quadrate Schätzung. Hier zeigt sich auch der große Vorteil der linearen und der gravierende Nachteil der nichtlinearen Kleinste-Quadrate Schätzung. Die „richtige" Lösung ist bei der nichtlinearen Schätzung mitunter gar nicht genau bestimmbar, sondern nur Approximationen unterschiedlicher Güte.

Konkret lassen sich im Beispiel die vier unterschiedlichen Lösungen mit den doch sehr verschiedenen Konvergenzgeschwindigkeiten der vier betrachteten Verfahren erklären. Die Ergebnisse aus Tab. 12.1.1.-1. dürfen aber keinesfalls verallgemeinert werden. Auf Grund der vielfältigen Probleme der (nichtlinearen) Optimierung (vgl. Kap. 11.4.) können die Ergebnisse eines Beispiels, ausgehend von einem Startpunkt, unmöglich als „repräsentativ" für die einzelnen Verfahren gelten. Sie illustrieren nur, wie ausgehend von denselben Daten und demselben Startpunkt die verschiedenen Verfahren unterschiedlich schnell konvergieren können. So liegt im Beispiel der Wert der Zielfunktion *SSR* beim Weg des steilsten Abstiegs nach 200 Iterationsschritten um etwa einen Faktor 10 höher als beim konjugierten Gradientenabstieg. Dessen Wert der Zielfunktion liegt wiederum um etwa denselben Faktor höher als beim DFP-Verfahren. Der BFGS-Algorithmus kann den Wert der Zielfunktion gegenüber jenem Verfahren nochmals mehr als halbieren.

Bei echten praktischen Anwendungen würde man – soweit vorhanden – aus Bequemlichkeitsgründen und um die umständliche Eigenprogrammierung zu umgehen auf ein entsprechendes Softwarepaket aus den Bereichen der Mathematik, Numerik, Statistik oder Ökonometrie zurückgreifen, welches geeignete Verfahren der nichtlinearen Optimierung bereitstellt. Einige Beispiele für derartige Softwarepakete sind etwa *Mathematica*, *Matlab*, *GAUSS*, *SAS* oder *S-Plus*. Im Buchteil B („Ökonometrie") wurden die Beispiele und Fallstudien mit Hilfe der Ökonometriesoftware „EViews" bearbeitet. Diese lässt sich genauso bei dieser Fallstudie einsetzen. Um den Bezug zum Buchteil B („Ökonometrie") zu unterstreichen, wurde dieses Beispiel mit der Ökonometriesoftware EViews nochmals bearbeitet. Die konkrete Anwendung von EViews gestaltet sich dabei einfach, indem man lediglich die zu schätzende Gleichung nach (5) spezifiziert und als Schätzmethode „Least Squares" benutzt. Dies unterscheidet sich kaum von der Schätzung eines gewöhnlichen Regressionsmodells mit EViews, welche im Buchteil B mehrfach demonstriert wurde. Die Abb. 12.1.1.-2. zeigt das dabei erzielte Ergebnis.

FEIGENBAUM = C(1) + C(2)*FEIGENBAUM(-1) + C(3)*(1/(1 + EXP(
-C(4)*FEIGENBAUM(-1) - C(5))))

	Coefficient	Std. Error	t-Statistic	Prob.
C(1)	10.96903	0.851823	12.87713	0.0000
C(2)	-8.145338	0.426858	-19.08207	0.0000
C(3)	-29.83769	3.058443	-9.755842	0.0000
C(4)	-1.717986	0.093391	-18.39555	0.0000
C(5)	-0.543421	0.041646	-13.04852	0.0000

R-squared	0.999792	Mean dependent var	0.475951
Adjusted R-squared	0.999783	S.D. dependent var	0.362951
S.E. of regression	0.005344	Akaike info criterion	-7.576679
Sum squared resid	0.002684	Schwarz criterion	-7.445612
Log likelihood	380.0456	F-statistic	113009.7
Durbin-Watson stat	2.001671	Prob(F-statistic)	0.000000

Abb. 12.1.1.-2.: Ergebnis der nichtlinearen Kleinste-Quadrate Schätzung

In der Ergebnisdarstellung aus Abb. 12.1.1.-2. ist in der ersten Zeile das geschätzte Modell wiedergegebenen. Es entspricht der Gleichung (5), wobei die Parameter θ_1 bis θ_5 mit C(1) bis C(5) benannt werden (vgl. die folgenden fünf Zeilen). Die erste Spalte „Coefficient" enthält die Werte der geschätzten Parameter. Die zweite Spalte „Std. Error" weist die geschätzten Standardfehler der Parameter aus. Diese haben eine analoge Bedeutung wie die Standardfehler bei den Koeffizienten eines linearen Regressionsmodells, nur werden sie hier gänzlich anders ermittelt (vgl. Kap. 12.1.2.). Die Spalte „t-Statistic" zeigt die zugehörigen Werte der t-Statistik. Sie werden auch hier durch Division von „Coefficient" durch „Std. Error" berechnet, also ebenfalls genau in derselben Weise wie beim linearen Regressionsmodell. Die Spalte „Prob." enthält schließlich die zur t-Statistik gehörende Irrtumswahrscheinlichkeit für das fälschliche Verwerfen der Nullhypothese $\theta_i = 0$. Trotz der analogen Bedeutung dieser Kennzahlen ist bei ihrer Interpretation besondere Vorsicht geboten. Hierauf wird weiter unten (Kap. 12.1.2.) eingegangen.

Es folgen die allgemeinen Gütemaße des geschätzten Modells, die im Zusammenhang mit dem Regressionsmodell ausführlich behandelt wurden und deshalb bis auf den Wert des R^2 und den der Durbin-Watson-Statistik nicht weiter kommentiert werden sollen. Das R^2 beträgt hier nahezu 1, womit die Variation von x_t fast vollständig durch das Modell erklärt wird. Der Wert der Durbin-Watson-Statistik besitzt auch nahezu seinen idealtypischen Wert von 2. Danach sind keine Autokorrelationen erster Ordnung in den Residuen zu vermuten.

Gegenüber den in Tab. 12.1.1.-1. dargestellten Ergebnissen der hier exemplarisch angewandten Verfahren brach der in EViews implementierte Algorithmus in diesem Beispiel nach 178 Iterationen ab und erzielte dabei einen Wert der Zielfunktion (0.002684; vgl. auch Abb. 12.1.1.-2.), welcher in etwa dem des DFP-Verfahrens entspricht (beide Lösungen ähneln einander auch stark). EViews benutzt aber ein Verfahren der nichtlinearen Optimierung, welches speziell auf das Problem der nichtlinearen Kleinste-Quadrate Schätzung zugeschnitten ist.[255]

Insgesamt illustriert diese Fallstudie, wie sich mit Hilfe der behandelten Verfahren auch hochgradig nichtlineare Modelle schätzen lassen. Die dabei erhaltenen Ergebnisse (Koeffizienten, Standardfehler, t-Statistiken, R^2, Durbin-Watson-Statistik) entsprechen in ihrer Darstellung (vgl. Abb. 12.1.1.-2.) weitgehend denen der Regressionsmodelle. Sie können – unter gewissen Vorbehalten (siehe unten) – analog interpretiert werden. Allerdings werden sie auf gänzlich andere Weise erzielt. Dies gilt nicht nur für die Werte der geschätzten Parameter (bzw. Koeffizienten), sondern ebenso für die Standardfehler. Deren Schätzung im nichtlinearen Fall wird kurz angesprochen. Für ein nur grundlegendes Verständnis können die folgenden Darstellungen (Kap. 12.1.2.) übersprungen werden. Wer jedoch häufig mit

[255] In EViews wird für nichtlineare Kleinste-Quadrate Schätzungen per Voreinstellung die *Levenberg-Marquardt* Methode (oftmals nur kurz als *Marquardt Methode* bezeichnet) benutzt. Speziell für *nichtlineare Kleinste-Quadrate Schätzungen* ist diese Methode sehr weit verbreitet und dürfte hier das Standardverfahren darstellen. Die Levenberg-Marquardt Methode basiert im weiten Sinne auf dem in Kap. 11.2.4. (Newton-Verfahren im mehrdimensionalen Fall) dargestellten Prinzip. Allerdings wird bei dieser Methode die Hesse-Matrix allein unter Verwendung der ersten partiellen Ableitungen nach einem speziellen Verfahren approximiert. In der Literatur wird sie deshalb auch oftmals zu den „First-Order" Verfahren gezählt, obwohl sie eine Art von Hesse-Matrix verwendet. Die wesentliche Einschränkung dieses Verfahrens besteht allerdings darin, eine ganz bestimmte Form der Zielfunktion, wie sie der nichtlinearen Kleinste-Quadrate Schätzung entspricht, vorauszusetzen. Auch dieses Beispiel zeigt, dass es „das" universelle Verfahren der nichtlinearen Optimierung nicht gibt, sondern je nach Anwendungsproblem das eine Verfahren häufiger als das andere anzutreffen ist. Dennoch ist die nichtlineare Kleinste-Quadrate Schätzung mit dem „steepest descent" oder dem konjugierten Gradientenverfahren ebenso möglich.

nichtlinearen Modellen arbeitet und dabei auch die Standardfehler und *t*-Statistiken auswertet, sollte die Möglichkeiten zu deren Berechnung und die damit verbundenen Probleme kennen.

12.1.2. Die Bestimmung der Standardfehler

Die Bestimmung der Standardfehler[256] im nichtlinearen Fall erfolgt auf gänzlich andere Art und Weise als bei der linearen Regressionsanalyse. Außerdem existieren hierzu verschiedene Ansätze bzw. Verfahren, die unter denselben Ausgangsbedingungen unterschiedliche Werte liefern können. Zentrale Voraussetzung ist aber auf jeden Fall, dass die Stichprobe hinreichend groß ist. Zur Illustration der grundsätzlichen Idee hinter dem Verfahren zur Bestimmung der Standardfehler im nichtlinearen Fall soll die Abb. 12.1.2.-1. betrachtet werden. In dem dort dargestellten Fall möge die Fehlerfunktion *SSR* in der Umgebung des nichtlinearen Schätzers für einen Parameter θ_i relativ flach verlaufen. Diese Schätzung wird vermutlich nicht besonders genau sein, denn würde man den Wert des Schätzers variieren, hätte dies nur eine geringfügige Zunahme der Fehlerfunktion zur Folge. Da der Schätzer für einen Parameter θ_i aber nur anhand einer Stichprobe ermittelt wurde, könnte das „wahre" Minimum der Fehlerfunktion durchaus um einige Einheiten links oder rechts von der Stelle des geschätzten Wertes von $\hat{\theta}_i$ liegen.

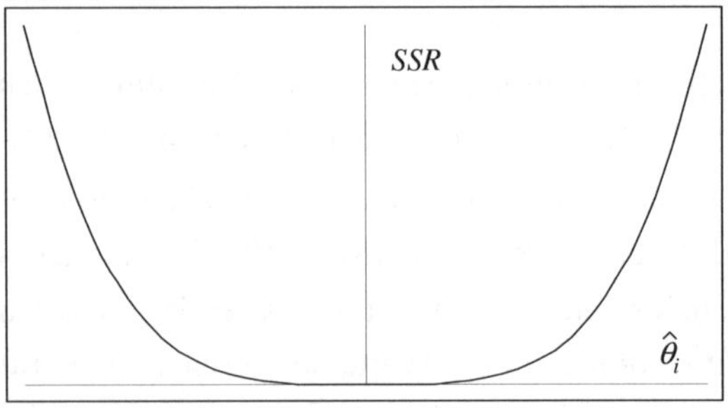

Abb. 12.1.2.-1.: Flacher Verlauf der *SSR* um das geschätzte Minimum

In Abb. 12.1.2.-2. möge nun ein identischer Fall zu der in Abb. 12.1.2.-1. dargestellten Ausgangssituation vorliegen, lediglich aber mit einer Änderung. Hier möge die Fehlerfunktion sehr steil in der Umgebung des nichtlinearen Schätzers für einen Parameter θ_i verlaufen. Variationen dieses Schätzers würden zu einem schnellen Anstieg der Fehlerfunktion führen, womit aber auch die Schätzung zuverlässiger wäre. Dies folgt letztlich aus der Arbeitsweise nichtlinearer Optimierungsverfahren. Im Falle des Beispiels nach Abb. 12.1.2.-1. wird der Optimierungsprozess trotz einiger Entfernung vom Minimum der Funktion *SSR* nur noch geringfügige Fortschritte erzielen, d.h. der Wert der Fehlerfunktion nimmt von Iterationsschritt zu Iterationsschritt nur noch marginal ab. Dies wird dann zu einem Abbruch des Optimierungsprozesses führen, obwohl die Lage des Minimums sich noch in einiger Entfernung befindet. „Flache Talsohlen" lassen also keine zuverlässige Bestimmung des Minimums zu.

256 Die folgenden Betrachtungen orientieren sich an den Darstellungen bei GRIFFITHS ET AL. [(1993), S. 718 ff.].

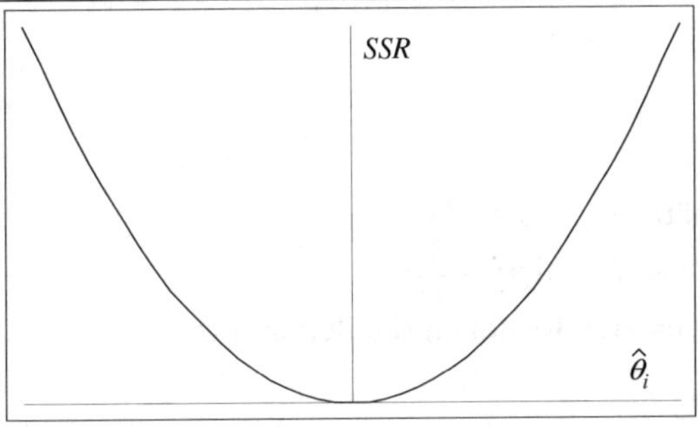

Abb. 12.1.2.-2.: Steiler Verlauf der *SSR* um das geschätzte Minimum

Anders verhält es sich dagegen im Beispiel nach Abb. 12.1.2.-2. Auf Grund des steilen Verlaufs der Fehlerfunktion *SSR* um das geschätzte Minimum wird der Optimierungsprozess stetige Fortschritte erzielen, d.h. von Iterationsschritt zu Iterationsschritt nimmt der Wert der Fehlerfunktion sehr viel stärker als im oben betrachteten Fall nach Abb. 12.1.2.-1. ab. Der Optimierungsprozess wird erst in unmittelbarer Nähe des Minimums keine merklichen Fortschritte mehr erzielen und schließlich abbrechen. Im Falle einer „engen" oder „steilen Talsohle" kann also die Lage des Minimums sehr viel exakter bestimmt werden.

Zur Messung der „Steilheit" oder „Flachheit" der Fehlerfunktion bietet es sich an, die Änderung der Steigung der Funktion in der Nähe von $\hat{\theta}_i$ zu betrachten. Im Falle der Abb. 12.1.2.-1. ändert sich die Steigung der Fehlerfunktion in der Umgebung von $\hat{\theta}_i$ nicht so stark wie im Falle der Abbildung 12.1.2.-2. Die Änderung der Steigung einer Funktion (Krümmung) wird durch ihre zweite Ableitung beschrieben. Wenn also die Krümmung der Fehlerfunktion an der Stelle des geschätzten Minimums nur sehr gering ist, handelt es sich um eine „flache Talsohle". Hier ist zu erwarten, dass der Wert des geschätzten Parameters mit großen Fehlern behaftet sein kann. Ist im umgekehrten Fall die Krümmung dagegen sehr hoch, liegt eine „enge Talsohle" vor. Der geschätzte Wert dürfte in diesem Falle sehr viel näher an der Stelle des wahren Minimums liegen (und damit exakter bestimmt sein) als im ersten Fall. Entsprechend dieser Grundidee kann der Standardfehler $\hat{s}(\hat{\theta}_i)$ des zu schätzenden Parameters θ_i nach (1) geschätzt werden.[257]

(1a) $\hat{s}(\hat{\theta}_i) = \sqrt{\hat{v}(\hat{\theta}_i)}$

257 Beim Vergleich der Gleichung (2) zur Schätzung der Fehlervarianz (Varianz der geschätzten Residuen) mit den entsprechenden Darstellungen beim Regressionsmodell fällt sofort auf, dass dort (beim Regressionsmodell) durch die Anzahl *T* der Beobachtungsdaten *abzüglich* der Freiheitsgrade des Regressionsmodell geteilt wird, während dies hier nicht der Fall ist. Weiter unter wird darauf hingewiesen, dass das hier beschriebene Verfahren auf den asymptotischen Eigenschaften der Schätzer beruht, also einen gegen unendlich strebenden Stichprobenumfang *T* voraussetzt. Mit $T \to \infty$ ist es dann aber unerheblich, ob durch *T* oder *T* abzüglich der Freiheitsgrade des Modells geteilt wird.

(1b) $$\hat{v}(\hat{\theta}_i) = 2\,\hat{\sigma}^2 \left(\frac{\partial^2 SSR\,(\hat{\theta}_i)}{\partial\,\hat{\theta}_i^2} \right)^{-1}$$

mit $\hat{v}(\hat{\theta}_i)$: geschätzte Varianz des Schätzers $\hat{\theta}_i$, also das Quadrat des geschätzten Standardfehlers $\hat{s}(\hat{\theta}_i)$

$\hat{\sigma}^2$: geschätzte Varianz der geschätzten Residuen (Fehlervarianz)

(2) $$\hat{\sigma}^2 = \frac{1}{T}\sum_{t=1}^{T}\hat{\varepsilon}_t^2 = \frac{1}{T}\sum_{t=1}^{T}\left(y_t - f\left(x_{1t},\ldots,x_{kt},\hat{\boldsymbol{\theta}}\right)\right)^2$$

Im vorangegangen Beispiel zur Schätzung des nichtlinearen Modells nach Gleichung (5) in Kap. 12.1.1. ist z.B. die statistische Signifikanz des Parameters θ_3 von besonderem Interesse. Sollte nämlich $\theta_3 = 0$ gelten, so wäre der nichtlineare Teil des Modells nach (5) unnötig und das zu modellierende Problem könnte rein linear beschrieben werden. Deshalb wird die Nullhypothese H_0: $\theta_3 = 0$ gegen die Alternativhypothese H_1: $\theta_3 \neq 0$ mit Hilfe eines Tests überprüft. Unter Anwendung des Algorithmus aus Kap. 11.2.2.2. (Weg des steilsten Abstiegs; vgl. Tab. 12.1.1.-1.) wurde der Parameter θ_3 mit ca. $\theta_3 = -3.95686$ geschätzt. Der Wert der Fehlerfunktion betrug 0.205613, was der Summe der quadrierten Residuen (*SSR*) entspricht. Teilt man diese durch die Anzahl der Beobachtungen (im Beispiel 99), ergibt sich für die geschätzte Varianz der Residuen der Wert $\hat{\sigma}^2 = 2.07690\text{e}{-03}$. Der Wert der zweiten (partiellen) Ableitung der Fehlerfunktion nach θ_3 an der Stelle –3.95686 beträgt approximativ 23.02134. Dieser Wert kann ebenfalls mit den bisher implementierten Verfahren leicht bestimmt werden (vgl. Kap. 11.1.3.1. und 11.1.3.2. zur Approximation der zweiten Ableitung). Der geschätzte Standardfehler für den Schätzer von θ_3 ergibt sich dann gemäß (1b) nach folgender Rechnung:

$$\hat{v}(\hat{\theta}_3) = 2 \cdot 2.07690\text{E}{-3} \cdot \frac{1}{23.02134} = 1.80433\text{E}{-4}$$

$$\hat{s}(\hat{\theta}_3) = 0.01343$$

Dividiert man den Wert des Schätzer durch den geschätzten Standardfehler, ergibt sich der zugehörige Testwert, welcher asymptotisch der *t*-Verteilung folgt:

$$\frac{-3.95686}{0.01343} = -294.63$$

Beim Nachrechnen dieser Werte können sich kleinere Differenzen ergeben, da sämtliche Zahlen mit voller Genauigkeit benutzt und die Ergebnisse erst hinterher gerundet wurden. Genauso lässt sich die von EViews gefundene Lösung exemplarisch für den Wert des dritten Parameters nachrechnen. Dort wurde der Schätzer für den dritten Parameter mit –29.83769 bestimmt. Die Summe der quadrierten Residuen wird mit 0.002684 ausgewiesen. Dividiert man diesen Wert durch 99, also durch die Anzahl der Beobachtungen, ergibt sich $\hat{\sigma}^2 = 2.71111\text{E}{-5}$. Der Wert der zweiten (partiellen) Ableitung der Fehlerfunktion nach θ_3 beträgt an der Stelle –29.83769 approximativ 11.65857 (dieser Wert wurde mit Hilfe der in Kap. 11.1.3.1. und 11.1.3.2. beschriebenen Approximation der zweiten Ableitung gewonnen). Der geschätzte Standardfehler für den Schätzer von θ_3 ergibt sich dann wieder nach folgender Rechnung:

$$\hat{v}(\hat{\theta}_3) = 2 \cdot 2.71111\text{E}{-5} \cdot \frac{1}{11.65857} = 4.65084\text{E}{-6}$$

$$\hat{s}(\hat{\theta}_3) = 0.002157$$

Der Testwert errechnet sich damit als: $-29.83769 / 0.002157 = -13833$. Dieser Wert, ebenso der für den geschätzten Standardfehler, weicht extrem von den durch EViews berechneten und ausgewiesenen Wert ab (vgl. Abb. 12.1.1.-2.). Die Berechnung der Standardfehler erfolgt dort offensichtlich nach einem anderen Verfahren.[258] Leider enthält das Handbuch dazu keine erschöpfenden Angaben.

Bezüglich des oben beschriebenen Verfahrens zur Ermittlung der geschätzten Standardfehler sind einige abschließende Hinweise angebracht. Die Berechnung der Standardfehler nach dem beschriebenen Verfahren setzt zwingend die Identifikation eines (lokalen) Minimums voraus. Die beschriebene Rechnung kann natürlich rein „technisch" gesehen an jeder Stelle des Parameterraums vorgenommen werden. Jedoch resultieren dann keine sinnvollen Werte für die Standardfehler. Im nichtlinearen Fall kann die Fehlerfunktion *SSR* recht komplexe Formen annehmen und viele lokale Minima besitzen. Aus diesem Grund ist es im Allgemeinen unmöglich, Aussagen über die Eigenschaften der Schätzer (so z.B. über ihre Standardfehler) bei endlichen Stichproben abzugeben. Das hier beschriebene Verfahren basiert auf den asymptotischen Eigenschaften der Schätzer, d.h. im Falle eines gegen unendlich strebenden Stichprobenumfangs. Unter geeigneten Bedingungen sind dann die nichtlinearen Kleinste-Quadrate Schätzer konsistent, approximativ normalverteilt und es ist möglich, deren approximative Kovarianzmatrix zu schätzen. Aber auch dann sind die geschätzten Standardfehler und daraus abgeleiteten *t*-Werte nur lokal, also nur in Bezug auf das realisierte Minimum der Fehlerfunktion, gültig. Ergeben sich in einem erneuten Schätzprozess andere Werte (auf Grund eines anderen Minimums), so werden sich auch abweichende Werte für die geschätzten Standardfehler und *t*-Werte ergeben. Auch hier gilt die

258 Merkwürdig erscheint bei den von EViews ausgewiesenen Ergebnissen allerdings die Diskrepanz zwischen dem extrem großen *F*-Wert (bzw. R^2) und den dazu im Vergleich betragsmäßig kleinen *t*-Werten. Der hier berechnete *t*-Wert ist in Bezug auf den ausgewiesenen *F*-Wert „konsistenter".

Empfehlung, eine nichtlineare Schätzung mehrfach von unterschiedlichen Startpunkten aus zu wiederholen.

Das angegebene Vorgehen zur Berechnung des Standardfehlers ist außerdem nicht die einzige Möglichkeit, diesen zu bestimmen. Da alternative Ansätze zur Berechnung des Standardfehlers existieren, können trotz gleicher Schätzer für die Koeffizienten die geschätzten Standardfehler von Programm zu Programm unterschiedlich ausfallen. Dies hat das Beispiel bereits illustriert. Ein weiterer Grund kann in der Verwendung unterschiedlicher Verfahren zur Approximation der Hesse-Matrix, also zur Bestimmung der Werte der zweiten Ableitung, bestehen.

12.2. Fallstudie 2: Die Bestimmung impliziter Volatilitäten

Die Beschäftigung mit Verfahren der nichtlinearen Optimierung wurde in Kap. 9.1. anhand verschiedener Anwendungsmöglichkeiten in der Finanzwirtschaft motiviert. Unter anderem wurde dort, wie auch an anderen Stellen in diesem Buch, die Frage nach der Bestimmung der sog. impliziten Volatilität einer Option aufgeworfen. Diese soll nun im Rahmen der folgenden Fallstudie beispielhaft beantwortet werden.

Allgemein handelt es sich bei einer *Option* um ein einseitig verpflichtendes Geschäft. Bei einer Option erhält der Käufer der Option das Recht (besitzt aber nicht die Pflicht), die Lieferung (*Call*-Option) oder Abnahme (*Put*-Option) eines bestimmten Gutes während einer vorher festgelegten Laufzeit (*amerikanische* Option) oder zu einem vorher festgelegten Zeitpunkt (*europäische* Option) zu einem vorher festgelegten Preis (*Basispreis*) zu verlangen.

Beispiel: Europäische Call-Option auf die Aktie X, Basispreis 250,—, Ausübungsdatum 15.3.XX, Prämie 15,—: Bei dieser Option erhält der Käufer das Recht, aber nicht die Pflicht, die Aktie X am 15.3.XX zu einem Preis von 250,— vom Verkäufer der Option kaufen zu können. Der Preis, den er für diese Option zu entrichten hat, beträgt 15,—.

Je nach der Wertentwicklung des der Option zu Grunde liegenden Gutes (*underlying*), stellen sich die Gewinn- und Verlustpositionen des Käufers (*Inhaber* der Option) bzw. des Verkäufers (*Stillhalter*) der Option unterschiedlich dar. Im Beispiel wird der Inhaber der Option am 15.3.XX bis zu einem Marktpreis von 250,— die Option verfallen lassen, da ein direkter Bezug über den Markt günstiger ist. Ab einem Preis von 250,— wird er dagegen seine Option ausüben, weil der Bezug der Aktie X über die Option nun billiger ist. Bei einem sofortigen Verkauf zum Marktpreis erzielt er einen Gewinn in Höhe der Differenz zwischen Marktpreis und Basispreis (Transaktionskosten seien dabei aus Vereinfachungsgründen vernachlässigt). In jedem Fall ist aber die Prämie für den Erwerb der Option zu berücksichtigen. Für den Stillhalter stellt sich die Situation anders dar: Bis zu einem Marktpreis von 250,— wird der Inhaber die Option verfallen lassen, woraus sich für ihn ein Gewinn in Höhe der vereinnahmten Prämie ergibt. Ab einem Marktpreis von 250,— wird der Inhaber seine Option ausüben. Der Stillhalter ist in diesem Fall verpflichtet, seine Aktie X unter Marktwert zu verkaufen. Besitzt er diese Aktie nicht, muss er sie zu einem höheren Preis am Markt erwerben als er sie dem Inhaber zu liefern hat. Ohne Berücksichtigung der Prämie realisiert er hier einen Verlust in Höhe der Differenz zwischen Marktpreis und Basispreis. Die Gewinn- und Verlustpositionen beider Geschäftspartner in Abhängigkeit vom Marktpreis zum Ausübungszeitpunkt wird mittels so genannter *Profit-Loss-Diagramme* dargestellt (vgl. Abb. 12.2.-1.).

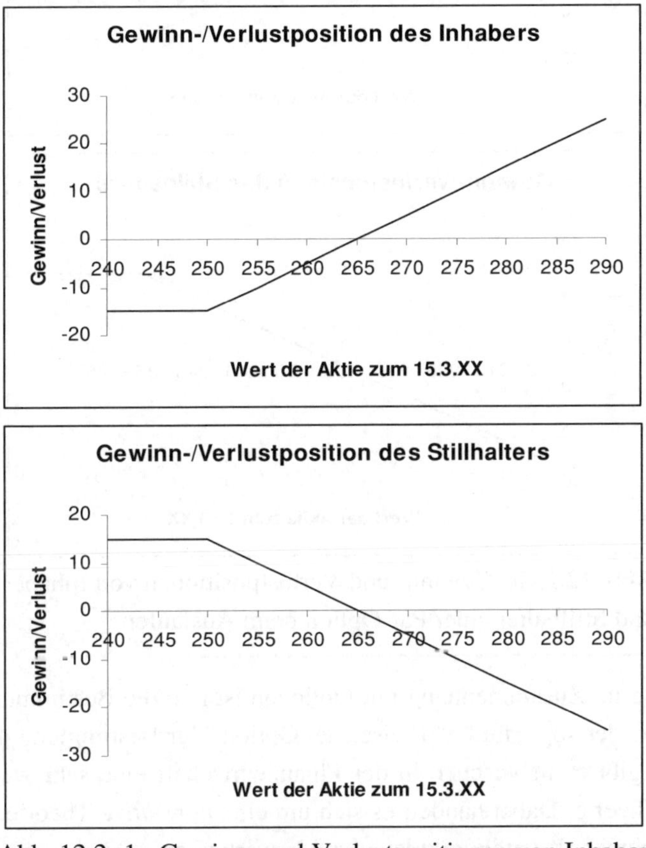

Abb. 12.2.-1.: Gewinn- und Verlustpositionen von Inhaber und Stillhalter einer Call-Option beim Auslaufen

Wiederum eine andere Situation ergibt sich, wenn es sich im Beispiel um eine Put-Option handeln würde. In diesem Falle hätte der Inhaber das Recht, am 15.3.XX die Abnahme einer Aktie X zum Preis von 250,— durch den Stillhalter zu verlangen. Hier wäre eine Ausübung der Option durch den Inhaber sinnvoll, wenn der Marktpreis am 15.3.XX niedriger als 250,— liegt, da er nun zu einem höheren Preis an den Stillhalter verkaufen könnte. Die

Gewinn- und Verlustpositionen für Inhaber und Stillhalter lassen sich in analoger Weise wie oben ableiten und sind in den Profit-Loss-Diagrammen der Abb. 12.2.-2. dargestellt:

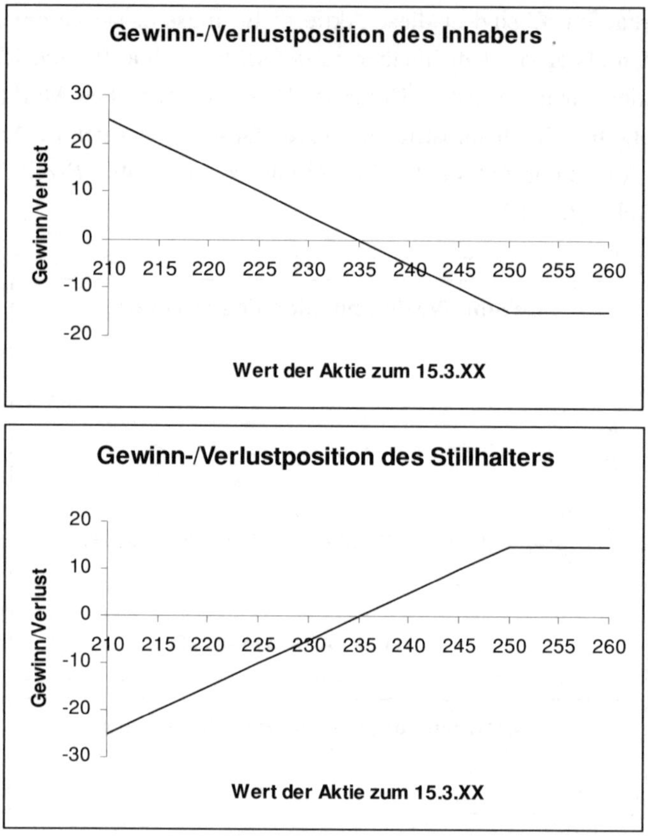

Abb. 12.2.-2.: Gewinn- und Verlustpositionen von Inhaber und Stillhalter einer Put-Option beim Auslaufen

Die zentrale Frage im Zusammenhang mit Optionen ist nun die Bestimmung der angemessenen Prämie bzw. des sog. „fairen" Preises der Option. Zur Bestimmung des „fairen" Preises einer Option gibt es inzwischen in der Finanzwirtschaft eine sehr weit ausgearbeitete (Optionspreis-) Theorie. Dabei handelt es sich um eine *normative* Theorie. Ausgehend von bestimmten Annahmen, Kapitalmarktdaten und Erwartungen, gibt sie Aussagen darüber ab, was unter diesen Rahmenbedingungen eine Option kosten *sollte*.[259] Zur konkreten Bewer-

---

[259] Der Preis, den eine Option kosten *sollte*, ist nicht notwendigerweise der Preis, welcher sich tatsächlich am Markt ergibt. Jener ist das Resultat der aktuellen Angebots- und Nachfragekonstellationen, die ihrerseits wieder auf die subjektiven Bewertungen einer Option durch die Marktteilnehmer rückführbar sind. Die subjektiven Bewertungen durch die Marktteilnehmer können jedoch auf gänzlich anderen Mechanismen beruhen. Wenn also theoretischer Optionspreis und tatsächlicher Marktpreis auseinander fallen, bedeutet dies zunächst noch keinen „Fehler" des Optionspreismodells, solange dieses in sich korrekt ist (also keine Fehler bei der Deduktion aus den Modellprämissen vorliegen). Die Abweichung beider Preise voneinander kann zahlreiche Ur-

tung einer Option existiert mittlerweile eine kaum noch zu überblickende Fülle an verschiedenen Modellen. Sie gehen dabei von mitunter sehr verschiedenen Ausgangsprämissen (z.B. bezüglich des Preisbildungsprozesses beim underlying, der Verteilung jener Preisänderungen, etc.) aus und gelangen dementsprechend zu unterschiedlichen Ergebnissen. „Das" Modell zur Bestimmung des „richtigen" Optionspreises gibt es also nicht. Insofern sollte sich der Anwender vor der willkürlichen Auswahl irgendeines dieser Modelle zunächst mit den dahinter stehenden Prämissen auseinander setzen, um zu prüfen, welches der vielen alternativen Bewertungsmodelle auf seine spezielle Situation am besten passt.

Im Folgenden soll jedoch kein Exkurs in die Optionspreistheorie erfolgen. Vielmehr geht es hier nur um methodische Probleme, die bei der Anwendung jener Modelle entstehen können. Dazu wird auf das „Standardmodell" der Optionspreistheorie zurückgegriffen, welches nach seinen Entwicklern auch als *Black-Scholes* Modell bezeichnet wird.[260] Die Auswahl ergibt sich vorrangig auf Grund seiner weiten Verbreitung in der Praxis. Nach dem *Black-Scholes* Modell ergibt sich der Preis einer (europäischen Call-) Option nach (1):

(1) $$C = K \cdot \Phi(d_1) - B \cdot \exp(-i \cdot t) \cdot \Phi(d_2)$$

mit $$d_1 = \frac{\ln \frac{K}{B} + (i + 0.5 \cdot \sigma^2)t}{\sigma\sqrt{t}}$$

$$d_2 = d_1 - \sigma\sqrt{t}$$

C:	Optionspreis (auch *Prämie* genannt)
K:	Kassakurs des Basisobjektes
B:	Ausübungspreis der Option (*Basispreis*)
$\exp(x)$:	Exponentialfunktion e^x mit e: Eulersche Zahl (2.718281828...)
i:	risikoloser Zinssatz p.a.
$\Phi(.)$:	Wert der Standardnormalverteilung
σ:	zukünftige Volatilität des Basisobjektes (p.a.)
t:	Restlaufzeit der (Call-) Option in Jahren (z.B. 3 Monate = 0.25 Jahre)

Dabei sind alle Parameter des Modells beobachtbare Kapitalmarktdaten bzw. im Optionskontrakt fest vorgegeben, bis auf die Volatilität des Basisobjektes. In der Bestimmung der unbekannten, zukünftigen Volatilität des Preises des Basisobjektes besteht das besondere Problem in der praktischen Optionspreisbewertung. Die zukünftige Volatilität σ des Basisobjektes muss zunächst geschätzt werden, bevor die Optionspreisbestimmung erfolgen

sachen haben. Z.B. könnten die Prämissen eines Optionspreismodells unrealistisch sein oder aber die Marktteilnehmer verhalten sich nicht „rational".

260 Mit dieser Auswahl ist jedoch *keine* inhaltliche Bewertung verbunden, wonach dieses Modell allen anderen vorzuziehen wäre. In der Tat besitzt das *Black-Scholes* Modell viele Kritikpunkte, die hier aber nicht interessieren sollen.

kann. Je nachdem, welcher Wert hier in die Formel (1) eingesetzt wird, ergeben sich gänzlich unterschiedliche Optionspreise *C* für ein und dieselbe Option. Zur Schätzung der Volatilität greift man häufig auf die historische Volatilität zurück. Ein konkretes Anwendungsbeispiel zur Berechnung der historischen Volatilität wurde bereits in Kap. 3.3.1. behandelt.

Zur Illustration der Bewertung einer Option mit Hilfe historisch basierter Schätzungen der Volatilität sei ein Beispiel herangezogen. Eine Option, welche im Dezember 1998 an der Deutschen Terminbörse auf die Aktie der BASF AG gehandelt wurde, besaß folgende Rahmendaten: Fälligkeit 18.6.99, Basispreis DM 63,90. Im Dezember 98 (1.12.98 bis 18.12.98)[261] waren weiterhin die in Tab. 12.2.-1. dargestellten Kapitalmarktdaten zu beobachten.

Datum	BASF Kurs in DM	Restlaufzeit in Tagen	6-Monats-geld[262] % p.a.	Volatilität p.a.
01.12.98	61.00	199	3.54	0.3610
02.12.98	59.75	198	3.54	0.3611
03.12.98	60.70	197	3.53	0.3617
04.12.98	60.80	196	3.33	0.3616
07.12.98	59.50	193	3.33	0.3624
08.12.98	60.40	192	3.32	0.3624
09.12.98	60.00	191	3.31	0.3622
12.12.98	60.45	190	3.29	0.3625
11.12.98	59.10	189	3.26	0.3634
14.12.98	59.60	186	3.24	0.3611
15.12.98	60.50	185	3.24	0.3619
16.12.98	59.50	184	3.23	0.3611
17.12.98	59.85	183	3.23	0.3609
18.12.98	58.50	182	3.22	0.3614

Tab. 12.2.-1.: Beispieldaten zur Optionspreisbewertung

Die Berechnung der historischen Volatilität wurde bereits in Kap. 3.3.1. ausführlich behandelt und soll nicht wiederholt werden. Sie wurde hier anhand der Eintagesrenditen der BASF Aktie des letzten halben Jahres vom jeweiligen Datum aus (dies entspricht in etwa der Restlaufzeit der Option) geschätzt und als p.a. Wert auf ein Jahr hochgerechnet. Setzt man diese Werte in die Gleichung (1) ein, ergeben sich die in Tab. 12.2.-2. aufgeführten theoretischen Werte für den Optionspreis. Nachrichtlich enthält die Tabelle auch die tatsächlich gezahlten Marktpreise in diesem Zeitraum.

261 Wegen der vielen folgenden Feiertage, der geringen Handelsaktivität zwischen den Feiertagen und des bevorstehenden Jahresultimos wird in diesem Beispiel der Dezember nur bis zum 18.12. betrachtet.

262 Der 6-Monatsgeldmarktsatz dient hier als Approximation des risikofreien Zinssatzes für die ungefähr halbjährliche Restlaufzeit der Option.

Die konkrete Berechnung des „fairen" Optionspreises anhand des beispielhaft vorgestellten *Black-Scholes* Modells ergibt sich für die zweite Zeile der Tab. 12.2.-2. (also für den 1.12.98) gemäß der folgenden Rechnung:[263]

$$d_1 = \frac{\ln\frac{61.00}{63.90} + (0.0354 + 0.5 \cdot 0.3610^2) \cdot \frac{199}{365}}{0.3610 \cdot \sqrt{\frac{199}{365}}} \approx 0.0314$$

$$d_2 = 0.0314 - 0.3610 \cdot \sqrt{\frac{199}{365}} \approx -0.2351$$

$\Phi(d_1) = 0.51252478$ $\Phi(d_2) = 0.4070656$

$$C = 61.00 \cdot 0.51252478 - 63.90 \cdot \exp(-0.0354 \cdot \frac{199}{365}) \cdot 0.4070656 \approx 5.7497$$

Datum	d_1	d_2	C (B&S)	Marktpreis	Differenz
01.12.98	0.0314	–0.2351	5.75	0.54	–5.21
02.12.98	–0.0473	–0.3133	5.11	0.44	–4.67
03.12.98	0.0112	–0.2545	5.57	0.55	–5.02
04.12.98	0.0123	–0.2527	5.57	0.47	–5.10
07.12.98	–0.0721	–0.3357	4.90	0.41	–4.49
08.12.98	–0.0164	–0.2793	5.31	0.53	–4.78
09.12.98	–0.0432	–0.3052	5.10	0.36	–4.74
12.12.98	–0.0160	–0.2775	5.30	0.39	–4.91
11.12.98	–0.1033	–0.3648	4.65	0.35	–4.30
14.12.98	–0.0773	–0.3351	4.79	0.38	–4.41
15.12.98	–0.0196	–0.2773	5.21	0.41	–4.80
16.12.98	–0.0866	0.3430	4.70	0.40	–4.30
17.12.98	–0.0651	–0.3206	4.84	0.46	–4.38
18.12.98	–0.1555	–0.4107	4.21	0.41	–3.80

Tab. 12.2.-2.: Theoretischer und tatsächlicher Optionspreis

Schon bei oberflächlicher Betrachtung der Tab. 12.2.-2. ist auffällig, wie stark theoretischer und tatsächlicher Marktpreis für diese Option auseinander fallen. Eine mögliche Ursache mag in der Schätzung der Volatilität begründet liegen. In die Optionspreisbewertung nach (1) fließt die geschätzte zukünftige Volatilität des Basisobjektes ein. Nun mag die historisch

263 Die Rechnung erfolgt hier aus Vereinfachungsgründen auf Basis von Kalendertagen. Die Abweichungen gegenüber der Rechnung auf Basis von Börsentagen sind in diesem Beispiel vernachlässigbar. Die Werte für $\Phi(d_1)$ und für $\Phi(d_2)$ wurden unter Verwendung von Excel berechnet. Sie können alternativ der Tab. A.2.-1. im Anhang entnommen werden.

basierte Schätzung der Volatilität einen schlechten Schätzer für die zukünftige Volatilität darstellen und vielleicht haben ja die Marktteilnehmer eine gänzlich andere Erwartung bei der Bestimmung des Marktpreises verwendet.

Um die implizit im Marktpreis enthaltene Erwartung der Volatilität zu extrahieren, wird ein „Kunstgriff" zur Schätzung des Wertes von σ angewandt. Dazu wird angenommen, die Marktteilnehmer würden Optionen nach dem *Black-Scholes* Modell bewerten und dabei keine Fehler begehen. Der am Markt beobachtete (und bezahlte) Optionspreis ist also als „richtig" anzusehen. Damit ist C gegeben und annahmegemäß korrekt. Die Volatilität σ ist nun der einzig unbekannte Parameter, den es zu bestimmen gilt. Formal gesehen geht es also darum, den Koeffizienten σ einer hochgradig nichtlinearen Funktion (nämlich nach (1)) anhand beobachteter Marktdaten zu ermitteln.

Zur Schätzung von σ mit Hilfe der hier behandelten Verfahren ist eine geeignete Zielfunktion zu definieren. Die Gleichung (2) zeigt eine beispielhafte Formulierung:

$$(2) \qquad ZF(\sigma) = \left[C - \left(K \cdot \Phi(d_1) - B \cdot \exp(-i \cdot t) \cdot \Phi(d_2)\right)\right]^2 \rightarrow \min!$$

$$\text{mit} \quad d_1 = \frac{\ln\frac{K}{B} + (i + 0.5 \cdot \sigma^2)t}{\sigma\sqrt{t}}$$

$$d_2 = d_1 - \sigma\sqrt{t}$$

Die Zielfunktion nach (2) wird offensichtlich minimal, wenn tatsächlicher Marktpreis (C) und der Wert nach dem *Black-Scholes* Modell $\left(K \cdot \Phi(d_1) - B \cdot \exp(-i \cdot t) \cdot \Phi(d_2)\right)$ übereinstimmen. Hier handelt es sich um ein einfaches Problem der eindimensionalen nichtlinearen Optimierung, welches mit den in Kap. 11.1. dargestellten Verfahren bewältigt werden kann. Dazu wäre lediglich die Zielfunktion auszutauschen.

Nachfolgend ist mit den Codezeilen 1 bis 13 eine beispielhafte Implementation der Zielfunktion dargestellt. Sie kann jedoch auch übersprungen werden, sofern daran kein näheres Interesse besteht. In den Codezeilen 2 bis 6 werden die Kapitalmarktdaten des 1.12.98 als Konstanten definiert. Die Konstante *kurs* ist dabei der Schlusskurs der BASF Aktie an diesem Tag, *basis* der Wert des Basispreises der Option, *ipa* der 6-Monats-Geldsatz als p.a. Zinssatz, *restlaufzeit* die Restlaufzeit der Option in Tagen und *callpreis* der beobachtete Marktpreis der Call-Option. Die nachfolgenden Codezeilen, insbesondere 9 bis 11, stellen eine direkte Umsetzung der Gleichung (2) dar. In Codezeile 12 wird schließlich die Differenz zwischen tatsächlichem Marktpreis und theoretischem Wert berechnet, quadriert und als Ergebnis der Zielfunktion zurückgeliefert. Die so definierte Zielfunktion kann dann z.B. bei der Implementation des Verfahrens ohne Gradienten (vgl. Kap. 11.1.1., insbesondere Kap. 11.1.1.3.) eingesetzt werden.

```
1   Const fast_null = 1E-20
2   Const kurs = 61#
3   Const basis = 63.9
4   Const ipa = 0.0354
5   Const restlaufzeit = 199
6   Const callpreis = 0.54
7
8   Function zf(volapa)
9       d1 = (Log(kurs / basis) + (ipa + 0.5 * volapa ^ 2) * _
         (restlaufzeit / 365)) / (volapa * (restlaufzeit / 365) ^ 0.5)
10      d2 = d1 - volapa * (restlaufzeit / 365) ^ 0.5
11      c = kurs * Application.WorksheetFunction.NormSDist(d1) _
         - basis * Exp(-ipa * (restlaufzeit / 365)) * _
        Application.WorksheetFunction.NormSDist(d2)
12      zf = (callpreis - c) ^ 2
13  End Function
```

Bei der Methode „Application.WorksheetFunction.NormSDist" in Codezeile 11 handelt es sich um eine bereits im Excel-System implementierte Standardfunktion, welche den Wert $\Phi(x)$ der Standardnormalverteilung an der Stelle x liefert. Startet man anschließend die Optimierung mit Hilfe der Prozedur *beispiel_implizite_volatilitaet*, so erhält man nach einigen Iterationsschritten den geschätzten Wert der impliziten Volatilität.

```
14  Sub beispiel_implizite_volatilitaet()
15      pa = 0.36
16      pb = 0.35
17      pc = 0#
18      einschachteln pa, pb, pc
19      minimum = goldener_schnitt(pa, pb, pc, 0.0001, 1000)
20      Debug.Print minimum
21  End Sub
```

Der auf vier Stellen gerundete Wert 0.0657 weicht dabei deutlich von dem der historisch basierten Schätzung (0.3610) ab. Die nachfolgende Tab. 12.2.-3. stellt die berechneten impliziten Volatilitäten den historisch basierten Schätzungen für den beispielhaft betrachteten Untersuchungszeitraum einander gegenüber.

Datum	hist. Volatilität p.a.	implizite Volatilität p.a.
01.12.98	0.3610	0.0657
02.12.98	0.3611	0.0813
03.12.98	0.3617	0.0726
04.12.98	0.3616	0.0668
07.12.98	0.3624	0.0857
08.12.98	0.3624	0.0795
09.12.98	0.3622	0.0740
12.12.98	0.3625	0.0692
11.12.98	0.3634	0.0887
14.12.98	0.3611	0.0842
15.12.98	0.3619	0.0715
16.12.98	0.3611	0.0883
17.12.98	0.3609	0.0875
18.12.98	0.3614	0.1066

Tab. 12.2.-3.: Historische versus implizite Volatilitäten

Die impliziten Volatilitäten liegen dabei deutlich niedriger als die historisch geschätzten Werte. Sollten also die Marktteilnehmer diese Option tatsächlich rational nach dem *Black-Scholes* Modell bewertet haben, so müssten sie hinsichtlich der zukünftigen Volatilität von sehr unrealistischen, niedrigen Werten ausgegangen sein. So bleiben nur zwei andere denkbare Schlussfolgerungen: Die Marktteilnehmer haben irrational gehandelt oder die Option nach einem völlig anderen als dem *Black-Scholes* Modell[264] bewertet.

12.3. Fallstudie 3: Die Bestimmung des optimalen Portfolios

12.3.1. Finanzwirtschaftlicher Hintergrund

Die Bestimmung des „optimalen" Portfolios für einen Investor stellt einen zentralen Anwendungsfall in der Finanzwirtschaft dar, bei dem viele verschiedene Verfahren aus den hier behandelten Teilgebieten der Statistik, Ökonometrie und Optimierung ineinander greifen. So ist die Portfoliotheorie, welche dem modernen Wertpapiermanagement zu Grunde - liegt, zu weiten Teilen eine konsequente Anwendung der Statistik und Entscheidungstheorie. Wichtige Begriffe wie erwartete Rendite und zukünftiges Risiko eines Anlageobjektes werden hier auf Konzepte der Statistik zurückgeführt. Zentrale Eigenschaften eines Ver-

264 Wie bereits oben am Rande bemerkt, ist das Auseinanderfallen von Marktpreis und theoretischem Wert nicht als „Fehler" des Modells zu interpretieren und darf auch nicht zur Fehlinterpretation verleiten, dass das *Black-Scholes* Modell „wertlos" sei. Akzeptiert man die Modellprämissen und den Gang der Herleitung des Modells (was hier aus Platzgründen nicht dargestellt werden kann), so ist das Modell „korrekt" und der theoretisch ermittelte Wert „richtig" (nämlich in dem Sinne, was ein rational handelnder Marktteilnehmer bezahlen *sollte*).

bundes von Anlageobjekten (Portfolio) lassen sich mit Hilfe von mathematischen Sätzen der Statistik herleiten und beweisen. Die Ermittlung des optimalen Portfolios für einen Investor in einer konkreten Anlagesituation basiert auf Erwartungen bezüglich der Rendite und des Risikos von Anlageobjekten. Zur Formulierung dieser Erwartungen werden Prognosemodelle benötigt. Hierzu können – wie bereits behandelt – Verfahren der Statistik und der Ökonometrie herangezogen werden. Die Statistik stellt also die grundlegende Basis der Portfoliotheorie und dort verwandter Begriffe und Konzepte dar. Die Ökonometrie liefert wertvolle Hilfestellung bei der Erwartungsbildung. Die endgültige, konkrete Umsetzung von Erwartungen bezüglich der betrachteten Anlageobjekte in ein tatsächlich zu realisierendes, optimales Portfolio ist schließlich Aufgabe der Optimierung.

Die Bestimmung des optimalen Portfolios ist also der „Kondensationspunkt" für die gleichzeitige Anwendung von Statistik, Ökonometrie und Optimierung in der Finanzwirtschaft. Der finanzwirtschaftliche Hintergrund wurde dabei an verschiedenen Stellen in diesem Buch (vgl. insbesondere Kap. 3.4.) aufgearbeitet. Daher soll er hier nicht im Detail wiederholt, sondern die generelle Problematik nur kurz zusammengefasst werden.

Ein Portfolio stellt – wie bereits mehrfach explizit oder implizit definiert – einen Verbund aus Anlageobjekten dar. Der Begriff des „Anlageobjektes" ist dabei sehr allgemein gehalten. Es kann sich hier z.B. um Sachgegenstände, Finanztitel, Rechte oder immaterielle Vermögensgegenstände (Lizenzen, Forschung und Entwicklung, Humankapital, etc.) handeln. Aus Gründen der Veranschaulichung werden dabei im Regelfall Wertpapiere herangezogen.

Anlageobjekte und Portfolios werden durch ihre erwartete Rendite und ihr zukünftiges Risiko charakterisiert (vgl. dazu näher Kap. 3.4.1.). Ein Investor berücksichtigt in seinem Entscheidungskalkül beide Eigenschaften, wobei er erwartete Rendite und Risiko gegeneinander abwägen muss (vgl. näher Kap. 3.4.2.). In der Portfoliotheorie wird dabei von einem risikoaversen (oder *risikoscheuen*) Investor ausgegangen. Um sein Entscheidungsverhalten zu charakterisieren, werden zwei konkurrierende Anlagemöglichkeiten A und B betrachtet, wobei beide dieselbe erwartete Rendite aufweisen mögen. Die Anlagemöglichkeit A verfügt aber über ein geringeres Risiko als B. Ein risikoaverser Investor wird sich in dieser Situation für A entscheiden.

Anlageobjekte können beliebig zu einem Portfolio zusammengesetzt werden, wobei nicht jede mögliche Mischung sinnvoll ist. Dies lässt sich an einem einfachen Beispiel verdeutlichen: Durch Mischung von Anlagen sollen zwei unterschiedliche Portfolios A und B entstanden sein. Beide Portfolios A und B lassen dieselbe Rendite erwarten, allerdings verfügt A über das geringere Risiko. Ein risikoaverser Investor würde in dieser Situation B niemals als sinnvolle Entscheidungsalternative ansehen (siehe oben). Gleiches würde bei einem Portfolio C gelten, welches dasselbe Risiko wie B besitzt, allerdings eine höhere Rendite aufweist. Bei der Gegenüberstellung von B und C wäre B wiederum keine sinnvolle Entscheidungsalternative. Ein Portfolio wird als *effizient* bezeichnet, wenn es kein anderes Portfolio gibt, welches a) bei gleichem Risiko eine höhere Rendite oder b) bei gleicher Rendite ein niedrigeres Risiko oder c) gleichzeitig eine höhere Rendite bei geringerem Risiko aufweist. Nur effiziente Portfolios sind sinnvolle Entscheidungsalternativen für einen risikoaversen Investor (vgl. auch Kap. 3.4.2.).

Die Menge aller effizienten Portfolios wird auch als *Rand aller effizienten Portfolios* oder als *effizienter Rand* bezeichnet. Er besitzt den in Abb. 12.3.1.-1. dargestellten, schematischen Formverlauf (vgl. auch Abb. 3.4.2.-1.).

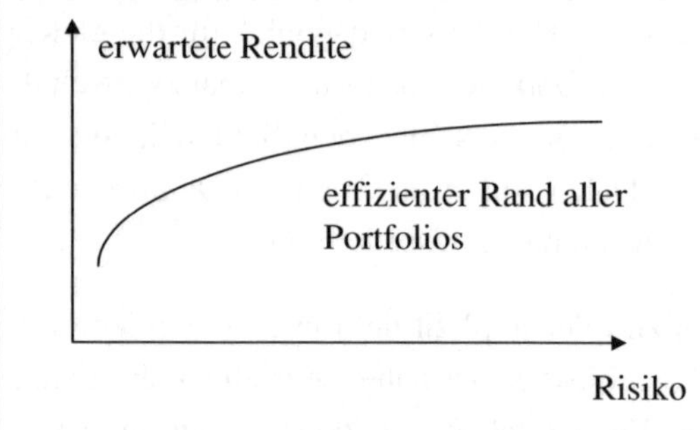

Abb. 12.3.1.-1.: Prinzipieller Verlauf des Rands aller effizienten Portfolios

Welches konkrete Portfolio ein Investor nun aus allen effizienten Portfolios als für ihn „optimal" auswählt, hängt von seiner individuellen Nutzenfunktion U (auch *Risikonutzenfunktion* oder *Bernoulli-Nutzenfunktion* genannt) ab. Aus den bisher bewusst oberflächlich gehaltenen Ausführungen zu einem risikoaversen Investor ist zumindest intuitiv einsichtig, dass eine steigende Rendite (bei gleichem Risiko) bzw. ein sinkendes Risiko (bei gleicher Rendite) die „Attraktivität" eines Anlageobjektes steigert. Man spricht in diesem Zusammenhang auch von dem „Risikonutzen", welchen ein Anlageobjekt dem Investor stiftet. Steigende Rendite (bei gleichem Risiko) bzw. sinkendes Risiko (bei gleicher Rendite) führt also zu einem steigenden Risikonutzen des betreffenden Anlageobjektes für den Investor. Ganz allgemein drückt die Risikonutzenfunktion U aus, welchen individuellen Nutzen ein Investor einer bestimmten Rendite-Risikokombination (eines Anlageobjektes oder Portfolios) beimisst. Sie bringt insbesondere den subjektiv empfundenen „trade-off" zwischen Rendite und Risiko zum Ausdruck. Unter „trade-off" ist in diesem Zusammenhang die folgende Fragestellung zu verstehen: Um wie viele Einheiten muss die erwartete Rendite eines Anlageobjektes (welches auch ein Portfolio sein kann) steigen, falls dessen Risiko um eine Einheit zunimmt, ohne dass der Investor eine Veränderung seines Risikonutzens erfährt?

Grafisch lässt sich die „trade-off" Beziehung (welche implizit mit einer bestimmten Risikonutzenfunktion U zum Ausdruck gebracht wird) durch sog. *Indifferenzkurven* darstellen. Eine Indifferenzkurve ist dabei der geometrische Ort aller Rendite-Risikokombinationen, welche dem betrachteten Investor denselben Nutzen stiften. Die Indifferenzkurven eines risikoaversen Investors verlaufen, wie in Abb. 12.3.1.-2. dargestellt, nach oben gekrümmt. Steigt nämlich das mit einem Anlageobjekt verbundene Risiko, so muss auch dessen erwartete Rendite ansteigen, damit der Investor keine Einbuße seines subjektiv empfundenen Risikonutzens erleidet.

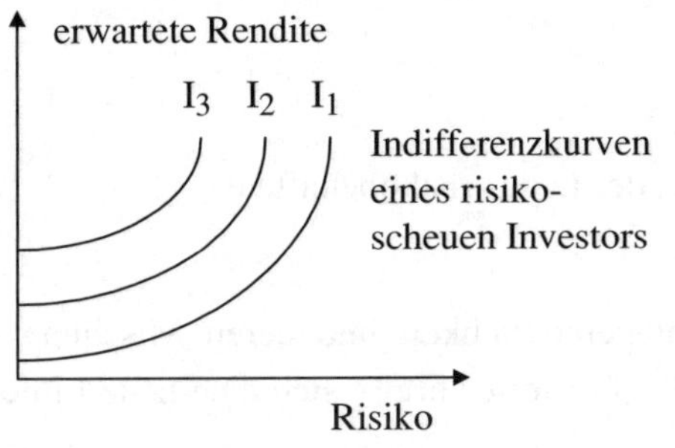

Abb. 12.3.1.-2.: Indifferenzkurven eines risikoscheuen Investors

Je stärker die Indifferenzkurven nach oben gekrümmt verlaufen, desto ausgeprägter ist die Risikoscheu des Investors. Je weiter außerdem eine Indifferenzkurve I vom Ursprung entfernt ist, umso höher ist der mit ihr verbundene Risikonutzen. Der mit der Indifferenzkurve I_3 verbundene Risikonutzen in Abb. 12.3.1.-2. ist also höher als jener der Indifferenzkurve I_2.

Um nun im Beispiel der Abb. 12.3.1.-1. das optimale Portfolio für einen bestimmten Investor zu bestimmen, gibt es eine einfache grafische Lösung. Dazu wird einfach die Schar der Indifferenzkurven seiner individuellen Risikonutzenfunktion U (wie schematisch in Abb. 12.3.1.-2. dargestellt) in Abb. 12.3.1.-1. eingezeichnet. Das für ihn optimale Portfolio ergibt sich dort, wo die am weitesten vom Ursprung entfernte Indifferenzkurve gerade noch den Rand aller effizienten Portfolios berührt. Diese so ermittelten optimalen Portfolios sind schematisch in Abb. 12.3.1.-3. für drei unterschiedliche Investoren (1, 2 und 3) mit mehr (Investor 1 ist sehr stark risikoavers) oder weniger (Investor 3 ist am wenigsten risikoavers) stark ausgeprägter Risikoaversion dargestellt (vgl. auch Abb. 3.4.2.-2.).[265]

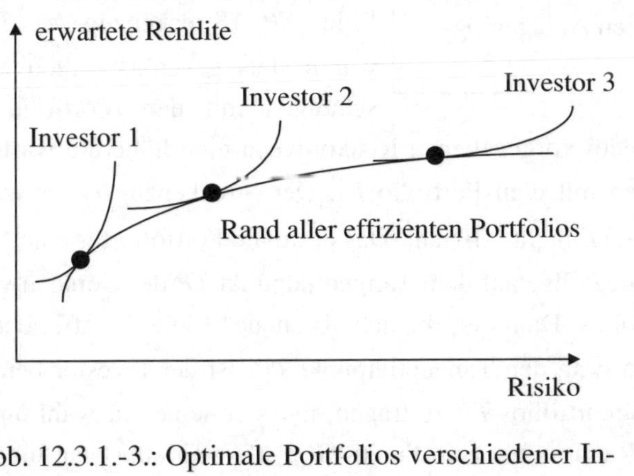

Abb. 12.3.1.-3.: Optimale Portfolios verschiedener Investoren

Durch eine risikofreie Kapitalanlagemöglichkeit erweitern sich die Handlungsspielräume eines Investors beträchtlich: Er kann nun Portfolios bestehend aus der risikolosen Anlage und einem risikobehafteten Portfolio der effizienten Portfolios bilden. Auf Grund der risikolosen Anlagemöglichkeit zu r_f (mit $\sigma_f = 0$) ergibt sich für Mischportfolios aus der risikolosen Anlage und einem beliebigen Portfolio

265 Aus Vereinfachungsgründen und zwecks übersichtlicherer Darstellbarkeit wird in Abb. 12.3.1.-3. implizit derselbe effiziente Rand für alle drei Investoren unterstellt. Besitzen die Investoren jedoch unterschiedliche Erwartungen hinsichtlich Rendite und Risiko der Anlageobjekte, würden sich auch drei unterschiedliche Verläufe des effizienten Randes (je nach Investor) ergeben.

P mit μ_p und σ_p:

(1) $\mu_{Misch} = a\,\mu_p + (1-a)\,r_f$

(2) $\sigma_{Misch} = a\,\sigma_p$

mit a: Anteil der Investitionssumme, der in das risikobehaftete Portfolio P investiert wird.

Unter Berücksichtigung dieser risikofreien Anlagemöglichkeit und deren Mischung mit Portfolios des (bisherigen) Rands aller effizienten Portfolios ergibt sich eine neue Linie aller effizienten Portfolios (vgl. Abb. 12.3.1.-4.).

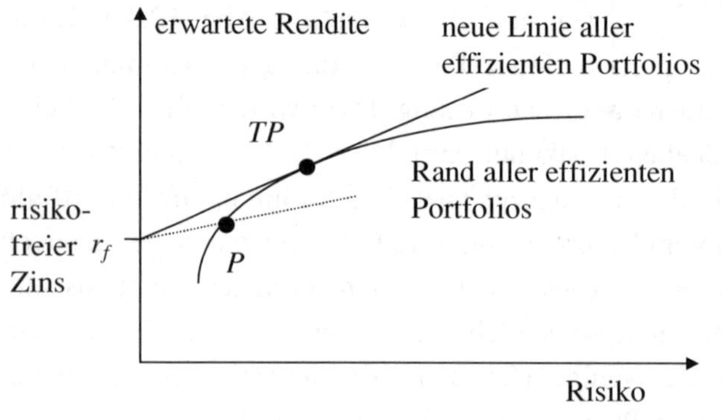

Abb. 12.3.1.-4: Neue Linie aller effizienten Portfolios bei Berücksichtigung einer risikofreien Anlagemöglichkeit

Ein Investor kann ein beliebiges Portfolio P herausgreifen und unterschiedliche Anteile a dieses Portfolios im resultierenden Mischportfolio mit der risikofreien Anlage betrachten, woraus der Streckenzug $r_f - P$ resultiert. Allerdings wäre das Portfolio P nicht besonders geschickt gewählt, denn die Mischungen der risikofreien Anlage mit dem Portfolio TP (Streckenzug $r_f - TP$) wären stets gegenüber allen Mischungen mit dem Portfolio P sehr viel sinnvoller (da jene bei jedem vorgegebenen Risikoniveau eine höhere erwartete Rendite besitzen als die Mischungen mit dem Portfolio P). Der Streckenzug $r_f - P$ wäre also gegenüber dem Streckenzug $r_f - TP$ nicht effizient. Das optimale Portfolio für eine Mischung mit der risikofreien Anlage liegt also auf dem Tangentialpunkt TP der Geraden von r_f an den Rand der effizienten Portfolios. Damit ergibt sich als „neue" Linie der effizienten Portfolios zunächst eine Gerade von r_f an den Tangentialpunkt TP. Ist der Investor bereit, mehr Risiko als jenes des Tangentialportfolios TP zu tragen, muss er seine Auswahl unter den Portfolios auf dem effizienten Rand rechts vom Punkt TP treffen. Erlaubt man hingegen zusätzlich die Möglichkeit der (unbegrenzten) Kapitalaufnahme zum risikofreien Zinssatz r_f, kann a auch größer 1 werden. Es wird nun ein Vielfaches a der Investitionssumme in das risikobehaftete Portfolio TP investiert, wobei die nicht vorhandenen Mittel (zum risikofreien Zinssatz) zu leihen sind. Betrachtet ein Investor unter dieser Erweiterung alle denkbaren Mischungen der risikofreien Anlage mit Portfolios auf dem effizienten Rand, stellt die Tangente von r_f an den Rand aller effizienten Portfolios die „endgültige" effiziente Linie dar[266] (vgl. Abb. 12.3.1.-4. und Abb.12.3.1.-5.).

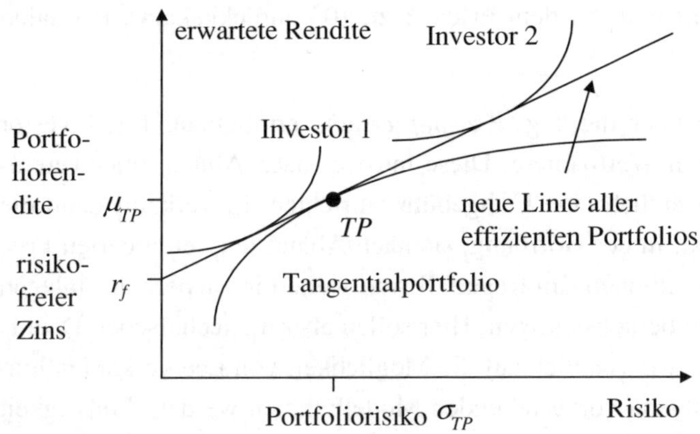

Abb. 12.3.1.-5.: Effizienzlinie bei risikoloser Kapitalanlage- und Kapitalaufnahmemöglichkeit

Je nach Verlauf der individuellen Indifferenzkurven werden die einzelnen Investoren *unterschiedliche Anteile* (bzw. Vielfache) *a* des risikobehafteten Portfolios *TP* an der Mischung mit der risikofreien Anlage wählen. Diese Situation ist schematisch in Abb. 12.3.1.-5. für zwei Investoren (1 und 2) dargestellt, wobei aus Vereinfachungsgründen unterstellt wurde, beide Investoren hätten identische Erwartungen und würden daher auch dieselbe Effizienzlinie und denselben Rand aller effizienten Portfolios bestimmen. Im Allgemeinen verfügen Investoren jedoch über inhomogene Erwartungen, womit in Abb. 12.3.1.-5. auch unterschiedliche effiziente Ränder, Effizienzlinien und Tangentialportfolios für beide Investoren resultieren würden.

Die Form und die Lage des effizienten Randes und damit mittelbar auch die Lage der Effizienzlinie werden erheblich davon beeinflusst, ob man die Möglichkeit von sog. *Leerverkäufen* zulässt oder verbietet. Bei einem Leerverkauf werden Anlageobjekte (z.B. Wertpapiere) von einem Investor verkauft, die er aktuell nicht besitzt und erst nach einem gewissen Zeitablauf zurückkaufen will. Mit einem Leerverkauf kann ein Investor auf fallende Kurse spekulieren: Verkauft er beispielsweise ein Wertpapier zu 100 leer und kauft er es nach Ablauf eines Jahres (auf Grund zwischenzeitlich gefallener Kurse) zu 50 zurück, so erzielt er einen Gewinn in Höhe von 50. Leerverkäufe können außerdem zur Mittelbeschaffung eingesetzt werden, wie es das Beispiel ebenfalls zeigt. Auch wenn mit insgesamt steigenden Kursen gerechnet wird, kann ein Leerverkauf sinnvoll sein. Rechnet ein Investor z.B. beim Wertpapier A mit einer Kurssteigerung von 5%, beim Wertpapier B mit 10%, so wäre ein Leerverkauf von A sinnvoll, um damit einen Erwerb von B zu finanzieren, wie es

266 In Anlehnung an ähnliche Darstellungen in der Literatur könnte diese Linie als „Kapitalmarktlinie" bezeichnet werden. Dies wäre streng genommen aber erst dann korrekt, wenn man zusätzlich die Annahme homogener Erwartungen bezüglich erwarteter Rendite und Risiko von Anlageobjekten für alle Investoren treffen würde. Diese Annahme wird in der Kapitalmarkttheorie beim *Capital Asset Pricing Model* (CAPM) gesetzt, welches sich mit der Erklärung der Gleichgewichtsrenditen risikobehafteter Aktiva befasst. Daher stammt dann auch der Begriff der „Kapitalmarktlinie" (*capital market line*). Hier werden jedoch individuelle Entscheidungen einzelner Investoren und nicht der Marktzusammenhang betrachtet. Daher soll der Begriff der „Kapitalmarktlinie" bewusst nicht gebraucht werden.

folgende Rechnung zeigt: Aus Vereinfachungsgründen sei angenommen, beide Wertpapiere würden anfänglich mit 100 notieren. Ein Investor verkauft A leer und erlöst 100. Damit erwirbt er B. Nach Ablauf eines Jahres möge wie erwartet B um 10% und A um 5% gestiegen sein. Nun wird B zu 110 verkauft und mit dem Erlös A zu 105 zurückgekauft. Per saldo verbleibt ein Gewinn von 5.

Technisch werden Leerverkäufe über die sog. *Wertpapierleihe* ermöglicht. Ein Investor leiht sich die leer zu verkaufenden Wertpapiere. Diese muss er nach Ablauf einer vereinbarten Frist zurückgeben und zusätzlich eine Leihgebühr entrichten. Er verkauft dann die geliehenen Wertpapiere am Markt, in der Hoffnung, sie nach Ablauf der vereinbarten Frist günstiger wieder zurückkaufen zu können. Im Regelfall sind weiterhin Sicherheitseinlagen für die geliehenen Wertpapiere zu berücksichtigen. Hier sollen aber die technischen Details nicht weiter vertieft, sondern nur grundsätzlich auf die Möglichkeit von Leerverkäufen hingewiesen werden. In dem nachfolgend vorzustellenden Modellrahmen werden Zulässigkeit oder Verbot von Leerverkäufen über geeignete Nebenbedingungen erfasst. Beim Verbot von Leerverkäufen muss der Anteil w_i des i-ten Wertpapiers im Portfolio größer oder gleich null sein (Nebenbedingung: $w_i \geq 0$). Werden dagegen Leerverkäufe zugelassen, so fällt diese Einschränkung weg. Das Anteilsgewicht w_i des i-ten Wertpapiers kann dann auch negativ werden (also $w_i < 0$).

Die Betrachtungen zum finanzwirtschaftlichen Hintergrund der Fallstudie sind hilfreich und wesentlich für das inhaltliche Verständnis des zu lösenden Problems. So illustriert die bisher erarbeitete grafische Lösung zur Bestimmung des optimalen Portfolios in anschaulicher Weise, was bei einer Portfoliooptimierung durchgeführt wird. Um aber die konkrete Struktur des optimalen Portfolios zu bestimmen, ist das Optimierungsproblem formal zu definieren.[267] Bei der Bestimmung des optimalen Portfolios ist diejenige Mischung aus Wertpapieren gesucht, für die der Erwartungswert des Nutzens (auch als „Erwartungsnutzen" oder „expected utility" bezeichnet) des Investors unter Einhaltung verschiedener Nebenbedingungen maximal wird.

(3) $$EU(w_1, w_2, \ldots, w_n) \rightarrow \max!$$

mit EU: Erwartungswert des Nutzens (für „expected utility")
w_i: Anteil des i-ten Wertpapiers am Gesamtportfolio
n: Anzahl der Wertpapiere im Portfolio

[267] Dies ist bereits im Kap. 11.3.5. erfolgt, ohne aber dort den inhaltlichen Hintergrund des Optimierungsproblems näher zu beleuchten. Aus diesem Grund werden jene Darstellungen hier nochmals kurz zusammengefasst, wobei nun die inhaltliche Bedeutung sehr viel klarer sein sollte.

Konkret wird dabei in der Praxis oftmals unter Verwendung *spezieller Annahmen* (exponentielle Risikonutzenfunktion und normalverteilte Renditen) von der Zielfunktion *ZF* nach (4) ausgegangen.[268]

(4) $ZF(w_1, w_2, ..., w_n) = \lambda \mu_p - \sigma_p^2$

mit μ_p: Erwartungswert der Portfoliorendite

σ_p^2: Varianz der Portfoliorendite

λ: Risikotoleranzparameter

Der Erwartungswert der Portfoliorendite μ_p und die Varianz σ_p^2 ergeben sich nach (5) und (6). Diese Gleichungen lassen sich kompakter unter Verwendung der Vektor- und Matrizennotation nach (7) und (8) darstellen, die bereits in Kap. 11.3.5. eingeführt wurde. Wie dort bereits erwähnt, folgt die Äquivalenz von (5) und (7) bzw. (6) und (8) aus der Anwendung der Rechenregeln für Vektoren und Matrizen.

(5) $\mu_p = \sum_{i=1}^{n} w_i \mu_i$

mit μ_i: Erwartungswert der Rendite des *i*-ten Wertpapiers

(6) $\sigma_p^2 = \sum_{i=1}^{n} \sum_{j=1}^{n} w_i w_j \sigma_{ij}$

mit σ_{ij}: zukünftige Kovarianz der Rendite des *i*-ten mit der des *j*-ten Wertpapiers, Hinweis: $\sigma_{ii} = \sigma_i^2$

(7) $\mu_p = \mathbf{w}' \cdot \mathbf{R}$

mit $\mathbf{w}'$: transponierter Spaltenvektor der Anteilsgewichte w_i

$\mathbf{R}$: Spaltenvektor der Erwartungswerte μ_i der Renditen

268 Im Falle dieser Annahmen führt die Optimierung von (4) zu dem gleichen Ergebnis wie die Maximierung des Erwartungsnutzens [vgl. CHOPRA/ZIEMBA (1993), S. 7]; zu diesem Optimierungsansatz vgl. auch näher SHARPE [(1963) S. 277-279]; eine lehrbuchmäßige Behandlung findet sich bei UHLIR/STEINER [(1994), S. 145ff.] oder auch FRANKE/HAX [(1999), S. 309-313]. Die Festlegung der Zielfunktion für die Portfoliooptimierung nach (4) besitzt im Zusammenhang mit der ausschließlichen Berücksichtigung von linearen Nebenbedingungen den angenehmen Seiteneffekt, ein quadratisches Optimierungsproblem darzustellen. In Kap. 9.4. wurde gezeigt, dass dafür bekannte und einfache Lösungsverfahren existieren. Würde man dagegen die speziellen Annahmen aufgeben, welche zur Formulierung von (4) führen, können sehr komplizierte Zielfunktionen entstehen, auf die dann die einfache quadratische Optimierung nicht mehr anwendbar ist. Man müsste dann auf jeden Fall mit Verfahren der nichtlinearen Optimierung, wie sie hier entwickelt wurden, arbeiten.

(8) $\sigma_p^2 = \mathbf{w}' \cdot \mathbf{\Omega} \cdot \mathbf{w}$

mit $\mathbf{\Omega}$: Varianz-Kovarianz-Matrix der Wertpapierrenditen

Durch Einsetzen der Gleichungen (5) und (6) in (4) resultiert schließlich die Zielfunktion nach (9). Dabei sind die Wertpapieranteile w_i nun so zu bestimmen, dass der Wert von (9) maximal wird. Gleichung (10) stellt dieselbe Zielfunktion in der alternativen Vektor- und Matrizennotation dar.

(9) $ZF(w_1, w_2, ..., w_n) = \lambda \sum_{i=1}^{n} w_i \mu_i - \sum_{i=1}^{n} \sum_{j=1}^{n} w_i w_j \sigma_{ij} \rightarrow \max!$

(10) $ZF(\mathbf{w}) = \lambda \cdot \mathbf{w}' \cdot \mathbf{R} - \mathbf{w}' \cdot \mathbf{\Omega} \cdot \mathbf{w} \rightarrow \max!$

Bei der Optimierung sind diverse Nebenbedingungen einzuhalten. So müssen sich die Anteile w_i aller Wertpapiere im Portfolio zwingend zu eins summieren:

(11) $\sum_{i=1}^{n} w_i = 1$

Ob Leerverkäufe zulässig oder verboten sind, hängt von der Situation des spezifischen Investors ab. Soweit jedoch Leerverkäufe ausdrücklich verboten sind, müssen die Anteilsgewichte w_i positiv oder null sein. In diesem Fall muss die Einhaltung der Nebenbedingungen nach Gleichung (12) beachtet werden.

(12) $w_i \geq 0$ für alle Wertpapiere $i = 1, ..., n$

Im praktischen Wertpapiermanagement können weiterhin vorgeschriebene Mindest- und Höchstanteile für Wertpapiere zu berücksichtigen sein. Diese ergeben sich in der Regel auf Grund gesetzlicher Vorschriften (z.B. KAGG), aus der Satzung oder auf Grund der Anlagepolitik. Formal würden also weitere Nebenbedingungen der Form nach Gleichung (13) und (14) hinzukommen:

(13) $w_i \geq w_i^{\min}$ für alle Wertpapiere $i = 1, ..., n$

mit $w_i^{\min}$: geforderter Mindestanteil des i-ten Wertpapiers im Portfolio

(14) $w_i \leq w_i^{\max}$ für alle Wertpapiere $i = 1, ..., n$

mit $w_i^{\max}$: zulässiger Höchstanteil des i-ten Wertpapiers im Portfolio

Die formale Lösung dieses Optimierungsproblems wurde in Kap. 11.3.5. bereits an einem sehr einfach gehaltenen „Lehrbuchbeispiel“ erläutert. In dieser Fallstudie soll es dagegen um ein stärker praxisorientiertes Beispiel gehen, welches unter variierenden Randbedingungen zu lösen ist. Der Vergleich der dabei erhaltenen Lösungen ist auch inhaltlich sehr aufschlussreich.

12.3.2. Die Ausgangsdaten

In dieser Fallstudie soll die Bestimmung des optimalen Portfolios unter variierenden Randbedingungen vorgenommen werden. Dabei orientiert sich das Beispiel an den Verhältnissen einer realen Aufgabenstellung. Um die Darstellungen jedoch noch im Rahmen eines Lehrbuches zu halten, sind gewisse Vereinfachungen erforderlich. So soll in dieser Fallstudie das Auswahluniversum der zur Verfügung stehenden Wertpapiere auf sechs deutsche Standardwerte eingeschränkt werden.

Für diese Fallstudie wurden exemplarisch die Aktien der Allianz AG, der BASF AG, der Metro AG, der Deutschen Bank AG, der Schering AG und der Siemens AG ausgewählt. Um das optimale Portfolio (bestehend aus diesen sechs Werten) zu bestimmen, werden im nächsten Schritt die Erwartungswerte der zukünftigen Renditen dieser Aktien, die zukünftigen Varianzen und Kovarianzen benötigt. Die Bestimmung dieser „Inputparameter“ für den Optimierungsprozess ist in der Praxis des Portfoliomanagements der eigentlich entscheidende Schritt. Um es nochmals zu unterstreichen: Es handelt sich bei den „Inputparametern“ für die Portfoliooptimierung ausschließlich um zukünftige Größen. Da die erwarteten Renditen, zukünftigen Varianzen und Kovarianzen unbekannt sind, müssen sie geeignet geschätzt werden, womit das Ergebnis der Portfoliooptimierung letztlich von der Güte dieser Schätzungen nachhaltig bestimmt wird. Geht man nämlich bei der Optimierung von völlig falschen Schätzungen aus, so kann auch der Optimierungsprozess dies nicht mehr kompensieren. Plakativ lässt sich dieser Umstand mit der einfachen Formel „garbage in, garbage out“ umschreiben. Insbesondere die genaue Schätzung der Erwartungswerte der zukünftigen Renditen ist zentral für die spätere „Performance“ des Wertpapierportfolios. Hierzu können Prognosemodelle eingesetzt werden, welche auf ökonometrischen Verfahren basieren. Beispielhaft wurde ein derartiges Prognosemodell in Kap. 8. behandelt.

In dieser Fallstudie soll jedoch nur der Optimierungsprozess im engeren Sinne betrachtet und bewusst der Schätzung der benötigten Inputparameter keine besondere Aufmerksamkeit geschenkt werden. Deshalb wird auf die einfachste Methode zu deren Bestimmung zurückgegriffen, nämlich auf die Schätzung anhand historischer Daten. Für die Schätzung wurden die Kursverläufe der betrachteten 6 Standardwerte im Zeitraum vom 1.9.98 bis

13.11.98 (= 53 Börsentage) herangezogen. In einem ersten Schritt wurden die täglichen Kurse in stetige Eintagesrenditen nach (1) umgerechnet.[269]

(1) $r_{it} = \ln(k_{it}) - \ln(k_{it-1})$

mit r_{it}: stetige Eintagesrendite des i-ten Wertpapiers zum Zeitpunkt t
k_{it}: Schlusskurs des i-ten Wertpapiers zum Zeitpunkt t
ln(.): natürlicher Logarithmus

Der Erwartungswert μ_i der Rendite eines Wertpapiers wurde nach (2) durch den historischen Mittelwert geschätzt:

(2) $\hat{\mu}_i = \bar{r}_i = \frac{1}{T}\sum_{t=1}^{T} r_{it}$

mit $\bar{r}_i$: historischer Mittelwert der Renditen als Schätzer für die erwartete Rendite $\hat{\mu}_i$
T: Anzahl der Beobachtungen (hier: 53)

Entsprechend wurden die geschätzten Varianzen und Kovarianzen der Renditen anhand dieser historischen Eintagesrenditen nach (3) und (4) berechnet. Zur Herleitung und Begründung dieser Formeln wird auf Kap. 2.3.5. verwiesen.

(3) $\hat{\sigma}_i^2 = s_i^2 = \frac{1}{T-1}\sum_{t=1}^{T}(r_{it} - \bar{r}_i)^2$

mit s_i^2: empirische Varianz der Eintagesrenditen des i-ten Wertpapiers als Schätzer für die zukünftige Varianz $\hat{\sigma}_i^2$ des Beobachtungszeitraums

(4) $\hat{\sigma}_{ij} = s_{ij} = \frac{1}{T-1}\sum_{t=1}^{T}\left[(r_{it} - \bar{r}_i)(r_{jt} - \bar{r}_j)\right]$

mit s_{ij}: empirische Kovarianz der Eintagesrenditen des i-ten Wertpapiers mit den Eintagesrenditen des j-ten Wertpapiers als Schätzer für die zukünftige Kovarianz $\hat{\sigma}_{ij}$

---

269 In Kap. 3.4.1. wurde gezeigt, dass die Rechenregeln für die Portfoliorendite und Portfoliovarianz nur für diskrete Renditen exakt, im Falle stetiger Renditen jedoch nur approximativ gelten (vgl. Kap. 3.4.1., Gleichungen (1) bis (3)). In Gleichung (1) werden stetige Renditen berechnet, sodass diese streng genommen in einem weiteren Schritt in diskrete Renditen umgerechnet werden müssten. Da hier jedoch mit Eintagesrenditen gearbeitet wird, sind die Werte der Renditen sehr nahe bei null, womit der entstehende Fehler vernachlässigbar ist (vgl. Kap. 3.4.1.). Wird in der praktischen Anwendung mit Monats- oder Jahresrenditen gerechnet, sollte geprüft werden, ob der entstehende Fehler noch vernachlässigbar oder ob die vorherige Umrechnung in diskrete Renditen erforderlich ist.

Aktie der	Erwartungswert der Eintagesrendite
Allianz AG	0.002545283
BASF AG	–0.002002808
Metro AG	0.003262713
Deutschen Bank AG	–0.002183125
Schering AG	0.002110345
Siemens AG	–0.000369313

Tab. 12.3.2.-1.: Geschätzte Erwartungswerte der Eintagesrenditen

Anhand der Daten des Beobachtungszeitraums ergeben sich die in Tab. 12.3.2.-1. dargestellten geschätzten Erwartungswerte für die Renditen und die in Tab. 12.3.2.-2. dargestellte empirische Varianz-Kovarianz-Matrix. Die Schätzer für die Erwartungswerte in der zweiten Spalte der Tab. 12.3.2.-1. stellen den Vektor **R** (vgl. Kap. 12.3.1., Gleichung (7)) und die Schätzer für die Varianzen bzw. Kovarianzen in der Tab. 12.3.2.-2. die Varianz-Kovarianz-Matrix $\mathbf{\Omega}$ dar (vgl. Kap. 12.3.1., Gleichung (8)).

	Allianz	BASF	Metro	Dt. Bank	Schering	Siemens
Allianz	0.001259880	0.000497981	0.000451694	0.000756397	0.000360607	0.000710809
BASF	0.000497981	0.000641215	0.000202180	0.000337758	0.000345185	0.000410303
Metro	0.000451694	0.000202180	0.000713884	0.000337373	0.000197214	0.000421590
Dt. Bank	0.000756397	0.000337758	0.000337373	0.001209674	0.000327957	0.000704896
Schering	0.000360607	0.000345185	0.000197214	0.000327957	0.000676811	0.000430957
Siemens	0.000710809	0.000410303	0.000421590	0.000704896	0.000430957	0.001415978

Tab. 12.3.2.-2.: Geschätzte Varianz-Kovarianz-Matrix

Das hier benutzte Verfahren der historisch basierten Schätzung von Erwartungswerten, Varianzen und Kovarianzen der Renditen wäre bezüglich einer echten praktischen Anwendung kritisch zu beurteilen. Die historisch basierte Schätzung der Varianz-Kovarianz-Matrix liefert durchaus „brauchbare" Schätzer. Dies hat im Wesentlichen zwei Gründe: Erstens sind empirisch gesehen die Varianzen und Kovarianzen im Zeitablauf vergleichsweise stabil und zweitens sind Schätzfehler bei den Varianzen und Kovarianzen gegenüber Schätzfehlern bei den Erwartungswerten der Renditen bezüglich der Abweichung des tatsächlichen Portfolios vom wahren, aber unbekannten optimalen Portfolio von nachrangiger Bedeutung [vgl. CHOPRA/ZIEMBA (1993)]. In der realen Anwendung kann also die Varianz-Kovarianz-Matrix durchaus in der hier vorgestellten Weise bestimmt werden, obwohl es dazu auch ausgefeiltere Verfahren gibt. Dagegen sollten die Erwartungswerte der Renditen nicht mittels historisch basierter Schätzungen bestimmt werden. Hier zeigen zahlreiche empirische Untersuchungen und praktische Erfahrung, dass die so geschätzten Erwartungswerte eine mangelhafte Güte aufweisen. Zu deren Schätzung sollten leistungsfähigere Ansätze verwendet werden, wie z.B. ökonometrische Verfahren (vgl. z.B. die Fallstudie in Kap. 8.). Für die beispielhafte Betrachtung des Optimierungsprozesses im engeren Sinne genügen die hier bestimmten Schätzer. Deren Güte interessiert im Rahmen dieser Fallstudie nicht weiter.

In den folgenden Optimierungen wird mitunter der Zinssatz einer risikofreien Anlagemöglichkeit benötigt. Dieser betrug im Beobachtungszeitraum 3.49% p.a. (für 1-Monatsgeld).[270] Dies entspricht einer Eintagesrendite von 9.52957E–05 (wenn vereinfachend, wie in der Praxis üblich, von 360 Zinstagen ausgegangen wird):[271]

(5) $i_{Tag} = \sqrt[360]{(1+i_{p.a.})} - 1 = 9.52957\text{E} - 05$

12.3.3. Risikolose Anlagemöglichkeit und Leerverkäufe

Bei der Bestimmung des optimalen Portfolios sind zwei Randbedingungen von zentraler Bedeutung: a) die Möglichkeit, in unbegrenzter Höhe zu einem risikolosen Zinssatz Kapital anlegen und aufnehmen zu können und b) die Zulässigkeit von Leerverkäufen. Somit sind vier grundlegende Ausgangssituationen zu betrachten:

1. Risikolose Anlagemöglichkeit und Zulässigkeit von Leerverkäufen.
2. Risikolose Anlagemöglichkeit und keine Leerverkäufe.
3. Keine risikolose Anlagemöglichkeit, jedoch Zulässigkeit von Leerverkäufen.
4. Keine risikolose Anlagemöglichkeit und keine Leerverkäufe.

Hier soll zunächst der Fall nach 1. betrachtet werden, wobei den Darstellungen zum finanzwirtschaftlichen Hintergrund in Kap. 12.3.1. gefolgt wird. Danach ist ein zweistufiger Optimierungsprozess erforderlich, indem zunächst das Tangentialportfolio *TP* bestimmt und dann erst im zweiten Schritt das optimale Portfolio für den Investor, bestehend aus der risikolosen Anlagemöglichkeit und dem Tangentialportfolio *TP*, ermittelt wird.

---

270 Der Zeithorizont für den risikofreien Zinssatz sollte in etwa mit der Periodenlänge bei der Renditeberechnung übereinstimmen. Die Ausgangsdaten dieses Beispiels und die Datenaufbereitungen beziehen sich auf tägliche Beobachtungen, womit implizit die Länge einer Periode in diesem Beispiel mit einem Tag festgelegt wird. Bei der Zusammenstellung der Daten dieses Beispiels war aber nur der Satz für Monatsgeld (jedoch nicht der für Tagesgeld) als kürzester Zeithorizont verfügbar. Er wird näherungsweise verwendet. Da es in diesem Beispiel nur um die Demonstration der verfahrenstechnischen Vorgehensweise geht, ist letztlich der genaue Wert für den risikofreien Zinssatz ohne besondere Bedeutung.

271 In Formel (5) wird die diskrete Eintagesrendite der risikofreien Anlage ermittelt, während zuvor stetige Eintagesrenditen berechnet wurden. Grundsätzlich dürfen diskrete und stetige Renditen nicht einfach miteinander vermischt werden. Insofern müsste diese Rendite in eine stetige oder die oben ermittelten stetigen Renditen in diskrete umgerechnet werden. Da hier jedoch mit Eintagesrenditen gearbeitet wird, liegen deren Werte sehr nahe bei null. Die Werte von stetigen und diskreten Renditen unterscheiden sich in diesem Fall kaum noch; der entstehende Fehler bei ihrer Vermischung ist vernachlässigbar (vgl. Kap. 3.4.1.). Beim Rechnen mit Monats- oder Jahresrenditen wird der Fehler jedoch deutlich größer. Hier wäre im konkreten Anwendungsfall zu prüfen, ob der Fehler bei Vermischung von stetigen und diskreten Renditen noch tolerierbar ist. In der praktischen Anwendung üben jedoch die Schätzfehler in den Eingangsdaten (erwartete Renditen, zukünftige Varianzen und Kovarianzen) einen weitaus gewichtigeren Einfluss auf das Ergebnis der Optimierung aus. Die hier in Fußnoten angestellten Überlegungen, dass man diskrete und stetige Renditen bei der Portfoliooptimierung niemals vermischen darf und dass die Rechenregeln für Portfoliorendite und Portfoliovarianz nur exakt für diskrete Renditen gelten, sind eher „akademischer" Natur.

Zur Bestimmung des Tangentialportfolios *TP* sei dabei auf Abb. 12.3.1.-4. zurückverwiesen. Bei näherer Betrachtung der Abb. 12.3.1.-4. ist erkennbar, dass das Tangentialportfolio *TP* offensichtlich der Bedingung nach (1) genügt:

$$(1) \quad \frac{\mu_P - r_f}{\sigma_P} \rightarrow \text{max!}$$

mit μ_P: Erwartungswert der Rendite eines Portfolios *P* auf dem effizienten Rand
r_f: risikofreier Zinssatz
σ_P: Standardabweichung der Rendite des Portfolios *P*

Sofern ein Investor bereit ist, das Tangentialportfolio *TP* zu realisieren, kann er eine Mehr- oder Überrendite gegenüber der Anlage zum risikofreien Zinssatz r_f in Höhe von $\mu_{TP} - r_f$ erwarten. Für die Erzielung dieser zusätzlichen Rendite muss er jedoch ein zusätzliches Risiko in Höhe von σ_{TP} tragen. Somit beträgt die Überschussrendite pro Risikoeinheit beim Tangentialportfolio also $\frac{\mu_{TP} - r_f}{\sigma_{TP}}$. Dies gilt natürlich in analoger Weise für jedes Portfolio *P* auf dem effizienten Rand. Die Überschussrendite pro Risikoeinheit beim Portfolio *P* in Abb. 12.3.1.-4. würde entsprechend $\frac{\mu_P - r_f}{\sigma_P}$ betragen. Allerdings ist beim Tangentialportfolio *TP* diese Überschussrendite pro Risikoeinheit am größten unter allen Portfolios *P* auf dem effizienten Rand. Streng genommen wird also das Tangentialportfolio *TP* erst durch die Eigenschaft nach (1) definiert.

Zur Bestimmung des Tangentialportfolios *TP* ist also die Zielfunktion *ZF* nach (2) bzw. (3) zu maximieren. Die Gleichung (3) ist dabei lediglich eine kompaktere Darstellung von (2) in Vektor- und Matrizennotation.

$$(2) \quad ZF(w_1, w_2, ..., w_n) = \frac{\sum_{i=1}^{n} w_i \mu_i - r_f}{\sqrt{\sum_{i=1}^{n} \sum_{j=1}^{n} w_i w_j \sigma_{ij}}} \rightarrow \text{max!}$$

$$(3) \quad ZF(\mathbf{w}) = \frac{\mathbf{w}' \cdot \mathbf{R} - r_f}{\sqrt{\mathbf{w}' \cdot \mathbf{\Omega} \cdot \mathbf{w}}} \rightarrow \text{max!}$$

Als Nebenbedingung ist nur (4) zu beachten, weitere Restriktionen liegen nicht vor. Auf Grund der Zulässigkeit von Leerverkäufen kann also ein einzelner Anteil w_i durchaus negativ sein.

(4) $\sum_{i=1}^{n} w_i = 1$

Setzt man nun für den Vektor der Erwartungswerte der Renditen **R** und für die Varianz-Kovarianz-Matrix **Ω** die Schätzungen aus Kap. 12.3.2. ein, so erhält man die Struktur des Tangentialportfolios *TP*, wie in Tab. 12.3.3.-1. dargestellt.

Aktie der	Anteil im Tangentialportfolio *TP*
Allianz AG	4.41
BASF AG	−6.79
Metro AG	3.52
Deutschen Bank AG	−3.91
Schering AG	4.84
Siemens AG	−1.05
Summe[272]	1.02 ≈ 1

Tab. 12.3.3.-1.: Struktur des Tangentialportfolios

Zur Bestimmung der konkreten Lösung kann z.B. das in Kap. 11.3. behandelte Verfahren eingesetzt werden. Dazu sind in der beispielhaften Implementation in Kap. 11.3.4. in Verbindung mit Kap. 11.3.6. lediglich die Definitionen der Ausgangsdaten, der Zielfunktion und der Nebenbedingungen an die hier verwendeten Rahmenbedingungen anzupassen. Der Start des Optimierungsprozesses und die Ausgabe des Lösungsvektors erfolgt genau in derselben Weise wie in Kap. 11.3.6. beschrieben.

Da alle in dieser Fallstudie betrachteten Optimierungsansätze einander recht ähnlich sind, soll die konkrete Anwendung der beispielhaften Implementation aus Kap. 11.3.4. in Verbindung mit Kap 11.3.6. nur einmal detailliert betrachtet werden (nämlich in Kap. 12.3.4.), da dort zusätzliche Nebenbedingungen mit zu berücksichtigen sind. Die notwendigen Anpassungen an der Implementation, um auch diese oder die anderen Fallstudien lösen zu können, ergeben sich dann durch geringfügige Modifikationen. Beim Nachrechnen der Ergebnisse des Beispiels können sich je nach gewähltem Startpunkt, geforderter Präzision und maximal zulässiger Anzahl an Iterationen Ergebnisunterschiede zu denen aus Tab. 12.3.3.-1. in den Nachkommastellen ergeben. So sind z.B. die in Tab. 12.3.3.-1. dargestellten Werte bereits in der zweiten Nachkommastelle ungenau, weshalb sie auch nicht mit mehr Nachkommastellen ausgewiesen werden.

Das in Tab. 12.3.3.-1. dargestellte Tangentialportfolio *TP* besitzt einen geschätzten Erwartungswert der Eintagesrendite in Höhe von 0.0554 mit einer zugehörigen Varianz von 0.0405. Es besteht im Beispiel zu 441% des verfügbaren Ausgangskapitals aus Aktien der Allianz AG, aus einer „short" Position (d.h. einem Leerverkauf) in Höhe von 679% des anfänglich verfügbaren Kapitals in Aktien der BASF AG, weiteren Käufen in Höhe von 352% bzw. 484% von Aktien der Metro bzw. der Schering AG sowie weiteren Leerverkäufen in

[272] Auf Grund der auf zwei Nachkommastellen gerundeten Anteile ergibt die Summe aller Anteile laut Tab. 12.3.3.-1. den Wert 1.02, also nur „ungefähr" eins. Rechnet man jedoch mit der vollen Genauigkeit sämtlicher Zahlen, dann ergibt die Summe auch den geforderten Wert von genau eins.

Höhe von 391% bzw. 105% von Aktien der Deutschen Bank bzw. der Siemens AG. Diese Zahlen erscheinen vielleicht auf den ersten Blick „merkwürdig" und könnten einen Rechenfehler vermuten lassen. Tatsächlich ist aber dieses Ergebnis geradezu typisch für Portfoliooptimierungen *ohne* Nebenbedingungen in Form von Mindest- und Höchstanteilen für die einzelnen Anlagemöglichkeiten. Derartige Optimierungen führen im Regelfall zu völlig unrealistischen Portfoliostrukturen, die man niemals ernsthaft in Betracht ziehen würde. Der hier betrachtete Optimierungsansatz ist insofern nicht „praxisgerecht", sondern eher eine „theoretische" Möglichkeit. Der Vollständigkeit halber soll dieser Ansatz aber noch zum Abschluss gebracht werden.

Nach der Bestimmung des Tangentialportfolios *TP* ist im zweiten Teilschritt der Gesamtoptimierung die optimale Mischung aus risikoloser Anlagemöglichkeit und risikobehaftetem Tangentialportfolio *TP* zu suchen. Zum finanzwirtschaftlichen Hintergrund sei dazu insbesondere auf Abb. 12.3.1.-5. zurückverwiesen. Der Optimierungsansatz wird mit den Gleichungen (5) bis (8) beschrieben.

(5) $\mu_{Misch} = a\,\mu_{TP} + (1-a)\,r_f = a \cdot 0.0554 + (1-a) \cdot 9.52957\text{E}-05$

(6) $\sigma_{Misch} = a\ \sigma_{TP} = a \cdot \sqrt{0.0405}$

mit μ_{Misch}: Erwartungswert der Rendite des Mischportfolios
σ_{Misch}: Standardabweichung der Rendite des Mischportfolios
a: Anteil der Investitionssumme, der in das risikobehaftete Tangentialportfolio *TP* investiert wird

(7) $ZF(a) = \lambda\,\mu_{Misch} - \sigma^2_{Misch} \rightarrow \max!$

mit λ: Risikotoleranzparameter, hier z.B. $\lambda = 0.1$

(8) $a \geq 0$

Verwendet man nun die Ausgangsdaten der Fallstudie aus Kap. 12.3.2. sowie das oben bestimmte Tangentialportfolio *TP*, ergibt sich für a im zweiten Schritt des gesamten Optimierungsprozesses der Wert $a = 0.068$. Der Erwartungswert der Rendite des Mischportfolios beträgt $\mu_{Misch} = 0.0039$ (vgl. (5)), dessen Varianz $\sigma^2_{Misch} = 0.00019$ (vgl. (6)) und der Wert der Zielfunktion $ZF(0.068) = 0.00020$ (vgl. (7)).

Rein technisch gesehen handelt es sich bei (7) um ein eindimensionales Optimierungsproblem ohne Nebenbedingungen.[273] Die Nebenbedingung, wonach sich die Anteile der risiko-

273 Streng genommen ist bei der Lösung des Optimierungsproblems nach (7) die Nebenbedingung nach (8) zu beachten. Sie besitzt aber bei diesem speziellen Optimierungsproblem im Regelfall keine praktische Relevanz

losen Anlagemöglichkeit und des Tangentialportfolios *TP* im Mischportfolio zu eins summieren müssen, steckt bereits implizit in den Gleichungen (5) und (6). Zur Bestimmung von a kann eines der in Kap. 11.1. vorgestellten eindimensionalen Optimierungsverfahren ohne Nebenbedingungen herangezogen werden. Auch hier wären lediglich die Ausgangsdaten und die Zielfunktion an das Beispiel anzupassen. Die konkrete Anwendung der beispielhaften Implementationen soll aber erst im nächsten Kap. 12.3.4. näher betrachtet werden. Beim Nachrechnen dieser Werte können sich wiederum Abweichungen bei den Nachkommastellen in Abhängigkeit vom Startpunkt, geforderter Präzision und maximal zulässiger Anzahl an Iterationsschritten ergeben.

12.3.4. Risikolose Anlagemöglichkeit und keine Leerverkäufe

Der zweite zu betrachtende Fall geht wie Kap. 12.3.3. von der Existenz einer risikolosen Anlage- und Kapitalaufnahmemöglichkeit aus, jedoch sind Leerverkäufe nicht zulässig. Das Verbot von Leerverkäufen ändert die Form und die Lage des effizienten Randes und die Lage der Effizienzlinie nachhaltig, womit die beiden Teiloptimierungsschritte aus Kap. 12.3.3. erneut zu durchlaufen sind. Gegenüber dem Vorgehen aus Kap. 12.3.3. ergibt sich aber eigentlich nur eine Änderung. Es sind nämlich lediglich Nichtnegativitätsbedingungen bezüglich der Wertpapieranteile w_i zusätzlich mit zu berücksichtigen (vgl. Nebenbedingungen nach (1)):

(1) $w_i \geq 0$ für alle i, $i = 1, ..., n$ (hier $n = 6$)

Streng genommen würde es sich auch bei einer Kreditaufnahme zum risikolosen Zinssatz (d.h. $1 - a < 0$), um damit einen Anteil $a > 1$ des Tangentialportfolios *TP* erwerben zu können, um einen Leerverkauf handeln. Ein Leerverkauf der risikolosen Anlage und eine Kreditaufnahme zum risikolosen Zinssatz laufen faktisch auf dasselbe Ergebnis hinaus. Insofern muss auch $(1-a) \geq 0$ im Optimierungsansatz nach Gleichung (7) aus Kap. 12.3.3. gelten, womit ferner die Einhaltung der Nebenbedingung nach (2) zu fordern ist.

(2) $a \leq 1$

Die Bestimmung des Tangentialportfolios *TP* führt unter den zusätzlichen Nebenbedingungen nach (1) zu dem in Tab. 12.3.4.-1. dargestellten Ergebnis. Das Tangentialportfolio *TP* besitzt nun einen geschätzten Erwartungswert der Rendite in Höhe von 0.0029 und eine Varianz in Höhe von 0.00049.

---

und kann beim Optimierungslauf zumeist auch vernachlässigt werden. Daher wird hier von einem Optimierungsproblem „ohne Nebenbedingungen" gesprochen.

Aktie der	Anteil im Tangentialportfolio *TP*
Allianz AG	0.00
BASF AG	0.00
Metro AG	0.68
Deutschen Bank AG	0.00
Schering AG	0.32
Siemens AG	0.00
Summe	1.00

Tab. 12.3.4.-1.: Struktur des Tangentialportfolios ohne Leerverkäufe

Mit den im Beispiel zu Grunde gelegten Daten besteht das Tangentialportfolio *TP* zu 68% aus Aktien der Metro AG und zu 32% aus Aktien der Schering AG. Die Aktien der übrigen vier Unternehmen sind im Tangentialportfolio *TP* nicht vertreten. Dieses Ergebnis erscheint schon beim rein „optischen" Vergleich gegenüber dem aus 12.3.3. wesentlich „realistischer". Das gefundene Ergebnis ist bis zu einem gewissen Grad auch intuitiv anhand der Ausgangsdaten der Tabellen 12.3.2.-1. und 12.3.2.-2. nachvollziehbar. Die Aufnahme von Aktien der Metro AG mit immerhin 68% ist im Beispiel auf den relativ hohen Wert bei den geschätzten Renditen zurückzuführen (vgl. Tab. 12.3.2.-1., vierte Zeile). Die Aktien der Schering AG besitzen im Beispiel zwar die geringste positive Renditeerwartung, aber ein extrem gutes Verhältnis von Rendite (vgl. Tab. 12.3.2.-1., sechste Zeile) zu Risiko (vgl. Tab. 12.3.2.-2., sechste Zeile, sechste Spalte).

Im zweiten Teilschritt wird nun der Anteil a des Tangentialportfolios *TP* am Mischportfolio bestimmt. Das Vorgehen ist dabei identisch zu dem aus Kap. 12.3.3. Lediglich die Nebenbedingung nach (2) ist zusätzlich zu berücksichtigen.

Der optimale Anteil des Tangentialportfolios *TP* am Mischportfolio mit der risikolosen Anlagemöglichkeit beträgt hier $a = 0.29$, wobei für λ wie in Kap. 12.3.3. ein Wert von 0.1 angesetzt wurde. Der geschätzte Erwartungswert der Rendite des Mischportfolios beträgt

$$\mu_{Misch} = a\,\mu_{TP} + (1-a)\,r_f = 0.29 \cdot 0.0029 + 0.71 \cdot 9.52957\text{E}-05 \approx 0.0009,$$

dessen Varianz

$$\sigma^2_{Misch} = a^2\,\sigma^2_{TP} = 0.29^2 \cdot 0.00049 \approx 4.06\text{E}-05.$$

Der Wert der Zielfunktion fällt mit $ZF(0.29) = 4.99\text{E}–05$ deutlich niedriger als im vorhergehenden Fall (Kap. 12.3.3.) aus.

Zur technischen Bestimmung der Lösungen können die nichtlinearen Optimierungsverfahren der Kap. 11.3. und 11.1. mit den in Kap. 12.3.3. beschriebenen Anpassungen verwendet werden. Dabei sind zusätzlich aber noch die Nebenbedingungen in der beschriebenen Form zu berücksichtigen. Die konkret durchzuführenden Anpassungen werden an dieser Stelle stellvertretend für die übrigen Darstellungen dieser Fallstudie vorgestellt. Sofern daran jedoch kein näheres Interesse besteht, können sie problemlos übersprungen werden.

Zur Bestimmung des Tangentialportfolios *TP* im ersten Teilschritt der Optimierung ist die Zielfunktion nach (1) aus Kap. 12.3.3. (bzw. detaillierter nach (2) bzw. (3) aus Kap. 12.3.3.) unter den Nebenbedingungen nach (4) aus Kap. 12.3.3. sowie der Nichtnegativitätsbedingung nach (1) (siehe oben) zu maximieren. Die notwendige Anpassung der Initialisierung der Ausgangsdaten für die Portfoliooptimierung mit Hilfe des konjugierten Gradientenabstiegverfahrens mit Barrierefunktionen zeigen die Codezeilen 1 bis 23.

```
 1   Const fast_null = 1E-20
 2   Const kehrwert_fast_null = 1E+20
 3   Const delta_faktor = 0.00000001
 4   Const delta_zusatz = 1E-30
 5   Const startschrittweite = 0.001
 6   Const lm_relative_praezision = 0.00001
 7   Const lm_maximale_iterationen = 100
 8   Const AnzAktien = 6
 9   Dim omega(1 To AnzAktien, 1 To AnzAktien)
10   Dim rendite(1 To AnzAktien, 1 To 1)
11   Dim risikofreier_zins
12
13   Sub initialisierung()
14       zeilen_beginn = 63
15       spalten_beginn = 3
16       For i = 1 To AnzAktien
17           rendite(i, 1) = Cells(zeilen_beginn + i, spalten_beginn)
18           For j = 1 To AnzAktien
19               omega(i, j) = Cells(zeilen_beginn + i, _
                  spalten_beginn + j)
20           Next j
21       Next i
22       risikofreier_zins = Cells(61, 7)
23   End Sub
```

Die Konstanten und globalen Variablen in den Codezeilen 1 bis 10 sind aus vorhergehenden Kapiteln bekannt (bzw. selbsterklärend). Neu ist in Codezeile 11 die (globale) Variable *risikofreier_zins*, welche den Wert des risikofreien Zinssatzes aufnimmt. Die Initialisierung des Renditevektors und der Varianz-Kovarianz-Matrix ist mit den Codezeilen 13 bis 23 dargestellt. Die Ausgangsdaten für die Fallstudie befinden sich in einem Excel-Tabellenblatt (vgl. auch Kap. 12.5.3.), die mit Hilfe der Routine *initialisierung* eingelesen werden. Die erwarteten Renditen befinden sich im Zellbereich „C64:C69", die Varianz-Kovarianz-Matrix im Zellbereich „D64:I69" (vgl. Abb. 12.3.4.-1.).

	A	B	C	D	E	F	G	H	I
60									
61	Daten für die Portfoliooptimierung:				RF:	3.49%	9.52957E-05		
62									
63		X	R	Varianz-Kovarianzmatrix					
64		0.00	0.00255	0.001260	0.000498	0.000452	0.000756	0.000361	0.000711
65		0.00	-0.00200	0.000498	0.000641	0.000202	0.000338	0.000345	0.000410
66		0.68	0.00326	0.000452	0.000202	0.000714	0.000337	0.000197	0.000422
67		0.00	-0.00218	0.000756	0.000338	0.000337	0.001210	0.000328	0.000705
68		0.32	0.00211	0.000361	0.000345	0.000197	0.000328	0.000677	0.000431
69		0.00	-0.00037	0.000711	0.000410	0.000422	0.000705	0.000431	0.001416

Abb. 12.3.4.-1.: Ausgangsdaten für die Portfoliooptimierung

In der verschachtelten Doppelschleife der Codezeilen 16 bis 21 werden diese Zellen angesprochen und ihre Inhalte in die globalen Variablen *rendite* und *omega* kopiert. Der Wert für den risikofreien Zinssatz befindet sich in der verwendeten Tabelle in der Zelle „G61", deren Inhalt in Codezeile 22 eingelesen wird. Die Anpassung der Zielfunktion zeigen die Codezeilen 24 bis 50.

```
24   Function zf(x, ndim, r)
25       ReDim w(1 To ndim + 1, 1 To 1)
26       ReDim wt(1 To 1, 1 To ndim + 1)
27
28       summe = 0#
29       For i = 1 To ndim
30           w(i, 1) = x(i)
31           wt(1, i) = x(i)
32           summe = summe + x(i)
33       Next i
34       w(ndim + 1, 1) = 1 - summe
35       wt(1, ndim + 1) = 1 - summe
36
37       pr = Application.WorksheetFunction.MMult(wt, rendite)
38       prisk = Application.WorksheetFunction.MMult(_
          Application.WorksheetFunction.MMult(wt, omega), w)
39       f = -((pr(1) - risikofreier_zins) / (prisk(1) ^ 0.5))
40
41       summe = 0#
42       For i = 1 To ndim + 1
43           summe = summe + barriere(w(i, 1), r)
44       Next i
45
46       zf = f + r * summe
47
48       Erase wt
49       Erase w
50   End Function
```

Die Zielfunktion ist im Wesentlichen aus Kap. 11.3.6. bekannt, weshalb hier nur kurz auf die speziellen Änderungen hingewiesen werden soll. Die Berechnung der Portfoliorendite und der Varianz folgt dem bekannten Vorgehen (vgl. Codezeilen 28 bis 38). Die Codezeile 39 stellt die Berechnung des Wertes der eigentlichen Zielfunktion nach Gleichung (1) aus

Kap. 12.3.3. dar. Die Nebenbedingung nach Gleichung (4) aus Kap. 12.3.3. wird implizit berücksichtigt, indem effektiv nur fünf Anteilsgewichte im Optimierungsprozess berücksichtigt werden und sich das sechste Anteilsgewicht nach $w_6 = 1 - \sum_{i=1}^{5} w_i$ ergibt. Die sechs Nichtnegativitätsbedingungen nach (1) werden über die Auswertung der Barrierefunktionen mit den Codezeilen 41 bis 44 berücksichtigt. In Codezeile 46 wird schließlich der gesamte Wert der transformierten, unbeschränkten Zielfunktion berechnet. Die Hauptprozedur zur Ablaufsteuerung der Optimierung ist schließlich in den Codezeilen 51 bis 67 dargestellt. Auch sie ist im Prinzip aus Kap. 11.3.6. bekannt. Im Wesentlichen wurde nur die Initialisierung des Startpunktes geändert (Codezeilen 54 bis 57).

```
51   Sub beispiel_portfolio_fallstudie()
52       Dim start(1 To AnzAktien - 1)
53       Dim m(1 To AnzAktien - 1)
54       startanteil = 1 / AnzAktien
55       For i = 1 To AnzAktien - 1
56           start(i) = startanteil
57       Next i
58       initialisierung
59       Debug.Print "Fallstudie Portfoliooptimierung"
60       For r_step = 0 To 10
61           r = 10 / (10 ^ r_step)
62           barriere_konjugierter_abstieg m, start, AnzAktien - 1, _
              r, 0.0001, 50
63           Debug.Print r_step, r, m(1), m(2), m(3), m(4), m(5), _
              1 - m(1) - m(2) - m(3) - m(4) - m(5), _
              zfu(m, AnzAktien - 1)
64           kopiere_vektor start, m, AnzAktien - 1
65       Next r_step
66       Debug.Print m(1), m(2), m(3), m(4), m(5), _
          1 - m(1) - m(2) - m(3) - m(4) - m(5)
67   End Sub
```

Der Verlauf der Ergebnisse während des Optimierungsprozesses ist in Tab. 12.3.4.-2. dargestellt. Die endgültige Lösung (letzte Zeile der Tab. 12.3.4.-2.) stimmt mit der in Tab. 12.3.4.-1. dargestellten Lösung überein. Die in Tab. 12.3.4.-1. dargestellten Ergebnisse wurden allerdings unter Verwendung des „Solvers“ in Excel (vgl. auch Kap. 12.5.3.) und ausgehend von einem anderen Startpunkt erzielt.

Die Betrachtung des „Solvers“ in Excel ist schwerpunktmäßig Gegenstand des nachfolgenden Kap. 12.5. Dort wird gezeigt, wie sich die bisher behandelten Beispiele auch ohne Einsatz von VBA97 durch Einsatz einer in Excel standardmäßig bereit gestellten Optimierungsprozedur (nämlich jenem „Solver“) lösen lassen. Deren Einsatz ist gerade bei einem Optimierungsproblem mit variierenden Randbedingungen sehr bequem und benutzerfreundlich. Aus diesem Grund und in Vorbereitung auf Kap. 12.5. wurden hier die Ergebnisse der Anwendung des Solvers dargestellt. Natürlich lassen sich auch alle Beispiele dieser Fallstudie wie bisher unter Verwendung von VBA97 und den vorgestellten Implementationen lösen. Die Ergebnisunterschiede sind vernachlässigbar.

Hinsichtlich des Wertes der Zielfunktion (Gleichung (1) aus Kap. 12.3.3.) wird mit dem „Solver" ein (absoluter) Wert von 0.12705143 erreicht, mit Hilfe des konjugierten Gradientenverfahrens und Barrierefunktionen ein (absoluter) Wert von 0.12701342. Beide Lösungen unterscheiden sich erst ab der fünften Nachkommastelle. Die Genauigkeit der Lösung des konjugierten Gradientenverfahrens mit Barrierefunktionen lässt sich durch eine genauere Approximation des Gradienten, ein langsameres Herabsetzen des Skalierungsparameters r, Erhöhung der Anzahl maximal zulässiger Iterationsschritte und Verringerung des Wertes für die geforderte relative Präzision steigern. Aber auch schon so wird deutlich, dass sich mit dem hier systematisch entwickelten Verfahren Portfolios unter beliebigen Zielfunktionen und Nebenbedingungen hinreichend genau optimieren lassen. In realen praktischen Anwendungen sind die Auswirkungen von Schätzfehlern bei den erwarteten Renditen und bei der Varianz-Kovarianz-Matrix auf das Ergebnis der Optimierung um *Größenordnungen* bedeutsamer als geringfügige numerische Ungenauigkeiten des Lösungsverfahrens.

r	w_1	w_2	w_3	w_4	w_5	w_6	ZF
1.00E+01	0.17	0.17	0.17	0.17	0.17	0.17	–0.0203
1.00E+00	0.17	0.17	0.17	0.17	0.17	0.17	–0.0204
1.00E–01	0.17	0.16	0.17	0.16	0.17	0.17	–0.0216
1.00E–02	0.18	0.14	0.20	0.14	0.18	0.15	–0.0331
1.00E–03	0.14	0.07	0.47	0.06	0.19	0.07	–0.0864
1.00E–04	0.07	0.02	0.63	0.02	0.23	0.03	–0.1143
1.00E–05	0.03	0.01	0.66	0.01	0.29	0.01	–0.1231
1.00E–06	0.02	0.00	0.67	0.00	0.31	0.00	–0.1258
1.00E–07	0.01	0.00	0.68	0.00	0.31	0.00	–0.1267
1.00E–08	0.00	0.00	0.68	0.00	0.32	0.00	–0.1269
1.00E–09	0.00	0.00	0.68	0.00	0.32	0.00	–0.1270

Tab. 12.3.4.-2.: Ergebnisse des Optimierungsprozesses

Der zweite Teilschritt der Optimierung besteht nun aus der Bestimmung des Anteils a des Tangentialportfolios TP am Gesamtportfolio. Hier ist nun die Zielfunktion nach (7) aus Kap. 12.3.3. unter den Nebenbedingungen nach (8) aus Kap. 12.3.3. und (2) (siehe oben) zu optimieren. Die erwartete Rendite des Tangentialportfolios TP beträgt dabei 0.00289572, die Varianz 0.00048583 und der risikofreie Zinssatz 9.52957E–05. Die hier erforderliche eindimensionale Optimierung kann dabei z.B. unter Verwendung des Schachtelverfahrens (vgl. Kap. 11.1.1.3.) vorgenommen werden. Die dazu notwendige Anpassung der Zielfunktion wird in den Codezeilen 68 bis 78 dargestellt.

```
68    Const fast_null = 1E-20
69    Const tp_rendite = 0.002895718
70    Const tp_varianz = 0.000485834
71    Const risikofreier_zins = 0.0000952957
72    Const lambda = 0.1
73
74    Function zf(arg)
75        mischportfolio_rendite = arg * tp_rendite + (1 - arg) * _
           risikofreier_zins
76        mischportfolio_varianz = arg ^ 2 * tp_varianz
77        zf = -(lambda * mischportfolio_rendite _
           - mischportfolio_varianz)
78    End Function
```

Die Ausgangsdaten (Codezeilen 68 bis 72) sind gemäß Aufgabenstellung bekannt. Die Berechnung des Zielfunktionswertes (Codezeilen 74 bis 78) ist eine direkte Umsetzung der Gleichungen (5), (6) und (7) aus Kap. 12.3.3. und braucht daher nicht weiter kommentiert zu werden. Die Nebenbedingung, nach der sich der Anteil des Tangentialportfolios *TP* und der risikofreien Anlage zu eins summieren müssen, steckt implizit in den Gleichungen (5) und (6) aus Kap. 12.3.3. Auffällig ist aber, dass die Nebenbedingungen nach (2) (siehe oben) und (8) aus Kap. 12.3.3. nicht in den Codezeilen 74 bis 78 berücksichtigt werden. Dies ist tatsächlich der Fall, denn aus Vereinfachungsgründen wird die nachfolgende Optimierung unter der Vermutung durchgeführt, dass die optimale Lösung sich im zulässigen Bereich befindet. Sollte dies nicht der Fall sein, wäre die Zielfunktion in den Codezeilen 74 bis 78 um Barrierefunktionen zu ergänzen. Der optimale Anteil des Tangentialportfolios *TP* wird hier mit 28.82% approximiert, was mit der bereits bekannten Lösung (durch den „Solver“) übereinstimmt.

Die bisher entwickelten Verfahren gestatten die problemlose Lösung dieser Fallstudie sowie auch „echter“ praktischer Aufgabenstellungen. Dazu ist lediglich die geeignete Anpassung der Zielfunktion an das konkrete Optimierungsproblem erforderlich. Gleichzeitig wird hier aber deutlich, dass für die praktische Arbeit das laufende Anpassen des VBA97-Codes an die jeweilige Zielfunktion ziemlich lästig ist. Für einen ständigen Einsatz der vorgestellten Verfahren müsste also über die Konzeption einer geeigneten, benutzerfreundlichen Schnittstelle nachgedacht werden, was aber nicht Gegenstand dieser Betrachtungen sein kann. Einfacher gestaltet sich das Nachvollziehen dieser Fallstudie unter Verwendung des „Solvers“ in Excel. Dessen Einsatzmöglichkeiten werden in Kap. 12.5. (bezüglich dieser Fallstudie in Kap. 12.5.3.) kurz vorgestellt.

12.3.5. Keine risikolose Anlagemöglichkeit und Leerverkäufe

Beim dritten zu betrachtenden Fall wird die Annahme der Existenz einer risikolosen Anlagemöglichkeit aufgegeben, Leerverkäufe werden jedoch zugelassen. Auf Grund der fehlenden risikolosen Anlagemöglichkeit ergibt sich eine deutliche Änderung des Optimierungsproblems, da nun keine Mischportfolios aus Tangentialportfolio und risikoloser Anlagemöglichkeit gebildet werden können. Vielmehr stehen den Investoren jetzt nur noch die Portfolios des ursprünglichen effizienten Randes zur Verfügung (vgl. Abb. 12.3.1.-3.). Die Auswahl des optimalen Portfolios für einen Investor muss nun unter diesen vorgenommen werden. Formal lautet das Optimierungsproblem wie folgt:

(1) $ZF(w_1, w_2, ..., w_n) = \lambda \mu_p - \sigma_p^2 \rightarrow \max!$

unter der Nebenbedingung:

(2) $\sum_{i=1}^{n} w_i = 1$

Im Kern ist der vorgelagerte Schritt der Bestimmung des Tangentialportfolios *TP* weggefallen und die Zielfunktion *ZF* wird direkt an den Portfolios des effizienten Randes maximiert. Bestimmt man für $\lambda = 0.1$ das optimale Portfolio unter diesen Randbedingungen mit den Ausgangsdaten der Fallstudie, so ergibt sich das in Tab. 12.3.5.-1. dargestellte Ergebnis.

Aktie der	Anteil im optimalen Portfolio
Allianz AG	0.20
BASF AG	–0.13
Metro AG	0.60
Deutschen Bank AG	–0.15
Schering AG	0.60
Siemens AG	–0.12
Summe	1.00

Tab. 12.3.5.-1.: Struktur des optimalen Portfolios mit Leerverkäufen

Der geschätzte Erwartungswert der Portfoliorendite beträgt hier 0.0044 und die Varianz 0.00056. Der Wert der Zielfunktion ist jetzt negativ mit –0.00013. Im direkten Vergleich der Werte der Zielfunktion aus Kap. 12.3.3., 12.3.4. und 12.3.5. ist eine stetige Abnahme zu beobachten. Dies ist inhaltlich konsistent, denn die Investitionsmöglichkeiten haben sich von den Randbedingungen des Kap. 12.3.3. bis zu denen des Kap. 12.3.5. zunehmend verengt.

Zur technischen Bestimmung der Lösung kann auf das in Kap. 11.3.6. dargestellte Verfahren zurückgegriffen werden. Dabei ist eine kleine Anpassung der Zielfunktion aus Kap. 11.3.6. erforderlich, indem die Nichtnegativitätsbedingungen (die hier nicht gelten) fallen gelassen werden können. Außerdem sind die zu Grunde gelegten Kapitalmarktdaten an die hier verwendeten Ausgangsdaten anzupassen. Abweichungen in Nachkommastellen beim Nachrechnen können sich wiederum auf Grund unterschiedlicher Startpunkte, geforderter Präzision und maximal zulässiger Anzahl an Iterationsschritten ergeben.

12.3.6. Keine risikolose Anlagemöglichkeit und keine Leerverkäufe

Der vierte zu betrachtende Fall ist weitgehend identisch zu dem aus Kap. 12.3.5., jedoch sind nun zusätzlich die Nichtnegativitätsbedingungen nach (1) zu berücksichtigen.

(1) $w_i \geq 0$ für alle $i = 1, ..., n$ (hier $n = 6$)

Fügt man diese dem Optimierungsproblem nach Kap. 12.3.5. hinzu, ergibt sich die in Tab. 12.3.6.-1. dargestellte Lösung. Alle übrigen Randbedingungen und Ausgangsdaten blieben gegenüber Kap. 12.3.5. unverändert.

Aktie der	Anteil im optimalen Portfolio
Allianz AG	0.03
BASF AG	0.00
Metro AG	0.52
Deutschen Bank AG	0.00
Schering AG	0.45
Siemens AG	0.00
Summe	1.00

Tab. 12.3.6.-1.: Struktur des optimalen Portfolios ohne Leerverkäufe

Der geschätzte Erwartungswert der Portfoliorendite beträgt 0.0027, die Varianz 0.00045. Der Wert der Zielfunktion ist mit –0.00018 nochmals gegenüber dem aus Kap. 12.3.5. zurückgegangen. Dies war auch zu erwarten, da sich gegenüber dem vorhergehenden Fall die Investitionsmöglichkeiten nochmals verengt haben.

Zur technischen Lösung des Optimierungsproblems kann auf die beispielhafte Implementation aus Kap. 11.3.6. zurückgegriffen werden. Nach Anpassung der Kapitalmarktdaten sollten sich ungefähr die hier ausgewiesenen Ergebnisse einstellen. Abweichungen bei den Nachkommastellen sind aber möglich.

12.3.7. Die Bestimmung des Minimum-Varianz Portfolios

Das Minimum-Varianz Portfolio (MVP) ist jenes Portfolio auf dem effizienten Rand, welches die minimale Varianz (bzw. Standardabweichung) der Portfoliorenditen aufweist. Grafisch liegt das MVP am linken äußeren Beginn des effizienten Randes, wie es Abb. 12.3.7.-1. illustriert.

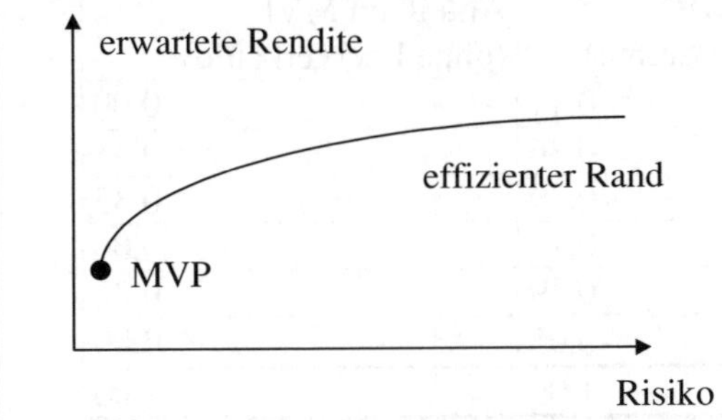

Abb. 12.3.7.-1.: Lage des Minimum-Varianz Portfolios

Formal lässt sich das MVP über die Bedingung nach (1) definieren:

(1) $$\sigma_p^2 = \sum_{i=1}^{n} \sum_{j=1}^{n} w_i w_j \sigma_{ij} \rightarrow \min!$$

Zur konkreten Bestimmung der Lage des MVP ist also (1) zu minimieren, wobei lediglich die Varianzen und Kovarianzen der Wertpapierrenditen benötigt werden, nicht jedoch deren Erwartungswerte. Dies ist insofern von Bedeutung, da die Prognose der Erwartungswerte der Renditen als ausgesprochen schwierig gilt. Varianzen und Kovarianzen gelten gemeinhin als stabiler im Zeitablauf und somit als leichter zu prognostizieren.

Analog zu den bisherigen Fällen handelt es sich bei der Minimierung der Zielfunktion nach (1) um ein nichtlineares Optimierungsproblem, welches mit den behandelten Verfahren gelöst werden kann. Bei der Bestimmung des MVP ist wiederum zu unterscheiden, ob Leerverkäufe zulässig oder verboten sind. Im ersten Fall tritt zu (1) lediglich die Nebenbedingung nach (2) hinzu, im zweiten Fall ist zusätzlich noch (3) zu berücksichtigen.

(2) $$\sum_{i=1}^{n} w_i = 1$$

(3) $w_i \geq 0$ für alle Wertpapiere $i = 1, ..., n$

Bestimmt man mit den Ausgangsdaten der Fallstudie die Struktur des MVP, so erhält man die in Tab. 12.3.7.-1. dargestellten Ergebnisse.

Aktie der	Anteil am MVP (mit Leerverkäufen)	Anteil am MVP (ohne Leerverkäufe)
Allianz AG	–0.11	0.00
BASF AG	0.36	0.31
Metro AG	0.39	0.35
Deutschen Bank AG	0.12	0.06
Schering AG	0.29	0.28
Siemens AG	–0.05	0.00
Summe	1.00	1.00
Erwartungswert der Rendite	0.00061	0.00098
Varianz	0.00038	0.00039

Tab. 12.3.7.-1.: Struktur des Minimum-Varianz Portfolios

Die Minimierung der Varianz (ohne Berücksichtigung der Rendite) bei der Bestimmung des MVP als einzige Zielgröße wird beim Vergleich der Ergebnisse aus Tab. 12.3.7.-1. ersichtlich. So wird bei Zulässigkeit von Leerverkäufen ein nur marginal besserer Wert bei der Varianz erzielt, allerdings erheblich zu Lasten des Erwartungswerts der Portfoliorendite. Dieser interessiert – per definitionem – bei der Bestimmung des MVP auch nicht.

Zur technischen Lösung des Optimierungsproblems kann wiederum auf die in Kap. 11.3.6. beispielhaft dargestellte Implementation zurückgegriffen werden. Neben der Anpassung der Kapitalmarktdaten an die hier verwendeten Ausgangsdaten und dem Setzen der Nebenbedingungen ist außerdem noch die Zielfunktion anzupassen. Beim Nachrechnen dieses Beispiels können sich Abweichungen in den Nachkommastellen ergeben.

12.4. Fallstudie 4: Index Tracking

Der Gegenstand der vorangegangenen Fallstudie 3 in Kap. 12.3. war die Bestimmung des optimalen Portfolios, ausgehend von konkreten Prognosen hinsichtlich der zukünftig erwarteten Renditen von Anlageobjekten sowie deren Varianzen und Kovarianzen. In der praktischen Anwendung muss man dabei implizit unterstellen, dass brauchbare Prognosen der benötigten Inputparameter für die Optimierung (Renditen, Varianzen, Kovarianzen) möglich sind und auch tatsächlich bereit gestellt werden können. Dies kann z.B. durch Anwendung von geeigneten Prognoseverfahren erfolgen, wie es beispielhaft in der Fallstudie in Kap. 8. vorgestellt wurde. Sind jedoch keine geeigneten Prognoseinstrumente verfügbar oder wird sogar gänzlich die Möglichkeit bezweifelt, systematisch brauchbare Prognosen der Inputparameter (Renditen, Varianzen, Kovarianzen) erstellen zu können, so ist der Versuch einer Portfoliooptimierung offensichtlich sinnlos.

Bezweifelt man also die Möglichkeit der brauchbaren Prognose von Renditen, Varianzen und Kovarianzen oder stehen keine geeigneten Instrumente zur Verfügung, so wird im Regelfall eine sog. *passive Anlagestrategie* verfolgt. Hier wird von der zentralen Prämisse ausgegangen, dass die allgemeine Marktentwicklung, repräsentiert durch einen geeigneten Index (z.B. durch den DAX für den deutschen Aktienmarkt), nicht systematisch übertroffen werden kann. Folgerichtig muss die Zielsetzung des Portfoliomanagements also darin bestehen, der allgemeinen Marktentwicklung mit dem verwalteten Portfolio wertmäßig so genau wie möglich zu folgen. Da der Markt durch die Wertentwicklung eines geeignet gewählten Indexes repräsentiert wird, ist also konkret die Wertentwicklung eines Indexes zu verfolgen. Dies bezeichnet man als *Index Tracking* oder auch als *Indexreplikation*. Der finanzwirtschaftliche Hintergrund wurde bereits im Zusammenhang mit den Fallstudien der Kap. 10.5. und 10.6. behandelt, auf die an dieser Stelle zurückverwiesen wird.

Dort wurde der Einsatz der *linearen Optimierung* zur Ermittlung der konkreten Struktur des Tracking Portfolios aufgezeigt, die *quadratische Optimierung* (vgl. Kap. 9.4.) kann ebenso eingesetzt werden. Der Ansatz dieser Fallstudie ist hingegen den *Modellen der Datenanalyse* zuzuordnen (vgl. auch Abb. 10.5.-1.).

Ausgangspunkt ist dabei ein Pool aus *n* möglichen Wertpapieren, aus denen das Tracking Portfolio gebildet werden kann. Das Tracking Portfolio soll dabei so strukturiert sein, dass im Idealfall (1) für alle denkbaren Zeitpunkte *t* gilt:

(1) $$I_t = w_1 r_{1t} + w_2 r_{2t} + \dots + w_n r_{nt}$$

mit I_t: Rendite des Indexes zum Zeitpunkt *t*
w_i: Gewicht des *i*-ten Wertpapiers im Tracking Portfolio
r_{it}: Rendite des *i*-ten Wertpapiers im Tracking Portfolio zum Zeitpunkt *t*

Gesucht sind also die Werte der Portfoliogewichte w_i im Tracking Portfolio, welche in der bestmöglichen Weise der Idealforderung nach (1) genügen. Zur Bestimmung der Portfoliogewichte bedient man sich zumeist historisch basierter Schätzungen. Ausgangspunkt sind hier *T* Zeitpunkte der Vergangenheit, für die Beobachtungen der Indexrendite I_t und der Renditen r_{it} der einzelnen Wertpapiere vorliegen. Gesucht werden nun diejenigen Werte der Anteilsgewichte w_i im Tracking Portfolio, welche in der Beobachtungsperiode bestmöglich der Forderung nach (1) genügt hätten.

Dazu kann der folgende Optimierungsansatz formuliert werden. Für einen bestimmten Zeitpunkt *t* beträgt der „Tracking Error" e_t offensichtlich:

(2) $$e_t = I_t - (w_1 r_{1t} + w_2 r_{2t} + \dots + w_n r_{nt})$$

mit e_t: „Tracking Error" des Tracking Portfolios zum Zeitpunkt *t*
w_i: Gewicht des *i*-ten Wertpapiers im Tracking Portfolio

In der Literatur finden sich vielfältige Definitionen des Begriffs „Tracking Error", die hier aus Platzgründen weder vorgestellt noch ausführlich diskutiert werden sollen (vgl. auch Kap. 3.3.6.; dort wird eine andere Definition des „Tracking Errors" benutzt, ebenso in Kap. 10.5.). Im Wesentlichen wird unter „Tracking Error" entweder die Renditedifferenz zwischen Index und Tracking Portfolio wie nach (2) oder alternativ die Standardabweichung der Renditedifferenz verstanden. Obwohl die letzte Definition gebräuchlicher ist (vgl. Kap. 3.3.6.), ist für Zwecke dieser beispielhaften Fallstudie die weniger häufig verwendete Definition nach (2) intuitiver und rechentechnisch leicht handhabbar. Zur Bestimmung der Anteilsgewichte lässt sich damit die Zielfunktion nach (3) formulieren:

$$(3) \qquad ZF(w_1, w_2 ..., w_n) = \sum_{t=1}^{T} e_t^2 = \sum_{t=1}^{T} \left(I_t - \left(w_1 r_{1t} + w_2 r_{2t} + ... + w_n r_{nt}\right)\right)^2 \to \min!$$

Diejenigen Werte w_1, w_2, ..., w_n, für welche die Zielfunktion (3) minimal wird, sollen mit $\hat{w}_1, \hat{w}_2, ..., \hat{w}_n$ bezeichnet werden und dienen als Schätzer für die Gewichte im Tracking Portfolio. Schon bei oberflächlicher Betrachtung wird schnell deutlich, dass es sich bei (3) um eine Kleinste-Quadrate Schätzung handelt, die mit Hilfe einer gewöhnlichen Regressionsanalyse umgesetzt werden könnte. Ganz so einfach ist dies jedoch nicht, denn in der praktischen Anwendung sind oftmals verschiedene Nebenbedingungen zu beachten. Zunächst gilt auch hier die bekannte Nebenbedingung der Portfoliooptimierung nach (4a), die von den „wahren", aber unbekannten Gewichten w_i des Tracking Portfolios eingehalten werden muss. Diese gilt analog auch für deren Schätzer $\hat{w}_i$.

$$(4a) \quad \sum_{i=1}^{n} w_i = 1 \qquad \text{bzw.} \quad (4b) \quad \sum_{i=1}^{n} \hat{w}_i = 1$$

Außerdem dürfen die Anteilsgewichte im Tracking Portfolio nicht irgendwelche beliebigen Werte annehmen. Da im Regelfall Leerverkäufe nicht zulässig sind, gelten Nichtnegativitätsbedingungen für alle Anteilsgewichte nach (5):

$$(5a) \quad w_i \geq 0 \qquad \text{bzw.} \quad (5b) \quad \hat{w}_i \geq 0 \qquad \text{für alle } i = 1, ..., n$$

Aus praktischen Erwägungen wird man jedoch in der Realität die Grenzen noch enger ziehen. Um einen gewissen Grad an Mindestdiversifikation sicherzustellen, könnte die Forderung nach einem nicht zu unterschreitenden Mindestanteil für jedes Wertpapier erhoben werden:

$$(6a) \quad w_i \geq w_i^{\min} > 0 \qquad \text{bzw.} \quad (6b) \quad \hat{w}_i \geq w_i^{\min} > 0 \qquad \text{für alle } i = 1, ..., n$$

mit $w_i^{\min}$: geforderter Mindestanteil des i-ten Wertpapiers im Tracking Portfolio

Ebenso wird man aus verschiedenen Gründen (gesetzliche Vorschriften, Anlagerichtlinien, Vorsichtserwägungen) den maximalen Anteil eines Wertpapiers im Tracking Portfolio begrenzen:

(7a) $w_i \leq w_i^{\max} < 1$ bzw. (7b) $\hat{w}_i \leq w_i^{\max} < 1$ für alle $i = 1, ..., n$

mit $w_i^{\max}$: zulässiger Höchstanteil des i-ten Wertpapiers im Tracking Portfolio

Damit ist eine Art „Kleinste-Quadrate Schätzung unter Nebenbedingungen" durchzuführen, die mit einer gewöhnlichen Regressionsanalyse nicht mehr vorgenommen werden kann. Zur Lösung kann jedoch z.B. das Verfahren des konjugierten Gradientenabstiegs mit Barrierefunktionen herangezogen werden, wie es nachfolgend gezeigt wird.

In dieser exemplarischen Fallstudie wird aus Vereinfachungsgründen auf die Ausgangsdaten des Kap. 12.3.2. zurückgegriffen. Anders als in Kap. 12.3.2. soll nun aber nicht aus den Aktien der Allianz AG, der BASF AG, der Metro AG, der Deutschen Bank AG, der Schering AG und der Siemens AG das optimale Portfolio auf Grund erwarteter Renditen, Varianzen und Kovarianzen bestimmt werden. Vielmehr wird hier nach der geeigneten Zusammensetzung des Tracking Portfolios gesucht, welches sich im dort benutzten Beobachtungszeitraum (1.9.98 bis 13.11.98) wertmäßig möglichst ähnlich wie der deutsche Aktienindex DAX entwickelt hätte. Die sechs genannten Aktien sollen dabei das fiktive Auswahluniversum darstellen, welches für die Indexreplikation herangezogen wird. In der realen Anwendung würde man ein breiteres Auswahluniversum benutzen und die Auswahl der möglichen Titel für die Indexreplikation nach gründlicher Analyse (Branchenstruktur des DAX, Liquidität der Papiere, etc.) vornehmen. Da es hier jedoch nur um die Demonstration der verfahrenstechnischen Vorgehensweise geht, sind diese Bedenken im weiteren Verlauf nicht wesentlich.

Zur Bestimmung des Tracking Portfolios wird der oben geschilderte Ansatz der Datenanalyse gewählt. Es soll also die Zielfunktion nach (3) minimiert werden, wobei für die Indexrendite und die Renditen der Wertpapiere die stetigen Eintagesrenditen des DAX und der einzelnen Aktien des Beobachtungszeitraums eingesetzt werden (vgl. auch Kap. 12.3.2.). Dabei ist die Nebenbedingung nach Gleichung (4) zwingend einzuhalten. Ferner wird angenommen, dass aus verschiedenen Gründen (Zwang zu einer Mindestdiversifikation, gesetzliche Vorschriften, o. ä.) die folgenden zusätzlichen Nebenbedingungen nach (8) und (9) gesetzt werden.

(8a) $w_i \geq 0.05$ bzw. (8b) $\hat{w}_i \geq 0.05$ für alle $i = 1, ..., 6$

(9a) $w_i \leq 0.4$ bzw. (9b) $\hat{w}_i \leq 0.4$ für alle $i = 1, ..., 6$

Aus Vereinfachungsgründen werden einheitliche Mindest- und Höchstanteile in Höhe von 5% bzw. 40% für jedes Wertpapier gefordert. Denkbar sind aber auch wertpapierspezifische Nebenbedingungen. Die Berücksichtigung individueller Mindest- und Höchstanteile würde zwar die Formulierung des Optimierungsproblems aufwändiger gestalten, hätte aber keinen Einfluss auf die verfahrenstechnische Vorgehensweise bei der Lösung.

Bei Verwendung des konjugierten Gradientenverfahrens mit Barrierefunktionen führt dies zu dem folgenden, unbeschränkten Optimierungsproblem nach Gleichung (10).[274]

$$
\begin{aligned}
& ZF(w_1, w_2 \ldots, w_5, r) = \sum_{t=1}^{T} e_t^2 + r \cdot \sum_{i=1}^{12} B_i(c_i(w_1, w_2 \ldots, w_5)) \\
(10) \quad & = \sum_{t=1}^{T} \left(I_t - (w_1 r_{1t} + w_2 r_{2t} + \ldots + w_5 r_{5t} + (1 - w_1 - w_2 - \ldots - w_5) r_{6t})\right)^2 \\
& + r \cdot \left(\begin{array}{l} \sum\limits_{i=1}^{5} \dfrac{1}{w_i - 0.05} + \dfrac{1}{(1 - w_1 - w_2 - \ldots - w_5) - 0.05} \\ + \sum\limits_{i=1}^{5} \dfrac{1}{0.4 - w_i} + \dfrac{1}{0.4 - (1 - w_1 - w_2 - \ldots - w_5)} \end{array} \right) \rightarrow \min!
\end{aligned}
$$

In der ersten Zeile von (10) steht der grundlegende Optimierungsansatz. Die Zielfunktion *ZF* hat fünf freie Parameter $(w_1, w_2 \ldots, w_5)$. Der Parameter w_6 ergibt sich wegen der Nebenbedingung nach Gleichung (4) einfach mit $w_6 = 1 - \sum_{i=1}^{5} w_i$. Der Parameter r in *ZF* ist dagegen *kein* freier, im Zuge der Optimierung zu bestimmender Wert, sondern der Skalierungsfaktor für die Barrierefunktionen. Er ist *nicht* mit der Rendite eines Wertpapiers zu verwechseln (diese sind indiziert).

Die transformierte, unbeschränkte Zielfunktion besteht aus zwei Komponenten. Die erste Komponente $\sum_{t=1}^{T} e_t^2$ stellt die eigentliche Zielfunktion dar. Es handelt sich hier um die Summe des quadratischen „Tracking Errors“, der im Zuge der Optimierung minimiert werden soll. Die zweite Komponente $r \cdot \sum_{i=1}^{12} B_i(c_i(w_1, w_2 \ldots, w_5))$ ist die mit dem Faktor r skalierte Summe der Werte der Barrierefunktionen, welche die 12 weiteren Nebenbedingungen repräsentieren.

In der zweiten Zeile von (10) ist die Komponente $\sum_{t=1}^{T} e_t^2$ detailliert wiedergegeben. In der dritten Zeile von (10) findet sich schließlich die genaue Darstellung der mit dem Faktor r

274 Aus Vereinfachungsgründen werden bezüglich der Barrierefunktion $1/x$ verfahrenstechnische Fragen der Behandlung von Ausnahmebedingungen ($x \leq 0$) im Folgenden vernachlässigt. Diese sind durch eine geeignete Implementation der tatsächlichen Barrierefunktion zu handhaben.

skalierten Summe der Barrierefunktionen. Beide Komponenten zusammen sind zu minimieren. Die Werte für die optimale Lösung erhält man schließlich durch mehrfache Optimierung der unbeschränkten, transformierten Zielfunktion nach (10) mit $r \to 0$.

Der Fortgang des Optimierungsprozesses wird in Tab. 12.4.-1. dargestellt. In der ersten Spalte steht der Optimierungsschritt (hier wird eine vollständige Optimierung für einen vorgegebenen Wert des Skalierungsfaktors r als „Schritt" gezählt). Der zugehörige Wert des Skalierungsfaktors r findet sich in der zweiten Spalte. In den folgenden 6 Spalten werden die gefundenen Werte für die Anteilsgewichte und in der letzten Spalte die zugehörige Summe der (geschätzten) quadratischen „Tracking Errors" wiedergegeben. Die endgültige Lösung ist der letzten Zeile zu entnehmen. Das „optimale" Tracking Portfolio besteht im Beispiel also zu 32.18% aus Aktien der Allianz AG, zu 19.79% aus Aktien der BASF AG, zu 5.00% aus Aktien der Metro AG, zu 14.81% aus Aktien der Deutschen Bank AG, zu 13.76% aus Aktien der Schering AG und zu 14.45% aus Aktien der Siemens AG.

Schritt	r	$\hat{w}_1$	$\hat{w}_2$	$\hat{w}_3$	$\hat{w}_4$	$\hat{w}_5$	$\hat{w}_6$	$\sum_{t=1}^{T} \hat{e}_t^2$
0	1.00E+01	0.1667	0.1667	0.1667	0.1667	0.1667	0.1667	0.0050339
1	1.00E+00	0.1667	0.1667	0.1667	0.1667	0.1667	0.1667	0.0050338
2	1.00E–01	0.1667	0.1667	0.1666	0.1667	0.1667	0.1667	0.0050325
3	1.00E–02	0.1673	0.1668	0.1659	0.1668	0.1665	0.1666	0.0050193
4	1.00E–03	0.1732	0.1681	0.1599	0.1675	0.1653	0.1659	0.0048963
5	1.00E–04	0.2204	0.1733	0.1282	0.1655	0.1549	0.1576	0.0042171
6	1.00E–05	0.2918	0.1865	0.0857	0.1527	0.1385	0.1447	0.0035913
7	1.00E–06	0.3154	0.1950	0.0631	0.1481	0.1352	0.1432	0.0034254
8	1.00E–07	0.3203	0.1971	0.0544	0.1478	0.1365	0.1439	0.0033773
9	1.00E–08	0.3214	0.1977	0.0514	0.1480	0.1373	0.1443	0.0033622
10	1.00E–09	0.3217	0.1979	0.0505	0.1481	0.1375	0.1444	0.0033574
11	1.00E–10	0.3218	0.1979	0.0501	0.1481	0.1376	0.1445	0.0033559
12	1.00E–11	0.3218	0.1979	0.0500	0.1481	0.1376	0.1445	0.0033554

Tab. 12.4.-1.: Ergebnisse der Optimierung zum Index Tracking

Zur konkreten Durchführung der Optimierung wird das in Kap. 11.3. beschriebene Verfahren verwendet. Die Implementation aus Kap. 11.3.4. kann dazu weitgehend unverändert übernommen werden. Lediglich die Zielfunktion ist an diese Aufgabenstellung anzupassen. Sie ist nachfolgend (inklusive der zusätzlich benötigten Definitionen von einigen Konstanten) kurz wiedergegeben. Soweit jedoch kein Interesse an der konkreten Umsetzung besteht, können die nachfolgenden Betrachtungen ausgelassen werden.[275]

[275] Auch hier handelt es sich nur um Auszüge aus dem kompletten Optimierungsprogramm, welches aus Platzgründen nicht vollständig dargestellt wird. In Verbindung mit den übrigen Teilen des Programms (die aus

```
1   Const anzahl_aktien = 6
2   Const ndata = 53
3   Const zeilen_beginn = 4
4   Const spalten_beginn = 8
5   Const mindest_anteil = 0.05
6   Const maximal_anteil = 0.4
7
8   Function zf(w(), ndim, r)
9
10  '   Wert der Zielfunktion
11      sumw = 0#
12      For i = 1 To ndim
13          sumw = sumw + w(i)
14      Next i
15      summe = 0#
16      For i = 1 To ndata
17          rendite_trackingportfolio = 0#
18          For j = 1 To ndim
19              rendite_trackingportfolio = _
                  rendite_trackingportfolio + w(j) * _
                  Cells(zeilen_beginn + i, spalten_beginn + j)
20          Next j
21          rendite_trackingportfolio = _
             rendite_trackingportfolio + (1 - sumw) * _
             Cells(zeilen_beginn + i, spalten_beginn + anzahl_aktien)
22          summe = summe + (Cells(zeilen_beginn + i, spalten_beginn _
             + anzahl_aktien + 1) - rendite_trackingportfolio) ^ 2
23      Next i
24
25  '   Nebenbedingungen
26      sumnb = 0#
27      For i = 1 To ndim
28          sumnb = sumnb + barriere(w(i) - mindest_anteil, r)
29          sumnb = sumnb + barriere(maximal_anteil - w(i), r)
30      Next i
31      sumnb = sumnb + barriere((1 - sumw) - mindest_anteil, r)
32      sumnb = sumnb + barriere(maximal_anteil - (1 - sumw), r)
33
34      zf = summe + r * sumnb
35
36  End Function
```

Da das Optimierungsproblem bereits ausführlich besprochen wurde und die Implementierung des konjugierten Gradientenverfahrens mit Barrierefunktion bekannt ist, soll hier die Kommentierung der Zielfunktion für diese Aufgabenstellung bewusst knapp gehalten werden. Die Codezeilen 1 bis 6 enthalten einige (zusätzliche gegenüber den bisher bekannten) Konstantendefinitionen, die überwiegend selbsterklärend sind. Die Konstanten *zeilen_beginn* und *spalten_beginn* stellen den Beginn der Datenmatrix im Excel-Tabellenblatt dar.

---

den vorhergehenden Kapiteln hinlänglich bekannt sind) würden sich also andere laufende Codezeilennummern ergeben.

Mit den Codezeilen 10 bis 23 wird der Wert der eigentlichen Zielfunktion berechnet, also die Summe der quadrierten „Tracking Errors“. Für einen gegebenen Vektor der Anteilsgewichte *w()* wird die Rendite des Tracking Portfolios für einen bestimmten Zeitpunkt *t* berechnet (Codezeilen 17 bis 21). Diese wird von der Indexrendite abgezogen und die erhaltene Differenz quadriert und anschließend aufsummiert (Codezeile 22). Innerhalb der Schleife (Codezeile 16 bis 23) wird diese Berechnung für alle Datenpunkte wiederholt.

Mit den Codezeilen 25 bis 32 werden die Werte der 12 Barrierefunktionen, welche die Nebenbedingungen bezüglich Mindest- und Höchstanteilen repräsentieren, ausgewertet. Die Summe der Werte der Barrierefunktionen wird schließlich mit dem Skalierungsfaktor *r* gewichtet und zur Summe der quadrierten „Tracking Errors“ hinzugezählt (Codezeile 34). Die so erhaltene Summe stellt den Wert der transformierten, unbeschränkten Zielfunktion dar und wird als Ergebnis zurückgeliefert.

Die Codezeilen 37 bis 53 zeigen die Hauptprozedur zur Steuerung der Optimierung im Beispiel. Aus Platzgründen sind die übrigen, aber bereits hinlänglich bekannten Bestandteile des Optimierungsprogramms nicht dargestellt.

```
37   Sub beispiel_index_tracking()
38       Dim start(1 To anzahl_aktien - 1)
39       Dim m(1 To anzahl_aktien - 1)
40       start(1) = 0.2
41       start(2) = 0.2
42       start(3) = 0.2
43       start(4) = 0.2
44       start(5) = 0.1
45       Debug.Print "*** Beispiel zum Index Tracking ***"
46       For r_step = 0 To 12
47           r = 10 / (10 ^ r_step)
48           barriere_konjugierter_abstieg m, start, _
              anzahl_aktien - 1, r, 0.00001, 1000
49            Debug.Print r_step, r, m(1), m(2), m(3), m(4), m(5), _
               1 - m(1) - m(2) - m(3) - m(4) - m(5),
               zfu(m, anzahl_aktien - 1)
50           kopiere_vektor start, m, anzahl_aktien - 1
51       Next r_step
52       Debug.Print m(1), m(2), m(3), m(4), m(5), _
          1 - m(1) - m(2) - m(3) - m(4) - m(5)
53   End Sub
```

Die Hauptprozedur ist im Prinzip aus Kap. 11.3.4. oder Kap. 11.3.6. bekannt und enthält nur unwesentliche spezifische Anpassungen an die hier betrachtete Fallstudie. Sie betreffen eigentlich nur die Definition des Parametervektors, die Wahl des Startpunktes und die Folge der Werte des Skalierungsparameters *r*. Der prinzipielle Ablauf der Prozedur ist allerdings unverändert und soll daher nicht weiter kommentiert werden. Auf den ersten Blick mag vielleicht aber verwundern, dass sich die fünf Komponenten des Vektors *start* nur zu 0.9 summieren (vgl. Codezeilen 40 bis 44). Tatsächlich besitzt das hier betrachtete Optimierungsproblem aber sechs Parameter, wobei der sechste Parameter durch die Nebenbedingung $\sum_{i=1}^{6} w_i = 1 \Leftrightarrow w_6 = 1 - \sum_{i=1}^{5} w_i$ gebunden ist. Implizit wird der Startwert für $\hat{w}_6$ also mit 0.1 festgelegt.

12.5. Die Lösung der Fallstudien mit Hilfe einer ausgewählten Tabellenkalkulation

Selbst einfache nichtlineare Optimierungsprobleme lassen sich kaum manuell (d.h. ohne Einsatz des Computers) bewältigen. Ebenso erfordert das Lösen dieser vier Fallstudien zur nichtlinearen Optimierung den Einsatz eines Computers mit entsprechender Software. Dabei könnte zum einen ein geeignetes Statistikpaket mit nichtlinearen Optimierungsverfahren oder eine Programmiersprache eingesetzt werden, mit der die beispielhaft vorgestellten Verfahren umsetzbar sind. Als mögliche Alternative zur verfahrenstechnischen Lösung der hier behandelten Fallstudien wird exemplarisch die Tabellenkalkulation *Microsoft Excel* 97 (im Folgenden nur kurz „Excel") betrachtet, die ebenfalls eine Routine zur nichtlinearen Optimierung unter Nebenbedingungen enthält. Wahrscheinlich sind viele Leser mit dieser oder einer vergleichbaren Tabellenkalkulation vertraut und werden sie einem unbekannten Statistikpaket oder einer Programmiersprache vorziehen. Dieses Kapitel soll die notwendigen Hinweise vermitteln, wie die Fallstudien auch alternativ allein mit Excel (also ohne die zusätzliche Verwendung von VBA97) gelöst werden können. Dabei wird aber vorausgesetzt, dass der Umgang mit dieser oder einer vergleichbaren Tabellenkalkulation beherrscht wird. Die Darstellungen beschränken sich rein auf die Lösung der Fallstudien.

12.5.1. Fallstudie 1: Nichtlineare Kleinste-Quadrate Schätzung

In der Fallstudie aus Kap. 12.1. ging es um die Schätzung der Parameter eines nichtlinearen Modells anhand von Beobachtungsdaten. Als Beispiel wurden dazu die ersten 100 Werte einer Feigenbaum-Reihe herangezogen. Die Abb. 12.5.1.-1. zeigt einen Ausschnitt der Tabelle, mit welcher die Daten jener Fallstudie alternativ erzeugt wurden. Die Spalte A enthält dabei den Index t und die Spalte B die zugehörigen Werte x_t der dort betrachteten Feigenbaum-Reihe. Die Spalte C enthält nochmals diese Werte,[276] welche allerdings um eine Periode nach hinten verschoben sind (also die Werte x_{t-1}).

276 Diese Spalte wird eigentlich nicht benötigt. Sie dient allein der visuellen Gegenüberstellung von „abhängiger" Variable (in Spalte B) und „unabhängiger" Variable (in Spalte C).

feigenbaum

	A	B	C	D	E	F	G
1	Feigenbaum-Reihe						
2							
3	Index	Feigenbaum	x(t-1)	Modellwert	quadr. Fehler	Parameter	Wert
4	1	0.1				C1	-15.0337137
5	2	0.36	0.1	0.35289683	5.0455E-05	C2	-7.38335479
6	3	0.9216	0.36	0.92680754	2.7118E-05	C3	24.5235796
7	4	0.28901376	0.9216	0.28242778	4.3375E-05	C4	1.9078875
8	5	0.82193923	0.28901376	0.82265592	5.1365E-07	C5	0.46150974
9	6	0.58542054	0.82193923	0.57346896	0.00014284	Zielfunktion:	0.00398741
10	7	0.97081333	0.58542054	0.97351315	7.2891E-06		
11	8	0.11333925	0.97081333	0.11504002	2.8926E-06		
12	9	0.40197385	0.11333925	0.39438204	5.7635E-05		
13	10	0.9615635	0.40197385	0.96843319	4.7193E-05		
14	11	0.14783656	0.9615635	0.14763472	4.0739E-08		
15	12	0.50392365	0.14783656	0.49622542	5.9263E-05		
16	13	0.99993842	0.50392365	1.00671032	4.5859E-05		
17	14	0.0002463	0.99993842	0.00908475	7.8118E-05		
18	15	0.00098498	0.0002463	0.00928414	6.8876E-05		

Tabelle1 | Tabelle2 | Tabelle3 | Tabelle4 | Tabelle5

Abb. 12.5.1.-1.: Ausschnitt aus der Tabelle zu Fallstudie 1

In der Spalte D sind die geschätzten Werte $\hat{x}_t$ enthalten, die sich nach dem angenommenen Modell gemäß (1) ergeben. Hierbei handelt es sich weitgehend um Gleichung (5) aus Kap. 12.1.1., wobei die zu bestimmenden Parameter $C_1, C_2, ..., C_5$ dort mit $\theta_1, \theta_2, ..., \theta_5$ bezeichnet wurden.

$$(1) \qquad \hat{x}_t = C_1 + C_2 x_{t-1} + C_3 \left(\frac{1}{1+\exp(-(C_4 x_{t-1} + C_5))} \right)$$

Zur Schätzung der Parameter $C_1, C_2, ..., C_5$ ist die Summe der quadrierten Residuen (*SSR*) zu minimieren.

$$(2) \qquad SSR(C_1, C_2, C_3, C_4, C_5) = \sum_{t=2}^{100} (x_t - \hat{x}_t)^2 \to \min!$$

Der Wert von $\hat{x}_t$ befindet sich in der Spalte D und der Wert von $(x_t - \hat{x}_t)^2$ in der Spalte E der Tabelle in Abb. 12.5.1.-1. Die Summe der quadrierten Residuen (*SSR*) befindet sich in der Zelle G9 der Tabelle aus Abb. 12.5.1.-1. Dabei enthält die Zelle G9 die Anweisung „= SUMME(E5:E103)", womit die Summe der quadrierten Abweichungen aus Spalte E gebildet wird. Die Zellen G4 bis G8 der Tabelle aus Abb. 12.5.1.-1. enthalten die Werte für $C_1, C_2, ..., C_5$ des zu Grunde gelegten Modells nach (1). Die Lösung wurde mit einer Optimierungsroutine („Solver") von Excel bestimmt.

In dem Menüpunkt „Extras" findet sich in der Tabellenkalkulation Excel die Routine „Solver", die durch Anklicken aktiviert wird.[277] Sie stellt eine nichtlineare Optimierung unter Nebenbedingungen zur Verfügung. Die Abb. 12.5.1.-2. zeigt das geöffnete Eingabefenster der Routine „Solver" im Beispiel.

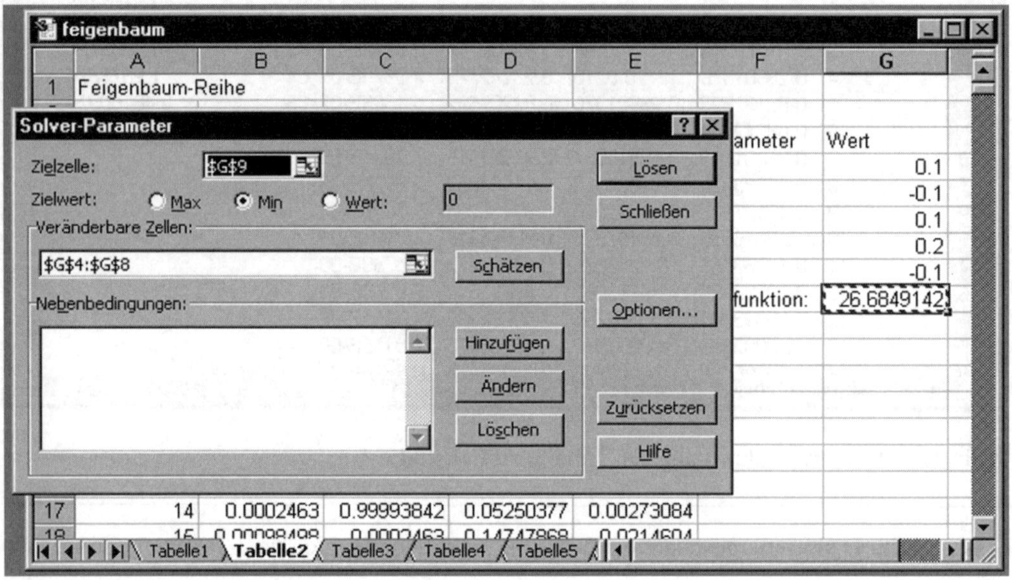

Abb. 12.5.1.-2.: Eingabefenster der Routine „Solver"

Zunächst ist bei „Zielzelle" jene Zelle zu definieren, welche den Wert der Zielfunktion enthält. Dies ist im Beispiel der Abb. 12.5.1.-2. die Zelle G9. Bei „Zielwert" ist der Typ des Optimierungsproblems anzugeben, nämlich ob die Zielfunktion maximiert, minimiert oder einen ganz bestimmten Wert annehmen soll. Hier handelt es sich um ein Minimierungsproblem. Schließlich sind noch die Zellen anzugeben, welche die Werte der zu bestimmenden Parameter enthalten. Im Beispiel sind dies die Zellen G4 bis G8. Dabei sind vor Beginn der eigentlichen Optimierung die zu verwendenden Startwerte vorzugeben. Sie sind im Beispiel der Abb. 12.5.1.-2. willkürlich, aber nahe bei null, gewählt worden. Das Setzen von Nebenbedingungen oder besonderer Optionen ist hier nicht erforderlich. Ein Anklicken von „Lösen" startet den Optimierungsprozess.

Im ersten Anlauf erhält man dabei jedoch ein Ergebnis, welches *nicht* mit dem in Abb. 12.5.1.-1. dargestellten Resultat übereinstimmt. Es wird nämlich die Lösung $C_1 = -3.893481046$, $C_2 = -4.051252472$, $C_3 = 8.239699865$, $C_4 = 3.521704426$ und

277 Unter Excel 97 wird der „Solver" nicht standardmäßig im Menü von Excel installiert, sondern muss bei erstmaliger Benutzung manuell in der Menüleiste eingerichtet werden. Dazu ist der „Add-In-Manager" aufzurufen und der „Solver" zu aktivieren.

$C_5 = -0.097540763$ gefunden. Der Wert von *SSR* beträgt 0.039028194. Diese Lösung weicht damit deutlich von den in Abb. 12.5.1.-1. dargestellten Werten ab. Diese Abweichung hat zwei Ursachen. Zum einen wurde bei der in Abb. 12.5.1.-1. dargestellten Lösung ein anderer Startpunkt benutzt. Zum anderen wurden andere Einstellungen unter dem Menüpunkt „Optionen" gesetzt. Die Abb. 12.5.1.-3. zeigt das Eingabefenster für „Optionen", falls man bei Abb. 12.5.1.-2. nicht sofort durch Anklicken von „Lösen" den Optimierungsprozess gestartet, sondern vorher bestimmte Einstellungen unter dem Menüpunkt „Optionen..." geändert hätte.

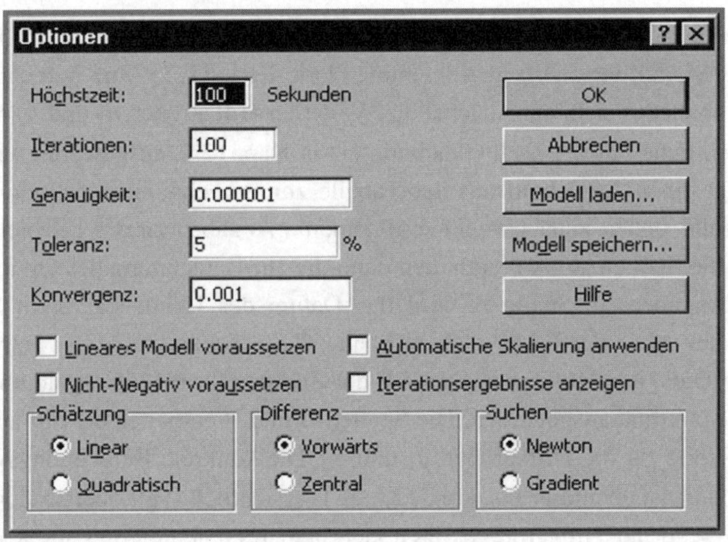

Abb. 12.5.1.-3.: Eingabefenster der Optionen

Mit den Angaben zu „Höchstzeit", „Iterationen", „Genauigkeit", „Toleranz" und „Konvergenz" wird das Abbruchverhalten des Optimierungsprozesses gesteuert. So kann unter „Höchstzeit" die für den Lösungsprozess zulässige Zeit oder unter „Iterationen" die Anzahl der Berechnungsschritte begrenzt werden. Mit „Genauigkeit" wird die Präzision der Lösung hinsichtlich der zu optimierenden Parameter gesteuert. Kleinere Werte führen hier zu einer erhöhten numerischen Genauigkeit, verlängern jedoch tendenziell den Optimierungsprozess. Die Vorgabe unter „Toleranz" ist nur für ganzzahlige Optimierungsprobleme relevant und soll daher hier nicht weiter interessieren. Unter „Konvergenz" wird das Abbruchverhalten bezüglich der relativen Änderung der Zielfunktion angegeben. Unterschreitet die relative Änderung der Zielzelle in den jeweils letzten fünf Iterationen den hier vorgegebenen Wert, wird der Optimierungsprozess abgebrochen. Setzt man den Wert niedriger, dauert das Auffinden der Lösung zwar länger, sie ist dann aber auch genauer. Detaillierte Angaben zu diesen Punkten enthält die Online-Hilfe und das Handbuch zu Excel.[278]

Das Lösen der ersten Fallstudie ist mit Excel einfach möglich. Die Lösung selbst ist aber trotz gleicher Ausgangsdaten sensitiv gegenüber der Wahl des Startpunktes. Falls sich also beim Nachvollziehen dieser Fallstudie deutlich andere Lösungen ergeben, ist dies keinesfalls verwunderlich.

12.5.2. Fallstudie 2: Die Bestimmung impliziter Volatilitäten

In der Fallstudie 2 ging es um die Bestimmung der impliziten Volatilität. Dabei wurde das *Black-Scholes* Modell benutzt (vgl. Gleichung (1) in Kap. 12.2.). Zur Berechnung des Optionspreises C bietet es sich an, zunächst die Werte der Hilfsgrößen d_1 und d_2 zu berechnen, bevor die eigentliche Formel nach Gleichung (1) in Kap. 12.2. ausgewertet wird. Die Abb. 12.5.2.-1. zeigt einen Ausschnitt aus der Tabelle zur Berechnung des Optionspreises. Im Kopf der Tabelle stehen zunächst einige allgemeine Angaben zu der beispielhaft betrachteten Option, die Spalten A bis F enthalten dann die zur Berechnung des Optionspreises erforderlichen Angaben. In Spalte A wird das Datum des Handelstages, in Spalte B die Schlusskurse der Aktie der BASF AG, in Spalte C die Schlusskurse der betrachteten Option, in Spalte D die Restlaufzeit, in Spalte E der Zinssatz für 6-Monatsgeld und in Spalte F der Wert der Volatilität ausgewiesen. Die Spalten G und H enthalten die mit jenen Angaben berechneten Werte für die Hilfsgrößen d_1 und d_2. Die konkrete Berechnungsvorschrift zur Ermittlung von d_1 ist ebenfalls aus Abb. 12.5.2.-1. ersichtlich (vgl. oberste Zeile in der Abbildung). Der Wert der Hilfsgröße d_2 lässt sich gemäß Gleichung (1) aus Kap. 12.2. sehr leicht aus dem Wert der Hilfsgröße d_1 berechnen, weshalb dessen konkrete Berechnungsvorschrift nicht weiter betrachtet wird.

278 Insbesondere im Zusammenhang mit den „Optionen" (vgl. Abb. 12.5.1.-3.) mögen sich dem Anwender viele Fragen stellen, z.B.: Welches Lösungsverfahren wird vom „Solver" verwendet? Wie genau wirken die Optionen auf den Lösungsprozess? Wie lässt sich dieser steuern? Wie sollte der Anwender bei eigenen Problemen vorgehen? Die Klärung dieser beispielhaft genannten Fragen würden jedoch ein eigenständiges „Tutorial" zum „Solver" erfordern. Dieses stünde jedoch außerhalb der Zielsetzung dieses Buchteils. Erste Hinweise sind in den Handbüchern zu Excel und in der Online-Hilfe enthalten. Für weiterführende Fragestellungen sei auch auf die Internet-Homepage http://www.frontsys.com verwiesen. Hier finden sich detailliertere Informationen und Literaturverweise.

G8 = = (LN(B8/$B$4) + ((E8/100) + 0.5 * F8^2) * (D8/365)) / (F8 * WURZEL(D8/365))

optionspreis

	A	B	C	D	E	F	G	H	I
1	Beispiel zur Ermittlung der impliziten Volatilität								
2									
3	DTB-Option: BAS C99/06-100								
4	Basis:	63.9							
5	Fälligkeit:	18.12.98							
6									
7	Datum	BASF	Option	Restlaufzeit	6-Monatsgeld	Volatilität	d1	d2	C (B&S)
8	01.12.98	61.00	0.54	199	3.54	0.0657	-0.5353	-0.5838	0.54
9	02.12.98	59.75	0.44	198	3.54	0.0813	-0.7707	-0.8305	0.44
10	03.12.98	60.70	0.55	197	3.53	0.0726	-0.5790	-0.6324	0.55
11	04.12.98	60.80	0.47	196	3.33	0.0668	-0.6256	-0.6746	0.47
12	07.12.98	59.50	0.41	193	3.33	0.0857	-0.8308	-0.8931	0.41
13	08.12.98	60.40	0.53	192	3.32	0.0795	-0.6452	-0.7028	0.53
14	09.12.98	60.00	0.36	191	3.31	0.0740	-0.8255	-0.8791	0.36
15	10.12.98	60.45	0.39	190	3.29	0.0692	-0.7442	-0.7941	0.39
16	11.12.98	59.10	0.35	189	3.26	0.0887	-0.9271	-0.9909	0.35
17	14.12.98	59.60	0.38	186	3.24	0.0842	-0.8544	-0.9145	0.38
18	15.12.98	60.50	0.41	185	3.24	0.0715	-0.7265	-0.7774	0.41
19	16.12.98	59.50	0.40	184	3.23	0.0883	-0.8474	-0.9101	0.40

Optionspreisberechnung / Historische Kurse / Tabelle3

Abb. 12.5.2.-1.: Ausschnitt aus der Tabelle zur Optionspreisberechnung

Die Abb. 12.5.2.-2. zeigt die endgültige Berechnung des Optionspreises nach dem *Black-Scholes* Modell. Die dazu notwendigen Rechenoperation in Excel sind rechts oben dargestellt und resultieren wiederum aus einer direkten Umsetzung der Gleichung (1) aus Kap. 12.2. Die Anweisung „STANDNORMVERT" liefert den Wert der Standardnormalverteilung für das angegebene Argument. Dies sind hier die Werte der Hilfsgrößen d_1 und d_2, welche im vorhergehenden Schritt ermittelt wurden. Die Spalte I weist den so berechneten Wert des Optionspreises nach dem *Black-Scholes* Modell aus. Die nebenstehende Spalte J enthält die quadrierte Differenz zwischen tatsächlichem (Spalte C) und theoretischem Wert (Spalte I). In Abb. 12.5.2.-2. sind diese quadrierten Differenzen bereits null, d.h. die in Spalte F ausgewiesenen Volatilitäten sind bereits die impliziten Volatilitäten. Die Werte der Spalte F wurden wiederum unter Verwendung der Routine „Solver" ermittelt.

I8 = = B8 * STANDNORMVERT(G8) - $B$4 * EXP(-(E8/100) * (D8/365)) * STANDNORMVERT(H8)

optionspreis

	C	D	E	F	G	H	I	J
1	impliziten Volatilität							
2								
3	00							
4								
5								
6								
7	Option	Restlaufzeit	6-Monatsgeld	Volatilität	d1	d2	C (B&S)	Differenz
8	0.54	199	3.54	0.0657	-0.5353	-0.5838	0.54	0.00
9	0.44	198	3.54	0.0813	-0.7707	-0.8305	0.44	0.00
10	0.55	197	3.53	0.0726	-0.5790	-0.6324	0.55	0.00
11	0.47	196	3.33	0.0668	-0.6256	-0.6746	0.47	0.00
12	0.41	193	3.33	0.0857	-0.8308	-0.8931	0.41	0.00
13	0.53	192	3.32	0.0795	-0.6452	-0.7028	0.53	0.00
14	0.36	191	3.31	0.0740	-0.8255	-0.8791	0.36	0.00
15	0.39	190	3.29	0.0692	-0.7442	-0.7941	0.39	0.00
16	0.35	189	3.26	0.0887	-0.9271	-0.9909	0.35	0.00
17	0.38	186	3.24	0.0842	-0.8544	-0.9145	0.38	0.00
18	0.41	185	3.24	0.0715	-0.7265	-0.7774	0.41	0.00
19	0.40	184	3.23	0.0883	-0.8474	-0.9101	0.40	0.00

Optionspreisberechnung / Historische Kurse / Tabelle3

Abb. 12.5.2.-2.: Berechnung des Optionspreises

Die Abb. 12.5.2.-3. illustriert das Vorgehen zur Ermittlung der impliziten Volatilität. Im Menüpunkt „Extras“ wird der Punkt „Solver...“ ausgewählt und es erscheint das in Abb. 12.5.2.-3. dargestellte Eingabefenster. Als Zielzelle wird im Beispiel der Abb. 12.5.2.-3. die Zelle J8 gewählt, welche die quadrierte Differenz zwischen dem tatsächlichen und dem theoretischen Optionspreis für den 1.12.98 enthält. Dies ist letztlich die zu minimierende Zielfunktion. Bei „Zielwert“ wird die Minimierung der Zielzelle gewählt, als veränderbare Zelle wird im Beispiel die Zelle F8 angegeben. Diese enthält den Wert der Volatilität, welcher in der Berechnung des Optionspreises nach dem *Black-Scholes* Modell gemäß Gleichung (1) in Kap. 12.2. verwendet wird. Weitere Angaben oder das Setzen spezieller Optionen ist nicht mehr erforderlich. Das Anklicken von „Lösen“ führt dann zur Minimierung der quadrierten Differenz. Das Ergebnis dieses Optimierungsprozesses ist dann die implizite Volatilität, welche in der veränderbaren Zelle F8 ausgewiesen wird. Das beschriebene Vorgehen ist dann für die Zielzellen J9, J10, ... zu wiederholen.

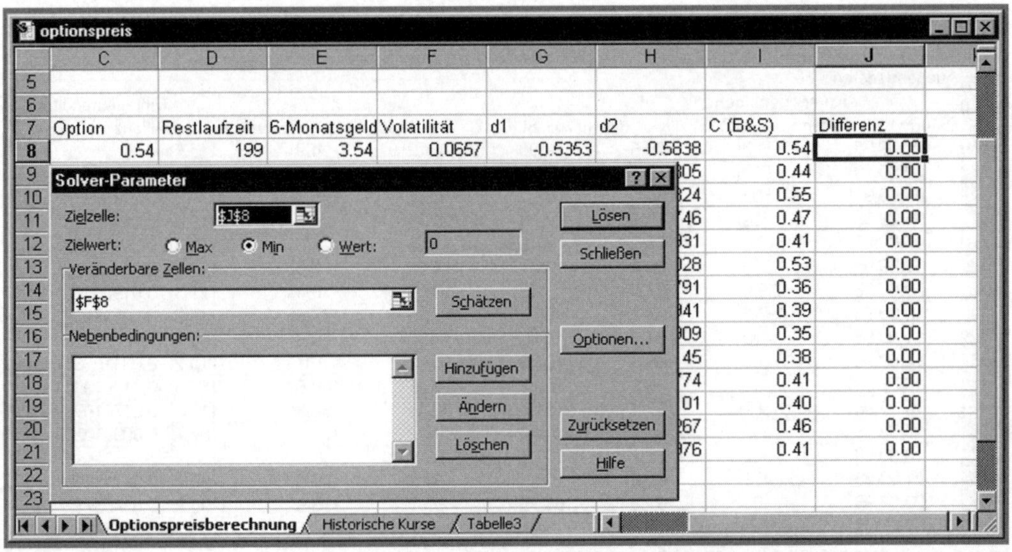

Abb. 12.5.2.-3.: Bestimmung der impliziten Volatilität

Im hier betrachteten Beispiel hätte es auch eine alternative Vorgehensweise gegeben. Dazu würde man in der Spalte J nicht die quadrierte, sondern die einfache Differenz zwischen tatsächlichem und theoretischem Wert verwenden. Bei „Zielwert" in Abb. 12.5.2.-3. würde man dann „Wert" aktivieren und den Wert 0 angeben. Damit würde man die Routine „Solver" anweisen, jenen Wert der veränderbaren Zelle (im Beispiel F8) zu suchen, für den der Wert der Zielzelle exakt dem geforderten entspricht. Inhaltlich läuft dies nicht auf die Optimierung der Zielfunktion, sondern auf deren Nullstellenbestimmung hinaus. Es würde dasselbe Ergebnis herauskommen.

12.5.3. Fallstudie 3: Die Bestimmung des optimalen Portfolios

Die Bestimmung des optimalen Portfolios erfordert wesentlich umfangreichere vorbereitende Schritte als die beiden vorhergehenden Fallstudien. Diese sollen kurz betrachtet werden. Von den fünf Teilstudien zur Portfoliooptimierung soll aber nur exemplarisch der Fall „risikolose Anlagemöglichkeit, keine Leerverkäufe" (vgl. Kap. 12.3.4.) behandelt werden. Dies ist für ein eigenständiges Nacharbeiten der Teilstudien ausreichend.

Die Abb. 12.5.3.-1. zeigt einen Ausschnitt der Tabelle mit den Ausgangsdaten des Beispiels. Die Spalte A enthält das Datum des Handelstages, die Spalten B bis G die Schlusskurse der Aktien der Allianz AG, der BASF AG, der Metro AG, der Deutschen Bank AG, der Schering AG und der Siemens AG im betrachteten Zeitraum.

Portfoliooptimierung II

	A	B	C	D	E	F	G	H
1	Ausgangsdaten							
2		Kursnotierungen						Eintagesrenditen
3	Datum	Allianz	BASF	Metro AG St.	Dt. Bank	Schering	Siemens	Allianz
4	01.09.98	502	70.5	98	111.2	169	113.5	
5	02.09.98	518	69.2	99.9	113.7	180.5	115.3	0.03137512
6	03.09.98	503	66.9	97.2	108.5	170.7	113	-0.02938507
7	04.09.98	510	66.5	96.8	106.35	174	113.9	0.01382056
8	07.09.98	512.5	67.2	97.5	108	178	118.3	0.00488999
9	08.09.98	536	68.4	101.4	114.25	179.5	120.1	0.04483345
10	09.09.98	525.5	67.5	102	109.5	184	121.3	-0.01978397
11	10.09.98	498.5	63.2	98.4	103.5	177.5	115.7	-0.0527466
12	11.09.98	490	64.2	99.5	100	178	110.5	-0.0171982
13	14.09.98	507	65.3	102.2	104.2	181	113.2	0.03410561
14	15.09.98	498	65.2	105.2	103.6	180.5	112.6	-0.01791093
15	16.09.98	507	65.2	101.5	102.45	180.5	111.5	0.01791093
16	17.09.98	502	64.4	100	99.7	177.5	102.7	-0.00991088
17	18.09.98	502	62.7	101.5	99.9	176	98.2	0
18	21.09.98	491	60.8	100.5	94.3	175	90.7	-0.02215599
19	22.09.98	508	61.2	104.35	99.7	176.5	90.3	0.03403732

Tabelle1 / Tabelle2 / Tabelle3

Abb. 12.5.3.-1.: Die Ausgangsdaten des Beispiels

Der erste wichtige vorbereitende Schritt besteht in der Transformation der täglichen Kursnotierungen in stetige Eintagesrenditen. Die Abb. 12.5.3.-2. zeigt einen weiteren Ausschnitt der Tabelle, mit dem diese Transformation veranschaulicht wird. Die Spalten H bis M enthalten die stetigen Eintagesrenditen der betrachteten Aktien. Diese ergeben sich durch Log-Differenzenbildung, wie es beispielhaft in der Zelle M5 dargestellt ist. Die stetige Eintagesrendite der Aktie der Siemens AG für den 2.9.98 (Zelle M5) erhält man durch Logarithmierung des Kurses vom 2.9.98 (Zelle G5) und vom 1.9.98 (Zelle G4) und anschließender Differenzenbildung. Die dazu notwendigen Rechenoperationen in Excel sind ebenfalls oben in Abb. 12.5.3.-2. dargestellt.

M5 = = LN(G5)-LN(G4)

Portfoliooptimierung II

	F	G	H	I	J	K	L	M
1								
2			Eintagesrenditen					
3	Schering	Siemens	Allianz	BASF	Metro AG St.	Dt. Bank	Schering	Siemens
4	169	113.5						
5	180.5	115.3	0.03137512	-0.01861185	0.01920221	0.02223302	0.06583206	0.01573459
6	170.7	113	-0.02938507	-0.0338019	-0.02739897	-0.04681323	-0.05582315	-0.02014961
7	174	113.9	0.01382056	-0.00599702	-0.00412372	-0.02001463	0.01914767	0.00793305
8	178	118.3	0.00488999	0.0104713	0.00720538	0.01539569	0.02272825	0.0379029
9	179.5	120.1	0.04483345	0.01769958	0.03922071	0.0562578	0.00839166	0.01510096
10	184	121.3	-0.01978397	-0.01324523	0.00589972	-0.04246448	0.02476055	0.00994209
11	177.5	115.7	-0.0527466	-0.0658233	-0.03593201	-0.05635294	-0.03596515	-0.04726618
12	178	110.5	-0.0171982	0.01569891	0.01111684	-0.03440143	0.00281294	-0.04598511
13	181	113.2	0.03410561	0.01698883	0.02677403	0.04114194	0.01671348	0.02414064
14	180.5	112.6	-0.01791093	-0.00153257	0.02893162	-0.0057748	-0.00276625	-0.00531445
15	180.5	111.5	0.01791093	0	-0.0358045	-0.01116246	0	-0.00981712
16	177.5	102.7	-0.00991088	-0.01234584	-0.01488861	-0.0272092	-0.01676017	-0.08221247
17	176	98.2	0	-0.02675219	0.01488861	0.00200401	-0.00848661	-0.0448059
18	175	90.7	-0.02215599	-0.03077166	-0.00990107	-0.0576885	-0.00569802	-0.07944886
19	176.5	90.3	0.03403732	0.0065574	0.03759291	0.05568449	0.0085349	-0.0044199
20	177.5	91.5	[illegible]	[illegible]	[illegible]	[illegible]	[illegible]	[illegible]

Tabelle1 / Tabelle2 / Tabelle3

Abb. 12.5.3.-2.: Die Berechnung der stetigen Eintagesrenditen

Nach der Berechnung der stetigen Eintagesrenditen sind alle vorbereitenden Schritte zur Zusammenstellung der Daten für die eigentliche Portfoliooptimierung im Beispiel erfolgt. Die Abb. 12.5.3.-3. zeigt den Ausschnitt aus der Tabelle mit der Zusammenstellung der Inputdaten für den Optimierungsprozess. In Zeile 61 finden sich zunächst die Angaben über die Höhe des risikofreien Zinssatzes (Zelle F61 als p.a. Wert, Zelle G61 umgerechnet auf den Tageszinssatz). Die Spalte B (Zellen B64 bis B69) enthält die Anteilswerte w_i der einzelnen Aktien im Portfolio, die dort allerdings mit X bezeichnet sind (vgl. Zelle B63). Vor Beginn der Optimierung können hier willkürlich gewählte Werte eingetragen werden, die aber insgesamt einen zulässigen Startpunkt darstellen müssen.[279] In der Spalte C findet sich der Vektor der erwarteten Renditen (Zellen C64 bis C69). Im Beispiel werden dessen Werte anhand der historischen Mittelwerte der Eintagesrenditen geschätzt, die im vorhergehenden Schritt ermittelt wurden. So enthält etwa die Zelle C64 die Berechnung des historischen Mittelwertes der Eintagesrenditen der Aktie der Allianz AG. Dieser Wert wird im Optimierungsprozess als Schätzer für den Erwartungswert der zukünftigen Rendite jener Aktie verwendet.

279 D.h. $\Sigma x_i = 1$ und alle $x_i \geq 0$.

C64 = = MITTELWERT(H5:H57)

Portfoliooptimierung II

	A	B	C	D	E	F	G	H	I
61	Daten für die Portfoliooptimierung:			RF:		3.49%	9.52957E-05		
62									
63		X	R	Varianz-Kovarianzmatrix					
64		0.00	0.00255	0.001260	0.000498	0.000452	0.000756	0.000361	0.000711
65		0.00	-0.00200	0.000498	0.000641	0.000202	0.000338	0.000345	0.000410
66		0.68	0.00326	0.000452	0.000202	0.000714	0.000337	0.000197	0.000422
67		0.00	-0.00218	0.000756	0.000338	0.000337	0.001210	0.000328	0.000705
68		0.32	0.00211	0.000361	0.000345	0.000197	0.000328	0.000677	0.000431
69		0.00	-0.00037	0.000711	0.000410	0.000422	0.000705	0.000431	0.001416
70									
71	X'	0.00	0.00	0.68	0.00	0.32	0.00		

Tabelle1 / Tabelle2 / Tabelle3

Abb. 12.5.3.-3.: Daten für die Portfoliooptimierung

Die Zellen D64 bis I69 enthalten schließlich die Berechnung und die Werte der Varianz-Kovarianz-Matrix. Im Beispiel lautet die Anweisung in Zelle D64 „= VARIANZ(H5:H57)", womit die historische Varianz der Eintagesrendite der Aktie der Allianz AG berechnet wird. Die Zelle E64 enthält die Anweisung „= KOVAR(H5:H57;I5:I57)". Damit wird die historische Kovarianz der Rendite der Aktie der Allianz AG mit jener der BASF AG berechnet. Die Anweisungen in den übrigen Zellen lauten entsprechend. Die so ermittelte empirische Kovarianzmatrix wird im Optimierungsprozess als Schätzer der Varianz-Kovarianz-Matrix der zukünftigen Renditen benutzt. Die Zeile 71 enthält in den Zellen B71 bis G71 die Werte des transponierten Vektors der Anteilsgewichte (Zellen B64 bis B69), der dort allerdings mit X' bezeichnet wird (vgl. Zelle A71).

Die Berechnung des Erwartungswertes der Portfoliorendite und der zugehörigen Varianz erfolgt auch bei Verwendung von Excel am besten unter Benutzung von Vektor- und Matrizenoperationen nach (1) und (2):

(1) $\mu_p = \mathbf{w}' \cdot \mathbf{R}$

mit $\mathbf{w}'$: transponierter Spaltenvektor der Anteilsgewichte w_i
$\mathbf{R}$: Spaltenvektor der Erwartungswerte der Renditen μ_i

(2) $\sigma_p^2 = \mathbf{w}' \cdot \mathbf{\Omega} \cdot \mathbf{w}$

mit $\mathbf{\Omega}$: Varianz-Kovarianz-Matrix der Wertpapierrenditen

Die Abb. 12.5.3.-4. zeigt einen weiteren Ausschnitt aus der Tabelle zur Portfoliooptimierung. Die Zelle B75 enthält zunächst die Summe aller Anteilsgewichte (dort mit „Summe X" bezeichnet, vgl. Zelle A75). Die Anweisung im Beispiel (Inhalt der Zelle B75) lautet dazu „= SUMME(B64:B69)". Der Erwartungswert der Portfoliorendite wird in Zelle A80 mit der Anweisung „=MMULT(B71:G71;C64:C69)“ berechnet. Dies entspricht der Berechnungsvorschrift nach Gleichung (1). Die Anweisung zur Ermittlung der Portfoliovarianz ist oben in Abb. 12.5.3.-4. dargestellt und in Zelle B80 enthalten. Auch hier wird die Berechnungsvorschrift nach (2) einfach nur in die entsprechenden Kommandos der Tabellenkalkulation Excel umgesetzt.

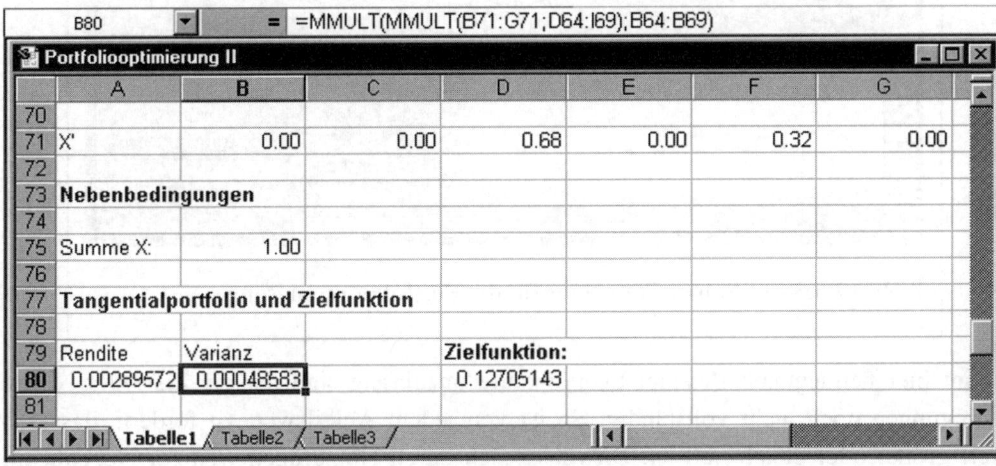

B80 = =MMULT(MMULT(B71:G71;D64:I69);B64:B69)

Portfoliooptimierung II

	A	B	C	D	E	F	G
70							
71	X'	0.00	0.00	0.68	0.00	0.32	0.00
72							
73	**Nebenbedingungen**						
74							
75	Summe X:	1.00					
76							
77	**Tangentialportfolio und Zielfunktion**						
78							
79	Rendite	Varianz		**Zielfunktion:**			
80	0.00289572	0.00048583		0.12705143			
81							

Tabelle1 / Tabelle2 / Tabelle3

Abb. 12.5.3.-4.: Zielfunktion für die Portfoliooptimierung

Der Wert der Zielfunktion (vgl. Gleichung (3)) zur Bestimmung des Tangentialportfolios *TP* ist in Zelle D80 enthalten. Die Anweisung zur Berechnung dieses Wertes lautet: „= (A80 –G61) / WURZEL(B80)“. Sie ergibt sich in direkter Weise nach Gleichung (3).

$$(3) \qquad \frac{\mu_P - r_f}{\sigma_P} \rightarrow \max!$$

mit μ_P: Erwartungswert der Rendite eines Portfolios *P* auf dem effizienten Rand
r_f: risikofreier Zinssatz
σ_P: Standardabweichung der Rendite des Portfolios *P*

Damit ist die Bestimmung des Tangentialportfolios *TP* vorbereitet. Es ist dasjenige Portfolio *P*, für welches (3) maximal wird. Die Ermittlung der Lösung selbst wird wiederum unter Verwendung der Routine „Solver“ vorgenommen. Die notwendigen Angaben zu den Parametern für die Routine „Solver“ sind in der Abb. 12.5.3.-5. dargestellt. Der Wert der Zielfunktion ist in Zelle D80 enthalten, die Zellen B64 bis B69 enthalten die Werte der gesuchten Anteile, wobei als Nebenbedingung der Wert der Zelle B75 (Summe der Anteilsgewichte) genau eins sein muss.

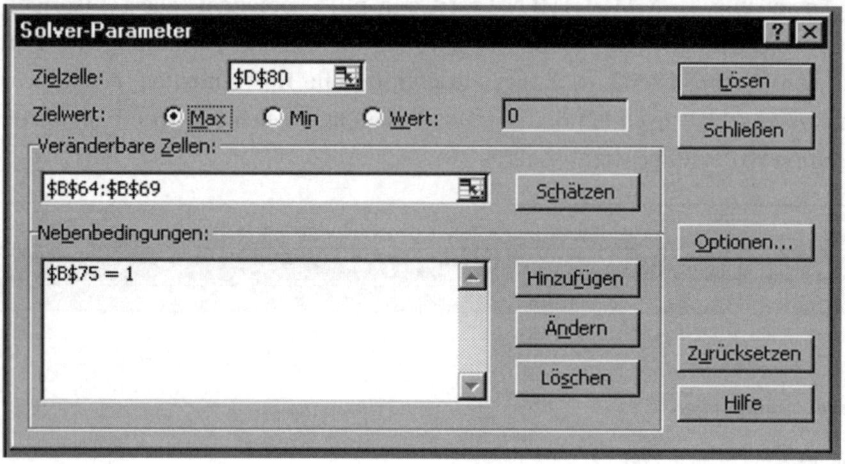

Abb. 12.5.3.-5.: Solver-Parameter für die Portfoliooptimierung

Da im hier betrachteten Beispiel Leerverkäufe unzulässig sind, ist die Liste der Nebenbedingungen noch nicht vollständig. So ist von jedem Anteilswert zu fordern, dass sein Wert größer oder gleich null ist. Dies lässt sich durch Hinzufügen weiterer Nebenbedingungen erreichen. Für diesen Sonderfall (Nichtnegativitätsbedingung) gibt es jedoch einen einfacheren Weg. Dazu ist im Beispiel der Abb. 12.5.3.-5. der Menüpunkt „Optionen..." anzuklicken. Es öffnet sich dann ein weiteres Fenster, welches in Abb. 12.5.3.-6. dargestellt ist.

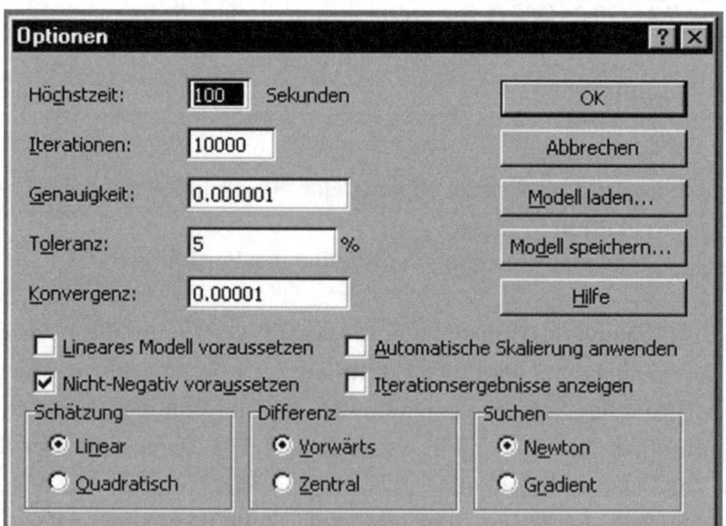

Abb. 12.5.3.-6.: Optionen für den „Solver"

Das Aktivieren der Option „Nicht-Negativ voraussetzen“ setzt automatisch die Nichtnegativitätsbedingung für alle gesuchten Parameter. Nach dem Anklicken von „OK“ wird das Fenster geschlossen und es kann „Lösen“ (vgl. Abb 12.5.3.-5.) aktiviert werden. Es resultiert die in Tab. 12.3.4.-1. bereits dargestellte Struktur des Tangentialportfolios *TP* ohne Leerverkäufe.

Nach der Bestimmung des Tangentialportfolios *TP* ist anschließend die optimale Mischung aus risikoloser Anlagemöglichkeit und risikobehaftetem Tangentialportfolio *TP* zu suchen. Der Optimierungsansatz wird mit den Gleichungen (4) bis (6) kurz wiederholt:

(4) $\mu_{Misch} = a\,\mu_{TP} + (1-a)\,r_f$

(5) $\sigma_{Misch} = a\,\sigma_{TP}$

mit μ_{Misch}: Erwartungswert der Rendite des Mischportfolios
σ_{Misch}: Standardabweichung der Rendite des Mischportfolios
a: Anteil der Investitionssumme, der in das risikobehaftete Tangentialportfolio *TP* investiert wird

(6) $ZF(a) = \lambda\,\mu_{Misch} - \sigma^2_{Misch} \rightarrow \max!$

mit λ: Risikotoleranzparameter, hier z.B. $\lambda = 0.1$

Die Umsetzung dieses Optimierungsansatzes wird mit Abb. 12.5.3.-7. illustriert. Die Zelle B86 enthält die Berechnung der erwarteten Rendite des Mischportfolios gemäß Gleichung (4), Zelle C86 die Berechnung der Varianz gemäß Gleichung (5). Die dazu notwendigen Anweisungen lauten im Beispiel „= (1 – A86) * G61 + A86 * A80“ (Zelle B86, Erwartungswert der Rendite) bzw. „= A86^2 * B80“ (Zelle C86, Varianz). Der Anteil *a* des Tangentialportfolios am Mischportfolio ist in Zelle A86 enthalten und stellt den zu optimierenden Parameter in diesem Optimierungsproblem dar. Der Wert des Risikotoleranzparameters λ ist in Zelle D86 enthalten. Die Definition der Zielfunktion findet sich schließlich in Zelle E86. Die Berechnungsvorschrift lautet gemäß (6): „= D86 * B86 – C86“ (Inhalt der Zelle E86).

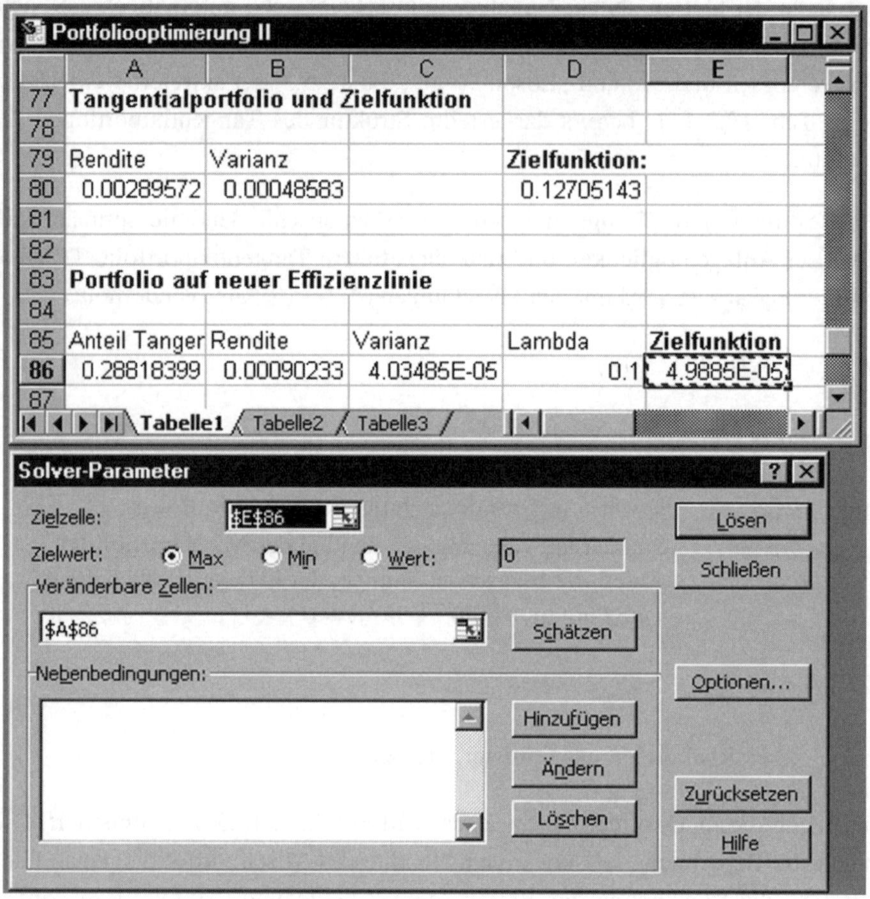

Abb. 12.5.3.-7.: Bestimmung des optimalen Mischportfolios

Zur Bestimmung des optimalen Wertes von a kann wiederum die Routine „Solver" verwendet werden. Die Abb. 12.5.3.-7. enthält in der unteren Hälfte die notwendigen Angaben für den „Solver". Explizite Nebenbedingungen sind bei diesem Optimierungsansatz nicht zu berücksichtigen. So ist die zentrale Forderung, wonach die Summe der Anteile aus risikofreier Anlage und Tangentialportfolio *TP* eins ergeben muss, im Optimierungsansatz bereits eingearbeitet (Gleichungen (4) und (5)). Allerdings gilt für a die Nichtnegativitätsbedingung. Diese wurde im Beispiel der Abb. 12.5.3.-7. durch das Setzen der entsprechenden Option im Menüpunkt „Optionen..." aktiviert (siehe oben). Allerdings könnte sich (je nach den relevanten Rahmenbedingungen) noch die Frage stellen, ob eine Verschuldung zum risikofreien Zinssatz prinzipiell zulässig ist und a damit auch Werte größer als eins annehmen kann (dies wird im Beispiel angenommen). Möchte man diese Möglichkeit ausschließen, wäre noch die Nebenbedingung $a \leq 1$ zu setzen. Auf die konkrete Lösung im

Beispiel hat dies allerdings keinen Einfluss, da hier die optimale Lösung automatisch jene Nebenbedingung einhält.

Die vorangegangenen Betrachtungen haben illustriert, dass die rein „technische" Lösung der betrachteten Optimierungsprobleme nicht schwer und mit heute verfügbarer Standardsoftware zu bewerkstelligen ist. Die Einfachheit der Anwendung verfügbarer Optimierungsverfahren darf jedoch nicht die Komplexität und Probleme der dahinter stehenden Verfahren verschleiern (vgl. Kap. 11.4.; auch Kap. 12.1.). Ihr sachgerechter Einsatz und eine sinnvolle Interpretation der im Zuge einer nichtlinearen Optimierung gewonnenen Ergebnisse ist ohne ein gewisses Verständnis für die dort eingesetzten Verfahren kaum möglich.

12.5.4. Fallstudie 4: Index Tracking

Gegenstand der vierten Fallstudie war die beispielhafte Bestimmung der Struktur eines Tracking Portfolios auf Basis eines Ansatzes der Datenanalyse. Das Tracking Portfolio sollte dabei so strukturiert sein, dass – ausgehend von historisch beobachteten Renditen von Wertpapieren und Index – im Idealfall (1) für alle denkbaren Zeitpunkte t gilt:

(1) $$I_t = w_1 r_{1t} + w_2 r_{2t} + ... + w_n r_{nt}$$

mit I_t: Rendite des Indexes zum Zeitpunkt t
w_i: Gewicht des i-ten Wertpapiers im Tracking Portfolio
r_{it}: Rendite des i-ten Wertpapiers im Tracking Portfolio zum Zeitpunkt t

Gesucht waren also die Werte der Portfoliogewichte w_i im Tracking Portfolio, welche in der bestmöglichen Weise der Idealforderung nach (1) genügen. Zur Schätzung der Gewichte wurde der folgende Optimierungsansatz nach (2) gewählt:

(2) $$ZF(w_1, w_2 ..., w_n) = \sum_{t=1}^{T} e_t^2 = \sum_{t=1}^{T} (I_t - (w_1 r_{1t} + w_2 r_{2t} + ... + w_n r_{nt}))^2 \rightarrow \text{min!}$$

Dabei sind die Nebenbedingungen nach (3), (4) und (5) zu beachten:

(3a) $\sum_{i=1}^{n} w_i = 1$ bzw. (3b) $\sum_{i=1}^{n} \hat{w}_i = 1$

(4a) $w_i \geq 0.05$ bzw. (4b) $\hat{w}_i \geq 0.05$ für alle $i = 1, ..., n$

(5a) $w_i \leq 0.4$ bzw. (5b) $\hat{w}_i \leq 0.4$ für alle $i = 1, ..., n$

Als Ausgangspunkt dienten dieselben Daten wie bei der Fallstudie 3 (vgl. Kap. 12.3.2. und 12.5.3.). Zur Durchführung der Optimierung ist auch hier als wesentlicher vorbereitender Schritt die Umrechnung der Kurs- bzw. Indexreihen in Eintagesrenditen erforderlich, auf welchen dann die Schätzung der Gewichte nach (2) aufsetzt. Das Vorgehen zur Umrechnung von Kursen (und in analoger Weise auch Indexständen) in Eintagesrenditen unter Verwendung von Excel wurde bereits oben (vgl. Kap. 12.5.3.) dargestellt.

Ein zweiter vorbereitender Schritt vor der Durchführung der eigentlichen Schätzung besteht in der Berechnung der Rendite des Tracking Portfolios[280] *TP* für jeden Beobachtungszeitpunkt. Die Abb. 12.5.4.-1. zeigt einen Ausschnitt aus der Excel-Tabelle zum Index Tracking, in dem diese Berechnung erfolgt.

= =MMULT(I5:N5;$P$5:$P$10)

Barrierefunktionen Fallstudie Index Tracking

	M	N	O	P	Q	R	S	T
1				Solver-Lösungsansatz				
2								
3	Schering	Siemens	DAX	Gewichte	TP-Rendite	Qu. Abw.	Lösung Gradientenverfahren	
4				Solver				
5	0.06583206	0.01573459	0.03661221	0.32182831	0.02200208	0.00021346	0.32181314	
6	-0.05582315	-0.02014961	-0.03237019	0.19793569	-0.03504637	7.1619E-06	0.19794226	
7	0.01914767	0.00793305	0.00167555	0.05	0.00387247	4.8265E-06	0.05004529	
8	0.02272825	0.0379029	0.02116748	0.14810071	0.01489154	3.9387E-05	0.14809883	
9	0.00839166	0.01510096	0.03599988	0.13766177	0.03156181	1.9697E-05	0.13763329	
10	0.02476055	0.00994209	-0.01241445	0.14447352	-0.01013783	5.183E-06	0.14446719	
11	-0.03596515	-0.04726618	-0.05999633	1	-0.05192638	6.5124E-05		
12	0.00281294	-0.04598511	-0.00214671		-0.01322292	0.00012268		
13	0.01671348	0.02414064	0.03308299		0.02755919	3.0512E-05		

Tabelle1 / Tabelle2 / Tabelle3

Abb. 12.5.4.-1.: Berechnung der Eintagesrendite des Tracking Portfolios

Im Ausschnitt der Abb. 12.5.4.-1. sind in den Spalten M, N und O die Eintagesrenditen einiger Wertpapiere (Schering, Siemens) und des Indexes (deutscher Aktienindex DAX) ersichtlich. In den Zellen P5 bis P10 stehen die Anteilsgewichte w_i der einzelnen Aktien im Tracking Portfolio. Die Zelle Q5 im Ausschnitt der Abb. 12.5.4.-1. enthält die Berechnungsvorschrift zur Ermittlung der Eintagesrendite des Tracking Portfolios am 2.9.98. Wie aus Abb. 12.5.4.-1. ersichtlich, lautet sie „= MMULT(I5:N5,$P$5:$P$10)". Hier werden die bereits hinlänglich bekannten Vektor- und Matrizenoperationen von Excel zur Ermittlung der Portfoliorendite des Tracking Portfolios benutzt.

Genau genommen sind im Beispiel der Abb. 12.5.4.-1. die Reihenfolge und Dimensionen des Gewichts- und Renditevektors vertauscht, was aber lediglich in der Organisation der Daten im Beispiel begründet ist. Dort sind nämlich die Eintagesrenditen für einen Beobachtungszeitpunkt zeilenweise (in den Spalten I bis N) und die Anteilsgewichte w_i der einzel-

280 Die Abkürzung *TP* bedeutet hier „Tracking Portfolio" (und nicht „Tangentialportfolio" wie bisher).

nen Aktien im Tracking Portfolio spaltenweise (in den Zeilen 5 bis 10, Spalte P) angeordnet. Deshalb lautet auch die Anweisung „= MMULT(I5:N5,$P$5:$P$10)", d.h. multipliziere den Zeilenvektor I5:N5 (1×6 Vektor der Eintagesrenditen) mit dem Spaltenvektor P5:P10 (6×1 Vektor der Anteilsgewichte). Im Endergebnis ist dies äquivalent zur bisher üblicherweise benutzten Berechnungsvorschrift.

Der Ausschnitt in Abb. 12.5.4.-1. zeigt ansatzweise in Spalte Q die Durchführung dieser Berechnung für alle Beobachtungszeitpunkte des Beispiels. Zieht man nun für einen Beobachtungszeitpunkt von der Indexrendite (diese steht in Spalte O) den Wert der Eintagesrendite für das Tracking Portfolio ab, so erhält man den „Tracking Error" für den betrachteten Zeitpunkt (gemäß der in Kap. 12.4. benutzten Definition). Die erhaltene Differenz („Tracking Error") wird anschließend quadriert. Dieser quadrierte „Tracking Error" befindet sich im Ausschnitt der Abb. 12.5.4.-1. in der Spalte R mit der Überschrift „Qu. Abw." für „quadratische Abweichung". Summiert man schließlich alle diese Werte über alle 53 Beobachtungszeitpunkte auf, ergibt sich die Summe der „Tracking Errors", also der Zielfunktionswert nach (2). Im Beispiel befindet sich dieser Wert in der Zelle R58, welche hier aus Platzgründen nicht abgebildet ist. Die Berechnungsvorschrift dieser Zelle lautet „=SUMME(R5:R57)".

Die Abb. 12.5.4.-2. zeigt schließlich die Eingabeparameter im „Solver" zur Bestimmung des Tracking Portfolios. Der Wert der Zielfunktion befindet sich in der Zelle R58, die veränderbaren Parameter in den Zellen P5 bis P12. Ferner sind die Nebenbedingungen nach (3), (4) und (5) zu beachten, die im Fenster der Nebenbedingungen eingetragen sind. Wählt man die Schaltfläche „Lösen" an, resultiert die aus Abb. 12.5.4.-1. ersichtliche Lösung (Spalte P).

Abb. 12.5.4.-2.: Eingabeparameter zur Bestimmung des Tracking Portfolios

In Abb. 12.5.4.-1. ist nachrichtlich in Spalte S die Lösung des konjugierten Gradientenverfahren mit Barrierefunktionen angegeben. Sie unterscheidet sich nur marginal von der Lösung des „Solvers“. Die leichten Differenzen in Nachkommastellen erklären sich mit den unterschiedlichen Lösungsverfahren.

Anhänge

A.1. Grundlagen der Matrizenrechnung

A.1.1. Addition und Subtraktion von Matrizen

Vor dem Hintergrund der Anwendung von Matrizen in diesem Buch lassen sich Matrizen als eine Art „Datenkontainer“ verstehen. Die Aufgaben der Matrizen bestehen hier vornehmlich darin, einzelne Daten (hier: Werte von Variablen zu konkreten Zeitpunkten) effizient darzustellen und zu bearbeiten. Dabei ist es möglich, mit diesen Matrizen unmittelbar mathematische Operationen durchzuführen.

Eine Matrix, die aus *einer Spalte* und *mehreren Zeilen* besteht, bezeichnet man als *Vektor* oder konkreter als *Spaltenvektor*. Besteht der Spaltenvektor aus *n* Zeilen, so besitzt er die Dimension $n \times 1$. Ein solcher Spaltenvektor kann unter anderem dazu verwendet werden, die Werte einer Variablen zu den einzelnen Zeitpunkten darzustellen. Es sei beispielsweise die Variable ΔDAX betrachtet, welche die Veränderung des DAX-Standes von einem Jahr auf das nächste beschreibt. Es sei ferner angenommen, die DAX-Veränderung habe im Jahr 1993 5%, im Jahr 1994 –2% und im Jahre 1995 3% betragen (siehe Beispiel 1 in Kap. 5.1.). Mit diesen Werten lässt sich die Variable ΔDAX mit Hilfe eines Spaltenvektors wie folgt darstellen:

$$(1) \qquad \mathbf{\Delta DAX} = \begin{bmatrix} 5 \\ -2 \\ 3 \end{bmatrix}$$

Der Spaltenvektor besitzt die Dimension 3×1. Alternativ wäre aber auch die Darstellung mittels eines *Zeilenvektors* möglich gewesen, der über *eine Zeile* und *mehrere Spalten* verfügt:

$$(2) \qquad \mathbf{\Delta DAX} = \begin{bmatrix} 5 & -2 & 3 \end{bmatrix}$$

In diesem Fall besitzt der Vektor die Dimension 1×3. Neben der DAX-Veränderung wird zusätzlich noch die Veränderung des Bruttoinlandsprodukts ΔBIP betrachtet, die im Jahre 1993 2%, im Jahre 1994 –1% und in 1995 0% betragen möge (siehe Beispiel 1 in Kap. 5.1.). Die Veränderung des Bruttoinlandsprodukts kann dabei ebenfalls als Spaltenvektor wie in (1) oder als Zeilenvektor wie in (2) dargestellt werden. Darüber hinaus lässt sich die

Veränderung des DAX (*ΔDAX*) und des Bruttoinlandsprodukts (*ΔBIP*) gemeinsam in einer Matrix **X** darstellen:

$$(3) \qquad \mathbf{X} = \begin{bmatrix} 5 & 2 \\ -2 & -1 \\ 3 & 0 \end{bmatrix}$$

Da diese Matrix über drei Zeilen und zwei Spalten verfügt, wird sie auch als 3×2-Matrix bezeichnet.

Für die Addition bzw. Subtraktion von Matrizen ist dieselbe Dimension der Matrizen zwingende Voraussetzung. Die zu addierenden bzw. zu subtrahierenden Matrizen müssen also über die gleiche Anzahl an Zeilen und Spalten verfügen. Die Addition bzw. Subtraktion wird nun in der Weise vorgenommen, dass die einzelnen Elemente jeweils addiert bzw. subtrahiert werden. Das Element der i-ten Zeile und der j-ten Spalte der Matrix **B** wird mit dem Element der i-ten Zeile und der j-ten Spalte der Matrix **A** addiert bzw. davon subtrahiert. Es sei beispielsweise angenommen, dass die Veränderungsrate des BIP im Jahre 1996 nachträglich revidiert wird: Die Veränderungsrate beträgt in diesem Jahr nicht 0% sondern 1%. Mit Hilfe einer Matrizenaddition lässt sich diese Korrektur wie folgt vornehmen:

$$(4) \qquad \Delta\mathbf{BIP}_{neu} = \begin{bmatrix} 2 \\ -1 \\ 0 \end{bmatrix} + \begin{bmatrix} 0 \\ 0 \\ 1 \end{bmatrix} = \begin{bmatrix} 2 \\ -1 \\ 1 \end{bmatrix}$$

Dient jedoch die Matrix **X** als Ausgangsbasis, so lässt sich die Korrektur mittels einer Matrizenaddition folgendermaßen bewerkstelligen:

$$(5) \qquad \mathbf{X}_{neu} = \begin{bmatrix} 5 & 2 \\ -2 & -1 \\ 3 & 0 \end{bmatrix} + \begin{bmatrix} 0 & 0 \\ 0 & 0 \\ 0 & 1 \end{bmatrix} = \begin{bmatrix} 5 & 2 \\ -2 & -1 \\ 3 & 1 \end{bmatrix}$$

Auf analoge Weise wird eine Subtraktion von Matrizen bzw. Vektoren vorgenommen. Der einzige Unterschied zu (4) bzw. (5) besteht darin, dass die einzelnen Elemente nicht addiert, sondern voneinander abgezogen werden.

A.1.2. Multiplikation von Matrizen

Im Gegensatz zur Addition bzw. Subtraktion von Matrizen läuft die Multiplikation von zwei Matrizen nicht ganz so einfach ab. Bei einer Multiplikation wird das Element der i-ten Zeile und der j-ten Spalte der Ergebnismatrix in der Weise berechnet, dass die Werte der i-ten Zeile der ersten Matrix mit den Werten der j-ten-Spalte der zweiten Matrix zunächst multipliziert und anschließend addiert werden. Damit dies möglich ist, müssen die Dimensionen der Matrizen zueinander passen. So ergibt die Multiplikation einer $n \times m$ mit einer $m \times k$ Matrix eine Ergebnismatrix der Dimension $n \times k$. Dieses zunächst als kompliziert erscheinende Verfahren ist eigentlich relativ einfach und wird deshalb anhand eines kleinen Beispiels illustriert. Die Aufgabe besteht darin, die Matrix **A** mit der Matrix **B** zu multiplizieren, wobei die beiden Matrizen wie folgt definiert seien:

(1) $$\mathbf{A} = \begin{bmatrix} 5 & 2 \\ -2 & -1 \\ 3 & 1 \end{bmatrix}, \qquad \mathbf{B} = \begin{bmatrix} 2 & 0 & 3 \\ 1 & 3 & 2 \end{bmatrix}$$

In dem Beispiel wird eine 3×2 mit einer 2×3 Matrix multipliziert, woraus eine Ergebnismatrix der Dimension 3×3 resultiert. Das erste Element c_{11} der Ergebnismatrix **C** (1. Zeile und 1. Spalte) berechnet sich dabei in der Weise, dass zunächst die erste Zeile der Matrix **A** ($i = 1$) elementweise mit der ersten Spalte der Matrix **B** ($j = 1$) multipliziert und anschließend die Summe gebildet wird:

(2) $$c_{11} = 5 \cdot 2 + 2 \cdot 1 = 12$$

Analog ergibt sich der Wert in der ersten Zeile und der zweiten Spalte (c_{12}) der Ergebnismatrix **C** dadurch, dass die erste Zeile der Matrix **A** ($i = 1$) mit der zweiten Spalte der Matrix **B** ($j = 2$) elementweise multipliziert und addiert wird:

(3) $$c_{12} = 5 \cdot 0 + 2 \cdot 3 = 6$$

Für den dritten Wert in der ersten Zeile c_{13} der Ergebnismatrix **C** wird die erste Zeile der Matrix **A** ($i = 1$) mit der dritten Spalte der Matrix **B** ($j = 3$) elementweise multipliziert und addiert:

(4) $$c_{13} = 5 \cdot 3 + 2 \cdot 2 = 19$$

Mit diesen drei Rechenschritten wurden die Werte der ersten Zeile $\mathbf{c}_{1.}$ der Ergebnismatrix **C** bestimmt:

(5) $$\mathbf{c}_{1.} = [12 \quad 6 \quad 19]$$

Auf die gleiche Weise lässt sich die zweite Zeile $\mathbf{c}_{2.}$ der Matrix **C** ermitteln. Der einzige Unterschied zum obigen Vorgehen besteht darin, dass jetzt die zweite Zeile der Matrix **A** ($j = 2$) den Berechnungen zu Grunde gelegt wird. Zur Veranschaulichung wird nochmals der erste Wert der zweiten Zeile c_{21} der Ergebnismatrix **C** berechnet:

(6) $$c_{21} = (-2) \cdot 2 + (-1) \cdot 1 = -5$$

Durch dieses Vorgehen werden die Werte der zweiten Zeile $\mathbf{c}_{2.}$ der Ergebnismatrix **C** bestimmt:

(7) $\mathbf{c}_{2.} = \begin{bmatrix} -5 & -3 & -8 \end{bmatrix}$

Zur Bestimmung der letzten Zeile der Ergebnismatrix **C** werden wieder die gleichen Rechenschritte durchgeführt, wobei jetzt die dritte Zeile der Matrix **A** den Berechnungen zu Grunde gelegt wird:

(8) $\mathbf{c}_{3.} = \begin{bmatrix} 7 & 3 & 11 \end{bmatrix}$

Das Gesamtergebnis lautet somit:

(9) $$\mathbf{C} = \mathbf{A} \cdot \mathbf{B} = \begin{bmatrix} 5 & 2 \\ -2 & -1 \\ 3 & 1 \end{bmatrix} \cdot \begin{bmatrix} 2 & 0 & 3 \\ 1 & 3 & 2 \end{bmatrix} = \begin{bmatrix} 12 & 6 & 19 \\ -5 & -3 & -8 \\ 7 & 3 & 11 \end{bmatrix}$$

Mit Hilfe dieses Berechnungsschemas wird eine Matrizenmultiplikation durchgeführt. Bei diesem Beispiel werden drei Sachverhalte sichtbar bzw. nochmals verdeutlicht:

1. Zum einen muss die Matrix **A** über so viele Spalten verfügen, wie die Matrix **B** über Zeilen.

2. Die Dimension der Ergebnismatrix **C** wird durch die Dimension der Matrix **A** und der Matrix **B** bestimmt. Die Matrix **C** besitzt die gleiche Anzahl an Zeilen wie die Matrix **A** und die gleiche Anzahl an Spalten wie die Matrix **B**. Besitzt die Matrix **A** die Dimension $n \times k$ und die Matrix **B** $k \times l$, so weist die Matrix **C** die Dimension $n \times l$ auf.

3. Das *Kommutativgesetz* (d.h. $\mathbf{A} \cdot \mathbf{B} = \mathbf{B} \cdot \mathbf{A}$) gilt im Allgemeinen nicht. Im Beispiel ist etwa:

(10) $$\mathbf{C} = \mathbf{B} \cdot \mathbf{A} = \begin{bmatrix} 2 & 0 & 3 \\ 1 & 3 & 2 \end{bmatrix} \cdot \begin{bmatrix} 5 & 2 \\ -2 & -1 \\ 3 & 1 \end{bmatrix} = \begin{bmatrix} 19 & 7 \\ 5 & 1 \end{bmatrix}$$

Da (wie das Beispiel zeigt) die Ergebnismatrizen **C** in Gleichung (9) und (10) nicht identisch sind, gilt das Kommutativgesetz bei einer Matrizenmultiplikation im Allgemeinen nicht. Es existieren aber Sonderfälle, bei denen das Kommutativgesetz doch gilt, wie beispielsweise die Multiplikation einer Matrix mit der Einheitsmatrix (**I**): $\mathbf{A} \cdot \mathbf{I} = \mathbf{I} \cdot \mathbf{A} = \mathbf{A}$.[281] Bei der Matrizenmultiplikationen gilt das *Assoziativgesetz*, d.h. $\mathbf{A}(\mathbf{BC}) = (\mathbf{AB})\mathbf{C}$ und das

281 Die Einheitsmatrix wird in diesem Anhang weiter unten noch behandelt (vgl. A.1.7.).

Distributivgesetz: **A(B+C) = AB + AC**. Die Matrizen müssen natürlich die entsprechenden Dimensionen aufweisen, damit die Operationen durchführbar sind.

A.1.3. Multiplikation einer Matrix mit einer Zahl (Skalarmultiplikation)

Von der Multiplikation zweier Matrizen ist der Fall zu unterscheiden, bei dem eine Matrix (bzw. ein Vektor) mit einer Zahl (Skalar) multipliziert wird. Bei einer sog. *Skalarmultiplikation* wird jedes Element der Matrix (bzw. des Vektors) mit dieser Zahl multipliziert. Im nachfolgenden Beispiel wird die Matrix **A** mit der Zahl 5 multipliziert:

$$(1) \qquad \mathbf{C} = 5 \cdot \mathbf{A} = 5 \cdot \begin{bmatrix} 5 & 2 \\ -2 & -1 \\ 3 & 1 \end{bmatrix} = \begin{bmatrix} 5 \cdot 5 & 5 \cdot 2 \\ 5 \cdot (-2) & 5 \cdot (-1) \\ 5 \cdot 3 & 5 \cdot 1 \end{bmatrix} = \begin{bmatrix} 25 & 10 \\ -10 & -5 \\ 15 & 5 \end{bmatrix}$$

Bei einer Skalarmultiplikation bleibt die ursprüngliche Dimension der Matrix erhalten. In dem Beispiel handelt es sich bei der Matrix **A** und bei der Matrix **C** um eine 3×2-Matrix.

A.1.4. Transponieren von Matrizen

Beim Transponieren von Matrizen werden die Zeilen und die Spalten vertauscht. Die *i*-te Zeile einer Matrix wird damit zur *i*-ten Spalte bzw. die *j*-te Spalte zur *j*-ten Zeile. Der Vorgang des Transponierens wird in diesem Buch durch einen Hochstrich (′) an der entsprechenden Matrix gekennzeichnet.

Nahezu trivial ist das Transponieren bei Vektoren. Da ein Spaltenvektor lediglich eine Spalte umfasst, bedeutet dies, dass aus der Spalte eine Zeile wird. Ein transponierter Spaltenvektor entspricht also einem Zeilenvektor:

$$(1) \qquad \Delta\mathbf{DAX} = \begin{bmatrix} 5 \\ -2 \\ 3 \end{bmatrix} \qquad \Rightarrow \qquad \Delta\mathbf{DAX}' = \begin{bmatrix} 5 & -2 & 3 \end{bmatrix}$$

Aus dem 3×1-Vektor wurde ein 1×3-Vektor. Analog wird aus einem Zeilenvektor durch das Transponieren ein Spaltenvektor:

$$(2) \qquad \Delta\mathbf{DAX} = \begin{bmatrix} 5 & -2 & 3 \end{bmatrix} \qquad \Rightarrow \qquad \Delta\mathbf{DAX}' = \begin{bmatrix} 5 \\ -2 \\ 3 \end{bmatrix}$$

Der 1×3-Vektor wird in diesem Beispiel zu einem 3×1-Vektor. Bei einer gewöhnlichen Matrix (kein Vektor) werden einfach die Zeilen und die Spalten vertauscht:

(3) $\mathbf{X} = \begin{bmatrix} 5 & 2 \\ -2 & -1 \\ 3 & 0 \end{bmatrix} \quad \Rightarrow \quad \mathbf{X}' = \begin{bmatrix} 5 & -2 & 3 \\ 2 & -1 & 0 \end{bmatrix}$

In dem Beispiel (3) wurde also aus der ersten Zeile der Matrix **X** die erste Spalte der Matrix **X´**, aus der zweiten Zeile die zweite Spalte und aus der dritten Zeile die dritte Spalte. Dies ist äquivalent mit dem Sachverhalt, dass aus der ersten Spalte der Matrix **X** die erste Zeile der Matrix **X´** und aus der zweiten Spalte die zweite Zeile von **X´** wurde. Aus einer $n \times k$-Matrix wird eine $k \times n$-Matrix (im Beispiel: aus der 3×2-Matrix wird durch das Transponieren eine 2×3-Matrix). Wird eine Matrix zwei Mal transponiert, so entspricht das Ergebnis wieder der Ausgangsmatrix:

(4) $\mathbf{X} = \begin{bmatrix} 5 & 2 \\ -2 & -1 \\ 3 & 0 \end{bmatrix} \quad \Rightarrow \quad \mathbf{X}' = \begin{bmatrix} 5 & -2 & 3 \\ 2 & -1 & 0 \end{bmatrix} \quad \Rightarrow \quad \mathbf{X}'' = \begin{bmatrix} 5 & 2 \\ -2 & -1 \\ 3 & 0 \end{bmatrix}$

A.1.5. Multiplizieren und Transponieren von Matrizen

Sollen zwei Matrizen zunächst multipliziert und das Ergebnis anschließend transponiert werden, so wird häufig (z.B. in Kap. 5.2. beim Übergang von Gleichung (6) auf (7)) die folgende Beziehung angewandt:

(1) $(\mathbf{A} \cdot \mathbf{B})' = (\mathbf{B}' \cdot \mathbf{A}')$

Soll eine Matrix **A** mit einer Matrix **B** multipliziert und das Ergebnis anschließend transponiert werden, so resultiert daraus das gleiche Ergebnis, als wenn zunächst **A** und **B** transponiert und anschließend **B´** und **A´** multipliziert werden. Zur Veranschaulichung wird nochmals auf die Matrizen **A** und **B** des obigen Abschnitts A.1.2. zurückgegriffen.

(2) $\mathbf{A} \cdot \mathbf{B} = \begin{bmatrix} 5 & 2 \\ -2 & -1 \\ 3 & 1 \end{bmatrix} \cdot \begin{bmatrix} 2 & 0 & 3 \\ 1 & 3 & 2 \end{bmatrix} = \begin{bmatrix} 12 & 6 & 19 \\ -5 & -3 & -8 \\ 7 & 3 & 11 \end{bmatrix} \quad \Rightarrow \quad (\mathbf{A} \cdot \mathbf{B})' = \begin{bmatrix} 12 & -5 & 7 \\ 6 & -3 & 3 \\ 19 & -8 & 11 \end{bmatrix}$

In (2) wurden also zunächst beide Matrizen multipliziert und das Ergebnis anschließend transponiert. In (3) werden beide Matrizen zunächst transponiert und anschließend die Matrix **B´** mit der Matrix **A´** multipliziert:

(3) $\mathbf{B}' \cdot \mathbf{A}' = \begin{bmatrix} 2 & 1 \\ 0 & 3 \\ 3 & 2 \end{bmatrix} \cdot \begin{bmatrix} 5 & -2 & 3 \\ 2 & -1 & 1 \end{bmatrix} = \begin{bmatrix} 12 & -5 & 7 \\ 6 & -3 & 3 \\ 19 & -8 & 11 \end{bmatrix}$

Ein Vergleich der Ergebnisse von (2) und (3) zeigt, dass beide Vorgehensweisen zum gleichen Resultat führen.

A.1.6. Quadratische und symmetrische Matrizen

Eine Matrix wird als *quadratisch* bezeichnet, wenn sie über die gleiche Anzahl an Zeilen und Spalten verfügt. Eine quadratische Matrix weist also die Dimension $n \times n$ auf. In (1) sind zwei quadratische Matrizen dargestellt, eine 2×2- und eine 3×3-Matrix:

$$\text{(1a)} \quad \mathbf{X} = \begin{bmatrix} 5 & 2 \\ -2 & -1 \end{bmatrix} \qquad \text{(1b)} \quad \mathbf{X} = \begin{bmatrix} 5 & 2 & -1 \\ -2 & -1 & 3 \\ 3 & 0 & 1 \end{bmatrix}$$

Für eine *symmetrische Matrix* ist ebenfalls Voraussetzung, über die gleiche Anzahl an Zeilen und Spalten verfügen zu müssen. Darüber hinaus wird eine symmetrische Matrix durch den Vorgang des Transponierens *nicht* verändert. Die Matrix in (2) ist ein Beispiel für eine symmetrische Matrix:

$$\text{(2)} \quad \mathbf{X} = \begin{bmatrix} 2 & 5 & 2 \\ 5 & 1 & 3 \\ 2 & 3 & 4 \end{bmatrix} = \mathbf{X}'$$

In der Matrix nach (2) ist für $i \neq j$ das Element in der i-ten Zeile und der j-ten Spalte identisch mit dem Element der j-ten Zeile und der i-ten Spalte. Die Matrix ist symmetrisch in Bezug auf die Diagonale.

A.1.7. Einheitsmatrix

Bei der *Einheitsmatrix* handelt es sich um eine quadratische Matrix, bei der alle Werte auf der Diagonalen einen Wert von eins annehmen und alle sonstigen Werte null sind. In (1) sind eine 2×2- und eine 3×3-Einheitsmatrix als Beispiele aufgeführt. Häufig wird die Einheitsmatrix mit **E** oder mit **I** (für „identity") bezeichnet.

$$\text{(1a)} \quad \mathbf{X} = \begin{bmatrix} 1 & 0 \\ 0 & 1 \end{bmatrix} \qquad \text{(1b)} \quad \mathbf{X} = \begin{bmatrix} 1 & 0 & 0 \\ 0 & 1 & 0 \\ 0 & 0 & 1 \end{bmatrix}$$

Bei einer Einheitsmatrix handelt es sich auch um eine symmetrische Matrix (vgl. die Beispiele nach (1)).

A.1.8. Invertieren von Matrizen

Die Inverse zu einer quadratischen Matrix ist selbst eine Matrix, welche die Eigenschaft besitzt, dass die Multiplikation der betrachteten Matrix mit ihrer Inversen die Einheitsmatrix ergibt. Die Inverse wird in diesem Buch durch ein hochgestelltes „–1“ gekennzeichnet. Für eine quadratische Matrix **X** und ihre Inverse $\mathbf{X}^{-1}$ muss also gelten:

$$(1) \qquad \mathbf{X} \cdot \mathbf{X}^{-1} = \mathbf{I} = \mathbf{X}^{-1} \cdot \mathbf{X}$$

Damit eine Matrix invertierbar ist, muss sie quadratisch sein. Ferner dürfen keine zwei Spaltenvektoren (oder Zeilenvektoren) voneinander linear abhängig sein („reguläre“ Matrix). In (2) ist die Matrix **X** und die entsprechende Inverse $\mathbf{X}^{-1}$ hierzu angegeben:

$$(2) \qquad \mathbf{X} = \begin{bmatrix} 2 & 4 \\ 3 & 5 \end{bmatrix}, \qquad \mathbf{X}^{-1} = \begin{bmatrix} -2.5 & 2 \\ 1.5 & -1 \end{bmatrix}$$

Mit Hilfe der oben beschriebenen Matrizenmultiplikation lässt sich relativ leicht nachrechnen, dass die Multiplikation der Matrix **X** mit der Inversen $\mathbf{X}^{-1}$ bzw. eine Multiplikation der Inversen $\mathbf{X}^{-1}$ mit **X** die Einheitsmatrix ergibt:

$$(3) \qquad \begin{bmatrix} 2 & 4 \\ 3 & 5 \end{bmatrix} \cdot \begin{bmatrix} -2.5 & 2 \\ 1.5 & -1 \end{bmatrix} = \begin{bmatrix} 1 & 0 \\ 0 & 1 \end{bmatrix} \qquad \text{bzw.} \qquad \begin{bmatrix} -2.5 & 2 \\ 1.5 & -1 \end{bmatrix} \cdot \begin{bmatrix} 2 & 4 \\ 3 & 5 \end{bmatrix} = \begin{bmatrix} 1 & 0 \\ 0 & 1 \end{bmatrix}$$

Die Verfahren zur Bestimmung der Inversen einer Matrix sind im Vergleich zur Addition, Subtraktion, Multiplikation und dem Transponieren von Matrizen relativ aufwändig. Aus diesem Grunde sei hier auf die entsprechende Literatur verwiesen [vgl. z.B. OPITZ (1995), S. 276ff.]. Ein weiterer Grund weshalb das relativ aufwändige Verfahren zur Matrizeninvertierung an dieser Stelle nicht beschrieben ist, liegt darin, dass es in verschiedenen Standardsoftwarepaketen (z.B. Microsoft Excel) ohnehin implementiert ist. Auch in zahlreichen Ökonometriepaketen (z.B. TSP, EViews) ist eine explizite Funktion zur Durchführung von Matrizeninvertierungen enthalten.

Die beiden Operationen Invertierung und Transponieren dürfen auch vertauscht werden. Nachfolgend wird die Matrix **X** zunächst invertiert und anschließend transponiert:

$$(4) \qquad \mathbf{X} = \begin{bmatrix} 2 & 4 \\ 3 & 5 \end{bmatrix} \quad \Rightarrow \quad \mathbf{X}^{-1} = \begin{bmatrix} -2.5 & 2 \\ 1.5 & -1 \end{bmatrix} \quad \Rightarrow \quad \left(\mathbf{X}^{-1}\right)' = \begin{bmatrix} -2.5 & 1.5 \\ 2 & -1 \end{bmatrix}$$

In (5) wurden die beiden Operationen vertauscht. Die Matrix **X** wurde erst transponiert und anschließend invertiert.

(5) $\mathbf{X} = \begin{bmatrix} 2 & 4 \\ 3 & 5 \end{bmatrix} \quad \Rightarrow \quad \mathbf{X}' = \begin{bmatrix} 2 & 3 \\ 4 & 5 \end{bmatrix} \quad \Rightarrow \quad (\mathbf{X}')^{-1} = \begin{bmatrix} -2.5 & 1.5 \\ 2 & -1 \end{bmatrix}$

Die Ergebnisse von (4) und (5) sind identisch.

A.1.9. Rechenregeln bei der Bildung von Ableitungen

Bei der Herleitung des OLS-Schätzers in Kap. 5.2. oder bei den Darstellungen in den Kap. 9.3.3.1. und 9.3.4. wird auf zwei Rechenregeln zurückgegriffen, die bei der Bildung der ersten Ableitung von Bedeutung sind. Die erste Regel lautet wie folgt:

(R1) $y = \mathbf{a}'\mathbf{x} \Rightarrow \frac{dy}{d\mathbf{x}} = \mathbf{a}$

mit y: Skalar
a: Spaltenvektor (**a**´ ist somit ein Zeilenvektor)
x: Spaltenvektor

Zur Veranschaulichung sei das folgende Beispiel betrachtet. Der Spaltenvektor **a** möge die folgenden Werte beinhalten:

(1) $\mathbf{a} = \begin{bmatrix} 2 \\ 4 \\ 1 \end{bmatrix} \quad \Rightarrow \quad \mathbf{a}' = \begin{bmatrix} 2 & 4 & 1 \end{bmatrix}$

Durch das Transponieren wird aus dem Spaltenvektor **a** der Zeilenvektor **a**´. Der Spaltenvektor **x** beinhalte die drei Variablen x_1, x_2 und x_3.

(2) $\mathbf{x} = \begin{bmatrix} x_1 \\ x_2 \\ x_3 \end{bmatrix}$

Wird der Zeilenvektor **a**´ mit dem Spaltenvektor **x** multipliziert, so resultiert daraus die Skalargröße *y*:

(3) $y = \mathbf{a}' \cdot \mathbf{x} = \begin{bmatrix} 2 & 4 & 1 \end{bmatrix} \cdot \begin{bmatrix} x_1 \\ x_2 \\ x_3 \end{bmatrix} = 2x_1 + 4x_2 + 1x_3$

Bei einer Multiplikation weist die Ergebnismatrix die gleiche Zeilenanzahl wie der erste Multiplikator auf (hier: eine Zeile) und die gleiche Spaltenanzahl wie der zweite Multiplikator (hier: eine Spalte). Insofern resultiert bei dieser Multiplikation eine Matrix der Dimension 1×1, also ein Skalar. Wird die Größe y nach dem Vektor $\mathbf{x}$ abgeleitet, so muss hierzu die Ableitung nach allen einzelnen Elementen des Vektors $\mathbf{x}$ (hier: x_1, x_2 und x_3) ermittelt werden (partielle Ableitungen):

$$(4)\qquad \frac{dy}{d\mathbf{x}} = \begin{bmatrix} \partial y/\partial x_1 \\ \partial y/\partial x_2 \\ \partial y/\partial x_3 \end{bmatrix} = \begin{bmatrix} 2 \\ 4 \\ 1 \end{bmatrix}$$

Bei der Bildung dieser partiellen ersten Ableitungen resultiert als Ergebnis exakt wieder der Spaltenvektor **a**. Dieser Sachverhalt wird durch die Rechenregel (R1) beschrieben.

Bei der Herleitung des OLS-Schätzers in Kap. 5.2. oder bei den Darstellungen in den Kap. 9.3.3.1. und 9.3.4. kommt noch eine weitere Rechenregel zur Anwendung, nämlich die Regel (R2):

$$(R2)\qquad y = \mathbf{x}'\mathbf{A}\mathbf{x} \Rightarrow \frac{dy}{d\mathbf{x}} = 2\mathbf{A}\mathbf{x}$$

mit y: Skalar
x: Spaltenvektor (**x**´ ist somit ein Zeilenvektor)
A: Symmetrische Matrix

Zur Veranschaulichung sei wieder ein Beispiel betrachtet. Der Spaltenvektor **x** bestehe dabei aus den zwei Variablen x_1 und x_2. Die symmetrische Matrix **A** sei wie folgt definiert:

$$(5)\qquad A = \begin{bmatrix} 5 & 2 \\ 2 & 1 \end{bmatrix}$$

Wird der Zeilenvektor **x**´ mit der symmetrischen Matrix **A** und dem Spaltenvektor **x** multipliziert, so resultiert daraus die Skalargröße y:

$$(6)\qquad y = \mathbf{x}'\mathbf{A}\mathbf{x} = \begin{bmatrix} x_1 & x_2 \end{bmatrix} \begin{bmatrix} 5 & 2 \\ 2 & 1 \end{bmatrix} \begin{bmatrix} x_1 \\ x_2 \end{bmatrix}$$

Zunächst wird die Matrix **A** mit dem Spaltenvektor **x** und das daraus resultierende Ergebnis anschließend mit dem Zeilenvektor **x**´ multipliziert:

$$(7)\qquad y = \begin{bmatrix} x_1 & x_2 \end{bmatrix} \begin{bmatrix} 5x_1 + 2x_2 \\ 2x_1 + 1x_2 \end{bmatrix} = x_1(5x_1 + 2x_2) + x_2(2x_1 + 1x_2) = 5x_1^2 + 4x_1x_2 + x_2^2$$

Zur Bestimmung der Ableitung der Größe y nach dem Vektor $\mathbf{x}$ muss die Ableitung nach allen einzelnen Elementen des Vektors $\mathbf{x}$ (hier: x_1 und x_2) ermittelt werden (partielle Ableitungen):

$$(8) \qquad \frac{dy}{d\mathbf{x}} = \begin{bmatrix} \partial y / \partial x_1 \\ \partial y / \partial x_2 \end{bmatrix} = \begin{bmatrix} 10x_1 + 4x_2 \\ 4x_1 + 2x_2 \end{bmatrix}$$

Gemäß der Rechenregel (R2) muss dieser Ausdruck identisch sein mit $2\mathbf{Ax}$:

$$(9) \qquad 2\mathbf{Ax} = 2\begin{bmatrix} 5 & 2 \\ 2 & 1 \end{bmatrix}\begin{bmatrix} x_1 \\ x_2 \end{bmatrix} = \begin{bmatrix} 10 & 4 \\ 4 & 2 \end{bmatrix}\begin{bmatrix} x_1 \\ x_2 \end{bmatrix} = \begin{bmatrix} 10x_1 + 4x_2 \\ 4x_1 + 2x_2 \end{bmatrix}$$

Mit Hilfe der Rechenregel (R2) lässt sich somit die erste Ableitung unmittelbar angeben.

A.1.10. Matrizen mit Zufallsvariablen

Bei den bisher aufgeführten Rechenregeln sind die Elemente der Matrizen immer feste Werte. Die einzelnen Elemente einer Matrix bzw. eines Vektors können jedoch auch Zufallsvariablen sein. So lassen sich beispielsweise die Regressionsresiduen ε_t zu den einzelnen Zeitpunkten $t = 1, ..., n$ als Zufallsvariablen betrachten. Sie können wie folgt mit Hilfe eines Vektors dargestellt werden:

$$(1) \qquad \mathbf{e} = \begin{bmatrix} \varepsilon_1 \\ \varepsilon_2 \\ \vdots \\ \varepsilon_n \end{bmatrix}$$

Operationen, die sich auf die einzelnen Zufallsvariablen beziehen, können somit auch im Rahmen einer Matrizendarstellung angegeben werden. So lässt sich beispielsweise der Erwartungswert der n einzelnen Zufallsvariablen als Erwartungswert des Vektors (welcher die n Zufallsvariablen umfasst) darstellen:

$$(2) \qquad E(\mathbf{e}) = E\begin{bmatrix} \varepsilon_1 \\ \varepsilon_2 \\ \vdots \\ \varepsilon_n \end{bmatrix} = \begin{bmatrix} E(\varepsilon_1) \\ E(\varepsilon_2) \\ \vdots \\ E(\varepsilon_n) \end{bmatrix}$$

Die Operationen beziehen sich auf jedes einzelne Element des Vektors.

A.2. Tabellen

z	0.00	0.01	0.02	0.03	0.04	0.05	0.06	0.07	0.08	0.09
0.0	0.5000	0.5040	0.5080	0.5120	0.5160	0.5199	0.5239	0.5279	0.5319	0.5359
0.1	0.5398	0.5438	0.5478	0.5517	0.5557	0.5596	0.5636	0.5675	0.5714	0.5753
0.2	0.5793	0.5832	0.5871	0.5910	0.5948	0.5987	0.6026	0.6064	0.6103	0.6141
0.3	0.6179	0.6217	0.6255	0.6293	0.6331	0.6368	0.6406	0.6443	0.6480	0.6517
0.4	0.6554	0.6591	0.6628	0.6664	0.6700	0.6736	0.6772	0.6808	0.6844	0.6879
0.5	0.6915	0.6950	0.6985	0.7019	0.7054	0.7088	0.7123	0.7157	0.7190	0.7224
0.6	0.7257	0.7291	0.7324	0.7357	0.7389	0.7422	0.7454	0.7486	0.7517	0.7549
0.7	0.7580	0.7611	0.7642	0.7673	0.7704	0.7734	0.7764	0.7794	0.7823	0.7852
0.8	0.7881	0.7910	0.7939	0.7967	0.7995	0.8023	0.8051	0.8078	0.8106	0.8133
0.9	0.8159	0.8186	0.8212	0.8238	0.8264	0.8289	0.8315	0.8340	0.8365	0.8389
1.0	0.8413	0.8438	0.8461	0.8485	0.8508	0.8531	0.8554	0.8577	0.8599	0.8621
1.1	0.8643	0.8665	0.8686	0.8708	0.8729	0.8749	0.8770	0.8790	0.8810	0.8830
1.2	0.8849	0.8869	0.8888	0.8907	0.8925	0.8944	0.8962	0.8980	0.8997	0.9015
1.3	0.9032	0.9049	0.9066	0.9082	0.9099	0.9115	0.9131	0.9147	0.9162	0.9177
1.4	0.9192	0.9207	0.9222	0.9236	0.9251	0.9265	0.9279	0.9292	0.9306	0.9319
1.5	0.9332	0.9345	0.9357	0.9370	0.9382	0.9394	0.9406	0.9418	0.9429	0.9441
1.6	0.9452	0.9463	0.9474	0.9484	0.9495	0.9505	0.9515	0.9525	0.9535	0.9545
1.7	0.9554	0.9564	0.9573	0.9582	0.9591	0.9599	0.9608	0.9616	0.9625	0.9633
1.8	0.9641	0.9649	0.9656	0.9664	0.9671	0.9678	0.9686	0.9693	0.9699	0.9706
1.9	0.9713	0.9719	0.9726	0.9732	0.9738	0.9744	0.9750	0.9756	0.9761	0.9767
2.0	0.9772	0.9778	0.9783	0.9788	0.9793	0.9798	0.9803	0.9808	0.9812	0.9817
2.1	0.9821	0.9826	0.9830	0.9834	0.9838	0.9842	0.9846	0.9850	0.9854	0.9857
2.2	0.9861	0.9864	0.9868	0.9871	0.9875	0.9878	0.9881	0.9884	0.9887	0.9890
2.3	0.9893	0.9896	0.9898	0.9901	0.9904	0.9906	0.9909	0.9911	0.9913	0.9916
2.4	0.9918	0.9920	0.9922	0.9925	0.9927	0.9929	0.9931	0.9932	0.9934	0.9936
2.5	0.9938	0.9940	0.9941	0.9943	0.9945	0.9946	0.9948	0.9949	0.9951	0.9952
2.6	0.9953	0.9955	0.9956	0.9957	0.9959	0.9960	0.9961	0.9962	0.9963	0.9964
2.7	0.9965	0.9966	0.9967	0.9968	0.9969	0.9970	0.9971	0.9972	0.9973	0.9974
2.8	0.9974	0.9975	0.9976	0.9977	0.9977	0.9978	0.9979	0.9979	0.9980	0.9981
2.9	0.9981	0.9982	0.9982	0.9983	0.9984	0.9984	0.9985	0.9985	0.9986	0.9986
3.0	0.9987	0.9987	0.9987	0.9988	0.9988	0.9989	0.9989	0.9989	0.9990	0.9990

Tab. A.2.-1.: Verteilungsfunktion $\Phi(z)$ der Standardnormalverteilung

Beispiel: $\Phi(1.75) = 0.9599$

Weitere Werte der Verteilungsfunktion erhält man mit der Regel

$$\Phi(-z) = 1 - \Phi(z)$$

α	z_α	α	z_α	α	z_α
0.500	0.0000	0.9500	1.6449	0.9980	2.8782
0.550	0.1257	0.9550	1.6954	0.9985	2.9677
0.600	0.2533	0.9600	1.7507	0.9990	3.0902
0.650	0.3853	0.9650	1.8119	0.9995	3.2905
0.700	0.5244	0.9700	1.8808	0.9999	3.7195
0.750	0.6745	0.9750	1.9600		
0.800	0.8416	0.9800	2.0537		
0.825	0.9346	0.9850	2.1701		
0.850	1.0364	0.9900	2.3263		
0.875	1.1503	0.9950	2.5758		
0.900	1.2816	0.9955	2.6121		
0.910	1.3408	0.9960	2.6521		
0.920	1.4051	0.9965	2.6968		
0.930	1.4758	0.9970	2.7478		
0.940	1.5548	0.9975	2.8071		

Tab. A.2.-2.: Quantile z_α der Standardnormalverteilung

Beispiel: $z_{99\%} = 2.3263$

Weitere Quantile der Standardnormalverteilung erhält man mit der Regel

$$z_{1-\alpha} = -z_\alpha$$

n	0.010	0.025	0.050	0.100	0.250	0.500	0.750	0.900	0.950	0.975	0.990
1	0.000	0.001	0.004	0.016	0.102	0.455	1.323	2.706	3.841	5.024	6.635
2	0.020	0.051	0.103	0.211	0.575	1.386	2.773	4.605	5.991	7.378	9.210
3	0.115	0.216	0.352	0.584	1.213	2.366	4.108	6.251	7.815	9.348	11.35
4	0.297	0.484	0.711	1.064	1.923	3.357	5.385	7.779	9.488	11.14	13.28
5	0.554	0.831	1.145	1.610	2.675	4.351	6.626	9.236	11.07	12.83	15.09
6	0.872	1.237	1.635	2.204	3.455	5.348	7.841	10.65	12.59	14.45	16.81
7	1.239	1.690	2.167	2.833	4.255	6.346	9.037	12.02	14.07	16.01	18.48
8	1.647	2.180	2.733	3.490	5.071	7.344	10.22	13.36	15.51	17.54	20.09
9	2.088	2.700	3.325	4.168	5.899	8.343	11.39	14.68	16.92	19.02	21.67
10	2.558	3.247	3.940	4.865	6.737	9.342	12.55	15.99	18.31	20.48	23.21
11	3.053	3.816	4.575	5.578	7.584	10.34	13.70	17.28	19.68	21.9	24.73
12	3.571	4.404	5.226	6.304	8.438	11.34	14.85	18.55	21.03	23.34	26.22
13	4.107	5.009	5.892	7.041	9.299	12.34	15.98	19.81	22.36	24.74	27.69
14	4.660	5.629	6.571	7.790	10.17	13.34	17.12	21.06	23.69	26.12	29.14
15	5.229	6.262	7.261	8.547	11.04	14.34	18.25	22.31	25.00	27.49	30.58
16	5.812	6.908	7.962	9.312	11.91	15.34	19.37	23.54	26.30	28.85	32.00
17	6.408	7.564	8.672	10.09	12.79	16.34	20.49	24.77	27.59	30.19	33.41
18	7.015	8.231	9.390	10.87	13.68	17.34	21.60	25.99	28.87	31.53	34.81
19	7.633	8.907	10.12	11.65	14.56	18.34	22.72	27.20	30.14	32.85	36.19
20	8.260	9.591	10.85	12.44	15.45	19.34	23.83	28.41	31.41	34.17	37.57
21	8.897	10.28	11.59	13.24	16.34	20.34	24.94	29.62	32.67	35.48	38.93
22	9.542	10.98	12.34	14.04	17.24	21.34	26.04	30.81	33.92	36.78	40.29
23	10.20	11.69	13.09	14.85	18.14	22.34	27.14	32.01	35.17	38.08	41.64
24	10.86	12.40	13.85	15.66	19.04	23.34	28.24	33.20	36.42	39.36	42.98
25	11.52	13.12	14.61	16.47	19.94	24.34	29.34	34.38	37.65	40.65	44.31
26	12.20	13.84	15.38	17.29	20.84	25.34	30.44	35.56	38.89	41.92	45.64
27	12.88	14.57	16.15	18.11	21.75	26.34	31.53	36.74	40.11	43.20	46.96
28	13.57	15.31	16.93	18.94	22.66	27.34	32.62	37.92	41.34	44.46	48.28
29	14.26	16.05	17.71	19.77	23.57	28.34	33.71	39.09	42.56	45.72	49.59
30	14.95	16.79	18.49	20.60	24.48	29.34	34.80	40.26	43.77	46.98	50.89
40	22.16	24.43	26.51	29.05	33.66	39.34	45.62	51.81	55.76	59.34	63.69
50	29.71	32.36	34.76	37.69	42.94	49.34	56.33	63.17	67.51	71.42	76.15
60	37.49	40.48	43.19	46.46	52.29	59.34	66.98	74.40	79.08	83.30	88.38
70	45.44	48.76	51.74	55.33	61.70	69.33	77.58	85.53	90.53	95.02	100.4
80	53.54	57.15	60.39	64.28	71.15	79.33	88.13	96.58	101.9	106.6	112.3
90	61.75	65.65	69.13	73.29	80.63	89.33	98.65	107.6	113.1	118.1	124.1
100	70.07	74.22	77.93	82.36	90.13	99.33	109.1	118.5	124.3	129.6	135.8
200	156.4	162.7	168.3	174.8	186.2	199.3	213.1	226.0	234.0	241.1	249.4
300	246.0	253.9	260.9	269.1	283.1	299.3	316.1	331.8	341.4	349.9	359.9
400	337.2	346.5	354.6	364.2	380.6	399.3	418.7	436.6	447.6	457.3	468.7
500	429.4	439.9	449.2	459.9	478.3	499.3	521.0	540.9	553.1	563.9	576.5
600	522.4	534.0	544.2	556.1	576.3	599.3	623.0	644.8	658.1	669.8	683.5
800	709.9	723.5	735.4	749.2	772.7	799.3	826.6	851.7	866.9	880.3	896.0
1000	898.9	914.3	927.6	943.1	969.5	999.3	1030.	1058.	1075.	1090.	1107.

Tab. A.2.-3.: Quantile $\chi^2_{n,\alpha}$ der χ^2-Verteilung

Beispiel: $\chi^2_{100;5\%} = 77.93$

n \ α	0.800	0.900	0.950	0.975	0.990	0.995
1	1.376	3.078	6.314	12.706	31.821	63.656
2	1.061	1.886	2.920	4.303	6.965	9.925
3	0.978	1.638	2.353	3.182	4.541	5.841
4	0.941	1.533	2.132	2.776	3.747	4.604
5	0.920	1.476	2.015	2.571	3.365	4.032
6	0.906	1.440	1.943	2.447	3.143	3.707
7	0.896	1.415	1.895	2.365	2.998	3.499
8	0.889	1.397	1.860	2.306	2.896	3.355
9	0.883	1.383	1.833	2.262	2.821	3.250
10	0.879	1.372	1.812	2.228	2.764	3.169
11	0.876	1.363	1.796	2.201	2.718	3.106
12	0.873	1.356	1.782	2.179	2.681	3.055
13	0.870	1.350	1.771	2.160	2.650	3.012
14	0.868	1.345	1.761	2.145	2.624	2.977
15	0.866	1.341	1.753	2.131	2.602	2.947
16	0.865	1.337	1.746	2.120	2.583	2.921
17	0.863	1.333	1.740	2.110	2.567	2.898
18	0.862	1.330	1.734	2.101	2.552	2.878
19	0.861	1.328	1.729	2.093	2.539	2.861
20	0.860	1.325	1.725	2.086	2.528	2.845
21	0.859	1.323	1.721	2.080	2.518	2.831
22	0.858	1.321	1.717	2.074	2.508	2.819
23	0.858	1.319	1.714	2.069	2.500	2.807
24	0.857	1.318	1.711	2.064	2.492	2.797
25	0.856	1.316	1.708	2.060	2.485	2.787
26	0.856	1.315	1.706	2.056	2.479	2.779
27	0.855	1.314	1.703	2.052	2.473	2.771
28	0.855	1.313	1.701	2.048	2.467	2.763
29	0.854	1.311	1.699	2.045	2.462	2.756
30	0.854	1.310	1.697	2.042	2.457	2.750
40	0.851	1.303	1.684	2.021	2.423	2.704
50	0.849	1.299	1.676	2.009	2.403	2.678
60	0.848	1.296	1.671	2.000	2.390	2.660
70	0.847	1.294	1.667	1.994	2.381	2.648
80	0.846	1.292	1.664	1.990	2.374	2.639
90	0.846	1.291	1.662	1.987	2.368	2.632
100	0.845	1.290	1.660	1.984	2.364	2.626
200	0.843	1.286	1.653	1.972	2.345	2.601
300	0.843	1.284	1.650	1.968	2.339	2.592
400	0.843	1.284	1.649	1.966	2.336	2.588
500	0.842	1.283	1.648	1.965	2.334	2.586
600	0.842	1.283	1.647	1.964	2.333	2.584
800	0.842	1.283	1.647	1.963	2.331	2.582
1000	0.842	1.282	1.646	1.962	2.330	2.581
∞	0.842	1.282	1.645	1.960	2.326	2.576

Tab. A.2.-4.: Quantile $t_{n,\alpha}$ der *t*-Verteilung

Beispiel: $t_{50;95\%} = 1.676$

Weitere Quantile der *t*-Verteilung erhält man mit der Regel

$$t_{n,\alpha} = -t_{n,1-\alpha}$$

n \ m	1	2	3	4	5	6	7	8	9	10	12
1	161.4	199.5	215.7	224.6	230.2	234.0	236.8	238.9	240.5	241.9	243.9
2	18.51	19.00	19.16	19.25	19.30	19.33	19.35	19.37	19.39	19.40	19.41
3	10.13	9.552	9.277	9.117	9.013	8.941	8.887	8.845	8.812	8.785	8.745
4	7.709	6.944	6.591	6.388	6.256	6.163	6.094	6.041	5.999	5.964	5.912
5	6.608	5.786	5.409	5.192	5.050	4.950	4.876	4.818	4.772	4.735	4.678
6	5.987	5.143	4.757	4.534	4.387	4.284	4.207	4.147	4.099	4.060	4.000
7	5.591	4.737	4.347	4.120	3.972	3.866	3.787	3.726	3.677	3.637	3.575
8	5.318	4.459	4.066	3.838	3.688	3.581	3.500	3.438	3.388	3.347	3.284
9	5.117	4.256	3.863	3.633	3.482	3.374	3.293	3.230	3.179	3.137	3.073
10	4.965	4.103	3.708	3.478	3.326	3.217	3.135	3.072	3.020	2.978	2.913
11	4.844	3.982	3.587	3.357	3.204	3.095	3.012	2.948	2.896	2.854	2.788
12	4.747	3.885	3.490	3.259	3.106	2.996	2.913	2.849	2.796	2.753	2.687
13	4.667	3.806	3.411	3.179	3.025	2.915	2.832	2.767	2.714	2.671	2.604
14	4.600	3.739	3.344	3.112	2.958	2.848	2.764	2.699	2.646	2.602	2.534
15	4.543	3.682	3.287	3.056	2.901	2.790	2.707	2.641	2.588	2.544	2.475
16	4.494	3.634	3.239	3.007	2.852	2.741	2.657	2.591	2.538	2.494	2.425
17	4.451	3.592	3.197	2.965	2.810	2.699	2.614	2.548	2.494	2.450	2.381
18	4.414	3.555	3.160	2.928	2.773	2.661	2.577	2.510	2.456	2.412	2.342
19	4.381	3.522	3.127	2.895	2.740	2.628	2.544	2.477	2.423	2.378	2.308
20	4.351	3.493	3.098	2.866	2.711	2.599	2.514	2.447	2.393	2.348	2.278
25	4.242	3.385	2.991	2.759	2.603	2.490	2.405	2.337	2.282	2.236	2.165
30	4.171	3.316	2.922	2.690	2.534	2.421	2.334	2.266	2.211	2.165	2.092
35	4.121	3.267	2.874	2.641	2.485	2.372	2.285	2.217	2.161	2.114	2.041
40	4.085	3.232	2.839	2.606	2.449	2.336	2.249	2.180	2.124	2.077	2.003
45	4.057	3.204	2.812	2.579	2.422	2.308	2.221	2.152	2.096	2.049	1.974
50	4.034	3.183	2.790	2.557	2.400	2.286	2.199	2.130	2.073	2.026	1.952
60	4.001	3.150	2.758	2.525	2.368	2.254	2.167	2.097	2.040	1.993	1.917
70	3.978	3.128	2.736	2.503	2.346	2.231	2.143	2.074	2.017	1.969	1.893
80	3.960	3.111	2.719	2.486	2.329	2.214	2.126	2.056	1.999	1.951	1.875
90	3.947	3.098	2.706	2.473	2.316	2.201	2.113	2.043	1.986	1.938	1.861
100	3.936	3.087	2.696	2.463	2.305	2.191	2.103	2.032	1.975	1.927	1.850
125	3.917	3.069	2.677	2.444	2.287	2.172	2.084	2.013	1.956	1.907	1.830
150	3.904	3.056	2.665	2.432	2.274	2.160	2.071	2.001	1.943	1.894	1.817
175	3.895	3.048	2.656	2.423	2.266	2.151	2.062	1.992	1.934	1.885	1.808
200	3.888	3.041	2.650	2.417	2.259	2.144	2.056	1.985	1.927	1.878	1.801
400	3.865	3.018	2.627	2.394	2.237	2.121	2.032	1.962	1.903	1.854	1.776
600	3.857	3.011	2.620	2.387	2.229	2.114	2.025	1.954	1.895	1.846	1.768
1000	3.851	3.005	2.614	2.381	2.223	2.108	2.019	1.948	1.889	1.840	1.762
∞	3.841	2.996	2.605	2.372	2.214	2.099	2.010	1.938	1.880	1.831	1.752

Tab. A.2.-5.: Quantile $F_{m,n,\alpha}$ der F-Verteilung mit $\alpha = 0.95$

Beispiel: $F_{10;20;95\%} = 2.348$

n \ m	14	16	18	20	40	60	80	100	200	500	∞
1	245.4	246.5	247.3	248.0	251.1	252.2	252.7	253.0	253.7	254.1	254.3
2	19.42	19.43	19.44	19.45	19.47	19.48	19.48	19.49	19.49	19.49	19.50
3	8.715	8.692	8.675	8.660	8.594	8.572	8.561	8.554	8.540	8.532	8.526
4	5.873	5.844	5.821	5.803	5.717	5.688	5.673	5.664	5.646	5.635	5.628
5	4.636	4.604	4.579	4.558	4.464	4.431	4.415	4.405	4.385	4.373	4.365
6	3.956	3.922	3.896	3.874	3.774	3.740	3.722	3.712	3.690	3.678	3.669
7	3.529	3.494	3.467	3.445	3.340	3.304	3.286	3.275	3.252	3.239	3.230
8	3.237	3.202	3.173	3.150	3.043	3.005	2.986	2.975	2.951	2.937	2.928
9	3.025	2.989	2.960	2.936	2.826	2.787	2.768	2.756	2.731	2.717	2.707
10	2.865	2.828	2.798	2.774	2.661	2.621	2.601	2.588	2.563	2.548	2.538
11	2.739	2.701	2.671	2.646	2.531	2.490	2.469	2.457	2.431	2.415	2.404
12	2.637	2.599	2.568	2.544	2.426	2.384	2.363	2.350	2.323	2.307	2.296
13	2.554	2.515	2.484	2.459	2.339	2.297	2.275	2.261	2.234	2.218	2.206
14	2.484	2.445	2.413	2.388	2.266	2.223	2.201	2.187	2.159	2.142	2.131
15	2.424	2.385	2.353	2.328	2.204	2.160	2.137	2.123	2.095	2.078	2.066
16	2.373	2.333	2.302	2.276	2.151	2.106	2.083	2.068	2.039	2.022	2.010
17	2.329	2.289	2.257	2.230	2.104	2.058	2.035	2.020	1.991	1.973	1.960
18	2.290	2.250	2.217	2.191	2.063	2.017	1.993	1.978	1.948	1.929	1.917
19	2.256	2.215	2.182	2.155	2.026	1.980	1.955	1.940	1.910	1.891	1.878
20	2.225	2.184	2.151	2.124	1.994	1.946	1.922	1.907	1.875	1.856	1.843
25	2.111	2.069	2.035	2.007	1.872	1.822	1.796	1.779	1.746	1.725	1.711
30	2.037	1.995	1.960	1.932	1.792	1.740	1.712	1.695	1.660	1.637	1.622
35	1.986	1.942	1.907	1.878	1.735	1.681	1.652	1.635	1.598	1.574	1.558
40	1.948	1.904	1.868	1.839	1.693	1.637	1.608	1.589	1.551	1.526	1.509
45	1.918	1.874	1.838	1.808	1.660	1.603	1.573	1.554	1.513	1.488	1.470
50	1.895	1.850	1.814	1.784	1.634	1.576	1.544	1.525	1.484	1.457	1.438
60	1.860	1.815	1.778	1.748	1.594	1.534	1.502	1.481	1.438	1.409	1.389
70	1.836	1.790	1.753	1.722	1.566	1.505	1.471	1.450	1.404	1.374	1.353
80	1.817	1.772	1.734	1.703	1.545	1.482	1.448	1.426	1.379	1.347	1.325
90	1.803	1.757	1.720	1.688	1.528	1.465	1.429	1.407	1.358	1.326	1.302
100	1.792	1.746	1.708	1.676	1.515	1.450	1.415	1.392	1.342	1.308	1.283
125	1.772	1.725	1.687	1.655	1.491	1.425	1.388	1.364	1.311	1.275	1.248
150	1.758	1.711	1.673	1.641	1.475	1.407	1.369	1.345	1.290	1.252	1.223
175	1.749	1.702	1.663	1.631	1.464	1.395	1.356	1.331	1.274	1.234	1.204
200	1.742	1.694	1.656	1.623	1.455	1.386	1.346	1.321	1.263	1.221	1.189
400	1.717	1.669	1.630	1.597	1.425	1.352	1.311	1.283	1.219	1.170	1.128
600	1.708	1.660	1.621	1.588	1.414	1.341	1.298	1.270	1.203	1.151	1.103
1000	1.702	1.654	1.614	1.581	1.406	1.332	1.289	1.260	1.190	1.134	1.078
∞	1.692	1.644	1.604	1.571	1.394	1.318	1.273	1.243	1.17	1.106	1.000

Tab. A.2.-5.: Fortsetzung

n	$k+1=2$		$k+1=3$		$k+1=4$		$k+1=5$		$k+1=6$	
	d_u	d_o	d_u	d_o	d_u	d_o	d_u	d_o	d_u	d_o
15	1.08	1.36	0.95	1.54	0.82	1.75	0.69	1.97	0.56	2.21
16	1.10	1.37	0.98	1.54	0.86	1.73	0.741	1.93	0.62	2.15
17	1.13	1.38	1.02	1.54	0.90	1.71	0.78	1.90	0.67	2.10
18	1.16	1.39	1.05	1.53	0.93	1.69	0.82	1.87	0.71	2.06
19	1.18	1.40	1.08	1.53	0.97	1.68	0.86	1.85	0.75	2.02
20	1.20	1.41	1.10	1.54	1.00	1.68	0.90	1.83	0.79	1.99
21	1.22	1.42	1.13	1.54	1.03	1.67	0.93	1.81	0.83	1.96
22	1.24	1.43	1.15	1.54	1.05	1.66	0.96	1.80	0.86	1.94
23	1.26	1.44	1.17	1.54	1.08	1.66	0.99	1.79	0.90	1.92
24	1.27	1.45	1.19	1.55	1.10	1.66	1.01	1.78	0.93	1.90
25	1.29	1.45	1.21	1.55	1.12	1.66	1.04	1.77	0.95	1.89
26	1.30	1.46	1.22	1.55	1.14	1.65	1.06	1.76	0.98	1.88
27	1.32	1.47	1.24	1.56	1.16	1.65	1.08	1.76	1.01	1.86
28	1.33	1.48	1.26	1.56	1.18	1.65	1.10	1.75	1.03	1.85
29	1.34	1.48	1.27	1.56	1.20	1.65	1.12	1.74	1.05	1.84
30	1.35	1.49	1.28	1.57	1.21	1.65	1.14	1.74	1.07	1.83
31	1.36	1.50	1.30	1.57	1.23	1.65	1.16	1.73	1.09	1.83
32	1.37	1.50	1.31	1.57	1.24	1.65	1.18	1.73	1.11	1.82
33	1.38	1.51	1.32	1.58	1.26	1.65	1.19	1.73	1.13	1.81
34	1.39	1.51	1.33	1.58	1.27	1.65	1.21	1.73	1.15	1.81
35	1.40	1.52	1.34	1.58	1.28	1.65	1.22	1.73	1.16	1.80
36	1.41	1.52	1.35	1.59	1.29	1.65	1.24	1.73	1.18	1.80
37	1.42	1.53	1.36	1.59	1.31	1.66	1.25	1.72	1.19	1.79
38	1.43	1.54	1.37	1.59	1.32	1.66	1.26	1.72	1.21	1.79
39	1.43	1.54	1.38	1.60	1.33	1.66	1.27	1.72	1.22	1.79
40	1.44	1.54	1.39	1.60	1.34	1.66	1.29	1.72	1.23	1.78
45	1.48	1.57	1.43	1.62	1.38	1.67	1.34	1.72	1.29	1.77
50	1.50	1.59	1.46	1.63	1.42	1.67	1.38	1.72	1.34	1.77
55	1.53	1.60	1.49	1.64	1.45	1.68	1.41	1.72	1.38	1.77
60	1.55	1.62	1.51	1.65	1.48	1.69	1.44	1.73	1.41	1.77
65	1.57	1.63	1.54	1.66	1.50	1.70	1.47	1.73	1.44	1.77
70	1.58	1.64	1.55	1.67	1.52	1.70	1.49	1.74	1.46	1.77
75	1.60	1.65	1.57	1.68	1.54	1.71	1.51	1.74	1.49	1.77
80	1.61	1.66	1.59	1.69	1.56	1.72	1.53	1.74	1.51	1.77
85	1.62	1.67	1.60	1.70	1.57	1.72	1.55	1.75	1.52	1.77
90	1.63	1.68	1.61	1.70	1.59	1.73	1.57	1.75	1.54	1.78
95	1.64	1.69	1.62	1.71	1.60	1.73	1.58	1.75	1.56	1.78
100	1.65	1.69	1.63	1.72	1.61	1.74	1.59	1.76	1.57	1.78

Tab. A.2.-6.: Kritische Werte Durbin-Watson ($\alpha = 0.95$)

n: Beobachtungsumfang, $k+1$: erklärende Variablen plus Regressionskonstante

k \ n	10	15	20	25	30	35	40	45	50
1	-1.9791	-1.9658	-1.9592	-1.9552	-1.9526	-1.9507	-1.9493	-1.9481	-1.9473
2	-4.0242	-3.7757	-3.6585	-3.5907	-3.5466	-3.5155	-3.4925	-3.4747	-3.4606
3	-4.7122	-4.3593	-4.1940	-4.0984	-4.0362	-3.9925	-3.9601	-3.9351	-3.9153
4	-5.3902	-4.9122	-4.6912	-4.5643	-4.4821	-4.4246	-4.3821	-4.3494	-4.3235

k \ n	60	80	100	150	200	300	500	∞
1	-1.9459	-1.9443	-1.9433	-1.9420	-1.9413	-1.9406	-1.9401	-1.9393
2	-3.4396	-3.4137	-3.3983	-3.3779	-3.3678	-3.3577	-3.3497	-3.3378
3	-3.8858	-3.8494	-3.8278	-3.7992	-3.7850	-3.7709	-3.5797	-3.7430
4	-4.2851	-4.2377	-4.2096	-4.1726	-4.1543	-4.1361	-4.1216	-4.1000

Tab. A.2.-7.: 0.05-Quantile der Dickey-Fuller-Verteilung: ohne Konstante, ohne Trend

k \ n	10	15	20	25	30	35	40	45	50
1	-3.2195	-3.0818	-3.0199	-2.9850	-2.9627	-2.9472	-2.9358	-2.9271	-2.9202
2	-4.0242	-3.7754	-3.6585	-3.5907	-3.5466	-3.5155	-3.4925	-3.4747	-3.4606
3	-4.7122	-4.3593	-4.1940	-4.0984	-4.0362	-3.9925	-3.9601	-3.9351	-3.9153
4	-5.3902	-4.9122	-4.6912	-4.5643	-4.4246	-4.4246	-4.3821	-4.3494	-4.3235

k \ n	60	80	100	150	200	300	500	∞
1	-2.9101	-2.8976	-2.8903	-2.8807	-2.8760	-2.8713	-2.8676	-2.8621
2	-3.4396	-3.4137	-3.3983	-3.3779	-3.3678	-3.3577	-3.3497	-3.3378
3	-3.8858	-3.8494	-3.8278	-3.7992	-3.7850	-3.7709	-3.7597	-3.7430
4	-4.2851	-4.2377	-4.2096	-4.1726	-4.1543	-4.1361	-4.1216	-4.1000

Tab. A.2.-8.: 0.05-Quantile der Dickey-Fuller-Verteilung: mit Konstante, ohne Trend

k \ n	10	15	20	25	30	35	40	45	50
1	-3.9948	-3.7611	-3.6591	-3.6027	-3.5670	-3.5426	-3.5247	-3.5112	-3.5005
2	-4.8736	-4.4759	-4.2896	-4.1818	-4.1117	-4.0624	-4.0258	-3.9977	-3.9753
3	-5.4530	-4.9793	-4.7533	-4.6213	-4.5347	-4.4736	-4.4281	-4.3930	-4.3650
4	-6.0749	-5.4830	-5.2033	-5.0407	-4.9345	-4.8597	-4.8041	-4.7613	-4.7272

k \ n	60	80	100	150	200	300	500	∞
1	-3.4849	-3.4659	-3.4548	-3.4403	-3.4332	-3.4263	-3.4207	-3.4126
2	-3.9421	-3.9010	-3.8766	-3.8444	-3.8284	-3.8125	-3.7998	-3.7810
3	-4.3233	-4.2717	-4.2409	-4.2000	-4.1797	-4.1595	-4.1434	-4.1194
4	-4.6765	-4.6137	-4.5764	-4.5269	-4.5024	-4.4780	-4.4585	-4.4295

Tab. A.2.-9.: 0.05-Quantile der Dickey-Fuller-Verteilung: mit Konstante, mit Trend

A.3. Grundlagen der Programmiersprache Visual Basic for Applications für Excel 97

Die Darstellungen zu den Verfahren der nichtlinearen Optimierung und ihrer Anwendung in der Finanzwirtschaft werden durch beispielhafte Implementationen in der Programmiersprache *Visual Basic for Applications* für Excel 97 (im Folgenden nur kurz VBA97) illustriert und auch vertieft. Die Bearbeitung der Implementationen ist zwar für ein nur grundlegendes Verständnis nicht notwendig. Sie verschafft aber andererseits einen vertieften Einblick in die Arbeitsweise und Probleme der behandelten Verfahren.

Unter den zahlreichen zur Verfügung stehenden Programmiersprachen fiel dabei die Wahl auf VBA97, da sie unter pragmatischen Gesichtspunkten besonders geeignet erschien. An Grundkenntnissen muss nämlich hier nur eine gewisse Vertrautheit mit der Tabellenkalkulation *Microsoft Excel* 97 vorausgesetzt werden, welche weit verbreitet ist. Da VBA97 hierin schon fest integriert ist, genügt zum eigenständigen Nacharbeiten allein die Verfügbarkeit von Excel. Ferner ist die Syntax von VBA97 sehr einfach gehalten und sollte für Leser, die bereits mit anderen Programmiersprachen Erfahrung gesammelt haben, weitgehend selbsterklärend sein. Dieser Umstand in Verbindung mit den ausführlichen Kommentierungen zu den beispielhaften Implementationen sollte einem breiten Leserkreis eine eigenständige Nachbearbeitung der Beispiele ermöglichen.

Dieser Anhang richtet sich denn auch vielmehr an diejenigen, die bisher keine vertiefte Erfahrung mit einer anderen Programmiersprache besitzen, die aber dennoch eine Bearbeitung der beispielhaften Implementationen vornehmen möchten. In diesem Anhang werden für diesen Leserkreis die notwendigen Grundlagen der Programmiersprache VBA97 vorgestellt. Dabei ist aber keinesfalls beabsichtigt, ein „Lehrbuch" oder „Programmierhandbuch" zu VBA97 zu erstellen. Die Darstellungen beschränken sich allein darauf, ein Nachvollziehen der beispielhaften Implementationen zu erlauben. Für die praktische Arbeit mit VBA97 ist das zusätzliche Studium des Handbuchs oder entsprechender Lehrbücher unbedingt erforderlich.

A.3.1. Datentypen

VBA97 kennt sehr viele verschiedene elementare Datentypen, von denen hier ganze Zahlen (*Integer*, z.B. für Laufvariablen) und reelle Zahlen (auch *Fließkommazahlen* oder *Gleitkommazahlen* genannt) die wesentlichen Typen darstellen. Letztere kommen in den Varianten der einfachen Präzision (*Single*, 7-stellige Genauigkeit) und doppelten Präzision (*Double*, 15-stellige Genauigkeit) vor. Für die Ergebnisausgabe ist hier außerdem der Datentyp *String* von näherem Interesse. Bei diesem Datentyp handelt es sich um eine Zeichenkette beliebiger Art. Er dient vorrangig der Manipulation von einfachen Texten für die

Ein- und Ausgabe. Nur am Rande erwähnt sei noch der Datentyp *Boolean*, welcher eine binäre Variable, die nur die Werte „True" („Wahr") bzw. „False" („Falsch") annehmen kann, kennzeichnet.

Variablen und ihr zugehöriger Datentyp können (und sollten eigentlich) vor ihrer Verwendung explizit deklariert werden. Die Anweisung

```
Dim zaehler As Integer
```

deklariert explizit eine Variable mit Namen *zaehler* vom Datentyp *Integer* (also eine ganze Zahl). Statt der gerade benutzten Langform ist es in VBA97 auch möglich, im Beispiel die folgende Kurzform zu wählen:

```
Dim zaehler%
```

Das Zeichen „%" im Anschluss an den eigentlichen Variablennamen legt den Datentyp als Integer fest. Hinsichtlich der hier behandelten Anwendungen sind die Zeichen „#" (Datentyp Double, d.h. Gleitkommazahl mit doppelter Genauigkeit), „!" (Datentyp Single, d.h. Gleitkommazahl mit einfacher Genauigkeit) und „$" (Datentyp String, d.h. eine Zeichenkette) zu erwähnen.

Ohne explizite Deklaration wird der Datentyp einer Variablen bei ihrer Verwendung festgelegt[282]. Die Verwendung der Variablen *summe* ohne vorherige explizite Deklaration, z.B. mit der Anweisung (siehe auch unten unter „Zuweisung")

```
summe = 0#
```

setzt implizit den Datentyp von *Summe* auf Double.

Um Vektoren und Matrizen handhaben zu können, lassen sich Felder aus elementaren Datentypen bilden. Mit der Anweisung

```
Dim vec(1 to 10) As Double
```

wird ein 10-elementiger Vektor *vec* mit den Indices von 1 bis 10 erzeugt. Die Anweisung

```
Dim mat(1 to 10, 1 To 5) As Double
```

erzeugt eine 10×5 Matrix *mat* mit Zeilenindices von 1 bis 10 und Spaltenindices von 1 bis 5. Die derart erzeugten Vektoren und Matrizen werden auch als *statische Felder* bezeichnet, da ihre Dimension vor Durchführung des Programms bekannt sein muss. Oftmals (so auch bei den hier vorgestellten Implementationen) ist die benötigte Größe von Vektoren

282 Genau genommen sind in VBA97 alle Variablen, deren Typ nicht explizit deklariert wurde, vom Datentyp *Variant*. Dieses ist der universellste Datentyp in VBA97. Variablen dieses Typs passen sich automatisch an; je nach Zuweisung können sie ganze Zahlen, Gleitkommazahlen oder gar Zeichenketten enthalten. Allerdings ist der mit ihnen verbundene Verwaltungsaufwand recht hoch und deren Verwendung fehlerträchtig, da unge-

und Matrizen erst zur *Laufzeit* des Programms bekannt. Um dynamische Felder zu erzeugen, wird an Stelle von „Dim“ das Schlüsselwort „ReDim“ verwendet. Die Anweisung

```
ReDim vec(1 to ndim) As Double
```

erzeugt zur Laufzeit des Programms dynamisch einen Vektor *vec*. Die Variable *ndim* gibt dabei die Anzahl an Elementen an und muss erst zur Laufzeit bekannt sein. Ein dynamisch erzeugtes Feld wird durch

```
Erase vec
```

gelöscht und der belegte Speicherplatz wieder freigegeben.

A.3.2. Zuweisung

Der Operator „=“ bewirkt die Zuweisung des Wertes des Ausdrucks auf der rechten Seite von „=“ zu der Variablen auf der linken Seite. Dazu werden die drei Beispiele der Codezeilen 1 bis 3 betrachtet.

```
1    a = 1
2    b = a
3    c = a * b
```

In Codezeile 1 wird der Variablen *a* der Wert 1 zugewiesen. Falls *a* bisher nicht explizit deklariert und nun erstmalig benutzt wird, wird die Variable *a* zu einer ganzen Zahl (Integer) mit Wert 1. Mit Codezeile 2 wird dann der Wert von *a* der Variablen *b* zugewiesen. Da *a* ein Integer ist, ist nach der Durchführung der Zuweisung *b* ebenfalls ein Integer mit dem Wert 1 (falls *b* ebenfalls vorher nicht deklariert und nun erstmalig benutzt wird). In Codezeile 3 wird schließlich das Ergebnis der Rechenoperation „*a * b*“ der Variablen *c* zugewiesen.

A.3.3. Elementzugriff

Stellt eine Variable einen Zeilen-, einen Spaltenvektor oder eine Matrix dar, kann unter Angabe von Zeilen- und Spaltenindex direkt auf das einzelne Element zugegriffen werden. Im Beispiel der Codezeile 4 wird auf das Element in der zweiten Zeile und der ersten Spalte der Variablen *mat* zugegriffen. Diesem Element wird nun der Wert 5 zugewiesen.

```
4    mat(2,1) = 5
```

wollte Konvertierungen zwischen Datentypen vom Compiler oder Laufzeitsystem nicht erkannt werden können.

Enthielt die Variable *mat* vor Durchführung der Zuweisung die Werte $mat = \begin{bmatrix} 1 & 2 \\ 3 & 4 \end{bmatrix}$, so besitzt sie nach Ausführung der Codezeile 4 die Werte $mat = \begin{bmatrix} 1 & 2 \\ 5 & 4 \end{bmatrix}$.

Beim Elementzugriff müssen die Elemente auch tatsächlich existieren, d.h. die angegebenen Indices dürfen nicht außerhalb der vorher definierten Indexgrenzen liegen. Andernfalls ist die Operation nicht durchführbar und verursacht einen Fehler.

A.3.4. Rechenoperationen

In VBA97 können – neben anderen – die gewöhnlichen Rechenoperationen „+" (Addition), „–" (Subtraktion), „*" (Multiplikation), „/" (Division) und „^" (Potenzierung) durchgeführt werden. Die Operationen sind nur für „elementare Zahlen" (*Integer*, *Float*, *Double*) definiert, nicht jedoch für Vektoren oder Matrizen.

```
5     a = 2
6     b = 3
7     c = a * b
```

Im Beispiel handelt es sich bei den Variablen *a* und *b* um Integer. In Codezeile 7 findet damit rechts vom „=" Operator zunächst eine Multiplikation von Integern statt, die den Wert 6 ergibt. Dieser Wert ist ebenfalls ein Integer und wird der Variablen *c* zugewiesen. Die Variable *c* wird damit ein Integer mit dem Wert 6 (falls sie vorher nicht explizit deklariert und nun erstmalig verwendet wurde).

Anders verhält es sich im Beispiel der Codezeile 7, falls *a* und *b* zwei Matrizen (zueinander passender Dimension) wären. Obwohl die Matrizenmultiplikation eindeutig definiert und konkret auch durchführbar wäre, ist sie so nicht in VBA97 standardmäßig vordefiniert. Hierfür sind vielmehr spezielle Funktionen zu verwenden oder eigene zu programmieren. Dazu ist die Verwendung von Programmschleifen (siehe unten) notwendig. Andere Programmiersprachen, z.B. GAUSS, ermöglichen dagegen derartige Rechenoperationen mit Vektoren und Matrizen.

A.3.5. Verzweigungen

Die bedingte Durchführung von Programmanweisungen in Abhängigkeit von dem Ergebnis einer Prüfung wird als Verzweigung bezeichnet und besitzt in VBA97 die folgende Struktur:

```
If Bedingung Then
      Block 1
Else
      Block 2
End If
```

Das Schlüsselwort „If" leitet die Prüfung einer *Bedingung* ein. Ist die *Bedingung* erfüllt, werden die Anweisungen von *Block 1* durchgeführt. Der *Block 1* kann dabei beliebig viele Anweisungen enthalten und wird erst durch das Schlüsselwort „Else" beendet. Ist dagegen die *Bedingung* nicht erfüllt, werden die Anweisungen von *Block 2* abgearbeitet. Auch *Block 2* kann beliebig viele Anweisungen umfassen und wird erst durch die Schlüsselworte „End If" beendet. Sind im Falle einer nicht erfüllten *Bedingung* keine Anweisungen durchzuführen, kann der „Else"-Zweig auch fortgelassen werden. Es ergibt sich dann die folgende vereinfachte Struktur:

```
If Bedingung Then
      Block 1
End If
```

Die Anweisungen eines Blocks können nun ihrerseits wieder Verzweigungen enthalten. So können verschiedene Anweisungen in Abhängigkeit von sehr komplexen Prüfungen abgearbeitet werden.

Die Konstruktion einer Bedingung erfolgt mit Hilfe logischer oder relationaler Operatoren. Einfache relationale Operatoren sind etwa „<" (kleiner), „<=" (kleiner oder gleich), „=" (gleich), „>=" (größer oder gleich) oder „>" („größer"). Ein einfaches Beispiel für eine Verzweigung ist in den Codezeilen 8 bis 14 dargestellt.

```
 8   a = 1
 9   b = 2
10   If a < b Then
11         c = 3
12   Else
13         c = 4
14   End If
```

In diesem Beispiel ist die Bedingung der Codezeile 10 erfüllt. Es wird daher die Anweisung der Codezeile 11 ausgeführt und die Variable *c* erhält den Wert 3. Durch Verwendung logischer Operatoren wie „And" (logisches UND), „Or" (logisches ODER) oder „Not" (Negation) lassen sich komplexere Bedingungen formulieren. Die Codezeilen 15 bis 20 zeigen dazu ein einfaches Beispiel.

```
15   a = 1
16   b = 2
17   c = 3
18   If (a < b) And (b < c) Then
19         d = 4
20   End If
```

Im Beispiel soll die Codezeile 19 nur dann ausgeführt werden, wenn der Wert der Variablen *a* kleiner als der Wert der Variablen *b* und zugleich der Wert von *b* kleiner als der von *c* ist. Dies ist im Beispiel gegeben, womit die Variable *d* den Wert 4 erhält.

A.3.6. Programmschleifen

Unter einer Programmschleife versteht man die wiederholte Ausführung eines Anweisungsblocks, solange eine bestimmte Bedingung erfüllt ist. In den beispielhaften Implementationen werden zwei verschiedene Typen von Schleifen verwendet. Der erste dort verwendete Typ besitzt die folgende Struktur:

```
Do While Bedingung
    Block
Loop
```

oder

```
Do
    Block
Loop While Bedingung
```

Bei dieser Schleife wird der Anweisungsblock *Block* solange wiederholt, wie die *Bedingung* erfüllt ist. Zum Aufbau einer *Bedingung* gelten dieselben Erläuterungen wie im Zusammenhang mit Verzweigungen. Die links stehende Variante unterscheidet sich von ihrem rechts stehenden Gegenstück in einem wichtigen Detail. Dort findet die Prüfung der *Bedingung* vor Betreten des Schleifenkörpers *Block* statt, während in der rechts stehenden Variante die Prüfung der *Bedingung* erst nach dem ersten vollständigen Durchlauf von *Block* vorgenommen wird. Faktisch wird damit *Block* bei der rechts stehenden Variante auf jeden Fall, d.h. unabhängig von der Gültigkeit der Bedingung, mindestens ein Mal durchlaufen. Bei der links stehenden Variante kann es dagegen vorkommen, dass *Block* überhaupt nicht ausgeführt wird. Der zweite benutzte Schleifentyp besitzt eine etwas andere Struktur:

```
For laufvariable = anfangswert To endwert Step schrittweite
    Block
Next laufvariable
```

Nach dem Schlüsselwort „For" wird hier eine Laufvariable *laufvariable* angegeben, deren Wert zunächst auf *anfangswert* gesetzt wird. Anschließend werden die Anweisungen von *Block* abgearbeitet. Mit Erreichen des Schlüsselwortes „Next" wird dann der Wert von *laufvariable* um *schrittweite* erhöht. Ist *laufvariable* danach noch kleiner oder gleich dem *endwert*, werden die Anweisungen von *Block* erneut durchlaufen. Dieser Vorgang wird solange fortgesetzt, bis schließlich *laufvariable* größer als *endwert* geworden ist. Die Codezeilen 21 bis 24 zeigen ein einfaches Beispiel für eine derartige Programmschleife. Dort wird die Summe der Zahlen 1 bis 10 berechnet.

```
21    summe = 0
22    For i = 1 To 10 Step 1
23          summe = summe + i
24    Next i
```

In Codezeile 21 wird der Variablen *summe* der Wert 0 zugewiesen. In Codezeile 22 wird die Programmschleife eingeleitet. Die Laufvariable ist *i*, welche von 1 bis 10 schrittweise um eins erhöht werden soll. Die Codezeile 23 wird also insgesamt zehn Mal durchlaufen. Dort wird zum jeweils bisherigen Wert der Variablen *summe* der Wert von *i* addiert und anschließend das Ergebnis *summe* wieder zugewiesen. Faktisch werden also in *summe* die Werte von *i* kumuliert.

Die Angabe der Schrittweite ist dabei optional. Wird sie fortgelassen, so beträgt die Schrittweite automatisch 1.

A.3.7. Funktionen und Prozeduren

Für komplexere Operationen als die oben beschriebenen, einfachen Rechenoperationen hält Excel eine Vielzahl an mathematischen und statistischen Funktionen bereit. Für einfache Probleme genügt es oftmals, mit den beschriebenen Möglichkeiten diese geeignet anzusprechen und das Ergebnis ausgeben zu lassen. Zur Lösung komplexerer Probleme wird man sich jedoch selbst definierter Funktionen bedienen müssen.

Eine Funktion lässt sich allgemein als ein in sich abgeschlossener Programmteil auffassen, der bestimmte Argumente oder Aufrufparameter entgegennimmt, sie in mehr oder weniger komplexen Anweisungsfolgen abarbeitet und schließlich ein oder mehrere Werte als Ergebnis zurückliefert. Oftmals werden Funktionen und Prozeduren sprachlich anhand verschiedener Kriterien voneinander abgegrenzt. In VBA97 ist das wesentliche Unterscheidungsmerkmal eher die Art ihrer Verwendung. Funktionen werden im Regelfall so verwendet, dass sie *einen* Rückgabewert liefern (ähnlich wie Funktionen in der Mathematik, z.B. $\sin(x)$, $\cos(x)$, etc.). Prozeduren werden dagegen eingesetzt, wenn ein oder mehrere übergebene Parameter zu manipulieren sind oder nur ein Anweisungsblock abgearbeitet werden soll.

Eine Funktion besitzt in VBA97 die folgende Form:

```
Function Name( arg1, arg2, ... )
     Block
     Name = Ergebnis
End Function
```

Die Definition einer Funktion wird mit dem Schlüsselwort „Function" eröffnet. Danach folgt der *Name* der Funktion. In Klammern sind nach dem Namen der Funktion die Argumente anzugeben (*Argumentliste*, hier mit „*arg1*, *arg2*, ..." bezeichnet). Mit *Block* wird dann die Folge der Anweisungen bezeichnet, welche innerhalb der Funktion ausgeführt werden sollen. Die Zuweisung „*Name* = *Ergebnis*" bewirkt die Festlegung des Rückgabewertes der Funktion. Diese Zuweisung stellt oftmals die letzte Anweisung innerhalb einer Funktion dar, wobei dies aber nicht zwingend ist. Es ist durchaus zulässig, sie auch innerhalb von *Block* zu platzieren, falls dies programmtechnisch sinnvoll erscheint. Die Codezeilen 25 bis 32 zeigen ein einfaches Beispiel für eine selbst definierte Funktion.

```
25  Function verdopple( arg )
26        verdopple = 2 * arg
27  End Function
```

Die Definition beginnt in Codezeile 25. Die Funktion besitzt den Namen *verdopple*, sie erwartet ein Argument *arg* als Aufrufparameter und liefert einen Wert zurück. In Codezeile 26 wird der Wert des Aufrufparameters „arg“ mit dem Faktor 2 multipliziert und das Ergebnis dem Rückgabeparameter *verdopple* (zugleich Name der Funktion) zugewiesen. In Codezeile 27 bewirken die Schlüsselworte „End Function“ die Rückgabe des Wertes von *verdopple* als Ergebnis der Funktion. Sie wird damit auch (zur Laufzeit) beendet. Die Codezeile 27 mit den Schlüsselwörtern „End Function“ bezeichnet zugleich das Ende der Definition[283] der Funktion *verdopple*. Die Anwendung dieser Funktion zeigt das Beispiel der Codezeilen 28 bis 29.

```
28  a = 2
29  b = verdopple( a )
```

Prozeduren sind den Funktionen sehr ähnlich. Eine Prozedur hat in VBA97 die folgende Form:

```
Sub Name( arg1, arg2, ... )
     Block
End Sub
```

Die Definition einer Prozedur wird mit dem Schlüsselwort „Sub“ eröffnet. Danach folgt der *Name* der Prozedur und nachfolgend in Klammern die Argumente (*Argumentliste*, hier mit „*arg1*, *arg2*, ...“ bezeichnet). Die Argumente der Prozedur können innerhalb von *Block* bearbeitet werden. Zuweisungen an die Argumente ändern dabei deren Werte (sofern die Parameter nicht per *Call by value*[284] übergeben werden, was aber hier nicht näher betrachtet wird). Die Codezeilen 30 bis 34 zeigen ein einfaches Beispiel für eine Prozedur.

---

283 Die Stelle, an der eine Funktion oder Prozedur *zur Laufzeit* des Programms beendet wird, muss nicht mit dem Ende der Definition der Funktion oder Prozedur übereinstimmen. Aus Platzgründen soll dieser Aspekt aber nicht näher betrachtet werden.

284 Beim *call by value* wird beim Aufruf einer Funktion oder Prozedur der Parameter als Kopie übergeben. Werden dann innerhalb der *aufgerufenen* Funktion oder Prozedur Änderungen an dessen Wert vorgenommen, besitzen diese Änderungen nur Gültigkeit innerhalb der *aufgerufenen* Funktion oder Prozedur. Der Wert des Parameters innerhalb der *aufrufenden* Funktion oder Prozedur ändert sich dadurch nicht. Anders verhält es sich beim *call by reference*. Hier wird beim Aufruf einer Funktion oder Prozedur der Parameter als Referenz auf die entsprechende Variable innerhalb der *aufrufenden* Funktion oder Prozedur übergeben. Kommt es nun zu Änderungen am Wert des übergebenen Parameters innerhalb der *aufgerufenen* Funktion oder Prozedur, führt dies direkt zur selben Änderung am Wert der per Referenz übergebenen Variablen innerhalb der *aufrufenden* Funktion oder Prozedur. In VBA97 werden alle Parameter standardmäßig stets per *call by reference* übergeben. Die Übergabe per *call by value* muss dagegen explizit gekennzeichnet werden. Bei den beispielhaften Implementationen dieses Buchteils spielt aber diese Unterscheidung keine wesentliche Rolle, weshalb hierauf auch nicht näher eingegangen werden soll.

```
30    Sub initialisiere_vektor( vec(), ndim )
31         For i = 1 to ndim
32              vec(i) = 0
33         Next i
34    End Sub
```

Die Definition beginnt in Codezeile 30. Die Funktion besitzt den Namen *initialisiere_vektor* und erwartet als Parameter einen Vektor *vec* (die Schreibweise „*vec()*“ kennzeichnet dabei ein Feld als Parameter einer Funktion oder Prozedur) und die Angabe seiner Dimension *ndim*. In der Schleife der Codezeilen 31 bis 33 werden alle Elemente des Vektors *vec* auf null gesetzt. Die Schlüsselwörter „End Sub“ in Codezeile 34 beenden die Definition der Prozedur. Die Anwendung der Prozedur zeigen die Codezeilen 35 und 36.

```
35    Dim vektor1 (1 to 10)
36    initialisiere_vektor vektor1, 10
```

Die Codezeile 35 erzeugt einen 10-elementigen Vektor mit Namen *vektor1*, ohne dabei explizit den Typ der Elemente zu deklarieren. Der Aufruf der Prozedur *initialisiere_vektor* in Codezeile 36 bewirkt das Füllen von *vektor1* mit Nullen. Dabei wird implizit der Typ der Elemente auf Integer gesetzt.

Funktionen und Prozeduren sind ein ideales Instrument, um einfache Anweisungsfolgen und bereits in Excel vordefinierte Funktionen zu komplexeren Operationen zusammenzusetzen.

A.3.8. Verwendung von Excel-Tabellenfunktionen

Die Tabellenkalkulation Excel stellt bereits eine Reihe sehr mächtiger mathematischer und statistischer Funktionen bereit. Insofern ist es wenig sinnvoll, diese selbst noch einmal in VBA97 zu entwickeln. Wesentlich effizienter ist deren Nutzung im eigenen VBA97-Programm. Der Zugriff auf diese Funktionen erfolgt, indem dem Namen der jeweils benötigten Funktion die Bezeichnung *Application.WorksheetFunction* vorangestellt wird. Einige Beispiele sind aus den Kapiteln 11.3.6. oder 12.2. bekannt. Das erste Beispiel (vgl. Kap. 11.3.6.) zeigt die Verwendung der Funktion zur Matrizenmultiplikation (*Application.WorksheetFunction.MMult*).

```
37    pr = Application.WorksheetFunction.MMult(wt, Rendite)
```

Das zweite Beispiel (vgl. Kap. 12.2.) zeigt die Verwendung der Methode *Application.WorksheetFunction.NormSDist*, welche den Wert $\Phi(x)$ der Standardnormalverteilung an der Stelle x liefert.

```
38         c = kurs * Application.WorksheetFunction.NormSDist(d1)
             - basis * Exp(-ipa * (restlaufzeit / 365))
             * Application.WorksheetFunction.NormSDist(d2)
```

Im Wesentlichen können alle in Excel vorhandenen Funktionen auch mittels VBA97 angesprochen, d.h. in eigenen VBA97-Programmen genutzt werden. Ein Katalog der vorhandenen Funktionen mit ihren Namen kann hier allerdings aus Platzgründen nicht aufgestellt werden. Dazu sei auf die Online-Hilfe, die Handbücher und die ergänzende Literatur verwiesen.

A.3.9. Programmausführung

Mit dem Aufruf einer Funktion oder Prozedur in Excel arbeitet VBA97 alle vorhandenen Codezeilen ab und führt alle unmittelbaren und mittelbaren Anweisungen aus. Mittelbare Anweisungen sind dabei zunächst alle Anweisungen in Funktionen oder Prozeduren, welche erst selbst von der ausgeführten (Haupt-) Prozedur aufgerufen werden. Diese gelangen erst beim expliziten Aufruf zur Ausführung. Das nachfolgende Beispiel illustriert dies anhand der Codezeilen 39 bis 46.

```
39    Function verdopple( arg )
40          verdopple = 2 * arg
41    End Function
42
43    Sub hauptprozedur()
44          a = 2
45          b = verdopple( a )
46    End Sub
```

Ruft man in Excel die Prozedur *hauptprozedur* auf, werden die Codezeilen 43 bis 46 in chronologischer Reihenfolge abgearbeitet. Die Codezeilen 39 bis 41 stellen eine Funktion dar, welche bezüglich der Prozedur *hauptprozedur* zunächst nur mittelbar ausführbar sind. Die Codezeile 44 ist die erste ausführbare Anweisung, womit die Variable *a* den Wert 2 erhält. Danach wird die Codezeile 45 ausgeführt. Dort wird nun die Funktion *verdopple* aufgerufen. Erst jetzt gelangen die Codezeilen 39 bis 41 (streng genommen nur Codezeile 40) zur Ausführung. Die Funktion liefert im Beispiel als Ergebnis den Rückgabewert 4, welcher jetzt der Variablen *b* zugewiesen wird.

Die Anordnung von Funktionen und Prozeduren unterliegt in VBA97 nur wenigen Einschränkungen (auf die hier nicht eingegangen werden soll) und ist in weiten Grenzen wahlfrei. Auf Grund der beschriebenen Arbeitsweise bietet es sich jedoch an, zunächst alle Funktionen zu definieren und den „Hauptcode“, also die unmittelbar ausführbaren Codezeilen, welche letztlich die übrigen Funktionen und Prozeduren ansteuern, an das Ende des Programms zu platzieren. Dies wurde auch bei den beispielhaft vorgestellten Implementationen so durchgeführt.

Globale Variablen, d.h. Variablen, deren Werte allen Funktionen ohne besondere Übergabe als Argument zur Verfügung stehen sollen, sind dagegen ganz an den Anfang des Programms zu platzieren. Diese Vorgehensweise findet sich beispielsweise bei den Implementationen zur Portfoliooptimierung.

A.3.10. Schlussbemerkungen

Abschließend sei noch kurz die Anweisung

```
Cells(i, j) = Ausdruck
```

erwähnt, welche die Ausgabe des Wertes von *Ausdruck* in die Zelle der Zeile *i* und der Spalte *j* des aktiven Tabellenblatts[285] in Excel veranlasst. Mit dieser Anweisung kann z.B. das Ergebnis einer umfangreichen Berechnung (etwa von einer selbst definierten Prozedur) dem Anwender im aktiven Tabellenblatt angezeigt werden. *Ausdruck* kann dabei eine Variable sein, deren Wert mit dieser Anweisung angezeigt wird. Er kann jedoch auch komplexere Formen wie

```
Cells(i, j) = a * b
```

annehmen, womit das Ergebnis der Berechnung von *a * b* angezeigt wird.

Die kurzen, sehr knapp in VBA97 einführenden Darstellungen sollten eine Bearbeitung der beispielhaften Implementationen erlauben. Einfache eigene Programmierungen in VBA97 sind damit ebenfalls möglich. Für eine ernsthaftere Beschäftigung mit VBA97 sind aber die entsprechenden Handbücher oder geeignete Einführungsbücher [z.B. KOFLER, (1997)] heranzuziehen.

A.4. Regressionsanalyse mit Excel

A.4.1. Vorbemerkungen

Im Buchteil B (Ökonometrie) wurde bei den praktischen Anwendungsbeispielen, insbesondere im Rahmen der Fallstudie des Kap. 8., die Ökonometriesoftware EViews eingesetzt. Die Verwendung dieses Programmpakets ist jedoch nicht zwingend. Neben anderen bekannten und weit verbreiteten alternativen Statistikpaketen (wie z.B. SPSS, SAS u.a.), gibt es mittlerweile im Internet sogar frei verfügbare Softwarelösungen für statistische Anwendungen oder Erweiterungen für Microsoft Excel.[286] Der Nutzen einer Ökonometriesoftware dürfte recht deutlich durch die Darstellungen des Kap. 8. illustriert werden. Eine Regressionsanalyse im weitesten Sinne erfordert viele vor- und nachbereitende Verfahrensschritte,

---

285 Hier handelt es sich um das Tabellenblatt, welches sich in Excel im Vordergrund befindet. Sind mehrere Tabellenblätter geöffnet, wird das aktive Tabellenblatt z.B. durch Anklicken oder Auswahl im Menü „Fenster“ festgelegt.

286 Auf diese wird später im Kap. A.4.6. noch verwiesen.

die eine geeignete Ökonometriesoftware bereits als integrierte Funktionen bereitstellt. Da Microsoft Excel in Wissenschaft und Praxis eine weite Verbreitung besitzt, soll in diesem Anhang gezeigt werden, wie die Regressionsanalyse alternativ mit Hilfe von Microsoft Excel durchgeführt werden kann. Es wird jedoch nach wie vor empfohlen, für regelmäßige und verfahrenstechnisch umfassende Regressionsanalysen ein geeignetes Statistik- und Ökonometriepaket einzusetzen. Die Möglichkeiten von Excel sind nämlich begrenzt und beschränken sich im Grunde auf die *Schätzung* eines Regressionsmodells (inkl. der t- und F-Statistiken). Alle vor- und nachbereitenden Arbeitsschritte einer Regressionsanalyse (im weitesten Sinne) sind zwar mit Excel *im Prinzip* realisierbar, jedoch extrem arbeitsaufwändig und fehlerträchtig.

Im Folgenden wird – abweichend von den bisherigen Darstellungen im Buch – mindestens die Version Microsoft Excel 2000 vorausgesetzt. Die Regressionsanalyse in Excel 2000 wurde nämlich deutlich gegenüber Excel 97 überarbeitet und erweitert, so dass deren Einsatz erst ab der Version Excel 2000 als wirklich sinnvoll angesehen wird. Für die Illustration der Durchführung einer Regressionsanalyse mit Excel wird in diesem Anhang 4 auf die Daten der Fallstudie aus Kap. 8. zurückgegriffen.

A.4.2. Eingebaute Funktionen versus VBA-Analysefunktionen

Microsoft Excel stellt zahlreiche mathematische und statistische Funktionen zur Verfügung, die über die Menüfolge EINFÜGEN→FUNKTION... in Zellen eines Arbeitsblattes eingetragen werden können und in diesem Anhang „eingebaute Funktionen" genannt werden. Der Funktionsname der Regressionsfunktion lautet RGP. Eingebaute Funktionen besitzen den Vorteil, dass sie automatisch neu berechnet werden,[287] sobald sich die Inputdaten dieser Funktionen ändern. Komplexere eingebaute Funktionen, wie auch die Funktion RGP, sind jedoch etwas „schwerfällig" in der Anwendung. Ein Einsatz dieser Funktionen bietet sich insbesondere dann an, wenn sie als Teile eines komplexen Tabellenblattes verwendet werden, mit dem ein umfangreicherer Analyseprozess modelliert werden soll.

Eine Alternative zu den eingebauten Funktionen sind die VBA-Analysefunktionen, die zahlreiche Analyseverfahren bei gleichzeitig hohem Bedienungskomfort bieten und sich an den üblichen Statistik- und Ökonometriepaketen orientieren. Sie weisen allerdings den gravierenden Nachteil auf, keine automatische Neuberechnung bei Änderung der Inputdaten durchzuführen.

Wegen der unterschiedlichen Anwendung der eingebauten Funktionen zur Regressionsanalyse und der Regressionsanalyse über die VBA-Analysefunktionen, werden im Folgenden beide separat behandelt.

---

287 Dabei wird unterstellt, dass die Einstellung von Excel in der Registerkarte BERECHNUNG unter „Berechnung" (erreichbar über die Menüfolge EXTRAS→OPTIONEN) auf „Automatisch" gesetzt ist.

A.4.3. Regressionsanalyse mittels eingebauter Funktionen

Der Einsatz der eingebauten Funktion RGP zur Regressionsanalyse erfordert einige Vorüberlegungen und eine „vorausschauende“ Planung. Dies hängt mit dem speziellen Ausgabeformat dieser Funktion zusammen, welches zunächst „eigenwillig“ erscheinen mag, aber auch Vorteile bei der Weiterverarbeitung der Ergebnisse innerhalb eines komplexeren Tabellenblattes besitzt. Dazu sei an die Struktur des linearen Regressionsmodells nach (1) erinnert, wobei die Symbolik an die der Online-Hilfefunktionen von Excel angepasst wurde:

(1) $y_i = b + m_1 x_{1i} + m_2 x_{2i} + \dots m_n x_{ni} + \varepsilon_i$

mit y_i: Wert der abhängigen Variablen y für das i-te Beobachtungsobjekt
x_{ji}: Wert der j-ten unabhängigen Variablen ($j = 1, ..., n$) x_j für das i-te Beobachtungsobjekt
b: Regressionskonstante
m_j: j-ter Regressionskoeffizient
ε_i: Wert der i-ten Störvariable (Residuum)

Die Ergebnisausgabe der Funktion RGP besitzt die in Abb. A.4.3.-1. dargestellte Struktur. Die Symbole haben dabei folgende Bedeutung:

	A	B	C	D	E	F
1	m_n	m_{n-1}	...	m_2	m_1	b
2	se_n	se_{n-1}	...	se_2	se_1	se_b
3	r_2	se_y				
4	F	d_f				
5	ss_{reg}	ss_{resid}				

Abb. A.4.3.-1.: Ergebnisausgabe der Funktion RGP

se_j: Standardfehler des j-ten Regressionskoeffizienten
r_2: Bestimmtheitsmaß (R^2) der Regression
se_y: Standardfehler des Schätzwertes y (Prognosewert), auch als Standardfehler der Regression bezeichnet
F: F-Wert der Regression
d_f: Freiheitsgrade der Regression (für den F-Test)
ss_{reg}: Quadratsumme der $\hat{y}$ (der Regression), $\sum_{i=1}^{T} \hat{y}_i^2$
ss_{resid}: Summe der quadrierten (geschätzten) Residuen $\hat{\varepsilon}$ (Abweichungsquadrate), also $\sum_{i=1}^{T} \hat{\varepsilon}_i^2$

Bevor die eigentliche Funktion RGP aufgerufen wird, ist zuvor die Überlegung notwendig, welche Ergebnisgrößen der Regression später tatsächlich benötigt werden. Dementsprechend ist zuerst der benötigte Ausgabebereich (ein Zellenbereich innerhalb des betreffenden Tabellenblattes) zu markieren, der von der Zahl der Variablen und der gewünschten zusätzlichen Ergebnisgrößen abhängt. Nach der Markierung des benötigten Ausgabebereichs wird in die linke, oberste Zelle des markierten Zellenbereichs die Funktion RGP eingetragen. Die Syntax und die Bedeutung der Parameter lauten dabei wie folgt:

(2) RGP(Y_WERTE;X_WERTE;KONSTANTE;STATS)

mit	Y_WERTE:	Zellenbereich, der die Werte der abhängigen Variablen y enthält
	X_WERTE:	Zellenbereich, der die Werte der unabhängigen Variablen x oder Variablen **X** enthält
	KONSTANTE:	ist auf WAHR zu setzen, wenn das Regressionsmodell mit Konstante geschätzt werden soll, sonst auf FALSCH
	STATS:	ist auf WAHR zu setzen, wenn die Regressionsstatistiken mit berechnet werden sollen, sonst auf FALSCH

Nach Eingabe der Funktion RGP entsprechend ihrer Syntax und der benötigten Parameter, ist die Eingabe mit der Tastenkombination STRG+SHIFT+RETURN abzuschließen. Nur in diesem Fall wird der zuvor markierte Tabellenbereich vollständig mit der Ergebnisausgabe entsprechend dem in Abb. A.4.3.-1. dargestellten Format ausgefüllt. Wird die Eingabe dagegen nur mit RETURN abgeschlossen, wird lediglich die obere, linke Zelle ausgefüllt. Sie enthält dann nur den Wert für den letzten Regressionskoeffizienten.

Die bisher abstrakt beschriebene Vorgehensweise soll nun kurz anhand der Daten aus der Fallstudie des Kap. 8. illustriert werden. Um die Darstellungen übersichtlich zu halten, sollen die stetigen Monatsrenditen des MSCI Germany (DMSBRD) im Zeitraum August 85 bis Juli 87 (24 Beobachtungen) auf die um 6 Monate zeitverzögerten stetigen Monatsrenditen des Dow Jones Commodity Index (DDJCMDTY(-6)) regressiert werden. Aufgrund der wenigen Daten ist dies zwar ein zweifelhaftes Vorgehen, hier soll jedoch lediglich die Vorgehensweise veranschaulicht werden.

Der erste, noch vorbereitende Schritt besteht nun darin, den benötigten Zellenbereich für die Ausgabe der Regressionsanalyse zu markieren. Hier soll ein Regressionsmodell mit Regressionskonstante geschätzt werden. Ferner werden alle Regressionsstatistiken benötigt. Dies erfordert einen Ausgabebereich bestehend aus 5 Zeilen und 2 Spalten. In die linke, obere Zelle des markieren Zellenbereichs für die Ausgabe der Regressionsergebnisse wird nun die Funktion RGP entsprechend ihrer Syntax und die benötigten Parameter eingetragen. Die Eingabe der Funktion ist zuletzt unbedingt mit der genannten Tastenkombination abzuschließen. Der markierte Zellenbereich wird dann automatisch mit der Ergebnisausgabe der Regressionsanalyse ausgefüllt. Die Abb. A.4.3.-2. illustriert die Vorgehensweise.

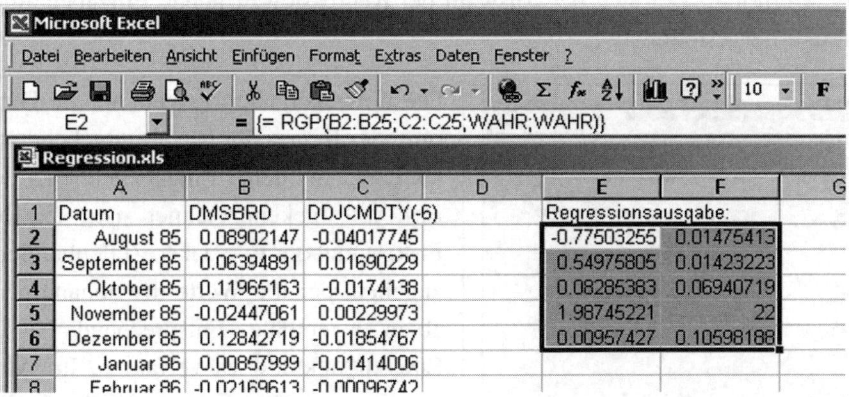

Abb. A.4.3.-2.: Ergebnisse der Regressionsanalyse

Nach den Ergebnissen der Regressionsanalyse besitzt die Regressionskonstante den Wert 0.01475413, der Regressionskoeffizient den Wert –0.77503255. Ob diese Koeffizienten signifikant sind, wird nicht direkt ausgewiesen, lässt sich aber mit Hilfe der Standardfehler berechnen. Der Standardfehler des Regressionskoeffizienten wird mit 0.54975805 ausgewiesen, womit sich für den t-Wert nach kurzer Rechnung -0.77503255 / 0.54975805 = -1.40977 ergibt. Ein kurzer Vergleich mit den tabellierten Werten der t-Verteilung in Tab. A.2.-4. zeigt, dass dieser Regressionskoeffizient bei einer Irrtumswahrscheinlichkeit von 5% nicht signifikant von null verschieden ist. Die Durchführung von F- und t-Tests sowie Berechnung anderer Größen ist mit Hilfe der ausgewiesenen Ergebnisse also möglich, erfordert jedoch noch weitere, „manuelle" Arbeitsschritte. Etwas bequemer gestaltet sich die Durchführung einer Regressionsanalyse mit der VBA-Analysefunktion, die im Folgenden kurz betrachtet wird.

A.4.4. Regressionsanalyse mittels VBA-Analysefunktionen

Unter „VBA-Analysefunktionen" ist eine Sammlung von sehr hilfreichen Analyseprozeduren, überwiegend aus dem Bereich der Statistik, zu verstehen. Vor der erstmaligen Verwendung dieser Analysefunktionen ist allerdings in Excel zu überprüfen, ob sie aktiviert sind. Dazu ist zunächst die Menüfolge EXTRAS→ADD-INS-MANAGER... aufzurufen. Es öffnet sich ein Auswahlfenster, in welchem die potenziell zur Verfügung stehenden Analysefunktionen und Erweiterungen von Excel aktiviert werden können. Hier ist zu kontrollieren, ob die Funktionen ANALYSE-FUNKTIONEN und ANALYSE-FUNKTIONEN-VBA aktiviert sind. Sofern dies nicht der Fall sein sollte, sind vor beiden Funktionen die Häkchen zu setzen. Die Analysefunktionen stehen dann nach der Rückkehr zu Excel zur Verfügung.

Das Auswahlmenü der Analysefunktionen wird über die Menüfolge EXTRAS→ANALYSEFUNKTIONEN erreicht. Der sich bei Auswahl der Regression öffnende Eingabedialog ist in Abb. A.4.4.-1. dargestellt.

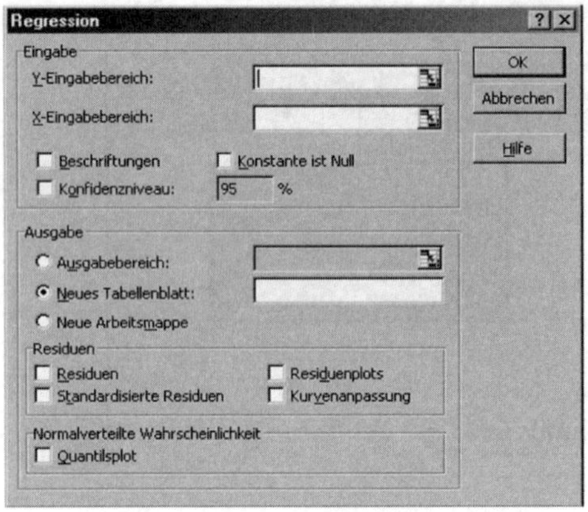

Abb. A.4.4.-1.: Dialogfenster der Regression

Die notwendigen Angaben für die Durchführung der Regression sind weitgehend selbsterklärend. In dem Eingabebereich, der mit EINGABE gekennzeichnet ist, ist bei Y-EINGABEBEREICH der Zellenbereich anzugeben, der die Werte der abhängigen Variablen y enthält. Entsprechend ist bei X-EINGABEBEREICH zu verfahren. Im Allgemeinen ist es empfehlenswert, die Datenreihen der abhängigen und unabhängigen Variablen in nebeneinander stehenden Spalten zu organisieren. In diesem Falle bildet der Y-EINGABEBEREICH einen Spaltenvektor innerhalb des Tabellenblattes, ebenso der X-EINGABEBEREICH bei einer univariaten Regression. Im Falle einer multivariaten Regression sollten die Datenreihen der unabhängigen Variablen direkt nebeneinander stehen, damit der Zellenbereich als zusammenhängende Matrix innerhalb des Tabellenblattes angegeben werden kann. Im Eingabebereich, der mit AUSGABE gekennzeichnet ist, besteht die Wahlmöglichkeit, die formatierte Ausgabe der VBA-Analysefunktion REGRESSION in das aktuelle Tabellenblatt, ein neues Tabellenblatt oder sogar in eine andere Arbeitsmappe schreiben zu lassen.

Weitere Wahlmöglichkeiten bestehen in den Eingabebereichen EINGABE (z.B., ob die Regression ohne Regressionskonstante durchgeführt werden soll), RESIDUEN (z.B., ob die Residuen berechnet und näher analysiert werden sollen) und unter NORMALVERTEILTE WAHRSCHEINLICHKEIT. Für die Details und näheren Erläuterungen zu diesen weitergehenden Optionen sei jedoch auf die Dokumentation und die Online-Hilfe von Excel verwiesen. Die Ergebnisausgabe der VBA-Analysefunktion REGRESSION wird anhand der Fallstudie in A.4.5.2 erläutert. Trotz des höheren Komforts besitzt die VBA-Analysefunktion REGRESSION - wie bereits erwähnt - den Nachteil, keine automatische Neuberechnung bei aktualisiertem Datenmaterial durchzuführen. Als Komponente eines komplexeren Tabellenblattes, mit dem ein immer wiederkehrender, elaborierter Analyseprozess modelliert wird, ist sie insofern nicht zu empfehlen. Hierin liegt vielmehr das eigentliche Einsatzgebiet der eingebauten Regressionsfunktion.

A.4.5. Durchführung der Fallstudie des Kap. 8. mit Excel

In diesem Anhang werden bewusst nicht alle Details der Regressionsfunktionen in Excel behandelt, da diese ggf. in der Dokumentation bzw. Online-Hilfe zu Excel nachgeschlagen werden können. Vielmehr soll gezeigt werden, welche Möglichkeiten und Grenzen die Regressionsfunktionen in Excel bieten. Ein gutes Beispiel ist die Fallstudie im Kap. 8., welche alle wesentlichen vor- und nachbereitenden Verfahrensschritte einer Regressionsanalyse an einem praktischen Beispiel illustriert. Im Folgenden soll allerdings nur die Schätzung des Models der Fallstudie in Kap. 8. mit Hilfe der Regressionsfunktion von Excel nachvollzogen werden, ohne die gesamte Fallstudie zu duplizieren. Für die Umsetzung der eigentlich nötigen vorbereitenden Schritte zur Regressionsanalyse werden lediglich Anregungen zur praktischen Umsetzung gegeben.

A.4.5.1. Vorbereitende Schritte zu Regressionsanalysen

Ein zentraler vorbereitender Schritt einer Regressionsanalyse besteht darin, den Integrationsgrad aller benutzten Variablen festzustellen. Ein gängiger Test, ob eine Reihe die Eigenschaft der (schwachen) Stationarität besitzt (also den Integrationsgrad 0 aufweist), ist der Dickey-Fuller- bzw. in seiner erweiterten Form der Augmented-Dickey-Fuller-Test (DF- bzw. ADF-Test). Die Durchführung eines DF- bzw. ADF-Tests *muss* für alle Datenreihen der Fallstudie durchgeführt werden. Der einfache Dickey-Fuller-Test basiert auf der Regression der (Log-)Differenzenreihe von einer beliebigen Kursreihe auf dessen originäre (Log-)Werte. Da es bei diesem Test letztlich nur auf den *t*-Wert des Regressionskoeffizienten ankommt, kann hier die eingebaute Regressionsfunktion benutzt werden, denn der *t*-Wert lässt sich leicht aus dem Wert des Regressionskoeffizienten und dessen Standardfehler durch Division ermitteln. Ob dieser *t*-Wert jedoch valide ist, kann nicht entschieden werden, da die Durbin-Watson-Teststatistik von Excel nicht berechnet wird. Sofern der DF-/ADF-Test mit Excel durchgeführt werden muss, wird unter „arbeitsökonomischen" Aspekten empfohlen, generell einen ADF-Test mit vier zeitverzögerten Gliedern durchzuführen. Beim ADF-Test würde die (Log-)Differenzenreihe auf die um eine Periode zeitverzögerte (Log-)Reihe sowie auf vier jeweils um 1, 2, 3 und 4 Perioden zeitverzögerte Log-Differenzenreihen regressiert werden. Es muss beachtet werden, dass der (selbsterrechnete) *t*-Wert unter der Nullhypothese nicht der gewöhnlichen *t*-Verteilung folgt, sondern eine besondere Verteilung besitzt. Die kritischen Werte sind in den Tab. A.2.-7. bis A.2.-9. aufgeführt.

Ein weiterer entscheidender vorbereitender Schritt innerhalb der Fallstudie des Kap. 8. war die Identifikation der relevanten unabhängigen Variablen, inklusive der Bestimmung der „optimalen" Zeitverzögerung (Lag). Das Kap. 8.4. beschreibt das Vorgehen, wobei dort die Kreuzkorrelationsanalyse eingesetzt wurde (vgl. z.B. Abb. 8.4.-1.), die in Excel nicht verfügbar ist. Die Durchführung dieser Analyse erfordert in Excel mehrere Arbeitsschritte. Einer abhängigen Variablen werden dabei die zeitverzögerten Reihen einer anderen unabhängigen Variablen mit (beispielsweise) Lags der Ordnungen 0 bis 6 gegenübergestellt. Anschließend werden die Korrelationen für diese Reihen berechnet (wahlweise mit der eingebauten Funktion KORREL oder der VBA-Analysefunktion Korrelation), um das „optimale“ Lag zu bestimmen. Hier ist das Benutzen der eingebauten Funktion KORREL empfehlenswert, um den arbeitstechnischen Aufwand in Grenzen zu halten, weil dieses Verfahren für *alle* potenziellen Variablen durchzuführen ist. Die Variable der Lag-Ordnung mit dem betragsmäßig höchsten Korrelationskoeffizienten wird als potenzielle unabhängige Variable in das noch zu schätzende Regressionsmodell aufgenommen.

A.4.5.2. Schätzung der Regressionsfunktion

Ausgehend von den in Kap. 8.5. identifizierten Variablen (vgl. Abb. 8.6.-1.) soll nun das Regressionsmodell der Fallstudie aus Kap. 8. mit Hilfe der VBA-Analysefunktion REGRESSION geschätzt werden. Die Abb. A.4.5.2.-1. zeigt die Ergebnisse der Schätzung als Ausschnitt aus einer Tabelle, die Excel präsentiert.

AUSGABE: ZUSAMMENFASSUNG					
Regressions-Statistik					
Multipler Korr	0.48586012				
Bestimmtheit	0.23606006				
Adjustiertes E	0.2105954				
Standardfehle	0.05634978				
Beobachtung	125				
ANOVA					
	Freiheitsgrade (	*dratsummen (*	*Quadratsumm*	*Prüfgröße (F)*	*F krit*
Regression	4	0.11774135	0.02943534	9.27010286	1.46E-06
Residue	120	0.38103573	0.0031753		
Gesamt	124	0.49877708			
	Koeffizienten	*Standardfehle*	*t-Statistik*	*P-Wert*	*Untere 95%*
Schnittpunkt	0.00190522	0.00561404	0.33936678	0.73492664	-0.00921018
X Variable 1	-0.6632539	0.20317043	-3.26451989	0.001429	-1.06551692
X Variable 2	1.00401149	0.31627217	3.17451733	0.00190724	0.37781503
X Variable 3	0.58561956	0.20906009	2.80120209	0.00593671	0.17169542
X Variable 4	0.19905296	0.11682101	1.70391409	0.09098533	-0.03224434

Abb. A.4.5.2.-1.: Ergebnis der Regressionsanalyse

Im obersten Teilbereich mit der Überschrift REGRESSIONS-STATISTIK finden sich die wesentlichen Gütemaße der Regression: der Korrelationskoeffizient zwischen tatsächlichen und geschätzten Werten der abhängigen Variablen y („Multipler Korrelationskoeffizient“), das gewöhnliche und das adjustierte Bestimmtheitsmaß („Bestimmtheitsmaß“, „Adjustiertes Bestimmtheitsmaß“) sowie der Standardfehler der Regression („Standardfehler“).

Unter der Überschrift ANOVA befinden sich zwei Tabellen. Die oberste Tabelle unter ANOVA beinhaltet alle Angaben bezüglich des F-Tests der Regression, d.h. bezüglich der „Güte“ des gesamten Regressionsmodells. Neben dem Wert der F-Teststatistik (unter „*Prüfgröße(F)*“) wird hier zugleich die Wahrscheinlichkeit für das irrtümliche Verwerfen der Nullhypothese (unter „*F krit*“) mit angegeben. Im Beispiel der Fallstudie ist also das Regressionsmodell insgesamt statistisch signifikant, wenn man eine maximale Irrtumswahrscheinlichkeit von 5% zulässt. In der letzten Tabelle finden sich dann die Ergebnisausweise bezüglich der einzelnen Regressionskoeffizienten. Die Zeile mit der Beschriftung „Schnittpunkt“ enthält die Resultate der Regressionsschätzung für die Regressionskonstante. Entsprechend befinden sich in der nachfolgenden Zeile mit der Beschriftung „X Variable 1“ die Ergebnisse bezüglich der ersten unabhängigen Variablen, also hinsichtlich des ersten Regressionskoeffizienten. Entsprechendes gilt für die nachfolgenden Zeilen. Sehr hilfreich beim Ergebnisausweis der VBA-Analysefunktion ist die Angabe des t-Werts (Spalte „t-Statistik“) und der zugehörigen Irrtumswahrscheinlichkeit (Spalte „P-Wert“) für das Verwerfen der Nullhypothese des t-Tests bei dem einzelnen Regressionskoeffizienten. Umständliche eigene, manuelle Berechnungen sowie das Nachschlagen tabellierter F-Werte (für den F-Test) und t-Werte (für den t-Test) entfallen hier also. Die Konstante und die Variable 4 sind auf einem Signifikanzniveau von 5% als nicht signifikant von null verschieden einzustufen. Ob eine Entfernung aus dem Modell sinnvoll ist, müsste allerdings noch getestet werden (vgl. Kap. 8.7.2.).

Ein bedeutender Nachteil von Excel besteht in dem Fehlen statistischer Kennzahlen, die mehr über die Modellgüte aussagen. Insbesondere fehlt die Durbin-Watson-Prüfgröße, mit der die Regressionsresiduen auf Autokorrelation erster Ordnung geprüft werden könnten. Wünschenswert wäre auch eine geeignete Teststatistik (z.B. White-Test), um die Modellannahme der Homoskedastizität zu prüfen (zu allen Modellannahmen vgl. Kap. 5.1.). Hilfreich wären ebenfalls die Informationskriterien nach Akaike oder Schwartz, welche die „trade-off“-Beziehung zwischen dem Erklärungsgehalt des Regressionsmodells und der Anzahl der Regressoren zum Ausdruck bringen. Ein weiteres Problem beim Regressionsmodell können Multikollinearitäten sein (vgl. Kap. 7.3.). Das Vorliegen von Multikollinearität kann mit Hilfe des Konzepts des *Variance Inflation Factors* (*VIF*) aufgedeckt werden, welches in Kap. 7.3.2.2. beschrieben ist. Zwar werden die VIF's leider von Excel nicht automatisch berechnet, können aber manuell mit Hilfe der Korrelationsmatrix ermittelt werden (eingebaute Funktion KORREL oder VBA-Analysefunktion Korrelation), indem diese invertiert wird (vgl. dazu auch Kap. 8.5.; zur Matrizeninversion kann in Excel die eingebaute Funktion MINV verwendet werden).

A.4.6. Freie statistische Softwarelösungen im Internet

Abschließend soll kurz auf die Möglichkeit verwiesen werden, wie und wo freie statistische Softwarelösungen im Internet gefunden werden können. Im Internet existiert eine Fülle von derartigen Angeboten, allerdings wird vieles als „free" bezeichnet, das sich später als eine Demo- oder Trial-Version entpuppt. Daher soll eine Vorselektion getroffen werden, die eine leichtere und vor allem schnellere Orientierung in der Materie ermöglicht. Allerdings können in der Kürze nicht alle interessanten Projekte und Webseiten erläutert und aufgezeigt werden, so dass ein gewisser eigenständiger Such- und Entscheidungsprozess unumgänglich ist. Die Webseiten werden hier in zwei Gruppen unterteilt. In der ersten Gruppe werden zunächst allgemeine statistische Webseiten vorgestellt, die zumeist auch Excel Add-Ins anbieten, denn der Einstieg in die praktische Statistik mit Hilfe von Excel ist wohl am einfachsten zu bewerkstelligen. Die andere Gruppe beinhaltet freie Softwarepakete, die im Funktionsumfang durchaus eine Konkurrenz zu kommerziellen Lösungen darstellen.

In diesem speziellen Bereich weist allerdings das gedruckte Wort eine Schwäche auf. Denn das Internet ist schnelllebig, die Adressen von Webseiten können sich ändern, ohne dass die Möglichkeit einer Aktualisierung im Buch besteht. Daher soll hier nur der Link zur Homepage des Lehrstuhls für Finanzwirtschaft an der Universität Bremen genannt werden (www.fiwi.uni-bremen.de/Publikationen), von der ein pdf-Dokument heruntergeladen werden kann, das dem aktuellen Stand entspricht und die oben angesprochenen Inhalte besitzt.

Literaturverzeichnis

Acton, F.S. (1970): *Numerical Methods That Work*, New York u.a.

Albach, H. (1962): Investition und Liquidität, Wiesbaden.

Ang, J.S. (1975): 'A note on the E, SL portfolio selection model', Journal of Financial and Quantitaive Analysis, December 1975, S. 849 - 857.

Black, F., Scholes, M. (1973): 'Pricing of Options and Corporate Liabilities', *Journal of Political Economy*, **81**, S. 637-654.

Bleymüller, J., Gehlert, G., Gülicher, H. (1998): *Statistik für Wirtschaftswissenschaftler*, 11., überarbeitete Auflage, München.

Blohm, H.; Lüder, K. (1995): *Investition, Schwachstellenanalyse des Investitionsbereichs und Investitionsrechnung*, 8., aktualisierte und ergänzte Auflage, München.

Bodie, Z., Kane, A., Marcus, A.J. (1989): *Investments*, Homewood.

Bollerslev, T. (1986): 'Generalized Autoregressive Conditional Heteroskedasticity', *Journal of Econometrics*, 31, S. 307-327.

Breusch, T., Pagan, A. (1979): 'A Simple Test for Heteroscedasticity and Random Coefficient Variation', *Econometrica*, **47**, S. 1287 - 1294.

Bruns, Ch., Meyer-Bullerdiek, F. (2000): *Professionelles Portfoliomanagement*, 2., überarbeitete und erweiterte Auflage, Stuttgart.

Chatterjee, S., Price, B. (1991): *Regression Analysis by Example*, 2nd Edition, New York u.a.

Chopra, V.K., Ziemba, W.T. (1993): 'The Effect of Errors in Means, Variances, and Covariances on Optimal Portfolio Choice', *Journal of Portfolio Management*, 19. Jg., Winter, S. 6-11.

Chow, G.C. (1960): 'Tests of Equality between Sets of Coefficients in Two Linear Regressions', *Econometrica*, Vol. 28, No. 3, S. 591-605.

Daniels, R.W. (1978): *An Introduction to Numerical Methods and Optimization Techniques*, New York u.a.

Dichtl, H., Schlenger, Ch. (2002): ‚Die „Best of Two"-Strategie für Europäische Balanced Portfolios', *Handbuch Portfoliomanagement, Strukturierte Ansätze für ein modernes Wertpapiermanagement*, (Hrsg. Von J. M. Kleeberg und B. Rudolph), Bad Soden/Ts., S. 577 – 609.

Draper, N.R., Smith, H. (1966): *Applied Regression Analysis*, New York u.a.

Dueck, G. (1993): 'New Optimization Heuristics, The Great Deluge Algorithm and the Record-to-Record Travel', *Journal of Computational Physics*, **104**, S. 86 - 92.

Dueck, G., Scheuer, T. (1990): 'Threshold Accepting: A General Purpose Optimization Algorithm Appearing Superior to Simulated Annealing', *Journal of Computational Physics*, **90**, S. 161 - 175.

Dueck, G., Scheuer, T., Wallmeier, H.-M. (1993): 'Toleranzschwelle und Sintflut: neue Ideen zur Optimierung', *Spektrum der Wissenschaft*, **3**, S. 42 - 51.

Durbin, J., Watson, G. (1950): 'Testing for Serial Correlation in Least Squares Regression -I', *Biometrika*, **37**, S. 409 - 428.

Durbin, J., Watson, G. (1951): 'Testing for Serial Correlation in Least Squares Regression -II', *Biometrika*, **38**, S. 159 - 178.

Durbin, J., Watson, G. (1971): 'Testing for Serial Correlation in Least Squares Regression -III', *Biometrika*, **58**, S. 1 - 19.

Eckey, H.-F., Kosfeld, R., Dreger, Ch. (1995): *Ökonometrie*, Wiesbaden.

Eller, R., Deutsch, H.-P. (1998): *Derivate und interne Modelle, Modernes Risikomanagement*, Stuttgart.

Ellinger, T., Beuermann, G., Leisten, R. (1998): *Operations Research, Eine Einführung*, 4. Auflage, Berlin u.a.

Elton, E.J., Gruber, M.J. (1995): *Modern Portfolio Theory and Investment Analysis*, 5th ed., New York.

Enders, W. (1995): *Applied Econometric Time Series*, New York u.a.

Engle, R.F. (1982): 'Autoregressive Conditional Heteroskedasticity with Estimates of the Variance of United Kingdom Inflation', *Econometrica*, Vol. 50, No. 4, S. 987-1007.

Fama, E.F. (1970): 'Efficient Capital Markets: A Review of Theory and Empirical Work', *The Journal of Finance*, Vol. XXV, S. 383-417.

Fama, E.F. (1991): 'Efficient Capital Markets: II', *The Journal of Finance*, Vol. XLVI, S. 1575-1617.

Fiacco, A. V., McCormick, G. P. (1964a): 'The Sequential Unconstrained Minimization Technique for Nonlinear Programming, A Primal-Dual Method', *Management Science*, Vol. 10, No. 2, S. 360 – 366.

Fiacco, A. V., McCormick, G. P. (1964b): 'Computational Algorithm for the Sequential Unconstrained Minimization Technique in Nonlinear Programming', *Management Science*, Vol. 10, No. 4, S. 601 – 617.

Fletcher, R., Reeves, C.M. (1964): 'Function minimization by conjugate gradients', *Computer Journal*, **7**., S. 149-154.

Francis, J.C., Archer, S.H. (1979): *Portfolio Analysis*, 2th ed., New Jersey.

Franke, G., Hax, H. (1999): *Finanzwirtschaft des Unternehmens und Kapitalmarkt*, 4., neu bearbeitete und erweiterte Auflage, Berlin u.a.

Freund, R.J., Minton, P.D. (1979): *Regression Methods*, New York.

Goldberg, D.E. (1989): *Genetic Algorithms in Search, Optimization and Machine Learning*, Reading, MA.

Granger, C., Newbold, P. (1974): 'Spurious Regressions in Econometrics', *Journal of Econometrics*, Vol. 2, S. 111-120.

Greene, W.H. (1997): *Econometric Analysis*, 3rd Edition (International Edition), New York.

Griffiths, W.E., Hill, R.C., Judge, G.G. (1993): *Learning and Practicing Econometrics*, New York u.a.

Günther, T. (1995): 'Investitions- und Finanzplanung, simultane', *Handwörterbuch des Bank- und Finanzwesens* (Hrsg. von W. Gerke und M. Steiner), 2., überarbeitete und erweiterte Auflage, Stuttgart, S. 958 - 967.

Hartung, J. (1998): *Statistik. Lehr- und Handbuch der angewandten Statistik*, 11. Auflage, München.

Hielscher, U. (1999): *Investmentanalyse*, 3., unwesentlich veränderte Auflage, München.

Hill, J.M. (1990): 'Measuring and Interpreting Volatility', in: *Current Topics in Investment Management*, hrsg. von J. Fabozzi und T.D. Fabozzi, New York, S. 151-160.

Jensen, M.C. (1968): 'The Performance of Mutual Funds in the Period 1945-1964', *Journal of Finance*, Vol. 23., S. 389-416.

Johanning, L. (1998): *Value-at-Risk zur Marktrisikosteuerung und Eigenkapitalallokation*, Bad Soden/Ts.

Kerling, M. (1998): *Moderne Konzepte der Finanzanalyse*, zugl. Diss. Universität Freiburg, Bad Soden/Ts.

Kirkpatrick, S., Gelatt, C. D. Jr., Vecchi, M. P. (1983): 'Optimization by simulated annealing', *Science*, **220**, S. 671 – 680.

Köhler, H. (1992): *Finanzmathematik*, 3. Auflage, München.

Kofler, M. (1997): *VBA-Programmierung mit Excel 97*, 3., unveränderter Nachdruck 1999, Bonn u.a.

Lehn, J., Wegmann, H. (2000): *Einführung in die Statistik*, 3., überarbeitete Auflage, Stuttgart.

Leiser, W. (2000): *Angewandte Wirtschaftsmathematik, Modellierung und Bearbeitung von Fallstudien mit Excel*, Stuttgart.

Lerbinger, P. (1984): 'Die Leistungsfähigkeit deutscher Aktieninvestmentfonds', *Zeitschrift für betriebswirtschaftliche Forschung*, 36. Jg., Nr. 1, S. 60-73.

Locarek-Junge, H., Prinzler, R. (1998): 'Value at Risk Schätzungen auf Basis Neuronaler Netze', in: *Informationssysteme in der Finanzwirtschaft*, hrsg. von Weinhardt, Ch./Meyer zu Selhausen, H./ Morlock, M., Berlin, S. 385-397.

MacKinnon, J.G. (1991): 'Critical Values for Cointegration Tests', in: *Long-Run Economic Relationships. Readings in Cointegration*, hrsg. von Engle, R.F. und Granger, C.W.J., Oxford , S. 267-276.

Markowitz, H.M. (1952): 'Portfolio Selection', *The Journal of Finance*, Vol. VII, S. 77-91.

Michaud, R.O. (1998): *Efficient Asset Management, A Practical Guide to Stock Portfolio Optimization*, Boston, Massachusetts.

Newey, W., West, K. (1987): 'A Simple Positive Semi-Definite, Heteroskedasticity and Autocorrelation Consistent Covariance Matrix', *Econometrica*, Vol. 55, S. 703-708.

Opitz, O. (1995): *Mathematik, Lehrbuch für Ökonomen*, 5., durchgesehene Auflage, 1. Nachdruck 1996, München, Wien.

Perridon, L., Steiner, M. (1999): *Finanzwirtschaft der Unternehmung*, 10., überarbeitete Auflage, München.

Peters, E.E. (1994): *Fractal Market Analysis*, New York.

Petersmeier, K. (2003): *Kerndichte- und Kernregressionsschätzungen im Asset Management – Analyse und Prognose von Rendite- und Risikoparametern mit Hilfe nichtparametrischer Verfahren*, Bad Soden/Ts.

Phillips, P.C.B. (1987): 'Time Series Regression with a Unit Root', *Econometrica*,Vol. 55, No. 2, S. 277 - 301.

Pindyck, R.S., Rubinfeld, D.L. (1998): *Econometric Models and Economic Forecasts*, 4th ed., Boston u.a.

Poddig, Th. (1996): *Analyse und Prognose von Finanzmärkten*, Bad Soden/Ts.

Poddig, Th. (1999): *Handbuch Kursprognose, Quantitative Methoden im Asset Management*, Bad Soden/Ts.

Press, W.H., Teukolsky, S.A., Vetterling, W.T., Flannery, B.P. (1992): *Numerical Recipes in C*, 2nd Edition, Cambridge, reprinted with corrections 1995.

Ramsey, J.B. (1969): 'Tests for Specification Errors in Classical Linear Least-squares Regression Analysis', *Journal of the Royal Statistical Society*, Series B, Vol. 31, S. 350-371.

Ramsey, J.B., Alexander, A. (1984): 'The Econometric Approach to Business-Cycle Analysis Reconsidered, *Journal of Macroeconomics*, Vol. 6, No. 3, S. 347-355.

Rosen, J. B. (1960): 'The Gradient Projection Method for Nonlinear Programming. Part I. Linear Constraints', *Journal of the Society for Industrial and Applied Mathematics*, Vol. 8, No. 1, S. 181 – 217.

Rosen, J. B. (1961): 'The Gradient Projection Method for Nonlinear Programming. Part II. Nonlinear Constraints', *Journal of the Society for Industrial and Applied Mathematics*, Vol. 9, No. 4, S. 514 – 532.

Rudolf, M. (1994): *Algorithms for Portfolio Optimization and Portfolio Insurance*, zugl. Diss. St. Gallen, Bern.

Rüger, B. (1996): *Induktive Statistik*, 3., überarbeitete Auflage, München.

Sachs, L. (1992): *Angewandte Statistik*, 7. Auflage, Berlin.

Schlittgen, R., Streitberg, H.J. (1999): *Zeitreihenanalyse*, 8., überarbeitete Auflage, München.

Schmidt, R.H., Terberger, E. (1999): *Grundzüge der Investitions- und Finanzierungstheorie*, 4., aktualisierte Auflage, Nachdruck, Wiesbaden.

Schmidt-von Rhein, A. (1996): *Die Moderne Portfoliotheorie im praktischen Wertpapiermanagement*, zugl. Diss. Universität Freiburg, Bad Soden/Ts.

Schneeweiß, H. (1990): *Ökonometrie*, 4. Auflage, Heidelberg.

Schwarz, H.R. (1997): *Numerische Mathematik*, 4., überarbeitete und erweiterte Auflage, Stuttgart.

Sharpe, W.F. (1963): 'A Simplified Model for Portfolio Analysis', *Management Science*, Vol. 9, S. 277-293.

Sharpe, W.F. (1966): 'Mutual Fund Performance', *Journal of Business*, 39. Jg., S. 119-138.

Sharpe, W.F. (1987): *AAT - Asset Allocation Tools*, 2nd ed., Redwood City.

Sharpe, W.F. (1992): 'Asset Allocation: Management Style and Performance Measurement', *Journal of Portfolio Management*, 18. Jg., Winter, S. 7-19.

Sharpe, W.F. (1994): 'The Sharpe Ratio', *The Journal of Portfolio Management*, Fall 1994, S. 49-58.

Steiner, M., Bruns, Ch. (2000): *Wertpapiermanagement*, 7., überarbeitete und erweiterte Auflage, Stuttgart.

Steiner, M., Hirschbeck, Th., Willinsky, Ch. (1998): 'Risikobereinigte Rentabilitätskennzahlen im Controlling von Kreditinstituten und ihr Zusammenhang mit der Portfoliotheorie - eine vergleichende Analyse unter der Annahme normalverteilter Renditen', in: *Informationssysteme in der Finanzwirtschaft*, hrsg. von Weinhardt, Ch./Meyer zu Selhausen, H./ Morlock, M., Berlin, S. 361-384.

Uhlir, H., Steiner, P. (1994): *Wertpapieranalyse*, 3. Auflage, Heidelberg.

Wagner, F.W., Rümmele, P. (1995): 'Finanzanlagen und Steuern', in: *Handbuch für Anlageberatung und Vermögensverwaltung*, hrsg. von J. E. Cramer und B. Rudolph, Frankfurt am Main, S. 483-509.

Walther, U., Zimmerer, Th. (2000): 'Ansätze zum Management europäischer Renten-Spezialfonds', *Handbuch Spezialfonds, Ein praktischer Leitfaden für institutionelle Anleger und Kapitalanlagegesellschaften*, (Hrsg. von J. M. Kleeberg und Ch. Schlenger), Bad Soden/Ts., S. 541 - 568.

White, H. (1980): 'A Heteroskedasticity-Consistent Covariance Matrix Estimator and a Direct Test for Heteroskedasticity', *Econometrica*, Vol. 48, S. 817-838.

Wittrock, C. (1996): *Messung und Analyse der Performance von Wertpapierportfolios*, zugl. Diss. Universität Münster, 2. Auflage, Bad Soden/Ts.

Wolfe, P. (1959): 'The Simplex Method for Quadratic Programming', *Econometrica*, Vol. 27, No. 3, S. 382 – 398.

Wossidlo, R.R. (1970): *Unternehmenswirtschaftliche Reservierung*, Berlin.

Stichwortverzeichnis

F

G

H

M

N

O

S

W

Z